세무사 1, 2차 시험 대비

해커스 세무사 眞원가관리회계

해커스 경영아카데미

저자 **현진환**

학력
성균관대학교 경영학과 졸업
성균관대학교 경영대학원 수료

경력
현 | 해커스 경영아카데미 교수
해커스공무원 교수
현진환세무회계사무소 대표 세무사
프라임 법학원 회계학 강사
웰페이스 회계학 강사

전 | 웅지세무대학교 회계정보학과 교수
유화증권 근무
세림세무법인
강남이지경영아카데미 대표 세무사
메가랜드 부동산세법 강사
KG에듀원 회계학 강사
합격의 법학원 회계학 강사
렛유인 회계학 강사

자격증
세무사

저서
해커스 세무사 眞원가관리회계
해커스 세무사 객관식 眞원가관리회계
해커스공기업 쉽게 끝내는 회계학 기본서 재무회계+원가관리회계
해커스공무원 현진환 회계학 기본서
해커스공무원 현진환 회계학 단원별 기출문제집

머리말

본서는 세무사 시험을 준비하는 수험생들을 위한 원가관리회계 기본서입니다. 대부분의 수험생들이 원가관리회계를 어려워하고 합격을 위한 충분한 점수를 받지 못하고 있어 어려움을 겪고 있습니다. 이러한 고충을 해결하기 위하여 세무사 시험에 특화된 교재를 저술하였습니다.

본서의 특징을 요약해 보면 다음과 같습니다.

첫째, 개념을 명확히 잡을 수 있도록 관련된 예제와 함께 내용을 정리하였습니다.

둘째, 내용을 쉽게 이해할 수 있도록 구분하여 정리하였고, 많은 그림과 표를 수록하여 내용을 빨리 파악할 수 있도록 하였습니다.

셋째, 단순 객관식 문제보다는 논리적인 이론 형성을 위한 단답형 주관식 문제를 통하여 1차 시험에서 중요한 정확한 개념 이해 능력과 2차 시험에서 필요한 논리적 문제풀이 능력을 습득할 수 있도록 구성하였습니다.

본서는 세무사 1차 시험뿐만 아니라 2차 시험까지 모두 대비할 수 있는 기본서 교재입니다. 기본서 회독 수를 늘려 개념을 꼼꼼하게 정리하고, 이후에 연습서로 문제풀이 연습을 충분히 하면 세무사 시험 원가관리회계 과목에서의 고득점 획득을 약속할 수 있습니다.

본서가 출간되기까지 많은 도움을 주신 분들께 감사의 마음을 전하고 수험생 여러분들의 합격을 진심으로 바랍니다.

현진환

목차

원가관리회계 학습 가이드

제1부 재무보고를 위한 제품원가계산

제1장 원가의 흐름과 배분

제2장 개별원가계산

제3장 활동기준원가계산

제3부 관리회계

제14장 대체가격결정

제15장 불확실성하의 의사결정 및 기타

제16장 경쟁력 유지를 위한 최신관리회계(I)

제17장 경쟁력 유지를 위한 최신관리회계(II)

원가관리회계 학습 가이드

제1절 회계의 의의

01 회계의 정의

과거에는 회계(accounting)를 단순히 회계정보의 생산측면만을 강조하여 재무적 성격을 가진 거래나 사건을 화폐적 단위로 기록하고 요약하는 기술(art)로 정의하였다. 그러나 오늘날에는 회계정보의 유용성을 중시하는 회계정보의 이용측면을 강조하여 회계를 다음과 같이 정의하고 있다.

> "회계는 회계정보이용자가 합리적인 판단이나 의사결정을 할 수 있도록 기업실체에 관한 유용한 경제적 정보를 식별·측정·전달하는 과정이다."

이러한 회계정의는 단순히 경제적 사건을 기록하는 기술적 범주를 벗어나 새로운 회계방향을 제시한 것으로 다음과 같은 의미를 함축하고 있다.

(1) 회계정보의 생산측면을 강조한 종래의 입장을 탈피하여 의사결정과정에서 회계정보의 유용성을 중시하는 회계정보의 이용측면을 강조하고 있다. 즉, 경영자, 투자자, 채권자 등 기업의 회계정보이용자들은 그들이 직면한 문제에 대한 합리적인 의사결정을 하기 위해 기업실체에 관한 경제적 정보를 요구하는데, 회계는 이러한 정보이용자들의 의사결정에 유용한 정보를 제공하는 기능을 수행한다.

(2) 회계는 하나의 정보시스템(information system)이다. 즉, 회계는 단순히 경제적 사건을 기록하여 회계정보를 산출하는 것뿐만 아니라 산출된 회계정보가 정보이용자에게 유용한 정보가 되도록 산출된 정보를 분석하고 전달하는 기능까지 포함된 일련의 정보전달과정이다.

(3) 경제적 정보를 측정·전달하는 것이라고 회계를 정의함으로써 화폐적 정보(양적 정보)나 과거정보뿐만 아니라 비화폐적 정보(질적 정보)나 미래정보도 전달할 수 있음을 암시하고 있다.

02 회계의 분류

회계정보이용자는 불특정 다수인으로 경영자, 투자자, 대여자 및 기타 채권자, 감독당국, 종업원, 일반대중으로 구성되어 있으나, 크게는 경영자와 같이 기업의 내부에서 의사결정을 하는 내부정보이용자와 투자자 및 채권자와 같이 기업의 외부에서 기업에 관한 의사결정을 하는 외부정보이용자로 분류할 수 있다.

회계정보이용자	내부정보이용자: 경영자
	외부정보이용자: 투자자, 대여자 및 기타 채권자

회계는 회계보고의 대상인 회계정보이용자에 따라 재무회계와 관리회계로 구분된다.

(1) 재무회계(financial accounting)

기업의 외부정보이용자인 투자자, 대여자 및 기타 채권자 등의 경제적 의사결정에 유용한 정보를 제공하는 것을 목적으로 하는 회계이다. 재무회계의 주요 특징을 살펴보면 다음과 같다.

① 재무회계는 그 목적을 달성하기 위해 재무제표(financial statements)를 사용한다. 즉, 기업은 기업의 외부정보이용자에게 기업실체에 관한 정보를 제공하기 위해 기업의 현재 재무상태나 성과(이를 '경영성과' 또는 '재무성과'라고도 함), 현금흐름 및 자본변동에 관한 사항을 나타내는 재무제표를 작성하여 공시한다.

② 재무제표는 일반적으로 인정된 회계원칙(GAAP; Generally Accepted Accounting Principles)에 따라 작성되는데, 그 이유는 정보이용자들이 합리적인 의사결정을 하기 위해서는 기업 간 비교가능성과 재무제표의 이해가능성을 제고시켜야 하기 때문이다.

③ 재무회계는 다수의 정보이용자와 이용목적이 특별히 지정되어 있지 않은 여러 사람들을 위한 것이기 때문에 일반목적재무보고(general purpose of financial reporting)라고도 한다.

(2) 관리회계(managerial accounting)

기업의 내부정보이용자인 경영자의 관리적 의사결정에 유용한 정보를 제공하는 것을 목적으로 하는 회계이다. 관리회계의 주요 특징을 살펴보면 다음과 같다.

① 관리회계는 기업 내부에 있는 경영자의 관리적 의사결정에 필요한 회계정보를 제공하는 것을 목적으로 하기 때문에 일정한 보고양식이 존재하지 않으며, 요구되는 정보의 내용에 따라 다양한 형태의 보고서가 작성된다.

② 관리회계가 제공해주는 정보는 경영자의 의사결정문제와 관련하여 개별적이고 직접적인 것으로써 회계원칙의 지배를 받지 않는다. 따라서 주관적인 추정이나 판단에 의한 내용이 많이 포함되며, 과거나 현재의 정보보다는 미래지향적인 정보를 담고 있다.

재무회계와 관리회계

구분	재무회계	관리회계
목적	기업의 외부정보이용자인 투자자나 대여자 및 기타 채권자에게 유용한 정보 제공	기업의 내부정보이용자인 경영자에게 유용한 정보 제공
보고수단	재무제표(재무보고)	특수목적의 보고서
원칙의 유무	회계원칙의 지배를 받음	일반적인 기준이 없음
범위	범위가 넓고 전체적	범위가 좁고 부분적
시간적 관점	과거지향적	미래지향적

제2절 원가회계란 무엇인가?

회계를 회계보고의 대상인 회계정보이용자에 따라 재무회계와 관리회계로 구분한다면 원가회계는 과연 무엇이며, 어떤 기능을 수행하는지에 대해서 살펴볼 필요가 있다.

(1) 영리를 추구하는 기업은 여러 가지 형태로 분류될 수 있지만 주된 영업활동에 따라 상기업과 제조기업으로 대별된다. 상기업은 이미 완성된 제품을 매입하여 판매하는 도·소매상을 의미하며, 제조기업은 원재료를 매입하여 제품을 만들어서 판매하는 기업을 말하는데, 상기업과 제조기업의 본질적인 차이는 제품원가계산에 있다. 상기업의 경우에는 재고자산의 원가와 매출원가를 산정하는 것이 어려운 문제가 아니지만 제조기업에 있어서 제품원가를 결정하는 것은 상대적으로 매우 복잡한 과정을 거치게 된다.

(2) 전통적 의미의 원가회계(cost accounting)는 제조기업의 제품원가계산을 의미하였다. 원가회계의 발전과정은 제조기업의 출현과 기업의 규모가 증가함에 따라 발전되어 왔는데, 원가회계 발전의 초기단계에서는 원가회계를 제조기업의 기간손익의 계산과 재고자산원가의 결정을 위한 재무회계의 일부분으로 간주하였다. 왜냐하면, 제조기업의 경우에 제품원가계산은 외부공표용 재무제표를 작성하는 과정에서의 필수적인 절차이기 때문이다. 그러나 기업규모의 증대 및 생산기술의 발달과 더불어 제품원가계산은 경영자의 관리적 의사결정에도 중요한 영향을 미치게 되었다. 왜냐하면, 생산작업에 직접 참여하지 않는 경영자는 기업 전체적인 관점에서 여러 생산활동들의 상호관계를 연구하고 계획수립과 통제를 하기 위한 자료가 필요하기 때문이다.

(3) 이와 같이 현대적 의미의 원가회계는 외부공표용 재무제표를 작성하고, 내부관리용 경영계획을 수립·통제하며, 특수한 의사결정에 필요한 원가정보를 제공하기 위하여 생산과 영업활동에 관한 원가자료를 집계·배분·분석하는 것이라 할 수 있다. 즉, 다음에 제시된 표에 나타난 바와 같이 원가회계는 재무회계뿐만 아니라 관리회계목적에 적합한 정보를 제공하기 위한 회계분야로 발전되어 온 것이다.

원가회계자료의 용도

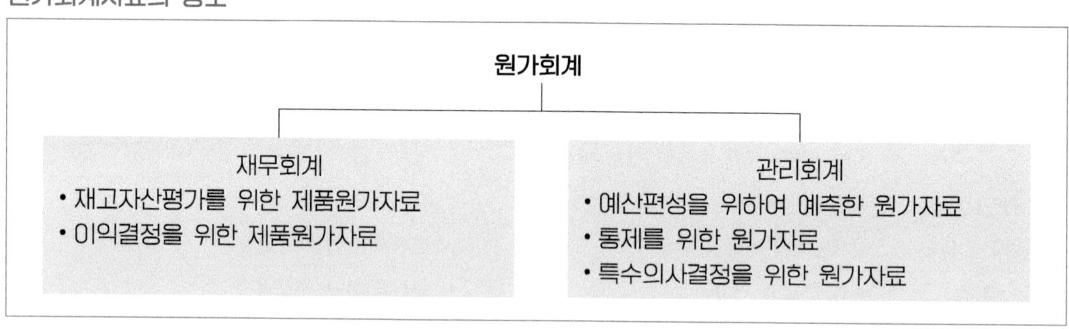

제3절 원가회계와 관리회계

앞에서 언급한 바와 같이 원가회계는 외부공표용 재무제표를 작성하기 위한 제품원가계산과 경영자의 경영관리에 필요한 정보를 제공하는 두 가지 기능을 가지고 있다. 그렇다면 원가회계는 어떻게 분류되는지에 대해서 살펴볼 필요가 있다.

(1) 원가회계는 제품원가계산과 경영관리에 필요한 정보를 제공하는 기능을 수행하므로 재무회계와 관리회계의 일부분이 될 수 있다. 그러나 교과과정상 원가회계는 관리회계적인 측면을 강조하여 관리회계의 범주에 포함시키고, 재무회계의 모든 논리전개는 특별한 언급이 없는 한 상기업을 가정하고 있다. 따라서 교과과정상 회계학은 재무회계와 원가·관리회계로 나누어지는데, 다음에 제시된 표는 현행 회계학 교과과정의 체계를 나타내 주고 있다.

회계학 교과과정의 체계

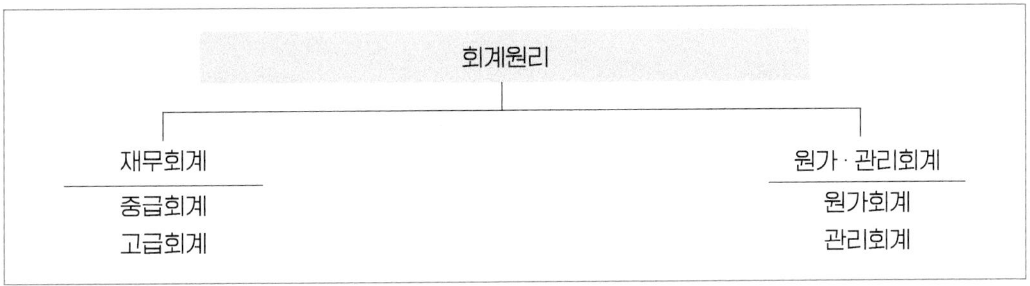

(2) 교과과정상 회계학의 체계와 관련하여 유의할 점은 제품원가계산은 원가·관리회계에서 다루고 있지만, 제조기업의 재무제표작성은 재무회계의 범주에 속한다는 것이다. 따라서 원가회계를 교과과정상 관리회계의 범주에 포함시켰다 하더라도 재무회계와 원가회계는 상호밀접한 관련이 있다는 점에 유의해야 한다. 참고로 원가회계(제품원가계산)와 재무회계 및 관리회계의 관계를 나타내면 다음과 같다.

원가회계와 재무회계 및 관리회계의 관계

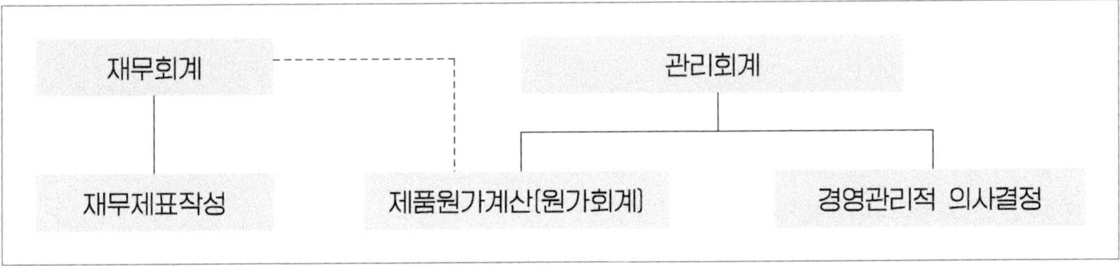

(3) 최근에는 원가회계와 관리회계 사이의 구별이 모호하게 되어 둘 사이에 어떤 분명한 선을 그어 구분할 수 없게 되었는데, 양자 간의 차이가 있다면 그것은 강조점을 달리하는 정도에 불과하다고 할 수 있다. 즉, 원가회계는 원가자료에 대한 집계·배분·분석을 강조하고, 관리회계는 기업 내부의 계획과 통제 및 특수의사결정에 있어서 원가자료의 이용을 강조한다. 원가자료의 집계·배분·분석(원가회계)과 원가자료의 이용(관리회계)은 서로 연관성이 있으므로 원가회계와 관리회계는 내용의 중복이 많고, 그 내용의 구분도 명확하지 않다. 이러한 이유 때문에 현대의 원가회계는 관리회계와 동의어로 사용되고 있으며, 원가·관리회계 교과서의 제목을 원가회계로 하는 경우도 있고 관리회계로 하는 경우도 있다. 따라서 교과서의 제목이 원가회계로 되어 있든, 관리회계로 되어 있든 원가회계와 관리회계의 내용을 모두 설명하고 있음을 부언해 둔다.

제4절 원가의 개념 및 분류

일반적으로 원가(cost)란 '특정 재화나 용역을 얻기 위해서 포기한 경제적인 자원을 화폐단위로 측정한 것'이라고 정의된다. 원가는 그 사용목적에 따라 여러 가지 유형으로 분류할 수 있으며 이를 측정하는 방법도 다양하다. "상이한 목적에 따른 상이한 원가(different costs for different purposes)"라는 말은 이를 잘 대변해 주고 있다.

제품원가계산을 위해서는 원가를 제조원가와 비제조원가로 분류하여 집계하지만, 경영관리목적으로는 원가를 그 사용목적에 따라 다음과 같이 다양하게 분류할 수 있다.

원가의 분류

원가의 분류기준	원가의 분류	사용목적
제조와의 관련성	• 제조원가 • 비제조원가	제품원가계산 및 재무보고
추적가능성	• 직접원가 • 간접원가	제품원가계산
조업도와의 관련성	• 변동원가 • 고정원가	경영계획수립 및 의사결정
의사결정과의 관련성	• 관련원가 • 비관련원가	의사결정
경영자의 통제가능성	• 통제가능원가 • 통제불능원가	성과평가(통제)

(1) 제조원가와 비제조원가

원가는 제조와의 관련성 여부에 따라 제조원가와 비제조원가로 구분할 수 있다. 제조원가란 재료원가, 노무원가 등 제품제조와 관련된 원가를 의미하며, 비제조원가란 물류비·일반관리비·마케팅비용 등 제품제조와 관련이 없는 원가를 말한다.

(2) 직접원가와 간접원가

원가는 추적가능성 여부에 따라 직접원가와 간접원가로 구분할 수 있다. 직접원가란 특정 원가대상에 직접적으로 추적할 수 있는 원가를 의미하며, 간접원가란 특정 원가대상에 추적할 수 없는 원가 또는 추적할 수 있더라도 추적하는 것이 비경제적인 원가를 말한다.

(3) 변동원가와 고정원가

원가는 조업도(capacity utilization, 기업이 보유하고 있는 생산수단의 이용정도)와의 관련성 여부에 따라 변동원가와 고정원가로 구분할 수 있다. 변동원가(variable costs)는 조업도의 변동에 따라 원가총액이 비례적으로 변화하는 원가를 의미하며, 고정원가(fixed costs)는 조업도의 변동과 관계없이 원가총액이 변동하지 않고 일정하게 발생하는 원가를 말한다.

(4) 관련원가와 비관련원가

원가는 의사결정과의 관련성 여부에 따라 관련원가와 비관련원가로 구분할 수 있다. 관련원가(relevant costs)란 두 대안 간에 차이가 존재하는 미래발생원가를 의미하며, 비관련원가(irrelevant costs)란 두 대안 간에 차이가 없는 미래발생원가나 과거발생(기발생)원가를 말한다. 즉, 현재의 의사결정에 영향을 미치는 원가는 관련원가이며, 현재의 의사결정에 영향을 미치지 못하는 원가는 비관련원가이다. 대표적인 관련원가는 기회비용이며, 비관련원가는 매몰원가이다.

사례

1. 기회비용(opportunity cost)이란 현재 사용 중인 재화, 용역 또는 생산설비가 현재의 용도 이외의 다른 대체안 중 최선의 대체안에 사용되었을 때의 가치를 말하며 다음의 사례로 설명될 수 있다.

> 본인 소유의 건물에서 옷가게를 운영하고 있는 甲은 매월 ₩1,000,000(수입 ₩3,000,000 - 비용 ₩2,000,000)의 소득을 올리고 있는데, 본인 소유의 건물을 임대할 경우 매월 ₩800,000의 임대수익이 발생한다면 甲의 옷가게 운영에 대한 기회비용은 ₩800,000이다. 즉, 甲이 본인 소유의 건물에서 옷가게를 운영하지 않고 건물을 임대하였다면 매월 ₩800,000의 소득을 올릴 수 있으므로 甲의 옷가게 운영에 대한 기회비용은 ₩800,000인 것이다. 따라서 여러 가지 선택 가능한 대안 중에서 최선의 대안을 선택해야 하는 의사결정과정에서는 반드시 기회비용을 고려해야 한다.

2. 매몰원가(sunk cost)란 과거의 의사결정에 의해 이미 발생된 지출로써 현재의 의사결정과 관련이 없는 원가를 말하며 다음의 사례로 설명될 수 있다.

> 어떤 기업에서 매년 ₩3,000,000의 운영비용이 발생하고 내용연수가 10년인 기계 A를 ₩10,000,000에 구입했는데, 구입한 다음 날 매년 ₩1,000,000의 운영비용이 발생하고 내용연수가 10년이며 취득원가가 ₩12,000,000인 새로운 기계 B가 개발되었다면 기계 B의 구입 여부를 결정하는 과정에서 기계 A의 취득원가 ₩10,000,000은 매몰원가이다. 왜냐하면, 기계 B의 구입 여부를 결정하는 과정에서는 기계 B의 취득원가 ₩12,000,000과 기계 A와 기계 B의 내용연수 동안 운영비용의 차액만을 비교해야 하기 때문이다. 즉, 화폐의 시간가치를 무시한다면 기계 A와 기계 B의 내용연수 동안 운영비용의 차액은 ₩20,000,000(= ₩2,000,000 × 10년)이므로 기계 B의 취득원가 ₩12,000,000보다 크기 때문에 기계 B를 구입하는 것이 타당하다. 이러한 의사결정과정에서 보듯이 기계 A의 취득원가는 의사결정과 관련이 없는 매몰원가이므로 기계 A의 취득원가에 대한 미련 때문에 기존 선택에 집착한다면 비합리적인 의사결정을 하게 됨을 알 수 있다. 따라서 매몰원가는 현재 또는 미래의 의사결정과 관련이 없는 회수불가능한 원가이므로 이를 의사결정과정에 고려해서는 안 된다.

(5) 통제가능원가와 통제불능원가

원가는 통제가능성 여부에 따라 통제가능원가와 통제불능원가로 구분할 수 있다. 통제가능원가(controllable costs)란 특정 경영자가 원가발생을 통제하고 책임질 수 있는 원가를 의미하며, 통제불능원가(uncontrollable costs)란 특정 경영자가 원가발생을 통제할 수 없으며 책임도 없는 원가를 말한다.

예 특정 사업부의 관리책임자의 경우에 당해 사업부에서 발생한 원가는 통제가능원가이지만, 본사관리부서에서 발생한 원가는 통제불능원가이다.

(6) 경영활동별 원가

원가는 경영활동에 따라 연구개발원가, 디자인원가, 생산원가, 마케팅원가, 유통원가, 고객서비스원가로 구분할 수 있다. 이와 같이 경영활동별로 구분된 원가는 원가정보의 이용목적에 따라 다양하게 활용된다.

예 재무보고를 위한 원가계산이 목적이라면 생산원가만을 제품원가에 포함시키면 되고, 제품의 가격결정이나 수익성분석이 목적이라면 특정 제품과 관련된 연구개발원가부터 고객서비스원가까지 모든 원가를 고려해야 한다.

경영활동별 원가

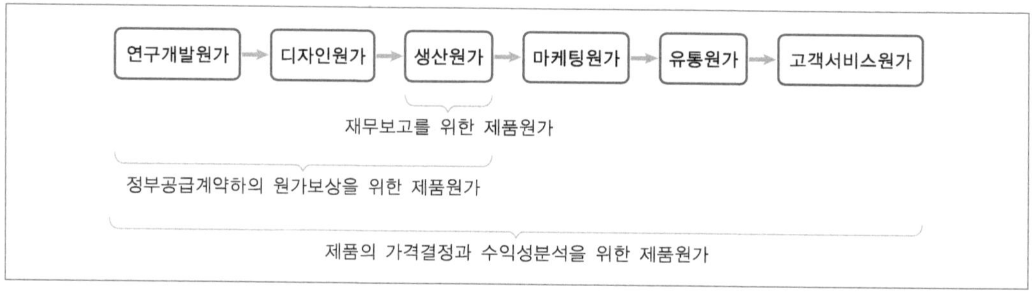

제5절 원가 · 관리회계의 목적과 본서의 체계

01 원가 · 관리회계의 목적

일반적으로 원가·관리회계의 목적은 크게 다음의 세 가지로 설명될 수 있다. 이를 구체적으로 살펴보면 다음과 같다.

① 재무제표의 작성에 필요한 원가의 집계 ② 각 계층의 경영자들에게 원가관리에 필요한 원가자료의 제공 ③ 경영자들의 각종 의사결정과 계획수립 및 통제에 필요한 자료의 제공

(1) 위의 목적 중에서 ①은 제품원가계산목적으로써 전통적 의미의 원가회계를 말하는 것이며, ③은 경영관리적 목적으로써 관리회계를 의미한다. 그리고 ②는 제품원가계산이 경영관리적 측면에 이용될 수 있도록 원가자료를 평가하고 분석하는 것으로써 전통적 의미의 원가회계의 확장으로 볼 수 있다. 즉, 제품원가계산을 관리적 측면에 활용하는 것으로 원가회계와 관리회계가 서로 결합되어 있는 것이다. 다음에 제시된 표는 원가·관리회계의 목적과 원가회계 및 관리회계의 관계를 나타내고 있다.

원가회계와 관리회계의 관계

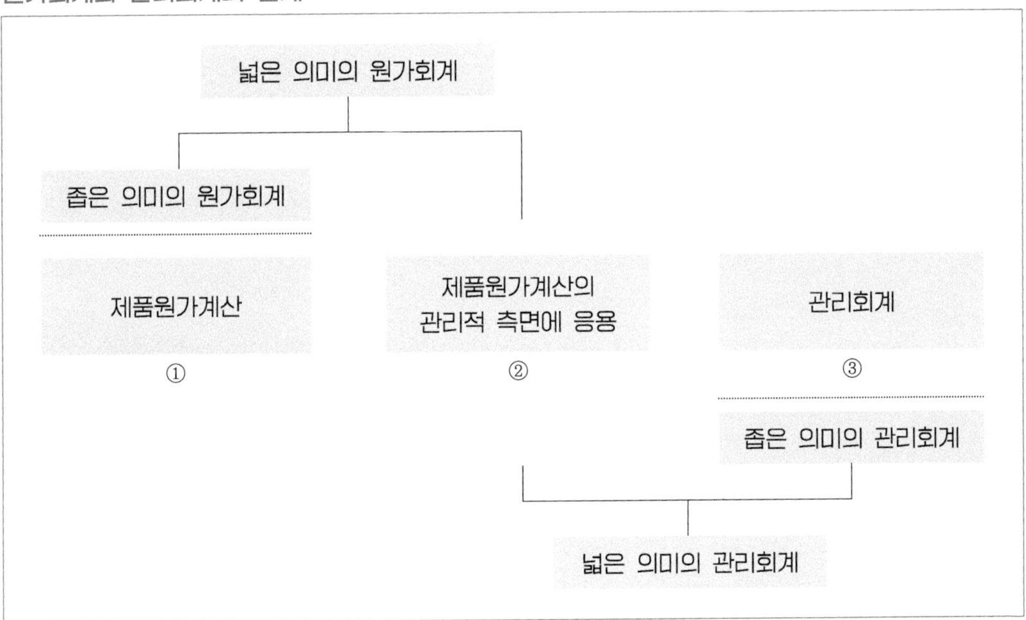

(2) 위의 표에서 보듯이 원가·관리회계의 목적 중 ②와 ③은 넓은 의미의 관리회계로 볼 수 있는데, 이는 경영자의 경영계획과 경영통제목적으로 귀결된다. 왜냐하면, 경영자는 합리적인 경영활동을 수행하기 위하여 여러 가지 상황을 고려해서 계획을 수립하고 실제 결과와 계획을 비교·검토함으로써 계획이 원활히 수행되도록 통제를 하게 되는데, 이러한 경영관리를 효율적으로 하기 위해서는 유용한 경제적 정보를 필요로 하기 때문이다. 따라서 원가·관리회계목적의 ②와 ③은 경영계획의 수립과 통제(성과평가)를 위한 정보를 제공하는 것이라고 할 수 있다.

(3) 지금까지 살펴본 원가·관리회계의 목적과 관리회계의 개념을 정리하면 다음과 같은 원가·관리회계시스템을 구축할 수 있다.

원가 · 관리회계시스템

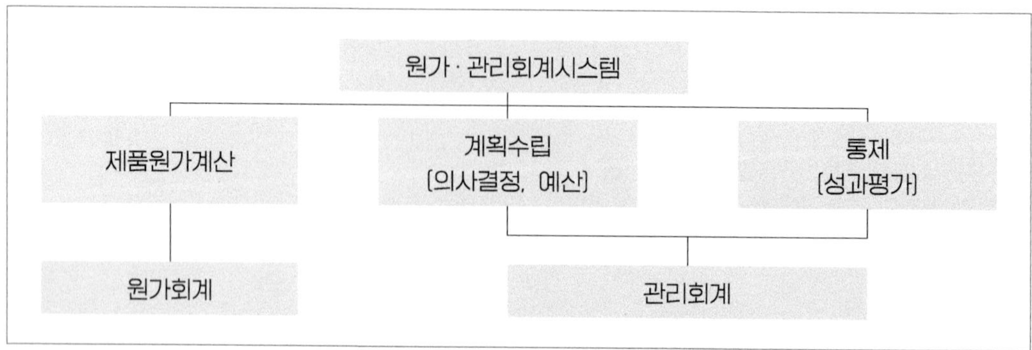

앞에 제시된 표에서는 원가·관리회계의 목적 ②를 넓은 의미의 원가회계로도 보았지만, 위의 표에서는 관리회계의 개념을 확장하여 이를 관리회계의 범주에 포함시키고 원가·관리회계의 목적 ②와 ③을 경영관리를 위한 계획수립과 통제의 개념으로 재구성한 것이다.

02 본서의 체계

본서는 원가·관리회계를 처음 공부하는 사람이나 원가·관리회계에 상당한 기본지식을 가지고 있는 사람 모두에게 유용한 지침서가 될 수 있도록 원가·관리회계의 입문과정에서부터 중·고급수준의 내용까지 폭넓게 다루고 있다. 본서의 체계를 간단하게 살펴보면 다음과 같다.

(1) 본서는 원가·관리회계의 기능과 역사적 발전과정을 토대로 다음과 같이 3개의 부와 17개의 장으로 구성되어 있다.

제1부 재무보고를 위한 제품원가계산
제1장 원가의 흐름과 배분
제2장 개별원가계산
제3장 활동기준원가계산
제4장 종합원가계산
제5장 결합원가계산

제2부 원가계산의 관리적 측면에 응용
제6장 표준원가계산
제7장 변동원가계산

제3부 관리회계
제8장 원가의 추정
제9장 원가·조업도·이익분석
제10장 관련원가와 의사결정
제11장 자본예산
제12장 종합예산
제13장 책임회계와 성과평가
제14장 대체가격결정
제15장 불확실성하의 의사결정 및 기타
제16장 경쟁력 유지를 위한 최신관리회계(Ⅰ)
제17장 경쟁력 유지를 위한 최신관리회계(Ⅱ)

(2) 본서의 체계는 앞에서 설명한 원가·관리회계의 목적에 따라 구성한 것이다. 즉, 제1부에서는 제조기업에 있어서 외부공표용 재무제표를 작성하기 위한 제품원가계산을 다루고 있는데, 이 부분은 전통적 의미의 원가회계로 볼 수 있다. 그리고 외부공표용 재무제표를 작성하기 위해서는 한국채택국제회계기준(이하 'K-IFRS'라고 함)을 준수해야 하므로 제1부에서 다루어지는 포괄손익계산서 등의 재무제표는 이를 반영하여 작성하였다. 제2부는 원가계산의 관리적 측면에 응용을 다루고 있는데, 이는 전통적 의미의 제품원가계산의 틀에서 벗어나 경영관리적 측면에 보다 유용한 원가계산모형을 제시한 것이다. 그리고 제3부는 관리회계로써 경영자의 의사결정에 필요한 정보를 제공하는 것으로 미래지향적인 정보를 담고 있다.

(3) 제2부는 넓은 의미의 원가회계 범주에 포함되기도 하고, 넓은 의미의 관리회계 범주에도 포함되지만, 원가·관리회계시스템으로 볼 때 관리회계의 범주에 포함시키는 것이 일반적이다. 따라서 제2부와 제3부는 경영계획의 수립과 통제를 위한 정보를 제공하는 것을 목적으로 하고 있다고 할 수 있다.

해커스 세무사 眞원가관리회계

제1부

재무보고를 위한 제품원가계산

해커스 세무사 眞원가관리회계
회계사 · 세무사 단번에 합격, 해커스 경영아카데미
cpa.Hackers.com

제1장

원가의 흐름과 배분

제1절 | 제조기업의 경영활동과 제조원가

01 제조기업의 경영활동

제조기업은 원재료를 매입하고 종업원을 고용하여 제품을 생산한 뒤에 그 제품을 판매함으로써 이익을 획득하고자 하는 기업이다. 따라서 이미 완성된 제품을 구입하여 그것을 외부에 판매하는 상기업의 경영활동과는 달리 제조기업의 경영활동은 일반적으로 다음과 같은 3가지의 과정으로 행해지고 있다.

(1) 구매과정

기업 외부로부터 제품의 제조에 필요한 각종 요소를 구입하는 과정이다. 구매과정은 기업 외부와의 거래이므로 외부활동이라고 한다.

(2) 제조과정

구입한 원재료를 생산설비와 노동력을 투입하여 제품을 제조하는 과정이다. 제조과정은 기업 내부에서 일어나는 거래이므로 내부활동이라고 한다.

(3) 판매과정

기업에서 생산한 제품을 외부에 판매하는 과정이다. 판매과정은 기업 외부와의 거래이므로 외부활동이라고 한다.

제조기업의 경영활동

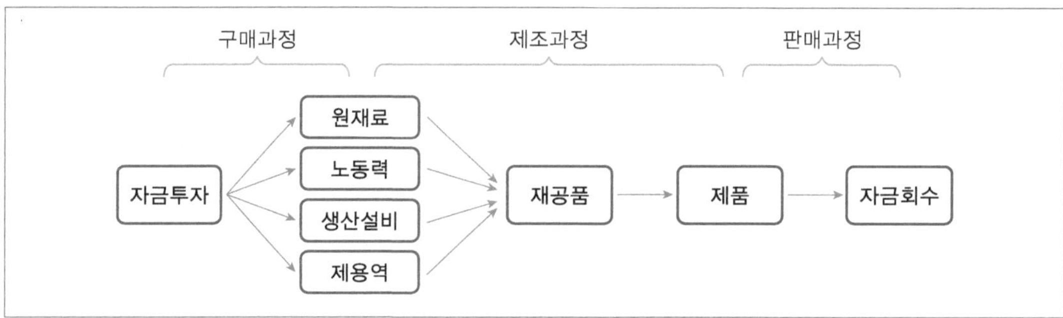

위의 그림은 제조기업의 경영활동을 나타내고 있다. 즉, 제품을 생산하기 위해서는 원재료와 노동력, 생산설비 등의 생산요소가 필요하기 때문에 기업은 기업 외부로부터 원재료를 매입하고 종업원을 고용하며, 기계설비 및 전기, 가스 등을 구입하게 된다.

이러한 생산요소를 제조과정에 투입함으로써 제품이 생산되며, 기업은 제품을 판매함으로써 투하자본을 회수함과 동시에 이익을 획득하게 되는 것이다. 원가회계의 가장 중요한 역할 중 하나는 제조기업의 경영활동에서 발생하는 원가를 집계하고 배분함으로써 기업의 재무상태 및 성과를 파악하여 정보이용자에게 보고하는 것이다.

02 제조원가의 개념

제조기업이 제품을 획득하기 위해서는 제품을 만들어 내는 과정(제조과정)이 필요하며 그 과정에서 기업이 보유하고 있는 각종 자원을 투입(희생)하게 되는데 그렇게 투입된 자원이 바로 제조원가이다. 즉, 제조원가(manufacturing costs)란 제품을 제조하기 위해서 투입한 경제적 자원을 말한다. 일반적으로 제조원가는 투입된 생산요소의 특성에 따라 직접재료원가, 직접노무원가, 제조간접원가로 분류된다.

(1) 직접재료원가(DM; Direct Material costs)

제품을 생산하기 위하여 투입된 원재료로써 특정 제품에 직접적으로 추적할 수 있는 원재료 사용분을 말한다.

(예) 가구공장에서 침대생산에 투입된 매트리스, 옷장 생산에 투입된 합판 등 특정 제품의 생산에 투입된 원재료 사용분

반면에, 제품을 생산하기 위하여 사용된 원재료 중에서 특정 제품에 직접적으로 추적할 수 없거나 추적하는 것이 비경제적인 것을 간접재료원가라고 한다. 예를 들어, 가구공장에서 못, 본드 등의 사용분은 특정 제품의 생산에 직접적으로 추적할 수 없으므로 간접재료원가가 된다. 간접재료원가는 후술하는 제조간접원가로 분류된다.

(2) 직접노무원가(DL; Direct Labor costs)

제품을 생산하기 위하여 투입된 생산직 종업원의 급여로서 특정 제품에 직접적으로 추적할 수 있는 노무원가를 말한다.

(예) 조립작업에 투입된 노동자나 목수 등 특정 제품의 생산에 투입된 노동자에게 지급되는 급여

반면에, 제품을 생산하기 위하여 투입된 노동력 중에서 특정 제품에 직접적으로 추적할 수 없거나 추적하는 것이 비경제적인 것을 간접노무원가라고 한다. 예를 들어, 생산직 종업원을 감독하는 생산직 관리자에 대한 급여는 특정 제품 생산에 직접적으로 추적할 수 없으므로 간접노무원가가 된다. 간접노무원가는 후술하는 제조간접원가로 분류된다.

(3) 제조간접원가(OH; factory OverHead costs)

간접재료원가, 간접노무원가 등 제품을 생산하기 위해 투입된 직접재료원가와 직접노무원가 이외의 모든 제조원가를 말한다. 따라서 제조간접원가는 그 구성항목이 매우 다양하며, 판매 및 관리활동과 관련하여 발생하는 비용과 유사한 면이 있다. 제조간접원가와 판매 및 관리비용의 예는 다음과 같다.

제조간접원가	판매 및 관리비용
기계장치나 공장건물에 대한 감가상각비, 보험료, 수선유지비	사무실(본사) 건물에 대한 감가상각비, 보험료, 수선유지비
생산직관리자의 급여	판매원의 급여
공장사무실의 운영비	판매부서의 운영비
공장의 소모품비	사무용 소모품비
공장의 전력비, 관리비 등	사무실 건물의 전력비, 관리비 등

(예) 제조원가 중 직접재료원가와 직접노무원가는 특정 제품과 직접적인 관련성이 있기 때문에 직접원가(direct costs) 또는 기본원가(prime costs, 기초원가라고도 함)라고 한다. 그리고 직접노무원가와 제조간접원가를 합하여 가공원가(processing costs) 또는 전환원가(conversion costs)라고 하는데, 이는 원재료를 완제품으로 전환하는 데 소요되는 원가를 의미한다.

제조원가의 구분

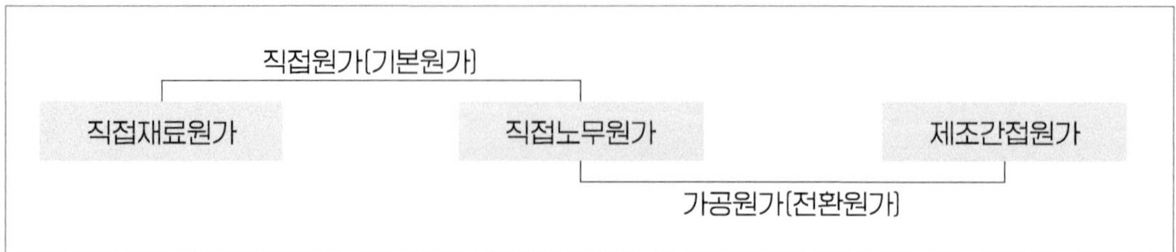

(4) 직접제조경비

제조경비를 직접원가와 간접원가로 구분하는 경우 직접원가에 직접재료원가와 직접노무원가뿐만 아니라 직접제조경비도 포함시켜 원가를 다음과 같이 4개로 구분하기도 한다. 그리고 대표적인 직접제조경비로 설계비와 외주비 등이 있다.

구분	직접원가	간접원가	
재료원가	직접재료원가	간접재료원가	제조간접원가
노무원가	직접노무원가	간접노무원가	
제조경비	직접제조경비	간접제조경비	

03 제조원가의 흐름

제조기업의 경영성과도 상기업과 마찬가지로 포괄손익계산서를 통해 보고된다. 이를 구체적으로 살펴보면 다음과 같다.

(1) 일정기간 동안 판매된 제품이 매출액으로 계상되고 판매된 제품의 제조원가가 매출원가로 계상되어 기간손익이 결정된다. 따라서 제조기업은 제품원가를 계산하기 위해 상기업에서 설정되는 계정 이외에 몇 개의 재고자산계정을 추가로 설정하게 되는데 원재료, 재공품, 제품계정이 바로 그것이다.

① **원재료계정:** 기업이 보유하고 있는 원재료를 기록하기 위한 자산계정

② **재공품계정:** 제조과정에 투입된 제조원가를 기록하기 위한 자산계정

③ **제품계정:** 제조과정에서 완성되어 판매가 가능한 제품을 기록하기 위한 자산계정

제조과정의 흐름

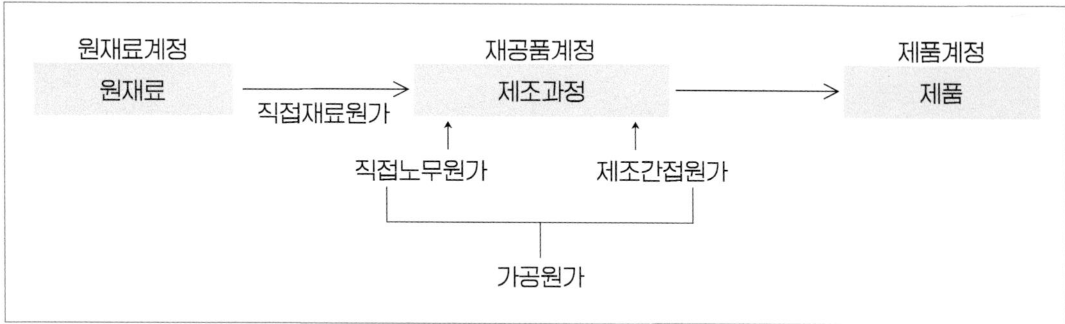

(2) 위의 그림에서 보듯이 원재료(직접재료원가)에 가공원가(직접노무원가와 제조간접원가)를 투입하여 제품을 완성하는데, 제품을 생산하는 과정에서 발생된 원가 중에서 아직 제조과정(공정) 중에 있는 원가는 재공품계정에 기록된다. 즉, 모든 제조원가(직접재료원가, 직접노무원가, 제조간접원가)는 재공품계정에 집계되며, 당기에 완성된 제품의 원가는 재공품계정에서 다시 제품계정으로 대체된다. 그리고 제품이 판매되면 판매된 제품의 원가는 매출원가로 대체되어 매출과 대응되면서 비용화된다.

(3) 판매 및 관리비용 등의 비제조원가는 미래경제적효익이 없으므로 발생한 기간의 비용으로 처리하며, 기간비용(기간원가) 또는 재고불능원가라고 한다.

원가의 흐름

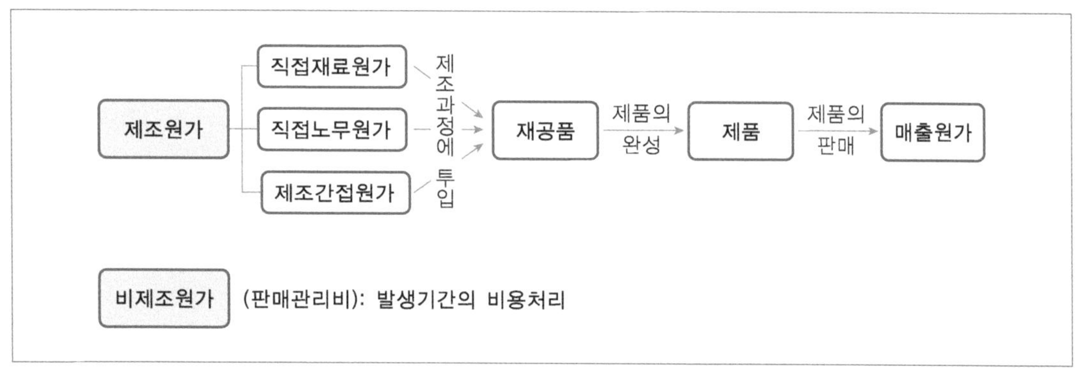

제2절 | 원가계산절차

01 당기총제조원가

당기총제조원가는 당기의 제조과정에 투입된 모든 제조원가를 의미하는 것으로써 이는 직접재료원가와 직접노무원가, 제조간접원가의 합계액을 말한다.

> 당기총제조원가 = 직접재료원가 + 직접노무원가 + 제조간접원가

(1) 직접재료원가는 특정 제품을 생산하기 위하여 당기에 제조과정에 투입된 원재료로써 이는 기초원재료재고액에 당기원재료매입액을 가산한 금액에서 기말원재료재고액을 차감하여 산정한다.

> (원재료계정 →) 직접재료원가 = 기초원재료재고액 + 당기원재료매입액 - 기말원재료재고액

(예) 기초원재료재고액이 ₩50,000, 당기원재료매입액이 ₩1,800,000, 기말원재료재고액이 ₩100,000 이라면 직접재료원가는 ₩1,750,000(= ₩50,000 + ₩1,800,000 - ₩100,000)일 것이다.

(2) 직접노무원가는 특정 제품을 생산하기 위하여 당기에 제조과정에 투입된 생산직 근로자의 급여를 의미하는데, 이는 실제로 지급한 금액뿐만 아니라 기말까지 지급하지 못한 미지급급여까지 포함된 금액이다.

(3) 제조간접원가는 앞에서 언급한 바와 같이 직접재료원가와 직접노무원가를 제외하고 당기에 실제로 발생한 모든 제조원가를 의미한다.

02 당기제품제조원가

당기제품제조원가는 당기에 완성한 제품의 제조원가를 의미하는 것으로써 이는 기초재공품재고액에 당기총제조원가를 가산한 금액에서 기말재공품재고액을 차감하여 계산한다.

> (재공품계정 →) 당기제품제조원가 = 기초재공품재고액 + 당기총제조원가 - 기말재공품재고액

앞에서 언급한 바와 같이 당기총제조원가는 직접재료원가와 직접노무원가 그리고 제조간접원가의 합계액을 의미한다. 따라서 당기총제조원가와 당기제품제조원가는 명칭은 유사하지만 서로 다른 개념이므로 이를 명확히 구별해야 한다.

예제 1

(주)해커는 20×1년 초에 영업을 시작하였다. 다음 20×1년과 20×2년에 발생한 원가계산의 자료를 활용하여 20×1년과 20×2년의 당기제품제조원가를 구하시오.

구분	20×1년	20×2년
기초재공품	-	?
직접재료원가	₩1,200,000	₩1,750,000
직접노무원가	900,000	1,500,000
제조간접원가	1,000,000	2,000,000
기말재공품	150,000	170,000

해답 1. 20×1년

(1) 당기총제조원가 = 직접재료원가 + 직접노무원가 + 제조간접원가
= ₩1,200,000 + ₩900,000 + ₩1,000,000
= ₩3,100,000

(2) 당기제품제조원가 = 기초재공품재고액 + 당기총제조원가 - 기말재공품재고액
= ₩0 + ₩3,100,000 - ₩150,000
= ₩2,950,000

2. 20×2년

(1) 당기총제조원가 = 직접재료원가 + 직접노무원가 + 제조간접원가
= ₩1,750,000 + ₩1,500,000 + ₩2,000,000
= ₩5,250,000

(2) 당기제품제조원가 = 기초재공품재고액 + 당기총제조원가 - 기말재공품재고액
= ₩150,000* + ₩5,250,000 - ₩170,000
= ₩5,230,000

* 20×2년의 기초재공품재고액은 20×1년의 기말재공품재고액임

03 매출원가

매출원가는 당기에 판매한 제품의 원가를 의미하는 것으로써 이는 기초제품재고액과 당기제품제조원가를 합한 금액에서 기말제품재고액을 차감하여 구한다.

(제품계정 →) 매출원가 = 기초제품재고액 + 당기제품제조원가 - 기말제품재고액

제조기업의 당기제품제조원가는 상기업에 있어서의 당기상품매입액과 동일한 의미를 가지고 있다.

예제 2

다음은 (주)해커의 20×1년의 원가계산에 관한 자료이다. 20×1년의 매출원가는 얼마인가?

직접재료원가	₩1,750,000	기초재공품	₩150,000	기초제품	₩600,000
직접노무원가	1,500,000	기말재공품	170,000	기말제품	410,000
제조간접원가	2,000,000				

해답 1. 당기총제조원가 = 직접재료원가 + 직접노무원가 + 제조간접원가
= ₩1,750,000 + ₩1,500,000 + ₩2,000,000
= ₩5,250,000

2. 당기제품제조원가 = 기초재공품재고액 + 당기총제조원가 - 기말재공품재고액
= ₩150,000 + ₩5,250,000 - ₩170,000
= ₩5,230,000

∴ 매출원가 = 기초제품재고액 + 당기제품제조원가 - 기말제품재고액
= ₩600,000 + ₩5,230,000 - ₩410,000
= ₩5,420,000

제3절 | 제조원가의 회계처리

본 절에서는 앞에서 살펴본 원가계산절차를 토대로 제조원가의 회계처리에 대해서 살펴보기로 한다. 단, 이러한 회계처리는 기능별 표시방법에 의한 포괄손익계산서의 작성을 가정한 것이다.

01 직접재료원가

직접재료원가는 특정 제품을 생산하기 위하여 투입된 원재료를 의미하며, 이를 산출하기 위해 사용하는 계정이 원재료계정이다.

(1) 당기에 원재료를 구입한 경우에는 원재료계정의 차변에 기입하고, 제조활동에 사용한 경우에는 재공품계정의 차변과 원재료계정의 대변에 기입한다.

원재료 구입

(차)	원재료	×××	(대) 현금	×××
			매입채무	×××

직접재료원가 대체(원가계산분개)

(차)	재공품	×××	(대) 원재료	×××

* 직접재료원가 = 기초원재료재고액 + 당기원재료매입액 - 기말원재료재고액

즉, 당기에 제조활동에 사용된 원재료는 기초원재료재고액에 당기원재료매입액을 합한 금액에서 기말원재료재고액을 차감하여 계산된다.

(2) 당기에 제조활동에 사용된 원재료는 원재료계정의 보조장부인 원재료재고장을 통해서 산출되는데, 원재료재고장의 구조와 기장방법은 상기업의 상품재고장과 동일하다. 즉, 기중에는 원재료 구입에 관한 회계처리만 할 뿐 원재료의 입고와 출고에 관한 사항은 원재료재고장에만 기록하게 된다. 그리고 원재료 사용에 관한 회계처리는 원가계산을 할 때에 일괄하여 회계처리한다.

(3) 재료원가는 추적가능성에 따라 직접재료원가와 간접재료원가로 구분되며, 간접재료원가가 있을 경우 간접재료원가는 제조간접원가계정으로 대체된다.

간접재료원가 대체

(차)	제조간접원가	×××	(대) 원재료	×××

예제 3

(주)해커의 기초원재료재고액은 ₩50,000이며, 당기원재료매입액(외상매입)은 ₩1,800,000이다. 기말원재료재고액은 원재료재고장과 재고실사를 통해 산출한 결과 ₩100,000임이 밝혀졌다.

[요구사항]

원재료와 관련된 일련의 회계처리와 원재료 T계정을 나타내시오.

해답 1. **원재료 구입 시**

(차) 원재료	1,800,000	(대) 매입채무	1,800,000

2. **기말 수정전시산표**

잔액시산표

…			
원재료	1,850,000*		
…			

* 수정전시산표상의 원재료계정잔액은 기초원재료재고액에 당기원재료매입액을 합한 금액임

3. **기말수정분개(원가계산분개 - 원가집계)**

(차) 재공품	1,750,000	(대) 원재료	1,750,000

4. **원재료 T계정**

원재료

차변		대변	
기초원재료	50,000	재공품(직접재료원가)	1,750,000
원재료매입액	1,800,000	기말원재료	100,000
	1,850,000		1,850,000

02 직접노무원가

직접노무원가는 특정 제품을 생산하기 위하여 당기 제조과정에 투입된 생산직근로자의 급여를 의미한다.

(1) 직접노무원가를 산출하기 위하여 사용하는 계정은 종업원급여계정이다. 당기에 종업원급여를 지급한 경우에는 종업원급여계정의 차변에 기입하고, 당기에 발생하였으나 기말 현재까지 지급하지 못한 미지급급여가 있을 경우에는 종업원급여계정의 차변과 미지급급여계정의 대변에 기입하여 직접노무원가에 가산한다. 또한 기초에 미지급급여가 있을 경우에는 당기 급여가 아니므로 차감하여야 한다. 선급급여의 경우에는 미지급급여와 반대로 기말 선급급여는 차감하고, 기초 선급급여는 가산하여 직접노무원가를 계산한다.

직접노무원가 = 현금 지급 급여 + 기말 미지급급여 - 기초 미지급급여 - 기말 선급급여 + 기초 선급급여

이러한 발생주의 회계처리는 제조간접원가와 직접제조경비에도 동일하게 적용된다.

(2) 당기의 제조활동에 사용된 노동력의 원가가 확정되면 제품원가계산을 위하여 이를 재공품계정에 대체한다.

직접노무원가 발생

(차) 종업원급여(직접노무원가)	×××	(대) 현금	×××
		미지급급여	×××

직접노무원가 대체(원가계산분개)

(차) 재공품	×××	(대) 종업원급여(직접노무원가)	×××

(3) 노무원가도 추적가능성에 따라 직접노무원가와 간접노무원가로 구분되며, 간접노무원가가 있을 경우 간접노무원가는 제조간접원가계정으로 대체된다.

간접노무원가 대체

(차) 제조간접원가	×××	(대) 종업원급여(간접노무원가)	×××

예제 4

(주)해커는 당기에 직접노무원가로 ₩1,300,000을 지급하였는데 기말에 직접노무원가 미지급액 ₩200,000이 있음을 발견하였다.

[요구사항]

노무원가와 관련된 일련의 회계처리와 직접노무원가 T계정을 나타내시오.

해답 **1. 직접노무원가 지급 시**

(차)	종업원급여(직접노무원가)	1,300,000	(대) 현금	1,300,000

2. 수정전시산표

잔액시산표

…		
종업원급여(직접노무원가)	1,300,000	
…		

3. 기말수정분개(원가계산분개 - 원가집계)

①	(차) 종업원급여(직접노무원가)	200,000	(대)	미지급급여	200,000
②	(차) 재공품	1,500,000	(대)	종업원급여(직접노무원가)	1,500,000*

* ₩1,300,000 + ₩200,000 = ₩1,500,000(직접노무원가)

4. 직접노무원가 T계정

종업원급여(직접노무원가)

현금	1,300,000	재공품(직접노무원가)	1,500,000
미지급급여	200,000		
	1,500,000		1,500,000

03 제조간접원가

제조간접원가란 직접재료원가와 직접노무원가를 제외한 모든 제조원가를 말한다. 이러한 제조간접원가를 집계하기 위해서 제조간접원가계정을 사용하는데, 원가계산 시에 당해 기간의 제조간접원가를 제조간접원가계정의 차변에 기입하고 집계된 제조간접원가는 제품원가계산을 위하여 재공품계정으로 대체한다.

제조간접원가 집계

(차) 제조간접원가	×××	(대) 감가상각비	×××
		동력비	×××
		보험료	×××
		수선유지비 등	×××

제조간접원가 대체(원가계산분개)

(차) 재공품	×××	(대) 제조간접원가	×××

예제 5

다음은 (주)해커의 수정전시산표 일부와 기말수정사항이다.

잔액시산표

…		…	
기계장치	5,000,000	기계감가상각누계액	1,000,000
건물	4,000,000	건물감가상각누계액	800,000
…			
기타비용	1,200,000		
…			

[기말수정사항]

(1) 당기 감가상각비 내역은 다음과 같다.

- 기계장치 ₩500,000
- 건물 1,000,000(₩500,000은 공장분이고 나머지는 사무소분임)

(2) 기타비용 ₩1,200,000 중 ₩1,000,000은 제조활동과 관련된 것이다.

[요구사항]

제조간접원가와 관련된 일련의 회계처리를 나타내시오.

해답 1. 기말수정분개

(차) 감가상각비	1,500,000	(대)	기계감가상각누계액	500,000
			건물감가상각누계액	1,000,000

2. 기말수정분개(원가계산분개-원가집계)

(1) 제조간접원가 집계

(차) 제조간접원가	2,000,000	(대)	감가상각비	1,000,000
			기타비용	1,000,000

(2) 제조간접원가 대체

(차) 재공품	2,000,000	(대)	제조간접원가	2,000,000

04 재공품계정

재공품계정은 제품제조과정에서 발생한 원가 중 아직 제조과정 중에 있는 원가의 기록이므로 당기에 발생된 모든 제조원가(직접재료원가, 직접노무원가, 제조간접원가)는 재공품계정 차변에 집계되며 당기에 완성된 제품은 재공품계정에서 다시 제품계정으로 대체된다.

제조원가의 집계(원가계산분개 – 원가집계)

(차) 재공품	×××	(대)	원재료	×××
			종업원급여(직접노무원가)	×××
			제조간접원가	×××

제품의 완성(원가계산분개-원가배분)

(차) 제품	×××	(대)	재공품	×××

예제 6

다음은 (주)해커의 수정전시산표의 일부와 기말수정사항이다.

잔액시산표

…		
재공품	150,000	
…		

[기말수정사항]

(1) 당기 총제조원가는 다음과 같다.

- 직접재료원가 ₩1,750,000
- 직접노무원가 1,500,000
- 제조간접원가 2,000,000

(2) 기말재공품의 원가는 ₩170,000이다.

[요구사항]

제품원가계산에 대한 회계처리와 재공품 T계정을 나타내시오.

해답 1. 제조원가의 집계(원가계산분개 - 원가집계)

(차) 재공품	5,250,000	(대)	원재료	1,750,000
			종업원급여(직접노무원가)	1,500,000
			제조간접원가	2,000,000

2. 제품의 완성(원가계산분개-원가배분)

(차) 제품	5,230,000	(대) 재공품	5,230,000

* ₩150,000 + ₩5,250,000 - ₩170,000 = ₩5,230,000

3. 재공품 T계정

재공품

(원가집계)			(원가배분)	
	기초재공품	150,000	제품(당기제품제조원가)	5,230,000
당기 총제조원가	직접재료원가	1,750,000		
	직접노무원가	1,500,000		
	제조간접원가	2,000,000	기말재공품	170,000
		5,400,000		5,400,000

05 제품계정

당기제품제조원가가 확정되면 이를 재공품계정에서 제품계정으로 대체하며, 당기에 판매된 제품은 제품계정에서 매출원가계정으로 대체함으로써 제품원가계산에 관한 회계처리는 완료된다.

제품의 완성(원가계산분개-원가배분)

(차) 제품	×××	(대) 재공품	×××

제품의 판매

(차) 매출원가	×××	(대) 제품	×××

* 매출원가 = 기초제품재고액 + 당기제품제조원가 - 기말제품재고액

예제 7

다음은 (주)해커의 수정전시산표의 일부와 기말수정사항이다.

잔액시산표

…		
제품	600,000	
…		

[기말수정사항]

(1) 당기제품제조원가는 ₩5,230,000이다.

(2) 기말제품은 ₩410,000이다.

[요구사항]

매출원가 계산에 대한 회계처리와 제품 T계정을 나타내시오.

해답 **1. 제품의 완성(원가계산분개 - 원가배분)**

(차)	제품	5,230,000	(대) 재공품	5,230,000

2. 제품의 판매

(차)	매출원가	5,420,000	(대) 제품	5,420,000

* ₩600,000 + ₩5,230,000 - ₩410,000 = ₩5,420,000

3. 제품 T계정

제품

기초제품	600,000	매출원가	5,420,000
재공품	5,230,000	기말제품	410,000
(당기제품제조원가)			
	5,830,000		5,830,000

제조원가의 회계처리

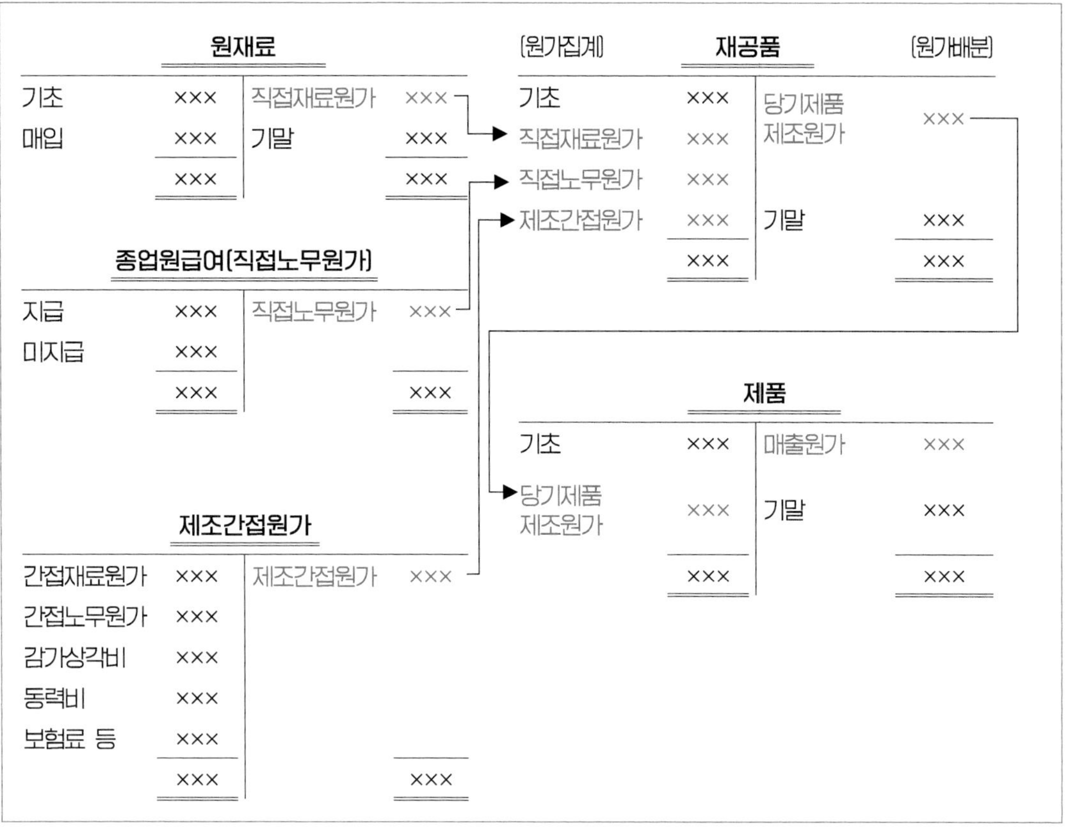
원재료
기초 ×××
매입 ×××
×××
직접재료원가 ×××
기말 ×××
×××
종업원급여(직접노무원가)
지급 ×××
미지급 ×××
×××
직접노무원가 ×××
×××
제조간접원가
간접재료원가 ×××
간접노무원가 ×××
감가상각비 ×××
동력비 ×××
보험료 등 ×××
×××
제조간접원가 ×××
×××
(원가집계)
재공품
(원가배분)
기초 ×××
직접재료원가 ×××
직접노무원가 ×××
제조간접원가 ×××
×××
당기제품 제조원가 ×××
기말 ×××
×××
제품
기초 ×××
당기제품 제조원가 ×××
×××
매출원가 ×××
기말 ×××
×××

제4절 | 제조기업의 재무제표작성

제조기업의 재무제표를 작성하는 절차는 상기업과 동일하다. 즉, 수정전시산표를 작성하고 기말수정분개(원가계산분개 포함)를 한 후에 수정후시산표를 작성하고 장부를 마감한 후 이를 토대로 재무상태표와 포괄손익계산서를 작성하는 것이다. 상기업과 차이점이 있다면 기말수정분개에 원가계산분개(제조원가의 집계 및 배분)가 추가된다는 점이다.

01 수정전시산표의 작성

다음에 제시된 잔액시산표는 전자제품을 제조·판매하는 (주)해커의 20×1년 12월 31일의 잔액시산표이다. (주)해커의 결산일은 매년 12월 31일이다.

잔액시산표

(주)해커			20x1년 12월 31일
현금및현금성자산	400,000	매입채무	300,000
매출채권	500,000	차입금	2,000,000
제품	600,000	기계감가상각누계액	1,000,000
재공품	150,000	건물감가상각누계액	800,000
원재료	1,850,000	납입자본	2,500,000
기계장치	5,000,000	이익잉여금	250,000
건물	4,000,000	기타자본요소	1,400,000
종업원급여	2,300,000	매출	7,500,000
기타비용	1,200,000	기타수익	250,000
	16,000,000		16,000,000

수정전시산표상의 원재료계정잔액은 기초원재료재고액에 당기원재료매입액을 합한 금액이며, 제품계정과 재공품계정금액은 원가계산분개를 행하기 전이므로 기초금액을 의미한다.

02 기말수정분개

(주)해커의 20×1년 보고기간의 기말수정사항과 원가계산에 관한 자료는 다음과 같다.

사례

(1) 기말수정사항

① 당기 감가상각비는 기계장치 ₩500,000, 건물 ₩1,000,000이다.

② 종업원급여 미지급액은 ₩200,000이다.

③ 당기분 법인세비용은 ₩60,000이다.

(2) 원가계산에 관한 자료

① 기초 및 기말재고자산은 다음과 같다.

구분	기초	기말
원재료	₩50,000	₩100,000
재공품	150,000	170,000
제품	600,000	410,000
계	₩800,000	₩680,000

② 비용의 기능별 분류는 다음과 같다. 단, 제조활동과 관련된 종업원급여는 직접노무원가로 분류된다.

구분	제조활동	비제조활동	합계
종업원급여	₩1,500,000	₩1,000,000	₩2,500,000
감가상각비	1,000,000	500,000	1,500,000
기타비용	1,000,000	200,000	1,200,000
계	₩3,500,000	₩1,700,000	₩5,200,000

K-IFRS에서는 포괄손익계산서의 양식을 (1) 기능별 표시방법과 (2) 성격별 표시방법 중 기업이 선택할 수 있도록 규정하고 있으므로 각각에 따른 기말수정분개를 나타내면 다음과 같다.

(1) 기능별 표시방법

① 기말수정분개

(차) 감가상각비	1,500,000	(대) 기계감가상각누계액	500,000
		건물감가상각누계액	1,000,000
(차) 종업원급여	200,000	(대) 미지급급여	200,000
(차) 법인세비용	60,000	(대) 미지급법인세	60,000

② 원가계산분개

(차) 제조간접원가	2,000,000	(대) 감가상각비	1,000,000
		기타비용	1,000,000

* 제조간접원가의 집계

(차) 재공품	5,250,000	(대) 원재료	1,750,000
		종업원급여(직접노무원가)	1,500,000
		제조간접원가	2,000,000

* 당기총제조원가의 집계

(차) 제품	5,230,000	(대) 재공품	5,230,000

* 당기제품제조원가의 집계

(차) 매출원가	5,420,000	(대) 제품	5,420,000

* 매출원가의 산정

③ **제조원가명세서:** 지금까지 살펴본 (주)해커의 20×1년 보고기간의 원가계산의 흐름과 제조원가명세서를 작성하면 다음과 같다.

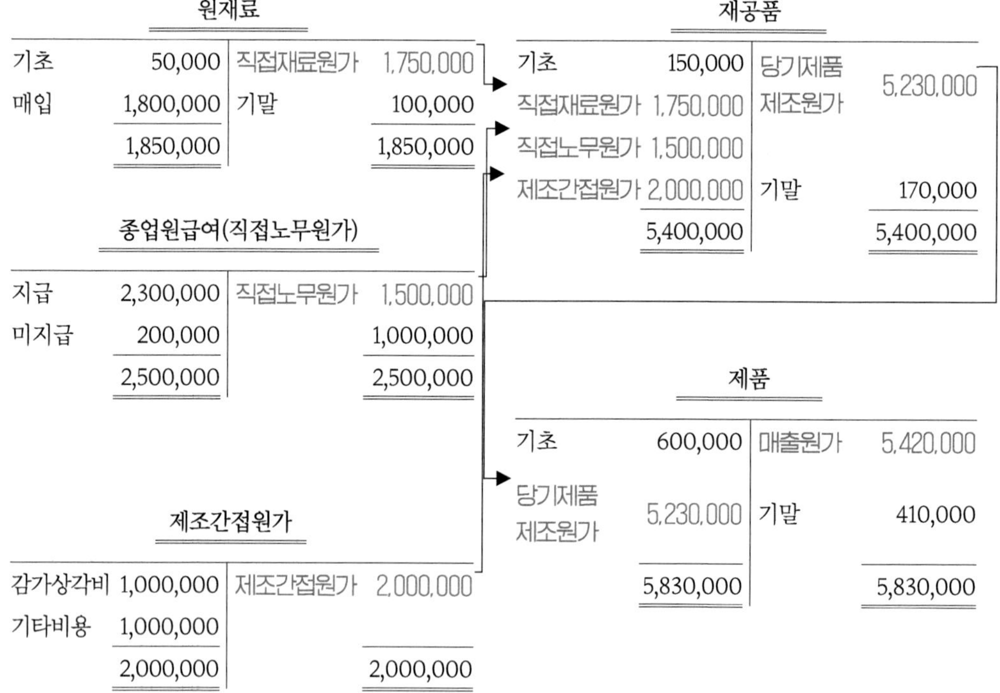

원재료

기초	50,000	직접재료원가	1,750,000
매입	1,800,000	기말	100,000
	1,850,000		1,850,000

종업원급여(직접노무원가)

지급	2,300,000	직접노무원가	1,500,000
미지급	200,000		1,000,000
	2,500,000		2,500,000

제조간접원가

감가상각비	1,000,000	제조간접원가	2,000,000
기타비용	1,000,000		
	2,000,000		2,000,000

재공품

기초	150,000	당기제품제조원가	5,230,000
직접재료원가	1,750,000		
직접노무원가	1,500,000		
제조간접원가	2,000,000	기말	170,000
	5,400,000		5,400,000

제품

기초	600,000	매출원가	5,420,000
당기제품제조원가	5,230,000	기말	410,000
	5,830,000		5,830,000

제조원가명세서

직접재료원가		₩1,750,000
기초원재료재고액	₩50,000	
당기원재료매입액	1,800,000	
기말원재료재고액	(100,000)	
직접노무원가		1,500,000
제조간접원가		2,000,000
감가상각비	₩1,000,000	
기타비용	1,000,000	
당기총제조원가		₩5,250,000
기초재공품재고액		150,000
계		₩5,400,000
기말재공품재고액		(170,000)
당기제품제조원가		₩5,230,000

K-IFRS에서는 비용을 기능별로 구분하여 표시하는 경우 감가상각비와 기타상각비 및 종업원급여 등을 포함하여 비용의 성격별 분류에 대해서 주석으로 공시하도록 규정하고 있다.

(2) 성격별 표시방법

① 기말수정분개

(차) 감가상각비	1,500,000	(대) 기계감가상각누계액	500,000
		건물감가상각누계액	1,000,000
(차) 종업원급여	200,000	(대) 미지급급여	200,000
(차) 법인세비용	60,000	(대) 미지급법인세	60,000

② **원가계산분개:** 성격별 표시방법에 의한 포괄손익계산서를 작성하기 위해서는 재고자산의 변동을 파악해야 하는데, 이 경우에는 포괄손익계산서의 작성 편의상 다음과 같이 제품 및 재공품계정을 통합하여 분석한다.

제품·재공품

기초제품·재공품 ₩750,000	기초재공품	150,000	매출원가	5,420,000	
	기초제품	600,000			
당기총제조원가 ₩5,250,000	원재료사용액	1,750,000			
	종업원급여	1,500,000			
	감가상각비	1,000,000	기말재공품	170,000	기말제품·재공품 ₩580,000
	기타비용	1,000,000	기말제품	410,000	
		6,000,000		6,000,000	

그리고 성격별 표시방법에 의한 포괄손익계산서를 작성하는 경우에는 앞에서 살펴본 기능별 표시방법에 의한 원가계산분개와는 달리 다음과 같은 원가계산분개를 해야 한다.

(차) 원재료사용액	1,750,000	(대) 원재료	1,750,000

* ₩50,000 + ₩1,800,000 - ₩100,000 = ₩1,750,000

(차) 재공품	20,000	(대) 제품	190,000
제품과 재공품의 변동	170,000		

*1. 재공품: 기말 ₩170,000 - 기초 ₩150,000 = ₩20,000
*2. 제품: 기말 ₩410,000 - 기초 ₩600,000 = (190,000)
계 ₩(170,000)

즉, 기초제품·재공품이 ₩750,000이고 기말제품·재공품이 ₩580,000이므로 ₩170,000만큼 비용화된 금액임을 알 수 있다. 따라서 당기 제품·재공품의 감소분 ₩170,000을 '제품과 재공품의 변동'이라는 계정과목으로 비용으로 표시하면(손익계정이 차변에 계상될 경우 비용성격임) 당기총제조원가 ₩5,250,000과의 합계액은 당기 매출원가인 ₩5,420,000과 정확히 일치한다. 한편, K-IFRS에서는 비용을 성격별로 구분하여 표시하는 경우 재고자산의 순변동액(제품과 재공품의 변동)과 함께 비용으로 인식한 재료원가 및 전환원가, 즉 매출원가를 주석으로 공시하도록 규정하고 있다.

03 수정후시산표의 작성

기말수정분개를 한 후에 이를 총계정원장에 전기하고 이를 토대로 수정후시산표를 작성한다. 수정후시산표는 기말수정분개사항이 총계정원장에 올바르게 전기되었는가를 확인하기 위하여 작성하는 것이므로 결산과정 중 반드시 수행해야 할 절차는 아니다.

(1) 기능별 표시방법

수정후시산표

(주)해커 20x1년 12월 31일

차변	금액	대변	금액
현금및현금성자산	400,000	매입채무	300,000
매출채권	500,000	미지급급여	200,000
제품	410,000	미지급법인세	60,000
재공품	170,000	차입금	2,000,000
원재료	100,000	기계감가상각누계액	1,500,000
기계장치	5,000,000	건물감가상각누계액	1,800,000
건물	4,000,000	납입자본	2,500,000
매출원가	5,420,000	이익잉여금	250,000
종업원급여	1,000,000	기타자본요소	1,400,000
감가상각비	500,000	매출	7,500,000
기타비용	200,000	기타수익	250,000
법인세비용	60,000		
	17,760,000		17,760,000

(2) 성격별 표시방법

수정후시산표

(주)해커			20x1년 12월 31일
현금및현금성자산	400,000	매입채무	300,000
매출채권	500,000	미지급급여	200,000
제품	410,000	미지급법인세	60,000
재공품	170,000	차입금	2,000,000
원재료	100,000	기계감가상각누계액	1,500,000
기계장치	5,000,000	건물감가상각누계액	1,800,000
건물	4,000,000	납입자본	2,500,000
원재료사용액	1,750,000	이익잉여금	250,000
제품과 재공품의 변동	170,000	기타자본요소	1,400,000
종업원급여	2,500,000	매출	7,500,000
감가상각비	1,500,000	기타수익	250,000
기타비용	1,200,000		
법인세비용	60,000		
	17,760,000		17,760,000

04 재무제표의 작성

수정후시산표를 기초로 하여 K-IFRS의 양식에 따라 재무상태표와 포괄손익계산서를 작성한다.

(1) 재무상태표

(주)해커의 재무상태표를 약식으로 작성하면 다음과 같다.

재무상태표

(주)해커			20x1년 12월 31일
현금및현금성자산	400,000	매입채무	300,000
매출채권	500,000	미지급급여	200,000
제품	410,000	미지급법인세	60,000
재공품	170,000	차입금	2,000,000
원재료	100,000	납입자본	2,500,000
기계장치	3,500,000	이익잉여금	820,000
건물	2,200,000	기타자본요소	1,400,000
	7,280,000		7,280,000

(2) 포괄손익계산서

① **기능별 표시방법**: 기능별 표시방법에 의할 경우에는 비용을 매출원가, 물류활동원가(물류비), 관리활동원가(일반관리비), 마케팅비용 등 기능별로 구분하여 표시해야 한다. 본 사례에서 제조원가를 제외한 비용의 기능별 분류가 아래와 같을 경우 기능별 표시방법에 의한 포괄손익계산서를 작성하면 다음과 같다.

	물류활동	일반관리 활동	마케팅활동	기타	합계
종업원급여	₩300,000	₩500,000	₩200,000	₩0	₩1,000,000
감가상각비	100,000	400,000	0	0	500,000
기타비용	50,000	80,000	30,000	40,000	200,000
계	₩450,000	₩980,000	₩230,000	₩40,000	₩1,700,000

포괄손익계산서

(주)해커 20×1년 1월 1일부터 20×1년 12월 31일까지	
매출액	7,500,000
매출원가	(5,420,000)
매출총이익	2,080,000
판매비와관리비	
물류비	(450,000)
일반관리비	(980,000)
마케팅비용	(230,000)
영업이익	420,000
기타수익	250,000
기타비용	(40,000)
법인세비용차감전순이익	630,000
법인세비용	(60,000)
당기순이익	570,000

② 성격별 표시방법

포괄손익계산서

(주)해커 20×1년 1월 1일부터 20×1년 12월 31일까지	
영업수익(매출액)	7,500,000
영업비용	
제품과 재공품의 변동	(170,000)
원재료사용액	(1,750,000)
종업원급여	(2,500,000)
감가상각비	(1,500,000)
기타영업비용	(1,160,000)
영업이익	420,000
기타수익	250,000
기타비용	(40,000)
법인세비용차감전순이익	630,000
법인세비용	(60,000)
당기순이익	570,000

보론 직접재료원가의 계산 - 감모·평가손실이 발생한 경우

직접재료원가의 계산과 관련하여 원재료의 보관비용과 감모손실 및 평가손실의 처리방법에 대해서 살펴보면 다음과 같다.

(1) 보관원가

후속생산단계에 투입하기 전에 보관이 필요한 경우의 보관원가는 취득원가에 포함된다. 따라서 일반적으로 상품 또는 제품의 보관비용은 당기비용으로 처리하지만 원재료의 보관비용은 원재료의 취득원가로 처리해야 한다.

(2) 감모손실

원재료감모손실이란 장부상의 원재료수량보다 실제 원재료수량이 적은 경우에 발생한 손실을 말한다. 원재료감모손실은 제조활동에 사용된 부분이 아니므로 비정상감모손실뿐만 아니라 정상감모손실도 기타비용으로 처리하는 것이 타당하다.

(3) 평가손실

원재료 등을 투입하여 생산된 제품이 원가 이상으로 판매될 것으로 예상하는 경우에는 원재료 등에 대해서는 저가법을 적용하지 않는다. 그러나 원재료 가격의 하락으로 인해 제품의 원가가 순실현가능가치를 초과할 것으로 예상된다면 해당 원재료를 순실현가능가치로 감액하는데, 이 경우 원재료의 현행원가(현행대체원가)는 순실현가능가치에 대한 최선의 이용가능한 측정치가 될 수 있다. 원재료평가손실은 제조활동에 사용된 부분이 아니므로 기타비용으로 처리하는 것이 타당하다.

예제 8

다음은 (주)해커의 직접재료원가에 관한 자료이다. (주)해커의 재고자산 단가결정방법은 선입선출법이다.

(1) 기초원재료는 ₩20,000(200개 × @100)이며, 당기원재료매입액은 수량 1,000개, 매입원가 ₩100,000(1,000개 × @100), 보관원가 ₩10,000(1,000개 × @10)이다.
(2) 기말원재료의 장부상 수량은 400개이고 실제수량은 300개이며, 감모손실 중 60%는 비정상적으로 발생한 것이다. 기말원재료의 단위당 현행원가는 ₩90이며, 순실현가능가치는 ₩85이다.

[요구사항]

1. 제품이 원가 이상으로 판매될 것으로 예상하는 경우 직접재료원가를 구하시오.
2. 제품의 원가가 순실현가능가치를 초과하는 경우 직접재료원가를 구하시오.

해답 1. 제품이 원가 이상으로 판매될 것으로 예상하는 경우

원재료

기초원재료	20,000	재공품(직접재료원가)	86,000
		기타비용(감모손실)	11,000[*2]
원재료매입액	110,000[*1]	기타비용(평가손실)	0[*3]
		기말원재료	33,000[*4]
	130,000		130,000

[*1] 원재료매입액: ₩100,000 + ₩10,000 = ₩110,000. 원재료의 보관비용은 원재료의 취득원가로 처리함

[*2] 감모손실: 100개 × ₩110 = ₩11,000. 비정상감모손실뿐만 아니라 정상감모손실도 기타비용으로 처리해야 함

[*3] 제품이 원가 이상으로 판매될 것으로 예상하는 경우 원재료에 대해서는 평가손실을 인식하지 않음

[*4] 기말원재료: 300개 × ₩110 = ₩33,000. 선입선출법을 적용하므로 단위당 원가는 ₩110임

∴ 기말원재료: 300개 × ₩110 = ₩33,000

직접재료원가: ₩130,000 - ₩11,000 - ₩33,000 = ₩86,000

또는 200개 × ₩100 + 600개 × ₩110 = ₩86,000

2. 제품의 원가가 순실현가능가치를 초과할 것으로 예상하는 경우

원재료

기초원재료	20,000	재공품(직접재료원가)	86,000
		기타비용(감모손실)	11,000
원재료매입액	110,000	기타비용(평가손실)	6,000[*1]
		기말원재료	27,000[*2]
	130,000		130,000

[*1] 평가손실: 300개 × (₩110 - ₩90) = ₩6,000. 제품의 원가가 순실현가능가치를 초과할 것으로 예상하는 경우 원재료에 대한 평가손실을 인식함. 이 경우 원재료의 현행원가(현행대체원가)는 순실현가능가치에 대한 최선의 이용가능한 측정치임

[*2] 기말원재료: 300개 × ₩90 = ₩27,000

∴ 기말원재료: 300개 × ₩90 = ₩27,000

직접재료원가: ₩130,000 - ₩11,000 - ₩6,000 - ₩27,000 = ₩86,000

또는 200개 × ₩100 + 600개 × ₩110 = ₩86,000

위의 예제 8에서 보듯이 원재료에 감모손실과 평가손실이 발생한 경우 재공품계정으로 대체되는 직접재료원가는 제조활동에 사용된 부분(예제 8의 경우 200개 × ₩100 + 600개 × ₩110 = ₩86,000)임에 유의하기 바란다.

제1장

기출 OX문제

01 제조원가 중 직접재료원가와 직접노무원가는 특정 제품과 직접적인 관련성이 있기 때문에 직접원가 또는 기본원가(기초원가)라고 한다. (O, X)

02 제조원가 중 직접노무원가와 제조간접원가를 합하여 가공원가 또는 전환원가라고 한다. (O, X)

03 제조간접원가는 어떠한 재료원가도 포함하지 않으므로 간접노무원가와 간접경비를 합한 금액이다. (O, X)

04 당기총제조원가는 기본원가에 가공원가를 합한 금액이다. (O, X)

05 기간원가는 재고가능원가라고 부르기도 한다. (O, X)

정답 및 해설

01 O

02 O

03 X 제조간접원가에는 간접재료원가도 포함된다.

04 X 당기총제조원가는 기본원가에 제조간접원가를 합한 금액이다.

05 X 기간원가란 발생한 기간에 비용으로 처리하는 재고불능원가이며, 판매 및 관리비용 등의 비제조원가는 미래경제적 효익이 없으므로 기간원가로 처리한다.

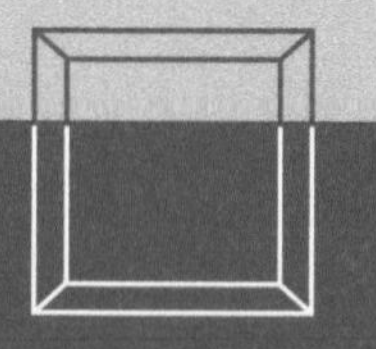

제1장

개념확인문제

대표 문제를 학습한 후, 이와 동일한 유형의 문제를 풀며 개념을 익혀보세요.

대표 문제 원가의 흐름과 배분

본사와 생산공장이 동일 건물에 소재하는 (주)대한의 3월 중 발생한 비용과 재고자산 자료는 다음과 같다. 3월 중 직접재료매입액은 ₩1,200,000이며, 매출액은 ₩7,400,000이다.

<3월 중 발생비용>

직접노무원가	₩3,000,000
공장감독자급여	100,000
기타 제조간접원가	200,000
전기료(본사에 40%, 공장에 60% 배부)	200,000
감가상각비(본사에 20%, 공장에 80% 배부)	500,000
본사의 기타 판매관리비	400,000
계	₩4,400,000

<재고자산>

	3월 초	3월 말
재공품재고	₩1,000,000	₩800,000
직접재료재고	300,000	100,000
제품재고	700,000	400,000

위의 자료를 토대로 (주)대한의 3월 1일부터 3월 31일까지의 영업이익을 구하면 얼마인가? [세무사 09]

해답 1.

재고자산

(3월)

월초원재료	300,000	매출원가	x
월초재공품	1,000,000		
월초제품	700,000		
직접재료매입액	1,200,000	월말원재료	100,000
직접노무원가	3,000,000	월말재공품	800,000
제조간접원가	820,000*	월말제품	400,000
	7,020,000		x + 1,300,000

* 제조간접원가: ₩100,000(공장감독자급여) + ₩200,000(기타제조간접원가) + ₩200,000 × 60%(전기료) + ₩500,000 × 80%(감가상각비) = ₩820,000

∴ 매출원가(x) = ₩5,720,000

2.

포괄손익계산서(기능별)

		3/1~3/31
매출액		₩7,400,000
매출원가		5,720,000
매출총이익		₩1,680,000
판매관리비		580,000
전기료: ₩200,000 × 40% =	₩80,000	
감가상각비: ₩500,000 × 20% =	100,000	
기타	400,000	
		₩1,100,000

별해

포괄손익계산서(성격별)

	3/1~3/31	
매출액	₩7,400,000	
제품과 재공품의 변동[*1]	(500,000)	
직접재료원가(원재료사용액)[*2]	(1,400,000)	
종업원급여[*3]	(3,100,000)	발생비용 ₩4,400,000
기타 제조간접원가	(200,000)	
전기료	(200,000)	
감가상각비	(500,000)	
본사의 기타 판매관리비	(400,000)	
영업이익	₩1,100,000	

[*1] 제품과 재공품의 변동: (₩800,000 + ₩400,000)(월말 제품 · 재공품) - (₩1,000,000 + ₩700,000)(월초 제품 · 재공품)

[*2] 직접재료원가: ₩300,000(월초직접재료) + ₩1,200,000(직접재료매입액) - ₩100,000(월말직접재료) = ₩1,400,000

[*3] 직접노무원가 + 공장감독자급여: ₩3,000,000 + ₩100,000 = ₩3,100,000

01 (주)해커는 9월 중 ₩100의 원재료를 구입하였다. 9월의 당기총제조원가는 ₩200이며 전환원가가 ₩120이라면 9월 말 원재료재고는 얼마인가? 단, 9월 초 원재료재고는 ₩50이다.

02 다음은 (주)해커의 20×1년 12월 31일로 종료되는 회계연도의 회계자료 중 일부이다.

항목	금액
원재료재고의 감소	₩20,000
재공품재고의 증가	40,000
제품재고의 감소	60,000
원재료매입액	750,000
직접노무원가	400,000
제조간접원가	850,000
판매수수료	50,000

(주)해커의 20×1년도 매출원가는 얼마인가?

03 (주)해커는 제조원가에 20%만큼 이익을 가산하여 제품을 판매하고 있다. 기초 및 기말 제품이 없다고 가정할 경우 기말재공품을 계산하라.

항목	금액
당기직접재료원가	₩200
당기직접노무원가	300
당기전환원가	650
기초재공품	100
당기매출액	1,000(상품매출액 ₩400 포함)

정답 및 해설

01

원재료

월초원재료	50	직접재료원가(원재료사용액)	80*
원재료매입액	100	월말원재료	70
	150		150

* 원재료사용액(직접재료원가) : ₩200 - ₩120 = ₩80
당월총제조원가 전환원가(= 직접노무원가 + 제조간접원가)

∴ 월말원재료재고: ₩70

02

재고자산

원재료재고의 감소	20,000	매출원가	x
제품재고의 감소	60,000		
원재료매입액	750,000		
직접노무원가	400,000	재공품재고의 증가	40,000
제조간접원가	850,000		
	2,080,000		2,080,000

∴ 매출원가(x): ₩2,040,000

03

재공품

기초재공품	100	당기제품제조원가	500*
직접재료원가(DM)	200		
직접노무원가(DL)	300		
제조간접원가(OH)	350	기말재공품	x
	950		500 + x

* (₩1,000 - ₩400) ÷ (1 + 20%) = ₩500

∴ 기말재공품(x): ₩450

04 20×1년 1월 5일에 영업을 시작한 서울상회는 20×1년 12월 31일에 재공품 ₩10,000, 제품 ₩20,000을 가지고 있었다. 20×2년에 영업실적이 부진하자 이 회사는 동년 6월 말에 재공품 재고를 남겨두지 않고 전량 제품으로 생산한 뒤 싼 가격으로 전부 처분하고 공장을 폐쇄하였다. 이 회사의 20×2년도 원가를 작은 순서대로 나열하면? [세무사 06]

05 (주)남송의 1월 중 발생한 비용과 월초 및 월말 재고자산자료는 다음과 같다.

<1월 중 발생비용>

직접노무원가	₩300
감가상각비 - 공장	50
감가상각비 - 영업점포	50
감가상각비 - 본부사옥	100
공장감독자급여	100
그 밖의 제조간접원가	200

재고자산	1월 초	1월 말
재공품	₩1,000	₩800
원재료	300	100

1월 중 원재료의 매입은 발생하지 않았다. (주)남송의 1월달 당기제품제조원가는? [회계사 01]

06 다음은 (주)포석정의 20×1년 7월 30일의 홍수로 인하여 소실되고 남은 회계자료 중 일부이다. 20×1년 7월 1일부터 20×1년 7월 30일까지의 회계자료는 다음과 같다.

(1) 재고자산

	20×1. 7. 1	20×1. 7. 30
원재료	₩16,000	?
재공품	34,000	?
제품	80,000	?

(2) 추가자료(7월 한 달간 자료임)

원재료매입액	₩240,000	매출액	₩400,000
직접노무원가	200,000	매출총이익률	40%
기본원가	300,000	총판매가능제품	₩430,000
제조간접원가	가공원가의 20%		

20×1년 7월 30일의 홍수로 인하여 소실된 (주)포석정의 재고자산 금액은 얼마인가?

정답 및 해설

04 계정별 원가의 흐름을 보면 다음과 같다(당기총제조원가를 x라고 할 때).

재공품

기초재공품	10,000	당기제품제조원가	10,000 + x
당기총제조원가	x	기말재공품	0
	10,000 + x		10,000 + x

제품

기초제품	20,000	매출원가	30,000 + x
당기제품제조원가	10,000 + x	기말제품	0
	30,000 + x		30,000 + x

따라서, 당기총제조원가(x) < 당기제품제조원가(x + ₩10,000) < 매출원가(x + ₩30,000)의 관계가 성립한다.

05

재고자산

기초원재료	300	매출원가 제조원가	x
기초재공품	1,000		
원재료매입	0		
직접노무원가	300	기말원재료	100
제조간접원가	350	기말재공품	800
	1,950		x + 900

∴ 당기제품제조원가(x): ₩1,050

06

재고자산

7. 1	130,000[*1]	매출원가	240,000[*3]
원재료매입액	240,000		
직접노무원가(DL)	200,000		
제조간접원가(OH)	50,000[*2]	7. 30	x
	620,000		240,000 + x

[*1] 기초재고자산: ₩16,000 + ₩34,000 + ₩80,000 = ₩130,000

[*2] 제조간접원가(OH) = {직접노무원가(DL) + 제조간접원가(OH)} × 20%,
직접노무원가(DL) = ₩200,000
∴ 제조간접원가(OH) = ₩50,000

[*3] ₩400,000 × (1 - 40%) = ₩240,000
(매출액) (매출원가율) (매출원가)

∴ 7. 30 재고(x) = ₩380,000

07 (주)국세의 4월 매출액은 ₩20,000이며, 매출총이익률은 30%이다. (주)국세의 공장에서 4월에 발생한 원가관련 자료는 다음과 같다.

• 재고자산 현황

일자	직접재료	재공품	제품
4월 1일	₩1,000	?	₩3,000
4월 30일	2,000	₩3,000	4,000

• 4월에 매입한 직접재료 금액은 ₩4,500이다.
• 4월 1일 미지급임금은 ₩2,000이며, 4월 30일 미지급임금은 ₩4,000이다.
• 4월에 지급한 임금은 ₩6,000이다.
• (주)국세의 공장에서 발생한 임금의 50%는 직접노무원가이다.
• 4월에 발생한 제조간접원가 중 임금을 제외한 나머지 부분은 ₩1,500이다.

(주)국세의 4월 1일 재공품 금액은 얼마인가? [세무사 11]

08 (주)세무는 실제원가계산을 사용하고 있으며, 20×1년 원가자료는 다음과 같다. 20×1년 직접재료매입액은 ₩21,000이었고, 매출원가는 ₩90,000이었다. 가공원가의 40%가 직접노무원가라면 기초원가(prime cost)는? [세무사 13]

	기초잔액	기말잔액
직접재료(원재료)	₩3,000	₩4,000
재공품	50,000	45,000
제품	70,000	60,000

정답 및 해설

07

재고자산

4. 1 원재료	1,000	매출원가	14,000
재공품	x		
제품	3,000		
원재료매입액	4,500	4. 30 원재료	2,000
직접노무원가(DL)	4,000[*1]	재공품	3,000
제조간접원가(OH)	5,500[*2]	제품	4,000
	18,000 + x		23,000

[*1] 직접노무원가(DL): (₩6,000 - ₩2,000 + ₩4,000) × 50% = ₩4,000

[*2] 제조간접원가(OH): ₩4,000 + ₩1,500 = ₩5,500

∴ 기초재공품원가(x) = ₩5,000

08

재고자산

기초원재료	3,000	매출원가	90,000
기초재공품	50,000		
기초제품	70,000		
직접재료매입액	21,000	기말원재료	4,000
직접노무원가(DL)	0.4X*	기말재공품	45,000
제조간접원가(OH)	0.6X*	기말제품	60,000
	144,000 + X		199,000

* 가공원가를 X라고 하면 직접노무원가(DL) = 0.4X, 제조간접원가(OH) = 0.6X

∴ 기본원가 = 직접재료원가 ₩20,000* + 직접노무원가 ₩55,000 × 0.4 = ₩42,000

* ₩3,000 + ₩21,000 - ₩4,000 = ₩20,000

09 (주)세무의 20×1년도 기초 및 기말 재고자산은 다음과 같다. 원재료의 제조공정 투입금액은 모두 직접재료원가이며, 20×1년 중에 매입한 원재료는 ₩76,000이다. 20×1년의 기본원가는 ₩400,000이고, 전환원가(가공원가)의 50%가 제조간접원가이다. (주)세무의 20×1년 매출원가는 얼마인가? [세무사 14]

	기초잔액	기말잔액
직접재료(원재료)	₩34,000	₩10,000
재공품	37,000	20,000
제품	10,000	48,000

10 (주)해커의 20×1년 기초 및 기말재고자산은 다음과 같다.

당기 원재료매입액 ₩1,500,000이며, 원재료보관비용은 ₩70,000이고 당기 가공원가는 ₩6,000,000이다.

	기초잔액	기말잔액
원재료	₩200,000	₩100,000
재공품	300,000	450,000
제품	500,000	700,000

기말원재료의 장부재고는 ₩100,000(장부수량 100kg, 원가 ₩1,000/kg) 실지재고수량은 90kg이며, 감모손실 중 60%는 원가성이 있다. 또한 기말원재료의 현행원가는 kg당 ₩950이고, 순실현가능가치는 kg당 ₩920이다. 제품은 원가 이상으로 판매가능할 것으로 예상된다.

(주)해커의 20×1년 매출원가는 얼마인가?

정답 및 해설

09

재고자산

기초원재료	34,000	매출원가	X
기초재공품	37,000		
기초제품	10,000		
원재료매입액	76,000	기말원재료	10,000
직접노무원가(DL)	300,000*1	기말재공품	20,000
제조간접원가(OH)	300,000*2	기말제품	48,000
	757,000		X + 78,000

*1 직접노무원가(DL) = ₩400,000 - ₩100,000 = ₩300,000

*2 제조간접원가(OH) = 직접노무원가 = ₩300,000 (∵ 제조간접원가 = 전환원가 × 50%)

∴ 매출원가(X) = ₩679,000

10

재고자산

기초원재료	200,000	매출원가	X
기초재공품	300,000	기타비용(감모손실)	10,000*2
기초제품	500,000		
원재료매입액	1,570,000*1	기말원재료	90,000*3
가공원가	6,000,000	기말재공품	450,000
		기말제품	700,000
	8,570,000		X + 1,250,000

*1 원재료의 보관비용은 원재료의 취득원가로 처리함

*2 감모손실: 10kg × @1,000 = ₩10,000. 비정상감모손실뿐만 아니라 정상감모손실도 기타비용으로 처리해야 함

*3 기말원재료: 90kg × @1,000 = ₩90,000. 제품이 원가 이상으로 판매될 것으로 예상하는 경우 원재료에 대해서는 평가손실을 인식하지 않음

∴ 매출원가(X): ₩7,320,000

참고 제품이 원가 이하로 판매될 것으로 예상되는 경우

재고자산

기초원재료	200,000	매출원가	X
기초재공품	300,000	기타비용(감모손실)	10,000
기초제품	500,000	기타비용(평가손실)	4,500*1
원재료매입액	1,570,000	기말원재료	85,500*2
가공원가	6,000,000	기말재공품	450,000
		기말제품	700,000
	8,570,000		X + 1,250,000

*1 평가손실: 90kg × (@1,000 - @950) = ₩4,500. 제품의 원가가 순실현가능가치를 초과할 것으로 예상하는 경우 원재료에 대한 평가손실을 인식함. 이 경우 원재료의 현행원가(현행대체원가)는 순실현가능가치에 대한 최선의 이용가능한 측정치임. 원재료의 평가손실은 기타비용으로 처리함

*2 기말원재료: 90kg × @950 = ₩85,500

∴ 매출원가(X): ₩7,320,000

해커스 세무사 眞원가관리회계
회계사 · 세무사 단번에 합격, 해커스 경영아카데미
cpa.Hackers.com

제2장

개별원가계산

제1절 | 원가계산제도

01 원가계산제도의 의의

원가계산제도란 제조기업이 재무제표를 작성하고 기업의 경영관리목적에 유용한 원가정보를 산출하기 위해서 제품을 생산하는 데 투입(희생)된 원가를 파악하는 절차를 말한다. 즉, 원가계산제도란 제품원가계산 절차를 의미하는데, 일반적으로 제조기업의 제품원가계산은 다음과 같은 절차를 통해 수행된다.

> 1단계: 일정기간 동안 발생한 모든 제조원가를 파악하여 당기총제조원가를 집계한다.
> 2단계: 집계된 제조원가를 일정기간 동안 제조과정을 통해 산출된 제품과 기말재공품으로 배분하여 당기제품제조원가와 기말재공품원가를 계산한다.

이와 같이 제품원가계산은 관련된 제조원가를 집계하는 단계와 집계된 제조원가를 산출물에 배분하는 단계로 구성됨을 알 수 있다.

02 원가계산제도의 분류

원가계산제도는 다양한 관점에서 분류할 수 있지만 생산방식에 따라 분류하는 것이 일반적이다.

(1) 원가계산제도는 각 기업이 수행하는 생산활동의 성격에 따라 크게 개별원가계산과 종합원가계산으로 나눌 수 있다.

① **개별원가계산**(job-order costing, **작업별 원가계산이라고도 함**): 제품의 종류나 규격이 다양한 개별적인 생산형태의 기업에 적용되는 원가계산방법으로써 조선업, 건설업, 기계제조업 등 특별주문이나 수요에 따라 특정 제품을 개별적으로 생산하는 기업의 원가계산에 적합하다.

② **종합원가계산**(process costing, **공정별 원가계산이라고도 함**): 단일종류의 제품을 연속적으로 대량생산하는 업종의 기업에 적용되는 원가계산방법으로써 화학공업, 식품가공업, 제지업, 조립업 등과 같이 대량생산이 가능한 산업분야에 속하는 기업의 원가계산에 적합하다.

(2) 원가계산제도와 관련하여 유의할 점은 개별원가계산과 종합원가계산은 각 기업의 생산활동의 성격에 따른 원가집계방식을 기준으로 분류된 것이지만, 이들 제품원가계산의 본질은 기초재공품원가와 당기총제조원가(직접재료원가 + 직접노무원가 + 제조간접원가)를 당기제품제조원가(완성품원가)와 기말재공품원가로 배분한다는 점에 있어서는 동일하다는 것이다.

	재공품			
	[원가집계-투입]		[원가배분-산출]	
	기초재공품	XXX		
당기 총제조원가	직접재료원가	XXX	당기제품제조원가	?
	직접노무원가	XXX		
	제조간접원가	XXX	기말재공품	?
		XXX		XXX

따라서 <제1부 재무보고를 위한 제품원가계산>에서 다루고 있는 제품원가계산을 학습하는 과정에서 항상 이를 염두에 두는 것이 내용 이해에 많은 도움이 될 것이다.

(3) 개별원가계산은 원가요소의 실제성 여부에 따라 실제개별원가계산과 정상개별원가계산으로 구분된다. 실제개별원가계산은 직접재료원가, 직접노무원가, 제조간접원가, 즉 모든 제조원가를 실제발생액으로 제품에 부과하는 원가계산방법이고, 정상개별원가계산은 직접재료원가, 직접노무원가는 실제발생액을 제품에 직접 부과하고, 제조간접원가는 사전에 결정된 예정배부율을 기준으로 제품에 배부하는 원가계산방법이다.

본 장에서 개별원가계산에 대한 내용을 살펴보기로 하고, 종합원가계산에 대해서는 <제4장 종합원가계산>에서 살펴보기로 한다.

제2절 | 개별원가계산의 의의

01 개별원가계산의 절차

개별원가계산이란 앞에서 설명한 바와 같이 제품의 종류나 규격이 다양한 개별적인 생산형태의 기업에 적용되는 원가계산방법으로써 제품원가를 개별작업별로 구분·집계하여 계산한다. 따라서 개별원가계산은 조선업, 건설업, 기계제조업 등 특별주문이나 수요에 따라 특정 제품을 개별적으로 생산하는 기업의 원가계산에 적합하다. 개별원가계산의 절차에 대해서 살펴보면 다음과 같다.

(1) 개별원가계산을 사용하는 기업들은 보통 제품마다 그 양식이나 규격, 품질 등이 다르며 생산량도 다르기 때문에 제품원가를 개별작업별로 구분·집계하여 계산한다. 여기서 작업(job)이란 제품생산에 투입되는 재료나 노동력을 명백히 구분하여 인식할 수 있는 단위를 의미하는데, 이는 하나의 제품으로 구성될 수도 있고 여러제품으로 구성될 수도 있다.

예 어선, 화물선, 군함을 각 1척씩 주문받은 조선업에서는 각각의 배가 하나의 작업이 되고, 똑같은 선반 10대를 주문받은 기계제조업에서는 10대의 선반이 하나의 작업이 되어 개별작업별로 제품원가를 계산한다.

(2) 개별원가계산은 개별작업별로 원가계산이 이루어지기 때문에 직접원가(직접재료원가, 직접노무원가)와 제조간접원가의 구분이 매우 중요하다. 직접원가는 개별작업과 관련하여 직접적으로 추적할 수 있는 제조원가이기 때문에 발생된 원가를 그대로 집계하여 부과하면 되지만, 제조간접원가는 특정 제품이나 작업과 관련하여 직접적으로 추적할 수 없는 제조원가이기 때문에 이를 일정시점(기말)에 집계한 후 개별작업(제품)에 적정한 기준으로 배부하게 된다.

개별원가계산의 절차

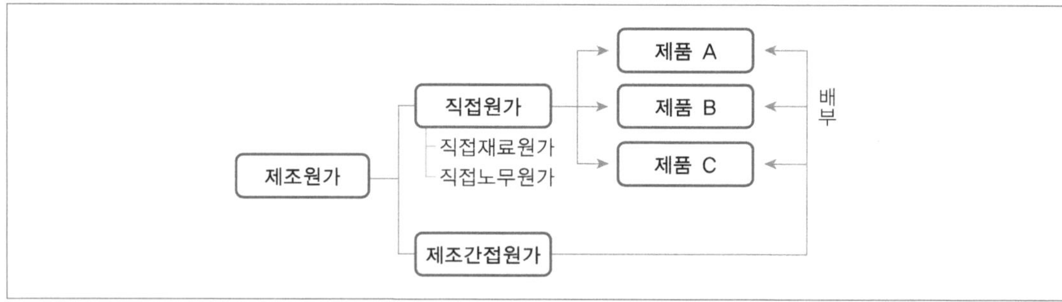

(3) 개별원가계산에서는 제조원가를 직접원가(직접재료원가, 직접노무원가)와 제조간접원가로 구분하고 제조간접원가를 보고기간 말에 배부하는 절차를 행하게 되면 제품원가계산의 절차가 완료된다. 왜냐하면, 기초재공품원가와 당기총제조원가를 당기제품제조원가와 기말재공품원가로 구분하는 것은 개별작업의 완성 여부를 확인하면 되기 때문이다.

㉠ 위의 그림에서 제품 A, 제품 B는 기말 현재 완성되었고 제품 C는 아직 공정이 진행 중이라면 제품 A와 제품 B에 할당된 제조원가는 당기제품제조원가가 될 것이며, 제품 C에 할당된 제조원가는 기말 재공품원가가 된다.

02 작업원가표

개별원가계산제도의 기본적인 요소는 개별작업에 대한 원가를 기록·집계하기 위하여 사용되는 작업원가표(job-cost sheet)이다.

(1) 일반적으로 고객이 특정 제품을 주문하면 제조부문은 주문받은 제품을 제조하기 위하여 제조지시서(production order, 작업지시서라고도 함)를 작성하여 생산현장에 작업을 지시하게 되고, 제조지시서에 의하여 작업이 수행되면 각 개별작업별로 원가를 기록·집계하기 위하여 작업원가표가 작성된다. 개별원가계산제도하에서는 이러한 각각의 작업원가표에 기초하여 원가계산이 이루어지기 때문에 작업원가표는 개별원가계산제도의 기본적인 요소가 된다.

(2) 모든 작업에는 다음에 예시된 것과 같은 작업원가표를 사용하는데, 여기에는 제조원가를 세 가지 유형, 즉 직접재료원가, 직접노무원가, 제조간접원가로 구분하여 기록한다.

작업원가표

작업번호	#201		
품목	A제품	생산량	500개
시작일	20×1. 1. 4	완성일	20×1. 2. 28

일자	직접재료원가		직접노무원가		제조간접원가	합계
	수량	금액	작업시간	금액		
20×1. 1. 6						
1. 28						
2. 15						
2. 28						
					계	

(3) 작업원가표에 기록되는 제조원가 중 직접재료원가와 직접노무원가는 개별작업과 직접적인 대응관계가 있기 때문에 발생시점에서 작업원가표에 기록되지만, 제조간접원가는 개별작업과 직접 대응시킬 수가 없기 때문에 기말에 적정한 기준에 의해 배부된 금액을 기록한다.

03 제조간접원가의 배부

제조간접원가는 여러 제품을 생산하기 위하여 공통적으로 발생된 제조원가이기 때문에 발생과 동시에 각 개별작업에 부과할 수 없다. 따라서 기말에 제조간접원가를 적당한 배부기준에 의하여 각 작업(작업원가표)에 배부하는 과정을 거치게 된다.

(1) 제조간접원가는 조업도를 기준으로 배부하게 되는데, 조업도(capacity utilization)란 일정기간 동안 기업이 보유하고 있는 노동력, 설비 등과 같은 생산수단의 이용정도를 말한다. 제조간접원가를 각 작업에 배부하기 위한 조업도로써 많이 사용되는 것으로는 ① 직접노무원가 ② 직접노동시간 ③ 기계시간 등이 있는데, 이들 조업도(배부기준) 중에서 다음 사항을 고려하여 가장 합리적이라고 생각되는 기준을 선택해야 한다.

> ① 제조간접원가의 배부기준은 제조간접원가의 발생과 높은 상관관계를 가져야 하고, 논리적으로도 타당한 인과관계가 있어야 한다.
> ② 제조간접원가의 배부기준은 쉽게 적용할 수 있어야 한다.

(2) 제조간접원가의 배부기준(조업도)을 결정한 후 제조간접원가를 배부하기 위하여 발생된 제조간접원가를 배부기준(조업도)으로 나누어 제조간접원가 배부율을 계산하고, 작업별 배부기준(실제조업도)에 제조간접원가 배부율을 곱하여 개별작업에 제조간접원가를 배부한다.

$$\text{제조간접원가 배부율} = \frac{\text{제조간접원가}}{\text{배부기준(조업도)}}$$

작업별 제조간접원가 배부액 = 당해작업이 소비한 배부기준(실제조업도) × 제조간접원가배부율

(3) K-IFRS에서는 제조간접원가를 각 작업 또는 제품에 배부할 때 다음과 같이 배부하도록 규정하고 있다.

① 제조간접원가를 조업도의 변동에 따라 총원가가 비례적으로 변동하는 변동제조간접원가와 조업도의 변동에 따라 총원가가 일정한 고정제조간접원가로 구분한다.

② 변동제조원가는 실제조업도에 기초하여 배부하고, 고정제조간접원가는 실제조업도에 기초하여 배부하되 실제조업도가 정상조업도에 미달하는 경우에는 정상조업도(정상적인 상황에서 상당한 기간 동안 평균적으로 달성할 수 있을 것으로 예상되는 조업도)에 기초하여 배부한다.

㉠ 실제조업도 ≥ 정상조업도

$$\text{제조간접원가배부율} = \frac{\text{고정제조간접원가}}{\text{실제조업도}} + \frac{\text{변동제조간접원가}}{\text{실제조업도}} = \frac{\text{총제조간접원가}}{\text{실제조업도}}$$

㉡ 실제조업도 < 정상조업도

$$\text{제조간접원가배부율} = \frac{\text{고정제조간접원가}}{\text{정상조업도}} + \frac{\text{변동제조간접원가}}{\text{실제조업도}}$$

③ 실제조업도가 정상조업도에 미달하는 경우 제품 또는 작업에 배부된 고정제조간접원가는 실제 발생한 고정제조간접원가에 미달하는데, 이 경우 배부되지 않은 고정제조간접원가는 비정상적으로 낭비된 부분이므로 제품원가를 구성할 수 없기 때문에 발생한 기간의 비용(기타비용)으로 처리한다.

예제 1

(주)해커는 당기에 세 가지 작업을 수행하였는데, 제조지시서 #1은 전기부터 작업이 시작되었고 제조지시서 #2와 #3은 당기에 착수하였다. 관련 자료는 다음과 같다.

(1) 당기 중 제조지시서 #1과 #2는 완성되었는데, 제조지시서 #1은 ₩20,000에 판매되었고 제조지시서 #2는 기말 현재 재고로 남아있다. 제조지시서 #3은 당기 말 현재 작업이 진행 중이다.
(2) 당기에 실제 발생한 제조간접원가는 ₩6,000이며 제조간접원가의 40%는 변동원가이고 나머지는 고정원가이다. 제조간접원가는 기계작업시간을 기준으로 각 작업에 배부한다.
(3) 작업별 실제원가 및 실제기계시간은 다음과 같다. 단, 제조지시서 #1의 기초잔액은 ₩1,000이다.

구분	#1	#2	#3	합계
직접재료원가	₩6,000	₩2,500	₩1,500	₩10,000
직접노무원가	500	250	250	1,000
기계작업시간	50시간	40시간	30시간	120시간

[요구사항]

1. 정상조업도 수준의 기계작업시간이 100시간인 경우 매출총이익과 기말재고자산(제품 및 재공품)을 계산하시오.
2. 정상조업도 수준의 기계작업시간이 200시간인 경우 [요구사항 1]에 답하시오.

해답 1. **실제조업도 ≥ 정상조업도**

(1) 제조간접원가배부율

$$\frac{\text{총제조간접원가}}{\text{실제조업도}} = \frac{₩6,000}{120\text{시간}} = \text{기계작업시간당 @50}$$

(2) 작업별 제조원가

구분	#1	#2	#3	합계
직접재료원가	₩6,000	₩2,500	₩1,500	₩10,000
직접노무원가	500	250	250	1,000
제조간접원가	2,500	2,000	1,500	6,000
계	₩9,000	₩4,750	₩3,250	₩17,000

(3) 매출총이익: 매출액 ₩20,000 - 매출원가 ₩10,000* = ₩10,000

* 제조지시서 #1 제조원가: 기초잔액 ₩1,000 + 당기 제조원가 ₩9,000 = ₩10,000

(4) 기말재고자산

① 제품(제조지시서 #2):	₩4,750
② 재공품(제조지시서 #3):	3,250
계	₩8,000

2. 실제조업도 < 정상조업도

(1) 제조간접원가배부율

① 변동제조간접원가배부율: $\frac{\text{변동제조간접원가}}{\text{실제조업도}} = \frac{₩6{,}000 \times 40\%}{120\text{시간}}$ = 기계작업시간당 @20

② 고정제조간접원가배부율: $\frac{\text{고정제조간접원가}}{\text{정산조업도}} = \frac{₩6{,}000 \times 60\%}{200\text{시간}}$ = 기계작업시간당 @18

계 기계작업시간당 @38

(2) 작업별 제조원가

구분	#1	#2	#3	합계
직접재료원가	₩6,000	₩2,500	₩1,500	₩10,000
직접노무원가	500	250	250	1,000
제조간접원가	1,900	1,520	1,140	4,560*
계	₩8,400	₩4,270	₩2,890	₩15,560

* 미배부 고정제조간접원가 ₩1,440(= ₩6,000 - ₩4,560)은 당기비용으로 처리함

(3) 매출총이익: 매출액 ₩20,000 - 매출원가 ₩9,400* = ₩10,600

* 제조지시서 #1 제조원가: 기초잔액 ₩1,000 + 당기 제조원가 ₩8,400 = ₩9,400

(4) 기말재고자산

① 제품(제조지시서 #2):	₩4,770
② 재공품(제조지시서 #3):	2,890
계	₩7,160

제3절 | 부문별 제조간접원가의 배부

일반적으로 제조기업에서는 원재료가 투입되어 제품이 완성되기까지 여러 가지 제조과정을 거치게 되며, 기업은 각 제조과정을 기능에 따라서 구분하여 관리하게 되는데 그 관리단위를 부문(department)이라고 한다. 각 부문들은 서로 다른 기능을 수행하며 제조간접원가가 발생하는 양상도 서로 다르므로 각 부문에서 발생한 제조간접원가를 구분하여 별도의 배부기준으로 개별작업에 배부한다면 보다 정확하게 제조간접원가가 배부되어 정확한 제품원가를 계산할 수 있을 것이다. 따라서 본 절에서는 보다 정확한 제품원가를 계산하기 위해 부문별 제조간접원가의 배부방법에 대해 살펴보기로 한다.

01 복수의 제조부문이 존재하는 경우의 제조간접원가 배부방법

제조기업에서 제품을 생산하기 위해서는 여러 가지 제조부문을 거치게 된다. 기업이 구체적으로 어떤 제조부문을 설정할 것인가는 업종에 따라 다르지만 기계제조업을 예로 들면 생산공정을 주조부문, 단조부문, 선반부문, 기계부문, 조립부문으로 구분할 수 있을 것이다. 이와 같이 대부분의 기업은 둘 이상의 제조부문을 가지고 있으며 이 경우 제조간접원가를 개별작업(제품)에 배부하는 방법에는 두 가지가 있다.

(1) 공장 전체 제조간접원가배부율

제조간접원가를 각 제조부문별로 집계하여 배부하지 않고 공장 전체의 총제조간접원가를 단일 배부기준으로 나누어 단일 제조간접원가배부율을 산정한 다음 개별작업(제품)에 제조간접원가를 배부하는 것인데, 이때의 제조간접원가배부율을 공장 전체 제조간접원가배부율(plant-wide application rate of overhead cost)이라고 한다. 이는 공장 전체를 단일의 제조부문으로 간주하는 방법이다. 지금까지 설명한 제조간접원가의 배부방법이 공장 전체 제조간접원가배부율에 의한 배부방법이었다.

① 공장 전체 제조간접원가배부율 $= \dfrac{\text{공장 전체 제조간접원가}}{\Sigma\text{공장 전체 배부기준(실제조업도)}}$

② 작업별 제조간접원가배부액 = 당해 작업이 소비한 배부기준(실제조업도) × 공장 전체 제조간접원가배부율

(예) 제조부문 X와 Y가 있을 때 제조부문 X와 Y의 제조간접원가를 합한 총제조간접원가를 기계시간을 기준으로 산정한 제조간접원가배부율에 의하여 개별작업(제품)에 배부하는 경우

공장 전체 제조간접원가배부율을 사용하면 계산과 사용은 간편하지만 제조간접원가의 규모나 성격이 제조부문 간에 상이하고 작업과정 중 각 제조부문에서 소요되는 기계시간이나 직접노동시간 등이 크게 다를 경우에는 제품원가를 정확하게 계산할 수 없기 때문에 합리적이지 못하다.

(2) 부문별 제조간접원가배부율

각 제조부문별로 제조간접원가를 집계하고, 이를 해당 제조부문의 특성에 맞는 배부기준으로 나누어 각 제조부문별로 서로 다른 제조간접원가배부율을 산정하는 것인데, 이때의 제조간접원가배부율을 부문별 제조간접원가배부율(departmental application rate of overhead cost)이라고 한다.

① 부문별 제조간접원가배부율 = $\dfrac{\text{부문별 제조간접원가}}{\Sigma\text{부문별 배부기준(실제조업도)}}$

② 작업별 제조간접원가배부액 = Σ(당해 작업이 소비한 부문별 배부기준(실제조업도) × 부문별 제조간접원가배부율)

예 제조부문 X와 Y가 있을 때 제조부문 X는 기계시간을 기준으로 제조간접원가배부율을 산정하고, 제조부문 Y는 직접노동시간을 기준으로 제조간접원가배부율을 산정해 부문별로 개별작업(제품)에 제조간접원가를 배부하는 경우

부문별 제조간접원가배부율을 사용하면 각 제조부문의 특성에 따라 제조간접원가를 개별작업에 배부하기 때문에 보다 합리적인 방법으로 좀 더 정확한 제품원가를 계산할 수 있다.

예 기계집약적인 제조부문은 기계시간을 배부기준으로 이용하고, 노동집약적인 제조부문은 직접노동시간이나 직접노무원가를 배부기준으로 제조간접원가를 배부하는 경우

예제 2

(주)삼공의 공장에는 두 개의 제조부문 X와 Y가 있다. 회사는 3월 중 작업 #301, #302, #303을 착수하여 완성하였다.

(1) 각 작업과 관련하여 3월 중 발생한 제조원가 및 기타자료는 다음과 같다.

구분	#301	#302	#303	합계
직접재료원가	₩300,000	₩300,000	₩400,000	₩1,000,000
직접노무원가	280,000	220,000	500,000	1,000,000
직접노동시간				
X부문	200시간	200시간	600시간	1,000시간
Y부문	200	100	200	500
기계시간				
X부문	300시간	150시간	150시간	600시간
Y부문	720	360	120	1,200

(2) 3월 중에 발생한 두 제조부문의 제조간접원가는 다음과 같다.

구분	X	Y	합계
제조간접원가	₩800,000	₩1,200,000	₩2,000,000

[요구사항]

1. 공장 전체 제조간접원가배부율을 사용할 경우 작업별 제조원가를 구하시오.
2. 부문별 제조간접원가배부율을 사용할 경우 작업별 제조원가를 구하시오.

해답 1. **공장 전체 제조간접원가배부율을 사용할 경우**

(1) 공장 전체 제조간접원가배부율

$$\frac{\text{공장 전체 제조간접원가}}{\text{공장 전체 직접노무원가}} = \frac{₩2,000,000}{₩1,000,000} = \text{직접노무원가의 } 200\%$$

(2) 작업별 제조원가

구분	#301	#302	#303	합계
직접재료원가	₩300,000	₩300,000	₩400,000	₩1,000,000
직접노무원가	280,000	220,000	500,000	1,000,000
제조간접원가*	560,000	440,000	1,000,000	2,000,000
계	₩1,140,000	₩960,000	₩1,900,000	₩4,000,000

* 작업별 직접노무원가 × 200%(배부율)

2. **부문별 제조간접원가배부율을 사용할 경우**

(1) 부문별 제조간접원가배부율

X부문: $\frac{\text{X부문 제조간접원가}}{\text{X부문 직접노동시간}} = \frac{₩800,000}{1,000\text{시간}} = \text{X부문 직접노동시간당 ₩800}$

Y부문: $\frac{\text{Y부문 제조간접원가}}{\text{Y부문 기계시간}} = \frac{₩1,200,000}{1,200\text{시간}} = \text{Y부문 기계시간당 ₩1,000}$

(2) 작업별 제조원가

구분	#301	#302	#303	합계
직접재료원가	₩300,000	₩300,000	₩400,000	₩1,000,000
직접노무원가	280,000	220,000	500,000	1,000,000
제조간접원가				
X부문*1	160,000	160,000	480,000	800,000
Y부문*2	720,000	360,000	120,000	1,200,000
계	₩1,460,000	₩1,040,000	₩1,500,000	₩4,000,000

*1 작업별 X부문 직접노동시간 × @800

*2 작업별 Y부문 기계시간 × @1,000

02 보조부문원가의 배분

제조기업에는 제조부문만이 아니라 보조부문도 있다. 보조부문은 제품의 제조에 직접 관여하지는 않으나 제조부문의 제조활동을 보조하기 위해 여러 가지 용역을 제공하는 부문으로 동력부, 수선부, 공장사무부 등이 대표적인 예이다.

(1) 보조부문에서 발생한 원가는 제조부문의 생산활동을 보조하기 위해서 발생한 원가로 제조간접원가에 해당한다. 따라서 제조활동과 관련하여 직·간접적으로 발생한 모든 제조원가를 제품에 배부하기 위해서는 제조부문에서 발생한 제조간접원가만을 개별작업에 배부해서는 안 되며, 먼저 보조부문과 제조부문 등 부문별로 제조간접원가를 집계하고 집계된 보조부문원가를 제조부문에 배분한 후, 제조부문에서 발생한 제조간접원가와 보조부문에서 배분된 원가를 합하여 개별작업(제품)에 배부해야 한다.

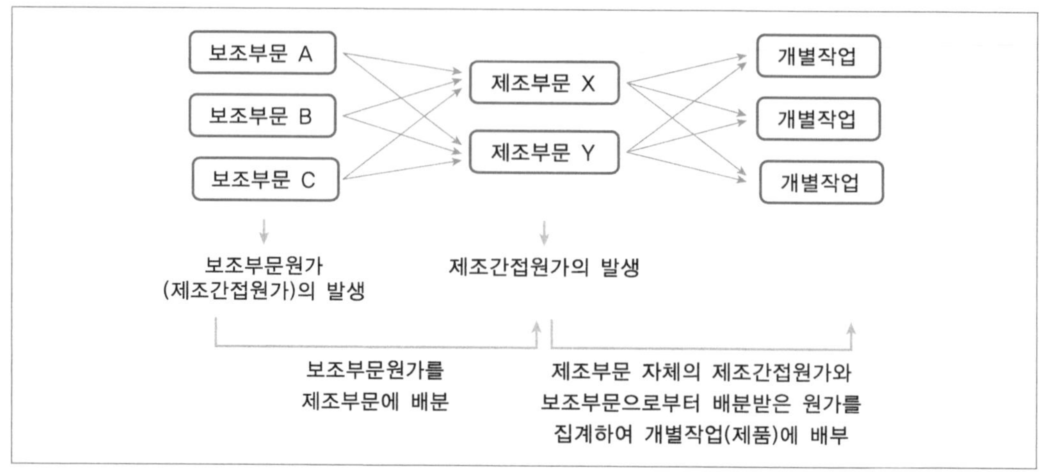

(2) 보조부문원가를 제조부문에 배분하는 경우에는 각 보조부문이 각 제조부문에 제공한 용역의 크기에 비례하여 배분해야 한다. 이상적인 배분기준은 논리적이고, 보조부문원가의 발생과 높은 상관관계가 있으며, 쉽게 적용할 수 있어야 한다는 것이다. 일반적으로 널리 사용되는 보조부문원가의 배분기준을 살펴보면 다음과 같다.

보조부문	배분기준
건물관리부문	면적(㎡)
공장인사관리부문	종업원 인원수
동력부문	전력사용량(kW)
수선유지부문	작업시간
식당부문	종업원 인원수
구매부문	주문횟수와 주문수량
종업원후생부문	종업원 인원수
창고부문	재료의 사용량

03 보조부문원가의 제조부문에 배분방법

보조부문이 제조부문에만 용역을 제공하고 있다면 보조부문의 원가를 제조부문에 배분하는 작업은 어렵지 않다. 그러나 보조부문원가를 제조부문에 배분함에 있어서 고려해야 할 사항은 보조부문 상호 간에도 용역을 주고받는다는 점이다.

예 수선유지부문은 동력부문이 생산한 전력의 일부를 제공받고 있으며, 반대로 동력부문은 수선유지부문으로부터 기계의 수리용역을 제공받고 있는 경우

이와 같이 보조부문 상호 간에 용역을 수수하고 있다면 보조부문원가를 제조부문에 배분할 때에 보조부문 간의 용역의 수수를 먼저 고려해야 한다.

보조부문 상호 간에 용역의 수수가 있는 경우 보조부문원가를 제조부문에 배분하는 방법에는 (1) 직접배분법 (2) 단계배분법 (3) 상호배분법이 있다. 다음 예제 3을 토대로 각각의 배분방법에 대해서 살펴보기로 한다.

예제 3

(주)테크노의 공장에는 두 개의 보조부문 A, B와 두 개의 제조부문 X, Y가 있다. 각 부문의 용역수수관계와 발생원가(제조간접원가)는 다음과 같다.

제공 \ 사용	보조부문		제조부문		합계
	A	B	X	Y	
A	-	20%	50%	30%	100%
B	50%	-	10	40	100
발생원가	₩170,000	₩200,000	₩470,000	₩660,000	₩1,500,000

(1) 직접배분법

직접배분법(direct method)은 보조부문 상호 간에 행해지는 용역의 수수를 무시하고 보조부문원가를 각 제조부문에만 배분하는 방법이다. 이 방법은 보조부문 간의 상호관련성을 완전히 무시하는 방법으로 보조부문 상호 간의 용역수수관계가 별로 중요하지 않을 경우에 적용할 수 있는 방법이라 할 수 있다. 예제 3의 경우 직접배분법에 의하여 보조부문원가를 제조부문에 배분하면 다음과 같다.

	보조부문		제조부문		합계
	A	B	X	Y	
배분 전 원가	₩170,000	₩200,000	₩470,000	₩660,000	₩1,500,000
A원가배분[*1]	(170,000)		106,250	63,750	0
B원가배분[*2]		(200,000)	40,000	160,000	0
배분 후 원가	₩0	₩0	₩616,250	₩883,750	₩1,500,000

[*1] X : Y = 50 : 30

[*2] X : Y = 10 : 40

(2) 단계배분법

단계배분법(step method)이란 보조부문원가의 배분순서를 정하여 그 순서에 따라 보조부문원가를 다른 보조부문과 제조부문에 단계적으로 배분하는 방법이다.

① 단계배분법에 의하면 특정 보조부문의 원가가 일단 다른 부문에 배분되고 나면 다시는 그 보조부문에 원가가 배분되지 않는다. 따라서 이 방법은 보조부문 간의 용역수수관계를 일부 인식하기는 하지만 배분순서가 적절하지 않은 경우에는 원가배분결과가 왜곡되어 나타날 수도 있다는 점에 유의해야 한다. 즉, 최초에 배분되는 보조부문의 원가는 당해 보조부문이 제공한 용역비율대로 다른 제조부문 및 보조부문에 배분되지만 두 번째 이후에 배분되는 보조부문의 원가는 이미 배분이 이루어진 보조부문에는 배분되지 않기 때문에 나중에 배분되는 보조부문일수록 제공한 용역비율에 따른 적절한 원가배분을 기대할 수 없다.

② 단계배분법에서는 보조부문원가의 배분순서를 합리적으로 결정하는 것이 매우 중요한데, 배분순서를 결정할 때는 일반적으로 다음과 같은 방법이 많이 사용된다.

- 다른 보조부문에 용역을 제공하는 수가 많은 보조부문부터 배분하는 방법
- 다른 보조부문에 대한 용역제공비율이 큰 보조부문부터 배분하는 방법
- 발생원가(총원가)가 큰 보조부문부터 배분하는 방법

③ 위의 방법들은 기본적으로 다른 보조부문에 보다 많은 용역을 제공하고 보다 많은 영향을 미치는 보조부문을 먼저 배분함으로써 보다 정확한 원가배분이 가능하다는 사고에 기초한 것이다. 그러나 어떤 방법에 의하여 배분순서를 결정하더라도 어느 정도의 부정확성은 항상 존재하며, 경우에 따라서는 직접배분법보다도 왜곡된 배분결과가 나타날 수 있다.

④ 예제 3의 경우 단계배분법에 의하여 보조부문원가를 제조부문에 배분하면 다음과 같다.

<A부문원가부터 배분>

	보조부문		제조부문		합계
	A	B	X	Y	
배분 전 원가	₩170,000	₩200,000	₩470,000	₩660,000	₩1,500,000
A원가배분[*1]	(170,000)	34,000	85,000	51,000	0
B원가배분[*2]		(234,000)	46,800	187,200	0
배분 후 원가	₩0	₩0	₩601,800	₩898,200	₩1,500,000

[*1] B : X : Y = 20 : 50 : 30

[*2] X : Y = 10 : 40

<B부문원가부터 배분>

	보조부문		제조부문		합계
	A	B	X	Y	
배분 전 원가	₩170,000	₩200,000	₩470,000	₩660,000	₩1,500,000
A원가배분[*1]	100,000	(200,000)	20,000	80,000	0
B원가배분[*2]	(270,000)		168,750	101,250	0
배분 후 원가	₩0	₩0	₩658,750	₩841,250	₩1,500,000

[*1] A : X : Y = 50 : 10 : 40

[*2] X : Y = 50 : 30

⑤ 위의 결과에서 보듯이 어느 보조부문의 원가를 먼저 배분하느냐에 따라 제조부문에 배분되는 제조간접원가가 크게 달라질 수 있으므로 단계배분법에서는 보조부문원가의 배분순서를 합리적으로 결정하는 것이 중요하다.

(3) 상호배분법

상호배분법(reciprocal method)이란 보조부문 간의 용역수수관계를 완전히 고려하는 방법이다.

① 상호배분법은 각 보조부문 사이에서도 용역수수관계가 존재할 때 보조부문 상호 간 용역수수 사실을 계산상으로 인정하여 각 보조부문원가를 그 보조부문이 제공하는 용역을 소비하는 다른 모든 부문에 배분하는 방법으로써 이론상 가장 타당한 방법이다.

② 상호배분법에 의할 경우 각 보조부문의 배분될 총원가는 다음과 같은 방정식의 형태로 표시된다.

배분될 총원가 = 자기부문의 발생원가 + 타보조부문으로부터 배분받은 원가

상호배분법에서는 먼저 모든 보조부문에 대하여 위와 같은 형태의 방정식을 세운 다음, 방정식을 풀어서 각 보조부문의 배분될 총원가를 계산한 후에 이 총원가를 모든 용역수수관계를 고려하여 각 보조부문과 제조부문에 배분한다.

③ 예제 3의 경우에 상호배분법에 의하여 보조부문원가를 제조부문에 배분하면 다음과 같다.

	보조부문		제조부문		합계
	A	B	X	Y	
배분 전 원가	₩170,000	₩200,000	₩470,000	₩660,000	₩1,500,000
A원가배분[*2]	(300,000)[*1]	60,000	150,000	90,000	0
B원가배분[*3]	130,000	(260,000)[*1]	26,000	104,000	0
배분 후 원가	₩0	₩0	₩646,000	₩854,000	₩1,500,000

[*1] 보조부문에 배분될 총원가계산

보조부문 A, B에 배분될 총원가를 각각 A, B라 하면,

$$\begin{cases} A = ₩170,000 + 0.5B \\ B = ₩200,000 + 0.2A \end{cases}$$

∴ A = ₩300,000, B = ₩260,000

[*2] B : X : Y = 20 : 50 : 30

[*3] A : X : Y = 50 : 10 : 40

지금까지 살펴본 예제 3에 대한 세 가지 방법의 배분결과를 모두 종합하면, 직접배분법을 사용하는 것이 A부문 원가부터 배분하는 단계배분법을 사용하는 것보다 오히려 상호배분법의 배분결과에 근접해 있음을 알 수 있다. 즉, 직접배분법과 상호배분법의 배분 후 원가의 차이는 ₩29,750이지만, A부문 원가부터 배분하는 단계배분법과 상호배분법의 배분 후 원가의 차이는 ₩44,200이므로 오히려 단계배분법이 직접배분법보다 왜곡된 배분결과가 나타날 수도 있다는 점에 유의해야 한다.

04 보조부문원가배분의 기타문제

(1) 단일배분율법과 이중배분율법

① **단일배분율법**: 단일배분율법(single rate method)이란 보조부문원가를 제조부문에 배분할 때 하나의 배분율을 사용하는 방법을 말한다. 즉, 각 제조부문이나 보조부문에서 발생되는 제조간접원가는 생산수준(조업도)의 변동에 따라 원가총액이 비례적으로 변동하는 변동원가와 생산수준(조업도)의 변동과는 관계없이 일정하게 발생하는 고정원가로 분류할 수 있는데, 보조부문원가를 제조부문에 배분할 때 변동원가와 고정원가로 구분하지 않고 하나의 배분율을 사용하는 방법을 말한다. 지금까지 설명한 방법이 단일배분율법이다.

② **이중배분율법**: 이중배분율법(dual rate method)이란 보조부문원가를 변동원가와 고정원가로 구분하고 이들을 각각 별개의 배분기준을 사용하여 제조부문에 배분하는 방법을 말한다.

㉠ 이중배분율법은 보조부문원가를 제조부문에 배분할 때 변동원가와 고정원가로 구분하여 고정원가는 보조부문이 제공하는 용역에 대한 각 부문의 최대사용가능량을 기준으로 배분하고, 변동원가는 각 부문의 실제사용량을 기준으로 배분한다.

㉡ 보조부문원가의 이중배분율법에 의한 배분은 다음과 같이 고정원가와 변동원가의 차이점을 인식하려는 것이다.

ⓐ 보조부문에서 발생하는 고정원가는 제조부문이 생산설비를 최대로 가동할 때에도 충분한 용역을 공급할 수 있도록 각 부문의 최대사용량에 대응하여 구입한 고정자산의 유지비용이다. 따라서 보조부문의 고정원가는 각 부문의 최대사용량과 연관되기 때문에 각 부문이 사용할 수 있는 최대사용량을 기준으로 배분한다.

ⓑ 보조부문의 변동원가는 각 부문의 실제사용량에 비례하여 발생한다. 따라서 보조부문의 변동원가는 각 부문의 실제사용량을 기준으로 배분한다.

ⓒ 앞에서 설명한 직접배분법, 단계배분법, 상호배분법은 단일배분율법에서 뿐만 아니라 이중배분율법에서도 사용될 수 있는 방법이다. 따라서 보조부문원가를 제조부문에 배분하는 방법은 6가지(= 3×2)가 존재하게 된다.

ⓓ 이론적으로는 이중배분율법에 의하여 보조부문원가를 제조부문에 배분하는 것이 타당하지만 각 부문의 최대사용가능량의 측정과 보조부문원가를 변동원가와 고정원가로 구분하는 것이 현실적으로 쉽지 않기 때문에 실무에서는 이중배분율법을 거의 사용하지 않는다.

예제 4

(주)신기술의 공장에는 하나의 보조부문 A와 두 개의 제조부문 X, Y가 있다. 보조부문 A는 두 개의 제조부문 X, Y에 전력을 공급하고 있는데, 각 제조부문의 월간 최대사용가능량과 5월의 실제사용량은 다음과 같다.

	X	Y	합계
최대사용가능량	500kW	1,500kW	2,000kW
5월 실제사용량	500	500	1,000

한편, 5월 중 각 부문에서 발생한 원가(제조간접원가)는 다음과 같다.

	보조부문	제조부문		합계
	A	X	Y	
변동원가	₩100,000	₩140,000	₩160,000	₩400,000
고정원가	200,000	160,000	240,000	600,000
계	₩300,000	₩300,000	₩400,000	₩1,000,000

[요구사항]

1. 단일배분율법에 의해 보조부문원가를 제조부문에 배부하시오.
2. 이중배분율법에 의해 보조부문원가를 제조부문에 배부하시오.

해답 1. 단일배분율법

	보조부문	제조부문		합계
	A	X	Y	
배분 전 원가	₩300,000	₩300,000	₩400,000	₩1,000,000
A원가배분*	(300,000)	150,000	150,000	0
배분 후 원가	₩0	₩450,000	₩550,000	₩1,000,000

*X : Y = 500 : 500

∴ 보조부문원가를 배분한 후의 제조부문 X, Y 원가는 각각 ₩450,000, ₩550,000이다.

2. 이중배분율법

(1) 변동원가 배분

	보조부문	제조부문		합계
	A	X	Y	
배분 전 원가	₩100,000	₩140,000	₩160,000	₩400,000
A원가배분*	(100,000)	50,000	50,000	0
배분 후 원가	₩0	₩190,000	₩210,000	₩400,000

*X : Y = 500 : 500

(2) 고정원가 배분

	보조부문	제조부문		합계
	A	X	Y	
배분 전 원가	₩200,000	₩160,000	₩240,000	₩600,000
A원가배분*	(200,000)	50,000	150,000	0
배분 후 원가	₩0	₩210,000	₩390,000	₩600,000

*X : Y = 500 : 1,500

∴ 보조부문원가를 배분한 후의 제조부문 X, Y 원가는 각각 ₩400,000, ₩600,000이다.

(2) 공장 전체 및 부문별 제조간접원가배부율과의 관계

둘 이상의 제조부문이 있는 경우에 제조부문의 제조간접원가를 개별작업(제품)에 배부하는 방법에는 앞에서 설명한 바와 같이 공장 전체 제조간접원가배부율과 부문별 제조간접원가배부율이 있다.

① 부문별 제조간접원가배부율을 사용할 경우에는 발생한 제조간접원가를 부문(제조부문 및 보조부문)별로 집계한 후 보조부문에 집계된 보조부문원가를 제조부문에 배분하고, 제조부문 자체의 제조간접원가와 보조부문으로부터 배분받은 원가를 합하여 각 제조부문별로 서로 다른 배부기준을 적용하여 부문별 제조간접원가배부율을 계산하게 된다. 따라서 부문별 제조간접원가배부율을 사용할 경우에는 보조부문원가를 어떠한 방법에 의하여 배분하느냐에 따라 각 제조부문에 집계된 제조간접원가가 달라지므로 보조부문원가를 먼저 제조부문에 배분해야 한다.

② 공장 전체 제조간접원가배부율을 사용할 경우에는 보조부문원가를 제조부문에 배분할 필요가 없다. 왜냐하면 보조부문원가를 앞에서 설명한 여러 가지 배분방법(직접배분법, 단계배분법, 상호배분법) 중 어떤 방법에 의하여 제조부문에 배분해도 공장 전체의 제조간접원가는 변함이 없기 때문이다. 즉, 공장 전체 제조간접원가배부율을 사용할 경우에는 공장 내에서 발생한 모든 제조간접원가를 집계한 후 이를 단일 배부기준에 의하여 개별작업에 배부하면 될 뿐, 이를 굳이 부문(제조부문 및 보조부문)별로 집계하여 보조부문에 집계된 보조부문원가를 제조부문에 배분할 필요는 없는 것이다. 결국 보조부문원가를 제조부문에 배분하는 문제는 부문별 제조간접원가배부율을 사용할 경우에 한해서 발생한다.

예제 5

(주)한국의 공장에는 두 개의 보조부문 A, B와 두 개의 제조부문 X, Y가 있다. 회사는 1월 중 작업 #101, #102, #103을 착수하여 완성하였다.

(1) 각 작업과 관련하여 1월 중 발생한 제조원가 및 기타자료는 다음과 같다.

	#101	#102	#103	합계
직접재료원가	₩150,000	₩150,000	₩200,000	₩500,000
직접노무원가	250,000	150,000	400,000	800,000
직접노동시간				
X부문	100시간	100시간	300시간	500시간
Y부문	30	20	50	100
기계시간				
X부문	200시간	250시간	150시간	600시간
Y부문	600	300	100	1,000

(2) 각 부문의 용역수수관계와 발생원가(제조간접원가) 및 기타자료는 다음과 같다.

사용 / 제공	보조부문		제조부문		합계
	A	B	X	Y	
A	-	10%	50%	40%	100%
B	50%	-	10	40	100
발생원가	₩18,000	₩154,000	₩328,000	₩500,000	₩1,000,000

[요구사항]

1. 공장 전체 제조간접원가 배부율을 사용하여 보조부문원가를 제조부문에 배부하고 각 작업별 제조원가를 계산하시오.
2. 부문별 제조간접원가 배부율을 사용하여 보조부문원가를 제조부문에 배부하고 각 작업별 제조원가를 계산하시오.
   (1) 직접배분법
   (2) 단계배분법
   (3) 상호배분법

해답 1. 공장 전체 제조간접원가배부율을 사용할 경우

(1) 공장 전체 제조간접원가배부율

$$\frac{\text{공장 전체 제조간접원가}}{\text{공장 전체 직접노무원가}} = \frac{₩1,000,000}{₩800,000} = \text{직접노무원가의 } 125\%$$

(2) 작업별 제조원가

	#101	#102	#103	합계
직접재료원가	₩150,000	₩150,000	₩200,000	₩500,000
직접노무원가	250,000	150,000	400,000	800,000
제조간접원가*	312,500	187,500	500,000	1,000,000
계	₩712,500	₩487,500	₩1,100,000	₩2,300,000

* 작업별 직접노무원가 × 125%(배부)

2. 부문별 제조간접원가배부율을 사용할 경우

(1) 직접배분법

① 보조부문원가의 배분

	보조부문		제조부문		합계
	A	B	X	Y	
배분 전 원가	₩18,000	₩154,000	₩328,000	₩500,000	₩1,000,000
A원가배분	(18,000)		10,000	8,000	0
B원가배분		(154,000)	30,800	123,200	0
배분 후 원가	₩0	₩0	₩368,800	₩631,200	₩1,000,000

② 부문별 제조간접원가배부율

X부문: $\frac{\text{X부문 제조간접원가}}{\text{X부문 직접노동시간}} = \frac{₩368,800}{500\text{시간}}$ = X부문 직접노동시간당 ₩737.6

Y부문: $\frac{\text{Y부문 제조간접원가}}{\text{Y부문 기계시간}} = \frac{₩631,200}{1,000\text{시간}}$ = Y부문 기계시간당 ₩631.2

③ 작업별 제조원가

구분	#101	#102	#103	합계
직접재료원가	₩150,000	₩150,000	₩200,000	₩500,000
직접노무원가	250,000	150,000	400,000	800,000
제조간접원가				
X부문[*1]	73,760	73,760	221,280	368,800
Y부문[*2]	378,720	189,360	63,120	631,200
계	₩852,480	₩563,120	₩884,400	₩2,300,000

[*1] 작업별 X부문 직접노동시간 × @737.6(배부)

[*2] 작업별 Y부문 기계시간 × @631.2(배부)

(2) 단계배분법(A부문원가부터 배분)

① 보조부문원가의 배분

	보조부문		제조부문		합계
	A	B	X	Y	
배분 전 원가	₩18,000	₩154,000	₩328,000	₩500,000	₩1,000,000
A원가배분	(18,000)	1,800	9,000	7,200	0
B원가배분		(155,800)	31,160	124,640	0
배분 후 원가	₩0	₩0	₩368,160	₩631,840	₩1,000,000

② 부문별 제조간접원가배부율

X부문: $\frac{\text{X부문 제조간접원가}}{\text{X부문 직접노동시간}} = \frac{₩368,160}{500\text{시간}}$ = X부문 직접노동시간당 ₩736.32

Y부문: $\frac{\text{Y부문 제조간접원가}}{\text{Y부문 기계시간}} = \frac{₩631,840}{1,000\text{시간}}$ = Y부문 기계시간당 ₩631.84

③ 작업별 제조원가

구분	#101	#102	#103	합계
직접재료원가	₩150,000	₩150,000	₩200,000	₩500,000
직접노무원가	250,000	150,000	400,000	800,000
제조간접원가				
X부문[*1]	73,760	73,632	220,896	368,160
Y부문[*2]	379,104	189,552	63,184	631,840
계	₩852,736	₩563,184	₩884,080	₩2,300,000

[*1] 작업별 X부문 직접노동시간 × @736.32(배부)

[*2] 작업별 Y부문 기계시간 × @631.84(배부)

(3) 상호배분법

① 보조부문원가의 배분

	보조부문		제조부문		합계
	A	B	X	Y	
배분 전 원가	₩18,000	₩154,000	₩328,000	₩500,000	₩1,000,000
A원가배분	(100,000)*	10,000	50,000	40,000	0
B원가배분	82,000	(164,000)*	16,400	65,600	0
배분 후 원가	₩0	₩0	₩394,400	₩605,600	₩1,000,000

* 보조부문 A, B에 배분될 총원가를 각각 A, B라 하면,

A = ₩18,000 + 0.5B

B = ₩154,000 + 0.1A

∴ A = ₩100,000, B = ₩164,000

② 부문별 제조간접원가배부율

X부문: $\frac{\text{X부문 제조간접원가}}{\text{X부문 직접노동시간}} = \frac{₩394,400}{500\text{시간}}$ = X부문 직접노동시간당 ₩788.8

Y부문: $\frac{\text{Y부문 제조간접원가}}{\text{Y부문 기계시간}} = \frac{₩605,600}{1,000\text{시간}}$ = Y부문 기계시간당 ₩605.6

③ 작업별 제조원가

구분	#101	#102	#103	합계
직접재료원가	₩150,000	₩150,000	₩200,000	₩500,000
직접노무원가	250,000	150,000	400,000	800,000
제조간접원가				
X부문*1	78,880	78,880	236,640	394,400
Y부문*2	363,360	181,680	60,560	605,600
계	₩842,240	₩560,560	₩897,200	₩2,300,000

*1 작업별 X부문 직접노동시간 × @788.8(배부)

*2 작업별 Y부문 기계시간 × @605.6(배부)

(3) 자가소비용역

자가소비용역(self-service)이란 보조부문에서 제공하는 용역을 해당 보조부문이 직접 소비하는 것을 말한다.

(예) 근로자에게 식사를 제공하는 식당부문의 종업원이 스스로 만든 음식으로 식사를 하는 경우

자가소비용역이 존재하는 경우에 보조부문원가를 제조부문에 배분함에 있어 자가소비용역을 자기부문에 배분하는 것이 정확한 방법이지만, 보조부문에서 발생한 모든 원가는 제조부문에 배분되어야 하고 자가소비용역이 발생한 이유도 타부문에 용역을 제공하기 위한 것이므로 자가소비용역을 무시하고 재계산된 타부문에 대한 용역제공비율에 따라 보조부문원가를 제조부문에 배분한다.

예제 6

(주)삼성공업은 두 개의 제조부문(P1, P2)과 두 개의 보조부문(S1, S2)을 가지고 있다. 각 부문 간의 용역수수관계는 다음과 같다. 회사는 상호배분법으로 보조부문원가를 각 제조부문에 배분하고 있다.

제공 \ 사용	보조부문		제조부문		합계
	S1	S2	P1	P2	
A	-	30%	40%	30%	100%
B	15%	50%	25	10	100
발생원가	₩100,500	₩120,000	₩600,000	₩225,000	₩1,045,500

[요구사항]

1. 자기소비용역을 인식하는 방법으로 보조부문원가를 제조부문에 배부하시오.
2. 자기소비용역을 인식하지 않는 방법으로 보조부문원가를 제조부문에 배부하시오.

해답 1. **자가소비용역을 인식하는 방법**

보조부문 S2가 스스로에게 제공하고 있는 용역 50%를 자가소비용역이라고 하는데 이를 인식하여 상호배분법에 의해 보조부문원가를 각 제조부문에 배분하면 다음과 같다.

	보조부문		제조부문		합계
	S1	S2	P1	P2	
배분 전 원가	₩100,500	₩120,000	₩600,000	₩225,000	₩1,045,500
S1원가배분[*2]	(150,000)[*1]	45,000	60,000	45,000	0
S2원가배분[*3]	49,500	165,000 + (330,000)[*1]	82,500	33,000	0
배분 후 원가	₩0	₩0	₩742,500	₩303,000	₩1,045,500

[*1] 보조부문에 배분될 총원가 계산

보조부문 S1, S2의 배분될 총원가를 각각 S1, S2라 하면,

S1 = ₩100,500 + 0.15S2

S2 = ₩120,000 + 0.3S1 + 0.5S2

이 연립방정식을 풀면, S1 = ₩150,000, S2 = ₩330,000

[*2] S2 : P1 : P2 = 30 : 40 : 30

[*3] S1 : S2 : P1 : P2 = 15 : 50 : 25 : 10

2. **자가소비용역을 무시하는 방법**

자가소비용역을 무시하고 재계산된 용역제공비율에 따라 상호배분법에 의해 보조부문원가를 각 제조부문에 배분하면 다음과 같다.

(1) 재계산된 용역제공비율

제공 \ 사용	보조부문		제조부문		합계
	S1	S2	P1	P2	
S1	-	30%	40%	30%	100%
S2	30%	-	50	20	100

(2) 보조부문원가의 배분

	보조부문		제조부문		합계
	S1	S2	P1	P2	
배분 전 원가	₩100,500	₩120,000	₩600,000	₩225,000	₩1,045,500
S1원가배분[*2]	(150,000)[*1]	45,000	60,000	45,000	0
S2원가배분[*3]	49,500	(165,000)[*1]	82,500	33,000	0
배분 후 원가	₩0	₩0	₩742,500	₩303,000	₩1,045,500

[*1] 보조부문의 배분될 총원가계산
보조부문 S1, S2의 배분될 총원가를 각각 S1, S2라 하면,
S1 = ₩100,500 + 0.3S2
S2 = ₩120,000 + 0.3S1
이 연립방정식을 풀면 S1 = ₩150,000, S2 = ₩165,000
[*2] S2 : P1 : P2 = 30 : 40 : 30
[*3] S1 : P1 : P2 = 30 : 50 : 20

예제 6에서 보듯이 보조부문의 자가소비용역을 인식하여 보조부문원가를 배분하든지 또는 자가소비용역을 무시하고 재계산된 용역제공비율에 따라 보조부문원가를 배분하든지 그 결과가 동일함을 알 수 있다.

05 제조부문의 제조간접원가를 개별작업(제품)에 배부

지금까지 설명한 보조부문원가와 제조부문의 제조간접원가를 개별작업(제품)에 배부하는 방법을 정리하면 다음과 같다.

(1) 제조기업에는 기본적으로 보조부문과 제조부문이 있으며, 보조부문과 제조부문에서 발생한 제조간접원가는 적당한 배분기준에 의하여 개별작업(제품)에 배부하게 된다.

(2) 둘 이상의 제조부문이 있는 경우 제조부문의 제조간접원가를 개별작업(제품)에 배부하는 방법으로는 공장 전체 제조간접원가배부율을 사용하는 방법과 부문별 제조간접원가배부율을 사용하는 방법이 있다.

① 공장 전체 제조간접원가배부율을 사용한다면 보조부문과 제조부문에서 발생된 총제조간접원가를 단일 배부기준에 의하여 개별작업에 배부하게 되므로 보조부문원가를 제조부문에 배분하는 문제는 발생하지 않는다.

② 부문별 제조간접원가배부율을 사용한다면 각 제조부문별로 서로 다른 제조간접원가배부기준을 적용하여 부문별 제조간접원가배부율을 계산하므로 보조부문원가를 먼저 제조부문에 배분하는 것이 중요하다.

(3) 부문별 제조간접원가배부율을 사용하는 경우에는 보조부문원가를 제조부문에 배분하고 제조부문 자체의 제조간접원가와 보조부문으로부터 배분받은 원가의 합계를 개별작업(제품)에 배부해야 하는데, 이 경우 보조부문원가를 제조부문에 배분하는 방법으로는 직접배분법, 단계배분법, 상호배분법이 있다. 이들 방법 중 하나를 선택한 후에는 단일배분율을 사용할 것인가 아니면 이중배분율을 사용할 것인가를 결정해야 한다.

보조부문원가와 제조간접원가의 배분

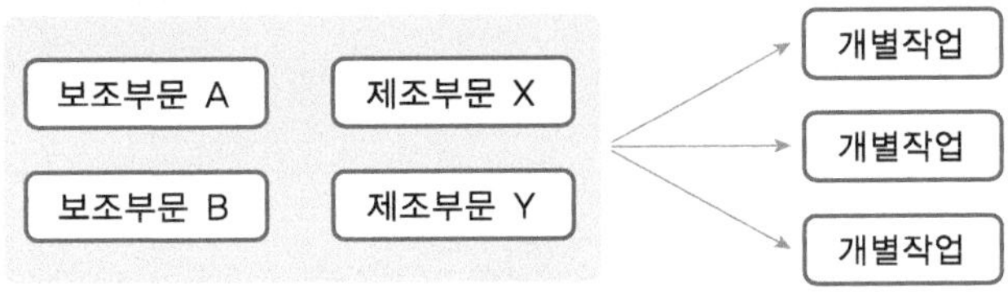

[공장 전체 제조간접원가배부율을 사용할 경우]

[부문별 제조간접원가배부율을 사용할 경우]

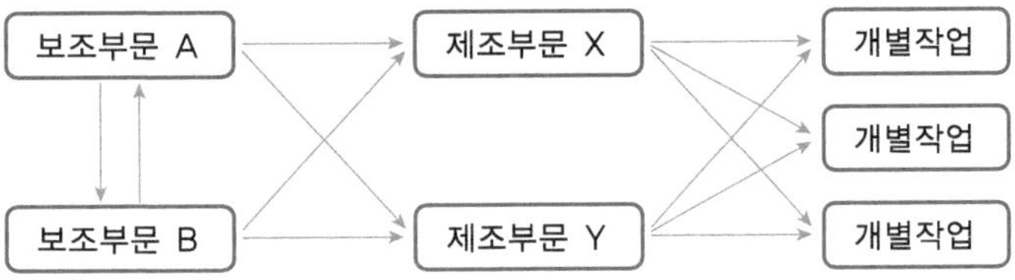

개별원가계산 제2장 해커스 세무사 眞원가관리회계

제4절 | 정상개별원가계산

01 정상개별원가계산의 의의

정상개별원가계산은 지금까지 살펴본 실제개별원가계산의 문제점을 보완하기 위하여 도입된 원가계산방법이며, 재무보고 목적이 아닌 경영관리적 측면에서 회계정보를 이용하기 위하여 도입되었다.

(1) 개별원가계산을 적용하는 경우 제조원가 중 직접재료원가와 직접노무원가는 개별작업과 직접적인 대응관계에 있기 때문에 발생시점에서 바로 집계할 수 있지만, 제조간접원가는 개별작업과 직접적인 대응관계를 찾기 어렵기 때문에 보고기간 말에 당기에 발생한 제조간접원가를 집계하여 적정한 배부기준에 따라 개별작업에 배부한다. 이와 같이 보고기간 말에 제조간접원가의 실제 발생액을 파악하여 이것을 개별작업에 배부한다면 제품원가에 관한 정보를 보고기간 말이 되기까지 알 수 없게 된다.

(2) 경영자는 여러 가지 제품의 원가에 관한 정보를 시기적절하게 제공받아 제품의 판매가격결정이나 여러 가지 의사결정을 위한 자료로 활용하고자 한다. 예를 들어 제품을 기중에 판매하고자 한다면 제품의 판매가격을 결정하기 위하여 판매시점 이전에 제품원가에 관한 정보를 필요로 할 것이다. 그러나 위에서 언급한 바와 같이 제조간접원가의 실제발생액을 제품에 배부하게 되면 제조간접원가는 보고기간 말이 되어야 비로소 집계되므로 경영자는 제품원가정보를 제품의 판매가격결정에 활용할 수 없게 될 것이다.

(3) 실제 발생된 제조간접원가를 제품에 배부하게 되면 생산수준(조업도)이 정상조업도 수준을 초과하는 경우 제품원가가 변동하게 되는 문제가 발생한다. 즉, 개별원가계산을 적용하는 경우 매월 원가계산을 하는 경우가 일반적인데, 조업도는 매월마다 다르고 당해 조업도가 정상조업도를 초과하면 실제조업도를 기준으로 고정제조간접원가를 배부하므로 제조간접원가배부율도 매월 다르게 계산되어 동일한 제품이라 하더라도 배부되는 제조간접원가가 월별로 차이가 발생하므로 어느 달에 생산되었느냐에 따라 그 제품원가가 변동되는 문제점이 있다.

   (예) 정상조업도하의 매월 생산량이 4개인 경우 1월의 제조간접원가가 ₩1,000,000이고 1월의 제품생산량이 5개라면 1월의 제품에 배부되는 제조간접원가는 1월의 실제조업도 기준으로 계산되어 개당 ₩200,000이고, 2월의 제조간접원가가 ₩1,500,000이고 2월의 제품생산량이 10개라면 2월의 제품에 배부되는 제조간접원가는 2월의 실제조업도 기준으로 계산되어 개당 ₩150,000일 것이다.

   이와 같이 실제 발생된 제조간접원가를 실제조업도를 기준으로 제품에 배부하게 되는 경우 조업도의 변동에 따라 제품원가가 변동되는 문제가 발생한다.

(4) 정상원가계산제도는 이러한 실제원가계산제도의 문제점, 즉 ① 원가계산의 지연과 ② 제품원가의 변동성을 보완하기 위한 원가계산모형으로 직접재료원가와 직접노무원가는 실제로 발생된 원가를 제품에 배부하고 제조간접원가는 보고기간이 시작되기 전에 결정된 제조간접원가 예정배부율을 이용하여 제품에 배부하는 원가계산제도이다. 다시 말하면, 정상원가계산은 제조과정이 완료됨과 동시에 제품의 원가계산을 가능하게 하고, 기간별로 제품원가가 변동되는 문제점을 해결하기 위하여 제조간접원가를 예정배부하는 원가계산방법이다.

02 제조간접원가 예정배부율

정상개별원가계산에서 제조간접원가를 배부하기 위해서는 먼저 예정배부율을 결정해야 하는데, 제조간접원가 예정배부율(predetermined application rate of overhead cost)은 보고기간이 시작되기 전에 다음과 같이 계산된다.

$$\text{제조간접원가 예정배부율} = \frac{\text{제조간접원가예산}}{\text{예정조업도(배부기준)}}$$

제조간접원가의 예정배부를 정확히 이해하기 위해서는 예정조업도와 제조간접원가 예산에 대한 이해가 선행되어야 한다.

(1) 예정조업도

조업도(capacity utilization)란 일정기간 동안 기업이 보유하고 있는 노동력, 설비 등과 같은 생산수단의 이용정도를 의미하는 것으로 생산량, 판매량, 직접노동시간, 기계작업시간 등 원가에 영향을 미치는 주요 활동의 수준을 말한다. 일반적으로 예정조업도로 사용하는 네 가지의 조업도는 다음과 같다.

① **이론적 최대조업도(theoretical capacity)**: 최고의 능률로 생산설비를 최대로 이용할 경우에 달성되는 조업도를 말한다. 이는 이론적으로나 계산할 수 있는 조업도이다.

② **실제적 최대조업도(practical capacity)**: 이론적 최대조업도에서 기계고장, 수선, 휴일, 휴가 등의 불가피한 작업중단에 따른 조업도의 감소를 고려한 조업도이다. 일반적으로 실제적 최대조업도는 이론적 최대조업도의 70~85% 정도에 해당된다.

③ **정상조업도(normal capacity)**: 정상적인 상황에서 상당한 기간 동안 평균적으로 달성할 수 있을 것으로 예상되는 조업도로써 계획된 유지활동에 따른 조업도 손실을 고려한 조업도를 말한다. 이를 평균조업도 또는 평준화조업도라고도 한다.

④ **연간기대조업도(expected annual capacity)**: 다음 1년간의 예상판매량을 고려하여 결정한 조업도를 말한다. 이는 예산편성의 기초로 많이 이용되기 때문에 예산조업도(budgeted capacity)라고도 한다.

이러한 조업도 중에서 제조간접원가 예정배부율을 계산하기 위한 예정조업도로 정상조업도나 연간기대조업도가 많이 사용된다.

(2) 제조간접원가예산

다음 보고기간에 발생할 것으로 예상되는 제조간접원가를 합리적으로 예측하기 위해서는 제조간접원가를 원가행태(cost behavior)[1]에 따라 고정원가와 변동원가로 분류하는 것이 유용하다. 제조간접원가를 고정원가와 변동원가로 분류하였다면 이로부터 다음과 같은 식을 얻을 수 있다.

> 제조간접원가예산 = 고정제조간접원가예산 + 예정조업도 x 조업도단위당 변동제조간접원가
> (예정조업도 x 조업도단위당 변동제조간접원가 = 변동제조간접원가예산)

예제 7

20×1년 1월 초에 (주)정상의 원가담당자는 과거의 원가자료를 분석하여 다음과 같은 식을 만들었다.

> 연간 제조간접원가예산 = ₩10,000,000 (고정제조간접원가) + 직접노동시간 × @200 (변동제조간접원가)
>
> 회사는 20×1년의 총직접노동시간을 8,000시간(예정조업도)으로 예상하고 있다.

[요구사항]

제조간접원가 예정배부율을 구하시오.

해답

$$\text{제조간접원가 예정배부율} = \frac{\text{제조간접원가예산}}{\text{예정조업도}}$$

$$= \frac{₩10{,}000{,}000 + 8{,}000\text{시간} \times @200}{8{,}000\text{시간}} = \text{직접노동시간당 } ₩1{,}450$$

03 정상개별원가계산의 절차

개별원가계산에서 직접재료원가와 직접노무원가는 작업이 이루어질 때마다 작업원가표에 기록되며, 제조간접원가는 인위적인 기준에 따라 각 작업(작업원가표)에 배부하게 된다. 만약, 기업이 실제원가계산제도를 채택하고 있다면 기말에 제조간접원가를 집계하여 이를 작업별로 배부하게 되지만, 정상원가계산제도를 채택하고 있다면 사전에 결정된 제조간접원가 예정배부율을 통하여 작업별로 배부하기 때문에 작업이 종료됨과 동시에 제품원가계산이 가능하게 된다. 따라서 정상개별원가계산은 다음과 같은 절차로 행해진다.

(1) 직접재료원가와 직접노무원가는 개별작업과의 인과관계에 따라 직접 대응시킬 수 있기 때문에 원가의 발생시점에서 각 작업(작업원가표)에 부과한다. 이는 실제개별원가계산의 경우와 같다.

1) 원가행태란 제품의 생산량, 판매량 또는 작업시간 등의 조업도수준이 변화함에 따라 원가발생액이 변하는 행태를 말한다. 자세한 논의는 <제8장 원가의 추정>에서 살펴보도록 하겠다.

(2) 제조간접원가는 개별작업이 완료된 시점에서 사전에 설정한 예정배부율을 이용하여 각 작업에 배부한다. 즉, 실제개별원가계산에서와 마찬가지로 각 작업이 소비한 실제배부기준(실제조업도)을 측정함으로써 제품원가계산이 이루어진다.

① 제조간접원가 예정배부율 = $\frac{\text{제조간접원가예산}}{\text{예정조업도(배부기준)}}$

② 작업별제조간접원가배부액 = 당해 작업이 소비한 실제조업도(배부기준) × 제조간접원가 예정배부율

(3) 기말에 제조간접원가 실제발생액을 집계하고 각 작업에 예정배부한 제조간접원가 배부액과의 차이를 조정한다.

예제 8

(주)신도기계는 직접노동시간을 기준으로 제조간접원가를 예정배부하고 있다. 관련 자료는 다음과 같다.

(1) 회사는 연초에 연간 제조간접원가를 ₩1,250,000, 직접노동시간을 2,500시간으로 예상하고 있으며, 정상조업도는 직접노동시간을 기준으로 1,800시간이다. 20×1년 중 제조간접원가 발생액은 ₩1,200,000이었다.
(2) 20×1년 중 작업번호가 #101, #102, #103인 세 가지 작업을 시작하여 작업 #101, #102가 완성되었으며, 작업 #101은 판매되었다. 이 세 가지 작업에 대한 당기 중의 원가자료는 다음과 같다.

구분	#101	#102	#103	합계
직접재료원가	₩150,000	₩150,000	₩200,000	₩500,000
직접노무원가	250,000	150,000	100,000	500,000
직접노동시간	1,000시간	600시간	400시간	2,000시간

[요구사항]
1. 제조간접원가 예정배부율을 구하시오.
2. 제조간접원가 예정배부 및 작업별 제조원가를 구하시오.

해답 1. 제조간접원가 예정배부율

$\frac{\text{제조간접원가예산}}{\text{예정조업도}} = \frac{₩1,250,000}{2,500\text{시간}}$ = 직접노동시간당 ₩500

2. 제조간접원가의 예정배부 및 작업별 제조원가

구분	#101	#102	#103	합계
직접재료원가	₩150,000	₩150,000	₩200,000	₩500,000
직접노무원가	250,000	150,000	100,000	500,000
제조간접원가*	500,000	300,000	200,000	1,000,000
계	₩900,000	₩600,000	₩500,000	₩2,000,000
	매출원가	기말제품	기말재공품	

* 작업별 소비한 직접노동시간 × @500(예정배부)

04 제조간접원가 배부차이

(1) 제조간접원가 배부차이의 의의

제조간접원가 배부차이란 일정기간 동안의 제조간접원가배부액과 실제발생액 간의 차이를 말한다.

① 제조간접원가 예정배부율을 이용하여 제조간접원가를 예정배부하는 경우 개별작업들에 배부된 총제조간접원가는 실제 발생한 총제조간접원가와 일치하지 않는 것이 일반적이다.

$$\text{제조간접원가 배부차이} = \text{제조간접원가 실제발생액} - \text{제조간접원가 예정배부액}$$

$$\text{제조간접원가 예정배부액} = \text{실제조업도} \times \text{제조간접원가 예정배부율}(= \frac{\text{제조간접원가예산}}{\text{예정조업도}})$$

예 예제 8에서 당기 중에 발생한 실제제조간접원가는 ₩1,200,000이므로 각 작업에 배부된 제조간접원가배부액의 합계 ₩1,000,000과 ₩200,000만큼 차이가 나게 된다.

② 제조간접원가 배부차이는 실제발생액에 비하여 예정배부액이 적게 배부된 과소배부(부족배부)와 실제발생액에 비하여 예정배부액이 많이 배부된 과대배부(초과배부)로 구분되는데, 예제 8의 경우 당기의 제조간접원가 배부차이는 과소배부 ₩200,000으로 계산된다.

③ 제조간접원가 배부차이가 발생되는 경우의 제조간접원가계정을 나타내면 다음과 같다. 이러한 제조간접원가 배부차이는 예정배부율의 산정요소인 제조간접원가예산과 예정조업도에 대한 예측의 부정확성에 기인한 것이다.

제조간접원가 배부차이

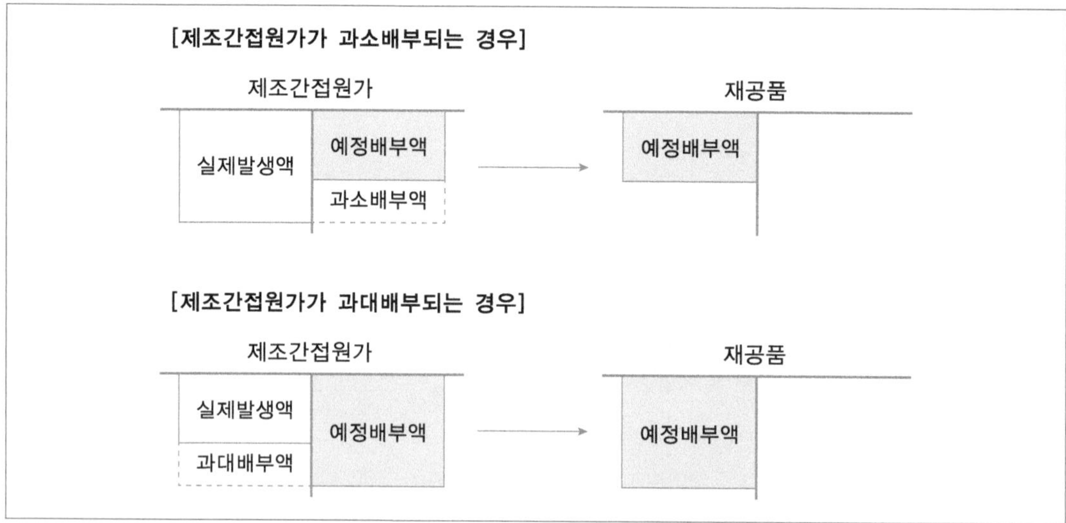

(2) 제조간접원가 배부차이의 조정

외부공표용 재무제표는 실제 발생된 제조간접원가를 기준으로 작성되어야 하므로 제조간접원가 배부차이는 기말에 조정되어야 하는데, 과소배부액은 제조원가에 가산하고 과대배부액은 제조원가에서 차감하여 제조간접원가 예정배부액이 실제발생액과 일치하도록 조정한다.

제조간접원가의 배부차이를 회계처리하는 방법에는 비례배분법, 매출원가조정법 및 기타손익법이 있다.

① **비례배분법**: 비례배분법은 제조간접원가 배부차이를 기말재공품, 기말제품, 매출원가계정의 상대적인 금액비율에 따라 비례하여 배분하는 방법이다.

㉠ 제조간접원가 배부차이가 상대적으로 크고 중요한 경우에 사용된다. 회계처리를 예시하면 다음과 같다.

제조간접원가 과소배부액의 조정

(차)	재공품	×××	(대) 제조간접원가	×××
	제품	×××		
	매출원가	×××		

제조간접원가 과대배부액의 조정

(차)	제조간접원가	×××	(대) 재공품	×××
			제품	×××
			매출원가	×××

㉡ 제조간접원가 배부차이를 비례배분법으로 조정하는 방법에는 다음의 두 가지가 있다.

ⓐ **원가요소별 비례배분법**: 정상원가로 기록되어 있는 각 계정(재공품, 제품, 매출원가)에 포함된 원가요소(제조간접원가예정배부액)의 비율에 따라 제조간접원가 배부차이를 배분하는 방법으로 처음부터 실제개별원가계산을 적용했을 경우와 동일한 결과를 얻을 수 있다.

ⓑ **총원가 비례배분법**: 정상원가로 기록되어 있는 각 계정(재공품, 제품, 매출원가)의 총원가(기말잔액)의 비율에 따라 제조간접원가 배부차이를 배분하는 방법이다.

② **매출원가조정법**: 매출원가조정법은 제조간접원가 배부차이를 매출원가에 가감하는 방법인데, 제조간접원가 과소배부액은 매출원가에 가산하고 과대배부액은 매출원가에서 차감한다.

제조간접원가 과소배부액의 조정

(차)	매출원가	×××	(대) 제조간접원가	×××

제조간접원가 과대배부액의 조정

(차)	제조간접원가	×××	(대) 매출원가	×××

이 방법은 제조간접원가 배부차이의 크기가 재고자산이나 매출원가의 금액보다 상대적으로 매우 작을 경우나 재고자산금액이 매출원가에 비하여 극히 작을 경우에 사용되는 방법이다.

③ **기타손익법**: 기타손익법은 제조간접원가 배부차이를 기타손익으로 처리하는 방법으로써 제조간접원가 과소배부액은 기타비용으로, 과대배부액은 기타수익으로 처리한다.

제조간접원가 과소배부액의 조정

(차)	제조간접원가 배부차이 (기타비용)	×××	(대)	제조간접원가	×××

제조간접원가 과대배부액의 조정

(차)	제조간접원가	×××	(대)	제조간접원가 배부차이 (기타수익)	×××

이 방법은 생산활동, 즉 본래의 영업활동에 따른 원가차이를 기타손익으로 처리한다는 점에서 논리적으로 타당하지 못하므로 비판의 여지가 있다. 다만, 제조간접원가 배부차이가 비정상적인 사건에 기인한 것이라면 기타손익으로 처리해도 무방할 것이다.

예제 9

예제 8에서 제조간접원가 배부차이 ₩200,000을 각 방법에 따라 조정하는 회계처리를 나타내시오.

해답 **1. 원가요소별 비례배분법**

	제조간접원가 예정배부액	배분비율	배분액
재공품(#103)	₩200,000	20%	₩40,000
제품(#102)	300,000	30	60,000
매출원가(#101)	500,000	50	100,000
계	₩1,000,000	100%	₩200,000

(차)	재공품	40,000	(대)	제조간접원가	200,000
	제품	60,000			
	매출원가	100,000			

2. 총원가 비례배분법

	총원가(기말잔액)	배분비율	배분액
재공품(#103)	₩500,000	25%	₩50,000
제품(#102)	600,000	30	60,000
매출원가(#101)	900,000	45	90,000
계	₩2,000,000	100%	₩200,000

(차)	재공품	50,000	(대)	제조간접원가	200,000
	제품	60,000			
	매출원가	90,000			

3. 매출원가조정법

(차)	매출원가	200,000	(대)	제조간접원가	200,000

4. 기타손익법

(차)	제조간접원가 배부차이 (기타비용)	200,000	(대)	제조간접원가	200,000

재공품, 제품, 매출원가에 포함된 직접재료원가, 직접노무원가, 제조간접원가의 상대적인 비율이 다르다면 원가요소별 비례배분법이 더 정확하고 논리적인 방법이다. 그러나 원가요소별 비례배분법은 각 계정의 제조간접원가에 대한 자세한 정보를 필요로 하는 반면, 총원가 비례배분법은 총원가에 대한 정보만 있으면 되므로 총원가 비례배분법을 사용하여 배분하는 것이 보다 간편하다. 결국 제조간접원가 배부차이에 대한 회계처리방법의 선택은 제조간접원가 배부차이의 중요성과 회계처리의 효익과 원가 간의 균형관계를 고려하여 신중히 판단해야 한다.

배부차이조정방법 비교

구분		비례배분법		매출원가조정법
		원가요소별	총원가	
차이배부방법		재공품/제품/매출원가		매출원가
배부기준		제조간접원가비율	총원가비율	전액 매출원가에 조정
조정 후 이익비교	과소배부	크다		작다
	과대배부	작다		크다
원가배분 정확성		높음	중간	낮음

제5절 | 원가배분의 이론적 고찰

본 장에서 살펴본 개별원가계산은 정확한 제품원가계산을 위하여 제조간접원가를 어떻게 제품에 배부할 것인지가 논의의 핵심이었다. 따라서 본 절에서는 이러한 원가배분과 관련된 이론적인 내용에 대해서 보다 구체적으로 살펴보기로 한다.

01 원가배분의 의의

원가배분(cost allocation)[2]이란 공통적으로 발생한 원가를 집계하여 합리적인 배분기준에 따라 원가대상에 부과하는 과정을 말한다. 여기서 원가대상(cost object)이란 개별적으로 원가를 측정할 필요가 있는 항목을 의미하는데, 부문·제품·활동·프로젝트 등을 그 예로 들 수 있다.
참고로 원가발생과 원가집계 및 원가대상에의 원가배분을 그림으로 나타내면 다음과 같다.

원가대상과 원가배분

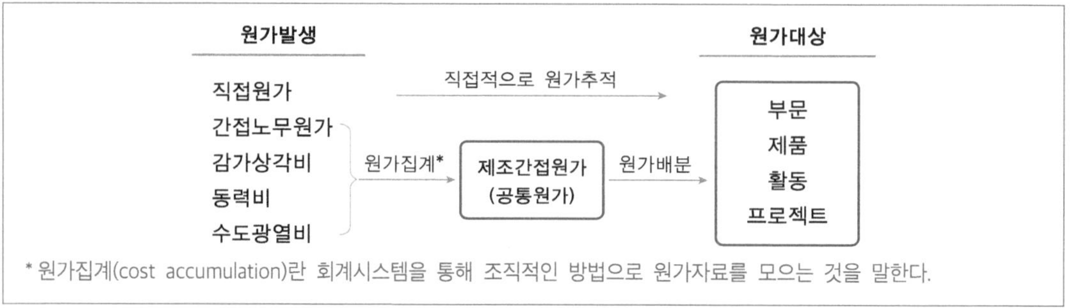

* 원가집계(cost accumulation)란 회계시스템을 통해 조직적인 방법으로 원가자료를 모으는 것을 말한다.

02 원가배분의 목적

원가배분을 하는 목적은 여러 가지가 있으나 크게 다음과 같이 네 가지로 구분할 수 있다.

(1) 외부보고를 위하여 재고자산을 평가하고 매출원가를 계산하는 목적이다. 원가회계의 가장 기본적인 목적은 외부공표용 재무제표를 작성하는 것이므로 제조활동과 관련하여 발생한 원가를 재공품, 제품 및 매출원가에 배분해야 한다. 이 목적을 위한 원가배분 시에는 일반적으로 인정된 회계원칙에 따라야 한다.

(2) 경영자의 의사결정에 유용한 정보를 제공하는 목적이다. 경영자가 제품의 판매가격결정이나 신제품의 개발여부를 결정하고자 할 때에는 제품의 제조원가 이 외에도 연구개발·마케팅·고객서비스 등 관련된 원가를 통합적으로 고려해야 하는데 이를 위해서 관련된 원가를 배분한다.

2) 원가배분의 하위개념으로 원가배부(cost application)가 있는데, 이는 집계한 원가를 최종적으로 제품에 부과하는 것을 말한다. 즉, 제품을 원가대상으로 하는 원가배분을 원가배부라고 한다. 그러나 일반적으로 원가배분과 원가배부를 구분하지 않고 혼용한다.

(3) 부문책임자나 종업원들의 성과평가를 위한 목적이다. 부문책임자나 종업원들의 성과평가를 위해서는 이들이 원가를 얼마나 효율적으로 통제하였는지를 알아야 하는데 이를 위해서 관련된 원가를 각 부문이나 활동별로 배분한다.

(4) 계약금액의 결정을 위한 목적이다. 최저입찰가격을 결정하거나 원가보상계약을 체결하는 경우에 원가를 보상받고 적절한 이익이 보상되도록 계약금액이 결정되어야 하는데 이를 위해서 관련된 원가를 배분한다.

03 원가배분의 기준

경영자는 특정한 원가배분이 지향하는 주된 목적을 설정하고 그 목적에 적합한 원가배분기준을 결정해야 하는데, 원가배분과 관련하여 지침이 되는 기준에는 ① 인과관계기준 ② 수혜기준 ③ 부담능력기준 ④ 공정성과 공평성기준이 있다.

① **인과관계기준**: 배분하려고 하는 원가의 발생과 원가대상 사이에 인과관계가 존재할 경우 이러한 인과관계에 따라 원가를 배분하는 기준이다. 인과관계에 의한 원가배분이 경제적으로 실현 가능한 경우에는 인과관계기준에 의해서 원가를 배분해야 하며, 이는 가장 이상적인 원가배분기준이 된다.

② **수혜기준**: 배분하려고 하는 원가로부터 원가대상에 제공된 경제적효익을 측정할 수 있는 경우 이러한 경제적효익의 크기에 따라 원가를 배분하는 기준으로 수익자부담기준이라고도 한다. 수혜기준에 의한 원가배분의 한 예로 회사전체의 난방비를 각 부문이 차지하고 있는 면적을 기준으로 배분하는 경우를 들 수 있다. 이 방법은 배분기준이 분명하고 비용이 저렴하다는 장점이 있다.

③ **부담능력기준**: 원가대상이 원가를 부담할 수 있는 능력에 따라 원가를 배분하는 기준이다. 본사의 비용을 각 사업부의 매출액 기준으로 배분하는 경우가 여기에 해당한다. 그러나 부담능력기준은 자칫 각 사업부 경영자의 사기를 떨어뜨리고 성과평가를 왜곡시킬 수 있다는 단점이 있다.

④ **공정성과 공평성기준**: 원가대상에 원가를 배분할 때에는 공정하고 공평하게 해야 한다는 기준이다. 일반적으로 공정성과 공평성은 매우 포괄적인 개념이기 때문에 원가배분을 위한 구체적인 기준이라기보다는 그 자체가 원가배분을 통해 달성하고자 하는 목표에 해당한다.

제2장

기출 OX문제

01 개별원가계산은 종류나 규격이 다양한 제품을 소량, 주문생산하는 생산형태의 기업에 적용되는 원가계산방법이다. (O, X)

02 개별원가계산 적용 시 제품원가는 개별작업별로 집계되며, 모든 제조원가는 발생 시마다 개별작업별로 작업원가표에 기록된다. (O, X)

03 직접배분법은 보조부문 간에 주고받는 서비스 수수관계를 전부 무시한다. (O, X)

04 단계배분법은 보조부문 간의 서비스 제공을 한 방향만 고려하여 그 방향에 따라 보조부문의 원가를 단계적으로 배부하므로 한 번 배부된 보조부문의 원가는 원래 배부한 보조부문에는 다시 배부하지 않고 다른 보조부문과 제조부문에 배부한다. (O, X)

05 단계배분법을 사용하는 경우 보조부문의 배부순서가 달라져도 배부금액은 차이가 나지 않는다. (O, X)

06 단계배분법은 보조간의 용역수수를 일부 인식하므로 직접배분법에 비하여 정확한 원가계산이 가능하다. (O, X)

07 상호배분법은 보조부문 간의 상호배부를 모든 방향으로 반영한다. (O, X)

08 공장 전체 제조간접원가배부율을 사용하는 경우 보조부문의 원가는 직접배분법을 사용하는 것이 경제적으로 타당하다. (O, X)

09 원가배분기준은 인과관계기준, 부담능력기준, 수혜기준, 공정성 및 공평성기준 등이 있으며 인과관계기준이 가장 이상적인 기준이다. (O, X)

정답 및 해설

01 O

02 X 제조원가 중 직접원가(직접재료원가, 직접노무원가)는 발생 시마다 기록하나, 간접원가(제조간접원가)는 기말에 일정한 기준에 의하여 개별작업에 배부한다.

03 O

04 O

05 X 단계배분법은 배부순서에 따라 배부결과가 달라진다.

06 X 배부순서에 따라서 직접배분법보다 더 왜곡된 계산결과가 산출될 가능성이 있다.

07 O

08 X 보조부문원가의 배분문제는 부문별 제조간접원가배부율에서만 고려될 사항이며 공장 전체 제조간접원가배부율에서는 보조부문원가의 배분문제가 발생할 여지가 없다.

09 O

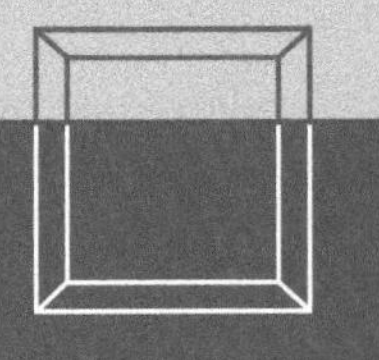

개념확인문제

대표 문제를 학습한 후, 이와 동일한 유형의 문제를 풀며 개념을 익혀보세요.

대표 문제 제조간접원가의 배부

(주)대한은 20×1년 1월 1일에 처음으로 생산을 시작하였으며, 실제원가에 의한 개별원가계산을 적용하고 있다. 제조간접원가는 기계시간을 기준으로 제품에 배부된다. 회사의 정상조업도 수준의 기계시간은 20시간이다. 20×1년의 생산 및 원가자료는 다음과 같다.

(1) 당기에 작업 #101과 #102를 착수하여 #102는 완성하였고, #101은 기말 현재 생산 중이다. 작업 #102는 당기 중 ₩1,000에 판매되었다.
(2) 원재료 구입액은 ₩700이고, 원재료 기말재고액은 ₩100이다.
(3) 노무원가는 ₩1,000이고, 제조경비는 ₩750이다. 제조경비는 전액 제조간접원가이다.
(4) 작업별 실제원가 및 실제기계시간은 다음과 같다.

구분	#101	#102	합계
직접재료원가	₩350	₩150	₩500
직접노무원가	520	330	850
실제기계시간	10시간	5시간	15시간

(5) 제조간접원가의 30%는 변동원가이고, 나머지는 고정원가이다.
(6) 회사는 배부되지 않은 제조간접원가를 전액 당기비용으로 처리한다.

(주)대한의 20×1년 당기순이익은 얼마인가? [회계사 18]

해답 1. 제조간접원가배부율

(1) 제조간접원가

간접재료원가: ₩600 - ₩500 =	₩100
간접노무원가: ₩1,000 - ₩850 =	150
제조경비	750
계	₩1,000

(2) 제조간접원가배부율

① 변동원가: ₩1,000 × 30% ÷ 15시간(실제조업도) =	@20/기계시간당
② 고정원가: ₩1,000 × 70% ÷ 20시간(정상조업도)* =	@35/기계시간당
계	@55/기계시간당

* 실제조업도가 정상조업도에 미달하므로 정상조업도를 기준으로 배부함

2. 작업별 제조원가

구분	#101	#102	합계
직접재료원가	₩350	₩150	₩500
직접노무원가	520	330	850
실제기계시간	550	275	825*
계	₩1,420	₩755	₩2,175

* 미배부 고정제조간접원가 ₩175(= ₩1,000 - ₩825)은 당기비용으로 처리함

3. 당기순이익

매출액	₩1,000
매출원가: #102의 제조원가	(755)
미배부 고정제조간접원가: ₩1,000 - ₩825 =	(175)
당기순이익	₩70

01 강남회사는 개별원가계산제도에 의하여 제품 A와 B를 제조판매하고 있다. 제품 A는 당월에 완성되었으며 당월 중 원가발생내역은 다음과 같다. 제품 A의 제조원가는 얼마인가?

(1) 재료	
월초재고액	₩50,000
당월매입액	300,000
월말재고액	30,000
제품별 직접재료원가	
제품 A(지시서 #1)	150,000
제품 B(지시서 #2)	120,000
(2) 노무원가	
전월 말 미지급액	₩60,000
당월순지급액	500,000
당월소득세 등 공제	50,000
당월말 미지급액	90,000
제품별 직접노무원가	
제품 A(지시서 #1)	200,000
제품 B(지시서 #2)	250,000
(3) 경비	
당월소비액	₩220,000
제품별 직접경비	
제품 A(지시서 #1)	40,000

(4) 제조간접원가는 직접노무원가를 기준으로 배부하고 기초재공품재고는 없다.

02 (주)세무는 개별원가계산방법을 적용한다. 제조지시서 #1은 전기부터 작업이 시작되었고, 제조지시서 #2와 #3은 당기 초에 착수되었다. 당기 중 제조지시서 #1과 #2는 완성되었으나, 당기 말 현재 제조지시서 #3은 미완성이다. 당기 제조간접원가는 직접노무원가에 근거하여 배부한다. 당기에 제조지시서 #1 제품은 전량 판매되었고, 제조지시서 #2 제품은 전량 재고로 남아있다. 당기제품제조원가를 구하시오.

[세무사 16 수정]

구분	#1	#2	#3	합계
기초금액	₩450	-	-	
[당기투입액]				
직접재료원가	₩6,000	₩2,500	₩(　　)	₩10,000
직접노무원가	500	(　　)	(　　)	1,000
제조간접원가	(　　)	1,000	(　　)	4,000

정답 및 해설

01 1. 제조간접원가

(1) 간접재료원가: ₩50,000 + ₩300,000 - ₩30,000 - ₩270,000 = ₩50,000
(₩50,000 + ₩300,000 - ₩30,000: 당월소비액, ₩270,000: 직접재료원가)

(2) 간접노무원가: ₩500,000 + ₩50,000 - ₩60,000 + ₩90,000 - ₩450,000 = ₩130,000
(₩500,000 + ₩50,000 - ₩60,000 + ₩90,000: 당월노무원가발생액, ₩450,000: 직접노무원가)

(3) 간접경비: ₩220,000 - ₩40,000 = ₩180,000

∴ 제조간접원가: ₩50,000 + ₩130,000 + ₩180,000 = ₩360,000

2. 제조간접원가배부율: ₩360,000 ÷ ₩450,000 = 직접노무원가의 80%

∴ 제품 A의 원가

직접재료원가	₩150,000
직접노무원가	200,000
직접경비	40,000
제조간접원가: ₩200,000 × 80% =	160,000
계	₩550,000

02 1. #3 직접재료원가 = ₩10,000 - ₩6,000 - ₩2,500 = ₩1,500

2. 제조간접원가배부율 = 직접노무원가의 400%
#2 직접노무원가 = ₩250
#1 제조간접원가 = ₩500 × 400% = ₩2,000

3. #3 직접노무원가 = ₩1,000 - ₩500 - ₩250 = ₩250
#3 제조간접원가 = ₩4,000 - ₩2,000 - ₩1,000 = ₩1,000

4. 당기제품제조원가 = 제조지시서 #1 + 제조지시서 #2
= ₩8,950 + ₩3,750 = ₩12,700

03 한강세무법인은 계약건별로 추적이 가능한 원가는 직접원가로 파악하고, 간접원가에 대해서는 복수의 간접원가 집합으로 분류한 다음 각각의 간접원가배부율을 적용하여 원가계산을 한다. 다음 자료를 토대로 인천해운의 세무조정 계약건에 대한 원가를 산출하시오. [세무사 02]

(1) 직접노무원가: 인천해운의 계약건과 관련하여 책임세무사 200시간, 담당세무사 400시간이 투입되었으며, 관련 자료는 다음과 같다.

구분	인원 수	연간 총투입시간(조업도)	연간급여
책임세무사	10명	1,600시간 × 10명 = 16,000시간	₩800,000,000
담당세무사	40	1,600시간 × 40명 = 64,000	1,600,000,000
계		80,000시간	₩2,400,000,000

(2) 인천해운의 세무조정 계약건에서 발생된 직접노무원가 이외의 직접원가: ₩2,600,000

(3) 간접원가는 연간 총 ₩496,000,000이며, 관련 자료는 다음과 같다.

가. 일반관리비(세무사 총투입시간에 비례하여 배분)	₩240,000,000
나. 보험료(세무사 직접노무원가에 비례하여 배분)	96,000,000
다. 비서실운영비(책임세무사 투입시간에 비례하여 배분)	160,000,000
계	₩496,000,000

04 다음은 20×1년에 제조업을 시작한 (주)갑의 20×1년 자료이다. 20×1년에 단위당 제조원가와 당기비용으로 처리될 금액은? (단, 20×2년부터 제품의 판매가 시작된다)

(1) ① 직접재료원가 ₩40,000
② 직접노무원가 50,000
③ 변동제조간접원가 10,000
④ 고정제조간접원가 40,000

(2) 정상조업도는 5,000개이고 실제조업도는 4,000개이다. 실제조업도 4,000개는 비정상적으로 낮은 조업도라고 판단된다.

정답 및 해설

03 인천해운의 세무조정 계약건에 대한 원가

직접원가		₩22,600,000
직접노무원가: 200시간 × @50,000[*1] + 400시간 × @25,000[*2] =	₩20,000,000	
	2,600,000	
간접원가[*3]		4,600,000
일반관리비: 600시간 × @3,000 =	₩1,800,000	
보험료: ₩20,000,000 × 4% =	800,000	
비서실운영비: 200시간 × @10,000 =	2,000,000	
계		₩27,200,000

[*1] 책임세무사 직접노무원가 임률: ₩800,000,000 ÷ 16,000시간 = @50,000

[*2] 담당세무사 직접노무원가 임률: ₩1,600,000,000 ÷ 64,000시간 = @25,000

[*3] 간접원가배부율

(1) 일반관리비: ₩240,000,000 ÷ 80,000시간 = ₩3,000/시간
세무사총투입시간

(2) 보험료: ₩96,000,000 ÷ ₩2,400,000,000 = 직접노무원가의 4%
총직접노무원가

(3) 비서실운영비: ₩160,000,000 ÷ 16,000시간 = ₩10,000/시간
책임세무사총투입시간

04 1. 단위당 제조원가

$$\frac{₩40,000 + ₩50,000 + ₩10,000 + ₩32,000^{*}}{4,000\text{개(실제조업도)}} = ₩33$$

*4,000개 × ₩8(= ₩40,000 ÷ 5,000개) = ₩32,000. 고정제조간접원가는 정상조업도를 기준으로 배부한다.

2. 당기비용

₩40,000 - ₩32,000 = ₩8,000

*실제조업도(4,000개)가 정상조업도(5,000개)에 미달하므로 제품에 배부한 고정제조간접원가 ₩32,000(= 4,000개 × @80)가 실제 발생한 고정제조간접원가 ₩40,000에 미달한다. 따라서 동 차이 ₩8,000은 발생한 기간의 비용으로 인식한다.

대표 문제 부문별 제조간접원가의 배부

(주)센스는 맞춤형 노트북을 생산하고 있다. 회사는 설계부문과 조립부문으로 제조과정이 구성되며 해당 부문의 제조원가자료가 다음과 같다.

구분	설계	조립
제조간접원가	₩10,000	₩20,000
직접노동시간	100시간	50시간
기계시간	20	40

회사가 생산한 노트북 중 제품명 NB28의 제조원가자료가 다음과 같을 때, 공장 전체 제조간접원가배부율(직접노동시간기준)과 부문별 제조간접원가배부율(설계부문은 직접노동 시간기준, 조립부문은 기계시간기준)에 의한 제품원가는 각각 얼마인가?

구분	설계	조립
직접재료원가	₩400	₩1,000
직접노무원가	500	100
직접노동시간	20시간	5시간
기계시간	2	8

해답 1. 공장 전체 제조간접원가배부율 사용 시

(1) 제조간접원가배부율: ₩30,000 ÷ 150시간 = @200

(2) 제품(NB28)원가: ₩1,400 + ₩600 + 25시간 × @200 = ₩7,000

2. 부문별 제조간접원가배부율 사용 시

(1) 제조간접원가배부율

① 설계부문: ₩10,000 ÷ 100시간 = @100

② 조립부문: ₩20,000 ÷ 40시간 = @500

(2) 제품(NB28)원가: ₩1,400 + ₩600 + 20시간 × @100 + 8시간 × @500 = ₩8,000

05 (주)수지는 제품 A와 제품 B를 생산하고 있는데 두 제품은 모두 제조부문 X와 제조부문 Y를 거쳐야 한다. 제조부문 X에서 발생한 제조간접원가는 각 제품이 소비한 기계시간을 기준으로 배부하고, 제조부문 Y에서 발생한 제조간접원가는 각 제품이 소비한 노무시간을 기준으로 배부한다. 또한 각 제조부문의 제조간접원가는 월별로 실제 배부한다. 다음은 5월 중 제품 A와 제품 B를 생산하는 데 각각 소비한 기계시간과 노무시간 그리고 각 제품에 최종적으로 배부된 제조간접원가 자료이다.

구분	제품 A	제품 B	합계
기계시간	10시간	30시간	40시간
노무시간	90	60	150
제조간접원가배부액	₩870,000	₩930,000	₩1,800,000

제조부문 X에서 5월 중 발생한 제조간접원가는 얼마인가? [회계사 11]

정답 및 해설

05 1. 제조부문 X의 제조간접원가배부율을 x라하고, 제조부문 Y의 제조간접원가배부율을 y라 하면

$10 \times x + 90 \times y =$ ₩870,000

$30 \times x + 60 \times y =$ ₩930,000

$\therefore$ $x =$ ₩15,000, $y =$ ₩8,000

2. 제조부문 X에서 5월 중 발생한 제조간접원가: ₩15,000 × 40 = ₩600,000

대표 문제 보조부문원가의 배분

(주)제조는 두 개의 보조부문 A와 B, 두 개의 제조부문 C와 D를 가지고 있다. 3월의 각 부문에 대한 제조간접원가와 기타 자료가 다음과 같다.

구분	보조부문		제조부문	
	A	B	C	D
기계시간	-	500시간	400시간	100시간
사용면적	400㎡	-	200㎡	400㎡
제조간접원가	₩30,000	₩50,000	₩10,000	₩20,000
직접노동시간	-	-	200시간	100시간

회사는 3월에 갑제품과 을제품을 착수하여 완성하였는데 갑제품은 C부문에서만 40시간의 직접노동시간을 통해 50개가 생산되었고 을제품은 D부문에서만 50시간의 직접노동시간을 투입하여 100개가 생산되었다. 갑제품의 단위당 기초원가는 ₩500, 을제품의 단위당 기초원가는 ₩1,000이다. 보조부문에서 발생한 원가는 상호배분법으로 제조부문에 배분하며 A부문은 기계시간을 기준으로, B부문은 사용면적을 기준으로 배분한다. 갑제품 및 을제품에 대한 월초 및 월말재공품 잔액은 모두 ₩0이다. 해당 부문의 직접노동시간을 기준으로 제조간접원가를 배부할 때, 제품 갑, 을의 단위당 제조원가는 얼마인가? [회계사 00]

해답 1. 보조부문원가의 배분

각 보조부문에서 제조부문으로 배분할 총원가를 각각 A, B라고 하면,

A = ₩30,000 + 0.4B

B = ₩50,000 + 0.5A

∴ A = ₩62,500, B = ₩81,250

2. 제조부문 C의 제조간접원가배부율

(1) C부문의 총제조간접원가: ₩10,000 + ₩62,500 × 40% + ₩81,250 × 20% = ₩51,250

(2) 제조간접원가배부율: ₩51,250 ÷ 200시간 = C부문 직접노동시간당 ₩256.25

3. 제조부문 D의 제조간접원가배부율

(1) D부문의 총제조간접원가: ₩20,000 + ₩62,500 × 10% + ₩81,250 × 40% = ₩58,750

(2) 제조간접원가배부율: ₩58,750 ÷ 100시간 = D부문 직접노동시간당 ₩587.5

∴ 단위당 제조원가

		갑제품		을제품
단위당 기초원가		₩500		₩1,000
단위당 제조간접원가:	(40시간 × @256.25) ÷ 50개 =	205	(50시간 × @587.5) ÷ 100개 =	293,75
계		₩705		₩1,293.75

06 (주)갑은 현재 보조부문의 원가를 생산부문의 부문직접원가를 기준으로 배부하고 있다. 생산부문과 보조부문의 관련 자료는 아래와 같다.

구분	보조부문		제조부문	
	A	B	C	D
부문직접원가	₩5,000,000	₩4,000,000	₩3,000,000	₩6,000,000
서비스 제공비율				
보조부문 C	40%	50%	-	10%
보조부문 D	30	60	10%	-

(주)갑은 보조부문 C의 원가를 우선 배부하는 단계배분법으로 보조부문의 원가배부방법을 변경하고자 한다. 이 변경이 생산부문 A에 배부되는 보조부문원가에 미치는 영향은? [회계사 12]

정답 및 해설

06 1. 부문직접원가를 기준으로 배부 시

생산부문 A에 배분된 금액: (₩3,000,000 + ₩6,000,000) × $\frac{5,000,000}{9,000,000}$ = ₩5,000,000

2. 단계배분법 적용 시(보조부문 C부터 배분)

구분	C	D	A	B
배분 전 원가	₩3,000,000	₩6,000,000	₩5,000,000	₩4,000,000
C	(3,000,000)	300,000	1,200,000	1,500,000
D		(6,300,000)	2,100,000	4,200,000
배분 후 원가	₩0	₩0	₩8,300,000	₩9,700,000

생산부문 A에 배분된 금액 = ₩3,300,000

∴ ₩1,700,000 감소

07 (주)동산의 원가계산을 담당하고 있는 김과장은 다른 보조부문에 대한 용역제공비율 순서로 보조부문의 원가를 배분하고 있다. 그런데 김과장이 단계배분법에 의해 보조부문의 원가를 배부하는 중 실수로 다른 보조부문으로부터 배부받은 원가를 누락하고 다음과 같이 보조부문의 원가를 배부하였다.

[회계사 13]

제공부서	제조부문		보조부문		
	M_1	M_2	A_1	A_2	A_3
배분 전 원가	₩17,500	₩25,000	₩7,500	₩10,000	₩5,000
A_3	1,500	1,000	1,500	1,000	
A_2	3,750	3,750	2,500		?
A_1	3,750	3,750			
배분 후 원가	₩26,500	₩33,500			

(가) 김 과장의 실수로 인해 제조부문에 배부되지 못한 보조부문의 원가는 얼마인가?

(나) 김 과장의 실수를 바로잡았을 때 제조부문 M_1과 M_2의 배부 후 원가는 얼마인가?

08 대한회사는 제조부문(성형, 조립)과 보조부문(수선, 동력)을 이용하여 제품을 생산하고 있으며, 제조부문과 보조부문에 관련된 자료는 다음과 같다.

제공부문	제조부문		보조부문		합계
	성형	조립	수선	동력	
수선	400시간	200시간	100시간	400시간	1,100시간
동력	4,000kW	4,000kW	8,000kW	2,000kW	18,000kW

수선부문과 동력부문에 집계된 부문원가는 각각 ₩160,000, ₩80,000이다. 대한회사는 상호배분법을 사용하여 보조부문원가를 제조부문에 배분한다. 조립부문에 배분될 보조부문원가는 얼마인가?

[세무사 08]

정답 및 해설

07 (가) 제조부문에 배부되지 않은 보조부문원가(=보조부문에 배부된 타보조부문원가)

₩1,500 + ₩1,000 + ₩2,500 = ₩5,000

(나) 수정 후 각 제조부문의 제조간접원가

M_1 = ₩26,500 + ₩5,000 × 0.5 = ₩29,000

M_2 = ₩33,500 + ₩5,000 × 0.5 = ₩36,000

참고

제공부서	제조부문		보조부문		
	M_1	M_2	A_1	A_2	A_3
배분 전 원가	₩17,500	₩25,000	₩7,500	₩10,000	₩5,000
A_3	1,500	1,000	1,500	1,000	
A_2	4,125	4,125	2,750		?
A_1	5,875	5,875			
배분 후 원가	₩29,000	₩36,000			

08 1. 보조부문 자가소비용역을 무시하고 재계산한 각 보조부문의 용역제공비율 및 원가자료

제공부문	제조부문		보조부문		합계
	성형	조립	수선	동력	
수선	40%	20%	-	40%	100%
동력	25	25	50%	-	100
원가	-	-	₩160,000	₩80,000	₩240,000

2. 수선, 동력부문의 배분될 총원가를 각각 A, B라 하면,

A = ₩160,000 + 0.5B

B = ₩80,000 + 0.4A

∴ A = ₩250,000, B = ₩180,000

3. 조립부문에 배분될 보조부문원가: 0.2A + 0.25B = ₩95,000

09 (주)한강은 두 개의 제조부문(P_1, P_2)과 두 개의 보조부문(S_1, S_2)으로 운영된다. 회사는 상호배분법을 이용하여 보조부문원가를 제조부문에 배분하고 있으며, 각 보조부문의 용역제공비율은 다음과 같았다.

보조부문	보조부문		제조부문	
	P_1	P_2	S_1	S_2
S_1	50%	30%	-	20%
S_2	40	40	20%	-
부문원가	?	?	X	?

두 개의 보조부문(S_1, S_2)으로부터 P_1에 배분된 금액은 ₩50,000이고, P_2에 배분된 금액은 ₩40,000이었다. 부문원가 배분 전 S_1에 집계된 원가(X)는 얼마인가? [회계사 08]

10 (주)세무는 가공부문(도색 및 조립)과 보조부문(수선 및 동력)으로 구성된다. 다음의 서비스 공급량 자료를 이용하여 상호배분법으로 보조부문의 원가를 가공부문에 배부한다.

구분	보조부문		가공부문	
	수선	동력	도색	조립
수선		75시간	45시간	30시간
동력	200kW		100kW	200kW

수선부문과 동력부문에 각각 집계된 원가는 ₩300,000과 ₩200,000이다. 가공부문에 배부된 원가는 도색 횟수와 조립시간에 비례하여 각각 제품 A와 제품 B에 전액 배부된다. 제품 A와 제품 B에 사용된 도색 횟수와 조립시간이 다음과 같을 때, 제품 B에 배부되는 보조부문의 총원가는? [세무사 17]

구분	제품 A	제품 B
도색횟수	10회	13회
조립시간	200시간	100시간

11 (주)세무는 세 개의 제조부문(P_1, P_2, P_3)과 두 개의 보조부문(S_1, S_2)을 운영하고 있으며, 보조부문원가를 상호배분법에 의해 제조부문에 배분하고 있다. 각 부문의 용역수수관계는 다음과 같다.

사용부문 / 제공부문	제조부문			보조부문	
	P_1	P_2	P_3	S_1	S_2
S_1	40%	20%	20%	-	20%
S_2	30	30	30	10%	-

두 개의 보조부문(S_1, S_2)으로부터 제조부문 P_1, P_2, P_3에 배분된 금액이 각각 ₩150,000, ₩120,000, ₩120,000일 경우, 보조부문원가를 배분하기 이전의 각 보조부문 S_1과 S_2에 집계된 원가는? [세무사 18]

정답 및 해설

09 1. 보조부문 S_1, S_2의 배부될 총원가를 각각 S_1, S_2라고 하면,

$0.5S_1 + 0.4S_2$ = ₩50,000[*1]

$0.3S_1 + 0.4S_2$ = ₩40,000[*2]

[*1] 보조부문(S_1, S_2)으로부터 P_1에 배분된 금액

[*2] 보조부문(S_1, S_2)으로부터 P_2에 배분된 금액

∴ S_1 = ₩50,000, S_2 = ₩62,500

2. 보조부문 S_1: 배분할 총원가 = 자기부문발생원가 + 타보조부문으로부터 배분받은 원가

$S_1 = X + 0.2S_2$ ∴ X = ₩37,500

10 1. 용역제공비율 계산

구분	보조부문		가공부문	
	수선	동력	도색	조립
수선	-	50%	30%	20%
동력	40%	-	20	40

2. 수선부문이 배분할 원가를 S_1, 동력부문이 배분할 원가를 S_2라 하면

S_1 = ₩300,000 + $0.4S_2$

S_2 = ₩200,000 + $0.5S_1$

∴ S_1 = ₩475,000, S_2 = ₩437,500

3. 가공부문에 배부되는 보조부문원가 계산

도색부문 = ₩475,000 × 30% + ₩437,500 × 20% = ₩230,000

조립부문 = ₩475,000 × 20% + ₩437,500 × 40% = ₩270,000

4. 제품 B에 배부되는 보조부문원가

도색: ₩230,000 × 13회/(10회 + 13회) =	₩130,000
조립: ₩270,000 × 100시간/(200시간 + 100시간) =	90,000
계	₩220,000

11 1. 상호배분법에서 보조부문 S_1의 배분액을 S_1, 보조부문 S_2의 배분액을 S_2라 하면

$0.4S_1 + 0.3S_2$ = ₩150,000

$0.2S_1 + 0.3S_2$ = ₩120,000

∴ S_1 = ₩150,000, S_2 = ₩300,000

2. 배분될 총원가 = 자기부문의 발생원가 + 타보조부문으로부터 배분받은 원가

₩150,000 = 보조부문 배부 전 S_1 원가 + 0.1 × ₩300,000

₩300,000 = 보조부문 배부 전 S_2 원가 + 0.2 × ₩150,000

∴ 보조부문원가 배부 전 S_1 원가 = ₩120,000

보조부문원가 배부 전 S_2 원가 = ₩270,000

대표 문제 정상개별원가계산

(주)파주는 직접노동시간을 기준으로 제조간접원가를 예정배부하고 있으며 관련 자료는 다음과 같다.

(1) 회사는 연초에 연간 제조간접원가를 ₩300,000, 직접노동시간을 100,000시간으로 예상하였으며 실제발생 제조간접원가는 ₩355,000, 실제직접노동시간 105,000시간이었다.

(2) 기말 현재 원가계산과 관련된 각 계정의 내용은 다음은 같다.

구분	재공품	제품	매출원가
직접재료원가	₩24,000	₩40,000	₩120,000
직접노무원가	30,000	65,000	210,000
제조간접원가	50,000	100,000	165,000
계	₩104,000	₩205,000	₩495,000

(3) 회사는 제조간접원가배부차이를 원가요소별비례배분법에 의해 조정하고 있다.

배부차이 조정후 각 계정의 잔액을 구하시오(배분비율은 소수점 셋째 자리에서 반올림).

해답 1. 제조간접원가예정배부율: ₩300,000 ÷ 100,000시간 = 직접노동시간당 ₩3

2. 제조간접원가예정배부액: 105,000시간 × @3 = ₩315,000

∴ 배부차이: ₩355,000 (실제발생액) - ₩315,000 (예정배부액) = ₩40,000(과소배부)

3. 배부차이 조정

구분	제조간접원가	배분비율	배부차이조정
기말재공품	₩50,000	15.87%	₩6,348
기말제품	100,000	31.75	12,700
매출원가	165,000	52.38	20,952
계	₩315,000	100%	₩40,000

4. 조정 후 원가

구분	배분 전 금액	배분액	배분 후 금액
기말재공품	₩104,000	₩6,348	₩110,348
기말제품	205,000	12,700	217,700
매출원가	495,000	20,952	515,952
계	₩804,000	₩40,000	₩844,000

12 대한회사는 개별원가시스템을 채택하고 있다. 제조간접원가의 예정배부율은 직접노무원가의 150%이다. 제조간접원가의 배부차이는 매월 말 매출원가계정에서 조정한다. 추가정보는 다음과 같다.

(1) 작업 #701만이 20×1년 2월 말에 작업이 진행 중이며 원가는 다음과 같다.

직접재료원가	₩8,000
직접노무원가	4,000
제조간접원가배부액	6,000
계	18,000

(2) 작업 #702, #703, #704, #705는 20×1년 3월 중에 작업이 시작된 것이다.

(3) 20×1년 3월 중에 작업에 투입된 직접재료원가는 ₩52,000이다.

(4) 20×1년 3월 중에 발생한 직접노무원가는 ₩40,000이다.

(5) 20×1년 3월 중에 제조간접원가의 실제발생액은 ₩64,000이다.

(6) 20×1년 3월 말 현재 진행 중인 작업은 #705뿐이며 이 작업과 관련된 직접재료원가는 ₩5,600, 직접노무원가는 ₩3,600이다.

대한회사가 20×1년 3월 중에 생산한 제품의 당기제품제조원가는 얼마인가? [세무사 07]

정답 및 해설

12

재공품

기초재공품	18,000	당기제품제조원가	x
직접재료원가	52,000		
직접노무원가	40,000		
제조간접원가	60,000[*1]	기말재공품	14,600[*2]
	170,000		x + 14,600

[*1] 제조간접원가 예정배부액: 직접노무원가 × 150% = ₩40,000 × 150% = ₩60,000

[*2] 기말재공품원가(#705): ₩5,600 + ₩3,600 + ₩3,600 × 150% = ₩14,600

∴ 당기제품제조원가(x): ₩155,400

13 (주)세무는 기계시간 기준으로 제조간접원가를 예정배부하는 정상원가계산방법을 적용한다. 20×1년에 실제 제조간접원가는 ₩787,500이 발생되었고, 기계시간당 ₩25로 제조간접원가를 예정배부한 결과 ₩37,500만큼 과대배부되었다. 20×1년 실제조업도가 예정조업도의 110%인 경우, (주)세무의 제조간접원가 예산액은? [세무사 16]

14 (주)수원은 제조간접원가 배부기준으로 기계작업시간을 사용하여 정상개별원가계산을 적용하고 있다. (주)수원의 20×1년 연간 고정제조간접원가 예산은 ₩690,000이고, 실제 발생한 제조간접원가는 ₩1,618,000이다. 20×1년 연간 예정조업도는 27,600기계작업시간이고, 실제 기계작업시간은 총 28,800시간이다. 20×1년의 제조간접원가 배부차이가 ₩110,000(과대배부)일 때 변동제조간접원가 예정배부율은 얼마인가? [세무사 10]

15 서울공업은 제조원가 항목을 직접원가항목인 직접재료원가, 직접노무원가, 직접경비(외주가공원가 및 설계비)와 간접원가항목인 제조간접원가로 분류한 후 예정배부기준에 의해 원가계산을 한다. 다음 자료를 이용하여 제조간접원가 예정배부액과 실제 발생액 간의 배부차이를 구하시오. [세무사 03]

(1) 기초와 기말의 제조원가 관련 계정잔액

구분	원재료	선급외주가공원가	미지급설계비	재공품	제품
기초잔액	₩500,000	₩100,000	₩150,000	₩700,000	₩750,000
기말잔액	600,000	80,000	80,000	400,000	550,000

(2) 당기 중 원재료구입액은 ₩1,890,000이다.
(3) 당기 중 직접경비로서 외주가공원가 관련 현금지출은 ₩180,000이며, 설계비 관련 현금지출은 ₩460,000이다.
(4) 제조간접원가는 직접노무원가의 50%를 예정배부한다.
(5) 제조간접원가 실제발생액은 ₩300,000이다.
(6) 당기의 매출원가는 ₩3,660,000이다.
(7) 제조간접원가 배부차이는 비정상적인 것으로 간주하여 기타비용으로 처리한다.

정답 및 해설

13 1. 예정배부액 = ₩787,500(예산) + ₩37,500(과대배부) = ₩825,000
= 실제조업도 × ₩25/기계시간
∴ 실제조업도 = 33,000기계시간

2. 제조간접원가예산 = 예정조업도 × ₩25/기계시간
= (33,000시간 ÷ 110%) × ₩25/기계시간 = ₩750,000

14 1. 고정제조간접원가 예정배부율 = 고정제조간접원가 예산 ÷ 예정조업도 = $\frac{690,000}{27,600시간}$ = 기계작업시간당 ₩25

2. 변동제조간접원가 예정배부율을 기계작업시간당 x원이라고 하면, 제조간접원가 예정배부율은 기계작업시간당 ₩(25 + x)이다.

3. 제조간접원가 배부차이 = 실제 제조간접원가 - 제조간접원가 예정배부액
= 실제 제조간접원가 - 실제총조업도 × 제조간접원가 예정배부율

₩(110,000) = ₩1,618,000 - 28,800시간 × ₩(25 + x)

∴ 변동제조간접원가 예정배부율(x)은 기계작업시간당 ₩35이다.

15 1.

재공품

기초재공품	700,000	당기제품제조원가	3,460,000[*1]
직접재료원가	1,790,000[*2]		
직접노무원가	x		
직접경비	590,000[*3]		
제조간접원가	0.5x	기말재공품	400,000
	3,080,000 + 1.5x		3,860,000

[*1] 당기제품제조원가: ₩3,660,000(매출원가) + ₩550,000(기말제품) - ₩750,000(기초제품) = ₩3,460,000

[*2] 직접재료원가: ₩500,000(기초원재료) + ₩1,890,000(당기매입액) - ₩600,000(기말원재료) = ₩1,790,000

[*3] 직접경비 = ₩590,000

(1) 외주가공원가: ₩100,000(기초선급외주가공원가) + ₩180,000(현금지출액) - ₩80,000(기말선급외주가공원가) = ₩200,000

(2) 설계비: ₩460,000(현금지출액) - ₩150,000(기초미지급설계비) + ₩80,000(기말미지급설계비) = ₩390,000

∴ 제조간접원가 예정배부액(0.5x) = ₩260,000

2. 제조간접원가 배부차이: ₩300,000(실제발생액) - ₩260,000(배부액) = ₩40,000(과소배부)

16 (주)한라는 20×1년 초에 설립되었으며 정상원가계산(normal costing)을 적용하고 있다. 제조간접원가는 직접노무시간을 기준으로 예정배부한다. 회사는 제조간접원가 배부차이를 기말재고자산 및 매출원가에 포함된 제조간접원가 예정배부액에 비례하여 안분한다. 당기에 기말재공품, 기말제품 및 매출원가에는 1 : 3 : 4의 비율로 제조간접원가가 각각 예정배부되었고, 기말재공품에 차감하여 조정된 배부차이는 ₩2,500이었다. 당기의 실제 제조간접원가는 ₩180,000이고, 실제 직접노무시간은 총 1,250시간이었다면, 제조간접원가 예정배부율은 직접노무시간당 얼마인가? [회계사 08]

17 (주)국세는 개별-정상원가계산제도를 채택하고 있다. (주)국세는 제조간접원가를 예정배부하며, 예정배부율은 직접노무원가의 60%이다. 제조간접원가의 배부차이는 매기 말 매출원가에서 전액 조정한다. 당기에 실제 발생한 직접재료원가는 ₩24,000이며, 직접노무원가는 ₩16,000이다. 기초재공품은 ₩5,600이며, 기말재공품에는 직접재료원가 ₩1,200과 제조간접원가 배부액 ₩1,500이 포함되어 있다. 또한 기초제품은 ₩5,000이며, 기말제품은 ₩8,000이다. 제조간접원가 배부차이를 조정한 매출원가가 ₩49,400이라면, 당기에 발생한 실제 제조간접원가는 얼마인가? [세무사 11]

18 (주)한국은 정상개별원가계산을 사용하고 있으며, 제조간접원가 배부기준은 기계시간이다. 회사는 20×1년 초에 연간 제조간접원가를 ₩600, 기계시간을 200시간으로 예상하였다. 20×1 회계연도 중 수행한 작업과 관련된 정보는 다음과 같다.

(1) 당기 중 세 가지 작업 #101, #102, #103을 착수하여, #101과 #102를 완성하였고, #103은 기말 현재 작업중에 있다.
(2) 당기 중 ₩800의 원재료를 구입하였고 기말 현재 ₩280의 원재료가 재고로 남아있다.
(3) 당기 중 지급한 노무원가는 ₩700이며, 기초 미지급노무원가는 ₩40, 기말 미지급 노무원가는 ₩100이었다.
(4) 당기 중 발생한 제조경비는 총 ₩560이며, 이는 감가상각비 ₩260, 임차료 ₩200, 수도광열비 ₩100으로 구성되어 있다.
(5) 당기 중 작업별 실제발생 원가자료와 실제 사용된 기계시간은 다음과 같다.

구분	#101	#102	#103	합계
직접재료원가	₩200	₩200	₩100	₩500
직접노무원가	300	160	260	720
기계시간	90시간	63시간	27시간	180시간

(6) 기초재고자산은 없었고, 작업 #101은 당기 중에 ₩1,100에 판매되었으나 작업 #102는 기말 현재 판매되지 않았다.

(주)한국은 기말에 제조간접원가 배부차이를 전액 매출원가에 조정한다. (주)한국의 20×1년 매출총이익은 얼마인가? [회계사 14]

정답 및 해설

16 1. 기말재공품 차감조정 배부차이 ₩2,500
기말제품 차감조정 배부차이 7,500[*1]
매출원가 차감조정 배부차이 10,000[*2]
차감조정된 총배부차이 ₩20,000

[*1] ₩2,500 × 3(∵ 기말재공품, 기말제품, 매출원가에 1 : 3 : 4의 비율로 예정배부)
[*2] ₩2,500 × 4(∵ 기말재공품, 기말제품, 매출원가에 1 : 3 : 4의 비율로 예정배부)

2. 제조간접원가배부액: 실제제조간접원가 + 차감조정된 총배부차이
= ₩180,000 + ₩20,000
= ₩200,000

$$\therefore \text{제조간접원가 예정배부율} = \frac{\text{제조간접원가배부액}}{\text{실제조업도}} = \frac{₩200,000}{1,250\text{직접노동시간}} = \text{직접노동시간당 ₩160}$$

17 1.

재공품

기초재공품	5,600	당기제품제조원가	x
직접재료원가	24,000		
직접노무원가	16,000		
제조간접원가	9,600[*1]	기말재공품	5,200[*2]
	55,200		x + 5,200

[*1] ₩16,000 × 60% = ₩9,600
[*2] ₩1,200 + ₩1,500 + ₩1,500 ÷ 60% = ₩5,200
∴ 당기제품제조원가(x): ₩50,000

2. 배부차이 조정 전 매출원가: ₩5,000 + ₩50,000 - ₩8,000 = ₩47,000
3. 제조간접원가: ₩49,400 - ₩47,000 = ₩2,400(과소배부)
∴ 실제제조간접원가: ₩9,600 + ₩2,400 = ₩12,000

18 1. 배부차이 조정 전 매출원가(작업 #101에 집계된 원가) = ₩200 + ₩300 + 90기계시간 × ₩3/기계시간* = ₩770

$$* \text{제조간접원가 예정배부율} = \frac{600}{200\text{기계시간}}$$

2. 제조간접원가 배부차이 = 실제 제조간접원가 - 예정배부된 제조간접원가 = ₩620 - 180기계시간 × ₩3/기계시간
= ₩80 과소배부

3. 매출총이익 = ₩1,100 - (₩770 + ₩80) = ₩250
(₩1,100: 매출액, (₩770 + ₩80): 배부차이 조정 후 매출원가)

19 (주)한국은 20×1년 1월 초에 영업을 개시하였다. 회사는 정상개별원가계산을 사용하고 있으며, 제조간접원가 배부기준은 직접노무시간이다. 회사는 당기 초에 연간 제조간접원가를 ₩640,000으로, 직접노무시간을 80,000시간으로 예상하였다. (주)한국의 20×1년 1월의 생산 및 판매 관련 자료는 다음과 같다.

(1) 1월 중 작업 #101, #102, #103을 착수하였는데, 당월 중 작업별 실제 발생한 제조직접원가와 실제 사용된 직접노무시간은 다음과 같다.

구분	#101	#102	#103	합계
직접재료원가	₩34,000	₩39,000	₩13,000	₩86,000
직접노무원가	16,000	20,600	1,800	38,400
기계시간	2,750시간	3,800시간	400시간	6,950시간

(2) 1월 중 실제 발생한 제조간접원가는 총 ₩51,600이다.

(3) 1월 중 작업 #101과 #102는 완성되었으나, 작업 #103은 1월 말 현재 작업 중이다.

(4) 작업 #101은 1월 중에 판매되었으나, 작업 #102는 1월 말 현재 판매되지 않았다.

총원가기준 비례배분법으로 배부차이 조정 후 20×1년 1월 말 재공품 및 제품, 그리고 20x1년 1월 매출원가는? [회계사 17]

20 (주)세무는 정상원가계산을 적용하고 있으며, 제조간접원가는 기본원가(prime costs)의 50%를 예정배부한다. (주)세무는 제조간접원가 배부차이를 원가요소기준 비례배분법으로 조정한다. 9월의 기본원가, 매출액과 배부차이 조정 후 기말재고자산은 다음과 같다.

기본원가	₩750,000	매출액	₩1,000,000
기말재공품	120,000	기말제품	180,000

9월의 배부차이 조정 후 매출원가율이 80%일 때, 배부차이는? 단, 기초재고자산은 없다. [세무사 18]

정답 및 해설

19 1. 제조간접원가 예정배부율: ₩640,000 ÷ 80,000시간 = 직접노무시간당 ₩8

2. 조정 전 계정잔액

구분	매출원가	제품	재공품	합계
직접재료원가	₩34,000	₩39,000	₩13,000	₩86,000
직접노무원가	16,000	20,600	1,800	38,400
직접간접원가*	22,000	30,400	3,200	55,600
계	₩72,000	₩90,000	₩18,000	₩180,000

*실제직접노무시간 × ₩8

3. 배부차이조정

구분	조정 전	배분차이조정	조정 후
기말재공품	₩18,000	₩(400)	₩17,600
기말제품	90,000	(2,000)	88,000
매출원가	72,000	(1,600)	70,400
계	₩180,000	₩(4,000)	₩176,000

20 1.

재고자산

기초재고자산	0	매출원가	800,000
기본원가	750,000	기말재공품	120,000
제조간접원가	x	기말제품	180,000
	x + 750,000		1,100,000

∴ 제조간접원가(x): ₩350,000*

*원가요소별 비례배분법으로 배부차이를 조정할 경우 배분 후 제조간접원가는 실제발생액과 일치함

2. 배부차이: ₩350,000(실제발생액) - ₩375,000(예정배부액) = ₩25,000(과대배부)

해커스 세무사 眞원가관리회계
회계사 · 세무사 단번에 합격, 해커스 경영아카데미
cpa.Hackers.com

제3장

활동기준원가계산

제1절 | 활동기준원가계산의 의의

01 제조기업의 경영활동

활동기준원가계산(ABC; Activity Based Costing)이란 보다 정확한 원가계산을 위해 기업의 기능을 여러 가지 활동들로 구분한 후, 활동을 기본적인 원가대상으로 삼아 활동별로 원가를 집계하고 이를 토대로 활동별로 집계된 원가를 다시 이들 활동별로 적절한 배부기준(원가동인)을 적용하여 제품에 배부하는 원가계산 방법이다. 즉, 기업이 제품을 생산하는 과정에서 수행하는 구체적인 활동들이 자원을 소비하여 원가를 발생시키고, 제품은 이러한 활동을 소비함으로써 생산된다는 점에 착안하여 각 제품이 소비한 활동별 원가동인을 측정하여 보다 정확한 원가계산을 수행하고자 하는 원가계산방법이다.

활동기준원가계산에서 제조간접원가 배부단계

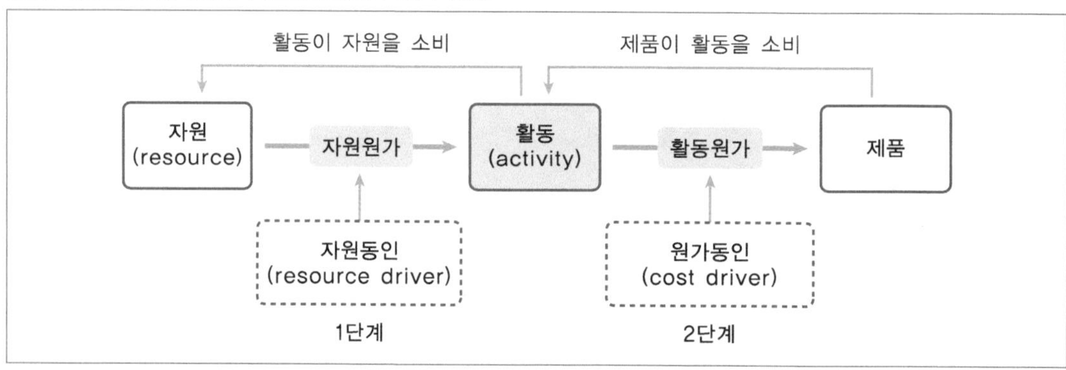

참고로 전통적 원가계산(개별원가계산)과 활동기준원가계산의 절차를 간단하게 비교하면 다음과 같다.

전통적 원가계산과 활동기준원가계산

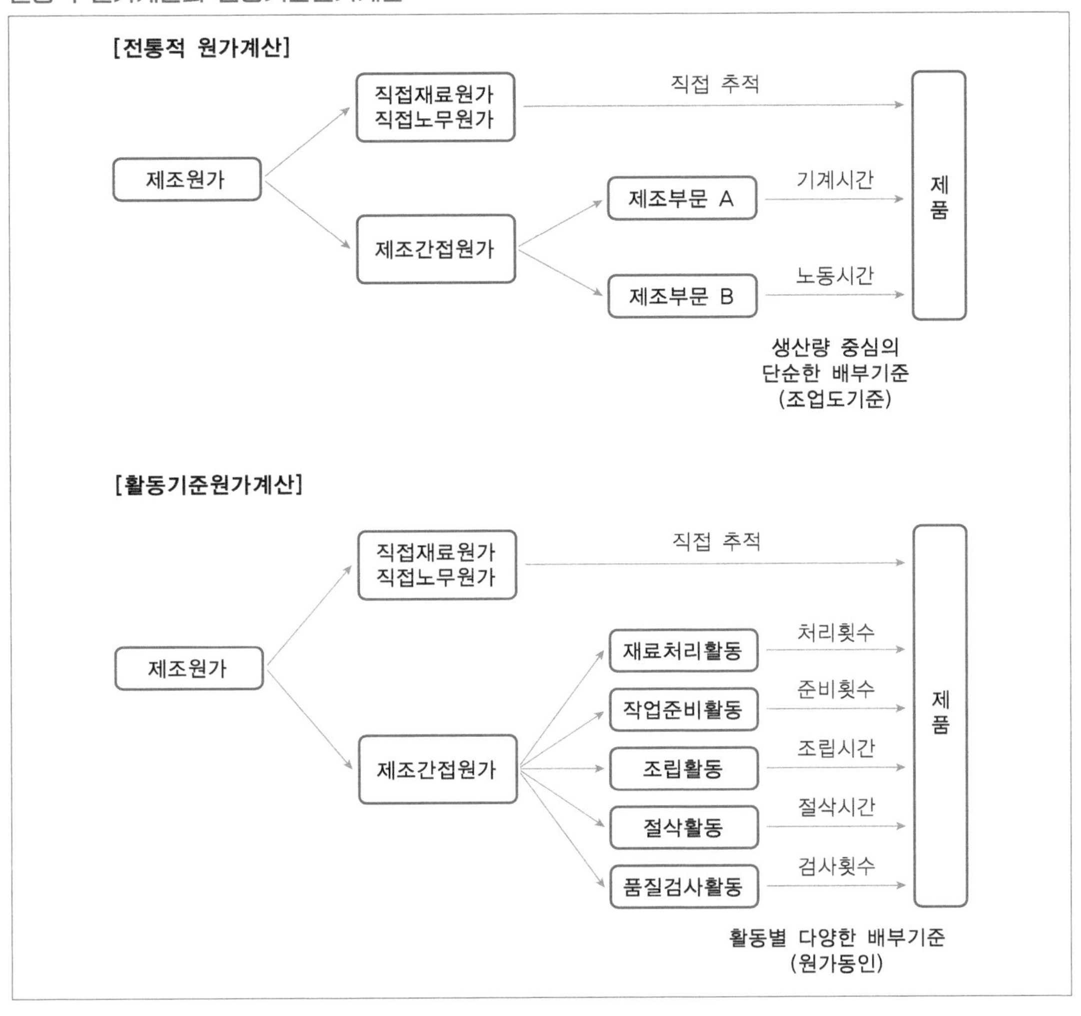

02 활동기준원가계산의 개발배경

기술의 발전으로 기업의 제조환경이 과거의 노동집약적인 생산방식에서 탈피하여 공장자동화로 인한 자본집약적인 생산방식으로 변해감에 따라 제조원가에서 직접노무원가가 차지하는 비중이 점차 감소하고 제조간접원가가 차지하는 비중이 점차 증가하고 있다. 또한 제조간접원가의 발생도 단순히 조업도에 비례하지 않고 생산활동의 복잡성 및 다양성 정도에 따라 영향을 받고 있다. 따라서 보다 정확한 제품원가를 계산하기 위해서는 제조간접원가를 어떻게 배부할 것인지가 중요한 문제로 대두되었는데, 이러한 필요성에 의해 개별원가계산을 발전시켜 개발한 원가계산방법이 활동기준원가계산이다.

(1) 기술의 발전으로 공장이 자동화되면서 제조간접원가의 비중이 증가하고 제조간접원가의 발생도 생산활동의 복잡성 및 다양성 정도에 따라 영향을 받게 됨에 따라 전통적으로 사용해오던 직접노동시간, 기계시간 등 조업도에 근거한 배부기준에 의하여 제조간접원가를 제품에 배부하는 방법으로는 제품원가를 정확하게 산정하기 어렵게 되었다.

(2) 다품종소량생산체제를 적용하는 회사들의 경우 개별제품의 수익성을 정확하게 파악하는 것이 매우 중요해졌다. 즉, 최근의 기업들은 개성을 중시하는 소비자의 다양한 욕구를 충족시키기 위해 다품종소량생산체제로 전환하게 되었는데, 이러한 상황에서는 좀 더 수익성이 좋은 제품에 기업의 역량을 집중해야 할 필요성이 증대되었고 이를 위해서는 개별제품의 수익성을 정확하게 파악하는 것이 매우 중요하게 되었다.

(3) 활동기준원가계산을 적용하기 위해서는 방대한 정보를 수집해야 하는데, 정보기술의 발전으로 인한 컴퓨터통합시스템의 도입으로 활동기준원가계산에 필요한 방대한 정보를 적은 비용으로 수집하여 이용하는 것이 가능하게 되었다.

(4) 경영관리목적상 원가개념이 확대되어 전통적 원가계산으로는 제품의 수익성을 정확하게 파악하기 어렵게 되었다. 즉, 종전에는 제품의 제조과정이 기업활동의 대부분을 차지하였으므로 제품의 제조과정에 초점을 맞추어 단지 제조원가만으로 제품원가를 계산하여 왔으나, 최근에는 제조원가뿐만 아니라 연구개발, 제품설계, 마케팅, 유통, 고객서비스 등의 원가가 큰 비중을 차지하게 되어 원가개념이 확대되었다. 따라서 종전처럼 제조원가만으로 제품의 수익성을 판단할 경우 제품라인의 추가 또는 폐지 등에 대하여 잘못된 의사결정을 초래할 수 있다.

(5) 활동기준원가계산은 이처럼 정확한 제품원가계산의 필요성과 기존의 전통적인 원가계산이 갖는 각종 한계점을 극복하기 위해 1980년대 중반부터 미국의 회계학자인 Cooper와 Kaplan을 중심으로 집중 논의되기 시작하여 현재는 미국뿐만 아니라 국내에서도 활발하게 도입되어 다양한 목적으로 활용되고 있다.

제2절 | 활동기준원가계산방법

01 활동의 정의와 구분

(1) 활동의 정의

활동기준원가계산을 적용하기 위해서는 활동기준원가계산하의 기본적인 원가집계대상인 활동을 명확히 이해하는 것이 선행되어야 한다. 여기서 활동(activity)이란 자원을 사용하여 가치를 창출하는 작업으로써 원가를 발생시키는 기본적인 분석단위이며 기업의 제품생산과정에서 자원을 소비하는 구체적인 사건(event)이나 거래(transaction)를 말한다.

(예) 제품설계, 재료처리, 작업준비, 부품조립, 품질검사

(2) 활동의 구분

일반적으로 활동기준원가계산에서의 활동은 그 수준에 따라 ① 단위수준활동 ② 묶음수준활동 ③ 제품수준활동 ④ 설비수준활동의 4가지로 구분되며, 이를 원가계층(cost hierachy)이라 한다. 이와 같이 활동은 그 수준에 따라 구분되며, 각 활동별로 원가동인을 식별하여 정확한 원가계산을 하는 데 유용하게 사용된다.

① **단위수준활동**: 단위수준활동(unit-level activity)이란 제품 한 단위가 생산될 때마다 수행되는 활동으로 제품생산량에 비례하여 이루어지는 활동을 말한다.

(예) 기계작업(밀링, 절삭)활동, 직접노동(조립)활동, 품질검사(전수검사)활동

이러한 단위수준활동과 관련된 원가는 제품의 생산수량에 비례하여 원가가 발생한다.

② **묶음수준활동**: 묶음수준활동(batch-level activity)이란 한 묶음(batch)의 제품을 처리하거나 생산할 때마다 수행하는 활동으로 제품의 수량과 관계없이 묶음단위로 이루어지는 활동을 말한다.

(예) 10개의 생산 lot나 100개의 생산 lot나 동일한 활동량을 요구할 때 그 활동은 묶음수준활동으로 간주되며 구매주문활동, 품질검사(표본검사)활동, 작업준비활동 등이 이에 해당한다.

이러한 묶음수준활동과 관련된 원가는 제품의 생산수량에 비례하여 원가가 발생하는 것이 아니라 처리된 묶음수에 비례하여 원가가 발생한다.

③ **제품수준활동**: 제품수준활동(product-level activity)은 기업이 생산하는 제품라인을 유지하기 위하여 수행하는 활동으로 제품유지활동이라고도 한다.

(예) 제품개발활동, 제품개량활동, 설계변경활동 등

이러한 제품수준활동과 관련된 원가는 제품의 생산수량이나 처리된 묶음수에 비례하여 원가가 발생하는 것이 아니라 제품종류의 수에 비례하여 원가가 발생한다.

④ **설비수준활동**: 설비수준활동(facility-level activity)이란 공장의 일반적인 제조공정을 유지하고 관리하기 위하여 수행하는 활동으로 설비유지활동이라고도 한다.

(예) 공장의 전체적 관리를 위해 필요한 법률적인 요건 충족을 위한 활동, 안전유지를 위한 안전강화활동, 공장의 조경이나 환경미화활동 등

이러한 설비수준활동과 관련된 원가는 제품의 생산량, 처리된 묶음수, 제품의 종류와 무관하게 전체 제조공정을 유지하는 차원에서 발생한다. 따라서 개별제품의 수익성 파악을 위한 자료로는 이용되지 않는 것이 일반적이다.

이상에서 살펴본 4가지 원가계층 중 단위수준활동은 제품을 생산하기 위한 직접적인 활동이지만, 묶음수준활동 · 제품수준활동 · 설비수준활동은 제품을 생산하기 위한 직접적인 활동이 아니므로 이들을 비단위수준활동이라고도 한다.

활동의 계층별 분류

단위수준활동	➡	묶음수준활동	➡	제품수준활동	➡	설비수준활동
생산량에 비례해서 수행되는 활동		묶음수에 비례해서 수행되는 활동		제품종류의 수에 비례해서 수행되는 활동		전체제조공정을 유지하는 차원에서 수행되는 활동

02 활동기준원가계산의 절차

앞에서 설명한 바와 같이 활동기준원가계산은 기업이 제품을 생산하는 과정에서 소비한 원가를 기업이 생산과정에서 수행한 구체적인 활동별로 집계하고 이를 토대로 활동별로 집계된 원가를 다시 개별제품과의 인과관계를 충실히 반영할 수 있는 적절한 배부기준(원가동인)을 적용하여 제품에 배부하는 원가계산방법이다. 따라서 활동기준원가계산을 적용하기 위해서는 일반적으로 다음과 같이 다섯 단계를 거치게 된다.

활동기준원가계산의 절차

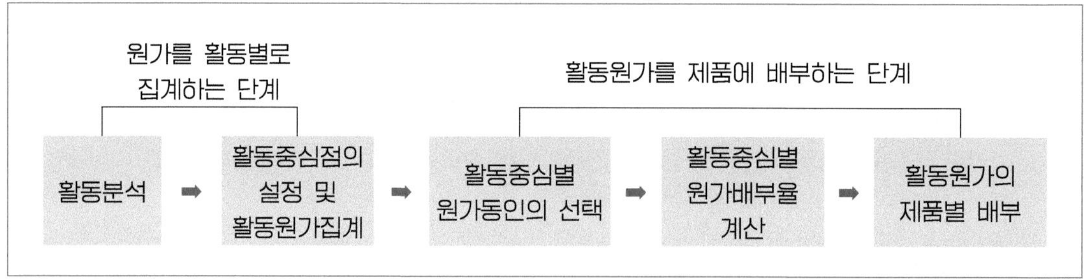

(1) 활동분석

활동기준원가계산을 적용하기 위해서는 최우선적으로 활동분석(activity analysis)을 실시해야 한다.

① 활동분석이란 제품을 생산하거나 서비스를 제공하는 데 필요한 활동들을 구분하고 분석하는 것을 말하며 공정가치분석(process value analysis)이라고도 한다.

② 활동분석을 통해서 기업이 제품생산과 서비스 제공을 위해 수행하는 다양한 활동들을 분석한 후에는 이러한 활동들을 다시 부가가치활동과 비부가가치활동으로 구분한다.

㉠ **부가가치활동(value-added activity)**: 기업이 생산하는 제품의 가치를 증가시키는데 기여하는 활동

㉡ 비부가가치활동(non-value-added activity): 제품가치 증대에 전혀 기여하지 못하고 자원만 낭비하는 활동

③ 활동분석이란 제품원가계산을 위해 기업이 수행하는 활동을 파악하는 것뿐만 아니라 이러한 활동들을 다시 부가가치활동과 비부가가치활동으로 구분하여 적절한 활동관리를 통한 원가절감방안을 모색하고자 하는 노력이라고도 말할 수 있다.

(2) 활동중심점의 설정 및 활동원가집계

활동분석을 한 후에는 활동중심점을 설정하고 활동중심점별로 활동원가를 집계해야 한다.

① 활동분석을 통해 파악된 활동별로 해당 활동을 수행하는 데에 소비된 자원(원가)을 집계해야 하는데, 이때 원가를 집계하는 단위를 활동중심점이라고 한다. 즉, 활동중심점(activity center)이란 관련활동의 원가를 별도로 분리하여 집계하는 원가집계단위라고 말할 수 있다.

② 활동중심점은 기업이 수행하는 구분된 개별활동별로 각각 설정할 수도 있으며 관련된 활동들을 하나의 활동중심점으로 통합하여 설정할 수도 있다. 그러나 기업이 제품을 생산하기 위하여 수행하는 활동은 매우 많기 때문에 이를 모두 독립적인 활동중심점으로 하여 원가를 집계하게 되면 과다한 비용이 지출되므로 관련된 활동들을 하나의 활동중심점으로 통합하여 원가를 집계하는 것이 일반적이다.

예제 1

(주)레드는 축구응원용 티셔츠를 생산하는 회사로써 제조간접원가를 활동기준원가계산에 따라 개별제품에 배부한다. 활동을 분석한 결과 재료수령활동, 하역활동, 작업준비활동, 기계작업활동, 품질검사활동을 활동중심점으로 결정하였다. 관련 자료는 다음과 같을 경우 자원을 획득하기 위하여 발생한 원가를 각 활동중심점에 집계하시오.

(1) (주)레드가 자원을 취득하기 위하여 지출한 원가에 대한 자료

자원	자원원가
공장관리자(간접노무원가)	₩700,000
기계장치(감가상각비)	400,000
자동화시스템(리스료)	900,000
전력(전기료)	300,000
소모품(소모품비)	235,000
계	₩2,535,000

(2) 각 활동중심별로 소비한 자원에 대한 자료

활동중심점	공장관리자 사용시간	기계장치 사용비율	자동화시스템 사용비율	전력 사용비율	소모품 사용비율
재료수령	400시간	40%	30%	30%	0%
하역	50	10	3	3	60
작업준비	200	20	16	16	20
기계작업	50	10	20	20	0
품질검사	300	20	31	31	20
계	1,000시간	100%	100%	100%	100%

해답

자원원가 \ 활동중심점	재료수령	하역	작업준비	기계작업	품질검사	합계
공장관리자	₩280,000	₩35,000	₩14,000	₩35,000	₩210,000	₩700,000
기계장치	160,000	40,000	80,000	40,000	80,000	400,000
자동화시스템	270,000	135,000	135,000	90,000	270,000	900,000
전력	90,000	9,000	48,000	60,000	93,000	300,000
소모품	-	141,000	47,000	-	47,000	235,000
활동원가집계액	₩800,000	₩360,000	₩450,000	₩225,000	₩700,000	₩2,535,000

(3) 활동중심점별 원가동인의 선택

활동중심점별로 원가를 집계한 후에는 집계된 원가를 개별작업이나 제품에 배부하기 위한 원가동인(cost driver)을 선택해야 한다.

① 원가동인은 활동의 소비(consumption of activity)를 직접적으로 나타낼 수 있도록 인과관계가 높은 것이어야 하며, 원가동인과 관련된 자료를 쉽게 측정할 수 있는 것이어야 한다. 또한 원가동인을 측정하고자 할 때는 어느 수준까지 측정할 것인가를 고려해야 한다.

㈜ 작업준비활동의 원가동인을 측정하고자 하는 경우 각 개별제품의 작업준비횟수가 원가동인이 될 수도 있으나, 각 제품의 작업준비횟수당 투입되는 시간과 노력이 다르다면 작업준비횟수보다는 작업준비시간이 좀 더 인과관계를 정확히 반영한 원가동인이 될 수 있다.

② 원가동인의 유형은 다음과 같이 거래건수동인, 기간동인, 직접동인으로 구분할 수 있다.

㉠ 거래건수동인(transaction drivers): 수행된 활동의 횟수를 원가동인으로 사용하는 것으로 재료주문횟수, 작업준비횟수 등을 그 예로 들 수 있다.

㉡ 기간동인(duration drivers): 활동을 수행하기 위한 시간을 원가동인으로 사용하는 것으로 작업준비시간, 검사시간 등을 그 예로 들 수 있다.

㉢ 직접동인(intensity drivers): 활동을 수행하는 데 소요된 자원을 직접 집계하는 것으로 특정작업을 위한 특수장비 도입비용 등을 들 수 있다.

구분	거래건수동인	기간동인	직접동인
적용조건	활동 1회당 원가동일	시간당 원가동일	특정활동필요
원가동인	활동의 건수	활동의 시간	직접측정
측정비용	적음	중간	많음
원가계산 정확성	낮음	중간	높음

이상의 세 가지 유형의 원가동인 중 정확도는 직접동인, 기간동인, 거래건수동인의 순으로 높다.

계층별 활동과 원가동인

계층별 분류	활동	원가동인
단위수준활동	기계작업(밀링, 절삭)활동 직접노동(조립)활동 품질검사(전수)활동 등	기계시간 노동시간 생산량, 품질검사시간 등
묶음수준활동	구매주문활동 작업준비활동 품질검사(표본)활동 재료수령활동 재료처리활동 하역활동 등	구매주문횟수 작업준비횟수(시간), 생산주문횟수 품질검사횟수(시간) 재료수령횟수 재료처리횟수(시간) 하역횟수
제품수준활동	제품설계활동 제품테스트활동 제품광고활동 부품재고관리활동 제품설계변경활동 등	제품설계시간 제품테스트횟수(시간) 제품광고횟수(시간) 부품종류의 수 설계변경횟수
설비수준활동	공장관리활동 건물관리활동 조경활동 냉난방활동 등	기계시간, 노동시간, 점유면적 등

(4) 활동중심점별 원가배부율의 계산

활동중심점별로 원가를 집계하고 활동중심점별로 원가동인이 결정되었으면 다음과 같이 활동중심점별 원가배부율을 계산한다.

$$\text{활동중심별 원가배부율} = \frac{\text{활동중심점별 원가집계액}}{\Sigma \text{활동중심별 원가동인}}$$

예제 2

(주)레드는 축구응원용 티셔츠를 생산하는 회사로 일반형, 고급형 두 종류의 티셔츠를 생산하고 있다. 회사는 제조간접원가를 활동기준원가계산에 따라 개별제품에 배부한다. 각 활동중심점별로 집계된 제조간접원가 및 원가동인과 제품별 원가동인소비량은 다음과 같은 경우 각 활동중심점별 제조간접원가배부율을 계산하시오.

(1) 활동별 제조간접원가

활동중심점	활동원가	원가동인
재료수령	₩80,000	재료수령횟수
하역	360,000	하역횟수
작업준비	450,000	작업준비횟수
기계작업	225,000	기계작업시간
품질검사	700,000	품질검사횟수
계	₩2,535,000	

(2) 제품별 원가동인소비량

구분	일반형	고급형	합계
재료수령횟수	3,000회	2,000회	5,000회
하역횟수	1,000	2,000	3,000
작업준비횟수	3,000	6,000	9,000
기계작업시간	35,000시간	15,000시간	50,000시간
품질검사횟수	1,000회	25,000회	3,500회

해답

활동중심점	활동원가		원가동인의 총수		활동중심점별 원가배부율
재료수령활동	₩800,000	÷	5,000회	=	@160
하역활동	360,000	÷	3,000	=	120
작업준비활동	450,000	÷	9,000	=	50
기계작업활동	225,000	÷	50,000시간	=	4.5
품질검사활동	700,000	÷	3,500회	=	200

(5) 활동원가의 제품별 배부

활동중심점별로 원가배부율이 결정되었으면 각 제품이 소비한 활동중심점별 원가동인에 활동중심점별 원가배부율을 곱하여 활동원가를 개별제품에 배부한다. 즉, 활동기준원가계산에서는 각 제품이 소비한 활동중심점별 원가동인을 측정함으로써 제품원가계산이 이루어지는 것이다.

제품별 활동원가배부액 = 당해 제품이 소비한 활동중심점별 원가동인 × 활동중심점별 원가배부율

예제 3

예제 2의 (주)레드가 당기에 생산한 일반형, 고급형 티셔츠의 생산량 및 직접원가는 다음과 같다.

구분	일반형	고급형
생산량	10,000단위	4,000단위
직접재료원가	₩200,000	₩450,000
직접노무원가	300,000	400,000

예제 2의 자료를 이용하여 각 제품의 단위당 원가를 계산하시오.

해답

	일반형	고급형	합계
직접재료원가	₩200,000	₩450,000	₩650,000
직접노무원가	300,000	400,000	700,000
제조간접원가*			
재료수령	480,000	320,000	800,000
하역	120,000	240,000	360,000
작업준비	150,000	300,000	450,000
기계작업	157,500	67,500	225,000
품질검사	200,000	500,000	700,000
제조원가 합계	₩1,607,500	₩2,277,500	₩3,885,000
생산량	10,000단위	4,000단위	
단위당 원가	@160.75	@569.375	

*제품별 소비된 원가동인 × 활동중심점별 원가배부율

03 활동중심점의 수와 원가동인수준의 결정

활동기준원가계산을 구체적으로 적용함에 있어서 활동원가의 개별적 집계단위인 활동중심점의 수와 각 활동중심점별로 적용할 원가동인의 수준을 결정하는 것은 매우 중요하고도 민감한 사항이다. 왜냐하면, 개별적으로 활동원가를 집계할 활동중심점의 수가 증가할수록, 그리고 각 활동중심점별로 적용할 원가동인의 수준이 좀 더 자세할수록 제품원가의 정확성은 높아질 것이므로 경영자가 부정확한 원가정보로 인해 잘못된 의사결정을 초래할 가능성은 낮아지지만 그만큼 원가측정과정에서의 비용이 증가할 수 있기 때문이다. 따라서 경영자는 부정확한 원가정보로 인해 잘못된 의사결정을 하여 발생할 수 있는 손실과 원가측정비용을 고려해서 이 두 비용의 합계가 최소화되도록 활동중심점의 수와 원가동인의 수준을 결정해야 하는데, 다음의 그림은 이를 잘 나타내 주고 있다.

최적활동중심점의 수와 원가동인수준의 결정

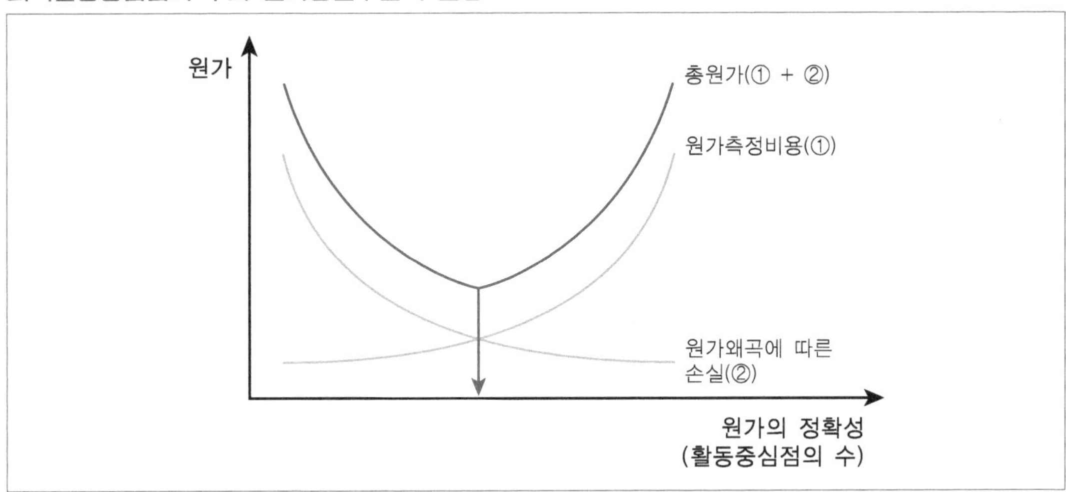

예제 4

고급형과 보급형 두 가지의 보드를 생산하는 (주)슈퍼보드의 생산 및 원가자료는 다음과 같다. 활동기준원가계산에 의할 경우 고급형과 보급형의 단위당 제조원가는 얼마인가?

구분	고급형	보급형
생산량	2,500단위	20,000단위
단위당 직접노무시간	4시간	2시간
단위당 직접재료원가	₩180	₩134.4
단위당 직접노무원가	19.2	9.6

(주)슈퍼보드의 직접노동시간당 임률은 ₩4.8, 총제조간접원가는 ₩2,400,000이다. 활동기준원가 계산을 위해서 다음의 자료를 이용한다.

활동	원가동인	활동별원가	제품별 원가동인수		
			고급형	보급형	합계
매입주문	주문횟수	₩100,800	10회	20회	30회
작업지시	지시횟수	259,200	60	120	180
품질검사	검사횟수	540,000	8	22	30
기계관련	기계시간	1,500,000	40시간	60시간	100시간
계		₩2,400,000			

해답 **1. 활동별 원가배부율**

매입주문: ₩100,800 ÷ 30회 = @3,360
작업지시: ₩259,200 ÷ 180회 = @1,440
품질검사: ₩540,000 ÷ 30회 = @18,000
기계관련: ₩1,500,000 ÷ 100시간 = @15,000

2. 제품별 단위당 활동원가배부액

	고급형		보급형	
매입주문	10회 × @3,360 =	₩33,600	20회 × @3,360 =	₩67,200
작업지시	60회 × @1,440 =	86,400	120회 × @1,440 =	172,000
품질검사	8회 × 18,000 =	144,000	22회 × 18,000 =	396,000
기계관련	40시간 × 15,000 =	600,000	60시간 × 15,000 =	900,000
계		₩864,000		₩1,536,000
생산량		÷ 2,500단위		÷ 20,000단위
단위당 제조간접원가배부액		345.6		₩76.8

3. 제품별 단위당 제조원가

	고급형	보급형
직접재료원가	₩180	₩134.4
직접노무원가	19.2	9.6
제조간접원가	345.6	76.8
단위당 제조원가	₩544.8	₩220.8

제3절 | 전통적 원가계산과 활동기준원가계산의 비교

01 전통적 원가계산의 문제점

<제2장 개별원가계산>에서 살펴보았던 전통적 원가계산방법인 개별원가계산은 과거 제조공정이 노동집약적인 환경하에서 개발된 방법으로 제조간접원가를 기계시간, 직접노동시간과 같은 조업도를 기준으로 개별작업, 제품에 배부하는 원가계산방법이다. 그러나 점차 제조환경이 자본집약적인 환경으로 변화함에 따라 증가하고 있는 제조간접원가를 단순히 조업도를 기준으로 제품에 배부하면 더 이상 정확한 제품원가를 계산할 수 없게 되었는데, 이에 대해서는 다음과 같은 사례를 통해 살펴보기로 한다.

사례

(주)해커는 작업 #1과 #2를 생산하였는데, 각 작업과 관련하여 투입된 직접노동시간은 다음과 같다.

구분	작업 #1	작업 #2
직접노동시간	2시간	6시간

(주)해커는 제조간접원가를 직접노동시간을 기준으로 각 작업에 배부하며, 발생한 제조간접원가 총액은 ₩120이라고 한다면, 개별작업에 배부되는 제조간접원가는 다음과 같을 것이다.

제조간접원가배부율: ₩120 ÷ 8시간 = 직접노동시간당 ₩15

제조간접원가배부액: 작업 #1 = 2시간 × ₩15 = ₩30

작업 #2 = 6시간 × ₩15 = ₩90

(1) 위의 사례에서 (주)해커가 생산시설을 자동화 설비로 교체하면서 제조간접원가가 ₩120에서 ₩420으로 증가하였고, 작업 #2의 직접노동시간은 6시간에서 1시간으로 감소하였으나 작업 #1의 직접노동시간은 변함이 없다고 할 때 제조간접원가를 직접노동시간을 기준으로 두 작업에 배부하면 개별작업에 배부되는 제조간접원가는 다음과 같을 것이다.

제조간접원가배부율: ₩420 ÷ 3시간 = 직접노동시간당 ₩140

제조간접원가배부액: 작업 #1 = 2시간 × ₩140 = ₩280

작업 #2 = 1시간 × ₩140 = ₩140

	작업 #1	작업 #2
직접노동시간	2시간	1시간
제조간접원가배부액	₩280	₩140

(2) 위의 사례에서 (주)해커가 자동화 설비를 교체한 후에도 제조간접원가 ₩420을 위의 경우처럼 직접노동시간을 기준으로 두 작업에 배부한 것은 과연 합리적일까? 그렇지 않다. 왜냐하면, 자동화 설비도입으로 인한 효익은 작업 #2만이 누렸음에도 불구하고 제조간접원가는 오히려 작업 #1에 더 많이 배부되었기 때문이다. 따라서 이러한 상황에서 회사는 제조간접원가를 합리적으로 배부하기 위한 다른 원가배부기준(원가동인)이 필요할 것이다.

(3) 위의 사례에서 보듯이 전통적 원가계산시스템은 제조간접원가를 배부함에 있어서 개별제품이 소비한 자원을 정확하게 반영하지 못함을 알 수 있다. 이와 같이 생산설비의 자동화로 제조간접원가의 비중이 커지면서 더 이상 전통적 원가계산시스템으로는 합리적인 원가배부를 할 수 없게 되었고, 그 대안으로 등장한 것이 바로 활동기준원가계산이다.

02 전통적 원가계산의 원가왜곡

다음의 예제 5를 토대로 전통적 원가계산방법인 개별원가계산이 갖는 원가왜곡의 문제점을 활동기준원가계산과 비교하여 보다 구체적으로 살펴보도록 하겠다.

예제 5

(주)슈렉의 제조공정은 제조부문 X, Y로 구성되어 있다. 회사는 개별원가계산제도를 적용하고 있으며 당월 중 작업 #101(제품 A), #102(제품 B), #103(제품 C)를 착수하여 완성하였으며 관련 자료는 다음과 같다.

구분	#101	#102	#103	합계
직접재료원가	₩300,000	₩300,000	₩400,000	₩1,000,000
직접노무원가	150,000	250,000	400,000	800,000
직접노동시간				
X부분	150시간	150시간	300시간	600시간
Y부분	60	40	100	200
기계시간				
X부분	75시간	80시간	145시간	300시간
Y부분	150	100	250	500
생산량	150단위	150단위	350단위	650단위
단위당 판매가격	₩6,000	₩6,000	₩4,000	

당월 중 발생한 제조간접원가는 X부문 ₩525,000, Y부문 ₩775,000이다.

[요구사항]

1. 부문별 제조간접원가배부율을 사용하되 X부문은 직접노동시간, Y부문은 기계시간을 기준으로 배부한다고 할 때 다음을 계산하시오.
   (1) 부문별 제조간접원가배부율
   (2) 작업별 제조원가와 단위당 원가
   (3) 제품별 단위당 이익
2. (주)슈렉의 경영자는 기존의 전통적 원가계산방법인 개별원가계산이 제품원가의 왜곡을 초래한다고 생각하고 정확한 제품원가계산을 위해 활동기준원가계산을 적용하려 한다. 이를 위해 활동분석을 통해 제조간접원가를 활동중심점별로 집계한 결과 다음과 같은 자료를 얻었다.

활동중심점	활동원가
재료수령활동	₩320,000
작업준비활동	260,000
조립활동	260,000
도장활동	120,000
품질검사활동	340,000
계	₩1,300,000

그리고 각 활동중심점별 원가동인과 각 작업별 원가동인을 다음과 같이 파악하였다.

활동중심점	원가동인	#101	#102	#103	합계
재료수령활동	재료수령활동	35회	25회	20회	80회
작업준비활동	작업준비횟수	20회	20회	10회	50회
조립활동	조립시간	150시간	150시간	250시간	500시간
도장활동	도장시간	60시간	80시간	160시간	300시간
품질검사활동	품질검사횟수	15회	15회	10회	40회

이를 기초로 다음을 계산하시오.

(1) 활동중심점별 원가배부율

(2) 작업별 제조원가와 제품단위당 원가

(3) 제품별 단위당 이익

해답 1. **개별원가계산을 적용하는 경우**

(1) 부문별 제조간접원가배부율

X부문: ₩525,000 ÷ 600노동시간 = 직접노동시간당 ₩875

Y부문: ₩775,000 ÷ 500기계시간 = 기계시간당 ₩1,550

(2) 작업별 제조원가와 제품단위당 원가

	#101	#102	#103	합계
직접재료원가	₩300,000	₩300,000	₩400,000	₩1,000,000
직접노무원가	150,000	250,000	400,000	800,000
제조간접원가				
X부분[*1]	131,250	131,250	262,500	525,000
Y부분[*2]	232,500	155,000	387,500	775,000
계	₩813,750	₩836,250	₩1,450,000	₩3,100,000
생산수량	150단위	150단위	350단위	650단위
단위당 원가	₩5,425	₩5,575	₩4,143	

[*1] 150 × @875, 150 × @875, 300 × @875

[*2] 150 × @1,550, 100 × @1,550, 250 × @1,550

(3) 제품별 단위당 이익

	제품 A	제품 B	제품 C
단위당 판매가격	₩6,000	₩6,000	₩4,000
단위당 원가	5,425	5,575	4,143
단위당 이익	₩575	₩425	₩(143)

2. 활동기준원가계산을 적용하는 경우

(1) 활동중심점별 원가배부율

활동중심점	활동원가		원가동인		원가배부율
재료수령활동	₩320,000	÷	80회	=	@4,000
작업준비활동	260,000	÷	50회	=	@5,200
조립활동	260,000	÷	500시간	=	@520
도장활동	120,000	÷	300시간	=	@400
품질검사활동	340,000	÷	40회	=	@8,500
계	₩1,300,000				

(2) 작업별 제조원가와 제품단위당 원가

	#101	#102	#103	합계
직접재료원가	₩300,000	₩300,000	₩400,000	₩1,000,000
직접노무원가	150,000	250,000	400,000	800,000
제조간접원가				
재료수령*1	140,000	100,000	80,000	320,000
작업준비*2	104,000	104,000	52,000	260,000
조립*3	78,000	52,000	130,000	260,000
도장*4	24,000	32,000	64,000	120,000
품질검사*5	127,500	127,5100	85,000	340,000
계	₩923,500	₩965,500	₩1,211,000	₩3,100,000
생산수량	150단위	150단위	350단위	650단위
단위당 원가	₩6,157	₩6,437	₩3,460	

*1 35 × @4,000, 25 × @4,000, 20 × @4,000

*2 20 × @5,200, 20 × @5,200, 10 × @5,200

*3 150 × @520, 100 × @520, 250 × @520

*4 60 × @400, 80 × @400, 160 × @400

*5 15 × @8,500, 15 × @8,500, 10 × @8,500

(3) 제품별 단위당 이익

	제품 A	제품 B	제품 C
단위당 판매가격	₩6,000	₩6,000	₩4,000
단위당 원가	6,157	6,457	3,460
단위당 이익	₩(157)	₩(437)	₩540

(1) 예제 5에서 계산된 각 방법하의 제품별 단위당 원가와 제품별 단위당 이익을 요약하면 다음과 같다.

[제품 단위당 원가]

	제품 A	제품 B	제품 C
개별원가계산	₩5,425	₩5,575	₩4,143
활동원가계산	6,157	6,437	3,460

[제품별 단위당 이익]

	제품 A	제품 B	제품 C
개별원가계산	₩575	₩425	₩(143)
활동원가계산	(157)	(437)	540

(2) 위의 자료를 보면 제품 A와 B는 개별원가계산에서는 이익이 발생하지만 활동기준원가계산에서는 손실이 발생하고, 제품 C는 반대로 개별원가계산에서는 손실이 발생하지만 활동기준원가계산에서는 이익이 발생한다. 이와 같이 개별제품의 수익성이 각 원가계산방법에 따라 상반되는 결과를 나타내는 이유는 개별원가계산에서는 제조간접원가를 단위수준활동과 관련된 노동시간이나 기계시간기준으로 제품에 배부하므로 묶음수준활동이나 제품수준활동과 같은 비단위수준활동이 제품원가에 미치는 영향을 제대로 고려하지 못하기 때문이다.

(3) 예제 5의 경우 제품 A와 B는 생산량이 제품 C에 비해 적으므로 조립활동, 도장활동 등의 단위수준활동은 제품 C에 비해 적게 수행한 반면 상대적으로 원가의 비중이 큰 재료수령활동, 작업준비활동, 품질검사활동 등의 묶음수준활동은 더 많이 수행했다. 즉, 작업준비활동의 경우 제품 A와 B는 150단위를 생산하면서 20회 수행했지만 제품 C는 350단위를 생산하면서 10회를 수행하였다. 따라서 작업준비원가는 작업준비횟수가 더 많은 제품 A와 B에 더 많이 배부되어야 하지만, 개별원가계산에서는 이러한 비단위수준활동과 관련된 원가를 노동시간이나 기계시간 등 조업도를 중심으로 배부하므로 오히려 제품 C에 더 많이 배부하게 되어 제품원가의 왜곡이 야기된다.

(4) 예제 5에서 보듯이 개별원가계산에서는 비단위수준활동과 관련된 원가도 단위수준활동과 관련된 노동시간, 기계시간을 기준으로 배부하기 때문에 제품원가의 왜곡을 초래함으로써 제품별 판매가격 설정이나 수익성평가에 그릇된 의사결정을 유발하게 됨을 알 수 있다.

03 전통적 원가계산과 활동기준원가계산의 차이점

전통적 원가계산과 활동기준원가계산은 결국 제조간접원가배부방법에서 차이가 남에 따라 원가계산의 결과가 달라지게 되는데 이러한 차이점을 정리하면 다음과 같다.

(1) 전통적 원가계산은 제품이 직접 자원을 소비하여 생산된다고 보지만, 활동기준원가계산은 기업이 제조과정에서 수행하는 개별활동들이 자원을 소비하게 되고 개별제품은 이러한 활동들을 소비함으로써 생산된다고 본다.

(2) 전통적 원가계산은 제조간접원가를 공장 전체 혹은 제조부문별로 집계하고 공장 전체 혹은 제조부문별로 상이한 배부기준을 적용하여 제품에 배부하지만, 활동기준원가계산은 제조간접원가를 기업이 수행하는 구체적인 활동별로 집계하고 활동별로 다른 배부기준을 적용하여 제품에 배부한다.

(3) 전통적 원가계산은 단순한 재무적인 배부기준(조업도)을 사용하지만, 활동기준원가계산은 비재무적인 다양한 원가동인을 배부기준으로 사용하므로 보다 정확한 원가배분이 가능하다.

(4) 전통적 원가계산은 제품이나 부문 등 제한된 원가대상에 원가를 배부하지만, 활동기준원가계산은 경영자의 의사결정목적에 따라 제품·서비스·유통경로·고객 등 다양한 원가대상에 원가를 배부할 수 있다.

전통적 원가계산과 활동기준원가계산의 비교

구분	전통적 원가계산	활동기준원가계산
기본가정	제품은 자원을 직접소비함으로써 생산됨	활동이 자원을 소비하고 제품은 이러한 활동을 소비함으로써 생산됨
제조간접원가 집계	공장 전체, 혹은 부문별로 집계함	각 활동중심점별로 제조간접원가를 세분하여 집계함
원가배부기준	공장 전체, 혹은 부문별로 조업도관련 단일의 배부기준을 사용함	활동별로 다양한 원가동인을 인지하여 활동별로 서로 다른 배부기준을 사용함
배부기준의 성격	직접노동시간, 기계시간 등의 재무적 수치를 사용함	활동별로 구매주문횟수, 작업준비횟수, 품질검사시간 등의 비재무적 수치를 사용함
원가정보의 정확성	정확성이 낮음 → 비단위수준활동이 고려되지 않아 원가왜곡이 발생함	정확성이 높음 → 활동중심점이 많을수록 더 높아짐
소요되는 시간과 비용	원가계산에 소요되는 시간과 비용이 적음	원가계산에 소요되는 시간과 비용이 많음
원가대상	제품이나 부문에 한정됨	경영자의 의사결정목적에 따라 제품, 서비스, 유통경로, 고객 등 다양함

제4절 | 활동기준원가계산의 효익과 한계

01 활동기준원가계산의 효익

활동기준원가계산은 전통적 원가계산이 갖는 원가왜곡문제를 해결하기 위해 등장한 원가계산방법으로 다음과 같은 효익을 가지고 있다.

(1) 제조간접원가를 활동별로 구분하여 집계하고 각 활동별로 제품, 작업별로 추적할 수 있는 원가동인을 배부기준으로 사용하여 제조간접원가를 배부하므로 정확한 원가계산을 할 수 있다.

(2) 활동을 기준으로 원가계산을 수행하므로 제품구성이 변하더라도 신축적인 원가계산이 가능하며, 보다 정확한 원가정보를 이용할 수 있으므로 제품의 가격결정, 수익성 분석 및 판매전략수립 등과 같은 전략적 의사결정에 더 유연하게 대처할 수 있다.

(3) 공정가치분석을 통해 비부가가치활동을 제거하거나 부가가치활동을 효율적으로 수행함으로써 불필요한 원가(비부가가치원가)를 최소화함으로써 기업의 원가통제에 유용한 정보를 제공한다.

(4) 비재무적 측정치를 이용하여 성과평가를 수행함으로써 생산현장관리자와 의사소통을 원활하게 할 수 있으며 따라서 회사전체의 효율성 향상을 가져올 수 있다. 즉, 종전에는 원가나 이익 등의 재무적인 측정치에 의존하여 성과평가를 하였으나, 활동기준원가계산에서는 부품의 수·품질검사시간·작업준비횟수 등의 비재무적 측정치에 의존하여 성과평가가 이루어지므로 현장관리자가 이해하고 받아들이기가 용이하다는 것이다.

02 활동기준원가계산의 한계

활동기준원가계산은 기업의 원가계산과 경영관리의 여러면에 효익을 가져다 주지만 다음과 같은 한계점도 가지고 있다. 따라서 경영자는 활동기준원가계산 도입 시 사전에 이러한 한계점을 충분히 검토하여 도입여부를 결정해야 할 것이다.

(1) 활동을 명확히 정의하고 구분하는 기준이 존재하지 않기 때문에 관리자의 주관적 판단에 의존할 수밖에 없으며, 활동분석을 실시하고 다양한 활동중심점별로 활동원가를 측정하는데에 시간과 비용이 과다하게 소요된다.

(2) 활동기준원가계산에서도 공장 냉난방비, 공장 감가상각비 등의 설비수준원가는 그 원가동인을 파악하기가 어려우므로 기계시간이나 노동시간 등의 자의적인 원가배부기준을 적용할 수밖에 없다.

(3) 활동기준원가계산하에서 원가절감방안을 모색하다 보면 활동원가를 유발시키는 원가동인을 감소시키는데 주력하게 되는데, 이것이 오히려 회사 전체의 재무적 성과에 악영향을 미칠 수 있다. 예를 들어 작업준비원가의 원가동인이 작업준비횟수일 때 작업준비원가를 절감시키려면 작업준비횟수를 줄여야 하는데, 이 과정에서 묶음의 크기를 증가시킬 경우 불필요한 재고과잉이나 생산과잉의 문제가 나타날 수 있다.

03 활동기준원가계산의 효익이 큰 기업의 유형

활동기준원가계산을 실행하기 위해 경영자는 활동기준원가계산의 도입에 따른 추가적인 효익과 원가 간의 균형 관계를 고려하여야 하는데, 다음과 같은 상황이 존재하는 회사는 활동기준원가계산을 적용하는 경우에 보다 큰 효익을 얻을 수 있다.

① 기업의 제조환경이 공장자동화로 인한 자본집약적인 생산방식으로 변함에 따라 제조원가에서 제조간접원가가 차지하는 비중이 상대적으로 크고 계속 증가하는 상황에 있는 경우
② 제조공정에서 요구되는 활동이 제품별로 상당한 차이가 있거나 복잡한 생산공정에서 여러 제품을 생산하는 경우
③ 기존의 원가계산시스템을 구축한 후에 제조공정이 급격히 변하거나 제품의 종류가 다양화되면서 경영자가 제품에 대한 여러 가지 의사결정을 할 때 기존의 원가계산시스템에서 얻어진 정보를 신뢰하지 못하는 경우

제3장

기출 OX문제

01 활동기준원가계산이란 다품종소량생산에 따른 수익성 높은 제품의 선별을 통한 기업역량 집중의 필요성에 따라 개발된 원가계산방법이다. (O, X)

02 산업구조의 고도화 및 직접노동 투입량의 증가로 인하여 활동기준원가계산이 개발되었다. (O, X)

03 활동기준원가계산은 제조간접원가가 증가하는 환경에서 원가정보의 수집 및 처리기술이 발달함에 따라 개발 가능하였다. (O, X)

04 제품이 자원을 소비하는 것이 아니라 활동이 자원을 소비하고 제품은 활동을 소비하는 것으로 가정한다. (O, X)

05 활동기준원가계산에서는 전통적인 고정원가, 변동원가의 2원가 분류체계에 비해 단위기준, 배치기준, 제품기준, 시설기준 4원가 분류체계를 이용하는 것이 일반적이다. (O, X)

06 단위수준활동은 한 단위의 제품을 생산하는데 수반되어 이루어지는 활동으로서 주로 생산량에 비례적으로 발생하며, 주로 직접노무시간, 기계작업시간 등을 원가동인으로 한다. (O, X)

07 활동기준원가계산에서는 제품의 생산수량과 직접 관련이 없는 비단위수준원가동인을 사용하지 않는다. (O, X)

08 묶음수준활동은 원재료구매, 작업준비 등과 같이 묶음단위로 수행되는 활동을 의미하는데 품질검사의 경우 전수검사는 묶음수준활동으로 분류될 수 있다. (O, X)

정답 및 해설

01 ○

02 × 활동기준원가계산은 생산환경의 변화에 따라 직접노동 투입량이 감소하고 상대적으로 제조간접원가의 비중이 커짐에 따라 정확한 원가계산을 위해 개발되었다.

03 ○

04 ○

05 ○

06 ○

07 × 묶음수준활동, 제품수준활동은 제품의 생산수량과 직접 관련이 없는 비단위수준원가동인을 사용하여 원가를 배부한다.

08 × 전수검사원가는 제품생산량에 비례하므로 단위수준활동원가이다. 품질검사를 묶음당 표본을 추출하여 실행하는 경우에는 묶음(batch)수준활동원가가 된다.

09 제품유지활동은 주로 제조공정이나 생산설비 등을 유지하고 관리하기 위하여 수행되는 활동으로서 공장시설관리, 환경관리, 안전유지관리, 제품별 생산설비관리 등의 활동이 여기에 속한다. (O, X)

10 활동기준원가계산에서는 4가지 원가계층에 대하여 인과관계에 부합하는 원가동인을 사용하여 원가를 배부하므로 정확한 원가계산이 가능하다. (O, X)

11 활동기준원가계산은 비부가가치원가를 계산할 수 없다. (O, X)

12 제품과 고객이 매우 다양하고 생산공정이 복잡한 경우, 일반적으로 활동기준원가계산이 전통적 원가계산보다 정확한 제품원가 정보를 제공한다. (O, X)

13 총원가 중 간접원가가 차지하는 비중이 높고 다품종 소량생산체제를 유지하고 있는 기업의 경우 활동기준원가계산을 도입함으로써 보다 정확한 원가를 도출할 수 있다. (O, X)

14 활동기준원가계산은 원가 발생행태보다 원가를 소모하는 활동에 초점을 맞추어 원가를 집계하여 배부하므로 전통적 원가계산방법에 비하여 상대적으로 원가계산이 정확하다. (O, X)

15 활동기준원가계산은 제조간접원가의 부문별 집계로 인하여 원가계산이 용이하며, 신축적 원가계산이 가능하다. (O, X)

16 생산과 판매에 자신 있는 제품의 이익은 높고 생산과 판매에 자신 없는 제품의 이익이 낮은 경우 활동기준원가계산시스템을 도입함에 따라서 그 효과를 크게 볼 수 있을 것이다. (O, X)

17 일반적으로 활동기준원가계산은 제품원가계산의 경제성과 정확성을 동시에 충족시켜준다. (O, X)

정답 및 해설

09 × 제품유지활동이 아니라 설비유지활동에 대한 설명이다.

10 × 설비수준원가는 자의적인 원가동인을 사용하여 원가를 배부한다.

11 × 활동기준원가계산은 공정가치분석을 통해 검사, 이동, 대기, 저장 등의 비부가가치 활동을 제거함으로써 원가절감방안을 모색한다.

12 ○

13 ○

14 ○

15 × 활동기준원가계산하에서는 제조간접원가를 각 활동중심별로 집계한다.

16 × 개별제품의 수익성을 정확하게 알 수 없는 기업에서 활동기준원가시스템의 효과가 크다.

17 × 일반적으로 활동기준원가계산은 시간과 비용을 많이 소비하여 경제성이 떨어진다.

제3장

개념확인문제

대표 문제를 학습한 후, 이와 동일한 유형의 문제를 풀며 개념을 익혀보세요.

대표 문제 활동기준원가계산

성과(주)는 최근 동종업계에서의 치열한 가격인하경쟁으로 인하여 경영성과가 하락하는 추세에 있다. 이로 인하여 회사의 경영자는 제품의 정확한 수익성 분석이 필요하다는 것을 느끼고 정확한 제품원가를 계산하기 위해 활동기준원가계산을 적용하기로 하였다. 활동과 관련된 자료가 다음과 같다.

활동	원가	원가동인
가공	₩1,000,000	기계시간
조립	3,800,000	직접노동시간
준비	420,000	작업준비시간
계	₩5,220,000	

제품과 관련된 활동의 자료는 다음과 같다.

구분	A제품	B제품
생산량	100단위	350단위
기계시간	단위당 3시간	단위당 2시간
노동시간	단위당 5시간	단위당 4시간
준비시간	묶음당 7시간	묶음당 3시간

준비활동은 묶음 수로 이루어지며 A제품은 100단위, B제품은 50단위가 한 묶음일 때, B제품의 단위당 활동원가는 얼마인가?

해답 1. 활동별 원가배부율의 계산

(1) 가공활동: ₩1,000,000 ÷ (100단위 × 3시간 + 350단위 × 2시간) = ₩1,000/기계시간

(2) 조립활동: ₩3,800,000 ÷ (100단위 × 5시간 + 350단위 × 4시간) = ₩2,000/노동시간

(3) 준비활동: ₩420,000 ÷ (1묶음 × 7시간 + 7묶음 × 3시간) = ₩15,000/준비시간

2. 제품원가계산

(1) 제품 A: 300시간 × @1,000 + 500시간 × @2,000 + 7시간 × @15,000 = ₩1,405,000

(2) 제품 B: 700시간 × @1,000 + 1,400시간 × @2,000 + 21시간 × @15,000 = ₩3,815,000

∴ 제품 B 단위당 제품원가: ₩3,815,000 ÷ 350단위 = ₩10,900/단위

01 파주(주)는 각 작업에 대한 원가계산을 위하여 다음의 자료를 수집하였다. 작업 A의 기초원가는 ₩300,000이고 각 활동의 원가동인이 다음과 같다면 작업 A의 총원가는 얼마인가? [세무사 02]

활동	원가	원가동인	최대활동량
생산준비	₩20,000	생산준비시간	1,000시간
재료처리	30,000	재료처리횟수	2,000회
기계사용	50,000	기계작업시간	20,000시간
품질관리	100,000	품질관리횟수	12,500회
수선유지	40,000	기계작업시간	20,000시간

작업	기초원가	생산수량	생산준비	재료처리	기계작업	품질관리
A	₩300,000	12,000개	30시간	56회	4,000시간	70회

02 (주)서울은 두 종류의 제품(컴퓨터와 프린터)을 생산하고 있다. 회사의 제조활동은 다음 4가지로 구분되며, 활동별 제조간접원가와 관련된 자료는 다음과 같다.

활동	원가동인	연간 원가동인 수	연간 활동별 제조간접원가
생산준비	생산준비시간	600 셋업시간	₩900,000
재료이동	재료이동횟수	1,800회	1,080,000
기계사용	기계작업시간	400시간	1,200,000
수선유지	기계작업시간	400시간	800,000

컴퓨터에 대한 생산량 및 원가자료가 다음과 같을 때, 활동기준원가계산(ABC)에 의한 컴퓨터의 단위당 제조원가는?

생산량	2,000
단위생산준비시간	?(1묶음 = 250개, 1묶음당 37.5시간 준비시간)
재료이동횟수	1,170회
기계작업시간	250시간
단위당 직접재료원가	₩3,000
단위당 직접노무원가	4,000

03 (주)호남은 두 종류의 제품(X와 Z)을 생산하고 있다. 이 회사의 원가담당자는 간접원가 중 엔지니어링 변경원가에 관심을 가지고 있다. 1회 엔지니어링 변경에 소요되는 원가는 ₩600이다. 제품별 생산량, 엔지니어링 변경횟수, 기계시간은 다음과 같다.

항목	제품 X	제품 Z
생산량	1,000단위	1,000단위
엔지니어링 변경횟수	14회	6회
생산량 단위당 기계시간	1시간	2시간

엔지니어링 변경원가를 엔지니어링 변경횟수가 아닌 기계시간을 기준으로 배부한다면, 제품 X에 과대배부 혹은 과소배부되는 금액은 얼마인가? [회계사 09]

정답 및 해설

01 활동별 원가배부율

활동	활동원가		Σ원가동인	활동별 원가배부율
생산준비	₩20,000	÷	1,000시간	시간당 ₩20
재료처리	30,000	÷	2,000회	회당 15
기계사용	500,000	÷	20,000시간	시간당 25
품질관리	100,000	÷	12,500회	회당 8
수선유지	40,000	÷	20,000시간	시간당 2

∴ 작업 A의 총원가

기초원가	₩300,000
생산준비: 30시간 × @20 =	600
재료처리: 56회 × @15 =	840
기계사용: 4,000시간 × @25 =	100,000
품질관리: 70회 × @8 =	560
수선유지: 4,000회 × @2 =	8,000
계	₩410,000

02 1. 총제조간접원가

생산준비 = (2,000 ÷ 250 × 37.5시간) × 1,500 =	₩450,000
재료이동 = 1,170 × @600 =	702,000
기계사용 = 250 × @3,000 =	750,000
수선유지 = 250 × @2,000 =	500,000
계	₩2,402,000

2. 단위당 제조원가 = @3,000 + @4,000 + ₩2,402,000 ÷ @2,000 = @8,201

03 1. 엔지니어링 변경원가 소요액: (14회 + 6회) × @600 = ₩12,000

2. 기계시간기준 엔지니어링 변경원가 배부율 = $\frac{12,000}{1,000\text{단위} \times 1\text{시간} + 1,000\text{단위} \times 2\text{시간}}$ = 4/시간

3. 제품 X 엔지니어링 변경원가 배부차이

엔지니어링 변경횟수 기준: 14회 × @600 =	₩8,400
기계시간 기준: (1,000단위 × 1시간) × @4 =	4,000
배부차이	₩4,400

∴ 기계시간을 기준으로 배부하면 ₩4,400만큼 과소배부됨

04 (주)서울은 가전제품을 생산하여 판매하는 기업이다.

(주)서울의 경영자는 현재 생산하고 있는 양문냉장고의 설계를 변경하는 경우 원가를 얼마나 절감할 수 있는지 알아보려 한다. 20×2년의 양문냉장고 예상판매량 100대를 현재 설계된 대로 생산하는 경우 직접재료원가 ₩100,000, 직접노무원가 ₩50,000, 그리고 제조간접원가 ₩350,000이 발생할 것으로 추정된다. (주)서울은 활동기준원가계산(activity - based costing)을 적용하고 있는데 제조간접원가를 발생원인에 따라 항목별로 구분한 결과는 다음과 같다.

제조간접원가 항목	금액	원가동인 및 발생현황	
기계가동원가	₩100,000	기계가동시간	100시간
작업준비원가	50,000	작업준비시간	10
검사원가	100,000	검사시간	10
재작업원가	100,000	재작업시간	20

설계를 변경하는 경우 기계가동시간과 재작업시간은 20% 감소되며, 작업준비시간은 25% 감소될 것으로 예상된다. 그러나 검사시간은 현재보다 20% 늘어날 것으로 예상된다.

(주)서울이 설계를 변경하는 경우 단위당 제조간접원가를 얼마나 절감할 수 있는가? 단, 상기 자료 외의 원가는 고려하지 않는다. [세무사 10]

05 다음은 단일제품을 생산하여 판매하는 (주)국세의 연간 활동원가 예산자료와 4월의 활동원가 자료이다.

<연간 활동원가 예산자료>

활동	활동원가	원가동인	원가동인수량
재료이동	₩5,000,000	이동횟수	1,000회
성형	3,000,000	제품생산량	24,000단위
도색	1,500,000	직접노동시간	6,000시간
조립	2,000,000	기계작업시간	2,000

활동기준원가계산에 의할 경우, (주)국세가 4월 중에 생산한 제품의 활동원가 금액은 ₩1,050,000으로 계산되었다. (주)국세가 4월 중 제품을 생산하는 과정에서 발생한 재료의 이동횟수는 얼마인가? [세무사 11]

정답 및 해설

04 1. 활동원가배부율의 계산

항목	활동원가 배부율
기계가동	₩100,000 ÷ 100시간 = 기계가동시간당 ₩1,000
작업준비	₩50,000 ÷ 10시간 = 작업준비시간당 5,000
검사	₩100,000 ÷ 10시간 = 검사시간당 10,000
재작업	₩100,000 ÷ 20시간 = 재작업시간당 5,000

2. 설계변경하는 경우 원가동인의 증감에 따른 활동원가증감액

항목		원가동인 증가(감소)		활동원가증가(감소)액
기계가동	100시간 × (20%) =	(20)시간	(20)시간 × @1,000 =	₩(20,000)
작업준비	10시간 × (25%) =	(2.5)	(2.5)시간 × @5,000 =	(12,500)
검사	10시간 × 20% =	2	2시간 × @10,000 =	20,000
재작업	20시간 × (20%) =	(4)	(4)시간 × 5,000 =	(20,000)
계				₩(32,500)

∴ 단위당 제조간접원가 절감액: $\frac{32,500}{100대}$ = ₩325/대

05 1. 활동별 제조간접원가 배부율

활동	활동별 제조간접원가배부율
재료이동	₩5,000,000/1,000회 = ₩5,000회
성형	₩3,000,000/24,000단위 = 125/단위
도색	₩1,500,000/6,000시간 = 250/시간
조립	₩2,000,000/2,000시간 = 1,000/시간

2. 재료의 이동횟수를 X라 하면,

₩5,000 × X + ₩125 × 2,000 + ₩250 × 500 + ₩1,000 × 200 = ₩1,050,000

∴ X = 95회

06 (주)해커는 전통적인 두 단계 원가배분방법을 사용하고 있다. 첫 번째 단계는 모든 제조간접원가를 기계시간기준으로 생산부서 X와 Y에 배분한다. 두 번째 단계는 직접노동시간을 기준으로 각 생산부서의 제조간접원가를 제품 A와 B에 배부한다. 20×1년도의 총제조간접원가는 ₩1,000,000이었다. 생산부서 X와 Y의 기계시간은 각각 4,000시간과 16,000시간이고, 직접노동시간은 각각 20,000시간과 10,000시간이다. 20×1년 제품 A와 B에 대한 자료는 다음과 같다.

구분	제품 A	제품 B
생산량	200단위	800단위
단위당 직접재료원가	₩100	₩50
시간당 직접노동임률	25	20
부서 X의 단위당 직접노동시간	2시간	2시간
부서 Y의 단위당 직접노동시간	1시간	1시간

(주)해커는 활동기준원가시스템의 실행을 고려하고 있다. 이에 따라 (주)해커의 관리회계담당자는 활동원가분석에 필요한 다음과 같은 자료를 수집하였다.

활동	원가동인	활동별 배부율	원가동인 사용량	
			제품 A	제품 B
재료의 이동	생산가동수	₩20	150	300
기계의 준비	준비수	800	25	50
하역	하역횟수	20	50	100
검사	단위수	30	200	800

활동기준원가시스템을 사용할 경우 전통적원가시스템에 비해 제품 A의 단위당 제조원가는 어떻게 계산되겠는가?

07 (주)대한은 휴대전화기를 생산한다. 현재 회사는 제조간접원가를 단일배부율을 사용하여 공장 전체에 배부하고 있다. 회사의 경영진은 제조간접원가를 좀 더 정교하게 배부할 필요가 있다고 판단하고, 회계담당부서로 하여금 주요 생산활동과 그 활동에 대한 원가동인을 파악하라고 지시하였다. 다음은 활동, 원가동인 그리고 배부율에 대한 자료이다.

활동	원가동인	배부율	
재료취급	부품의 수	부품당	₩1,000
조립	직접노무시간	시간당	40,000
검사	검사부문에서의 검사시간	분당	10,000

현재의 전통적인 원가계산방법은 직접노무시간에 기초하여 1시간당 ₩150,000의 배부율을 사용한다. 휴대전화 제작을 위하여 한 번의 작업(batch)으로 50대의 휴대전화가 제조되었다.

전통적인 원가계산방법과 활동기준원가계산방법을 사용할 경우 휴대전화 한 대당 배부될 제조간접원가는 각각 얼마인가? 한 번의 작업(batch)에는 1,000개의 부품, 직접노무시간 8시간, 그리고 검사시간 15분이 필요하다.

[회계사 07]

정답 및 해설

06 1. 활동기준원가시스템하 제품 A의 단위당 제조원가

	제품 A
직접재료원가	₩100
직접노무원가: 3시간 × @25 =	75
제조간접원가	150*
계	₩325

* (150 × @20 + 25 × @800 + 50 × @20 + 200 × @30) ÷ 200단위 = ₩150/단위

2. 전통적 원가시스템하 제품 A의 단위당 제조원가

	제품 A
직접재료원가	₩100
직접노무원가: 3시간 × @25=	75
제조간접원가	100*
계	₩275

*부서 X: ₩1,000,000 × 4,000시간/20,000시간 = ₩200,000, 2시간 × (₩200,000/20,000시간) =	₩20
부서 Y: ₩1,000,000 × 16,000시간/20,000시간 = ₩800,000, 1시간 × (₩800,000/10,000시간) =	80
계	₩100

∴ 활동기준원가시스템의 단위당 제조원가가 전통적 원가시스템에 의한 것보다 ₩50 더 크다.

07 1. 기존의 원가계산

(1) 뱃치당 제조간접원가: 8시간 × @150,000 = ₩1,200,000

(2) 제품단위당 제조간접원가: ₩1,200,000 ÷ 50단위 = ₩24,000

2. 활동기준원가계산

(1) 뱃치당 제조간접원가

재료취급활동: 1,000개 × @1,000 =	₩1,000,000
조립활동: 8시간 × @40,000 =	320,000
검사활동: 15분 × @10,000 =	150,000
계	₩1,470,000

(2) 제품단위당 제조간접원가: ₩1,470,000 ÷ 50단위 = ₩29,400

해커스 세무사 眞원가관리회계

제4장

종합원가계산

제1절 | 종합원가계산의 의의

종합원가계산(process costing, 공정별 원가계산이라고도 함)은 단일종류의 제품을 연속적으로 대량생산하는 업종에 사용되는 원가계산제도로 화학공업, 식품가공업, 제지업, 조립업과 같은 산업분야에 적용된다.

(1) 종합원가계산은 하나 또는 그 이상의 제조공정(표준화된 생산과정을 말함)을 이용하여 생산되는 제품에 대한 원가계산방법이다. 따라서 작업별로 원가계산이 이루어지는 개별원가계산과는 달리 각 공정별로 원가계산이 이루어진다는 점에 유의할 필요가 있다. 즉, 개별원가계산에서는 주문을 받은 개별작업별로 소요된 원가를 집계하고 각 작업의 완성 여부를 파악하여 완성된 작업의 원가는 당기제품제조원가로, 아직 생산 중인 작업에 소요된 원가는 기말재공품원가로 배분하지만, 종합원가계산에서는 각 제조공정별로 제조원가를 집계하고, 일정기간 동안 그 공정에서 생산된 완성품과 미완성된 기말재공품에 제조원가를 배분하여 당기제품제조원가와 기말재공품원가를 산정하는 것이다.

(2) 개별원가계산의 흐름과 종합원가계산의 흐름을 그림으로 나타내면 다음과 같다.

개별원가계산과 종합원가계산의 흐름

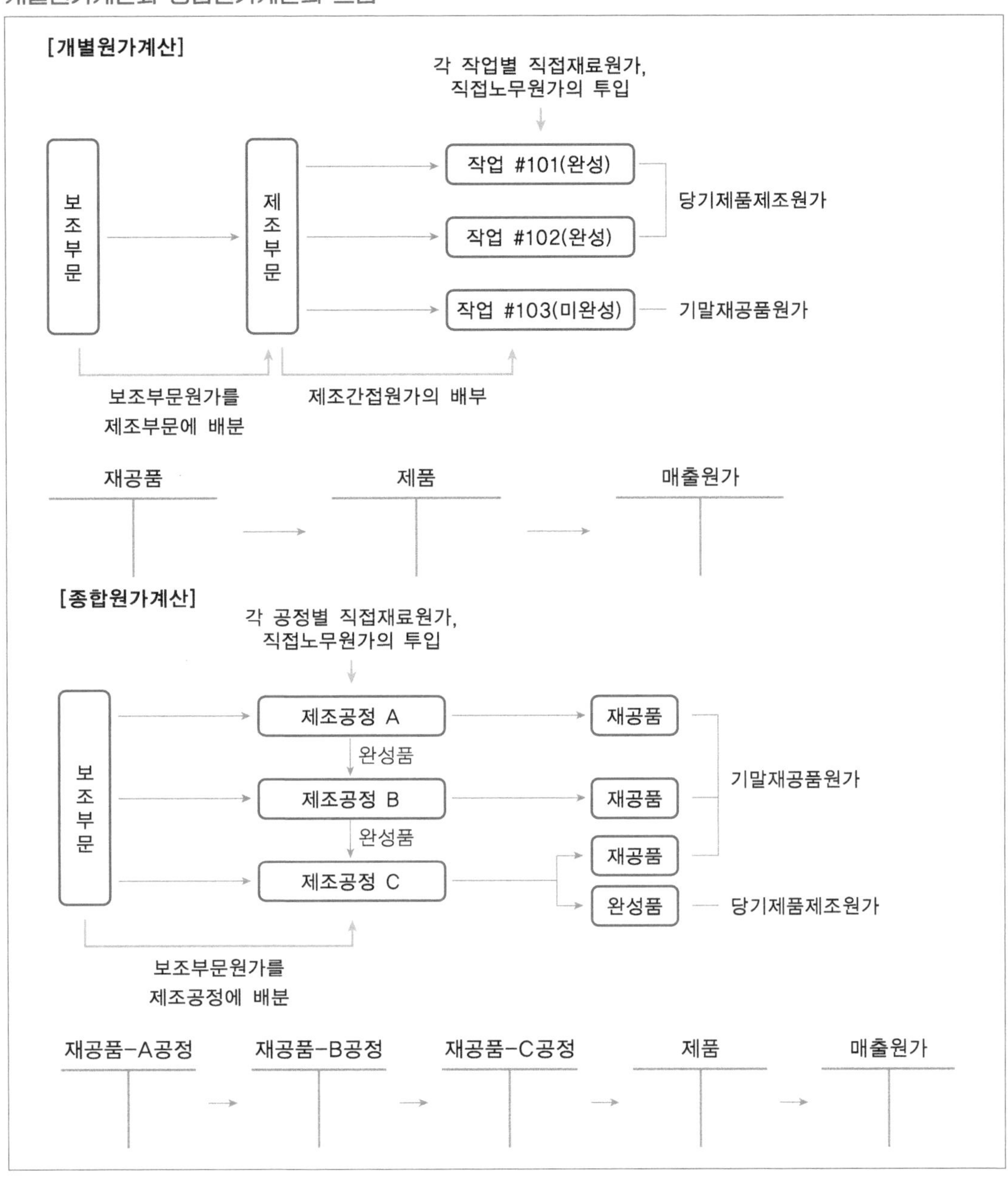

위의 그림에서 보듯이 종합원가계산은 각 공정별로 원가를 집계하여 그 공정을 통과한 제품단위에 배분하는데, 최종공정(공정 C)에서 완성된 제품의 원가는 당기제품제조원가가 되고, 중간공정(공정 A, B)이나 최종공정에서 아직 완성되지 않은 제품의 원가는 기말재공품원가가 된다.

(3) 개별원가계산에서는 제조지시서별로 작성된 작업원가표를 기초로 하여 원가계산이 이루어지지만, 종합원가계산에서는 각 공정별 제조원가보고서를 기초로 하여 원가계산이 이루어진다. 여기서 제조원가보고서(cost of production report)란 각 공정별로 생산수량과 원가자료를 요약하여 이를 기초로 완성품원가와 기말재공품원가를 계산하는 것을 말한다.

개별원가계산과 종합원가계산의 비교

개별원가계산	종합원가계산
• 고객의 주문에 따라 제품을 생산하는 주문생산 업종에 적합하다. • 제조원가는 각 작업별로 집계되며 그 작업에서 생산된 제품단위에 원가를 배분한다. • 개별작업에 대한 작업원가표가 개별원가계산의 기초가 된다.	• 시장생산형태, 즉 표준규격제품을 대량으로 연속생산하는 업종에 적합하다. • 제조원가는 각 공정별로 집계되며 그 공정을 통과한 제품단위에 원가를 배분한다. • 각 제조공정에 대한 제조원가보고서가 종합원가계산의 기초가 된다.

제2절 | 종합원가계산의 기초개념

종합원가계산에서는 공정을 중심으로 원가계산이 이루어지고 동일공정을 거쳐 생산된 각 제품은 동질적인 것이므로 각 제품의 단위당 원가는 동일할 것이다. 즉, 당해 공정에서 일정기간 동안 발생한 총제조원가를 집계하여 해당기간 동안의 당해 공정의 산출량으로 나누어 계산한 단위당 원가를 이용하여 완성품원가와 기말재공품원가를 계산한다.
본 절에서는 종합원가계산에서의 제조원가집계, 완성품환산량 및 원가계산절차 등 종합원가계산에 필요한 기초개념에 대해서 살펴보기로 한다.

01 제조원가의 집계

종합원가계산에서는 각 공정별 제조원가를 그 공정에서 일정기간 동안 생산된 제품에 배분하게 된다. 이를 위해서는 제조원가를 각 공정별로 집계해야 한다.

(1) 직접재료원가와 직접노무원가는 특정 공정에서 직접적으로 발생한 원가이므로 쉽게 식별하여 집계할 수 있다.

(2) 제조간접원가는 특정 공정에서 직접적으로 발생되었다는 것을 쉽게 식별할 수 없거나, 최종생산물까지 추적할 수 없는 원가이기 때문에 인위적인 배분기준에 따라 각 공정에 배분해야 한다. 즉, 보조부문 및 제조공정별로 제조간접원가를 집계한 후 보조부문의 원가(제조간접원가)를 각 제조공정에 배분하고 이에 따라 각 공정별로 집계된 모든 제조원가를 그 공정에서 생산된 제품에 배분한다.

02 완성품환산량

완성품환산량(equivalent units)이란 산출물의 완성정도를 반영하여 측정한 산출량으로 공정에서의 모든 노력이 완성품으로 나타났을 경우 생산되었을 완성품의 개수를 말한다. 따라서 완성품환산량은 '당기의 한 일'의 개념으로 종합원가계산의 원가배분기준이 되며, 성과평가자료로도 활용된다.

(1) 종합원가계산은 단일종류의 제품을 연속적으로 대량생산하는 업종에서 사용되는 원가계산제도이다. 만약, 공정에서 일정기간 동안 희생된 경제적 자원(제조원가)으로 얻어진 산출물이 모두 완성품이라면 해당 공정에서 집계된 제조원가는 곧 완성품의 제조원가이므로 산출물에 대한 원가계산이 쉽다. 그러나 공정에서 일정기간에 걸쳐 얻어지는 산출물이 모두 완성품으로만 구성되는 경우는 드물며 기말에 미완성된 산출물도 발생하는 것이 일반적이다. 따라서 각 공정별로 집계한 제조원가를 경제적 자원의 희생정도가 다른 완성품과 미완성품으로 정확하게 배분하기 위하여 그 공정에서의 자원의 희생정도가 반영된 산출량을 확정해야 한다.

(2) 산출량을 확정할 수 있는 방법은 여러 가지가 있지만 산출물이 모두 완성품인 경우의 종합원가계산이 가장 간단하기 때문에 해당 공정의 산출량을 완성품환산량으로 계산한다. 즉, 완성품환산량은 완성품뿐만 아니라 기말재공품에 대한 노력도 포함하게 된다. 예컨대, 당기에 착수한 가공물량이 전부 완성되었다면 완성품환산량과 가공물량은 동일할 것이다. 그러나 일부가 제조 중에 있다면 제조 중에 있는 물량과 그 물량에 대한 완성품환산량은 달라질 것이다. 즉, 제조 중에 있는 물량을 그 재공품의 완성정도에 따라 완성품환산량으로 바꾸어야만 공정별로 집계된 제조원가를 각 공정의 완성품과 기말재공품에 정확히 배분할 수 있을 것이다.

(3) 완성품환산량은 원가요소별로 차이가 발생할 수 있으므로 원가요소별로 각각 계산되는데, 종합원가계산에서는 일반적으로 원가요소를 재료원가(직접재료원가)와 가공원가(직접노무원가와 제조간접원가)로 구분한다. 원가요소를 이와 같이 구분하는 이유는 원가요소별로 원가발생형태가 다르기 때문이다. 일반적으로 재료원가는 공정의 착수시점에서 모두 투입되지만 가공원가는 공정전반에 걸쳐 균등하게 발생하는 경우가 많기 때문이다.

　예 원재료가 공정의 착수시점에서 모두 투입되는 경우라면 완성품 1개와 기말재공품 1개의 재료원가는 동일하며, 따라서 기말재공품 1개의 재료원가에 대한 완성품환산량은 완성품과 동일하게 1개로 볼 수 있다. 그러나 가공원가는 공정전반에 걸쳐 균등하게 발생하기 때문에 완성품 1개와 기말재공품 1개의 가공원가는 동일하다고 볼 수 없다. 예컨대, 기말재공품의 가공원가에 대한 완성도가 60%라면 기말재공품 1개의 가공원가에 대한 완성품환산량은 0.6개가 될 것이다.

이와 같이 완성품환산량은 완성품과 기말재공품의 차이를 반영하므로 원가계산의 정확성을 제고하고 원가계산의 편의를 도모한다.

예제 1

(주)남한강은 6월부터 새로운 제품을 생산하기 시작하였다. 6월 중에 1,000단위를 착수하여 600단위를 완성하고, 400단위는 6월 30일 현재 작업이 진행 중에 있다. 원재료는 공정의 초기에 모두 투입되고, 가공원가는 공정전반에 걸쳐 균등하게 발생한다. 기말재공품의 완성도가 25%일 경우 재료원가와 가공원가의 완성품환산량은 얼마인가?

해답

구분	물량	완성품환산량	
		재료원가	가공원가
완성품	600개	600개	600개
기말재공품	400(25%)	400	100(400×25%)
계	1,000개	1,000개	700개

[참고]

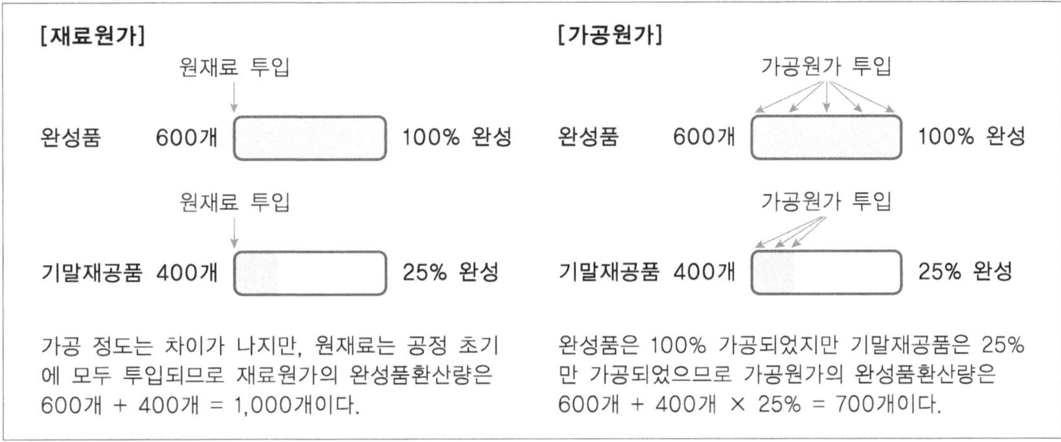

03 종합원가계산의 절차

지금까지 살펴본 내용을 토대로 종합원가계산하에서 기초재공품원가와 당기발생원가를 완성품원가와 기말재공품원가에 배분하는 방법에 대해 살펴보기로 한다.

(1) 종합원가계산에서 완성품원가와 기말재공품원가의 5단계 계산

1단계: 물량의 흐름을 파악한다.
2단계: 원가요소별(재료원가와 가공원가)로 완성품환산량을 계산한다.
3단계: 원가요소별로 기초재공품원가와 당기발생원가를 집계한다.
4단계: 원가요소별로 완성품환산량 단위당 원가를 계산한다.
5단계: 완성품원가와 기말재공품원가를 계산한다.

(2) 예제 1에서 6월의 재료원가가 ₩300,000이며 가공원가가 ₩105,000이라고 가정하고, 위의 5단계에 의하여 완성품원가와 기말재공품원가를 산정하면 다음과 같다.

제조원가보고서

	[1단계]	[2단계] 완성품환산량		
	물량의 흐름	재료원가	가공원가	
기초재공품	0개			
당기착수	1,000			
	1,000개			
당기완성	600개	600개	600개	
기말재공품	400(25%)	400	100	
	1,000개	1,000개	700개	
[3단계] 총원가의 요약				합계
기초재공품원가				₩0
당기발생원가		₩300,000	₩105,000	405,000
계		₩300,000	₩105,000	₩405,000
[4단계] 환산량 단위당 원가				
완성품환산량		÷1,000개	÷700개	
환산량 단위당 원가		@300	@150	
[5단계] 원가의 배분				
완성품원가		600개 × @300 + 600개 × @150 =		₩270,000
기말재공품원가		400개 × @300 + 100개 × @150 =		135,000
계				₩405,000

(3) 위의 예의 경우에 5단계의 과정에 의한 결과를 재공품계정을 토대로 살펴보면 다음과 같이 나타낼 수 있다.

<물량의 흐름>

재공품

기초재공품	0개	당기완성	600개
당기착수	1,000	기말재공품	400
	1,000개		1,000개

<원가의 흐름>

재공품

기초재공품	0	완성품원가	270,000
당기발생원가	405,000	기말재공품	135,000
	405,000		405,000

위의 왼쪽 T계정은 주어진 자료에 의해 물량의 흐름을 요약한 것이다(1단계). 오른쪽 T계정의 차변은 총원가를 요약한 것이고(3단계), 대변은 완성품과 기말재공품에 원가를 배분한 것이다(5단계). 즉, 3단계와 5단계는 재공품계정 차변과 대변의 원가흐름을 나타낸다.

종합원가계산에 있어서 이와 같은 5단계를 거치지 않고도 원가계산을 할 수 있지만, 여기서 제시한 단계를 차례대로 하나씩 해결하는 것이 실수를 최소한으로 줄일 수 있다.

04 원가흐름의 회계처리

종합원가계산에서 원가흐름의 회계처리는 개별원가계산에서와 유사하다. 이를 구체적으로 살펴보면 다음과 같다.

(1) 각 공정별 제조원가의 집계

각 공정별로 제조원가를 집계하고 이를 재공품계정에 대체하는데, 예제 1에서의 회계처리를 나타내면 다음과 같다. 단, 이러한 회계처리는 기능별 표시방법에 의한 포괄손익계산서의 작성을 가정한 것이다.

(차)	재공품	405,000	(대) 원재료	300,000
			종업원급여 제조간접원가	105,000(가공원가)

(2) 제품의 완성

각 공정별로 제조원가를 집계한 후에는 각 공정별 제조원가를 완성품원가와 기말재공품원가로 배분해야 한다. 예제 1에서는 제조공정이 하나뿐이므로 이 공정의 완성품원가는 바로 당기제품제조원가가 되어 제품계정에 대체된다. 회계처리를 나타내면 다음과 같다.

(차)	제품	270,000	(대) 재공품	270,000

(3) 제품의 판매

당기제품제조원가가 확정되면 당기에 판매된 제품에 대한 매출원가를 산정하여 기초제품원가와 당기제품제조원가의 합계액을 매출원가와 기말제품원가로 배분함으로써 종합원가계산에 의한 회계처리가 종료된다. 예컨대, 예제 1에서 600개의 제품 중 500개가 판매되었다면 제품단위당 원가는 ₩450 (₩270,000 ÷ 600개)이므로 회계처리는 다음과 같을 것이다.

(차)	매출원가	225,000	(대) 제품	225,000

* 500개 × @450 = ₩225,000

[참고]

재공품

차변		대변	
기초재공품	0	당기제품제조원가	270,000
직접재료원가	300,000		
종업원급여 제조간접원가	105,000	기말재공품	135,000
	405,000		405,000

제품

차변		대변	
기초제품	0	매출원가	225,000
당기제품제조원가	270,000	기말제품	45,000
	270,000		270,000

제3절 | 종합원가계산방법

종합원가계산에서 기초재공품이 없는 경우에는 원가흐름에 대한 가정이 필요하지 않지만 기초재공품이 존재하는 경우에는 재공품계정 차변에 집계된 제조원가는 전기의 제조원가(기초재공품원가)와 당기에 발생한 제조원가로 구성되어 있으므로 이를 완성품과 기말재공품에 배분하기 위해서는 원가흐름에 대한 가정이 필요하다.

원가흐름의 가정에는 선입선출법, 가중평균법, 후입선출법이 있으나, 후입선출법은 K-IFRS에서 허용하지 않고 있으며 실제 물량흐름과는 완전히 상반되는 가정이기 때문에 거의 사용되지 않는다. 따라서 본 절에서는 다음과 같은 공통 예제를 토대로 선입선출법과 가중평균법의 원가배분에 대해서 살펴보기로 한다.

예제 2

(주)남한강은 단일제품을 대량으로 생산하고 있다. 원재료는 공정초기에 모두 투입되고, 가공원가는 공정전반에 걸쳐 균등하게 발생된다. 7월의 원가계산에 대한 자료는 다음과 같다.

기초재공품:	수량	400개	당기완성량:		1,200개
	재료원가	₩120,000			
	가공원가	15,000			
	완성도	25%			
당기발생원가:	착수량	1,000개	기말재공품:	수량	200개
	재료원가	₩370,000		완성도	25%
	가공원가	230,000			

01 선입선출법

선입선출법(FIFO; First-In First-Out method)은 기초재공품을 우선적으로 가공하여 완성시킨 후에 당기착수물량을 가공한다고 가정한다.

(1) 선입선출법은 기초재공품원가와 당기발생원가를 명확히 구분하여 완성품원가는 기초재공품원가와 당기발생원가로 구성되어 있고, 기말재공품원가는 당기발생원가로만 구성되어 있다고 가정하는 것이다. 다음 그림은 선입선출법에 의한 원가의 흐름을 나타내 주고 있다.

선입선출법의 원가흐름

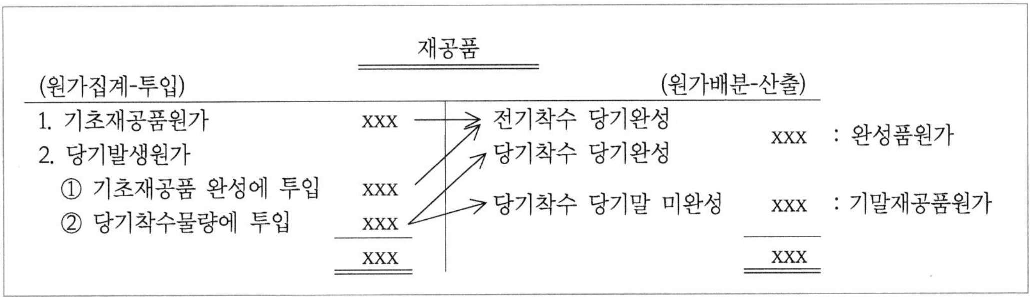

(2) 위의 그림에서 보듯이 선입선출법에 의할 경우 기초재공품원가는 전액이 완성품원가에 배분되고 있으므로 당기발생원가만을 완성품원가와 기말재공품원가에 배분하면 된다. 즉, 당기발생원가를 당기 중에 수행된 당기완성품환산량으로 나누어 완성품환산량 단위당 원가(당기발생 단위당 원가)를 계산한 다음 완성품과 기말재공품에 배분한다.

(3) 선입선출법에 의하면 완성품원가와 기말재공품원가는 다음의 5단계를 거쳐 계산된다.

> 1단계: 물량의 흐름을 파악한다. 이때 기초재공품은 모두 당기에 완성된 것으로 보고 당기완성품을 기초재공품완성분과 당기착수완성분으로 나눈다.
> 2단계: 원가요소별로 당기 중에 수행된 당기완성품환산량을 계산한다.
> 3단계: 원가요소별로 당기발생원가를 집계한다. 이때 기초재공품의원가와 총원가는 별도로 요약해 둔다.
> 4단계: 원가요소별로 당기발생원가를 당기완성품환산량으로 나누어 완성품환산량 단위당 원가(당기발생 단위당 원가)를 계산한다.
> 5단계: 기초재공품원가는 완성품원가에 전액 배분하고 당기발생원가는 완성품환산량 단위당 원가에 의하여 완성품원가와 기말재공품원가에 배분한다.

(4) 예제 2에서 당기 중에 수행된 당기완성품환산량(당기발생원가에 대한 완성품환산량)을 계산하면 다음과 같다.

	물량	완성품환산량	
		재료원가	가공원가
당기완성			
기초재공품완성	400개	0개	300개(= 400 × 75%)
당기착수완성	800	800	800
기말재공품	200(25%)	200	50(= 200 × 25%)
계	1,400개	1,000개	1,150개

위에서 보듯이 당기에 투입한 재료원가의 완성품환산량은 당기에 완성된 제품 1,200개 중 기초재공품 400개를 차감한 800개와 기말재공품 200개를 합한 1,000개이다. 그리고 당기에 투입한 가공원가의 완성품환산량은 기초재공품을 추가가공하여 완성한 수량 300개(= 400개 × 75%)와 당기에 투입하여 완성한 수량 800개 및 기말재공품의 환산량 50개(= 200개 × 25%)를 합한 1,150개이다.

(5) 지금까지 살펴본 내용을 토대로 예제 2를 선입선출법을 사용하여 완성품원가와 기말재공품원가를 계산하면 다음과 같다.

제조원가보고서
(선입선출법)

	[1단계]	[2단계] 완성품환산량		
	물량의 흐름	재료원가	가공원가	
기초재공품	400개(25%)			
당기착수	1,000			
	1,400개			
당기완성				
기초재공품	400개	0개	300개	
당기착수	800	800	800	
기말재공품	200(25%)	200	50	
	1,400개	1,000개	1,150개	
[3단계] 총원가의 요약				합계
기초재공품원가				₩135,000
당기발생원가		₩370,000	₩230,000	600,000
계		₩370,000	₩230,000	₩735,000
[4단계] 환산량 단위당 원가				
완성품환산량		÷1,000개	÷1,150개	
환산량 단위당 원가		@370	@200	
[5단계] 원가의 배분				
완성품원가	₩135,000 + 800개 × @370 + 1,100개 × @200 =			₩651,000
기말재공품원가	200개 × @370 + 50개 × @200 =			84,000
계				₩735,000

[참고]

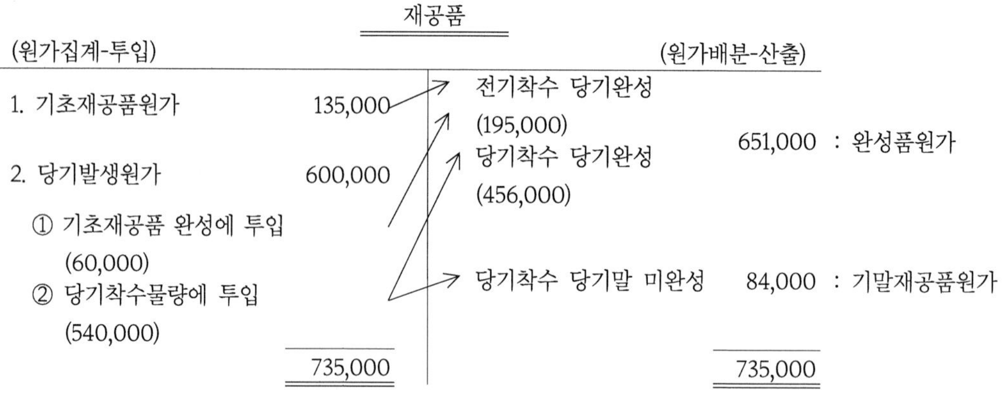

02 가중평균법

가중평균법(weighted average method)은 기초재공품의 제조를 당기 이전에 착수하였음에도 불구하고 당기에 착수한 것으로 가정한다.

(1) 가중평균법은 기초물량과 당기착수물량을 구분하지 않고 전부 당기에 착수한 것으로 간주한다. 따라서 평균법은 기초재공품원가와 당기발생원가를 구분하지 않고 동일하게 취급하여 완성품과 기말재공품에 배분하는 방법이다. 즉, 기초재공품원가와 당기발생원가를 합한 총원가를 기말 현재까지 완성된 총완성품환산량으로 나누어 완성품환산량 단위당 원가(가중평균 단위당 원가)를 계산한다. 이와 같이 계산된 완성품환산량 단위당 원가와 완성품환산량을 근거로 총원가를 완성품과 기말재공품에 배분한다.

(2) 가중평균법에 의하면 완성품원가와 기말재공품원가는 다음의 5단계를 거쳐 계산된다.

> 1단계: 물량의 흐름을 파악한다.
> 2단계: 원가요소별로 기말 현재까지 완성된 총완성품환산량을 계산한다.
> 3단계: 원가요소별로 기초재공품원가와 당기발생원가를 합한 총원가를 집계한다.
> 4단계: 원가요소별로 총원가를 총완성품환산량으로 나누어 완성품환산량 단위당 원가(가중평균 단위당 원가)를 계산한다.
> 5단계: 완성품환산량 단위당 원가에 의하여 총원가를 완성품원가와 기말재공품 원가에 배분한다.

(3) 예제 2에서 가중평균법을 사용하여 완성품원가와 기말재공품원가를 계산하면 다음과 같다.

제조원가보고서
(가중평균법)

	[1단계]	[2단계] 완성품환산량		
	물량의 흐름	재료원가	가공원가	
기초재공품	400개(25%)			
당기착수	1,000			
	1,400개			
당기완성	1,200개	1,200개	1,200개	
기말재공품	200(25%)	200	50	
	1,400개	1,400개	1,250개	
[3단계] 총원가의 요약				합계
기초재공품원가		₩120,000	₩15,000	₩135,000
당기발생원가		370,000	230,000	600,000
계		₩490,000	₩245,000	₩735,000
[4단계] 환산량 단위당 원가				
완성품환산량		÷1,400개	÷1,250개	
환산량 단위당 원가		@350	@196	
[5단계] 원가의 배분				
완성품원가		1,200개 × @350 + 1,200개 × @196 =		₩655,200
기말재공품원가		200개 × @350 + 50개 × @196 =		79,800
계				₩735,000

[참고]

재공품			
(원가집계-투입)			(원가배분-산출)
기초재공품	135,000	완성품원가	655,200
당기발생원가	600,000	기말재공품	79,800
	735,000		735,000

03 선입선출법과 가중평균법의 비교

선입선출법과 가중평균법의 가장 큰 차이점은 기초재공품원가와 당기발생원가의 구분 여부이다.

(1) 선입선출법은 기초재공품원가와 당기발생원가를 구분하여 완성품원가는 기초재공품원가와 당기발생원가로 구성되어 있고, 기말재공품원가는 당기발생원가로만 구성되어 있다고 가정한다. 따라서 완성품환산량은 순수하게 당기발생원가로 이루어진 작업량만으로 계산되며, 당기발생원가를 당기완성품환산량으로 나누어 완성품환산량 단위당 원가(당기 단위당 원가)를 계산한다.

(2) 가중평균법은 기초재공품원가와 당기발생원가를 구분하지 않고 동일하게 취급하여 완성품과 기말재공품에 배분한다. 따라서 완성품환산량은 총원가(기초재공품원가 + 당기발생원가)에 대하여 계산되며, 총원가를 총완성품환산량으로 나누어 완성품환산량 단위당 원가(가중평균 단위당 원가)를 계산한다.

(3) 선입선출법하에서 당기완성품환산량과 가중평균법하에서 총완성품환산량을 계산하면 다음과 같다.

당기완성품환산량
= 기초물량 × (1 - 기초완성도) + 당기착수완성물량 + 기말물량 × 기말완성도
= 기초물량 - 기초재공품 완성품환산량 + 당기착수완성물량 + 기말재공품 완성품환산량
= 완성물량 + 기말재공품 완성품환산량 - 기초재공품 완성품환산량
(∵ 완성물량 = 기초물량 + 당기착수완성물량)

총완성품환산량
= 완성물량 + 기말물량 × 기말완성도
= 완성물량 + 기말재공품 완성품환산량

따라서 총완성품환산량(가중평균법)은 당기완성품환산량(선입선출법)과 기초재공품 완성품환산량을 합한 것이므로 총완성품환산량(가중평균법)은 당기완성품환산량(선입선출법)보다 크거나 같을 것이며, 그 차이는 기초재공품 완성품환산량(기초물량 × 기초완성도)이 됨을 알 수 있다.

(4) 선입선출법은 기초재공품원가와 당기발생원가를 구분하여 계산하므로 계산과정이 가중평균법보다 복잡하지만, 전기의 작업능률과 당기의 작업능률이 명확히 구분되기 때문에 원가통제상 유용한 정보를 제공한다. 반면에, 가중평균법은 기초재공품원가와 당기발생원가를 구분하지 않기 때문에 선입선출법보다 간편한 방법이지만 전기와 당기의 원가가 가중평균되므로 원가계산의 정확성이 떨어진다는 단점이 있다. 이러한 관점에서 볼 때 선입선출법이 가중평균법보다 우수한 방법이라고 할 수 있지만 원가요소의 가격수준과 생산과정이 안정적인 경우에는 양자 간의 차이가 별로 나지 않기 때문에 실무에서는 거의 대부분 가중평균법을 적용한다.

제조기업의 경영활동

1\. 재공품의 원가흐름

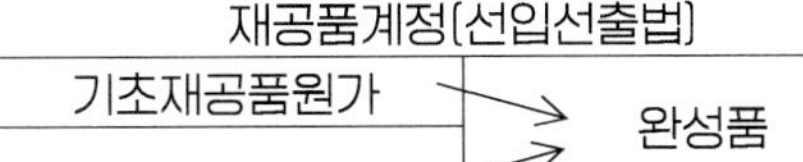

2\. 환산량 단위당 원가

[선입선출법]

당기발생원가

÷ 당기완성품환산량

환산량 단위당 원가 : 당기 단위당 원가

[가중평균법]

기초재공품원가

\+ 당기발생원가

총원가

÷ 총완성품환산량

환산량 단위당 원가 : 가중평균 단위당 원가

3\. 총완성품환산량 = 당기완성품환산량 + 기초재공품 완성품환산량

(총완성품환산량: 가중평균법 / 당기완성품환산량: 선입선출법 / 기초재공품 완성품환산량: 기초물량×기초완성도)

제4절 | 연속되는 제조공정의 종합원가계산

지금까지는 제조공정이 하나인 경우를 가정하였지만, 종합원가계산제도가 적용되는 기업에서는 대부분 둘 이상의 연속공정에 의하여 제품을 완성한다. 따라서 본 절에서는 두 번째 이후의 공정을 중심으로 종합원가계산을 살펴보도록 하겠다.

(1) 제품이 둘 이상의 연속공정을 거쳐 제조되는 경우에 전 공정에서 완성된 중간제품은 다음 공정으로 대체된다. 편의상 두 개의 제조공정을 거쳐 제품이 완성된다고 가정한다면 제1공정에서 완성된 중간제품은 제2공정으로 대체되기 때문에 제2공정의 제조원가는 전공정원가(제1공정의 완성품원가)와 제2공정에서 투입된 재료원가와 가공원가로 구성될 것이다. 한 공정의 제품이 연속되는 다음 공정에 대한 투입물(원재료)이 되는 경우에 제1공정에서 제2공정으로 대체되는 전공정원가(transferred-in costs)는 제2공정에서 투입된 제조원가와 별도로 구분해서 처리해야 한다. 바로 이 점이 하나의 공정이 있는 경우의 원가계산과의 차이점이다.

(2) 연속되는 제조공정이 있는 경우 종합원가계산의 원가흐름은 다음과 같다.

연속되는 제조공정이 있는 경우의 원가흐름

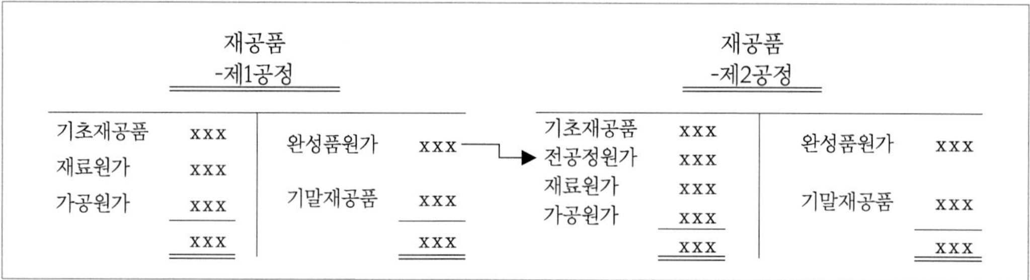

재공품-제1공정

기초재공품	xxx	완성품원가	xxx →
재료원가	xxx		
가공원가	xxx	기말재공품	xxx
	xxx		xxx

재공품-제2공정

기초재공품	xxx	완성품원가	xxx
→ 전공정원가	xxx		
재료원가	xxx	기말재공품	xxx
가공원가	xxx		
	xxx		xxx

위의 원가흐름에서 보듯이 두 개의 제조공정이 있는 경우 제1공정의 완성품원가는 제2공정으로 대체되기 때문에 제2공정의 완성품원가가 당기제품제조원가로 되며, 기말재공품원가는 제1공정과 제2공정의 기말재공품원가를 합계한 금액이 된다.

이때 유의할 점은 성격과 용도 면에서 유사한 재고자산에는 동일한 단위원가 결정방법을 적용해야 하므로 각 공정별로 동일한 원가흐름의 가정을 적용해야 한다는 것이다.

[참고]

① 1공정의 완성품수량=2공정의 당기착수수량
② 1공정의 완성품원가=2공정의 당기원가 중 전공정원가
③ 별도의 언급이 없는 경우 전공정원가는 공정초기에 투입하는 것으로 간주한다. 즉,기초재공품과 기말재공품의 전공정원가 완성도를 100% 가정한다. 전공정원가를 공정초기에 투입한 직접재료원가와 동일하게 취급하면 된다.

다음과 같은 예제를 토대로 연속되는 제조공정의 종합원가계산에 대해서 살펴보기로 한다.

예제 3

(주)남한강은 A, B 두 개의 연속된 제조공정을 통하여 제품을 생산하는데, A공정의 원가계산자료는 예제 2와 같다. A공정의 완성품은 B공정의 공정초기에 전량 투입되고 B공정의 원재료는 B공정의 50% 시점에서 모두 투입되며 가공원가는 공정전반에 걸쳐 균등하게 발생한다. B공정의 원가계산자료는 다음과 같다.

[B공정]

기초재공품:	수량	300개	당기완성량:		1,100개
	전공정원가	₩94,800	기말재공품:	수량	400개
	재료원가	0		완성도	20%
	가공원가	15,640			
	완성도	40%			
당기발생원가:	착수량	1,200개			
	전공정원가	?			
	재료원가	₩275,000			
	가공원가	159,000			

01 선입선출법

예제 3에서 B공정의 제조원가는 전공정원가와 B공정 재료원가 및 가공원가로 구성되어 있기 때문에 각각의 원가요소별로 완성품환산량을 계산해야 한다. 여기서 전공정원가와 B공정 재료원가에 대한 완성품환산량계산이 문제인데, 전공정원가에 대한 완성품환산량은 공정의 착수시점에서 투입되는 재료원가의 경우와 같이 처리하면 된다. 그리고 B공정 재료원가는 당기완성품에 당연히 투입되었을 것이며, 기말재공품은 완성도가 50%가 안 되었기 때문에 재료원가가 투입되지 않았을 것이다.

예제 3에서 선입선출법에 의할 경우 (주)남한강의 B공정 제조원가보고서를 작성하면 다음과 같다.

제조원가보고서
(선입선출법)
B공정

	[1단계]	[2단계] 완성품환산량			
	물량의 흐름	전공정원가	재료원가	가공원가	
기초재공품	300개(40%)				
당기착수	1,200				
	1,500개				
당기완성					
기초재공품	300개	0개	300개	180개	
당기착수	800	800	800	800	
기말재공품	400(20%)	400	0	80	
	1,500개	1,200개	1,100개	1,060개	
[3단계] 총원가의 요약					합계
기초재공품원가					₩110,440
당기발생원가		₩651,000*	₩275,000	₩159,000	1,085,000
계		₩651,000*	₩275,000	₩159,000	₩1,195,440
[4단계] 환산량 단위당 원가					
완성품환산량		÷1,200개	÷1,100개	÷1,060개	
환산량 단위당 원가		@542.5	@250	@150	

[5단계] 원가의 배분

완성품원가	₩110,440 + 800개 × @542.5 + 1,100개 × @250 + 980개 × @150 =	₩966,440
기말재공품원가	400개 × @542.5 + 80개 × @150 =	229,000
계		₩1,195,440

* 선입선출법에 의한 A공정의 완성품원가임

재공품
-A공정

차변		대변	
기초재공품	135,000	완성품원가	651,000
재료원가	370,000		
가공원가	230,000	기말재공품	84,000
	735,000		735,000

재공품
-B공정

차변		대변	
기초재공품	110,440	완성품원가	966,440
전공정원가	651,000		
재료원가	275,000	기말재공품	229,000
가공원가	159,000		
	1,195,440		1,195,440

02 가중평균법

예제 3에서 가중평균법에 의할 경우 (주)남한강의 B공정 제조원가보고서를 작성하면 다음과 같다.

제조원가보고서
(가중평균법)
B공정

	[1단계]	[2단계] 완성품환산량			
	물량의 흐름	전공정원가	재료원가	가공원가	
기초재공품	300개(40%)				
당기착수	1,200				
	1,500개				
당기완성	1,100개	1,100개	1,100개	1,100개	
기말재공품	400(20%)	400	0	80	
	1,500개	1,500개	1,100개	1,180개	
[3단계] 총원가의 요약					합계
기초재공품원가		₩94,800	₩0	₩15,640	₩110,440
당기발생원가		655,200*	275,000	159,000	1,089,200
계		₩750,000	₩275,000	₩174,640	₩1,199,640
[4단계] 환산량 단위당 원가					
완성품환산량		÷1,500개	÷1,100개	÷1,180개	
환산량 단위당 원가		@500	@250	@148	
[5단계] 원가의 배분					
완성품원가	1,100개 × @500 + 1,100개 × @250 + 1,100개 × @148 =				₩987,800
기말재공품원가	400개 × @500 + 80개 × @148 =				211,840
계					₩1,199,640

* 가중평균법에 의한 A공정의 완성품원가임

[참고]

재공품-A공정

기초재공품	135,000	완성품원가	655,200
재료원가	370,000		
가공원가	230,000	기말재공품	79,800
	735,000		735,000

재공품-B공정

기초재공품	110,440	완성품원가	987,800
전공정원가	655,200		
재료원가	275,000	기말재공품	221,840
가공원가	159,000		
	1,199,640		1,199,640

03 원가흐름의 회계처리(연속되는 제조공정)

연속되는 제조공정이 있는 경우 종합원가계산에서의 회계처리를 예제 2와 예제 3의 예를 들어 살펴보면 다음과 같다. 단, 원가흐름의 가정은 가중평균법을 적용하였다고 가정한다.

A공정 제조원가의 집계

(차)	재공품 - A공정	600,000	(대)	원재료	370,000
				종업원급여 제조간접원가	230,000

A공정에서 B공정으로의 A공정 완성품대체와 B공정 제조원가의 집계

(차)	제품	1,089,200	(대)	재공품 - A공정	655,200
				원재료	275,000
				종업원급여 제조간접원가	159,000

제품의 완성

(차)	제품	987,800	(대)	재공품 - B공정	987,800

제5절 | 공손

공손품(spoiled units)이란 품질 및 규격이 표준에 미달하는 불합격품을 말한다. 종합원가계산이 적용되는 화학공업, 식품가공업 등에서는 제품을 제조하는 과정에서 작업자의 부주의나 재료, 기계장치의 결함 또는 작업관리의 부실 등으로 인하여 공손품이 발생하는 경우가 많다. 이와 같이 공손품이 발생한 경우 이를 고려하지 않는다면 기초재공품원가와 당기발생원가를 완성품원가와 기말재공품원가로 배분함에 있어 왜곡이 생길 것임은 자명한 일이다. 따라서 본 절에서는 공손품에 대한 원가배분과 회계처리에 대해서 살펴보기로 한다.

01 정상공손과 비정상공손

공손품의 회계처리에 있어서 가장 중요한 문제는 정상공손과 비정상공손을 구별하는 것이다.

(1) 정상공손(normal spoilage)이란 양질의 제품(합격품)을 얻기 위하여 생산과정에서 불가피하게 발생하는 공손을 말한다. 반면에, 비정상공손(abnormal spoilage)은 작업자의 부주의, 생산계획의 미비 등의 이유로 발생하는 것으로써 제조활동을 효율적으로 수행하면 방지할 수 있는 공손으로 회피가능공손이라고도 한다.

(2) 물리적으로 정상공손과 비정상공손을 구별하는 것이 어렵기 때문에 대부분의 기업에서는 정상공손과 비정상공손을 구별하기 위하여 일반적으로 정상공손이라고 인정할 수 있는 공손의 허용한도를 사전에 설정하여 인위적으로 구분한다. 일반적으로 정상공손의 허용한도는 품질검사에 합격한 합격품의 일정비율 등으로 표현되는데, 이 허용한도 내에서 발생한 공손은 정상공손으로 간주하고 허용한도를 초과하여 발생한 공손은 비정상공손으로 간주한다.

예제 4

(주)북한강은 단일제품을 대량으로 생산하고 있다. 원재료는 공정초기에 모두 투입되고, 가공원가는 공정전반에 걸쳐 균등하게 발생한다. 2월의 원가계산에 대한 자료는 다음과 같다.

기초재공품	수량	400개	당기완성량		1,000개
	완성도	25%	공손수량		200개
당기착수량		1,600개	기말재공품	수량	800개
				완성도	75%

당기 중 품질검사에 합격한 수량의 10%에 해당하는 공손수량은 정상공손으로 간주한다. 검사가 공정의 20%, 50%, 100% 완성시점에 각각 이루어진다고 가정할 경우 정상공손 및 비정상공손수량을 구하시오.

해답

	검사시점 20%	검사시점 50%	검사시점 100%
기초재공품(25%)	400개	400개	400개
당기착수량	1,600	1,600	1,600
	2,000개	2,000개	2,000개
당기완성	1,000개	1,000개	1,000개
정상공손	140	180	100
비정상공손	60	20	100
기말재공품(75%)	800	800	800
	2,000개	2,000개	2,000개

(3) 예제 4에서는 정상공손수량을 당기 중 품질검사에 합격한 수량의 일정비율로 판정하므로 당기 중 품질검사에 합격한 수량을 파악하는 것이 중요하다. 당기 중 품질검사에 합격한 수량 산정 시 유의할 점은 원가흐름 가정과는 무관하게 실제의 물량흐름을 반영하여 산정해야 한다는 것이다. 실제의 물량흐름이란 연속흐름생산 방식에 따라 기초재공품이 추가가공되어 먼저 완성되고 당기에 착수된 물량이 그 다음에 완성되는 흐름을 갖게된다. 따라서 당기 중 품질검사에 합격한 물량은 선입선출법이나 가중평균법에 의하여 인위적으로 원가를 배분하는 원가흐름의 가정과는 상관없이 동일하게 산정된다. 예제 4에서 각각의 품질검사시점에서 검사에 합격한 수량은 다음과 같이 계산된다.

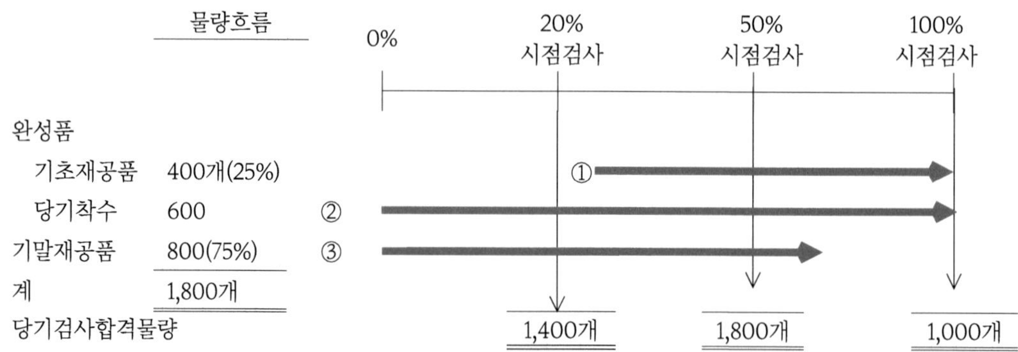

[참고]

> 당기 검사를 합격한 수량의 조건은 검사를 합격한 것뿐만 아니라 그 검사를 당기에 통과하여야 하므로 당기에 검사를 통과하지 못한 기말재공품과 전기에 검사를 통과한 기초재공품은 제외된다.
>
> 당기 검사를 합격한 수량
> = 당기통과 기초재공품 + 당기투입 완성품수량 + 당기통과 기말재공품
> = 완성품수량 + 당기통과 기말재공품 − 전기통과 기초재공품

(4) 위의 표에서 보듯이 검사가 공정의 20% 시점에서 이루어진다면 기초재공품 400개는 완성도가 25%이므로 이미 전기에 검사시점을 통과하여 검사에 합격했을 것이다. 따라서 당기에 20% 검사시점을 통과한 합격품은 당기완성량 1,000개에서 기초재공품 400개를 차감한 600개, 즉 당기착수완성분과 기말재공품 800개를 합한 1,400개이다. 반면에, 검사가 공정의 50% 시점에서 이루어진다면 기초재공품도 당기에 검사시점을 통과하여 검사에 합격했을 것이므로 이를 당기 품질검사에 합격한 수량에 포함시켜야 한다. 그리고 검사시점이 완성시점, 즉 100% 시점에서 이루어진 경우라면 기말재공품은 품질검사시점을 통과하지 못했기 때문에 당기의 품질검사에 합격한 수량에 포함시켜서는 안 된다. 그리고 공손수량은 품질검사에 불합격한 것이므로 어느 시점에 품질검사를 하더라도 합격한 수량에 포함시켜서는 안 된다.

(5) 예제 4에서 정상공손수량은 검사에 합격한 수량의 10%라고 하였으므로 정상공손수량과 비정상공손수량은 다음과 같이 계산된다.

	20%시점에서 검사하는 경우	50%시점에서 검사하는 경우	100%시점에서 검사하는 경우
정상공손수량 (당기 중 검사합격수량 × 10%)	1,400개 × 10% = 140개	1,800개 × 10% = 180개	1,000개 × 10% = 100개
비정상공손수량 (총공손수량 - 정상공손수량)	200개 - 140개 = 60	200개 - 180개 = 20	200개 - 100개 = 100
총공손수량	200개	200개	200개

02 정상공손원가의 배분

공손이 발생한 경우의 종합원가계산절차는 다음과 같은 사항을 추가적으로 고려해야 한다.

① 물량흐름은 공손까지 포함하여 다음과 같이 파악한다.

> 기초재공품수량 + 당기착수량 = 당기완성량 + 정상공손수량 + 비정상공손수량 + 기말재공품수량

그리고 공손품의 완성품환산량계산 시 공손품의 가공원가 완성도는 검사시점으로 한다. 왜냐하면 공손품은 검사시점에서 발견되어 더 이상 가공되지 않기 때문이다.

② 선입선출법에 의해 원가계산을 할 경우 모든 공손품은 당기에 착수한 물량에서 발생하였다고 가정한다. 즉, 기초재공품에서 발생한 공손품도 당기에 착수한 물량에서 발생한 것처럼 당기의 완성품환산량 단위

당 원가를 적용하는데, 이를 수정된 선입선출법(modified first-in first-out method)[1]이라고 한다.

③ 정상공손은 합격품을 생산하기 위해서 불가피하게 발생한 것이므로 정상공손품에 투입된 원가(정상공손원가)는 합격품원가에 포함되어야 하며, 비정상공손은 제조활동을 효율적으로 수행하면 방지할 수 있는 것이므로 비정상공손에 투입된 원가(비정상공손원가)[2]는 당기비용으로 처리해야 한다.

이러한 사항을 고려하여 (1) 기말재공품이 당기 중 검사시점을 통과하지 않은 경우 (2) 기말재공품이 당기 중 검사시점을 통과한 경우 (3) 기초재공품이 전기에 검사시점을 통과한 경우로 구분하여 정상공손원가의 배분에 대해서 살펴보기로 한다.

(1) 기말재공품이 당기 중 검사시점을 통과하지 않은 경우

기말재공품이 검사시점을 통과하지 않은 경우 정상공손원가는 완성품에만 배분해야 한다. 왜냐하면, 기말재공품이 검사시점을 통과하지 않았으므로 기말재공품에서는 아직 공손이 발생하지 않았을 것이기 때문이다.

예제 5

(주)북한강은 단일제품을 대량으로 생산하고 있다. 원재료는 공정의 초기에 모두 투입되고, 가공원가는 공정전반에 걸쳐 균등하게 발생한다. 2월의 원가계산에 대한 자료는 다음과 같다.

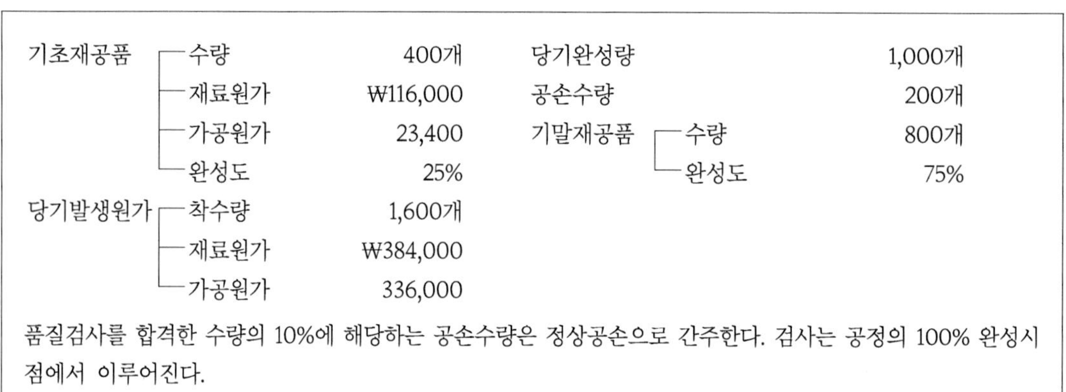

기초재공품	수량	400개	당기완성량		1,000개
	재료원가	₩116,000	공손수량		200개
	가공원가	23,400	기말재공품	수량	800개
	완성도	25%		완성도	75%
당기발생원가	착수량	1,600개			
	재료원가	₩384,000			
	가공원가	336,000			

품질검사를 합격한 수량의 10%에 해당하는 공손수량은 정상공손으로 간주한다. 검사는 공정의 100% 완성시점에서 이루어진다.

예제 5에서 당기 검사에 합격한 수량은 검사시점이 공정의 100% 완성시점이므로 기초재공품완성량 400개와 당기착수완성량 600개를 합한 1,000개이다. 따라서 정상공손수량은 100개(= 1,000개 × 10%)이며, 비정상공손수량은 총공손수량 200개에서 정상공손수량 100개를 차감한 100개이다. 또한 검사시점이 공정의 100% 완성시점이므로 공손품의 가공원가 완성도는 100%이다. 그리고 정상공손원가는 합격품원가로 처리해야 하는데, 기말재공품이 검사시점을 통과하지 않았기 때문에 정상공손원가는 전액 완성품에만 배분해야 한다.

---

1) 이 가정을 원가흐름의 가정과 결부시켜 생각해보면 가중평균법에서는 기초재공품원가와 당기발생원가를 구분하지 않고 동일하게 취급하여 모두 당기에 투입된 것으로 가정하므로 이를 무리없이 받아들일 수 있다. 반면에 선입선출법에서는 기초재공품원가와 당기발생원가를 구분하여 인식하므로 기초물량에서 발생한 공손은 기초재공품원가에서 계산해야 하지만, 이를 고려하면 공손원가계산에 어려움이 있다. 따라서 공손은 오직 당기착수물량에서만 발생하는 것으로 가정하여 당기발생원가에서 공손원가를 계산하는데 이를 수정된 선입선출법이라 한다.

2) K-IFRS에 의할 경우 비정상공손원가는 제조원가 중 비정상적인 부분의 금액이므로 당기의 비용으로 인식해야 한다.

① **선입선출법:** 예제 5에서 선입선출법에 의할 경우 (주)북한강의 2월 제조원가보고서를 작성하면 다음과 같다.

제조원가보고서
(선입선출법)

	[1단계]	[2단계] 완성품환산량	
	물량의 흐름	재료원가	가공원가
기초재공품	400개(25%)		
당기착수	1,600		
	2,000개		
당기완성			
기초재공품	400개	0개	300개
당기착수	600	600	600
정상공손	100(100%)	100	100
비정상공손	100(100%)	100	100
기말재공품	800(75%)	800	600
	2,000개	1,600개	1,700개

[3단계] 총원가의 요약			합계
기초재공품원가			₩139,400
당기발생원가	₩384,000	₩336,000	720,600
계	₩384,000	₩336,000	₩860,000

[4단계] 환산량 단위당 원가		
완성품환산량	÷1,600개	÷1,700개
환산량 단위당 원가	@240	@198

[5단계] 원가의 배분

(1차 배분)

완성품원가	₩139,400 + 600개 × @240 + 900개 × @198 =	₩461,600
정상공손원가	100개 × @240 + 100개 × @198 =	43,800
비정상공손원가	100개 × @240 + 100개 × @198 =	43,800
기말재공품원가	800개 × @240 + 600개 × @198 =	310,800
계		₩860,000

(2차 배분)

	배분 전 원가	정상공손원가배분	배분 후 원가
완성품원가	₩461,600	₩43,800	₩505,400
정상공손원가	43,800	(43,800)	0
비정상공손원가	43,800		43,800
기말재공품원가	310,800		310,800
계	₩860,000	₩0	₩860,000

[참고]

제조원가의 집계

(차) 재공품	720,600	(대) 원재료	384,000
		가공원가	336,600

제품의 완성

(차) 제품	505,400	(대) 재공품	549,200
비정상공손(기타비용)	43,800		

재공품

기초재공품	139,400	완성품원가	505,400
재료원가	384,000	비정상공손	43,800
가공원가	336,600	기말재공품	310,800
	860,000		860,000

② **가중평균법**: 예제 5에서 가중평균법에 의할 경우 (주)북한강의 2월 제조원가보고서를 작성하면 다음과 같다.

제조원가보고서
(가중평균법)

	[1단계]	[2단계] 완성품환산량	
	물량의 흐름	재료원가	가공원가
기초재공품	400개(25%)		
당기착수	1,600		
	2,000개		
당기완성	1,000개	1,000개	1,000개
정상공손	100(100%)	100	100
비정상공손	100(100%)	100	100
기말재공품	800(75%)	800	600
	2,000개	2,000개	1,800개

[3단계] 총원가의 요약			합계
기초재공품원가	₩116,000	₩23,400	₩139,400
당기발생원가	384,000	336,000	720,600
계	₩500,000	₩360,000	₩860,000

[4단계] 환산량 단위당 원가		
완성품환산량	÷2,000개	÷1,800개
환산량 단위당 원가	@250	@200

[5단계] 원가의 배분

(1차 배분)

완성품원가	1,000개 × @250 + 1,000개 × @200 =	₩450,000
정상공손원가	100개 × @250 + 100개 × @200 =	45,000
비정상공손원가	100개 × @250 + 100개 × @200 =	45,000
기말재공품원가	800개 × @250 + 600개 × @200 =	320,000
계		₩860,000

(2차 배분)

	배분 전 원가	정상공손원가배분	배분 후 원가
완성품원가	₩450,000	₩45,000	₩495,000
정상공손원가	45,000	(45,000)	0
비정상공손원가	45,000		45,000
기말재공품원가	320,000		320,000
계	₩860,000	₩0	₩860,000

[참고]

제조원가의 집계

(차) 재공품	720,600	(대) 원재료	384,000
		가공원가	336,600

제품의 완성

(차) 제품	495,000	(대) 재공품	540,000
비정상공손(기타비용)	45,000		

재공품

기초재공품	139,400	완성품원가	495,000
재료원가	384,000	비정상공손	45,000
가공원가	336,600	기말재공품	320,000
	860,000		860,000

(2) 기말재공품이 당기 중 검사시점을 통과한 경우

기말재공품이 검사시점을 통과한 경우에는 기말재공품도 합격품이므로 정상공손원가를 완성품과 기말재공품에 배분해야 하며, 검사시점에서는 완성품과 기말재공품의 완성도가 같기 때문에 완성품과 기말재공품의 물량이 정상공손원가의 배분기준이 된다.

예제 6

(주)남한강은 단일제품을 대량으로 생산하고 있다. 원재료는 공정 초기에 모두 투입되고, 가공원가는 공정 전반에 걸쳐 균등하게 발생한다. 2월의 원가계산에 대한 자료는 다음과 같다.

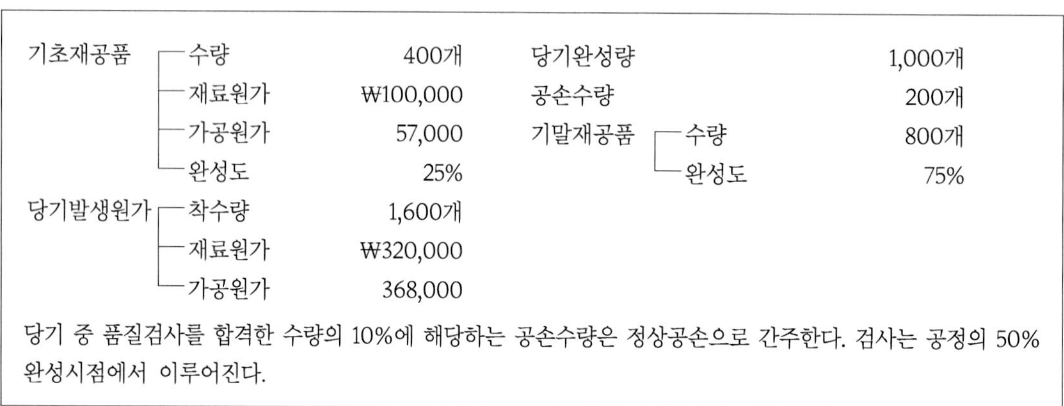

기초재공품	수량	400개	당기완성량		1,000개
	재료원가	₩100,000	공손수량		200개
	가공원가	57,000	기말재공품	수량	800개
	완성도	25%		완성도	75%
당기발생원가	착수량	1,600개			
	재료원가	₩320,000			
	가공원가	368,000			

당기 중 품질검사를 합격한 수량의 10%에 해당하는 공손수량은 정상공손으로 간주한다. 검사는 공정의 50% 완성시점에서 이루어진다.

예제 6에서 검사시점이 공정의 50% 시점이므로 당기에 공정의 검사를 합격한 수량은 기초재공품완성량 400개와 당기착수완성량 600개 및 기말재공품 800개를 합한 1,800개이다. 따라서 정상공손수량은 180개(1,800개 × 10%)이며, 비정상공손수량은 총공손수량 200개에서 정상공손수량 180개를 차감한 20개이다. 또한 검사시점이 공정의 50% 시점이므로 공손품의 가공원가 완성도는 50%이다. 그리고 정상공손원가는 기말재공품이 검사시점을 통과하였기 때문에 완성품과 기말재공품의 물량을 기준으로 하여 비례배분해야 한다.

① **선입선출법:** 예제 6에서 선입선출법에 의할 경우 (주)남한강의 2월 제조원가보고서를 작성하면 다음과 같다.

제조원가보고서
(선입선출법)

	[1단계]	[2단계] 완성품환산량		
	물량의 흐름	재료원가	가공원가	
기초재공품	400개(25%)			
당기착수	1,600			
	2,000개			
당기완성				
기초재공품	400개	0개	300개	
당기착수	600	600	600	
정상공손	180(50%)	180	90	
비정상공손	20(50%)	20	10	
기말재공품	800(75%)	800	600	
	2,000개	1,600개	1,600개	
[3단계] 총원가의 요약				합계
기초재공품원가				₩157,000
당기발생원가		₩320,000	₩368,000	688,000
계		₩320,000	₩368,000	₩845,000
[4단계] 환산량 단위당 원가				
완성품환산량		÷1,600개	÷1,600개	
환산량 단위당 원가		@200	@230	

[5단계] 원가의 배분

(1차 배분)

완성품원가	₩157,000 + 600개 × @200 + 900개 × @230 =	₩484,000
정상공손원가	180개 × @200 + 90개 × @230 =	56,700
비정상공손원가	20개 × @200 + 10개 × @230 =	6,300
기말재공품원가	800개 × @200 + 600개 × @230 =	298,000
계		₩845,000

(2차 배분)

	배분 전 원가	정상공손원가배분	배분 후 원가
완성품원가	₩484,000	₩31,500	₩515,500
정상공손원가	56,700	(56,700)*	0
비정상공손원가	6,300		6,300
기말재공품원가	298,000	25,200	323,200
계	₩845,000	₩0	₩845,000

* 정상공손원가의 배분: 기말재공품이 검사시점을 통과하였기 때문에 정상공손원가를 완성품과 기말재공품의 물량을 기준으로 비례배분함

완성품: ₩56,700×1,000개/(1,000개 + 800개) =	₩31,500
기말재공품: ₩56,700×800개/(1,000개 + 800개) =	25,200
계	₩56,700

[참고]

제조원가의 집계

(차)	재공품	688,000	(대)	원재료	320,000
				가공원가	368,000

제품의 완성

(차)	제품	515,500	(대)	재공품	521,800
	비정상공손손실(기타비용)	6,300			

재공품

기초재공품	157,000	완성품원가	515,500
재료원가	320,000	비정상공손	6,300
가공원가	368,000	기말재공품	323,200
	845,000		845,000

② **가중평균법:** 예제 6에서 가중평균법에 의할 경우 (주)남한강의 2월 제조원가보고서를 작성하면 다음과 같다.

제조원가보고서
(가중평균법)

	[1단계] 물량의 흐름	[2단계] 완성품환산량 재료원가	가공원가	합계
기초재공품	400개(25%)			
당기착수	1,600			
	2,000개			
당기완성	1,000개	1,000개	1,000개	
정상공손	180(50%)	180	90	
비정상공손	20(50%)	20	10	
기말재공품	800(75%)	800	600	
	2,000개	2,000개	1,700개	
[3단계] 총원가의 요약				
기초재공품원가		₩100,000	₩57,000	₩157,000
당기발생원가		₩320,000	₩368,000	688,000
계		₩420,000	₩425,000	₩845,000
[4단계] 환산량 단위당 원가				
완성품환산량		÷ 2,000개	÷ 1,700개	
환산량 단위당 원가		@210	@250	

[5단계] 원가의 배분

(1차 배분)

완성품원가	1,000개 × @210 + 1,000개 × @250 =	₩460,000
정상공손원가	180개 × @210 + 90개 × @250 =	60,300
비정상공손원가	20개 × @210 + 10개 × @250 =	6,700
기말재공품원가	800개 × @210 + 600개 × @250 =	318,000
계		₩845,000

(2차 배분)

	배분 전 원가	정상공손원가배분	배분 후 원가
완성품원가	₩460,000	₩33,500	₩493,500
정상공손원가	60,300	(60,300)*	0
비정상공손원가	6,700		6,700
기말재공품원가	318,000	26,800	344,800
계	₩845,000	₩0	₩845,000

* 정상공손원가의 배분: 기말재공품이 검사시점을 통과하였기 때문에 정상공손원가를 완성품과 기말재공품의 물량을 기준으로 하여 배분함

완성품: ₩60,300 × 1,000개/(1,000개 + 800개) =	₩33,500
기말재공품: ₩60,300 × 800개/(1,000개 + 800개) =	26,800
계	₩60,300

[참고]

제조원가의 집계

(차) 재공품	688,000	(대)	원재료	320,000
			가공원가	368,000

제품의 완성

(차) 제품	493,500	(대)	재공품	500,200
비정상공손손실(기타비용)	6,700			

재공품

기초재공품	157,000	완성품원가	493,500
재료원가	320,000	비정상공손	6,700
가공원가	368,000	기말재공품	344,800
	845,000		845,000

(3) 기초재공품이 전기에 검사시점을 통과한 경우

기초재공품이 전기에 검사시점을 통과했는지의 여부에 따라 당기정상공손원가의 배분방법이 달라진다.

① 원가흐름의 가정이 선입선출법인 경우 기초재공품(전기착수분)과 당기착수분을 구분한 후 기초재공품이 당기에 검사시점을 통과하였다면 기초재공품도 당기에 공손을 발생시켰을 것이므로 당기정상공손원가를 배분받아야 한다. 따라서 기초재공품이 당기에 검사시점을 통과한 경우 당기정상공손원가는 기말재공품이 검사시점을 통과했다면 다음과 같이 완성품과 기말재공품에 배분한다.

$$\text{완성품 배분액: 정상공손원가} \times \frac{\text{완성품수량}^*}{\text{완성품수량} + \text{기말재공품수량}}$$

$$\text{기말재공품 배분액: 정상공손원가} \times \frac{\text{기말재공품수량}}{\text{완성품수량} + \text{기말재공품수량}}$$

* 기초재공품수량(전기착수당기완성수량) + 당기착수완성품수량

② 원가흐름의 가정이 선입선출법인 경우 기초재공품이 전기에 이미 검사시점을 통과하였다면 기초재공품은 전기에 이미 공손을 발생시켰고 전기에 이미 정상공손원가를 배분받았을 것이므로 당기에 발생한 공손과는 무관하다. 따라서 당기정상공손원가는 기말재공품이 검사시점을 통과했다면 완성품과 기말재공품에 당기에 검사시점을 통과한 물량에 따라 다음과 같이 배분한다.

$$\text{완성품 배분액: 당기정상공손원가} \times \frac{\text{당기착수완성품수량}}{\text{당기착수완성품수량} + \text{기말재공품수량}}$$

$$\text{기말재공품 배분액: 정상공손원가} \times \frac{\text{기말재공품수량}}{\text{당기착수완성품수량} + \text{기말재공품수량}}$$

③ 원가흐름의 가정이 가중평균법인 경우에는 기초재공품과 당기착수분의 구분이 불필요하고 모두 당기에 착수한 것으로 가정하여 원가계산을 수행하므로 기초재공품이 검사시점을 통과하였는지의 구분이 별다른 의미가 없게 된다. 따라서 기말재공품이 검사시점을 통과한 경우 총정상공손원가(기초재공품에 포함된 전기 정상공손원가+당기정상공손원가)는 다음과 같이 완성품과 기말재공품에 배분해야 한다.

$$\text{완성품 배분액: 총정상공손원가} \times \frac{\text{완성품수량}}{\text{완성품수량} + \text{기말재공품수량}}$$

$$\text{기말재공품 배분액: 총정상공손원가} \times \frac{\text{기말재공품수량}}{\text{완성품수량} + \text{기말재공품수량}}$$

예제 7

(주)남한강은 단일제품을 대량으로 생산하고 있다. 원재료는 공정 초기에 모두 투입되고, 가공원가는 공정 전반에 걸쳐 균등하게 발생한다. 3월의 원가계산에 대한 자료는 다음과 같다.

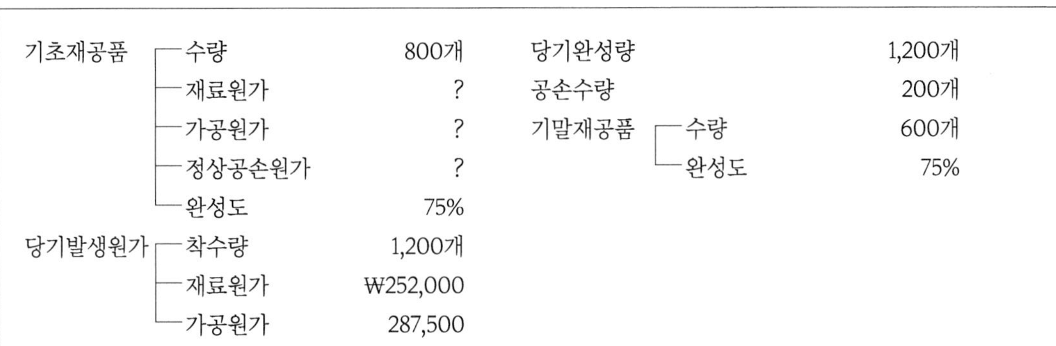

구분	항목	금액/수량	구분	항목	금액/수량
기초재공품	수량	800개	당기완성량		1,200개
	재료원가	?	공손수량		200개
	가공원가	?	기말재공품	수량	600개
	정상공손원가	?		완성도	75%
	완성도	75%			
당기발생원가	착수수량	1,200개			
	재료원가	₩252,000			
	가공원가	287,500			

품질검사를 합격한 수량의 10%에 해당하는 공손수량은 정상공손으로 간주한다. 검사는 공정의 50% 완성시점에서 이루어진다. (기초재공품의 자료는 예제 6에서 작성한 2월의 제조원가보고서를 참고할 것)

예제 7에서 검사시점이 공정의 50% 시점이므로 당기에 공정의 검사를 합격한 수량은 당기착수완성량 400개 및 기말재공품 600개를 합한 1,000개이다. 따라서 정상공손수량은 100개(= 1,000개 × 10%)이며, 비정상공손수량은 총공손수량 200개에서 정상공손수량 100개를 차감한 100개이다. 또한 검사시점이 공정의 50% 시점이므로 공손품의 가공원가 완성도는 50%이다. 그리고 정상공손원가는 기말재공품이 검사시점을 통과하였기 때문에 완성품과 기말재공품의 물량을 기준으로 하여 비례배분해야 한다.

① **선입선출법:** 예제 7에서 선입선출법에 의할 경우 (주)남한강의 3월 제조원가보고서를 작성하면 다음과 같다.

제조원가보고서
(선입선출법)

	[1단계]	[2단계] 완성품환산량	
	물량의 흐름	재료원가	가공원가
기초재공품	800개(75%)		
당기착수	1,200		
	2,000개		
당기완성			
기초완성	800개	0개	200개
당기착수완성	400	400	400
정상공손	100(50%)	100	50
비정상공손	100(50%)	100	50
기말재공품	600(75%)	600	450
	2,000개	1,200개	1,150개

[3단계] 총원가의 요약			합계
기초재공품원가			₩323,200[*1]
당기발생원가	₩252,000	₩287,500	539,500
계	₩252,000	₩287,500	₩862,700

[4단계] 환산량 단위당 원가		
완성품환산량	÷ 1,200개	÷ 1,150개
환산량 단위당 원가	@210	@250

[5단계] 원가의 배분

(1차 배분)

완성품원가	₩323,200 + 400개 × @210 + 600개 × @250 =	₩557,200
정상공손원가	100개 × @210 + 50개 × @250 =	33,500
비정상공손원가	100개 × @210 + 50개 × @250 =	33,500
기말재공품원가	600개 × @210 + 450개 × @250 =	238,500
계		₩862,700

(2차 배분)

	배분 전 원가	정상공손원가배분	배분 후 원가
완성품원가	₩557,200	₩13,400	₩570,600
정상공손원가	33,500	(33,500)[*2]	0
비정상공손원가	33,500		33,500
기말재공품원가	238,500	20,100	258,600
계	₩862,700	₩0	₩862,700

[*1] 기초재공품 속에 포함된 전기정상공손원가(₩25,200)는 전부 완성품으로 할당하면 됨

[*2] 정상공손원가의 배분: 기말재공품이 검사시점을 통과하였기 때문에 정상공손원가를 당기착수완성품과 기말재공품의 물량을 기준으로 하여 배분함

완성품: ₩33,500 × 400개/(400개 + 600개) =	₩13,400
기말재공품: ₩33,500 × 600개/(400개 + 600개) =	20,100
계	₩33,500

② **가중평균법:** 예제 7에서 가중평균법에 의할 경우 (주)남한강의 3월 제조원가보고서를 작성하면 다음과 같다.

제조원가보고서
(가중평균법)

	[1단계]	[2단계] 완성품환산량	
	물량의 흐름	재료원가	가공원가
기초재공품	800개(75%)		
당기착수	1,200		
	2,000개		
당기완성	1,200개	1,200개	1,200개
정상공손	100(50%)	100	50
비정상공손	100(50%)	100	50
기말재공품	600(75%)	600	450
	2,000개	2,000개	1,750개

[3단계] 총원가의 요약			정상공손원가	합계
기초재공품원가	₩168,000	₩150,000	₩26,800	₩344,800
당기발생원가	252,000	287,500		539,500
계	₩420,000	₩437,500	₩26,800	₩884,300

[4단계] 환산량 단위당 원가		
완성품환산량	÷2,000개	÷1,750개
환산량 단위당 원가	@210	@250

[5단계] 원가의 배분
(1차 배분)

완성품원가	1,200개 × @210 + 1,200개 × @250 =	₩552,000
정상공손원가	₩26,800 + 100개 × @210 + 50개 × @250 =	60,300
비정상공손원가	100개 × @210 + 50개 × @250 =	33,500
기말재공품원가	600개 × @210 + 450개 × @250 =	238,500
계		₩884,300

(2차 배분)

	배분 전 원가	정상공손원가배분	배분 후 원가
완성품원가	₩552,000	₩40,200	₩592,200
정상공손원가	60,300[*1]	(60,300)[*2]	0
비정상공손원가	33,500		33,500
기말재공품원가	238,500	20,100	258,600
계	₩884,300	₩0	₩884,300

[*1] 총정상공손원가: ₩26,800 + ₩33,500 = ₩60,300

[*2] 정상공손원가의 배분: 기말재공품이 검사시점을 통과하였기 때문에 정상공손원가를 완성품과 기말재공품의 물량을 기준으로 하여 배분함

완성품: ₩60,300 × 1,200개/(1,200개 + 600개) =	₩40,000
기말재공품: ₩60,300 × 600개/(1,200개 + 600개) =	20,100
계	₩60,300

03 공손품의 처분가치가 있는 경우

지금까지는 공손품이 처분가치가 없어 그대로 폐기처분하는 경우를 가정하였는데, 공손품이 처분가치를 가지는 경우에는 다음 사항을 고려해야 한다.

① 공손품이 처분가치를 가지는 경우에는 공손품의 순실현가능가치(예상판매가격에서 추가완성원가와 예상판매비용을 차감한 금액)를 공손품계정(재고자산)에 계상하고, 그 금액만큼 공손품원가에서 차감해야 한다.

② 당기비용(기타비용)으로 처리하는 비정상공손손실액은 비정상공손원가에서 비정상공손품의 순실현가능가치를 차감한 금액(순비정상공손원가)이어야 하며, 정상공손원가를 완성품이나 기말재공품에 배분할 때에는 정상공손원가에서 정상공손품의 순실현가능가치를 차감한 순정상공손원가를 배분해야 한다. 즉, 공손품이 처분가치를 가지는 경우에는 5단계의 2차 배분 시 공손품의 순실현가능가치를 공손품계정에 계상한 후, 순정상공손원가를 합격품(완성품이나 기말재공품)에 배분하고 순비정상공손원가는 당기비용으로 처리하게 된다.

재공품(1차 배분 후) ——————————> 재공품(2차 배분 후)

재공품(1차 배분 후)					재공품(2차 배분 후)			
기초재공품	xxx	완성품	xxx	① 공손품 순실현가능가치	기초재공품	xxx	완성품	xxx
재료원가	xxx	정상공손	xxx	→ 공손품(재고자산) 계상	재료원가	xxx	순비정상공손	xxx
가공원가	xxx	비정상공손	xxx	② 순정상공손원가	가공원가	xxx	공손품	xxx
		기말재공품	xxx	→ 합격품 배분			기말재공품	xxx
	xxx		xxx	③ 순비정상공손		xxx		xxx
				→ 추후 당기비용처리				

(1) 선입선출법

예제 6에서 2월에 발생한 공손품을 단위당 ₩100에 판매할 수 있다면 선입선출법에 의한 2월의 원가계산은 다음과 같다.

제조원가보고서(선입선출법)

…

[5단계] 원가의 배분
(2차 배분)

	배분 전 원가	공손품처분가치계상[*1]	정상공손원가배분[*2]	배분 후 원가
완성품원가	₩484,000		₩21,500	₩505,500
정상공손원가	56,700	₩(18,000)	(38,700)	0
비정상공손원가	6,300	(2,000)		4,300[*3]
기말재공품원가	298,000		17,200	315,200
공손품	0	20,000		20,000
계	₩845,000	₩0	₩0	₩845,000

[*1] 공손품처분가치계상
정상공손: 180개 × @100 = ₩18,000
비정상공손: 20개 × @100 = 2,000
계 ₩20,000

[*2] 정상공손원가배분: 정상공손원가배분: 정상공손원가 ₩56,700에서 공손품처분가치 ₩18,000을 차감한 순정상공손원가 ₩38,700을 완성품과 기말재공품의 물량을 기준으로 배분함
완성품: ₩38,700 × 1,000개/(1,000개 + 800개) = ₩21,500
기말재공품: ₩38,700 × 800개/(1,000개 + 800개) = 17,200
계 ₩38,700

[*3] 비정상공손원가처리: 비정상공손원가 ₩6,300에서 공손품처분가치 ₩2,000을 차감한 순비정상공손원가 ₩4,300을 당기비용으로 처리함

[참고]

제조원가의 집계

(차)			(대)	
	재공품	505,500	재공품	529,800
	비정상공손	4,300		
	공손품(재고자산)	20,000		

재공품

기초재공품	157,000	완성품원가	505,500
재료원가	320,000	비정상공손	4,300
가공원가	368,000	공손품	20,000
		기말재공품	315,200
	845,000		845,000

(2) 가중평균법

예제 6에서 2월에 발생한 공손품을 단위당 ₩100에 판매할 수 있다면 가중평균법에 의한 2월의 원가계산은 다음과 같다.

제조원가보고서(가중평균법)

…

[5단계] 원가의 배분
(2차 배분)

	배분 전 원가	공손품처분가치계상[*1]	정상공손원가배분[*2]	배분 후 원가
완성품원가	₩460,000		₩23,500	₩483,500
정상공손원가	60,300	₩(18,000)	(42,300)	0
비정상공손원가	6,700	(2,000)		4,700[*3]
기말재공품원가	318,000		18,800	336,800
공손품	0	20,000		20,000
계	₩845,000	₩0	₩0	₩845,000

[*1] 공손품처분가치계상

정상공손: 180개 × @100 =	₩18,000
비정상공손: 20개 × @100 =	2,000
계	₩20,000

[*2] 정상공손원가배분: 기말재공품이 검사시점을 통과하였기 때문에 정상공손원가 ₩60,300에서 공손품처분가치 ₩18,000을 차감한 순정상공손원가 ₩42,300을 완성품과 기말재공품의 물량을 기준으로 배분함

완성품: ₩42,300 × 1,000개/(1,000개 + 800개) =	₩23,500
기말재공품: ₩42,300 × 800개/(1,000개 + 800개) =	18,800
계	₩42,300

[*3] 비정상공손원가처리: 비정상공손원가 ₩6,700에서 공손품처분가치 ₩2,000을 차감한 순비정상공손원가 ₩4,700을 당기비용으로 처리함

[참고]

제조원가의 집계

(차)	재공품	438,500	(대) 재공품	508,200
	비정상공손	4,700		
	공손품(재고자산)	20,000		

재공품

기초재공품	157,000	완성품원가	438,500
재료원가	320,000	비정상공손	4,700
가공원가	368,000	공손품	20,000
		기말재공품	336,800
	845,000		845,000

(3) 기타 고려사항

① 위의 회계처리에서 공손품 ₩20,000은 공손품의 순실현가능가치를 의미하며, 이는 재고자산으로 분류됨에 유의하기 바란다.

② 공손품을 다음 보고기간에 추가가공하여 판매한다면 추가완성원가만큼 공손품원가를 증가시켜야 한다.

㊎ 예제 6에서 B공정에서 발생한 공손품 200개를 추가적으로 단위당 ₩150을 투입하여 가공한 후 단위당 ₩250에 판매할 수 있다면 추가가공 시와 판매 시에 다음과 같은 회계처리가 이루어진다.

추가완성원가 발생 시

(차) 공손품	30,000	(대) 현금	30,000

공손품 판매 시

(차) 현금	50,000	(대) 공손품	50,000

③ 공손품의 실제판매가격이 순실현가능가치를 추정할 때 사용한 예상 판매가격과 차이가 나면 그 차액은 당기손익으로 인식해야 한다.

제6절 | 작업공정별 원가계산

기업의 제품원가계산방법은 그 기업 생산활동의 성격에 따라 다양한 종류의 제품을 주문생산하는 기업이 적용하는 개별원가계산(작업별원가계산)과 단일종류의 제품을 대량생산하는 기업이 적용하는 종합원가계산(공정별원가계산)으로 구분된다. 그러나 기업의 제품원가계산시스템이 개별원가계산과 종합원가계산으로 명료하게 구분되는 것은 아니다. 만약, 다양한 종류의 제품을 생산하면서도 대량생산이 가능한 기업이라면 개별원가계산과 종합원가계산의 특징이 혼합된 원가계산방법을 적용해야 하는데, 이때 이용되는 원가계산방법이 변형원가계산시스템(hybrid-costing system)이다.
즉, 최근의 기업들은 생산시스템의 자동화로 인해 대량생산이 가능해짐에 따라 규모의 경제를 실현함과 동시에 다양한 소비자의 욕구충족을 위해서 여러 종류의 제품을 생산해야만 치열한 경쟁에서 살아남을 수 있게 되었다. 따라서 고객의 욕구에 맞게 다양한 제품을 대량생산하는 기업들이 나타나게 되었는데. 이러한 기업들에게 적용가능한 원가계산방법이 변형원가계산시스템이다.
본 절에서는 변형원가계산시스템의 가장 대표적인 형태인 작업공정별원가계산(operation-costing)에 대해서 살펴보기로 한다.

01 작업공정

작업공정(operation)이란 표준화된 제조방법과 기술을 반복적으로 수행하는 제품생산라인을 말한다. 작업공정의 이해를 돕기 위해 사무용 의자를 생산하는 기업의 경우를 예로 들어보자.

(예) A기업은 디자인을 조금씩 변형한 표준형, 고급형, 최고급형 세 가지 종류의 의자를 성형공정, 다듬기공정, 마무리공정을 통해서 대량생산하는 기업이다. 표준형의자는 성형공정만을 거치면 생산이 가능하고 고급형의자(팔걸이 추가)는 성형공정에 추가로 다듬기공정을 거쳐야 하고, 최고급형의자(팔걸이, 쿠션 추가)는 여기에 마무리공정까지 거쳐야 생산이 가능하다. 이를 그림으로 나타내면 다음과 같다.

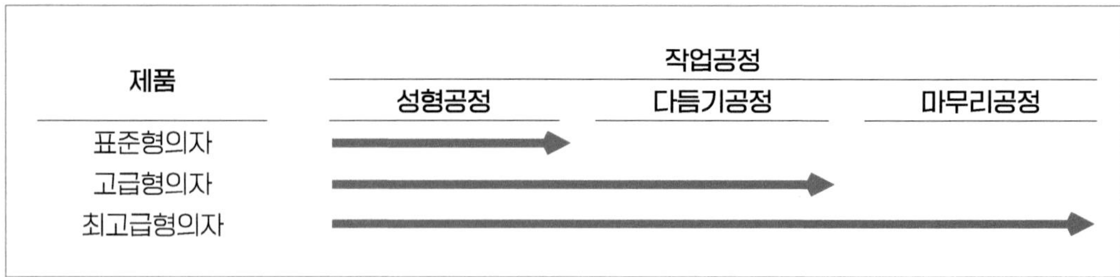

위의 그림에서 보듯이 성형공정에서는 표준형의자, 고급형의자, 최고급형의자의 제조작업에 차이가 없으며, 다듬기공정에서는 고급형의자, 최고급형의자의 제조작업에 차이가 없다. 이와 같이 제품의 종류와 특성에 관계없이 표준화된 제조방법과 기술을 적용하는 성형공정, 다듬기공정, 마무리공정 등을 작업공정이라고 한다.

02 원가계산방법

작업공정별 원가계산의 경우 재료원가는 제품별로 구분해서 집계하며, 가공원가는 공정별로 구분해서 집계한다.

(1) 작업공정별 원가계산은 재료원가의 경우 제품의 종류별로 서로 다른 원재료가 투입되므로 제품별로 구분해서 집계하지만, 가공원가의 경우에는 각 작업공정에서 제품종류에 관계없이 단위당 동일한 양의 작업공정의 자원을 사용하기 때문에 제품별로 차이가 없으므로 공정별로 집계하여 단위당 가공원가를 계산한다. 즉, 재료원가의 경우에는 제품의 종류별로 구분집계하고, 가공원가는 각 작업공정별로 집계하여 수행된 물량(완성품환산량)을 기준으로 개별제품에 배분한다.

예제 8

(주)듀오박은 약간의 디자인을 변형한 세 가지 종류의 의자(표준형, 고급형, 최고급형)를 성형공정, 다듬기공정, 마무리공정 등을 통해서 생산하는 기업이다. 관련자료는 다음과 같다.

(1) 표준형의자는 성형공정을 통해서 완성되며, 여기에 다듬기공정만을 추가하면 고급형의자, 마무리공정까지 수행하면 최고급형의자가 생산된다. 재료는 각 공정의 초기에 전량 투입되며 가공원가는 각 공정별로 의자의 종류와 관계없이 동일하게 발생한다.

(2) 5월 중 생산과정에서 총 ₩860,000의 제조원가가 발생하였는데 각 제품별 생산량과 직접재료원가는 다음과 같다.

	생산량	성형공정	다듬기공정	마무리공정
표준형	4,000개	₩60,000	-	-
고급형	5,000개	75,000	₩30,000	-
최고급형	3,000개	45,000	36,000	₩21,000
계	12,000개	₩18,000	₩66,000	₩21,000

(3) 각 공정별로 집계된 가공원가는 다음과 같다.

	성형공장	다듬기공정	마무리공정	합계
직접노무원가	₩146,000	₩88,000	₩42,000	₩276,000
제조간접원가	166,000	100,000	51,000	₩317,000
계	₩312,000	₩188,000	₩93,000	₩593,000

(4) 각 공정에서는 의자의 종류와 관계없이 동일한 절차를 수행하므로 제품단위별로 소요되는 시간과 비용은 같다.

해답 1. 각 공정별 단위당 가공원가

	성형공장	다듬기공정	마무리공정
공정별 가공원가	₩312,000	₩188,000	₩93,000
공정별 생산량	12,000개	8,000개	3,000개
단위당 가공원가	₩26	₩23.5	₩31

2. 각 제품별 총원가

	표준형		고급형		최고급형		합계
직접재료원가		₩60,000		₩105,000		₩102,000	₩267,000
가공원가							
성형공정	4,000개 × @26 =	104,000	5,000개 × @26 =	130,000	3,000개 × @26 =	78,000	312,000
다듬기공정			5,000개 × @23.5 =	117,500	3,000개 × @23.5 =	70,500	188,000
마무리공정					3,000개 × @31 =	93,000	93,000
총원가		₩164,000		₩352,500		₩343,500	₩860,000

(2) 예제 8에서 최고급형이 마무리공정에서 1,000개가 기말재공품(가공원가 완성도 50%)으로 남아 있다고 가정할 경우, 최고급형 제품 2,000개 및 기말재공품 1,000개의 총원가는 다음과 같이 계산된다.

	최고급형				합계
	제품		기말재공품		
직접재료원가	2,000 × @34*1 =	₩68,000	1,000 × @34*1 =	₩34,000	₩102,000
가공원가					
성형공정	2,000 × @26 =	52,000	1,000 × @26 =	26,000	78,000
다듬기공정	2,000 × @23.5 =	47,000	1,000 × @23.5 =	23,500	70,500
마무리공정	2,000 × @37.2*2 =	74,400	1,000 × 50% × @37.2*2 =	18,600	93,000
계		₩241,400		₩102,100	₩343,500

*1 직접재료원가 단위당 원가: $\frac{\text{직접재료원가}}{\text{재료원가완성품환산량}} = \frac{102{,}000}{3{,}000\text{개}} = @34$

*2 마무리공정 가공원가 단위당 원가: $\frac{\text{마무리공정가공원가}}{\text{마무리공정가공원가완성품환산량}} = \frac{93{,}000}{2{,}000\text{개} + 1{,}000\text{개} \times 50\%} = @37.2$

즉, 공정에 재공품이 존재하는 경우에는 공정별 단위당 가공원가는 완성품환산량을 기준으로 계산하여야 한다는 것이다. 따라서 마무리공정의 완성품환산량 단위당 가공원가는 ₩93,000 ÷ (2,000개 + 1,000개 × 50%) = ₩37.2이 된다.

보론 | 감손

01 감손의 의의

감손이란 제품의 제조과정에서 증발 또는 유실 등으로 인하여 원재료가 감소(shrinkage)되거나 제품화되지 않아 판매가치가 없는 작업폐물(wastes)을 말한다.

(1) 감손의 회계처리는 일반적으로 공손의 회계처리와 동일하다. 다만, 공손이 검사를 통하여 확인된 불합격품인 것에 비해 감손은 제조과정 중의 수량감소분의 성격을 가진다.

(2) 감손이 일정시점에서 발생하는 경우에는 공손과 마찬가지로 일정시점 이후 추가적인 감손이 발생하지 아니하므로 동 시점 이후 감손원가가 발생하지 않는다. 따라서 감손을 정상감손과 비정상감손으로 구분하여 앞에서 설명한 공손원가의 처리와 동일하게 접근하면 된다.

(3) 감손이 공정 전반에 걸쳐 발생하는 경우에는 감손이 일정시점에서 발생하는 경우와는 달리 그 물량의 정상적 감손 여부를 파악하기가 곤란한 경우가 많기 때문에 감손물량 전부를 정상적인 감손분으로 간주하여 원가계산을 하는 것이 일반적이다.

감손은 일정시점에서 발생하기보다는 공정 전반에 걸쳐서 발생하는 것이 일반적이므로 여기서는 감손이 공정 전반에 걸쳐 발생하는 경우의 종합원가계산에 대해서 살펴보기로 한다.

02 감손발생 시 종합원가계산

(1) 감손과 수율

감손발생 시 종합원가계산에서는 투입량을 파악하는 것이 중요한데, 이를 위해서는 감손율과 수율의 개념을 알아 둘 필요가 있다.

① 감손율이란 원재료의 투입량에 대한 감손량의 비율을 말하고, 수율(yield)이란 원재료의 투입량에 대한 제품산출량의 비율을 말한다.

$$\text{감손율} = \frac{\text{감손량}}{\text{투입량}}$$

$$\text{수율} = \frac{\text{산출량}}{\text{투입량}} = \frac{\text{투입량} - \text{감손량}}{\text{투입량}} = 1 - \text{감손율}$$

② 완성물량(산출량)과 완성도 100% 시점의 감손율 자료가 주어질 때 완성물량에 대한 투입량은 다음과 같이 계산된다.

$$\text{투입량} = \frac{\text{산출량}}{\text{수율}} = \frac{\text{완성물량}}{1 - \text{감손율}}$$

③ 재공품은 완성도가 100%에 이르지 못했으므로 재공물량(산출량)과 완성도 100% 시점의 감손율 자료가 주어질 때 재공물량에 대한 투입량은 다음과 같이 계산된다.

$$\text{투입량} = \frac{\text{산출량}}{\text{수율}} = \frac{\text{재공물량}}{1 - \text{감손율} \times \text{재공품완성도}}$$

지금까지 설명한 감손율과 수율의 개념을 그림으로 나타내면 다음과 같다.

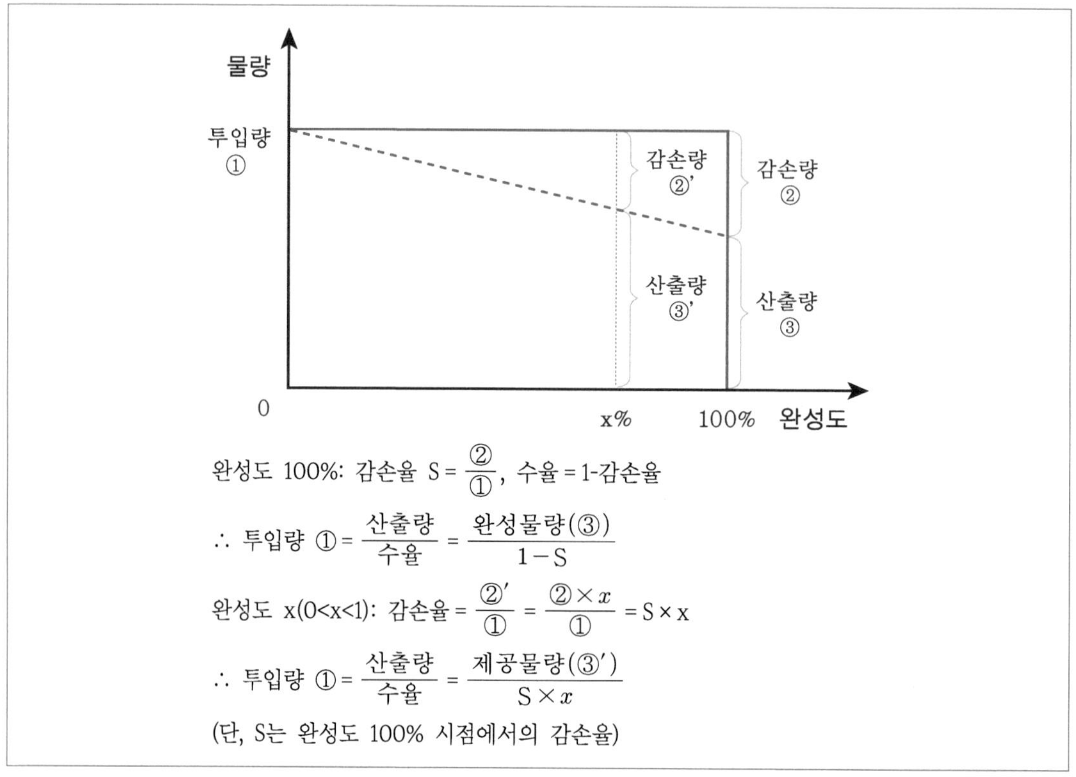

(2) 비분리계산방법과 분리계산법

감손이 공정 전반에 걸쳐 발생하여 감손물량 전부를 정상감손으로 간주하는 경우 당해 공정에서 발생한 감손량에 해당하는 원가는 결국 다시 당해 산출물에 가산되어야 하므로 물량흐름의 파악과정에서 감손량을 별도로 구분하는 것이 원가계산상 무의미하게 된다. 따라서 물량흐름은 모두 감손발생 전 투입량 기준으로 파악한다. 그리고 감손원가를 제품원가계산에 반영하는 방법에는 비분리계산법과 분리계산법이 있다.

① **비분리계산법**: 감손으로 인한 물량감소와 관계없이 계속 일정하게 가공원가가 투입된다고 가정하여 (감손을 별도로 고려하지 않음) 실제물량이 아닌 최초 투입량(감손량을 분리하지 아니함)을 기준으로 가공원가에 대한 완성품환산량을 계산하는 방법을 말한다.

② **분리계산법**: 감손으로 인한 물량감소에 따라 투입되는 가공원가가 점점 감소된다고 가정하여 (감손을 고려함) 실제물량(감손량을 분리함)을 기준으로 가공원가에 대한 완성품환산량을 계산하는 방법을 말한다.

예제 9

(주)대한은 하나의 제조공정을 거쳐서 동일 종류의 제품을 생산하고 있다. 제조과정의 전공정을 통하여 20%의 감손이 발생하며, 재료는 공정의 초기에 전량 투입되며 가공원가는 공정 전반에 걸쳐 균등하게 발생한다. 제조공정 중에 발생한 감손은 전량 정상적인 감손분으로 간주한다.

(1) 물량흐름과 완성도

	수량	완성도
기초재공품	1,240kg	40%
당기착수	6,000	
당기완성	4,000	
기말재공품	2,640	60

(2) 당기 원가발생액

	재료원가	가공원가	합계
기초재공품	₩24,000	₩60,000	₩84,000
당기발생액	192,000	429,600	621,600
계	₩216,000	₩489,000	₩705,600

해답 1. 측정시점의 물량을 투입량기준으로 환산

	측정시점물량	완성도	감손율 (총감손율 × 완성도)	수율 (1 - 감손율)	투입량
기초재공품	1,840kg	40%	8%	92%	2,000kg
당기착수	6,000	0	0	100	6,000
계	7,840kg				8,000kg
완성품	4,000kg	100	20	80	5,000kg
기말재공품	2,640	60	12	88	3,000
계	6,640kg				8,000kg

2. 비분리계산법

(1) 제조간접원가 집계

제조원가보고서
(선입선출법)

	[1단계] 물량의 흐름	[2단계] 완성품환산량 재료원가	가공원가
기초재공품	2,000kg(40%)		
당기착수	6,000		
	8,000kg		
당기완성			
기초재공품	2,000kg	0kg	1,200kg
당기착수	3,000	3,000	3,000
기말재공품	3,000(60%)	3,000	1,800
	8,000kg	6,000kg	6,000kg

[3단계] 총원가의 요약				합계
기초재공품원가				₩84,000
당기발생원가		₩192,000	₩429,600	621,600
계		₩192,000	₩429,600	₩705,600
[4단계] 환산량 단위당 원가				
완성품환산량		÷ 6,000kg	÷ 6,000kg	
환산량 단위당 원가		@32	@71.6	
[5단계] 원가의 배분				
완성품원가	₩84,000 + 3,000kg × @32 + 4,200kg × @71.6 =			₩480,720
기말재공품원가	3,000kg × @32 + 1,800kg × @71.6 =			224,880
계				₩705,600

(2)

제조원가보고서
(가중평균법)

	[1단계]	[2단계] 완성품환산량		
	물량의 흐름	재료원가	가공원가	
기초재공품	2,000kg(40%)			
당기착수	6,000			
	8,000kg			
당기완성	5,000kg	5,000kg	5,000kg	
기말재공품	3,000(60%)	3,000	1,800	
	8,000kg	8,000kg	6,800kg	
[3단계] 총원가의 요약				합계
기초재공품원가		₩24,000	₩60,000	₩84,000
당기발생원가		192,000	₩429,600	621,600
계		₩216,000	₩489,600	₩705,600
[4단계] 환산량 단위당 원가				
완성품환산량		÷ 8,000kg	÷ 6,800kg	
환산량 단위당 원가		@27	@72	
[5단계] 원가의 배분				
완성품원가		5,000kg × @27 + 5,000kg × @72 =		₩495,000
기말재공품원가		3,000kg × @27 + 1,800kg × @72 =		210,600
계				₩705,600

3. 분리계산법

(1)

제조원가보고서
(선입선출법)

	[1단계]	[2단계] 완성품환산량	
	물량의 흐름	재료원가	가공원가
기초재공품	2,000kg(40%)		
당기착수	6,000		
	8,000kg		
당기완성			
기초재공품	2,000kg	0kg	1,032kg*1
당기착수	3,000	3,000	2,700*2
기말재공품	3,000(60%)	3,000	1,692*3
	8,000kg	6,000kg	5,424kg

[3단계] 총원가의 요약			합계
기초재공품원가			₩84,000
당기발생원가	₩192,000	₩429,600	621,600
계	₩192,000	₩429,600	₩705,600

[4단계] 환산량 단위당 원가		
완성품환산량	÷ 6,000kg	÷ 5,424kg
환산량 단위당 원가	@32	@79.2

[5단계] 원가의 배분		
완성품원가	₩84,000 + 3,000kg×@32 + 3,732kg × @79.2 =	₩475,574
기말재공품원가	3,000kg×@32 + 1,692kg × @79.2 =	230,026
계		₩705,600

*1 $\frac{\text{실제기초물량} + \text{실제완성물량}}{2} \times (1 - \text{기초완성도}) = \frac{1,840\text{kg} + 1,600\text{kg}}{2} \times (1 - 0.4) = 1,032\text{kg}$

*2 $\frac{\text{실제착수물량} + \text{실제완성물량}}{2} \times 100\% = \frac{3,000\text{kg} + 2,400\text{kg}}{2} \times 100\% = 2,700\text{kg}$

*3 $\frac{\text{실제착수물량} + \text{실제기말물량}}{2} \times \text{기말완성도} = \frac{3,000\text{kg} + 2,640\text{kg}}{2} \times 60\% = 1,692\text{kg}$

(2)

제조원가보고서
(가중평균법)

	[1단계]	[2단계] 완성품환산량		
	물량의 흐름	재료원가	가공원가	
기초재공품	2,000kg(40%)			
당기착수	6,000			
	8,000kg			
당기완성	5,000kg	5,000kg	4,500kg[*1]	
기말재공품	3,000(60%)	3,000	1,692[*2]	
	8,000kg	8,000kg	6,192kg	
[3단계] 총원가의 요약				합계
기초재공품원가		₩24,000	₩60,000	₩84,000
당기발생원가		192,000	₩429,600	621,600
계		₩216,000	₩489,600	₩705,600
[4단계] 환산량 단위당 원가				
완성품환산량		÷ 8,000kg	÷ 6,192kg	
환산량 단위당 원가		@27	@79.07	
[5단계] 원가의 배분				
완성품원가		5,000kg × @27 + 4,500kg × @79.07 =		₩490,815
기말재공품원가		3,000kg × @27 + 1,692kg × @79.07 =		214,785
계				₩705,600

*1 $\frac{\text{실제착수물량} + \text{실제완성물량}}{2} \times 100\% = \frac{5,000\text{kg} + 4,000\text{kg}}{2} \times 100\% = 4,500\text{kg}$

*2 $\frac{\text{실제착수물량} + \text{실제기말물량}}{2} \times \text{기말완성도} = \frac{3,000\text{kg} + 2,640\text{kg}}{2} \times 60\% = 1,692\text{kg}$

제4장

기출 OX문제

01 종합원가계산에서 가장 중요한 서류는 작업된 단위, 부서에 할당된 원가, 작업된 단위원가, 부서에서 이전될 원가 및 기말재공품원가 등이 요약보고된 작업원가집계표이다. (O, X)

02 종합원가계산의 경우 일반적으로 원가를 재료원가와 가공원가로 구분하여 원가계산을 실시하며, 각 공정별로 원가가 집계되므로 원가에 대한 책임소재가 명확해진다. (O, X)

03 흐름생산의 경우 선입선출법은 평균법에 비해 실제 물량흐름에 충실한 원가흐름의 가정이며, 당기의 성과를 이전의 기간과 독립적으로 평가할 수 있어 계획과 통제목적에 유용한 방법이다. (O, X)

04 선입선출법을 이용하여 종합원가계산을 수행하는 회사가 기말재공품의 완성도를 실제보다 과대평가할 경우 완성품환산량과 완성품원가는 과대평가된다. (O, X)

05 가중평균법에 의한 종합원가계산에서 완성품환산량 단위당원가는 당기투입원가만을 고려하여 계산한다. (O, X)

06 가중평균법은 기초재공품 모두를 당기에 착수, 완성한 것처럼 가정한다. (O, X)

07 가중평균법은 착수 및 원가발생시점에 관계없이 당기완성량의 평균적 원가를 계산한다. (O, X)

08 선입선출법에 비해 가중평균법은 당기의 성과를 이전의 기간과 독립적으로 평가할 수 있는 보다 적절한 기회를 제공한다. (O, X)

정답 및 해설

01 × 작업원가집계표는 개별원가계산에서 중요한 서류이며, 종합원가계산에서는 공정별로 제조원가보고서를 작성한다.
02 ○
03 ○
04 × 기말재공품의 완성도를 실제보다 과대평가하는 경우 완성품환산량이 과대평가되고 기말재공품원가도 과대평가되며, 완성품원가는 과소평가된다.
05 × 가중평균법의 경우 기초재공품원가와 당기투입원가를 모두 고려하여 완성품환산량 단위당 원가를 계산한다.
06 ○
07 ○
08 × 가중평균법은 선입선출법과 달리 기초재공품을 당기에 착수한 것으로 가정하여 기초재공품원가와 당기투입원가를 별도로 구분하지 않는 방법이므로 당기의 성과를 이전의 기간과 독립적으로 평가하는데 유용하지 못하다.

09 기초재공품이 존재하지 않을 경우에는 평균법과 선입선출법에 의한 완성품환산량이 같지만, 기초재공품이 존재할 경우에는 평균법에 의한 완성품환산량이 선입선출법에 의한 완성품환산량보다 크다. (O, X)

10 정상적인 공손수량은 평균법을 적용하나 선입선출법을 적용하나 동일하며, 정상적인 공손원가는 완성품과 기말재공품원가에 가산되나 비정상적인 공손원가는 기타비용으로 처리한다. (O, X)

11 공손품에 대한 가공원가의 완성도를 검사시점으로 하며, 선입선출법을 사용할 경우 공손품은 모두 당기에 착수된 물량에서 발생한 것으로 가정한다. (O, X)

12 정상공손수량을 검사를 통과한 합격품의 10%로 간주하는 회사가 검사시점에 도달한 검사수량의 10%로 전환한다면 정상공손으로 인하여 자산에 차기되는 금액이 줄어들 것이다. (O, X)

13 제조공정과정에서 불량률 '0'을 달성하려는 기업들은 모든 공손을 비정상공손으로 간주하려 한다. (O, X)

14 공정별원가계산에서 공손단위를 산출단위에 포함시킬 경우 단위당 원가가 더 커진다. (O, X)

15 순공손원가란 공손원가에서 공손품의 순실현가능가치만큼 차감한 금액을 말한다. (O, X)

16 공손품의 처분가치가 존재할 경우 순실현가능가치만큼 자산처리하며, 해당 공손품에 대해서 추가로 원가발생 시 공손품계정에 차기한다. (O, X)

17 기초재공품이 전기에 검사를 통과한 경우 가중평균법을 적용한다면 당기발생정상공손원가는 당기 합격품에만 배부한다. (O, X)

정답 및 해설

09 ○

10 ○

11 ○

12 × 동일한 비율이라면 정상공손수량은 검사시점통과(합격수량)기준보다 검사시점도달(검사수량)기준에 의해서 계산될 때 더 크다(합격수량 ≤ 검사수량). 따라서 정상공손수량이 상대적으로 증가하므로 정상공손으로 인하여 자산(합격품원가)에 차기(가산)되는 금액이 늘어날 것이다.

13 ○

14 × 공손단위를 산출단위에 포함시키면 완성품환산량이 증가하기 때문에 단위당 원가는 작아진다.

15 ○

16 ○

17 × 선입선출법을 적용할 경우의 설명이며, 가중평균법의 경우 당기발생정상공손원가는 기초재공품 정상공손원가와 합하여 총합격품에 배부한다.

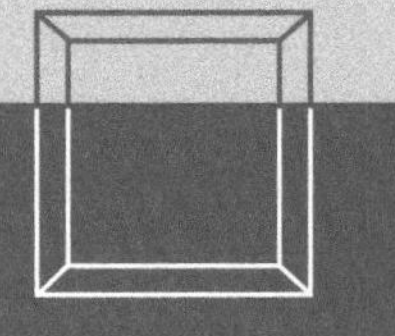

제4장

개념확인문제

대표 문제를 학습한 후, 이와 동일한 유형의 문제를 풀며 개념을 익혀보세요.

대표 문제 선입선출법

(주)신라는 한 가지 종류의 플라스틱 장난감을 제조한다. 이번 기의 자료는 다음과 같다.

	단위	재료원가	가공원가
기초재공품	1,000단위	₩9,000	₩12,000
당기착수	30,000단위	240,000	305,000
기말재공품	500단위	-	-

모든 재료는 공정의 초기단계에 100% 투입된다. 기초재공품은 가공원가가 40% 투입되었으며, 기말재공품에는 80%가 투입되었다. 이 회사는 공정별원가계산방법(process costing)을 사용하고 있으며, 원가흐름에 대한 가정으로 선입선출법(FIFO)을 사용하고 있다.

이번 기에 발생한 전출원가(transfer - out cost)는 얼마인가? 단, 공손은 발생하지 않았다. [회계사 07]

해답 1. 물량의 흐름

재공품
(선입선출법)

기초재공품	1,000개(40%)	완성품*	기초	1,000개 (40% → 100%)
			당기착수	29,500
당기착수	30,000	기말재공품		500 (0% → 80%)
	31,000개			31,000개

* 완성품 수량: 31,000개 - 500개(기말재공품수량) = 30,500개

2. 당기완성품환산량
   (1) 재료원가: 1,000개 × 0% + 29,500개 (완성분) + 500개 × 100% (기말재공분) = 30,000개
   (2) 가공원가: 1,000개 × (1 - 40%) + 29,500개 (완성분) + 500개 × 80% (기말재공분) = 30,500개
3. 완성품환산량 단위당 원가
   (1) 재료원가: ₩240,000 ÷ 30,000개 = @8
   (2) 가공원가: ₩305,000 ÷ 30,500개 = @10
4. 완성품원가(당기전출원가)의 계산
   완성품원가: ₩21,000 (기초재공품원가) + 29,500개 × @8 (완성품투입당기재료원가) + 30,100개 × @10 (완성품투입당기가공원가) = ₩558,000

종합원가계산 제4장 해커스 세무사 眞원가관리회계

01 제주회사는 선입선출법에 따라 종합원가계산을 하고 있다. 당월 완성품환산량 단위당 원가는 재료원가가 ₩20, 가공원가가 ₩50이다. 당월 중 생산과 관련된 자료는 다음과 같다.

기초재공품	500단위(완성도 40%)
기말재공품	1,000단위(완성도 50%)
당기완성품	4,000단위

재료는 공정초기에 전량 투입된다고 할 때, 이 회사의 당월에 실제 발생한 재료원가와 가공원가는 각각 얼마인가?

02 (주)세무는 단일 제품 A를 대량생산하고 있으며, 종합원가계산방법(선입선출법 적용)을 사용한다. 직접재료는 공정초에 전량 투입되고, 가공원가는 공정전반에 걸쳐 균등하게 발생된다. 제품 A의 관련자료가 다음과 같을 때, (주)세무의 제품 A 완성품 단위당 원가는? 단, 생산과정 중 감손이나 공손 등 물량 손실은 없다. [세무사 16]

구분	물량(완성도)	구분	직접재료원가	가공원가
기초재공품	100개(30%)	기초재공품	₩28,000	₩25,000
당기착수품	2,100개	당기발생원가	630,000	205,000
당기완성품	( )개	계	₩658,000	₩230,000
기말재공품	200개(40%)			

정답 및 해설

01

재공품
(선입선출법)

기초재공품	500단위(40%)	완성품[*2]	기초	500단위 (40% → 100%)
			당기착수	3,500
당기착수[*1]	4,500	기말재공품		1,000 (0% → 50%)
	5,000단위			5,000단위

[*1] 당기착수량: 4,000단위(완성품) + 1,000단위(기말재공품) - 500단위(기초재공품) = 4,500단위

[*2] 선입선출법의 경우라면 문제에서 주어진 환산량 단위당 원가는 당기완성품환산량 단위당 원가이다. 이 경우 '당기완성품환산량 단위당 원가 = 당기투입원가/당기완성품환산량'이므로 문제의 경우 당기투입(발생)재료원가, 가공원가는 주어진 원가요소별 환산량 단위당 원가에 원가요소별 당기완성품환산량을 계산하여 곱하면 구할 수 있다.

∴ 1. 당기발생재료원가

(500단위 × 0 + 3,500단위(당기완성분) + 1,000단위(기말재공분)) × @20 = ₩90,000

2. 당기발생가공원가

{500단위 × (1 - 40%) + 3,500단위(당기완성분) + 1,000단위 × 50%(기말재공분)} × @50 = ₩215,000

02 1. 완성품환산량 단위당 원가

(1) 재료원가: ₩630,000 ÷ 2,100개 = @300

(2) 가공원가: ₩205,000 ÷ (100개 × 70% + 1,900개 + 200개 × 40%) = @100

2. 원가배분

(1) 완성품원가: ₩53,000 + 1,900개 × @300 + 1,970개 × @100 = ₩820,000

(2) 기말재공품원가: 200개 × @300 + 80개 × @100 = ₩68,000

3. 단위당 원가 = ₩820,000 ÷ 2,000개 = ₩410

03 (주)안국은 종합원가계산제도를 채택하고 있다. 이 제품의 생산을 위해 두 종류의 재료 A와 B를 투입하는데, 재료 A는 공정초기에 전부 투입되며 재료 B는 공정의 70% 시점에서 투입된다. 가공원가는 전공정을 통해 균등하게 발생한다. 기초재공품은 1,000개, 당기착수량은 14,000개, 기말재공품은 4,000개이다. 기초재공품의 완성도는 60%이고 직접재료원가 ₩30,000, 가공원가 ₩13,000이다. 기말재공품의 완성도는 50%이고, 당기에 발생한 원가는 재료 A의 원가 ₩280,000, 재료 B의 원가 ₩165,000, 가공원가 ₩372,000이다. 이 경우 선입선출법을 적용하여 계산한 기말재공품의 원가는 얼마인가?

[세무사 01]

정답 및 해설

03 1. 물량의 흐름

재공품
(선입선출법)

기초재공품	1,000개(60%)	완성품*	기초	1,000개 (60% → 100%)
			당기착수	10,000
당기착수	14,000	기말재공품		4,000 (0% → 50%)
	15,000개			15,000개

* 완성품 수량: 1,000개(기초재공품) + 14,000개(당기착수) - 4,000개(기말재공품) = 11,000개

2. 당기완성품환산량

(1) 재료 A: 1,000개 × 0 + 10,000개(당기완성분) + 4,000개 × 1(기말재공분) = 14,000개

(2) 재료 B: 1,000개 × 1 + 10,000개(당기완성분) + 4,000개 × 0(기말재공분) = 11,000개

(3) 가공원가: 1,000개 × (1 - 60%) + 10,000개(당기완성분) + 4,000개 × 50%(기말재공분) = 12,400개

3. 환산량 단위당 원가

(1) 재료 A: ₩280,000 ÷ 14,000개 = @20

(2) 재료 B: ₩165,000 ÷ 11,000개 = @15

(3) 가공원가: ₩372,000 ÷ 12,400개 = @30

∴ 기말재공품원가: 4,000개 × @20(재료 A) + 0개 × @15(재료 B) + 2,000개 × @30(가공원가) = ₩140,000

04 대한회사는 선입선출법에 의한 종합원가계산을 채택하고 있다. 제품제조를 위하여 원재료 A와 원재료 B가 사용되는데 원재료 A는 공정초기에 전부 투입되고 원재료 B는 공정의 50% 시점에 전부 투입된다. 그리고 가공원가는 공정 전체를 통하여 균등하게 발생한다. 대한회사의 당기 제품제조활동과 관련한 다음의 자료를 토대로 당기에 완성된 제품의 원가와 기말재공품의 원가를 구하면 각각 얼마인가?

[세무사 08]

- 기초재공품의 수량은 5,000개이며 가공원가완성도는 60%이다.
- 당기 완성품의 수량은 80,000개이다.
- 기말재공품의 수량은 10,000개이며 가공원가완성도는 30%이다.
- 기초재공품의 원가와 당기에 발생한 원가의 현황은 다음과 같다.

구분	원재료 A	원재료 B	가공원가	합계
기초재공품원가	₩850,000	₩900,000	₩400,000	₩2,150,000
당기발생원가	3,400,000	4,500,000	1,600,000	9,500,000

정답 및 해설

04 1. 물량의 흐름

재공품
(선입선출법)

기초재공품	5,000개(60%)	완성품	기초	5,000개 (60% → 100%)
			당기착수	75,000
당기착수	85,000	기말재공품		10,000 (0% → 30%)
	90,000개			90,000개

2. 당기완성품환산량
   (1) 원재료 A: 5,000개 × 0% + 75,000개 + 10,000개 = 85,000개
   (2) 원재료 B: 5,000개 × 0% + 75,000개 + 10,000개 × 0% = 75,000개
   (3) 가공원가: 5,000개 × (1 - 6%) + 75,000개 + 10,000개 × 30% = 80,000개
3. 완성품환산량 단위당 원가
   (1) 원재료 A: ₩3,400,000 ÷ 85,000개 = @40
   (2) 원재료 B: ₩4,500,000 ÷ 75,000개 = @60
   (3) 가공원가: ₩1,600,000 ÷ 80,000개 = @20

∴ 기말재공품원가: 10,000개 × @40 + 3,000개 × @20 = ₩460,000

참고

제조원가보고서
(선입선출법)

	[1단계]	[2단계] 완성품환산량			
	물량의 흐름	A재료원가 (0%)	B재료원가 (50%)	가공원가	
기초재공품	5,000개(60%)				
당기착수	85,000				
계	90,000개				
당기완성					
기초재공품	5,000개 (60% → 100%)	0개	0개	2,000개[= 5,000개 × (1-60%)]	
당기착수	75,000	75,000	75,000	75,000	
기말재공품	10,000 (0% → 30%)	10,000	0	3,000[= 10,000개 × 30%]	
	90,000개	85,000개	75,000개	80,000개	
[3단계] 총원가의 요약					합계
기초재공품원가					₩2,150,000
당기발생원가		₩3,400,000	₩4,500,000	₩1,600,000	9,500,000
계					₩11,650,000
[4단계] 환산량 단위당 원가					
완성품환산량		÷ 85,000개	÷ 75,000개	÷ 80,000개	
환산량 단위당 원가		@40	@60	@20	
[5단계] 원가의 배분					
완성품원가	₩2,150,000 + 75,000 × @40 + 75,000 × @60 + 77,000 × @20 =				₩11,190,000
기말재공품원가	10,000 × @40 + 0 × @60 + 3,000 × @20 =				460,000
계					₩11,650,000

05 (주)유정은 하나의 공정에서 단일 종류의 제품을 생산하며, 종합원가계산(process costing)을 적용하여 제품원가를 계산한다. 원재료는 공정의 초기단계에 100% 투입된다. 당기의 생산 및 원가자료는 다음과 같다.

<table>
<tr><th>구분</th><th>물량단위</th><th>가공원가완성도</th><th>직접재료원가</th><th>가공원가</th></tr>
<tr><td rowspan="2">기초재공품</td><td>600</td><td>1/3</td><td rowspan="2">₩5,000</td><td rowspan="2">₩60,950</td></tr>
<tr><td>400</td><td>1/2</td></tr>
<tr><td>당기착수(투입)</td><td>9,000</td><td>-</td><td>135,000</td><td>281,700</td></tr>
<tr><td rowspan="2">기말재공품</td><td>200</td><td>40%</td><td rowspan="2">?</td><td rowspan="2">?</td></tr>
<tr><td>300</td><td>70%</td></tr>
</table>

재공품 평가방법은 선입선출법이고 당기 중에 공손이나 감손은 발생하지 않았다고 가정한다. 기말재공품원가는 얼마인가? [회계사 09]

정답 및 해설

05 1. 물량의 흐름

재공품
(선입선출법)

기초재공품	600개(1/3) 400(1/2)	완성품	기초	600개(1/3 → 100%) 400
			당기착수	8,500
당기착수	9,000	기말재공품		200(0% → 40%) 300(0% → 70%)
	10,000개			10,000개

2. 당기완성품환산량
   (1) 직접재료원가: 600개 × 0% + 400개 × 0% + 8,500개 + 200개 + 300개 = 9,000개
   (2) 가공원가: 600개 × (1 - 1/3) + 400개 × (1 - 1/2) + 8,500개 + 200개 × 40% + 300개 × 70% = 9,390개
3. 완성품환산량 단위당 원가
   (1) 직접재료원가: ₩135,000 ÷ 9,000개 = @15
   (2) 가공원가: ₩281,700 ÷ 9,390개 = @30

∴ 기말재공품원가: 500개 × @15 + 290개 × @30 = ₩16,200

참고

제조원가보고서
(선입선출법)

	[1단계] 물량의 흐름	[2단계] 완성품환산량 재료원가	가공원가	합계
기초재공품	600개(1/3)			
	400			
당기착수	9,000			
	10,000개			
당기완성				
기초재공품	600개(1/3→100%)	0개	400개[= 600개 × (1 - 1/3)]	
	400(1/2→100%)	0	200[= 400개 × (1 - 1/2)]	
당기착수	8,500	8,500	8,500	
기말재공품	200(0% → 40%)	200	80[=200개 × 40%]	
	300(0% → 70%)	300	210[=300개 × 70%]	
	10,000개	9,000개	9,390개	
[3단계] 총원가의 요약				합계
기초재공품원가				₩65,950
당기발생원가		₩135,000	₩281,000	416,700
계				₩482,650
[4단계] 환산량 단위당 원가				
완성품환산량		÷ 9,000개	÷ 9,390개	
환산량 단위당 원가		@15	@30	
[5단계] 원가의 배분				
완성품원가		₩65,950 + 8,500개 × @15 + 9,100개 × @30 =		₩466,450
기말재공품원가		500개 × @15 + 290개 × @30 =		16,200
계				₩482,650

대표 문제 가중평균법

대한회사는 가중평균법에 의한 종합원가계산을 채택하고 있다. 기초재공품이 75,000단위이고 당기착수량이 225,000단위이다. 기말재공품이 50,000단위인데 직접재료는 전량 투입되었고, 가공원가완성도는 70%이다. 기초재공품에 포함된 가공원가가 ₩14,000이고 당기발생 가공원가가 ₩100,000이면 기말재공품에 얼마의 가공원가가 배부되어야 하는가? [세무사 08]

해답 1. 당기완성품수량: 기초재공품수량 + 당기착수량 - 기말재공품수량

= 75,000단위 + 225,000단위 - 50,000단위 = 250,000단위

2. 가중평균법에 의한 가공원가 완성품환산량: 250,000단위(완성품) + 50,000단위 × 70%(기말재공품) = 285,000단위

3. 환산량 단위당 가공원가: 기초재공품가공원가 + 당기발생 가공원가 완성품환산량

$$= \frac{14,000 + 10,000}{235,000\text{단위}} = @0.4$$

∴ 기말재공품 가공원가: 기말재공품 가공원가 완성품환산량 × 환산량 단위당 가공원가

= (50,000단위 × 70%) × @0.4 = ₩14,000

06 (주)한국은 종합원가계산을 적용하여 제품원가를 계산하고 있다. 직접재료는 공정초에 전량 투입되며, 전환원가는 공정 전반에 걸쳐 균등하게 발생한다. 20×1년 2월 1일에 처음으로 생산을 시작한 (주)한국의 당월 중 완성품 수량은 9,000단위이다.

> (주)한국은 20×1년 2월 말 재공품의 각 원가요소를 다음과 같이 보고하였다.
>
> | 원가요소 | 금액 | 완성도 | 완성품환산량 |
> |---|---|---|---|
> | 직접재료원가 | ₩75,000 | 100% | 5,000단위 |
> | 전환원가 | 40,000 | 50 | 2,500단위 |
>
> (주)한국의 외부감사인은 위의 자료를 검토하였는데, 20×1년 2월 말 재공품의 직접재료원가 관련 항목들은 모두 올바른 것으로 파악하였다. 그러나 외부감사인은 20×1년 2월 말 재공품의 전환원가 완성도가 50%로 과다하게 추정되었음을 발견하고, 추가로 검토하였는데 실제는 20%인 것으로 확인하였다. 게다가 위의 전환원가 ₩40,000은 완성도 50%에서는 올바르게 배부된 금액이었지만, 실제로 파악된 완성도 20%에서는 적절하게 수정되어야 한다.

(주)한국이 20×1년 2월 말 재공품의 전환원가 금액 및 완성품환산량을 올바르게 수정하는 경우, 20×1년 2월 말 재공품원가와 20×1년 2월 완성품원가는? 단, 공손이나 감손은 없다고 가정한다. [회계사 17]

정답 및 해설

06 1. 물량흐름

재공품

월초재공품	0	완성품	9,000
당월착수	14,000	월말재공품(50%)	5,000
	14,000		14,000

2. 당월 실제 발생한 재료원가와 전환원가

(1) 재료원가: $\frac{75,000}{5,000\text{단위}} \times 14,000\text{단위} = ₩210,000$

(2) 전환원가: $\frac{40,000}{25,000\text{단위}} \times 11,500\text{단위} = ₩184,000$

3. 월말재공품원가

(1) 월말재공품의 수정된 완성품환산량 = $2,500\text{단위} \times \frac{20\%}{50\%} = 1,000\text{단위}$

(2) 재공품에 배부될 전환원가 = $₩184,000 \times \frac{1,000\text{단위}}{1,000\text{단위} + 9,000\text{단위}} = ₩18,400$

(3) 재공품원가 = ₩75,000 + ₩18,400 = ₩93,400

4. 완성품원가

(1) 직접재료원가 = ₩210,000 - ₩75,000 = ₩135,000

(2) 전환원가 = ₩184,000 - ₩18,400 = ₩165,600

(3) 완성품원가 = ₩300,600

대표 문제 선입선출법과 가중평균법

(주)파주는 종합원가계산을 채택하고 있다. 모든 원재료는 공정 초에 투입된다. 기초재공품의 수량은 8,000단위, 가공원가에 대한 완성도는 60%였다. 당기착수량은 34,000단위였고, 완성품생산량은 36,000단위였다. 기말재공품의 수량은 6,000단위, 가공원가에 대한 완성도는 70%였다. 회사가 선입선출법 대신 가중평균법을 사용한다면 원가요소별 완성품환산량은 어떻게 변화되는가?

해답 1. 총완성품환산량(가중평균법) = 완성품수량 + 기말재공품수량 × 완성도

2. 당기완성품환산량(선입선출법) = 기초재공품수량 × (1 - 기초완성도) + 당기착수완성수량 + 기말재공품수량 × 기말완성도

∴ 기초재공품수량 × 기초완성도, 즉 기초재공품의 완성품환산량만큼 가중평균법에서 더 큼

∴ 재료원가: 8,000단위 × 100% = 8,000단위 증가

가공원가: 8,000단위 × 60% = 4,800단위 증가

07 (주)한국은 종합원가계산제도를 채택하고 있고, 원재료는 공정의 초기에 전량 투입되며, 가공원가는 공정 전반에 걸쳐서 진척도에 따라 균등하게 발생한다. 재료원가의 경우 가중평균법에 의한 완성품환산량은 78,000단위이고, 선입선출법에 의한 완성품환산량은 66,000단위이다. 또한 가공원가의 경우 가중평균법에 의한 완성품환산량은 54,400단위이고, 선입선출법에 의한 완성품환산량은 52,000단위이다. 기초재공품의 진척도는 몇 %인가? [회계사 05]

08 (주)국세는 단일제품을 생산하고 있으며, 종합원가계산제도를 채택하고 있다. 직접재료는 공정이 시작되는 시점에서 100% 투입되며, 가공원가는 공정 전체에 걸쳐 균등하게 발생한다. 평균법과 선입선출법에 의한 가공원가의 완성품환산량은 각각 85,000단위와 73,000단위이다. 기초재공품의 가공원가 완성도가 30%라면, 기초재공품 수량은 몇 단위인가? [세무사 11]

정답 및 해설

07 1. 재료원가의 경우 공정의 초기에 전량 투입되므로 가중평균법에 의한 재료원가 완성품환산량(78,000단위)와 선입선출법에 의한 재료원가 완성품환산량(66,000단위)의 차이가 기초재공품수량(12,000단위)이다.

2. 기초재공품의 진척도를 x라고 하면,

가공원가 총완성품환산량(가중평균법) = 가공원가 당기완성품환산량(선입선출법) + 기초재공품수량 × x(기초재공품 가공원가완성품환산량)

54,400단위 = 52,000단위 + 12,000단위 × x

∴ 기초재공품의 진척도(x) = 20%

08 평균법과 선입선출법의 완성품환산량 차이는 기초재공품의 전기 완성도차이이므로 기초재공품수량을 X라 하면,

X : 100% = 12,000 : 30%이므로

∴ 기초재공품수량(X) = 40,000개

대표 문제 연속되는 제조공정

해커(주)는 A공정과 B공정을 통해 한 종류의 제품을 생산한다. 기말재공품의 평가에는 가중평균법을 사용하며 B공정의 자료는 다음과 같다.

기초재공품(6,000단위) 원가	
전공정원가	₩12,000
재료원가	2,500
가공원가	2,800(완성도 50%)
당기투입원가	
재료원가	₩5,500
가공원가	6,200

A공정에서 완성되어 B공정으로 대체된 당기수량은 14,000단위이며 당해 원가는 ₩27,000이다. B공정의 기말재공품은 5,000단위이며 완성도는 60%이다. 원재료는 공정의 20%에서 전량 투입되고 가공원가는 균등하게 발생하는 경우 B공정의 완성품원가는 얼마인가?

해답 1. 물량흐름 및 완성품환산량

	물량흐름	총완성품환산량(가중평균법) 전공정원가	재료원가	가공원가
완성	15,000단위	15,000단위	15,000단위	15,000단위
기말	5,000(60%)	5,000	5,000	3,000 = 5,000단위 × 60%
계	20,000단위	20,000단위	20,000단위	18,000단위

2. 환산량 단위당 원가

(1) 전공정원가: (₩12,000 + ₩27,000) ÷ 20,000단위 = @1.95

(2) 재료원가: (₩2,500 + ₩5,500) ÷ 20,000단위 = @0.4

(3) 가공원가: (₩2,800 + ₩6,200) ÷ 18,000단위 = @0.5

∴ 완성품원가: 15,000단위 × (@1.95 + @0.4 + @0.5) = @42,750

09 (주)국세는 두 개의 연속된 제조공정을 통하여 제품을 생산하며, 제1공정의 완성품은 전량 제2공정으로 대체된다. 재고자산의 단위원가 결정방법으로 가중평균법을 사용하며, 공손은 없다.

[제1공정]		
기초재공품 수량		없음
당기착수량		25,000단위
기말재공품수량		7,000단위
완성품 단위당 제조원가		₩200
[제2공정]		
기초재공품	수량	12,000단위
	전공정원가	₩3,000,000
	직접재료원가	1,440,000
	전환원가(가공원가)	2,160,000
당기완성품	수량	20,000단위
완성품 단위당 제조원가	전공정원가	?
직접재료원가		₩120
전환원가(가공원가)		180

제2공정의 완성품원가를 계산하면? [세무사 15]

정답 및 해설

09 1. 공정의 완성품수량(2공정 당기착수량) = 25,000단위 - 7,000단위 = 18,000단위

2. 공정 단위당 전공정원가 = $\frac{3,000,000 + 18,000 \times 200}{10,000개 + 20,000개} = \frac{6,600,000}{20,000개}$ = ₩220

3. 완성품원가 = 20,000개 × (₩220 + ₩120 + ₩180) = ₩10,400,000

대표 문제 공손이 있는 경우

대한회사는 당기 중 검사를 통과한 정상품(양품)의 10%를 정상공손으로 간주하며, 모든 공손은 완성시점에 발견된다. 재료는 공정초에 모두 투입되고 가공원가는 전 공정에 걸쳐 균등하게 발생하며, 기말재공품의 평가는 가중평균법에 의한다. 20×1년 3월 대한회사의 생산활동에 대한 자료는 다음과 같다.

- 기초재공품: 1,000단위(가공원가 완성도 80%), 재료원가 ₩540,000, 가공원가 ₩880,000
- 당기투입: 9,000단위, 재료원가 ₩5,000,000, 가공원가 ₩9,460,000
- 당기완성품(정상품): 7,000단위
- 기말재공품: 1,500단위(가공원가 완성도 60%)

대한회사의 20×1년 3월의 완성품원가는 얼마인가? [세무사 07]

해답 1. 물량의 흐름

재공품
(가중평균법)

기초재공품	1,000개(80%)	완성품	7,000개
당기착수	9,000	정상공손품	700(100%)[*1]
		비정상공손품	800(100%)[*2]
		기말재공품	1,500(60%)
	10,000		10,000

* 공손수량(검사시점 = 100%)

[*1] 정상공손수량: 7,000개×10% = 700

합격수량 = 완성수량(∵ 검사시점 = 100%)

[*2] 비정상공손수량: 1,500개 - 700개 = 800개

2. 총완성품환산량

(1) 재료원가: 7,000개(완성분) + 1,500개(총공손분) + 1,500개(기말재공분) = 10,000개

(2) 가공원가: 7,000개(완성분) + 1,500개 × 100%(총공손분) + 1,500개 × 60%(기말재공분) = 9,400개

3. 완성품환산량 단위당 원가

(1) 재료원가: (₩540,000 + ₩5,000,000) ÷ 10,000개 = @554

(2) 가공원가: (₩880,000 + ₩9,460,000) ÷ 9,400개 = @1,100

4. 원가배분

(1) 정상공손원가 배분전 완성품원가: 7,000개 × @554 + 7,000개 × @1,100 = ₩11,578,000

(2) 정상공손원가: 700개 × @554 + 700개 × 100% × @1,100 = ₩1,157,800

기말재공품이 검사시점을 통과하지 않았으므로 정상공손원가는 전액 완성품에 배분된다.

∴ 완성품원가: ₩11,578,000 + ₩1,157,800 = ₩12,735,800

10 (주)한국은 세 개의 공정을 통하여 제품을 생산하고 있으며, 가중평균법에 의한 종합원가계산을 적용하여 제품원가를 계산하고 있다. 직접재료는 각 공정의 초기에 전량 투입되고 가공원가는 전 공정에 걸쳐 균등하게 발생한다. 20×1년 2월 최종공정인 제3공정의 생산 및 원가자료는 다음과 같다.

구분	물량단위	가공원가 완성도	전공정원가	직접재료원가	가공원가
기초재공품	3,000단위	40%	₩14,750	₩2,000	₩10,250
당기투입	12,000	?	56,500	58,000	92,950
완성품	10,000	?			
기말재공품	4,000	60%			

제3공정에서는 공손품 검사를 공정의 50%시점에서 실시하며, 당월에 검사를 통과한 합격품의 5%를 정상공손으로 간주한다. 정상공손원가는 당월완성품과 월말재공품에 배부하는 회계처리를 한다. 20×1년 2월 중 제3공정에서 발견된 공손품은 추가가공없이 즉시 모두 폐기하며, 공손품의 처분가치는 ₩0이다.

20×1년 2월 제3공정의 비정상공손원가와 완성품원가는? [회계사 14 수정]

정답 및 해설

10 1. 물량흐름

재공품 (선입선출법)			
기초재공품	3,000개(40%)	당기완성	10,000개
당기투입	12,000	정상공손	700(50%)
		비정상공손	300(50%)
		기말재공품	4,000(60%)
	15,000개		15,000개

2. 총완성품환산량

(1) 전공정원가: 10,000개 + 700개 + 300개 + 4,000개 = 15,000개

(2) 재료원가: 10,000개 + 700개 + 300개 + 4,000개 = 15,000개

(3) 가공원가: 10,000개 + 700개 × 50% + 300개 × 50% + 4,000개 × 60% = 12,900개

3. 완성품환산량 단위당 원가

(1) 전공정원가: ₩71,250 ÷ 15,000개 = @475

(2) 재료원가: ₩60,000 ÷ 15,000개 = @4

(3) 가공원가: ₩103,200 ÷ 12,900개 = @8

∴ 비정상공손원가: 300개 × @4.75 + 300개 × @4 + 150개 × @8 = ₩3,825

완성품원가: 10,000개 × @4.75 + 10,000개 × @4 + 10,000개 × 0.8 + ₩8,925* × $\frac{10,000개}{14,000개}$ = ₩173,875

* 정상공손원가: 700개 × @4.75 + 700개 × @4 + 350개 × @8 = ₩8,925

참고

제조원가보고서(가중평균법)

	[1단계] 물량의 흐름	[2단계] 완성품환산량 전공정원가	재료원가	가공원가	
기초재공품	3,000개(40%)				
당기투입	1,200				
계	15,000개				
당기완성	10,000개	10,000개	10,000개	10,000개	
정상공손	700개(50%)	700	700	350	
비정상공손	300(50%)	300	300	150	
기말재공품	4,000(60%)	4,000	4,000	2,400	
계	15,000개	15,000개	15,000개	12,900개	
[3단계] 총원가의 요약					합계
기초재공품원가		₩14,750	₩2,000	₩10,250	₩27,000
당기발생원가		56,500	58,000	92,950	207,450
계		₩71,250	₩60,000	₩103,200	₩237,450
[4단계] 환산량 단위당 원가		@4.75	@4	@8	

(1차 배분)		
완성품환산량	10,000개 × @4.74 + 10,000개 × @4 + 10,000개 × @8 =	167,500
정상공손원가	700개 × @4.75 + 700개 × @4 + 350개 × @8 =	8,925
비정상공손원가	300개 × @4.75 + 300개 × @4 + 150개 × @8 =	3,825
기말재공품원가	4,000개 × @4.75 + 4,000개 × @4 + 2,400개 × @8 =	54,200
계		₩234,450

(2차 배분)	배분 전 원가	정상공손원가배분	배분 후 원가
완성품원가	₩167,500	₩6,735	₩173,875
정상공손원가	8,925	(8,925)	-
비정상공손원가	3,825	-	3,825
기말재공품원가	54,200	2,550	56,750
계	₩234,450	0	₩234,450

11 한일공업의 생산활동과 관련된 다음의 원가자료를 활용하여 비정상공손비를 계산하면 얼마인가? 단, 기초재공품은 없으며, 재료는 공정초에 전부 투입되며, 가공원가는 공정전반에 걸쳐 균등하게 발생된다고 가정한다. 40% 가공단계에서 검사가 이루어지며, 검사를 통과한 양품(정상품) 중 2%만이 정상공손이고, 정상공손 외의 공손은 비정상공손이다. 공손품은 보수작업에 의해 정상으로 회복되지 않기 때문에 개당 ₩100에 매각하였다. 계산과정에서 원단위 미만은 반올림하시오. [세무사 06]

(1) 당기생산개시수량 2,000개
(2) 당기발생원가
    직접재료원가 ₩500,000
    가공원가 1,500,000
(3) 당기완성품수량 1,500개
(4) 기말재공품수량 400*
(5) 공손품수량 100
* 기말재공품의 가공원가 진척도는 50%이다.

12 (주)청주는 단일공정을 거쳐서 제품을 생산하며, 선입선출법에 의한 종합원가계산을 적용하고 있다. 20×1년도 기초재공품은 1,000단위(완성도 40%)이고, 기말재공품은 3,000단위(완성도 80%)이며, 당기 완성품은 5,000단위이다. 공정 중에 품질검사를 실시한 결과 공손품 500단위가 발생하였고, 모두 정상공손으로 간주하였으며, 공손품의 처분가치는 없다. 기초재공품과 기말재공품은 모두 당기에 품질검사를 받은 것으로 판명되었다. 직접재료원가와 가공원가는 공정 전반에 걸쳐 균등하게 발생한다. 제품원가계산 결과 당기의 완성품환산량 단위당 원가는 ₩180이고, 완성품에 배부된 정상공손원가는 ₩33,750이었다. 품질검사는 완성도 몇 % 시점에서 이루어진 것으로 추정되는가? [세무사 10]

13 (주)국세의 당기 중 생산 및 원가자료는 다음과 같다.

기초재공품	직접재료원가		₩1,000
	전환원가(가공원가)		2,475
당기투입원가	직접재료원가		₩5.600
	전환원가(가공원가)		8,300
기말재공품	수량		500단위
	완성도	직접재료원가	20%
		전환원가(가공원가)	15%
공손품	수량		200단위
	완성도	직접재료원가	50%
		전화원가(가공원가)	40%

완성품 수량은 2,000단위이고, 공손품원가를 전액 별도로 인식하고 있다. 재고자산의 단위원가 결정방법이 가중평균법인 경우 공손품원가는? [세무사 15]

정답 및 해설

11 1. 물량흐름

재공품
(가중평균법)

기초재공품	0개	완성품	1,500개
당기착수	2,000	정상공손품	38(40%)[*1]
		비정상공손품	62(40%)[*2]
		기말재공품	400(완성도 50%)
	2,000개		2,000개

[*] 공손수량(검사시점=40%)

[*1] 정상공손수량: {(0개 + 2,000개) - 100개 - 0개 - 0개} × 2% = 38개
(총산출량, 총공손수량, 기합격수량, 검사미도래수량)

[*2] 비정상공손수량: 100개 - 38개 = 62개

2. 환산량 단위당 원가

(1) 재료원가: ₩500,000 ÷ 2,000개 = @250

(2) 가공원가: ₩1,500,000 ÷ (1,500개(완성품) + 100개 × 40%(공손품) + 400개 × 50%(기말재공품)) = @862

∴ 비정상공손원가: 62개 × @250(재료원가) + 62개 × 40% × @862(가공원가) - 62개 × @100(공손품NRV) ≒ ₩30,678

12 1. 공손품은 모두 정상공손이고 기초재공품과 기말재공품이 모두 당기 중 품질검사를 통과하였으므로 정상공손원가는 완성품과 기말재공품의 전체 물량을 기준으로 배분한다.

2. 완성품에 배부된 정상공손원가

품질검사를 완성도 x 시점에서 이루어진다고 하면, 완성품에 배부된 정상공손원가

$$(500단위 \times x) \times @180 \times \frac{5,000개}{8,000개} = @33,750$$

∴ x = 0.6(60%)

13 1. 완성품환산량 단위당 원가

(1) 재료원가: (₩1,000 + ₩5,600) ÷ (2,000개+200개 × 50%+500개 × 20%) = @3

(2) 가공원가: (₩2,475 + ₩8,300) ÷ (2,000개+200개 × 40%+500개 × 15%) = @5

2. 공손품원가 = 100개 × @3 + 80개 × @5 = ₩700

14 (주)대한은 20×1년 1월 1일에 처음으로 생산을 시작하며 종합원가계산을 적용한다. 직접재료는 공정초에 전량 투입되고, 전환원가는 공정 전반에 걸쳐 균등하게 발생한다. 20×1년의 생산활동 및 완성품환산량 단위당 원가는 다음과 같이 예상된다.

구분	물량단위	완성품환산량/원가	
		재료원가	전환원가
완성품	900개	900개	900개
비정상공손품	100	100	100
기말재공품	300	300	100
계	1,300개	1,300개	1,100개

20×1년도 완성품은 단위당 ₩250에 전량 판매된다. 비정상공손품은 모두 폐기되고, 비정상공손원가는 당기비용으로 처리된다. 품질관리팀에서는 공정의 50% 시점에서 검사를 실시하여 공손품 발생요인을 통제하면, 비정상공손품 100단위는 모두 품질기준을 충족 하는 완성품이 되어 단위당 ₩250에 판매할 수 있다고 한다.

품질검사를 현재의 시점에서 공정의 50% 시점으로 옮긴다면, (주)대한의 당기순이익은 얼마나 증가하는가? 단, 검사원가는 검사시점에 관계 없이 동일하고, 공손품 발생요인을 통제하기 위해 추가되는 원가는 없다고 가정한다. [회계사 18]

15 (주)프로코는 설탕을 만드는 회사로 가공원가는 공정 전반에 걸쳐 발생한다. 3월 초 기초재공품(가공원가 완성도 60%) 100봉지에 포함된 가공원가는 ₩500이다. 생산공정의 중간시점에서 품질검사를 실시한 결과 공손품이 100봉지 발생하여 모두 비정상공손(가공원가 완성도 50%)으로 간주하였다. 그리고 3월 중 완성품은 250봉지이며, 기말재공품(가공원가 완성도 80%)도 250봉지 존재한다. 선입선출법과 가중평균법으로 기말재공품에 배부된 가공원가를 각각 산정한 금액이 동일하다면 3월 중 투입한 총가공원가는 얼마인가? 단, 소수점 이하 자릿수는 절사한다. [회계사 10]

정답 및 해설

14 당기순이익 증가 = 100단위(공손품수량) × ₩250(개당 판매가격) = ₩25,000

* 공손품의 완성품환산량을 고려하면 현재 검사시점은 공정의 완료시점이므로, 검사시점 변경에 따라 공손품을 완성품으로 가공함에 따른 추가발생원가는 없음

15 1. 선입선출법과 가중평균법으로 기말재공품에 배부된 가공원가를 각각 산정한 금액이 동일하므로 전기 환산량 단위당 가공원가와 당기 환산량 단위당 가공원가가 동일하다.

2. 전기 환산량 단위당 가공원가는 기초재공품에 포함된 가공원가에 의해 다음과 같다.

전기 환산량 단위당 가공원가: $\frac{500}{100\text{봉지} \times 60\%} = @\frac{3}{25}$ (= 당기 환산량 단위당 가공원가)

∴ 3월 중 투입한 총가공원가 = 3월 가공원가완성품환산량 × 당기 환산량 단위당 가공원가

$= \{\underbrace{100\text{봉지} \times (1 - 60\%)}_{\text{월초재공품}} + \underbrace{150\text{봉지}}_{\text{당월착수완성}} + \underbrace{100\text{봉지} \times 50\%}_{\text{공손}} + \underbrace{250\text{봉지} \times 80\%}_{\text{월말재공품}}\} \times @\frac{3}{25} = ₩3,666$

대표 문제 작업공정별 원가계산

서울공업사는 세 가지 형태의 제품 A, B, C를 생산하고 있다. 이들 제품은 두 가지의 가공작업 甲·乙을 거쳐 최종제품으로 완성되는데, 제품 C는 반제품형태로 판매되기 때문에 乙작업이 불필요하다. 가공작업 甲·乙의 원가는 각 제품의 수량에 비례하여 균등하게 발생한다.

(1) 당월 중의 생산량 및 재료원가

구분	생산량	직접재료원가
제품 A	9,000개	₩2,070,000
제품 B	4,000	1,320,000
제품 C	6,000	1,740,000

(2) 당월 중의 가공원가 발생액

구분	작업 甲	작업 乙
직접노무원가	₩500,000	₩1,000,000
제조간접원가	70,000	300,000

기초 및 기말의 재공품은 없다고 가정할 때, 당월 중 제품 B의 단위당 제조원가는 얼마로 계산되는가? (원 미만은 반올림할 것) [세무사 01]

해답 1. 작업별 단위당 가공원가

	작업 甲	작업 乙
작업별 가공원가*	₩570,000	₩1,300,000
작업별 생산량	÷19,000개	÷13,000개(A, B)
단위당 가공원가	₩30	₩100

*직접노무원가+제조간접원가

2. 제품 B의 단위당 제조원가

직접재료원가	₩1,320,000
가공원가	
작업 甲: 4,000개 × @30 =	120,000
작업 乙: 4,000개 × 100 =	400,000
총원가	₩1,840,000
생산수량	÷ 4,000개
단위당 원가	₩460

16 (주)카이는 고객의 주문에 따라 고급카메라를 생산하고 있다. 고객은 외부표면재료 및 도료 등을 선택할 수 있지만, 카메라의 기본적인 조립 및 가공작업은 주문별로 차이가 없다. 이러한 점을 감안하여 (주)카이는 재료원가에 대해서는 주문별로 집계하는 개별원가계산방식을 적용하고, 가공원가에 대해서는 종합원가계산방식을 적용하는 소위 혼합원가계산(hybrid costing)을 사용하고 있다. 가공원가는 공정 전체를 통해 균등하게 발생하며, 동 원가에 종합원가계산방식을 적용할 때 사용하는 원가흐름가정은 선입선출법이다. (주)카이의 4월 생산 및 원가 관련 자료는 다음과 같다.

(1) 월초재공품

주문번호	#101
수량	200개
직접재료원가	₩1,500,000
가공원가	960,000
가공원가 완성도	80%

(2) 당월 주문 및 생산착수

주문번호	#105	#206	#207
수량	200개	100개	150개

(3) 당월 발생원가

주문번호	#101	#105	#206	#206	#206
직접재료원가	₩500,000	₩1,800,000	₩3,200,000	₩2,400,000	₩7,900,000
가공원가	?	?	?	?	4,092,000

(4) 월말재공품

주문번호	#105	#207
수량	200개	150개
가공원가 완성도	50%	60%

4월 완성품의 원가는 얼마인가? [회계사 11]

정답 및 해설

16 1.

재공품

기초	200개(#101, 80%)	완성	200개(#101)
착수	450		100(#206)
		기말	200(#105, 50%)
			150(#207, 60%)
	650개		650개

2. 당기가공원가 완성품환산량: 200개 × 20% + 100개 + 200개 × 50% + 150개 × 60% = 330개
   당기가공원가 완성품환산량 단위당 원가: ₩4,092,000 ÷ 330개 = @12,400
3. 4월 완성품원가
   #101 = 직접재료원가(₩1,500,000, ₩500,000) + 가공원가(₩960,000 + 40개 × @12,400) = ₩3,456,000
   #206 = 직접재료원가(₩3,200,000) + 가공원가(100개 × @12,400) = ₩4,440,000
∴ 4월 완성품원가: ₩7,896,000

해커스 세무사 眞원가관리회계

회계사 · 세무사 단번에 합격, 해커스 경영아카데미

cpa.Hackers.com

제5장

결합원가계산

제1절 | 연산품의 의의

연산품(joint products)이란 동일한 종류의 원재료를 투입하여 동시에 생산되는 서로 다른 2종 이상의 제품을 말하며, 결합제품이라고도 한다.

(1) 연산품은 낙농제품, 화학제품, 육류제품, 석유류제품 등과 같이 원재료를 가공하는 기초산업분야의 제품들에서 볼 수 있는데, 그 예를 들면 다음과 같다.

예

산업	원재료	연산품
낙농업	생우유	버터, 치즈 ,생크림 등
화학공업	나프타	에틸렌, 메탄, 프로필렌 등
정육업	돼지	베이컨, 햄, 돼지갈비 등
석유산업	원유	휘발유, 등유, 경유 등

(2) 연산품은 하나의 원재료를 투입하여 동시에 여러 종류의 제품이 생산되기 때문에 각 제품이 개별적으로 식별가능한 시점에 이를 때까지 발생한 제조원가를 개별제품에 배분하는 문제가 제기된다. 여기서 연산품이 개별적으로 식별가능한 시점을 분리점(split-off point)이라 하며, 분리점 이전에 발생한 제조원가 중 연산품별로 분리하여 식별할 수 없는 전환원가를 결합원가(joint costs)라 한다. 그리고 분리점 이후에 발생하여 연산품별로 직접 추적이 가능한 제조원가를 개별원가(separable costs, 분리원가라고도 함) 또는 추가완성원가(additional processing costs, 추가가공원가라고도 함)라고 한다.

(3) 연산품과 유사한 것으로서 부산물과 작업폐물이 있다. 부산물(by-products)이란 연산품과 마찬가지로 분리점 이전까지는 개별적으로 식별할 수 없지만 다른 제품(주산물)에 비하여 판매가치가 상대적으로 낮은 제품을 말한다. 반면에, 작업폐물(scrap)은 생산에 사용된 원재료로부터 남아 있는 찌꺼기와 조각을 의미하는 것으로 판매가치가 거의 없거나 판매가치가 판매비용보다 더 작은 것이 일반적이다.

본 장에서는 이러한 연산품과 부산물에 대한 회계처리에 대해서 살펴보도록 하겠는데, 본 장의 가장 중요한 내용은 외부공표용 재무제표를 작성하기 위한 정보를 제공하는 데 있음에 유의하기 바란다. 그리고 부차적으로 연산품과 관련된 특수의사결정에 대해서도 살펴보기로 한다.

제2절 | 결합원가의 배분

연산품은 분리점에 도달할 때까지 각각의 제품으로 구별되지 않기 때문에 분리점이전에 발생한 제조원가 중 연산품별로 분리하여 식별할 수 없는 전환원가(결합원가)를 일정한 기준에 따라 각 연산품에 배분해야 한다. 따라서 연산품의 원가는 다음과 같이 계산된다.

연산품원가 = 결합원가배분액 + 개별원가(추가완성원가)

결합원가를 연산품에 배분하는 방법에는 물량기준법, 분리점에서의 판매가치법, 순실현가능가치법 및 균등이익률법이 있으며, 분리점에서 즉시 판매되는 경우에는 물량기준법과 분리점에서의 판매가치법을 사용하고, 분리점 이후 추가가공하여 판매되는 경우에는 순실현가능가치법과 균등이익률법을 사용하는데, 이에 대해서는 다음 공통 예제를 토대로 살펴보기로 한다.

예제 1

3월에 (주)해커화학은 화학재료를 가공하여 3 : 2의 비율로 연산품 A와 B를 생산하기 시작하였다. 3월 한달 동안 원재료 10,000ℓ를 투입하여 A제품 6,000ℓ와 B제품 4,000ℓ로 가공하는 데에 다음과 같은 원가가 발생하였다.

재료원가	₩200,000
노무원가	60,000
기타제조경비	40,000
계	₩300,000

연산품의 ℓ당 판매가격은 A제품이 ₩60이며, B제품이 ₩10이다. 참고로 물량흐름도를 작성하면 다음과 같다.

[물량흐름도]

원재료 (10,000ℓ) — 결합원가 ₩300,000 →
- A(6,000ℓ) (판매가격 ₩60/ℓ)
- B(4,000ℓ) (판매가격 ₩10/ℓ)

01 물량기준법

물량기준법은 각 연산품의 생산량이나 중량, 용량, 면적 등 물량을 기준으로 결합원가를 배분하는 방법이다.

(1) 동일 공정에서 생산된 연산품은 결합원가로부터 동일한 효익을 제공받았을 것이고 동일 공정에서 상대적으로 많이 생산된 연산품은 다른 연산품에 비해 상대적으로 많은 효익을 제공받았을 것이므로 물량기준법은 각 연산품의 수혜정도, 즉각 연산품의 생산량이나 중량, 용량, 면적 등 물량을 기준으로 결합원가를 배분하는 방법이다.

(2) 예제 1에서 결합원가를 배분하기 위한 기준으로 제품의 생산량(ℓ)을 선택하였다면 다음과 같은 결과를 얻게 된다.

제품	생산량	배분비율	결합원가배분액
A	6,000ℓ	60%	₩180,000
B	4,000ℓ	40	120,000
계	10,000ℓ	100%	300,000

(3) 3월에 생산된 A제품과 B제품이 전량 판매되었다고 가정할 경우 부분 포괄손익계산서를 작성하면 다음과 같다. 단, 본 장에서는 기능별 표시방법에 의한 포괄손익계산서의 작성 및 그에 따른 회계처리를 가정한다.

	A제품	B제품	합계
매출액	₩360,000	₩40,000	₩400,000
매출원가	(180,000)	(120,000)	(300,000)
매출총이익(손실)	₩180,000	₩(80,000)	₩100,000
매출총이익률	50%	Δ200%	25%

(4) 예제 1에서와 같이 물량단위당 판매가격이 각 제품별로 큰 차이를 보일 경우 물량기준법에 의한 결합원가의 배분은 개별제품의 수익성에 대한 잘못된 추정을 유발할 수 있다. 따라서 물량을 기준으로 한 결합원가의 배분은 개별제품의 물량단위당 판매가격이 비슷한 경우에 이용된다.

02 분리점에서의 판매가치법

분리점에서의 판매가치법은 연산품 분리점에서의 상대적 판매가치를 기준으로 결합원가를 배분하는 방법이다.

(1) 예제 1에서 결합원가를 분리점에서의 판매가치법에 의하여 배분한다면 다음과 같은 결과를 얻게 된다.

제품	분리점에서의 판매가치*	배분비율	결합원가배분액
A	₩360,000	90%	₩270,000
B	40,000	10	30,000
계	₩400,000	100%	₩300,000

* 생산량(ℓ) × ℓ당 판매가격
A: 6,000l × @60 = ₩360,000
B: 4,000l × @10 = ₩40,000

(2) 3월에 생산된 A제품과 B제품이 전량 판매되었다고 가정할 경우 부분 포괄손익계산서를 작성하면 다음과 같다.

	A제품	B제품	합계
매출액	₩360,000	₩40,000	₩400,000
매출원가	270,000	30,000	300,000
매출총이익	₩90,000	₩10,000	₩10,000
매출총이익률	25%	25%	25%

(3) 분리점 이후에 원가가 전혀 발생하지 않는다면 결합원가의 배분을 위한 기준으로 상대적 판매가치를 이용하는 것은 개별연산품의 수익성에 관하여 잘못된 추정을 피할 수 있게 해준다. 즉, 물량기준법에 의할 경우 B제품이 ₩80,000의 손실을 보고하므로 B제품의 판매를 중단할 수도 있는데, 만약 B제품의 판매가 중단된다면 모든 원가 ₩300,000이 A제품에만 배분되어 기업 전체의 입장에서는 이익이 ₩100,000에서 ₩60,000으로 감소하게 된다. 따라서 회사는 B제품의 판매를 중단해서는 안 된다.

(4) 물량기준법에 의하여 결합원가를 배분한다면 잘못된 의사결정을 유발할 수도 있지만, 상대적 판매가치를 기준으로 배분할 경우에는 앞의 부분 포괄손익계산서에서 보듯이 두 제품 모두 이익을 보고하게 되어 개별제품의 수익성을 잘못 판단할 가능성을 배제할 수 있다.

03 순실현가치법

순실현가능가치법은 연산품의 순실현가능가치를 기준으로 하여 결합원가를 배분하는 방법이다.

(1) 순실현가능가치(NRV; Net Realizable Value)란 각 제품의 예상판매가격(최종판매가격)에서 예상되는 추가완성원가(추가가공원가)와 판매비용을 차감한 금액을 말한다.

(2) 순실현가능가치법은 연산품 중 분리점에서 시장성이 없어 판매가치를 알 수 없는 제품이 있는 경우에 사용된다. 즉, 분리점에서 판매할 수 없는 연산품을 판매가능한 상태로 만들기 위하여 추가가공하는 경우에 사용되는 방법이다.

예제 2

예제 1에서 A제품은 분리점에서 ℓ당 ₩60에 판매될 수 있지만, B제품은 판매시장이 형성되어 있지 않다. 이에 회사는 B제품을 판매가능한 상태로 만들기 위해 추가가공하여 ℓ당 ₩35에 판매하려고 한다. 3월에 중간제품 B 4,000ℓ를 완제품으로 가공하는 데에 다음과 같은 추가가공원가가 발생하였다.

직접노무원가	₩30,000
제조간접원가	20,000
계	₩50,000

[물량흐름도]

원재료 (10,000ℓ) — 결합원가 ₩300,000 (분리점) → A(6,000ℓ) (판매가격 ₩60/ℓ)
→ B(4,000ℓ) — 추가가공원가 ₩50,000 → 완제품 B (4,000ℓ) (판매가격 ₩35/ℓ)

(3) 순실현가능가치법에 의하여 결합원가를 배분하기 위해서는 먼저 공정의 흐름을 정확히 이해하는 것이 필요하므로 물량흐름도를 작성하는 것이 편리하다. 물량흐름도를 기초로 하여 결합원가를 순실현가능가치법에 의하여 배분한다면 다음과 같은 결과를 얻게 된다.

제품	분리점에서의 판매가치*	배분비율	결합원가배분액
A	₩360,000	90%	₩270,000
B	40,000	10	30,000
계	₩400,000	100%	₩300,000

* 최종판매가격 - 추가가공원가: 4,000ℓ×@35 - ₩50,000 = ₩90,000

(4) 3월에 생산된 A제품과 B제품이 전량 판매되었다고 가정할 경우 부분 포괄손익계산서를 작성하면 다음과 같다.

	A제품	B제품	합계
매출액	₩360,000	₩140,000	₩500,000
매출원가	(240,000)	(110,000*)	(350,000)
매출총이익(손실)	₩120,000	₩30,000	₩150,000
매출총이익률	33.3%	21.4%	30%

* 매출원가 = 결합원가배분액 + 개별원가(추가가공원가) = ₩60,000 + ₩50,000 = ₩110,000

04 균등이익률법

균등이익률법은 개별 제품이 추가가공되더라도 각각의 최종판매가격에 대하여 모두 동일한 매출총이익률을 갖도록 결합원가를 배분하는 방법이다. 따라서 분리점 이후에 추가가공을 하는 경우 순실현가능가치법에 의하여 결합원가를 배분하면 각 제품의 매출총이익률이 서로 다르게 되지만, 균등이익률법에 의하면 모든 제품이 동일한 매출총이익률을 갖게 된다.

(1) 균등이익률법에 의하여 결합원가를 배분하면 결과적으로 모든 제품이 동일한 매출원가율을 가져야 하므로 결합원가를 배분하기 위해 다음과 같이 연산품들의 평균매출원가율을 계산한다.

$$\text{평균매출원가율} = \frac{\text{총매출원가}}{\text{총매출액}} = \frac{\text{총결합원가} + \text{총개별원가}}{\text{최종판매가격}}$$

(2) 평균매출원가율이 산출되면 이를 각 개별제품의 최종판매가격(매출액)에 곱하여 개별제품의 매출총이익률을 같게 해주는 개별제품별 매출원가를 구하고, 이 금액이 나올 수 있도록 결합원가를 배분한다.

제품별 결합원가배분액 = 제품별 매출원가(총원가)*-개별원가

* 제품별 매출원가(총원가)= 제품별 최종판매가격(매출액) × 평균매출원가율

(3) 예제 2에서 결합원가를 균등이익률법에 의하여 배분한다면 다음과 같은 결과를 얻게 된다.

제품	최종판매가격(매출액)	매출원가(총원가)*1	-	개별원가	=	결합원가배분액*2
A	₩360,000	₩252,000		-		₩252,000
B	140,000	98,000		₩50,000		48,000
계	₩500,000	₩350,000		₩50,000		₩300,000

*1 각 제품의 매출총이익률을 같게 해주는 목표매출원가(총원가)로써 각 제품 최종판매가격(매출액) × 평균매출원가율'로 계산됨

평균매출원가율: $\frac{300,000 + 50,000}{500,000} = 70\%$

*2 결합원가배분액 = 매출원가(총원가) - 개별원가

(4) 3월에 생산된 A제품과 B제품이 전량 판매되었다고 가정하고 부분 포괄손익계산서를 작성하면 다음과 같다.

	A제품	B제품	합계
매출액	₩360,000	₩140,000	₩500,000
매출원가*	(252,000)	(98,000)	(350,000)
매출총이익	₩108,000	₩42,000	₩150,000
매출총이익률	30%	30%	30%

* 매출원가 = 결합원가배분액+개별원가

이와 같이 균등이익률법에 의하여 결합원가를 배분한다면 분리점 이후에 추가가공을 하는 경우에도 개별제품의 매출총이익률이 모두 동일하게 된다.

05 복수의 분리점이 있는 경우의 결합원가배분

예제 1과 예제 2는 논의의 편의를 위해 오직 하나의 분리점이 있는 것으로 가정하였다. 그러나 여러 종류의 제품이 생산될 경우에는 연산품의 생산과정에 2개 이상의 분리점이 존재할 수도 있는데, 이러한 경우에는 결합원가의 배분방법이 매우 복잡하게 된다. 복수의 분리점이 있는 경우에 순실현가능가치법을 이용하여 결합원가를 배분하기 위해서는 다음과 같은 단계를 이용하는 것이 바람직하다.

1단계(물량흐름도의 작성): 물량흐름도를 작성한다. 이는 공정의 흐름을 정확히 이해하기 위함이다.
2단계(순실현가능가치의 계산): 각 분리점에서의 연산품의 순실현가능가치를 구한다. 순실현가능가치를 계산하기 위해서는 최종판매가격에서 추가가공원가를 차감해야 하므로 순실현가능가치는 마지막 분리점부터 최초분리점의 순서로 구한다.
3단계(결합원가의 배분): 최초분리점에서부터 차례대로 이미 계산된 연산품의 순실현가능가치를 기준으로 하여 결합원가를 배분해 나간다.

예제 3

3월에 (주)서울화학의 X공정에서는 원재료 10,000ℓ를 투입·가공하여 A제품 8,000ℓ, B제품 2,000ℓ를 생산하였으며, Y공정에서는 X공정에서 생산된 중간제품 B 2,000ℓ를 추가가공하여 C제품 1,500ℓ와 D제품 500ℓ를 생산하였다. X와 Y의 두 공정에서 발생한 원가는 다음과 같다.

	X공정	Y공정
재료원가	₩100,000	₩0
노무원가	40,000	10,000
기타제조경비	60,000	10,000
계	₩200,000	₩20,000

한편, Z공정에서 A, C, D제품을 최종완성하는 데에 추가로 소요되는 원가와 제품별 판매가격은 다음과 같다.

결합원가계산 제5장 해커스 세무사 眞원가관리회계

제품	추가가공원가	ℓ당 판매가격
A	₩40,000	₩40
B	16,000	90
C	4,000	50
계	₩60,000	

[요구사항]

순실현가능가치법에 의하여 결합원가를 개별제품에 배분하시오.

(1) **1단계(물량흐름도의 작성)**: 복수의 분리점이 있는 경우에 결합원가를 배분하기 위한 1단계는 공정의 흐름을 정확히 이해하기 위해 물량흐름도를 작성하는 것이다. 예제 3의 경우에 물량흐름도를 작성하면 다음과 같다.

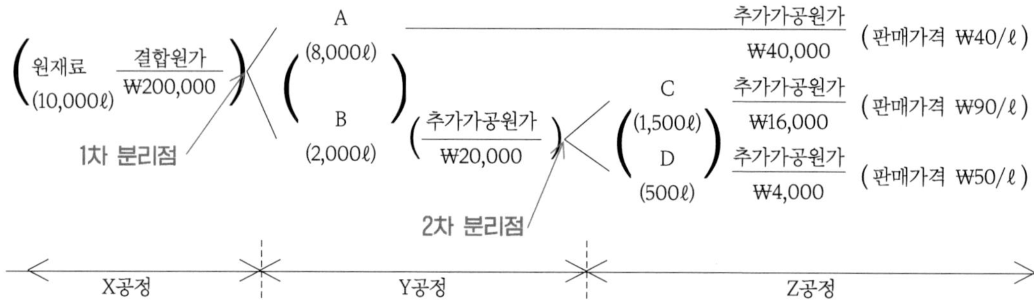

(2) **2단계(순실현가능가치의 계산)**: 2단계는 각 분리점별로 연산품의 순실현가능가치를 구하는 것인데, 순실현가능가치의 계산은 마지막 분리점에서 최초분리점의 순서로 행해진다. 예제 3의 경우에 순실현가능가치를 계산하면 다음과 같다.

제품	최종판매가격		추가가공원가		순실현가능가치	배분비율
2차 분리점						
C	1,500ℓ × @90	-	₩16,000	=	₩119,000	85%
D	500ℓ × @50	-	4,000	=	21,000	15
계					₩140,000	100%
1차 분리점						
A	8,000ℓ × @40	-	₩40,000	=	₩280,000	70%
B	₩140,000*	-	20,000	=	120,000	30
C					₩400,000	100%

* 제품 C와 D의 순실현가능가치 합계액임

(3) **3단계(결합원가의 배분)**: 3단계는 최초의 분리점에서부터 차례대로 이미 계산된 연산품의 순실현가능가치를 기준으로 하여 각 분리점에서 결합원가를 배분해 나간다.

제품	순실현가능가치	배분비율	결합원가배분액
1차 분리점			
A	₩280,000	70%	₩140,000
B	120,000	30	60,000
계	400,000	100%	₩200,000
2차 분리점			
C	₩119,000	85%	₩68,000
D	21,000	15	12,000
계	₩140,000	100%	₩80,000*

* 1차 분리점에서 B에 배분된 결합원가 ₩60,000 + B의 추가가공원가 ₩20,000 = ₩80,000

결국 배분되어야 할 결합원가 ₩220,000(1차 분리점 ₩200,000 + 2차 분리점 ₩20,000)은 A제품에 ₩140,000, C제품에 ₩68,000, D제품에 ₩12,000만큼 배분되었다는 것을 알 수 있다.

(4) A, C, D제품이 모두 판매되었다고 가정할 경우 부분 포괄손익계산서를 작성하면 다음과 같다.

	A제품	C제품	D제품	합계
매출액*1	₩320,000	₩135,000	₩25,000	₩480,000
매출원가*2	180,000	84,000	16,00	280,000
매출총이익	₩140,000	₩51,000	₩9,000	₩200,000
매출총이익률	43.75%	37.78%	36%	41.67%

*1 판매량 × ℓ당 판매가격

*2 결합원가배분액 + 개별원가(추가완성원가)

06 결합공정에 재공품이 존재하는 경우의 결합원가배분

결합공정에 재공품이 존재하는 경우에는 완성품이 결합제품이므로 완성품 원가만이 결합원가가 된다. 기말재공품은 아직 분리점을 통과하지 않으므로 결합제품이 아니며, 기말재공품 원가를 결합제품에 배분해서는 안된다. 따라서 결합공정에서 발생한 원가 중에서 종합원가계산에 의해 계산된 완성품 원가가 결합원가가 되며, 이를 결합제품에 배분한다.

1단계: 결합공정에서 종합원가계산을 이용해서 완성품원가(결합원가)를 계산
2단계: 완성품원가(결합원가)를 결합제품에 배분

제3절 | 연산품과 특수의사결정

01 판매 또는 추가가공 의사결정

지금까지 연산품에 대한 결합원가를 외부공표용 재무제표를 작성하기 위하여 각 제품에 배분하는 방법 및 절차에 대해서 살펴보았다. 본 절에서는 연산품을 분리점에서 판매할 것인지 아니면 추가가공하여 판매할 것인지에 대한 의사결정을 살펴보기로 한다.

(1) 분리점에서 판매시장이 존재할 경우 연산품은 즉시 판매할 수도 있으며 추가가공하여 판매할 수도 있다. 이러한 의사결정에 있어서 고려해야 할 사항은 분리점에서의 판매가격과 추가가공원가 및 추가가공 후의 판매가격이다. 그러나 결합원가는 분리점에서 판매하든지 추가가공 후에 판매하든지 관계없이 이미 발생된 원가(이는 비관련원가로써 기발생원가 또는 매몰원가라고 함)이기 때문에 고려할 필요가 없다.

(2) 이러한 점을 고려한 의사결정기준은 추가가공에 따른 판매가격의 차액(추가가공 후 판매가격 - 분리점에서의 판매가격)과 추가가공원가를 비교하여 전자가 더 크면 추가가공하고, 후자가 더 크면 분리점에서 판매하는 것이다.

예제 4

3월에 (주)해커화학은 화학재료를 가공하여 3 : 2의 비율로 연산품 A와 B를 생산하기 시작하였다. 3월 한 달 동안 원재료 10,000ℓ를 투입하여 A제품 6,000ℓ와 B제품 4,000ℓ로 가공하는데 다음과 같은 원가가 발생하였다.

재료원가	₩200,000
노무원가	60,000
기타제조경비	40,000
계	₩300,000

분리점에서 연산품의 l당 판매가격은 A제품이 ₩60이며, B제품이 ₩10이다. B제품은 추가가공원가 ₩50,000을 투입하여 단위당 ₩35에 판매할 수도 있다.

[요구사항]
B제품의 추가가공 여부를 결정하시오.

해답 B제품을 추가가공할 경우

증분수익	매출액 증가	4,000ℓ×(@35 - @10) =	₩100,000
증분비용	추가가공원가		50,000
증분이익(손실)			₩50,000

따라서 B제품을 추가가공할 경우 ₩50,000의 이익을 창출할 수 있으므로 추가가공을 하는 것이 바람직하다.

(3) 연산품의 판매 또는 추가가공 의사결정 시에는 결합원가를 고려할 필요가 없는데, 이는 다음과 같이 예제 4에서 두 가지 경우의 포괄손익계산서를 비교하면 명확하게 이해할 수 있을 것이다.

	분리점에서 판매할 경우	추가가공할 경우	차이
매출액			
A제품	₩360,000	₩360,000	
B제품	40,000	140,000	₩100,000
계	₩400,000	₩500,000	
매출원가			
결합원가	₩300,000	₩300,000	
추가가공원가	0	50,000	50,000
계	300,000	350,000	
매출총이익	₩100,000	₩150,000	₩50,000

02 가격결정

일반적으로 기업들은 제품의 판매가격 결정 시 원가를 기준으로 책정하는 경우가 많이 있다. 그러나 연산품에 배부된 결합원가는 연산품의 가격결정 시 사용해서는 안 된다. 왜냐하면, 각 연산품에 사용되는 자원을 생산과정에서 구체적으로 식별할 수 없기 때문이다. 연산품에 있어서는 판매가격이 결합원가 배부를 주로 결정하며, 원가배부는 가격을 결정하지 않는다.

제4절 | 부산물의 회계처리

01 부산물의 의의

부산물(by-products)이란 연산품과 마찬가지로 분리점 이전까지는 개별적으로 식별할 수 없는 제품으로써 다른 제품에 비하여 판매가치가 상대적으로 낮은 제품을 말한다.

(1) 부산물의 예로는 양조장의 밀 찌꺼기, 비누제조회사의 글리세린 등을 들 수 있다. 부산물은 연산품과 유사한 면이 있으나 상대적으로 판매가치가 낮은 제품이라는 점에서 차이가 있다. 따라서 연산품을 부산물과 구별하기 위해서 주산물(majorproducts)이라고도 한다.

(2) 부산물과 유사한 것으로 작업폐물이 있는데, 작업폐물(scrap)은 생산에 사용된 원재료로부터 남아 있는 찌꺼기와 조각들을 의미하는 것으로 판매가치가 거의 없거나 판매가격이 판매비용보다 더 작은 것이 일반적이다.

(3) 연산품, 부산물, 작업폐물의 구별은 제품의 상대적 판매가치 또는 수익창출능력을 기준으로 하는 것이 일반적이지만, 이러한 구별이 절대적인 것은 아니다. 그 이유는 한 회사에서 부산물로 간주된 제품이 다른 기업에서는 주산물이 될 수도 있으며, 부산물과 판매가치가 있는 작업폐물을 구분하기는 매우 어렵기 때문이다.

02 부산물의 회계처리방법

부산물에 대한 회계처리방법은 여러 가지가 있으나 일반적으로 다음과 같은 방법이 많이 사용된다.

(1) 생산기준법: 생산시점에 부산물의 순실현가능가치를 주산물에 배분될 결합원가에서 차감하는 방법
(2) 판매기준법: 판매시점에 부산물의 순수익을 기타수익으로 처리하거나 주산물의 매출원가에서 차감하는 방법

부산물을 어떻게 회계처리하느냐에 따라 주산물의 원가는 달라지게 되는데, 이에 대해서는 다음의 예제를 토대로 살펴보기로 한다.

예제 5

(주)해커화학은 화학재료를 가공하여 주산물인 X, Y제품과 부산물 Z를 생산하고 있다. 1월에 생산한 주산물 X와 Y는 각각 200개와 250개이며 부산물 Z는 50개이다. 결합원가는 ₩100,000이며 주산물 X와 Y의 단위당 판매가격은 ₩400과 ₩480이고 부산물 Z의 단위당 판매가격은 ₩40이다. 회사는 결합원가를 순실현가능가치법에 의하여 배분하고 있다.

(1) 생산기준법(원가차감법)

생산기준법은 부산물의 원가를 순실현가능가치로 기록하며, 이 금액만큼 주산물에 배분되는 결합원가에서 차감하는 방법이다.

① 생산기준법에 의한 분리점과 부산물 판매시점의 회계처리를 예시하면 다음과 같다.

분리점

(차)	제품(X)	xxx	(대) 재공품	xxx
	제품(Y)	xxx		
	부산물(순실현가능가치)	xxx*		

* 분리점(생산시점)에서 부산물의 원가를 순실현가능가치로 기록하며, 이 금액만큼 주산물 X, Y에 배분되는 결합원가에서 차감함

부산물 판매시점

(차)	현금	xxx	(대) 부산물	xxx

* 부산물의 실제판매가격과 원가결정에 이용된 가격(예상 판매가격) 사이에 차이가 난다면 차액을 당기손익으로 처리함

② 예제 5에서 부산물을 생산기준법으로 회계처리한다면 분리점과 부산물의 판매시점에서 다음과 같은 회계처리를 해야 한다.

분리점

(차)	제품(X)	39,200	(대) 재공품	100,000
	제품(Y)	58,800		
	부산물(Z)	2,000		

* 결합원가의 배분

제품	순실현가능가치		배분비율	결합원가배분액
X	200개 × @400 =	₩80,000	40%	₩39,200
Y	250개 × @480 =	120,000	60	58,800
소계		₩200,000	100%	₩98,000
Z				2,000*
계				₩100,000

* 부산물 Z의 원가를 순실현가능가치로 기록하며, 이 금액만큼 주산물 X, Y에 배분되는 결합원가에서 차감함

부산물 판매시점

(차)	현금	2,000	(대) 부산물	2,000

③ K-IFRS에 의하면 대부분의 부산물은 본래 중요하지 않으며, 순실현가능가치로 측정하여 주산물의 원가에서 차감하도록 규정하고 있으며, 이는 생산기준법에 의한 회계처리를 채택하고 있음을 알 수 있다.

(2) 판매기준법(기타수익법 및 매출원가차감법)

판매기준법은 부산물에 대하여 생산시점에서는 가치를 부여하지 않고 판매할 경우에 판매수익을 기타수익으로 처리하거나 주산물의 매출원가에서 차감하는 방법이다.

① 판매기준법에 의한 분리점과 부산물 판매시점의 회계처리를 예시하면 다음과 같다.

분리점(생산시점)

(차)	제품(X)	xxx	(대) 재공품	xxx
	제품(Y)	xxx		

* 분리점(생산시점)에서는 부산물의 가치를 인식하지 않고 결합원가를 주산물 X,Y에만 배분함. 주산물 X,Y가 분리점에서 바로 완제품이 되는 경우, X, Y에 배분된 결합원가는 제품계정으로 대체됨

부산물 판매시점

(차)	현금	xxx	(대) 기타수익	xxx

* 부산물의 처분으로 인한 순수익을 기타수익으로 처리함

또는

(차)	현금	xxx	(대) 매출원가	xxx

* 부산물의 처분으로 인한 순수익을 주산물의 매출원가에서 차감함

② 예제 5에서 부산물을 판매기준법으로 회계처리한다면 분리점과 부산물의 판매시점에서 다음과 같은 회계처리를 해야 한다.

분리점(생산시점)

(차)	제품(X)	40,000	(대) 재공품	100,000
	제품(Y)	60,000		

* 결합원가의 배분

제품	순실현가능가치		배분비율	결합원가배분액
X	200개 × @400 =	₩80,000	40%	₩40,000
Y	250개 × @480 =	120,000	60	60,000
소계		₩200,000	100%	₩100,000
Z				-
계				₩100,000

부산물 판매시점

(차)	현금	2,000	(대) 기타수익	2,000

* 50개 × @40 = ₩2,000

또는

(차)	현금	2,000	(대) 매출원가	2,000

(3) 판매기준법은 부산물에 대해서 가치를 부여하지 않기 때문에 모든 결합원가는 주산물에만 배분된다. 따라서 판매기준법은 부산물의 가치가 불확실하거나 너무 작아 재고자산이나 이익에 별로 영향을 미치지 않는 경우에 적절한 회계처리방법이다. 작업폐물은 판매가치가 거의 없는 것이 일반적이므로 대부분 판매기준법을 사용하여 회계처리한다.

제5장
기출 OX문제

01 분리점이란 연산품과 부산품 등 결합제품을 개별적인 제품으로 식별할 수 있게 되는 제조과정 중의 한 점을 말한다. (O, X)

02 물량기준법은 제품의 판매가격을 알 수 없을 때 유용하게 사용될 수 있으며, 모든 연산품의 물량 단위당 결합원가 배부액이 같아진다. (O, X)

03 분리점판매가치법에서 분리점의 판매가치를 계산할 때에는 판매량이 아닌 생산량을 이용한다. (O, X)

04 분리점판매가치법은 분리점에서 모든 연산품의 매출총이익률을 같게 만든다. (O, X)

05 순실현가치법은 추가가공 후 모든 연산품의 매출총이익률을 같게 만든다. (O, X)

06 균등이익률법은 추가가공 후 모든 연산품의 매출총이익률을 같게 만든다. (O, X)

07 균등이익률법에서는 조건이 같다면 추가가공원가가 높은 제품에 더 많은 결합원가가 배부된다. (O, X)

08 균등이익률법과 순실현가치법은 추가가공을 고려한 방법이다. (O, X)

09 기업이익을 극대화하기 위한 추가가공 의사결정을 할 때에는 기 배분된 결합원가를 고려하여야 한다. (O, X)

정답 및 해설

01 O
02 O
03 O
04 O
05 X 순실현가치법에 의하면 결합원가만이 이익을 창출하고 추가원가는 이익창출에 공헌하지 못하므로 추가가공한 연산품의 경우 다른 연산품에 비하여 매출총이익률이 하락한다. 따라서 모든 연산품의 매출총이익률은 같지 않다.
06 O
07 X 균등이익률법의 경우 모든 연산품의 매출총이익률이 일치되도록 결합원가를 배분하므로 조건이 같다면 추가가공원가가 높은 제품에 더 적은 결합원가가 배분된다.
08 O
09 X 결합원가는 추가가공 의사결정과 관계없이 이미 발생된 원가(기발생원가 또는 매몰원가라고 함)이므로 고려할 필요가 없다.

제5장

개념확인문제

대표 문제를 학습한 후, 이와 동일한 유형의 문제를 풀며 개념을 익혀보세요.

대표 문제 결합원가의 배분

강릉회사는 두 가지 제품 A, B를 생산하여 판매하고 있다. 이 제품들은 결합생산되며 2월 중의 결합원가는 ₩500,000이다. 두 제품은 모두 분리점 이후 추가가공을 거친 다음 판매된다. 2월의 생산 및 판매자료는 다음과 같다.

구분	제품 A	제품 B	합계
단위당 판매가격	₩900	₩1,500	
단위당 판매비용	100	50	
추가가공원가	400,000	700,000	₩1,100,000
생산량	2,000개	1,000개	3,000개
판매비	1,300	800	2,100

기초재고자산은 없었으며 결합원가는 순실현가능가치법에 의해 배분하고 있다. 2월의 순이익과 기말재고자산원가는 각각 얼마인가?

해답 1. 순실현가능가치(NRV)

제품 A:	2,000개 × (@900 - @100) - ₩400,000 =	₩1,200,000(60%)
제품 B:	1,000개 × (@1,550 - @50) - ₩700,000 =	800,000(40%)
계		₩2,000,000

2. 제조원가: 결합원가배분액+개별원가(추가가공원가)

제품 A:	₩500,000 × 60% + ₩400,000 =	₩700,000
제품 B:	₩500,000 × 40% + ₩700,000 =	900,000
계		₩1,600,000

3. 당기순이익

	제품 A		제품 B		합계
매출액	1,300개 × @990 =	₩1,170,000	800개 × @1,150 =	₩1,240,000	₩2,410,000
매출원가	1,300개 × @350[*1] =	455,000	800개 × @900[*2] =	720,000	1,175,000
매출총이익		₩715,000		₩520,000	₩1,235,000
판매비용	1,300개 × @100 =	130,000	800개 × @50 =	40,000	170,000
당기순이익		₩585,000		₩480,000	₩1,065,000

[*1] 제품 A 단위당 원가: ₩700,000÷2,000개 = @350

[*2] 제품 B 단위당 원가: ₩900,000÷1,000개 = @900

4. 기말재고자산

제품 A:	(2,000개 - 1,300개) × @350 =	₩245,000
제품 B:	(1,000개 - 800개) × @900 =	180,000
계		₩425,000

01 (주)한강은 동일 공정에서 3가지 제품 A, B, C를 생산하고 있다. 결합원가는 분리점에서의 상대적 판매가치를 기준으로 배분하고 있다. 이와 관련된 자료는 다음과 같다.

	A	B	C	합계
생산량	?	?	400개	2,000개
결합원가	₩180,000	?	?	₩360,000
분리점의 판매가치	?	₩280,000	?	800,000

분리점 이후에 C제품 400개에 대하여 총 ₩14,000을 추가로 투입하여 최종제품으로 완성한 다음 단위당 ₩500에 판매하는 경우 C제품의 매출총이익은? [회계사 02]

정답 및 해설

01

1. B제품 결합원가배분액: ₩360,000 × $\frac{280,000}{800,000}$ = ₩126,000

2. C제품의 결합원가배분액: ₩360,000(결합원가) - ₩180,000(A배분액) - ₩126,000(B배분액) = ₩54,000

∴ C제품 매출총이익

매출액: 400개 × @500 =		₩200,000
매출원가		68,000
결합원가배분액	₩54,000	
추가가공원가	14,000	
매출총이익		₩132,000

결합원가계산 제5장 해커스 세무사 眞원가관리회계

02 (주)한국은 단일의 원재료를 결합공정에 투입하여 세 가지 제품 A, B, C를 생산하고있다. 제품 A와 B는 분리점에서 즉시 판매되나, 제품 C는 추가가공을 거쳐서 판매된다. 분리점에서 제품 C의 시장가격은 존재하지 않는다. (주)한국의 20×1년 2월 제품별 생산량, 월말제품재고량 및 판매가격은 다음과 같다.

제품	생산량	월말제품재고량	톤당 판매가격
A	60톤	36톤	₩300
B	80	12	200
C	100	5	140

20×1년 2월 중 발생한 결합원가는 ₩16,000이고, 제품 C의 추가가공원가는 ₩8,000이며, 각 결합제품의 월초재고와 월말재공품은 없었다. (주)한국은 순실현가능가치를 기준으로 결합원가를 배부하고 있다. (주)한국의 20×1년 2월 매출원가와 월말제품은 각각 얼마인가? [회계사 14]

03 (주)세무는 20×1년 4월에 원재료 X를 가공하여 두 개의 결합제품인 제품 A 1,200단위와 제품 B 800단위를 생산하는데 ₩100,000의 결합원가가 발생하였다. 제품 B는 분리점에서 판매할 수도 있지만, 이 회사는 제품 B 800단위 모두를 추가가공하여 제품 C 800단위 생산한 후 500단위를 판매하였다. 제품 B를 추가가공하는데 ₩20,000의 원가가 발생하였다. 4월초에 각 제품의 예상판매가격은 제품 A는 단위당 ₩50, 제품 B는 단위당 ₩75, 제품 C는 단위당 ₩200이었는데, 20×1년 4월에 판매 된 제품들의 가격은 예상판매가격과 동일하였다. (주)세무는 결합원가배부에 순실현가능가치법을 적용하고, 경영목적상 각 제품별 매출총이익을 계산한다. 20×1년 4월 제품 C에 대한 매출총이익은 얼마인가? 단, 월초재고와 월말재공품은 없으며, 공손 및 감손도 없다. [세무사 14]

04 (주)세무는 결합원가 ₩15,000으로 제품 A와 제품 B를 생산한다. 제품 A와 제품 B는 각각 ₩7,000과 ₩3,000의 추가가공원가(전환원가)를 투입하여 판매된다. 순실현가능가치법을 사용하여 결합원가를 배분하면 제품 B의 총제조원가는 ₩6,000이며 매출총이익률은 20%이다. 제품 A의 매출총이익률은? [세무사 17]

정답 및 해설

02 1. 물량흐름도

	생산량	톤당 판매가격	판매량
A	60톤	₩300	24톤
B	80	200	68
C	100	140	95

(결합원가 ₩16,000 → A, B, C / C 추가원가 ₩8,000)

2.

제품	순실현가능가치	배분비율	결합원가	개별원가	총원가	톤당 원가
A	₩18,000	45%	₩7,200	-	₩7,200	₩120
B	16,000	40	6,400	-	6,400	80
C	600*	15	2,400	₩8,000	10,400	104
	₩40,000	100%	₩16,000	₩8,000	₩24,000	

* 100톤 × ₩140 - ₩8,000 = ₩6,000

∴ 매출원가 = 24톤 × @120 + 68톤 × @80 + 95톤 × @104 = ₩18,200

월말제품	5,800
계	₩24,000

03

	제품 A	제품 C	합계
판매가치 ①	1,200단위 × @50 = ₩60,000	800단위 × @200 = ₩160,000	₩220,000
추가가공원가 ②	-	₩20,000	20,000
순실현가능가치 ③ (= ① - ②)	₩60,000(30%)	140,000(70%)	200,000
결합원가배분 ④	30,000	70,000	
총원가 ⑤(= ② + ④)	30,000	90,000	
생산량 ⑥	1,200	800	
단위당원가 ⑦(= ⑤ ÷ ⑥)	@25	@112.5	

∴ 매출총이익 = 500단위 × (@200 - @112.5) = ₩43,750

04 1. 제품 B 매출액 = ₩6,000 ÷ (1 - 20%) = ₩7,500

∴ 제품 B 순실현가능가치 = ₩7,500 - ₩3,000 = ₩4,500

2. 제품 B에 배분된 결합원가는 ₩3,000으로 결합원가배분비율은 20%이고, 제품 A에 배분된 결합원가 배분비율은 80%(₩12,000)임

∴ 제품 A 순실현가능가치 = ₩4,500 × 4 = ₩18,000

3. 제품 A 매출액 = ₩18,000(순실현가능가치) + ₩7,000(분리원가) = ₩25,000

제품 A 매출총이익 = ₩25,000 - ₩12,000 - ₩7,000 = ₩6,000

∴ 제품 A 매출총이익률 = ₩6,000 ÷ ₩25,000 = 24%

05 (주)국세는 동일 공정에서 세 가지 결합제품 A, B, C를 생산하고 있으며, 균등이익률법을 사용하여 결합원가를 배부한다. A와 B는 추가가공을 거치지 않고 판매되며, C는 추가가공원가 ₩200,000을 투입하여 가공한 후 판매된다. 결합제품의 생산량 및 단위당 최종 판매가격에 대한 자료는 다음과 같다.

제품	생산량	단위당 최종 판매가격
A	2,000kg	₩200
B	2,000	100
C	2,500	160

C제품에 배부된 결합원가가 ₩120,000인 경우 총결합원가는 얼마인가? 단, 공손 및 감손은 발생하지 않았고 기초 및 기말재공품은 없는 것으로 가정한다. [세무사 11]

06 (주)한국은 결합생산공정을 통해 결합제품 A와 B를 생산하고 있으며, 균등매출총이익률법을 적용하여 결합원가를 배부한다. 각 결합제품은 분리점에서 즉시 판매될 수도 있으며, 필요하다면 추가가공한 후 판매될 수도 있다. 추가가공원가는 각 제품별로 추적가능하고 모두 변동원가이다. (주)한국은 20×1년에 결합제품 A와 B를 모두 추가가공하여 전량 판매하였으며 20×1년 중 발생한 결합원가는 ₩300,000이다. (주)한국의 20×1년 생산 및 판매 관련 자료는 다음과 같다.

구분	A	B
생산·판매량	3,000단위	5,000단위
분리점에서의 총판매가치	₩250,000	₩330,000
추가가공원가	45,000	60,000
추가가공 후 매출액	300,000	375,000

(주)한국의 결합제품 A와 B에 배분되는 결합원가는 얼마인가? [회계사 17 수정]

정답 및 해설

05 1. C제품의 매출총이익률

(1) 매출액: 2,500 × ₩160 = ₩400,000

(2) 매출원가: ₩200,000 + ₩120,000 = ₩320,000

(3) 매출총이익률: ₩80,000 ÷ ₩400,000 = 0.2(20%)

2. 회사전체의 매출총이익률

(1) 매출액: 2,000 × ₩200 + 2,000 × ₩100 + 2,500 × ₩160 = ₩1,000,000

(2) 매출원가: x(결합원가총액) + ₩200,000

(3) 매출총이익률: (₩800,000 - x) ÷ ₩1,000,000

∴ 결합원가총액(x)는 $\frac{(800,000 - x)}{1,000,000}$ = 0.2이므로

x = ₩600,000

06

제품	최종판매가격	매출원가(총원가)*1	개별원가	원가배분액*2
A	₩300,000	₩180,000	₩45,000	₩135,000
B	375,000	225,000	60,000	165,000
계	₩675,000	₩405,000	₩105,000	₩300,000

*1 회사전체의 매출원가율 = ₩405,000 ÷ ₩675,000 = 60% = 개별제품의 매출원가율

*2 결합원가배분액 = 매출원가 - 개별원가

∴ 매출총이익 = 500단위 × (@200 - @112.5) = ₩43,750

07 (주)한국화학은 20×1년 2월초 영업을 개시하여 당월에 제1공정에서 원재료 R을 가공하여 결합제품 A와 B를 생산한다. 제품 A는 제2공정에서 추가가공을 거쳐 판매되고, 제품 B는 제3공정에서 결합제품 C와 D로 분리된 후 각각 제4공정과 제5공정에서 추가가공을 거쳐 판매된다. 20×1년 2월의 각 공정에서 발생한 원가자료는 다음과 같다.

- 제1공정: 제품 A, B의 결합원가 ₩100,000
- 제2공정: 제품 A의 개별원가(분리원가) 15,000
- 제3공정: 제품 C, D의 결합원가 70,000
- 제4공정: 제품 C의 개별원가(분리원가) 50,000
- 제5공정: 제품 D의 개별원가(분리원가) 20,000

20×1년 2월 (주)한국화학의 제품별 생산량과 kg당 판매가격은 다음과 같다.

제품	생산량	kg당 판매가격
A	500kg	₩120
B	1,000	200
C	800	150

(주)한국화학이 순실현가능가치를 기준으로 결합원가를 배부하는 경우 20×1년 2월 제품 D의 총제조원가는 얼마인가? [회계사 16]

08 (주)대구는 결합공정을 통해 중간재 X를 생산하고, 이를 추가가공하여 결합제품 A와 B를 생산한다. 20×1년 결합공정에서 기초재공품은 없었고, 완성품은 8,000kg, 기말재공품은 1,000kg(완성도 40%)을 생산하였으며, 공손 및 감손은 없었다. 결합제품과 관련된 자료는 다음과 같다.

제품	기초제품수량	생산량	기말제품수량	분리점이후 추가가공원가(총액)	단위당 판매가치
A	100개	4,000개	700개	₩20,000	₩50
B	500	2,000	125	₩40,000	80

당기 중 결합공정에 투입된 직접재료원가는 ₩72,000이었고, 가공원가는 ₩33,600이었다. 결합공정에서 재료는 공정 초에 모두 투입되고, 가공원가는 공정전반에 걸쳐 균등하게 발생한다. 순실현가능가치법으로 결합원가를 배부할 때 결합제품 A에 얼마가 배부되는가? 단, 원가흐름은 평균법을 가정하며, 분리점 이후 추가공정에서 재공품은 없었다. [세무사 10]

09 (주)갑은 종합원가계산과 결합원가계산을 혼합하여 사용한다. 결합공정을 완료하면 연산품 A와 연산품 B가 분리된다. 결합공정에서 발생한 직접재료원가는 ₩8,000이고 가공원가는 ₩2,220이다. 직접재료원가는 결합공정의 초기에 투입된다. 결합공정에서 기초재공품은 없고, 기말재공품은 100톤이며 가공원가 완성도는 40%이다. 공손과 감손은 없다. 연산품 A와 연산품 B의 관련자료는 아래와 같다.

	연산품 A	연산품 B
결합공정 완성량	300톤	400톤
톤당 예상판매가격	₩100	₩50
톤당 추가가공원가	60	0

순실현가능가치법 결합원가배분에 의한 연산품 A의 예상 톤당 영업이익은 얼마인가? [회계사 12]

정답 및 해설

07 1. 물량흐름

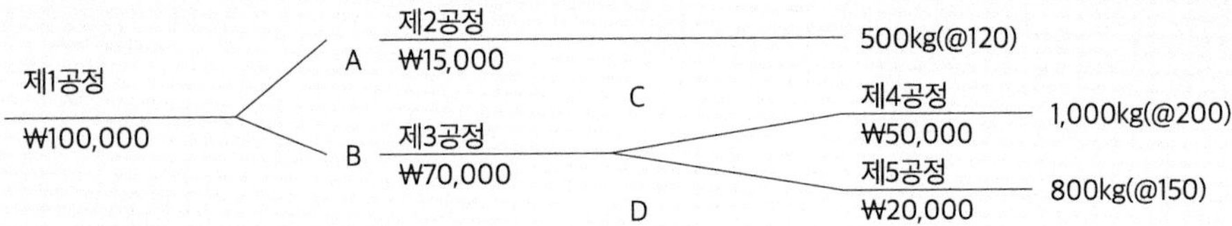

2. 2차 분리점의 순실현가능가치

C: 1,000kg×₩200 - ₩50,000 =	₩150,000(60%)
D: 800kg×₩150 - ₩20,000 =	100,000(40%)
계	₩250,000

3. 1차 분리점의 순실현가능가치

A: 500kg×₩120- ₩15,000 =	₩45,000(20%)
B: ₩250,000 - ₩70,000 =	180,000(80%)
계	₩225,000

∴ 제품 D의 원가: (₩100,000 × 80% + ₩70,000) × 40% + ₩20,000 = ₩80,000

08 1. 결합공정 완성품원가: 총결합원가: 8,000kg × (@8[*1] + @4[*2]) = ₩96,000

[*1] 직접재료원가 환산량 단위당 원가: $\frac{72,000}{9,000kg}$ = @8

[*2] 가공원가 환산량 단위당 원가: $\frac{33,600}{8,000kg + 1,000kg \times 40\%}$ = @4

결합공정 기말재공품원가: 1,000 × @8 + 1,000kg × 40% × @4 = ₩9,600

2. 결합원가 배부비율의 계산: 순실현가능가치(NRV)법

(1) 결합제품 A의 NRV: 4,000개[*1] × @50 - ₩20,000[*2] = ₩180,000(60%)

(2) 결합제품 B의 NRV: 2,000개[*1] × @80 - ₩40,000[*2] = ₩120,000(40%)

[*1] 결합원가 배분을 위해서는 생산량으로 NRV를 계산한다.

[*2] 분리점 이후 추가공정에서 재공품이 없으므로 추가가공원가 총액으로 NRV를 계산한다.

∴ 결합제품 A에 배부될 결합원가 배부액: ₩96,000 × 60% = ₩57,600

09 1. 배분대상 결합원가(완성품원가): 700톤 × ₩10[*1]+700톤 × ₩3[*2] = ₩9,100

[*1] 재료원가완성품환산량 단위당 원가: ₩8,000 ÷ 800톤 = ₩10

[*2] 가공원가완성품환산량 단위당 원가: ₩2,220 ÷ 740톤(700톤 + 100톤 × 40%) = ₩3

2. 순실현가능가치법에 의한 연산품 A 배분액: ₩9,100 × (12,000[*1] ÷ 32,000[*2]) = ₩3,412.5

[*1] 연산품 A의 순실현가치: 300톤 × ₩40 = ₩12,000

[*2] 연산품 B의 순실현가치: 400톤 × ₩50 = ₩20,000

∴ 연산품 A의 톤당 예상영업이익: ₩100 - $\frac{3,412.5}{300톤}$ - ₩60 = ₩28.625

대표 문제 추가가공의사결정

수락회사는 A, B, C의 세 가지 결합제품을 생산하고 있으며, 결합원가는 분리점에서의 상대적 판매가치에 의해 배분된다. 관련자료는 다음과 같다.

	제품 A	제품 B	제품 C	합계
결합원가	?	₩10,000	?	₩100,000
분리점에서의 판매가치	₩80,000	?	?	200,000
추가가공원가	3,000	2,000	₩5,000	
추가가공 후 판매가격	85,000	42,000	120,000	

만약 제품 A, B, C 중 하나만을 추가가공한다면 어느 제품을 추가가공하는 것이 가장 유리하며, 이때 추가가공으로 인해 증가하는 이익은 얼마인가? [세무사 06]

해답 1. 분리점에서의 판매가치

제품 A: ₩80,000

제품 B: ₩200,000×10%(결합원가배분비율이 10%이므로) = ₩20,000

제품 C: ₩200,000 - ₩80,000 - ₩20,000 = ₩100,000

2. 추가가공 여부 의사결정

	A	B	C
추가가공후 판매가격	₩85,000	₩42,000	₩120,000
(-) 분리점에서의 판매가치	80,000	20,000	100,000
증분수익	₩5,000	₩22,000	₩20,000
(-) 증분비용(추가가공비)	3,000	2,000	5,000
증분이익(손실)	₩2,000	₩20,000	₩15,000

∴ 제품 B를 추가가공하는 것이 가장 유리하며 이로 인해 증가하는 이익은 ₩20,000이다.

10 (주)현정은 부문 1에서 원재료 A를 가공하여 2개의 결합제품 B와 C를 생산하는데, 5월 중에 원재료 A 50,000개에 대하여 ₩200,000을 투입하여 B제품 20,000개와 C제품 30,000개를 생산하였다. B제품을 완성하는 데는 추가로 ₩40,000의 분리원가가 발생하였으며 B제품의 단위당 판매가격은 ₩3이었다. 회사는 5월 중에 C제품을 그대로 판매할 수도 있으며, 부문 2에서 C제품 30,000개에 추가로 ₩27,000을 투입하여 D제품 15,000개, E제품 5,000개, F제품 10,000개를 생산할 수도 있다. 한편, 제품 D, E, F를 완성하는데 추가로 소요되는 분리원가와 각 제품의 단위당 판매가격은 다음과 같다.

제품	분리원가	단위당 판매가격
D	₩5,000	₩8
E	1,000	2
F	2,000	6
C	-	4

이 경우 회사가 제품 C를 그대로 판매하는 것과 제품 D, E, F의 형태로 판매하는 것 중에서 올바른 의사결정은? [세무사 02]

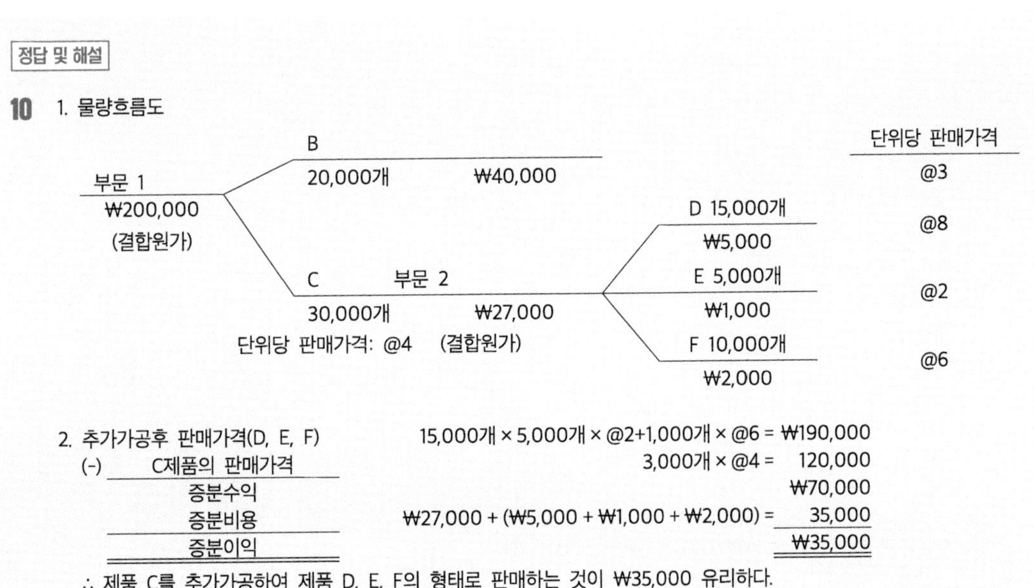

정답 및 해설

10 1. 물량흐름도

2. 추가가공후 판매가격(D, E, F)	15,000개 × 5,000개 × @2+1,000개 × @6 =	₩190,000
(-) C제품의 판매가격	3,000개 × @4 =	120,000
증분수익		₩70,000
증분비용	₩27,000 + (₩5,000 + ₩1,000 + ₩2,000) =	35,000
증분이익		₩35,000

∴ 제품 C를 추가가공하여 제품 D, E, F의 형태로 판매하는 것이 ₩35,000 유리하다.

대표 문제 부산물의 회계처리

(주)영남은 동일한 원료를 결합공정에 투입하여 주산물 X, Y와 부산물 B를 생산한다. 결합원가는 순실현가능가치(net realizable value)를 기준으로 제품에 배부한다. 당기에 결합공정에 투입된 총원가는 ₩150,000이고 주산물 X, Y 및 부산물 B의 분리점에서 순실현가능가치의 상대적 비율은 6 : 3 : 1이었다. 주산물 X에 배부된 결합원가가 ₩80,000이었다면, 부산물 B의 순실현가능가치는 얼마인가? 단, 부산물은 생산된 시점에서 순실현가능가치로 평가하여 재고자산으로 계상한다. [회계사 09]

해답 부산물 B의 순실현가능가치(NRV)를 x라고 하면

제품	NRV 기준 배분비율	결합원가 배분액
X	6/9	₩80,000
Y	3/9	?
소계	1	₩150,000 - x
B		x
계		₩150,000

주산물 X의 결합원가배분액: ₩80,000 = (₩150,000 - x) × $\frac{6}{9}$

∴ 부산물 B의 순실현가능가치: x = ₩30,000

11 (주)세무는 단일 재료를 이용하여 세 가지 제품 A·B·C와 부산물 X를 생산하고 있으며, 결합원가계산을 적용하고 있다. 제품 A와 B는 분리점에서 즉시 판매되나, 제품 C는 분리점에서 시장이 존재하지 않아 추가가공을 거친 후 판매된다. (주)세무의 20×1년 생산 및 판매관련 자료는 다음과 같다.

구분	생산량	판매량	최종 판매가격
A	100ℓ	50ℓ	₩10
B	200	100	10
C	200	50	10
X	50	30	3

20×1년 동안 결합원가는 ₩2,100이고, 제품 C의 추가가공원가는 총 ₩1,000이다. 부산물 X의 단위당 판매비는 ₩1이며, 부산물 평가는 생산기준법(순실현가능가치법)을 적용한다. 순실현가능가치법으로 결합원가를 배부할 때 제품 C의 기말재고자산금액은? 단, 기초재고와 기말재공품은 없다. [세무사 13]

12 (주)국세는 결합공정을 통하여 주산물 X, Y와 부산물 C를 생산하였으며, 결합원가는 ₩50,000이었다. 주산물 X는 추가가공 없이 판매하지만, 주산물 Y와 부산물 C는 추가가공을 거쳐 판매한다. 20×1년의 생산 및 판매 자료는 다음과 같다. 부산물은 생산시점에서 순실현가능가치로 인식한다. 균등매출총이익률법에 의해 각 주산물에 배분되는 결합원가는? [세무사 15]

	주산물 X	주산물 Y	부산물 C
추가가공원가	없음	₩13,400	₩600
생산량	900단위	900단위	200단위
단위당 판매가격	₩30	₩70	₩5

정답 및 해설

11
1. 부산물의 순실현가능가치: 50ℓ×(₩3 - ₩1) = ₩100
2. 분리점에서의 연산품의 순실현가능가치

NRV_A = 100ℓ × ₩10 =	₩1,000(25%)
NRV_B = 200ℓ × ₩10 =	2,000(50%)
NRV_C = 200ℓ × ₩10 - ₩1,000 =	1,000(25%)
계	₩4,000(100%)

3. 제품 C의 단위당 원가
{₩2,000 × 0.25(결합원가 배분액) + ₩1,000(추가가공원가)} ÷ 200ℓ = ₩7.5/ℓ

∴ 제품 C의 기말재고자산 금액: ₩7.5 × 150 = ₩1,125

12

	X	Y	합계
판매가치	900단위 × @30 = ₩27,000	900단위 × @70 = ₩63,000	₩90,000
총원가	₩18,000*1	₩44,000	63,000
결합원가	18,900	30,700	49,600*2
추가가공원가	0	13,400	13,400

*1 원가율이 70%(₩63,000 ÷ ₩90,000)이므로 ₩27,000 × 0.7 = ₩18,900

*2 ₩50,000 - (200 × @5 - 600) = ₩49,600

해커스 세무사 眞원가관리회계

회계사 · 세무사 단번에 합격, 해커스 경영아카데미

cpa.Hackers.com

제2부

원가계산의 관리적 측면에 응용

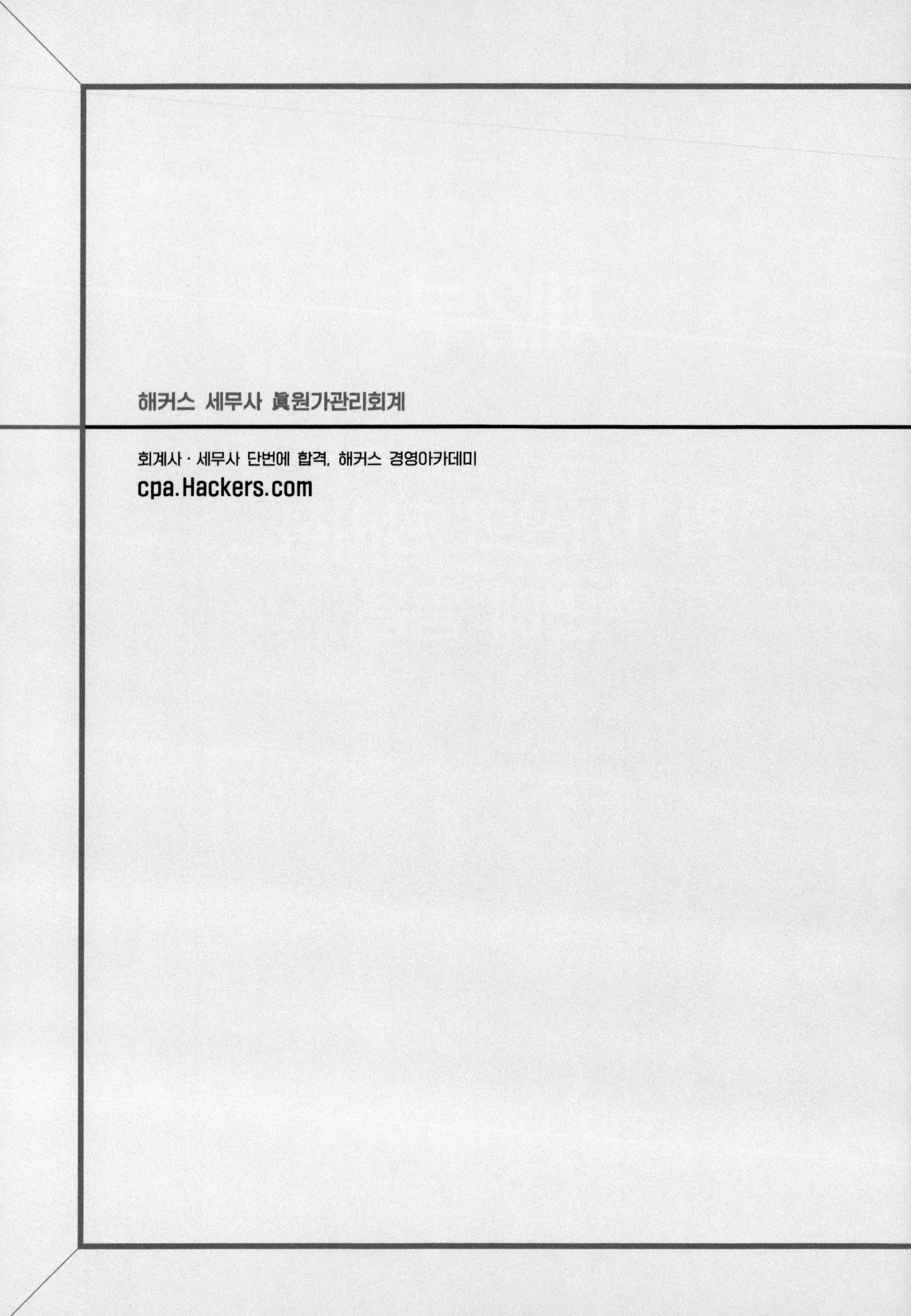
해커스 세무사 眞원가관리회계
회계사 · 세무사 단번에 합격, 해커스 경영아카데미
cpa.Hackers.com

제6장

표준원가계산

제1절 | 표준원가계산의 의의

01 표준원가계산의 정의

표준원가계산(standard costing)이란 직접재료원가, 직접노무원가, 제조간접원가에 대해서 미리 설정해 놓은 표준원가를 이용하여 제품원가를 계산하는 것을 말한다.

(1) 표준원가계산은 모든 원가요소에 대해서 과학적 방법과 통계적 방법에 의하여 현재의 경영조건에서 매우 효율적으로 달성할 수 있는 표준원가를 미리 산정하고, 이를 실제 발생한 원가와 비교하여 그 차이를 분석함으로써 경영자로 하여금 과거의 성과를 평가하고 미래의 성과를 향상시키는 데 유용한 제품원가계산제도이다.

(2) 표준원가계산은 원가관리 및 통제를 위한 사전원가계산이라는 점에 의의가 있으며, 또한 실제원가계산(사후원가계산)이 갖는 문제점을 다음과 같이 해결해 준다.

① **원가정보의 지연**: 실제원가계산을 하는 경우에는 제품이 완성된 후 상당한 기간이 경과해야만 실제금액이 확정되므로 원가계산이 지연되지만, 표준원가를 이용하여 제품원가계산을 하면 제품원가는 표준원가로 계상되기 때문에 원가계산이 신속하고 간편해진다.

② **조업도에 따른 원가의 변동성**: 실제원가는 조업도의 변동에 따라 제품원가가 현저하게 변동하며 정상적인 노력을 하면 피할 수도 있는 비능률요소를 포함하고 있기 때문에 원가통제의 관점에서 보면 부적절하다. 반면에 표준원가계산은 사전에 설정된 표준원가로 제품원가를 계산하므로 실제원가계산에서의 제품원가 변동성 문제를 해결하고 실제원가와 표준원가를 비교하여 그 차이를 분석함으로써 원가통제에 도움을 주는 정보를 제공한다.

이와 같이 표준원가계산은 실제원가계산이 가지는 문제점을 보완하고 경영관리적 측면에서 보다 유용한 정보를 제공하는 원가계산제도인 것이다.

02 표준원가계산의 유용성

일반적으로 표준원가계산은 다음과 같이 계획, 통제, 제품원가계산의 측면에서 매우 유용하다.

(1) **계획**: 표준원가는 예산을 설정하는 데 있어서 기초자료로 활용할 수 있다. 예산(budget)이란 기업의 공식적인 행동계획을 화폐단위로 표시한 것인데, 기업은 예산을 편성하여 기업의 목표를 수립하고 조직의 구성원이 설정된 목표를 효과적이고 효율적으로 달성할 수 있도록 동기를 부여한다. 또한 예산은 사후에 실제 결과와 비교하여 의미있는 성과평가의 기준[1]으로 활용된다. 이와 같이 예산은 다양한 기능을 가지는데, 표준원가가 설정되어 있으면 예산을 용이하게 설정할 수 있다.

1) 원가중심점(제조부문)에서 실제 발생한 제조원가와 비교할 수 있는 예산을 특히 변동예산이라고하며 표준원가가 설정되어 있으면 변동예산 역시 용이하게 설정할 수 있다. 예산에 대한 자세한 내용은 <제13장 책임회계와 성과평가>를 참고하기 바란다.

(2) **통제**: 원가통제(cost control)란 일정한 품질이나 규격을 갖춘 제품을 생산하면서 제품원가가 일정한 범위 내에서 발생하도록 전반적으로 관리하는 것을 말한다. 표준원가계산에서는 달성목표인 표준원가와 실제원가를 비교하여 실제원가가 표준원가의 일정한 범위 내에서 발생하고 있는지를 파악함으로써 원가통제를 보다 효과적으로 수행할 수 있다.

(3) **제품원가계산**: 표준원가를 기준으로 제품원가계산을 하게 되면 원가계산이 신속하고 간편해진다. 즉, 실제원가계산에서는 제품이 완성되었다 하더라도 실제 발생한 제조원가가 집계되어야만 제품원가계산을 할 수 있지만, 표준원가계산에서는 표준원가로 제품원가를 계상하기 때문에 수량만 파악되면 제품원가는 자동적으로 결정된다. 또한 실제원가계산에 있어서 원재료나 제품의 단위당 원가가 상이할 경우에 기말재고금액을 확정하기 위해서는 선입선출법, 평균법 등의 원가흐름의 가정이 필요하지만, 표준원가계산에서는 단위당 표준원가가 설정되어 있기 때문에 이러한 원가흐름의 가정이 필요 없으며 단지 재고자산의 물량만 파악하면 된다. 따라서 표준원가를 이용하면 원가계산이 신속하고 간편해지며, 회계기록 또한 매우 단순화될 수 있다.

03 표준원가의 설정

표준원가계산을 사용하기 위한 출발점은 표준원가를 설정하는 일이다. 표준원가와 달성가능한 표준원가의 개념은 다음과 같다.

(1) 표준원가(standard costs)란 특정 제품을 생산할 때 발생할 것으로 기대되는 원가를 물량 단위로 표시되는 수량표준과 화폐단위로 표시되는 가격표준을 설정하여 제품을 제조하기 이전에 사전적으로 결정한 원가를 말한다.

(2) 표준원가를 설정할 때에는 통상 현실적으로 달성가능한 표준원가(currently attainable standard costs)를 많이 사용한다. 이것은 현재의 경영조건에서 매우 효율적으로 경영이 수행될 때 달성할 수 있는 표준원가이다. 즉, 최선의 작업조건하에서 현재의 생산설비로 달성가능한 최소한의 원가(이상적 표준원가)에 정상적인 기계고장이나 종업원의 휴식 등으로 인한 시간손실 등에서 발생하는 원가(허용손실)를 고려하여 설정된 것이다.

현실적으로 달성가능한 표준원가 = 이상적 표준원가 + 허용손실

표준원가는 제품 1단위를 생산하는 데 필요한 제조원가를 직접재료원가, 직접노무원가, 변동제조간접원가 및 고정제조간접원가로 구분하여 설정하는 것이 일반적인데, 예제 1의 자료를 토대로 표준원가에 대해서 구체적으로 살펴보기로 한다.

예제 1

(주)해커화학은 표준원가계산을 적용하여 제품원가를 계산하려고 한다. 이를 위하여 표준원가를 설정해야 하는데 이와 관련된 자료는 다음과 같다.

(1) 직접재료원가는 제품단위당 2kg을 사용하고 kg당 ₩25에 구입하는 것이 달성가능한 최소한의 원가이다.
(2) 직접노무원가는 제품단위당 3시간을 사용하고 노동시간당 ₩3을 지급하는 것이 달성가능한 최소한의 원가이다.
(3) 변동제조간접원가는 노동시간과 인과관계를 가지며 발생하고 노동시간당 ₩2이 발생하는 것이 달성가능한 최소한의 원가이다.
(4) 고정제조간접원가의 달성가능한 최소한의 원가는 ₩90,000이며, 회사에서 계산한 노동시간의 조업도수준은 다음과 같다.

이론적 최대조업도	실제적 최대조업도	정상조업도	연간기대조업도
30,000시간	22,500시간	15,000시간	18,000시간

(1) 표준직접재료원가의 설정

제품단위당 표준직접재료원가는 재료의 종류별로 제품단위당 표준직접재료수량과 재료단위당 표준가격을 결정한 다음 이 둘을 곱하여 산정한다.

제품단위당 표준직접노무원가 = 제품단위당 표준직접재료수량 × 재료단위당 표준가격
(표준원가) (표준수량(SQ)) (표준가격(SP))

① 제품단위당 표준직접재료수량은 제품 한 단위를 생산하기 위해 투입되어야 할 직접재료의 표준수량을 의미하는데, 작업폐물, 공손, 감손, 증발 등의 정상적인 발생량을 고려하여 결정한다.
② 재료단위당 표준가격이란 재료 1단위의 표준구입가격을 말하는 것으로 현재 및 미래의 가격동향, 경제적 주문량 및 거래방법 등을 고려하여 결정한다. 예제 1에서 제품단위당 표준직접재료원가는 ₩50(2kg × @25)으로 계산된다.

(2) 표준직접노무원가의 설정

제품단위당 표준직접노무원가는 제품단위당 표준직접노동시간과 직접노동시간당 표준가격을 결정한 다음 이 둘을 곱하여 산정한다.

제품단위당 표준직접노무원가 = 제품단위당 표준직접노동시간 × 직접노동시간당 표준가격
(표준원가) (표준수량(SQ)) (표준가격(SP))

① 제품단위당 표준직접노동시간은 제품 한 단위를 생산하기 위해 투입되어야 할 표준직접노동시간을 의미하는데, 종업원들의 불가피한 피로, 생리적 욕구, 대기시간, 기계고장 등을 고려하여 결정한다. 표준노동시간을 결정하기 위해서는 보통 산업공학적 방법으로 시간연구와 동작연구가 선행되어야 한다.
② 직접노동시간당 표준가격은 표준임률을 의미하는 것으로 이는 급여, 수당뿐만 아니라 복리후생비 등 인건비적인 성격을 띤 다른 원가를 포함해야 하며 미래의 임금인상분도 고려해야 한다. 예제 1에서 제품단위당 표준직접노무원가는 ₩9(3시간 × @3)으로 계산된다.

(3) 표준제조간접원가의 설정

제조간접원가는 성격상 그 구성항목이 매우 다양하고 그 항목별 원가를 발생시키는 원인들도 다양하므로 표준제조간접원가를 설정하는 문제는 표준직접재료원가나 표준직접노무원가를 설정하는 것처럼 간단하지 않다. 따라서 표준제조간접원가는 다음과 같은 암묵적인 가정을 전제로 하여 설정하는 것이 일반적이다.

> ① 제조간접원가의 구성항목이 다양하지만 조업도와의 관련성에 따라 그 구성항목을 변동제조간접원가와 고정제조간접원가로 구분할 수 있다고 가정한다.
> ② 제조간접원가의 발생에 영향을 주는 원인들이 다양하지만 단 하나의 중요한 유발요인(조업도)이 변동제조간접원가의 발생을 대표적으로 설명할 수 있다. 즉, 변동제조간접원가는 단 하나의 조업도(직접노동시간, 기계시간 등)에 의해 결정된다고 가정한다.

① 표준변동제조간접원가

제품단위당 표준변동제조간접원가는 제품단위당 표준조업도(배부기준)와 조업도 단위당 표준배부율을 결정한 다음 이 둘을 곱하여 산정한다. 여기서 조업도는 일반적으로 직접노동시간, 기계시간 등이 많이 사용된다.

제품단위당 표준변동제조간접원가	=	제품단위당 표준조업도	×	조업도 단위당 표준배부율
표준원가		표준수량(SQ)		표준가격(SP)

㉠ 변동제조간접원가란 직접노동시간이나 기계시간 등의 조업도가 증가하면 원가총액이 비례적으로 증가하는 제조간접원가로써 연료비, 동력비, 간접재료원가 등을 그 예로 들 수 있다. 연료비는 사용 자원의 운행시간에 따라서 원가가 발생하고 동력비는 사용 전력량에 의해 원가가 발생한다. 그러나 운행시간이든 사용 전력량이든 생산량이 증가하면 그 사용(소비)량도 증가하기 때문에 직접노동시간 등의 단일 변수에 의해 설명할 수 있다.

㉡ 제품단위당 표준조업도는 제품 한 단위를 생산하기 위하여 허용된 조업도를 말하며, 조업도 단위당 표준배부율은 변동제조간접원가와 조업도의 인과관계에 따라 설정되는 변동제조간접원가 표준배부율이다. 예제 1에서 제품단위당 표준변동제조간접원가는 ₩6(3시간 × @2)으로 계산된다.

② 표준고정제조간접원가

제품단위당 표준고정제조간접원가를 설정하기 위해서는 고정제조간접원가의 조업도 단위당 표준배부율을 계산해야 하는데, 이는 고정제조간접원가예산을 일정한 기준조업도로 나누어서 계산한다.

고정제조간접원가의 조업도 단위당 표준배부율 = 고정제조간접원가예산 ÷ 기준조업도

㉠ 고정제조간접원가란 공장건물이나 기계장치의 감가상각비와 수선유지비 및 공장관리비처럼 생산량과는 상관없이 비교적 일정한 수준을 유지하는 간접제조원가를 말한다.

㉡ 고정제조간접원가는 조업도가 변하더라도 원가총액이 변하지 않으므로 일정한 기준조업도를 선택하여 조업도 단위당 표준배부율을 계산해야 한다. 여기서 기준조업도는 <제2장 개별원가계산>에서 살펴본 예정조업도와 같이 이론적 최대조업도, 실제적 최대조업도, 정상조업도, 연간기대조업도가 있는데, 이 중에서 고정제조간접원가의 조업도 단위당 표준배부율을 계산하기 위해 정상조업도나 연간기대조업도가 많이 사용된다. 예제 1의 경우에 각 기준조업도에 따른 고정제조간접

원가의 조업도 단위당 배부율을 계산하면 다음과 같다.

	고정제조간접원가 계산		기준조업도		조업도 단위당 배부율
이론적 최대조업도	₩90,000	÷	30,000시간	=	@3
실제적 최대조업도	90,000	÷	22,500	=	4
정상조업도	90,000	÷	15,000	=	6
연간기대조업도	90,000	÷	18,000	=	5

㉢ 이와 같이 어떤 조업도를 기준조업도로 선택하느냐에 따라 고정제조간접원가의 조업도 단위당 표준배부율은 달라진다. 연간 기대조업도를 기준조업도로 선택하면 예제 1의 경우 조업도 단위당 표준배부율은 직접노동시간당 ₩5이 될 것이다.

㉣ 제품단위당 표준고정제조간접원가는 이와 같이 계산된 조업도 단위당 표준배부율에 제품단위당 표준조업도를 곱하여 계산된다.

제품단위당 표준고정제조간접원가	=	제품단위당 표준조업도	×	조업도 단위당 표준배부율
표준원가		표준수량(SQ)		표준가격(SP)

따라서 예제 1에서 제품단위당 표준고정제조간접원가는 ₩15(3시간 × @5)으로 계산된다.

㉤ 표준고정제조간접원가와 관련하여 유의할 점은 제품단위당 표준고정제조간접원가는 제품원가계산목적상 계산된 금액일 뿐이며, 회사가 달성해야 할 최소고정제조간접원가는 ₩90,000이라는 것이다. 왜냐하면, 고정제조간접원가는 변동제조간접원가와는 달리 조업도의 변동과 원가의 발생이 무관하며 투입과 산출 사이에 비례관계가 존재하지 않으므로 제품단위당 표준고정제조간접원가를 설정하여 실제 발생한 고정제조간접원가를 통제하는 것은 의미가 없기 때문이다.

(4) 표준원가계산표

지금까지 설정한 표준직접재료원가와 표준직접노무원가, 표준제조간접원가를 토대로 제품단위당 표준원가를 구한다. 제품단위당 표준원가를 계산하는 표를 표준원가계산표라 하는데, 예제 1의 경우를 나타내면 다음과 같다.

표준원가계산표

	표준수량	표준가격	표준원가
직접재료원가	2kg/단위	₩25/kg	₩50/단위
직접노무원가	3시간/단위	3/시간	9/단위
변동제조간접원가	3시간/단위	2/시간	6/단위
고정제조간접원가	3시간/단위	5/시간	15/단위
제품단위당 표준원가			₩80/단위

제2절 | 원가차이분석

원가차이분석이란 실제원가와 표준원가를 비교하여 그 원가차이를 분석하는 것을 말한다. 차이분석은 각 원가요소별로, 즉 직접재료원가, 직접노무원가, 변동제조간접원가, 고정제조간접원가 각각에 대하여 행해지며 이의 중요한 차이에 대해서는 그 원인을 분석하고 책임을 규명하여 원가관리의 자료로 이용하게 된다. 원가차이는 유리한 차이(favorable variance: F)와 불리한 차이(unfavorable variance: U)로 나누어지는데, 전자는 실제원가가 표준원가보다 적게 발생하여 순이익을 증가시키는 차이이고, 후자는 반대로 실제원가가 표준원가보다 많이 발생하여 순이익을 감소시키는 차이이다. 다음의 예제를 토대로 각 원가요소별로 차이분석에 대한 내용을 살펴보기로 한다.

예제 2

(주)해커화학은 표준원가계산제도를 채택하고 있으며, 직접노동시간을 기준으로 하여 제조간접원가를 배부하고 있다.

(1) 회사는 단일제품을 생산하고 있는데, 제품단위당 표준원가는 다음과 같다.

	표준수량	표준가격	표준원가
직접재료원가	2kg	₩25/kg	₩50
직접노무원가	3시간	3/시간	9
변동제조간접원가	3시간	2/시간	6
고정제조간접원가	3시간	5/시간	15
제품단위당 표준원가			₩80

(2) 회사의 연간 고정제조간접원가예산은 ₩90,000이고, 연간 18,000직접노동시간의 기준조업도에 근거하여 직접노동시간당 ₩5의 고정제조간접원가 예정배부율을 적용하고 있다.

(3) 회사는 20×1년 중 제품 5,000단위를 생산하였으며, 1년 동안 실제 발생된 제조원가는 다음과 같았다.

직접재료원가: 12,000kg × @27.5 =	₩330,000
직접노무원가: 16,000시간 × @2.5 =	40,000
변동제조간접원가	28,000
고정제조간접원가	80,000
계	₩478,000

(4) 당기의 원재료구입량은 16,000kg이며, kg당 실제구입가격은 ₩27.5이었다.

01 직접재료원가차이

(1) 직접재료원가 총차이

직접재료원가 총차이는 실제직접재료원가와 실제생산량에 허용된 표준직접재료원가의 차이를 말한다. 이를 식으로 나타내면 다음과 같다.

> 직접재료원가 총차이 = (AQ × AP) - (SQ × SP)
> (AQ × AP): 실제원가, (SQ × SP): 표준원가
>
> 단, AQ: 원재료의 실제투입량(사용량)
> AP: 원재료의 단위당 실제가격
> SQ: 실제생산량에 허용된 원재료의 표준투입량(사용량)
> SP: 원재료의 단위당 표준가격

예제 2에서 직접재료원가 총차이를 계산하면 실제원가가 표준원가를 초과하여 불리한 차이 ₩80,000이 발생하였음을 알 수 있다.

(12,000kg × @27.5) - {(5,000개 × 2kg) × @25} = ₩80,000U

(2) 직접재료원가 가격차이와 능률차이

직접재료원가 총차이는 직접재료원가 가격차이와 직접재료원가 능률차이로 나누어지는데, 이를 식으로 나타내면 다음과 같다.

> 직접재료원가 가격차이: (AQ × AP) - (AQ × SP) = AQ × (AP - SP)
> (AQ × AP): 실제원가, (AQ × SP): 실제투입량 × 표준가격
>
> 직접재료원가 능률차이: (AQ × SP) - (SQ × SP) = (AQ - SQ) × SP
> (AQ × SP): 실제투입량 × 표준가격, (SQ × SP): 표준원가

① 직접재료원가 가격차이는 직접재료의 실제투입량이 일정한 경우 직접재료의 가격변동이 직접재료원가에 미치는 영향을 나타내는 것이고, 직접재료원가 능률차이(수량차이라고도 함)는 직접재료의 표준가격이 일정한 경우 직접재료의 실제투입량과 실제생산량에 허용된 표준투입량의 차이를 나타내는 것이다. 예제 2의 직접재료원가 가격차이와 능률차이는 다음과 같다.

직접재료원가 가격차이:	(12,000kg × @27.5) - (12,000kg × @25) =	₩30,000U
직접재료원가 능률차이:	(12,000kg × @25) - {(5,000개 × 2kg) × @25} =	50,000U
직접재료원가 총차이		₩80,000U

② 지금까지 살펴본 직접재료원가 차이는 다음과 같은 형태의 그림과 식으로 요약할 수 있다.

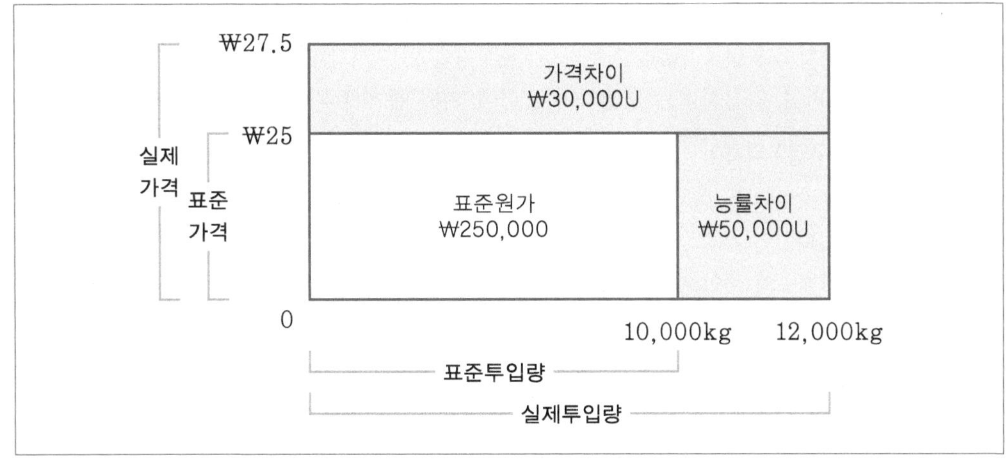

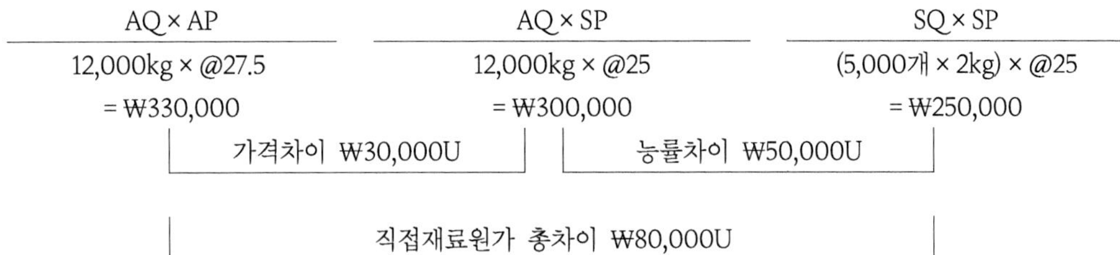

AQ × AP	AQ × SP	SQ × SP
12,000kg × @27.5	12,000kg × @25	(5,000개 × 2kg) × @25
= ₩330,000	= ₩300,000	= ₩250,000

가격차이 ₩30,000U　　능률차이 ₩50,000U

직접재료원가 총차이 ₩80,000U

(3) 직접재료원가 가격차이의 세분

가격차이는 순수가격차이와 가격·능률결합차이로 구성되어 있는데, 이를 식으로 나타내면 다음과 같다.

직접재료원가 가격차이 = AQ × (AP - SP)
= {SQ + (AQ - SQ)} × (AP - SP)
= SQ × (AP - SP) + (AQ - SQ) × (AP - SP)
(순수가격차이: SQ × (AP - SP), 가격·능률결합차이: (AQ - SQ) × (AP - SP))

① 이해를 돕기 위해 예제 2의 직접재료원가 가격차이를 좀 더 세분하여 그림으로 나타내면 다음과 같다.

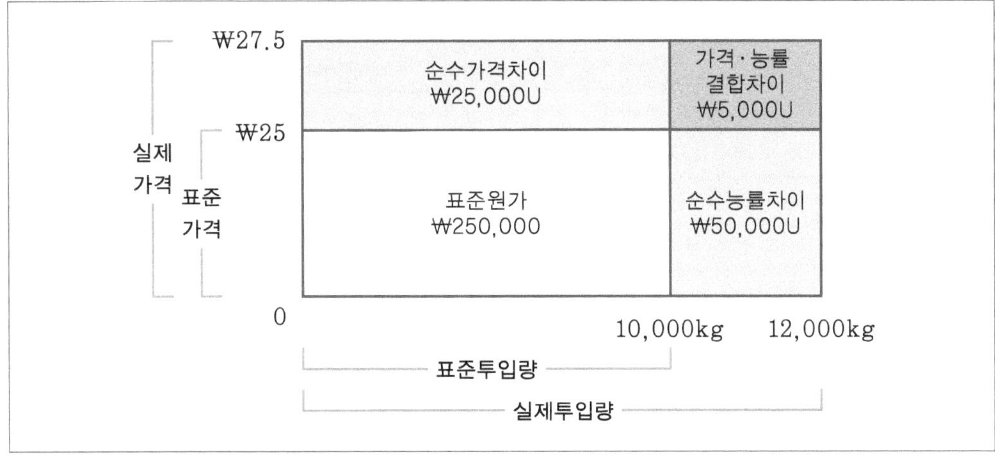

② 위 그림에서 가격·능률결합차이는 일반적으로 가격차이에 포함시키는데, 그 이유는 경영자의 관심은 능률차이에 집중되어야 하기 때문에 능률차이를 순수하게 남겨두기 위해서이다. 왜냐하면, 가격차이는 경영자의 노력과 관련되기보다는 주로 기업 외부(시장)의 영향에 따라 결정되는 외부적 요인에 가까운 반면, 능률차이는 경영자의 노력에 의해 통제가 가능한 내부적 요인이기 때문이다.

(4) 직접재료원가 구입가격차이

직접재료원가 가격차이는 원재료를 구입하는 시점에서 분리할 수도 있고, 원재료의 투입(사용)시점에서 분리할 수도 있다.

① 앞에서는 원재료의 투입(사용)시점에서 가격차이를 분리하였으나 직접재료원가 가격차이는 원재료를 구입하는 시점에서 분리하는 것이 관리목적상 더 좋다고 할 수 있다. 왜냐하면, 가격차이를 구입시점에서 분리하면 구매담당자가 이를 즉시 인식하여 가능한 조치를 취할 수 있기 때문이다.

② 구입시점에서 분리하는 직접재료원가 가격차이를 투입(사용)시점에서 분리하는 가격차이와 구별하기 위하여 직접재료원가 구입가격차이라고도 하는데, 직접재료원가 가격차이를 원재료 구입시점에서 분리하는 경우 직접재료원가 구입가격차이는 구입량을 기초로 계산되고 직접재료원가 능률차이는 투입량을 기초로 계산된다는 점에 유의해야 한다.

> 직접재료원가 구입가격차이: (AQ′ × AP) - (AQ′ × SP) = AQ′ × (AP - SP)
> 직접재료원가 능률차이: (AQ × SP) - (SQ × SP) = (AQ - SQ) × SP
> 단, AQ′: 원재료의 실제구입량
> AQ: 원재료의 실제투입량(사용량)

③ 예제 2에서 직접재료원가 가격차이를 원재료 구입시점에서 분리할 때의 직접재료원가 차이분석을 요약하면 다음과 같다.

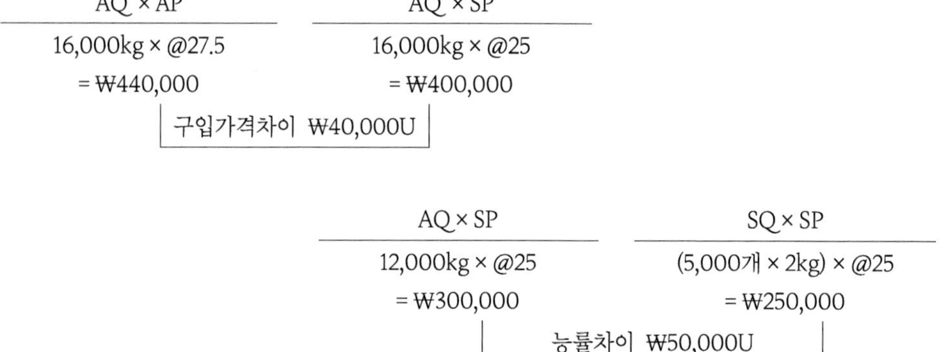

02 직접노무원가차이

(1) 직접노무원가 총차이

직접노무원가 총차이는 실제직접노무원가와 실제생산량에 허용된 표준직접노무원가의 차이를 말한다. 이를 식으로 나타내면 다음과 같다.

> 직접노무원가 총차이 = (AQ × AP) - (SQ × SP)
> (AQ × AP): 실제원가, (SQ × SP): 표준원가
>
> 단, AQ: 실제직접노동시간
> AP: 직접노동시간당 실제임률
> SQ: 실제생산량에 허용된 표준직접노동시간
> SP: 직접노동시간당 표준임률

예제 2에서 직접노무원가 총차이를 계산하면 실제원가가 표준원가에 미달하여 유리한 차이 ₩5,000이 발생하였음을 알 수 있다.

(16,000시간 × @2.5) - {(5,000개 × 3시간) × @3} = ₩(5,000)F

(2) 직접노무원가 가격차이와 능률차이

직접노무원가 총차이는 직접노무원가 가격차이(임률차이라고도 함)와 직접노무원가 능률차이(시간차이라고도 함)로 나누어지는데, 이를 식으로 나타내면 다음과 같다.

> 직접노무원가 가격차이: (AQ × AP) - (AQ × SP) = AQ × (AP - SP)
> (AQ × AP): 실제원가, (AQ × SP): 실제투입량 × 표준가격
>
> 직접노무원가 능률차이: (AQ × SP) - (SQ × SP) = (AQ - SQ) × SP
> (AQ × SP): 실제투입량 × 표준가격, (SQ × SP): 표준원가

① 직접노무원가 가격차이는 실제직접노동시간이 일정하다고 할 때 임률의 변동이 직접노무원가에 미치는 영향을 나타내는 것이고, 직접노무원가 능률차이는 표준임률이 일정할 경우 실제직접노동시간과 실제생산량에 허용된 표준직접노동시간의 차이를 나타내는 것이다. 예제 2의 직접노무원가 가격차이와 능률차이는 다음과 같다.

직접노무원가 가격차이:	(16,000시간 × @2.5) - (16,000시간 × @3) =	₩8,000F
직접노무원가 능률차이:	(16,000시간 × @3) - {(5,000개 × 3시간) × @3} =	3,000U
직접노무원가 총차이		₩5,000F

② 지금까지 살펴본 직접노무원가차이는 다음과 같은 형태의 식으로 요약할 수 있다.

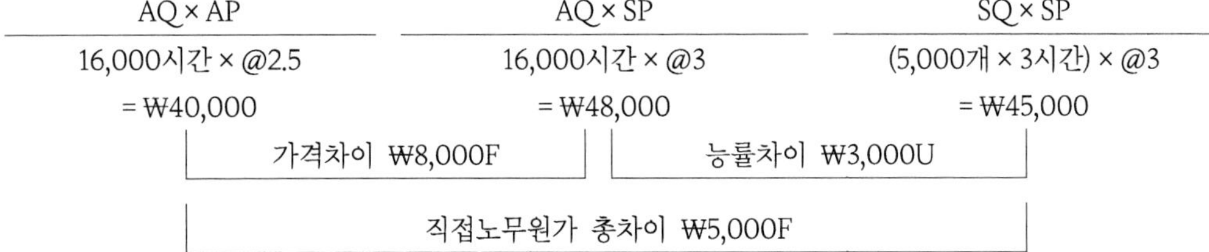

AQ × AP	AQ × SP	SQ × SP
16,000시간 × @2.5	16,000시간 × @3	(5,000개 × 3시간) × @3
= ₩40,000	= ₩48,000	= ₩45,000

가격차이 ₩8,000F　　능률차이 ₩3,000U

직접노무원가 총차이 ₩5,000F

03 변동제조간접원가차이

(1) 변동제조간접원가 총차이

변동제조간접원가 총차이는 실제변동제조간접원가와 실제생산량에 허용된 표준변동제조간접원가의 차이를 말한다. 이를 식으로 나타내면 다음과 같다.

변동제조간접원가 총차이 = (AQ × AP) - (SQ × SP)
(AQ × AP): 실제원가, (SQ × SP): 표준원가

단, AQ: 실제조업도
AP: 조업도 단위당 실제배부율
SQ: 실제생산량에 허용된 표준조업도
SP: 조업도 단위당 표준배부율

예제 2에서 변동제조간접원가 총차이를 계산하면 실제원가가 표준원가에 미달하여 유리한 차이 ₩2,000이 발생하였음을 알 수 있다.

₩28,000 - {(5,000개 × 3시간) × @2} = ₩(2,000)F

(2) 변동제조간접원가 소비차이와 능률차이

변동제조간접원가 총차이는 변동제조간접원가 소비차이와 변동제조간접원가 능률차이로 나누어지는데, 이를 식으로 나타내면 다음과 같다.

변동제조간접원가 소비차이 = (AQ × AP) - (AQ × SP)
(AQ × AP): 실제원가, (AQ × SP): 실제조업도 × 표준배부율

변동제조간접원가 능률차이 = (AQ × SP) - (SQ × SP)
(AQ × SP): 실제조업도 × 표준배부율, (SQ × SP): 표준원가

① 변동제조간접원가 소비차이는 실제변동제조간접원가와 실제조업도에 대한 표준변동제조간접원가(AQ × SP)와의 차이를 나타내는 것이고, 변동제조간접원가 능률차이는 실제조업도에 대한 표준변동제조간접원가(AQ × SP)와 실제생산량에 허용된 표준조업도에 대한 표준변동제조간접원가(SQ × SP)와의 차이를 나타내는 것이다.

② 위의 식에서 실제조업도는 생산요소의 실제투입량(실제직접노동시간, 실제기계시간, 원재료의 실제사용량 등)을 의미한다. 그리고 실제조업도에 대한 표준변동제조간접원가(AQ × SP)는 일반적으로 예산을 편성할 때 표준원가를 이용하기 때문에 실제투입량에 근거한 변동제조간접원가예산이라고도 하며, 실제생산량에 허용된 표준조업도에 대한 표준변동제조간접원가(SQ × SP)는 실제생산량(실제산출량)에 근거한 변동제조간접원가예산이라고도 한다. 예제 2의 변동제조간접원가 소비차이와 능률차이는 다음과 같다.

변동제조간접원가 소비차이: ₩28,000 - (16,000시간 × @2) =	₩4,000F
변동제조간접원가 능률차이: (16,000시간 × @2) - {(5,000개 × 3시간) × @2} =	2,000U
변동제조간접원가 총차이	₩2,000F

③ 지금까지 살펴본 변동제조간접원가 차이는 다음과 같은 형태의 식으로 요약할 수 있다.

AQ × AP	AQ × SP	SQ × SP
	16,000시간 × @2	(5,000개 × 3시간) × @2
₩28,000	= ₩32,000[*1]	= ₩30,000[*2]
소비차이 ₩4,000F		능률차이 ₩2,000U
변동제조간접원가 총차이 ₩2,000F		

[*1] 실제투입량에 근거한 변동제조간접원가예산이라고도 함

[*2] 실제산출량(실제생산량)에 근거한 변동제조간접원가예산이라고도 함

04 고정제조간접원가차이

(1) 고정제조간접원가 총차이

고정제조간접원가 총차이는 실제고정제조간접원가와 고정제조간접원가배부액과의 차이이다. 이 경우에 고정제조간접원가배부액은 실제생산량에 허용된 표준조업도에 조업도 단위당 고정제조간접원가 표준배부율을 곱한 금액이다.

고정제조간접원가 총차이 = 실제발생액(실제원가) - (SQ × SP)(배부액)

단, SQ: 실제생산량에 허용된 표준조업도

SP: 조업도 단위당 표준배부율

예제 2에서 고정제조간접원가 총차이를 계산하면 실제원가가 표준원가(배부액)를 초과하여 불리한 차이 ₩5,000이 발생하였음을 알 수 있다.

₩80,000 - {(5,000개 × 3시간) × @5} = ₩5,000U

(2) 고정제조간접원가 예산차이와 조업도차이

고정제조간접원가 총차이는 고정제조간접원가 예산차이와 고정제조간접원가 조업도차이로 나누어지는데, 이를 식으로 나타내면 다음과 같다.

고정제조간접원가 예산차이 = 실제발생액(실제원가) - (기준조업도 × SP)(예산)

고정제조간접원가 조업도차이 = (기준조업도 × SP)(예산) - (SQ × SP)(배부액)

① 고정제조간접원가는 다른 제조원가요소와는 다르게 특정기간 동안에 일정하게 고정되어 발생하는 비용으로써 투입과 산출 사이에 비례관계가 존재하지 않기 때문에 생산량(조업도)의 변화와 관련이 없다. 따라서 고정제조간접원가는 조업도의 변화에 따라 능률적으로 통제할 수 없는 원가이므로 능률차이를 계산하는 것은 무의미하며, 원가통제를 위해서는 실제발생액과 예산을 총액으로 비교하여 분석해야만 통제에 유용한 차이를 얻을 수 있는데 이 차이를 예산차이(소비차이라고도 함)라 한다.

② 고정제조간접원가는 생산량(조업도)과 비례관계가 존재하지 않는 고정원가임에도 불구하고 개별제품의 단위당 원가를 계산하기 위하여 고정제조간접원가예산을 기준조업도로 나누어서 표준배부율을 계산하여 개별제품에 배부하게 된다. 이러한 이유로 표준배부율에 의하여 제품에 배부된 배부액과 고정제조간접원가예산과는 차이가 발생하는데 이 차이를 조업도차이(생산조업도차이라고도 함)라고 한다. 즉, 조업도차이는 실제생산량에 허용된 표준조업도와 표준배부율을 계산하기 위하여 선택한 기준조업도가 다르기 때문에 발생하는 차이이다.

③ 예제 2의 고정제조간접원가 예산차이와 조업도차이는 다음과 같다.

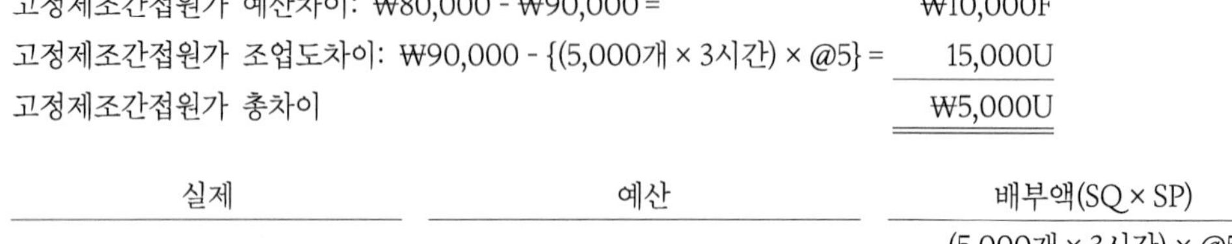

고정제조간접원가 예산차이: ₩80,000 - ₩90,000 =	₩10,000F
고정제조간접원가 조업도차이: ₩90,000 - {(5,000개 × 3시간) × @5} =	15,000U
고정제조간접원가 총차이	₩5,000U

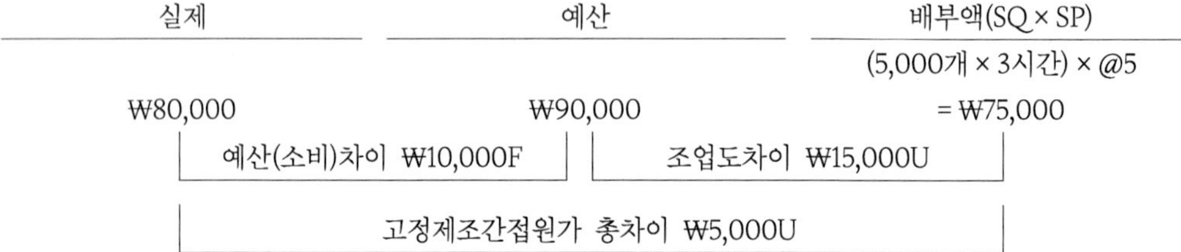

④ 고정제조간접원가 조업도차이와 관련하여 알아둘 점은 기준조업도 미만으로 조업을 한 경우에는 고정제조간접원가예산액보다 제품에 배부된 고정제조간접원가가 더 적을 것이므로 불리한 조업도차이(생산시설의 이용정도가 기대치에 못 미침)가 발생할 것이며, 반대로 기준조업도를 초과하여 조업을 한 경우에는 고정제조간접원가예산액보다 제품에 배부된 고정제조간접원가가 더 많을 것이므로 유리한 조업도차이(생산시설의 이용정도가 기대치를 초과함)가 발생할 것이다. 이를 그림으로 나타내면 다음과 같다.

고정제조간접원가차이

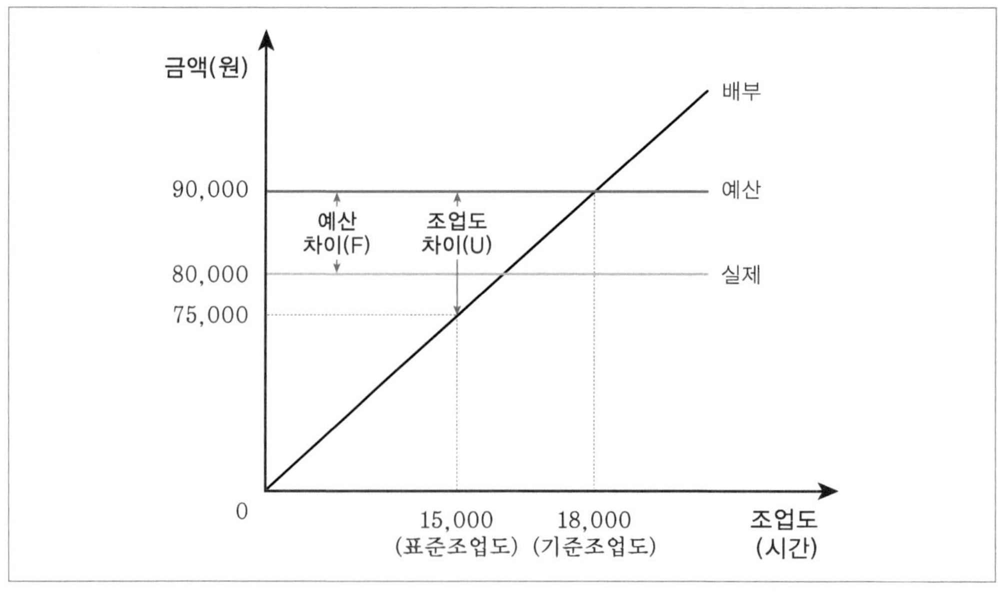

05 원가차이분석의 종합

지금까지 살펴본 각 원가요소별 차이분석을 전체적으로 요약·정리하면 다음과 같다.

원가차이분석의 종합

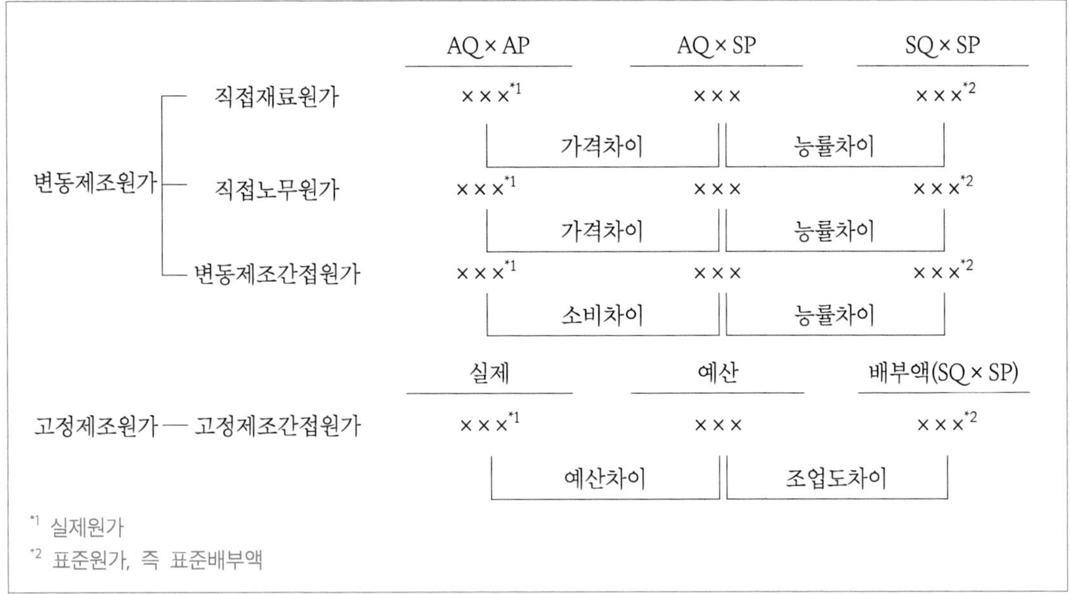

예제 2의 차이분석을 앞에서 언급한 차이모형에 따라 정리하면 다음과 같다(원재료 투입시점에서 가격차이를 분리한다고 가정함).

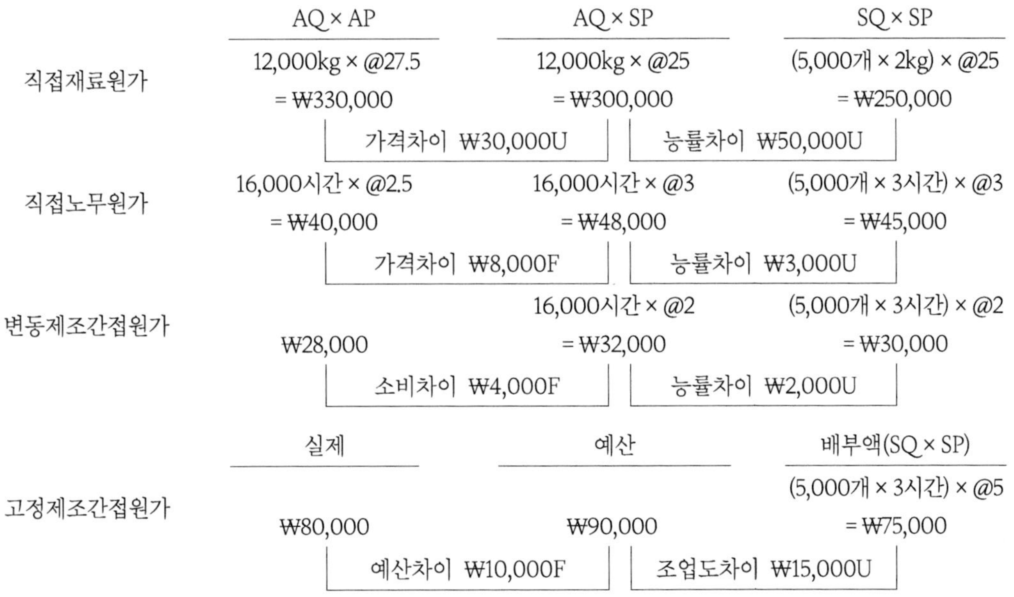

06 다양한 제조간접원가 차이분석

성과보고서의 제조간접원가에 대한 차이분석은 변동제조간접원가와 고정제조간접원가를 구분하여 변동제조간접원가차이는 소비차이와 능률차이로, 고정제조간접원가는 예산차이와 조업도차이로 분석하는 4분법이 일반적이다. 그러나 이 외에도 다양한 제조간접원가 차이분석방법들이 있으므로 이에 대해서 구체적으로 살펴보기로 한다.

(1) 기업에서 발생하는 실제제조간접원가는 변동제조간접원가와 고정제조간접원가로 구분할 수 없는 혼합원가인 경우가 많다. 예를 들어 수선유지비계정 잔액 중에서 변동원가와 고정원가를 구분하는 것은 현실적으로 어렵다. 이와 같이 제조간접원가를 변동제조간접원가과 고정제조간접원가로 구분하기 어려운 경우에는 제조간접원가를 총액으로 분석해야 하며 다음과 같은 제조간접원가 예산식을 사용하여 분석이 이루어진다.

> 제조간접원가예산 = 고정제조간접원가예산 + 예정조업도 × 조업도 단위당 변동제조간접원가
> (예정조업도 × 조업도 단위당 변동제조간접원가: 변동제조간접원가예산)

(2) 위의 식을 이용하여 총제조간접원가예산을 설정할 때 유의할 점은 변동제조간접원가를 발생시키는 예정조업도는 생산량 자체가 아니라 노동시간이나 기계시간 같은 원가동인의 조업도라는 것이다. 따라서 생산량이 동일하더라도 제조간접원가를 발생시키는 원가동인의 조업도가 달라지면 제조간접원가예산은 달라지게 된다.

(예) 제조간접원가를 발생시키는 원가동인을 노동시간으로 파악하였다면 제조간접원가예산은 노동시간(원가동인)과 제조간접원가 사이의 관계를 나타내며 생산량이 동일하더라도 노동시간(원가동인)이 달라진다면 제조간접원가예산은 달라질 수 있다.

(3) 총제조간접원가예산은 예산을 설정할 때 적용하는 원가동인량의 종류에 따라 산출량기준 제조간접원가예산과 투입량기준 제조간접원가예산으로 구분할 수 있다.

① **산출량기준 제조간접원가예산:** 산출량에 허용된 원가동인의 표준투입량 또는 표준원가동인량을 기준으로 계산된 제조간접원가예산으로 변동예산이 이에 해당하며 현재의 산출물을 기준으로 기업전체적으로 달성해야 할 원가목표를 의미한다.

② **투입량기준 제조간접원가예산:** 실제투입된 원가동인량을 기준으로 계산된 제조간접원가예산으로 실제사용된 원가동인량을 기준으로 제조간접원가를 책임지는 부서에서 달성해야 할 원가목표를 의미한다.

(예) 노동시간이 원가동인인 경우 실제산출된 생산량에 필요한 표준노동시간을 기준으로 계산된 제조간접원가예산은 산출량기준 제조간접원가예산이며 실제투입된 노동시간을 기준으로 제조간접원가예산을 계산하면 이는 투입량기준 제조간접원가예산이다.

> 산출량기준 제조간접원가예산 = 고정제조간접원가예산 + (실제생산량에 허용된 표준노동시간) × 조업도 단위당 변동제조간접원가
> (실제생산량에 허용된 표준노동시간: SQ, 조업도 단위당 변동제조간접원가: SP)
>
> 투입량기준 제조간접원가예산 = 고정제조간접원가예산 + (실제투입된 노동시간) × 조업도 단위당 변동제조간접원가
> (실제투입된 노동시간: AQ, 조업도 단위당 변동제조간접원가: SP)

(4) 이상의 두 가지 제조간접원가예산을 이용하여 총제조간접원가의 차이를 분석하면 두 가지 또는 세 가지로 구분되는데, 이를 3분법과 2분법의 제조간접원가차이분석이라고 한다. 이를 도표로 나타내면 다음과 같다.

	실제발생 총제조간접원가	실제투입량에 근거한 총제조간접원가계산	실제산출량에 근거한 총제조간접원가예산 (변동예산)	총제조간접원가 배부액
<3분법>	소비차이	능률차이	조업도차이	
<2분법>	예산차이		조업도차이	

(5) 예제 2를 이용하여 이에 대해서 살펴보기로 하는데, 예제 2의 총제조간접원가예산을 y라고 하면 제조간접원가예산식은 다음과 같다.

제조간접원가예산 y = ₩90,000 + x × ₩2 (단, x는 노동시간)

이 식에서 x는 생산량이 아니라 노동시간(원가동인)이다. 즉, 제조간접원가를 발생시키는 원가동인은 노동시간이라는 것이다. 따라서 제조간접원가예산을 설정할 때는 실제생산량 5,000개에 필요한 표준노동시간 15,000시간(5,000개 × 3시간)을 기준으로 제조간접원가예산(산출량기준 제조간접원가예산)을 계산할 수도 있고 실제투입된 노동시간 16,000시간을 기준으로 제조간접원가예산(투입량기준 제조간접원가예산)을 계산할 수도 있다. 산출량기준 제조간접원가예산과 투입량기준 제조간접원가예산을 그림으로 살펴보면 다음과 같다.

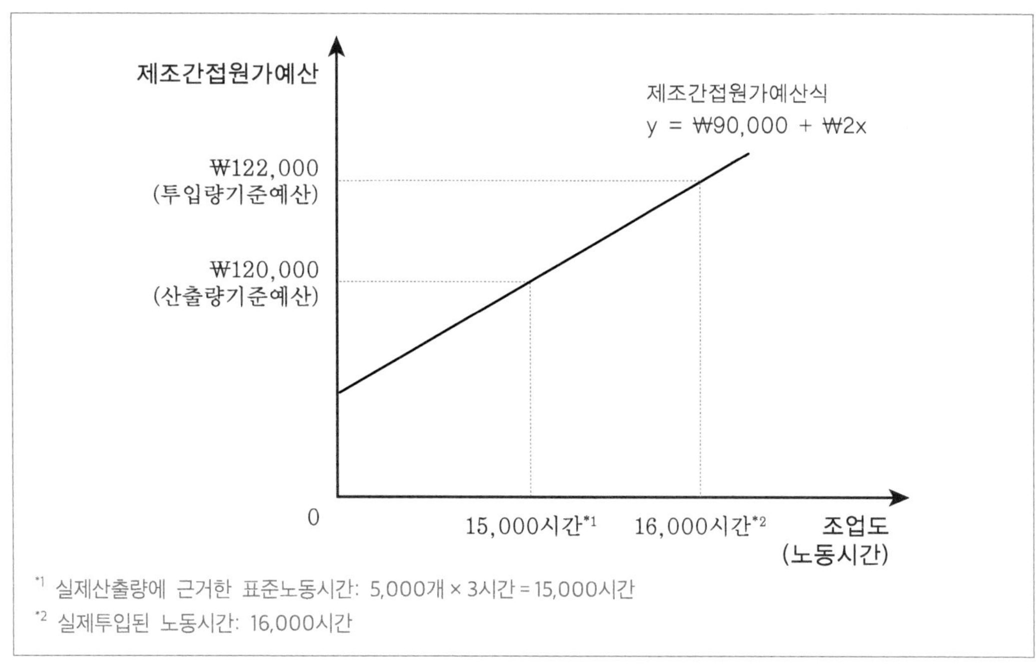

*1 실제산출량에 근거한 표준노동시간: 5,000개 × 3시간 = 15,000시간

*2 실제투입된 노동시간: 16,000시간

(6) 이 두 가지 예산을 이용하여 총제조간접원가를 분석하면 제조간접원가차이는 3분법과 2분법으로 분석하게 된다.

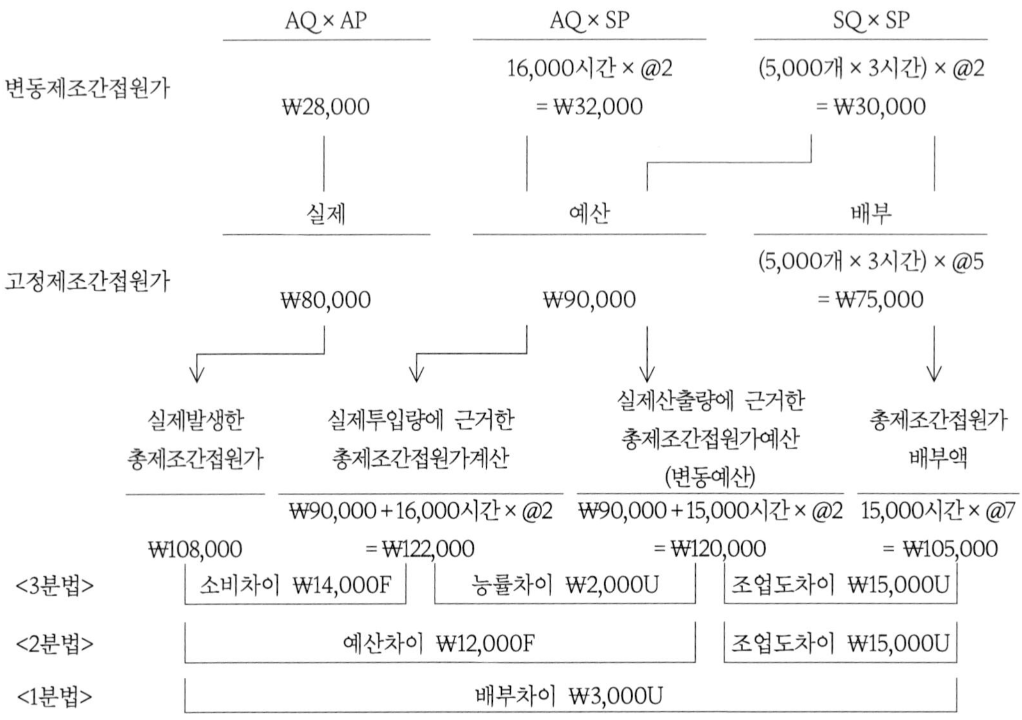

그리고 1분법은 단순히 총제조간접원가의 실제발생액과 배부액의 차이를 묶어서 하나의 차이로 인식하는 방법으로 총체적 분석법이라고도 하는데 이는 제조간접원가 총차이를 의미한다.

(7) 이와 같이 제조간접원가 차이를 분석하는 방법에는 4분법, 3분법, 2분법, 1분법이 있는데, 제조간접원가를 변동제조간접원가와 고정제조간접원가로 구분할 수 있는 경우에는 4분법을 적용하고 그 구분이 용이하지 않은 경우에는 3분법이나 2분법을 적용하게 된다.

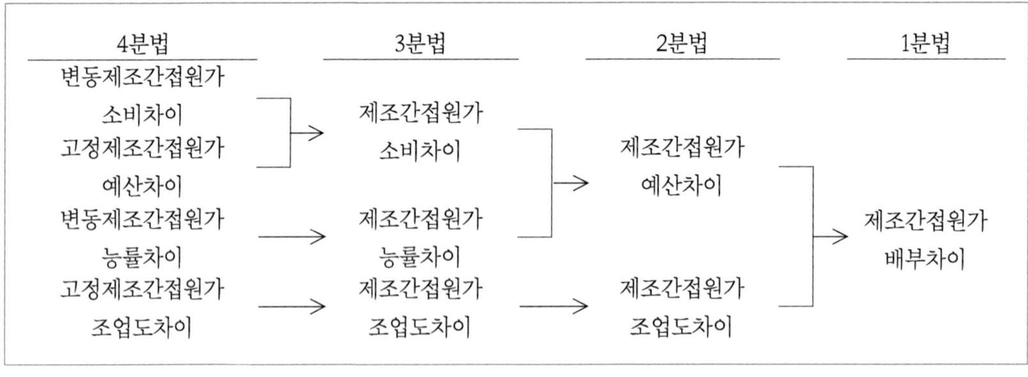

07 차이분석과 예외에 의한 관리

표준원가계산이 갖고 있는 원가통제(cost control)의 유용성은 원가차이의 회계적 분석을 통하여 경영자가 미래에 보다 나은 의사결정을 할 수 있도록 주의를 환기시키고, 예외에 의한 관리(management by exception)를 적용할 수 있도록 하는 데 있다.

(1) 예외에 의한 관리란 실제성과와 예산(표준)과의 차이 중 중요한 부분에 대해서만 경영자가 관리하는 것을 말한다. 즉, 원가차이의 원인 조사에는 많은 시간과 경비가 소요되므로 실제원가와 표준원가의 원가차이가 허용범위를 벗어나는 예외적인 경우에만 원가차이의 원인을 조사한 후 필요한 시정조치를 취하는 것을 말한다.

(2) 예외에 의한 관리가 경영자의 시간을 보다 효율적으로 사용할 수 있게 하므로 매우 유용한 것이 사실이지만 다음과 같은 문제점도 가지고 있음에 유의해야 한다.

① 예외에 의한 관리에서는 중요한 예외사항에 대해서만 차이원인을 조사하고 필요한 시정조치를 취하게 되는데, 이때 어느 정도의 예외사항을 중요한 예외사항으로 볼 것인가 하는 문제가 발생한다. 즉, 어느 정도의 차이가 금액적으로 중요한 차이인가를 결정하는 데에 어려움이 있다.

② 중요한 차이, 즉 일정수준 이상의 차이에만 초점을 맞추면 허용범위 내에서 발생하는 실제원가의 증가추세와 같은 중요한 변동을 초기단계에서 발견하지 못하게 된다.

③ 예외에 의한 관리는 하급자에 대한 동기부여에 문제가 있다. 하급자는 부정적인 예외를 감추고 보고하지 않으려 할 것이며, 원가를 잘 통제하거나 절감하는 등 자신들의 긍정적인 노력에 대해서는 적절한 평가를 받지 못한다고 생각하고 허용된 표준원가를 초과한 항목에 대해서는 엄중한 벌칙을 받는다는 피해의식을 가질 수 있다.

④ 예외에 의한 관리는 상급감독자에게도 문제가 될 수 있다. 상급감독자는 중요한 문제점에만 관심을 가지므로 모든 작업을 철저히 감독하지 못하게 되며, 하급자를 계속 감시하고 억압하는 역할을 수행한다고 생각할 수 있다.

(3) 원가차이를 분석하는 과정에서는 원가요소별 원가차이 상호 간의 상관관계를 고려하여 종합적으로 판단해야 한다.

사례

1. 재료의 구매담당자가 품질이 낮은 재료를 구입하여 유리한 가격차이가 발생하였지만, 이로 인해 제조과정에 투입되는 재료의 수량이나 작업시간이 많아져 불리한 능률차이를 발생시킬 수도 있다.
2. 제조과정에 미숙련공을 많이 투입하면 유리한 가격차이가 발생하지만 이로 인해 작업시간이 표준보다 많아져 불리한 능률차이가 발생할 수도 있다.

따라서 유리한 차이든 불리한 차이든 특정 차이 하나만으로는 실질적인 의미를 갖지 못하기 때문에 원가차이 상호 간의 상관관계를 고려하여 주의깊게 판단해야 한다.

제3절 | 표준원가계산의 회계처리

지금까지 표준원가계산의 의의와 차이분석에 대한 내용을 살펴보았는데, 본 절에서는 표준원가를 이용하여 제품원가를 계산하고 기록하는 과정에 대해서 살펴보기로 한다.

표준원가계산제도를 사용하여 제품원가계산을 할 때에는 실제의 원가흐름을 추적할 필요가 없다. 다만, 실제원가와 표준원가의 차이가 발생하면 그 차이를 기록하고 그 차이가 중요한 경우 외부공표용 재무제표를 작성하기 위해서 원가차이를 조정하는 과정만 거치게 되므로 원가계산이 신속하고 간편해지며, 회계기록도 매우 단순화되는 장점이 있다.

01 원가흐름과 회계처리

표준원가계산제도에서의 원가흐름과 회계처리를 예제 2의 자료를 이용하여 원가요소별로 나타내면 다음과 같다. 단, 본 절에서의 회계처리는 기능별 표시방법에 의한 포괄손익계산서의 작성을 가정한 것이며 표준원가계산에서 발생하는 원가차이 중 불리한 차이는 차변(비용 성격임)에 기록하고 유리한 차이는 대변(비용차감 성격임)에 기록한다.

(1) 직접재료원가

① 원재료 구입

원재료의 구입시점에서 가격차이를 분리할 경우에는 원재료를 구입할 때에 표준가격으로 원재료계정의 차변에 기록하고 실제구입금액과의 차액은 직접재료 구입가격차이계정으로 처리한다. 이 경우에 원재료계정은 항상 표준가격으로 기록된다.

(차)	원재료	400,000*1	(대) 매입채무	440,000*2
	직접재료원가 구입가격차이	40,000		

*1 AQ' × SP = 16,000kg × @25

*2 AQ' × AP = 16,000kg × @27.5

② 원재료 투입(사용)

원재료 투입에 대한 회계처리는 재공품계정의 차변에 실제생산량에 허용된 표준직접재료원가로 기록하고 실제 투입된 원재료의 표준원가와의 차액을 직접재료원가 능률차이계정으로 처리한다.

(차)	재공품	250,000*1	(대) 원재료	300,000*2
	직접재료원가 능률차이	50,000		

*1 SQ × SP = (5,000개 × 2kg) × @25

*2 AQ × SP = 12,000kg × @25

③ 가격차이를 투입시점에서 분리하는 경우

직접재료원가 가격차이를 구입시점이 아닌 투입시점에서 분리한다면 회계처리는 다음과 같다.

㉠ 원재료 구입

(차) 원재료	440,000	(대) 매입채무	440,000

㉡ 원재료 투입(사용)

(차) 재공품	250,000	(대) 원재료	330,000[*1]
직접재료원가 가격차이	30,000[*2]		
직접재료원가 능률차이	50,000		

[*1] AQ × AP = 12,000kg × @27.5

[*2] AQ × (AP - SP) = 12,000kg × (@27.5 - @25)

즉, 원재료 구입 시에는 가격차이를 계산하지 않고 원재료 투입시점에서 그 투입량에 대해서만 가격차이를 계산하므로 원재료계정은 항상 실제원가로 기록된다. 그러나 직접재료원가 가격차이는 관리목적상 원재료 구입시점에서 분리하는 것이 일반적이다.

(2) 직접노무원가

직접노무원가가 발생하면 지급액 또는 미지급액을 실제원가로 종업원급여계정에 기록하고, 재공품계정에 대체할 때에 직접노무원가 가격차이와 능률차이를 구분하여 기록한다.

① 직접노무원가 발생

(차) 종업원급여	40,000	(대) 현금 미지급급여	40,000

* AQ × AP = 16,000시간 × @2.5

② 직접노무원가 대체

(차) 재공품	45,000[*1]	(대) 종업원급여	40,000[*2]
직접노무원가 능률차이	3,000	직접노무원가 가격차이	8,000

[*1] SQ × SP = (5,000개 × 3시간) × @3

[*2] AQ × AP = 16,000시간 × @2.5

(3) 변동제조간접원가

변동제조간접원가가 발생하면 실제원가로 각 항목을 기록하여 변동제조간접원가계정에 집계한다. 변동제조간접원가는 기말에 실제생산량에 허용된 표준배부액을 재공품계정에 기록하고, 실제원가와 표준배부액의 차이를 계산하여 변동제조간접원가 소비차이와 능률차이로 구분하여 기록한다.

① 변동제조간접원가 발생

(차) 노무원가 수선유지비 동력비 등	28,000	(대) 미지급급여 현금 미지급비용 등	28,000

* 실제원가

② 변동제조간접원가 집계

(차)		(대)	
변동제조간접원가	28,000	노무원가 수선유지비 동력비 등	28,000

* 실제원가

③ 변동제조간접원가 배부

(차)		(대)	
재공품	30,000*1	변동제조간접원가	28,000*2
변동제조간접원가 능률차이	2,000	변동제조간접원가 소비차이	4,000

*1 표준배부액(SQ × SP)

*2 실제원가

(4) 고정제조간접원가

고정제조간접원가가 발생하면 실제원가로 각 항목을 기록하여 고정제조간접원가계정에 집계한다. 고정제조간접원가는 기말에 실제생산량에 허용된 표준배부액을 재공품계정에 기록하고 실제원가와 표준배부액의 차이를 계산하여 고정제조간접원가 소비차이와 조업도차이로 구분하여 기록한다.

① 고정제조간접원가 발생

(차)		(대)	
감가상각비 노무원가 수선유지비 동력비 등	80,000	감가상각누계액 미지급급여 현금 미지급비용 등	80,000

* 실제원가

② 고정제조간접원가 집계

(차)		(대)	
고정제조간접원가	80,000	감가상각비 노무원가 수선유지비 동력비 등	80,000

* 실제원가

③ 고정제조간접원가 배부

(차)		(대)	
재공품	75,000*1	고정제조간접원가	80,000*2
고정제조간접원가 조업도차이	15,000	고정제조간접원가 예산차이	10,000

*1 표준배부액(SQ × SP)

*2 실제원가

(5) 제품 및 매출원가계정으로의 대체

재공품계정에는 직접재료원가, 직접노무원가, 제조간접원가가 표준원가로 기록되기 때문에 제품이 완성되고 또한 판매가 이루어지면 제품계정과 매출원가계정에 각각 표준원가로 대체된다. 따라서 물량의 흐름만 파악된다면 회계처리가 간단하고 신속하게 이루어지며 재공품, 제품, 매출원가가 모두 표준원가로 기록되기 때문에 원가흐름의 가정 또한 불필요하게 된다.

① 제품의 완성

(차) 제품	400,000	(대) 재공품	400,000

* 표준원가: 5,000개 × @80 = ₩400,000

그리고 당기에 3,125개의 제품이 판매되었다면 회계처리는 다음과 같다.

② 제품의 판매

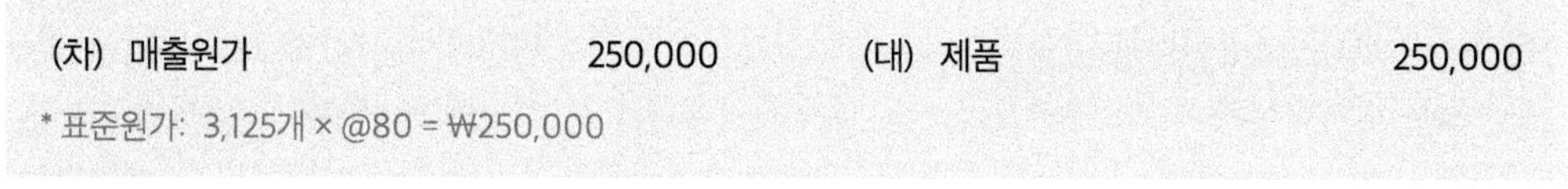

(차) 매출원가	250,000	(대) 제품	250,000

* 표준원가: 3,125개 × @80 = ₩250,000

참고로 지금까지 예제 2의 자료를 이용하여 살펴본 회계처리내용을 T계정 흐름도로 나타내면 다음과 같다.

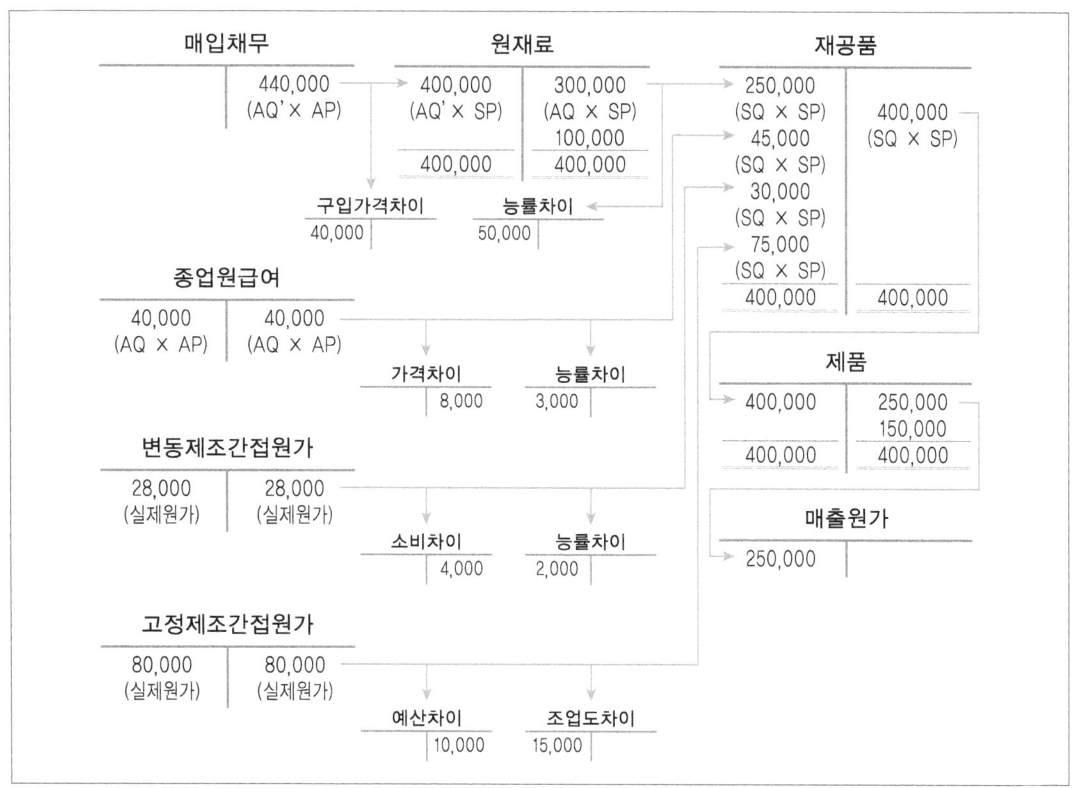

각 원가계산제도하에서의 재공품계정의 비교

	<실제원가계산>		<정상원가계산>		<표준원가계산>	
직접재료원가:	실제원가		실제원가		표준원가	
직접노무원가:	실제원가		실제원가		표준원가	
제조간접원가:	실제원가[*1]		예정배부액[*2]		표준원가[*3]	

[*1] 실제조업도 × 제조간접원가 실제배부율

[*2] 실제조업도 × 제조간접원가 예정배부율

[*3] 실제생산량에 허용된 표준조업도 × 제조간접원가 표준배부율

02 원가차이의 조정

앞에서 살펴본 바와 같이 표준원가계산제도에 의하면 제품원가를 표준원가로 계산하므로 재공품, 제품, 매출원가 등이 모두 표준원가로 기록된다. 그러나 실제원가와 표준원가가 유사하지 않은 경우[2)] 외부공표용 재무제표는 실제발생된 제조원가를 기준으로 작성되어야 하므로 기말에 원가차이를 조정하여 이들 계정을 실제원가 또는 그 근사치로 수정해야 하는데, 이를 회계처리하는 방법에는 비례배분법, 매출원가조정법 및 기타손익법이 있다. 다음의 예제를 토대로 원가차이를 조정하는 방법에 대해서 살펴보기로 한다.

예제 3

(주)해커화학은 20×1년 1월 초에 영업활동을 개시하였으며 표준원가계산제도를 채택하고 있다. 20×1년 12월 말 현재 표준원가로 기록된 각 계정잔액은 다음과 같다.

	원재료	재공품	제품	매출원가	합계
재료원가	₩100,000	₩31,250	₩62,500	₩156,250	₩350,000
가공원가	-	11,250	37,500	93,750	142,500
계	₩100,000	₩42,500	₩100,000	₩250,000	₩492,500

당기의 원가차이는 다음과 같다.

	불리한 차이	유리한 차이
직접재료원가 구입가격차이	₩40,000	
직접재료원가 능률차이	50,000	
직접노무원가 가격차이		₩8,000
직접노무원가 능률차이	5,250	
변동제조간접원가 소비차이		4,000
변동제조간접원가 능률차이	3,500	
고정제조간접원가 예산차이		10,000
고정제조간접원가 조업도차이	18,750	

2) K-IFRS에서는 실제원가와 표준원가가 유사한 경우 즉, 원가차이가 중요하지 않은 경우에는 원가차이를 기타손익으로 처리할 수 있도록 규정하고 있다. 따라서 실제원가와 표준원가가 유사한 경우 외부공표용 재무제표상 재공품, 제품, 매출원가 등을 표준원가로 기록할 수 있다.

(1) 비례배분법

비례배분법은 원가차이를 재고자산과 매출원가의 금액에 비례하여 배분하는 방법이다. 비례배분을 하는 목적은 모든 재고자산계정과 매출원가계정의 잔액을 실제원가 또는 그 근사치가 될 수 있도록 하기 위한 것이다. 원가차이를 비례배분하는 방법에는 ① 원가요소별 비례배분법과 ② 총원가 비례배분법이 있다.

① **원가요소별 비례배분법:** 원가요소별 비례배분법이란 표준원가로 기록되어 있는 각 계정(원재료, 재공품, 제품, 매출원가)에 포함된 원가요소의 비율에 따라 원가차이를 배분하는 방법을 말한다.

㉠ 예제 3의 경우에 원가차이를 원가요소별 비례배분법에 의하여 배분한다면 원가차이의 배분과 회계처리는 다음과 같다.

[배분비율계산]

	원재료	직접재료원가 능률차이	재공품	제품	매출원가	합계
직접재료원가 구입가격차이						
재료원가	₩100,000	₩50,000	₩31,250	₩62,500	₩156,250	₩400,000
배분비율	25%	12.5%	7.81%	15.63%	39.06%	100%
직접재료원가 능률차이						
재료원가			₩31,250	₩62.500	₩156,250	₩250,000
배분비율			12.5%	25.0%	62.5%	100%
직접노무원가 가격차이 및 기타차이						
가공원가			₩11,250	₩37,500	₩93,750	₩142,500
배분비율			7.89%	26.32%	65.79%	100%

[원가차이 배분]

	원재료	직접재료원가 능률차이	재공품	제품	매출원가	합계
직접재료원가 구입가격차이	₩10,000	₩5,000	₩3,124	₩6,252	₩15,624	₩40,000
		(5,000)*	625	1,250	3,125	0
직접재료원가 능률차이			6,250	12,500	31,250	50,000
직접노무원가 가격차이			(631)	(2,106)	(5,263)	(8,000)
직접노무원가 능률차이			414	1,382	3,454	5,250
변동제조간접원가 소비차이			(316)	(1,052)	(2,632)	(4,000)
변동제조간접원가 능률차이			276	921	2,303	3,500
고정제조간접원가 예산차이			(789)	(2,632)	(6,579)	(10,000)
고정제조간접원가 조업도차이			1,479	4,935	12,336	18,750
계	₩10,000	₩0	₩10,432	₩21,450	₩53,618	₩95,500

* 직접재료원가 구입가격차이에서 직접재료원가 능률차이로 배분된 ₩5,000도 재공품, 제품, 매출원가계정에 배분됨

원가차이 배분에 대한 회계처리

(차)	원재료	10,000	(대)	직접재료원가 구입가격차이	40,000
	재공품	10,432		직접재료원가 능률차이	50,000
	제품	21,450		직접노무원가 능률차이	5,250
	매출원가	53,618		변동제조간접원가 능률차이	3,500
	직접노무원가 가격차이	8,000		고정제조간접원가 조업도차이	18,750
	변동제조간접원가 소비차이	4,000			
	고정제조간접원가 예산차이	10,000			

ⓛ 원가요소별 비례배분법을 사용할 경우에 직접재료원가 구입가격차이는 직접재료원가 능률차이에도 배분되어야 한다. 그 이유는 다음과 같은 예로 설명할 수 있다.

예 원재료 16,000kg을 구입하여 12,000kg을 사용하였는데 실제생산량에 허용된 표준투입량(사용량)이 10,000kg이라면 원재료 16,000kg에 대한 구입가격차이는 원재료 4,000kg, 직접재료원가 능률차이 2,000kg, 그리고 재공품, 제품, 매출원가 10,000kg, 즉, 각 계정에 포함된 원재료 수량에 비례하여 배분해야 한다. 즉, 재공품, 제품, 매출원가계정은 표준투입량으로 기록되며 원재료의 실제투입량과 표준투입량의 차이는 직접재료원가 능률차이계정에 기록되기 때문에 직접재료원가 능률차이에도 직접재료원가 구입가격차이는 배분되어야 하는 것이다.

② **총원가 비례배분법**: 총원가 비례배분법이란 표준원가로 기록되어 있는 각 계정(원재료, 재공품, 제품, 매출원가)의 총원가(기말계정잔액)의 비율에 따라 원가차이를 배분하는 방법을 말한다.

㉠ 예제 3의 경우에 원가차이를 총원가 비례배분법에 의하여 배분한다면 원가차이의 배분과 회계처리는 다음과 같다.

[배분비율계산]

	원재료	재공품	제품	매출원가	합계
직접재료원가 구입가격차이					
총원가	₩100,000	₩42,500	₩100,000	₩250,000	₩492,500
배분비율	20.3%	8.6%	20.3%	50.8%	100%
직접재료원가 능률차이 및 기타차이					
총원가		₩42,500	₩100,000	₩250,000	₩392,500
배분비율		10.8%	25.5%	63.7%	100%

[원가차이 배분]

	원재료	재공품	제품	매출원가	합계
직접재료원가 구입가격차이	₩8,120	₩3,440	₩8,120	₩20,320	₩40,000
직접재료원가 능률차이		5,400	12,750	31,850	50,000
직접노무원가 가격차이		(864)	(2,040)	(5,096)	(8,000)
직접노무원가 능률차이		567	1,339	3,344	5,250
변동제조간접원가 소비차이		(432)	(1,020)	(2,548)	(4,000)
변동제조간접원가 능률차이		377	893	2,230	3,500
고정제조간접원가 예산차이		(1,080)	(2,550)	(6,370)	(10,000)
고정제조간접원가 조업도차이		2,025	4,781	11,944	18,750
계	₩8,120	₩9,433	₩22,273	₩55,674	₩95,500

* 차이배분 중 ( )는 유리한 차이를 표시함

원가차이 배분에 대한 회계처리

(차)	원재료	8,120	(대)	직접재료원가 구입가격차이	40,000
	재공품	9,433		직접재료원가 능률차이	50,000
	제품	22,273		직접노무원가 능률차이	5,250
	매출원가	55,674		변동제조간접원가 능률차이	3,500
	직접노무원가 가격차이	8,000		고정제조간접원가 조업도차이	18,750
	변동제조간접원가 소비차이	4,000			
	고정제조간접원가 예산차이	10,000			

㉡ 총원가 비례배분법은 해당 계정의 원가요소를 무시하고 각 계정의 총원가를 기준으로 원가차이를 배분하는 간편법이기 때문에 직접재료원가 구입가격차이를 직접재료원가 능률차이에 배분하지 않는 것이 일반적이다.

㉢ 원가요소별 비례배분법을 사용하기 위해서는 재고자산과 매출원가계정잔액에 대한 원가요소별 상세한 자료가 필요한 반면, 총원가 비례배분법은 총원가(기말계정잔액)에 대한 정보만 있으면 된다. 따라서 원가요소별 비례배분법이 이론적으로 타당하긴 하지만 회계처리의 효익과 원가 간의 균형관계를 고려해 볼 때 총원가 비례배분법을 사용하여 배분하는 것이 보다 바람직하다고 생각된다.

원가차이를 비례배분할 때 유의할 점은 어떤 방법을 사용하더라도 직접재료원가 구입가격차이 외의 원가차이를 원재료계정에 배분해서는 안 된다는 것이다. 만약, 직접재료원가 가격차이가 원재료 투입시점에서 분리될 경우 원재료계정의 기말잔액은 실제원가로 표시되어 있을 것이므로 직접재료원가 가격차이를 포함한 어떤 차이도 원재료계정에 배분되어서는 안 된다는 점에 유의해야 한다.

비례배분법 적용 시 원가차이 조정항목 요약

직접재료원가 가격차이 구분시점	원가차이	기말 원재료	직접재료원가 능률차이	기말 재공품	기말제품	매출원가
구입시점	직접재료원가 구입가격차이	○	○*	○	○	○
	이외의 원가차이	×	×	○	○	○
사용시점	직접재료원가 가격차이	×	×	○	○	○
	이외의 원가차이	×	×	○	○	○

* 총원가 비례배분법 적용 시 배분하지 않는 것이 일반적임

(2) 매출원가조정법

이 방법은 원가차이를 매출원가에서 조정하는 방법으로써 불리한 원가차이는 매출원가에 가산하며 유리한 원가차이는 매출원가에서 차감한다. 이 방법에 의할 경우 원가차이는 모두 매출원가에서 조정되므로 재무제표상의 재공품 및 제품계정은 모두 표준원가로 기록된다.3)

예제 3의 경우에 원가차이를 매출원가조정법으로 처리한다면 회계처리는 다음과 같다.

(차)	매출원가	95,500	(대)	직접재료원가 구입가격차이	40,000
	직접노무원가 가격차이	8,000		직접재료원가 능률차이	50,000
	변동제조간접원가 소비차이	4,000		직접노무원가 능률차이	5,250
	고정제조간접원가 예산차이	10,000		변동제조간접원가 능률차이	3,500
				고정제조간접원가 조업도차이	18,750

즉, 이미 차변에 계상되어 있는 불리한 차이는 대변에, 대변에 계상되어 있는 유리한 차이는 차변에 반대분개를 함으로써 마감하고 순원가차이를 매출원가계정에서 조정한다. 이 방법은 재고자산금액이 매출원가에 비하여 매우 작을 경우에 사용되는 방법이다.

3) 매출원가조정법에서 직접재료원가 가격차이를 원재료 구입시점에서 분리할 경우에는 재무제표상의 재고자산계정 즉, 원재료, 재공품 및 제품계정 모두 표준원가로 기록된다.

(3) 기타손익법

기타손익법은 원가차이 전액을 기타손익으로 처리하는 방법으로써 불리한 차이는 기타비용으로, 유리한 차이는 기타수익으로 처리한다. 이 방법에 의할 경우 재무제표상의 재공품, 제품 및 매출원가계정은 모두 표준원가로 기록된다.[4)]

예제 3의 경우에 원가차이를 기타손익법으로 처리한다면 회계처리는 다음과 같다.

(차)	제조원가차이(기타비용)	95,500	(대)	직접재료원가 구입가격차이	40,000
	직접노무원가 가격차이	8,000		직접재료원가 능률차이	50,000
	변동제조간접원가 소비차이	4,000		직접노무원가 능률차이	5,250
	고정제조간접원가 예산차이	10,000		변동제조간접원가 능률차이	3,500
				고정제조간접원가 조업도차이	18,750

기타손익법은 생산활동, 즉 본래의 영업활동에 따른 원가차이를 기타손익으로 처리한다는 점에서 논리적으로 타당하지 못하므로 비판의 여지가 있다. 다만, 이와 같은 원가차이가 비정상적인 사건에 기인하거나, 실제원가와 표준원가가 유사한 경우 즉, 원가차이가 중요하지 않은 경우에는 기타손익으로 처리해도 무방할 것이다.

03 조정 후 다음 보고기간의 회계처리

표준원가계산제도를 효율적으로 운영하기 위해서는 연중 계속적으로 모든 계정을 표준원가로 기록해야 한다. 따라서 실제원가와 표준원가가 유사하지 않아서 원가차이를 비례배분법으로 조정하여 실제원가로 외부공표용 재무제표를 작성한 경우에는, 다음 보고기간의 기초시점에서는 전기 말의 조정된 원가(실제원가 또는 실제원가 근사치)로 표시된 재고자산계정을 표준원가로 전환하기 위한 반대분개가 필요하다.

(1) 예제 3에서 (주)해커화학이 20×1년 12월 말에 원가차이를 총원가 비례배분법에 의하여 배분하였다면 이러한 비례배분에 의하여 조정된 원가로 표시된 재고자산계정을 표준원가로 전환하기 위해 20×2년 1월초에 다음과 같은 반대분개를 해야 한다.

(차)	직접재료원가 구입가격차이	19,680*	(대)	원재료	8,120
	직접재료원가 능률차이	18,150*		재공품	9,433
	직접노무원가 능률차이	1,906*		제품	22,273
	변동제조간접원가 능률차이	1,270*		직접노무원가 가격차이	2,904*
	고정제조간접원가 조업도차이	6,806*		변동제조간접원가 소비차이	1,452*
				고정제조간접원가 예산차이	3,630*

재고자산계정(원재료, 재공품, 제품)에 배분된 각각의 원가차이금액은 다음과 같다.

4) 기타손익법에서 직접재료원가 가격차이를 원재료 구입시점에서 분리할 경우에는 재무제표상의 재고자산 관련계정 즉, 원재료, 재공품, 제품 및 매출원가계정 모두 표준원가로 기록된다.

	원재료	재공품	제품	합계
직접재료원가 구입가격차이	₩8,120	₩3,440	₩8,120	₩19,680
직접재료원가 능률차이		5,400	12,750	18,150
직접노무원가 가격차이		(864)	(2,040)	(2,904)
직접노무원가 능률차이		567	1,339	1,906
변동제조간접원가 소비차이		(432)	(1.020)	(1,452)
변동제조간접원가 능률차이		377	893	1,270
고정제조간접원가 예산차이		(1,080)	(2,250)	(3,630)
고정제조간접원가 조업도차이		2,025	4,781	6,806
계	₩8,120	₩9,433	₩22,273	₩39,826

(2) (1)에서의 반대분개는 재고자산계정에 배분된 각각의 원가차이를 다시 분리함으로써 모든 재고자산계정을 표준원가로 전환하는 데에 그 목적이 있다. 이때 유의할 점은 모든 원가차이에 대해서 반대분개를 하는 것이 아니라 재고자산에 배분된 금액에 대해서만 반대분개를 한다는 것이다. 왜냐하면, 매출원가는 손익계정이므로 다음 보고기간으로 이월되지 않으므로 매출원가에 배분된 원가차이에 대해서는 반대분개를 할 필요가 없기 때문이다.

(3) 다음 그림은 총원가 비례배분법에 의하여 원가차이를 비례배분한 후에 행해지는 반대분개에 의하여 각 계정이 어떻게 변화되는지를 보여준다.

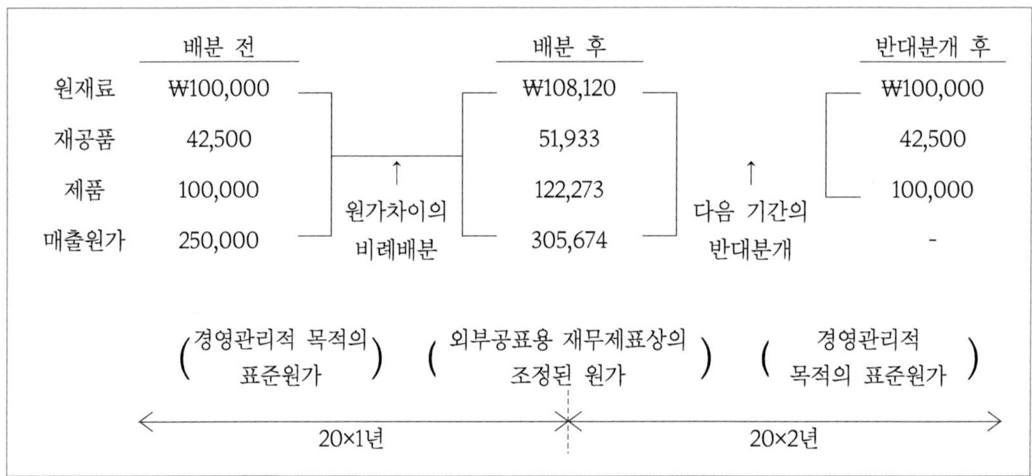

(4) 원가차이 조정 후 다음 보고기간의 회계처리는 원가차이를 비례배분법에 의하여 조정한 경우를 가정한 것이다. 만약, 매출원가조정법이나 기타손익법에 의하여 원가차이를 조정하는 경우에는 조정 후 다음 보고기간에 반대분개를 할 필요가 없다. 왜냐하면, 이들 방법에 의할 경우 모든 원가차이는 매출원가에서 조정되거나 기타손익으로 처리되므로 다음 보고기간으로 이월되는 재고자산계정은 모두 표준원가로 기록되기 때문이다.

제4절 | 표준종합원가계산

01 표준종합원가계산의 의의

표준원가계산은 종합원가계산을 적용하는 시장생산방식뿐만 아니라 개별원가계산을 적용하는 주문생산방식하에서도 사용될 수 있는 원가계산제도이다. 그러나 개별원가계산을 적용하는 기업에서는 정상원가계산제도를 사용하는 것이 일반적이며, 종합원가계산을 적용하는 기업에서는 표준원가계산제도를 사용하는 것이 경영관리적 관점에서 볼 때 훨씬 유용하다. 왜냐하면, 개별원가계산을 적용하는 기업에서는 규격이나 품질이 다양한 제품을 주문생산하기 때문에 모든 개별작업에 대하여 생산요소의 표준수량이나 표준가격을 설정하기가 어렵지만, 종합원가계산을 적용하는 기업에서는 동일한 제품을 연속적으로 대량생산하므로 생산요소의 표준수량과 표준가격을 쉽게 설정할 수 있기 때문이다. 따라서 개별원가계산을 적용하는 기업보다는 종합원가계산을 적용하는 기업에서 표준원가계산을 함께 사용하면 보다 나은 효과를 기대할 수 있다. 본 절에서는 종합원가계산제도를 적용하고 있는 기업이 표준원가계산제도를 어떻게 결합하여 사용하는지 다음 예제를 토대로 자세히 살펴보기로 한다.

예제 4

(주)해커화학은 표준종합원가계산제도를 채택하고 있으며, 매 기간별 제품단위당 표준원가는 일정하다. 관련 자료는 다음과 같다.

(1) 직접노동시간을 기준으로 하여 제조간접원가를 배부하고 있다. 회사는 단일공정에서 단일제품을 생산하고 있는데, 제품단위당 표준원가는 다음과 같다.

	표준수량	표준가격	표준원가
직접재료원가	2kg	₩25/kg	₩50
직접노무원가	3시간	3/시간	9
변동제조간접원가	3시간	2/시간	6
고정제조간접원가	3시간	5/시간	15
제품단위당 표준원가			₩80

(2) 회사의 연간 고정제조간접원가예산은 ₩90,000이고, 연간 18,000직접노동시간의 기준조업도에 근거하여 직접노동시간당 ₩5의 고정제조간접원가 표준배부율을 적용하고 있다.

(3) 20×1년 중 원재료, 재공품, 제품계정의 물량흐름은 다음과 같고, 원재료는 공정초기에 모두 투입되고 가공원가는 공정전반에 걸쳐 균등하게 발생하며, 기초 및 기말재공품의 가공원가 완성도는 각각 20%, 60%이다.

원재료

기초	2,000kg	사용	12,000kg
구입	16,000	기말	6,000
	18,000kg		18,000kg

재공품

기초	1,000개	완성	4,500개
착수	5,000	기말	1,500
	6,000개		6,000개

제품

기초	500개	판매	3,000개
생산	4,500	기말	2,000
	5,000개		5,000개

(4) 당기에 발생한 제조원가에 대한 자료는 다음과 같다.

① 당기 중 원재료 16,000kg을 kg당 ₩27.5에 외상으로 구입하였다.

② 당기 중 발생한 실제가공원가는 다음과 같다.

직접노무원가: 16,000시간 × @2.5 =	₩40,000
변동제조간접원가	28,000
고정제조간접원가	80,000
계	₩148,000

③ 당기 중 노무원가발생액은 ₩54,000(직접노무원가 ₩40,000, 간접노무원가 ₩14,000)으로 이 중 ₩45,000은 현금으로 지급하고 ₩9,000은 당기 말 현재 미지급상태로 남아있다.

④ 당기 중 발생한 실제제조간접원가의 내용은 다음과 같다.

	변동원가	고정원가	합계
간접노무원가	₩4,000	₩10,000	₩14,000
감가상각비	-	50,000	50,000
수선유지비	24,000	20,000	44,000
계	₩28,000	₩80,000	₩108,000

수선유지비 중 ₩4,000은 당기 말 현재 미지급상태로 남아있다.

⑤ 당기 중 3,000개의 제품이 단위당 ₩150에 외상으로 판매되었다.

(5) 회사는 직접재료원가 가격차이를 원재료 구입시점에서 분리하고 있으며, 원가차이를 매출원가조정법에 따라 조정하고 있다.

02 표준종합원가계산의 제조원가보고서

표준원가계산에서는 제품원가를 사전에 설정된 표준원가로 기록하기 때문에 제품의 생산량과 판매량만 파악되면 당기제품제조원가와 매출원가는 자동적으로 결정된다. 따라서 표준원가계산제도하에서는 매 기간별 표준원가가 일정하다면 선입선출법이나 가중평균법 등 원가흐름의 가정은 필요치 않으며, 단지 재고자산의 수량만 파악하면 된다.

(1) 표준종합원가계산에 의한 제조원가보고서는 여러 가지 양식으로 작성될 수 있지만, 표준원가계산에서는 재공품계정이 표준원가로 기록되기 때문에 제조원가보고서를 표준원가로 작성하고 별도로 원가차이 분석을 하는 것이 간편하다. 예제 4에서 표준원가로 기록된 제조원가보고서를 작성하면 다음과 같다.

제조원가보고서

	[1단계]	[2단계] 완성품환산량		
	물량의 흐름	재료원가	가공원가	
기초재공품	1,000개(20%)			
당기착수	5,000			
	6,000개			
당기완성				
기초재공품	1,000개	0개	800개	
당기착수	3,500	3,500	3,500	
기말재공품	1,500(60%)	1,500	900	
	6,000개	5,000개	5,200개	
[3단계] 총원가의 요약				합계
기초재공품원가(표준)				₩56,000
당기발생원가(표준)		₩250,000	₩156,000	406,000
계		₩250,000	₩156,000	₩462,000
[4단계] 환산량 단위당 원가				
완성품환산량		÷ 5,000개	÷ 5,200개	
환산량 단위당 원가(표준)		@50	@30	
[5단계] 원가의 배분				
완성품원가(표준)			4,500개 × @80 =	₩360,000
기말재공품원가(표준)		1,500개 × @50 + 900개 × @30 =		102,000
계				₩462,000

(2) 위의 제조원가보고서를 살펴보면 선입선출법에 의해 작성된 제조원가보고서와 거의 유사하다는 것을 알 수 있다. 이것은 원가흐름의 가정이 도입된 것으로 오해하기 쉽지만, 단지 당기에 투입한(발생한) 실제원가와 당기의 실제생산량에 허용된 표준원가를 쉽게 비교하기 위한 것일 뿐이다. 즉, 실제원가와 표준원가를 비교분석하는 원가차이분석을 행하여 원가통제의 목적을 달성하기 위해서는 당기의 실제생산량에 허용된 표준원가를 산정해야 하는데, 재공품이 존재할 경우에 당기의 실제생산량은 선입선출법에 의한 제조원가보고서상의 완성품환산량(당기완성품환산량)으로 측정된다. 따라서 표준종합원가계산에 의한 제조원가보고서에서는 당기완성품환산량을 산정하고(2단계), 당기완성품환산량(당기의 실제산출량)에 허용된 표준원가를 산정한 다음(4단계에서 3단계로 역산), 완성품과 기말재공품의 표준원가를 산정하는 것이다(5단계).

(3) 위 제조원가보고서의 3단계에서 기초재공품원가는 표준원가로 기록되어 있을 것이므로 ₩56,000(1,000개 × @50 + 200개 × @30)일 것이다. 그리고 당기제조원가(표준)인 재료원가 ₩250,000과 가공원가 ₩156,000은 4단계에서 역산된 것이다. 즉, 재료원가에 대한 당기완성품환산량은 5,000개이므로 이에 제품단위당 표준재료원가 ₩50을 곱하면 당기의 실제생산량에 허용된 표준재료원가 ₩250,000을 산정할 수 있으며, 가공원가에 대한 당기완성품환산량은 5,200개이므로 이에 제품단위당 표준가공원가 ₩30(₩9 + ₩6 + ₩15)을 곱하면 당기의 실제산출량에 허용된 표준가공원가 ₩156,000을 산정할 수 있다. 또한 5단계에서 완성품의 표준원가 ₩360,000은 완성품수량 4,500개에 제품단위당 표준원가 ₩80을 곱하여 산출된 것이다.

(4) 표준원가로 기록된 원재료, 재공품, 제품의 기말재고액과 매출원가를 재료원가와 가공원가로 구분하여 나타내면 다음과 같다.

	재료원가	가공원가	합계
원재료	6,000kg × @25 = ₩150,000	₩0	₩150,000
재공품	1,500개 × @50 = 75,000	900개 × @30 = 27,000	102,000
제품	2,000개 × @50 = 100,000	2,000개 × @30 = 60,000	160,000
매출원가	3,000개 × @50 = 150,000	3,000개 × @30 = 90,000	240,000

(5) 예제 4에 대한 원가차이분석을 나타내면 다음과 같다.

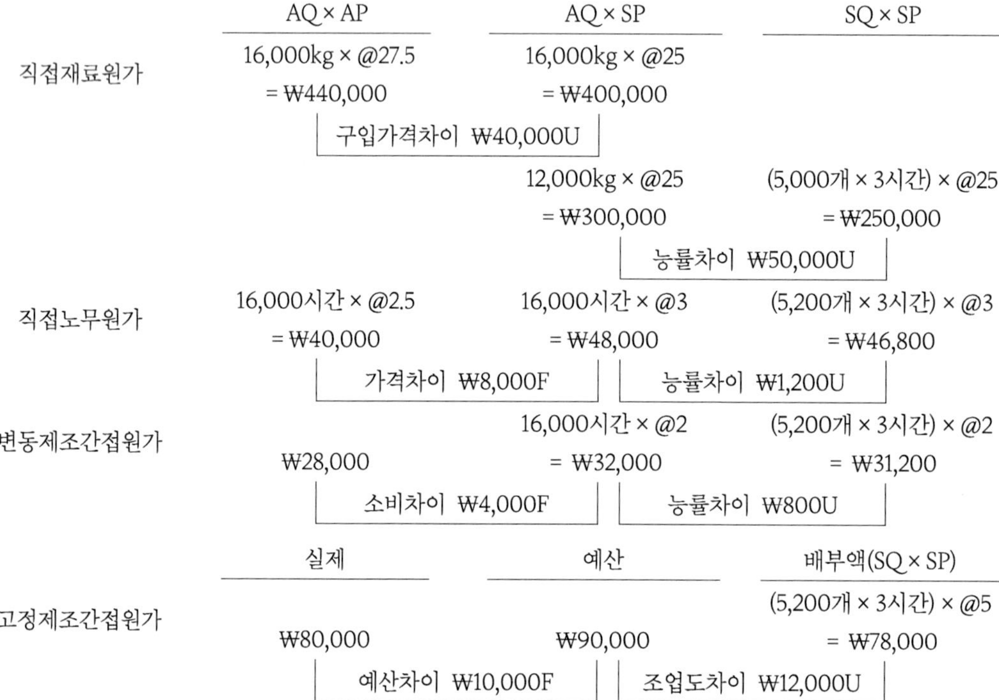

	AQ × AP	AQ × SP	SQ × SP
직접재료원가	16,000kg × @27.5 = ₩440,000	16,000kg × @25 = ₩400,000	
	구입가격차이 ₩40,000U		
		12,000kg × @25 = ₩300,000	(5,000개 × 3시간) × @25 = ₩250,000
		능률차이 ₩50,000U	
직접노무원가	16,000시간 × @2.5 = ₩40,000	16,000시간 × @3 = ₩48,000	(5,200개 × 3시간) × @3 = ₩46,800
	가격차이 ₩8,000F	능률차이 ₩1,200U	
변동제조간접원가	₩28,000	16,000시간 × @2 = ₩32,000	(5,200개 × 3시간) × @2 = ₩31,200
	소비차이 ₩4,000F	능률차이 ₩800U	

	실제	예산	배부액(SQ × SP)
고정제조간접원가	₩80,000	₩90,000	(5,200개 × 3시간) × @5 = ₩78,000
	예산차이 ₩10,000F	조업도차이 ₩12,000U	

(6) 표준종합원가계산에 의한 제조원가보고서의 작성 및 원가차이분석은 연속적으로 행해지며 서로 관련이 있는데, 위 원가차이분석에서 원가요소별 표준원가의 합과 제조원가보고서상의 당기제조원가(표준)의 합은 같아야 한다. 즉, 직접재료의 표준원가(SQ × SP) ₩250,000은 제조원가보고서상의 당기제조원가(표준) 중 재료원가 금액과 동일하고, 노무원가, 변동제조간접원가, 고정제조간접원가의 표준원가(SQ × SP)의 합계 ₩156,000(₩46,800 + ₩31,200 + ₩78,000)은 제조원가보고서상의 당기제조원가(표준) 중 가공원가 금액과 동일하므로 원가차이분석에서 원가요소별 표준원가의 합과 제조원가보고서상의 당기제조원가(표준)의 합은 ₩406,000으로 동일하게 된다.

제5절 | 표준원가계산과 공손

공손품(spoiled units)이란 품질 및 규격이 표준에 미달하는 불합격품을 말한다. 공손품에 대한 원가배분과 회계처리는 <제4장 종합원가계산>에서 살펴본 바와 같이 정상공손이냐 비정상공손이냐의 여부에 따라 그 처리방법이 달라지게 된다.

표준원가계산제도하에서 공손이 발생하는 경우 정상공손원가는 제품원가에 포함시켜야 하며 비정상공손원가는 원가차이로 처리한다. 이와 같이 회계처리하기 위해서는 허용된 정상공손원가를 제품단위당 표준원가에 가산하여 정상제품의 단위당 표준원가를 계산하고, 비정상공손원가에 대해서는 별도로 비정상공손차이 계정을 설정하여 처리하는 것이 일반적이다.

예제 5

(주)해커화학은 표준종합원가계산제도를 채택하고 있으며, 매 기간별 제품단위당 표준원가는 일정하다. 관련 자료는 다음과 같다.

(1) 직접노동시간을 기준으로 하여 제조간접원가를 배부하고 있다. 회사는 단일공정에서 단일제품을 생산하고 있는데, 제품단위당 표준원가는 다음과 같다(매 기간별 제품단위당 표준원가는 일정하다).

	표준수량	표준가격	표준원가
직접재료원가	2kg	₩25/kg	₩50
직접노무원가	3시간	3/시간	9
변동제조간접원가	3시간	2/시간	6
고정제조간접원가	3시간	5/시간	15
제품단위당 표준원가			₩80
정상공손원가: ₩80 × 10% =			8
정상제품 단위당 표준원가			₩88

(2) 회사의 연간 고정제조간접원가예산은 ₩90,000이고, 연간 18,000직접노동시간의 기준조업도에 근거하여 직접노동시간당 ₩5의 고정제조간접원가 표준배부율을 적용하고 있다.

(3) 20×1년 중 원재료, 재공품, 제품계정의 물량흐름은 다음과 같고, 원재료는 공정의 초기에 모두 투입되고 가공원가는 공정전반에 걸쳐 균등하게 발생하며, 기초 및 기말재공품의 가공원가 완성도는 각각 20%, 60%이다.

원재료

기초	2,000kg	사용	12,000kg
구입	16,000	기말	6,000
	18,000kg		18,000kg

재공품

기초	1,000개	완성	4,000개
착수	5,000	공손	500
		기말	1,500
	6,000개		6,000개

제품

기초	1,000개	판매	3,000개
생산	4,000	기말	2,000
	5,000개		5,000개

(4) 당기에 발생한 제조원가에 대한 자료는 다음과 같다.

① 당기 중 원재료 16,000kg을 kg당 ₩27.5에 외상으로 구입하였다.

② 당기 중 발생한 실제가공원가는 다음과 같다.

직접노무원가: 16,000시간 × @2.5 =	₩40,000
변동제조간접원가	28,000
고정제조간접원가	80,000
계	₩148,000

③ 당기 중 노무원가발생액은 ₩54,000(직접노무원가 ₩40,000, 간접노무원가 ₩14,000)으로 이 중 ₩45,000은 현금으로 지급하고 ₩9,000은 당기 말 현재 미지급상태로 남아있다.

④ 당기 중 발생한 실제제조간접원가의 내용은 다음과 같다.

	변동원가	고정원가	합계
간접노무원가	₩4,000	₩10,000	₩14,000
감가상각비	-	50,000	50,000
수선유지비	24,000	20,000	44,000
계	₩28,000	₩80,000	₩108,000

수선유지비 중 ₩4,000은 당기 말 현재 미지급상태로 남아 있다.

⑤ 당기 중 3,000개의 제품이 단위당 ₩150에 외상으로 판매되었다.

⑥ 품질검사를 합격한 수량의 10%에 해당하는 공손수량은 정상공손으로 간주한다. 정상제품 단위당 표준원가에는 정상제품의 10%가 허용된 정상공손원가도 포함되어 있다. 회사는 비정상공손차이계정을 별도로 설정하고 있다.

⑦ 검사는 공정의 100% 완성시점에서 이루어진다. 그리고 회사는 직접재료원가 가격차이를 원재료 구입시점에서 분리하고 있으며, 원가차이를 매출원가조정법에 따라 조정하고 있다.

(1) 예제 5를 살펴보면 500개의 공손품이 발생한 점과 품질검사를 합격한 수량의 10%를 정상공손으로 간주한다는 점을 제외하고는 예제 4와 동일하다는 것을 알 수 있다. 비정상공손차이계정을 설정하여 비정상공손원가를 처리할 경우에는 예제 5에서와 같이 제품단위당 표준원가 ₩80에 허용된 정상공손원가 ₩8(₩80 × 10%)을 가산하여 정상제품 단위당 표준원가 ₩88을 계산한다. 예제 5에서 검사시점이 공정의 100% 완성시점이므로 당기에 검사를 합격한 수량은 기초재공품 완성량 1,000개와 당기착수완성량 3,000개를 합한 4,000개이다. 따라서 정상공손수량은 400개(4,000개 × 10%)이며, 비정상공손수량은 총공손수량 500개에서 정상공손수량 400개를 차감한 100개이다. 또한 검사시점이 공정의 100% 완성시점이므로 공손품의 가공원가 완성도는 100%이다.

(2) 예제 5의 자료에 의하여 표준원가로 기록된 제조원가보고서를 작성하면 다음과 같다.

제조원가보고서

	[1단계]	[2단계] 완성품환산량		
	물량의 흐름	재료원가	가공원가	
기초재공품	1,000개(20%)			
당기착수	5,000			
	6,000개			
당기완성				
기초재공품	1,000개	0개	800개	
당기착수	3,000	3,000	3,000	
정상공손	400(100%)	400	400	
비정상공손	100(100%)	100	100	
기말재공품	1,500(60%)	1,500	900	
	6,000개	5,000개	5,200개	
[3단계] 총원가의 요약				합계
기초재공품원가				₩56,000
당기발생원가		₩250,000	₩156,000	406,000
계		₩250,000	₩156,000	₩462,000
[4단계] 환산량 단위당 원가				
완성품환산량		÷5,000개	÷5,200개	
환산량 단위당 원가		@50	@30	
[5단계] 원가의 배분				
(1차 배분)				
완성품원가			4,000개 × @80 =	₩320,000
정상공손원가			400개 × @80 =	32,000
비정상공손원가			100개 × @80 =	8,000
기말재공품원가			1,500개 × @50 + 900개 × @30 =	102,000
계				₩462,000
(2차 배분)				
		배분 전 원가	정상공손원가배분	배분 후 원가
완성품원가		₩320,000	₩32,000	₩352,000
정상공손원가		32,000	(32,000)	0
비정상공손원가		8,000		8,000
기말재공품원가		102,000		102,000
계		₩462,000	₩0	₩462,000

(3) 위 제조원가보고서의 2단계에서 당기완성품환산량은 공손품수량을 포함하여 계산하고, 3단계에서 기초재공품의 표준원가는 ₩56,000(1,000개 × @50 + 200개 × @30)이며 당기의 표준제조원가인 재료원가 ₩250,000과 가공원가 ₩156,000은 4단계에서 역산된 것이다. 또한 5단계에서 완성품, 정상공손품 및 비정상공손품의 표준원가는 각각 완성품수량, 정상공손품수량 및 비정상공손품수량에 제품단위당 표준원가 ₩80을 곱하여 산출한다. 이때 정상공손은 제품을 생산하기 위하여 불가피하게 발생한 것이므로 정상공손품에 투입된 원가는 제품원가에 포함시켜야 하는데, 기말재공품이 검사시점을 통과하지 않았기 때문에 정상공손원가는 전액 완성품에만 배분하여야 하며 비정상공손원가는 비정상공손차이계정으로 처리한다.

(4) 비정상공손차이는 일상적인 영업활동과 관계없이 비정상적인 사건에 의한 것이므로 불리한 비정상공손차이가 발생할 경우에는 기말에 이를 기타비용으로 처리해야 한다.

(5) 공손이 허용한도 내에서 발생할 경우 표준종합원가계산에서는 허용한도를 정상공손으로 간주하므로 부의 비정상공손, 즉 유리한 비정상공손차이가 발생할 수 있다. 이와 같이 유리한 비정상공손차이가 발생할 경우에는 이를 기타수익으로 처리해서는 안 되며 다른 유리한 차이와 동일하게 매출원가에서 차감하거나 각 계정에 비례배분해야 한다.[5] 왜냐하면, 제조과정에서 공손품이 예상보다 적게 발생하였다고 해서 이를 수익으로 인식하는 것은 논리적으로 타당하지 못하기 때문이다.

(6) 예제 5에 대한 원가차이분석을 나타내면 다음과 같다.

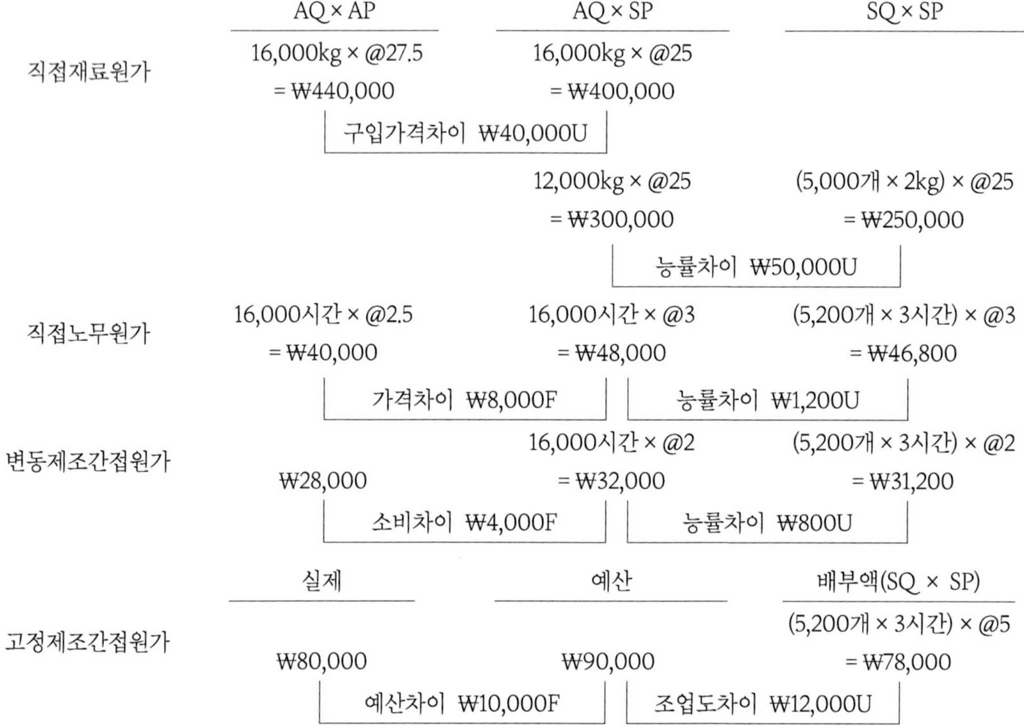

위에서 살펴본 원가차이분석에서 원가요소별 표준원가(SQ × SP)의 합계 ₩406,000(₩250,000 + ₩46,800 + ₩31,200 + ₩78,000)은 제조원가보고서상 당기의 표준제조원가와 동일해야 한다.

5) 기말이 되면 비정상공손차이의 순액이 '0'이 될 것이라는 가정하에 중간재무제표에서는 보통 비정상공손차이를 재고자산의 조정항목으로 처리한다. 즉, 불리한 차이는 재고자산에 가산하고 유리한 차이는 재고자산에서 차감한다.

제6장

기출 OX문제

01 조업도수준에 대한 추정의 오류에서 발생하는 고정제조간접원가의 과소 또는 과대배부를 조업도차이라고 부른다. (O, X)

02 실제조업도가 기준조업도를 초과하면 고정제조간접원가배부액이 예산액보다 작아져서 과소배부가 발생하고, 반대로 실제조업도가 기준조업도보다 낮으면 배부액이 예산액보다 커져서 과대배부가 발생한다. (O, X)

03 표준원가와 실제원가의 차이를 원가요소별로 안분하여 수정분개하면 처음부터 실제원가로 계산한 것과 동일한 결과가 재무제표에 반영된다. (O, X)

04 불리한 원가차이가 발생한 경우 실제원가와 표준원가의 차이를 원가요소별로 안분하는 방법이 매출원가에 전액 반영하는 방법보다 더 보수적인 회계처리이다. (O, X)

정답 및 해설

01 O

02 X 실제조업도가 기준조업도를 초과하면 고정제조간접원가배부액이 예산액보다 커져서 과대배부가 발생하고, 반대로 실제조업도가 기준조업도보다 낮으면 배부액이 예산액보다 작아져서 과소배부가 발생한다.

03 O

04 X 불리한 원가차이의 경우 해당 차이를 매출원가에 전액 반영하는 방법이 원가요소별로 안분하는 방법보다 매출원가 금액이 커지므로 이익이 작아져 더 보수적인 회계처리이다.

제6장

개념확인문제

대표 문제를 학습한 후, 이와 동일한 유형의 문제를 풀며 개념을 익혀보세요.

대표 문제 원가차이분석(1)

대한회사는 표준원가계산제도를 채택하고 있다. 다음은 재료원가 표준원가와 실제원가의 차이에 관한 자료이다.

<실제원가>	
직접재료원가 실제사용량	3,200kg, ₩11/kg
실제완성품 생산수량	2,000단위
<재료원가 원가차이>	
직접재료원가 가격차이	₩9,600(유리한 차이)
직접재료원가 능률차이	2,800(불리한 차이)

대한회사의 제품 2,000단위 표준재료원가와 제품 1단위당 표준투입량은 얼마인가? [세무사 07]

해답

	AQ × AP	AQ × SP	SQ × SP
직접재료원가	3,200kg × @11 = ₩35,200	3,200kg × @SP[*1] = ₩44,800	(2,000단위 × SQ[*2]) × @14 = ₩42,000
	가격차이 ₩9,600 유리		능률차이 ₩2,800 불리

[*1] 재료 1단위당 표준가격(SP): ₩44,800 ÷ 3,200kg = ₩14/kg

[*2] 제품 1단위당 표준투입량(SQ): ₩42,000 ÷ ₩28,000 = 1.5kg/단위

01 (주)국세는 표준원가계산제도를 채택하고 있다. 20×1년 직접재료의 표준원가와 실제원가가 다음과 같을 때 직접재료원가 수량차이는? [세무사 15]

표준원가	제품 단위당 직접재료 표준투입량	20kg
	직접재료 표준가격	₩30/kg
실제원가	실제 생산량	50개
	직접재료원가	₩35,000
	직접재료 구입가격	₩28/kg

02 (주)설악은 표준원가계산제도를 채택하고 있다. 20×1년 8월 중 수해로 인하여 기록의 일부가 소실되었다. 실제투입된 직접노동시간은 3,000시간이고 시간당 표준임률은 ₩2,000이다. 당사는 최근에 고급인력에 대한 공급부족으로 인하여 미숙련공을 고용하게 되어 8월의 직접노무원가 임률차이는 ₩300,000 유리하지만 직접노무원가 총차이는 ₩500,000 만큼 불리하게 나타났다. 제품단위당 표준시간이 2시간이라면, 당기의 생산량은 몇 단위인가?

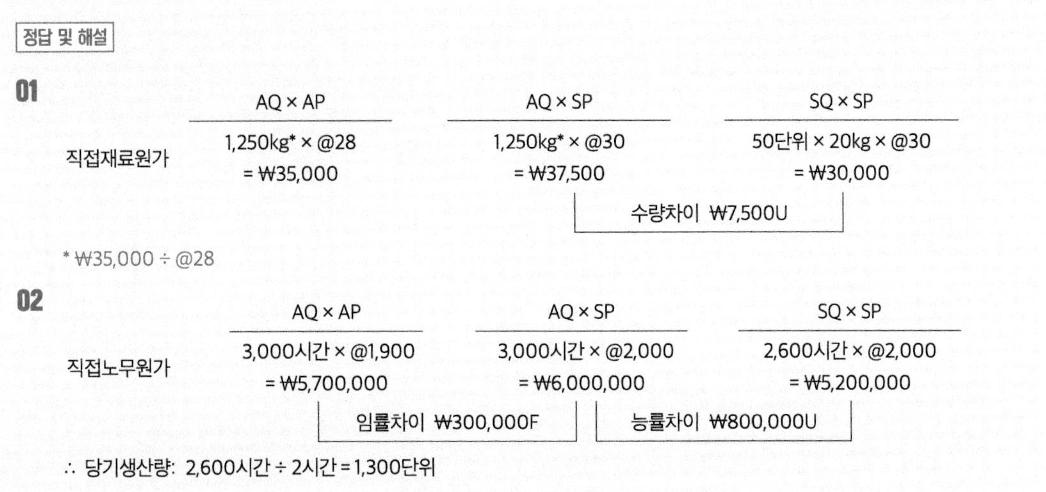

정답 및 해설

01

	AQ × AP	AQ × SP	SQ × SP
직접재료원가	1,250kg* × @28 = ₩35,000	1,250kg* × @30 = ₩37,500	50단위 × 20kg × @30 = ₩30,000

수량차이 ₩7,500U

* ₩35,000 ÷ @28

02

	AQ × AP	AQ × SP	SQ × SP
직접노무원가	3,000시간 × @1,900 = ₩5,700,000	3,000시간 × @2,000 = ₩6,000,000	2,600시간 × @2,000 = ₩5,200,000

임률차이 ₩300,000F　능률차이 ₩800,000U

∴ 당기생산량: 2,600시간 ÷ 2시간 = 1,300단위

03 (주)대한은 표준원가시스템을 사용하고 있다. 다음은 제품단위당 원가요소별 표준원가 자료이다.

직접재료원가	₩100	직접노무원가	₩200
변동제조간접원가	50	고정제조간접원가	100

제조간접원가 배부기준은 직접노무시간이다. 20×1년 6월에 기초재고는 없고, 총 500개의 제품을 생산하였다. 직접재료원가 가격차이는 ₩1,000(불리), 수량차이는 ₩2,000(유리)이고, 직접노무원가 임률차이는 ₩500(유리), 능률차이는 ₩1,500(불리)이었다. 6월 중 직접재료원가 실제발생액과 직접노무원가 실제발생액은 각각 얼마인가? [세무사 09]

04 표준원가를 사용하는 (주)세무의 20×1년 직접노무원가에 대한 자료가 다음과 같을 때, 20×1년 예상 제품생산량은? [세무사 17]

직접노무원가 고정예산	₩896,400
직접노무원가 실제발생액	₩1,166,400
단위당 표준직접노무시간	83시간
단위당 실제직접노무시간	81시간
실제제품생산량	300개
임률차이	₩437,400(불리)

정답 및 해설

03 1.

	AQ × AP	AQ × SP	SQ × SP
직접재료원가	x	₩48,000	500개 × @100 = ₩50,000
	가격차이 ₩1,000U	수량차이 ₩(2,000)F	

∴ 직접재료원가 실제발생액: x = ₩48,000 + ₩1,000 = ₩49,000

2.

	AQ × AP	AQ × SP	SQ × SP
직접노무원가	y	₩101,500	500개 × @200 = ₩100,000
	임률차이 ₩(500)F	능률차이 ₩1,500U	

∴ 직접노무원가 실제발생액: y = ₩101,500 - ₩500 = ₩101,000

04 1. 임률차이 = AQ × AP - AQ × SP = ₩1,166,400 - 300개 × 81시간 × SP = ₩437,400(불리)

∴ SP = ₩30

2. 고정예산은 예상생산량에 대한 예산을 의미하므로

예상생산량 × 단위당 표준직접노무시간 × SP = 예상생산량 × 83시간 × ₩30 = ₩896,400

∴ 예상생산량 = 360개

대표 문제 원가차이분석(2)

동서금속(주)는 내부관리목적으로 표준원가계산시스템을 채택하고 있다. 다음은 당기의 고정예산자료이다. 조업도는 직접노동시간을 단위로 측정하고, 기준조업도는 50,000직접노동시간이다.

변동제조간접원가	₩250,000,
고정제조간접원가	400,000,000
계	₩650,000,000

당기의 실제 투입된 직접노동시간은 40,000시간이며, 변동제조간접원가 능률차이는 ₩10,000,000 불리로 계산되었다. 고정제조간접원가 조업도차이는 얼마인가? [세무사 06]

해답 1. 제조간접원가 표준배부율(SP)

(1) 변동제조간접원가: ₩250,000,000 ÷ 50,000직접노동시간 = 직접노동시간당 ₩5,000

(2) 고정제조간접원가: ₩400,000,000 ÷ 50,000직접노동시간 = 직접노동시간당 ₩8,000

2. 실제 생산량에 허용된 표준조업도(SQ)의 계산

변동제조간접원가 능률차이: (AQ - SQ) × SP = (40,000시간 - SQ) × @5,000
= ₩10,000,000U

∴ SQ = 38,000시간

따라서, 고정제조간접원가 조업도차이

예산	배부(SQ × SP)
₩400,000,000	38,000시간 × @8,000 = ₩304,000,000

조업도차이 ₩96,000,000U

05 표준원가계산제도를 사용하는 (주)국세는 직접노무시간을 기준으로 제조간접원가를 배부한다. 20×1년도 기준조업도는 20,000직접노무시간이나, 실제 직접노무시간은 22,500시간이다. 변동제조간접원가의 표준배부율은 직접노무시간당 ₩6이다. 다음은 20×1년도의 제조간접원가와 관련된 자료이다. 20×1년도의 고정제조간접원가 실제발생액은? [세무사 15]

- 변동제조간접원가
  실제발생액: ₩110,000
  배부액: ₩138,000
- 고정제조간접원가
  소비차이: ₩30,000(불리)
  조업도차이: ₩27,000(유리)

정답 및 해설

05 1.

	AQ × AP	AQ × SP	SQ × SP
변동제조간접원가	₩110,000	22,500시간 × @6 = ₩135,000	SQ × @6 = ₩138,000
		능률차이 ₩3,000F	

∴ SQ = 23,000시간

2.

	실제	예산	배부(SQ × SP)
고정제조간접원가	₩?	20,000시간 × SP_f	2,300시간 × SP_f
	소비차이 ₩30,000U	조업도차이 ₩27,000F	

∴ SP_f = ₩9/시간

따라서, 실제 고정제조간접원가 = 20,000 × @9 + 30,000 = ₩210,000

06 다음은 (주)해커의 제조활동과 관련된 자료이다.

직접노무원가 실제원가	₩32,000
직접노무원가 표준배부율	₩2/직접노동시간
직접노무원가 능률차이	₩4,000 불리
변동제조간접원가 실제원가	₩40,000
변동제조간접원가 표준배부율	₩3/직접노동시간
변동제조간접원가 능률차이	?

변동제조간접원가 능률차이는 얼마인가?

07 (주)명랑은 직접노무시간을 기준으로 제조간접원가 예정배부율을 산정하고 있으며 20×1년 제조간접원가예산은 다음과 같다.

기준조업도(직접노동시간)	1,000시간
변동제조간접원가	₩14,000
고정제조간접원가	35,400

제품단위당 표준노무시간은 2시간이다. 20×1년에 회사는 600단위를 생산하였으며 실제 발생원가는 다음과 같다.

기준조업도(직접노동시간)	1,000시간
변동제조간접원가	₩14,000
고정제조간접원가	35,400
직접노무시간	1,160시간
변동제조간접원가	₩17,700
고정제조간접원가	36,500

20×1년의 변동제조간접원가 능률차이와 고정제조간접원가 조업도차이는 각각 얼마인가? [회계사 05]

정답 및 해설

06

	AQ × AP	AQ × SP	SQ × SP
직접노무원가	₩32,000	AQ × @2	SQ × @2
		능률차이 ₩4,000 불리[*1]	
변동제조간접원가	₩40,000	AQ × @3	SQ × @3
		능률차이 ₩6,000 불리[*2]	

[*1] (AQ - SQ) × @2 = ₩4,000 불리 ∴ (AQ - SQ) = 2,000직접노동시간

[*2] (AQ - SQ) × @3 = 2,000직접노동시간 × @3 = ₩6,000 불리

[별해] 변동제조간접원가 배부기준이 직접노동시간이므로,

$$\text{변동제조간접원가 능률차이: 직접노무원가 능률차이} \times \frac{\text{변동제조간접원가의 SP}(SP_V)}{\text{직접노무원가의 SP}}$$

$$= ₩4{,}000 \text{ 불리} \times \frac{@3}{@2} = ₩6{,}000 \text{ 불리}$$

07

	AQ × AP	AQ × SP	SQ × SP
변동제조간접원가	₩17,700	1,160시간 × @14[*1] = ₩16,240	1,200시간 × @14 = ₩16,800
		능률차이 ₩560F	

	실제	예산	배부(SQ × SP)
고정제조간접원가	₩36,500	₩35,400	1,200시간 × @35.4[*2] =₩42,480
		조업도차이 ₩7,080F	

[*1] 변동제조간접원가: ₩14,000 ÷ 1,000시간 = 직접노동시간당 ₩14

[*2] 고정제조간접원가: ₩35,400 ÷ 1,000시간 = 직접노동시간당 ₩35.4

08 (주)수유의 20×1년 7월의 제조간접원가와 관련된 자료는 다음과 같다.

고정제조간접원가 표준배부율	직접노동시간당 ₩100
변동제조간접원가 표준배부율	직접노동시간당 400
월간노동시간(예산)	40,000시간
실제노동시간	39,500
실제생산량에 허용된 표준시간	39,000
제조간접원가 과대배부액	₩200,000

7월 동안의 제조간접원가 실제발생액과 제조간접원가 조업도차이는 각각 얼마인가?

09 (주)국세는 표준원가계산제도를 채택하고 있으며, 제품 5,000단위를 기준으로 제조간접원가에 대한 표준을 설정하고 있다. (주)국세의 원가에 관한 자료는 다음과 같다.

제조간접원가예산	₩1,800,000 + ₩100 × 기계시간
제품단위당 표준기계시간	5시간
실제변동제조간접원가발생액	₩5,000,000
실제고정제조간접원가발생액	2,000,000
실제기계시간	51,000시간
실제생산량	10,000단위

(주)국세가 4분법을 이용하여 제조간접원가에 대한 차이분석을 수행하시오. [세무사 12 수정]

정답 및 해설

08 1. 제조간접원가 실제발생액

(1) 제조간접원가배부액(SQ × SP)

변동제조간접원가: 39,000시간 × @400 =	₩15,600,000
고정제조간접원가: 39,000시간 × @100 =	3,900,000
계	₩19,500,000

(2) 제조간접원가 실제발생액: ₩19,500,000 - ₩200,000(과대배부액) = ₩19,300,000

2. 제조간접원가 조업도차이

	예산	배부(SQ × SP)
고정제조간접원가	40,000시간 × @100 = ₩4,000,000	₩3,900,000
	조업도차이 ₩100,000F	

09 1. 변동제조간접원가

AQ × AP	AQ × SP	SQ × SP
₩5,000,000	51,000시간 × @100 = ₩5,100,000	10,000단위 × 5시간 × @100 = ₩5,000,000
소비차이 ₩100,000 유리	능률차이 ₩100,000 불리	

2. 고정제조간접원가

실제	예산	배부(SQ × SP)
₩2,000,000	₩1,800,000	10,000단위 × 5시간 × @72 = ₩3,600,000
예산차이 ₩200,000 불리	조업도차이 ₩1,800,000 유리	

표준원가계산 제6장 해커스 세무사 眞원가관리회계

10 표준원가계산을 사용하고 있는 (주)미아의 20×1년도 표준 및 예산수립에 관한 자료는 다음과 같다.

- 제품 단위당 표준직접노무시간은 0.5시간이며, 표준임률은 시간당 ₩1,000이다.
- 제조간접원가 예산액 = ₩30,000 + ₩600 × 표준직접노무시간
- 변동제조간접원가 및 고정제조간접원가 배부기준은 직접노무시간이다.
- 고정제조간접원가 배부를 위한 연간 기준조업도는 제품생산량 150단위이다.

한편, 20×1년 말 원가차이를 분석한 결과는 다음과 같다.

직접노무원가 임률차이	₩4,500 불리
변동제조간접원가 능률차이	6,000 불리
고정제조간접원가 조업도차이	2,000 유리

제시된 자료에 의할 때, 직접노무원가의 시간당 실제임률은 얼마인가? [회계사 11]

11 (주)세무는 표준원가계산을 사용하고 있으며, 월간 기준조업도는 제품 1,200단위를 생산할 수 있는 6,000기계시간이다. (주)세무의 20×1년 4월 각 조업도 수준별 제조간접원가 변동예산은 다음과 같다. (주)세무는 20×1년 4월 중 제품 1,300단위를 생산하였다. 이와 관련하여 6,800기계시간이 사용되었고, 실제 변동제조간접원가는 ₩4,200이며, 실제 고정제조간접원가는 ₩9,400이다. (주)세무는 20×1년 4월 고정제조간접원가 생산조업도차이는 얼마인가? [세무사 14]

제조간접원가	조업도 수준		
	5,000기계시간	6,000기계시간	7,000기계시간
변동제조간접원가			
소모품비	₩1,000	₩1,200	₩1,400
간접노무원가	1,500	1,800	2,100
계	₩2,500	₩3,000	₩3,500
고정제조간접원가	9,000	9,000	9,000
총제조간접원가	₩11,500	₩12,000	₩12,500

12 단일 제품을 제조 · 판매하는 (주)세무의 20×1년 관련 자료는 다음과 같다. (주)세무가 고정제조간접원가 표준배부율을 계산할 때 사용한 연간 예산 고정제조간접원가는? [세무사 17]

실제 제품생산량	45,000단위
제품단위당 표준직접노무시간	2시간
예상 총직접노무시간(기준조업도)	72,000시간
실제발생 고정제조간접원가	₩66,000
조업도차이	16,200(유리)

정답 및 해설

10 1. (주)미아의 20×1년 실제 제품생산량(단위)

고정제조간접원가 조업도차이: (150단위 - x) × $\frac{₩30,000}{150단위}$ = ₩(2,000) 유리

∴ x = 160단위

2. (주)미아의 20×1년 실제투입 직접노무시간(AQ)

변동제조간접원가 능률차이: (AQ - 160단위 × 0.5시간/단위) × @600 = ₩6,000 불리

∴ AQ = 90시간

3. 직접노무원가 실제임률(AP)

직접노무원가 임률차이: 90시간 × (AP - ₩1,000) = ₩4,500 불리

∴ AP = ₩1,050

11

	실제	예산(기준조업도 × SP)	배부(SQ × SP)
고정제조간접원가	₩9,400	₩9,000	1,300개 × 5시간[*1] × ₩15/시간[*2] = ₩9,750
	예산차이(소비차이)	조업도차이 ₩750F	

[*1] 기준조업도 = 예상생산량 × 표준수량

6,000시간 = 1,200개 × 표준수량

∴ 표준수량 = 5시간/개

[*2] 고정제조간접원가 예산 = 기준조업도 × 고정제조간접원가 표준배부율

₩9,000 = 6,000시간 × 고정제조간접원가 표준배부율

∴ 고정제조간접원가 표준배부율 = ₩1.5/시간

12 1. 조업도차이 = 고정제조간접원가예산 - 표준배부액

= 기준조업도 × 표준배부율 - SQ × 표준배부율

= (72,000시간 - 45,000단위 × 2시간) × 표준배부율 = ₩16,200F

∴ 표준배부율 = ₩0.9/시간

2. 고정제조간접원가예산 = 72,000시간 × ₩0.9/시간 = ₩64,800

13 단일의 제품을 생산·판매하고 있는 (주)한국은 20×1년 초에 영업을 개시하였으며 표준원가계산제도를 채택하고 있다. 표준은 연초에 수립되어 향후 1년 동안 그대로 유지된다. (주)한국은 활동기준원가계산을 이용하여 변동제조간접원가예산을 설정한다. 변동제조간접원가는 전부 기계작업준비활동으로 인해 발생하는 원가이며, 원가동인은 기계작업준비시간이다. 기계작업준비활동과 관련하여 20×1년 초 설정한 연간예산자료와 20×1년 말 수집한 실제결과는 다음과 같다.

구분	예산자료	실제결과
생산량(단위수)	144,000단위	138,000단위
뱃치규모(뱃치당 단위수)	60단위	50단위
뱃치당 기계작업준비시간	5시간	4시간
기계작업준비시간당 변동제조간접원가	₩50	₩855

(주)한국의 20×1년도 변동제조간접원가 능률차이는? [회계사 17 수정]

14 (주)대한은 변동제조간접원가를 통제할 목적으로 활동별 표준원가를 이용하고 있다. 20×1년 표준원가는 다음과 같다.

활동	원가동인	원가동인당 표준가격	제품단위당 원가동인 소요량	제품단위당 표준원가
재고처리	재료길이	1m당 ₩10	5m	₩50
품질검사	검사횟수	1회당 200	2회	400

20×1년 제품의 실제 생산량은 1,000단위이고, 실제로 발생한 활동소비량과 활동원가는 다음과 같다.

활동	실제활동소비량	실제활동원가
재고처리	6,000m	₩50,000
품질검사	2,200회	450,000

재료처리와 품질검사 활동에서 발생한 총가격차이와 총수량차이(또는 총능률차이)는 각각 얼마인가? [회계사 18]

정답 및 해설

13

	AQ × AP	AQ × SP	SQ × SP
변동제조간접원가	11,040시간[*1] × @55 = ₩607,200	11,040시간[*1] × @50 = ₩552,000	11,500시간[*2] × @50 = ₩575,000

소비차이 ₩55,200U　　능률차이 ₩23,000F

[*1] (138,000단위 ÷ 50단위) × 4시간
[*2] (138,000단위 ÷ 60단위) × 5시간

14

	AQ × AP	AQ × SP		SQ × SP	
재료처리	₩50,000	6,000m × @10 =	₩60,000	1,000단위 × 5m × @10=	₩50,000
품질검사	450,000	2,200회 × @200 =	440,000	1,000단위 × 2회 × @200=	400,000
	₩500,000		₩500,000		₩450,000

총가격차이 ₩0　　총수량차이 ₩50,000U

대표 문제 원가차이분석(3)

(주)해커는 표준원가계산제도를 사용하고 있으며 제조간접원가 배부기준은 직접노동시간이다. 기준조업도는 연간 15,000직접노동시간이며 연간 고정제조간접원가예산은 ₩150,000이다. 변동제조간접원가는 직접노동시간당 ₩5으로 추정된다. 20×1년의 실제제조간접원가는 ₩330,000이며, 실제생산량에 허용된 표준직접노동시간은 20,000시간, 실제투입시간은 32,000시간이다. 제조간접원가의 차이분석을 3분법에 의할 때 (A) 소비차이, (B) 능률차이, (C) 조업도차이는 각각 얼마인가?

해답

실제OH	실제투입량기준 OH예산 (AQ × SP_v + FOH예산)	실제산출량기준 OH예산 (SQ × SP_v + FOH예산)	OH배부 {SQ × (SP_v + SP_f)}
₩330,000	32,000시간 × @5 + ₩150,000 = ₩310,000	20,000시간 × @5 + ₩150,000 = ₩250,000	20,000시간 × (@5 + @10)* = ₩300,000

소비차이 ₩20,000U / 능률차이 ₩60,000U / 조업도차이 ₩50,000F

* 고정제조간접원가표준배부율(SP_f) = $\frac{\text{고정제조간접예산}}{\text{기준조업도}}$: $\frac{₩150,000}{15,000\text{시간}}$ = ₩10/시간

15 (주)해커는 3분법을 사용하여 제조간접원가를 예산차이, 능률차이 및 조업도차이로 분리하고 있다.

총제조간접원가 실제발생액	₩892,500
제조간접원가 추정방정식	₩600,000 + 시간당 ₩10
제조간접원가 예정배부율	시간당 ₩15
조업도차이	₩100,000 유리

상기 자료를 이용하여 계산된 당기제품생산에 허용된 표준시간은 얼마인가? 단, 고정제조간접원가의 경우 예산과 실제발생액은 동일하다. [세무사 00]

16 (주)한강의 당기 초 생산활동과 관련된 예산자료는 다음과 같다.

구분	예산
생산량(기준조업도)	1,000단위
고정제조간접원가 총액	₩200,000
단위당 변동제조간접원가	125

당기의 실제생산량은 1,100단위이었고 실제제조간접원가 총액은 ₩355,000이었다. 제조간접원가 총차이를 통제가능차이와 조업도차이로 나누어 분석하시오. [회계사 10]

정답 및 해설

15 1. 고정제조간접원가 표준배부율(SP): ₩15 - ₩10 = 시간당 ₩5
(₩15: 총제조간접원가배부율, ₩10: 변동제조간접원가배부율)

2. 실제생산량에 허용된 표준시간(SQ)을 x라고 하면,
제조간접원가 조업도차이 = 고정제조간접원가 조업도차이: ₩(100,000)F = ₩600,000 - x × @5
∴ x = 140,000시간

16

실제OH	실제투입량기준 OH예산	실제산출량기준 OH예산	OH배부 {SQ × (SP_v+SP_f)}
₩355,000	-	1,100단위 × @125 + ₩200,000 = ₩337,500	1,100단위 × (@125 + @200*) = ₩357,000

통제가능차이(예산차이) ₩17,500 불리 | 조업도차이 ₩(20,000) 유리

* 단위당 표준고정제조간접원가: $\frac{₩200,000}{1,000시간}$ = @200

대표 문제 원가차이조정

(주)해커는 20×1년에 영업활동을 개시한 회사로서 표준원가계산제도를 수행하고 있다. 20×1년 12월 31일 차이배분 전 각 계정의 잔액과 원가차이는 다음과 같다.

(1) 계정잔액

	원재료	재공품	제품	매출원가	합계
직접재료원가	-	₩2,000	₩3,000	₩5,000	₩10,000
직접노무원가	-	1,000	1,500	2,500	5,000
변동제조간접원가	-	400	600	1,000	2,000
고정제조간접원가	-	600	900	1,500	3,000
계	₩0	₩4,000	₩6,000	₩10,000	₩20,000

(2) 원가차이

- 직접재료원가: 가격차이 ₩0, 능률차이 ₩500(불리)
- 직접노무원가: 임률차이 ₩400(유리), 능률차이 ₩800(유리)
- 변동제조간접원가 총차이 ₩200(유리)
- 고정제조간접원가 총차이 ₩300(불리)

위의 원가차이 배분 후 실제 매출원가를 계산하면 얼마인가? [세무사 02]

해답 1. 매출원가에 배분되는 원가차이(원가요소별 비례배분법)

(1) 직접재료원가: $₩500\ 불리 \times \frac{₩5,000}{₩10,000} = ₩250\ 불리$

(2) 직접노무원가: $(₩400\ 유리 + ₩800\ 유리) \times \frac{₩2,500}{₩5,000} = ₩600\ 유리$

(3) 변동제조간접원가: $₩200\ 유리 \times \frac{₩1,000}{₩2,000} = ₩100\ 유리$

(4) 고정제조간접원가: $₩300\ 불리 \times \frac{₩1,500}{₩3,000} = ₩150\ 불리$

2. 차이배분 후 매출원가

불리한 차이는 과소배부액이므로 가산하고 유리한 차이는 과대배부액이므로 차감한다.

₩10,000 + ₩250 - ₩600 - ₩100 + ₩150 = ₩9,700
배분 전 매출원가

* 원가차이 배분은 원가요소별 비례배분법과 총원가 비례배분법에서 상이하게 나타나는 것이 일반적이지만 이 문제의 경우 각 원가요소별 배분비율이 50%로 모두 일정하므로 각 방법의 결과가 동일하다. 해답은 원가요소별 비례배분법으로 제시하였다.

17 (주)한국은 20×1년 초에 영업활동을 개시하였고 표준원가계산제도를 채택하고 있다. 20×1년 말 현재 표준원가로 기록된 원가계정잔액과 실제발생원가는 직접노무원가를 제외하고 모두 동일하다. 실제발생 직접노무원가는 ₩250이다. 한편 표준직접노무원가는 기말재공품에 ₩40, 기말제품에 ₩80, 매출원가에 ₩80이 포함되어 있다. 직접노무원가의 차이는 전액 임률차이 때문에 발생한 것이다. (1) 직접노무원가 원가차이와 (2) 실제 매출원가에 포함된 직접노무원가는 얼마인가? [회계사 13 수정]

표준원가계산

제6장

해커스 세무사 眞원가관리회계

정답 및 해설

17 1. 직접노무원가 원가차이: ₩250 - (₩40 + ₩80 + ₩80) = ₩50 불리
2. 원가요소별 비례배분* 시 매출원가: ₩80 + ₩80 × (₩50 ÷ ₩200) = ₩100

* 표준원가와 실제원가의 차이를 원가요소별로 비례배분하여 조정하면 처음부터 실제원가로 계산한 것과 동일한 결과가 재무제표에 반영된다.

대표 문제 표준종합원가계산

표준종합원가계산제도를 채택하고 있는 (주)해커산업은 당기 중 3,000단위를 생산에 착수하여 3,500단위를 완성하였다. 기초재공품은 2,000단위(가공원가 완성도: 30%), 기말재공품은 1,500단위(가공원가 완성도: 80%)이다. 재료는 공정 초에 전량 투입되며 가공원가는 공정전반에 걸쳐 균등하게 발생한다. 원재료는 15,000kg을 구입하여 12,500kg을 사용하였으며 당기에 구입한 직접재료는 ₩180,000이다. 제품단위당 표준직접재료원가는 ₩40(= 4kg × ₩10)이다. 직접재료원가 구입가격차이와 능률차이는 얼마인가?

해답

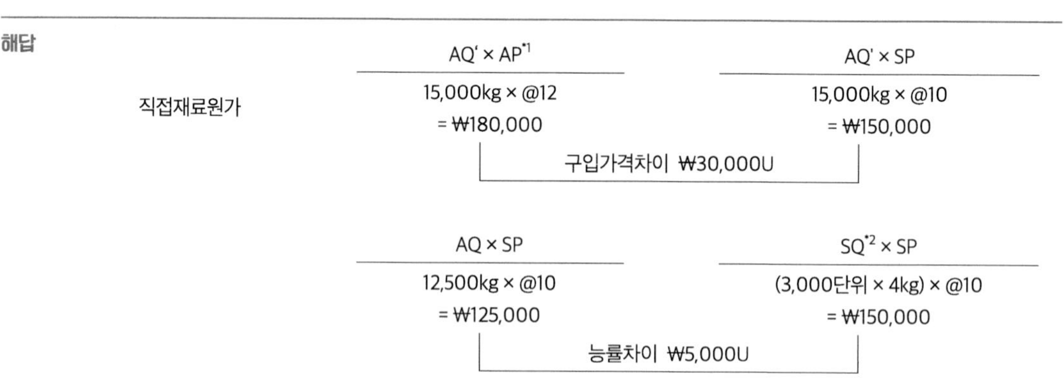

*1 실제구입가격(AP): ₩180,000 ÷ 15,000kg = @12
(₩180,000: 실제구입직접재료, 15,000kg: 실제구입량)

*2 표준종합원가계산의 SQ는 선입선출법에 의해서 계산된 재료원가 당기완성품환산량과 제품단위당 표준투입량의 곱으로 계산된다.

(1) 재료원가 당기완성품환산량: 3,500단위 + 1,500단위 × 100% - 2,000단위 × 100% = 3,000단위
(3,500단위: 완성품, 1,500단위 × 100%: 기말재공품완성품환산량, 2,000단위 × 100%: 기초재공품완성품환산량)

(2) 제품단위당 표준투입량: 4kg

18 (주)한산은 표준원가계산을 적용하고 있다. 전기와 당기의 표준원가는 동일하며 직접재료의 표준원가는 다음과 같다.

	수량표준	가격표준	제품표준원가
직접재료원가	2kg	₩10/kg	₩20

당기에 직접재료를 10,000kg(kg당 구입가격 ₩12) 구입하였으며 9,000kg을 공정에 투입하였다. 기초재공품은 1,000단위(직접재료원가 완성도 80%)이었고 기말재공품은 1,300단위(직접재료원가 완성도 60%)이었다. 당기 중에 완성된 합격품은 3,500단위이었으며 공손품 200단위가 발생하였다. 품질검사는 공정의 종료단계에서 실시한다. 공손품은 모두 비정상공손으로 간주하며 처분가치는 없다. 회사는 비정상공손원가를 계산하여 별도의 계정으로 파악하고 있다. 직접재료원가 수량차이(능률차이)는 얼마만큼 유리(혹은 불리)한가? [회계사 10]

정답 및 해설

18 1. 직접재료원가 당기완성품환산량

= 1,000단위 × (1 - 80%) (기초재공품) + 2,500단위 (당기착수완성) + 200단위 × 100% (공손) + 1,300단위 × 60% (기말재공품) = 3,680단위

2. 직접재료원가 수량차이(능률차이)

= (AQ - SQ) × ₩10/kg = (9,000kg - 3,680단위 × 2kg) × ₩10/kg

= ₩16,400 불리

19 다음은 (주)해커의 제조간접원가에 대한 표준원가 및 실제원가에 대한 자료이다. 제조간접원가 능률차이는? 단, 당기 중 공손은 없었으며 가공원가는 공정의 진행에 따라 발생한다.

<표준원가>	
제품단위당 직접노동시간	3시간
변동제조간접원가 시간당 배부율	₩100
고정제조간접원가 시간당 배부율	50
기준조업도	18,000시간
<실제원가>	
총제조간접원가	₩3,000,000
실제직접노동시간	20,000
시간완성품수량	7,400단위
기말재공품	1,500단위(완성도 40%)
기초재공품	2,000단위(완성도 50%)

정답 및 해설

19 1. 표준종합원가계산에서의 실제생산량에 허용된 표준조업도(SQ)는 선입선출법에 의해 계산된 당기완성품환산량과 단위당 표준조업도의 곱으로 계산된다. 따라서 문제의 경우 SQ는 다음과 같이 계산할 수 있다.

(7,400단위 + 1,500단위 × 40% - 2,000단위 × 50%) × 3시간 = 21,000시간
(완성품 / 기말재공품완성품환산량 / 기초재공품완성품환산량)

2. 제조간접원가 차이분석(3분법)

실제발생 총제조간접원가	실제투입량(AQ)기준 제조간접원가예산	실제산출량(AQ)기준 제조간접원가예산	총제조간접원가 배부액
	₩900,000* + 20,000시간 × @100	₩900,000* + 21,000시간 × @100	21,000시간 × (@100 + @50)
₩3,000,000	= ₩2,900,000	= ₩3,000,000	= ₩3,150,000

소비차이 ₩100,000U / 능률차이 ₩100,000F / 조업도차이 ₩150,000F

총차이(배부차이) ₩150,000F

* 고정제조간접원가 예산 = 18,000시간 × @50 = ₩900,000 (18,000시간: 기준조업도, @50: 고정제조간접원가 표준배부율)

해커스 세무사 眞원가관리회계

회계사 · 세무사 단번에 합격, 해커스 경영아카데미
cpa.Hackers.com

제7장

변동원가계산

제1절 | 제품원가구성에 따른 원가계산제도

제품원가계산은 각 기업이 수행하는 생산활동의 성격에 따른 원가집계방식에 따라 개별원가계산과 종합원가계산으로 나누어지며, 원가요소의 측정방식에 따라 실제원가계산, 정상원가계산, 표준원가계산으로 분류되고 있음은 앞에서 살펴본 바와 같다.

본 장에서는 전부원가계산과 변동원가계산 및 초변동원가계산에 대해서 살펴보도록 하겠는데, 이는 제품원가를 구성하는 항목을 무엇으로 보느냐에 따른 원가계산방법의 분류이다.

(1) **전부원가계산**(absorption costing, **흡수원가계산이라고도 함**): 직접재료원가, 직접노무원가, 변동제조간접원가, 고정제조간접원가를 모두 제품원가에 포함시키는 원가계산방법이다. 지금까지는 발생된 원가가 제조과정에 직접 또는 간접적으로 관련되어 있으면 모두 제품원가에 포함시켰는데, 이와 같이 모든 제조원가를 제품원가로 보는 방법을 전부원가계산이라고 한다.

(2) **변동원가계산**(variable costing, **직접원가계산이라고도 함**): 직접재료원가, 직접노무원가, 변동제조간접원가, 즉 변동제조원가만을 제품원가에 포함시키고, 고정제조간접원가는 기간비용으로 처리하는 원가계산방법이다.

(3) **초변동원가계산**(super-variable costing): 직접재료원가만을 제품원가에 포함시키고 나머지 제조원가, 즉 직접노무원가, 변동제조간접원가, 고정제조간접원가는 기간비용으로 처리하는 방법이다.

제품원가계산방법의 비교

구분	전부원가계산	변동원가계산	초변동원가계산
제품원가	직접재료원가 직접노무원가 변동제조간접원가 고정제조간접원가	직접재료원가 직접노무원가 변동제조간접원가	직접재료원가
기간비용	판매관리비	고정제조간접원가 판매관리비	직접노무원가 변동제조간접원가 고정제조간접원가 판매관리비

(4) 앞의 표에서 보듯이 각 제품원가계산방법의 차이점은 제조원가의 원가요소 중에서 어떤 원가요소를 제품원가에 포함시킬 것인가에 있으며 판매비와 관리비(이하 '판매관리비'라고 함) 즉, 비제조원가는 어떠한 경우에도 제품원가에 포함시키지 않고 기간비용으로 처리한다는 점에 유의해야 한다.

(5) 본 장에서의 포괄손익계산서는 제품원가구성항목의 비교를 위해 기능별 표시방법에 의해 작성하였으며, 본 장 및 <제3부 관리회계>에서는 기업의 성과를 이해하는 데 목적적합하도록 관련 용어를 다음과 같이 사용하겠다.

① 총수익은 매출액(수익)과 기타수익으로 구분할 수 있는데, 특별한 언급이 없는 한 기타수익은 없는 것으로 가정한다.

② 총비용(기능별 표시방법을 가정함)은 매출원가, 판매관리비, 이자비용, 기타비용, 법인세비용 등으로 구분할 수 있는데, 특별한 언급이 없는 한 기타비용은 없는 것으로 가정한다.

③ 위 ①, ②의 가정에 의할 경우 매출총이익과 영업이익, 법인세비용차감전순이익 및 당기순이익은 다음과 같이 계산된다.

조정 전 포괄손익계산서(기능별)	조정 후	조정 후 포괄손익계산서(기능별)
매출액	→	매출액
(-) 매출원가		(-) 매출원가
매출총이익		매출총이익
기타수익: 없는 것으로 가정		(-) 판매관리비
(-) 판매관리비		**영업이익(EBIT)**
(-) 이자비용		(-) 이자비용
(-) 기타비용: 없는 것으로 가정		법인세비용차감전순이익
법인세비용차감전순이익		(-) 법인세비용
(-) 법인세비용		당기순이익
당기순이익		

위의 조정 후 포괄손익계산서상 영업이익은 이자비용(interest: I)과 법인세(taxes: T)를 차감하기 전 이익이므로 EBIT(earnings before interest and taxes)라고 표현한다.

01 변동원가계산의 유용성

변동원가계산은 경영관리적 측면에서 볼 때 전부원가계산보다 유용한 정보를 제공한다.

(1) 일반적으로 고정제조간접원가는 생산수준(조업도)과 관계없이 일정하게 발생한다. 즉, 공장건물에 대한 감가상각비는 제품을 100단위 생산하거나 1,000단위 생산하거나 관계없이 고정적으로 발생되는 원가이다. 따라서 이를 제품원가에 포함시키면 경영관리적 측면에서 볼 때 유용한 정보를 제공하지 못한다.

사례

제품단위당 변동제조원가가 ₩2이며 공장별 고정제조간접원가가 ₩1,000일 경우에 제품 1단위를 생산하였다면 제품 1단위당 고정제조간접원가는 ₩1,000일 것이다. 그러나 제품이 1,000단위가 생산되었을 경우에는 제품 1단위당 고정제조간접원가는 ₩1이다. 만약 제품의 단위당 판매가격이 ₩5이고, A공장에서는 제품 1단위를 생산하여 1단위를 판매하고 B공장에서는 제품 1,000단위를 생산하여 1단위를 판매하였을 경우 A공장과 B공장의 전부원가계산에 의한 포괄손익계산서는 다음과 같을 것이다.

	A공장		B공장	
수익		₩5		₩5
비용		1,002		3
변동제조원가	₩2		₩2	
고정제조간접원가	₩1,000 ÷ 1개 = 1,000		₩1,000 ÷ 1,000개 = 1	
이익(손실)		₩(997)		₩2

(2) 위의 사례에서 A공장과 B공장은 동일하게 제품 1단위를 ₩5에 판매하였지만 A공장은 ₩997의 손실이 발생되었고 B공장에서는 ₩2의 이익이 발생된 것으로 보고되었다. 따라서 위의 전부원가계산에 의한 포괄손익계산서의 결과만을 볼 때 B공장의 경영자가 A공장의 경영자보다 더 효율적인 경영활동을 수행한 것으로 생각하기 쉽다. 그러나 B공장이 A공장보다 이익을 ₩999만큼 많이 보고한 이유는 제품 999단위가 판매되지 않고 재고자산으로 남아 있어 이에 배부된 고정제조간접원가가 비용화되지 않았기 때문이지 경영활동을 더 효율적으로 수행한 결과라고 보기는 어렵다. 오히려 B공장의 경우에는 제품을 보관하는 과정에서 보관비용이 과다하게 발생할 수도 있기 때문에 비효율적인 경영활동을 수행한 것으로 생각할 수 있다. 이와 같이 전부원가계산에 의한 포괄손익계산서는 경영관리적 측면에서 볼 때 유용한 정보를 제공하지 못하고 있다.

(3) 앞의 사례의 경우에 A공장과 B공장의 변동원가계산에 의한 포괄손익계산서는 다음과 같다.

	A공장		B공장	
수익		₩5		₩5
비용		1,002		1,002
변동제조원가	₩2		₩2	
고정제조간접원가	1,000		1,000	
이익(손실)		₩(997)		₩(997)

위에서 보듯이 변동원가계산에 의하여 포괄손익계산서를 작성하게 되면 고정제조간접원가를 기간비용으로 처리하기 때문에 고정제조간접원가를 제품에 배부시킴으로써 야기되는 혼란을 없앨 수 있으며, 이익은 제품생산량에 따라서 영향을 받지 않고 제품판매량에 비례하게 된다.

(4) 이와 같이 변동원가계산은 단기의사결정이나 성과평가 등 경영관리적 측면에서 볼 때 전부원가계산보다 유용한 정보를 제공한다. 즉, 전부원가계산에 의해서 경영활동의 성과를 평가할 경우에는 단지 제품생산량을 증가시킴으로써 기업의 이익을 늘릴 수 있지만 변동원가계산에 의하면 이익이 제품생산량에 영향을 받지 않으므로 제품생산량 증가로 기업의 이익을 높이려는 유인이 제거되어 생산과잉으로 인한 바람직하지 못한 재고의 누적을 막을 수 있다는 것이다.

변동원가계산은 개별원가계산이나 종합원가계산을 사용하는 기업 모두에 적용할 수 있으며, 실제원가계산이나 정상 및 표준원가계산제도하에서도 사용할 수 있는 방법이다. 그러나 외부보고를 위한 재무제표를 작성하거나 법인세를 결정하는 데에는 전부원가계산을 사용하여야 하며, 변동원가계산은 기업내부에서 경영관리목적으로만 사용할수 있는 원가계산방법임에 유의하기 바란다.

02 변동원가계산에 의한 포괄손익계산서

변동원가계산에 의한 포괄손익계산서는 매출액에서 변동원가를 차감하여 공헌이익을 산출하고 이 금액에서 고정원가를 차감하여 영업이익을 계산하는 구조로 되어있다.

(1) 공헌이익(contribution margin)이란 고정원가를 보상하고 이익에 공헌할 수 있는 금액을 의미한다. 참고로 변동원가계산에 의한 포괄손익계산서와 전부원가계산에 의한 포괄손익계산서(기능별 표시방법)를 비교하면 다음과 같다.

전부원가계산과 변동원가계산에 의한 포괄손익계산서

포괄손익계산서(전부원가계산)	
매출액	xxx
매출원가	xxx
매출총이익	xxx
판매관리비	xxx
영업이익	xxx

포괄손익계산서(변동원가계산)		
매출액		xxx
변동원가		xxx
변동매출원가	xxx	
변동판매관리비	xxx	
공헌이익		xxx
고정원가		xxx
고정제조간접원가	xxx	
고정판매관리비	xxx	
영업이익		xxx

(2) 포괄손익계산서 양식에서 보듯이 전부원가계산에 의한 포괄손익계산서상의 매출원가와 변동원가계산에 의한 포괄손익계산서상의 매출원가는 서로 다름에 유의해야 한다. 즉, 전부원가계산에 의한 포괄손익계산서상의 매출원가에는 변동제조원가뿐만 아니라 고정제조간접원가까지 포함된 반면에, 변동원가계산에 의한 포괄손익계산서상의 매출원가에는 변동제조원가만 포함되어 있다.

(3) 판매관리비도 제조간접원가와 마찬가지로 변동원가와 고정원가로 구분할 수 있는데, 전부원가계산에 의한 포괄손익계산서에서는 이를 구분하지 않고 매출총이익에서 직접 차감하지만, 변동원가계산에 의

한 포괄손익계산서에서는 변동판매관리비와 고정판매관리비를 구분하여 변동판매관리비는 변동원가에 포함시켜 매출액에서 차감하고 고정판매관리비는 고정원가에 포함시켜 공헌이익에서 차감한다.

예제 1

20×1년 초 (주)신대륙은 단위당 판매가격과 변동원가가 다음과 같은 제품을 생산하기 시작했다.

단위당 판매가격		₩100
단위당 변동원가		50
직접재료원가	₩10	
직접노무원가	20	
변동제조간접원가	10	
변동판매관리비	10	
단위당 공헌이익		₩50

고정제조간접원가는 연간 ₩100,000이며, 변동판매관리비는 판매량과 비례하고 고정판매관리비는 연간 ₩50,000이다. 20×1년에 제품 4,000개를 생산하여 모두 판매하였다.

[요구사항]

전부원가계산에 의한 포괄손익계산서와 변동원가계산에 의한 포괄손익계산서를 작성하시오.

해답

포괄손익계산서(전부원가계산)

매출액: 4,000개 × @100 =	₩400,000
매출원가: 4,000개 × @65* =	260,000
매출총이익	₩140,000
판매관리비: 4,000개 × @10 + ₩50,000 =	90,000
영업이익	₩50,000

* 단위당 제조원가

직접재료원가	₩10
직접노무원가	20
변동제조간접원가	10
고정제조간접원가: ₩100,000 ÷ 4,000개 =	25
계	₩65

포괄손익계산서(변동원가계산)

매출액: 4,000개 × @100 =		₩400,000
변동원가		200,000
변동매출원가: 4,000개 × @40* =	₩160,000	
변동판매관리비: 4,000개 × @10 =	40,000	
공헌이익		₩200,000
고정원가		150,000
고정제조간접원가	₩100,000	
고정판매관리비	50,000	
영업이익		₩50,000

* 단위당 변동제조원가

직접재료원가	₩10
직접노무원가	20
변동제조간접원가	10
계	₩40

(4) 참고로 예제 1에서 제품 1단위, 2,000단위, 3,000단위, 4,000단위를 각각 생산하여 판매할 경우의 변동원가계산에 의한 포괄손익계산서를 작성하면 다음과 같다.

	1단위	2,000단위	3,000단위	4,000단위
매출액	₩100	₩200,000	₩300,000	₩400,000
변동원가	50	100,000	150,000	200,000
공헌이익	₩50	₩100,000	₩150,000	₩200,000
고정원가	150,000	150,000	150,000	150,000
영업이익(손실)	₩(149,950)	₩(50,000)	₩0	₩50,000

(5) 공헌이익이란 고정원가를 보상하고 이익에 공헌할 수 있는 금액을 의미하는데, 위의 예에서 보듯이 판매량의 증가에 따라 제품단위당 공헌이익 ₩50(단위당 판매가격 ₩100에서 단위당 변동원가 ₩50을 차감한 금액)만큼씩 고정원가가 회수되고 순손실이 그만큼 감소되다가 이익도 손실도 없는 판매량(3,000단위, 이를 손익분기점 판매량이라고 함)을 초과하면서 단위당 공헌이익만큼 영업이익이 증가되는 것을 알 수 있다. 따라서 제품단위당 공헌이익을 알고 있다면 판매량의 변동이 영업이익에 미치는 영향을 쉽게 분석할 수 있으며, 이익계획 및 제품가격결정에도 많은 도움을 준다. 이와 같이 변동원가계산에 의한 포괄손익계산서는 원가를 행태별(변동원가, 고정원가)로 분류함으로써 이익계획, 원가관리 및 경영의사결정에 유용한 회계정보를 제공한다.

제3절 | 초변동원가계산

01 초변동원가계산의 의의

초변동원가계산(super-variable costing 또는 throughput costing)이란 직접재료원가만을 제품원가에 포함시키고 나머지 제조원가, 즉 직접노무원가, 변동제조간접원가, 고정제조간접원가는 기간비용으로 처리하는 방법이다.

이러한 초변동원가계산이 등장하게 된 배경은 생산환경이 노동집약적인 생산방식에서 자본집약적인 생산방식으로 변화함에 따른 것이다. 즉, 최근의 생산환경이 자동화설비에 의존하는 자본집약적 생산방식으로 변화함에 따라 제조원가 중 직접노무원가와 제조간접원가는 설비자산을 유지하기 위한 고정원가적인 성격을 가지게 됨에 따라 제조원가 중 직접재료원가만 제품원가에 포함시키고 나머지 직접노무원가와 제조간접원가를 모두 기간비용으로 처리하는 방법이 주장되었는데, 이를 초변동원가계산이라고 한다.

02 초변동원가계산에 의한 포괄손익계산서

초변동원가계산은 매출액에서 판매된 제품의 직접재료원가(판매량 × 단위당 직접재료원가. 이를 단위수준변동매출원가라고도 함)를 차감하여 재료처리량공헌이익(throughput contribution)을 계산하고 이 금액에서 운영비용(operating expense)을 차감하여 영업이익을 계산한다. 초변동원가계산의 포괄손익계산서 양식은 다음과 같다.

초변동원가계산 포괄손익계산서

포괄손익계산서(초변동원가계산)

매출액	×××
직접재료원가(단위수준변동매출원가)	×××
재료처리량공헌이익	×××
운영비용	×××
영업이익	×××

(1) 재료처리량공헌이익

재료처리량공헌이익(throughput contribution)이란 매출액에서 판매된 제품의 직접재료원가를 차감하여 계산한 것으로 쓰루풋공헌이익 또는 현금창출공헌이익이라고도 한다. 초변동원가계산은 직접노무원가와 변동제조간접원가(이하 '변동가공원가')를 변동원가로 보지 않고 고정원가[1] 성격으로 보아 발생 시 기간비용으로 처리하므로 단위수준변동매출원가에는 직접재료원가만이 포함된다. 즉, 단기적으로는

---

1) 고정제조간접원가는 고정원가이므로 발생 시 기간비용으로 처리한다. 결국 초변동원가계산에서는 가공원가(직접노무원가, 변동제조간접원가, 고정제조간접원가) 전액을 발생 시 기간비용으로 처리한다.

판매량 증대에 따른 이익증가(현금창출증가)는 매출액증가분에서 단위수준 변동원가 성격을 가지는 직접재료원가를 차감하여 계산해야 한다는 것이다.

(2) 운영비용

운영비용(operating expenses)이란 재료처리량공헌이익을 얻기 위하여 발생한 모든 비용으로써 직접재료원가를 제외한 직접노무원가, 제조간접원가 및 판매관리비를 말한다. 초변동원가계산에서는 제조원가 중 가공원가(직접노무원가와 제조간접원가)를 단기적으로 변화시킬 수 없는 고정원가로 보고 발생 시 모두 기간비용[2]으로 처리한다.

결국 초변동원가계산은 앞서 살펴본 변동원가계산과는 달리 공헌이익을 파악하는 과정에서 직접재료원가만을 변동매출원가로 보아 재료처리량공헌이익을 계산하고 직접노무원가와 제조간접원가를 모두 단기적으로 변화시킬 수 없는 고정원가로 보고 발생 시 모두 비용처리한다.

예제 2

20×1년 초 (주)신대륙은 단위당 판매가격과 변동원가가 다음과 같은 제품을 생산하기 시작했다.

단위당 판매가격		₩50
단위당 변동원가		30
직접재료원가	₩8	
직접노무원가	14	
변동제조간접원가	4	
변동판매관리비	4	
단위당 공헌이익		₩20

연간 고정제조간접원가는 ₩240,000이고, 변동판매관리비는 판매량에 비례하여 발생하며 고정판매관리비는 연간 ₩160,000이 발생한다. 20×1년에 제품 40,000개를 생산하여 모두 판매하였다.

[요구사항]

초변동원가계산에 의한 포괄손익계산서를 작성하시오.

해답

포괄손익계산서(초변동원가계산)

매출액: 40,000개 × @50 =		₩2,000,000
직접재료원가: 40,000개 × @8 =		320,000
재료처리량공헌이익		₩1,680,000
운영비용		1,280,000
직접노무원가: 40,000개 × @14 =	₩560,000	
변동제조간접원가: 40,000개 × @4 =	160,000	
고정제조간접원가	240,000	
변동판매관리비: 40,000개 × @4 =	160,000	
고정판매관리비	160,000	
영업이익		₩400,000

2) 운영비용 중 비제조원가인 판매관리비는 변동원가·고정원가를 불문하고 모두 발생 시 기간비용으로 처리한다.

제4절 | 제품원가계산방법의 비교

01 생산량이 일정한 경우 영업이익의 비교

전부원가계산, 변동원가계산, 초변동원가계산은 각각 제조원가 중 제품원가에 포함되는 항목이 다르기 때문에 재고수준의 변동에 따라 영업이익의 결과가 다르게 나타난다. 본 절에서는 다음의 예제 3을 토대로 각 원가계산방법이 이익측정과 재고자산평가에 미치는 영향에 대해서 살펴보기로 한다.

예제 3

20×1년 초 (주)신대륙은 단위당 판매가격과 변동원가가 다음과 같은 제품을 생산하기 시작했다.

단위당 판매가격		₩50
단위당 변동원가		30
직접재료원가	₩8	
직접노무원가	14	
변동제조간접원가	4	
변동판매관리비	4	
단위당 공헌이익		₩20

연간 고정제조간접원가는 ₩240,000이고 변동판매관리비는 판매량에 비례하여 발생하며 고정판매관리비는 연간 ₩160,000이다. 매년의 제품 생산량, 판매량 및 재고수준은 다음과 같다.

	20×1년	20×2년
기초제품	0개	5,000개
생산량	30,000	30,000
판매량	25,000	35,000
기말제품	5,000	0

(1) 생산량이 판매량보다 많은 경우

생산량이 판매량보다 많은 경우 각각의 방법에 의한 영업이익의 크기를 살펴보면 다음과 같다.

① 전부원가계산에 의한 영업이익은 변동원가계산에 의한 영업이익보다 크다. 왜냐하면, 전부원가계산에서는 당기에 발생한 고정제조간접원가의 일부가 기말재고자산에 포함되어 비용화되지 않지만 변동원가계산에서는 당기에 발생한 고정제조간접원가가 모두 기간비용으로 처리되기 때문이다.

② 변동원가계산에 의한 영업이익이 초변동원가계산에 의한 영업이익보다 큰데, 그 이유는 변동원가계산은 당기 발생한 직접노무원가, 변동제조간접원가(이하 '변동가공원가') 중 일부가 기말재고에 포함되어 비용화되지 않지만 초변동원가계산은 당기 발생한 변동가공원가가 모두 기간비용으로 처리되기 때문이다.

③ 예제 3의 경우에 20×1년의 각각의 방법에 의한 포괄손익계산서를 작성하면 다음과 같다.

포괄손익계산서(전부원가계산)

매출액: 25,000개 × @50 =		₩1,250,000
매출원가		850,000
기초제품재고액	₩0	
당기제품제조원가: 30,000개 × @34* =	1,020,000	
계	₩1,020,000	
기말제품재고액: 5,000개 × @34 =	(170,000)	
매출총이익		₩400,000
판매관리비: 25,000개 × @4 + ₩160,000 =		260,000
영업이익		₩140,000

* 단위당 제조원가

변동제조원가: ₩8 + ₩14 + ₩4 =	₩26
고정제조간접원가: ₩240,000 ÷ 30,000개 =	8
계	₩34

포괄손익계산서(변동원가계산)

매출액: 25,000개 × @50 =		₩1,250,000
변동원가		750,000
기초제품재고액	₩0	
당기제품제조원가: 30,000개 × @26* =	780,000	
계	₩780,000	
기말제품재고액: 5,000개 × @26 =	(130,000)	
변동매출원가	₩650,000	
변동판매관리비: 25,000개 × @4 =	100,000	
공헌이익		₩500,000
고정원가		400,000
고정제조간접원가	₩240,000	
고정판매관리비	160,000	
영업이익		₩100,000

* 단위당 변동제조원가: ₩8 + ₩14 + ₩4 = ₩26

포괄손익계산서(초변동원가계산)

매출액: 25,000개 × @50 =		₩1,250,000
직접재료원가		200,000
기초제품재고액	₩0	
당기제품제조원가: 30,000개 × @8 =	240,000	
계	₩240,000	
기말제품재고액: 5,000개 × @8=	(40,000)	
재료처리량공헌이익		₩1,050,000
운영비용		1,040,000
직접노무원가: 30,000개 × @14=	₩420,000	
변동제조간접원가: 30,000개 × @4=	120,000	
고정제조간접원가	240,000	
변동판매관리비: 25,000개 × @4=	100,000	
고정판매관리비	160,000	
영업이익		₩10,000

④ 전부원가계산에서는 당기고정제조간접원가 ₩240,000 중 ₩40,000(5,000개 × @8)이 기말재고자산에 포함되어 차기 이후로 이연되어 당기비용화된 고정제조간접원가는 ₩200,000이지만, 변동원가계산에서는 당기에 발생한 고정제조간접원가 ₩240,000 전액이 기간비용으로 처리된다. 따라서 전부원가계산에 의한 영업이익이 변동원가계산에 의한 영업이익보다 ₩40,000만큼 더 크다.

⑤ 변동원가계산에서는 당기에 발생한 변동가공원가 중 ₩90,000(5,000개 × @18)이 기말재고자산에 포함되어 차기이후로 이연되어 당기비용화된 변동가공원가는 ₩450,000이지만, 초변동원가계산에서는 당기에 발생한 변동가공원가 ₩540,000(30,000개 × @18) 전액이 기간비용으로 처리된다. 따라서 변동원가계산에 의한 영업이익이 초변동원가계산에 의한 영업이익보다 ₩90,000이 더 크다.

(2) 생산량이 판매량보다 적은 경우

생산량이 판매량보다 적은 경우 각각의 방법에 의한 영업이익의 크기를 살펴보면 다음과 같다.

① 전부원가계산에 의한 영업이익이 변동원가계산에 의한 영업이익보다 작다. 왜냐하면, 전부원가계산에서는 당기에 발생한 고정제조간접원가 외에 기초재고자산에 포함되어 있던 고정제조간접원가의 일부가 당기고정제조간접원가와 함께 비용화되지만 변동원가계산에서는 당기에 발생한 고정제조간접원가만이 비용화되기 때문이다.

② 변동원가계산에 의한 영업이익이 초변동원가계산에 의한 영업이익보다 작은데, 그 이유는 변동원가계산은 당기에 발생한 변동가공원가 외에 기초재고자산에 포함되어 있던 변동가공원가의 일부가 당기에 발생한 변동가공원가와 함께 비용화되지만 초변동원가계산에서는 당기에 발생한 변동가공원가만이 비용화되기 때문이다.

③ 예제 3의 경우에 20×2년의 각각의 방법에 의한 포괄손익계산서를 작성하면 다음과 같다.

포괄손익계산서(전부원가계산)

매출액: 35,000개 × @50 =		₩1,750,000
매출원가		1,190,000
기초제품재고액: 5,000개 × @34 =	₩170,000	
당기제품제조원가: 30,000개 × @34* =	1,020,000	
계	₩1,190,000	
기말제품재고액	(0)	
매출총이익		₩560,000
판매관리비: 35,000개 × @4 + ₩160,000 =		300,000
영업이익		₩260,000

* 단위당 제조원가

변동제조원가	₩26
고정제조간접원가: ₩240,000 ÷ 30,000개 =	8
계	₩34

포괄손익계산서(변동원가계산)

매출액: 35,000개 × @50 =		₩1,750,000
변동원가		1,050,000
기초제품재고액: 5,000개 × @26 =	₩130,000	
당기제품제조원가: 30,000개 × @26 =	780,000	
계	₩910,000	
기말제품재고액	(0)	
변동매출원가	₩910,000	
변동판매관리비: 35,000개 × @4 =	140,000	
공헌이익		₩700,000
고정원가		400,000
고정제조간접원가	₩240,000	
고정판매관리비	160,000	
영업이익		₩300,000

포괄손익계산서(초변동원가계산)

매출액: 35,000개 × @50 =		₩1,750,000
직접재료원가		280,000
기초제품재고액: 5,000개 × @8 =	₩40,000	
당기제품제조원가: 30,000개 × @8 =	240,000	
계	₩280,000	
기말제품재고액	(0)	
재료처리량공헌이익		₩1,470,000
운영비용		1,080,000
직접노무원가: 30,000개 × @14 =	₩420,000	
변동제조간접원가: 30,000개 × @4 =	120,000	
고정제조간접원가	240,000	
변동판매관리비: 35,000개 × @4 =	140,000	
고정판매관리비	160,000	
영업이익		₩390,000

④ 전부원가계산에서는 당기에 발생한 고정제조간접원가 ₩240,000과 기초재고자산에 포함된 고정제조간접원가 ₩40,000(5,000개 × @8)이 함께 비용화되지만, 변동원가계산에서는 당기에 발생한 고정제조간접원가 ₩240,000만 기간비용화된다. 따라서 전부원가계산에 의한 영업이익이 변동원가계산에 의한 영업이익보다 ₩40,000만큼 더 작다.

⑤ 변동원가계산에서는 당기에 발생한 변동가공원가 ₩540,000과 기초재고자산에 포함된 변동가공원가 ₩90,000(5,000개 × @18)이 함께 비용화되지만 초변동원가계산에서는 당기에 발생한 변동가공원가 ₩540,000만 기간비용으로 처리된다. 따라서 변동원가계산에 의한 영업이익이 초변동원가계산에 의한 영업이익보다 ₩90,000만큼 더 작다.

단위당 고정제조간접원가 배부율 및 변동가공원가 배부율이 매년 동일하다는 전제하에 지금까지 살펴본 재고수준의 변동에 따른 영업이익의 크기를 비교하면 다음과 같다.

재고수준의 변동에 따른 영업이익의 비교

(1) 생산량>판매량(기초재고<기말재고): 전부원가계산의 이익>변동원가계산의 이익>초변동원가계산의 이익
(2) 생산량=판매량(기초재고=기말재고): 전부원가계산의 이익=변동원가계산의 이익=초변동원가계산의 이익
(3) 생산량<판매량(기초재고>기말재고): 전부원가계산의 이익<변동원가계산의 이익<초변동원계산의 이익

02 생산량이 변동할 경우 영업이익의 비교

지금까지는 생산량이 일정하다고 가정할 경우에 재고수준이 변동함에 따라, 즉 판매량이 변동함에 따라 각 원가계산방법하에서의 영업이익이 서로 다르게 나타남을 살펴보았다.

본 절에서는 반대로 판매량이 일정하고 생산량이 변동할 경우 다음 예제 4를 토대로 각 원가계산방법에 의한 영업이익의 차이에 대해서 살펴보기로 한다. 단, 매년 생산량이 일정하지 않으면 연도별로 계산되는 단위당 제조원가가 일정하지 않으므로 재고자산의 평가와 기간손익을 확정하기 위해서는 원가흐름에 대한 가정이 필요한데, 본 장에서는 기본적으로 선입선출법을 가정한다.

예제 4

20×1년 초 (주)신대륙은 단위당 판매가격과 변동원가가 다음과 같은 제품을 생산하기 시작했다.

단위당 판매가격		₩50
단위당 변동원가		30
직접재료원가	₩8	
직접노무원가	14	
변동제조간접원가	4	
변동판매관리비	4	
단위당 공헌이익		₩20

연간 고정제조간접원가는 ₩240,000이고 변동판매관리비는 판매량에 비례하여 발생하며 고정판매관리비는 연간 ₩160,000이다. 매년 제품 생산량, 판매량 및 재고수준은 다음과 같다. 단, 회사는 필요한 경우 재고자산의 평가와 기간손익의 확정을 위해 선입선출법을 가정한다.

	20×1년	20×2년	20×3년
기초제품	0개	10,000개	10,000개
생산량	40,000	30,000	20,000
판매량	30,000	30,000	30,000
기말제품	10,000	10,000	0

[요구사항]
20×1년, 20×2년, 20×3년 전부원가계산, 변동원가계산, 초변동원가계산에 의한 포괄손익계산서를 작성하시오.

해답 1. 20×1년 포괄손익계산서

(1)

포괄손익계산서(전부원가계산)

매출액: 30,000개 × @50 =		₩1,500,000
매출원가		960,000
기초제품재고액	₩0	
당기제품제조원가: 40,000개 × @32* =	1,280,000	
계	₩1,280,000	
기말제품재고액: 10,000개 × @32 =	(320,000)	
매출총이익		₩540,000
판매관리비: 30,000개 × @4 + ₩160,000 =		280,000
영업이익		₩260,000

* 단위당 제조원가

변동제조원가: ₩8 + ₩14 + ₩4 =	₩26
고정제조간접원가: ₩240,000 ÷ 40,000개 =	6
계	₩32

(2)

포괄손익계산서(변동원가계산)

매출액: 30,000개 × @50 =		₩1,500,000
변동원가		900,000
기초제품재고액	₩0	
당기제품제조원가: 40,000개 × @26* =	1,040,000	
계	₩1,040,000	
기말제품재고액: 10,000개 × @26 =	(260,000)	
변동매출원가	₩780,000	
변동판매관리비: 30,000개 × @4 =	120,000	
공헌이익		₩600,000
고정원가		400,000
고정제조간접원가	₩240,000	
고정판매관리비	160,000	
영업이익		₩200,000

* 단위당 변동제조원가: ₩8 + ₩14 + ₩4 = ₩26

(3)

포괄손익계산서(초변동원가계산)

매출액: 30,000개 × @50 =		₩1,500,000
직접재료원가		240,000
기초제품재고액	₩0	
당기제품제조원가: 40,000개 × @8 =	320,000	
계	₩320,000	
기말제품재고액: 10,000개 × @8 =	(80,000)	
재료처리량공헌이익		₩1,260,000
운영비용		1,240,000
직접노무원가: 40,000개 × @14 =	₩560,000	
변동제조간접원가: 40,000개 × @ 4=	160,000	
고정제조간접원가	240,000	
변동판매관리비: 30,000개 × @4 =	120,000	
고정판매관리비	160,000	
영업이익		₩20,000

2. 20×2년 포괄손익계산서

(1)

포괄손익계산서(전부원가계산)

매출액: 30,000개 × @50 =		₩1,500,000
매출원가		1,000,000
기초제품재고액: 10,000개 × @32 =	₩320,000	
당기제품제조원가: 30,000개 × @34[*1] =	1,020,000	
계	₩1,340,000	
기말제품재고액: 10,000개 × @34[*2] =	(340,000)	
매출총이익		₩500,000
판매관리비: 30,000개 × @4 + ₩160,000 =		280,000
영업이익		₩220,000

[*1] 단위당 제조원가

변동제조원가	₩26
고정제조간접원가: ₩240,000 ÷ 30,000개 =	8
계	₩34

[*2] 재고자산을 선입선출법에 의하여 평가하므로 당기의 단위당 제조원가를 적용함

(2)

포괄손익계산서(변동원가계산)

매출액: 30,000개 × @50 =		₩1,500,000
변동원가		900,000
기초제품재고액: 10,000개 × @26 =	₩260,000	
당기제품제조원가: 30,000개 × @26 =	780,000	
계	₩1,040,000	
기말제품재고액: 10,000개 × @26 =	(260,000)	
변동매출원가	₩780,000	
변동판매관리비: 30,000개 × @4 =	120,000	
공헌이익		₩600,000
고정원가		400,000
고정제조간접원가	₩240,000	
고정판매관리비	160,000	
영업이익		₩200,000

(3)

포괄손익계산서(초변동원가계산)

매출액: 30,000개 × @50 =		₩1,500,000
직접재료원가		240,000
기초제품재고액: 10,000개 × @8 =	₩80,000	
당기제품제조원가: 30,000개 × @8 =	240,000	
계	₩300,000	
기말제품재고액: 10,000개 × @8 =	(80,000)	
재료처리량공헌이익		₩1,260,000
운영비용		1,060,000
직접노무원가: 30,000개 × @14 =	₩420,000	
변동제조간접원가: 30,000개 × @4 =	120,000	
고정제조간접원가	240,000	
변동판매관리비: 30,000개 × @4 =	120,000	
고정판매관리비	160,000	
영업이익		₩200,000

3. 20×3년 포괄손익계산서

(1) 포괄손익계산서(전부원가계산)

매출액: 30,000개 × @50 =		₩1,500,000
매출원가		1,100,000
기초제품재고액: 10,000개 × @34 =	₩340,000	
당기제품제조원가: 20,000개 × @38* =	760,000	
계	₩1,100,000	
기말제품재고액	(0)	
매출총이익		₩400,000
판매관리비: 30,000개 × @4 + ₩160,000 =		280,000
영업이익		₩120,000

* 단위당 제조원가

변동제조원가	₩26
고정제조간접원가: ₩240,000 ÷ 20,000개 =	12
계	₩38

(2) 포괄손익계산서(변동원가계산)

매출액: 30,000개 × @50 =		₩1,500,000
변동원가		900,000
기초제품재고액: 10,000개 × @26 =	₩260,000	
당기제품제조원가: 20,000개 × @26 =	520,000	
계	₩780,000	
기말제품재고액	(0)	
변동매출원가	₩780,000	
변동판매관리비: 30,000개 × @4 =	120,000	
공헌이익		₩600,000
고정원가		400,000
고정제조간접원가	₩240,000	
고정판매관리비	160,000	
영업이익		₩200,000

(3) 포괄손익계산서(초변동원가계산)

매출액: 30,000개 × @50 =		₩1,500,000
직접재료원가		240,000
기초제품재고액: 10,000개 × @8 =	₩80,000	
당기제품제조원가: 20,000개 × @8 =	160,000	
계	₩240,000	
기말제품재고액	(0)	
재료처리량공헌이익		₩1,260,000
운영비용		880,000
직접노무원가: 20,000개 × @14 =	₩280,000	
변동제조간접원가: 20,000개 × @4 =	80,000	
고정제조간접원가	240,000	
변동판매관리비: 30,000개 × @4 =	120,000	
고정판매관리비	160,000	
영업이익		₩380,000

예제 4의 각 원가계산방법에 따라 20×1년부터 20×3년까지의 영업이익을 요약하면 다음과 같다.

	20×1년	20×2년	20×3년
전부원가계산하의 영업이익	₩260,000	₩220,000	₩120,000
변동원가계산하의 영업이익	200,000	200,000	200,000
초변동원가계산하의 영업이익	20,000	200,000	380,000
생산량	40,000개	30,000개	20,000개
판매량	30,000	30,000	30,000
재고의 증감	10,000개 증가	0	10,000개 감소

위의 자료를 토대로 판매량이 일정할 때 생산량의 변동이 이익에 미치는 영향을 각 원가계산방법에 따라 비교분석하면 다음과 같다.

(1) 전부원가계산

전부원가계산은 고정제조간접원가를 제품원가에 포함시키므로 판매량이 일정하더라도 생산량이 변동함에 따라 영업이익도 변동한다. 즉, 생산량이 증가할수록 영업이익은 증가한다. 왜냐하면, 판매량이 일정한 상황에서 생산량이 증가할수록 기말재고에 포함되어 이연되는 고정제조간접원가는 증가하고 매출원가로 비용화되는 고정제조간접원가가 감소하기 때문이다. 예제 4에서도 매년 판매량이 30,000개로 일정하지만 생산량이 40,000개로 가장 큰 20×1년의 영업이익이 ₩260,000으로 가장 크다.

(2) 변동원가계산

변동원가계산은 고정제조간접원가를 기간비용으로 처리하므로 영업이익은 생산량에 관계없이 판매량에 의해서만 영향을 받는다. 예제 4에서도 매년 생산량이 변동하지만 판매량이 30,000개로 일정하므로 영업이익도 ₩200,000으로 일정하다.

(3) 초변동원가계산

초변동원가계산은 고정제조간접원가뿐만 아니라 변동가공원가까지 기간비용으로 처리하므로 영업이익은 전부원가계산과는 반대로 판매량이 일정하더라도 생산량이 증가할수록 오히려 감소한다. 왜냐하면, 생산량이 증가할수록 기간비용화되는 변동가공원가가 증가하기 때문이다. 예제 4에서도 매년 판매량이 30,000개로 일정하지만 생산량이 40,000개로 가장 큰 20×1년의 영업이익이 ₩20,000으로 가장 작다.

판매량이 일정할 경우 생산량 변동이 영업이익에 미치는 효과

구분	전부원가계산	변동원가계산	초변동원가계산
생산량변동에 따른 영업이익의 크기	생산량이 증가할수록 영업이익은 증가함	생산량변동은 영업이익에 영향을 미치지 못함	생산량이 증가할수록 영업이익은 감소함
영업이익 변동원인	생산량이 증가하면 기말재고에 포함되어 이연되는 고정제조간접원가가 증가함	생산량 변동에 따라 영업이익은 변동하지 아니함	생산량이 증가하면 기간비용화되는 변동가공원가가 증가함
시사점	재고과잉유인이 존재함	생산이 아닌 판매에 집중할 수 있도록 함	재고자산을 최소화하도록 유도함

03 각 원가계산방법의 영업이익 차이조정

각 원가계산방법하에서 영업이익의 차이가 발생하는 원인은 원가계산방법에 따라 제조원가 중 제품원가에 포함시키는 항목이 다르기 때문이다. 즉, 기초재고자산과 기말재고자산에 포함되어 있는 제조원가의 차이가 영업이익의 차이를 유발시키는데, 예제 4를 토대로 이에 대해서 자세히 살펴보기로 한다.

(1) 전부원가계산과 변동원가계산의 이익차이 조정

전부원가계산과 변동원가계산의 이익차이는 고정제조간접원가의 제품원가 포함 여부이다. 이를 구체적으로 살펴보면 다음과 같다.

① 전부원가계산에서는 고정제조간접원가를 제품원가에 포함시키지만 변동원가계산에서는 기간비용으로 처리한다. 따라서 전부원가계산하의 재고자산이 변동원가계산하의 재고자산에 비해 고정제조간접원가배부액만큼 과대계상되고 이로 인해 매년 비용화되는 고정제조간접원가에 차이가 발생하게 된다.

② 예제 4에서 각 원가계산방법에 따라 매년 비용화되는 고정제조간접원가를 계산하면 다음과 같다.

	20×1년	20X2년	20X3년
<변동원가계산에서 비용화된 고정제조간접원가>			
당기에 발생한 고정제조간접원가	₩240,000	₩240,000	₩240,000
<전부원가계산에서 비용화된 고정제조간접원가>			
당기에 발생한 고정제조간접원가	₩240,000	₩240,000	₩240,000
(-) 기말재고에 포함된 고정제조간접원가	(60,000)	(80,000)	(0)
(+) 기초재고에 포함된 고정제조간접원가	0	60,000	80,000
당기에 비용화된 고정제조간접원가	₩180,000	₩220,000	₩320,000

③ 변동원가계산과 전부원가계산의 이익차이는 다음과 같이 전부원가계산하의 기초재고자산과 기말재고자산에 포함되어 있는 고정제조간접원가의 차이를 이용하여 다음과 같이 조정할 수 있다.

	20×1년	20×2년	20×3년
변동원가계산하의 영업이익	₩200,000	₩200,000	₩200,000
(+) 기말재고에 포함된 고정제조간접원가*1	60,000*1	80,000*2	0
(-) 기초재고에 포함된 고정제조간접원가*2	(0)	(60,000)	(80,000)
전부원가계산하의 영업이익	₩260,000	₩220,000	₩120,000

*1 기말재고수량 × 당기 단위당 고정제조간접원가

20×1년: 10,000개 × @6* = ₩60,000
(10,000개: 20×1년 말 재고수량)

* ₩240,000 ÷ 40,000개
(40,000개: 20×1년 생산량)

20×2년: 10,000개 × @8* = ₩80,000
(10,000개: 20×2년 말 재고수량)

* ₩240,000 ÷ 30,000개
(30,000개: 20×2년 생산량)

*2 기초재고수량 × 전기 단위당 고정제조간접원가

*3 재고수량은 제품과 재공품을 포함하며, 재공품이 존재하는 경우 재고수량은 완성품환산량으로, 단위당 고정제조간접원가는 가공원가에 대한 완성품환산량 단위당 원가로 계산됨

④ 참고로 변동원가계산과 전부원가계산하에서 20×2년에 비용화된 고정제조간접원가(FOH)를 그림으로 나타내면 다음과 같다.

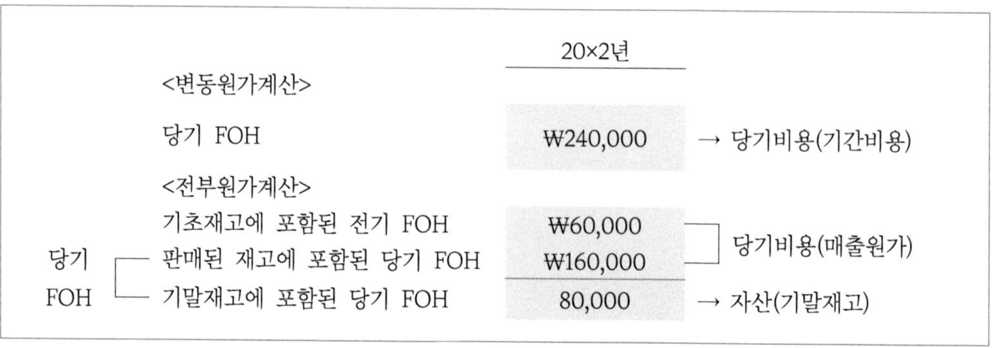

(2) 변동원가계산과 초변동원가계산의 이익차이 조정

변동원가계산과 초변동원가계산의 이익차이는 변동가공원가의 제품원가 포함 여부로 설명할 수 있다.

① 변동원가계산에서는 변동가공원가를 제품원가에 포함시키지만 초변동원가계산에서는 기간비용으로 처리한다. 따라서 변동원가계산하의 재고자산이 초변동원가계산하의 재고자산에 비해 변동가공원가배부액만큼 과대계상되고 이로 인해 매년 비용화되는 변동가공원가에 차이가 발생하게 된다.

② 예제 4에서 각 원가계산방법에 따라 매년 비용화되는 변동가공원가를 구해보면 다음과 같다.

	20×1년	20×2년	20×3년
<초변동원가계산에서 비용화된 변동가공원가>			
당기에 발생한 변동가공원가	₩720,000	₩540,000	₩360,000
<변동원가계산에서 비용화된 변동가공원가>			
당기에 발생한 변동가공원가	₩720,000	₩540,000	₩360,000
(-) 기말재고에 포함된 변동가공원가	(180,000)	(180,000)	(0)
(+) 기초재고에 포함된 변동가공원가	0	180,000	180,000
당기에 비용화된 변동가공원가	₩540,000	₩540,000	₩540,000

③ 초변동원가계산과 변동원가계산의 이익차이는 다음과 같이 변동원가계산하의 기초재고자산과 기말재고자산에 포함되어 있는 변동가공원가의 차이를 이용하여 조정할 수 있다.

	20X1년	20X2년	20X3년
초변동원가계산하의 영업이익	₩20,000	₩200,000	₩380,000
(+) 기말재고에 포함된 변동가공원가	180,000*[1]	180,000*[2]	0
(-) 기초재고에 포함된 변동가공원가	(0)	(180,000)	(180,000)
변동원가계산하의 영업이익	₩200,000	₩200,000	₩200,000

*1 10,000개 × (₩14 + ₩4) = ₩180,000
20×1년 말 재고수량

*2 10,000개 × (₩14 + ₩4) = ₩180,000
20×2년 말 재고수량

④ 초변동원가계산과 변동원가계산하에서 20×2년에 비용화된 변동가공원가를 그림으로 나타내면 다음과 같다.

		20×2년	
	<초변동원가계산>		
	당기변동가공원가	₩540,000	→ 당기비용(기간비용)
	<변동원가계산>		
	기초재고에 포함된 전기변동가공원가	₩180,000	당기비용(매출원가)
당기 변동가공원가	판매된 재고에 포함된 당기변동가공원가	₩360,000	
	기말재고에 포함된 당기변동가공원가	180,000	→ 자산(기말재고)

(3) 전부원가계산과 초변동원가계산의 이익차이 조정

전부원가계산과 초변동원가계산의 이익차이는 가공원가의 제품원가 포함 여부로 설명할 수 있다.

① 전부원가계산과 초변동원가계산의 차이는 가공원가(직접노무원가와 변동제조간접원가 및 고정제조간접원가)를 제품원가에 포함시키느냐(전부원가계산), 아니면 기간비용으로 처리하느냐(초변동원가계산)에 있으므로 영업이익의 차이도 기초재고와 기말재고자산에 포함된 가공원가의 크기에 의해서 나타난다.

② 초변동원가계산에 비하여 전부원가계산에서 재고자산이 가공원가만큼 과대되므로 기초재고와 기말재고에 포함되어 있는 가공원가를 조정하면 전부원가계산과 초변동원가계산의 영업이익의 차이가 조정된다.

	20×1년	20×2년	20×3년
초변동원가계산에 의한 영업이익	₩20,000	₩200,000	₩380,000
(+) 기말재고에 포함된 가공원가	240,000[*1]	260,000[*2]	0
(-) 기초재고에 포함된 가공원가	(0)	(240,000)	(260,000)
전부원가계산에 의한 영업이익	₩260,000	₩220,000	₩120,000

[*1] 10,000개 × (₩14 + ₩4 + ₩6) = ₩240,000
10,000개: 20×1년 말 재고수량

[*2] 10,000개 × (₩14 + ₩4 + ₩8) = ₩260,000
10,000개: 20×2년 말 재고수량

③ 참고로 초변동원가계산과 전부원가계산하에서 20×2년에 비용화된 가공원가를 그림으로 나타내면 다음과 같다.

		20×2년	
	<초변동원가계산>		
	당기가공원가	₩780,000	→ 당기비용(기간비용)
	<전부원가계산>		
	기초재고에 포함된 전기가공원가	₩240,000	당기비용(매출원가)
당기 가공원가	판매된 재고에 포함된 당기가공원가	₩520,000	
	기말재고에 포함된 당기가공원가	260,000	→ 자산(기말재고)

(4) 전부원가계산과 변동원가계산 및 초변동원가계산의 이익차이 조정

전부원가계산과 변동원가계산의 이익차이는 전부원가계산하의 재고자산에 포함되어 있는 고정제조간접원가배부액의 차이에 기인하며 변동원가계산과 초변동원가계산의 이익차이는 변동원가계산하의 재고자산에 포함되어 있는 변동가공원가배부액의 차이에 기인하므로 이를 함께 고려하여 이익차이를 조정하면 다음과 같다.

	20×1년	20×2년	20×3년
초변동원가계산하의 영업이익	₩20,000	₩200,000	₩380,000
(+) 기말재고에 포함된 변동가공원가	180,000	180,000	0
(-) 기초재고에 포함된 변동가공원가	(0)	(180,000)	(180,000)
변동원가계산하의 영업이익	₩200,000	₩200,000	₩200,000
(+) 기말재고에 포함된 고정제조간접원가	60,000	80,000	0
(-) 기초재고에 포함된 고정제조간접원가	(0)	(60,000)	(80,000)
전부원가계산하의 영업이익	₩260,000	₩220,000	₩120,000

제5절 | 제품원가계산방법의 장·단점

지금까지 살펴 본 전부원가계산과 변동원가계산 및 초변동원가계산은 제품원가에 포함되는 항목이 다름에 따라 서로 다른 장·단점을 가지고 있다. 따라서 의사결정목적 기업의 원가구조 등에 따라 가장 유용한 제품원가계산방법을 선택해야 하므로 각 방법들의 장·단점에 대해서 살펴보기로 한다.

01 전부원가계산의 장·단점

전부원가계산은 원가부착개념(cost-attach concept)에 근거를 두고 제품생산과 관련 있는 모든 제조원가를 제품원가에 포함시키는 방법이며, 다음과 같은 장·단점을 가지고 있다.

(1) 장점

① 전부원가계산은 경영자의 장기적인 의사결정에 적합한 정보를 제공한다. 즉, 장기적인 관점에서 보면 모든 원가는 변동원가이므로 고정제조간접원가도 제품원가에 포함시켜 가격결정이 이루어져야 적정한 이익을 달성할 수 있으므로 경영자로 하여금 장기적인 관점에서 올바른 의사결정을 하도록 유도한다.

② 전부원가계산은 모든 제조원가를 제품원가에 포함시키므로 변동원가와 고정원가로 구분되지 않는 혼합원가를 자의적으로 구분할 필요가 없다. 예를 들어 감독자급여, 전기·수도료 등의 혼합원가는 변동원가와 고정원가로 구분하는 것이 현실적으로 어렵다.

③ 전부원가계산은 고정제조간접원가를 제품원가에 포함시켰다가 제품이 판매되어 매출액이 인식되었을 때 매출원가로 비용처리한다. 따라서 수익·비용대응의 원칙에 보다 부합하는 원가계산방법이다.

(2) 단점

① 전부원가계산은 고정제조간접원가를 제품원가에 포함시키므로 생산량이 변동할 경우 제품단위당 원가의 차이가 발생하는 문제점이 있다.

② 전부원가계산은 영업이익이 판매량뿐만 아니라 생산량에 의해서도 영향을 받는다.
즉, 판매량이 일정하더라도 생산량이 증가할 경우 기말재고에 포함되어 비용화되지 않는 고정제조간접원가가 증가하므로 영업이익은 증가하게 된다. 따라서 불필요한 재고과잉위험이 존재한다.

02 변동원가계산의 장·단점

변동원가계산은 원가회피개념(cost-avoidance concept)에 근거를 두고 제품을 생산하지 않는 경우 회피할 수 있는 원가(변동제조원가)만을 제품원가에 포함시키는 방법이며, 다음과 같은 장·단점을 가지고 있다.

(1) 장점

① 변동원가계산은 경영자의 단기적인 의사결정에 적합한 정보를 제공한다. 즉, 단기적인 관점에서 보면 고정제조간접원가는 제품생산과 무관하게 발생하므로 발생 시 기간비용으로 처리하는 것이 경영자로 하여금 단기적인 관점에서 올바른 의사결정을 하도록 유도한다.

② 변동원가계산은 영업이익이 생산량과 무관하게 오로지 판매량에 의해 결정되므로 경영자에게 생산이 아닌 판매에 보다 집중할 수 있도록 유인을 제공한다.

③ 변동원가계산은 변동제조원가만이 제품원가에 포함되므로 전부원가계산에서와 같이 고정제조간접원가를 제품원가에 포함시킴으로써 생산량의 변동에 따라 제품단위당 원가의 차이가 발생하는 문제점은 발생하지 않는다.

(2) 단점

① 변동원가계산은 변동제조원가만을 제품원가에 포함시키므로 현실적으로 변동원가와 고정원가로 구분되지 않는 혼합원가를 자의적으로 구분해야 하는데, 이 과정에서 주관이 개입될 여지가 있다.

② 변동원가계산에 의할 경우 당기의 기말제품생산에 기여한 고정제조간접원가도 모두 기간비용으로 처리되기 때문에 동 제품이 판매되어 매출액이 인식되었을 때 적절히 대응되지 못하므로 수익·비용 대응의 원칙에 어긋나는 원가계산방법이다.

03 초변동원가계산의 장 · 단점

초변동원가계산은 직접재료원가만을 변동원가로 간주하여 제품원가에 포함시키는 방법으로서 다음과 같은 장·단점을 가지고 있다.

(1) 장점

① 초변동원가계산은 재고자산보유를 최소화하도록 유인을 제공한다. 초변동원가계산의 경우 당기에 발생한 가공원가를 전부 기간비용으로 처리하므로 판매량이 일정한 상황하에서 생산량 증대는 오히려 영업이익을 감소시키는 효과가 있다. 따라서 경영자로 하여금 판매량을 초과하여 불필요하게 제품을 생산하려는 유인을 억제하는 효과가 있다.

② 초변동원가계산은 직접재료원가와 같은 단위수준변동원가만을 제품원가에 포함시키므로 변동원가계산처럼 변동원가와 고정원가로 구분되지 않는 혼합원가를 자의적으로 구분할 필요가 없다.

(2) 단점

① 초변동원가계산은 재고자산보유를 최소화하도록 유인을 제공하는데, 현실적으로 수요에 대한 불확실성이 크거나 규모의 경제가 존재하는 경우에는 오히려 영업이익에 악영향을 미칠 수도 있다.

② 초변동원가계산은 재고의 누적에 대하여 일종의 벌과금을 부과하는 효과가 있으므로 이를 회피하기 위해 재고를 지나치게 낮은 가격으로 덤핑판매하는 등의 부작용이 발생할 가능성이 있다.

이와 같이 전부원가계산과 변동원가계산 및 초변동원가계산은 제품원가에 포함되는 항목이 상이함에 따라 서로 다른 장·단점을 가지고 있으므로 의사결정목적과 기업의 원가구조 등을 고려하여 해당 상황에 맞는 가장 적절한 원가계산방법을 선택해야 한다.

제품원가계산방법의 비교

<table>
<tr><th colspan="2">구분</th><th>전부원가계산</th><th>변동원가계산</th><th>초변동원가계산</th></tr>
<tr><td colspan="2">원가정보의 활용목적</td><td>외부보고목적
장기의사결정</td><td>내부보고목적
단기의사결정</td><td>내부보고목적
단기의사결정</td></tr>
<tr><td rowspan="3">제조원가의 처리</td><td>직접재료원가</td><td>제품원가</td><td>제품원가</td><td>제품원가</td></tr>
<tr><td>변동가공원가
(직접노무원가와
변동제조간접원가)</td><td>제품원가</td><td>제품원가</td><td>기간비용</td></tr>
<tr><td>고정제조간접원가</td><td>제품원가</td><td>기간비용</td><td>기간비용</td></tr>
<tr><td colspan="2">포괄손익계산서 양식
(기능별 표시방법)</td><td>매출액
매출원가
매출총이익
판매관리비
영업이익</td><td>매출액
변동원가
공헌이익
고정원가
영업이익</td><td>매출액
직접재료원가
재료처리량공헌이익
운영비용
영업이익</td></tr>
<tr><td rowspan="3">영업이익의 비교*1</td><td>생산량>판매량
(기초재고<기말재고)</td><td colspan="3">전부원가계산 > 변동원가계산 > 초변동원가계산</td></tr>
<tr><td>생산량=판매량
(기초재고=기말재고)</td><td colspan="3">전부원가계산 = 변동원가계산 = 초변동원가계산</td></tr>
<tr><td>생산량<판매량
(기초재고>기말재고)</td><td colspan="3">전부원가계산 < 변동원가계산 < 초변동원가계산</td></tr>
<tr><td colspan="2">영업이익차이의 조정*2</td><td colspan="3">초변동원가계산의 영업이익
(+) 기말재고에 포함된 변동가공원가
(-) 기초재고에 포함된 변동가공원가
변동원가계산의 영업이익
(+) 기말재고에 포함된 고정제조간접원가
(-) 기초재고에 포함된 고정제조간접원가
전부원가계산의 영업이익</td></tr>
</table>

*1 전제조건: 단위당 고정제조간접원가배부율 및 변동가공원가배부율이 매년 동일함

*2 원가흐름의 가정: 선입선출법

제6절 | 정상원가계산과 표준원가계산에서의 비교

지금까지는 실제원가계산을 적용하는 경우 변동원가계산과 초변동원가계산에 대해서 살펴보았는데, 본 절에서는 정상원가계산이나 표준원가계산하에서 이러한 원가계산방법을 어떻게 적용하며 실제원가계산과 어떤 점이 차이가 나는지 살펴보도록 한다. 단, 초변동원가계산은 변동원가계산을 정확하게 이해하면 쉽게 이해할 수 있으므로 정상원가계산과 표준원가계산에서 변동원가계산과 전부원가계산을 적용하는 경우를 중심으로 살펴보도록 하겠다.

01 정상원가계산하에서의 비교

정상원가계산은 직접재료원가와 직접노무원가를 실제원가로 기록하고 제조간접원가는 보고기간이 시작되기 전에 결정된 제조간접원가 예정배부율을 이용하여 제조간접원가를 예정배부하는 원가계산제도이다. 정상원가계산하에서 전부원가계산과 변동원가계산을 비교하면 다음과 같다.

(1) 정상원가계산제도하에서 전부원가계산을 적용한다면 <제2장 개별원가계산>에서 살펴본 바와 같이 다음과 같은 제조간접원가 예정배부율을 이용하여 제조간접원가를 제품에 배부한다.

$$\text{제조간접원가 예정배부율} = \frac{\text{제조간접원가예산}}{\text{예정조업도}}$$

(2) <제2장 개별원가계산>에서 살펴보았듯이 '제조간접원가예산 = 고정제조간접원가예산 + 조업도 단위당 변동제조간접원가 × 예정조업도'이므로 제조간접원가 예정배부율은 다음과 같이 나타낼 수도 있다.

$$\text{제조간접원가 예정배부율} = \frac{\text{고정제조간접원가예산} + \text{예정조업도} \times \text{조업도 단위당 변동제조간접원가}}{\text{예정조업도}}$$

$$= \underbrace{\frac{\text{고정제조간접원가예산}}{\text{예정조업도(기준조업도)}}}_{\text{고정제조간접원가배부율}} + \underbrace{\text{조업도 단위당 변동제조간접원가}}_{\text{변동제조간접원가배부율}}$$

전부원가계산에 의한 제조간접원가 예정배부율은 위의 식에서 산출된 것처럼 고정제조간접원가배부율과 변동제조간접원가배부율로 나누어 적용할 수도 있다.

(3) 정상원가계산제도하에서 변동원가계산을 적용한다면 변동제조간접원가배부율을 이용하여 변동제조간접원가만을 제품에 배부하면 된다. 왜냐하면, 변동원가계산에서는 고정제조간접원가를 제품원가에 포함시키지 않고 기간비용으로 처리하기 때문이다. 따라서 정상원가계산제도하에서 변동원가계산을 적용한다면 고정제조간접원가에 대한 배부차이가 존재하지 않게 된다.

예제 5

(주)천지인은 20×1년 초 영업을 개시하였다. 회사는 연초에 단위당 변동제조간접원가를 ₩4, 연간고정제조간접원가를 ₩240,000, 연간생산량을 30,000개로 예상하고 이를 기준으로 제조간접원가를 예정배부하고 있다. 20×1년 중 회사가 생산한 제품에 관한 실제 자료는 다음과 같다.

단위당 판매가격		₩50
단위당 변동원가		30
직접재료원가	₩8	
직접노무원가	14	
변동제조간접원가	5	
변동판매관리비	3	
단위당 공헌이익		₩20

20×1년의 제품생산량은 28,000개, 판매량은 25,000개이고, 실제발생한 연간고정제조간접원가는 ₩240,000, 고정판매관리비는 ₩160,000이었다. 회사는 제조간접원가 배부차이를 매출원가에 가감하고 있다.

(4) 예제 5에서 20×1년의 전부원가계산과 변동원가계산에 의한 포괄손익계산서를 작성하면 다음과 같다.

포괄손익계산서(전부원가계산)

매출액: 25,000개 × @50 =		₩1,250,000
매출원가		894,000
기초제품재고액	₩0	
당기제품제조원가: 28,000개 × @34[*1] =	952,000	
계	₩952,000	
기말제품재고액: 3,000개 × @34 =	(102,000)	
정상매출원가	₩850,000	
제조간접원가 과소배부액	44,000[*2]	
매출총이익		₩356,000
판매관리비: 25,000개 × @3 + ₩160,000 =		235,000
영업이익		₩121,000

[*1] 단위당 제조원가

변동제조원가: ₩8 + ₩14 + ₩4(예정배부) =	₩26	
고정제조간접원가: ₩240,000÷30,000개 =	8	(예정배부)
계	₩34	

[*2] 제조간접원가 과소배부액은 다음과 같이 계산됨

	실제		배부액		배부차이
변동제조간접원가	28,000개 × @5 =	₩140,000	28,000개 × @4 =	₩112,000	₩28,000 과소
고정제조간접원가		240,000	28,000개 × @8 =	224,000	16,000 과소
계		₩380,000		₩336,000	₩44,000 과소

포괄손익계산서(변동원가계산)

매출액: 25,000개 × @50 =		₩1,250,000
변동원가		753,000
기초제품재고액	₩0	
당기제품제조원가: 28,000개 × @26[*1] =	728,000	
계	₩728,000	
기말제품재고액: 3,000개 × @26 =	(78,000)	
정상변동매출원가	₩650,000	
변동제조간접원가 과소배부액	28,000[*2]	
차이조정후 변동매출원가	₩678,000	
변동판매관리비: 25,000개 × @3 =	75,000	
공헌이익		₩497,000
고정원가		400,000
고정제조간접원가	₩240,000	
고정판매관리비	160,000	
영업이익		₩97,000

[*1] 단위당 변동제조원가: ₩8 + ₩14 + ₩4 = ₩26 (₩4: 예정배부)

[*2] 변동제조간접원가 배부차이: 28,000개 × @5 - 28,000개 × @4 = ₩28,000 과소배부 (28,000개 × @5: 실제 변동제조간접원가, 28,000개 × @4: 변동제조간접원가 배부액)

(5) 예제 5에서 보듯이 전부원가계산에 의할 경우 고정제조간접원가를 제품에 배부함에 따라 고정제조간접원가 배부차이가 발생하지만 변동원가계산에 의할 경우 고정제조간접원가를 기간비용으로 처리하기 때문에 고정제조간접원가 배부차이는 존재하지 않는다. 참고로 두 방법에 의한 영업이익의 차이는 다음과 같이 조정된다.

변동원가계산에 의한 영업이익	₩97,000
(+) 기말재고에 포함된 고정제조간접원가: 3,000개 × @8 =	24,000
(-) 기초재고에 포함된 고정제조간접원가	(0)
전부원가계산하의 영업이익	₩121,000

(6) 결국 정상원가계산에 의하더라도 두 방법에 의한 영업이익의 차이가 발생하는 이유는 기초 및 기말재고자산에 포함된 고정제조간접원가로 인하여 각각의 방법하에서 당기비용화되는 고정제조간접원가가 다르기 때문이다. 그리고 각 원가계산방법에서 제조간접원가 배부차이를 매출원가 또는 기타손익으로 조정한다면 변동제조간접원가 배부차이가 발생하더라도 각 원가계산방법의 영업이익에 미치는 영향이 동일하므로 변동제조간접원가 배부차이를 영업이익 차이조정에 반영할 필요가 없다.

02 표준원가계산하에서의 비교

표준원가계산은 직접재료원가와 직접노무원가 및 제조간접원가에 대해서 미리 설정해 놓은 표준원가를 이용하여 제품원가계산을 하는 원가계산제도이다. 표준원가계산하에서 전부원가계산과 변동원가계산을 비교하면 다음과 같다.

(1) 표준원가계산제도하에서 전부원가계산을 적용한다면 고정제조간접원가에 대한 조업도차이가 발생하게 된다. 조업도차이는 고정제조간접원가를 제품에 배부함에 따라 발생되는 것으로써 실제생산량에 허용

된 표준조업도와 기준조업도가 다르기 때문에 생기는 차이이다.

(2) 표준원가계산제도하에서 변동원가계산을 적용한다면 고정제조간접원가를 제품원가에 포함시키지 않고 기간비용으로 처리하기 때문에 고정제조간접원가를 제품에 배부함에 따라 발생되는 조업도차이는 존재하지 않는다.

예제 6

(주)삼천리는 20×1년 초 영업을 개시하였으며 표준원가계산제도를 채택하고 있다. 회사가 생산하는 제품단위당 표준원가는 다음과 같다.

구분	표준수량	표준가격	표준원가
직접재료원가	2kg	₩25/kg	₩50
직접노무원가	3시간	3/시간	9
변동제조간접원가	3시간	2/시간	6
고정제조간접원가	3시간	5/시간	15
제품단위당 표준원가			₩80

고정제조간접원가예산은 연간 ₩90,000이고, 고정제조간접원가 표준배부율을 산정하는 데 사용된 기준조업도는 18,000직접노동시간이다. 20×1년의 제품생산량은 5,000개이며, 이 중 4,500개를 단위당 ₩100에 판매하였다. 변동판매관리비는 판매단위당 ₩5이고, 고정판매관리비는 ₩40,000이었다. 20×1년 중 고정제조간접원가 조업도차이 이외의 원가차이는 발생하지 않았다. 회사는 원가차이를 매출원가에 가감하고 있다.

(3) 예제 6에서 20×1년의 전부원가계산에 의한 포괄손익계산서와 변동원가계산에 의한 포괄손익계산서를 작성하면 다음과 같다.

포괄손익계산서(전부원가계산)

매출액: 4,500개 × @100 =		₩450,000
매출원가		375,000
기초제품재고액	₩0	
당기제품제조원가: 5,000개 × @80[*1] =	400,000	
계	₩400,000	
기말제품재고액: 500개 × @80 =	(40,000)	
표준매출원가	₩360,000	
원가차이(조업도차이)	15,000[*2]	
매출총이익		₩75,000
판매관리비: 4,500개 × @5 + ₩40,000 =		62,500
영업이익		₩12,500

[*1] 제품단위당 원가: ₩80(표준원가)

[*2] 고정제조간접원가 조업도차이는 다음과 같음

	실제	예산	배부액(SQ × SP)
고정제조간접원가	₩90,000	₩90,000	(5,000개 × 3시간) × @5 = ₩75,000
	예산차이 ₩0	조업도차이 ₩15,000U	

포괄손익계산서(변동원가계산)

매출액: 4,500개 × @100 =		₩450,000
변동원가		315,000
기초제품재고액	₩0	
당기제품제조원가: 5,000개 × @65[*1] =	325,000	
계	₩325,000	
기말제품재고액: 500개 × @65 =	(32,500)	
표준변동매출원가[*2]	₩292,500	
변동판매관리비: 4,500개 × @5 =	22,500	
공헌이익		₩135,000
고정원가		130,000
고정제조간접원가[*3]	₩90,000	
고정판매관리비	40,000	
영업이익		₩5,000

[*1] 단위당 변동제조원가: ₩50 + ₩9 + ₩6 = ₩65(표준변동제조원가)

[*2] 표준전부원가계산에서 고정제조간접원가 조업도차이 이외에 다른 원가차이는 발생하지 않았고 표준변동원가계산에서는 조업도차이는 존재하지 않으므로 표준변동매출원가에 가감할 원가차이는 없음

[*3] 20×1년 중 고정제조간접원가 예산차이가 발생하지 않았으므로 고정제조간접원가예산과 실제발생액은 동일함

(4) 예제 6에서 보듯이 전부원가계산에 의할 경우 고정제조간접원가를 제품에 배부함에 따라 조업도차이가 발생하지만 변동원가계산에서는 고정제조간접원가를 기간비용으로 처리하기 때문에 조업도차이는 존재하지 않는다. 참고로 두 방법에 의한 영업이익의 차이는 다음과 같이 조정된다.

변동원가계산에 의한 영업이익	₩5,000
(+) 기말재고에 포함된 고정제조간접원가: 50개 × @15 =	7,500
(-) 기초재고에 포함된 고정제조간접원가	(0)
전부원가계산에 의한 영업이익	₩12,500

(5) 위의 결과에 따라 표준원가계산에서도 두 방법에 의한 영업이익의 차이가 발생하는 이유는 기초 및 기말재고자산에 포함된 고정제조간접원가로 인하여 각각의 방법하에서 당기비용화되는 고정제조간접원가가 다르기 때문이라는 것을 알 수 있다. 그리고 각 원가계산방법에서 원가차이를 매출원가 또는 기타손익으로 조정한다면 고정제조간접원가 조업도차이 이외의 다른 원가차이가 발생하더라도 영업이익에 미치는 영향이 동일하므로 여타 다른 원가차이를 영업이익 차이조정에 반영할 필요가 없다.

보론 | 제품원가계산방법의 요약정리

제품원가계산은 기업의 생산형태에 따라 개별원가계산과 활동기준원가계산 및 종합원가계산으로 나누어지며, 원가요소의 실제성에 따라 실제·정상 및 표준원가계산으로, 제품원가의 구성요소에 따라 전부·변동 및 초변동원가계산으로 분류할 수 있다. 이러한 원가계산방법들을 성격에 따라 분류하면 다음과 같다.

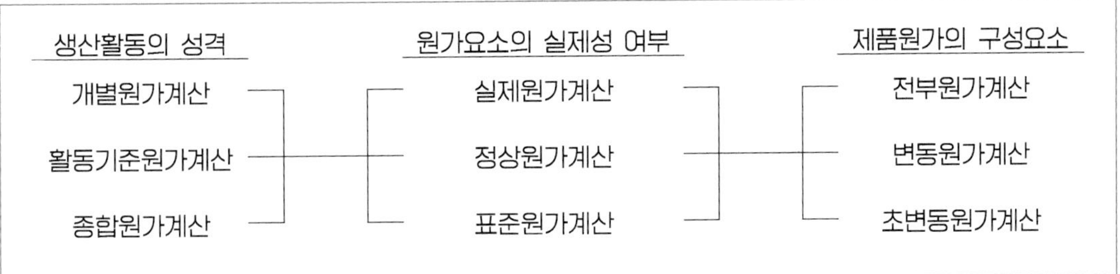

이렇게 다양한 원가계산방법은 원가정보의 활용목적에 따라 서로 결합되어 사용되며 각각의 원가계산제도에서 제품원가는 서로 다르게 계산된다. 각각의 원가계산시스템을 비교하면 다음과 같다.

원가계산시스템의 제품원가 비교

구분	실제원가계산	정상원가계산	표준원가계산
전부원가계산			
직접재료원가	실제원가	실제원가	표준원가
직접노무원가	실제원가	실제원가	표준원가
변동제조간접원가	실제원가	예정배부액	표준원가
고정제조간접원가	실제원가	예정배부액	표준원가
변동원가계산			
직접재료원가	실제원가	실제원가	표준원가
직접노무원가	실제원가	실제원가	표준원가
변동제조간접원가	실제원가	예정배부액	표준원가
고정제조간접원가	-	-	-
초변동원가계산			
직접재료원가	실제원가	실제원가	표준원가
직접노무원가	-	-	-
변동제조간접원가	-	-	-
고정제조간접원가	-	-	-

(1) 기업이 표준원가계산을 사용하고 표준원가가 실제원가와 유사하지 않은 경우나 정상원가계산을 사용한 경우, 외부공표용 재무제표는 실제원가에 근거하여 작성해야 하므로 기말에 실제원가와의 차이를 조정해야 한다. 그리고 변동원가계산과 초변동원가계산은 내부관리목적으로만 사용될 뿐 외부보고목적으로는 사용될 수 없다.

(2) 정상원가계산과 표준원가계산이 경영관리목적상 매우 우수한 원가회계모형일지라도 우리나라 대부분의 기업실무에서는 이를 공식적인 회계장부와 연결시켜 사용하고 있지는 않다. 일반적으로 우리나라 기업실무에서는 실제원가로 회계장부에 기록하고 제조간접원가에 대한 예정배부와 표준원가는 제품가격결정 및 성과평가 등의 내부관리목적으로 사용하고 있다.

(3) 결국 우리나라의 기업현실을 감안할 때 실제전부원가계산은 외부공표용 재무제표를 작성하기 위하여 공식적인 회계장부와 연결시켜 사용하는 원가계산모형이며, 정상·표준·변동·초변동원가계산은 내부관리목적으로 사용하는 원가계산모형이라고 할 수 있다. 그러나 기업이 보다 효율적인 경영계획 및 통제와 신속한 원가계산을 하기 위해서는 정상원가계산이나 표준원가계산을 공식적인 회계장부와 연결시켜 사용하는 것이 바람직한데, K-IFRS에서는 표준원가가 실제원가와 유사한 경우 표준원가계산을 허용하고 있으므로 표준원가계산을 기업의 공식적인 회계장부와 연결시켜 사용할 수 있는 기틀이 마련되었다.

(4) 표준원가계산을 공식적인 회계장부와 연결시켜 사용하기 위해서는 일반적으로 인정할 수 있는 합리적인 기준조업도의 설정과 표준원가설정을 위한 산업공학적인 연구활동이 함께 수행되어야 할 것이며, 세법 등 기업의 경제활동과 관련된 법규도 시대의 조류에 발맞추어 이러한 원가계산모형을 수용할 수 있도록 개정되어야 할 것이다.

제7장

기출 OX문제

01 전부원가계산의 영업이익은 판매량뿐만 아니라 생산량의 변화에도 영향을 받는다. (O, X)

02 전부원가계산 하에서는 생산과잉으로 인한 바람직하지 못한 재고의 누적을 막을 수 있다. (O, X)

03 전부원가계산에서는 기초재고가 없을 때 판매량이 일정하다면 생산량이 증가할수록 매출총이익이 항상 커진다. (O, X)

04 전부원가계산에 의해 매출원가가 표시되는 손익계산서는 성격별 포괄손익계산서라고 한다. (O, X)

05 전부원가계산에서는 원가를 제조원가와 판매관리비로 분류하므로 판매량 변화에 따른 원가와 이익의 변화를 파악하기 어려운 반면, 변동원가계산에서는 원가를 변동원가와 고정원가로 분류하여 공헌이익을 계산하므로 판매량 변화에 의한 이익의 변화를 알 수 있다. (O, X)

06 생산량이 판매량보다 많으면 전부원가계산의 영업이익이 변동원가계산의 영업이익보다 항상 크다. (O, X)

07 변동원가계산에서는 원가를 기능에 따라 구분하여 변동원가와 고정원가로 분류한다. (O, X)

정답 및 해설

01 O

02 X 전부원가계산의 경우 생산량이 증가할수록 이익이 증가하므로 바람직하지 못한 재고누적이 초래될 수 있다.

03 O

04 X 기능별 포괄손익계산서라고 한다.

05 O

06 X 전부원가계산과 변동원가계산의 영업이익의 차이는 당기에 비용화된 고정제조간접원가 금액의 차이로 인한 것으로, 재고수량뿐만 아니라 재고단위당 고정제조간접원가에 의해서도 영향을 받는다.

07 X 변동원가와 고정원가의 분류는 기능에 따른 분류가 아니라 원가행태에 따른 분류이다.

08 변동원가계산의 영업이익은 판매량뿐만 아니라 생산량에 따라서도 좌우된다. (O, X)

09 변동원가계산은 변동제조원가만을 재고가능원가로 간주하므로 고정제조간접원가를 기간비용으로 인식하지만 전부원가계산에서는 고정제조간접원가를 제품원가로 인식한다. (O, X)

10 변동원가계산 손익계산서에는 이익계획 및 의사결정 목적에 유용하도록 변동원가와 고정원가가 분리되고 공헌이익이 보고된다. (O, X)

11 변동원가계산에 의해 가격을 결정하더라도 장기적으로 고정원가를 회수하지 못할 위험은 없다. (O, X)

12 생산량이 정상생산능력을 초과하는 경우에는 변동원가계산의 기말재고액이 전부원가계산의 기말재고액보다 크다. (O, X)

13 초변동원가계산은 직접재료원가와 직접노무원가만 재고가능원가로 처리하고 나머지 제조원가는 모두 기간비용으로 처리한다. (O, X)

14 초변동원가계산에서는 매출액에서 직접재료원가를 차감하여 재료처리량 공헌이익을 산출하며, 기초재고가 없고 판매량이 일정할 때 생산량이 증가하더라도 재료처리량 공헌이익은 변하지 않는다. (O, X)

15 초변동원가계산은 판매가 수반되지 않는 상황에서 생산량이 많을수록 영업이익이 낮게 계산되므로 불필요한 재고의 누적을 방지하는 효과가 변동원가계산보다 훨씬 크다. (O, X)

정답 및 해설

08 X 변동원가계산은 고정제조간접원가를 기간비용으로 처리하므로 생산량은 영업이익에 영향을 미치지 않는다. 따라서 제품의 재고수준을 높이거나 낮춤으로써 이익을 조작할 수 있는 가능성이 없다.

09 O

10 O

11 X 변동원가계산은 가격결정 시 변동원가만을 고려하므로 단기적 의사결정에는 적합하나, 장기적으로 고정원가를 회수하지 못할 위험이 있다.

12 X 어떠한 경우에도 변동원가계산의 기말재고액이 전부원가계산의 기말재고액보다 클 수 없다.

13 X 초변동원가계산은 직접재료원가만을 제품원가에 포함하므로, 직접노무원가는 기간비용으로 처리된다.

14 O

15 O

제7장

개념확인문제

대표 문제를 학습한 후, 이와 동일한 유형의 문제를 풀며 개념을 익혀보세요.

대표 문제 변동원가계산

대한회사의 당기 제품제조 및 영업활동과 관련한 다음의 자료를 토대로 하여 변동제조원가 발생액과 고정판매관리비 발생액을 구하면 각각 얼마인가? [세무사 08]

- 매출액 ₩2,000,000
- 고정제조원가 당기발생액 600,000
- 변동판매관리비 당기발생액 200,000
- 당기 제품생산량 70,000개
- 당기 제품판매량 65,000
- 변동매출원가는 ₩780,000이고 변동원가계산에 의한 영업이익은 ₩300,000이다.
- 기초제품재고와 기초 및 기말재공품재고는 없다.

해답 1. 단위당 변동제조원가: 변동매출원가 ÷ 판매량 = ₩780,000 ÷ 65,000개 = @12

∴ 변동제조원가 발생액: 70,000개 × @12 = ₩840,000 (70,000개: 생산량)

2. 공헌이익 포괄손익계산서: 고정판매관리비를 X라고 하면,

매출액		₩2,000,000
변동원가		980,000
변동매출원가	₩780,000	
변동판매관리비	200,000	
공헌이익		₩1,020,000
고정원가		600,000 + X
고정제조원가	₩600,000	
고정판매관리비	X	
영업이익		₩300,000

즉, ₩1,020,000 - (₩600,000 + X) = ₩300,000 ∴ 고정판매관리비 X = ₩120,000

01 (주)부산은 20×1년에 제품 A 100,000단위를 생산하여 모두 판매하였다. 20×1년의 제품 단위당 판매가격은 ₩5이었으며, 제품 A의 생산과 관련하여 투입된 제조원가는 다음과 같다.

항목	금액	단위당 원가
직접재료원가	₩120,000	₩1.2
직접노무원가	150,000	1.5
고정제조간접원가	200,000	2.0
계	₩470,000	₩4.7

(주)부산의 경영자는 20×2년에 단위당 원가가 ₩1인 직접재료로 교체하고, 판매단가를 ₩4으로 인하하면 판매량이 40,000단위 증가할 것으로 예상하고 있다. 기본원가(Prime costs)는 변동원가이며, 제조간접원가는 모두 고정원가라고 가정한다. 경영자의 예상을 따른다면 20×2년의 이익은 20×1년의 이익에 비하여 얼마만큼 증가(혹은 감소)하였는가? 단, 20×1년과 20×2년 모두 기초 및 기말 재고자산은 없으며, 제조원가 이외의 원가는 고려하지 않는다. [세무사 10]

정답 및 해설

01 1. 20×1년의 총공헌이익: 100,000단위 × @2.3* = ₩230,000

* 단위당 판매가격	₩5
단위당 변동원가: ₩1.2 + ₩1.5 =	(2.7)
단위당 공헌이익	₩2.3

2. 20×2년의 총공헌이익: 140,000단위 × @1.5* = ₩210,000

* 단위당 판매가격	₩4
단위당 변동원가: ₩1 + ₩1.5 =	(2.5)
단위당 공헌이익	₩1.5

∴ 20×2년의 이익은 20×1년의 이익에 비하여 ₩20,000(= ₩210,000 - ₩230,000)만큼 감소함

참고

고정원가는 회사의 이익변동에 영향을 미치지 않는다.

대표 문제 제품원가계산방법의 비교(1)

(주)광주는 실제원가로 제품원가를 계산하고 있다. (주)광주는 20×1년 1월 초에 개업하였으며, 20×1년과 20×2년의 제품 생산량과 판매량, 원가자료는 다음과 같다.

구분	20×1년	20×2년
생산량	10,000개	14,000개
판매량	8,000	15,000
고정제조간접원가	₩240,000	?
고정판매관리비	180,000	₩230,000

20×2년의 전부원가계산에 의한 이익은 ₩500,000이고, 변동원가계산에 의한 이익은 ₩528,000이었다. 20×2년에 발생된 고정제조간접원가는 얼마인가? 단, 20×1년과 20×2년의 기초재공품 및 기말재공품은 없으며, 물량 및 원가흐름은 선입선출법을 가정한다. [세무사 10]

해답 20×2년의 제품단위당 고정제조간접원가를 x원이라고 하면,

변동원가계산에서의 영업이익	₩528,000
(+) 기말제품에 포함된 고정제조간접원가: 1,000개*1 × x =	1,000x
(-) 기초제품에 포함된 고정제조간접원가: 2,000개*1 × @24*2 =	(48,000)
전부원가계산에서의 영업이익	₩500,000

*1 20×2년 기초제품수량: 20×1년 기말제품수량: 10,000개 - 8,000개 = 2,000개
20×2년 기말제품수량: 2,000개 + 14,000개 - 15,000개 = 1,000개

*2 20×1년 제품단위당 고정제조간접원가: $\frac{240,000}{100,000}$ = @24

₩528,000 + 1,000 - ₩48,000 = ₩500,000 ∴ x = ₩20
따라서, 20×2년에 발생된 고정제조간접원가: 14,000개 × @20 = ₩280,000

02 (주)해커는 당기 초에 영업을 개시한 회사로 당기에 1,000단위를 생산하여 그 중 800단위를 판매하였으며 관련 자료는 다음과 같다. 당사는 원재료에 단순가공 후 판매하는 회사로 공정의 특성상 재공품은 존재하지 않는다.

	단위당 변동원가	고정원가
직접재료원가	₩500	-
직접노무원가	400	-
제조간접원가	600	₩1,200,000
판매관리비	200	400,000

전부원가계산, 변동원가계산, 초변동원가계산 각각의 원가계산방법에 따른 기말재고액을 계산하시오.

03 (주)세무는 전부원가계산방법을 채택하여 단일 제품 A를 생산·판매하며, 재고자산계산은 선입선출법을 적용한다. 20×1년 제품 A의 생산·판매와 관련된 자료는 다음과 같다.

구분	수량	재고금액
기초제품	1,500단위	₩100,000(고정제조간접원가 ₩45,000 포함)
당기완성품	24,000	
당기판매	23,500	
기말제품	2,000	₩150,000(고정제조간접원가 포함)

20×1년 재공품의 기초와 기말재고는 없으며, 고정제조간접원가는 ₩840,000, 고정판매관리비는 ₩675,000이다. (주)세무의 20×1년 전부원가계산에 의한 영업이익이 ₩745,000일 경우, 변동원가계산에 의한 영업이익과 기말제품재고액은? [세무사 16]

04 (주)대한은 20×1년 1월 1일에 처음으로 생산을 시작하였고, 20×1년과 20×2년의 영업활동 결과는 다음과 같다.

구분	20X1년	20X2년
생산량	1,000단위	1,400단위
판매량	800	1,500
고정제조간접원가	?	?
전부원가계산에 의한 영업이익	₩8,000	₩85,000
변동원가계산에 의한 영업이익	4,000	10,000

(주)대한은 재공품 재고를 보유하지 않으며, 재고자산 평가방법은 선입선출법이다. 20×1년과 20×2년에 발생한 고정제조간접원가는 각각 얼마인가? 단, 두 기간의 단위당 판매가격, 단위당 변동제조원가와 판매관리비는 동일하였다. [회계사 18]

정답 및 해설

02 1. 전부원가계산하의 기말재고액: 200단위*1 × (@500 + @400 + @600 + @1,200*2) = ₩540,000
2. 변동원가계산하의 기말재고액: 200단위 × (@500 + @400 + @600) = ₩300,000
3. 초변동원가계산하의 기말재고액: 200단위 × @500 = ₩100,000

*1 기말제품수량: 0단위 + 1,000단위 - 800단위 = 200단위

*2 제품단위당 고정제조간접원가: ₩1,200,000 ÷ 1,000단위 = @1,200

참고

제조원가의 제품원가의 포함여부는 원가계산방법에 따라 다음과 같다.

제조원가	전부원가계산	변동원가계산	초변동원가계산
직접재료원가	O	O	O
직접노무원가	O	O	X
변동제조간접원가	O	O	X
고정제조간접원가	O	X	X

∴ 매출원가(x) : ₩2,040,000

03 1. 변동원가계산에서의 영업이익

변동원가계산에서의 영업이익	x
(+) 기말제품에 포함된 고정제조간접원가: 2,000단위 × @35* =	₩70,000
(-) 기초제품에 포함된 고정제조간접원가	(45,000)
전부원가계산하의 영업이익	₩745,000

* 20×1년 제품단위당 고정제조간접원가: $\frac{840,000}{24,000\text{단위}}$ = @35

∴ x = ₩720,000

2. 변동원가계산하의 기말제품재고액 = ₩150,000 - ₩70,000 = ₩80,000

04 1. 20×1년의 단위당 고정제조간접원가를 x라고 하면,

변동원가계산에서의 영업이익	₩4,000
(+) 기말제품에 포함된 고정제조간접원가: 200개*1 × x*2	200x
(-) 기초제품에 포함된 고정제조간접원가	-
전부원가계산하의 영업이익	₩8,000

*1 20×1년 기말제품수량: 1,000개 - 800개 = 200개

*2 $\frac{\text{20X1년 고정제조간접원가예산}}{1,000\text{개}}$

x = @20이므로, 20×1년 고정제조간접원가예산은 ₩20,000

2. 20×2년의 단위당 고정제조간접원가를 y라고 하면,

변동원가계산에서의 영업이익	₩10,000
(+) 기말제품에 포함된 고정제조간접원가: 100개*1 × y*2 =	100y
(-) 기초제품에 포함된 고정제조간접원가: 200개 × @20	(4,000)
전부원가계산에서의 영업이익	₩8,500

*1 20×2년 기말제품수량: 200개+1,400개 - 1,500개 = 100개

*2 $\frac{\text{20X2년 고정제조간접원가예산}}{1,400\text{개}}$

y = @25이므로, 20×2년 고정제조간접원가예산은 ₩35,000

05 (주)세무는 20×1년 초에 영업을 개시하였다. 20×1년에는 4,000단위를 생산하였고, 20×2년에는 전부원가계산에 의한 영업이익이 변동원가계산에 의한 영업이익보다 ₩25,000 많았다. 20×2년의 생산 및 원가자료는 다음과 같다.

항목		수량/금액
기초제품수량		(　　)단위
생산량		4,000단위
기말제품수량		1,200단위
제품 단위당	판매가격	₩250
	직접재료원가	80
	직접노무원가	40
	변동제조간접원가	30
	변동판매관리비	10
고정제조간접원가(총액)		₩200,000
고정판매관리비(총액)		100,000

(주)세무의 20×2년도 기초제품수량은? 단, 20×1년과 20×2년의 제품단위당 판매가격과 원가구조는 동일하고, 기초 및 기말 재공품은 없다. [세무사 18]

06 (주)해커는 외부보고목적으로 전부원가계산제도를 내부관리목적으로 초변동원가계산제도를 사용하고 있다. 다음은 각각의 목적에서 작성된 자료이다.

	외부보고 목적	내부관리 목적
기초제품재고액	₩500,000	₩10,000
기말제품재고액	80,000	20,000

단위당 직접재료원가는 ₩100이며 전기와 당기는 동일하다. 당기 매출액이 ₩800,000, 단위당 판매가격은 ₩1,000이다. 선입선출법을 적용한다고 가정한다. 만약 초변동원가계산에서의 순이익이 ₩10,000인 경우, 전부원가계산에서의 순이익은 얼마인가?

정답 및 해설

05 전부원가계산하의 영업이익이 변동원가계산하의 영업이익보다 ₩25,000 크므로, 20×2년 초 재고수량을 x라 하면,
1,200단위 × @50* - x × @50* = ₩25,000

* $\frac{200,000}{4,000단위}$ = @50

∴ x = 700단위

06 외부보고목적(전부원가계산)과 내부관리목적(초변동원가계산)의 재고자산 금액차이는 가공원가이다.

	초변동원가계산하에서의 순이익	₩10,000
(+)	기말재고자산에 포함된 가공원가: ₩80,000 - ₩20,000 =	60,000
(-)	기초재고자산에 포함된 가공원가: ₩50,000 - ₩10,000 =	(40,000)
	전부원가계산하에서의 순이익	₩30,000

대표 문제 제품원가계산방법의 비교(2)

단일제품을 생산 및 판매하는 (주)갑을의 개업 첫 달 영업결과는 다음과 같다.

- 생산량은 450개이며, 판매량은 300개이다.
- 제품의 단위당 판매가격은 ₩7,000이다.
- 판매관리비는 ₩100,000이다.
- 초변동원가계산에 의한 영업이익은 ₩125,000이다.
- 변동원가계산에 의한 영업이익은 ₩350,000이다
- 전부원가계산에 의한 영업이익은 ₩500,000이다.
- 제조원가는 변동원가인 직접재료원가와 직접노무원가, 고정원가인 제조간접원가로 구성되어 있다.
- 월말 재공품은 없다.

당월에 발생한 총제조원가는 얼마인가? [회계사 11]

해답 1. 당기재고증가량: 450단위 - 300단위 = 150단위

2. 초변동원가계산과 변동원가계산의 영업이익차이에서 단위당 변동가공원가를 구하면,
   (₩350,000 - ₩125,000) ÷ 150단위 = ₩1,500/단위
3. 변동원가계산과 전부원가계산의 영업이익차이에서 단위당 고정제조간접원가를 구하면,
   (₩500,000 - ₩350,000) ÷ 150단위 = ₩1,000/단위
4. 초변동원가계산의 영업이익에서 단위당 직접재료원가(DM)를 구하면,
   300단위 × (₩7,000 - DM) - 450단위 × (₩1,500 + ₩1,000) - ₩100,000 = ₩125,000
   ∴ DM = ₩2,500/단위

따라서, 당월발생 총제조원가를 구하면,
450단위 × (₩2,500 + ₩1,500 + ₩1,000) = ₩2,250,000

07 당기에 설립된 (주)국세는 1,300단위를 생산하여 그 중 일부를 판매하였으며, 관련 자료는 다음과 같다. 초변동원가계산에 의한 당기영업이익은? [세무사 15]

- 직접재료 매입액: ₩500,000
- 직접노무원가: 기본원가(prime cost)의 30%
- 제조간접원가: 전환원가(가공원가)의 40%
- 매출액: ₩900,000
- 판매관리비: ₩200,000
- 직접재료 기말재고액: ₩45,000
- 재공품 기말재고액: 없음
- 제품 기말재고액 중 직접재료원가: ₩100,000

08 (주)세무는 20×1년 초에 영업을 개시하였다. 20×2년도 기초제품 수량은 100단위, 생산량은 2,000단위, 판매량은 1,800단위이다. 20×2년의 제품 판매가격 및 원가자료는 다음과 같다.

항목		수량/금액
제품 단위당	판매가격	₩250
	직접재료원가	30
	직접노무원가	50
	변동제조간접원가	60
	변동판매관리비	15
고정제조간접원가(총액)		₩50,000
고정판매관리비(총액)		10,000

20×2년도 변동원가계산에 의한 영업이익과 초변동원가계산(throughput costing)에 의한 영업이익의 차이금액은? 단, 20×1년과 20×2년의 제품 단위 당 판매가격과 원가구조는 동일하고, 기초 및 기말 재공품은 없다. [세무사 18]

09 (주)국세의 20×1년도 전부원가계산에 의한 영업이익은 ₩1,000,000이다. (주)국세의 원가자료가 다음과 같을 경우 20×1년도 변동원가계산에 의한 영업이익은 얼마인가? 단, 원가요소 금액은 총액이다.

[세무사 12]

구분	수량(단위)	직접재료원가	직접노무원가	변동제조간접원가	고정제조간접원가
기초재공품	200	₩50,000	₩30,000	₩20,000	₩240,000
기초제품	400	100,000	70,000	40,000	700,000
기말재공품	500	100,000	65,000	25,000	500,000
기말제품	300	75,000	90,000	35,000	600,000
매출원가	1.000	1,000,000	750,000	650,000	2,000,000

정답 및 해설

07

초변동원가계산

매출액	₩900,000
직접재료매출원가: (0 + ₩500,000 - ₩45,000) - ₩100,000 =	355,000
재료처리량공헌이익	₩545,000
운영비용	
직접노무원가: ₩455,000 ÷ (1 - 0.3) - ₩455,000 =	₩195,000
제조간접원가: ₩195,000 ÷ (1 - 0.4) - ₩195,000 =	130,000
판매관리비	200,000
영업이익	₩20,000

08 변동원가계산과 초변동원가계산에 의한 영업이익의 차이는 기말재고와 기초재고에 포함된 변동가공원가(직접노무원가 + 변동제조간접원가)의 차이이므로 (300단위 - 100단위) × (₩50 + ₩60) = ₩22,000임

09

	변동원가계산하의 영업이익		x
(+)	기말재고자산에 포함된 고정제조간접원가		₩1,100,000
	기말제품	₩600,000	
	기말재공품	500,000	
(-)	기초재고자산에 포함된 고정제조간접원가		(940,000)
	기초제품	₩700,000	
	기초재공품	240,000	
	전부원가계산하의 영업이익		₩1,000,000

∴ 변동원가계산하의 영업이익: ₩840,000

10 20×1년 초에 설립된 (주)동건은 제품원가계산 목적으로 전부원가계산을, 성과평가목적으로는 변동원가계산을 사용한다. 20×2년도 기초제품수량은 2,000단위이고 기말제품 수량은 1,400단위이었으며, 기초재공품의 완성품환산량은 1,000단위이고 기말재공품의 완성품환산량은 800단위이었다. 완성품환산량 단위당 원가는 20×1년도에 ₩10(이 중 50%는 변동원가)이고 20×2년도에 ₩12(이 중 40%는 변동원가)이었다. 20×2년도 전부계산원가에 의한 영업이익은 변동원가계산에 의한 영업이익과 비교하여 어떠한 차이가 있는가? 단, 회사의 원가흐름가정은 선입선출법(FIFO)이다. [회계사 09]

11 다음 자료에 의하여 전부원가계산과 변동원가계산의 이익차이를 계산하면 얼마인가? 단, 전기와 당기의 고정제조간접원가 배부율은 동일하며 차이계정은 매출원가에서 조정하고 예산차이는 발생하지 않았다. [회계사 04 수정]

기준조업도	10,000단위	조업도차이	₩1,500유리
기초수량	9,200단위	기말수량	9,600단위
판매수량	10,200단위		

12 (주)무악은 표준원가계산제도를 채택하고 있으며, 연간 생산에 관한 예산자료는 다음과 같다.

기초재고량	30,000단위
당기생산량	120,000
당기판매량	110,000
단위당 판매가격	₩5
단위당 변동제조원가	1
단위당 변동판매비	2
단위당 고정제조원가(120,000단위 기준)	0.25
단위당 고정판매비(120,000단위 기준)	0.65

(주)무악의 최대조업도는 160,000단위이며, 단위당 변동원가 및 총고정원가는 25,000~160,000단위의 범위내에서는 불변이며, 전기의 기준조업도는 150,000단위이었다. 모든 원가차이를 매출원가에 가감하는 경우, 전부원가계산하에서 예상당기순이익은 변동원가계산에 의한 예상당기순이익과 어떠한 차이가 나겠는가?

정답 및 해설

10

	변동원가계산하의 영업이익(20x2년)		x
(+)	기말재고자산에 포함된 고정제조간접원가		₩15,840
	기말제품: 1,400단위 × @7.2[*1]	₩10,080	
	기말재공품[*3]: 800단위 × @7.2[*1]	5,760	
(-)	기초재고자산에 포함된 고정제조간접원가		(15,000)
	기초제품: 2,000단위 × @5[*2]	₩(10,000)	
	기초재공품: 1,000단위 × @5[*2]	(5,000)	
	전부원가계산하의 영업이익(20x2년)		x + ₩840

[*1] 20×2년: ₩12 (완성품환산량 단위당 원가) × 60% (고정원가비율) = ₩7.2

[*2] 20×1년: ₩10 (완성품환산량 단위당 원가) × 50% (고정원가비율) = ₩5

[*3] 재공품의 수량은 완성품환산량으로 측정한다.

∴ 20×2년도 전부원가계산에 의한 영업이익은 변동원가계산에 비해 ₩840만큼 더 크다.

11 1.

제품(수량)

기초	9,200개	판매	10,200개
생산	10,600	기말	9,600
	19,800개		19,800개

2. 제품단위당 표준고정제조간접원가를 f(전기와 당기 동일)라고 하면,
고정제조간접원가 조업도차이: 고정제조간접원가예산 - 고정제조간접원가표준배부액
= 10,000단위 (기준조업도) × f - 10,600단위 (실제생산량) × f = ₩(1,500) 유리

∴ f = ₩2.5/단위

3. 전부원가계산과 변동원가계산의 이익차이는 기초기말재고자산에 포함된 고정제조간접원가만큼 발생한다. 따라서, 이익차이: (9,600개 - 9,200개) × @2.5 = ₩1,000이므로 전부원가계산에서의 이익이 ₩1,000만큼 더 크다.

12 1.

재고(수량)

기초	30,000단위	판매	110,000단위
생산	120,000	기말	40,000
	150,000단위		150,000단위

2. 모든 원가차이를 매출원가에 가감하는 경우, 원가차이가 각 방법의 이익계산에 미치는 영향은 동일하므로 원가차이는 고려할 필요없다.

3. 전부원가계산과 변동원가계산의 이익차이는 기초·기말재고자산에 포함된 고정제조원가(고정제조간접원가)만큼 발생한다.

기말재고자산에 포함된 고정제조간접원가: 40,000단위 × @0.25[*1] =	₩10,000
기초재고자산에 포함된 고정제조간접원가: 30,000단위 × @0.2[*2] =	(6,000)
이익차이	₩4,000

[*1] 당기 단위당 고정제조원가

[*2] 전기 단위당 고정제조원가: (120,000단위 × @0.25) (FOH 예산) ÷ 150,000단위 (전기기준조업도) = @0.2

해커스 세무사 眞원가관리회계

회계사 · 세무사 단번에 합격, 해커스 경영아카데미
cpa.Hackers.com

제3부

관리회계

해커스 세무사 眞원가관리회계
회계사 · 세무사 단번에 합격, 해커스 경영아카데미
cpa.Hackers.com

제8장

원가의 추정

제1절 | 원가의 행태

원가행태(cost behavior)란 조업도의 변동에 따라 원가발생액이 일정한 양상으로 변화할 때 그 변화행태를 의미한다. 원가의 행태를 파악하는 것은 미래의 원가를 예측하고 과거의 성과를 평가하는 데 많은 도움을 주기 때문에 경영자의 의사결정에 있어 매우 중요하다. 따라서 본 절에서는 조업도의 변동에 따른 원가의 행태에 대해서 살펴보기로 한다.

01 변동원가

변동원가(variable costs)란 조업도의 변동에 따라 원가총액이 비례적으로 변화하는 원가를 말한다.

(예) 직접재료원가, 직접노무원가 및 매출액의 일정비율로 지급되는 판매수수료 등을 들 수 있다.

변동원가의 행태

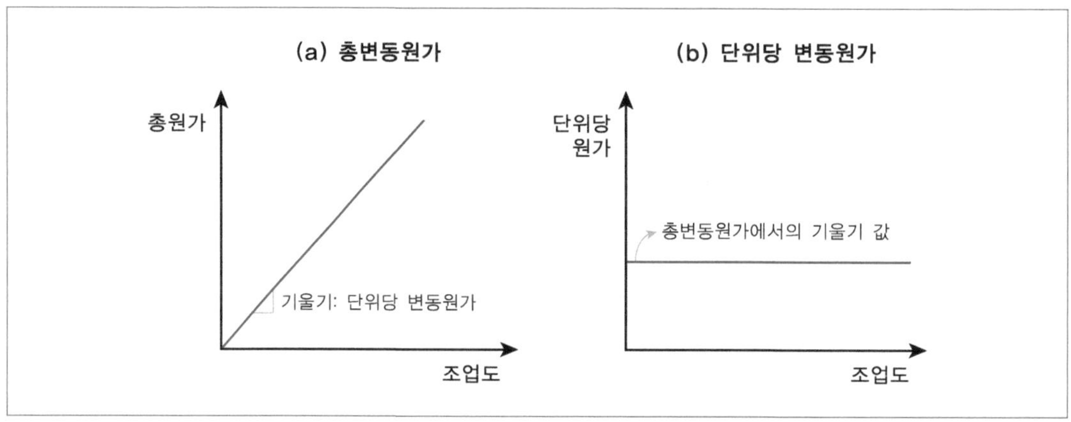

위의 그림에서 (a)는 총변동원가와 조업도의 관계를 나타내고 있는데 총변동원가선의 기울기는 단위당 변동원가를 의미한다. 그리고 (b)는 단위당 변동원가와 조업도의 관계를 나타내고 있는데 변동원가의 경우에 조업도 단위당 원가는 조업도의 증감에 관계없이 일정하다. 즉, 변동원가의 총액은 조업도에 따라 비례적으로 변동하지만 단위당 변동원가는 일정하다는 것을 알 수 있다.

02 고정원가

고정원가(fixed costs)란 조업도의 변동과 관계없이 원가총액이 변동하지 않고 일정하게 발생하는 원가를 말한다.

(예) 공장건물이나 기계장치에 대한 감가상각비, 보험료, 재산세, 임차료 등을 들 수 있는데, 공장건물에 대한 감가상각비 등은 제품을 1단위 생산하든지, 1,000단위 생산하든지 총액이 일정하게 발생하기 때문에 고정원가에 속한다.

고정원가의 행태

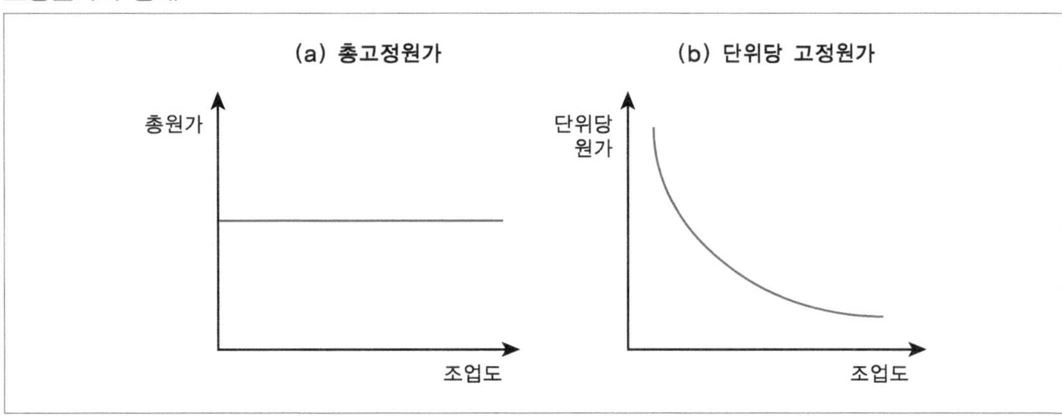

위의 그림에서 (a)는 총고정원가와 조업도의 관계를 나타내고 있다. 고정원가 총액은 조업도가 증가하더라도 변화하지 않고 일정하게 발생하므로 기울기가 0인 직선으로 표시된다. 그리고 (b)는 단위당 고정원가와 조업도의 관계를 나타내고 있는데 고정원가의 경우에 단위당 원가는 조업도가 증가할수록 낮아진다는 것을 보여준다.

(예) 공장건물의 감가상각비가 연간 ₩100,000이라고 가정하면, 연간 10단위의 제품을 생산하는 경우에는 제품 1단위당 감가상각비는 ₩10,000이지만, 연간 1,000단위를 생산하는 경우에는 제품 1단위당 감가상각비는 ₩100이 된다. 즉, 고정원가의 총액은 조업도에 관계없이 일정하게 발생하지만, 단위당 고정원가는 조업도가 증가할수록 낮아지게 된다.

고정원가는 임의로 감소시킬 수 있는지의 여부에 따라 기초고정원가와 재량고정원가로 구별된다.

① **기초고정원가**(committed fixed costs): 현재의 조업도를 유지하는 데 필요한 원가로서 기업의 공장, 기계설비, 조직구조 등과 관련된 원가이다.

(예) 공장건물 및 기계장치에 대한 감가상각비, 재산세 등을 들 수 있다. 기계장치에 대한 감가상각비는 보유한 기계장치의 수를 감소시키지 않는 한 이를 감소시킬 수 없으며, 만약 기계장치를 감소시킨다면 조업수준과 생산능력이 줄어들게 된다. 따라서 기계장치에 대한 감가상각비는 현재의 조업도를 유지하는 데 필요한 원가이므로 기초고정원가인 것이다.

기초고정원가는 기업이 제품을 생산하거나 용역을 제공하는 데 있어서 현재의 조업도를 유지해야 하는 것과 관련되기 때문에 설비원가(capacity costs)라고도 한다.

② **재량고정원가**(discretionary fixed costs): 현재의 조업도수준을 유지하는 것과는 관계없이 경영자의 의사결정에 따라 매년마다 일정한 금액으로 결정되는 원가로 임의원가라고도 한다.

(예) 광고선전비와 연구개발비 등을 들 수 있다. 재량고정원가는 현재의 조업수준을 유지하는 데 필요한 원가가 아니기 때문에 경영자의 의사결정에 따라 금액이 결정된다. 기업의 자금상태가 양호한 때에는 광고선전활동이나 연구개발활동에 투자를 늘리게 되지만, 기업의 자금상태가 악화된 경우에는 광고선전활동을 줄이거나 연구활동을 축소하게 된다.

즉, 재량고정원가는 각 연도별로 그 금액을 변경시킬 수 있지만 특정 보고기간 동안에는 조업도에 따라 변하지 않고 고정되어 있는 것이다.

03 준변동원가

준변동원가(semi-variable costs)란 조업도의 변동과 관계없이 일정하게 발생하는 고정원가와 조업도의 변동에 따라 비례해서 발생하는 변동원가의 두 요소를 모두 가지고 있는 원가를 말한다. 준변동원가는 고정원가와 변동원가의 두 가지 요소를 모두 갖고 있기 때문에 혼합원가(mixed costs)라고도 한다.

준변동원가의 행태

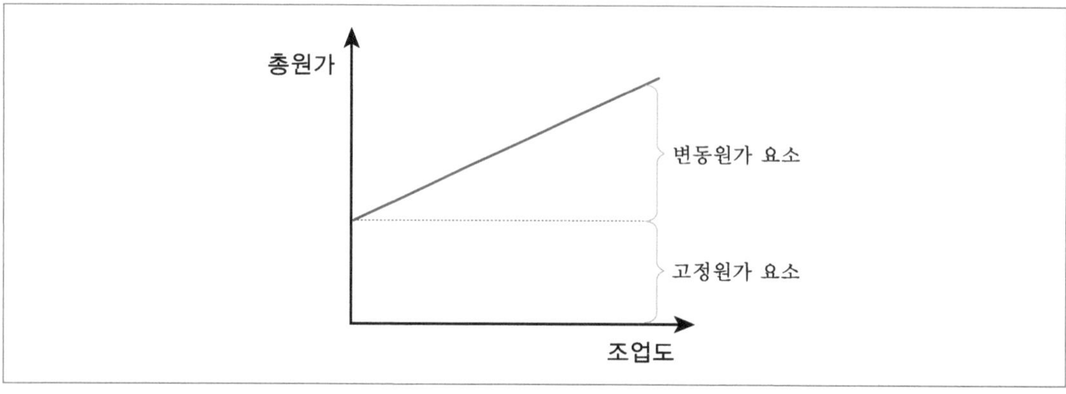

㈎ 전기료, 수도료, 수선유지비 등을 들 수 있다. 전기료의 일부는 기본요금이지만, 전력사용량(조업도)을 증가시키면 전기료도 증가하게 된다. 또한 수선유지비 중의 일부는 기계설비의 성능이 저하되는 것을 방지하기 위하여 기본적으로 발생하게 되지만, 조업수준이 증가함에 따라 변동원가 부분은 비례적으로 증가하게 된다.

04 준고정원가

준고정원가(semi-fixed costs)란 일정한 범위의 조업도 내에서는 일정한 금액이 발생하지만, 그 범위를 벗어나면 원가발생액이 달라지는 원가를 말한다. 준고정원가의 원가행태는 계단식으로 표시되므로 계단원가(step costs)라고도 한다.

준고정원가의 행태

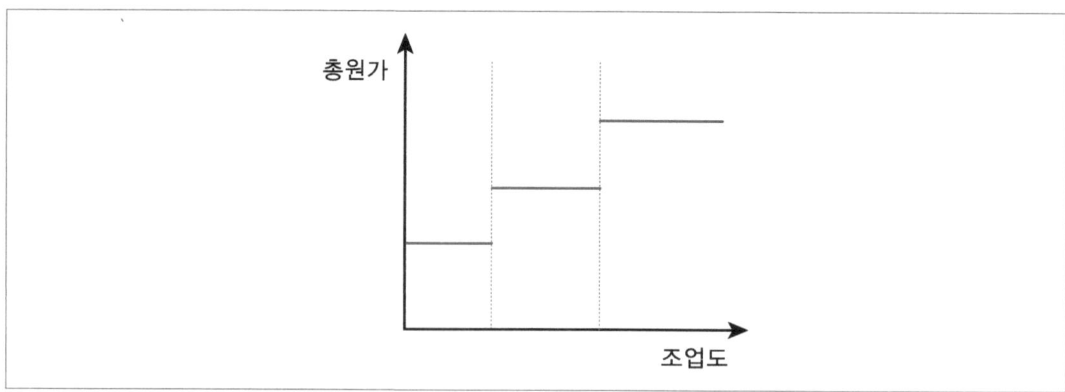

준고정원가는 생산투입요소가 불가분성(indivisibility)을 갖기 때문에 발생하게 된다.

(예) 생산감독자 1명이 100명의 종업원을 감독하는 것이 가능하다고 가정할 경우 종업원의 수가 100명을 초과하면 1명의 생산감독자가 더 필요하게 되는데, 만약 생산감독자를 0.1명, 0.2명 등과 같이 분할하여 고용할 수 있다면 감독자의 급여는 종업원수에 비례하는 변동원가가 될 것이다. 그러나 이것이 불가능하기 때문에 감독자의 급여는 계단식으로 표시되는 준고정원가가 된다.

05 총원가의 행태

앞에서 살펴본 원가의 네 가지 기본적 행태를 모두 결합하면 다음 그림에서 보는 바와 같이 준변동원가의 행태를 갖게 된다. 여기서 준고정원가는 특별한 언급이 없는 한 관련범위 내에서 고정원가로 가정하는 것이 일반적이므로 고정원가에 포함하여 표시한다.

총원가의 행태

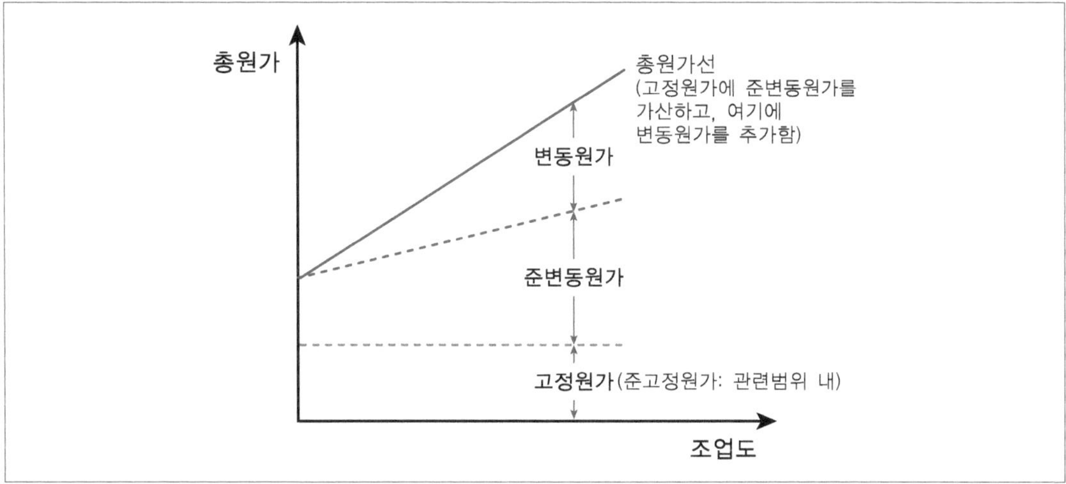

(1) 총원가를 함수로 표시하면 다음과 같다. 이는 위 그림의 총원가선을 함수로 표현한 것이며, 모든 원가를 변동원가와 고정원가로 분류할 수 있다고 가정한 것이다.

$$y = a + bx$$

(단, x: 조업도, a: 총고정원가, y: 총원가, b: 조업도 단위당 변동원가)

(2) 관련범위(relevant range)란 조업도와 원가(또는 수익) 사이에 일정한 관계가 유지되는 조업도의 범위를 말한다. 즉, 관련범위 내에서는 조업도의 변동에 따라 특정한 수익이나 원가의 행태가 일정하게 유지된다고 가정한다. 일반적으로 특정원가를 변동원가 또는 고정원가로 분류하는 것은 일정한 범위의 조업도 및 일정기간과 관련하여 정의된 것이다.

(예) 연간 5,000시간을 가동할 수 있는 특정한 기계장치 1대에 대한 감가상각비가 연간 ₩1,000,000이라고 할 때, 이를 조업도와 관계없이 발생하는 고정원가로 분류하는 것은 일정한 범위의 조업도, 즉 연간 0~5,000시간 사이의 관련범위 내에서만 적용되는 것이다.

위의 예에서 생산설비를 확충할 필요가 있을 경우 기계장치 1대를 추가로 구입한다면 감가상각비는 연간 ₩2,000,000이 되고, 이때에는 예측한 고정원가의 원가행태가 더 이상 적용되지 않는다. 그러나 일상적인 조업수준이 연간 5,000시간 이내 라고 한다면 ₩1,000,000의 감가상각비를 고정원가로 분류하는 것이 타당성을 갖게 된다. 만약, 일상적인 조업수준이 연간 5,000~10,000시간 사이라면 기계장치에 대한 감가상각비는 연간 ₩2,000,000의 고정원가가 되고, 이러한 고정원가의 원가행태가 일정하게 유지되는 관련범위는 연간 5,000~10,000시간인 것이다. 다음의 그림은 이를 잘 나타내주고 있다.

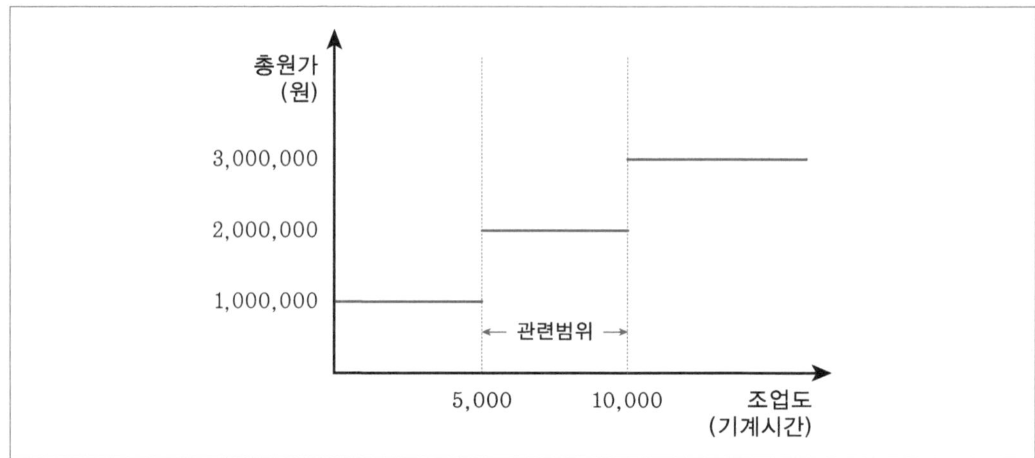

(3) 몇 년이나 몇 십년의 장기를 고려하는 경우, 기계장치는 진부화되어 대체되거나 시장수요에 맞추어 추가로 구입될 수 있으며, 공장감독자도 추가로 고용하거나 해고할 수 있다. 따라서 장기를 가정하면 모든 원가는 변동원가가 되지만, 단기적으로는 모든 원가가 고정원가가 된다. 따라서 특정원가를 변동원가 또는 고정원가로 분류하는 것은 일정한 범위의 조업도 및 일정기간을 전제로 결정되는 것이다.

제2절 | 원가의 추정

01 원가추정의 의의

원가추정(cost estimation)이란 조업도(독립변수)와 원가(종속변수) 사이의 관계를 규명하는 것을 말한다.

(1) 원가추정의 목적은 회계자료를 이용하여 어떻게 미래원가를 추정할 것인가에 있으며 궁극적으로는 미래원가의 예측과 미래경영활동을 통제하기 위한 기준을 마련하는 데 있다.

(2) 원가추정을 하기 위해서는 일반적으로 다음과 같은 두 가지 가정을 한다.

① 단 하나의 독립변수(조업도)만이 존재한다. 실제로 원가에 영향을 미치는 요인은 여러 가지가 있으나 단 하나의 독립변수에 의해 원가행태를 충분히 설명할 수 있다고 가정한다.

② 원가행태가 관련범위 내에서는 선형이다. 실제로는 많은 원가들이 선형관계를 갖고 있지 않지만 관련범위 내에서는 선형으로 가정한다.

(3) 위의 가정에 따라 대부분의 원가행태는 다음과 같은 등식으로 나타낼 수 있는데, 이를 원가함수(cost function)라고 한다. 이는 앞에서 살펴본 총원가함수식과 동일한 형태를 갖는다.

$$\hat{y} = a + bx$$

(단, x: 조업도, a: 추정된 총고정원가, $\hat{y}$: 추정된 총원가, b: 조업도 단위당 변동원가 추정치)

(4) 위의 원가함수에서 $\hat{y}$는 종속변수(dependent variable)로써 독립변수의 변화에 의하여 결정되는 것으로 추정에 의하여 얻고자 하는 원가총액을 말한다. 예컨대, 특정 제품의 제조간접원가를 예측하는 것이 목적이라면 그 제품에 관련된 모든 제조간접원가가 종속변수가 되는 것이다. 그리고 x는 독립변수(independent variable)로써 종속변수의 변화를 설명해주는 변수를 말하며 일반적으로 조업도, 즉 생산량, 직접노동시간, 기계시간 등으로 표현된다.

02 원가추정방법

원가를 추정하는 방법에는 기본적으로 다음과 같은 방법들이 있다. 이러한 원가추정방법은 상호보완적 성격을 갖고 있기 때문에 원가를 정확하게 추정하기 위해서는 여러 가지 방법을 함께 이용해야 한다.

(1) 산업공학적 방법(industrial engineering method)
(2) 계정분석법(account analysis method)
(3) 산포도법(scatter diagram method)
(4) 고저점법(high-low method)
(5) 회귀분석법(regression analysis method)

(1) 산업공학적 방법

① **의의:** 산업공학적 방법은 투입과 산출 간의 관계를 계량적으로 분석하여 원가함수를 추정하는 방법이다. 이 방법은 시간연구, 동작연구 등을 이용한 정밀한 작업측정에 기초하여 원가를 추정하기 때문에 작업측정법(work measurement method)이라고도 한다. 일반적으로 직접재료원가, 직접노무원가 및 그와 관련된 원가를 추정하는 데에만 이 방법을 사용하고, 다른 원가항목에 대해서는 주관적인 평가를 통하여 추정하게 된다.

② **장·단점:** 산업공학적 방법은 과거의 원가자료를 이용할 수 없는 경우에 많이 사용되며 다른 방법과 병행하여 사용되기도 한다. 이 방법에 의한 원가추정은 정확성과 효익이 크다는 장점이 있으나, 시간과 비용이 많이 소요된다는 단점이 있다.

(2) 계정분석법

① **의의:** 계정분석법은 장부상의 각 계정에 기록된 원가를 전문적인 판단에 의하여 변동원가와 고정원가로 분석하여 원가방정식을 추정하는 방법이다. 즉, 일정기간 동안 장부상 각 계정에 기록된 원가를 변동원가, 고정원가, 준변동원가로 분류하고, 준변동원가는 다시 변동원가 부분과 고정원가 부분으로 분류하여 모든 원가자료를 변동원가와 고정원가로 구분한 후 원가방정식을 추정한다.

② **장·단점:** 계정분석법은 원가추정이 신속히 이루어지고 비용이 적게 소요된다는 장점이 있으나, 제한된 자료가 사용되고 주관적 판단이 개입되며 비효율적·비정상적 상황이 반영되므로 신뢰성이 떨어진다는 단점이 있다. 이러한 단점 때문에 계정분석법은 보통 원가추정의 기초단계에서 사용되며, 다른 객관적 방법과 병행하여 이용되는 것이 일반적이다.

예제 1

서울회사는 20×1년에 5,000단위의 제품을 생산하였으며 제조원가는 다음과 같이 발생하였다.

항목	금액
직접재료원가	₩120,000
직접노무원가	300,000
수선유지비	40,000
동력비	80,000
공장소모품비	60,000
감가상각비	150,000
공장임차료	250,000
계	₩1,000,000

수선유지비, 동력비, 공장소모품비를 변동원가로 판단할 경우 계정분석법을 이용하여 연간 총제조원가에 대한 원가함수를 추정하시오.

해답

단위당 변동제조원가(b): $\dfrac{₩120,000 + ₩300,000 + ₩40,000 + ₩80,000 + ₩60,000}{5,000\text{단위}} = ₩120$

고정제조간접원가(a): ₩150,000 + ₩250,000 = ₩400,000

∴ 원가함수는 다음과 같이 추정된다.

$\hat{y}$ = ₩400,000 + ₩120x (단, x는 생산량)

(3) 산포도법

① **의의:** 산포도법은 원가와 조업도의 관찰치를 도표에 점으로 표시하고 전문적인 판단에 의하여 원가추정선을 도출하는 원가추정방법이다. 그래프의 x축은 독립변수인 조업도를, y축은 종속변수인 원가총액을 의미하는데, 과거의 자료를 일단 그래프에 표시하고 산재하는 각 점들의 중앙을 지나는 직선을 긋고 y축과의 교차점을 고정원가로, 그 기울기를 단위당 변동원가로 추정한다.

산포도법에 의한 원가추정

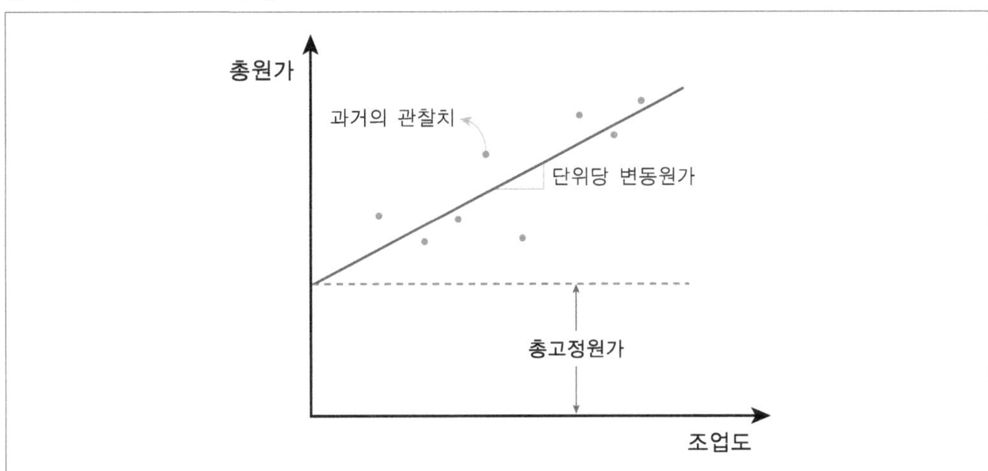

② **장·단점:** 산포도법은 간단하고 이해하기 쉬우며 비용이 적게 소요된다는 장점이 있으나, 분석자의 판단에 따라 산포도를 이용하여 눈대중(visual-fit)으로 직선을 도출하기 때문에 분석자가 다를 경우에는 여러 개의 서로 다른 원가함수가 추정되는 단점이 있다. 이러한 단점 때문에 산포도법은 독립적으로 사용되기보다는 다른 복잡한 원가추정방법(회귀분석법)을 사용하기 전에 많이 이용된다. 즉, 자료를 도표에 점으로 표시하여 선형의 원가함수를 도출할 수 있는지 또는 통계적인 문제가 있는지의 여부를 결정하는 데 유용하다.

(4) 고저점법

① **의의:** 고저점법은 최고조업도와 최저조업도에 대한 원가자료를 이용하여 원가함수를 추정하는 방법이다. 최고조업도와 최저조업도에 있어서 총고정원가가 동일하다고 가정하면 두 조업도에 있어서 총원가의 차이는 전부 변동원가의 차이로 볼 수 있다. 이에 따라 단위당 변동원가를 구하고 이를 이용하여 총고정원가를 산출하게 되는데, 그 산식은 다음과 같다.

$$\text{단위당 변동원가(b)} = \frac{\text{최고조업도에서의 총원가} - \text{최저조업도에서의 총원가}}{\text{최고조업도} - \text{최저조업도}}$$

$$\text{고정원가(a)} = \text{최고조업도에서의 총원가} - \text{단위당 변동원가(b)} \times \text{최고조업도}$$
$$(= \text{최저조업도에서의 총원가} - \text{단위당 변동원가(b)} \times \text{최저조업도})$$

여기서 유의할 점은 고점과 저점을 선택할 때에는 최고원가와 최저원가가 아닌 최고조업도와 최저조업도의 자료를 이용한다는 것이다. 이는 독립변수인 조업도를 기준으로 하여 원가자료를 이용하는 것이 논리적으로 타당하기 때문이다.

예제 2

(주)충주는 내년도에 발생할 제조간접원가를 추정하기 위하여 20×1년 7월~10월 동안의 직접노동시간과 제조간접원가에 대한 자료를 사용하기로 하였다.

월별	직접노동시간	제조간접원가
7월	1,050시간	₩21,000
8	850	18,000
9	1,100	20,000
10	600	15,000

고저점법을 이용하여 월간 제조간접원가에 대한 원가함수를 추정하시오.

해답

단위당 변동원가(b): $\frac{₩20,000 - ₩15,000}{1,100시간 - 600시간}$ = ₩10/직접노동시간

총고정원가(a): ₩20,000 - @10 × 1,100시간 = ₩9,000
(= ₩15,000 - @10 × 600시간 = ₩9,000)

∴ 원가함수는 다음과 같이 추정된다.

$\hat{y}$ = ₩9,000 + ₩10x

단, $\hat{y}$: 월간 제조간접원가추정액, x: 직접노동시간

② **장·단점:** 고저점법은 원가를 변동원가와 고정원가로 분류하는 데 주관적인 전문적 판단에 의존하지 않으므로 전술한 계정분류법보다는 더 객관적인 방법이라 할 수 있다. 그러나 최고점과 최저점이라는 극단적인 두 조업도만을 가지고 원가행태의 전부를 추정하기 때문에 비정상적인 결과를 가져다 줄 수 있다는 단점이 있다. 왜냐하면, 최고조업도와 최저조업도가 정상적인 생산활동에서 발생한 것이 아니라면 그것은 정상적인 생산활동의 원가추정에는 좋은 기준이 될 수 없기 때문이다. 이러한 문제점을 해결하기 위하여 두 번째로 높고 낮은 조업도의 원가자료를 기초로 하여 원가를 추정[1]할 수도 있지만, 그러한 자료마저 비정상적인 조업상태를 나타낼 가능성이 있으므로 고저점법은 신뢰할 수 있는 방법이라고 보기는 어렵다. 따라서 고저점법은 원가추정의 지침 정도로만 사용하는 것이 바람직하다.

1) 이를 대표고저점법이라고 하며, 이와 비교해서 일반적인 고저점법을 순수고저점법이라고도 한다.

(5) 회귀분석법

회귀분석법(regression analysis method)이란 하나 또는 둘 이상의 독립변수가 한 단위 변화함에 따른 종속변수의 평균적 변화량을 측정하는 통계적 방법을 말한다. 회귀분석법은 독립변수의 수에 따라 단순회귀분석과 다중회귀분석으로 분류되는데, 여기서는 단순회귀분석에 대해서만 살펴보기로 한다.

① 단순회귀분석(simple regression analysis)은 하나의 독립변수와 하나의 종속변수와의 관계를 분석하는 것으로 가장 간단한 회귀분석이다. 지금까지 살펴본 원가추정방법과 마찬가지로 회귀분석법에서도 독립변수와 종속변수의 관계를 선형으로 가정하는데, 단순회귀분석에서는 독립변수가 하나이므로 추정된 원가함수에 대한 회귀선을 다음과 같이 나타낼 수 있다.

$$\hat{y} = a + bx$$

단, x: 조업도, a: 추정된 총고정원가, $\hat{y}$: 추정된 총원가, b: 조업도 단위당 변동원가 추정치

② 단순회귀분석에서는 최소자승법(least square method)에 의하여 표본자료의 평균선을 구하는데, 최소자승법이란 실제원가 y와 추정된 원가 $\hat{y}$의 차이를 제곱한 값의 합계액을 최소화하는 것을 말한다. 이를 수식으로 표현하면 다음과 같다.

$$\text{최소화} \sum(y - \hat{y})^2 = \sum\{y - (a + bx)\}^2$$

단, y: 관찰된 실제원가

회귀분석법

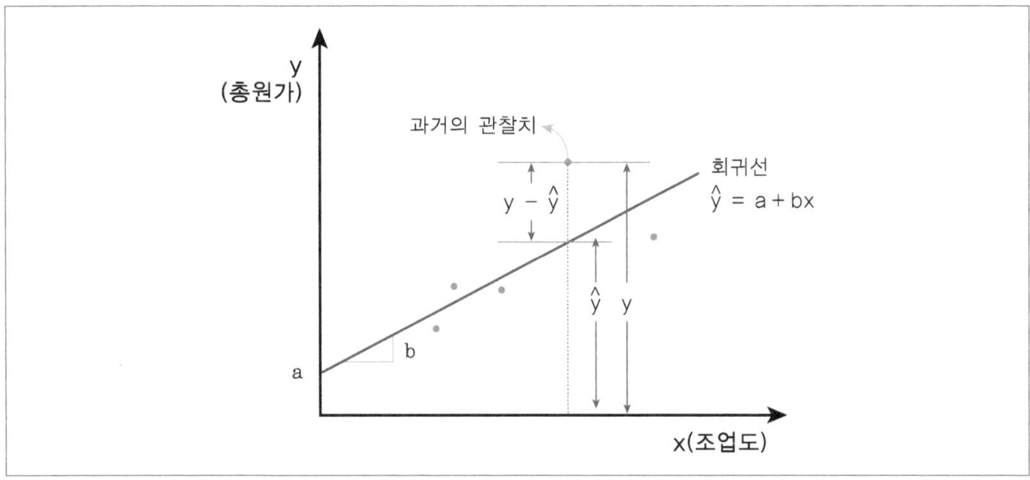

③ 위의 식에서 $\sum(y - \hat{y})^2$을 최소화하는 a와 b를 구하기 위해서는 위 식 a와 b 각각에 대하여 편미분하여 그 값을 0으로 놓으면 된다. 이를 식으로 나타내면 다음과 같다.

$-2\sum(y - a - bx) = 0$

$-2\sum(y - a - bx)x = 0$

④ 앞의 두 식을 정리하면 다음과 같은 정규방정식(normal equation)이 산출된다.

$$\sum y = na + b\sum x$$
$$\sum xy = a\sum x + b\sum x^2$$

단 n: 총관찰횟수(표본의 개수)

위의 정규방정식을 연립하여 a와 b의 값을 구하면 다음과 같다.

$$a = \bar{y} - b\bar{x}$$

$$b = \frac{n\sum xy - \sum x \sum y}{n\sum x^2 - (\sum x)^2} \text{ 또는 } \frac{\sum (x - \bar{x})(y - \bar{y})}{\sum (x - \bar{x})^2}$$

단, $\bar{x}$: 관찰된 실제조업도의 평균값 $= \frac{\sum x}{n}$

$\bar{y}$: 관찰된 실제원가의 평균값 $= \frac{\sum y}{n}$

예제 3

예제 2의 자료를 토대로 최소자승법을 이용하여 월간 총제조간접원가에 대한 원가함수를 추정하시오.

해답

월별	직접노동시간(x)	제조간접원가(y)	xy	x^2
7월	1,050시간	₩21,000	₩22,050,000	1,102,500시간^2
8	850	18,000	15,300,000	722,500
9	1,100	20,000	22,000,000	1,210,000
10	600	15,000	9,000,000	360,000
계	3,600시간	₩74,000	₩68,350,000	3,395,000시간^2

위의 수치를 정규방정식에 대입하면 다음과 같다.

₩74,000 = 4a + 3,600b

₩68,350,000 = 3,600a + 3,395,000b

이 연립방정식을 풀면, a = ₩8,339, b = ₩11.29/시간

따라서 직접노동시간과 총제조간접원가의 관계는 다음과 같이 추정된다.

$\hat{y}$ = ₩8,339 + ₩11.29x

단, x: 월간 직접노동시간, $\hat{y}$: 추정된 월간 총제조간접원가

⑤ 최소자승법을 적용할 때 유의할 점은 회귀추정선이 비정상적인 관찰치쪽으로 편향될 가능성을 막기 위하여 정상적인 생산활동의 결과가 아닌 비정상적인 관찰치는 분석에서 제외해야 한다는 것이다. 최소자승법을 이용한 회귀분석은 정상적인 관찰치를 모두 이용하기 때문에 원가함수의 추정방법 중 가장 체계적이고 이론적으로 우월하며 객관적이라고 할 수 있다. 그러나 몇 가지 엄격한 통계적 가정이 만족되지 않을 때에는 그 결과가 무의미한 것이 될 수도 있다.

⑥ 회귀추정선의 결정계수[2)](coefficient of determination)는 주어진 자료에 의하여 추정된 회귀식이 해당 자료를 얼마나 잘 설명하는지 여부를 보여주는 측정치로 0에서 1사이의 값을 가지며, 1에 가까울수록 독립변수(조업도)에 의해서 설명이 잘 되고 있다는 것을 의미하며, 0에 가까울수록 독립변수 이외의 변수에 의해 원가가 변동하고 있다는 것을 나타낸다.

예제 4

(주)해커는 과거 5년 동안 고객수요를 충족시키기 위한 생산정책을 실행하였는데 이러한 정책하에 (주)해커는 주문이 발생시키는 원가를 회수하면 어떠한 특별주문도 수락하고자 한다. 정책실행을 돕기 위해서 관리회계담당자는 다음과 같은 원가함수를 개발하였고 제품 한 단위를 생산하기 위해서는 2시간의 직접노동시간이 필요하다.

직접재료원가 = ₩100/단위
직접노무원가: 노동시간당 임률은 ₩20
제조간접원가 = ₩350,000 + ₩80x, $R^2 = 0.75$
단, x: 직접노동시간, R^2: 결정계수

[요구사항 1]
1. 10,000단위 생산 시 총원가를 구하시오.

[요구사항 2]
2. 결정계수(R^2)의 의미를 서술하시오.

해답 1. **10,000단위 생산 시 총원가**

10,000단위 생산 → 20,000 직접노동시간 투입

총원가

직접재료원가	10,000단위 × @100 =	₩1,000,000
직접노무원가	20,000시간 × @20 =	400,000
제조간접원가	₩350,000 + 20,000시간 × @80 =	1,950,000
계		₩3,350,000

2. **결정계수(R^2)**

결정계수는 원가함수의 신뢰성을 나타내므로 0.75의 결정계수는 제조간접원가의 변동에 대하여 약 75%만 직접노동시간에 의해서 설명될 수 있다는 것을 의미한다. 이 비율이 낮으면 직접노동시간 이외에 원가의 변동에 영향을 미치고 있는 다른 요인들의 비중이 커지기 때문에 [요구사항 1]의 답에 영향을 미칠 수 있다. 따라서 고려해야 한다.

2) 결정계수(coefficient of determination)는 주어진 자료에 의하여 추정된 회귀식이 해당 자료를 얼마나 잘 설명하는지 여부를 보여주는 값이다. 이 값은 0에서 1 사이의 값으로 나타내는데 1에 가까울수록 추정회귀식이 해당 자료를 그만큼 잘 설명한다고 본다.

03 원가추정 시 유의사항

원가함수를 도출하기 위해서는 조업도와 발생된 총원가 간의 관계를 탐색하게 된다. 바람직한 원가함수는 원가의 변화를 쉽게 예측할 수 있고 지속적인 관계를 설명해 주는 것이어야 한다. 따라서 원가함수를 추정하는 과정에서 다음 사항에 유의해야 한다.

(1) 최적의 원가자료를 제공하기 위하여 원가추정에서 발생하는 문제점이나 이용되는 자료가 가지고 있는 속성을 반드시 알아야 한다. 즉, 원가추정치를 산출하기 위하여 이용한 조업도수준은 가능한 한 넓은 범위이어야 하며, 원가추정에 많은 관찰치를 이용해야만 신뢰할 수 있는 원가함수를 도출할 수 있을 것이다. 또한 비정상적이거나 비효율적인 영업조건에서 이루어진 관찰치는 분석에서 제외시켜야 하며, 제조과정에서 사용되는 기술의 변화나 원가요소의 가격변화를 반영해야만 보다 예측가능한 원가함수를 도출할 수 있을 것이다.

(2) 추정된 원가함수에서 종속변수와 독립변수의 관계는 경제적 타당성(economic plausibility)을 가져야 하고, 논리적이며 상식적이어야 한다. 산업공학적 연구와 같은 물리적 관찰이 가능할 때에는 타당한 관계에 대한 확실한 증거를 제시한다고 볼 수 있다.

(3) 효익과 원가 간의 균형관계를 고려해야 한다. 즉, 원가함수를 추정하기 위하여 투입되는 비용과 추정된 원가함수를 경영관리에 이용함으로써 얻게 되는 효익을 고려해야 한다. 왜냐하면 보다 정확한 원가함수를 추정하기 위해서는 지나치게 많은 비용이 드는 경우도 있기 때문이다.

제3절 | 활동기준원가계산하에서의 원가추정

지금까지의 원가추정은 원가에 영향을 미치는 요인이 단 하나의 독립변수(조업도)라고 가정하고 원가추정을 설명하였다. 그러나 활동기준원가계산에서는 원가에 영향을 미치는 요인이 기업이 수행하는 활동별로 다양하게 존재하므로 원가의 변동을 설명하는 독립변수가 활동별로 다양하게 존재하게 된다. 따라서 활동기준원가계산을 수행하는 기업의 원가추정 시에는 활동별로 존재하는 다양한 원가동인을 각각의 독립변수로 설정하여 원가추정하는 것이 보다 정확한 원가추정을 위하여 필요한데, 이러한 경우에 이용가능한 방법이 다중회귀분석이다. 이는 앞에서 설명한 단순회귀분석의 개념을 독립변수가 여러 개인 경우로 확장한 것으로 실제적용은 통계프로그램을 이용하는 것이 일반적이다.

예제 5

(주)해커는 활동기준원가계산을 수행하는 기업으로서 20×1년의 제조간접원가를 추정하기 위해 과거의 자료를 이용하여 다중회귀분석을 수행한 결과 다음과 같은 자료를 얻었다.

(1) 활동 및 활동별 원가동인(독립변수)

활동	활동별 원가동인
작업준비	작업준비횟수(x_1)
조립	조립시간(x_2)
도장	도장시간(x_3)
품질검사	품질검사횟수(x_4)

(2) 원가추정함수

$\hat{y}$ = ₩200,000 + ₩1,000x_1 + ₩150x_2 + ₩300x_3 + ₩3,000x_4

20×1년의 활동별 원가동인이 다음과 같이 사용될 것으로 예상될 경우 위의 자료를 이용하여 20×1년의 제조간접원가를 추정하시오.

x_1 = 100회, x_2 = 1,000시간, x_3 = 500시간, x_4 = 10회

해답 활동기준원가계산하의 제조간접원가 추정($\hat{y}$)
= ₩200,000 + ₩1,000 × 100회 + ₩150 × 1,000시간 + ₩300 × 500시간 + ₩3,000 × 10회
= ₩630,000

제4절 | 학습곡선

01 학습곡선의 의의

지금까지 살펴본 원가행태는 모두 선형함수를 가정하였다. 그러나 관련범위 내에서 선형성의 가정이 타당하지 않다면 계획과 통제를 위해서 비선형원가함수를 이용할 수 있다. 본 절에서는 가장 대표적인 비선형원가함수인 학습곡선에 대해서 살펴보기로 한다.

(1) 학습곡선(learning curve)이란 학습효과를 고려하여 추정한 원가함수를 말한다. 학습효과란 종업원들이 특정작업을 반복하여 수행하는 경우에 숙련도가 증가함에 따라 한 단위의 제품을 생산하는 데 필요한 시간이 점차 감소하는 효과를 말한다.

(2) 제품단위당 작업시간이 감소하게 되면 특정제품을 생산하는 데 직접노무원가에 영향을 미치게 되며, 직접노동시간이나 직접노무원가를 배부기준으로 하는 변동제조간접원가 등과 같이 직접노동시간과 관계된 비용에도 영향을 미치게 된다. 경우에 따라서는 공손의 감소를 통하여 재료원가에도 영향을 미치게 된다. 그 결과 제품의 단위당 원가가 감소하게 된다. 이러한 학습효과는 복잡한 작업일수록 크게 나타나는데, 학습효과가 존재한다면 한 단위의 제품을 생산하는 데 필요한 시간이 감소함에 따라 단위당 원가가 감소하므로 누적생산량(독립변수)과 원가(종속변수) 사이에는 비선형함수관계가 성립한다.

(3) 학습효과를 고려하여 누적생산량과 단위당 원가 및 총원가 사이의 관계를 그림으로 나타내면 다음과 같다.

학습곡선과 관련된 원가행태

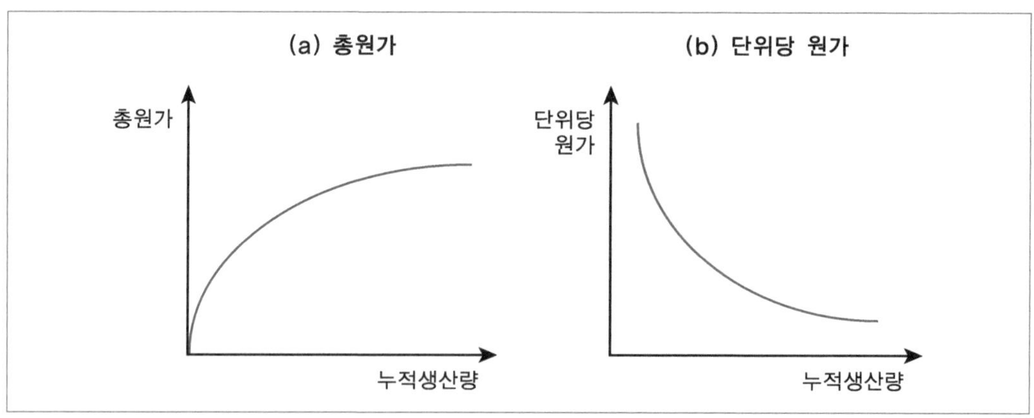

(4) 기업의 경영자는 학습효과가 존재한다면 원가를 추정할 때에 학습효과로 인한 원가절감액을 반드시 고려해야 한다. 학습곡선은 생산이 계속적으로 증가하는 상황에서 과거의 학습효과에 따른 원가의 감소현상을 체계적 형태로 설명한 것으로, 학습곡선을 기초로 한 의사결정모형은 계약체결, 표준원가의 설정, 차이분석, 생산계획과 재무계획에 이르기까지 다양하게 이용된다.

(5) 최근에는 생산자동화로 인하여 노무원가가 제조원가에서 차지하는 비중이 줄어들고 있고, 소품종 대량 생산에서 다품종 소량생산형태로 이행되고 있어 반복생산이 감소하고 있으므로 학습효과의 중요성이 과거에 비해 점점 줄어들고 있는 추세이다.

02 학습곡선모형

학습효과가 있는 상황에서 원가를 추정하기 위해서는 생산량과 노동시간 사이의 학습관계를 나타내는 학습곡선을 결정해야 하는데, 이때는 일반적으로 두 가지 모형이 이용된다. 주로 사용되는 학습곡선모형은 생산량이 증가함에 따라서 단위당 누적평균시간이 체계적으로 감소하는 모형(누적평균시간 학습모형)이고, 다른 하나는 생산량이 증가함에 따라 증분단위시간이 체계적으로 감소하는 모형(증분단위시간 학습모형)이다.

(1) 누적평균시간 학습모형

누적평균시간 학습모형이란 누적생산량이 두 배로 증가할 때마다 단위당 누적평균시간(총누적시간÷누적생산량)이 일정한 비율로 감소하는 형태로 학습효과가 발생하는 상황에서 원가를 추정하기 위하여 사용하는 학습곡선모형이다.

① 신제품을 개발하여 최초 1단위를 생산했을 때 100시간이 소요되었고, 2단위를 생산했을 때 단위당 누적평균시간이 80(100시간 × 80%)시간이 소요되었으며, 다시 누적생산량이 두 배가 되는 4단위까지를 생산할 때 단위당 누적평균시간이 64(80시간 × 80%)시간이 소요되었다고 가정하자. 이때 이 시점에서 추가적으로 4단위를 생산하기 위한 원가(직접노무원가)를 추정하기 위해서는 단위당 직접노무원가가 일정한 것이 아니라 학습효과로 인해 감소되고 있으므로 학습곡선을 이용하여 추정해야 하는데, 다음의 표는 첫 단위 생산에 소요되는 노동시간이 100시간인 경우의 80% 누적평균시간 학습모형을 보여주고 있다.

80% 학습곡선(누적평균시간 학습모형)

누적생산량(x)	단위당 누적평균시간(y)	총누적시간(xy)*
1	100시간	100시간
2	100 × 80% = 80	160
4	80 × 80% = 64	256
8	64 × 80% = 51.2	409.6

* 총누적시간 = 누적생산량 × 단위당 누적평균시간

② 위의 학습곡선의 형태는 누적생산량이 두 배가 될 때마다 단위당 누적평균시간이 이전의 80%로 감소해 가는 형태를 취하게 되므로 이를 80% 누적평균시간 학습모형이라고 하며, 80%와 같이 누적생산량이 두 배가 될 때마다 단위당 누적평균시간이 감소되는 비율, 즉 학습효과의 정도를 비율로 표시한 것을 학습률(rate of learning)이라고 한다. 누적평균시간 학습모형에서 학습률이 k(80%)라면 누적생산량이 두 배가 될 때마다 단위당 누적평균시간이 직전의 k(80%) 수준으로 감소하는 것을 의미한다.

③ 지금까지 살펴본 누적평균시간 학습곡선에서 조업도(누적생산량)와 단위당 누적평균시간과의 관계를 함수식으로 나타내면 다음과 같다.

$$y = ax^{-b}$$

단, x: 누적생산량 a: 첫 단위 생산시간(원가)
y: 단위당 누적평균시간(원가) b: 학습지수

④ 총누적시간(TL; Total Labor hour)은 누적생산량(x)과 단위당 누적평균시간(y)을 곱하여 계산된다.

$$TL = 누적생산량(x) \times 단위당\ 누적평균시간(y) = x \cdot ax^{-b} = ax^{1-b}$$

또한 학습률은 누적생산량이 2x일 때의 단위당 누적평균시간을 y'라고 하면 다음과 같이 나타낼 수 있다.

$$학습률 = \frac{y'}{y} = \frac{a(2x)^{-b}}{ax^{-b}} = 2^{-b} \quad \rightarrow \quad ①$$

⑤ 학습률과 지수함수인 단위당 누적평균시간(y = ax - b)의 학습지수 b와는 일정한 관계가 있는데, 이를 보다 정확하게 이해하기 위해서 학습률을 나타내는 식 ①의 양변에 log를 취해서 정리하면 다음과 같다.

$$\log \frac{y'}{y} = \log 2^{-b}$$

$$\therefore\ b = \frac{-\log(\frac{y'}{y})}{\log 2} = \frac{-\log(학습률)}{\log 2}$$

위의 식에서 알 수 있듯이 b는 학습률 자체는 아니지만 학습률과 일정한 관계를 가지고 학습곡선의 형태를 결정하는 값이다. 여러 가지 학습률과 b값을 정리하면 다음과 같다.

학습률	b의 값
95%	0.0740
90	0.1520
85	0.2345
80	0.3219
75	0.4150
70	0.5146

예제 6

(주)한라는 80%의 누적평균시간 학습모형이 적용되고 있다. 첫 단위 생산에 소요된 직접노동시간은 100시간이며, 회사는 지금까지 총 4단위의 제품생산을 완료하였다. 단, 80% 학습곡선모형의 학습지수 b = 0.3219이다.

[요구사항]

1. 다음 달에 추가적인 4단위의 제품을 생산할 계획이라면 다음 달에 소요될 직접노동시간을 구하시오.
2. 직접노무원가가 시간당 ₩10,000인 경우에 다음 달의 직접노무원가발생액은 얼마로 추정되는지 계산하시오.
3. 마지막 8번째 단위를 생산하는 데 소요되는 직접노동시간을 구하시오. 단, 7 - 0.3219 = 0.5345

해답 1. 예상직접노동시간

누적생산량(x)	단위당 누적평균시간(y)		총누적시간(xy)	
1		100시간	100시간	
2	100 × 80% =	80	160	
4	80 × 80% =	64	256	153.6시간 소요
8	64 × 80% =	51.2	409.6	

최초의 4단위를 생산하는 데 소요되는 총누적시간은 256시간이고, 8단위를 생산하는 데 소요 되는 총누적시간은 409.6시간이므로 4단위를 생산한 시점에서 추가적인 4단위를 생산하는 데 소요되는 시간은 그 차이인 153.6시간이 된다.

2. 예상직접노무원가

다음 달에 예상되는 직접노동시간	153.6시간
시간당 임률	× @10,000
다음 달의 직접노무원가추정액	₩1,536,000

3. 8번째 단위 생산에 소요되는 직접노동시간

누적생산량(x)	단위당 누적평균시간(y)		총누적시간(xy)	
1		100시간	100시간	
2	100 × 80% =	80	160	
4	80 × 80% =	64	256	
…	…		…	
7		53.45*	374.15	35.45시간 소요
8	64 × 80% =	51.2	409.6	

* $y = ax^{-b} = 100 \times 7^{-0.3219} = 53.45$

7단위를 생산하는 데 소요되는 총누적시간은 374.15시간(53.45시간 × 7단위)이고, 8단위를 생산하는 데 소요되는 총누적시간은 409.6시간이므로 마지막 8번째 단위를 생산하는 데 소요되는 시간은 그 차이인 35.45시간이다.

(2) 증분단위시간 학습모형

증분단위시간 학습모형은 누적생산량이 두 배가 될 때마다 증분단위시간(마지막 한 단위를 추가로 생산하는 데 소요되는 시간)이 일정한 비율로 감소하는 것을 나타내는 학습곡선모형이다.

① 신제품을 개발하여 최초 1단위를 생산했을 때 100시간이 소요되었고, 2단위를 생산 했을 때 증분단위시간이 80시간(총누적시간은 100 + 80 = 180시간)이 되었으며, 다시 누적생산량이 두 배가 되는 4단위까지를 생산할 때 4번째 단위를 추가로 만드는 증 분단위시간이 64시간이 되었다면 노동시간과 관련이 있는 원가는 80% 증분단위시간 학습모형에 따른다고 한다. 다음의 표는 첫 단위 생산시간이 100시간인 경우의 80% 증분단위시간 학습모형을 보여주고 있다.

80% 학습곡선(증분단위시간 학습모형)

누적생산량(x)	증분단위시간(m)[*1]	총누적시간(Σm)[*2]
1	100시간	100시간
2	100 × 80% = 80	180
3	70.21	250.21
4	80 × 80% = 64	314.21
5	59.57	373.78
6	56.17	429.95
7	53.45	483.40
8	64 × 80% = 51.20	534.60

[*1] $m = 100 \times x^{-0.3219}$

[*2] 총누적시간 = 증분단위시간의 누계(Σm)

② 증분단위시간 학습모형에서 학습률이 k(80%)라면 누적생산량이 두 배가 될 때마다 증분단위시간이 직전의 k(80%)수준으로 감소하는 것을 뜻한다. 위의 표에서와 같이 80%의 증분단위시간 학습모형의 경우 누적생산량이 1단위일 때의 증분단위시간은 100시간이고 누적생산량이 2단위일때의 증분단위시간은 80시간이므로 학습률은 80시간/100시간 = 80%가 되는 것이다.

③ 이와 같은 관계를 기초로 하여 증분단위시간과 누적생산량의 관계, 즉 증분단위시간 학습모형을 함수식으로 나타내면 다음과 같다.

$$m = ax^{-b}$$

단, x: 누적 생산량 a: 첫 단위 생산시간(원가)
m: 증분단위시간(원가) b: 학습지수

증분단위시간 학습모형에서 총누적시간(TL)과 학습률은 다음과 같이 계산되어 진다.

$$TL = \Sigma m (= \Sigma ax^{-b})$$

$$\text{학습률} = \frac{m'}{m} = \frac{a(2x)^{-b}}{ax^{-b}} = 2^{-b}$$

단, TL: 총누적시간
m': 누적생산량이 $2x$일 때의 증분단위시간

④ 원가를 추정함에 있어서 학습효과가 존재하는 경우에는 누적평균시간 학습모형과 증 분단위시간 학습모형 중 해당 상황에서 조업도의 증가에 따라 노동시간의 변화를 보다 정확하게 예측할 수 있는 것을 선택하여 사용해야 할 것이다.

예제 7

(주)경기는 앞의 표에 제시된 바와 같이 80%의 증분단위시간 학습모형이 적용되고 있다. 첫 단위 생산에 소요된 시간은 100시간이고, 회사는 지금까지 총 4단위의 제품생산을 완료하였다. 단, 80% 학습곡선모형의 학습지수 b = 0.3219이다.

[요구사항]

1. 다음 달에 추가적인 4단위의 제품을 생산할 계획이라면 다음 달에 소요될 직접노동시간을 구하시오. 단, 3 - 0.3219 = 0.7021, 5 - 0.3219 = 0.5957, 6 - 0.3219 = 0.5617, 7 - 0.3219 = 0.5345.
2. 직접노무원가가 시간당 ₩10,000인 경우에 다음 달의 직접노무원가발생액은 얼마로 추정되는지 계산하시오.
3. 마지막 8번째 단위를 생산하는 데 소요되는 직접노동시간을 구하시오.

해답 **[자료분석]**

누적생산량(x)	증분단위시간(m)*	총누적시간(Σm)	
1	100시간	100시간	
2	100 × 80% = 80	180	
3	70.21	250.21	
4	80 × 80% = 64	314.21	
5	59.57	373.78	
6	56.17	429.95	220.39시간 소요
7	53.45	483.40	
8	64 × 80% = 51.2	534.60	

* $m = 100 \times x^{-0.3219}$

1. 예상직접노동시간

59.57시간 + 56.17시간 + 53.45시간 + 51.2시간 = 220.39시간

2. 예상직접노무원가

다음 달에 예상되는 직접노동시간	220.39시간
시간당 임률	× @10,000
다음 달의 직접노무원가추정액	₩2,203,900

3. 8번째 단위 생산에 소요될 노동시간

누적생산량(x)이 8단위일 때 증분단위시간

= 100시간 × $(80\%)^3$

= 51.2시간(= $100 \times 8^{-0.3219}$)

⑤ 예제 6, 7에서 보듯이 학습률이 동일하다면 누적평균시간 학습모형에서의 학습효과가 증분단위시간 학습모형에 비해 더 크다는 사실을 알 수 있다.

누적평균시간학습모형

누적생산량(x)	×	단위당 누적평균시간(y)	=	총누적시간
1		a		a
2배 → 2		× k → ka		2ka
3		$a3^{-b}$		$3 \times a3^{-b}$
2배 → 4		× k → k^2a		$4k^2a$

k: 학습률

증분단위시간학습모형

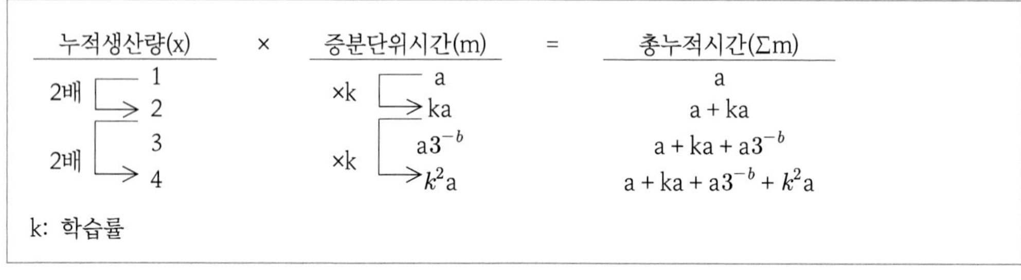

제8장

기출 OX문제

01 산업공학분석법은 과거자료 없이 미래원가를 추정하는 데 사용된다. (O, X)

02 산업공학분석법은 간접원가 추정에 어려움이 없다. (O, X)

03 계정분석법을 사용하면 각 계정을 변동원가와 고정원가로 구분하는 데 자의성이 개입될 수 있다. (O, X)

04 고저점법은 원가자료 중 가장 큰 원가수치의 자료와 가장 작은 원가수치의 자료를 사용하여 추정하는 방법으로 두 원가수치의 차이는 고정원가라고 가정한다. (O, X)

05 회귀분석법은 결정계수(R^2)가 1에 가까울수록 만족스러운 추정을 달성한다. (O, X)

정답 및 해설

01 O

02 X 산업공학분석법은 투입과 산출 간의 관계를 계량적으로 분석하여 원가함수를 추정하는 방법으로 일반적으로 직접재료원가, 직접노무원가 및 그와 관련된 원가를 추정하는 데에만 사용된다.

03 O

04 X 고저점법은 원가자료가 아니라 조업도 자료 중 최저조업도의 자료와 최고조업도의 자료를 사용 하여 원가함수를 추정하는 방법이며, 두 원가수치의 차이는 총변동원가의 차이라고 가정한다.

05 O

제8장

개념확인문제

대표 문제를 학습한 후, 이와 동일한 유형의 문제를 풀며 개념을 익혀보세요.

대표 문제 고저점법

대한회사의 지난 6개월간 전력비는 다음과 같다. 기계시간이 전력비에 대한 원가동인이라면 32,375기계시간이 예상되는 7월의 전력비는 고저점법에 의해 얼마로 추정되는가? [세무사 08]

월별	기계시간	전력비
1월	34,000시간	₩610,000
2	31,000	586,000
3	33,150	507,000
4	32,000	598,000
5	33,750	650,000
6	31,250	575,000

해답 1. $\hat{y}$ = a + bx(단, x: 기계시간, $\hat{y}$: 전력비 추정치)

2. 고점(34,000시간, ₩610,000), 저점(31,000시간, ₩586,000)이므로

단위당 변동원가: $b = \dfrac{₩610,000 - ₩586,000}{34,000\text{시간} - 31,000\text{시간}}$ = ₩8/기계시간

총고정원가: a = ₩586,000 - 31,000시간 × @8 = ₩338,000(= ₩610,000 - 34,000시간 × @8)

∴ $\hat{y}$ = ₩338,000 + ₩8(단, x: 기계시간)

따라서, 7월 예상기계시간 32,375시간이므로 전력비는 ₩597,000으로 추정됨

01 다음 자료는 (주)해커의 제조간접원가발생액을 조업도수준과 대비하여 나타낸 것이다.

	기계시간	총제조간접원가
7월	5,000시간	₩50,620
8월	8,000	60,040
9월	6,000	54,080
10월	9,000	63,100

(주)해커는 총제조간접원가를 변동원가와 고정원가로 나누기 위해서 원가분석을 실시한 결과 총제조간접원가는 전력요금, 감독자급여 및 수선유지비로 구성된다는 것을 알았다. 그러나 이들을 완전히 고정원가와 변동원가로 구분하지는 못했다. 7월의 실제 제조간접원가는 다음과 같다.

전력요금(변동원가)	₩10,500
감독자급여(고정원가)	24,000
수선유지비(준변동원가)	16,120
계	₩50,620

고저점법을 이용하여 8월의 제조간접원가에 포함되어 있는 수선유지비를 추정하면 얼마인가?

정답 및 해설

01 1. 총제조간접원가 고점: 10월(9,000시간, ₩63,100), 저점: 7월(5,000시간, ₩50,620)이므로

(1) 기계시간당 변동제조간접원가: $\frac{₩63,100 - ₩50,620}{9,000시간 - 5,000시간}$ = @3.12
전력요금과 수선유지비(변동원가요소)

(2) 총고정제조간접원가: ₩50,620 - 5,000시간 × @3.12 = ₩35,020
감독자급여와 수선유지비(고정원가요소)

2. 수선유지비에 해당하는 변동제조간접원가: 기계시간당 총변동제조간접원가 - 기계시간당 전력요금
= ₩3.12 - ₩10,500 ÷ 5,000시간 = ₩1.02/시간

3. 고정 수선유지비: 총고정제조간접원가 - 감독자급여 = ₩35,020 - ₩24,000 = ₩11,020

4. 수선유지비 추정함수식: $\hat{y}$ = ₩11,020 + ₩1.02(단, $\hat{y}$: 기계시간)이므로
8월의 수선유지비: $\hat{y}$ = ₩11,020 + 8,000시간 × @1.02 = ₩19,180

02 (주)국세는 단일제품을 생산·판매하고 있으며, 7월에 30단위의 제품을 단위당 ₩500에 판매할 계획이다. (주)국세는 제품 1단위를 생산하는데 10시간의 직접노무시간을 사용하고 있으며, 제품 단위당 변동판매비와 관리비는 ₩30이다. (주)국세의 총 제조원가에 대한 원가동인은 직접노무시간이며, 고저점법에 의하여 원가를 추정하고 있다. 제품의 총제조원가와 직접노무시간에 대한 자료는 다음과 같다.

	총제조원가	직접노무시간
1월	₩14,000	120시간
2월	17,000	100
3월	18,000	135
4월	19,000	150
5월	16,000	125
6월	20,000	140

(주)국세가 7월에 30단위의 제품을 판매한다면 총공헌이익(매출액 - 변동원가)은 얼마인가? [세무사 12]

03 (주)세무의 제조간접원가는 소모품비, 감독자급여, 수선유지비로 구성되어 있다. 이 회사의 제조간접원가의 원가동인은 기계시간으로 파악되었다. (주)세무의 20×1년 1월, 2월, 3월 및 4월 각각에 대해 실제 사용한 기계시간과 제조간접원가의 구성 항목별 실제원가는 다음과 같다. (주)세무는 원가추정에 고저점법을 이용한다. 20×1년 1월, 2월, 3월 및 4월 각각에 대해 실제 사용한 기계시간과 제조간접원가의 구성 항목별 실제원가는 다음과 같다. (주)세무는 원가추정에 고저점법을 이용한다. 20×1년 5월에 75,000기계시간을 사용할 것으로 예상되는 경우 5월의 예상 총제조간접원가는? [세무사 14 수정]

월	기계시간	소모품비	감독자급여	수선유지비	합계
1	70,000시간	₩56,000	₩21,000	₩121,000	₩198,000
2	60,000	48,000	21,000	105,000	174,000
3	80,000	64,000	21,000	137,000	222,000
4	90,000	72,000	21,000	153,000	246,000

04 (주)세무의 지난 6개월간 기계가동시간과 기계수선비에 대한 자료는 다음과 같다. (주)세무가 고저점법을 사용하여 7월의 기계수선비를 ₩2,019,800으로 추정하였다면, 예상 기계가동시간은? 단, 기계수선비의 원가동인은 기계가동시간이다. [세무사 17]

월	기계가동시간	기계수선비
1	3,410시간	₩2,241,000
2	2,430	1,741,000
3	3,150	1,827,000
4	3,630	2,149,000
5	2,800	2,192,500
6	2,480	1,870,000

정답 및 해설

02 1. $\hat{y}$ = a + bx(단, x: 직접노무시간, $\hat{y}$: 총제조원가 추정치)
고점(150시간, ₩19,000), 저점(100시간, ₩17,000)
단위당 변동원가: b = $\frac{₩19,000 - ₩17,000}{150시간 - 100시간}$ = ₩40/기계시간
총고정원가: a = ₩19,000 - 150시간 × @40 = ₩13,000(= ₩17,000 - 100시간 × @40)
∴ $\hat{y}$ = ₩13,000 + ₩40(단, x: 직접노무시간)
2. 제품 단위당 공헌이익 = 제품단위당 판매가격 - 단위당 변동제조원가 - 단위당 변동판매관리비
= ₩500 - ₩40 × 10시간 - ₩30
= ₩70
∴ 7월의 공헌이익: 30단위 × ₩70 = ₩2,100

03 1. 소모품비는 기계시간당 ₩0.8 발생하는 변동원가이며, 감독자급여는 고정원가임
2. 수선유지비함수 추정
저점(60,000시간, ₩105,000), 고점(90,000시간, ₩153,000)
(1) 기계시간당 변동원가: $\frac{₩153,000 - ₩105,000}{90,000단위 - 60,000단위}$ = ₩1.6/기계시간
(2) 고정원가: ₩153,000 - 90,000단위 × @1.6 = ₩9,000
∴ 수선유지비 = ₩9,000+@1.6 × 기계시간
3. 제조간접원가 = ₩30,000+@2.4 × 기계시간
∴ 5월의 예상 총제조간접원가는 ₩30,000 + @2.4 × 75,000시간 = ₩210,000

04 1. 저점(2,430시간, ₩1,741,000), 고점(3,9630시간, ₩2,149,000)
2. 기계시간당 변동원가 = $\frac{₩2,149,000 - ₩1,741,000}{3,630시간 - 2,430시간}$ = ₩340/시간
3. 고정원가 = ₩1,741,000 - 2,430시간 × ₩340 = ₩914,800
∴ 예상 기계가동시간 = (₩2,019,800 - ₩914,800)÷₩340/시간 = 3,250시간

대표 문제 학습곡선

학용품을 전문적으로 생산하고 있는 (주)해커는 20×1년 초에 자사에서 개발한 신제품 10,000개를 처음으로 생산하였다. 이 신제품을 생산하는 데 다음과 같은 비용이 발생하였다.

직접재료원가	₩900,000
직접노무원가(시간당 @10)	400,000
변동제조간접원가(직접노무원가에 비례하여 발생)	80,000
고정제조간접원가배부액	150,000

(주)해커는 이 제품을 생산하는 데는 80%의 누적평균시간 학습모형을 따른다고 믿고 있다. 그런데 (주)백송으로부터 70,000개에 대한 특별주문을 받았다. 이 주문에 대해 (주)해커가 제시하여야 할 70,000개의 최소판매가격은 얼마인가? [세무사 94]

해답 시간당 임률이 ₩10이므로 처음 10,000개 생산 시 소요되는 시간은 40,000시간(= ₩400,000 ÷ @10)이다. 이처럼 시간으로 환산하여 계산할 수도 있으나, 임률이 일정하기 때문에 시간 대신 노무원가로 직접 접근하여도 결과는 마찬가지이다. 또한 고정제조간접원가 배부액 ₩150,000은 특별주문품을 생산한다 할지라도 추가로 발생하는 원가가 아니므로 변동원가만 고려하면 된다.

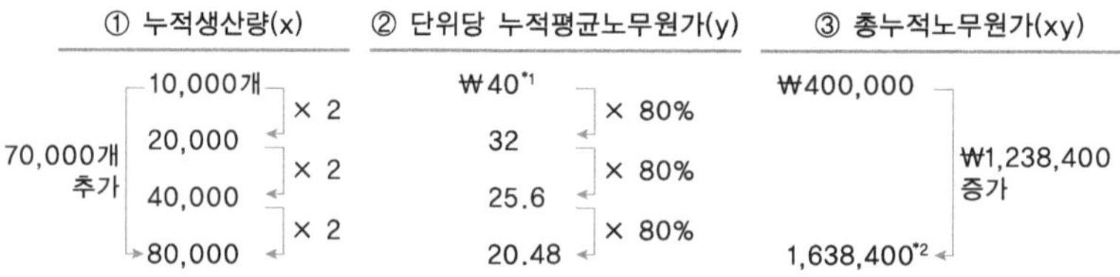

*1 ₩400,000/10,000개 = ₩40/개

*2 80,000개 × @20.48 = ₩1,638,400

∴ 특별주문(70,000개)에 대한 변동원가: 최소판매가격

직접재료원가: 70,000개 × @90*1 =	₩6,300,000
직접노무원가	1,238,400
변동제조간접원가: ₩1,238,400 × 20%*2 =	247,680
계	₩7,786,080

*1 단위당 직접재료원가: ₩900,000 ÷ 10,000개 = @90

*2 변동제조간접원가배부율: ₩80,000 ÷ ₩400,000 = 직접노무원가의 20%

05 (주)해커는 무전기 600단위에 대한 계약의 입찰에 참여할 것을 고려하고 있다. 동일한 회계연도에 속하는 2달 전에 동일한 무전기 200단위를 아래와 같은 금액으로 계약체결 및 생산한 바 있다.

직접재료원가	₩5,000
직접노무원가: 3,000시간 × @20 =	60,000
고정제조간접원가	3,000
변동제조간접원가	7,500
기타	12,000
계	₩87,500

(1) 고정제조간접원가는 처음 생산량 200단위에 그 원가를 전부 배분하여 보상받았기 때문에 600단위 입찰에는 보상청구하지 않는다.
(2) 변동제조간접원가는 직접노무원가에 비례하여 발생한다.
(3) 기타는 일반관리비 및 이윤보상 목적으로 직접노무원가의 20%를 일정하게 설정한다.

(주)해커는 90%의 누적평균시간 학습모형을 이용하고 있다고 가정할 경우에 600단위의 계약에 입찰하기 위해 제시할 예상금액은 얼마인가? [세무사 02]

정답 및 해설

05 1. 직접노무원가계산

	① 누적생산량(x)		② 단위당 누적평균노무원가(y)		③ 총누적노무원가(xy)	
600단위 추가	200단위	× 2	₩300	× 80%	₩60,000	₩134,400 증가
	400	× 2	270	× 80%		
	800		243		194,400*	

2. 예상 입찰금액

직접재료원가: 600단위 × @25[*1] =	₩15,000
직접노무원가	134,400
변동제조간접원가: ₩134,400 × 12.5%[*2] =	16,800
기타: ₩134,400 × 20% =	26,880
계	₩193,080

[*1] 단위당 직접재료원가: ₩5,000 ÷ 200단위 = @25
[*2] 변동제조간접원가배부율: ₩7,500 ÷ ₩60,000 = 직접노무원가의 12.5%

06 다음 자료를 이용하여 최초 16단위를 생산할 때 추정되는 누적 총노무시간은 몇 분인가? 단, 노무시간은 누적평균시간모형을 따른다. [세무사 10]

누적생산량	누적 총노무시간(분)
1	10,000
2	18,000

07 사업개시 후 2년간인 20×1년과 20×2년의 손익자료는 다음과 같다(단위: 만원).

구분	20×1년	20×2년
매출액	100	300
직접재료원가	40	120
직접노무원가	10	22.4
제조간접원가	20	50
판매관리비	15	15
영업이익	15	92.6

20×1년부터 20×3년까지의 단위당 판매가격, 시간당 임률, 단위당 변동제조간접원가, 총고정제조간접원가, 총판매관리비는 일정하다. 직접노무시간에는 누적평균시간 학습모형이 적용된다. 매년 기초 및 기말재고는 없다. 20×3년의 예상매출액이 400만원이라면 예상영업이익은 얼마인가? [회계사 12]

08 (주)국세는 1로트(lot)의 크기를 10대로 하는 로트생산방식에 의해 요트를 생산·판매하고 있다. (주)국세는 최근 무인잠수함을 개발하고 5대를 생산·판매하였으며, 관련원가자료는 다음과 같다.

직접재료원가(₩2,000,000/대)	₩10,000,000
직접노무원가(₩30,000/시간)	30,000,000
변동제조간접원가(₩5,000/직접노무시간)	5,000,000

무인잠수함도 로트생산방식으로 생산하되, 1로트의 크기는 5대이다. 무인잠수함의 직접노무시간은 요트 생산과 같이 로트당 누적평균시간 학습곡선모형을 따르며, 학습률도 동일하다. 요트 생산의 누적생산량과 로트당 평균 직접노무시간은 다음과 같다.

누적생산량	누적로트 수	로트당 평균 직접노무시간
10	1	1,300
20	2	1,170
40	4	1,053

(주)국세는 무인잠수함 35대에 대한 납품 제의를 받았다. 이 납품과 관련된 무인잠수함 1대의 평균 변동제조원가는? [세무사 15]

정답 및 해설

06 1. 학습률(k)의 계산

(1) 누적생산량 1단위일 때 단위당 누적평균시간: 10,000분÷1단위 = 10,000분/단위

(2) 누적생산량 2단위일 때 단위당 누적평균시간: 18,000분÷2단위 = 9,000분/단위

∴ 학습률 $k = \frac{9,000분}{10,000분} = 0.9(90\%)$

2. 누적생산량 16단위일 때 단위당 누적평균시간

10,000분 × k4 = 10,000분 × 0.9 = 6,561분

따라서, 최초 16단위 생산할 때 추정되는 누적 총노무시간: 16단위 × 6,561분 = 104,976분

07 1. 학습효과를 반영한 직접노무원가추정

누적생산량	누적평균단위당원가	총원가
1	10	10
2		
4	8.1	32.4
8	7.29	58.32

직접노무원가는 위의 표에서 보듯이 90%의 학습률이 적용됨

따라서 20×3년 예상직접노무원가는 ₩25.92

2. 20×3년 예상영업이익(단위: 만원)

	20×3년
매출액	400
직접재료원가	(160)
직접노무원가	(25.92)
제조간접원가	(65)
판매관리비	(15)
영업이익	134.08

참고

제조간접원가 중 고정제조간접원가총액 및 단위당 변동제조원가는 매년 일정하므로

단위당 변동제조간접원가: ₩30÷2 = ₩15

고정제조간접원가 = ₩5

∴ 20×3년 제조간접원가: ₩15 × ₩4 + ₩5 = ₩65

08 1. 학습률 = K라 하면

1,300K = 1,170 ∴ K = 90%

2. 무인잠수함 추가 35대를 생산하기 위한 직접노무시간

누적로트 수(8로트)에 대한 로트당 평균직접노무시간은 1,000 × 0.93 = 729시간이므로

729시간 × 8로트 - 1,000시간 = 4,832시간

3. 무인잠수함 단위당 변동제조원가

(1) 단위당 직접재료원가: ₩2,000,000

(2) 단위당 직접노무원가: 4,832시간 × (₩30,000/시간 + ₩5,000/시간) ÷ 35대 = ₩4,832,000

∴ ₩6,832,000

09 (주)한국은 최근에 신제품 A의 개발을 완료하고 시험적으로 500단위를 생산하였다. 회사가 처음 500단위의 신제품 A를 생산하는 데 소요된 총직접노무시간은 1,000시간이고 직접노무시간당 임률은 ₩300이었다. 신제품 A의 생산에 소요되는 단위당 직접재료원가는 ₩450이고, 단위당 제조간접원가는 ₩400이다. (주)한국은 과거 경험에 의하여 이 제품을 추가로 생산하는 경우 80%의 누적평균직접노무시간 학습모형이 적용될 것으로 추정하고 있으며, 당분간 직접노무시간당 임률의 변동은 없을 것으로 예상하고 있다. 신제품 A를 추가로 1,500단위 더 생산한다면, 총생산량 2,000단위에 대한 신제품 A의 단위당 예상원가는? [회계사 17]

10 (주)대한은 A형-학습모형(누적평균시간 모형)이 적용되는 '제품 X'를 개발하고, 최초 4단위를 생산하여 국내 거래처에 모두 판매하였다. 이후 외국의 신규 거래처로부터 제품 X의 성능이 대폭 개선된 '제품 X-plus'를 4단위 공급해 달라는 주문을 받았다. 제품 X-plus를 생산하기 위해서는 설계를 변경하고 새로운 작업자를 고용해야 한다. 또한 제품 X-plus의 생산에는 B형-학습모형(증분단위시간 모형)이 적용되는 것으로 분석되었다.

누적생산량	A형 - 학습모형이 적용될 경우 누적평균 노무시간	B형 - 학습모형이 적용될 경우 증분단위 노무시간
1	12.00	120.00
2	102.00	108.00
3	92.75	101.52
4	86.70	97.20
5	82.28	93.96
6	78.83	91.39
7	76.03	89.27
8	73.69	87.48

(주)대한이 제품 X-plus 4단위를 생산한다면, 제품 X 4단위를 추가로 생산하는 경우와 비교하여 총노무시간은 얼마나 증가(또는 감소)하는가? [회계사 18]

정답 및 해설

09 1. 2,000단위 생산에 필요한 총직접노무시간
(1,000시간 ÷ 500단위) × 0.82 × 2,000단위 = 2,560시간
2. 신제품 A의 단위당 예상원가
₩450 + (2,560시간 × ₩300 ÷ 2,000단위) + ₩400 = ₩1,234

10

X-plus 4단위 생산 시: 120시간 + 108시간 + 101.52시간 + 97.2시간 =	426.72시간
X 추가 4단위 생산 시: 73.69시간 × 8단위 - 86.70시간 × 4단위 =	242.72시간
차이	184시간

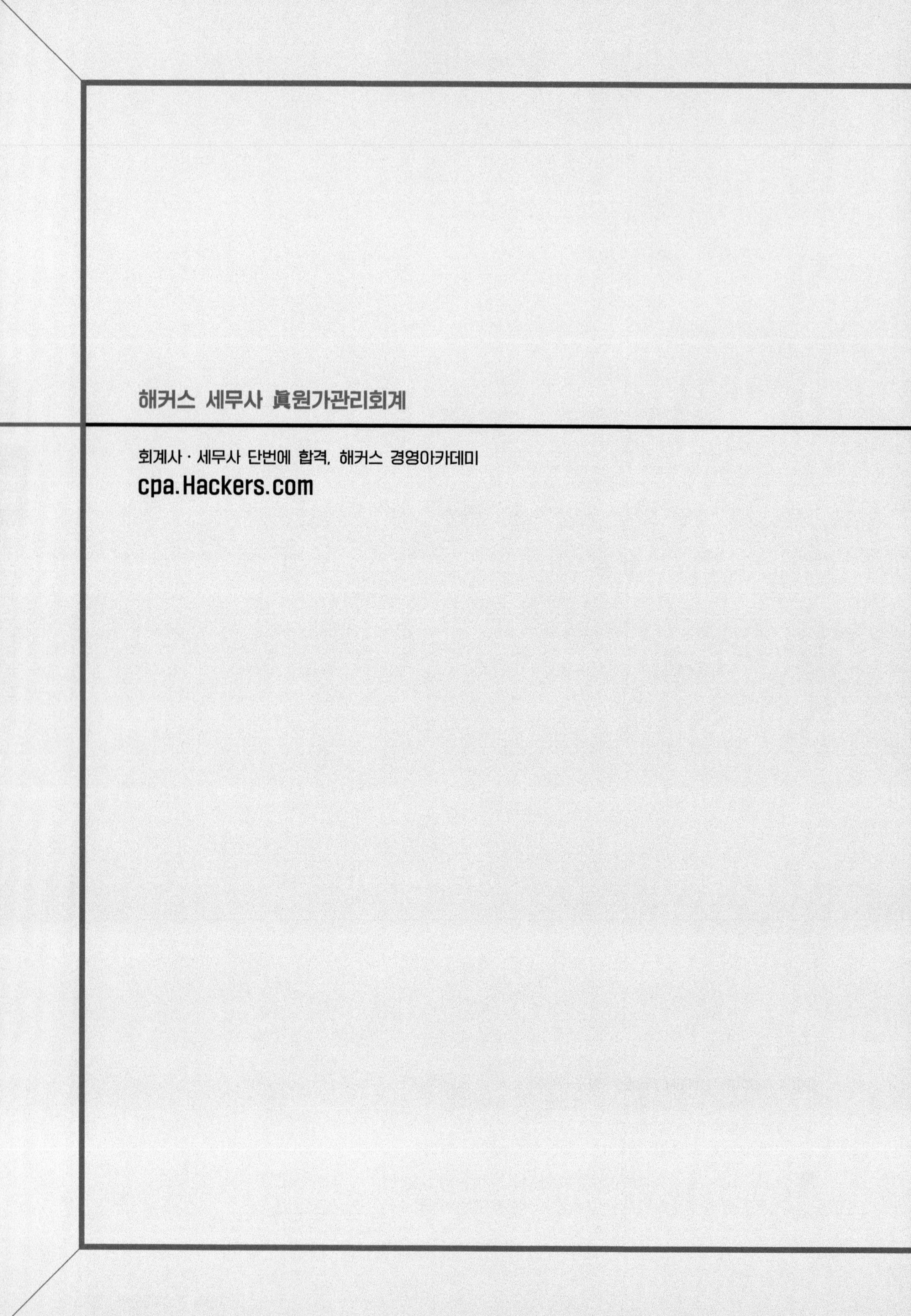

해커스 세무사 眞원가관리회계

회계사 · 세무사 단번에 합격, 해커스 경영아카데미
cpa.Hackers.com

제9장

원가 · 조업도 · 이익분석

제1절 | CVP분석의 기초개념

01 CVP분석의 의의

기업의 목적은 이익을 창출하는 데 있다. 기업은 유지 및 성장을 하기 위해서 그리고 많은 이해관계자들을 만족시키기 위해서 적정량의 이익을 획득하지 않으면 안 된다. 이러한 목적을 효율적으로 달성하기 위해서 기업의 경영자는 목표이익을 설정하는데 목표이익의 설정은 목표매출액과 이에 따른 허용원가에 대한 예측을 필요로 한다. 즉, 매출액(또는 판매수량)의 변화에 따라 원가는 어떻게 변동하며 그 결과 이익은 어떻게 변화하는지를 파악해야 하는 것이다.

원가·조업도·이익분석(cost-volume-profit analysis)은 조업도와 원가의 변화가 이익에 어떠한 영향을 미치는가를 분석하는 기법으로써 간단히 CVP분석이라고도 한다. CVP분석은 다음과 같은 경영활동을 계획하는 데 이용된다.

① 손실을 보지 않으려면 판매량(매출액)이 얼마를 넘어야 하는가?
② 일정한 목표이익을 달성하기 위해서는 판매량(또는 매출액)이 어느 정도이어야 하는가?
③ 특정 판매량에서 얻을 수 있는 이익은 얼마인가?
④ 판매가격이나 원가가 변동하면 이익은 어떻게 변화하는가?[1]

CVP분석의 목적은 단기이익계획(예산편성)과 단기적 의사결정에 필요한 정보를 제공하는 데 있다. 기업의 단기적 의사결정은 대부분 생산량이나 판매량이 원가나 이익에 어떠한 영향을 미치는가를 근거로 하여 이루어지기 때문이다.

02 CVP분석의 가정

실제로 판매량의 변동에 따라 원가와 이익이 변화되는 상황은 매우 복잡하다. 그러므로 CVP분석은 논의의 편의상 상황을 단순화시키기 위하여 다음과 같은 중요한 가정을 전제로 한다.

(1) **수익과 원가의 확실성 및 선형성:** 수익과 원가의 행태는 결정되어 있고 관련범위 내에서 선형이라고 가정한다. 즉, 경영자의 의사결정을 위한 관련범위가 정해지면 관련범위 내에서는 제품단위당 판매가격과 변동원가 및 고정원가가 일정하다고 가정한다. 단위당 변동원가가 일정하다는 가정은 생산요소의 가격이나 생산성이 일정하다는 세부적인 가정을 내포하고 있다.

(2) **원가의 행태별 구분:** 모든 원가는 변동원가와 고정원가로 구분할 수 있고 준변동원가(혼합원가)도 변동원가와 고정원가로 구분될 수 있다고 가정한다. 그리고 장기적으로는 모든 고정원가도 변화되지만 단기 의사결정[2]을 위한 CVP분석에서는 고정원가는 일정하며 변화하지 않는 것으로 가정한다.

---

1) 민감도 분석이란 "what if(만약 ~이라면 ~이 어떻게 변화하는가?)"와 같은 형태의 질문에 대한 결과를 도출하는 방법으로 본서의 <제15장 불확실성하의 의사결정 및 기타>에서 관련 내용을 다루고 있다.

2) 기본적으로 CVP분석은 화폐의 시간가치를 고려할 필요가 없는 단기를 가정하여 이루어진다. 만약, 여러 기간에 걸쳐 CVP분석을 하게 된다면 화폐의 시간가치를 고려해야 하는데, 이를 다기간 CVP분석이라 한다. 다기간 CVP분석은 <제11장 자본예산>의 [보론]을 참조하기 바란다.

(3) **동시성(생산량과 판매량의 일치)**: 생산량과 판매량은 일치하는 것으로 가정한다. 즉, CVP분석에서는 생산량이 모두 판매된 것으로 가정함으로써 기초재고자산과 기말재고자산의 변화가 손익에 영향을 미치지 않는 것으로 본다.

(4) **독립변수의 유일성(단일의 조업도)**: 원가와 수익은 유일한 독립변수인 조업도에 의하여 결정된다고 가정한다. 원가나 수익은 생산요소의 가격변화, 생산기술의 변화, 노조의 파업 및 제품의 시장상황 등 다양한 요소에 의하여 영향을 받게 되지만 CVP분석에서는 오직 조업도인 판매량에 의해서만 영향을 받는다고 가정하여 상황을 단순화한다.

(5) **일정한 매출배합**: 제품의 종류가 복수인 경우에는 매출배합이 일정하다고 가정한다. 매출배합이 일정하지 않을 경우에는 각 제품의 판매량이 독립변수가 되므로 독립변수는 여러 개가 되어 CVP분석을 복잡하게 만들 것이다. 따라서 현실적으로는 제품의 매출배합이 수시로 변화되겠지만 CVP분석에서는 제품배합이 일정하다고 가정하여 원가와 수익을 결정하는 독립변수를 일정한 매출배합의 조업도로 단일화한다.

(예) 제품 X와 Y를 판매하는 경우에 판매량의 비율이 1 : 2라면 이 판매량의 비율은 언제나 1 : 2인 것으로 가정하는 것이다.

03 CVP분석의 기본등식과 공헌이익

CVP분석은 단기이익계획 및 단기적 의사결정을 위한 정보를 제공하는 것으로 <제7장 변동원가계산>에서 살펴본 바와 같이 단기적 의사결정을 위해서는 변동원가계산에 의한 포괄손익계산서를 이용하는 것이 유용하다.

따라서 CVP분석의 기본등식은 변동원가계산에 의한 포괄손익계산서를 수식으로 전개하여 도출된다.

포괄손익계산서(변동원가계산)

매출액(S)	:	판매수량(Q) × 단위당 판매가격(p)
변동원가(VC)	:	판매수량(Q) × 단위당 변동원가(v)*1
공헌이익(CM)	:	판매수량(Q) × (단위당 판매가격 - 단위당 변동원가)
고정원가(FC)	:	총고정원가*2
영업이익(π)	:	판매수량 × (단위당 판매가격 - 단위당 변동원가) - 총고정원가

*1 단위당 변동원가 = 단위당 변동제조원가 + 단위당 변동판매관리비

*2 총고정원가 = 고정제조간접원가 + 고정판매관리비

그리고 이러한 기본등식과 함께 CVP분석을 정확하게 이해하기 위해서는 공헌이익과 공헌이익률에 대한 이해가 필요하다.

(1) 공헌이익(CM; Contribution Margin)에는 총공헌이익과 단위당 공헌이익이 있다.

① **총공헌이익(TCM; Total Contribution Margin)**: 매출액에서 변동원가를 차감한 금액으로써 고정원가를 보상하고 영업이익에 공헌할 수 있는 금액을 말하며 일반적으로 공헌이익이라 하면 총공헌이익을 의미한다.

② **단위당 공헌이익(UCM; Unit Contribution Margin)**: 단위당 판매가격에서 단위당 변동원가를 차감한 금액으로써 제품 한 단위를 판매하는 것이 고정원가를 회수하고 영업이익을 창출하는 데 얼마나 공헌하는지를 알 수 있게 해 주는 금액이다.

공헌이익 = 매출액 - 변동원가
단위당 공헌이익 = 단위당 판매가격 - 단위당 변동원가
∴ 영업이익 = 공헌이익 - 고정원가

(2) 공헌이익률(CMR; Contribution Margin Ratio)은 매출액에 대한 공헌이익의 비율로써 매출액에서 공헌이익이 차지하는 비중을 나타내 주는 개념이다. 이는 공헌이익을 매출액으로 나누어서 계산할 수도 있고, 단위당 공헌이익을 단위당 판매가격으로 나누어서 계산할 수도 있다.

$$\text{공헌이익률} = \frac{\text{공헌이익}}{\text{매출액}} = \frac{\text{매출액} - \text{변동원가}}{\text{매출액}} = \frac{\text{단위당 공헌이익}}{\text{단위당 판매가격}} = \frac{\text{단위당 판매가격} - \text{단위당 변동원가}}{\text{단위당 판매가격}}$$

(3) 매출액에 대한 변동원가의 비율을 변동비율(VCR; Variable Cost Ratio)이라고 하는데, 변동비율과 공헌이익률을 합하면 1이 된다.

$$\text{공헌이익률} + \text{변동비율} = \frac{\text{공헌이익}}{\text{매출액}} + \frac{\text{변동원가}}{\text{매출액}} = \frac{\text{매출액} - \text{변동원가}}{\text{매출액}} + \frac{\text{변동원가}}{\text{매출액}} = 100\%$$

지금까지 살펴본 내용을 종합하면 CVP분석을 위한 기본등식은 다음과 같이 정리할 수 있다.

영업이익 = 판매량 × 단위당 판매가격 - 판매량 × 단위당 변동원가 - 고정원가
(판매량 × 단위당 판매가격 = 매출액, 판매량 × 단위당 변동원가 = 변동원가)

= 판매량 × 단위당 공헌이익 - 고정원가
(판매량 × 단위당 공헌이익 = 공헌이익)

= 매출액 × 공헌이익률 - 고정원가
(매출액 × 공헌이익률 = 공헌이익)

예제 1

(주)해커는 한 종류의 자동차를 생산하여 판매하고 있으며, (주)해커의 생산 및 판매와 관련된 자료는 다음과 같다.

항목	금액
변동원가(단위당)	
직접재료원가	₩4,000
직접노무원가	2,000
제조간접원가	1,500
판매관리비	500
계	₩8,000
고정원가	
고정제조간접원가	₩500,000
고정판매관리비	300,000
계	₩800,000
20×1년도 예상 판매가격(단위당)	₩10,000
20×1년도 예상 판매량	500대

[요구사항]

1. 예상영업이익을 계산하시오.
2. 공헌이익과 단위당 공헌이익을 계산하시오.
3. 공헌이익률과 변동비율을 계산하시오.
4. 공헌이익률과 변동비율의 합을 구하시오.

해답 **1. 영업이익의 계산**

영업이익 = 500대 × @10,000 (매출액) - 500대 × @8,000 (변동원가) - ₩800,000 (고정원가)

= ₩200,000

2. 공헌이익과 단위당 공헌이익의 계산

(1) 공헌이익

매출액: 500대 × @10,000 =	₩5,000,000
변동원가: 500대 × @8,000 =	4,000,000
공헌이익	₩1,000,000

(2) 단위당 공헌이익

단위당 판매가격	₩10,000
단위당 변동원가	8,000
단위당 공헌이익	₩2,000

3. 공헌이익률과 변동비율의 계산

(1) 공헌이익률

$$\frac{\text{공헌이익}}{\text{매출액}} : \frac{₩1,000,000}{₩5,000,000} = 20\% \text{ 또는}$$

$$\frac{\text{단위당 공헌이익}}{\text{단위당 판매가격}} : \frac{₩2,000}{₩10,000} = 20\%$$

(2) 변동비율

$$\frac{\text{변동원가}}{\text{매출액}} : \frac{₩4,000,000}{₩5,000,000} = 80\% \text{ 또는}$$

$$\frac{\text{단위당 변동원가}}{\text{단위당 판매가격}} : \frac{₩8,000}{₩10,000} = 80\%$$

4. 공헌이익률 + 변동비율

20% + 80% = 100%

공헌이익은 제품 한 단위를 추가로 판매하였을 때 기업이 추가적으로 얻게 되는 자산의 순증가분으로 공헌이익이 고정원가를 보상하고 남은 초과분은 이익에 공헌하게 된다. 즉, 판매량의 증가에 따라 총공헌이익이 증가하게 되는데, 특정 판매량에서의 공헌이익이 고정원가보다 작으면 손실이 발생하고, 공헌이익이 고정원가보다 크면 고정원가를 차감하고 남은 금액만큼 이익이 발생하는 것이다.

제2절 | CVP분석

CVP분석이 의사결정에 구체적으로 어떻게 활용되는지를 이해하기 위해서 CVP도표와 PV도표 및 공헌이익도표를 이용하여 조업도수준과 영업이익의 관계를 살펴본 후에 기본적 의사결정으로써 손익분기점의 계산, 목표이익의 계산, 안전한계 및 영업레버리지분석 등에 대하여 차례로 살펴보도록 하겠다.

01 CVP도표, PV도표 및 공헌이익도표

CVP도표와 PV도표 및 공헌이익도표를 이용하여 조업도 수준과 영업이익의 관계에 대해서 살펴보기로 한다.

(1) 원가·조업도·이익도표(CVP도표; Cost-Volume-Profit graph)는 조업도(판매량)를 독립변수로 하는 수익선과 비용선을 도출하여 조업도(판매량)가 변동될 때 수익·비용 및 이익(손실)이 어떻게 변동되는지를 그림으로 나타낸 것이다. CVP도표를 이용하면 관련되는 모든 조업도수준에서 원가와 이익의 상호관계를 쉽게 파악할 수 있다.

CVP(원가 · 조업도 · 이익)도표

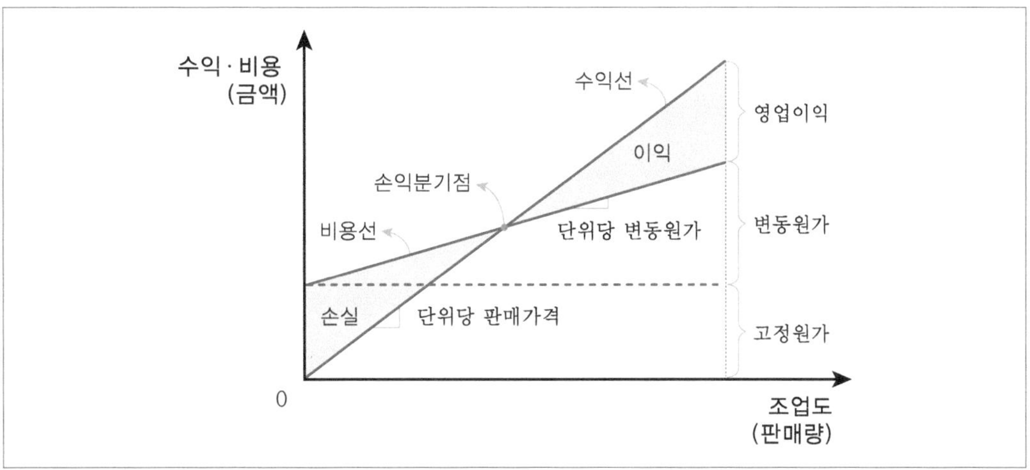

(2) 위의 그림에서 수익선은 원점을 지나는 직선이고 그 기울기는 단위당 판매가격이다. 비용선은 변동원가와 고정원가로 구성되므로 <제8장 원가의 추정>에서 살펴본 바와 같이 준변동원가의 형태를 취한다. 이 도표에서 수익선과 비용선이 교차하는 점이 수익과 비용이 일치하여 이익이 '0'인 점인데, 이를 손익분기점이라 한다. 손익분기점을 기준으로 손익분기점보다 낮은 조업도수준에서는 비용선이 수익선 위에 있으므로 비용이 수익보다 커서 영업손실이 발생하게 되고, 손익분기점보다 높은 조업도수준에서는 수익선이 비용선 위에 있으므로 수익이 비용보다 커서 영업이익이 발생하게 된다.

(3) CVP도표와 함께 이를 보다 단순화한 이익·조업도 도표(PV도표; Profit-Volume graph)도 많이 이용되고 있는데, PV도표는 CVP도표의 수익선에서 비용선을 차감한 이익선을 도출하여 조업도(판매량)가 변동됨에 따라서 이익이 어떻게 변화되는지에만 초점을 맞추어 도표로 나타낸 것이다.

PV(이익·조업도)도표

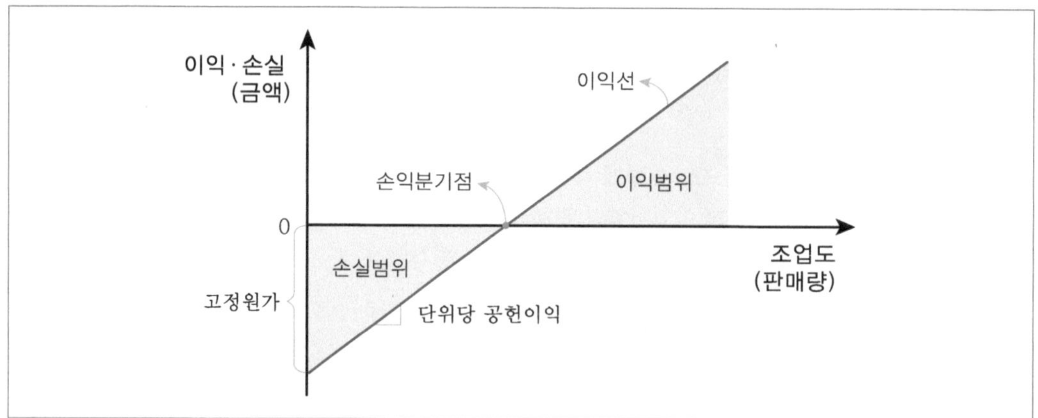

(4) 위의 그림에서 이익선의 기울기는 단위당 공헌이익이다. 조업도가 0인 경우에는 고정원가만큼 영업손실이 발생하므로 고정원가의 음수 값에서 수직축과 만나게 되고 조업도(판매량)가 증가함에 따라서 단위당 공헌이익만큼 손실이 줄어들어 수평축과 만나는 손익분기점에서 손실이 '0'이 된다. 조업도(판매량)가 손익분기점을 넘어서면 손익분기점 초과판매량의 단위당 공헌이익만큼이 영업이익이 되어 이 금액만큼씩 영업이익이 증가한다. PV도표를 사용하면 CVP도표보다 훨씬 명확하게 조업도가 변동함에 따라 이익이 어떻게 변동되는지를 파악할 수 있다.

(5) 이익·조업도 도표에서 공헌이익과 고정원가를 별도로 표시하면 공헌이익도표(contribution margin graph)를 도출할 수 있다.

공헌이익도표

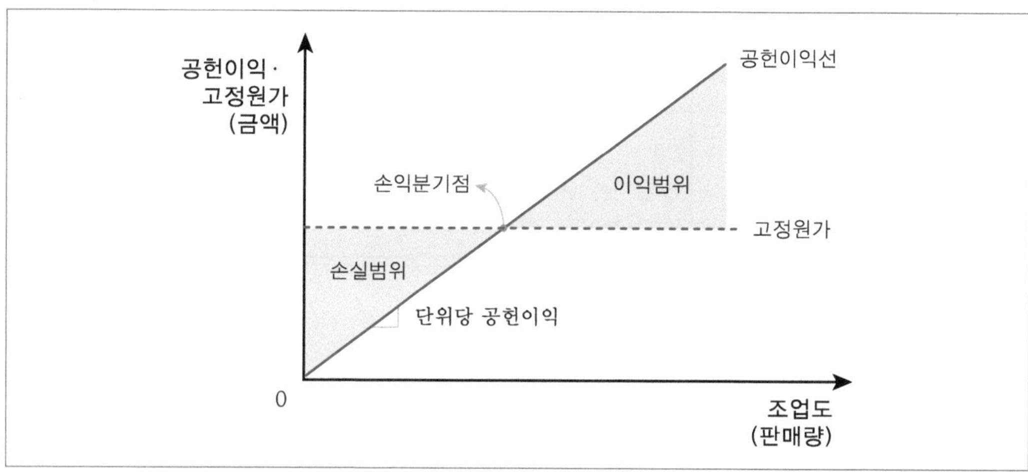

위의 그림에서 공헌이익선은 원점을 지나는 직선이고 그 기울기는 단위당 공헌이익이다. 공헌이익에서 고정원가를 차감하면 영업이익이므로 공헌이익선과 고정원가가 만나는 점이 손익분기점이 될 것이다.

02 손익분기분석

손익분기점(BEP; Break-Even Point)은 제품의 판매로 얻은 수익과 지출된 비용이 일치하여 손실도 이익도 발생하지 않는 판매량이나 매출액을 말한다. 즉, 손익분기점에서는 공헌이익 총액이 고정원가와 일치하여 영업이익이 0이 된다.

손익분기점은 CVP분석에서 영업이익이 0이 되는 하나의 점으로 CVP분석의 일부분이라고 할 수 있는데, 이러한 손익분기점을 계산하는 방법으로는 등식법과 공헌이익법 등이 있다.

(1) 등식법

등식법은 CVP분석의 기본등식을 사용하되 손익분기점에서는 이익도 손실도 발생하지 않으므로 영업이익을 '0'으로 두고 손익분기점에서의 판매량이나 매출액을 계산하는 방법이다.

영업이익(0을 대입) = 매출액 - 변동원가 - 고정원가
∴ BEP 매출액 - BEP 변동원가 - 고정원가 = 0 ········· ①

이러한 손익분기점등식은 다음과 같이 나타낼 수도 있다.

BEP 판매량 × 단위당 판매가격 - BEP 판매량 × 단위당 변동원가 - 고정원가 = 0 ········· ②
BEP 매출액 - BEP 매출액 × 변동비율 - 고정원가 = 0 ········· ③

(2) 공헌이익법

공헌이익법(contribution margin method)은 손익분기점에서 총공헌이익이 고정원가와 일치한다는 사실에 초점을 맞추어서 총공헌이익과 고정원가가 일치하는 판매량이나 매출액을 계산하는 방법이다. 등식법의 세 가지 형태인 ①, ②, ③등식에서 양변에 고정원가를 가산하면 다음과 같은 식이 도출된다.

BEP 매출액 - BEP 변동원가 = 고정원가 ········· ①'
BEP 판매량 × (단위당 판매가격 - 단위당 변동원가) = 고정원가 ········· ②'
BEP 매출액 - BEP 매출액 × 변동비율 = 고정원가 ········· ③'

위의 식을 정리하면 다음과 같이 좌변에 공헌이익이 남고 우변에 고정원가가 남아서 공헌이익과 고정원가가 같아지는 손익분기점의 판매량이나 매출액을 찾을 수 있게 된다.

BEP 공헌이익 = 고정원가
BEP 판매량 × 단위당 공헌이익 = 고정원가 ········· ④
BEP 매출액 × 공헌이익률 = 고정원가 ········· ⑤

위 ④, ⑤식을 변형하면 다음과 같이 나타낼 수 있다.

$$\text{BEP 판매량} = \frac{\text{고정원가}}{\text{단위당 공헌이익}}$$

$$\text{BEP 매출액} = \frac{\text{고정원가}}{\text{공헌이익률}}$$

예제 2

(주)해커는 한 종류의 자동차를 생산하여 판매하고 있다. 자동차의 단위당 판매가격은 ₩10,000이며 단위당 변동제조원가는 ₩7,500이고 단위당 변동판매관리비는 ₩500이다. 또한 고정제조간접원가는 ₩500,000이며 고정판매관리비는 ₩300,000이 발생할 것으로 예상하고 있다.

[요구사항]

1. 손익분기점 판매량을 구하시오.
2. 손익분기점 매출액을 구하시오.

해답 **[자료분석]**

단위당 판매가격	₩10,000
단위당 변동원가	8,000*1
단위당 공헌이익	₩2,000
고정원가	₩800,000*2

*1 단위당 변동제조원가 + 단위당 변동판매관리비

*2 고정제조간접원가 + 고정판매관리비

1. 손익분기점 판매량(Q)

BEP 공헌이익 = 고정원가

Q × @2,000 = ₩800,000

∴ Q = 400단위

2. 손익분기점 매출액

손익분기점 판매량 × 판매가격 = 400단위 × @10,000 = ₩4,000,000

03 목표이익분석

CVP분석을 사용하면 손익분기점 이외에도 경영자가 원하는 특정 목표이익(target income)을 달성하기 위해 필요한 판매량이나 매출액을 계산할 수 있다. 목표이익을 달성하기 위한 판매량이나 매출액을 구하는 방법도 손익분기점과 마찬가지로 등식법과 공헌이익법이 있다.

(1) 등식법은 CVP분석의 기본등식에서 영업이익의 자리에 목표이익을 대입하여 목표판매량이나 목표매출액을 계산하는 방법이며, 공헌이익법은 고정원가와 목표이익의 합계와 공헌이익이 일치하는 판매량이나 매출액이 목표이익을 달성하기 위한 목표판매량이나 목표매출액이 된다는 점에 초점을 두어 CVP분석의 기본등식을 변형한 것이다.

(2) 등식법과 공헌이익법을 목표이익분석에 적용하면 다음과 같은 식이 된다.

[등식법]

목표매출액 - 목표변동원가 - 고정원가 = 목표이익

목표판매량 × 단위당 판매가격 - 목표판매량 × 단위당 변동원가 - 고정원가 = 목표이익

[공헌이익법]

목표공헌이익 = 고정원가 + 목표이익

목표판매량 × 단위당 공헌이익 = 고정원가 + 목표이익

목표매출액 × 공헌이익률 = 고정원가 + 목표이익

(3) 위의 식을 변형하여 목표이익을 달성하기 위한 목표판매량이나 목표매출액을 정리하면 다음과 같다.

$$\text{목표판매량} = \frac{\text{고정원가} + \text{목표이익}}{\text{단위당 공헌이익}}$$

$$\text{목표매출액} = \frac{\text{고정원가} + \text{목표이익}}{\text{공헌이익률}}$$

예제 3

(주)해커는 노트북 제조판매회사로 노트북의 1대당 판매가격은 ₩2,000,000이며, 변동원가는 ₩1,200,000이고 고정원가는 ₩160,000,000이다. (주)해커의 목표이익은 ₩80,000,000이다.

[요구사항]

1. 목표이익을 달성하기 위한 판매량을 구하시오.
2. 목표이익을 달성하기 위한 매출액을 구하시오.

해답 **[자료분석]**

단위당 판매가격	₩2,000,000
단위당 변동원가	1,200,000
단위당 공헌이익	₩800,000

1. 목표이익을 달성하기 위한 판매량(Q)

목표공헌이익 - 고정원가 = 목표이익

Q × @800,000 - ₩160,000,000 = ₩80,000,000

∴ Q = 300대

2. 목표이익 달성을 위한 매출액(S)

S = 목표판매량 × 단위당 판매가격

= 300대 × @2,000,000

= ₩600,000,000

04 세금의 역할

기본적인 CVP분석에서는 법인세를 고려하지 않았다. 그러나 실제경영환경은 기업에서 이익이 발생하는 경우에 법인세를 납부해야 하므로 법인세가 고려될 경우 CVP분석은 다음과 같이 영향을 받는다.

(1) 법인세를 고려한 손익분기분석

손익분기점에서는 이익이 없기 때문에 법인세를 납부하지 않는다. 따라서 법인세를 고려하더라도 손익분기점은 영향을 받지 않는다. 즉, 법인세를 고려하는 경우와 고려하지 않는 경우의 손익분기점은 동일하다.

(2) 법인세를 고려한 목표이익분석

법인세가 CVP분석에 어떻게 영향을 미치는지를 이해하기 위해서는 CVP분석의 기본등식에 포함되어 있는 영업이익의 성격을 이해해야 한다. 이를 구체적으로 살펴보면 다음과 같다.

① 기본등식에 포함된 영업이익은 매출액에서 변동원가와 고정원가를 차감한 금액으로 법인세를 차감하기 전의 영업이익이다.

매출액 - 변동원가 - 고정원가 = 영업이익(세전이익)

그런데 경영자가 원하는 목표이익을 달성하기 위해서는 세금을 납부한 후 최종적으로 남은 잔액이 목표이익과 일치해야 할 것이다. 이와 같이 경영자가 원하는 목표이익은 법인세차감 후의 이익인 반면에 CVP분석의 기본등식에 포함된 영업이익은 법인세차감 전 이익이므로 법인세차감 후의 목표이익을 법인세차감 전 이익으로 변환하여 CVP분석의 등식에 적용해야 한다.

② 법인세차감 전 이익(세전이익)과 법인세차감 후 이익(세후이익) 사이에는 단일의 법인세율을 가정한다면 다음과 같은 관계가 성립한다.

세전이익 - 법인세납부액 = 세후이익
세전이익 - 세전이익 × 세율 = 세후이익
세전이익 × (1 - 세율) = 세후이익

$$\text{세전이익} = \frac{\text{세후이익}}{1 - \text{세율}}$$ (단, 세율은 단일의 법인세율)

③ 이와 같이 세후이익과 세전이익 사이에는 위와 같은 관계가 성립하므로 경영자가 원하는 세후목표이익을 세전이익으로 변환하여 CVP분석의 기본등식에 적용하면 다음과 같다.

[등식법]

$$\text{목표매출액} - \text{목표변동원가} - \text{고정원가} = \frac{\text{세후목표이익}}{1-\text{세율}}$$

$$\text{목표판매량} \times \text{단위당 판매가격} - \text{목표판매량} \times \text{단위당 변동원가} - \text{고정원가} = \frac{\text{세후목표이익}}{1-\text{세율}}$$

[공헌이익법]

$$\text{목표공헌이익} = \text{고정원가} + \frac{\text{세후목표이익}}{1-\text{세율}}$$

$$\text{목표판매량} \times \text{단위당 공헌이익} = \text{고정원가} + \frac{\text{세후목표이익}}{1-\text{세율}}$$

$$\text{목표매출액} \times \text{공헌이익률} = \text{고정원가} + \frac{\text{세후목표이익}}{1-\text{세율}}$$

④ 앞의 식을 변형하면 세후목표이익을 달성하기 위한 목표판매량이나 목표매출액을 계산하여 정리하면 다음과 같다.

$$\text{목표판매량} = \frac{\text{고정원가} + \text{세전목표이익}}{\text{단위당 공헌이익}} = \frac{\text{고정원가} + \frac{\text{세후목표이익}}{1-\text{세율}}}{\text{단위당 공헌이익}}$$

$$\text{목표매출액} = \frac{\text{고정원가} + \text{세전목표이익}}{\text{공헌이익률}} = \frac{\text{고정원가} + \frac{\text{세후목표이익}}{1-\text{세율}}}{\text{공헌이익률}}$$

예제 4

(주)해커는 노트북을 제조하여 판매하는 회사로 노트북 1대당 판매가격은 ₩2,000,000이고, 변동원가는 ₩1,200,000이며 고정원가는 ₩160,000,000이다. 세율 40%의 법인세가 존재하고 세후목표이익이 ₩72,000,000인 상황에서 다음의 [요구사항]에 답하시오.

[요구사항]

1. 세후목표이익을 달성하기 위한 판매량을 구하시오.
2. 세후목표이익을 달성하기 위한 매출액을 구하시오.

해답 **[자료분석]**

단위당 판매가격	₩2,000,000
단위당 변동원가	1,200,000
단위당 공헌이익	₩800,000

1. 세후목표이익을 달성하기 위한 판매량(Q)

목표세전이익 : $\frac{\text{목표세후이익}}{1-\text{세율}} = \frac{₩72,000,000}{1-0.4} = ₩120,000,000$

목표공헌이익 - 고정원가 = 목표세전이익

Q × @800,000 - ₩160,000,000 = ₩120,000,000

∴Q = 350대

2. 세후목표이익을 달성하기 위한 매출액(S)

S = 목표판매량 × 단위당 판매가격

= 350대 × @2,000,000

= ₩700,000,000

세전이익과 세후이익의 관계와 관련된 이익-조업도

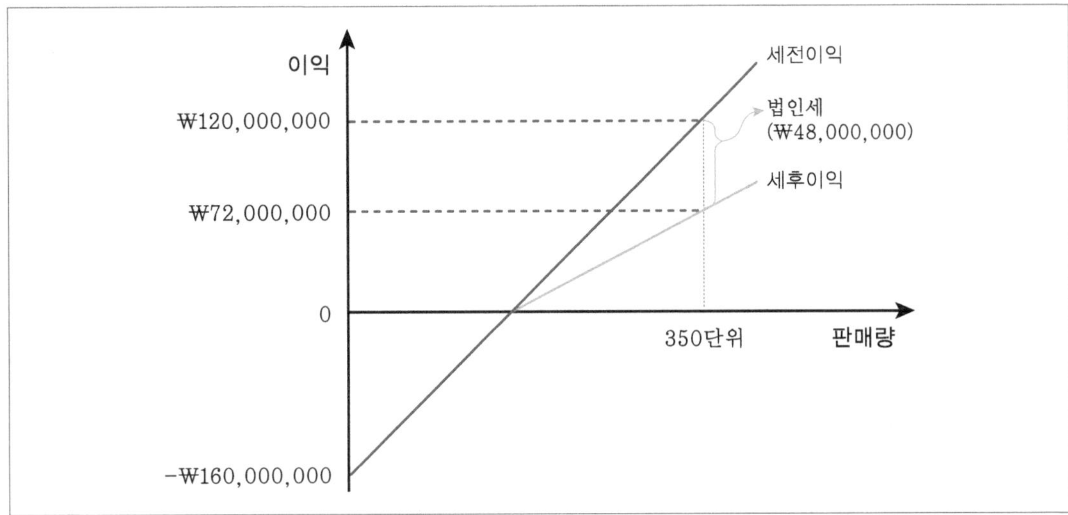

⑤ 세율이 단일세율이 아닌 누진세율이 적용되는 경우에 세후목표이익을 달성하기 위한 세전이익을 계산하는 방법은 다음과 같다.

$$\text{세전이익} = \text{세율분기점이익} + \frac{\text{세후이익} - \text{세율분기점 이익} \times (1 - \text{낮은세율})}{1 - \text{높은세율}}$$

예제 5

(주)해커는 단일제품을 생산판매하고 있다. 제품단위당 판매가격은 ₩500이며, 20×1년 5월의 요약 공헌이익 포괄손익계산서는 다음과 같다.

포괄손익계산서	
매출액(1,000단위)	₩500,000
변동원가	300,000
공헌이익	₩200,000
고정원가	150,000
순이익	₩50,000

회사의 법인세율은 세전이익 ₩100,000까지는 18%, ₩100,000 초과 시에는 32%로 가정할 때 세후목표이익 ₩116,000을 얻기 위한 판매량을 계산하시오.

해답 [자료분석]

단위당 판매가격(p)	₩500
단위당 변동원가(v)	300
단위당 공헌이익(cm)	₩200: 공헌이익률(CMR) 40%
고정원가	₩150,000

$$\text{목표판매량} \times @200 = 150,000 + 100,000 + \frac{116,000 - 100,000 \times (1 - 0.18)}{1 - 0.32}$$

∴ 목표판매량 = 1,500단위

[참고]

	세전이익		세후이익
18% 세율적용	₩100,000	× (1 - 0.18) ⇒	₩82,000
32% 세율적용	50,000	⇐ ÷ (1 - 0.32)	34,000
계	₩150,000		₩116,000

05 복수제품의 CVP분석

지금까지는 오직 한 가지의 제품만을 생산·판매하는 경우에 있어서의 CVP분석에 대해서 살펴보았다. 그러나 현실적으로 기업이 하나의 제품만을 생산·판매하는 경우는 드물고 두 종류 이상의 제품을 생산하여 판매하는 경우가 대부분이다. 여기서는 여러 가지 제품을 생산·판매할 경우의 CVP분석에 대해서 살펴보기로 하겠는데, 이러한 CVP분석을 복수제품의 CVP분석이라고 한다.

(1) 매출배합과 매출액구성비

복수제품의 CVP분석을 위해서는 매출배합과 매출액구성비에 대해서 알아둘 필요가 있다.

① 매출배합(sales mix)이란 총판매량 중에서 각 제품의 판매량이 차지하는 상대적인 비중을 말한다.

(예) A제품 600개, B제품 400개, 총 1,000개의 제품이 판매된다면 제품 A, B의 매출배합은 3 : 2 또는 60% : 40%이다.

② 매출액구성비란 총매출액 중에서 각 제품의 매출액이 차지하는 상대적인 비중을 말한다.

(예) A제품의 판매가격과 B제품의 판매가격이 각각 ₩2,000, ₩1,000이라면 A제품의 매출액은 ₩1,200,000, B제품의 매출액은 ₩400,000이 되고 전체 매출액 ₩1,600,000에 대한 제품 A, B의 매출액 구성비는 3 : 1 또는 75% : 25%이다.

예제 6

다음은 각각 독립적인 상황이다.

1. 목련회사는 A, B의 두 가지 제품을 판매하고 있다. 제품 A, B의 매출배합은 1 : 2이고, 단위당 판매가격은 각각 ₩200, ₩400이다. 제품 A, B의 매출액구성비를 구하시오.
2. 백합회사는 A, B의 두 가지 제품을 판매하고 있다. 제품 A, B의 매출액구성비는 3 : 1이고, 단위당 판매가격은 각각 ₩200, ₩100이다. 제품 A, B의 매출배합을 구하시오.

해답 1. **매출액구성비의 계산**

제품 A, B의 매출배합이 1 : 2이므로 판매량을 각각 x, $2x$라 하면,

	A	B
판매량	x	$2x$
단위당 판매가격	× ₩200	× ₩400
매출액	₩200x	₩800x

∴ 제품 A, B의 매출액구성비 = 2 : 8 또는 20% : 80%

2. **매출배합의 계산**

제품 A, B의 매출액구성비가 3 : 1이므로 매출액을 각각 $3x$, x라 하면,

	A	B
판매량	$3x$	x
단위당 판매가격	÷ ₩200	÷ ₩100
매출액	0.015x	0.01x

∴ 제품 A, B의 매출배합 = 3 : 2 또는 60% : 40%

(2) 매출배합이 일정한 경우의 CVP분석

CVP분석의 기본가정 중에서 여러 가지 제품을 생산·판매하는 경우 매출배합이 일정하다는 가정이 포함되어 있다. 이와 같이 매출배합이 일정하다는 가정하에서 복수제품의 CVP분석을 하는 방법에는 ① 등식법 ② 꾸러미법(묶음법) ③ 가중평균공헌이익법이 있는데, 다음의 예제를 토대로 이에 대해서 자세히 살펴보기로 한다. 단, 여기서는 손익분기분석에 대해서만 살펴보도록 하겠다.

예제 7

(주)해커는 A, B의 두 가지 제품을 판매하고 있다. 다음은 올해의 영업활동에 관한 자료이다.

	A제품	B제품	합계
판매량	6,000개	2,000개	8,000개
매출액	₩600,000(@100)	₩400,000(@200)	₩1,000,000
변동원가	420,000(@70)		720,000
공헌이익	₩180,000(@30)	₩300,000(@150)	₩280,000
고정원가		₩100,000(@50)	210,000
영업이익			₩70,000

① 등식법

등식법은 다음과 같이 제품별 매출액의 합계와 제품별 변동원가의 합계를 CVP분석의 기본등식에 대입하여 손익분기점을 계산하는 방법이다.

> Σ[제품별 판매량 × 제품별 단위당 판매가격] - Σ[제품별 판매량 × 제품별 단위당 변동원가] - 고정원가 = 0
> Σ[제품별 판매량 × 제품별 단위당 공헌이익] = 고정원가

예제 7의 경우 A제품과 B제품의 매출배합이 3 : 1(6,000개 : 2,000개)이므로 A제품과 B제품의 판매수량을 각각 $3x$: x라고 하면 다음의 등식이 성립된다.

$$\underbrace{3x \times @100}_{\text{A제품 매출액}} + \underbrace{x \times @200}_{\text{B제품 매출액}} - \underbrace{3x \times @70}_{\text{A제품 변동원가}} - \underbrace{x \times @150}_{\text{B제품 변동원가}} - \underbrace{₩210,000}_{\text{고정원가}} = 0$$

$$\underbrace{3x \times @30}_{\text{A제품 공헌이익}} + \underbrace{x \times @50}_{\text{B제품 공헌이익}} = \underbrace{₩210,000}_{\text{고정원가}}$$

$\therefore x = 1,500$단위

따라서 제품별 손익분기점 판매량은 다음과 같다.

A제품: $3x = 3 \times 1,500$단위 =	4,500단위
B제품: x =	1,500
계(손익분기점 총판매량)	6,000단위

② 꾸러미법(묶음법)

꾸러미법은 다음과 같이 각 제품이 개별적으로 판매되던 것이 매출배합대로 하나의 꾸러미(묶음) 단위로 판매되는 것으로 가정하여 손익분기점을 계산하는 방법이다.

> • 꾸러미 단위당 공헌이익 = (제품별 단위당 공헌이익 × 꾸러미 단위당 제품별 수량)
> • 손익분기점 꾸러미 판매량 = 고정원가 ÷ 꾸러미 단위당 공헌이익
> • 각 제품별 손익분기점 판매량 = 손익분기점 꾸러미 판매량 × 꾸러미 단위당 제품별 수량

㉠ 위의 식에서 보듯이 꾸러미법은 제품을 꾸러미 단위로 판매하는 것으로 가정하여 꾸러미 단위당 공헌이익을 계산한 후 손익분기점 꾸러미 판매량을 계산한다. 그리고 각 제품별 손익분기점 판매량은 손익분기점 꾸러미 판매량에 꾸러미 단위당 개별제품의 수량을 곱해서 계산한다.

㉡ 예제 7의 경우, A제품의 단위당 공헌이익이 ₩30이고 B제품의 단위당 공헌이익이 ₩50이므로 매출배합 3 : 1(75% : 25%)로 꾸러미를 구성한다면 제품별 손익분기점 판매량은 다음과 같이 계산한다.

꾸러미 단위당 공헌이익: 3 × @30 + 1 × @50 = ₩140
손익분기점 꾸러미 판매량: ₩210,000 ÷ @140 = 1,500꾸러미
제품별 손익분기점 판매량

A제품: 1,500꾸러미 × 3단위/꾸러미 =	4,500단위
B제품: 1,500꾸러미 × 1단위/꾸러미 =	1,500
계(손익분기점 총판매량)	6,000단위

③ 가중평균공헌이익법

가중평균공헌이익법은 복수제품의 가중평균 단위당 공헌이익이나 가중평균공헌이익률을 계산하여 손익분기점을 계산하는 방법이다.

㉠ 가중평균 단위당 공헌이익을 이용하는 경우

- 가중평균 단위당 공헌이익 = 총공헌이익 ÷ 총판매량
  = Σ[제품별 단위당 공헌이익 × 매출배합비율(수량)]
- 손익분기점 총판매량 = 고정원가 ÷ 가중평균 단위당 공헌이익
- 제품별 손익분기점 판매량 = 손익분기점 총판매량 × 매출배합비율(수량)

예제 7의 경우 A제품과 B제품의 매출배합이 3 : 1(75% : 25%)이므로 제품별 손익분기점 판매량은 다음과 같이 계산된다.

가중평균 단위당 공헌이익: ₩280,000(총공헌이익) ÷ 8,000개(총판매량) = @35
또는 @30 × 75% + @50 × 25% = @35

손익분기점 총판매량: ₩210,000 ÷ @35 = 6,000단위
제품별 손익분기점 판매량

A제품: 6,000단위 × 75% =	4,500단위
B제품: 6,000단위 × 25% =	1,500
계(손익분기점 총판매량)	6,000단위

가중평균 단위당 공헌이익을 이용하는 경우에는 종류가 다른 제품의 단위당 공헌이익을 가중평균함으로써 단위당 공헌이익이 ₩35인 한 종류의 제품으로 전환되는 효과가 있으므로 손익분기점 총판매량 6,000단위는 A제품과 B제품의 판매량의 합계가 된다는 점에 유의해야 한다.

㉡ 가중평균공헌이익률을 이용하는 경우

- 가중평균공헌이익률 = 총공헌이익 ÷ 총매출액
  = Σ[제품별 공헌이익률 × 제품별 매출액구성비율(금액)]
- 손익분기점 총매출액 = 고정원가 ÷ 가중평균공헌이익률
- 제품별 손익분기점 매출액 = 손익분기점 총매출액 × 제품별 매출액구성비율(금액)

예제 7의 경우 A제품 공헌이익률이 30%(₩30 ÷ ₩100), B제품 공헌이익률이 25%(₩50 ÷ ₩200)이고 매출액구성비가 3 : 2(60% : 40%)이므로 제품별 손익분기점 매출액은 다음과 같이 계산된다.

가중평균 단위당 공헌이익: ₩280,000(총공헌이익) ÷ 1,000,000(총매출액) = 28%
또는 30% × 60% + 25% × 40% = 28%

손익분기점 매출액: ₩210,000 ÷ 28% = ₩750,000
제품별 손익분기점 매출액

A제품: ₩750,000 × 60% =	₩450,000
B제품: ₩750,000 × 40% =	300,000
계(총매출액)	₩750,000

가중평균공헌이익률을 이용하는 경우에 계산되는 손익분기점 매출액 ₩750,000은 A제품과 B제품의 매출액의 합계가 된다는 점에 유의해야 한다. 그리고 예제 7의 경우 단위당 판매가격이 주어져 있으므로 손익분기점 판매량은 A제품 4,500단위(₩450,000 ÷ @100), B제품 1,500단위(₩300,000 ÷ @200)로 꾸러미법과 가중평균 단위당 공헌이익을 이용한 결과와 같다.

일반적으로 손익분기(목표이익) 판매량을 계산할 경우에는 가중평균 단위당 공헌이익을 이용하고, 손익분기점(목표이익) 매출액을 계산할 경우에는 가중평균공헌이익률을 이용한다. 하지만 문제에서 매출배합(수량)이 제시되고 손익분기점(목표이익) 매출액을 계산하여야 하는 경우에는 우선 가중평균 단위당 공헌이익을 이용하여 손익분기점(목표이익) 판매량을 계산한 후 판매가격을 곱하여 손익분기점(목표이익) 매출액을 계산한다. 또한 문제에서 매출액구성비(금액)가 제시되고 손익분기점(목표이익) 판매량을 계산하여야 하는 경우에는 우선 가중평균공헌이익률을 이용하여 손익분기점(목표이익) 매출액을 계산한 후 판매가격을 나누어 손익분기점(목표이익) 판매량을 계산한다.

(3) 매출배합이 변동하는 경우의 CVP분석

앞에서는 매출배합이 일정하다는 가정하에서 CVP분석을 하였다. 그러나 매출배합은 소비자의 기호나 시장점유율이 변동됨에 따라 변동하는 것이 일반적이며, 매출배합이 변동하는 경우에는 동일한 매출액 또는 판매량이더라도 이익이 달라진다. 따라서 이익을 극대화하는 매출배합을 산출하는 것도 복수제품 생산·판매 시 CVP분석의 일부분이라 할 수 있다.

① 여러 가지 제품을 생산·판매할 경우에 이익을 극대화하는 매출배합은 총매출액이 일정할 경우에는 공헌이익률이 높은 제품을 판매하는 것이고, 총판매량이 일정할 경우에는 단위당 공헌이익이 큰 제품을 판매하는 것이다. 왜냐하면, '공헌이익'은 '매출액 × 공헌이익률' 또는 '판매량 × 단위당 공헌이익'으로 나타낼 수 있는데, 총매출액이 일정하면 공헌이익률을, 총판매량이 일정하면 단위당 공헌이익을 크게 해야 총공헌이익이 증가하기 때문이다.

예제 8

(주)해커는 A, B, C의 세 가지 제품을 판매하고 있다. 제품에 관한 자료는 다음과 같다.

	A	B	C
단위당 판매가격	₩500	₩1,000	₩500
단위당 변동원가	300	700	250
단위당 공헌이익	₩200	₩300	₩250
공헌이익률	40%	30%	50%

회사의 연간 고정원가는 ₩100,000이다.

[요구사항]

1. (주)해커의 올해 총매출액은 ₩300,000으로 예상된다. 한 가지 제품만 판매한다면 어느 제품을 판매해야 하는가?
2. (주)해커의 올해 총판매량은 1,000단위로 예상된다. 한 가지 제품만 판매한다면 어느 제품을 판매해야 하는가?

해답 1. **영업이익 계산(총매출액이 ₩300,000일 때)**

(1) A제품만 판매 시: ₩300,000 × 40% - ₩100,000 = ₩20,000
(2) B제품만 판매 시: ₩300,000 × 30% - ₩100,000 = ₩(10,000)
(3) C제품만 판매 시: ₩300,000(매출액) × 50%(공헌이익률) - ₩100,000(고정원가) = ₩50,000

공헌이익률이 가장 높은 C제품만을 판매할 경우의 영업이익이 가장 크므로 C제품만 판매해야 한다.

2. **영업이익 계산(총판매량이 1,000단위일 때)**

(1) A제품만 판매 시: 1,000단위 × @200 - ₩100,000 = ₩100,000
(2) B제품만 판매 시: 1,000단위 × @300 - ₩100,000 = ₩200,000
(3) C제품만 판매 시: 1,000단위(판매량) × @250(단위당 공헌이익) - ₩100,000(고정원가) = ₩150,000(영업이익)

단위당 공헌이익이 가장 큰 B제품만을 판매할 경우의 영업이익이 가장 크므로 B제품만 판매해야 한다.

② 복수제품을 생산·판매할 경우 다른 제약조건이 없다면 최적의 매출배합은 공헌이익률이나 단위당 공헌이익이 가장 큰 제품 한 가지만을 생산하는 것이다. 그러나 특정 제품이 다른 제품에 비해 수익성은 다소 떨어지더라도 그러한 특정 제품이 여러 제품으로 있을 경우에는 시너지효과(synergy effect)가 존재하므로 복수제품을 생산하는 마케팅전략을 사용하는 것이 일반적이다. 또한 현실적으로 생산능력 등 여러 가지 제약조건이 있으므로 이를 고려할 경우에는 앞의 기준이 반드시 최선의 선택은 아니다. 제약조건이 존재하는 경우의 매출배합은 <제10장 관련원가와 의사결정>에서 살펴보기로 한다.

06 안전한계

안전한계(율)는 손실을 발생시키지 않으면서 허용할 수 있는 매출액의 최대감소액을 의미한다.

(1) 안전한계(M/S; Margin of Safety)는 실제 또는 예산매출액이 손익분기점 매출액을 초과하는 금액을 의미한다.

안전한계 = 매출액 - 손익분기점 매출액

(2) 매출액에 대한 안전한계의 비율을 안전한계율(M/S 비율; Margin of Safety ratio)이라 하는데, 이는 매출액 중 몇 %가 안전한계인지를 나타내 준다.

$$안전한계율 = \frac{안전한계}{매출액} = \frac{매출액 - 손익분기점\ 매출액^{*}}{매출액} : 매출액기준(1식)$$

$$= \frac{판매량 - 손익분기점\ 판매량}{판매량} : 판매량기준(2식)$$

$$= \frac{공헌이익 - 손익분기점공헌이익(고정원가)}{공헌이익} : 공헌이익기준(3식)$$

$$= \frac{영업이익}{공헌이익} : (4식)$$

* 이 식의 분자와 분모에 판매가격을 나누면 2식이 도출되고, 공헌이익률을 곱하면 3식이 도출된다.

또한 이를 이용하여 영업이익을 계산하면 다음과 같다.

영업이익 = 안전한계율 × 공헌이익(1식과 4식에서 도출)
= 안전한계 × 공헌이익률(1식과 4식에서 도출)
= 안전한계판매량 × 단위당 공헌이익(2식과 4식에서 도출)

(3) 안전한계(율)는 기업의 안전성(safety)을 측정하는 지표이다. 즉, 안전한계(율)가 높을수록 기업의 안전성이 높다고 볼 수 있으며, 안전한계(율)가 낮을수록 안전성에 문제가 있다고 판단할 수 있다. 따라서 안전한계(율)가 낮다면 매출액을 증가시키거나, 손익분기점 매출액을 낮추어 기업의 안전성을 도모하는 적절한 대책을 강구해야 할 것이다.

예제 9

(주)해커는 단위당 판매가격이 ₩200이고 단위당 변동원가가 ₩120인 제품을 생산하여 판매하고 있다. 회사는 제품 2,000개를 판매한다는 기준으로 20×1년의 예산을 다음과 같이 수립하였다.

매출액	₩400,000
변동원가	240,000
공헌이익	₩160,000
고정원가	100,000
영업이익	₩60,000

[요구사항]

1. 손익분기점 매출액을 구하시오.
2. 안전한계를 구하시오.
3. 안전한계율을 구하시오.
4. 안전한계 판매량을 구하시오.

해답 1. 손익분기점 매출액

$$\frac{\text{고정원가}}{\text{공헌이익률}} = \frac{₩100,000}{0.4} = ₩250,000$$

2. 안전한계

매출액 - 손익분기점 매출액 = ₩400,000 - ₩250,000 = ₩150,000

3. 안전한계율

$$\frac{\text{안전한계}}{\text{매출액}} = \frac{₩150,000}{₩400,000} = 37.5\%$$

4. 안전한계 판매량

$$\frac{\text{안전한계 매출액}}{\text{단위당 판매가격}} = \frac{₩150,000}{₩200} = 750\text{단위}$$

[참고] PV(이익·조업도)도표

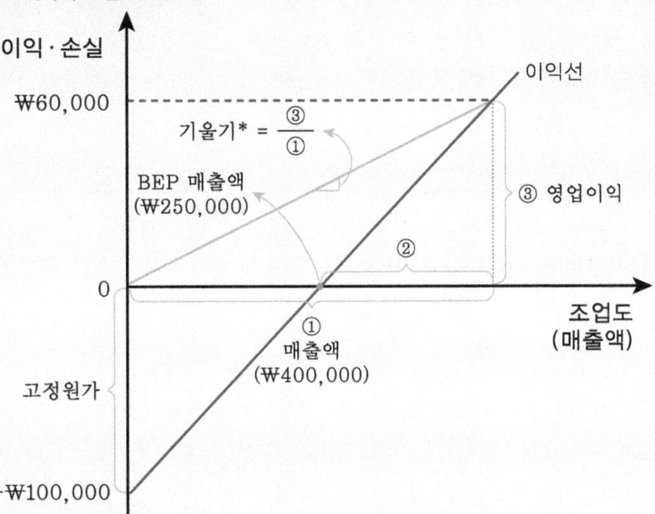

① 매출액 = ₩400,000

② 안전한계: ₩400,000 (매출액) - ₩250,000 (BEP 매출액) = ₩150,000

③ 영업이익: ₩60,000

* 기울기 = $\frac{③}{①} = \frac{\text{영업이익}}{\text{매출액}}$ = 매출액이익률(15%)

공헌이익률 = 이익선의 기울기 = $\frac{③}{②}$ = 40%

안전한계율 = $\frac{\text{안전한계}}{\text{매출액}} = \frac{②}{①}$ = 37.5%

∴ 매출액이익률 (15%) = $\frac{③}{①} = \frac{③}{②} \times \frac{②}{①}$ = 공헌이익률 (40%) × 안전한계율 (37.5%)

07 원가구조의 결정

원가구조(cost structure)란 고정원가와 변동원가의 상대적인 비율을 의미한다. 이를 구체적으로 살펴보면 다음과 같다.

(1) CVP분석에서는 원가구조가 일정한 것으로 전제한다. 그런데 장기적으로는 경영자의 결정에 따라서 고정원가와 변동원가의 비율은 변동될 수 있다.

예 경영자가 신규제품을 생산하는 설비투자의 규모를 결정하는 경우에 설비투자를 줄이는 대신에 노동을 주로 사용하여 제품을 생산하는 생산방식과 설비투자를 많이 하여 공정을 자동화하는 대신에 노동시간을 줄이는 생산방식 중에서 선택이 가능하다.

설비투자를 적게 하면 고정원가는 감소되는 반면에 변동원가가 증가할 것이고, 설비투자를 많이 하게 되면 고정원가는 증가하는 대신에 변동원가는 감소할 것이다. 이와 같이 설비투자규모를 선택해야 하는 경우에도 CVP분석은 유용한 정보를 제공해 준다.

예제 10

(주)해커의 경영자는 신제품을 생산할 공장의 설비투자규모를 결정해야 한다. 신제품의 단위당 판매가격은 ₩2,000으로 예정하고 있으며 설비투자규모에 따른 원가는 다음과 같다.

	소규모 설비투자	대규모 설비투자
단위당 변동원가	₩1,200	₩800
설비투자(고정원가)	200,000	300,000

[요구사항]

1. 각 투자규모별로 손익분기점 판매량을 계산하시오.
2. 예상판매량이 다음과 같은 경우에 각 투자규모별로 예상영업이익을 계산하시오.
   (1) 판매량이 2,000단위로 예상되는 경우
   (2) 판매량이 150단위로 예상되는 경우
3. 두 가지 투자안의 이익이 동일해지는 예상판매량을 계산하시오.

해답 [자료분석]

	소규모 설비투자	대규모 설비투자
단위당 판매가격	₩2,000	₩2,000
단위당 변동원가	1,200	800
단위당 공헌이익	₩800	₩1,200
고정원가	₩200,000	₩300,000

1. 손익분기점 판매량(Q)

소규모 설비투자	대규모 설비투자
Q × @800 - ₩200,000 = ₩0	Q × @1,200 - ₩300,000 = ₩0
Q = 250단위	Q = 250단위

2. 예상영업이익

	소규모 설비투자	대규모 설비투자
(1)	2,000단위 × @800 - ₩200,000 = ₩1,400,000	2,000단위 × @1,200 - ₩300,000 = ₩2,100,000
(2)	150단위 × @800 - ₩200,000 = ₩(80,000)	150단위 × @1,200 - ₩300,000 = ₩(120,000)

3. 이익이 동일해지는 예상판매량(Q)

Q × @800 - ₩200,000 = Q × @1,200 - ₩300,000

∴ Q = 250단위

(2) 예제 10을 보면 동일한 판매량하에서도 설비투자규모에 따라 예상영업이익이 크게 다르다. 판매량이 큰 경우에는 설비투자를 많이 해서 변동원가비율을 낮춘 경우가 이익이 크게 나타나며, 판매량이 적은 경우에는 설비투자를 적게 하여 고정원가를 낮추는 대신에 변동원가비율을 높인 경우가 이익이 크게 나타난다. 경영자는 판매량이 크게 예측된 경우에는 설비투자를 많이 하는 의사결정을 할 것이고, 판매량이 적게 예측된 경우에는 설비투자규모를 작게 하는 의사결정을 할 것이다. 따라서 경영자는 장기적인 판매량 예측, 판매량의 변동정도, 향후 경기예측 등을 고려하여 어떠한 원가구조로 설비투자를 할 것인지 결정해야 한다.

(3) 참고로 예제 10에 제시된 두 가지 경우에 대한 원가구조를 비교하면 다음과 같다.

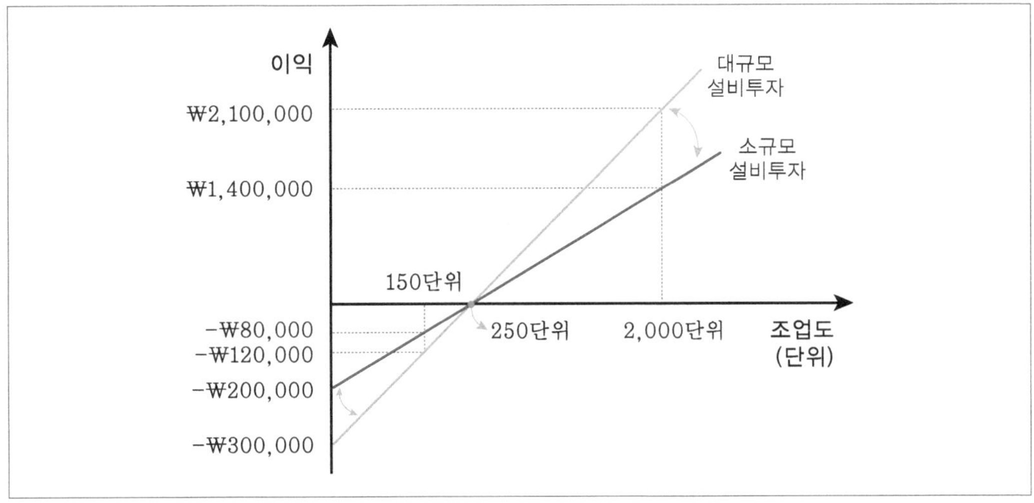

원가구조

	원가구조		단위당 공헌이익과 공헌이익률		영업이익에 미치는 영향		이익의 안정성		경기상황
노동집약적 방법	고정원가 ↓ 단위당 변동원가 ↑	→	단위당 공헌이익 ↓ 공헌이익률 ↓	→	판매량과 매출액의 변화에 따라 영업이익은 상대적으로 적게 영향을 받음	→	커짐	→	호황: 불리 불황: 유리
자본집약적 방법	고정원가 ↑ 단위당 변동원가 ↓	→	단위당 공헌이익 ↑ 공헌이익률 ↑	→	판매량과 매출액의 변화에 따라 영업이익은 상대적으로 많이 영향을 받음	→	작아짐	→	호황: 유리 불황: 불리

08 영업레버리지 분석

레버리지(leverage)란 가벼운 힘으로 무거운 물체를 쉽게 움직일 수 있는 지레의 작용을 말한다. 경영학에서는 매출액이 조금만 증가해도 이익이 크게 증가하는 현상을 레버리지라 한다. 레버리지의 종류에는 영업레버리지와 재무레버리지가 있는데, 여기서는 영업레버리지에 대해서만 살펴보기로 한다.

(1) 영업레버리지(operating leverage)란 고정원가가 지레의 작용을 함으로써 매출액의 변화율보다 영업이익의 변화율이 확대되는 효과를 말한다. 영업레버리지의 정도는 영업레버리지도(DOL; Degree of Operating Leverage)로 나타낼 수 있는데, 이는 다음과 같이 계산된다.

$$\text{영업레버리지도(DOL)} = \frac{\text{영업이익의 변화율*}}{\text{매출액의 변화율}} = \frac{\text{공헌이익}}{\text{영업이익}} = \frac{1}{\text{안전한계율}}$$

* 매출액 S, 영업이익을 π라고 하면 공헌이익률 $CMR = \frac{\Delta\pi}{\Delta S}$ 이다.

$$\text{그런데, } DOL = \frac{\Delta\pi/\pi}{\Delta S/S} = \frac{S \times \frac{\Delta\pi}{\Delta S}}{\pi} = \frac{S \times CMR}{\pi} = \frac{\text{공헌이익}}{\text{영업이익}}$$

앞의 식에서 '매출액의 변화율 × 영업레버리지도 = 영업이익의 변화율'임을 알 수 있다.

(예) 현재의 영업레버리지도가 3이라는 것은 현재의 수준에서 매출액이 10% 변화할 때 영업이익은 30% 변화함을 나타내 준다.

따라서 영업레버리지도가 클수록 매출액의 변화율보다 영업이익의 변화율이 크게 나타난다.

(2) 영업레버리지 효과는 고정원가가 지레의 작용을 함으로써 나타나기 때문에 고정원가의 비중이 큰 기업은 영업레버리지가 크며, 고정원가의 비중이 작은 기업은 영업레버리지가 작다. 따라서 영업레버리지는 고정원가의 상대적인 비중을 나타내는 척도라고 할 수 있다. 또한 한 기업의 영업레버리지도는 손익분기점 부근에서 가장 크며(손익분기점 부근에서는 영업이익이 매우 작기 때문임), 매출액이 증가함에 따라 점점 작아진다(매출액이 증가함에 따라 변동원가는 증가하는 반면, 고정원가는 일정하므로 고정원가의 비중이 점점 작아지기 때문임).

예제 11

A회사와 B회사 및 C회사의 20×1년 영업활동에 관한 자료는 다음과 같다.

	A회사	B회사	C회사
매출액	₩400,000	₩400,000	₩400,000
변동원가	80,000	240,000	360,000
공헌이익	₩320,000	₩160,000	₩40,000
고정원가	280,000	120,000	-
영업이익	₩40,000	₩40,000	₩40,000

[요구사항]

1. 각 회사별로 현재의 수준에서 영업레버리지도를 구하시오.
2. 매출액이 현재보다 20% 증가하는 경우 각 회사의 영업이익을 구하시오.
3. 매출액이 현재보다 20% 감소하는 경우 각 회사의 영업이익을 구하시오.
4. A회사의 매출액이 다음과 같을 때 각 수준에서의 영업레버리지도를 구하시오.
   (1) ₩352,000
   (2) ₩600,000
   (3) ₩800,000

해답 1. **영업레버리지도의 계산**

$$\text{영업레버리지도} = \frac{\text{공헌이익}}{\text{영업이익}}$$

A회사: ₩320,000 ÷ ₩40,000 = 8
B회사: ₩160,000 ÷ ₩40,000 = 4
C회사: ₩40,000 ÷ ₩40,000 = 1

2. **매출액 증가 시 회사별 영업이익**

'영업이익의 변화율 = 매출액의 변화율 × 영업레버리지도'이므로 매출액이 현재보다 20% 증가하는 경우 영업이익은 각각 160%(= 20% × 8), 80%(= 20% × 4), 20%(= 20% × 1) 증가한다.

A회사: ₩40,000 × (1 + 160%) = ₩104,000
B회사: ₩40,000 × (1 + 80%) = ₩72,000
C회사: ₩40,000 × (1 + 20%) = ₩48,000

3. **매출액 감소 시 회사별 영업이익**

'영업이익의 변화율 = 매출액의 변화율 × 영업레버리지도'이므로 매출액이 현재보다 20% 감소하는 경우 영업이익은 각각 160%(= 20% × 8), 80%(= 20% × 4), 20%(= 20% × 1) 감소한다.

A회사: ₩40,000 × (1 - 160%) = ₩(24,000)
B회사: ₩40,000 × (1 - 80%) = ₩8,000
C회사: ₩40,000 × (1 - 20%) = ₩32,000

4. **상이한 매출액수준에서의 영업레버리지도**

	A	B	C
매출액	₩352,000	₩600,000	₩800,000
변동원가	70,400	120,000	160,000
공헌이익(①)	₩281,600	₩480,000	₩640,000
고정원가	280,000	280,000	280,000
영업이익(②)	₩1,600	₩200,000	₩360,000
영업레버리지도(= ①/②)	176	2.4	1.78

(3) 예제 11에서 C회사는 고정원가가 없으므로 고정원가로 인한 손익의 확대효과(영업레버리지)가 없다. 즉, '공헌이익 = 영업이익'이므로 영업레버리지도는 1이고, '매출액의 변화율 = 영업이익의 변화율'이다. 그리고 [요구사항 4]에서 보듯이 매출액이 증가함에 따라 영업레버리지도는 점점 작아지고, 손익분기점을 막 지난 수준에서 영업레버리지도가 가장 크게 나타난다는 것을 알 수 있다. 그리고 영업레버리지도의 범위는 1 이상이고, 반비례하는 안전한계율의 범위는 0에서 1 사이가 된다.

영업레버리지도와 안전한계율

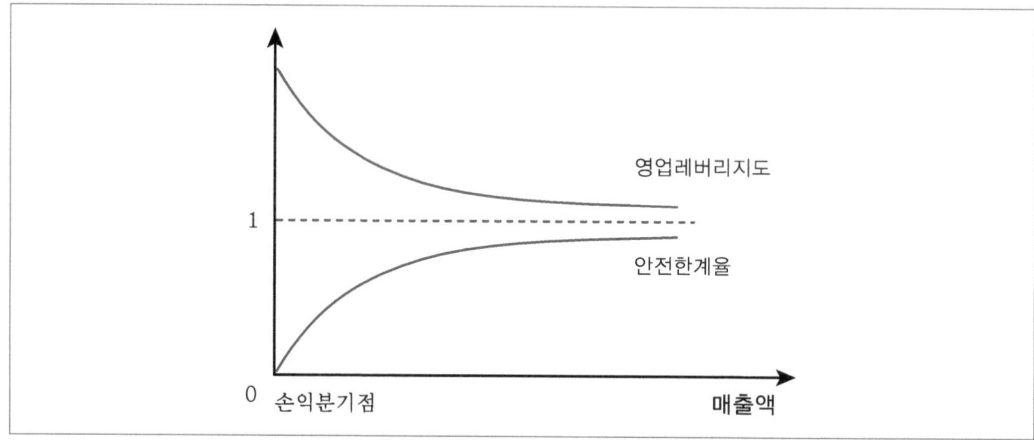

제3절 | 확장된 CVP분석

지금까지 살펴본 CVP분석은 현실을 단순화하기 위하여 여러 가지 제한된 가정에 기초한 것이었다. 이제부터는 이러한 가정들을 완화하여 보다 다양한 상황하에서 CVP분석을 살펴보도록 하겠다. 복잡한 상황하에서의 CVP분석은 등식법으로 접근하는 것이 이해하기 쉬우므로 특별한 언급이 없는 한 등식법을 사용하도록 하겠다.

01 현금흐름분기점

많은 기업의 경영자들은 포괄손익계산서상의 당기순이익뿐만 아니라 현금흐름(cash flow)에도 큰 관심을 가지고 있다. 현금흐름과 관련한 정보의 중요성은 점점 커지고 있으며, 특히 경기침체 등으로 인하여 기업의 존립이 위태로운 시기에는 그 필요성이 더욱 절실해진다. 현금흐름분기점이란 현금의 유입액과 유출액이 같아지는 판매량 또는 매출액을 의미한다. 이를 구체적으로 살펴보면 다음과 같다.

(1) 감가상각비와 같이 현금유출을 수반하지 않는 고정원가(비현금고정원가)를 제외하고 모든 수익, 비용이 현금의 유입 또는 유출을 수반한다고 가정하면, 현금흐름분기점은 다음과 같은 등식에 의해서 계산된다.

$$\underbrace{\text{매출액}}_{\text{현금유입액}} = \underbrace{\text{변동원가} + (\text{고정원가} - \text{비현금고정원가})}_{\text{현금유출액}}$$

(2) 법인세가 존재한다면 위의 현금흐름분기점 등식은 다음과 같이 수정된다.

$$\underbrace{\text{매출액}}_{\text{현금유입액}} = \underbrace{\text{변동원가} + (\text{고정원가} - \text{비현금고정원가}) + \text{법인세}}_{\text{현금유출액}}$$

여기서 법인세는 '세전영업이익 × 법인세율'이므로 다음과 같이 계산된다.

$$\text{법인세} = (\text{매출액} - \text{변동원가} - \text{고정원가}) \times \text{법인세율}$$

(3) 지금까지 살펴본 내용을 정리하면 다음과 같은 현금흐름분기점 등식을 도출할 수 있다.

[법인세가 없는 경우]

$$\underbrace{\text{판매량} \times \text{단위당 판매가격}}_{\text{현금유입액}} = \underbrace{\text{판매량} \times \text{단위당 변동원가} + (\text{고정원가} - \text{비현금고정원가})}_{\text{현금유출액}}$$

영업이익 + 비현금고정원가 = 0

[법인세가 있는 경우]

$$\underbrace{\text{판매량} \times \text{단위당 판매가격}}_{\text{현금유입액}} = \underbrace{\text{판매량} \times \text{단위당 변동원가} + (\text{고정원가} - \text{비현금고정원가}) + \text{세전영업이익}^{*} \times \text{법인세율}}_{\text{현금유출액}}$$

세전영업이익 × (1 - 법인세율) + 비현금고정원가 = 0

* 세전영업이익 = 판매량 × 단위당 판매가격 - 판매량 × 단위당 변동원가 - 고정원가

예제 12

(주)해커는 단위당 판매가격이 ₩200이고 단위당 변동원가가 ₩100인 제품을 생산·판매하고 있다. 연간 고정원가는 ₩40,000(감가상각비 ₩10,000 포함)이다.

[요구사항]

1. 법인세가 없는 경우 다음을 구하시오.
   (1) 손익분기점 판매량
   (2) 현금흐름분기점 판매량
2. 법인세율이 40%일 경우 다음을 구하시오.
   (1) 손익분기점 판매량
   (2) 현금흐름분기점 판매량(단, 회사는 법인세의 환급을 신청할 수 있음)

해답 **[자료분석]**

단위당 판매가격	₩200
단위당 변동원가	100
단위당 공헌이익	₩100
고정원가	₩40,000(감가상각비 ₩10,000 포함)

1. 법인세가 없는 경우

(1) 손익분기점 판매량을 Q라고 하면,

Q × @100 (BEP 공헌이익) = ₩40,000 (고정원가)

∴ Q = 400단위

(2) 연간 현금흐름분기점 판매량을 Q라고 하면,

Q × @200 (매출액) = Q × @100 (변동원가) + (₩40,000 (고정원가) - ₩10,000 (감가상각비))

∴ Q = 300단위

2. 법인세율이 40%일 경우

(1) 손익분기점 판매량을 Q라고 하면,

Q × @100 (BEP 공헌이익) = ₩40,000 (고정원가)

∴ Q = 400단위

(2) 현금흐름분기점 판매량을 Q, 법인세를 T라고 하면,

Q × @200 (매출액) = Q × @100 (변동원가) + (₩40,000 (고정원가) - ₩10,000 (감가상각비)) + T ·········· ①

T = Q × @200 (매출액) - Q × @100 (변동원가) - ₩40,000 (고정원가)) × 40% (법인세율) ·········· ②

∴ ①, ②에서 Q = 233단위

02 비선형함수하의 CVP분석

CVP분석의 기본가정에서는 수익과 원가함수를 선형이라고 하였다. 즉, 제품의 단위당 판매가격과 단위당 변동원가는 일정하며, 관련범위 내에서 매출액과 변동원가는 조업도에 비례하고 고정원가는 조업도에 관계없이 일정하다는 것이다. 그러나 현실적으로 단위당 판매가격은 판매량이 증가함에 따라 변동할 수 있으며, 단위당 변동원가 또한 생산량이 증가함에 따라 학습효과나 생산능률의 향상으로 인해 감소하다가 조업도가 일정 수준을 초과하면 증가할 수도 있다. 또한 고정원가도 관련범위 내에서는 일정하지만 이 범위를 벗어나게 되면 계단식으로 증가하는 준고정원가의 원가행태를 가지게 된다.

따라서 본 절에서는 조업도의 변동에 따라 단위당 판매가격과 단위당 변동원가 및 고정원가가 변동하는 경우에 있어서의 CVP분석에 대해서 살펴보기로 하는데, 이러한 유형의 CVP분석을 비선형함수하의 CVP분석이라고 한다. 비선형함수하에서의 CVP분석은 다음과 같은 세 가지 모형이 있다.

(1) 수익함수만 비선형인 경우
(2) 원가함수만 비선형인 경우
(3) 수익함수와 원가함수가 모두 비선형인 경우

(1) 수익함수만 비선형인 경우

제품의 단위당 판매가격이 판매량에 따라 달라진다면 CVP분석은 일정한 판매가격을 갖는 조업도별로 손익분기점을 구해야 한다.

① 계산결과가 해당 조업도의 범위 내에 존재한다면 그 계산결과가 구하고자 하는 손익분기점이 되지만, 계산결과가 해당 조업도의 범위 내에 존재하지 않는다면 그 계산결과는 손익분기점이 될 수 없다. 여기서 유의할 점은 비선형함수하의 CVP분석에서는 판매가격, 변동원가 및 고정원가의 행태에 따라 여러 개의 손익분기점이 나올 수 있으며, 경우에 따라서는 손익분기점이 존재하지 않을 수도 있다는 것이다.

예제 13

(주)해커는 회원제로 스포츠센터를 운영하려고 한다. 스포츠센터에서는 연 1회 회원을 모집하는데, 회원 모집 시 선착순으로 3,000명까지는 최우등회원으로 모집하며 최우등회원 3,000명이 모두 등록하면 추가로 3,000명의 우등회원을 모집하고 우등회원 3,000명이 모두 등록하면 추가로 3,000명의 일반회원을 모집한다. 각 회원들에 대해서는 다음과 같이 1인당 연간 시설이용료를 받을 계획이다.

회원구분		1인당 연간 시설이용료
최우등회원	(0~3,000명)	₩200
우등회원	(3,001~6,000명)	180
일반회원	(6,001~9,000명)	150

스포츠센터에서 수용가능한 최대 연회원수는 9,000명이다. 회원 1인당 연간 변동원가는 ₩100이고, 연간 고정원가는 ₩400,000이다.

[요구사항]
손익분기점을 구하시오.

해답 [자료분석]

	0 ≤ Q ≤ 3,000	3,001 ≤ Q ≤ 6,000	6,001 ≤ Q ≤ 9,000
회원당 시설이용료	₩200	₩180	₩150
회원당 변동원가	100	100	100
회원당 공헌이익	₩100	₩80	₩50
고정원가	₩400,000		

손익분기점 회원수를 Q명이라고 하면, 'BEP 공헌이익 = 고정원가'이므로

(1) 0명 ≤ Q ≤ 3,000명의 범위에서,

$\underbrace{Q \times @100}_{\text{BEP 공헌이익}} = \underbrace{₩400,000}_{\text{고정원가}}$

∴ Q = 4,000명: 부적합

→ 이 범위에서는 손익분기점이 존재하지 않는다.

(2) 3,001명 ≤ Q ≤ 6,000명의 범위에서,

$\underbrace{3,000명 \times @100 + (Q - 3,000명) \times @80}_{\text{BEP 공헌이익}} = \underbrace{₩400,000}_{\text{고정원가}}$

∴ Q = 4,250명: 적합

(3) 6,001명 ≤ Q ≤ 9,000명의 범위에서,

$\underbrace{3,000명 \times @100 + 3,000명 \times @80 + (Q - 6,000명) \times @50}_{\text{BEP 공헌이익}} = \underbrace{₩400,000}_{\text{고정원가}}$

∴ Q = 3,200명: 부적합

→ 이 범위에서는 손익분기점이 존재하지 않는다.

(1), (2), (3)에서 손익분기점 회원수는 4,250명(최우등회원 3,000명, 우등회원 1,250명)이다.

[참고]

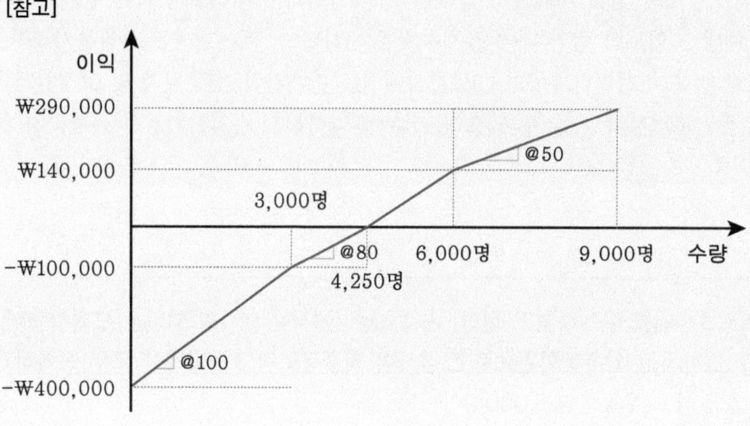

예제 14

(주)해커는 회원제로 스포츠센터를 운영하려고 한다. 스포츠센터에서는 연 1회 회원을 모집하며, 등록회원수가 많을수록 이용이 불편하기 때문에 다음과 같이 모든 회원에게 1인당 연간 시설이용료를 낮추어 받을 계획이다.

등록회원수	1인당 연간 시설이용료
0~3,000명	₩20
3,001~6,000명	18
6,001~9,000명	15

스포츠센터에서 수용가능한 최대 연회원수는 9,000명이다. 회원 1인당 연간 변동원가는 ₩10이고, 연간 고정원가는 ₩40,000이다.

[요구사항]

손익분기점을 구하시오.

해답 **[자료분석]**

	0 ≤ Q ≤ 3,000	0 ≤ Q ≤ 6,000[*1]	0 ≤ Q ≤ 9,000[*2]
회원당 시설이용료	₩20	₩18	₩15
회원당 변동원가	100	10	10
회원당 공헌이익	₩10	₩8	₩5
고정원가	₩40,000		

[*1] 등록회원수가 3,000명을 초과한 경우

[*2] 등록회원수가 6,000명을 초과한 경우

손익분기점 회원수를 Q명이라고 하면, 'BEP 공헌이익 = 고정원가'이므로

(1) 0명 ≤ Q ≤ 3,000명의 범위에서,

Q × @10 = ₩40,000
BEP 공헌이익 고정원가
∴ Q = 4,000명: 부적합
→ 이 범위에서는 손익분기점이 존재하지 않는다.

(2) 3,001명 ≤ Q ≤ 6,000명의 범위에서,

Q × @8 = ₩40,000
BEP 공헌이익 고정원가
∴ Q = 5,000명: 적합

(3) 6,001명 ≤ Q ≤ 9,000명의 범위에서,

Q × @5 = ₩40,000
BEP 공헌이익 고정원가
∴ Q = 8,000명: 적합

(1), (2), (3)에서 손익분기점 회원수는 5,000명 또는 8,000명이다.

② 예제 14에서 보듯이 회사의 손익분기점은 2개 이상 존재할 수도 있다. 참고로 회사의 CVP도표를 그려보면 다음과 같다.

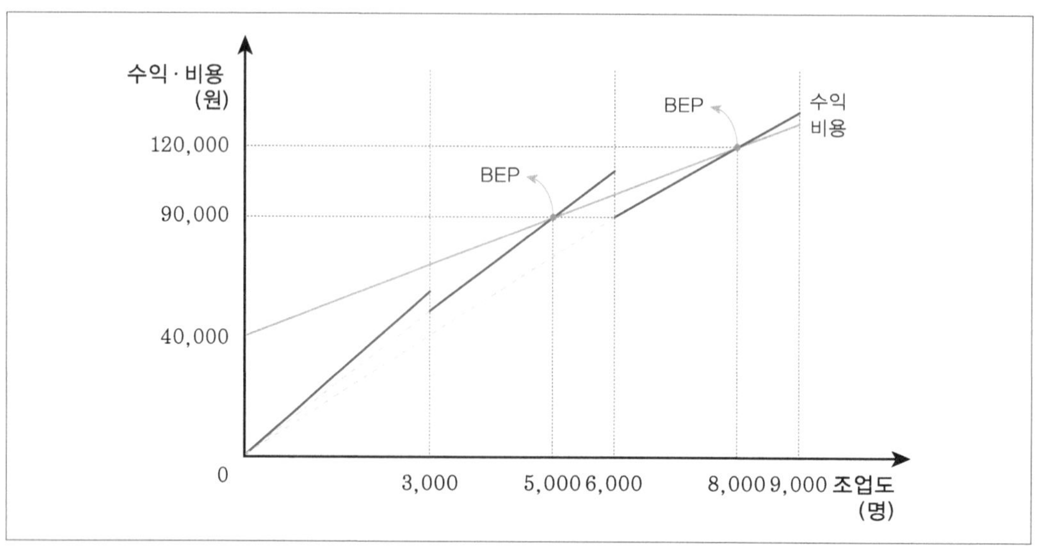

위 그림에서 이익이 발생하는 조업도의 범위는 연간 5,001~6,000명, 8,001~9,000명이라는 것을 쉽게 알 수 있다.

(2) 원가함수만 비선형인 경우

제품의 단위당 변동원가가 생산량에 따라 달라지는 경우에 CVP분석은 일정한 단위당 변동원가를 갖는 조업도별로 손익분기점을 구해야 한다.

① 원가함수만 비선형인 경우의 분석과정은 앞에서 살펴본 수익함수만 비선형인 경우와 동일하다.

예제 15

(주)해커는 단위당 판매가격이 ₩200인 제품을 생산하여 판매하고 있다. 관련 자료는 다음과 같다.

(1) 이용가능한 연간 작업시간은 3,000시간이고 연간 고정원가는 ₩400,000이다. 회사는 작업시간당 제품 3개를 생산하고 있다.

(2) 연간 1,000시간의 정규작업시간 이내에서 조업을 할 경우는 제품단위당 변동원가가 ₩100이지만, 연간 1,000시간을 초과하여 조업을 할 경우는 시간외 수당을 지급해야 하기 때문에 초과제품의 단위당 변동원가가 ₩120이다. 또한 연간 2,000시간을 초과하여 조업을 할 경우는 휴일근무수당을 지급해야 하기 때문에 초과제품의 단위당 변동원가가 ₩150이 될 것으로 예상된다.

[요구사항]

손익분기점을 구하시오.

해답 [자료분석]

	0시간 ≤ N ≤ 1,000시간 0단위 ≤ Q ≤ 3,000단위	1,000시간 ≤ N ≤ 2,000시간 3,001단위 ≤ Q ≤ 6,000단위	2,000시간 ≤ N ≤ 3,000시간 6,001단위 ≤ Q ≤ 9,000단위
단위당 판매가격	₩200	₩200	₩200
단위당 변동원가	100	120	150
단위당 공헌이익	₩100	₩80	₩50
고정원가	₩400,000		

손익분기점 판매량을 Q라고 하면, 'BEP 공헌이익 = 고정원가'이므로

(1) 0단위 ≤ Q ≤ 3,000단위의 범위에서,

$$\underbrace{Q \times @100}_{\text{BEP 공헌이익}} = \underbrace{₩400,000}_{\text{고정원가}}$$

∴ Q = 4,000단위: 부적합

(2) 3,001단위 ≤ Q ≤ 6,000단위 범위에서,

$$\underbrace{3,000\text{단위} \times @100 + (Q - 3,000\text{단위}) \times @80}_{\text{BEP 공헌이익}} = \underbrace{₩400,000}_{\text{고정원가}}$$

∴ Q = 4,250단위: 적합

(3) 6,001단위 ≤ Q ≤ 9,000단위의 범위에서,

$$\underbrace{3,000\text{단위} \times @100 + 3,000\text{단위} \times @80 + (Q - 6,000\text{단위}) \times @50}_{\text{BEP 공헌이익}} = \underbrace{₩400,000}_{\text{고정원가}}$$

∴ Q = 3,200단위: 부적합

→ 이 범위에서는 손익분기점이 존재하지 않는다.

(1), (2), (3)에서 손익분기점 판매량은 4,250단위이다.

[참고]

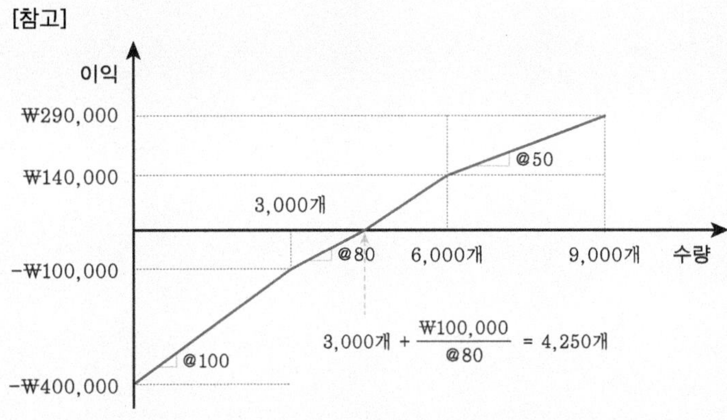

② 조업도가 증가함에 따라 원가가 계단식으로 증가하는 준고정원가의 원가행태를 갖는 경우에도 일정한 원가행태를 갖는 범위별로 조업도를 나눈 다음, 나누어진 조업도별로 손익분기점을 구해야 한다.

예제 16

(주)해커는 단위당 판매가격이 ₩200이고 단위당 변동원가가 ₩100인 제품을 생산하여 판매하고 있다. 최대조업도는 연 9,000단위이고, 연간 고정원가는 조업도에 따라 다음과 같이 달라진다.

연간 조업도	누적고정원가
0 ~ 3,000단위	₩400,000
3,001 ~ 6,000	500,000
6,001 ~ 9,000	700,000

[요구사항]

손익분기점을 구하시오.

해답 [자료분석]

	0단위 ≤ Q ≤ 3,000단위	3,001단위 ≤ Q ≤ 6,000단위	6,001단위 ≤ Q ≤ 9,000단위
단위당 판매가격	₩200	₩200	₩200
단위당 변동원가	100	100	100
단위당 공헌이익	₩100	₩100	₩100
고정원가	₩400,000	₩100,000	₩200,000
누적고정원가	400,000	500,000	700,000

손익분기점 판매량을 Q라고 하면, 'BEP 공헌이익 = 고정원가'이므로

(1) 0단위 ≤ Q ≤ 3,000단위의 범위에서,

$\underbrace{Q \times @100}_{\text{BEP 공헌이익}} = \underbrace{₩400{,}000}_{\text{누적고정원가}}$

∴ Q = 4,000단위: 부적합

→ 이 범위에서는 손익분기점이 존재하지 않는다.

(2) 3,001단위 ≤ Q ≤ 6,000단위 범위에서,

$\underbrace{Q \times @100}_{\text{BEP 공헌이익}} = \underbrace{₩500{,}000}_{\text{누적고정원가}}$

∴ Q = 5,000단위: 적합

(3) 6,001단위 ≤ Q ≤ 9,000단위의 범위에서,

$\underbrace{Q \times @100}_{\text{BEP 공헌이익}} = \underbrace{₩700{,}000}_{\text{누적고정원가}}$

∴ Q = 7,000단위: 적합

(1), (2), (3)에서 손익분기점 판매량은 5,000단위 또는 7,000단위이다.

[참고]

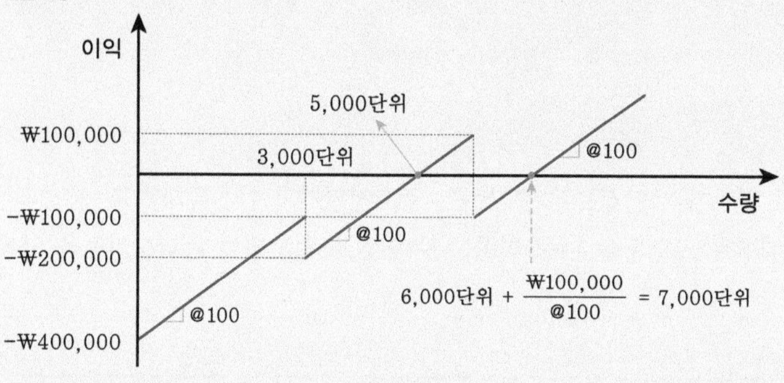

(3) 수익함수와 원가함수가 모두 비선형인 경우

단위당 판매가격뿐만 아니라 단위당 변동원가 및 고정원가까지 조업도별로 달라지는 경우에도 분석과정은 앞에서 살펴본 내용과 동일하다. 즉, 단위당 판매가격이나 단위당 변동원가 및 총고정원가가 일정한 조업도별로 손익분기점을 구하면 된다.

예제 17

(주)해커는 회원제로 스포츠센터를 운영하고 있으며, 스포츠센터에서 수용가능한 최대인원수는 300명이다. 관련 자료는 다음과 같다.

(1) 스포츠센터에서는 연 1회 회원을 모집하는데, 회원 모집 시 선착순으로 100명까지는 우등회원으로 모집하며, 우등회원 100명이 모두 등록하면 추가로 200명의 일반회원을 모집한다.
(2) 회사가 받는 우등회원의 1인당 연간 시설이용료는 ₩200이지만, 이용횟수와 이용시간의 제약을 받는 일반회원의 1인당 연간 시설이용료는 ₩150이다.
(3) 우등회원의 1인당 연간 변동원가는 ₩100이고, 일반회원의 경우는 ₩80이다. 적정 연회원수는 200명인데, 이 인원을 초과하게 되면 초과회원에 대한 1인당 연간 변동원가는 ₩10이 추가된다. 연간 고정원가는 등록회원수에 따라 다음과 같이 달라진다.

등록회원수	누적고정원가
0~100명	₩8,000
101~200	15,600
201~300	23,600

[요구사항]
손익분기점을 구하시오.

해답 **[자료분석]**

	0명 ≤ Q ≤ 100명	101명 ≤ Q ≤ 200명	201명 ≤ Q ≤ 300명
회원당 시설이용료	₩200	₩150	₩150
회원당 변동원가	100	80	90
회원당 공헌이익	₩100	₩70	₩60
누적고정원가	₩8,000	₩15,600	₩23,600

손익분기점 회원수를 Q명이라고 하면, 'BEP 공헌이익 = 고정원가'이므로

(1) 0명 ≤ Q ≤ 100명의 범위에서,

Q × @100 = ₩8,000
(BEP 공헌이익 = 누적고정원가)

∴ Q = 80명: 적합

(2) 101명 ≤ Q ≤ 200명의 범위에서,

100 × @100 + (Q - 100) × @70 = ₩15,600
(BEP 공헌이익 = 누적고정원가)

∴ Q = 180명: 적합

(3) 201명 ≤ Q ≤ 300명의 범위에서,

100 × @100 + 100 × @70 + (Q - 200) × @60 = ₩23,600
(BEP 공헌이익 = 누적고정원가)

∴ Q = 310명: 부적합
→ 이 범위에서는 손익분기점이 존재하지 않는다.

(1), (2), (3)에서 손익분기점 회원수는 80명(우등회원 80명) 또는 180명(우등회원 100명, 일반회원 80명)이다.

[참고]

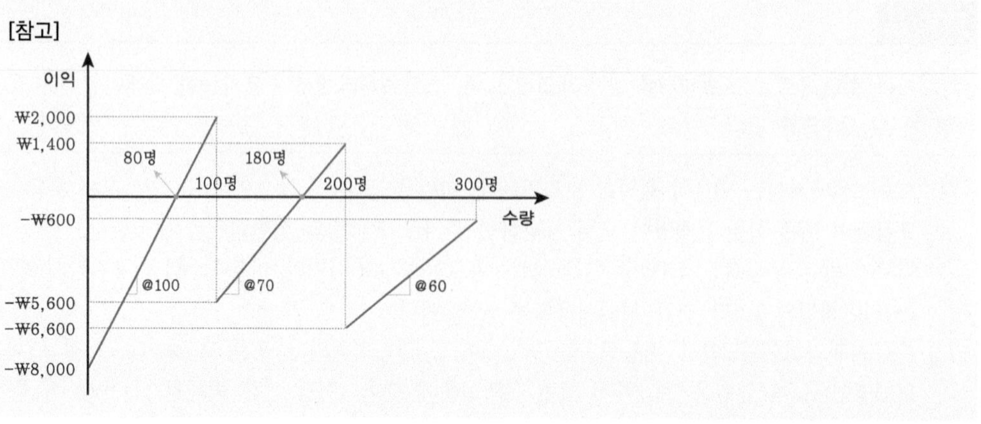

예제 17의 경우에 단위당 판매가격은 100명을 기준으로 달라지고, 단위당 변동원가와 총고정원가는 100명과 200명을 기준으로 달라지기 때문에 100명과 200명을 기준으로 하여 조업도의 범위를 3개로 나눈 다음 손익분기점을 구해야 한다. 조업도에 따라 단위당 판매가격뿐만 아니라 단위당 변동원가 및 총고정원가까지 변동하더라도 나누어지는 조업도 구간만 많아질 뿐 앞에서 살펴본 계산과정과 동일함을 알 수 있다.

참고로 지금까지 살펴본 비선형함수하의 CVP분석의 일반적인 접근방법을 요약하면 다음과 같다.

(1) 판매가격, 단위당 변동원가 및 고정원가 변동하는 구간을 나누어 관련범위를 설정한다.
(2) 관련범위별로 변동하는 변수를 고려하여 수식을 세우고 이를 이용하여, 손익분기점분석 또는 목표이익분석을 하여 판매량 또는 매출액을 계산한다.
(3) (2)에서 계산한 값이 관련범위 내에 존재하는지 검토한 후, 계산한 값이 관련범위 내에 존재해야 답이 되고(적합), 관련범위를 벗어나면 답이 되지 못한다(부적합).

03 활동기준원가계산하의 CVP분석

기본적 CVP분석에서는 변동원가가 조업도(판매량)에 의해서만 변동된다고 보지만 활동기준원가계산의 경우에는 조업도(판매량)와 인과관계가 있는 단위수준활동의 변동원가뿐만 아니라 조업도(판매량)와 인과관계가 없는 비단위수준활동에서도 변동원가가 발생된다.

(1) 비단위수준활동으로는 묶음수준활동, 제품수준활동과 설비수준활동이 있으며, 단위수준활동과 비단위수준활동으로 구성되어 있는 활동기준원가계산의 총원가는 다음과 같은 식으로 나타난다.

총원가 = $a_1x_1 + \underbrace{a_2x_2 + a_3x_3}_{\text{비단위수준활동 변동원가}}$ + 활동기준원가계산하의 고정원가*

a_1: 단위수준활동의 단위당 변동원가 　　 x_1: 단위수준활동의 원가동인 총수
a_2: 묶음수준활동의 단위당 변동원가 　　 x_2: 묶음수준활동의 원가동인 총수
a_3: 제품수준활동의 단위당 변동원가 　　 x_3: 제품수준활동의 원가동인 총수

* 기본적 CVP분석에서 고정원가로 분류되었던 항목 중에서 활동기준에서는 비단위수준활동의 변동원가로 분석되는 항목이 존재하므로 활동기준고정원가는 기본적 CVP분석에 의한 고정원가와는 차이가 발생하며 이는 설비수준활동원가임

(2) 기본적 CVP분석에서 변동원가를 결정하는 요인은 오직 조업도(판매량)뿐이므로 기본적 CVP분석의 틀 안에서 활동기준원가계산으로 손익분기수량을 계산하는 경우에는 비단위수준활동 변동원가는 조업도(판매량)에 따라 변동이 되지 않으므로 고정원가로 간주된다. 만약, 비단위수준활동 변동원가가 증가 또는 감소된다면 이는 기본적 CVP분석 틀 안에서는 준고정원가의 성격이므로 고정원가에서 조정하면 된다.

$$판매가격 \times 판매량 = 단위당\ 변동원가 \times 판매량 + \underbrace{a_2x_2 + a_3x_3}_{비단위수준활동\ 변동원가} + 활동기준\ 고정원가$$

$$판매가격 \times 판매량 - 단위당\ 변동원가 \times 판매량 = \underbrace{a_2x_2 + a_3x_3 + 활동기준\ 고정원가}_{고정원가로\ 간주하는\ 금액}$$

$$손익분기점\ 판매량 = \frac{a_2x_2 + a_3x_3 + 활동기준\ 고정원가}{단위당\ 판매가격 - 단위당\ 변동원가} = \frac{고정원가}{단위당\ 판매가격 - 단위당\ 변동원가}$$

예제 18

(주)해커는 자전거를 생산하여 판매하고 있으며 자전거 판매가격은 ₩100/단위이고 전통적인 원가계산하의 총원가와 활동기준원가계산하의 원가자료는 다음과 같다.

(1) 전통적인 원가계산하의 총원가 = ₩50x + ₩500,000 (단, x는 판매량)
(2) 활동기준원가계산하의 총원가 = ₩50x_1 + ₩5,000x_2 + ₩150x_3 + ₩250,000
(단, x_1 = 판매량, x_2 = 작업준비횟수, x_3 = 기계작업시간)

[요구사항]

1. 판매량만이 변동원가에 영향을 미친다는 가정하에 손익분기점 판매량을 구하시오.
2. 작업준비횟수는 20회이며 기계작업시간은 1,000시간이라고 가정할 경우 활동기준원가계산하의 손익분기점 판매량을 구하시오.
3. (주)해커는 현재의 자전거를 업그레이드하여 새로운 자전거를 판매하려고 하는데 판매가격은 ₩100/단위이고 작업준비횟수는 30회, 기계작업시간은 1,000시간이다.

   활동기준원가계산하의 총원가 = ₩40x_1 + ₩5,000x_2 + ₩200x_3 + ₩310,000

   새로운 자전거에 대한 활동기준원가계산하의 손익분기점 판매량을 구하시오.

해답 **1. 전통적 손익분기점 판매량(Q)**

(단위당 판매가격 - 단위당 변동원가) × Q - 고정원가 = 0

(₩100 - ₩50) × Q - ₩500,000 = 0

$$Q = \frac{₩500,000}{₩100 - ₩50} = 10,000단위$$

2. 활동기준원가계산하의 손익분기점 판매량(Q)

(단위당 판매가격 - 단위수준변동원가) × Q - (₩5,000x_2 + ₩150x_3 + ₩250,000) = 0

(₩100 - ₩50) × Q - (₩5,000 × 20회 + ₩150 × 1,000시간 + ₩250,000) = 0

$$Q = \frac{₩500,000}{₩100 - ₩50} = 10,000단위$$

3. 신제품에 대한 활동기준원가계산하의 손익분기점 판매량(Q)

(단위당 판매가격 - 단위수준변동원가) × Q - (₩5,000x_2 + ₩200x_3 + ₩310,000) = 0

(₩100 - ₩40) × Q - (₩5,000 × 30회 + ₩200 × 1,000시간 + ₩310,000) = 0

$$Q = \frac{₩660,000}{₩100 - ₩40} = 11,000단위$$

04 생산량과 판매량이 일치하지 않는 경우의 CVP분석

기본적인 CVP분석에서는 생산량과 판매량이 일치함으로써 재고수준이 변동하지 않는다고 가정한다. 즉, 재고가 존재하지 않거나 존재하더라도 항상 그 수준이 일정하다는 가정하에 CVP분석을 수행하였다. 그러나 현실적으로 대부분의 기업에서는 재고를 보유하고 있으며, 생산량과 판매량이 일치하지 않음에 따라 재고수준도 변동하기 마련이다. 따라서 생산량과 판매량이 일치하지 않는 경우, 즉 재고수준이 변동하는 경우에 있어서의 CVP분석에 대해서 살펴보도록 하겠다.

(1) 변동원가계산에서는 생산량과 판매량이 다르다 하더라도 위에서 살펴본 기본적인 CVP분석과 차이가 없다. 왜냐하면 <제7장 변동원가계산>에서 살펴본 바와 같이 변동원가계산에서는 고정제조간접원가가 기간비용으로 처리되므로 이익이 판매량에 의해서만 결정되기 때문이다.

(2) 전부원가계산에서는 고정제조간접원가가 제품원가에 포함되었다가 판매량에 해당하는 부분만 매출원가로 비용화되기 때문에 생산량과 판매량이 같고 기간별 단위당 제조원가가 일정하다는 가정이 없다면 당기발생 고정제조간접원가와 동일한 금액이 비용화되지 않으므로 앞에서 살펴본 기본적인 CVP분석의 틀을 이용할 수 없다. 즉, 전부원가계산의 경우 생산량과 판매량이 일치하지 않는다면 생산량이 변동함에 따라 손익분기점 판매량이 달라지게 된다. 전부원가계산에서 재고수준이 변동하는 경우의 CVP분석을 요약하면 다음과 같다.

재고수준의 변동과 관련한 CVP분석의 요약(전부원가계산)

구분	전부원가계산
재고수준이 일정한 경우(생산량 = 판매량)	기본적인 CVP분석과 동일한 결과가 산출됨*
재고수준이 변동하는 경우(생산량 ≠ 판매량)	생산량의 변동에 따라 다양한 분석결과가 산출됨

* 기간별 단위당 제조원가가 일정하다는 가정

(3) 결국 재고수준이 변동하는 상황, 즉 생산량과 판매량이 일치하지 않는 경우에 있어서의 CVP분석은 변동원가계산과는 관계없고 전부원가계산하에서만 문제가 된다. 이러한 이유 때문에 재고수준이 변동하는 경우의 CVP분석을 전부원가계산하의 CVP분석이라고 한다.

예제 19

(주)해커는 수익 및 원가자료가 다음과 같은 제품을 생산·판매하고 있다.

단위당 판매가격	₩200
단위당 변동제조원가	100
단위당 변동판매관리비	20

연간 고정제조간접원가는 ₩60,000이고, 연간 고정판매관리비는 ₩36,000이다.

[요구사항]

매년의 제품 생산량이 1,000단위, 1,200단위, 1,500단위인 경우 각각에 대하여 다음을 구하시오.

1. 변동원가계산에 의한 손익분기점 판매량
2. 전부원가계산에 의한 손익분기점 판매량(단, 기간별 단위당 제조원가가 일정하다고 가정함)

해답 1. **변동원가계산**

변동원가계산에 의한 손익분기점 판매량을 Q라 하면,

포괄손익계산서(변동원가계산)

매출액: Q × @200 =	₩200Q
변동원가: Q × @120 =	120Q
공헌이익	₩80Q
고정원가: ₩60,000 + ₩36,000 =	96,000
영업이익	₩80Q - ₩96,000

₩80Q - ₩96,000 = ₩0　∴ Q = 1,200단위

변동원가계산하에서는 이익이 판매량에 의해서만 결정되므로 생산량에 관계없이 손익분기점 판매량은 1,200단위이다.

2. **전부원가계산**

전부원가계산에 의한 손익분기점 판매량을 Q라 하면,

포괄손익계산서(전부원가계산, 기능별 표시)

생산량	1,000단위	1,200단위	1,500단위
단위당 변동제조원가	₩100	₩100	₩100
단위당 고정제조간접원가[*1]	60	50	40
단위당 제조원가	₩160	₩150	₩140
매출액	200Q	200Q	200Q
매출원가[*2]	160Q	150Q	140Q
매출총이익	40Q	50Q	60Q
판매관리비	20Q + ₩36,000	20Q + ₩36,000	20Q + ₩36,000
영업이익	20Q - ₩36,000	30Q - ₩36,000	40Q - ₩36,000
	20Q - ₩36,000 = ₩0	30Q - ₩36,000 = ₩0	40Q - ₩36,000 = ₩0
	∴ Q = 1,800단위	∴ Q = 1,200단위	∴ Q = 900단위

[*1] 고정제조간접원가 ÷ 생산량

[*2] 매출원가 = 판매량 × 단위당 제조원가(∵ 기간별 단위당 제조원가가 일정하므로)

(4) 위의 예제 19에서 생산량에 따른 손익분기점 판매량을 그래프로 나타내면 다음과 같다. 여기서 생산량에 따른 손익분기점 판매량의 변동을 나타내는 선을 손익분기선(BEL; Break-Even Line)이라고 한다.

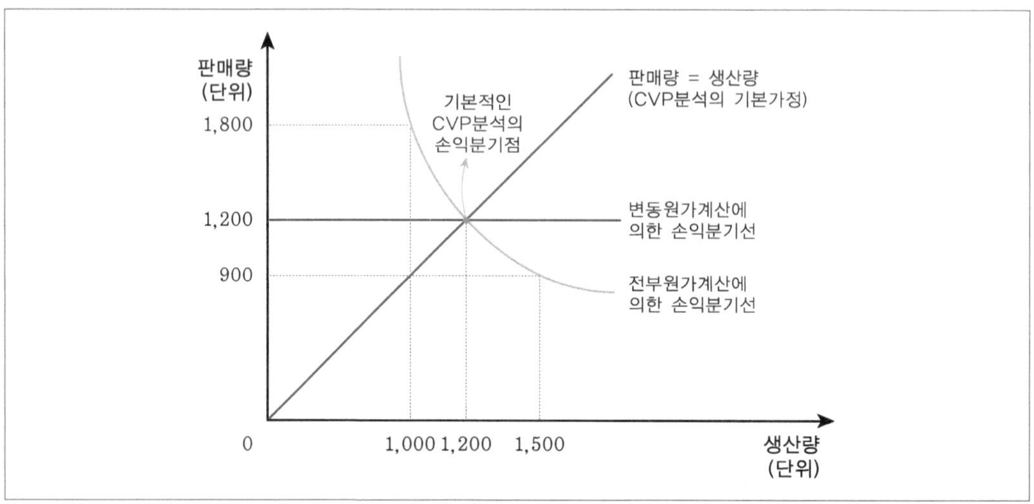

(5) 위의 그림에서도 보듯이 변동원가계산에 의할 경우에는 이익이 판매량에 의해서만 결정되므로 생산량에 관계없이 손익분기점 판매량은 하나이지만, 전부원가계산에 의할 경우에는 생산량이 증가함에 따라 손익분기점 판매량이 감소한다는 것을 알 수 있다. 그 이유는 전부원가계산에서는 발생된 고정제조간접원가를 생산량으로 나누어 제품원가에 포함시킨 후 제품이 판매되는 시점에 판매된 제품원가에 포함된 고정제조간접원가만 매출원가로 대체되어 비용화되기 때문이다. 즉, 생산량이 증가할수록 단위당 고정제조간접원가가 감소되어 단위당 비용화되는 고정제조간접원가가 감소되기 때문이다. 따라서 전부원가계산의 손익분기점 판매량은 생산량이 전제되어 단위당 고정제조간접원가가 결정되어야만 계산할 수 있다.

(6) 이와 같이 전부원가계산에서는 고정제조간접원가가 단위당 제조원가를 구성하여 판매되어야 비용(매출원가)으로 처리되기 때문에 기간별 단위당 제조원가(단위당 변동제조원가 및 단위당 고정제조간접원가)가 일정하다고 가정하면 다음과 같은 식이 성립한다.

(단위당 공헌이익 - 단위당 고정제조간접원가*) × 손익분기점 판매량 - 고정판매관리비 = 0

$$* \text{단위당 고정제조간접원가} = \frac{\text{고정제조간접원가 총액}}{\text{생산량}}$$

(7) 위의 식을 이용하여 예제 19의 전부원가계산의 손익분기점 판매량을 계산하면 다음과 같다.

① 1,000단위 생산 시

(₩80 - ₩60*) × Q - ₩36,000 = 0

단위당 공헌이익　고정판매관리비

* 단위당 고정제조간접원가: ₩60,000 ÷ 1,000단위 = @60

∴ Q = 1,800단위

② 1,200단위 생산 시

(₩80 - ₩50*) × Q - ₩36,000 = 0

* 단위당 고정제조간접원가: ₩60,000 ÷ 1,200단위 = @50

∴ Q = 1,200단위

③ 1,500단위 생산 시

(₩80 - ₩40*) × Q - ₩36,000 = 0

* 단위당 고정제조간접원가: ₩60,000 ÷ 1,500단위 = @40

∴ Q = 900단위

이와 같이 생산량과 판매량이 일치하지 않는 경우에 전부원가계산을 적용하면 특정 생산량하에서 계산된 제품원가정보를 가지고 판매량과 이익사이의 관계를 분석하게 된다.

원가계산방법별 고정제조간접원가의 처리

구분	변동원가계산	전부원가계산
고정제조간접원가	기간비용으로 처리함	제품원가로 처리함
비용화되는 금액	당기발생액 전액	당기 판매량에 포함된 금액(매출원가)
손익분기점 판매량	$\frac{\text{고정제조간접원가} + \text{고정판매관리비}}{\text{단위당 공헌이익}}$	$\frac{\text{고정판매관리비}}{\text{단위당 공헌이익} - \text{단위당 고정제조간접원가}}$ *
생산량의 변화에 따른 손익분기점 판매량의 변화	생산량 변화와 무관함	생산량이 증가할수록 단위당 고정제조간접원가가 감소하여 손익분기점 판매량이 작아짐

* 기간별 단위당 제조원가(단위당 변동제조원가 및 단위당 고정제조간접원가)가 일정할 경우

보론 | 경제학에서의 CVP도표

경제학에서는 완전경쟁시장을 가정할 경우 제품의 판매가격은 시장에서 가격이 결정되면 개별기업은 그 가격을 주어진 것으로 받아들인다. 반면에 독점시장을 가정할 경우 독점기업이 가격을 결정하며 가격결정 시 수요의 가격탄력성이 1 이상인 영역에서만 판매가격을 결정할 것이다.

그리고 변동원가는 생산량이 늘어날수록 처음에는 감소하다가 생산량이 일정 수준을 넘어서면 다시 상승한다고 가정한다.

경제학에서의 CVP도표

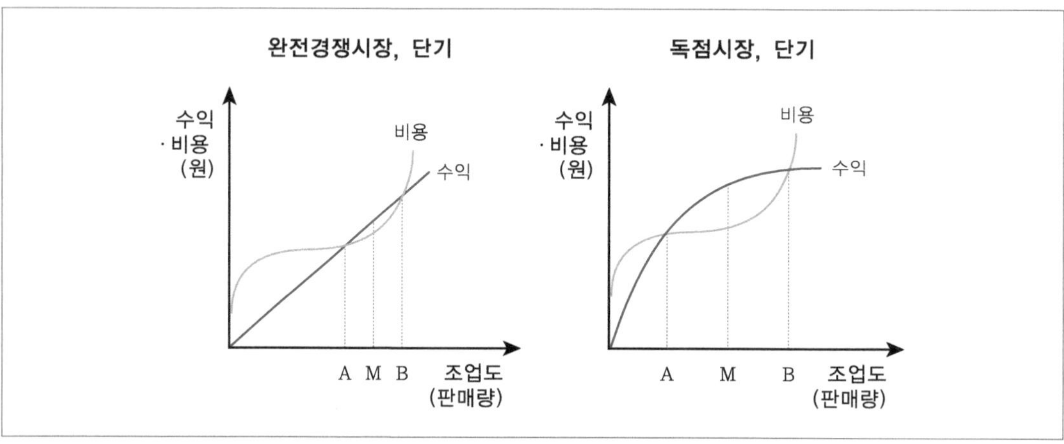

경제학에서 단기를 가정할 경우 완전경쟁시장과 독점시장에서 손익분기점은 위 그림에서 보는 바와 같이 수익과 비용이 일치하는 A와 B 두점에서 나타난다. 조업도가 A점 이하일 경우에는 손실이 발생하며, A와 B점 사이일 때에는 이익이 발생하고 B점 이상일 경우에는 다시 손실이 발생한다. 이때 영업이익을 최대로 하기 위해서는 수익과 비용의 차이가 가장 크게되는 M점에서 조업을 하여야 하며, 이 점에서는 수익선의 기울기(한계수익)와 비용선의 기울기(한계비용)가 같게 되어 한계이익이 0이 된다.

제9장

기출 OX문제

01 단위당 판매가격은 수요·공급의 원리에 따라 판매량을 증가시키기 위해서는 낮추어야 한다는 것을 가정한다. (O, X)

02 모든 원가는 고정원가와 변동원가로 나누어질 수 있으며, 고정원가는 매출수량의 증가에 관계없이 관련범위 내에서 일정하고, 변동원가는 매출수량의 증가에 정비례하는 것을 가정한다. (O, X)

03 의사결정이 이루어지는 관련범위 내에서 조업도만이 원가에 영향을 미치는 유일한 요인이며, 복수제품인 경우 매출배합은 일정하다고 가정한다. (O, X)

04 원가함수를 조업도에 대한 1차 함수로 추정하는 것은 관련범위 내에서 원가함수가 선형이라는 가정에 따른 것이다. (O, X)

05 원가요소, 능률, 생산성은 일정범위 내에서 변동하지 않으며, 생산·관리·판매의 효율성에도 변동이 없다고 가정한다. (O, X)

06 대부분의 원가요소는 기간이 매우 길 경우에는 변동원가가 되며, 기간이 매우 짧은 경우에는 고정원가가 될 것이므로 원가와 원가동인의 관계가 지속적으로 성립될 것으로 기대되는 예측가능한 범위를 정하여야 한다. (O, X)

07 손익분기점 분석 시 변동원가계산이 전부원가계산보다 더 적합하다. (O, X)

08 법인세율이 증가하는 경우 손익분기점은 작아질 것이다. (O, X)

원가·조업도·이익분석 제9장 해커스 세무사 眞원가관리회계

정답 및 해설

01 X CVP분석 시 판매가격은 판매수량이 변동하여도 일정하다고 가정한다.
02 O
03 O
04 O
05 O
06 O
07 O
08 X 손익분기점에서는 순이익이 0으로 법인세가 존재하지 않으므로, 법인세는 손익분기분석에 영향을 미치지 않는다.

09 이익 - 조업도 도표에서 조업도가 판매량일 경우 이익선의 기울기는 단위당 공헌이익에 의해서 결정된다. (O, X)

10 손익분기점 매출액보다 작더라도 변동원가계산에서는 이익이 보고될 수 있다. (O, X)

11 공헌이익률이 증가하면 목표이익을 달성하기 위한 매출액이 커진다. (O, X)

12 법인세율이 증가하면 같은 세후 목표이익을 달성하기 위한 판매량이 많아진다. (O, X)

13 계단원가(준고정원가)가 존재하면 손익분기점은 반드시 계단 수(구간 수)만큼 존재한다. (O, X)

14 장기적인 관점에서 비선형 손익분기도표에는 조업도수준이 '0'인 점을 포함하여 손익분기점이 3군데가 나타날 수 있다. (O, X)

15 생산량과 판매량이 다른 경우에도 변동원가계산의 손익분기점은 변화가 없다. (O, X)

16 영업레버리지도가 높아지면 매출액의 변동에 따른 영업이익의 변동폭이 커진다는 것을 의미하기 때문에 영업레버리지도는 매출액의 변동에 대한 영업이익의 불확실성을 나타낸다. (O, X)

정답 및 해설

09 O

10 X 매출액이 손익분기매출액보다 작으면 손실이 보고된다.

11 X 공헌이익률이 증가하면 목표이익을 달성하기 위한 매출액은 작아진다.

12 O

13 X 계단원가(준고정원가)가 존재하는 경우 특정한 조건을 충족하는 경우에 한하여 손익분기점은 계단 수(구간 수)만큼 존재하며, 반드시 계단 수(구간 수)만큼 존재하지는 않는다.

14 O

15 O

16 O

17 고정원가가 높고 단위당 변동원가가 낮은 구조를 갖는 기업은 영업레버리지도가 높게 나타나며, 단위당 판매가격이 일정할 때 영업레버리지도가 높은 기업은 공헌이익률도 높게 나타난다. (O, X)

18 총원가 중에서 고정원가의 비중이 클수록 이익의 안정성이 커진다. (O, X)

19 안전한계율이 높아지면 영업레버리지도는 낮아진다. (O, X)

20 안전한계율에 공헌이익률을 곱하면 매출액순이익률이 계산된다. (O, X)

21 판매량이 증가하면 영업레버리지도는 높아진다. (O, X)

22 이익 규모가 비슷한 경우 고정비용의 큰 원가구조를 가지고 있는 기업일수록 레버리지 효과가 커져서 불경기에도 큰 타격을 입지 않을 것이다. (O, X)

23 영업레버리지도(DOL)는 공헌이익을 영업이익으로 나누어 측정할 수 있으며 고정원가가 없는 기업의 영업레버리지도는 1로 측정된다. (O, X)

정답 및 해설

17 O

18 X 고정원가의 비중이 클수록 영업레버리지효과가 커지고 이익의 변동도 커진다.

19 O

20 O

21 X 영업레버리지도는 손익분기점 부근의 매출액에서 가장 크게 나타나고 매출액이 증가할수록 감소하므로 판매량이 증가하면 영업레버리지도는 낮아진다.

22 X 고정비용이 큰 원가구조하에서는 매출액이 조금만 변화해도 이익규모가 많이 변화하는 특징(영업레버리지효과)을 갖게 되므로 불경기에 큰 타격을 입게 된다.

23 O

제9장

개념확인문제

대표 문제를 학습한 후, 이와 동일한 유형의 문제를 풀며 개념을 익혀보세요.

대표 문제 CVP분석

다음은 (주)해커의 20×1년 영업활동에 관한 자료이다.

단위당 변동원가	₩400
공헌이익률	60%
매출액	₩20,000,000
순이익	0

회사는 20×2년에는 전년도보다 제품 10,000단위를 더 많이 판매하려고 한다. 단위당 판매가격과 단위당 변동원가가 변하지 않는다고 가정하면, 20×2년에는 제품 10,000단위에 해당하는 매출액의 10%만큼의 목표이익을 달성하고자 할 경우 20×1년에 비해 고정원가를 추가로 얼마만큼 증가시킬 수 있는가? [회계사 97]

해답 1. 20×1년도 영업활동

(1) 순이익이 ₩0이므로 주어진 매출액이 손익분기점 매출액(BEP S)임을 알 수 있다.
따라서 고정원가(FC)는

손익분기점 매출액(BEP S) = 고정원가(FC)공헌이익률(CMR): ₩20,000,000 = $\frac{FC}{60\%}$

∴ FC = ₩12,000,000

(2) 변동비율(VCR) = 1 - 공헌이익률(CMR) = 40%

(3) 단위당 판매가격(p) = 단위당 변동원가(v)변동비율(VCR) = $\frac{₩400}{40\%}$ = ₩1,000

(4) 판매량(Q) = $\frac{\text{매출액(S)}}{\text{단위당 판매가격(p)}}$ = $\frac{₩20,000,000}{@1,000}$ = 20,000단위(손익분기점임)

2. 20×2년 목표

(1) 목표판매량: 20,000단위 + 10,000단위 = 30,000단위

(2) 목표이익: 10,000단위 × @1,000 × 10% = ₩1,000,000
(10,000단위 × @1,000: 10,000단위 매출액)

(3) 영업이익: 30,000단위 × (@1,000 - @400) - FC′ = ₩1,000,000
(30,000단위 × (@1,000 - @400): 총공헌이익, FC′: 고정원가)

∴ FC′ = ₩17,000,000

따라서, 20×1년에 비해 추가로 ₩5,000,000(= FC′ - FC)을 증가시킬 수 있다.

01 갑회사는 20×1년 5월 중 백과사전을 구입하여 50질을 판매하였으며 공헌이익률은 60%였다. 동 기간 중 발생한 총변동원가는 ₩2,000,000이고, 총고정원가는 ₩1,500,000이었다. 총고정원가 중에는 판매원에 대한 고정급 ₩500,000이 포함되어 있다. 갑회사는 판매원에게 고정급을 지급하는 대신 백과사전 1질 판매당 ₩12,000을 지급하는 성과급으로 변경할 것을 검토 중이다. 만약 이와 같은 성과급으로 변경한다면 종전과 동일한 이익을 얻기 위해서는 한달에 백과사전을 몇 질 판매하여야 하는가?

[세무사 97]

정답 및 해설

01 1. 자료분석

	변경 전[*1]	변경 후[*2]
단위당 판매가격(p)	₩100,000	₩100,000
단위당 변동원가(v)	40,000	52,000
단위당 공헌이익(cm)	₩60,000	₩48,000
고정원가(FC)	₩1,500,000	₩1,000,000

[*1] 변경 전

(1) 단위당 변동원가: $\frac{\text{총변동원가}}{\text{판매량}} = \frac{₩2,000,000}{50\text{질}}$ = @40,000

(2) 단위당 판매가격: ₩40,000(단위당 변동원가) ÷ (1 - 60%)(변동비율) = ₩100,000

(3) 고정원가: ₩1,500,000

[*2] 변경 후

(1) 단위당 변동원가: ₩40,000(변경 전) + ₩12,000(단위당 성과급) = ₩52,000

(2) 단위당 판매가격: ₩100,000(변경 전과 동일)

(3) 고정원가: ₩1,500,000(변경 전) - ₩500,000(고정급) = ₩1,000,000

2. 변경 전 이익: 50질 × @60,000 - ₩1,500,000 = ₩1,500,000이므로
목표이익(TI) = ₩1,500,000, 변경 후 판매량을 Q라고 하면,

$\therefore Q = \frac{FC + TI}{cm} = \frac{₩1,000,000 + ₩1,500,000}{@48,000}$ ≒ 52질

02 (주)신촌의 손익분기점 판매량은 400단위이며, 이때의 총변동원가는 ₩40,000, 총고정원가는 ₩20,000이다. 회사가 401번째 단위를 판매하면 순이익은 얼마나 증가하는가?

03 (주)봉황은 야구공을 제조하여 개당 ₩10,000에 판매하고 있다. 야구공 제조에 사용되는 변동원가는 개당 ₩5,000이고 고정원가는 한달에 ₩2,000,000이다. (주)봉황이 5월에 ₩1,160,000의 세후순이익을 얻기 위해서는 몇 개의 야구공을 생산·판매하여야 하는가? 단, 법인세율은 세전이익 ₩1,000,000까지는 18%, ₩1,000,000 초과 시에는 32%로 가정한다. [세무사 95]

04 대한회사는 단위당 ₩50에 제품을 생산·판매한다. 대한회사의 단위당 변동원가는 직접재료원가 ₩14, 직접노무원가 ₩5, 변동제조간접원가 ₩3, 변동판매관리원가 ₩2이다. 연간 총고정원가는 고정제조간접원가 ₩55,000, 고정판매관리비 ₩80,200이다. 대한회사가 단위당 판매가를 ₩50에서 ₩48으로 인하할 경우, 기존의 연간 손익분기점 판매량을 유지하려면 연간 총고정원가를 얼마나 줄여야 하는가? [세무사 08]

정답 및 해설

02 400단위에서 추가로 401번째 단위를 판매하면 단위당 공헌이익(cm)만큼 순이익이 증가한다.

$$\text{BEP Q} = \frac{FC}{cm} \quad \therefore cm = \frac{FC}{\text{BEP Q}} = \frac{₩20,000}{400단위} = @50$$

따라서, 순이익이 ₩50 증가한다.

03 1. 세후순이익: ₩1,160,000 = ₩820,000 + ₩340,000
(₩820,000: 세율 18% 적용, ₩340,000: 세율 32% 적용)

∴ 세전목표이익: ₩820,000 ÷ (1 - 18%) + ₩340,000 ÷ (1 - 32%) = ₩1,500,000

2. 목표판매량을 Q라고 하면,

Q × (@10,000 - @5,000) - ₩2,000,000 = ₩1,500,000
(Q × (@10,000 - @5,000): 총공헌이익, ₩2,000,000: 고정원가)

∴ Q = 700개

04 1. 자료분석

	기존	단위당 판매가 인하
단위당 판매가(p)	₩50	₩48
단위당 변동원가(v)	24*1	24*1
단위당 공헌이익(cm)	₩26	₩24
연간총고정원가(FC)	₩135,500*2	X

*1 단위당 변동원가(v)

직접재료원가	₩14
직접노무원가	5
변동제조간접원가	3
변동판매관리비	2
계	₩24

*2 연간총고정원가(FC)

고정제조간접원가	₩55,000
고정판매관리비	80,200
계	₩135,200

2. 기존 손익분기점 판매량: 총고정원가 ÷ 단위당 공헌이익 = ₩135,200 ÷ @26 = 5,200단위

단위당 판매가 인하 후 연간 총고정원가를 X라고 하면, 손익분기점 판매량이 인하 전과 같으므로

단위당 판매가 인하 후 손익분기점 판매량: X ÷ @24 = 5,200단위

∴ X = ₩124,800

따라서, 연간총고정원가를 ₩10,400(= ₩135,200 - ₩124,800)만큼 줄여야 한다.

[별해]

기존 손익분기점판매량: ₩135,200 ÷ @26 = 5,200단위

단위당 공헌이익 감소액: ₩2(= 단위당 판매가 인하액)

따라서 총고정원가가 ₩10,400(= 5,200단위 × @2) 감소해야 손익분기점 판매량이 유지된다.

05 (주)국세는 단일제품을 생산하고 있으며, 주문받은 수량만을 생산하여 해당 연도에 모두 판매한다. (주)국세의 법인세율은 40% 단일세율이며, 관련 자료는 다음과 같다.

구분	20×1년	20×2년
매출액	₩2,000,000	₩2,500,000
제품단위당 변동원가	600	720
총고정원가	400,000	510,000

(주)국세의 20×1년 세후이익은 ₩240,000이며, 20×2년 세후이익은 20×1년보다 10% 증가하였다. (주)국세의 20×2년 공헌이익률은 얼마인가? [세무사 11]

06 (주)세무항공은 항공기 1대를 이용하여 김포와 제주 간 노선을 주 5회 왕복운항하고 있으며, 이 항공기의 좌석수는 총 110석이다. 이 노선의 항공권은 1매당 편도요금은 ₩30,000이고, 항공권을 대행 판매하는 여행사에 판매된 요금의 3%가 수수료로 지급되며, 항공권 1매당 예상되는 기내식사비용은 ₩1,100이다. 편도운항당 연료비는 ₩700,000이 소요되며, 비행설비 임차료와 공항사용료는 매주 ₩4,800,000이며 승무원 급여와 복리후생비는 매주 ₩7,800,000이 발생한다. (주)세무항공이 손익분기점에 도달하기 위해 매주 최소 판매해야 할 항공권 수량은? 단, 항공권은 편도기준으로 여행사를 통해서만 판매된다. [세무사 14]

07 (주)스키리조트는 매년 11월 중순부터 다음 해 3월 말까지 총 20주 동안만 객실을 임대하고, 나머지 기간 중에는 임대를 하지 않고 있다. (주)스키리조트는 각 객실의 하루 임대료가 ₩400인 100개의 객실을 구비하고 있다. 이 회사는 회계연도가 매년 4월 1일에 시작하여 다음 해 3월 31일에 종료되며, 회계기간 동안 연간 관리자급여와 감가상각비는 ₩1,370,000이다. 임대가능기간인 총 20주 동안만 채용되는 관리보조원 1명의 주당 급여는 ₩2,500이다. 임대가능기간 중 100개의 객실 각각에 대한 보수유지 및 관리비는 하루에 ₩125씩 발생한다. 총 객실 중 고객에게 임대한 객실은 청소 및 소모품비로 객실당 하루에 ₩30이 추가로 발생한다. (주)스키리조트가 동 회계연도 동안 손익분기점에 도달하기 위해 임대가능기간인 총 20주 동안의 객실임대율은 얼마인가? 단, 임대율(%)은 가장 근사치를 선택한다.

[회계사 16]

08 (주)세무는 20×1년에 제품 A를 생산하기로 결정하였다. 제품 A의 20×1년 생산량과 판매량은 일치하며, 기초 및 기말 재공품은 없다. 제품 A는 노동집약적 방법 또는 자본집약적 방법으로 생산 가능하며, 생산방법에 따라 품질과 판매가격의 차이는 없다. 각 생산방법에 의한 예상제조원가는 다음과 같다.

	노동집약적 생산방법	자본집약적 생산방법
단위당 변동제조원가	₩300	₩250
연간 고정제조간접원가	2,100,000	3,100,000

(주)세무는 제품 A 판매가격을 단위당 ₩600으로 책정하고, 제조원가 외에 단위당 변동판매관리비 ₩50과 연간 고정판매관리비 ₩1,400,000이 발생될 것으로 예상하였다. (주)세무가 20×1년에 노동집약적 생산방법을 택할 경우 손익분기점 판매량(A)과 두 생산방법 간에 영업이익의 차이가 발생하지 않는 판매량(B)은 각각 얼마인가? [세무사 16]

정답 및 해설

05 공헌이익률을 x라 하면,
(₩2,500,000 × x - ₩510,000) × (1 - 0.4) = ₩240,000 × (1+ 0.1)
∴ x = 0.38(38%)

06 고정원가 집계 시 대상기간은 1주(5회 왕복기준)이다. 항공권수량을 Q라 하면,
Q × (@30,000 - @30,000 × 3% - @1,100) - 10회 × @700,000 - ₩4,800,000 - ₩7,800,000 = 0
∴ Q = 700매

07 고정원가 집계 시 대상기간은 20주이다. 임대율을 x라 하면,

임대수익: 100개 × x × ₩400 × 20주 × 7일 =	₩5,600,000x
관리자급여 및 감가상각비	1,370,000
관리보조원급여: ₩2,500 × 20주 =	50,000
객실유지 보수 및 관리비: 100개 × ₩125 × 20주 × 7일 =	1,750,000
객실 청소 및 소모품비: 100개 × x × ₩30 × 20주 × 7일 =	420,000x
계	₩5,180,000x - ₩3,170,000

∴ x = 61.2%

08 1. 노동집약적 생산방법 선택 시
Q × (₩600 - ₩300 - ₩50) - (₩2,100,000 + ₩1,400,000) = 0
∴ 손익분기점 판매량(A) = 14,000단위
2. 영업이익의 차이가 발생하지 않는 판매량
Q × ₩250 - ₩3,500,000 = Q × ₩300 - ₩4,500,000
∴ Q = 20,000단위

09 (주)세무는 원가행태를 추정하기 위해 고저점법을 적용한다. (주)세무의 경영자는 추정된 원가함수를 토대로 7월의 목표이익을 ₩167,500으로 설정하였다. 목표이익을 달성하기 위한 추정 목표매출액은? 단, 당월 생산된 제품은 당월에 전량 판매되고, 추정 목표매출액은 관련범위 내에 있다. [세무사 18]

월	총원가	총매출액
3	₩887,000	₩980,000
4	791,000	855,000
5	985,500	1,100,000
6	980,000	1,125,000

정답 및 해설

09 1. 판매량기준 저점(Q_1)은 4월, 고점(Q_2)은 6월임

저점: $Q_1 \times b + a$ = ₩791,000, $Q_1 \times p$ = ₩855,000

고점: $Q_2 \times b + a$ = ₩980,000, $Q_2 \times p$ = ₩1,125,000

2. 매출액 대비 변동원가의 비율: $\frac{(Q_2 - Q_1) \times b}{(Q_2 - Q_1) \times p} = \frac{₩980,000 - ₩791,000}{₩1,125,000 - ₩855,000} = 70\%$

3. 고정원가 = ₩791,000 - ₩855,000 × 70% = ₩192,500

4. 목표매출액(x) × (1 - 0.7) - ₩192,500 = ₩167,500

∴ 목표매출액(x) = ₩1,200,000

대표 문제 복수제품의 CVP분석

(주)한지는 제품 A와 제품 B를 생산·판매한다. (주)한지는 변동원가계산방법을 사용하며 당기 예상판매 및 예상원가 자료는 다음과 같다.

구분	제품 A	제품 B	합계
판매수량	300개	700개	1,000개
총매출액	₩30,000	₩42,000	₩72,000
총변동원가	15,000	21,000	36,000
총고정원가			21,600

매출배합이 일정하다고 가정하고 손익분기점을 달성하기 위한 두 제품의 판매수량은 각각 얼마인가?

[회계사 08]

해답 [자료분석]

	제품 A		제품 B
단위당 판매가격[*1](p)	₩100		₩60
단위당 변동원가[*2](v)	50		30
단위당 공헌이익(cm)	₩50		₩30
총고정원가(FC)	₩21,600		
매출배합	3	:	7

*1 총매출액 ÷ 판매수량

*2 총변동원가 ÷ 판매수량

∴ 가중평균 단위당 공헌이익: $\frac{3 \times ₩50 + 7 \times ₩30}{3+7} = ₩36 \left(\frac{\text{총공헌이익}}{\text{총판매량}} = \frac{₩72{,}000 - ₩36{,}000}{1{,}000개}\right)$

손익분기점 총판매수량: $\frac{\text{총고정원가}}{\text{가중평균 단위당 공헌이익}} = \frac{₩21{,}600}{@36} = 600개$

∴		
제품 A 손익분기점판매수량:	600개 × 30% =	180개
제품 B 손익분기점판매수량:	600개 × 70% =	420
계		600개

참고

제품 A = 3개, 제품 B = 7개로 한 꾸러미를 만들면

꾸러미 단위당 공헌이익: ₩50 × 3 + ₩30 × 7 = ₩360

손익분기점 꾸러미수량: ₩21,600 ÷ @360 = 60꾸러미

따라서, 손익분기점 판매수량은		
	제품 A(60꾸러미 × 3개/꾸러미)	180개
	제품 B(60꾸러미 × 7개/꾸러미)	420
	계	600개

10 (주)한국은 A, B, C 세 가지 제품을 만들고 있는 회사이다. 이들 제품에 관한 자료는 다음과 같다.

	제품 A	제품 B	제품 C
단위당 판매가격	₩120	₩100	₩150
단위당 변동원가	72	70	120

또한 월 고정원가는 ₩150,000이다. 세 가지 제품의 매출구성비(매출액기준)가 5 : 2 : 3일 때 총매출액의 20%를 이익으로 얻기 위해서 필요한 총매출액은 얼마인가? [회계사 01]

11 (주)해커는 A, B 두 종류의 제품을 취급하고 있다. 매출배합은 제품 A가 60%, 제품 B가 40%이며, 단위당 공헌이익은 각각 ₩10, ₩15이고 손익분기점에서의 제품 B의 판매량은 4,000단위이다. 회사는 단위당 공헌이익이 ₩5인 제품 C를 추가로 취급할 것을 검토하고 있는데, 제품 C를 추가로 취급하더라도 제품 A, B의 단위당 공헌이익은 변화되지 않으나, 매출배합은 제품 A, B, C에 대하여 각각 20%, 60%, 20%가 될 것으로 예상된다. 제품 C를 추가로 취급할 때, 제품 B의 손익분기점 판매량은 얼마인가?

12 (주)도원은 정밀기계를 위한 특수필터와 가정의 전자제품용 일반필터를 생산하여 판매하고 있다. 20×1년도 (주)도원의 제품 생산량과 단위당 자료는 다음과 같다.

구분	특수필터	일반필터
생산량	2,000개	6,000개
판매가격	₩500	₩300
직접재료원가	150	100
직접노무원가	60	80
변동제조간접원가	90	60
변동판매관리비	50	50

(주)도원의 연간 최대조업도는 21,000기계시간이며, 20×1년도 변동제조간접원가는 기계시간당 ₩30이었다. (주)도원의 매년 생산량과 판매량은 동일한 것으로 가정한다. (주)도원은 특수필터 제품에 대한 판매활동을 강화하여 특수필터와 일반필터의 매출배합을 2 : 3으로 변경하는 것을 고려하고 있다. 매출배합의 변경은 오직 특수필터 제품의 변동판매관리비에만 영향을 준다. 특수필터와 일반필터의 전체 판매량을 8,000단위로 하고 매출배합을 변경할 경우에 두 제품의 판매로 인한 총공헌이익이 매출배합 변경 전과 동일하다면, 특수필터 제품의 단위당 변동판매관리비는 얼마인가? [회계사 09]

정답 및 해설

10 1. 자료분석

	제품 A		제품 B		제품 C
단위당 판매가격(p)	₩120		₩100		₩150
단위당 변동원가(v)	72		70		120
단위당 공헌이익(cm)	₩48		₩30		₩30
공헌이익률(CMR)	40%		30%		20%
매출액구성비	5	:	2	:	3
고정원가(FC)	₩150,000				

2. 가중평균공헌이익률: $\frac{0.4 \times 5 + 0.3 \times 2 + 0.2 \times 3}{5 + 2 + 3} = 0.32(32\%)$

3. 목표 총매출액(S) = $\frac{\text{고정원가(FC)} + \text{목표이익(TI)}}{\text{공헌이익률(CMR)}}$

$S = \frac{₩150,000 + S \times 20\%}{32\%}$

∴ S = ₩1,250,000

11 1. 제품 A와 B의 매출배합이 6 : 4이며 B의 손익분기판매량이 4,000단위이므로 A의 손익분기점 판매량은 6,000단위이다. 따라서 공헌이익이 주어져 있으므로 고정원가(= 손익분기점 공헌이익)를 구할 수 있다.

∴ 고정원가: 6,000단위 × @10 + 4,000단위 × @15 = ₩120,000

2. 제품 C의 단위당 공헌이익은 ₩5이며 매출배합이 2 : 6 : 2이므로 꾸러미당 공헌이익은 ₩120,

손익분기점 꾸러미: $\underbrace{₩120,000}_{\text{고정원가}}$ ÷ @120 = 1,000꾸러미

따라서, 제품 B의 손익분기판매량은 6,000단위(= 1,000꾸러미 × 6)이다.

12 1. 자료분석

		특수필터		일반필터
단위당 판매가격(p)		₩500		₩300
단위당 변동원가(v)	(₩150 + ₩60 + ₩90 + ₩50 =)	350	(₩100 + ₩80 + ₩60 + ₩30 =)	270
단위당 공헌이익(cm)	변동제조원가	₩150	변동제조원가	₩30
생산·판매량(Q)		2,000단위		6,000단위

2. 전체 판매량은 8,000단위로 하고 매출배합을 2 : 3으로 변경 후 특수필터 단위당 변동판매관리비를 x라고 하면,

		특수필터		일반필터
단위당 판매가격(p)		₩500		₩300
단위당 변동원가(v)		300 + x		270
단위당 공헌이익(cm)		₩200 + x		₩30
생산·판매량(Q)	(8,000단위 × 40% =)	3,200단위	(8,000단위 × 60% =)	4,800단위

3. 변경 후 총공헌이익 = 변경 전 총공헌이익

3,200단위 × (₩200 - x) + 4,800단위 × @30 = 2,000단위 × @150 + 6,000단위 × @30

∴ 매출배합 변경 후 특수필터 단위당 변동판매관리비: x = ₩95

13 (주)국세는 다음과 같이 3가지 제품을 생산·판매할 계획이다.

	제품 A	제품 B	제품 C
단위당 판매가격	₩10	₩12	₩14
단위당 변동원가	6	4	8
예상판매량	100개	150개	250개

고정원가는 총 ₩2,480으로 전망된다. 예상판매량 배합비율이 유지된다면, 제품 C의 손익분기점 매출액은? [세무사 15]

14 (주)세무는 제품 A(공헌이익률 50%)와 제품 B(공헌이익률 30%) 두 제품만을 생산·판매하는데, 두 제품 간 매출액의 상대적 비율은 일정하게 유지된다. (주)세무의 20×1년 매출액 총액은 ₩7,000,000, 총고정원가는 ₩1,750,000으로 예측하고 있으며, 예상 영업이익은 ₩700,000으로 설정하였다. (주)세무가 20×1년의 예상 영업이익을 달성하기 위한 제품 A와 제품 B의 매출액은? [세무사 16]

15 (주)대한은 20×1년도 예산을 다음과 같이 편성하였다.

구분	제품 A	제품 B	회사 전체
매출액	₩125,000	₩375,000	₩500,000
변동원가	75,000	150,000	225,000
공헌이익			₩275,000
고정원가			220,000
세전이익			₩55,000
법인세비용			11,000
세후이익			₩44,000

경영자는 예산을 검토하는 과정에서 20×1년에 제품 C의 판매를 추가하기로 하였다. 20×1년도 제품 C의 예상매출액은 ₩125,000이고 변동원가율은 30%이다. (주)대한의 고정원가는 회사 전체 매출액 구간별로 다음과 같은 행태를 갖는다.

회사 전체 매출액	고정원가
₩0 ~ ₩500,000	₩220,000
₩500,001 ~ ₩1,000,000	300,000

상기 예산손익계산서에 제품 C를 추가함으로써 손익분기점에 도달하기 위한 회사 전체 매출액은 얼마나 증가하는가? 단, (주)대한에 적용되는 법인세율은 20%이다. [회계사 18]

16 (주)세무는 직접재료를 투입하여 두 개의 공정을 거쳐 제품을 생산하고 있다. 제1공정에서는 직접재료 1톤을 투입하여 제품 A 400kg과 중간제품 M 600kg을 생산하며, 제2공정에서는 중간제품 M을 가공하여 제품 B 600kg을 생산한다. 직접재료는 제1공정 초기에 전량 투입되고, 전환원가는 공정 전반에 걸쳐 균등하게 발생하며, 모든 공정에서 공손 및 감손은 발생하지 않는다. 제1공정에서는 변동전환원가가 ₩200/톤, 고정원가는 ₩70,000이 발생하였으며, 제2공정에서는 변동전환원가가 ₩1,200/톤, 고정원가는 ₩58,000이 발생하였다. 직접재료 구입원가는 ₩2,000/톤이며, 제품 A와 B의 판매가격은 각각 ₩3,000/톤, ₩5,000/톤이다. 생산된 모든 제품이 전량 판매된다고 가정할 경우, 각 제품의 손익분기점 판매량은? [세무사 18]

정답 및 해설

13 1. 매출배합은 A : B : C = 2 : 3 : 5이므로
set당 공헌이익 = 2 × (₩10 - ₩6) + 3 × (₩12 - ₩4) + 5 × (₩14 - ₩8) = ₩62
2. 손익분기점 set수량 = ₩2,480 ÷ ₩62 = 40set
∴ 손익분기점에서 C의 매출액 = 40set × 5 × ₩14 = ₩2,800

14 1. 제품 A의 매출액을 X라 하면,
X × 50% + (₩7,000,000 - X) × 30% - ₩1,750,000 = ₩700,000
∴ X = ₩1,750,000
2. 제품 A의 매출액이 ₩1,750,000이므로 제품 B의 매출액은 ₩5,250,000이다.

15 1. 제품 C 추가 전
공헌이익률 $= \dfrac{₩275,000}{₩500,000} = 55\%$
손익분기점 매출액 = ₩220,000 ÷ 0.55 = ₩400,000
2. 제품 C 추가 후
공헌이익률 = {₩275,000 + ₩125,000 × (1 - 0.3)} ÷ (₩500,000 + ₩125,000)
= ₩362,500 ÷ ₩625,000 = 58%
손익분기점 매출액 $= \dfrac{₩300,000}{0.58} = ₩517,241$
∴ 손익분기점 매출액 증가 = ₩517,241 - ₩400,000 = ₩117,241

16 1. 재료 1톤당 공헌이익
0.4톤 × ₩3,000 + 0.6톤 × ₩5,000 - ₩1,200 × 0.6톤 - ₩200 - ₩2,000 = ₩1,280
2. 손익분기점 달성을 위한 재료투입량을 Q라 하면,
Q × ₩1,280 - (₩70,000 + ₩58,000) = 0
∴ Q = 100톤
손익분기점 제품 A 판매량 = 100톤 × 40% = 40톤
손익분기점 제품 B 판매량 = 100톤 × 60% = 60톤

대표 문제 안전한계와 영업레버리지

다음은 단일제품을 생산·판매하는 A기업과 B기업의 관련범위 내에서 작성된 손익분기도표(cost-volume-profit graph, CVP 도표)이다. 두 기업의 판매단가와 고정원가는 동일하나, 단위당 변동원가는 서로 다르다.

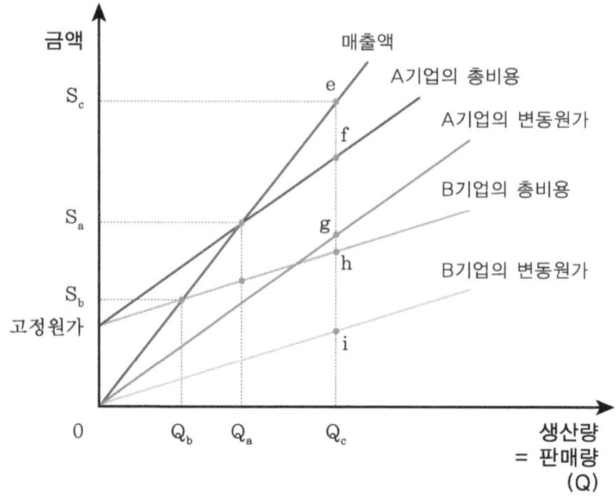

S_c에서 (1) B기업의 영업레버리지도와 (2) A기업과 B기업의 안전한계율의 차이를 기호로 표시하면?

[회계사 10 수정]

해답

1. 영업레버리지도 = $\dfrac{1}{\text{안전한계율}}$

   S_c에서 안전한계율 = $\dfrac{\text{안전한계}}{\text{매출액}} = \dfrac{\text{매출액 - 손익분기점매출액}}{\text{매출액}} = \dfrac{S_c - S_b}{S_c}$

   ∴ S_c에서의 영업레버리지도 = $\dfrac{S_c}{S_c - S_b}$

2. S_c에서 A기업 안전한계율 = $\dfrac{S_c - S_a}{S_c}$, B기업 안전한계율 = $\dfrac{S_c - S_b}{S_c}$

   ∴ S_c에서 안전한계율의 차이 = $\dfrac{S_a - S_b}{S_c}$

17 (주)해커의 올해 예상매출액과 고정원가는 각각 ₩3,200,000, ₩1,200,000이고 공헌이익률은 60%이다. 그렇다면 올해의 안전한계율(margin of safety ratio)은 얼마이겠는가?

18 다음은 (주)국세의 조업도 변화에 따른 총수익, 총변동원가 및 총고정원가를 그래프로 나타낸 것이다.

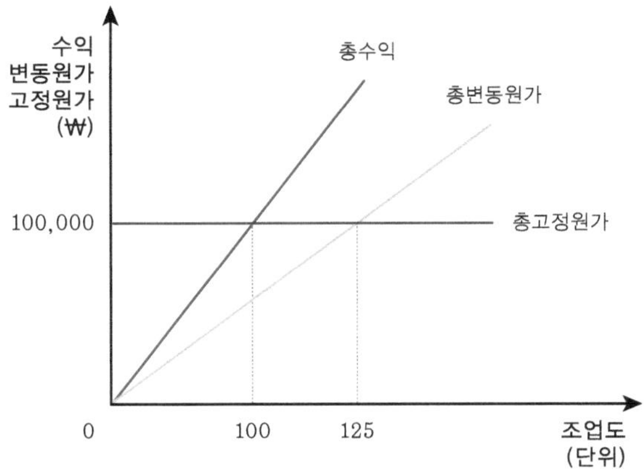

위 그래프를 이용할 경우, (주)국세가 안전한계율 37.5%를 달성하는 데 필요한 목표판매수량은 몇 단위인가? [세무사 12]

정답 및 해설

17 1. 손익분기점 매출액: BEP S = $\frac{FC}{CMR}$ = $\frac{₩1,200,000}{60\%}$ = ₩2,000,000

2. 안전한계: ₩3,200,000 - ₩2,000,000 = ₩1,200,000

∴ 안전한계율 = $\frac{₩1,200,000}{₩3,200,000}$ = 37.5%

[별해]

공헌이익: 매출액 × 공헌이익률 = ₩3,200,000 × 60% = ₩1,920,000

영업이익: 공헌이익 - 고정원가 = ₩1,920,000 - ₩1,200,000 = ₩720,000

안전한계율 = $\frac{영업이익}{공헌이익}$ = $\frac{₩720,000}{₩1,920,000}$ = 37.5%

18 1. 단위당 판매가격: ₩100,000 ÷ 100단위 = ₩1,000

단위당 변동원가: ₩100,000 ÷ 125단위 = ₩800

단위당 공헌이익 = ₩200(공헌이익률: 20%)

손익분기점매출액: ₩100,000 ÷ 20% = ₩500,000

2. 안전한계율 = $\frac{매출액 - 손익분기점매출액}{매출액}$ = 37.5%

안전한계율 37.5%를 달성하기 위한 매출액 = ₩800,000

∴ 목표판매수량: ₩800,000 ÷ ₩1,000 = 800개

19 한국회사와 대한회사는 동일한 제품을 생산·판매하고 있다. 전년도의 한국회사와 대한회사의 원가구조와 영업이익을 분석한 결과, 한국회사의 총변동원가는 ₩900, 총고정원가는 ₩200, 그리고 영업레버리지도는 5인 반면, 대한회사의 총변동원가는 ₩800, 총고정원가는 ₩280, 그리고 영업레버리지도는 8로 파악되었다. 금년 호경기로 인하여 한국회사와 대한회사의 매출수량 및 매출액이 각각 30% 늘어날 것으로 예상된다. 두 회사의 전년도 원가구조가 금년에도 적용된다는 가정하에 두 회사의 금년도 영업이익을 구하면? [세무사 07 수정]

20 (주)동진은 단일 제품을 생산 및 판매하고 있으며, 매년도 기초와 기말의 재고자산은 없다. 20×1년도의 매출 및 원가자료는 다음과 같다.

매출액	₩4,000,000	변동원가	₩2,000,000
공헌이익	2,000,000	고정원가	1,000,000
영업이익	1,000,000		

20×2년도에도 고정원가와 제품 단위당 판매가격은 20×1년도와 같을 것으로 예상된다. 또한 20×2년도의 제품 판매량은 20×1년도보다 20% 증가하고 20×2년도의 손익분기점 매출액은 20×1년도보다 25% 증가할 것으로 예상된다.

20×2년도 (주)동진의 영업레버리지도(degree of operating leverage)는 얼마로 예상되는가? 단, 영업레버리지도는 소수점 셋째 자리에서 반올림하여 계산하라. [회계사 11]

21 3월에 (주)세무의 매출액은 ₩700,000이고 공헌이익률은 54%이며 영업레버리지도는 3이다. 4월에 고정원가인 광고비를 3월보다 ₩30,000 증가시키면 매출이 3월보다 10% 증가하며 공헌이익률의 변화는 없다. (주)세무가 광고비를 ₩30,000 증가시킬 때, 4월의 영업이익은? [세무사 17]

정답 및 해설

19 1. 자료분석

	한국회사	대한회사
총변동원가(VC)	₩900	₩800
총고정원가(FC)	200	280
영업레버리지도(DOL)	5	8
공헌이익(CM)	CM_1	CM_2
영업이익(π)	π_1	π_2

2. 한국회사

DOL: $\frac{CM_1}{\pi_1} = 5$ ⋯ ①　　　　$\pi_1 = CM_1 - ₩200$ ⋯ ②

①, ②에서 π_1 = ₩50, CM_1 = ₩250

금년도: 영업이익변화율 = 매출액변화율 × DOL = 30% × 5 = 150%

∴ 금년도 영업이익: ₩50 × (1 + 150%) = ₩125
(₩50: 전년도 영업이익)

3. 대한회사

DOL: $\frac{CM_2}{\pi_2} = 8$ ⋯ ①　　　　$\pi_2 = CM_2 - ₩280$ ⋯ ②

①, ②에서 π_2 = ₩40, CM_2 = ₩320

금년도: 영업이익변화율 = 30% × 8 = 240%

∴ 금년도 영업이익: ₩40 × (1 + 240%) = ₩136
(₩40: 전년도 영업이익)

20 1. 20×2년의 매출액의 계산

20×2년 제품 단위당 판매가격이 20×1년과 같을 것으로 예상되고 제품 판매량은 20×1년에 비해 20% 증가할 것으로 예상되므로, 20×2년 매출액은 20×1년에 비해 20% 증가할 것으로 예상된다.

∴ 20×2년 매출액: ₩4,000,000 × (1 + 20%) = ₩4,800,000

2. 20×2년 공헌이익률(CMR)의 계산

$$손익분기점\ 매출액(BEP\ S) = \frac{고정원가(FC)}{공헌이익률(CMR)} = \frac{고정원가(FC)}{공헌이익률(CM) \div 매출액(S)}$$

$$20×1년\ BEP\ S = \frac{₩1,000,000}{₩2,000,000 \div ₩4,000,000} = ₩2,000,000$$

20×2년 손익분기점 매출액은 20×1년에 비해 25% 증가할 것을 예상되므로,

20×2년 BEP S = ₩2,000,000 × (1 + 25%) = ₩2,500,000,

그리고 20×2년에 고정원가가 20×1년과 같을 것으로 예상되므로,

$$20×2년의\ CMR = \frac{FC}{BEP\ S} = \frac{₩1,000,000}{₩2,500,000} = 0.4(40\%)$$

3. 영업레버리지도(DOL)

$$20×2년의\ DOL = \frac{공헌이익}{영업이익} = \frac{공헌이익}{공헌이익 - 고정원가}$$

$$= \frac{S \times CMR}{S \times CMR - FC} = \frac{₩4,800,000 \times 40\%}{₩4,800,000 \times 40\% - ₩1,000,000} = 2.09$$

21 1. $영업레버리지도(DOL) = \frac{공헌이익}{영업이익} = \frac{공헌이익}{공헌이익 - 고정원가} = \frac{₩700,000 \times 54\%}{₩700,000 \times 54\% - 고정원가} = 3$

∴ 고정원가 = ₩252,000

2. 4월의 영업이익 = ₩700,000 × 1.1 × 54% - ₩252,000 - ₩30,000 = ₩133,800

대표 문제 현금흐름분기점

(주)해커의 올해 예상판매량은 10,000단위이다. 판매가격 및 원가자료는 다음과 같다.

단위당 판매가격	₩100
단위당 변동제조원가	40
연간 고정제조간접원가	200,000(감가상각비 ₩20,000 포함)
단위당 변동판매관리비	5
연간 고정판매관리비	75,000(감가상각비 ₩13,000 포함)

법인세율은 40%이고 법인세환급이 가능하다. (1) 손익분기점 (2) 법인세효과 전 현금흐름분기점 (3) 법인세효과 후 현금흐름분기점을 구하시오. [세무사 97 수정]

해답 1. 손익분기점 판매량

$$BEP\ Q = \frac{FC}{cm}: \frac{₩200,000 + ₩75,000}{@100 - @40 - @5} = 5,000\text{단위}$$

2. 법인세효과 전 현금흐름분기점 판매량

$$Q = \frac{FC - Dep}{cm}: \frac{₩275,000 - (₩20,000 + ₩13,000)}{@55} = 4,400\text{단위}$$

3. 법인세효과 후 현금흐름분기점 판매량(Q) 판매량

$$\underbrace{Q \times @55}_{\text{공헌이익}} = \underbrace{₩275,000 - ₩33,000}_{\text{현금고정원가}} + \underbrace{(Q \times @55 - ₩275,000) \times 40\%}_{\text{법인세}} \quad \therefore Q = 4,000\text{단위}$$

$$\text{또는, } Q = \frac{FC(1 - t) - Dep}{cm(1 - t)} = \frac{₩275,000 \times (1 - 40\%) - ₩33,000}{@55 \times (1 - 40\%)} = 4,000\text{단위}$$

22 (주)김해의 차기 연간 경영활동에 관한 자료가 다음과 같다.

단위당 판매가격	₩1,000
총고정원가(감가상각비 ₩2,000,000 포함)	5,000,000
단위당 변동원가	500
예상판매량	10,000개

법인세율이 20%일 경우 현금분기점 판매량은 몇 개인가? 단, 감가상각비를 제외한 나머지 수익과 비용은 모두 현금거래로 이루어진 것이며, 손실이 발생할 경우 법인세가 환급된다고 가정한다. [세무사 10]

23 (주)세무는 단일 제품 C를 생산하며, 변동원가계산을 적용한다. 20×2년 제품 C의 생산량과 판매량은 1,000개로 동일하고, 기초 및 기말재공품은 없다. 20×2년 제품 C의 생산 및 판매와 관련된 자료는 다음과 같다. 감가상각비를 제외하고, 수익발생과 현금유입 시점은 동일하며 원가(비용)발생과 현금유출 시점도 동일하다.

• 단위당 판매가격	₩6,000
• 단위당 변동제조원가	3,200
• 단위당 변동판매관리비	1,600
• 연간 고정제조간접원가	242,000(기계 감가상각비 ₩72,000 포함)
• 연간 고정판매관리비	206,800(매장건물 감가상각비 ₩64,800 포함)
• 법인세율	25%
• 기계와 매장건물은 20×0년에 취득하였다.	

(주)세무의 세후현금흐름분기점 판매량(A)과 판매량이 1,000개인 경우의 세후영업이익(B)은?

[세무사 16]

정답 및 해설

22 1. 자료분석

단위당 판매가격(p)	₩1,000
단위당 변동원가(v)	500
단위당 공헌이익(cm)	₩500
총고정원가(FC)	₩5,000,000[감가상각비(Dep) ₩2,000,000 포함]
법인세율(t)	20%

2. 현금분기점 판매량을 Q라고 하면,

$$\underbrace{Q \times @1{,}000}_{\text{매출액}} = \underbrace{Q \times @500}_{\text{변동원가}} + \underbrace{₩5{,}000{,}000 - ₩2{,}000{,}000}_{\text{현금고정원가}} + \underbrace{(Q \times @500 - ₩5{,}000{,}000) \times 20\%}_{\text{법인세}}$$

∴ Q = 500개

$$\text{또는, } Q = \frac{FC(1-t) - Dep}{cm(1-t)} = \frac{₩5{,}000{,}000 \times (1-20\%) - ₩2{,}000{,}000}{@500 \times (1-20\%)} = 5{,}000\text{개}$$

23 1. 세후현금흐름분기점판매량(A)

Q × @6,000 = Q × @4,800 + (₩242,000 + ₩206,800 - ₩72,000 - ₩64,800) + (Q × @1,200 - ₩448,800) × 25%

∴ Q = 222단위

2. 판매량이 1,000개인 경우의 세후영업이익(B)

(1,000단위 × 1,200 - ₩448,800) × (1 - 25%) = ₩563,400

대표 문제 비선형하의 CVP분석

헬스타임(주)는 회원제로 스포츠센터를 운영하고 있다. 스포츠센터에서는 연 1회 회원을 모집하는데, 회원 모집 시 선착순으로 100명까지는 우등회원으로 모집하며, 우등회원 100명이 모두 등록하면 추가로 200명의 일반회원을 모집한다. 회사가 받는 우등회원의 1인당 연간 시설이용료는 ₩200이지만, 이용횟수와 이용시간의 제약을 받는 일반회원의 1인당 연간 시설이용료는 ₩150이다. 스포츠센터에서 수용가능한 최대 연회원수는 300명이다. 우등회원의 1인당 연간 변동원가는 ₩100이고, 일반회원의 경우는 ₩80이다. 적정 연회원수는 200명인데, 이 인원을 초과하게 되면 초과회원에 대한 1인당 연간 변동원가는 ₩10이 추가된다. 연간 고정원가는 등록회원수에 따라 다음과 같이 달라진다. 손익분기점 회원수를 구하시오.

등록회원수	누적고정원가
0 ~ 100명	₩8,000
101 ~ 200	15,600
201 ~ 300	23,600

해답 1. 자료분석

	0명 ~ 100명	101명 ~ 200명	201명 ~ 300명
회원당 시설이용료	₩200	₩150	₩150
회원당 변동원가	100	80	90
회원당 공헌이익	₩100	₩70	₩60
누적고정원가	₩8,000	₩15,600	₩23,600

2. 관련범위별 손익분기점분석 및 해의 적합성 판단

(1) 0명 ~ 100명인 경우

BEP 공헌이익 = 고정원가

Q × @100 = ₩8,000 ∴ Q = 80명(적합)

(2) 101명 ~ 200명인 경우

BEP 공헌이익 = 고정원가

100명 × @100 + (Q - 100명) × @70 = ₩15,600 ∴ Q = 180명(적합)

(3) 201명 ~ 300명인 경우

BEP 공헌이익 = 고정원가

100명 × @100 + 100명 × @70 + (Q - 200명) × @60 = ₩23,600 ∴ Q = 310명(부적합)

따라서, 손익분기점 회원수는 80명(우등회원) 또는 180명(우등회원 100명, 일반회원 80명)이다.

24 (주)대한은 매출을 촉진하기 위해서 판매사원이 제품 4,000단위를 초과하여 판매하는 경우에, 초과 판매된 1단위당 ₩200씩 특별판매수당을 지급한다. 이러한 조건하에서 5,000단위를 판매하여 세차감후순이익 ₩1,920,000을 달성하였다. 제품의 판매단가는 ₩2,000이며, 월간 고정원가는 ₩1,400,000이고 월간 최대판매수량은 8,000단위이다. 위의 조건대로 특별판매수당을 지급하고 세차감후순이익 ₩2,400,000을 달성하려면, 현재의 최대판매수량기준으로 몇 %의 조업도를 달성하여야 하는가? 단, 회사의 월초, 월말 재고자산은 없으며, 세율은 세차감전이익의 20%라고 가정한다. [세무사 03, 09]

정답 및 해설

24 1. 판매량을 Q, 특별판매수당 지급 전 단위당 변동원가를 x라고 하면

	0단위 ≤ Q ≤ 4,000단위	4,001단위 ≤ Q ≤ 8,000단위
단위당 판매가격(p)	₩2,000	₩2,000
단위당 변동원가(v)	x	x
단위당 공헌이익(cm)	₩2,000 - x	x + 200
고정원가(FC)	₩1,400,000	₩1,800 - x

5,000단위 판매 시 세차감후순이익 ₩1,920,000 달성하였으므로

세차감전순이익: ₩1,920,000 ÷ (1 - 20%) = ₩2,400,000

∴ 4,000단위 × (₩2,000 - x) + 1,000단위 × (₩1,800 - x) - ₩1,400,000 = ₩2,400,000
(5,000단위 판매 시 총공헌이익) (고정원가)

따라서 x = ₩1,200/단위

2. 주어진 자료를 다시 정리하면,

	0단위 ≤ Q ≤ 4,000단위	4,001단위 ≤ Q ≤ 8,000단위
단위당 판매가격(p)	₩2,000	₩2,000
단위당 변동원가(v)	1,200	600
단위당 공헌이익(cm)	₩800	₩600
고정원가(FC)	₩1,400,000	

3. 목표세차감후순이익 ₩2,400,000이므로 목표세차감전순이익: ₩2,400,000 ÷ (1 - 20%) = ₩3,000,000

목표판매량을 Q(Q > 4,000단위)라고 하면,

4,000단위 × @800 + (Q - 4,000단위) × @600 - ₩1,400,000 = ₩3,000,000
(총공헌이익) (고정원가)

∴ Q = 6,000단위

따라서 현재의 최대판매수량기준 75% = $\left(\frac{6,000단위}{8,000단위}\right)$의 조업도를 달성해야 한다.

25 (주)창원은 냉장고를 구입하여 판매하는 회사이다. 20×1년 냉장고의 단위당 판매가격은 ₩10,000이며, 변동비율은 80%이다. 판매량이 5,000대 이하인 경우 고정판매비는 ₩8,500,000이며, 판매량이 5,000대 초과한 경우 고정판매비는 ₩11,000,000이다. (주)창원은 세후순이익 ₩1,450,000을 달성하기 위해서는 몇 대의 냉장고를 판매해야 하는가? 단, (주)창원의 법인세율은 세전이익 ₩1,000,000 이하까지는 25%이며, ₩1,000,000 초과분에 대해서는 30%이다. [세무사 10]

26 대한회사는 제품의 단위당 판매가격을 ₩400으로 설정하였다. 제품을 생산하여 판매하기까지 발생하는 제품 단위당 변동원가는 단위당 판매가격의 70%이며, 총고정원가는 판매수량이 50,000개까지는 ₩3,000,000, 50,000개를 초과하여 90,000개까지는 ₩4,500,000, 그리고 90,000개를 초과하여 최대생산가능량인 130,000개까지는 ₩6,000,000이다. 대한회사가 ₩9,000,000의 이익을 얻으려면 제품을 몇 개나 생산·판매하여야 하는가? [세무사 08]

27 (주)세무는 20×1년 초에 설립되어 인공지능을 이용한 스피커를 생산하고 있다. 스피커의 단위당 변동원가는 ₩6,000이며 연간 고정원가 총액은 ₩1,500,000이다. (주)세무는 당기에 국내시장에서 스피커 300단위를 판매하고, 국내시장에서 판매하고 남는 스피커는 해외시장에 판매할 계획이다. 스피커의 국내 판매가격은 단위당 ₩10,000이며, 해외 판매가격은 단위당 ₩9,000이다. 해외시장에 판매하더라도 원가구조에는 변함이 없으며, 국내시장에 미치는 영향은 없다. 법인세율이 20%일 경우 손익분기점 판매량은? [세무사 18]

정답 및 해설

25 1. 단위당 공헌이익 = 단위당 판매가격 × 공헌이익률: ₩10,000 × (1 - 80%) = ₩2,000

2. 세전 목표이익: ₩2,000,000

세후 순이익: ₩1,450,000 = ₩750,000 + ₩700,000
(₩750,000: 세율 25% 적용, ₩700,000: 세율 30% 적용)

3.

	판매량 ≤ 5,000대	판매량 > 5,000대
단위당 공헌이익	₩2,000	₩2,000
고정판매비	8,500,000	11,000,000

∴ 목표판매량은 $\frac{₩11,000,000 + ₩2,000,000}{@2,000}$ = 6,500대이다.*

* 판매량 5,000대 이하에서는 세전 목표이익 ₩2,000,000을 달성할 수 없다.

26 1. 판매량을 Q라고 하면,

	(1) 0개 ≤ Q ≤ 50,000개	(2) 50,001개 ≤ Q ≤ 90,000개	(3) 90,001개 ≤ Q ≤ 130,000개
단위당 판매가격(p)	₩400	₩400	₩400
단위당 변동원가(v)	280	280	280
단위당 공헌이익(cm)	₩120	₩120	₩120
누적총고정원가(FC)	₩3,000,000	₩4,500,000	₩6,000,000

2. 목표이익 ₩9,000,000을 달성하기 위한 판매수량을 X라고 하면,

(1) 0개 ≤ Q ≤ 50,000개일 경우,
X = (고정원가 + 목표이익) ÷ 단위당 공헌이익
= (₩3,000,000 + ₩9,000,000) ÷ @120
= 100,000개: 부적합

(2) 50,001개 ≤ Q ≤ 90,000개일 경우,
X = (₩4,500,000 + ₩9,000,000) ÷ @120
= 112,500개: 부적합

(3) 90,001개 ≤ Q ≤ 130,000개일 경우,
X = (₩6,000,000 + ₩9,000,000) ÷ @120
= 125,000개: 적합

∴ 목표이익을 달성하기 위한 판매량은 125,000개

27 국내시장 판매 시 단위당 공헌이익은 ₩4,000(= ₩10,000 - ₩6,000)이나,
해외시장 판매 시 공헌이익은 ₩3,000(= ₩9,000 - ₩6,000)이므로,
300단위 × @4,000 + (Q - 300단위) × @3,000 - ₩1,500,000 = 0
∴ Q = 400단위

대표 문제 전부원가계산하의 CVP분석

(주)해커는 실제원가계산을 사용하며 제조간접원가 중 변동제조간접원가가 차지하는 비율은 60%이고, 금액은 ₩6,000,000이다. 다음 자료를 이용하여 변동원가계산과 전부원가계산하에서의 손익분기점을 구하면 각각 얼마인가?

기초재고수량	300단위
기말재고수량	200
실제판매량	4,100
단위당 판매가격	₩11,500
고정판매관리비	6,000,000
단위당 직접재료원가	2,600
단위당 직접노무원가	2,400

해답 1. 변동원가계산의 손익분기점 판매량

(₩11,500 - ₩2,600 - ₩2,400 - ₩1,500) × Q - ₩10,000,000* = 0

* 고정제조간접원가 : ₩6,000,000 ÷ (1 - 0.6) = ₩4,000,000과 고정판매관리비 ₩6,000,000의 합계임

∴ Q = 2,000단위

2. 전부원가계산의 손익분기점 판매량

(₩11,500 - ₩2,600 - ₩2,400 - ₩1,500 - ₩1,000*) × Q - ₩6,000,000 = 0

* 단위당 고정제조간접원가 = [₩6,000,000 ÷ 0.6 × (1 - 0.6)] ÷ 4,000단위(생산량) = ₩1,000

∴ Q = 1,500단위

28 (주)해커는 간장을 제조하는 회사로서 다음은 간장제조에 대한 20×1년도 원가자료이다. 간장 1병의 가격은 ₩1,000이며, 예상판매량이 40,000병이라면 변동원가계산과 전부원가계산하에서의 손익분기점 판매량은 각각 얼마인가?

> (1) 재고현황
>
> | | |
> |---|---|
> | 20×1년 1월 1일(기초재고) | 0 |
> | 20×1년 12월 31일(기말재고) | 1,000병(예상) |
>
> (2) 관련원가자료(예상조업도 50,000병)
>
> | | |
> |---|---|
> | 고정제조간접원가 | ₩5,000,000(예상) |
> | 고정판매관리비 | 4,000,000(예상) |
> | 변동제조원가 | 30,000,000 |
> | 변동판매관리비 | 4,000,000 |

정답 및 해설

28 1. 변동원가계산의 손익분기점 판매량

(₩1,000 - ₩600[*1] - ₩100[*2]) × Q - (₩5,000,000 + ₩4,000,000) = ₩0

[*1] 단위당 변동제조원가: ₩30,000,000 ÷ 50,000병 = ₩600

[*2] 단위당 변동판매관리비: ₩4,000,000 ÷ 40,000병 = ₩100

2. 전부원가계산의 손익분기점 판매량

(₩1,000 - ₩600 - ₩100* - ₩100) × Q - ₩4,000,000 = ₩0

* 단위당 고정제조간접원가: ₩5,000,000 ÷ 50,000병(예상생산량) = ₩100

∴ Q = 20,000병

해커스 세무사 眞원가관리회계

회계사 · 세무사 단번에 합격, 해커스 경영아카데미

cpa.Hackers.com

제10장

관련원가와 의사결정

제1절 | 의사결정의 의의

의사결정(decision making)이란 여러 가지 선택가능한 대안(alternatives) 중에서 어떤 목적이나 목표를 가장 효과적으로 달성하게 하는 최적의 대안을 선택하는 것을 말한다.

(1) 기업의 경영자는 계획·실행·통제 등의 경영관리업무를 수행하는 과정에서 끊임없이 여러 가지 의사결정에 직면하게 되는데, 경영자가 직면하는 의사결정은 의사결정기간에 따라 단기의사결정과 장기의사결정으로 구분할 수 있다.

① **단기의사결정**: 의사결정의 결과가 비교적 짧은 기간인 1년 이내에 나타나는 것으로 제품의 생산계획과 같은 일상적인 업무활동과 관련된 일상적인 의사결정과 특별주문의 수락·거절 의사결정이나 부품의 자가제조·외부구입 의사결정과 같은 특수의사결정이 있다.

② **장기의사결정**: 토지, 건물 또는 생산시설에 대한 투자 등 투자로 인한 영향이 1년 이상에 걸쳐 나타나는 것을 말하는 것으로, 기업의 장기적 경영계획에 바탕을 둔 의사결정이다.

의사결정의 유형

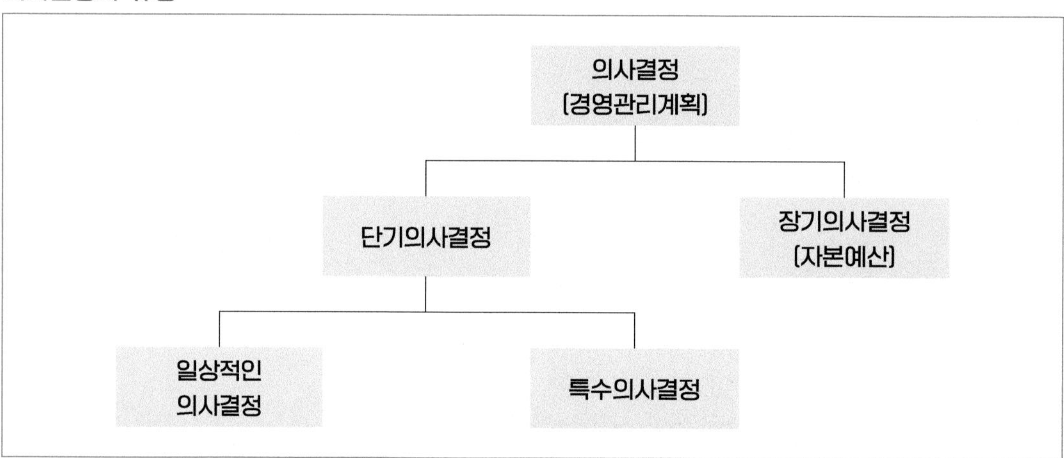

(2) 경영자가 여러 가지 의사결정을 합리적으로 하기 위해서는 많은 정보를 수집해야 한다. 여기에는 화폐금액으로 표현할 수 있는 양적 정보(quantitative information, 재무적 정보)뿐만 아니라 화폐금액으로 표현하기 어려운 질적 정보(qualitative information, 비재무적 정보)까지 포함된다. 양적 정보는 회계담당자들이 특정대안에 수반되는 관련수익 및 관련원가를 분석하여 기업의 이익에 미치는 영향을 화폐수치로 표현한 정보를 의미하는데, 일반적으로 관리회계가 제공하는 정보는 양적 정보이다. 반면에 질적 정보는 각 대안들이 가져 올 비화폐적인 요인, 즉 종업원의 사기나 기업의 이미지에 미치는 영향 등에 관한 정보를 말한다.

(3) 경영자가 이러한 정보를 이용하여 합리적인 의사결정을 하기 위해서는 화폐금액으로 표시되는 양적 정보뿐만 아니라 비화폐적 요인인 질적 정보도 고려해야 한다.

예 기업이 주요 생산품을 제조하는 데 사용하는 부품을 자가제조하고 있는 상황에서 부품을 그대로 자가제조할 것인지, 아니면 외부로부터 구입할 것인지에 대한 의사결정을 할 때, 부품을 외부로부터 구입하는 것이 기업의 이익에 더 많은 기여를 한다고 할지라고, 이로 인해 종업원을 강제 해고해야 한다면 종업원들의 사기저하 및 기업의 이미지에 미치는 영향 등도 고려하여 최종 결정을 내려야 한다.

본 장의 목적은 단기특수의사결정에 있어서 회계자료의 적절한 이용방법을 살펴보는 데 있으므로 장기의사결정에 대해서 <제11장 자본예산>에서 살펴보기로 한다.

제2절 | 의사결정의 기초개념

단기특수의사결정을 각 의사결정유형별로 살펴보기 전에 의사결정과 관련된 기초개념에 대해서 알아 둘 필요가 있다. 다음의 사례를 토대로 이에 대해서 자세히 살펴보기로 한다.

사례

서울회사는 소매상을 통하여 제품을 1,000단위 판매하여 왔으나 판매증가를 위하여 대리점을 통한 판매에 대해 고민하고 있다. 서울회사의 최대 조업도는 1,500단위이며 현재 여유조업도 500단위에 대한 유휴설비를 임대하여 ₩50,000의 임대료 수익을 얻고 있다. 대리점을 통하여 판매 시 1,500단위가 판매되므로 서울회사는 유휴설비 임대를 통한 임대료 수익 ₩50,000을 포기해야 한다.

	소매상을 통해 판매할 경우	대리점을 통해 판매할 경우
단위당 가격	₩200	₩200
단위당 변동원가	150	150
고정제조간접원가 (감가상각비 ₩40,000 포함)	50,000	50,000
고정판매관리비(광고비)	10,000	10,000
임대료 수익	50,000	-

위의 자료 중 고정판매관리비(광고비)는 제품선전을 위하여 매년 발생하는 비용이다.

경영자가 사례와 같은 경우의 특수의사결정을 하기 위한 접근방법에는 다음과 같이 총액접근법과 증분접근법이 있다.

01 총액접근법

총액접근법은 각 대안별로 총수익과 총비용을 구하여 각 대안 중 가장 큰 순이익을 보고하는 대안을 선택하는 방법이다. 사례를 총액접근법으로 풀이하면 다음과 같다.

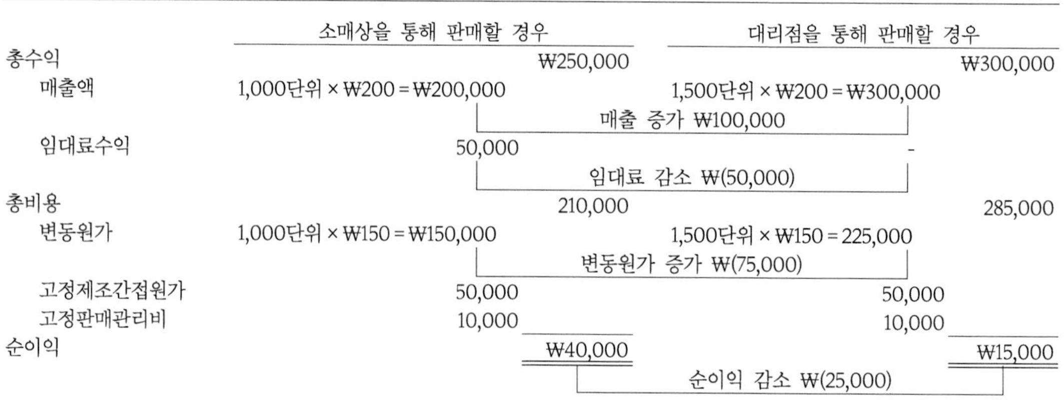

	소매상을 통해 판매할 경우		대리점을 통해 판매할 경우	
총수익		₩250,000		₩300,000
매출액	1,000단위 × ₩200 = ₩200,000		1,500단위 × ₩200 = ₩300,000	
	매출 증가 ₩100,000			
임대료수익	50,000		-	
	임대료 감소 ₩(50,000)			
총비용		210,000		285,000
변동원가	1,000단위 × ₩150 = ₩150,000		1,500단위 × ₩150 = 225,000	
	변동원가 증가 ₩(75,000)			
고정제조간접원가	50,000		50,000	
고정판매관리비	10,000		10,000	
순이익		₩40,000		₩15,000
	순이익 감소 ₩(25,000)			

∴ 소매상을 통해 판매하는 경우 순이익이 더 크기 때문에 소매상을 통해 판매하는 대안을 선택한다.

총액접근법은 위와 같이 각 대안별로 모든 수익과 비용을 고려하여 순이익을 비교함으로써 의사결정을 하는 데 계산절차가 번거롭고 시간이 많이 소요되며, 의사결정과 관련이 없는 원가(비관련원가)까지 분석함으로써 중요한 관련원가에 대한 초점을 흐리는 단점이 있다.

02 증분접근법

증분접근법은 두 대안 간에 차이가 발생하는 항목인 관련수익과 관련비용만을 고려하여 최적대안을 선택하는 방법이다. 총액접근법은 각 대안의 순이익 크기를 가지고 의사결정을 하는 데 비해 증분접근법은 두 대안 간의 항목별 수익과 비용의 증가·감소를 이용하여 의사결정을 한다. 여기서 유의할 점은 총액접근법을 적용하든 증분접근법을 적용하든 최적의 대안선택에 대한 결과는 동일하다는 것이다.

(1) 관련항목

관련항목은 두 대안 간에 차이가 발생하는 미래발생항목으로 증분접근법에 의한 의사결정 시 고려해야 하는데, 다음과 같이 관련수익과 관련원가가 있다.

① **관련수익**: 관련수익이란 두 대안 간에 차이가 존재하는 수익으로써 사례의 경우 소매상의 매출이 ₩200,000이고 대리점을 통한 판매 시 매출이 ₩300,000이므로 매출차이 ₩100,000이 관련수익이 된다.

② **관련원가**: 관련원가란 두 대안 간에 차이가 존재하는 비용으로써 변동원가 관련원가와 기회비용 등을 그 예로 들 수 있다.

㉠ **변동원가 관련원가**: 사례의 경우 소매상의 변동원가가 ₩150,000이고 대리점의 변동원가가 ₩225,000이므로 변동원가차이 ₩75,000이 관련원가가 된다.

㉡ **기회비용(opportunity cost)**: 현재 사용 중인 재화, 용역 또는 생산설비가 현재의 용도 이외의 다른 대체안 중 최선의 대체안(next-best alternative)에 사용되었을 때의 가치를 말한다. 즉, 기회비용이란 자원을 현재의 용도가 아닌 차선의 용도에 사용했더라면 얻을 수 있었던 이득(순현금유입액)을 말한다. 바꿔 말하면, 기회비용이란 자원을 특정 투자안에 투입함에 따라 포기되는 차선의 용도에 사용했을 경우에 얻을 수 있었던 이득이라고 할 수 있다. 사례의 경우 소매상에서 대리점을 통해 판매하는 경우로 판매처를 바꾸는 경우 기존의 임대료수익 ₩50,000을 포기해야 하는데, 이때 임대료수익 ₩50,000이 대리점을 통해 판매하는 경우의 기회비용이 된다.

(2) 비관련항목

비관련항목은 두 대안 간에 차이가 없는 항목으로 증분접근법에 의한 의사결정 시 고려할 필요가 없는데, 다음과 같이 비관련수익과 비관련원가가 있다.

① **비관련수익**: 비관련수익이란 두 대안 간에 차이가 없는 수익으로써 사례의 경우 기존 판매량 1,000개에 대한 매출 ₩200,000은 소매상을 통해 판매하든 대리점을 통해 판매하든 미래현금유입에 차이가 발생하지 않으므로 비관련수익이 된다.

② **비관련원가**: 비관련원가란 두 대안 간에 차이가 없는 비용으로써 매몰원가와 기타 비관련원가 등을 그 예로 들 수 있다.

㉠ **매몰원가(sunk cost)**: 매몰원가란 과거의 의사결정에 의해 이미 발생된 지출로써 현재의 의사결정과 관련이 없는 원가를 말한다. 사례에서 감가상각비 ₩40,000은 소매상을 통해 판매하든 대리점을 통해 판매하든 이미 발생한 비용으로써(기계구입과 관련한 총현금지출은 과거에 이미 발

생되었다) 어느 대안을 선택해도 두 대안 모두 감가상각비로 계상될 것이다. 즉, 두 대안 간에 감가상각비 차이는 없게 된다.

ⓛ **기타 비관련원가**: 기타 비관련원가란 두 대안 간 차이가 없는 비용으로써 사례에서 기존판매량 1,000개에 대한 변동원가와 감가상각비를 제외한 고정제조간접원가 ₩10,000, 광고비 ₩10,000은 미래에 발생할 것이지만 두 대안에서 모두 발생하는 비용으로 차이가 나지 않기 때문에 비관련원가가 된다. 만약, 소매상을 통해 판매하는 경우에는 광고비가 발생되지 않고 대리점을 통해 판매하는 경우에만 광고비가 ₩10,000 지출된다면 이 경우 광고비 ₩10,000은 관련원가가 될 것이다.

지금까지 살펴본 내용을 토대로 증분접근법에 따라서 사례를 풀이하면 다음과 같다.

사례

[대리점을 통해 판매하는 경우]

증분수익			₩100,000
매출액의 증가:	500개 × @200=	₩100,000	
증분비용			125,000
임대료수익의 감소(기회비용)		₩50,000	
변동원가의 증가:	500개 × ₩150=	75,000	
증분이익(손실)			₩(25,000)

∴ 대리점을 통해 판매하는 경우 이익이 ₩25,000 감소하므로 대리점을 통해 판매하는 대안을 기각한다.

위의 계산과정에서 보듯이 증분접근법은 총액접근법과 동일한 의사결정을 내리면서도 상대적으로 간단히 계산할 수 있어 매우 간편한 방법이다.

제3절 | 단기특수의사결정

01 특별주문의 수락 또는 거절

기업은 예상치 못한 고객으로부터 특별주문(special order)을 요청받는 경우가 있다. 이러한 경우 생산능력에 여유가 있고 만족할 만한 가격수준으로 주문한다면 당연히 특별주문을 수락해야 할 것이다. 그러나 생산능력의 여유가 없거나 기존 시장가격보다 낮은 가격으로 특별주문을 받으면 주문을 수락할 것인가 아니면 거절할 것인가를 신중히 고려해야 한다.

(1) 특별주문을 수락하더라도 기존 설비능력으로 충분히 생산할 수 있다면 특별주문의 수락으로 인하여 증가되는 매출액과 변동원가를 고려하여 수락 여부를 결정하면 된다.

(2) 유휴설비능력이 없거나 부족한 경우에는 특별주문을 수락하기 위하여 설비능력을 확충하든지 기존의 정규판매시장에서의 판매량을 줄여야 한다.

① 설비능력을 확충할 경우에는 특별주문의 수락으로 인하여 증가되는 매출액과 변동원가뿐만 아니라 추가적인 설비원가(관련고정원가)까지 고려하여 수락 여부를 결정해야 한다.

② 정규 판매시장에서 판매량을 줄여야 하는 경우에는 특별주문의 수락으로 인하여 증가되는 매출액과 변동원가, 즉 특별주문에 공헌이익증가분 및 기존의 정규판매량 감소로 인한 매출액과 변동원가의 감소액, 즉 정규판매 공헌이익 감소분[1] 모두를 고려해야 한다.

특별주문 수락 가정 시 양적(재무적) 정보모형(증분접근법)

증분수익: 특별주문 매출액(특별주문수량 × 특별주문 단위당 판매가격) 증가

증분비용:
- 특별주문 변동원가(특별주문수량 × 특별주문 단위당 변동원가) 증가
- 특별주문 고정원가 변동
- 기회비용(기존 임대료수익 등 포기, 정규판매 포기수량 × 정규판매 단위당 공헌이익) 등 증가

1) 특별주문 수락에 따라 포기한 기존의 정규판매 공헌이익이므로 특별주문 수락에 따른 기회비용이다.

예제 1

(주)해커의 20×1년 포괄손익계산서는 다음과 같다.

매출액:	100단위 × @200	=	₩20,000
변동원가:	100단위 × @100	=	10,000
공헌이익			₩10,000
고정원가			8,000
영업이익			₩2,000

회사는 지금까지 내수판매만 해왔으나, 20×2년 초 외국의 구매업자로부터 단위당 ₩180에 50단위의 제품을 구입하겠다는 특별주문을 받았다. 특별주문을 수락할 경우에는 50단위의 특별주문제품에 대하여 포장비가 단위당 ₩10씩 추가로 발생하고 고정판매관리비도 ₩1,000만큼 증가하리라 예상된다.

[요구사항]

다음 각각의 경우에 특별주문 수락 여부를 결정하시오. 단, 특별주문을 수락할 경우에도 내수시장은 전혀 영향을 받지 않고 국내의 수요는 전년과 동일하다고 가정한다.

1. 회사의 연간 최대생산능력이 200단위인 경우
2. 회사의 연간 최대생산능력이 120단위인 경우

해답 **[자료분석]**

	정규판매(100단위)	특별주문(50단위)
단위당 판매가격	₩200	₩180
단위당 변동원가	100	110
단위당 공헌이익	₩100	₩70
고정원가	₩8,000	₩1,000

1. 회사의 연간 최대생산능력이 200단위인 경우

[증분접근법]

여유조업도가 100단위(최대조업도 200단위 - 정규판매 100단위)이므로 정규판매를 감소시키지 않고 특별주문을 수락할 수 있다. 특별주문을 수락할 경우의 증분수익과 비용은 다음과 같다.

증분수익			₩9,000
특별주문 매출액 증가	50단위 × @180 =	₩9,000	
증분비용			6,500
특별주문 변동원가 증가	50단위 × @110 =	₩5,500	
특별주문 고정원가 증가		1,000	
증분이익(손실)			₩2,500

∴ 회사가 특별주문을 수락하게 되면 현재보다 ₩2,500 이익이 증가하므로 특별주문을 수락해야 한다.

[별해]

증분수익: 특별주문 공헌이익	50단위 × @70 =	₩3,500
증분비용: 특별주문 고정원가 증가		1,000
증분이익(손실)		₩2,500

[총액접근법]

	정규판매(100단위)	정규판매(100단위) + 특별주문(50단위)
매출	₩20,000	₩20,000 + ₩9,000
변동원가	10,000	10,000 + 5,500
공헌이익	₩10,000	₩10,000 + ₩3,500
고정원가	8,000	8,000 + 1,000
영업이익	₩2,000	₩2,000 + ₩2,500 = ₩4,500

∴ 회사가 특별주문을 수락하는 경우 영업이익이 더 크기 때문에 특별주문을 수락하는 대안을 선택한다.

2. 회사의 연간 최대생산능력이 120단위인 경우

[증분접근법]

여유조업도가 20단위(최대조업도 120단위 - 정규판매 100단위)이므로 정규판매량 30단위를 감소시켜야만 특별주문을 수락할 수 있다. 특별주문을 수락할 경우의 증분수익과 비용은 다음과 같다.

증분수익			₩9,000
특별주문 매출액 증가	50단위 × @180 =	₩9,000	
증분비용			9,500
특별주문 변동원가 증가	50단위 × @110 =	₩5,500	
특별주문 고정원가 증가		1,000	
기회비용: 정규판매 공헌이익 감소	30단위 × @100 =	3,000	
증분이익(손실)			₩(500)

∴ 회사가 정규판매를 감소시키면서 특별주문을 수락하는 경우에는 ₩500의 손실이 발생하므로 특별주문을 거절해야한다.

[별해]

증분수익			₩3,500
특별주문 공헌이익 증가	50단위 × @70 =	₩3,500	
증분비용			4,000
특별주문 고정원가 증가		₩1,000	
기회비용: 정규판매 공헌이익 감소	30단위 × @100 =	3,000	
증분이익(손실)			₩(500)

[총액접근법]

	정규판매(100단위)	정규판매(70단위) + 특별주문(50단위)
매출	₩20,000	₩14,000 + ₩9,000
변동원가	10,000	7,000 + 5,500
공헌이익	₩10,000	₩7,000 + ₩3,500
고정원가	8,000	8,000 + 1,000
영업이익	₩2,000	₩(1,000) + ₩2,500 = ₩1,500

∴ 회사가 정규판매만 하는 경우 영업이익이 더 크기 때문에 정규판매만 하는 대안을 선택한다. 즉, 특별주문을 거절해야 한다.

(3) 특별주문의 수락 또는 거절 의사결정 시 재무적 정보 외에 고려해야 할 질적(비재무적) 정보요소는 다음과 같다.

① **장기적인 가격구조 고려:** 특별주문은 일반적으로 정규판매보다 낮은 판매가격으로 결정되는 경우가 많으며, 이러한 경우 정규시장에서의 판매가격 인하 압력으로 작용할 수 있다.

② **기존 고객의 불만:** 낮은 가격으로 특별주문을 수락한 것을 기존 고객들이 알게 되면 기존 고객들의 충성도가 떨어지며, 고객이탈의 원인이 될 수도 있다.

③ **Anti-Dumping 등 법적 문제:** 낮은 가격으로 특별주문 수락 시 덤핑으로 인한 Anti-Dumping 등 법적 문제를 고려해야 한다.

④ **계속 수요 여부 및 신시장 개척:** 단기적으로 낮은 가격으로 특별주문을 수락하여 손실이 발생하여도 계속적인 수요 여부 및 신규시장 개척 효과 등을 고려해야 한다.

02 부품의 자가제조 또는 외부구입

제조기업은 원재료를 가공하거나 부품을 조립·가공하여 제품을 생산한다. 생산활동에 소요되는 부품은 대부분 외부로부터 구입하는 것이 일반적이지만, 안정적인 부품의 수급과 품질관리 측면에서 본다면 부품을 직접 제조하는 것이 기업에 보다 유리할 수도 있다. 따라서 경영자는 제품생산에 필요한 부품을 자가제조할 것인지 아니면 외부로부터 구입할 것인지를 신중히 검토하여 기업에 유리한 방향으로 의사결정해야 한다. 이를 구체적으로 살펴보면 다음과 같다.

(1) 부품의 자가제조 또는 외부구입의 의사결정 시에는 자가제조할 경우의 관련원가와 외부구입가격을 비교하여 외부구입가격이 자가제조할 경우의 관련원가보다 더 낮다면 외부에서 구입하는 것이 유리하다. 이러한 의사결정을 할 때에는 자가제조와 관련한 변동제조원가뿐만 아니라 자가제조 여부에 따라서 증가하거나 감소하는 고정원가(관련고정원가)도 고려해야한다. 예컨대 자가제조를 함에 따라 공장의 감독자를 추가로 고용해야 한다면, 공장감독자의 급여는 고정원가일지라도 의사결정 시 고려해야 하는 관련원가인 것이다.

(2) 외부에서 부품을 구입하는 경우에 기존설비를 임대하거나 다른 제품의 생산에 활용할 수 있다면 임대수익이나 다른 제품의 공헌이익은 부품을 자가제조하는 데에 대한 생산설비의 기회비용이므로 의사결정에 반드시 고려해야 한다.

부품 외부구입 가정 시 양적(재무적) 정보모형(증분접근법)

증분수익 ── 임대료수익 등의 증가

증분비용
- 증가 ── 외부구입원가(외부구입량 × 단위당 외부구입가격) 증가
- 감소
  - 자가제조 변동원가(자가제조생산량 × 단위당 변동원가) 감소
  - 관련 고정원가 변동

예제 2

강릉회사는 완제품 생산에 필요한 부품을 자가제조하고 있다. 부품의 연간 소비량 5,000단위의 자가제조에 관한 원가자료는 다음과 같다.

	단위당 원가	총원가
직접재료원가	₩60	₩300,000
직접노무원가	40	200,000
변동제조간접원가	20	100,000
고정제조간접원가		
감독자급여	10	50,000
설비감가상각비	30	150,000
기타 고정제조간접원가배부액	20	100,000
계	₩180	₩900,000

회사는 올해 초 외부공급업자로부터 단위당 ₩160에 필요한 만큼의 부품을 공급하겠다는 제의를 받았다. 부품을 외부에서 구입할 경우 외부용역회사 소속의 공장감독자는 소속회사로 돌아가게 된다.

[요구사항]

1. 부품의 자가제조 또는 외부구입 의사결정을 하시오.
2. 부품을 외부에서 구입할 경우 기존의 공장설비를 임대하면 연간 ₩200,000의 임대수익을 얻을 수 있다고 할 때, 부품의 자가제조 또는 외부구입 의사결정을 하시오.

해답 **[자료분석]**

	자가제조	외부구입
단위당 변동원가	₩120(= ₩60 + ₩40 + ₩20)	₩160
고정제조간접원가		
감독자급여	₩50,000	-
설비감가상각비	150,000	₩150,000
기타 고정제조간접원가배부액	100,000	100,000
고정제조간접원가 소계	₩300,000	₩250,000

1. **유휴설비의 대체용도가 없을 경우**

[증분접근법]

유휴설비의 활용능력이 없을 경우 부품을 외부구입할 경우 증분수익과 비용은 다음과 같다.

증분수익			₩0
증분비용			150,000
증가 ─ 외부구입원가	5,000단위 × @160 =	₩800,000	
감소 ┌ 변동제조원가	5,000단위 × @120 =	(600,000)	
└ 감독자급여		(50,000)	
증분이익(손실)			₩(150,000)

∴ 회사가 부품을 외부구입할 경우 영업이익이 ₩150,000 감소하므로 부품을 자가제조해야 한다.

[총액접근법]

	자가제조		외부구입	
총원가				
변동원가	5,000단위 × @120=	₩600,000	5,000단위 × @160=	₩800,000
고정원가		300,000		250,000
계		900,000		₩1,050,000

∴ 회사가 부품을 자가제조하는 경우 총원가가 더 작아서 순이익이 더 크기 때문에 자가제조하는 대안을 선택한다.

2. **유휴설비의 대체용도가 있을 경우**

[증분접근법]

부품을 외부에서 구입할 경우 유휴설비를 임대하면 연간 ₩200,000의 임대수익을 얻을 수 있으므로 의사결정 시에 이를 증분수익에서 반드시 고려해야 한다.

증분수익			₩200,000
임대료수익		₩200,000	
증분비용			150,000
증가 ─ 외부구입원가	5,000단위 × @160 =	₩800,000	
감소 ┌ 변동제조원가	5,000단위 × @120 =	(600,000)	
└ 감독자급여		(50,000)	
증분이익(손실)			₩50,000

∴ 회사가 부품을 외부에서 구입할 경우 영업이익이 ₩50,000 증가하므로 부품을 외부구입해야 한다.

[총액접근법]

	자가제조			외부구입		
총수익			₩x			₩x + ₩200,000
매출액		₩x*			₩x*	
임대수익		-			200,000	
총원가			900,000			1,050,000
변동원가	5,000단위 × @120 =	₩600,000		5,000단위 × @120 =	₩800,000	
고정원가		300,000			250,000	
순이익			x - ₩900,000			x - ₩850,000

* 부품의 자가제조 또는 외부구입 여부와 상관없이 제품매출액(x)은 동일함

∴ 회사가 부품을 외부구입하는 경우 순이익이 더 크기 때문에 외부구입하는 대안을 선택한다.

(3) 부품의 자가제조 또는 외부구입 의사결정 시 재무적 정보 외에 고려해야 할 질적(비재무적) 정보요소는 다음과 같다.

① **외주부품의 향후 시장전망 및 중요성 고려:** 외주부품이 향후 회사의 핵심역량을 갖게 되는 주력분야인지 여부를 고려해야 한다. 만약 향후 외주부품이 주력분야가 되는 경우에는 외주를 줄 수 없을 것이다.

② **공급업체의 기술수준 및 신뢰성 고려:** 외주업체의 생산능력, 부품공급의 확실성, 기술 및 품질관리 능력 등 외주업체의 전반적인 신뢰성 등을 고려하여 의사결정해야 한다.

③ 종업원 감원에 따른 종업원 반발 및 노동조합과의 마찰가능성

03 보조부문의 유지 또는 폐지(보조부문용역의 외주)

제조기업은 기본적으로 제조부문과 보조부문이 있는데 제조부문(production department)은 제품생산에 직접 참여하여 제조활동을 수행하는 부문을 말하며, 보조부문(auxiliary department)은 제품의 제조에는 직접 참여하지 않으나 제조부문의 생산활동을 보조하기 위하여 여러 가지 용역을 제공하는 부문을 말한다. 기업은 상황에 따라서 보조부문에서 제공하던 용역을 외부로부터 제공받을 것인지에 대한 의사결정에 직면하는 경우가 있다.

(1) 보조부문의 유지 또는 폐쇄와 관련한 의사결정문제는 앞에서 살펴본 부품의 자가제조 또는 외부구입 의사결정문제와 거의 유사하다. 다만 복수의 보조부문이 존재하여 보조부문 상호 간의 용역수수가 있는 경우에는 ① 보조부문을 유지할 경우 제공하는 용역량과 보조부문의 폐지 시 외부에서 제공받아야 하는 용역량은 차이가 있다는 점과 ② 보조부문의 폐지 시 당해 보조부문의 원가뿐만 아니라 다른 보조부문의 원가도 일부 절감할 수 있다는 점에 유의하여 의사결정을 해야 한다. 이 경우에도 외부로부터 제공받을 용역의 품질, 외부 공급자의 신뢰성 등 질적 요인을 함께 고려해야 함은 물론이다.

보조부문 폐지(외부구입) 가정 시 양적(재무적) 정보모형(증분접근법)

증분수익 ── 임대료수익 등의 증가

증분비용
- 증가 ── 외부구입원가(외부구입용역량* × 단위당 외부구입가격) 증가
- 감소
  - 폐지 보조부문 변동원가(현재 용역량 × 단위당 변동원가) 감소
  - 관련고정원가 변동
  - 타보조부문 변동원가 감소

* 외부구입용역량 = 현재용역량 × (1 - 상호용역수수율)

예제 3

속초회사는 두 개의 보조부문(수선부문, 전력부문)과 두 개의 제조부문(가공부문, 조립부문)을 운영하고 있다. 각 보조부문에서 다른 부문에 제공할 연간 예정용역량은 다음과 같다.

사용부문 / 제공부문	보조부문		제조부문		합계
	수선부문	전력부문	가공부문	조립부문	
수선부문	-	100시간	250시간	150시간	500시간
전력부문	500kw	-	100kw	400kw	1,000kw

각 보조부문에서 발생한 연간 예산원가(배분 전)는 다음과 같다.

	수선부문	전력부문
변동원가	₩70,000	₩10,000
고정원가	30,000	30,000
계	₩100,000	₩40,000

전력부문의 고정원가는 전액이 설비자산의 감가상각비이며 변동원가는 전력생산량에 비례하여 발생하는데, 당기의 예산변동원가 ₩10,000은 전력의 예정생산량 1,000kw를 기준으로 하여 산출한 것이다. 수선부문의 전력필요량은 수선부문의 조업시간에 비례한다. 회사의 경영자는 필요한 전력을 외부에서 구입하는 것을 고려하고 있다.

[요구사항]

1. 전력을 자가생산하지 않고 외부구입할 경우, 회사가 현재의 생산수준을 유지하기 위해서 연간 구입해야 하는 전력량은 얼마인가?
2. 한국전력이 kw당 ₩30에 회사가 필요로 하는 전력을 공급하겠다고 제의하여 왔다. 이 제의를 받아들여야 하는가?
3. 전력을 외부에서 구입할 경우 전력부문의 기존설비자산을 임대하면 연간 ₩10,000의 임대수익을 얻을 수 있다고 할 때, kw당 ₩30에 전력을 공급하겠다는 한국전력의 제의를 받아들여야 하는가?

해답 1. 연간 외부구입전력량

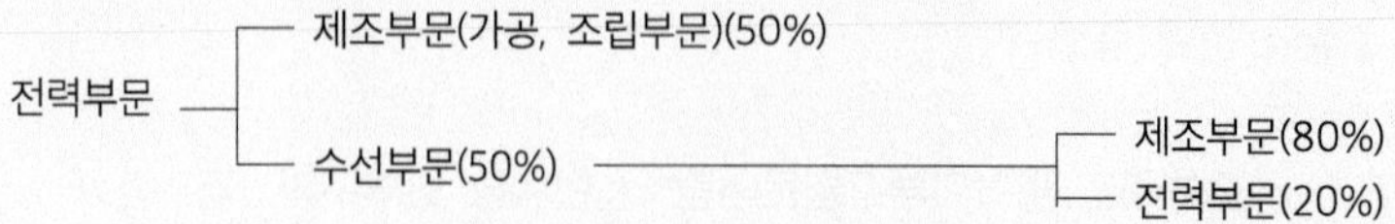

전력을 외부구입 시 전력부문은 폐지되므로 전력부문의 자가소비분만큼은 외부구입하지 않는다.

∴ 연간외부구입 전력량: 1,000kw × (1 - 0.5 × 0.2) = 900kw

2. 유휴설비의 대체용도가 없을 경우

[증분접근법]

전력을 외부에서 구입할 경우 전력부문은 더 이상 전력을 생산하지 않으므로 전력부문 변동원가 ₩10,000은 발생하지 않는다. 그리고 수선부문도 더 이상 전력부문에 수선유지용역을 제공하지 않아도 되므로 수선부문 변동원가도 14,000*만큼 감소한다. 따라서 전력을 외부에서 구입할 경우 회사전체의 이익에 미치는 영향은 다음과 같다.

* 수선부문 변동원가 배부율 = $\frac{\text{예상 변동원가}}{\text{예정 용역량}} = \frac{₩70,000}{500\text{시간}}$ = @140

∴ 수선부문 변동원가 감소분 = 수선시간 감소분 × 수선부문 변동원가 배부율
= 100시간 × @140 = ₩14,000

또는 수선부문이 전력부문에 20%의 용역을 제공할 예정이므로 전력부문 폐지에 따라 수선부문 변동원가의 20%, 즉 ₩70,000 × 20% = ₩14,000 감소

증분수익			₩0
증분비용			3,000
증가 ─ 외부구입원가	900kw[*1] × @30 =	₩27,000	
감소 ─ 전력부문 변동원가		(10,000)	
└ 수선부문 변동원가[*2]		(14,000)	
증분이익(손실)			₩(3,000)

[*1] 1,000kw × (1 - 0.5 × 0.2)=900kw

[*2] 100시간 × @140 = ₩14,000 또는 ₩70,000 × 20% = ₩14,000

∴ 회사가 전력을 자체생산하지 않고 외부구입할 경우 영업이익이 ₩3,000 감소하므로 전력을 자체생산해야 한다.

[총액접근법]

(1) 전력 자체생산 시 총원가

	수선부문	전력부문	합계
변동원가	₩70,000	₩10,000	₩80,000
고정원가	30,000	30,000	60,000
총원가	₩100,000	₩40,000	₩140,000

(2) 전력 외부구입 시 총원가

	수선부문	전력부문	전력외부구입	합계
변동원가	₩56,000	-	₩27,000	₩83,000
고정원가	30,000	₩30,000	-	60,000
총원가	₩86,000	₩30,000	₩27,000	₩143,000

∴ 회사가 전력을 자체생산하는 경우 총원가가 더 작아서 순이익이 더 크기 때문에 전력을 자체생산하는 행동대안을 선택한다.

3. 유휴설비의 대체용도가 있는 경우

[증분접근법]

전력을 외부에서 구입할 경우 전력부문의 유휴설비를 임대하면 연간 ₩10,000의 임대수익을 얻을 수 있으므로 이를 의사결정 시에 반드시 반영해야 한다.

증분수익: 임대수익			₩10,000
증분비용			3,000
증가 ─ 외부구입원가	900kw*1 × @30 =	₩27,000	
감소 ┬ 전력부문 변동원가		(10,000)	
└ 수선부문 변동원가*2		(14,000)	
증분이익(손실)			₩7,000

*1 1,000kw × (1 - 0.5 × 0.2) = 900kw

*2 100시간 × @140 = ₩14,000 또는 ₩70,000 × 20% = ₩14,000

∴ 회사가 전력을 자체생산하지 않고 외부구입할 경우 영업이익이 ₩7,000 증가하므로 전력을 외부구입한다.

[총액접근법]

전력의 자가제조 또는 외부구입 여부와 상관없이 제품 매출액은 똑같다. 전력을 외부구입 시 전력부문의 유휴설비를 임대하면 연간 ₩10,000의 임대수익을 얻을 수 있으므로 전력을 외부구입하는 의사결정에 반드시 고려해야 한다.

(1) 전력 자가제조 시 보조부문 총원가: ₩140,000

(2) 전력 외부구입 시 보조부문 총원가 - 임대수익: ₩143,000 - ₩10,000 = ₩133,000

∴ 회사가 전력을 외부구입하는 경우 순이익이 더 크기 때문에 외부구입하는 대안을 선택한다.

(2) 기업 내에 보조부문이 하나뿐이거나 보조부문 상호 간에 용역수수가 존재하지 않는다면 보조부문의 유지 또는 폐쇄에 관한 분석이 용이하지만, 보조부문이 둘 이상이고 이들 사이의 용역수수가 존재하는 경우에는 분석이 복잡해진다. 이러한 경우에는 선형계획모형(linear programming model)을 이용하여 분석하기도 한다.

04 제품라인의 유지 또는 폐지

기업에서 판매하는 제품이 두 종류 이상인 경우 기존제품 중에 손실이 발생하는 제품이 있다면 이 제품라인을 폐지할 것인가 아니면 그대로 유지할 것인가를 결정해야 한다.

(1) 제품라인의 유지 또는 폐지에 관한 의사결정은 회사 전체의 이익에 얼마만큼의 영향을 미치는가를 기준으로 이루어진다. 즉, 특정 제품라인을 폐지할 경우 회사 전체의 이익이 그대로 유지하는 경우보다 더 크다면 특정 제품라인을 폐지하는 것이 유리하다.

(2) 제품라인의 폐지와 관련한 변동원가뿐만 아니라 폐지로 인하여 감소하는 고정원가(관련고정원가)도 고려해야 하는데, 고정원가는 제품라인을 폐지할 경우에 회피가능한 고정원가와 회피불가능한 고정원가로 나누어진다.

① **회피가능한 고정원가**(avoidable fixed cost): 제품라인을 폐지할 경우 발생되지 않는 고정원가로써 특정 제품라인에 종사하는 감독자급여나 해당 제품라인에서 생산되는 제품의 광고선전비 등이 있다.

② **회피 불가능한 고정원가**(unavoidable fixed cost): 제품라인을 폐지하더라도 계속해서 발생하는 고정원가로써 본사 사무비용이나 기업이미지를 높이기 위한 광고선전비 등이 있다.

따라서 특정 제품라인을 폐지할 경우에는 그 제품의 변동원가뿐만 아니라 회피가능한 고정원가도 고려하여 의사결정을 해야 한다.

제품라인 폐지 가정 시 양적(재무적) 정보모형(증분접근법)

- 증분수익
  - 증가 — 임대료수익 등
  - 감소 — 폐지된 제품 매출액 감소
- 증분비용
  - 증가 — 기회비용(타제품 판매량 감소에 따른 타제품 공헌이익 감소)
  - 감소
    - 폐지된 제품 변동원가 감소
    - 관련고정원가 변동

예제 4

(주)대박은 A, B의 두 가지 제품을 생산, 판매하고 있다. 최근 1개월간 각 사업부의 손익은 다음과 같다.

	A제품	B제품	합계
매출액	₩1,800,000	₩600,000	₩2,400,000
변동원가	540,000	240,000	780,000
공헌이익	₩1,260,000	₩360,000	₩1,620,000
고정원가	840,000	480,000	1,320,000
순이익	₩420,000	₩(120,000)	₩300,000

위의 포괄손익계산서를 확인한 경영자는 손실이 발생하고 있는 B제품의 생산, 판매 중단을 고민하고 있다. 검토 결과 B제품에 배분된 고정원가 중 ₩204,000은 회피불능원가로서 B제품의 생산, 판매가 중단된다 할지라도 계속적으로 발생하는 원가로 판명되었으며, B제품 생산, 판매 중단 시 A제품의 매출수량은 10%가 감소되는 것으로 나타났다. 또한 B제품 생산 중단 시 유휴생산능력을 일부 임대하여 월 ₩180,000의 임대수입을 발생시킬 수 있다고 한다.

[요구사항]

1. B제품 생산, 판매 중단 시 회사 전체의 월간이익은 얼마나 증가(감소)하겠는가?
2. 만약 B제품 생산, 판매를 중단하고 A제품에 광고비 ₩20,000을 추가 지출하면 A제품 매출수량은 5%가 감소될 것으로 예상하고 있다. 이 경우 B제품의 생산, 판매를 중단하는 것이 타당한 것인가?

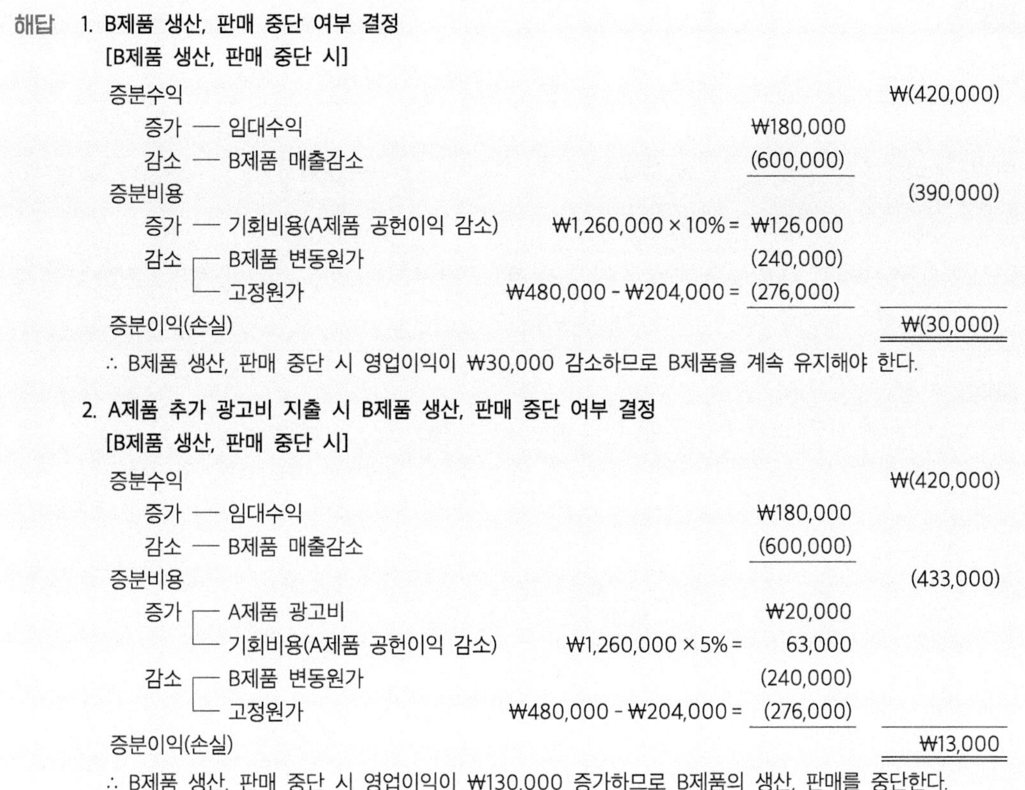

해답 1. B제품 생산, 판매 중단 여부 결정

[B제품 생산, 판매 중단 시]

증분수익			₩(420,000)
증가 ― 임대수익		₩180,000	
감소 ― B제품 매출감소		(600,000)	
증분비용			(390,000)
증가 ― 기회비용(A제품 공헌이익 감소)	₩1,260,000 × 10% =	₩126,000	
감소 ┌ B제품 변동원가		(240,000)	
└ 고정원가	₩480,000 - ₩204,000 =	(276,000)	
증분이익(손실)			₩(30,000)

∴ B제품 생산, 판매 중단 시 영업이익이 ₩30,000 감소하므로 B제품을 계속 유지해야 한다.

2. A제품 추가 광고비 지출 시 B제품 생산, 판매 중단 여부 결정

[B제품 생산, 판매 중단 시]

증분수익			₩(420,000)
증가 ― 임대수익		₩180,000	
감소 ― B제품 매출감소		(600,000)	
증분비용			(433,000)
증가 ┌ A제품 광고비		₩20,000	
└ 기회비용(A제품 공헌이익 감소)	₩1,260,000 × 5% =	63,000	
감소 ┌ B제품 변동원가		(240,000)	
└ 고정원가	₩480,000 - ₩204,000 =	(276,000)	
증분이익(손실)			₩13,000

∴ B제품 생산, 판매 중단 시 영업이익이 ₩130,000 증가하므로 B제품의 생산, 판매를 중단한다.

(3) 제품라인의 유지 또는 폐지 의사결정 시 재무적 정보 외에 고려해야 할 질적(비재무적) 정보요소는 다음과 같다.

① **제품구색 및 기업이미지 고려:** 특정 제품 라인에서 손실이 발생하여도 제품구색 맞추기 및 기업의 이미지를 고려하여 의사결정해야 한다.

② **타제품 판매효과 고려:** 폐지될 제품과 계속 생산될 제품과의 대체효과 등 타제품 판매에 미치는 영향을 종합적으로 고려해야 한다.

③ 종업원 감원에 따른 종업원의 반발 및 노동조합과의 마찰가능성

05 제한된 자원(제약자원)의 사용

(1) 제약자원이 하나인 경우 - 최적생산배합의 결정

기업이 제품을 생산·판매하기 위해서는 여러 가지 생산요소를 투입해야 한다. 그러나 기업이 사용하고자 하는 생산요소는 한정되어 있기 때문에 무한정 이를 사용할 수가 없다. 따라서 기업의 경영자는 이용가능한 생산요소를 가장 효율적으로 사용하는 방법을 찾아야 한다.

① 최적생산배합의 문제를 해결하는 최적의사결정기준은 공헌이익을 극대화시키는 방향으로 제한된 자원을 활용하는 것이다. 제한된 자원을 고려하여 기업의 공헌이익을 극대화하기 위해서는 제품단위당 공헌이익이 아닌 제한된 자원단위당 공헌이익이 큰 제품을 우선적으로 선택해서 생산해야 한다.

예제 5

태백회사는 수익과 원가자료가 다음과 같은 두 제품 A, B를 생산·판매하고 있다.

	A	B
단위당 판매가격	₩1,500	₩1,000
단위당 변동원가	900	600
단위당 공헌이익	₩600	₩400

연간 고정원가는 ₩100,000이고, 회사가 이용가능한 연간 기계시간은 1,000시간이며, 제품 A를 한 단위 생산하는 데 2기계시간, 제품 B는 1기계시간이 소요된다.

[요구사항]

1. 제품 A, B에 대한 시장수요가 무한할 때, 어느 제품을 얼마만큼 생산·판매해야 하는가?
2. 제품 A, B에 대한 시장수요가 각각 500단위일 때, 어느 제품을 얼마만큼 생산·판매해야 하는가?

해답 **[자료분석]**

	A제품	B제품
판매가격	₩1,500/단위	₩1,000/단위
변동원가	900단위	600단위
공헌이익	₩600/단위	₩400/단위
단위당 기계시간	÷ 2시간	÷ 1시간
기계시간당 공헌이익	₩300/시간	₩400/시간
생산우선순위	②	①

1. 시장수요가 무한한 경우

B제품을 우선 생산하는 데 시장수요가 무한하므로 B제품만을 생산한다.

B제품 생산량 = 1,000기계시간 × 1단위/기계시간 = 1,000단위

참고로 이때의 영업이익(π)을 계산하면,

$$\pi = \underbrace{1{,}000\text{단위} \times @400}_{\text{공헌이익}} - \underbrace{₩100{,}000}_{\text{고정원가}} = ₩300{,}000$$

2. 시장수요가 유한한 경우

B제품에 대한 시장수요가 500단위이므로 B제품 500단위를 우선 생산한다. 이에 따라 제약자원인 기계시간이 500시간 소요되고 남는 500기계시간에 A제품을 생산한다.

∴ A제품 생산량 = 500기계시간 × 1단위/2기계시간
= 250단위

따라서, A제품 250단위, B제품 500단위를 생산한다.

참고로 이때의 영업이익(π)을 계산하면,

$$\pi = \underbrace{250\text{단위} \times @600}_{\text{A제품 공헌이익}} + \underbrace{500\text{단위} \times @400}_{\text{B제품 공헌이익}} - \underbrace{₩100{,}000}_{\text{고정원가}} = ₩250{,}000$$

[참고]

[요구사항 1과 2]에서의 영업이익 차이(₩50,000)는 [요구사항 2]에서 B제품 우선 생산 후 남는 500기계시간에 대한 제품별 기계시간(제약자원) 단위당 공헌이익 차이에 기인한 것이다.

즉, 500기계시간 × (@400[*1] - @300[*2]) = ₩50,000임을 알 수 있다.

[*1] B제품 기계시간 단위당 공헌이익

[*2] A제품 기계시간 단위당 공헌이익

② 예제 5의 경우에는 제약조건이 하나뿐이지만 만약 여러 가지 제약조건이 동시에 존재한다면 이익을 극대화하는 생산배합을 결정하는 것은 쉽지 않은 일이다. 여러 가지 제약조건하에서 이익을 극대화하는 생산배합의 결정문제는 선형계획모형을 이용하여 분석한다.

(2) 제약자원이 2개 이상인 경우 - 선형계획법

제약자원이 2개 이상인 경우에는 제한된 자원의 사용이나 투입배합의 결정이 복잡한 양상을 띠게 되는데 그 분석을 위해서는 선형계획법이 사용된다.

① 선형계획법(LP; Linear Programming)이란 여러 가지 제약조건하에서 특정한 목적(이익극대화나 비용최소화)을 달성하기 위해 희소한 자원을 배분하는 수리적인 기법을 말한다. 선형계획법에 따라 최적해를 찾는 방법에는 도해법과 심플렉스법이 있는데, 심플렉스법은 관리회계의 범위를 넘어서는 내용이므로 여기서는 도해법만 살펴보기로 한다.

② 도해법의 기본개념은 제약조건을 그래프상에 표시하여 실행가능영역을 도출한 뒤에, 이 영역의 범위 내에서 목적함수를 최대화 또는 최소화되도록 의사결정변수의 값을 결정하는 것이다.

도해법

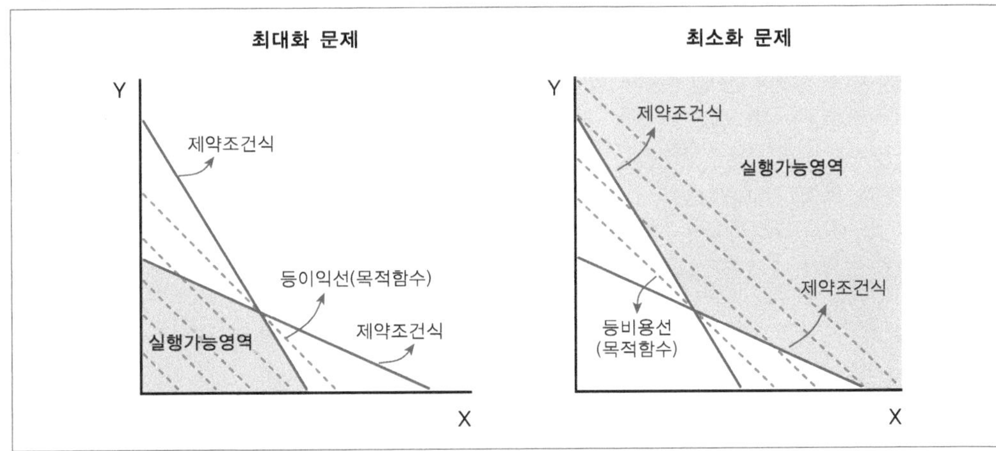

여기서 최대화 문제는 원점으로부터 가장 먼 등이익선(목적함수)과 접하는 꼭짓점이 최적해가 되며, 최소화 문제는 원점으로부터 가장 가까운 등비용선(목적함수)과 접하는 꼭짓점이 최적해가 된다.

③ 선형계획법에 따라 최적해를 찾는 과정은 복잡하므로 도해법을 적용할 때는 다음 4단계를 이용하는 것이 좋다.

[1단계] 목적함수의 결정: 의사결정의 목적을 체계화하여 수식으로 정리한다.
[2단계] 제약조건의 구체화: 제한된 자원에 대한 조건을 수식으로 표현한다. 이러한 제약조건에는 기계시간, 노동시간, 제한된 자원의 양 등이 사용된다.
[3단계] 실행가능영역의 도해: 2단계에서 구한 제약조건을 그래프로 표시한 후, 모든 제약조건을 충족하는 실행가능영역을 표시한다.
[4단계] 최적해의 계산: 실행가능영역 중에서 목적함수를 최대화하거나 최소화하는 최적해를 구한다. 일반적으로 최적해는 실행가능영역의 꼭짓점 중에서 찾아진다.

예제 6

목동회사는 제품 A와 B를 생산·판매하고 있다. 두 제품과 관련된 자료는 다음과 같다.

	제품 A	제품 B
제품단위당		
판매가격	₩200	₩100
변동제조원가	100	40
변동판매관리비	50	20
소요재료	1kg	2kg
소요기계시간	2시간	1시간

연간 사용가능한 재료는 120kg, 기계시간은 150시간으로 한정되어 있다.

[요구사항]

생산된 각 제품에 대한 시장수요가 무한하다고 할 때, 회사의 총공헌이익을 극대화하기 위한 제품 A와 B의 최적제품배합과 그때의 연간 총공헌이익을 구하시오.

해답 **[1단계] 목적함수의 결정**

의사결정의 목적이 회사의 총공헌이익을 극대화하는 것이므로 회사의 총공헌이익을 계산하는 식이 목적함수가 된다. 제품 A와 B의 생산·판매량을 각각 A, B라 하면,

목적함수(총공헌이익): 극대화 $Z = 50A + 40B$

[2단계] 제약조건의 구체화

회사는 사용가능한 재료와 기계시간에 제약이 있으므로 이에 따른 제약조건은 다음과 같은 식으로 구체화된다.

재료사용량	$A + 2B \le 120$kg
기계시간	$2A + B \le 150$시간
	$A,\ B \ge 0$

[3단계] 실행가능영역의 도해

[2단계]에서의 제약조건을 그래프로 표시한 후, 모든 제약조건을 충족하는 실행가능영역을 표시한다.

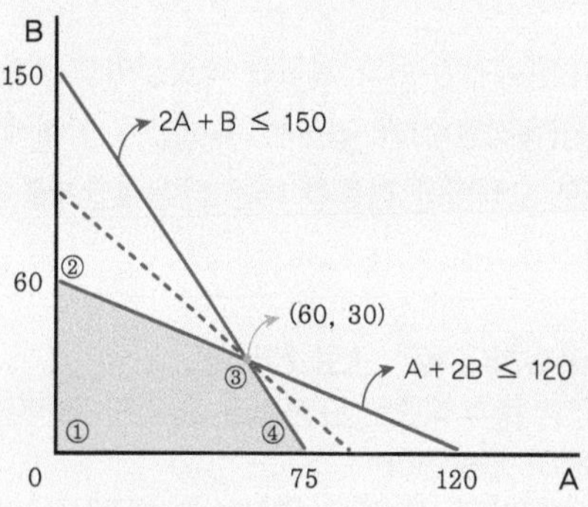

[4단계] 최적해의 계산

최적해는 실행가능영역의 꼭짓점에서 찾아지므로 실행가능영역의 꼭짓점을 찾아서 목적함수에 적용하여 그중 목적함수가 가장 커지는 꼭짓점이 최적해가 된다.

꼭짓점	좌표	목적함수(총공헌이익)
①	(0, 0)	₩50 × 0 + ₩40 × 0 = ₩0
②	(0, 60)	₩50 × 0 + ₩40 × 60 = 2,400
③	(60, 30)	₩50 × 60 + ₩40 × 30 = 4,200
④	(75, 0)	₩50 × 75 + ₩40 × 0 = 3,750

따라서 회사의 총공헌이익을 극대화하기 위한 A, B의 제품배합은 각각 60개, 30개이고, 이때의 총공헌이익은 ₩4,200으로 최대이다.

06 투입배합의 결정

기업이 여러 가지 제품을 생산·판매하는 경우에 이익을 극대화하기 위해서 어떤 제품을 생산할 것인가를 결정하는 것도 중요한 문제이지만, 제품생산에 필요한 원재료가 여러 가지일 경우에 투입원재료의 비율을 결정하는 것도 중요한 문제이다.

(예) 화학제품이나 석유제품 등은 여러 가지의 원재료를 배합하여 제품을 생산하는데, 이러한 경우에 원재료의 투입배합을 조절할 수 있다면 배합비율에 따른 원가를 분석하여 원가를 최소화하는 투입배합을 선택해야 한다.

예제 7

신촌회사는 땅콩을 사용하여 칼륨이 함유된 다이어트용 식품을 생산하고 있다. 이 제품 1단위에는 최소한 2,000㎎의 칼륨이 반드시 함유되어야 한다. 신촌회사가 사용할 수 있는 땅콩은 A, B의 두 종류가 있는데, A땅콩 1컵에는 1,100㎎의 칼륨이 포함되어 있고 B땅콩 1컵에는 600㎎의 칼륨이 포함되어 있다. A땅콩 1컵의 원가는 ₩3,300이며 B땅콩 1컵의 원가는 ₩2,400이다. 기타 다른 원가는 땅콩의 원료배합과는 무관하다고 가정하자.

[요구사항]

1. 회사가 원가를 최소화하려면 어떤 땅콩으로 제품을 만들어야 하는가?
2. 각 땅콩에 포함되어 있는 칼륨의 성분에 다소 차이가 있어서 제품 1단위에 포함되어야 하는 2,000㎎의 칼륨 중 30%가 반드시 B땅콩으로부터 추출되어야 한다고 가정하자. 제품 1단위를 생산하는 데 소요되는 최소한의 땅콩원가를 구하시오.

해답 1. **원가최소화 원재료결정**

원재료	칼륨 1mg당 원가
A땅콩	₩3,300 ÷ 1,100㎎ = ₩3/mg
B땅콩	₩2,400 ÷ 600㎎ = ₩4/mg

회사가 원가를 최소화하려면 칼륨 1㎎당 원가가 낮은 A땅콩을 선택해야 하고, 이때 제품 1단위를 생산하는 데 소요되는 땅콩원가는 2,000㎎ × @3 = ₩6,000이다.

2. **최소 원재료원가의 계산**

칼륨 1㎎당 원가가 A땅콩이 더 낮으므로 B땅콩은 가능한 한 최소량만 사용해야 한다. 따라서 제품 1단위에 포함되어야 하는 2,000㎎의 칼륨 중 600㎎(2,000㎎ × 30%)은 B땅콩으로부터 나머지 1,400㎎은 A땅콩으로부터 추출하면 된다.

B땅콩:	600mg × @4 =	₩2,400
A땅콩:	1,400mg × @3 =	4,200
계		₩6,600

관련원가와 의사결정 제10장 해커스 세무사 眞원가관리회계

예제 7의 경우에는 제약조건이 하나뿐이지만 만약 여러 가지 제약조건이 동시에 존재한다면 원가를 최소화하는 투입배합을 결정하는 것은 쉽지 않은 일이다. 여러 가지 제약조건하에서 원가를 최소화하는 투입배합의 결정문제는 선형계획모형을 이용하여 분석하는데 이는 다음의 예제를 통해 살펴보기로 한다.

예제 8

(주)해커는 최저 필수영양분을 만족시키면서 총비용을 최소화하는 문제를 검토하고 있다. 다음은 영양소 A, B의 최소필요량과 달걀 및 베이컨의 각 영양소 함유량을 나타낸 표이다.

영양소	단위당 영양소		최소필요량
	달걀	베이컨	
A	4mg	7mg	280mg
B	4	2	140
단위당 가격	₩40	₩60	

[요구사항]

총비용을 최소화하는 달걀과 베이컨의 투입량과 그때의 총비용을 구하시오.

해답 달걀과 베이컨의 투입량을 각각 x, y라 하면,

[1단계] 목적함수의 결정

목적함수(총비율): 최소화 $Z = 40x + 60y$

[2단계] 제약조건의 구체화

제약조건: $4x + 7y \geq 280$

$4x + 2y \geq 140$

$x \geq 0,\ y \geq 0$

[3단계] 실행가능영역의 도해

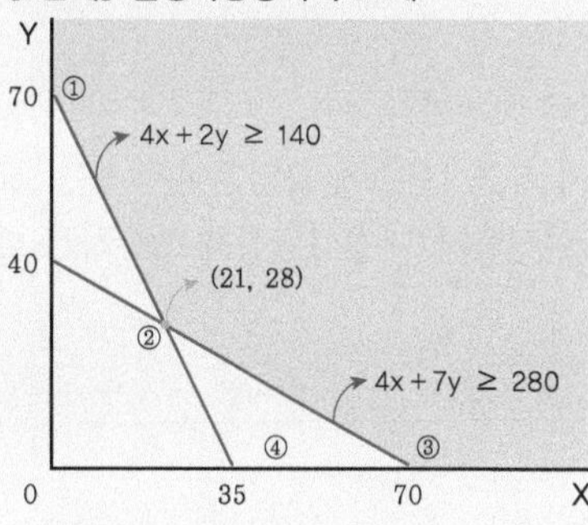

[4단계] 최적해의 계산

꼭짓점	좌표	목적함수(총비용)
①	(0, 70)	₩40 × 0 + ₩60 × 70 = ₩4,200
②	(21, 28)	₩40 × 21 + ₩60 × 28 = 2,520
③	(70, 0)	₩40 × 70 + ₩60 × 0 = 2,800

따라서 회사의 총비용을 최소화하기 위한 달걀과 베이컨의 투입량은 각각 21개, 28개이고, 이때의 총비용은 ₩2,520으로 최소이다.

제10장

기출 OX문제

01 경영자가 합리적인 의사결정을 하기 위해서는 화폐금액으로 표현할 수 있는 양적 정보만을 고려해야 한다. (O, X)

02 총액접근법은 각 대안별로 모든 수익과 비용을 고려하여 의사결정하므로 관련원가에 대해 집중할 수 있는 장점이 있다. (O, X)

03 증분접근법은 두 대안 간에 차이가 발생하는 항목인 관련수익과 관련원가만을 고려하여 최적 대안을 선택하는 방법이므로 총액접근법보다 간편한 방법이다. (O, X)

04 기회비용이란 현재 사용 중인 재화, 용역 또는 생산설비가 현재의 용도 이외의 다른 대체안 중 최선의 대체안에 사용되었을 때의 가치를 말한다. (O, X)

정답 및 해설

01 X 화폐금액으로 표현하기 어려운 질적 정보도 고려해야 한다.
02 X 의사결정과 관련 없는 비관련원가까지 분석함으로써 중요한 관련원가에 대한 초점을 흐리게 한다.
03 O
04 O

제10장
개념확인문제

대표 문제를 학습한 후, 이와 동일한 유형의 문제를 풀며 개념을 익혀보세요.

대표 문제 특별주문 의사결정

(주)대한은 연속된 공정 A와 B를 거쳐서 완제품을 생산한다. (주)대한은 매년 500단위의 제품을 생산하여 기존시장에서 단위당 ₩3,000에 전부 판매한다. 당기에 (주)대한은 새로운 거래처인 (주)민국으로부터 완제품 150단위를 단위당 ₩2,500에 공급해달라는 주문을 받았다. 이 주문은 완제품 150단위를 모두 수락하거나 거절해야 한다. 공정별 연간 생산능력, 연간 생산량 및 단위당 변동원가는 다음과 같다.

구분	공정 A	공정 B
연간 생산능력	550단위	600단위
연간 생산량	500단위	500단위
단위당 변동원가	₩700	₩1,000

(주)대한은 외부 공급업체로부터 공정 A에서 생산된 것과 동일한 부품을 단위당 ₩1,500에 필요한 만큼 공급받을 수 있다. (주)대한이 (주)민국의 주문을 수락하면 (주)대한의 당기순이익은 얼마나 증가(또는 감소)하는가? 단, (주)대한은 상기 주문과 관련된 기회원가를 최소화하고자 한다. [회계사 18]

해답

증분수익: 특별주문매출액	150단위 × ₩2,500 =		₩375,000
증분비용			360,000
공정 A 변동원가	50단위 × ₩700 =	₩35,000	
공정 A 생산부품 외부구입	50단위 × ₩1,500 =	75,000	
공정 B 변동원가	100단위 × ₩1,000 =	100,000	
기존판매 50단위 포기에 따른 매출액 감소	50단위 × ₩3,000 =	150,000	
증분이익			₩15,000

* 특별주문을 수락하는 경우, 기회원가를 최소화하기 위해서는 외부공급업체로부터 부품 50단위를 구입하고 450단위를 기존시장에 판매하여야 함

01 (주)북한강전자는 계산기를 제조하여 개당 ₩2,000에 판매하고 있다. (주)북한강전자의 생산능력은 매기 12,000개이며, 이때 개당 생산원가는 직접재료원가 ₩750, 직접노무원가 ₩550, 제조간접원가(변동원가 75%, 회피불능고정원가 25%) ₩480이다. 해외바이어가 방문하여 2,500개의 계산기를 특별주문하였는데, 이 특별주문에 따른 유일한 판매비용은 운송료로 개당 ₩100이 소요된다. 현재 (주)북한강전자는 10,000개를 생산·판매하여 정상적인 판매경로를 통하여 판매하고 있다. 정상적인 판매경로에서 발생하는 판매비용은 ₩5,000,000으로 전액 고정원가이다. (주)북한강전자가 이 특별주문과 관련하여 받아야 하는 단위당 최소 판매가격은 얼마인가?

정답 및 해설

01 1. 자료분석

		정규판매(10,000개)		특별주문(2,500개)
단위당 판매가격		₩2,000		p
단위당 변동원가	₩750+₩550+₩480 × 75% =	1,660	₩1,660 + ₩100 =	₩1,760
단위당 공헌이익		₩340		p - ₩1,760

2. 특별주문 수락 시

증분수익: 특별주문공헌이익: 2,500개 × (p - ₩1,760) =	2,500p - ₩4,400,000
증분비용: 기회비용(포기한 정상판매 공헌이익): 500개* × @340 =	₩170,000
증분이익(손실)	2,500p - ₩4,570,000

* 특별주문 수락 시 500개[= 2,500개 - (12,000개 - 10,000개)]의 정상판매를 포기하여야 한다.
(2,500개: 특별주문수량, 12,000개: 생산능력, 10,000개: 정상판매량, (12,000개 - 10,000개): 여유조업도(유휴설비))

$2,500p - ₩4,570,000 \geq 0 \therefore p \geq ₩1,828$

[별해] 특별주문 단위당 최소판매가격 p = 특별주문 단위당 증분비용의 회수

$$p = \text{특별주문 단위당 변동원가} + \frac{\text{관련고정원가 등} + \text{총기회비용}}{\text{특별주문수량}}$$

$$= (₩1,660 + ₩100) + \frac{0 + 500개 \times @340}{2,500개} = ₩1,828$$

(₩1,660: 정상판매 단위당 변동원가, ₩100: 특별주문에 따른 추가변동원가(운송료))

02 (주)국세는 야구공을 생산·판매하고 있으며, 월간 최대생산능력은 30,000단위이다. (주)국세가 생산하는 야구공의 단위당 원가자료는 다음과 같다.

직접재료원가	₩200
직접노무원가	100
변동제조간접원가	50
고정제조간접원가	100
변동판매비와관리비	25
고정판매비와관리비	30

(주)국세는 현재 정상주문에 대해 단위당 ₩500의 가격으로 판매를 하고 있는데, 최근 해외사업자로부터 할인된 가격으로 3,000단위를 구입하겠다는 특별주문을 받았다. (주)국세가 이 주문을 수락할 경우에는 생산능력의 제한으로 인하여 기존 정상주문 중 1,200단위의 판매를 포기해야 한다. 그러나 특별주문수량에 대한 단위당 변동판매비와관리비는 ₩5만큼 감소할 것으로 예상하고 있다.

(주)국세가 해외사업자의 특별주문에 대하여 제시할 수 있는 단위당 최저 판매가격은 얼마인가?

[세무사 12]

03 (주)세무의 정상판매량에 기초한 20×1년 예산손익계산서는 다음과 같다.

매출액(5,000단위, ₩60)	₩300,000
변동매출원가	150,000
변동판매비	60,000
공헌이익	₩90,000
고정제조간접원가	50,000
고정판매비	20,000
영업이익	₩20,000

(주)세무의 연간 최대생산능력은 6,000단위이다. 새로운 고객이 20×1년 초 1,500단위를 단위당 ₩50에 구입하겠다고 제의하였으며, 이 제의는 부분 수락할 수 없다.

이 제의를 수락하고 정상가격에 의한 기존의 거래를 감소시켜 영업이익을 극대화한다면, 20×1년에 증가되는 영업이익은?

[세무사 13]

04 (주)세무는 단일 제품 A를 생산·판매하며, 관련범위 내 연간 최대생산능력은 10,000단위이다. (주)세무는 현재 제품 A 7,500단위를 생산하여 단위당 판매가격 ₩400으로 정규시장에 모두 판매한다. 최근 (주)세무는 (주)한국으로부터 단위당 가격 ₩350에 제품 A 3,000단위를 구입하겠다는 특별주문을 받았다. (주)한국의 특별주문은 전량 수락하든지 기각하여야 하며, 특별주문 수락 시 정규시장 판매를 일부 포기하여야한다. 제품 A의 단위당 직접재료원가는 ₩80, 단위당 직접노무원가는 ₩120, 단위당 변동판매관리비는 ₩0이며, 조업도 수준에 따른 총제조간접원가는 다음과 같다.

조업도 수준	총제조간접원가
최대생산능력의 55%	₩1,755,000
최대생산능력의 65%	1,865,000
최대생산능력의 75%	1,975,000
최대생산능력의 80%	2,030,000

(주)세무가 (주)한국의 특별주문을 수락한다면, 증가 또는 감소할 영업이익은? 단, 변동제조간접원가의 추정은 고저점법을 이용한다. [세무사 16]

정답 및 해설

02 1. 자료분석

		정규판매	특별주문(3,000단위)
단위당 판매가격		₩500	p
단위당 변동원가	₩300 + ₩800 =	375	₩370
단위당 공헌이익		₩125	p - ₩370

2. 특별주문 단위당 최저판매가격 p = 특별주문 단위당 증분비용의 회수

$$\therefore p = \text{특별주문 단위당 변동원가} + \frac{\text{관련고정원가 등} + \text{총기회비용}}{\text{특별주문수량}}$$

$$= ₩370 + \frac{0 + 1{,}200\text{단위} \times @125}{3{,}000\text{개}} = ₩420$$

03 증분수익

특별주문에 따른 공헌이익 증가: 1,500단위 × ₩8*1 ₩12,000

증분비용

기회비용(기존판매분 감소에 따른 공헌이익 감소분): 500단위 × ₩18*2 (9,000)

증분이익 ₩3,000

*1 ₩50 - (₩150,000 + ₩60,000) ÷ 5,000단위

*2 ₩90,000 ÷ 5,000단위

04 증분수익: 특별주문공헌이익: 3,000개 × (@350 - @310) = ₩120,000

증분비용: 포기한 정규판매 공헌이익: 500단위*1 × (@400 - @310*2) 45,000

증분이익(손실) ₩75,000

*1 특별주문수락 시 500단위[= 3,000단위 - (10,000단위 - 7,500단위)]의 정규판매를 포기하여야 함

(3,000단위: 특별주문수량, 10,000단위: 생산능력, 7,500단위: 정상판매량, 10,000단위 - 7,500단위: 여유조업도)

*2 단위당 변동제조간접원가 $= \frac{₩2{,}030{,}000 - ₩1{,}755{,}000}{8{,}000\text{단위} - 5{,}500\text{단위}} = ₩110$

단위당 변동원가 = ₩80 + ₩120 + ₩110 = ₩310

관련원가와 의사결정 제10장 해커스 세무사 眞원가관리회계

05 쏙빤 복사집의 복사능력은 시간당 1,800부이다. 준비시간 및 용지 재공급시간으로 인해 하루 실가동시간은 7시간이다. 대학주변에는 난립되어 있는 복사집들 간의 경쟁이 극심한 편이다. 따라서 고객이 원하는 시간 준수는 필수사항이다. 이 복사집의 1일 복사수요량은 10,000부이다. 가격은 1부당 ₩40이고, 총변동원가는 ₩16이다. 그런데 한 고객이 하루의 업무시작시점에 찾아와서 5,000부의 복사물을 업무마감시간까지 1부당 ₩32에 복사해달라고 요구하였다. 이 특별주문의 수락 또는 기각 여부와 관련하여 예상되는 순이익의 효과는? [세무사 01]

06 (주)세무는 20×1년에 제품 A를 5,000단위 생산하여 전량 국내시장에 판매할 계획이다. 제품 A의 단위당 판매가격은 ₩10,000, 단위당 변동제조원가는 ₩7,000, 단위당 변동판매관리비는 ₩1,000이다. (주)세무는 20×1년 초에 해외 거래처로부터 제품 A 3,000단위를 단위당 ₩8,000에 구입하겠다는 특별주문을 받았다. 해외 거래처의 주문을 수락하기 위해서는 제품 A 1단위당 부품 B(단위당 외부구입가격: ₩500) 1단위를 추가로 투입해야 하고, 20×1년도 국내시장 판매량을 350단위 감소시켜야 한다. 특별주문과 관련된 판매관리비는 주문수량에 관계없이 ₩300,000 발생한다. (주)세무가 특별주문을 수락할 경우, 20×1년도 예산이익의 증가(또는 감소)금액은? 단, 특별주문은 전량 수락하든지 기각해야 한다. [세무사 18]

정답 및 해설

05 1. 자료분석

	정규부수(10,000부)	특별주문(5,000부)
단위당 판매가격	₩40	₩32
단위당 변동원가	16	16
단위당 공헌이익	₩24	₩16

2. 특별주문 수락 시

증분수익: 특별주문공헌이익 5,000부 × @16 =	₩80,000
증분비용: 기회비용(포기한 정규복사 공헌이익): 2,400부* × @24 =	57,600
증분이익(손실)	₩22,400

* 특별주문 수락 시[2,400부 = 5,000부 - {(7시간 × 1,800부) - 10,000부}]의 정규복사를 포기하여야 한다.

특별주문수량 (5,000부), 최대복사능력 (7시간 × 1,800부), 복사수요량 (10,000부), 여유복사능력(유휴설비) ({(7시간 × 1,800부) - 10,000부})

∴ 수락하는 경우가 ₩22,400만큼 순이익이 더 크다.

06

증분수익		₩1,500,000
특별주문 공헌이익: 3,000단위 × (@8,000 - @7,500) =	₩1,500,000	
증분비용		1,000,000
특별주문 판매관리비	300,000	
포기한 정규판매 공헌이익: 350단위 × (@10,000 - @8,000) =	700,000	
증분이익(손실)		₩500,000

대표 문제 부품의 외부구입 의사결정

(주)신촌은 완제품 생산에 필요한 부품 J를 자가제조하고 있다. 부품 J의 연간 필요량 1,000단위를 제조하는데 소요되는 단위당 원가는 변동제조원가 ₩480, 고정제조원가 ₩160이다. 회사는 외부공급업자로부터 단위당 ₩600에 1,000단위의 부품 J를 공급하겠다는 제의를 받았다. 회사가 이 제의를 받아들이면 설비 중 일부를 부품 W의 생산에 전환할 수 있으므로 연간 ₩90,000의 원가를 절약할 수 있다. 또한 고정제조원가 중 ₩100,000은 부품 J의 생산에만 관련된 원가이어서 외부구입하면 이의 발생도 회피할 수 있다. 회사는 외부공급업자의 제의를 수락해야 하는가 또는 거절해야 하는가?

해답

증분수익			₩0
증분비용			(70,000)
증가	─ 부품 J 구입비용: 1,000단위 × @600 =	₩600,000	
감소	┌ 부품 J 변동제조원가: 1,000단위 × @480 =	(480,000)	
	├ 부품 W 관련 원가절감액	(90,000)	
	└ 부품 J 고정제조원가	(100,000)	
증분이익(손실)			₩70,000

∴ 수락할 경우, 즉 부품 J를 외부구입할 경우 영업이익 ₩70,000 증가하므로 제의를 수락한다.

07 (주)해커는 전자제품인 일반냉장고를 연간 24,000단위 생산·판매하는 중견제조업체이다. 당사의 제품 단위당 판매단가는 ₩4,000이며, 원가자료는 다음과 같다.

(1) 단위당 직접재료원가	₩1,000
(2) 단위당 직접노무원가	1,000
(3) 단위당 변동제조간접원가	800
(4) 단위당 변동판매관리비	200
(5) 고정제조간접원가	4,800,000

고정판매관리비는 발생하지 않는다고 가정한다. (주)해커는 일반냉장고를 제작하는 협력업체인 (주)요미우리에 대하여 OEM방식으로 일반냉장고인 A제품의 외부구입 여부를 검토하고 있다. 이는 일반냉장고의 수요가 감소하여 새로운 신제품인 김치냉장고인 B제품을 생산하기 위함이다. 협력업체인 (주)요미우리가 제시한 조건은 A제품을 제조하여 (주)해커의 고객에게 직접 배달하는 조건이며, 외부구입가격은 계속 협상하는 중이다. 원가분석결과에 따르면 외부구입 시 변동판매관리비 중 20%는 절감될 것이며 고정제조간접원가 중 50%는 계속 발생될 것이다.

외부구입 시 지불가능한 단위당 최대가격은?

정답 및 해설

07 A제품 단위당 외부구입가격을 x라고 하면 외부구입 시

증분수익			₩0
증분비용			$24,000x$ - ₩70,560,000
증가	외부구입비용: 24,000단위 × x*	$24,000x$	
감소	변동제조원가: 24,000단위 × (@1,000 + @1,000 + @800) =	(67,200,000)	
	변동판매관리비: 24,000단위 × @200 × 20% =	(960,000)	
	고정제조간접원가: ₩4,800,000 × (1 - 50%) =	(2,400,000)	
증분이익(손실)			$-24,000x$ + ₩70,560,000

$-24,000x$ + ₩70,560,000 ≥ 0 ∴ x ≤ ₩2,940

[별해] 외주 시 단위당 최대구입가격 x = 외부구입 시 단위당 원가절감액

$$x = \text{단위당 변동원가 절감액} + \frac{\text{총고정원가절감액} + \text{총기회비용}}{\text{외부구입수량}}$$

$$= (\underbrace{₩2,800}_{\text{변동제조원가}} + \underbrace{₩200 \times 20\%}_{\text{변동판관비 절감액}}) + \frac{4,800,000 \times 50\% + 0}{24,000\text{단위}} = ₩2,940$$

08 (주)한국완구는 매년 완구생산에 필요한 부품인 모터 3,000개 중 일부를 자체생산하고, 나머지 부족한 부분은 외주로 충당하고 있다. 자체생산은 모터부서에서 담당하며 연간 총 2,000개의 모터를 생산한다. 모터 1개당 변동제조원가는 ₩55이며, 모터부서의 총고정원가는 연간 ₩150,000이다. 자체생산 시 발생하는 모터부서의 총고정원가 중 80%만이 모터부서 폐지 시 회피가능한 원가이다. 외주로 조달하는 모터는 연간 총 1,000개이다. 당기 초 외주업체는 전격적으로 모터의 판매가격을 모터 1개당 ₩120에서 ₩100으로 인하하였다. 이에 따라 (주)한국완구는 기업 내 모터부서를 폐지하고 모터 3,000개를 전량 외주업체에서 구매할 것을 검토하기 시작하였다. 이에 모터부서는 부서 폐지를 막기 위한 자구방안으로 단위당 변동제조원가 ₩10과 회피가능 고정원가 ₩10,000을 동시에 절감하였다. 만약 (주)한국완구가 외주업체로부터 모터 3,000개 전량을 구입할 경우 (주)한국완구의 순이익에 미치는 영향은 얼마인가? 단, 모터부서의 최대 생산능력은 자구방안과 관계없이 항상 2,000개이다. [회계사 08]

09 (주)국세는 현재 제품 생산에 필요한 부품 10,000단위를 자가제조하여 사용하고 있는데, 최근에 외부의 제조업자가 이 부품을 전량 납품하겠다고 제의하였다. (주)국세가 이러한 제의에 대한 수락 여부를 검토하기 위하여 원가자료를 수집한 결과, 10,000단위의 부품을 제조하는데 발생하는 총제조원가는 다음과 같으며, 최대로 허용가능한 부품의 단위당 구입가격은 ₩330으로 분석되었다.

직접재료원가	₩1,800,000
직접노무원가	700,000
변동제조간접원가	500,000
고정제조간접원가	500,000
총제조원가	₩3,500,000

이 경우, (주)국세가 회피가능한 고정제조간접원가로 추정한 최대 금액은 얼마인가? [세무사 12]

정답 및 해설

08 증분수익 ₩0

증분수익		₩0
증분비용		0
증가 ─ 외부구입비용: 2,000개[*1] × @100 =	₩200,000	
─ 기회비용 ─ (변동원가) 2,000개 × @10[*2] =	20,000	
─ (고정원가)	10,000[*3]	
감소 ─ 변동원가: 2,000개 × @55 =	(110,000)	
─ 고정원가: ₩150,000 × 80% =	(120,000)[*4]	
증분이익(손실)		₩0

[*1] 의사결정에 관련된 수량은 2,000개임(∵ 모터부서 최대생산능력은 항상 2,000개이므로)

[*2] 부서 유지 시 변동제조원가절감액

[*3] 부서 유지 시 고정원가절감액

[*4] 부서 폐지 시 회피가능고정원가

09 외주 시 단위당 최대구입가격 ₩330 = 외부구입 시 단위당 원가절감액

$$₩330 = \text{단위당 변동원가 절감액} + \frac{\text{총고정원가 절감액}(x) + \text{총기회비용}}{\text{외부구입수량}}$$

$$= ₩300 + \frac{x + 0}{10{,}000\text{단위}}$$

$\therefore x = ₩300{,}000$

10 (주)세무는 부품 A를 매년 1,000단위씩 자가생산하여 제품 생산에 사용하고 있는데 부품 A 생산과 관련된 원가자료는 다음과 같다.

	단위당 원가
직접재료원가	₩150
직접노무원가	30
변동제조간접원가	20
고정제조간접원가	40
계	₩240

(주)하청이 부품 A를 단위당 ₩215에 전량 공급해 주겠다는 제안을 하였다. (주)하청의 제안을 수락하면 부품 A의 생산 공간을 부품 B 생산에 이용할 수 있어 부품 B의 총제조원가를 매년 ₩7,000 절감할 수 있고, 부품 A의 고정 기술사용료가 매년 ₩9,000 절감된다. 한편, (주)간청은 (주)세무에게 다른 제안을 하였다. (주)간청의 제안을 수락하면 부품 A의 총고정제조간접원가가 매년 10% 절감되나, 부품 A의 생산공간을 부품 B 생산에 이용할 수 없어 부품 B의 총제조원가는 절감되지 않는다. (주)간청의 기술지도로 인하여 부품 A의 고정 기술사용료는 매년 ₩7,000 절감된다. 각 제안별 수락에 따른 영업이익의 증감액이 동일하게 되는 (주)간청의 제안가격은? [세무사 13]

11 (주)국세는 부품 A를 자가제조하며, 관련된 연간 생산 및 원가자료는 다음과 같다.

직접재료원가	₩10,000
직접노무원가	20,000
변동제조간접원가	10,000
고정제조간접원가	20,000
생산량	250단위

최근에 외부업체로부터 부품 A 250단위를 단위당 ₩200에 공급하겠다는 제안을 받았다. 부품 A를 전량 외부에서 구입하면 고정제조간접원가 중 ₩10,000이 절감되며, 기존 설비를 임대하여 연간 ₩15,000의 수익을 창출할 수 있다. 외부업체의 제안을 수용하면 자가제조보다 연간 얼마나 유리(또는 불리)한가? [세무사 15]

정답 및 해설

10 1. (주)하청의 제안을 수락할 경우 증분원가

외부구입원가: ₩215 × 1,000단위=	₩(215,000)
총제조원가 절감액	7,000
기술사용료 절감	9,000
계	₩(199,000)

2. (주)간청의 제안을 수락할 경우 증분원가

(주)간청의 제안가격을 x라 하면

외부구입원가: x × 1,000단위 =	₩(1,000)x
총제조원가 절감액	4,000
기술사용료 절감	7,000
계	₩(1,000)x + ₩11,000

3. 영업이익의 증감액이 동일하게 되는 (주)간청의 제안가격(x)

₩(1,000)x + ₩11,000 = ₩(199,000)

∴ x = ₩210

11

증분수익			₩15,000
증분비용			(0)
증가	외부구입비용: 250단위 × @200 =	₩50,000	
감소	변동제조원가: ₩10,000 + ₩20,000 + ₩10,000 =	(40,000)	
	고정제조원가	(10,000)	
증분이익(손실)			₩15,000

대표 문제 보조부문의 유지 또는 폐지

(주)경제는 20×1년 11월부터 발전부문에서 제공하던 전력을 외부로부터 구입하고자 하며, 10월에 전력부문이 각 부문에 제공한 총전력량은 1,000kw이다. 발전부문에서 제공하던 전력을 외부로부터 구입할 경우 지불할 수 있는 kw당 최대금액은 얼마인가?

제공부문 \ 사용부문	제조부문		보조부문	
	P_1	P_2	발전부문	수선부문
발전부문	0.4	0.3	-	0.3
수선부문	0.5	0.3	0.2	-

	변동원가	고정원가
발전부문	₩100,000	₩50,000
수선부문	440,000	100,000
계	₩540,000	₩150,000

해답 1. 폐지될 발전부문의 용역제공흐름

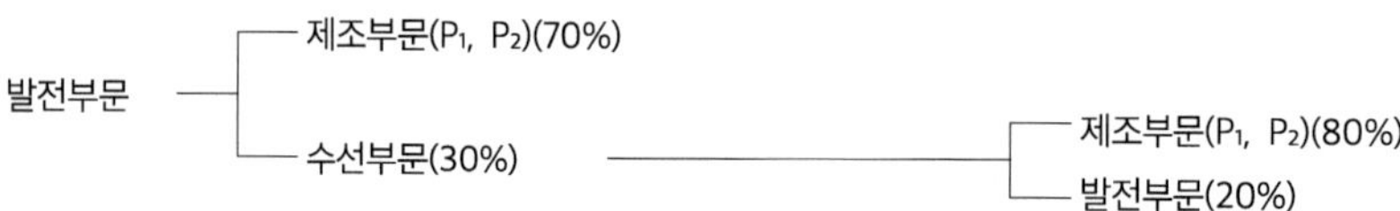

전력을 외부구입하면 발전부문은 폐지되므로 발전부문의 자가소비전력만큼은 구입할 필요 없다.

∴ 11월 외부구입전력량: 1,000kw × (1 - 30% × 20%) = 940kw
(30% × 20%: 자가소비비율)

2. 전력 kw당 외부구입가격을 x라고 하면

증분수익			₩0
증분비용			$940x$ - ₩188,000
증가	외부구입비용: 940kw × x =	$940x$	
감소	발전부문 변동원가	(100,000)	
	수선부문 변동원가: ₩440,000 × 0.2 =	(88,000)	
증분이익(손실)			$-940x$ + ₩188,000

$-940x$ + ₩188,000 ≥ 0 ∴ x ≤ ₩200

참고

전력외부구입 시 단위당 원가절감액만큼 지불가능함

$$\text{단위당 원가절감액} = \frac{\text{총원가절감액}}{\text{외부구입 용역량}}$$

$$= \frac{₩100,000^{*1} + ₩400,000 \times 20\%^{*2}}{940\text{kw}}$$

= ₩200/kw

*1 발전부문 변동원가 전액

*2 수선부문 변동원가 중 일부(20%)

12 (주)동운은 두 개의 제조부문(P_1, P_2)과 세 개의 보조부문(S_1, S_2, S_3)을 가지고 있으며, 부문 간의 용역수수관계와 보조부문의 원가자료는 다음과 같다.

사용부문 / 공급부문	제조부문		보조부문			합계
	P_1	P_2	S_1	S_2	S_3	
S_1	4,000단위	3,000단위	0단위	1,500단위	1,500단위	10,000단위
S_2	5,000단위	4,000단위	1,000단위	0단위	0단위	10,000단위
S_3	4,000단위	5,000단위	1,000단위	0단위	0단위	10,000단위
변동원가	?	?	₩300,000	₩200,000	₩100,000	?
고정원가	?	?	500,000	100,000	200,000	?

(주)동운은 동일한 생산수준을 유지하면서 보조부문 S_1의 용역을 모두 외부로부터 구입하고자 하며, 이 경우에 보조부문 S_1의 고정원가 10%, 보조부문 S_2의 고정원가 5%, 보조부문 S_3의 고정원가 5%가 각각 감소할 것으로 예상된다. 보조부문 S_1의 용역을 모두 외부로부터 구입하는 경우, (주)동운이 1. 필요로 하는 보조부문 S_1의 용역은 몇 단위이며, 2. 외부구입으로 인한 손실을 발생시키지 않고 지불할 수 있는 보조용역 S_1의 최대 구입금액은 얼마인가? [회계사 11]

정답 및 해설

12 1. 보조부문 S_1의 용역을 모두 외부로부터 구입하는 경우,
(주)동운이 필요로 하는 보조부문 S_1의 용역
= 보조부문 유지 시 필요용역량 × (1 - 보조부문 간 용역수수에 따른 자가소비율)
= 10,000단위 × (1 - 0.15 × 0.1 - 0.15 × 0.1)
= 9,700단위

2. 보조용역 S_1의 최대 구입금액 = 보조부문 S_1 폐지 시 원가절감액

	S_1	S_2	S_3	합계
변동원가	₩300,000	₩200,000 × 10% = ₩20,000	₩100,000 × 10% = ₩10,000	₩330,000
고정원가	₩500,000 × 10% = ₩50,000	₩100,000 × 5% = ₩5,000	₩200,000 × 5% = ₩10,000	65,000
계	₩350,000	₩25,000	₩20,000	₩395,000

13 (주)한국은 두 개의 보조부문(부문 S_1과 부문 S_2)과 두 개의 제조부문(부문 P_1과 부문 P_2)을 사용하여 제품을 생산하고 있다. 20×1년 회계연도에 각 보조부문이 생산하여 타부문에 제공할 용역의 양과 보조부문의 원가에 관한 예산자료는 다음과 같다.

(1) 보조부문의 용역생산량과 타부문에 제공할 용역량

보조부문	보조부문의 용역생산량	각 보조부문이 타부문에 제공할 용역량			
		S_1	S_2	P_1	P_2
S_1	200단위	-	40단위	100단위	60단위
S_2	200단위	100단위	-	20단위	80단위

(2) 보조부문의 원가

	부문 S_1	부문 S_2
간접재료원가(변동원가)	₩560,000	₩80,000
감독자급여(고정원가)	80,000	80,000
감가상각비(고정원가)	200,000	240,000
계	₩840,000	₩400,000

20×0년 말 (주)한국은 (주)대한으로부터 현재 부문 S_2에서 제공하고 있는 용역을 단위당 ₩1,400에 공급해주겠다는 제안을 받았다. 만약 이 제안을 20×1년 초에 수락할 경우 (주)한국은 부문 S_2의 간접재료원가를 회피할 수 있으며 부문 S_2의 감독자급여를 50%만큼 절감할 수 있다. 그리고 부문 S_2의 설비는 타사에 임대하여 연간 ₩24,000의 수익을 얻을 수 있다.

만약 20×1년 초에 (주)한국이 (주)대한의 제안을 수락함으로써 부문 S_2를 폐쇄하고 (주)대한으로부터 용역을 구입하기로 결정하는 경우, 이러한 결정은 (주)한국의 20×1년 회계연도 이익에 어떠한 영향을 미치게 될 것인가? [회계사 15]

정답 및 해설

13

증분수익		₩24,000
임대수익	₩24,000	
증분원가		20,000
구입원가: 200단위 × (1 - 50% × 20%) × ₩1,400 =	252,000	
간접재료원가 감소	(80,000)	
감독자급여 감소: ₩80,000 × 50% =	(40,000)	
S_1의 간접재료원가 감소: ₩560,000 × 20% =	(112,000)	
증분이익		₩4,000

대표 문제 제품라인의 폐지의사결정

(주)울산은 A, B, C 세 종류의 제품을 생산·판매하고 있다. 20×1년 (주)울산의 제품별 손익을 살펴본 결과 다음과 같이 나타났다.

항목	A제품	B제품	C제품	합계
매출액	₩1,000,000	₩2,000,000	₩1,000,000	₩4,000,000
변동원가	500,000	1,800,000	700,000	3,000,000
공헌이익	₩500,000	₩200,000	₩300,000	₩1,000,000
고정원가	200,000	400,000	200,000	800,000
이익	₩300,000	₩(200,000)	₩100,000	₩200,000

경영자는 손실을 보고하고 있는 B제품의 생산중단을 고려하고 있으며, 이에 대한 자료를 다음과 같이 수집하였다. 총고정원가 ₩800,000은 각 제품의 매출액에 비례하여 배부한 것이며, B제품 생산중단 시 총고정원가의 10%는 회피가능하고, 또한 C제품의 매출액이 20% 감소할 것으로 예상된다.

(주)울산이 B제품의 생산을 중단할 경우 회사 전체 이익은 얼마나 감소하는가? [세무사 10]

해답 B제품의 생산을 중단할 경우

B제품 공헌이익 감소	₩(200,000)
고정원가의 감소: ₩800,000 × 10% =	80,000
C제품 공헌이익 감소: ₩300,000 × 20% =	(60,000)
증분이익(손실)	₩(180,000)

∴ 회사 전체 이익은 ₩180,000만큼 감소한다.

14 (주)한국은 제품라인별로 부문 X, 부문 Y 및 부문 Z를 유지하고 있다. (주)한국의 지난 달 부문별 및 회사 전체의 매출액, 비용, 이익에 관한 정보는 다음과 같다.

	부문 X	부문 Y	부문 Z	회사 전체
매출액	₩1,250	₩750	₩500	₩2,500
변동원가	500	250	300	1,050
공헌이익	₩750	₩500	₩200	₩1,450
고정원가				
급여	₩325	₩205	₩150	₩680
감가상각비	10	20	20	50
기타일반관리비	240	156	104	520
총고정원가	₩959	₩381	₩274	₩1,250
영업이익(손실)	₩155	₩119	(₩74)	₩200

(주)한국의 재무담당이사(CFO) 부문 Z의 폐지 여부 결정을 하기 위해 세 부문에 부과되는 비용들에 대해 분석한 결과는 다음과 같다.

(1) 급여는 각 부문에 속한 종업원들에게 직접 지급되며, 부문 Z가 폐지될 경우 회사는 부문 Z에 근무하는 종업원들을 추가 비용의 발생 없이 즉시 해고시킬 수 있다.
(2) 감가상각비는 각 부문의 설비에 대한 것이다. 각 부문의 설비는 부문의 특성에 맞게 주문제작된 것이기 때문에 부문 Z가 폐지될 경우 부문 Z의 설비는 시장가치가 없다.
(3) 기타일반관리비는 회계·구매·관리비용을 나타내며, 각 부문의 매출액을 기준으로 각 부문에 배부된다. 부문 Z가 폐지되더라도 매월 발생하는 기타 일반관리비 총액은 변동하지 않을 것으로 예상된다.

(주)한국이 부문 Z를 폐지하기로 결정한 경우, 부문 Z가 사용하던 유휴공간 및 설비에 대한 대체적 용도가 없다. 부문 Z를 폐지하기로 결정한 경우, 회사 전체의 영업이익은 얼마나 증가(감소)하는가?

[회계사 14]

15 (주)갑은 제품 A와 제품 B를 생산·판매하고 있으며, 20×1년 제품별 손익계산서는 다음과 같다.

	제품 A	제품 B	합계
매출액	₩100,000	₩50,000	₩150,000
매출원가			
직접재료원가	₩25,000	₩15,000	₩40,000
직접노무원가	20,000	13,000	33,000
제조간접원가	11,000	10,000	21,000
계	₩56,000	₩38,000	₩94,000
매출총이익	₩44,000	₩12,000	₩56,000
판매관리비	30,000	15,000	45,000
영업이익	₩14,000	(₩3,000)	₩11,000

(주)갑의 20×1년 제조간접원가 ₩21,000 중 ₩9,000은 작업준비원가이며, 나머지 ₩12,000은 공장설비의 감가상각비이다. 작업준비원가는 배치생산횟수에 비례하여 발생하며 공장설비의 감가상각비는 회피불가능한 원가로서 매출액을 기준으로 각 제품에 배부된다. 각 제품의 판매관리비 중 40%는 변동원가이고 나머지는 회피불가능한 고정원가이다. 만약 제품 B의 생산라인을 폐지하면 제품 A의 판매량은 30% 증가하게 되며 제품 A의 배치생산횟수는 20% 증가할 것으로 기대된다. 20×2년에도 제품별 수익 및 비용 구조는 전년도와 동일하게 유지될 것으로 예상된다.

(주)갑이 20×2년 초에 제품 B의 생산라인을 폐지할 경우 연간 증분이익은 얼마인가?

[회계사 12]

정답 및 해설

14 각 고정원가의 성격은 다음과 같다.
급여: 회피가능, 추적가능
감가상각비: 회피불능, 추적가능
기타 일반관리비: 회피불능, 추적불능
∴ 부문 Z를 폐지하는 경우 부문 Z의 공헌이익 ₩200과 고정원가 중 급여 ₩150이 감소하므로 회사 전체의 영업이익은 ₩50 감소한다.

15 제품 B의 생산라인을 폐지하는 경우

증분수익		₩(37,700)
증가: A제품 판매량 증가	₩12,300*1	
감소: B제품 매출액 감소	(50,000)	
증분비용		(40,000)
증가: -		
감소: B제품 변동원가 감소	40,000*2	
증분이익(손실)		₩2,300

*1 A제품 판매량 증가로 인한 증분수익
₩12,300 = (₩100,000(매출액) - ₩25,000(직접재료원가) - ₩20,000(직접노무원가) - ₩12,000(변동판관비)) × 30% - ₩3,000(작업준비원가) × 20%

*2 B제품 변동원가 감소로 인한 증분비용
₩40,000 = ₩15,000(직접재료원가) + ₩13,000(직접노무원가) + ₩6,000(변동판관비) + ₩6,000(작업준비원가)

16 (주)한국은 제품 A와 제품 B를 생산·판매하고 있다. 제품 A와 제품 B 각각에 대한 연간최대조업도 100,000단위의 활동수준에서 예상되는 20×1년도 생산 및 판매와 관련된 자료는 다음과 같다.

구분	제품 A	제품 B
단위당 판매가격	₩120	₩80
단위당 변동원가		
직접재료원가	30	12
직접노무원가	20	15
변동제조간접원가	7	5
변동판매관리비	12	8
단위당 고정원가		
추적가능 고정제조간접원가	16	18
공통고정원가	15	10
단위당 총원가	₩100	₩68
연간최대생산능력	100,000단위	100,000단위

제품별 추적가능 고정제조간접원가는 해당 제품의 생산을 중단하면 회피가능하나, 공통고정원가는 제품 A 혹은 제품 B의 생산을 중단해도 계속해서 발생한다. (주)한국은 20×1년 초에 향후 1년 동안 제품 A 80,000단위와 제품 B 60,000단위를 생산·판매하기로 계획하였다. 그런데 (주)한국이 기존의 계획을 변경하여 20×1년에 제품 B를 생산하지 않기로 한다면, 제품 A의 20×1년도 연간 판매량은 원래 계획한 수량보다 15,000단위 증가할 것으로 예측된다.

(주)한국이 20×1년에 제품 B의 생산을 전면 중단할 경우, 이익에 미치는 영향은? [회계사 17]

정답 및 해설

16 1. 자료분석

구분	제품 A	제품 B
단위당 판매가격	₩120	₩80
단위당 변동원가		
직접재료원가	30	12
직접노무원가	20	15
변동제조간접원가	7	5
변동판매관리비	12	8
단위당 공헌이익	₩51	₩40

2. B제품의 생산을 중단할 경우

B제품 공헌이익 감소: 60,000단위 × @40 =	₩(2,400,000)
고정원가의 감소: 100,000단위 × @18 =	1,800,000
A제품 공헌이익 증가: 15,000단위 × @51 =	765,000
증분이익(손실)	₩165,000

대표 문제 제약자원하의 의사결정

(주)스피드는 사무용 복합기 A모델과 B모델을 생산하여 판매하고 있으며, 두 모델의 단위당 자료는 다음과 같다.

	A모델	B모델
직접재료원가	₩240,000	₩320,000
직접노무원가	100,000	160,000
변동제조간접원가(기계시간당 ₩10,000)	40,000	80,000
고정제조간접원가	60,000	120,000
단위당 제조원가	₩440,000	₩680,000
제조가격	₩520,000	₩800,000

(주)스피드의 최대조업도는 월 6,000 기계시간이며, 현재 시장의 월간수요량은 A모델 800개, B모델 500개이다. 새로운 거래처로부터 A모델 200개를 단위당 ₩480,000에 구매하겠다는 일회성 특별주문(special order)을 받았다. (주)스피드가 극대화된 영업이익수준을 유지하면서 특별주문을 수락할 수 있는 단위당 최소판매가격은 얼마인가? 단, 특별주문과 관련하여 생산설비의 증설은 없다. [회계사 06]

해답 1. 최적제품배합

		A모델		B모델
단위당 판매가격		₩520,000		₩800,000
단위당 변동제조원가	₩440,000 - ₩60,000=	380,000	₩680,000 - ₩120,000 =	560,000
단위당 공헌이익		₩140,000		₩240,000
단위당 소요기계시간	₩40,000 ÷ ₩10,000/시간=	4시간	₩80,000 ÷ ₩10,000/시간 =	8시간
기계시간당 공헌이익		@35,000		@30,000
생산·판매순위		1순위		2순위
수요량		800개		500개
최적 제품배합(생산량)		800		350*

* 회사의 최대조업도(기계시간)	6,000시간
A모델 우선생산에 소요된 기계시간: 800개 × 4시간 =	(3,200)
여유기계시간(유휴설비)	2,800시간
B모델 단위당 소요기계시간	÷ 8시간
B모델 생산량	350개

2. 특별주문 수락을 위한 단위당 판매가격을 p라고 하면,

	특별주문(A모델 200개)
단위당 판매가격	p
단위당 변동제조원가	₩380,000
단위당 공헌이익	p - ₩380,000
소요기계시간: 200개 × 4시간 =	800시간

3. 특별주문 수락 시

증분수익: 특별주문 공헌이익: 200개 × (p - ₩380,000) =	200p - ₩76,000,000
증분비용: 기회비용(포기한 B모델 공헌이익): 100개*1 × @240,000 =	24,000,000*2
증분이익(손실)	200p - ₩100,000,000

*1 생산·판매순위에 따라 특별주문 수락 시 B모델 100개(= 800시간 ÷ 8시간)의 정규판매를 포기하여야 함

*2 800시간 × @30,000 = ₩24,000,000와 같이 구할 수도 있음
(@30,000: B모델 기계시간당 공헌이익)

200p - ₩100,000,000 ≥ 0 ∴ p ≥ ₩500,000

17 (주)도원은 정밀기계를 위한 특수필터와 가정의 전자제품용 일반필터를 생산하여 판매하고 있다. 20×1년도 (주)도원의 제품 생산량과 단위당 자료는 다음과 같다.

구분	특수필터	일반필터
판매가격	₩500	₩300
직접재료원가	150	100
직접노무원가	60	80
변동제조간접원가	90	60
변동판매관리비	50	30

(주)도원의 연간 최대조업도는 21,000기계시간이며, 20×1년도 변동제조간접원가는 기계시간당 ₩30이었다. (주)도원의 매년 생산량과 판매량은 동일한 것으로 가정한다. (주)도원이 연간 최대조업도하에서 특수필터와 일반필터를 각각 최소한 1,500단위 이상 판매하는 경우, 총공헌이익을 최대화하기 위한 특수필터와 일반필터의 판매량은 얼마인가? [회계사 09]

18 (주)대한은 다음과 같은 3가지 제품을 동일한 생산라인에서 기계작업을 통하여 생산·판매하고 있다. 생산·판매와 관련된 자료는 다음과 같다.

구분	A제품	B제품	C제품
단위당 판매가격	₩500	₩350	₩500
단위당 변동원가	200	100	100
단위당 기계소요시간	2시간	1시간	2시간
월간 시장수요	150개	270개	40개

(주)대한의 월간 최대기계가동시간은 450시간이며 월 ₩40,000의 고정원가가 발생한다. 현재 (주)대한은 기계를 가장 효율적으로 가동하고 있으며, 새로운 D제품을 생산라인에 추가할지를 고려하고 있다. D제품의 단위당 변동원가는 ₩300이며 단위당 기계소요시간은 4시간이다. (주)대한이 생산한 제품은 모두 판매할 수 있으며, D제품을 추가하여도 판매가격과 원가의 변동은 없다. D제품을 생산라인에 추가하여서 영업이익을 증가시키고자 한다면, D제품의 단위당 판매가격은 최소한 얼마를 초과하여야 하는가? [세무사 09]

정답 및 해설

17 1. 자료분석

		특수필터		일반필터
단위당 판매가격		₩500		₩300
단위당 변동원가:	₩150 + ₩60 + ₩90 + ₩50 = (변동제조원가: ₩150 + ₩60 + ₩90)	350	₩100 + ₩80 + ₩60 + ₩30 = (변동제조원가: ₩100 + ₩80 + ₩60)	270
단위당 공헌이익		₩150		₩30
단위당 소요기계시간*:	₩90 ÷ ₩30 =	3시간	₩60 ÷ ₩30 =	2시간
기계시간당 공헌이익		₩50		₩15
생산 · 판매순위		1순위		2순위
최소 생산·판매량		1,500단위		1,500단위

* 단위당 변동제조간접원가 ÷ 기계시간당 변동제조간접원가

2. 연간 최대조업도(기계시간: 제약자원) 21,000시간
최소 생산·판매를 위한 기계시간: 1,500단위 × (3시간(특수필터) + 2시간(일반필터)) = (7,500)
여유조업도(유휴설비) 13,500시간

3. 특수필터를 우선 생산·판매하여야 하므로 특수필터 4,500단위(= 13,500시간 ÷ 3시간)를 추가생산 · 판매함

	특수필터	일반필터
최소판매량	1,500단위	1,500단위
추가판매량	4,500	0
계	6,000단위	1,500단위

18 1. 자료분석

	A제품	B제품	C제품	D제품
단위당 판매가격	₩500	₩350	₩500	P
단위당 변동원가	200	100	100	₩300
단위당 공헌이익	₩300	₩250	₩400	P - ₩300
단위당 기계소요시간	2시간	1시간	2시간	4시간
기계시간당 공헌이익	₩150	₩250	₩200	(P - ₩300)/4
생산판매우선순위	3순위	1순위	2순위	합계
월간시장수요	150개	270개	40개	460개
기계소요시간	300시간	270시간	80시간	650시간

2. D제품 추가 전 최적 생산·매출 배합

B제품: 270개 × 1시간 = 270시간
C제품: 40개 × 2시간 = 80
계 350시간 : 여유시간 450시간 - 350시간 = 100시간
→ A제품 50개(= 100시간 ÷ 2시간) 생산

∴ 최적생산 · 매출배합(A, B, C) = (50개, 270개, 40개)

3. D제품 추가 시 영업이익이 증가하려면 D제품 기계시간당 공헌이익이 최소한 A제품(3순위) 기계시간당 공헌이익보다 커야 한다.

$\frac{P - ₩300}{4} \geq ₩150$ ∴ $P \geq ₩900$

19 (주)한국은 일반형과 고급형으로 분류되는 두 종류의 정수기를 생산·판매하고 있다. 일반형과 고급형 정수기 한 단위를 생산하는데 소요되는 기계시간은 각각 1시간과 2시간이다. 이 회사가 매월 사용가능한 최대기계시간은 총 6,000시간이다. (주)한국이 20×1년 3월에 대해 예측한 일반형과 고급형 정수기의 판매가격, 원가 및 시장수요량에 관한 자료는 다음과 같다.

항목	일반형	고급형
단위당 판매가격	₩42	₩64
단위당 변동원가	26	40
단위당 고정원가	6	6
단위당 총원가	32	46
시장수요량	2,500단위	1,500단위

(주)한국은 20×1년 3월의 판매예측에 포함하지 않았던 한 고객으로부터 고급형 정수기 500단위를 단위당 ₩74의 가격에 20×1년 3월 중에 구입하고자 하는 특별주문을 받았다. (주)한국이 이 고객의 특별주문을 수락할 경우, 해당 제품의 단위당 변동원가에 미치는 영향은 없다. (주)한국이 이 고객의 특별주문을 수락할 경우, 20×1년 3월 영업이익은 얼마만큼 증가하게 될 것인가? [회계사 14]

20 (주)한국은 동일한 직접재료 M을 사용하여 세 가지 제품 A, B, C를 생산·판매한다. 다음은 (주)한국이 생산·판매하고 있는 각 제품의 단위당 판매가격, 변동원가 및 공헌이익에 관한 자료이다.

구분	제품 A	제품 B	제품 C
단위당 판매가격	₩900	₩1,350	₩1,200
단위당 변동원가			
직접재료원가	160	320	200
기타변동원가	480	590	700
계	640	910	900
단위당 공헌이익	₩260	₩440	₩300

(주)한국은 공급업체로부터 직접재료 M을 매월 최대 4,000kg까지 구입가능하며, 직접재료 M의 구입가격은 kg당 ₩40이다. (주)한국의 각 제품에 대한 매월 최대 시장수요량은 400단위이다. (주)한국이 이익을 최대화하기 위해 각 제품을 매월 몇 단위씩 생산·판매하여야 하는가? [회계사 16]

정답 및 해설

19 1. 자료분석

항목	일반형	고급형	특별주문
단위당 판매가격	₩42	₩64	₩74
단위당 변동원가	26	40	40
단위당 공헌이익	16	24	34
소요기계시간	1시간	2시간	
기계시간당 공헌이익	₩16	₩12	

2. 현재 회사의 유휴기계시간은 500시간(6,000시간 - 5,500시간)이므로, 특별주문을 수락하는 경우(1,000시간의 기계시간이 추가로 소요) 250단위의 고급형 정수기 판매를 포기하여야 한다.

(+) 특별주문 수락에 따른 공헌이익: 500단위 × ₩34 =	₩17,000
(-) 고급형 정수기 판매 포기: 250단위 × ₩24 =	6,000
계	₩11,000

∴ 영업이익은 ₩11,000이 증가한다.

20

구분	생산 · 판매량*	단위당 투입재료량	투입 직접재료량
제품 A	(1순위) 400단위	₩160 ÷ ₩40 = 4kg	1,600kg
제품 C	(3순위) 400단위	₩200 ÷ ₩40 = 5kg	2,000kg
제품 B	(2순위) 50단위	₩320 ÷ ₩40 = 8kg	400kg
계	850단위		4,000kg

* kg당 공헌이익
제품 A = ₩260 ÷ 4kg = ₩65
제품 C = ₩300 ÷ 5kg = ₩60
제품 B = ₩440 ÷ 8kg = ₩55

21 (주)세무는 제품 A, 제품 B 및 제품 C를 생산하여 판매한다. 이 세 제품에 공통으로 필요한 재료 K를 품귀현상으로 더 이상 구입할 수 없게 되었다. (주)세무의 재료 K 보유량은 3,000kg이며, 재료 K가 소진되면 제품 A, 제품 B 및 제품 C는 더 이상 생산할 수 없다. (주)세무는 각 제품의 사전계약물량을 의무적으로 생산하여야 하며, 사전계약 물량과 별도로 추가 최대수요량까지 각 제품을 판매할 수 있다. (주)세무의 관련 자료가 다음과 같을 때, 최대의 공헌이익 총액(사전계약물량 포함)은? [세무사 17]

	제품 A	제품 B	제품 C
사전계약물량	100단위	100단위	300단위
추가 최대수요량	400단위	100단위	1,500단위
단위당 판매가격	₩100	₩80	₩20
공헌이익률	24%	25%	60%
단위당 재료 K 사용량	3kg	5kg	2kg

22 (주)대한은 한복 A와 한복 B를 생산하여 판매하고 있다. 한복 A와 한복 B의 제작에 사용되는 재료인 명주와 염료는 1년에 각각 100kg과 150리터만 확보가 가능하다. 한복 A에 대한 시장수요는 무한하나, 한복 B에 대한 시장수요는 연간 70단위이다. 단위당 공헌이익 및 생산 관련 재료사용량이 다음과 같을 때 최적 제품배합에 의한 총공헌이익은 얼마인가? [회계사 13]

구분	제품 A	제품 B
단위당 공헌이익	₩3,000	₩1,000
단위당 명주사용량	1kg	1kg
단위당 염료사용량	2리터	1리터

정답 및 해설

21

	제품 A	제품 B	제품 C
단위당 공헌이익	₩24	₩20	₩12
단위당 재료 K 사용량	3kg	5kg	2kg
재료 K kg당 공헌이익	₩8	₩4	₩6
우선순위	1	3	2
사전계약물량	100단위	100단위	300단위
추가생산량*	400단위	-	200단위

* 추가생산량에 투입가능 재료 K 물량
1. 3,000kg - (100단위 × 3kg + 100단위 × 5kg + 300단위 × 2kg) = 1,600kg
2. 제품 A에 투입된 재료 K 물량 = 400단위 × 3kg = 1,200kg
3. 제품 C에 투입가능한 재료 K 물량 = 1,600kg - 1,200kg = 400kg
4. 제품 C에 추가생산량 = 400kg ÷ 2kg = 200단위

∴ 공헌이익 = 500단위 × ₩24 + 100단위 × ₩20 + 500단위 × ₩12 = ₩20,000

22 [1단계] 목적함수의 결정
총공헌이익을 극대화하는 한복 A와 한복 B의 생산·판매량을 각각 A, B라 하면,
목적함수(총공헌이익): 극대화 Z = 3,000A + 1,000B

[2단계] 제약조건의 구체화
명주사용량 A + B ≤ 100kg
염료사용량 2A + B ≤ 150리터
A ≥ 0, 70 ≥ B ≥ 0

[3단계] 실행가능영역의 도해

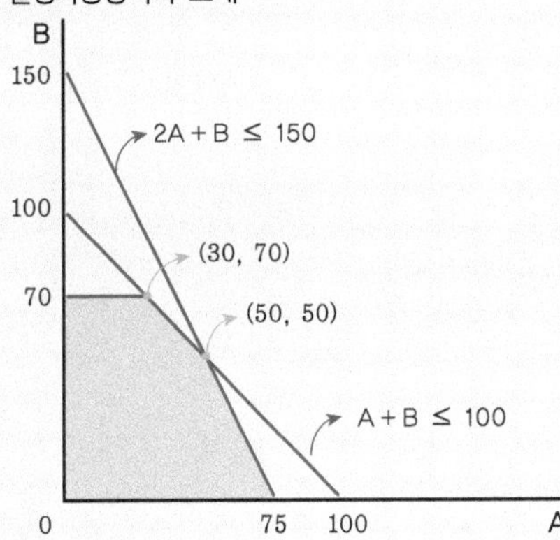

[4단계] 최적해의 계산

(A, B)	총공헌이익
(0, 0)	₩3,000 × 0 + ₩1,000 × 0 = ₩0
(0, 70)	₩3,000 × 0 + ₩1,000 × 70 = ₩70,000
(30, 70)	₩3,000 × 30 + ₩1,000 × 70 = ₩160,000
(50, 50)	₩3,000 × 50 + ₩1,000 × 50 = ₩200,000
(75, 0)	₩3,000 × 75 + ₩1,000 × 0 = ₩225,000

∴ 총공헌이익을 극대화하는 A와 B의 최적제품배합은 각각 75단위, 0단위이고, 이때의 총공헌이익은 ₩225,000이다.

해커스 세무사 眞원가관리회계
회계사 · 세무사 단번에 합격, 해커스 경영아카데미
cpa.Hackers.com

제11장

자본예산

제1절 | 자본예산의 기초개념

01 자본예산의 의의

기업의 경영자가 직면하는 의사결정은 의사결정기간에 따라 단기의사결정과 장기의사결정으로 구분할 수 있는데, <제10장 관련원가와 의사결정>에서는 단기특수의사결정에 대해서 살펴보았으므로 본 장에서는 장기의사결정, 즉 자본예산에 대해서 살펴보기로 하겠다.

자본예산(capital budgeting)이란 유형자산에 대한 투자를 효율적으로 수행하기 위해 투자안을 탐색하고 평가하여 바람직한 투자안을 선택하는 일련의 체계적인 과정을 말한다. 즉, 자본예산이란 토지, 건물 또는 생산시설에 대한 투자 등 투자로 인한 영향이 1년 이상에 걸쳐 나타나는 것에 대한 의사결정을 말한다. 자본예산은 기업의 장기적 경영계획에 바탕을 둔 의사결정으로써, 유형자산에 대한 투자가 대부분이며 그 투자금액이 거액이고 투자효과가 장기간에 걸쳐 기업활동에 영향을 미친다는 특징이 있다.

02 자본예산의 절차

자본예산은 대규모의 투자금액이 소요되고, 장기간에 걸쳐 기업의 현금흐름에 영향을 미치기 때문에 의사결정과정은 보다 체계적이고 신중하게 이루어져야 한다. 자본예산의 절차는 기업에 따라 또는 상황에 따라 조금씩 다르지만 일반적으로 다음과 같은 단계를 거친다.

1단계: 투자대상을 물색하는 단계이다. 이는 기업의 장기계획을 기초로 투자환경을 예측하여 새로운 투자기회를 찾는 단계이다.
2단계: 물색된 투자대상으로부터 기대되는 현금흐름을 측정하는 단계이다.
3단계: 추정된 현금흐름을 기초자료로 투자안의 가치를 평가하여 최적투자안을 선택하는 과정이다. 이를 투자안의 경제성분석이라고 한다.
4단계: 투자 후에 투자안을 재평가하는 과정이다. 이 단계에서는 정기적으로 투자안의 진행과정을 검토하고 평가하는 절차가 필요하다.

일반적으로 자본예산이라 함은 위에서 열거한 네 가지 단계를 모두 의미하지만, 협의의 자본예산은 투자로부터 기대되는 현금흐름을 측정(2단계)하여 최적투자안을 선택(3단계)하는 과정이라고 할 수 있다.

03 투자안의 상호관계

경제성분석을 통한 투자안의 채택에 있어서는 투자안들 간의 상호관계에 따라 의사결정기준이 적용되어야 한다. 투자안들 간의 상호관계는 다음과 같이 구분할 수 있다.

(1) 독립적 투자안

투자안이 독립적이라 함은 특정 투자안의 실행 여부가 다른 투자안의 실행 여부와는 관계없이 결정되는 경우를 의미한다. 이러한 경우에는 개별투자안별로 투자안의 실행 여부를 결정한다.

(2) 상호배타적 투자안

투자안들이 상호배타적이라 함은 특정 투자안을 실행하는 경우 배타적인 다른 투자안은 실행될 수 없음을 의미한다. 이러한 경우에는 상호배타적인 투자안들 중에서 가장 우월한 투자안만을 실행하는 의사결정이 이루어져야 한다.

제2절 | 투자안의 현금흐름측정

01 현금흐름측정 시 유의사항

(1) 세후증분현금흐름

투자안의 실행에 따라 발생되는 현금흐름은 증분현금흐름을 기준으로 측정한다. 즉, 투자안을 실행하지 않는 경우에 비해 투자안을 실행함에 따라 추가적으로 증가 또는 감소되는 현금을 기준으로 현금흐름을 측정한다.

그리고 법인세는 명백한 현금유출이므로 증분현금흐름은 세후현금흐름을 기준으로 측정해야 한다.

(2) 감가상각비와 감가상각비의 감세효과

비유동자산의 투자에 따른 증분감가상각비는 현금의 유출을 수반하지 않는 비용이므로 현금유출로 처리하지 않는다.

① 회계상 증분영업이익 계산 시 증분감가상각비가 현금유출이 없음에도 불구하고 차감되므로 증분영업현금흐름 계산 시 증분감가상각비를 다시 가산해야 한다.

증분영업현금흐름 = 증분영업이익 × (1 - t) + 증분감가상각비
= (증분수익 - 증분현금유출비용) × (1 - t) + 증분감가상각비 × t
단, t는 법인세율임

② 증분영업현금흐름은 위의 계산산식에서 보듯이 증분수익에서 증분현금유출비용을 차감한 증분현금영업이익(증분수익 - 증분현금유출비용)에 법인세효과를 고려한 세후증분현금영업이익을 구하고 여기에 증분감가상각비의 감세효과를 가산하여 계산할 수도 있다.

③ 증분영업현금흐름을 회계상 증분영업이익이 아닌 증분현금영업이익을 기준으로 계산할 때에는 증분감가상각비의 감세효과를 현금의 유입으로 처리해야 한다. 왜냐하면, 감가상각비는 현금의 유출이 없으나, 과세소득계산 시 손금으로 처리되어 감가상각비에 법인세율을 적용한 금액만큼 세금의 유출을 감소시키기 때문이다.

(3) 부수효과

부수효과(side effect)란 신규투자안 실행 시 기존 투자안의 현금흐름에 미치는 영향을 의미하며, 부수효과 중에서 부정적인 효과를 잠식비용(erosion cost)이라고도 한다. 이러한 부수효과는 신규투자안의 현금흐름측정 시 증분현금흐름에 고려되어야 한다.

예 1. 자동차회사에서 신형자동차를 출시하는 경우 구형자동차의 판매량 감소에 따른 효과를 신형자동차와 관련된 의사결정에서 반드시 고려해야 한다.

2. 호텔이 인근의 골프장 인수 여부를 검토하는 경우에 골프장예약이 용이해짐에 따라 증가되는 호텔수입의 증가와 호텔예약이 용이해짐에 따라 증가되는 골프장수입의 증가도 반드시 고려해야 한다.

(4) 자본조달비용

자본조달비용이란 투자에 필요한 자본을 사용하는 대가로 지급하는 이자비용과 배당금 등을 말한다. 이러한 자본조달비용은 명백한 현금유출이지만 현금흐름측정 시 현금유출에 포함시켜서는 안 된다. 왜냐하면, 자본조달의 결과로 발생하는 이자비용과 배당금 등은 할인율인 자본비용을 계산하는 과정에서 고려되므로 현금흐름측정 시 이를 고려하면 이중계산이 되기 때문이다.

02 현금흐름의 측정

투자안에서 발생하는 현금흐름은 기업에서 발생하는 현금흐름이므로 다음과 같은 4가지 현금흐름으로 구분될 수 있다.

- 영업현금흐름
- 순운전자본의 변동에 따른 현금흐름
- 비유동자산의 투자에 따른 현금흐름
- 비유동자산의 처분에 따른 현금흐름

이러한 투자안의 현금흐름은 투자진행단계별로 구분해서 파악하는 것이 편리하므로 (1) 투자시점의 현금흐름 (2) 투자기간 중의 현금흐름 (3) 투자종료시점의 현금흐름으로 구분하여 현금흐름을 측정하는 방법에 대해서 살펴보기로 한다.

(1) 투자시점의 현금흐름

투자시점의 현금흐름은 비유동자산의 투자에 따른 현금흐름과 순운전자본의 변동에 따른 현금흐름이다.

① **비유동자산의 투자에 따른 현금흐름:** 비유동자산의 투자에 따른 현금흐름은 ㉠ 비유동자산에 대한 투자액 ㉡ 투자세액공제 및 ㉢ 구자산의 처분에 따른 현금흐름으로 구분할 수 있다.

㉠ **비유동자산에 대한 투자액:** 비유동자산을 취득하는 과정에서 발생하는 구입가격 및 운반비, 설치비 등의 준비관련원가 등은 투자시점의 현금유출로 처리한다.

㉡ **투자세액공제:** 투자세액공제란 기업의 투자촉진을 위해 투자액의 일정비율만큼 법인세액에서 공제해주는 제도를 말한다. 투자세액공제를 받게 되면 납부해야 할 법인세액이 감소되므로 이를 현금유입으로 처리한다.

㉢ **구자산의 처분에 따른 현금흐름:** 새로운 자산에 투자함에 따라 구자산을 처분하는 경우 구자산의 처분금액은 투자시점의 현금유입으로 처리한다. 이때 주의할 점은 구자산의 처분손익에 대한 세금효과를 고려해야 하므로 구자산의 처분에 따른 현금유입액은 다음과 같이 계산된다.

현금유입액 = 처분금액 - (처분금액 - 장부금액) × t
단, t는 법인세율임

예 장부금액 ₩100의 자산을 ₩150에 처분한 경우에 법인세율이 40%라면, 현금유입액은 처분금액 ₩150에서 처분이익 ₩50(= ₩150 - ₩100)에 대한 세금효과 ₩20(= ₩50 × 40%)을 차감한 ₩130이다.

② **순운전자본의 변동에 따른 현금흐름:** 일반적으로 비유동자산에 대한 투자는 재고자산이나 매출채권 등과 같은 순운전자본의 증가를 수반한다. 여기서 순운전자본(NWC; Net Working Capital)이란 비유동자산에 대한 투자를 제외한 기업의 일상적 운영에 필요한 자본으로 현금및현금성자산과 현금흐름표상 영업활동과 관련된 자산·부채(매출채권, 재고자산, 선급비용, 매입채무, 미지급비용, 영업 관련 충당부채 등)의 순액을 의미한다.

예 유형자산을 구입하여 신제품을 생산하는 경우에 원재료 등의 재고자산이 증가하게 되며, 신제품의 판매로 인해 매출채권 등이 증가하게 된다.

따라서 비유동자산에 대한 투자로 인해 추가로 필요한 순운전자본소요액은 투자시점의 현금유출로 처리한다.

(2) 투자기간 중의 현금흐름

투자기간 중의 현금흐름은 비유동자산에 대한 투자로 인해 증가되는 영업현금흐름과 순운전자본의 변동에 따른 현금흐름이다.

① **영업현금흐름:** 비유동자산에 대한 투자로 인한 증분영업현금흐름은 앞에서 살펴본 바와 같이 다음과 같이 측정된다.

> 증분영업현금흐름 = 증분영업이익 × (1 - t) + 증분감가상각비
> = (증분수익 - 증분현금유출비용) × (1 - t) + 증분감가상각비 × t
> 단, t는 법인세율임

한편, 투자기간 중의 영업현금흐름은 연중 지속적으로 발생하지만, 투자안의 평가를 용이하게 하기 위해서 각 기간의 현금흐름이 해당 기간 말에 전액 발생한다고 가정하는 것이 일반적이다.

② **순운전자본 변동에 따른 현금흐름:** 투자기간 중 순운전자본의 변동에 따른 현금흐름은 기초순운전자본과 기말순운전자본을 비교하여 추가소요액만큼 현금유출로 처리한다.

(3) 투자종료시점의 현금흐름

투자기간종료시점의 현금흐름은 잔존가치의 회수, 즉 투자된 비유동자산의 처분에 따른 현금흐름과 순운전자본의 변동에 따른 현금흐름이다.

① **잔존가치의 회수:** 투자가 종료된 시점에서 잔존가치의 회수, 즉 투자된 비유동자산의 처분에 따른 현금유입액은 투자종료시점의 현금유입으로 처리한다. 이때 유의할 점은 처분손익에 대한 세금효과를 고려해야 한다는 것과 구자산을 계속 사용했을 경우 구자산의 처분금액을 기회비용으로 보아 투자종료시점의 현금유출로 처리해야 한다는 것이다.

> 잔존가치의 회수 = 신자산의 현금흐름 - 구자산의 현금흐름
> = 신자산의 처분금액 - {처분금액 - 장부금액(잔존가치)} × t
> - [구자산의 처분금액 - {처분금액 - 장부금액(잔존가치)} × t]
> 단, t는 법인세율임

예 신자산과 구자산의 장부금액(잔존가치)이 각각 ₩1,000과 ₩300이고 신자산과 구자산의 처분금액이 ₩1,500과 ₩200일 경우 법인세율이 40%라면 잔존가치의 회수에 따른 현금흐름은 ₩1,060이다. 계산근거는 다음과 같다.
잔존가치의 회수 = ₩1,500 - (₩1,500 - ₩1,000) × 40% - [₩200 - (₩200 - ₩300) × 40%] = ₩1,060

② **순운전자본의 변동에 따른 현금흐름:** 투자기간 중에 소요된 순운전자본은 투자종료시점에서 회수되는 것이 일반적이다.

(예) 유형자산을 구입하여 신제품을 생산하는 경우에는 원재료 등의 재고자산이 증가하게 되며, 신제품의 판매로 인해 매출채권 등이 증가하게 되지만, 신제품의 생산을 중단하게 되면 남아 있는 재고자산이 모두 판매되고 매출채권이 회수된다.

따라서 투자기간 중에 소요된 순운전자본은 투자종료시점의 현금유입으로 처리한다.

투자안의 현금흐름측정

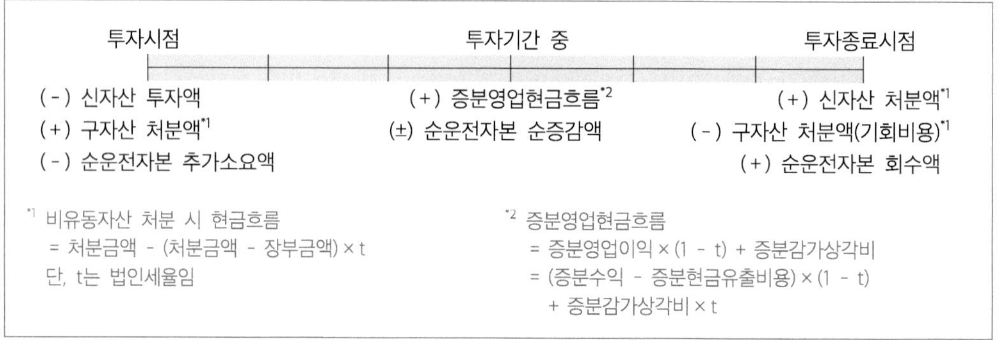

예제 1

(주)WAT는 3년간 사용해오던 구기계를 신기계로 대체하는 방안을 고려하고 있다. 구기계 및 신기계와 관련된 자료는 다음과 같고 (주)WAT의 감가상각방법은 정액법이다.

(1)

구기계	신기계
취득원가: ₩4,200	취득원가: ₩4,500
내용연수: 8년	내용연수: 5년
내용연수 말 추정잔존가치: ₩200	내용연수 말 추정잔존가치: ₩500
연간 감가상각비: ₩500	연간 감가상각비: ₩800
현재시점 처분가격: ₩3,000	

(2) 구기계를 계속 사용하는 경우와 신기계로 대체하는 경우의 시점별 순운전자본의 소요액(잔액)과 관련된 자료는 다음과 같다.

순운전자본 잔액	현재	1년 후	2년 후	3년 후	4년 후	5년 후
신기계	₩120	₩140	₩150	₩140	₩140	₩0
구기계	100	110	130	140	130	0

(3) 구기계를 신기계로 대체하는 경우 매출액은 매년 ₩2,000만큼 증가하고 현금유출영업비용은 매년 ₩1,600만큼 증가할 것으로 예상되며, 신기계로 대체하는 경우 작업공간의 추가적인 확보를 위해 현재 임대하고 있는 (주)WAT 소유의 건물을 더 이상 임대하지 못한다.

(4) (주)WAT는 동 건물을 5년 전 ₩1,000에 취득하여, 내용연수 10년, 잔존가치는 없는 것으로 하여 감가상각하고 있으며, 동 건물을 임대하면서 연간 ₩50의 임대료를 매년 말 수취하고 있다. 법인세율은 40%이다.

[요구사항]

구기계를 신기계로 대체하는 경우 시점별 현금흐름을 구하시오.

해답 1. 매년 증분영업현금흐름

(증분수익 - 증분현금유출비용) × (1 - t) + 증분감가상각비 × t

= (₩2,000 - ₩1,600 - ₩50) × (1 - 0.4) + (₩800 - ₩500) × 0.4 = ₩330

2. 순운전자본의 변동으로 인한 현금흐름

시점	0	1	2	3	4	5
순운전자본 잔액의 차이	₩20	₩30	₩20	₩0	₩10	₩0
순운전자본의 추가 소요액	20	10	- 10	- 20	10	- 10
순운전자본의 변동으로 인한 현금흐름	- ₩20	- ₩10	₩10	₩20	- ₩10	₩10

3. 투자시점의 구기계 처분으로 인한 현금흐름

(1) 구기계의 현재 장부금액: ₩4,200 - ₩500 × 3년 = ₩2,700

(2) 구기계 처분 시 현금흐름 = 처분금액 - (처분금액 - 장부금액) × 법인세율

= ₩3,000 - (₩3,000 - ₩2,700) × 0.4 = ₩2,880

4. 투자종료시점의 현금흐름

(1) 신기계 처분 시 현금흐름 = 처분금액 - (처분금액 - 장부금액) × 법인세율

= ₩500 - (₩500 - ₩500) × 0.4 = ₩500(현금유입)

(2) 기회비용: 설비대체하지 않고 구기계를 계속 사용했을 경우 구기계 처분 시 현금흐름

= ₩200 - (₩200 - ₩200) × 0.4 = ₩200(현금유출)

∴ 구기계를 신기계로 대체하는 경우 시점별 증분현금흐름

시점	0	1	2	3	4	5
증분영업현금흐름						₩330
순운전자본 순증감액	- ₩20	₩330	₩330	₩330	₩330	10
신기계 구입	- 4,500	- 10	10	20	- 10	500
구기계 처분	2,880					- 200
계	- ₩1,640	₩320	₩340	₩350	₩320	₩640

제3절 | 투자안의 경제성분석 - 비할인모형

투자안의 현금흐름을 측정한 후에는 측정된 현금흐름을 기준으로 투자안의 경제성을 분석하여 투자안의 실행 여부를 결정해야 한다. 투자안의 경제성을 분석하는 방법은 크게 화폐의 시간가치를 고려하지 않는 비할인모형과 화폐의 시간가치를 고려하는 할인모형으로 구분된다. 비할인모형에는 회수기간법과 회계적 이익률법이 있으며, 할인모형에는 순현재가치법과 내부수익률법이 있다.

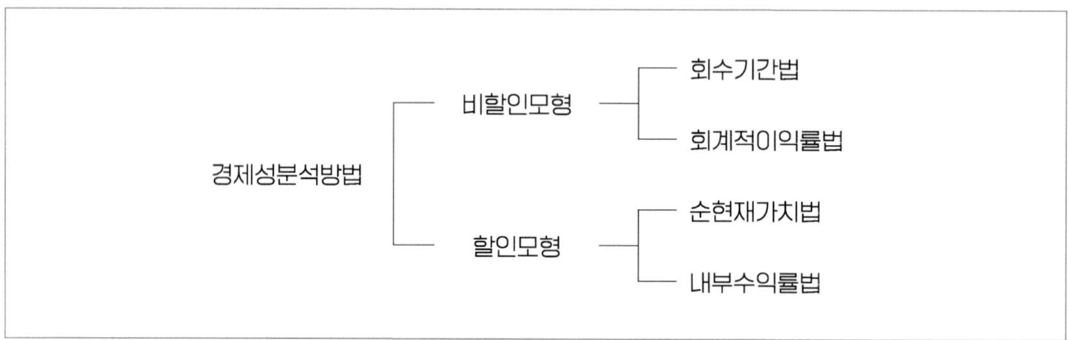

이론적인 측면에서는 화폐의 시간가치를 고려하는 할인모형이 보다 우월하다고 볼 수 있으나, 실무에서는 이해하기 쉽고 계산이 간편하다는 비할인모형의 장점 때문에 두 가지 모형이 복합적으로 이용되고 있다. 본 절에서는 비할인모형에 대해서 살펴보도록 하겠으며 할인모형에 대해서는 절을 달리하여 살펴보기로 한다.

01 회수기간법

(1) 의의

회수기간법(payback period method)이란 회수기간을 기초로 투자안을 평가하는 방법을 말한다.

① 회수기간이란 투자에 소요된 투자자금을 회수하는 데 걸리는 기간을 의미하며, 일반적으로 연단위로 표시한다.

② 회수기간법에서는 투자시점 이후에 발생하는 현금흐름이 연중 균등하게 발생한다고 가정하며, 매년 순현금유입액이 균등할 경우 회수기간은 다음과 같이 계산된다.

$$\text{회수기간} = \frac{\text{투자액}}{\text{연간순현금유입액}}$$

③ 매년 순현금유입액이 균등하지 않은 경우에는 순현금유입의 누적액이 투자액과 일치하는 기간이 회수기간이 된다.

예제 2

서울회사는 ₩100,000의 새로운 기계를 구입하려고 한다. 이 기계의 내용연수는 5년이고, 기계를 구입하면 다음과 같은 순현금유입이 예상된다. 할인율은 10%이다.

연도	연간순현금유입액	순현금유입누적액
1	₩30,000	₩30,000
2	20,000	50,000
3	40,000	90,000
4	20,000	110,000
5	20,000	130,000

[요구사항]

회수기간을 구하시오.

해답 3년과 4년 사이에 순현금유입누적액과 투자액이 동일해지므로 회수기간은 다음과 같이 계산된다.

$$\text{회수기간} = 3\text{년} + \frac{3\text{년 말 추가 회수해야 할 금액}(= \text{투자액} - 3\text{년 말 누적액})}{4\text{년차 순현금유입액}}$$

$$= 3\text{년} + \frac{₩100,000 - ₩90,000}{₩20,000}$$

$$= 3.5\text{년}$$

(2) 의사결정기준

회수기간이 짧은 투자안은 투자에 소요된 자금이 보다 조기에 회수되어 기업의 유동성을 제고할 수 있고, 보다 위험이 적은 투자안이라고 판단할 수 있으므로 회수기간법을 이용하는 경우 의사결정기준은 다음과 같다.

① **독립적 투자안:** 투자안의 회수기간이 기업의 목표회수기간보다 짧으면 실행한다.
② **상호배타적 투자안:** 회수기간이 보다 짧은 투자안을 채택한다.

(3) 장 · 단점

회수기간법은 계산이 간단하고 이해가 쉽다는 장점이 있으나, 회수기간을 기준으로 의사결정하는 경우 다음과 같은 문제점이 있다.

① 회수기간 이후에 발생하는 현금흐름을 고려하지 않는다.
② 화폐의 시간가치를 반영하지 않는다.
③ 목표회수기간의 설정이 자의적이므로 평가결과가 객관적이지 못하다.

(4) 할인회수기간

할인회수기간(discount payback period)이란 현재가치로 환산한 현금유입액으로 투자에 소요된 자금을 회수하는 데 걸리는 기간을 말한다. 할인회수기간은 화폐의 시간가치를 반영하지 않는 회수기간법의 단점을 극복하기 위해 고안된 방법이다.

예제 3

서울회사는 ₩100,000을 투자하여 새로운 기계를 구입하고자 한다. 이 기계의 내용연수는 5년이고, 기계를 구입하면 매년 ₩40,000의 순현금유입이 예상된다. 할인율은 10%이다.

[연이자율 10% 현재가치이자요소]

1	2	3	4	5
0.9091	0.8264	0.7513	0.6830	0.6209

[요구사항]

할인회수기간을 구하시오.

해답 할인회수기간은 '순현금유입액현가의 누적액 = 투자액의 현가'인 기간이다.

연도	순현금유입액의 현가	순현금유입액현가의 누적액
1	₩40,000 × 0.9091 = ₩36,364	₩36,364
2	₩40,000 × 0.8264 = 33,056	69,420
3	₩40,000 × 0.7513 = 30,052	99,472
4	₩40,000 × 0.6830 = 27,320	126,792
5	₩40,000 × 0.6209 = 24,836	151,628

이 투자안의 투자액의 현가는 ₩100,000이므로 3년과 4년 사이에 순현금유입액현가의 누적액과 투자액의 현가가 동일해진다.

$$\therefore \text{할인회수기간} = 3\text{년} + \frac{\text{3년 말 추가 회수해야 할 금액(= 투자액의 현가 - 3년 말 현가누적액)}}{\text{4년차 순현금유입액의 현가}}$$

$$= 3\text{년} + \frac{₩100,000 - ₩99,472}{₩27,320}$$

$$= 3.02\text{년}$$

그러나 할인회수기간에 의하더라도 회수기간 이후의 현금흐름을 고려하지 않고, 평가결과가 객관적이지 못하다는 문제점은 해결되지 않는다.

02 회계적이익률법

(1) 의의

회계적이익률법(ARR법; Accounting Rate of Return method)이란 회계적이익률을 기초로 투자안을 평가하는 방법을 말한다.

① 회계적이익률(ARR)이란 투자에 따라 발생되는 연평균 회계적순이익(연평균순이익)을 연평균투자액 또는 총투자액으로 나눈 값을 의미한다.

$$\text{회계적이익률} = \frac{\text{연평균순이익}}{\text{연평균투자액}} \left(\text{또는 } \frac{\text{연평균순이익}}{\text{총투자액}}\right)$$

② 위의 계산식에서 분자의 연평균순이익은 발생기준에 의한 회계상의 순이익을 의미하므로 다음과 같이 나타낼 수도 있다.

연평균순이익 = 연평균순현금흐름 - 연평균감가상각비

이때 유의할 점은 투자로 인한 순이익의 증가분은 투자기간에 걸쳐 평균하여 계산하기 때문에 연평균감가상각비는 감가상각방법에 의하여 영향을 받지 않는다는 것이다.

③ 위의 계산식에서 분모의 투자액은 최초투자액이나 연평균투자액을 모두 사용할 수 있는데, 연평균투자액은 취득원가와 잔존가치의 합계를 2로 나눈 금액이다.

연평균투자액 = (취득원가 + 잔존가치) ÷ 2

(2) 의사결정기준

회계적이익률법을 이용하는 경우 의사결정기준은 다음과 같다.

① **독립적 투자안:** 투자안의 회계적이익률이 기업의 목표회계적이익률보다 높으면 실행한다.
② **상호배타적 투자안:** 회계적이익률이 보다 높은 투자안을 채택한다.

예제 4

경기회사는 ₩100,000의 신기계를 구입하려고 한다. 신기계의 내용연수는 5년이고 잔존가치는 ₩20,000이다. 신기계를 구입하면 다음과 같은 순현금유입이 예상된다.

연도	연간순현금유입액	순현금유입누적액
1	₩20,000	₩20,000
2	40,000	60,000
3	60,000	120,000
4	50,000	170,000
5	30,000	200,000

[요구사항]

최초투자액 및 연평균투자액에 대한 회계적이익률을 구하시오.

해답 **[자료분석]**

연평균증분현금흐름: ₩200,000 ÷ 5 = ₩40,000

연평균감가상각비: (₩100,000 - ₩20,000) ÷ 5 = ₩16,000

최초투자액: ₩100,000

평균투자액: (₩100,000 + ₩20,000) ÷ 2 = ₩60,000

1. 최초투자액에 대한 회계적이익률: $\frac{₩40,000 - ₩16,000}{₩100,000} = 24\%$

2. 연평균투자액에 대한 회계적이익률: $\frac{₩40,000 - ₩16,000}{₩60,000} = 40\%$

(3) 장·단점

회계적이익률법은 계산이 간단하고 추정재무제표의 수치를 그대로 사용할 수 있어 자료수집이 용이하다는 장점이 있으나, 회계적이익률을 기준으로 의사결정하는 경우 다음과 같은 문제점이 있다.

① 현금흐름이 아닌 회계적이익에 근거하여 의사결정한다.

② 화폐의 시간가치를 반영하지 않는다.

③ 목표회계적이익률의 설정이 자의적이므로 평가결과가 객관적이지 못하다.

제4절 | 투자안의 경제성분석 - 할인모형

01 순현재가치법

(1) 의의

순현재가치법(NPV법; Net Present Value method)이란 화폐의 시간가치를 고려하여 계산되는 순현재가치를 기초로 투자안을 평가하는 방법이다. 여기서 순현재가치(NPV)는 투자에 따른 현금유입액의 현재가치에서 현금유출액의 현재가치를 차감하여 계산된다.

NPV = 현금유입액의 현재가치 - 현금유출액의 현재가치

이러한 순현재가치는 다음과 같은 의미를 갖는다.

① 현금유입액의 현재가치가 현금유출액의 현재가치를 초과하는 크기
② 투자안의 자본비용(기회비용)을 초과하여 벌어들이는 이득의 현재가치
③ 투자에 따른 가치(부)의 증가분

예제 5

연천회사는 ₩70,000의 신기계를 구입하려고 한다. 연천회사의 보고기간은 매년 1월 1일부터 12월 31일까지이며, 관련 자료는 다음과 같다.

(1) 신기계의 내용연수는 3년이고 잔존가치는 ₩10,000이다. 신기계의 매년 수익과 원가자료는 다음과 같다.

매출액		₩200,000
변동원가		120,000
공헌이익		₩80,000
고정원가		60,000
감가상각비	₩20,000	
기타고정원가	40,000	
영업이익		₩20,000

(2) 신기계에 대한 투자로 인하여 추가적으로 필요한 운전자본소요액은 ₩10,000이며, 이는 투자종료시점에서 다시 회수된다. 회사는 정액법에 의하여 감가상각하고 있다.

[요구사항]

연 10%의 할인율을 적용할 경우 이 투자안의 순현재가치(NPV)를 구하시오(연 10%, 3년 현재가치이자요소: 0.7513, 연금의 현재가치이자요소: 2.4869). 단, 법인세는 무시한다.

해답

투자안의 현금흐름

	0	1	2	3
1. 증분영업현금흐름*		₩40,000	₩40,000	₩40,000
2. 신기계 구입	₩(70,000)			
3. 신기계 처분				10,000
4. 순운전자본소요액	(10,000)			10,000
계	₩(80,000)	₩40,000	₩40,000	₩60,000

* 현금유입액(매출액)	₩200,000
현금유출액(변동원가와 기타고정원가)	160,000
증분영업현금흐름	₩40,000

∴ 순현재가치(NPV): ₩(80,000) + ₩40,000 × 2.4869 + ₩20,000 × 0.7513 = ₩34,502

(2) 할인율

투자안의 순현재가치를 산정하기 위해서는 투자안으로부터 예상되는 현금흐름을 일정한 할인율로 할인해야 하는데, 이때 가중평균자본비용(WACC; Weighted Average Cost of Capital)을 할인율로 적용한다.

① 자본비용(cost of capital)이란 기업이 주주나 채권자 등 자본제공자에게 지급하는 자본사용에 대한 대가로 측정되는데, 이는 기업의 입장에서 보면 조달한 자금으로 투자해서 벌어들여야 하는 최소한의 수익률(minimum required rate of return)을 의미한다. 왜냐하면, 기업의 입장에서는 조달한 자금에 대해 자본비용을 지불해야 하므로 최소한 자본비용 이상의 수익을 얻어야 하기 때문이다.

② 자본비용은 자본제공자에 따라 크게 타인자본비용과 자기자본비용으로 구분된다. 타인자본비용(cost of debt)은 타인자본, 즉 부채로 자금을 조달할 때 부담해야 하는 자본비용으로 이자비용을 그 예로 들 수 있다. 그리고 자기자본비용(cost of eqity)은 자기자본, 즉 주식으로 자금을 조달할 때 부담해야 하는 자본비용으로 배당금을 그 예로 들 수 있다.

③ 가중평균자본비용은 타인자본비용과 자기자본비용을 각 원천별 자본이 총자본에서 차지하는 구성비율로 가중평균한 것을 말하며, 이때 타인자본과 자기자본은 시장가치(market value)로 측정되는 것이 일반적이다.

(3) 의사결정기준

순현재가치법은 투자의 성과를 절대적인 금액으로 표현하므로 의사결정기준은 다음과 같다.

> ① 독립적 투자안: 투자안의 순현재가치가 0보다 큰 경우 투자안을 실행한다.
> ② 상호배타적 투자안: 순현재가치가 보다 큰 투자안을 채택한다.

① **설비대체:** 구기계를 처분하고 신기계를 구입할 것인가 아니면 구기계를 그대로 사용할 것인가 등의 대체 투자안을 평가하는 경우에는 총액접근법과 증분접근법의 두 가지 방법이 있다.

㉠ **총액접근법(total project approach):** 각 대안별로 NPV를 계산하고 이 중 NPV가 보다 큰 대안을 선택하는 방법이다. 이 경우에는 두 대안 간의 NPV의 차액이 구기계를 처분하고 신기계를 구입하는 투자안의 NPV가 된다. 이 방법은 세 개 이상의 대체적인 투자안이 존재하는 경우에도 사용할 수 있고 모든 현금흐름을 분석하기 때문에 관련 수익과 원가를 구분할 필요가 없다는 장점이 있으나 계산이 번거롭다는 단점이 있다.

㉡ **증분접근법(incremental approach):** 두 대안 간에 차이가 나는 관련 수익과 원가를 분석한 후 하나의 대안을 포기하고 다른 하나의 대안을 선택하는 투자안(구기계를 처분하고 신기계를 구입하는 투자안)의 NPV를 구하여 의사결정을 하는 방법이다. 이 방법은 계산이 간편하다는 장점이 있으나 세 개 이상의 대체적인 투자안이 존재하는 경우에는 사용하기가 곤란하다는 단점이 있다.

예제 6

(주)해커는 구기계를 처분하고 신기계를 구입하려고 한다. (주)해커의 보고기간은 매년 1월 1일부터 12월 31일까지이며, 관련 자료는 다음과 같다.

(1) 구기계와 신기계의 취득원가 및 감가상각에 관한 자료

	구기계	신기계
취득원가	₩80,000	₩100,000
총내용연수	5년	3년
잔존내용연수	3년	3년
내용연수 말의 잔존가치	취득원가의 10%	취득원가의 10%
감가상각방법	정액법	정액법
추정처분가치		
현재	₩45,000	₩100,000
3년 후	8,000	10,000

(2) 구기계와 신기계의 매년 수익과 원가자료

	구기계		신기계	
매출액		₩150,000		₩250,000
변동원가		90,000		130,000
공헌이익		₩60,000		₩120,000
고정원가		54,400		100,000
감가상각비	₩14,400		₩30,000	
기타고정원가	40,000		70,000	
영업이익		₩5,600		₩20,000

[요구사항]

연 10%의 할인율에 의한 순현재가치법(NPV법)을 이용하여 신기계의 구입 여부를 결정하시오(연 10%, 3년 현재가치이자요소: 0.7513, 연금의 현재가치이자요소: 2.4869). 단, 법인세는 무시한다.

해답 1. 총액접근법

(1) 신기계로 대체할 경우의 현금흐름

	0	1	2	3
① 영업현금흐름*		₩50,000	₩50,000	₩50,000
② 신기계 구입	₩(100,000)			
③ 신기계 처분				10,000
④ 구기계 처분(현재)	45,000			
계	₩(55,000)	₩50,000	₩50,000	₩60,000

* 현금유입액(매출액) ₩250,000
현금유출액(변동원가와 기타고정원가) 200,000
영업현금흐름 ₩50,000

∴ NPV: ₩(55,000) + ₩50,000 × 2.4869 + ₩10,000 × 0.7513 = ₩76,858

(2) 구기계를 계속 사용할 경우의 현금흐름

	0	1	2	3
① 영업현금흐름*	-	₩20,000	₩20,000	₩20,000
② 구기계 처분(3년 후)				8,000
계	-	₩20,000	₩20,000	₩28,000

* 현금유입액(매출액) ₩150,000
현금유출액(변동원가와 기타고정원가) 130,000
영업현금흐름 ₩20,000

∴ NPV: ₩20,000 × 2.4869 + ₩8,000 × 0.7513 = ₩55,748.4

(3) 신기계로 대체할 경우의 순현가가 구기계를 계속 사용할 경우의 순현가보다 ₩21,109.6만큼 더 크므로 신기계를 구입해야 한다.

2. 증분접근법

(1) 설비대체할 경우의 증분현금흐름

	0	1	2	3
① 증분영업현금흐름*		₩30,000	₩30,000	₩30,000
② 신기계 구입	₩(100,000)			
③ 신기계 처분				10,000
④ 구기계 처분(현재)	45,000			
구기계 처분(3년 후)				(8,000)
계	₩(55,000)	₩30,000	₩30,000	₩32,000

* 현금유입증가분(매출액의 증가) ₩100,000
현금유출증가분(변동원가와 기타고정원가의 증가) 70,000
증분영업현금흐름 ₩30,000

∴ NPV: ₩(55,000) + ₩30,000 × 2.4869 + ₩2,000 × 0.7513 = ₩21,109.6

(2) 설비대체할 경우 증분현금흐름의 NPV가 ₩21,109.6으로써 (+)이므로 신기계를 구입해야 한다.

ⓒ 증분접근법에 의한 증분현금흐름과 NPV는 총액접근법에서 두 대체안의 차이와 같다. 즉, 신기계로 대체할 경우와 구기계를 계속 사용할 경우를 비교해서 현금흐름과 그 NPV가 얼마나 증가하는지를 나타낸다. [예제 6] 증분접근법에서 3년 후 구기계의 처분가치 ₩8,000 현금유출의 의미는 현재 구기계를 처분함으로써 상실하게 되는 3년 후의 현금유입액이므로 일종의 기회비용의 성격이라고 할 수 있다. 이는 현금유입액의 감소 ₩8,000을 현금유출액의 증가로 바꾸어 생각하면 쉽게 이해할 수 있을 것이다.

② **법인세가 존재할 경우:** 지금까지는 법인세효과를 고려하지 않았으나 법인세가 존재할 경우에는 NPV 계산이 더욱 복잡해진다. 법인세가 존재할 경우의 현금흐름은 감가상각비와 유형자산처분손익 등의 항목으로 인해 법인세가 존재하지 않는 경우와는 다르기 때문이다.

예제 7

(주)해커는 ₩100,000의 신기계를 구입하려고 한다. (주)해커의 보고기간은 매년 1월 1일부터 12월 31일까지이며, 관련 자료는 다음과 같다.

(1) 이 기계의 내용연수는 3년이고 감가상각할 경우 고려되는 내용연수 말의 잔존가치는 취득원가의 10%이지만, 회사의 효율적인 설비관리로 인하여 이 기계의 3년 후 추정처분가치는 ₩13,000으로 예상된다.
(2) 신기계의 매년 수익과 원가자료는 다음과 같고, 정액법에 의해 감가상각하며, 법인세율은 40%이다.

매출액		₩250,000
변동원가		130,000
공헌이익		₩120,000
고정원가		100,000
감가상각비	₩30,000	
기타고정원가	70,000	
세전이익		₩20,000
법인세(40%)		8,000
세후이익		₩12,000

[요구사항]

연 10%의 세후 최저필수수익률을 적용할 경우 이 투자안의 NPV를 구하시오(연 10%, 3년 현재가치이자요소: 0.7513, 연금의 현재가치이자요소: 2.4869).

해답 투자안의 현금흐름

	0	1	2	3
① 영업현금흐름[*1]		₩42,000	₩42,000	₩42,000
② 신기계 구입	₩(100,000)			
③ 신기계 처분[*2]				11,800
계	₩(100,000)	₩42,000	₩42,000	₩53,800

[*1] 세후영업현금흐름 + 감가상각비 감세효과
(₩250,000 - ₩200,000) × (1 - 0.4) + ₩30,000 × 0.4 = ₩42,000

[*2] 신기계 처분 현금흐름
처분금액 - (처분금액 - 장부금액) × 법인세율
= ₩13,000 - (₩13,000 - ₩10,000) × 0.4 = ₩11,800

∴ NPV: ₩(100,000) + ₩42,000 × 2.4869 + ₩11,800 × 0.7513 = ₩13,315

예제 8

(주)해커는 구기계를 처분하고 신기계를 구입하려고 한다. (주)해커의 보고기간은 매년 1월 1일부터 12월 31일까지이며, 관련 자료는 다음과 같다.

(1) 구기계와 신기계의 취득원가 및 감가상각에 관한 자료

	구기계	신기계
취득원가	₩150,000	₩200,000
총내용연수	5년	3년
잔존내용연수	3년	3년
내용연수 말의 잔존가치	취득원가의 10%	취득원가의 10%
감가상각방법	정액법	정액법
추정처분가치		
현재	₩60,000	₩200,000
3년 후	10,000	30,000

(2) 구기계와 신기계의 매년 수익과 원가자료

	구기계		신기계	
매출액		₩300,000		₩400,000
변동원가		180,000		200,000
공헌이익		₩120,000		₩200,000
고정원가		87,000		140,000
감가상각비	₩27,000		₩60,000	
기타고정원가	60,000		80,000	
세전이익		₩33,000		₩60,000
법인세(40%)		13,200		24,000
세후이익		₩19,800		₩36,000

[요구사항]

법인세율은 40%이고, 연 10%의 최저요구수익률이 적용된다. 순현재가치법(NPV법)을 이용하여 신기계를 구입해야 하는지를 결정하시오(연 10%, 3년 현재가치이자요소: 0.7513, 연금의 현재가치이자요소: 2.4869).

해답 1. 총액접근법

(1) 신기계로 대체할 경우의 현금흐름

	0	1	2	3
① 영업현금흐름*1		₩96,000	₩96,000	₩96,000
② 신기계 구입	₩(200,000)			
③ 신기계 처분*2				26,000
④ 구기계 처분(현재)*3	74,400			
계	₩(125,600)	₩96,000	₩96,000	₩122,000

*1 세후영업현금흐름 + 감가상각비 감세효과
(₩400,000 - ₩280,000) × (1 - 0.4) + ₩60,000 × 0.4 = ₩96,000

*2 신기계 처분 현금흐름
처분금액 - (처분금액 - 장부금액) × 법인세율
= ₩30,000 - (₩30,000 - ₩20,000) × 0.4 = ₩26,000

*3 구기계 처분 현금흐름
₩60,000 - (₩60,000 - ₩96,000) × 0.4 = ₩74,400

∴ NPV: ₩(125,600) + ₩96,000 × 2.4869 + ₩26,000 × 0.7513 = ₩132,676

(2) 구기계를 계속 사용할 경우의 현금흐름

	0	1	2	3
① 영업현금흐름*1	-	₩46,800	₩46,800	₩46,800
② 구기계 처분(3년 후)*2				12,000
계	-	₩46,800	₩46,800	₩58,800

*1 세후영업현금흐름 + 감가상각비 감세효과
(₩300,000 - ₩240,000) × (1 - 0.4) + ₩27,000 × 0.4 = ₩46,800

*2 구기계 처분 현금흐름
처분금액 - (처분금액 - 장부금액) × 법인세율
= ₩10,000 - (₩10,000 - ₩15,000) × 0.4 = ₩12,000

∴ NPV: ₩46,800 × 2.4869 + ₩12,000 × 0.7513 = ₩125,403

(3) 신기계로 대체할 경우의 NPV가 구기계를 계속 사용할 경우의 NPV보다 ₩7,273만큼 더 크므로 신기계를 구입해야 한다.

2. 증분접근법

(1) 설비대체할 경우의 증분현금흐름

	0	1	2	3
① 증분영업현금흐름*1		₩49,200	₩49,200	₩49,200
② 신기계 구입	₩(200,000)			
③ 신기계 처분				26,000*2
④ 구기계 처분(현재)	74,400*3			
⑤ 구기계 처분(3년 후)				(12,000)*4
계	₩(125,600)	₩49,200	₩49,200	₩63,200

*1 증분세후영업현금흐름 + 증분감가상각비 감세효과
(₩100,000 - ₩40,000) × (1 - 0.4) + ₩33,000 × 0.4 = ₩49,200

*2 ₩30,000 (처분금액) - (₩30,000 (처분금액) - ₩20,000 (장부금액)) × 0.4 = ₩26,000

*3 ₩60,000 (처분금액) - (₩60,000 (처분금액) - ₩96,000 (장부금액)) × 0.4 = ₩74,400

*4 ₩10,000 (처분금액) - (₩10,000 (처분금액) - ₩15,000 (장부금액)) × 0.4 = ₩12,000

∴ NPV: ₩(125,600) + ₩49,200 × 2.4869 + ₩14,000 × 0.7513 = ₩7,273

(2) 설비대체할 경우 증분현금흐름의 NPV가 ₩7,273로써 (+)이므로 설비대체해야 한다.

(4) 장점

여러 가지 경제성분석방법들 중에서 가장 우월한 방법은 순현재가치법인데, 그 이유는 다음과 같다.

① 투자에 따라 발생하는 모든 현금흐름을 고려하는 방법이다.
② 자본비용을 이용한 화폐의 시간가치를 고려하는 방법이다.
③ 가치가산의 원칙이 성립한다.
④ 기업가치의 극대화목표에 부합하는 방법이다.

02 내부수익률법

(1) 의의

내부수익률법(IRR법; Internal Rate of Return method)이란 내부수익률을 기초로 투자안을 평가하는 방법이다. 여기서 내부수익률은 투자안 실행 시 투자안의 내용연수 동안 얻을 것으로 기대되는 연평균투자수익률을 의미한다. 이러한 내부수익률은 투자안에서 발생하는 현금유입액의 현재가치와 현금유출액의 현재가치를 일치시키는 할인율로 계산되며, 이는 곧 투자안의 순현재가치를 0으로 만드는 할인율이다.

IRR: 현금유입액의 PV = 현금유출액의 PV를 만족시키는 할인율
또는 투자안의 NPV = 0을 만족시키는 할인율

(예) 현재 ₩100을 투자하여 1년 후에 ₩150의 현금유입이 있는 투자안의 내부수익률은 50%이며, 현재 ₩10,000을 투자하여 1년 후에 ₩13,000의 현금유입이 있는 투자안의 내부수익률은 30%이다.

예제 9

신촌회사는 ₩100,000의 새로운 기계를 구입하려고 한다. 이 기계의 내용연수는 5년이고, 기계를 구입하면 매년 말 ₩40,000의 순현금유입이 있으리라 예상된다.

	현재가치이자요소			연금의 현재가치이자요소		
기간	26%	28%	30%	26%	28%	30%
1	0.7937	0.7813	0.7692	0.7937	0.7813	0.7692
2	0.6299	0.6104	0.5917	1.4235	1.3916	1.3609
3	0.4999	0.4768	0.4552	1.9234	1.8684	1.8161
4	0.3968	0.3725	0.3501	2.3202	2.2410	2.1662
5	0.3149	0.2910	0.2693	2.6351	2.5320	2.4356

[요구사항]
현가계산표를 이용하여 이 투자안의 내부수익률을 구하시오.

해답 1. 내부수익률을 r, 내부수익률에 의한 5년 연금의 현재가치이자요소를 F라 하면,

$$\underbrace{₩40,000 \times F}_{\text{순현금유입액의 현가}} = \underbrace{₩100,000}_{\text{최초투자액}}$$

$\therefore F = 2.5$

따라서 5년 연금의 현재가치이자요소가 2.5인 구간은 28%와 30% 사이이므로,

$28\% < r < 30\%$

2. 보간법을 이용한 내부수익률의 계산

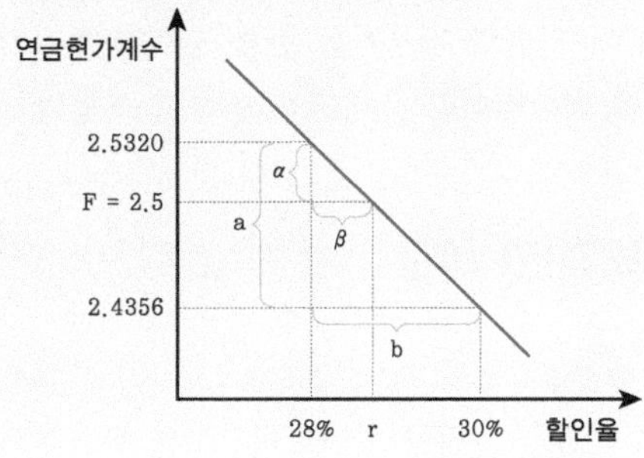

$$\frac{\beta}{b} = \frac{\alpha}{a},\ \beta = \frac{\alpha}{a} \times b = \frac{2.5320 - 2.5}{2.5320 - 2.4356} \times 2\% = 0.66\%$$

$\therefore r = 28\% + \beta = 28\% + 0.66\% = 28.66\%$

(2) 의사결정기준

내부수익률법은 투자의 성과를 상대적인 수익률로 표현하는 방법이므로 의사결정기준은 다음과 같다.

① **독립적 투자안**: 내부수익률이 기회비용(자본비용)보다 큰 경우 투자안을 실행한다.

② **상호배타적 투자안**: 내부수익률이 보다 큰 투자안을 채택한다.

(3) 장·단점

내부수익률법은 화폐의 시간가치와 투자에 따라 발생하는 모든 현금흐름을 고려한다는 장점이 있지만, 반면에 다음과 같은 문제점도 있다.

① 내부수익률(IRR)을 구하기가 힘들다. 일반적인 투자안의 경우 매년 순현금흐름이 불규칙적이기 때문에 시행착오법과 보간법을 이용하여 내부수익률을 구해야 한다. 따라서 내부수익률의 계산이 복잡하다.

② 일반적으로 투자안의 내부수익률은 하나만 존재하지만 투자로부터 기대되는 현금흐름의 양상에 따라 복수의 내부수익률이 존재할 수도 있는데, 이러한 경우에는 투자의사결정이 어렵게 된다.

예 최초투자액이 ₩1,600이며 투자시점에서 1년 후에는 ₩10,000의 현금유입을 얻을 수 있고 2년 후에는 ₩10,000의 현금유출이 있을 것으로 예측된다면 이 투자안의 내부수익률은 25%와 400% 두 개이다.

이와 같이 두 개의 내부수익률이 존재하는 경우에 두 내부수익률은 모두 이 투자안의 투자가치를 나타내는 올바른 내부수익률이 될 수 없다. 따라서 복수의 내부수익률이 존재할 경우에는 투자안의 수익성을 나타내는 올바른 내부수익률을 계산하여 투자안을 평가해야 한다.

③ 재투자가정이 지나치게 낙관적이다. 내부수익률법은 투자로 인한 현금유입액이 투자기간 동안 계속하여 내부수익률로 재투자된다는 가정하에 투자안을 평가한다.

예 투자기간이 2년이고 내부수익률이 25%인 투자안 A와 투자기간이 4년이고 내부수익률이 22%인 투자안 B가 있을 경우 내부수익률법에 의하면 투자안 A를 선택하게 되는데, 그 이유는 투자안 A로부터 2년 후에 회수되는 현금유입액을 즉시 다른 투자안에 동일한 내부수익률로 재투자할 수 있다는 가정에 기초하고 있기 때문이다.

그러나 현실적으로 투자기간 동안 계속하여 내부수익률로 재투자할 만큼 양호한 투자기회가 계속 존재하는 것은 아니므로 재투자가정이 지나치게 낙관적이라는 비판을 면하기 어렵다.

03 순현재가치법(NPV법)과 내부수익률법(IRR법)의 비교

(1) NPV법과 IRR법의 차이점

NPV법과 IRR법은 화폐의 시간가치와 투자안의 수익성을 고려한 할인모형으로써 이론적으로 우수한 분석방법이다. 그러나 이 두 가지 방법은 다음과 같은 차이점을 가지고 있다.

순현재가치법(NPV법)	내부수익률법(IRR법)
• 계산이 비교적 간단하다.	• 계산이 비교적 번거롭다.
• 최저요구수익률(자본비용)로 재투자된다고 가정한다.	• 내부수익률로 재투자된다고 가정한다.
• 계산결과가 금액으로 산출되며 순현재가치가 양의 금액이면 투자안을 채택한다.	• 계산결과가 비율로 산출되며 내부수익률이 자본비용보다 높은 경우에 투자안을 채택한다.

일반적으로 단일투자안을 평가할 때에는 NPV법과 IRR법이 같은 결과를 가져온다. 즉, 내부수익률이 자본비용보다 큰 경우에는 순현재가치도 양의 금액이고, 내부수익률이 자본비용보다 작은 경우에는 순현재가치도 음의 금액이 된다. 그러나 둘 또는 그 이상의 상호독립적인 투자안의 투자우선순위를 결정하거나 상호배타적인 투자안을 평가할 때 NPV법과 IRR법은 경우에 따라 서로 다른 평가결과를 나타낼 수도 있는데, 그 예를 들면 다음과 같은 상황이다.

① 투자안들의 투자규모가 다른 경우에 두 방법에 의한 평가결과가 서로 다를 수 있다.

예 A투자안의 NPV와 IRR이 각각 ₩10,000과 25%이고, B투자안의 NPV와 IRR이 ₩200,000과 20%인 경우

② 투자안들의 투자규모가 동일하더라도 투자안들의 내용연수가 현저히 다른 경우에는 두 방법에 의한 평가결과가 서로 다를 수 있다.

예 A투자안은 ₩10,000을 투자하여 1년 후에 ₩12,500의 순현금유입을 얻을 수 있고, B투자안은 ₩10,000을 투자하여 4년 후에 ₩20,000의 순현금유입을 얻을 수 있다면, 자본비용이 10%일 때 A투자안의 NPV와 IRR은 각각 ₩1,364와 25%가 되며, B투자안의 NPV와 IRR은 각각 ₩3,660과 18.9%가 된다.

③ 투자규모와 투자수명이 서로 같더라도 투자안들의 현금흐름의 양상이 현저하게 다를 경우 두 방법에 의한 평가결과가 서로 다를 수 있다. 예를 들면, 한 투자안의 현금유입은 시간이 지날수록 증가하나 다른 투자안의 현금유입은 감소하여 현금흐름의 양상에 큰 차이가 날 경우 두 방법에 의한 평가결과가 다를 수 있다.

(2) NPV법의 우위성

이와 같이 순현재가치법(NPV법)과 내부수익률법(IRR법)이 투자안 평가에 있어 서로 다른 결과를 가져온다면 어느 방법으로 의사결정해야 할 것인가? 결론적으로 말하면 투자안은 NPV법에 의해서 평가해야 한다. 그 이유는 NPV법이 IRR법에 비해 다음과 같은 장점을 가지고 있기 때문이다.

① NPV법이 암묵적으로 가정하고 있는 재투자수익률이 IRR법에 비해 보다 합리적이다. 앞에서 설명한 바와 같이 IRR법은 투자로 인한 현금유입액이 투자기간 동안 계속하여 내부수익률(IRR)로 재투자된다고 가정하고, NPV법은 자본비용으로 재투자된다고 가정하고 있다. 그런데 현실적으로 투자기간 동안 계속하여 내부수익률로 재투자할 만큼 양호한 투자기회가 계속 존재하는 것은 아니므로 자본비용으로 재투자한다는 NPV법의 가정이 보다 합리적이다.

② IRR은 투자로부터 얻는 수익률을 의미하는 반면에 NPV는 투자로부터 발생하는 기업가치의 증가분을 나타낸다. 즉, NPV법은 계산결과가 비율이 아닌 금액이기 때문에 투자가 기업가치에 미치는 영향을 직접적으로 알 수 있게 해줄 뿐만 아니라 독립적인 투자안들의 NPV를 합산할 수도 있고 여러 투자안들을 결합한 결과를 예측할 수도 있다.

③ IRR법을 이용하여 투자안을 평가할 경우 투자안에 따라서는 복수의 IRR이 존재할 수 있으므로 투자의사결정이 어렵게 된다.

보론 1 | 인플레이션을 고려한 자본예산

앞에서 다룬 자본예산 문제에서는 화폐의 구매력이 일정하다고(즉, 인플레이션이 없다고) 가정하였다. 그러나 인플레이션이 예상될 때에는 인플레이션을 적절히 고려하여 의사결정을 해야 한다. 왜냐하면, 제품의 가격과 원가는 물가수준에 의하여 영향을 받으므로 물가수준의 변동은 미래현금흐름에 영향을 미치기 때문이다.

(1) 인플레이션을 고려하는 투자안평가에 있어서 순현재가치법(NPV법)을 사용할 경우에는 다음과 같은 두 가지 방법이 있다.

> ① 명목접근법: 명목현금흐름을 추정하여 명목이자율로 할인하는 방법
> ② 실질접근법: 실질현금흐름을 추정하여 실질이자율로 할인하는 방법

(2) 명목현금흐름은 인플레이션이 반영된 현금흐름으로 미래에 실제로 발생할 것으로 예상되는 현금흐름이다. 반면에, 실질현금흐름은 투자시점의 불변가액을 이용하여 측정되는 현금흐름으로 인플레이션의 효과가 반영되지 않은 현금흐름이다. 명목현금흐름과 실질현금흐름 간에는 다음과 같은 관계가 존재한다.

$$\text{명목현금흐름} = \text{실질현금흐름} \times (1 + \text{물가상승률})^n$$

단, n은 기간

(3) 명목할인율과 실질이자율 간에는 다음과 같은 관계가 존재하는데, 이를 피셔(I. Fisher)의 방정식이라고 한다.

$$(1 + \text{명목이자율}) = (1 + \text{실질이자율}) \times (1 + \text{물가상승률})$$

(4) 인플레이션을 고려하여 현금흐름을 측정할 때 한 가지 유의할 점은 취득원가를 기초로 계산된 감가상각비는 미래에 실제 발생될 금액이므로 이를 기준으로 계산된 감가상각비의 감세효과는 명목현금흐름이라는 것이다. 따라서 실질현금흐름으로 추정할 경우에는 감가상각비의 감세효과를 실질현금흐름으로 환산해야 한다.

예제 10

(주)해커는 ₩135,000의 신기계를 구입하려고 한다. 이 기계의 내용연수는 3년이고 잔존가치는 없다. 이 기계를 구입할 경우 매년 ₩80,000(실질화폐가치)의 현금영업비를 절감할 수 있을 것이라고 한다. 회사는 정액법에 의하여 감가상각하고 있으며 법인세율은 40%이다. 세후 최저요구수익률은 연 20%(실질할인율)이다.

[요구사항]

1. 이 투자안의 NPV를 구하시오(연 20%, 3년의 연금의 현재가치이자요소: 2.1065).
2. 연간 물가상승률이 10%라고 할 때 이 투자안의 NPV를 구하시오.

해답 1. 물가상승을 고려하지 않은 NPV

투자안의 현금흐름

	0	1	2	3
① 영업현금흐름				
가. 세후현금영업비 절감액				
₩80,000 × (1 - 0.4) = ₩48,000		₩48,000	₩48,000	₩48,000
나. 감가상각비의 감세효과				
₩45,000* × 0.4 = ₩18,000		18,000	18,000	18,000
② 신기계 구입	₩(135,000)			
③ 신기계 처분				0
계	₩(135,000)	₩66,000	₩66,000	₩66,000

* 연간 감가상각비: ₩135,000 ÷ 3년 = ₩45,000

∴ NPV: ₩(135,000) + ₩66,000 × 2.1065 = ₩4,029

2. 물가상승을 고려한 NPV

(1) 명목접근법

투자안의 현금흐름

	0	1	2	3
① 영업현금흐름				
가. 세후현금영업비 절감액				
₩80,000 × (1 - 0.4) × 1.1 = ₩52,800		₩52,800		
₩80,000 × (1 - 0.4) × 1.1^2 = 58,080			₩58,080	
₩80,000 × (1 - 0.4) × 1.1^3 = 63,888				₩63,888
나. 감가상각비의 감세효과				
₩45,000 × 0.4 = ₩18,000		18,000	18,000	18,000
② 신기계 구입	₩(135,000)			
③ 신기계 처분				0
계	₩(135,000)	₩70,800	₩76,080	₩81,888

$$∴ \text{NPV: } ₩(135,000) + \frac{₩70,800}{1.32} + \frac{₩76,080}{1.32^2} + \frac{₩81,888}{1.32^3} = ₩(2,096)$$

* 명목할인율을 N이라 하면, (1 + N) = (1 + 0.2) × (1 + 0.1) ∴ N = 32%

(2) 실질접근법

투자안의 현금흐름

	0	1	2	3
① 영업현금흐름				
가. 세후현금영업비 절감액				
₩80,000 × (1 - 0.4) = ₩48,000		₩48,000	₩48,000	₩48,000
나. 감가상각비의 감세효과				
₩45,000 × 0.4 ÷ 1.1 = ₩16,364		16,364		
₩45,000 × 0.4 ÷ 1.1^2 = 14,876			14,876	
₩45,000 × 0.4 ÷ 1.1^3 = 13,524				13,524
② 신기계 구입	₩(135,000)			
③ 신기계 처분				0
계	₩(135,000)	₩64,364	₩62,876	₩61,524

$$∴ \text{NPV: } ₩(135,000) + \frac{₩64,364}{1.2} + \frac{₩62,876}{1.2^2} + \frac{₩61,524}{1.2^3} = ₩(2,096)$$

보론 2 | 다기간 원가·조업도·이익(CVP) 분석

CVP분석은 자본예산에도 이용할 수 있는데, 자본예산은 투자안의 내용연수가 1년 이상인 다기간의 장기적인 분석이기 때문에 자본예산에 이용되는 CVP분석을 다기간 CVP분석(multi-period CVP analysis)이라고 한다.

(1) 자본예산모형 중 순현재가치법은 투자안으로부터 예상되는 현금유입액의 현재가치가 투자로 인한 현금유출액(투자액 포함)의 현재가치보다 크면 그 투자안을 채택하고 그렇지 않으면 기각하는 방법이다.

(2) 순현재가치법에서 투자안으로부터 예상되는 현금유입액의 현재가치는 투자안을 통해 생산되는 제품의 판매량과 밀접한 관계에 있으며, 판매량이 많으면 많을수록 예상현금유입액의 현재가치가 커질 것이다. 따라서 투자안으로부터 예상되는 현금유입액의 현재가치와 투자로 인한 현금유출액의 현재가치를 일치시키는 수준의 판매량이 존재할 것이며, 이 판매량이 순현재가치법에서의 투자의사결정기준이 된다. 즉 제품의 예상수요량이 이 판매량보다 많을 것으로 예측되면 그 투자안을 채택하고 반대로 적을 것이라고 예측되면 기각한다.

(3) 이와 같이 투자안으로부터 예상되는 현금유입액의 현재가치와 투자로 인한 현금유출액의 현재가치를 일치시키는 수준의 판매량을 파악하는 것이 자본예산에서 순현재가치법에 의한 다기간 CVP분석이다.

예제 11

(주)해커는 단위당 판매가격이 ₩20인 제품을 생산·판매하고 있다. 현재 사용 중인 기계(구기계)는 감가상각이 이미 완료되었으나, 앞으로 4년간 더 사용할 수 있다. 회사는 현재 사용 중인 기계(구기계)가 낡아서 신기계 구입을 고려하고 있다. 신기계의 취득원가는 ₩20,000, 잔존가치 ₩0, 내용연수는 4년이다. 회사는 정액법으로 감가상각한다. 각 기계에 대한 자료는 다음과 같으며 감가상각비를 제외한 모든 수익·비용은 현금흐름을 수반한다.

	구기계	신기계
단위당 변동원가	₩15	₩10
연간 고정원가(감가상각비 제외)	12,000	15,000
추정처분가치		
현재	₩0	₩20,000
4년 후	0	0

[요구사항]

법인세율 40%, 최저요구수익률이 연 10%일 때, 순현재가치법에 의해 의사결정할 경우에 신기계를 구입하게 될 연간 최소판매량을 구하시오. 단, 연 10%, 4년 연금의 현재가치이자요소: 3.170, 계산 시 소수점 첫째 자리에서 올림할 것

해답 **[자료분석]**

	구기계(①)	신기계(②)	증분(② - ①)
단위당 판매가격	₩20	₩20	₩0
단위당 변동원가	15	10	(5)
단위당 공헌이익	₩5	₩10	₩5
고정원가(감가상각비 제외)	₩12,000	₩15,000	₩3,000
감가상각비	0	5,000	5,000

신기계를 구입하게 될 연간최소판매량을 x라고 하면, 설비대체할 경우의 증분현금흐름은 다음과 같다.

	0	1	2	3	4
① 증분영업현금흐름*		$3x+200$	$3x+200$	$3x+200$	$3x+200$
② 신기계 구입	₩(20,000)				
③ 신기계 처분					₩0
④ 구기계 처분(현재)	0				
⑤ 구기계 처분(4년 후)					(0)
계	₩(20,000)	$3x+200$	$3x+200$	$3x+200$	$3x+200$

* (x × @5 - ₩3,000) × (1 - 0.4) + ₩5,000 × 0.4 = $3x+200$
세후증분영업현금흐름 / 증분감가상각비 감세효과

($3x$ + 200) × 3.170 = ₩20,000
현금유입의 현재가치 / 현금유출의 현재가치

∴ x = 2,037개

제11장
기출 OX문제

01 회수기간법과 회계적이익률법은 비할인모형이며, 순현재가치법과 내부수익률법은 할인모형이다. (O, X)

02 회수기간법은 회수기간 전체의 현금흐름을 고려한다. (O, X)

03 회수기간이란 투자안으로부터 유입되는 현금이 투자액을 회수하는데 소요되는 시간을 의미하는데 이 방법은 주로 위험이 적고 안정적인 투자안을 평가하는데 사용되는 것이 바람직하다. (O, X)

04 순현재가치법은 분석 시점에 초기 투자액이 없는 경우에는 사용할 수 없다. (O, X)

05 순현재가치법은 자본비용으로 재투자된다고 가정하고, 내부수익률법에서는 내부수익률로 재투자된다고 가정한다. (O, X)

06 내부수익률은 전체 내용연수 동안의 평균수익률이다. (O, X)

07 내부수익률법은 복리계산을 하지 않으므로 순현재가치법보다 열등하다. (O, X)

08 특정 투자안의 수락 타당성에 대해 순현재가치법과 내부수익률법은 일반적으로 다른 결론을 제공한다. (O, X)

09 내부수익률법은 순현재가치법과 달리, 여러 가지 수준의 요구수익률을 사용하여 분석할 수 있으므로 더 우수하다. (O, X)

정답 및 해설

01 O

02 X 회수기간법은 회수기간 이후의 현금흐름을 무시하기 때문에 수익성을 고려하지 못한다는 단점이 있다.

03 X 위험이 크고 불안정적인 투자안을 평가하는 데 사용되는 것이 바람직하다.

04 X 순현재가치법은 미래현금흐름이 존재하면 대부분 적용되므로 분석 시점에 초기 투자액이 없는 경우에도 사용할 수 있다.

05 O

06 O

07 X 내부수익률법과 순현재가치법은 복리계산을 적용한다.

08 X 특정 투자안의 수락 타당성에 대해 두 방법은 일반적으로 같은 결론을 제공하며 예외적으로 다른 결론이 나타날 수도 있다.

09 X 내부수익률법은 투자안의 내부수익률을 계산하므로 여러 수준의 요구수익률을 사용하여 분석할 수 없다.

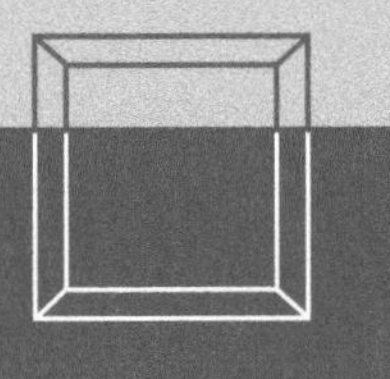

제11장

개념확인문제

대표 문제를 학습한 후, 이와 동일한 유형의 문제를 풀며 개념을 익혀보세요.

대표 문제 투자안의 경제성분석 - 비할인모형

(주)천지는 현재 사용하고 있는 기계를 자동기계로 대체할 것을 고려하고 있다. 자동기계의 취득원가는 ₩125,000, 내용연수는 5년이며 잔존가치는 없다. 현재 사용하고 있는 기계(구기계)의 취득원가는 ₩100,000, 내용연수 10년, 잔존가치는 없으며, 잔존내용연수는 5년이다. 현재 사용하고 있는 기계를 처분하면 ₩35,000을 받을 수 있다. (주)천지의 자본비용은 10%이다. 현재 사용하는 기계와 자동기계에 따른 수익과 비용에 관한 자료는 다음과 같다.

	구기계*	자동기계	차이
매출액	₩150,000	₩150,000	₩0
현금변동원가	(60,000)	(20,000)	40,000
감가상각비*	(10,000)	(25,000)	(15,000)
기타현금고정원가	(12,500)	(22,500)	(10,000)
영업이익	₩67,500	₩82,500	₩15,000

* 구기계, 자동기계 모두 정액법으로 감가상각한다.

투자안(자동기계로 대체)의 회수기간은 몇 년인가? 그리고 최초 순투자액을 기준으로 한 회계적이익률(ARR)은 얼마인가?

해답 1. 투자안의 회수기간

	0	1	2	3	4	5
자동기계 취득원가	₩(125,000)					₩0[*1]
구기계 처분	35,000					(0)[*2]
증분순영업현금흐름[*3]		₩30,000	₩30,000	₩30,000	₩30,000	₩30,000
계	₩(90,000)	₩30,000	₩30,000	₩30,000	₩30,000	₩30,000

[*1] 자동기계 잔존가치 없음

[*2] 구기계 잔존가치 없음

[*3] 증분영업이익 + 증분감가상각비: ₩15,000 + ₩15,000 = ₩30,000

∴ 투자안의 회수기간: ₩90,000 ÷ ₩30,000 = 3년

2. 회계적이익률(ARR) = $\frac{\text{연평균 증분순이익}}{\text{최초 순투자액}} = \frac{₩15,000 \times 5년 \div 5년}{₩90,000}$ = 16.67%

01 다음 자료에 의하여 첫해의 평균장부금액에 의한 회계적이익률(ARR)을 계산하면? [세무사 90]

> (1) 비영리법인이다.
> (2) 세차감 후 현금유입액은 ₩650,000이다.
> (3) 최초 투자액은 ₩2,000,000이고 잔존가치는 'W0'이며 정액법으로 상각하고 내용연수는 5년이다.

정답 및 해설

01

1. 첫해 회계이익: $₩650,000 - ₩2,000,000 \times \frac{1}{5} = ₩250,000$
2. 첫해 평균장부금액: $(\underbrace{₩2,000,000}_{\text{기초 장부금액}} + \underbrace{₩1,600,000}_{\text{기말 장부금액}}) \times \frac{1}{2} = ₩1,800,000$

∴ 첫해 평균장부금액에 의한 회계적이익률: $\frac{₩250,000}{₩1,800,000} = 13.89\%$

대표 문제 투자안의 경제성분석 - 할인모형

한라회사는 20×1년도에 내용연수 3년, 잔존가치 ₩0인 수동기계를 ₩450,000에 구입하여 사용하고 있다. 그런데 20×2년 초에 이 회사의 경영진은 작년부터 임률이 인상되어 자동기계로 대체할 것을 검토하고 있다. 자동기계의 현재 구입가격은 ₩500,000이고 내용연수는 2년이며 잔존가치는 ₩0이다. 자동기계를 사용할 경우에는 연간 ₩300,000의 현금운영비가 절감되리라 예상되며, 현재 사용 중인 수동기계를 매각하면 ₩200,000을 받을 수 있다. 한라회사는 정액법에 의하여 감가상각하고 있으며, 법인세차감 후 최저필수수익률은 10%이고 법인세율은 40%이다. 할인율 10%의 현가계수는 다음과 같다.

	1년	2년	3년
현가계수(10%)	0.909	0.826	0.751

자동기계로 대체할 경우 기대되는 순현재가치는 얼마인가?

해답

	0	1	2
자동기계구입가격	₩(500,000)		₩0[*1]
수동기계처분순현금유입	240,000[*2]		(0)[*3]
증분순영업현금흐름[*4]		₩220,000	220,000
계	₩(260,000)	₩220,000	₩220,000

[*1] 자동기계 잔존가치 없음

[*2] ₩200,000 - (₩200,000 - ₩300,000) × 40% = ₩240,000
(₩300,000: 수동기계 BV)

[*3] 수동기계 잔존가치 없음

[*4] 세후 증분영업현금흐름 + 증분감가상각비 감세효과
₩300,000 × (1 - 40%) + (₩250,000 - ₩150,000) × 40% = ₩220,000

∴ 증분순현재가치: ΔNPV = ₩(260,000) + ₩220,000 × 0.909 + ₩220,000 × 0.826 = ₩121,700

02 성공대학 학생회에서는 현재 복사비용으로 외부에 장당 ₩40씩 지불하고 있는데, 복사비용 절감을 위해 ₩5,000,000인 복사기의 구입을 고려하고 있다. 이 복사기는 2년간 사용한 후 ₩660,000에 재판매할 수 있다. 종이가격은 장당 ₩10이며 100장 복사에 10장이 낭비된다. 복사기 유지비는 연간 ₩150,000이며 그 이외 복사비 관련 비용은 없다. 편의상 올해의 현금흐름은 할인하지 않고 내년도의 현금흐름은 할인율 10%로 할인한다. 매년 복사하여야 할 수량이 100,000장일 경우, 복사기를 구입하여 사용하는 것이 2년간 복사비용을 지불하는 것에 비하여 순현재가치(NPV)의 측면에서 볼 때 얼마나 절감되는가? [회계사 96]

03 (주)광안은 자동화설비를 ₩50,000에 구입하려고 한다. 이 회사의 원가담당자는 설비를 도입함으로써 다음과 같은 현금운영비가 절감할 것으로 예상하고 있다. 이때 내부수익률은 얼마인가? [회계사 04]

연도	금액
1차년도	₩20,000
2차년도	20,000
3차년도	20,000

[연금의 현가표(n = 3)]

8%	9%	10%	11%
2.577	2.531	2.487	2.444

정답 및 해설

02 1. 복사기 구입 시 연간 현금영업비 절감액

외부에서 복사하는 경우: 100,000장 × @40 =	₩4,000,000
(-) 복사기를 구입하는 경우: 100,000장 × 1.1 × @10 + ₩150,000 =	1,250,000
	₩2,750,000

2. 복사기 구입 시 증분현금흐름

	0	1	2
(1) 복사기 구입원가	₩(5,000,000)		
(2) 복사기의 처분가액			₩660,000
(3) 현금영업비 절감액		₩2,750,000	2,750,000
계	₩(5,000,000)	₩2,750,000	₩3,410,000

∴ 증분순현재가치(NPV): ₩(5,000,000) + ₩2,750,000 + ₩3,410,000 ÷ 1.1 = ₩850,000

03 1. 연금현가계수 = $\frac{₩50,000}{₩20,000}$ = 2.5

2. 연금현가표에서
(2.487, 10%), (2.5, y), (2.531, 9%)

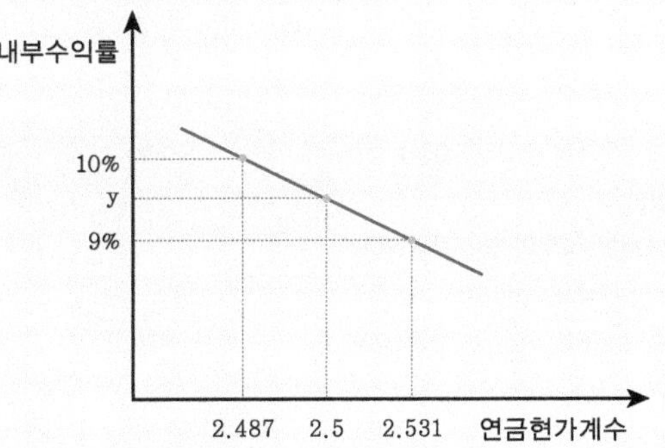

3. 위 직선의 식을 구해보면,

기울기: $\frac{9\% - 10\%}{2.531 - 2.487} = -\frac{250}{11}$

y절편: $10\% - \left(-\frac{250}{11} \times 2.487\right) = 66.52\%$

$\therefore y = -\frac{250}{11}x + 66.52$

따라서, x = 2.5일 때, 내부수익률 y = 9.70%

대표 문제 다기간 CVP분석

파주회사는 단위당 판매가격이 ₩20인 제품을 생산·판매하고 있다. 현재 사용 중인 기계(구기계)는 감가상각이 이미 완료되었으나, 앞으로 4년간 더 사용할 수 있다. 회사는 현재 사용 중인 기계(구기계)가 낡아서 신기계 구입을 고려하고 있다. 신기계의 취득원가는 ₩20,000, 잔존가치 ₩0, 내용연수는 4년이다. 회사는 정액법으로 감가상각한다. 각 기계에 대한 자료는 다음과 같으며 감가상각비를 제외한 모든 수익·비용은 현금흐름을 수반한다.

	구기계	신기계
단위당 변동원가	₩15	₩10
연간 고정원가(감가상각비 제외)	12,000	15,000
추정처분가치		
현재	₩0	₩20,000
4년 후	0	0

법인세율 40%, 최저요구수익률이 연 10%일 때, 순현재가치법에 의해 의사결정할 경우에 신기계를 구입하게 될 연간 최소판매량을 구하면? (단, 연 10%, 4년 연금현가계수: 3.170, 계산 시 소수점 첫째 자리에서 올림할 것)

해답 1. 자료분석

	구기계(①)	신기계(②)	증분(② - ①)
단위당 판매가격	₩20	₩20	₩0
단위당 변동원가	15	10	(5)
단위당 공헌이익	₩5	₩10	₩5
고정원가(감가상각비 제외)	₩12,000	₩15,000	₩3,000
감가상각비	0	5,000	5,000

2. 신기계를 구입하게 될 연간최소판매량을 x라고 하면,

설비대체할 경우의 증분현금흐름

	0	1	2	3	4
증분영업현금흐름*		$3x+200$	$3x+200$	$3x+200$	$3x+200$
신기계 구입	₩(20,000)				
신기계 처분					₩0
구기계 처분(현재)	0				
구기계 처분(4년 후)					(0)
계	₩(20,000)	$3x+200$	$3x+200$	$3x+200$	$3x+200$

* (x × @5 - ₩3,000) × (1 - 0.4) + ₩5,000 × 0.4 = $3x$ + 200
　세후증분영업현금흐름　　　증분감가상각비 감세효과

($3x$ + 200) × 3.170 = ₩20,000
현금유입의 현재가치　현금유출의 현재가치

∴ x = 2,037개

04 문경회사는 신기계구입에 관한 의사결정을 하려고 한다. 5년 동안 사용이 가능한 신기계의 구입원가는 ₩265,300이며 잔존가치 없이 정액법으로 상각될 예정이다. 현재 사용하고 있는 기계는 잔존가치가 없으며, 감가상각이 완료되었으나 5년 동안은 더 사용할 수 있고 현재 처분가치는 없다. 구기계 및 신기계와 관련된 자료는 다음과 같으며 감가상각비를 제외한 모든 수익 · 비용은 현금흐름을 수반한다.

	신기계	구기계
단위당 판매가격	₩200	₩200
단위당 변동원가	130	150
단위당 공헌이익	₩70	₩50
연간 고정원가(감가상각비 포함)	₩300,000	₩200,000

이 회사의 최저요구수익률은 10%이며 순현재가치법(NPV법)에 의해 최적투자안을 선택하고 있다. 상기 자료에 의거하여 신기계 구입에 필요한 제품의 연간 최소판매량은 얼마인가? 5년간 10%의 연금현가계수는 3.79이다.

05 (주)국세는 올해 초에 신제품 생산을 위한 전용기계 도입 여부를 순현재가치법으로 결정하려고 한다. 신제품의 판매가격은 단위당 ₩500이며, 생산 및 판매와 관련된 단위당 변동원가는 ₩300, 그리고 현금유출을 수반하는 고정원가를 매년 ₩600,000으로 예상한다. 전용기계의 구입가격은 ₩1,000,000이고, 정액법으로 감가상각한다(내용연수 5년, 잔존가치 없음). 할인율은 10%이며, 법인세율이 40%이고, 매출액, 변동원가, 현금유출 고정원가, 법인세는 전액 해당 연도 말에 현금으로 회수 및 지급된다. 전용기계 도입이 유리하기 위해서는 신제품을 매년 최소 몇 단위를 생산·판매해야 하는가? 단, 10%, 5년의 단일금액의 현가계수는 0.621이고, 정상연금의 현가계수는 3.791이다. [세무사 15]

정답 및 해설

04 1. 자료분석

단위당 증분 공헌이익: ₩70 - ₩50 = ₩20

증분현금고정원가(감가상각비 제외): ₩300,000 - ₩200,000 = ₩100,000

2. 신기계 구입에 필요한 제품의 연간 최소판매량을 Q라고 하면,

	0	1	2	3	4	5
신기계 취득원가	₩(265,300)					₩0[*1]
구기계 처분	0					(0)[*2]
증분영업현금흐름[*3]		20Q-₩100,000	20Q-₩100,000	20Q-₩100,000	20Q-₩100,000	20Q-₩100,000
계	₩(265,300)	20Q-₩100,000	20Q-₩100,000	20Q-₩100,000	20Q-₩100,000	20Q-₩100,000

[*1] 신기계 잔존가치 없음

[*2] 구기계 잔존가치 없음

[*3] 증분영업현금유입 - 증분영업현금유출: Q × @20 - ₩100,000
(Q × @20: 증분공헌이익, ₩100,000: 증분현금고정원가)

3. 현금유입의 현재가치 = 현금유출의 현재가치

(20Q - ₩100,000) × 3.79 = ₩265,300

∴ Q = 8,500개

05 신제품 최소 생산 · 판매량을 Q라 하면,

NPV = - 1,000,000 + [Q × (@500 - @300) - (600,000 + 200,000)) × (1 - 0.4) + 200,000)] × 3.791 ≥ 0

∴ Q ≥ 4,532

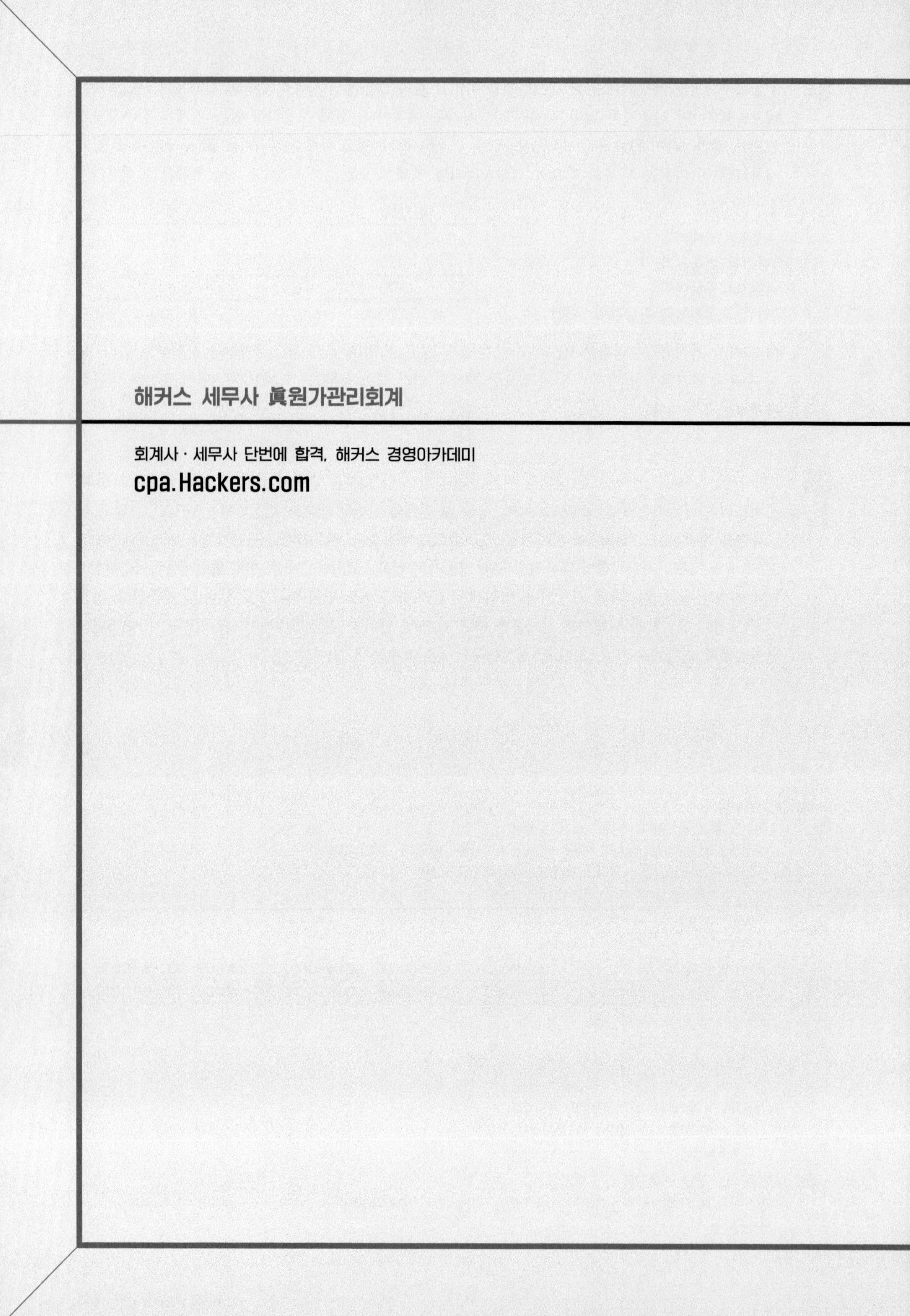

해커스 세무사 眞원가관리회계
회계사 · 세무사 단번에 합격, 해커스 경영아카데미
cpa.Hackers.com

제12장

종합예산

제1절 | 계획과 예산

기업이 경영활동을 성공적으로 수행하기 위해서는 미래의 불확실성에 효율적으로 대처해야 한다. 이를 위해서 대부분의 기업들은 미래의 경영활동에 관한 정보를 토대로 사전에 계획을 수립한다. 즉, 조직 내의 여러 계층의 경영자들은 자신에게 주어진 권한의 범위 내에서 미래의 경영활동에 관한 계획을 수립하게 된다.

(1) 최고경영층은 조직의 장기적인 비전을 제시하고 제시된 비전을 달성하기 위한 목표를 설정한다. 이러한 목표를 이루기 위해 포괄적이고 광범위한 계획을 수립하는데, 이러한 종류의 계획을 전략적 계획(strategic planning)이라고 한다.

(2) 중간계층의 경영자들은 최고경영층에서 작성한 전략적 계획을 토대로 장기계획을 수립한다. 장기계획(long-range planning)은 전략적 계획을 달성하는 데 필요한 대안을 발견하고 그 중에서 최적대안을 선택하는 것을 말한다. 기업의 장기계획에는 사회·경제학적 자료의 평가, 장기적 수요의 예측, 공장의 신설이나 새로운 설비자산에 대한 투자계획, 주요제품의 도입 및 생산의 중단계획 등이 있다.

(3) 예산(budget)이란 기업의 전반적인 계획활동의 일부분으로써 기업의 공식적인 행동계획을 화폐단위로 표시한 것이다. 예산은 기업의 전략적 계획 및 장기계획을 기초로 하여 기업 전체 또는 판매부문, 생산부문, 구매부문 등과 같은 특정 부문을 대상으로 하거나 특정 프로젝트나 고정자산의 취득과 관련된 설비의 확장·투자 등을 대상으로 하여 작성되는데, 일반적으로 예산이라 함은 기업 전체를 대상으로 하는 종합예산을 가리킨다. 이는 기업의 장기계획을 기초로 하여 다음 연도의 경영활동에 필요한 모든 구체적인 활동계획을 화폐단위로 표시한 것이다.

지금까지 살펴본 계획과 예산의 개념을 요약하면 다음과 같다.

① 전략적 계획: 최고경영층에 의해 작성되는 장기적인 경영정책이나 경영목표
② 장기계획: 전략적 계획을 달성하는 데 필요한 대안의 탐색 및 선택과정
③ 종합예산: 기업 전체의 구체적·전반적인 행동계획을 화폐단위로 표시한 것

제2절 | 종합예산의 의의

01 종합예산의 정의

종합예산(master budget)이란 다음 연도를 위한 기업의 공식적인 행동계획으로써 기업 전체, 즉 판매·생산·구매·재무 등 모든 부문들의 예상활동을 종합한 것이다.

(1) 종합예산은 운영예산(operating budgets, 영업예산이라고도 함)과 재무예산(financial budgets)으로 구성된다.

① **운영예산**: 다음 연도의 판매예측으로부터 시작하여 제품생산, 원재료구매, 판매 및 관리활동 등에 대한 예산수립을 통해 기능별 예산포괄손익계산서를 작성하는 것을 말한다.

② **재무예산**: 기업의 장기계획인 자본예산과 앞서 작성된 운영예산을 기초로 자금지출 및 재무상태에 관한 예산(현금예산) 수립을 통해 예산재무상태표를 작성하는 것을 말한다.

(2) 종합예산은 판매예측으로부터 시작하여 예산기간 동안의 재무성과인 예산포괄손익계산서와 예산기간 말의 재무상태인 예산재무상태표 작성으로 종결된다. 다음은 종합예산의 체계를 나타내고 있다.

종합예산의 체계

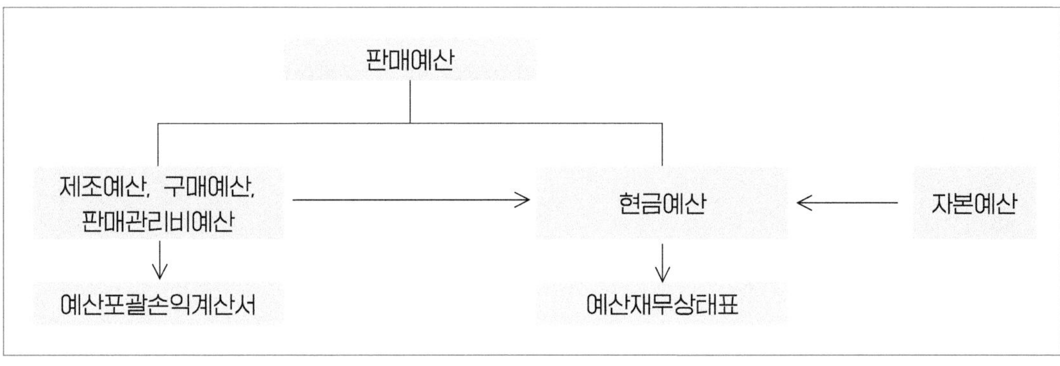

(3) 종합예산은 일부분의 예산이 아니라 판매예산, 제조예산, 구매예산, 판매관리비예산, 현금예산 등과 같이 각각의 목적을 가진 여러 예산들이 상호 유기적인 관계를 유지하도록 수립된 예산이다. 따라서 특정 부문이 독자적으로 종합예산을 편성해서는 안 되며, 여러 부문의 책임자들이 의견을 상호 조정하여 편성해야 한다. 이는 보통 1년을 단위로 하여 편성되는데, 경우에 따라서는 분기별 또는 월별로 작성되기도 한다. 분기별 또는 월별 예산은 기간 경과에 따라 새로운 정보가 입수되면 그 정보를 적절히 반영하여 수정하게 된다.

02 종합예산의 유용성

종합예산의 유용성은 크게 (1) 계획을 수립하게 하고 (2) 성과평가기준을 제공하며 (3) 의사전달과 조정의 역할을 수행하는 것으로 요약될 수 있다.

(1) 계획의 수립

미래의 계획이 없는 조직은 목표를 잃고 표류하거나 현안문제를 해결하는 데 급급하여 기업의 미래에 발생할 전반적인 문제점을 미리 파악하고 그 대응책을 강구할 수 없게 된다든지 미래의 목적을 달성할 수 없게 된다. 일상 업무에 바쁜 관리자는 미래에 대한 계획을 소홀히 하기 쉬운데, 기업이 공식적인 예산을 편성하게 되면 자연스럽게 관리자에게 미래의 계획과 운영절차를 수립하도록 강요하는 셈이 된다. 이렇듯 사전에 계획을 수립하게 하는 것은 예산의 가장 중요한 기능이라 할 수 있다.

(2) 성과평가기준의 제공

예산을 각 부문의 달성목표 내지 행동지침으로 수용한 이상 관리자는 설정된 예산을 달성하는 책임을 져야 한다. 예산은 실적과 비교됨으로써 관리자의 경영성과를 평가하는 기준이 되는데, 이에 따라 관리자는 실제 성과와 예산과의 차이가 중요한 부분에 대해서만 주의를 집중시키는 예외에 의한 관리(management by exception)를 행하여 경영능률을 증진시킬 수 있다.

(3) 의사전달과 조정의 역할

종합예산은 단일예산이 아니라 특정 목적을 가진 여러 예산들이 상호 유기적인 관계를 형성하도록 수립된 예산이다. 따라서 종합예산을 편성할 때에는 기업조직 내 모든 부문의 의견을 상호 조정해야 하는데, 이러한 예산편성과정에서 자연히 각 부문 간의 계획이 서로 전달되어 조정되는 것이다.

(예) 제조부문의 생산계획은 판매부문의 판매계획 및 재무부서의 자금계획 등 다른 부문의 계획을 기초로 하여 작성되며, 이러한 과정에서 각 부문의 활동은 서로 균형적으로 조정된다.

제3절 | 예산의 유형

예산을 활용하는 목적 등에 따라 여러 가지 유형으로 구분할 수 있으며, 최근에는 참여예산의 중요성이 대두되고 있다.

01 편성방법에 따른 구분

(1) 중앙집권적(권위적) 예산

최고경영자가 상의하달식으로 독자적으로 편성하는 예산으로 의사결정권한이 최고경영자에게 집중되어 있는 조직과 시장이 안정화되어 있거나 규모가 크지 않은 조직에서 주로 사용하는 방법이다. 그러나 최고경영자가 하부의 모든 부문을 정확히 파악하지 못하는 경우에는 적합하지 않으며, 상의하달식 예산편성으로 종업원의 동기부여가 어렵다는 문제점이 있다.

(2) 참여적 예산

모든 조직구성원이 예산편성에 참여하고 상호 의사소통을 통하여 편성되는 예산으로 규모가 큰 조직에서 주로 사용하는 방법이다.

① **장점**: 조직의 모든 구성원이 기업 전체의 목표달성을 위해 협조하고, 직접 설정한 예산을 자발적으로 달성하도록 유도할 수 있는 동기가 부여되므로 기업과 개인의 목표일치성을 높일 수 있다. 이에 따라 예산의 실현가능성이 높아지고, 종업원들의 책임관심도가 높아지는 장점도 있다.

② **단점**: 예산편성 시 의견 조율에 많은 시간이 소요되며 절차가 복잡하다. 또한 조직구성원이 자신들에게 유리한 성과평가 결과가 나오도록 예산을 조작할 우려가 있으며, 이를 예산슬랙(budgetary slack)이라고 한다. 예산슬랙이란 예산이 성과평가 목적으로 사용되는 경우, 예산상 목표를 쉽게 달성하도록 예산수익을 과소평가하거나 예산원가를 과대평가해서 업적평가 시 유리하도록 하는 것을 말한다. 이러한 예산슬랙을 감소시키기 위해서는 동종업종의 타기업 예산자료를 반영한 자료를 기준으로 성과평가를 하거나, 예산 예측정보의 정확성에 대한 보상을 하고, 무엇보다 최고경영자가 업무에 대한 이해를 높여야 한다.

(3) 자문적 예산

중앙집권적 예산과 참여적 예산이 혼합된 방식으로 종업원들에게 자문을 구한 후 최고경영자가 예산을 확정 편성하는 방법이다. 최고경영자는 종업원의 의견을 반드시 반영할 필요는 없으므로 보조적으로 사용하고, 최고경영자가 최종적으로 예산을 확정한다.

02 대상범위(내용범위)에 따른 구분

(1) 종합예산

기업 전체를 대상으로 하여 편성되는 예산으로 판매, 생산, 구매, 재무 등의 모든 예산을 포함하며, 장기적 이익과 단기적 이익을 균형적으로 편성한다.

(2) 부문예산

기업 전체가 아닌 기업 내의 특정 부문에 대한 예산으로 종합예산의 구성요소가 된다.

03 대상기간에 따른 구분

(1) 단기예산

대상기간이 1년 이하인 예산으로 판매량, 생산량 제조원가 등에 필요한 자금조달과 관련된 예산이다.

(2) 장기예산

대상기간이 장기인 예산으로 설비투자, 연구개발, 장기간에 걸친 자본조달과 관련된 예산이다.

04 예산자료에 따른 구분

(1) 증분예산

전년도의 예산을 기준으로 조업도와 가격의 변동분을 반영해서 편성하는 예산으로 과거 비능률적인 요소가 예산에 계속적으로 포함되는 문제점이 있다.

(2) 원점기준예산(영점예산)

과거의 예산을 무시하고, 원점에서 출발하여 예산을 새로 수립하는 방법으로 과거의 비능률예산이 포함되지 않도록 예방할 수 있는 장점이 있는 반면, 예산편성에 시간과 비용이 많이 소요되는 문제점이 있다.

05 예산기간 변동성에 따른 구분

(1) 기간예산

1분기 또는 1년 등과 같이 기간이 정해진 예산을 말하며, 예산과 실제 성과를 비교하여 성과평가에 사용되는 예산이다.

(2) 연속(갱신)예산

일정기간에 대한 예산을 수립한 후, 기간이 경과하면 경과한 기간은 제외하고 경과한 기간만큼 새로운 예산을 포함시켜 항상 일정기간이 유지되도록 하는 예산이다. 예를 들어 1년 예산 편성 후 1개월이 지나면, 경과한 1개월을 제외하고, 새로운 1개월을 포함시켜 항상 1년 예산이 유지되도록 하는 예산을 말한다. 미래의 변화를 예산에 탄력적으로 반영하여 예산기간 말에 근시안적으로 행동하는 것을 방지할 수 있으나, 계속적으로 예산을 편성하는데 시간과 비용이 소요되는 문제점이 있다.

제4절 | 종합예산의 편성

종합예산의 편성과정은 다음 연도(예산기간)의 판매예측으로부터 시작하여 예산포괄손익계산서와 예산재무상태표의 작성으로 종결된다. 종합예산의 흐름을 도표로 나타내면 다음과 같다.

종합예산의 흐름

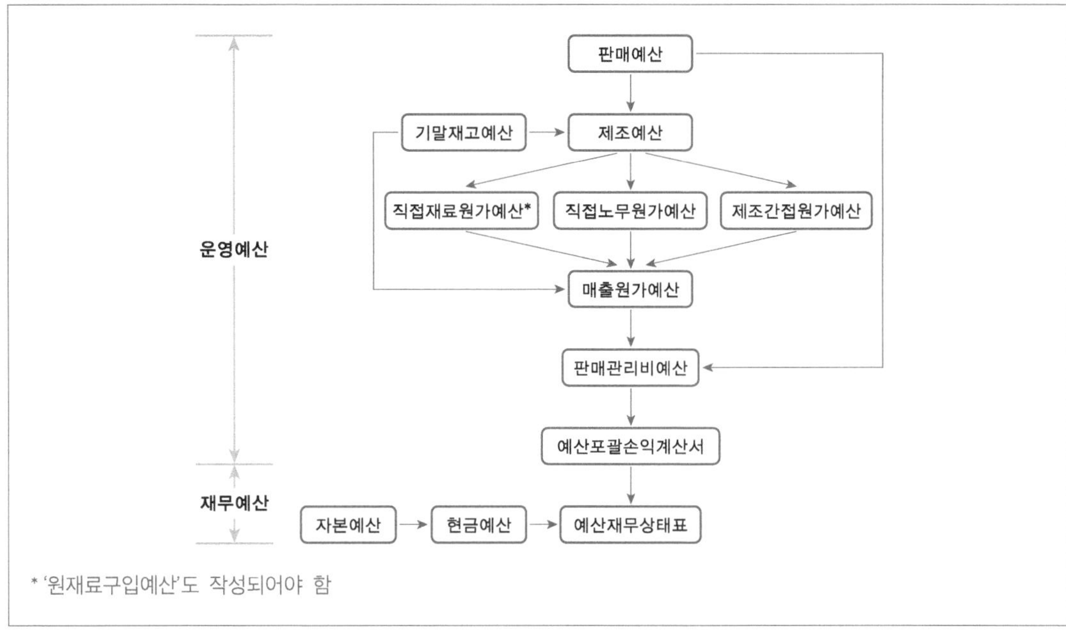

* '원재료구입예산'도 작성되어야 함

(1) 종합예산의 첫 단계는 다음 기의 판매예측을 통하여 판매예산을 수립하는 것이다. 판매예산을 수립한 후에는 판매예산과 기말재고예산을 토대로 제조예산(생산량예산)을 작성하고 제조원가(직접재료원가, 직접노무원가, 제조간접원가)예산과 매출원가예산을 편성하고 판매예산을 토대로 판매관리비예산을 편성한다. 이와 같이 편성된 판매예산, 매출원가예산 및 판매관리비예산으로부터 기능별 예산포괄손익계산서를 작성한 다음, 기업의 장기계획인 자본예산을 기초로 매출대금의 회수 및 매입대금의 지급 등에 대한 계획을 수립하여 현금예산을 편성하고 이를 토대로 예산재무상태표를 작성함으로써 일련의 종합예산 편성과정을 마치게 된다.

(2) 종합예산의 편성절차는 <제1부 재무보고를 위한 제품원가계산>에서 살펴본 제품원가계산절차와는 정 반대로 이루어진다. 즉, 제품원가계산은 생산활동이 이루어지는 순서(원재료 등의 구입 → 제조원가의 투입 → 제품의 완성 → 제품의 판매)대로 행해지지만 종합예산의 편성은 판매예산이 출발점이며, 이로부터 제조예산, 제조원가예산 및 원재료구입예산 등의 순서로 이루어진다. 이와 같은 제품원가계산과 예산편성을 비교하면 다음과 같다.

제품원가계산과 예산편성의 비교

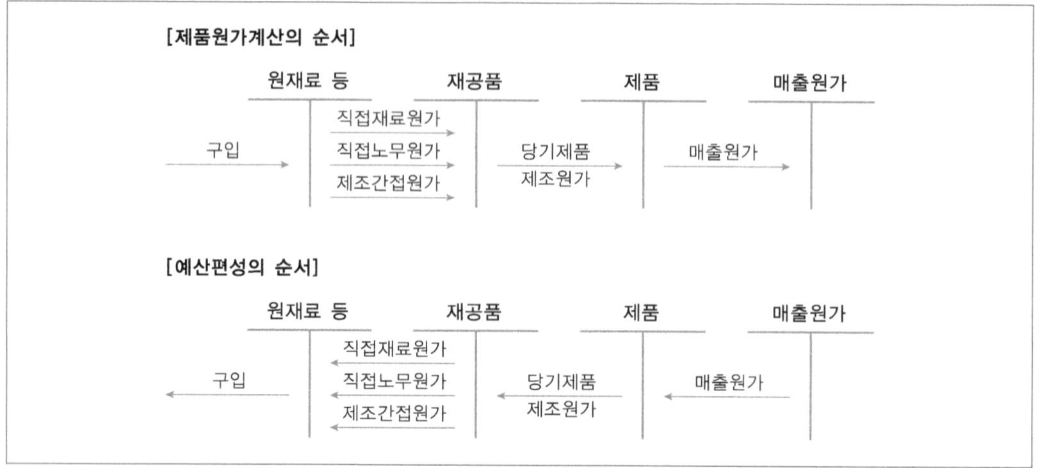

제품원가계산은 과거활동의 재무적 결과를 보고하는 데 중점을 두고 있지만, 종합예산의 편성은 예상되는 미래활동의 재무적 결과를 예측하는 데 중점을 두고 있다.

다음과 같은 사례를 토대로 종합예산편성의 기본절차에 대해 구체적으로 살펴보기로 한다.

사례

가구 생산 · 판매회사인 제주회사는 20×1년 1월의 예산을 편성하고자 한다. 이에 필요한 자료는 다음과 같다.

(1) 기초 재무상태표

재무상태표

제주회사 20×1년 1월 1일

현금	140,000	매입채무	35,200
매출채권	450,000	자본금	1,000,000
원재료: 2,520kg × @10 =	25,200	자본잉여금	300,000
제품: 800개 × @100 =	80,000	이익잉여금	160,000
유형자산	1,000,000		
감가상각누계액	(200,000)		
	1,495,200		1,495,200

(2) 제품의 판매가격은 단위당 ₩200이며, 예상판매량은 1월에 4,000개, 2월에 5,000개, 3월에 3,000개이다.

(3) 제품의 월말재고량은 다음 달 예상판매량의 20% 수준을 유지하도록 한다.

(4) 제품단위당 변동제조원가는 다음과 같다.

직접재료원가: 2kg × @10 =	₩20
직접노무원가: 1시간 × @30 =	30
변동제조간접원가: 1시간 × @20 =	20
계	₩70

1월에 예상되는 고정제조간접원가는 감가상각비 ₩20,000을 포함한 ₩42,000이다.

(5) 원재료의 월말재고량은 다음 달 제품생산에 필요한 수량의 30% 수준을 유지하도록 한다. 그리고 월초 및 월말재공품은 없는 것으로 가정하며 재고자산에 대한 원가흐름가정은 선입선출법을 적용한다.

(6) 변동판매관리비는 판매단위당 ₩10이며, 1월에 예상되는 고정판매관리비는 감가상각비 ₩10,000을 포함한 ₩50,000이다.

(7) 모든 매출은 외상으로 이루어지며, 외상매출금은 판매한 달에 70%, 다음 달에 30%가 회수된다.

(8) 모든 매입은 외상으로 이루어지며, 외상매입금은 매입한 달에 60%, 다음 달에 40%를 지급한다.

(9) 재료매입액과 감가상각비를 제외한 모든 비용은 발생한 달에 전액 지급한다.

01 판매예산

종합예산 편성과정의 첫 단계는 예산이 수립되는 기간의 판매량과 판매가격을 분석하여 예산매출액을 파악하는 판매예산(sales budget)을 편성하는 것이다. 종합예산 편성과정에서 다른 모든 예산들은 판매예측에 따라 결정되므로 판매예산을 수립하는 데에 많은 시간과 노력을 투입해야 하며, 보다 객관적인 예측을 하기 위해서 가능한 한 많은 정보와 여러 가지 변수들을 고려해야 한다.
일반적으로 판매예측 시 고려해야 할 변수들은 다음과 같다.

① 과거의 실제판매량
② 일반적인 경제상황(GDP, 실업률 등의 경제지표)
③ 시장점유율
④ 판매가격정책
⑤ 광고 및 기타 판매촉진활동
⑥ 제품의 장기적인 판매추세 등

예제 1

사례의 자료를 토대로 1월의 판매예산을 편성하시오.

해답

판매예산(1월)

예상판매량	4,000개
단위당 판매가격	× @200
예산매출액	₩800,000

02 제조예산

판매예산이 수립되면 이를 토대로 제품생산계획, 즉 제조예산을 수립해야 한다. 이를 구체적으로 살펴보면 다음과 같다.

(1) 제조예산(production budget)이란 예상판매량과 기말제품재고수준을 충족시키기 위하여 생산해야 할 제품수량을 결정하는 것으로써 생산량예산이라고도 한다. 일정기간의 목표생산량은 예상판매량에 기업의 재고정책에 따른 기말제품재고량을 가산하고 기초제품재고량을 차감하여 결정된다.

목표생산량 = 예상판매량 + 기말제품재고량 - 기초제품재고량

예제 2

사례의 자료를 토대로 1월과 2월의 제조예산을 편성하시오.

해답

제조예산

	1월	2월	3월
예상판매량	4,000개	5,000개	3,000개
기말제품재고량	1,000*	600	
계	5,000개	5,600개	
기초제품재고량	(800)	(1,000)	
목표생산량	4,200개	4,200개	

* 다음 달 예상판매량 × 20%

(2) 예제 2에서 월말제품재고량은 다음 달의 예상판매량에서 도출된 것이다. 즉, 사례의 자료에서 제품의 월말재고량은 다음 달 예상판매량의 20% 수준을 유지하도록 하는 제품재고정책에 따라, 1월 말의 제품재고량은 5,000개 × 20% = 1,000개이고 2월 말의 제품재고량은 3,000개 × 20% = 600개이다.

(3) 앞에서 살펴본 제주회사의 경우는 제조기업이므로 제조예산(생산량예산)을 수립하였다. 그러나 생산활동을 수행하지 않는 상기업의 경우에는 제조예산 대신에 상품매입예산을 수립해야 한다. 상기업의 일정기간의 목표매입량은 예상판매량에 기업의 재고정책에 따른 기말상품재고량을 가산하고 기초상품재고량을 차감하여 결정되며, 이와 같이 결정된 목표매입량에 상품단위당 매입가격을 곱하여 상품매입예산이 산출된다.

상품매입예산 = 목표매입량 × 상품단위당 매입가격
= (예상판매량 + 기말상품재고량 - 기초상품재고량) × 상품단위당 매입가격

03 제조원가예산

제조원가예산(manufacturing cost budget)은 목표생산량을 생산하기 위하여 발생하는 제조원가에 대한 예산을 수립하는 것으로 이는 직접재료원가, 직접노무원가 및 제조간접원가 예산으로 구분된다.
제조원가예산을 손쉽게 편성하기 위해서는 사전에 제품단위당 표준원가를 설정하는 것이 좋다. 표준원가는 공학적인 추정치나 과거의 원가자료 등을 기초로 하여 설정되는데, 이에 대한 자세한 내용은 <제6장 표준원가계산>을 참조하기 바란다.

(1) 직접재료원가예산

직접재료원가예산(direct materials budget)은 목표생산량을 생산하는 데 투입되어야 할 직접재료원가에 대한 예산이다.

① 직접재료원가예산은 목표생산량에 제품단위당 직접재료원가를 곱하여 산정한다. 참고로 사례에서 1월의 직접재료원가예산은 ₩84,000(= 4,200개 × @20)이다.

> 직접재료원가예산 = 목표생산량 × 제품단위당 직접재료원가

② 직접재료원가예산과 관련하여 추가적으로 분석해야 할 사항은 원재료구입예산이다. 원재료구입예산(materials purchase budget)은 목표생산량을 달성하는 데 투입될 원재료수량(예상원재료투입량)의 확보 및 기업의 재고정책에 따른 기말원재료재고수준의 유지를 위해 구입해야 할 원재료수량과 금액을 결정하는 예산이다. 이는 원재료의 목표구입량에 원재료단위당 구입가격을 곱하여 산출하는데, 원재료 목표구입량은 예상원재료투입량에 기업의 재고정책에 따른 기말원재료재고량을 가산하고 기초원재료재고량을 차감하여 계산한다.

> 원재료구입예산 = 원재료목표구입량 × 원재료단위당 구입가격
> = (예상원재료투입량 + 기말원재료재고량 - 기초원재료재고량) × 원재료단위당 구입가격

예제 3

사례의 자료를 토대로 1월의 원재료구입예산을 편성하시오.

해답

원재료구입예산(1월)

항목	금액
예상원재료투입량	8,400kg*1
월말원재료재고량	2,760*2
계	11,160kg
월초원재료재고량	(2,520)
원재료목표구입량	8,640kg
단위당 구입가격	×@10
원재료구입예산	₩86,400

*1 목표생산량(1월) × 2kg = 4,200개 × 2kg = 8,400kg
*2 예상원재료투입량(2월) × 30% = (4,600개 × 2kg) × 30% = 2,760kg
(4,600개: 2월 목표생산량)

(2) 직접노무원가예산

직접노무원가예산(direct labor budget)은 목표생산량을 생산하는 데 투입되어야 할 직접노무원가에 대한 예산이다.

① 직접노무원가예산은 목표생산량에 제품단위당 직접노무원가를 곱하여 구한다. 참고로 사례에서 1월의 직접노무원가예산은 ₩126,000(= 4,200개 × @30)이다.

직접노무원가예산 = 목표생산량 × 제품단위당 직접노무원가

② 직접노무원가예산을 편성하면 사전에 목표생산량을 생산하기 위해 필요한 노동력을 예측할 수 있고, 이에 따라 종업원의 추가고용이나 일시해고 등 상황에 맞게 노동력에 대한 수급계획을 수립할 수 있다.

(3) 제조간접원가예산

제조간접원가예산(factory overhead budget)은 목표생산량을 생산하는 데 발생하는 제조간접원가에 대한 예산이다.

① 제조간접원가는 예산편성을 위해 조업도의 변동에 따라 비례적으로 변동하는 변동제조간접원가와 조업도의 변동과는 관계없이 일정하게 발생하는 고정제조간접원가로 구분한다.

② 변동제조간접원가예산은 목표생산량에 제품단위당 변동제조간접원가를 곱하여 산정하며, 고정제조간접원가예산은 총액으로 파악한다.

제조간접원가예산 = 목표생산량 × 제품단위당 변동제조간접원가 + 고정제조간접원가예산
(목표생산량 × 제품단위당 변동제조간접원가: 변동제조간접원가예산)

예제 4

사례의 자료를 토대로 1월의 제조간접원가예산을 편성하시오.

해답

제조간접원가예산(1월)

목표생산량	4,200개
단위당 변동제조간접원가	× @20
변동제조간접원가예산	₩84,000
고정제조간접원가예산	42,000
총제조간접원가예산	₩126,000

04 매출원가예산

매출원가예산(cost-of-goods-sold budget)이란 제품의 예상판매량에 대한 원가를 산정하는 것으로서 기초제품재고액에 제조예산에서 결정된 당기제품제조원가를 가산하고 기말재고예산에서 결정된 기말제품재고액을 차감하여 산출한다.

매출원가예산 = 기초제품재고액 + 당기제품제조원가 - 기말제품재고액

예제 5

사례의 자료를 토대로 1월의 매출원가예산을 편성하시오. 단, 선입선출법을 사용한다.

해답

월초제품재고액: 800개 × @100 =	₩80,000
당월제품제조원가[*1]	336,000
월말제품재고액: 1,000개 × @80[*2] =	(80,000)
매출원가예산	₩336,000

[*1] 월초 및 월말재공품이 없는 것으로 가정하였으므로

당월제품제조원가 = 당월총제조원가

= ₩84,000(직접재료원가예산) + ₩126,000(직접노무원가예산) + ₩126,000(제조간접원가예산) = ₩336,000

[*2] 단위당 제조원가: ₩70(단위당 변동제조원가) + ₩42,000(고정제조간접원가예산) ÷ 4,200개(목표생산량) = @80

05 판매관리비예산

판매관리비예산(selling and administrative expense budget)은 판매예산을 기초로 하여 예산기간 동안에 판매 및 관리활동에서 발생할 것으로 예상되는 비용에 대한 예산이다. 판매관리비예산을 용이하게 편성하기 위해서 제조간접원가처럼 원가행태별로 변동판매관리비와 고정판매관리비로 구분한다.

예제 6

사례의 자료를 토대로 1월의 판매관리비예산을 편성하시오.

해답

판매관리비예산(1월)

예상판매량	4,000개
단위당 변동판매관리비	× @10
변동판매관리비예산	₩40,000
고정판매관리비예산	50,000
총판매관리비예산	₩90,000

판매관리비 이외에 기타수익과 금융원가(이자비용) 및 기타비용의 금액이 크고 중요하다면 이들에 대한 예산도 편성해야 한다. 그러나 여기서는 종합예산에 대한 기본흐름만을 설명하기 위해서 이를 생략하였다.

06 예산포괄손익계산서

예산포괄손익계산서[1](budgeted statement of comprehensive income)는 예산이 편성되는 기간의 매출액, 매출원가, 판매관리비, 영업이익에 대한 예산을 종합적으로 보여주는 보고서로써 예산기간 동안의 성과를 나타낸다.

(1) 예산포괄손익계산서의 작성은 판매예산, 제조원가예산, 매출원가예산, 판매관리비예산을 기초로 하여 이루어진다.

예제 7

사례의 자료를 토대로 기능별 표시방법에 의한 1월의 예산포괄손익계산서(전부원가계산)를 작성하시오.

해답

예산포괄손익계산서(전부원가계산) - 1월

매출액	₩800,000
매출원가	336,000
매출총이익	₩464,000
판매관리비	90,000
영업이익	₩374,000

(2) 예제 7에서는 전부원가계산에 의한 예산포괄손익계산서(기능별 표시방법)를 작성하였으나 예산은 대부분 기업의 내부이용목적으로 수립되는 것이므로 변동원가계산방법에 의한 예산포괄손익계산서를 작성하는 것이 보다 바람직하다. 참고로 변동원가계산에 의한 1월의 예산포괄손익계산서를 작성하면 다음과 같다.

예산포괄손익계산서(전부원가계산) - 1월

매출액: 4,000개 × @200 =		₩800,000
변동원가		320,000
변동매출원가: 4,000개 × @70 =	₩280,000	
변동판매관리비: 4,000개 × @10 =	40,000	
공헌이익		₩480,000
고정원가		92,000
고정제조간접원가	₩42,000	
고정판매관리비	50,000	
영업이익		₩388,000

1) 예산포괄손익계산서는 종합예산의 흐름에 따라 기능별 표시방법에 의해 작성하는 것이 바람직하다.

07 현금예산

현금예산(cash budget)이란 자본예산과 운영예산(포괄손익계산서의 작성)을 기초로 작성된 예산기간 중의 현금유입과 현금유출에 대한 예산으로써 기업의 단기계획을 수립하는 데 가장 중요한 예산이다.

(1) 모든 기업은 현금의 유입과 유출을 미리 계획하고 통제하여 언제, 얼마만큼의 현금이 필요할 것인가를 미리 파악해야 한다. 만약 현금부족이 예상되면 자금조달계획을 미리 마련해야 하며, 현금의 잉여가 기대되면 잉여현금의 투자계획을 수립해야 하기 때문이다.

(2) 현금예산을 편성하기 위해서는 예산기간 중의 현금유입액과 현금유출액을 파악해야 하는데, 현금의 주요 유입항목과 유출항목을 살펴보면 다음과 같다.

① 매출을 통한 현금유입액: 제품의 현금판매와 외상매출금의 회수
② 원재료 매입대금 지급으로 인한 현금유출액: 원재료의 현금매입과 외상매입금의 지급
③ 직접노무원가의 지급
④ 제조간접원가의 지급
⑤ 판매관리비의 지급

그리고 상기업의 경우 현금예산은 다음과 같다.

① 매출을 통한 현금유입액: 제품의 현금판매와 외상매출금의 회수
② 상품 매입대금 지급으로 인한 현금유출액: 상품의 현금매입과 외상매입금의 지급
③ 판매관리비의 지급

(3) 예산기간 중에 현금유입액과 현금유출액이 추정되면 다음과 같은 계산식에 따라 예산기간 말의 현금잔액을 계산한다.

기말현금잔액 = 기초현금잔액 + 현금유입액 - 현금유출액

현금예산은 가능한 단기간을 기준으로 작성해야 한다. 예컨대, 예산기간이 1년인 경우에 1년의 현금예산뿐만 아니라 월별 또는 분기별 현금예산을 작성하는 것이 바람직하다. 왜냐하면 현금이 없는 경우에는 기업이 영업활동을 계속할 수 없기 때문이다.

자본예산은 <제11장 자본예산>에서 살펴본 바와 같으므로 본 장에서는 운영예산을 기초로 현금예산이 작성되는 절차를 예제 8을 통해 살펴보기로 한다.

예제 8

사례의 자료를 토대로 1월의 현금예산을 편성하시오.

해답

현금예산(1월)

월초현금		₩140,000
현금유입액		1,010,000
매출채권회수액: ₩450,000 + ₩800,000 × 70% =	₩1,010,000	
현금유출액		(399,040)
매입채무지급액: ₩35,200 + ₩86,400 × 60% =	₩87,040	
직접노무원가 지급: 4,200개[*1] × @30 =	126,000	
제조간접원가 지급: 4,200개[*1] × @20 + (₩42,000 - ₩20,000[*3]) =	106,000	
판매관리비 지급: 4,000개[*2] × @10 + (₩50,000 - ₩10,000[*4]) =	80,000	
월말현금		₩750,960

[*1] 1월의 목표생산량

[*2] 1월의 예상판매량

[*3] 고정제조간접원가 중 감가상각비

[*4] 고정판매관리비 중 감가상각비

08 예산재무상태표

예산재무상태표(budgeted statement of financial position)는 예산기간 말 현재 기업의 재무상태를 나타내주는 표이다. 이는 기초시점의 재무상태, 즉 기초 재무상태표 계정잔액에 예산기간 중의 판매, 제조활동 등에 의한 각 계정의 증감사항을 반영하여 작성된다.

예제 9

사례의 자료를 토대로 20×1년 1월 31일의 예산재무상태표를 작성하시오.

해답

예산재무상태표

제주회사 20×1년 1월 31일

현금	750,960	매입채무: ₩86,400 × 40% =	34,560
매출채권: ₩800,000 × 30% =	240,000	자본금	1,000,000
원재료: 2,760kg × @10 =	27,600	자본잉여금	300,000
제품: 1,000개 × @80 =	80,000	미처분이익잉여금	534,000
유형자산	1,000,000	(당기순이익 ₩374,000)	
감가상각누계액	(230,000)		
	1,868,560		1,868,560

제12장

기출 OX문제

01 종합예산은 조직의 각 부문활동에 대한 예산이 종합된 조직 전체의 예산이며 변동예산의 일종이다. (O, X)

02 운영예산은 다음 예산연도의 운영계획을 나타내며, 예산재무상태표에 총괄된다. (O, X)

03 종합예산 편성의 첫 단계는 판매량 예측이다. (O, X)

04 연속갱신예산(Rolling Budget)제도는 예산기간 말에 근시안적으로 판단하는 것을 방지하는 효과가 있다. (O, X)

05 원점기준예산(Zero-based Budget)이란 과거의 예산에 일정비율만큼 증가 또는 감소한 예산을 수립하는 것이 아니라 예산을 원점에서 새로이 수립하는 방법이다. (O, X)

정답 및 해설

01 X 종합예산은 고정예산의 일종이다.
02 X 운영예산은 다음 예산연도의 운영계획을 나타내며, 예산손익계산서에 총괄된다.
03 O
04 O
05 O

06 영기준예산제도를 운영하는 경우에는 예산편성을 위한 노력이 적게 든다. (O, X)

07 참여예산(Participative Budget)은 종업원들의 다양한 관점과 판단을 예산에 반영할 수 있다. (O, X)

08 종업원은 최고경영층에서 일방적으로 하달하는 예산목표보다 참여예산의 목표를 더 잘 달성하려는 유인이 있으므로 예산수립 참여자의 악용 가능성에 대비할 필요가 없다. (O, X)

09 참여예산은 예산여유(budgetary slack)를 발생시킬 위험이 있으며, 예산편성을 위한 소요기간이 길어질 수 있다는 단점이 있다. (O, X)

10 참여예산은 예산편성 시 조직 전체의 목표는 고려할 필요가 없으며 각 부서의 목표와 방침에 따른다. (O, X)

정답 및 해설

06 X 영(원점)기준예산이란 전년도 예산을 전혀 고려하지 않고 당기에 처음 시작되는 것으로 간주하여 원점에서부터 새롭게 설정한 예산으로 예산편성을 위한 노력이 많이 든다.

07 ○

08 X 종업원들이 예산편성과정에 참여하는 참여예산의 문제점 중 하나는 예산슬랙(budgetary slack)이 발생할 가능성이 높다는 것이다.

09 ○

10 X 예산편성 시 각 부서의 목표와 방침을 따르되 조직 전체의 목표도 고려하여야 한다.

제12장

개념확인문제

대표 문제를 학습한 후, 이와 동일한 유형의 문제를 풀며 개념을 익혀보세요.

대표 문제 제조원가예산

(주)한국제조의 판매부서는 분기별 예산판매량을 다음과 같이 보고하였다.

분기	분기별 예산판매량
20×1년 1분기	8,000단위
20×1년 2분기	6,500
20×1년 3분기	7,000
20×1년 4분기	7,500
20×2년 1분기	8,000

(주)한국제조의 20×1년 1분기 초 제품의 재고량은 1,600단위이며, 제품의 각 분기 말 재고량은 다음 분기 예산판매량의 20% 수준을 유지하고 있다. (주)한국제조는 제품 한 단위를 생산하는데 0.35 직접노무시간이 소요될 것으로 예상하고 있으며, 직접노무인력에게 시간당 ₩10의 정규 임금을 지급할 계획이다. (주)한국제조는 직접노무인력을 정규직원으로 고용하고 있어 매분기마다 최소한 2,600 직접노무시간에 해당하는 임금을 보장하여야 한다. 즉, 이 회사는 직접노무인력을 신축성 있게 조정할 수 없기 때문에 매분기마다 필요한 직접노무시간이 2,600시간 미만이 되더라도 2,600시간에 해당하는 임금을 지급해야 한다. 그러나 분기에 필요한 직접노무시간이 2,600시간을 초과하면 초과시간에 대해서는 정규 임금의 1.5배를 지급하여야 한다. (주)한국제조의 20×1 회계연도 직접노무원가 예산금액은 얼마인가? [회계사 15]

해답

	분기별 생산량[*1]	필요직접노무시간[*2]	초과시간
1분기	7,700	2,695	95
2분기	6,600	2,310	
3분기	7,100	2,485	
4분기	7,600	2,660	60

[*1] 분기별 예상판매량 + 다음 분기 예상판매량 × 0.2 - 분기 초 재고량(당분기 예상판매량 × 0.2)

[*2] 분기별 생산량 × 0.35시간

∴ 직접노무원가 예산금액: 2,600시간 × 4(분기) × ₩10 + 155시간 × ₩15 = ₩106,325

01

태양회사는 제품단위당 4g의 재료를 사용한다. 재료 1g당 가격은 ₩0.8이며, 다음 분기 재료사용량의 25%를 분기 말 재고로 유지한다. 분기별 생산량은 다음과 같다.
1분기의 재료구입액은 얼마인가? [세무사 05]

	1분기	2분기
실제생산량(= 목표생산량)	24,000단위	35,000단위

02

(주)한국은 단일의 제품 A를 생산·판매하고 있다. 이 회사가 20×1년 3월에 대한 예산을 수립할 목적으로 수집한 자료의 일부는 다음과 같다.

(1) 20×1년 3월, 4월 및 5월에 대한 제품 A의 월별 판매예측은 다음과 같다.

구분	예상판매량
3월	100단위
4	120
5	140

(2) 제품을 한 단위 생산하는데 소요되는 직접재료원가는 ₩20이며, 이는 계속 유지될 것으로 예상된다.
(3) 이 회사는 20×1년 2월 말 현재 재고자산으로 제품 100단위를 생산할 수 있는 직접재료와 40단위의 제품을 보유하고 있다.
(4) 20×1년 3월부터 이 회사는 제품의 경우 다음 달 예상판매량의 50%에 해당하는 제품을 월말에 재고로 보유하며, 직접재료의 경우 다음 달 생산에 필요한 직접재료의 80%를 월말에 재고로 보유하는 재고정책을 취하고 있다.
(5) 직접재료의 매입은 즉시 현금으로 지급된다.
(6) 월초재공품과 월말재공품은 없다.

(주)한국의 20×1년 3월 직접재료 매입예산 금액은 얼마인가? [회계사 14]

정답 및 해설

01 1. 1분기 원재료구입량(x)

원재료

기초재고: 24,000단위 × 4g × 25% =	24,000g	당기사용: 24,000단위 × 4g =	96,000g
당기구입	x	기말재고: 35,000단위 × 4g × 25% =	35,000
계	131,000g	계	131,000g

∴ x = 107,000g

2. 1분기의 재료구입액: 107,000g × @0.8 = ₩85,600

02 1. 3월 제품생산량 = 100단위 + 120단위 × 50% - 40단위 = 120단위

2. 4월 제품생산량 = 120단위 + 140단위 × 50% - 60단위 = 130단위

3. 3월 직접재료 매입량 = 120단위 + 130단위 × 80% - 100단위 = 124단위

∴ 3월 직접재료 매입예산 = 124단위 × ₩20/단위 = ₩2,480

03 (주)세무는 단일 제품 A를 생산하는데 연간 최대생산능력은 70,000단위이며, 20×1년에 제품 A를 45,000단위 판매할 계획이다. 원재료는 공정 초에 전량 투입(제품 A 1단위 생산에 4kg 투입)되며, 제조과정에서 공손과 감손 등으로 인한 물량 손실은 발생하지 않는다. 20×1년 초 실제재고와 20×1년 말 목표재고는 다음과 같다.

	20×1년 초	20×1년 말
원재료	4,000kg	5,000kg
재공품	1,500단위(완성도 60%)	1,800단위(완성도 30%)
제품	1,200단위	1,400단위

재공품 계산에 선입선출법을 적용할 경우, (주)세무가 20×1년에 구입해야 하는 원재료(kg)는?

[세무사 16]

04 서울회사는 단일제품을 생산하여 판매하고 있다. 제품 한 단위를 생산하는 데에는 원재료 2kg이 소요된다. 내년 분기별 예상판매량은 다음과 같다.

분기	예상판매량
1	6,000단위
2	5,000
3	6,000
4	4,000

회사의 각 분기 말 제품재고량은 다음 분기 예상판매량의 30%를 유지하는 정책을 취하고 있다. 또한 각 분기 말 원재료재고량은 2,000kg씩 일정하게 유지하고 있다. 회사가 내년도 두 번째 분기에 구입하여야 할 원재료의 수량은 얼마인가? [세무사 05 수정]

정답 및 해설

03 1. 당기완성수량 = 45,000단위 + 1,400단위 - 1,200단위 = 45,200단위

2. 당기제조수량 = 45,200단위 + 1,800단위 - 1,500단위 = 45,500단위

∴ 원재료 구입량 = 45,500단위 × 4kg + 5,000kg - 4,000kg = 183,000kg

04 1. 제품생산량(2분기): 5,000단위(예상판매량) + 6,000단위 × 30%(기말예상재고량) - 5,000단위 × 30%(기초예상재고량) = 5,300단위

2. 원재료 구입량: 10,600kg

원재료

기초	2,000kg	사용량	10,600kg	(= 5,300단위 × 2kg)
구입량	10,600	기말	2,000	
	12,600kg		12,600kg	

대표 문제 상품매입예산

20×1년 1월부터 3월까지의 대한회사의 예상 상품매출액은 다음과 같다.

월별	예상매출액
1	₩3,500,000
2	4,100,000
3	3,800,000

매월 기말재고액은 다음 달 예상매출원가의 25%이며, 상품의 매출총이익률은 30%이다.

2월의 예상 상품매입액은 얼마인가? [세무사 08]

해답 1. 자료분석

	1월	2월	3월
예상매출액	₩3,500,000	₩4,100,000	₩3,800,000
예상매출원가[*1]	2,450,000	2,870,000	2,660,000
기말재고액[*2]	717,500	665,000	

[*1] 예상매출액 × 매출원가율 = 예상매출액 × (1 - 매출총이익률) = 예상매출액 × 70%

[*2] 다음 달 예상매출원가 × 25%

2. 2월 예상상품매입액 = 2월 예상매출원가 + 2월 말 재고액 - 2월 초 재고액
= ₩2,870,000 + ₩665,000 - ₩717,500 = ₩2,817,500

05 (주)국세의 월별 상품 매출액 예산은 다음과 같다. 매출액에 대한 매출원가의 비율은 80%이고, 월말재고는 다음 달 예상매출원가의 20%이다. 3월에 예상되는 상품 매입액은? [세무사 15]

월	매출액예산
1	₩5,000
2	10,000
3	20,000
4	40,000

정답 및 해설

05 3월 예상 상품매입액
= 3월 예상 매출원가 + 3월 예상 기말재고 - 3월 예상 기초재고
= ₩20,000 × (1 - 0.2) + ₩40,000 × (1 - 0.2) × 0.2 - ₩20,000 × (1 - 0.2) × 0.2 = ₩19,200

대표 문제 현금예산

(주)국세는 월간예산을 수립하고 있다. 다음 자료를 이용하여 추정한 (주)국세의 20×2년 2월 말 현금잔액은 얼마인가? [세무사 12]

재무상태표
20×2년 1월 1일 현재

자산	
현금	₩28,000
매출채권(순액)	78,000
상품	104,000
유형자산(장부금액)	1,132,000
총자산	₩1,342,000
부채 및 자본	
매입채무	₩200,000
자본금	800,000
이익잉여금	342,000
총부채 및 자본	₩1,342,000

- 상품의 20×2년 1월 매출액은 ₩260,000, 2월 매출액은 ₩230,000 그리고 3월 매출액은 ₩210,000으로 각각 추정하고 있다. 모든 매출은 외상으로 이루어지며, 매출채권은 판매한 달에 55%, 다음 달에 40%가 현금으로 회수되고, 5%는 대손처리되어 판매한 당월의 비용으로 처리한다.
- 월별 매출총이익률은 20%이다.
- 상품의 월말재고액은 다음 달 예상매출원가의 50%로 유지한다.
- 모든 매입은 외상으로 이루어지며 매입채무는 매입한 다음 달에 전액 현금으로 상환한다.
- 기타 운영비 ₩21,700은 매월 현금으로 지급한다.
- 감가상각비는 연간 ₩17,000이다.
- 세금은 무시한다.

해답

20×1년 1월 1일 현금잔액	₩28,000
기초 매출채권 회수	78,000
1월 외상매출금 회수액: ₩260,000 × 0.95 =	247,000
2월 외상매출금 회수액: ₩230,000 × 0.55 =	126,500
기초 매입채무 지급	(200,000)
1월 매입대금 지급*	(196,000)
기타 운영비: ₩21,700 × 2 =	(43,400)
20×1년 2월 말 현금잔액	₩40,100

참고 1월 상품매입액

상품

1. 1	104,000	매출원가	208,000*1
구입	196,000*3	1. 31	92,000*2
	300,000		300,000

*1 ₩260,000 × 80% = ₩208,000

*2 ₩230,000 × 80% × 50% = ₩92,000

*3 ₩208,000 + ₩92,000 - ₩104,000 = ₩196,000

06 금년 초에 설립된 미도상사는 상품구매원가의 120%로 상품가격을 책정하고 있다. 미도상사는 매월 구매상품 40%는 현금구입하고 나머지 60%는 외상구입한다. 외상구입 대금은 구입한 달의 다음 달에 지급한다. 미도상사는 매월 기말재고로 그 다음 달 예상판매량의 30%를 보유하는 정책을 실시하고 있다. 1, 2, 3월의 예상매출액은 다음과 같다. 단, 3개월 동안의 판매가격 및 구매단가는 불변이다.

	예상매출액
1월	₩9,600
2월	12,000
3월	15,600

구입대금 지급으로 인한 미도상사의 2월 중 예상 현금지출액은 얼마인가? [세무사 95]

정답 및 해설

06 1.

상품

1. 1	0[*1]	매출원가	8,000[*2]
구입	11,000	1. 31	3,000[*3]
	11,000		11,000

상품

2. 1	3,000	매출원가	10,000[*4]
구입	10,900	2. 28	3,000[*5]
	13,900		13,900

[*1] 금년 초에 설립되었으므로 기초재고액은 없음

[*2] ₩9,600 ÷ 1.2 = ₩8,000

[*3] ₩12,000 ÷ 1.2 × 0.3 = ₩3,000

[*4] ₩12,000 ÷ 1.2 = ₩10,000

[*5] ₩15,600 ÷ 1.2 × 0. 3 = ₩3,900

2. 2월 중 예상현금지출액

2월 구매액 중 현금지출액: ₩10,900 × 0.4 =	₩4,360
1월 외상구매액 2월 현금결제액: ₩11,000 × 0.6 =	6,600
계	₩10,960

07 진미회사의 20×1년 8월 중 영업활동에 대한 예산편성과 관련된 추정 자료는 다음과 같다. 단, 당사의 매출총이익률은 30%이다.

매출액	₩1,400,000
8월 중 매출채권 증가액	40,000
8월 중 매입채무 증가액	10,000
8월 중 재고자산의 증가액	20,000

- 총판매관리비는 매월 ₩140,000에 매출액의 10%를 가산한 금액이다.
- 변동판매관리비에는 매출액의 2%에 해당하는 대손상각비가 포함되어 있다.
- 고정판매관리비에는 ₩60,000의 감가상각비가 포함되어 있다.

비용은 발생 즉시 지급한다고 할 때, 진미회사가 8월 중에 영업활동과 관련하여 예상되는 현금지출액은 얼마인가?

08 (주)해커의 20×1년 1월 말 현재 매출채권은 ₩1,500,000이다. 채권의 연령을 분석하면 채권잔액의 10%는 전년도 11월에, 40%는 12월에, 나머지 50%는 당해 연도 1월에 발생한 것이다. 회사는 모든 매출을 신용으로 하고 있으며 매출이 발생한 당월에 50%, 차월에 30%, 차차월에 15%를 회수하고 있으며 나머지 5%는 회수불능으로 판단한다. 2월에 발생한 매출액이 ₩3,000,000일 때, 2월의 현금유입액은 얼마인가?

09 (주)청렴은 상품을 판매하고 있는 회사로서 현금판매는 이루어지지 않고 있다. 고객으로부터의 현금회수액은 판매한 달에 70%, 다음 달에 20%, 그 다음 달에 9%이고, 나머지는 회수불가능한 것으로 보고 있다. 회사의 20×1년 7월 동안의 매입액은 ₩120,000, 매출액은 ₩132,000으로 예산이 짜여져 있다. 매입은 매월 말에 이루어지며, 매입채무에 대하여 2%의 현금할인을 얻기 위해서 다음 달 10일까지 대금을 지급하고 있다. 7월의 비용 중 현금지출액은 ₩28,000으로 예상하고 있으며, 7월 1일의 현금잔액은 ₩30,000이다. 다음은 (주)청렴의 20×1년의 장부로부터 얻은 정보이다. 7월 동안의 현금유입액과 현금유출액은 얼마인가?

20×1년	매입	매출
3월	₩84,000	₩144,000
4월	96,000	132,000
5월	72,000	120,000
6월	108,000	156,000

정답 및 해설

07 공급자에 대한 현금지급액 ₩(990,000)

8월 매출원가: ₩1,400,000 × (1 - 30%) =	₩(980,000)	
재고자산 증가	(20,000)	
매입채무 증가	10,000	
판매관리비 지급		(192,000)
총판매관리비: ₩140,000 + ₩1,400,000 × 10% =	₩(280,000)	
대손상각비 제외: ₩1,400,000 × 2% =	28,000	
감가상각비 제외	60,000	
영업활동 관련 예상현금유출액		₩(1,182,000)

08 2월의 현금유입액 = 12월 회수액 + 1월 회수액 + 2월 회수액

$₩1,500,000 \times 40\% \times \frac{15}{20} + ₩1,500,000 \times 50\% \times \frac{30}{50} + ₩3,000,000 \times 50\% = ₩2,400,000$

09 1. 7월의 현금유입액*

7월 매출분: ₩132,000 × 0.7 =	₩92,400
6월 매출분: ₩156,000 × 0.2 =	31,200
5월 매출분: ₩120,000 × 0.09 =	10,800
계	₩134,400

* (주)청렴은 현금판매는 이루어지지 않는다고 하였으므로 전액 신용매출을 하고 있으며, 7월 동안의 현금회수액은 판매월의 매출액에 각각의 회수비율을 곱한 금액을 모두 합한 금액임

2. 7월의 현금유출액*

매입액(6월): ₩108,000 × 0.98 =	₩105,840
현금비용	28,000
계	₩133,840

* (주)청렴은 외부로부터 상품을 외상으로 매입하고 있으며, 매입채무는 현금할인을 얻기 위해서 다음 달 10일까지 지급하고 있음. 그런데 매입은 매월 말에 이루어진다고 하였으므로, 7월에 지급해야 할 금액은 6월 중 매입액의 98%만 지급하여야 한다는 점에 유의하여야 함. 왜냐하면 7월분 매입은 7월 말에 이루어지므로 7월의 매입채무는 8월 10일까지 지급하면 되기 때문임

10 단일상품을 구입하여 판매하고 있는 (주)국세는 20×1년 초에 당해 연도 2분기 예산을 편성 중에 있다. 20×1년 4월의 외상매출액은 ₩3,000,000, 5월의 외상매출액은 ₩3,200,000 그리고 6월의 외상매출액은 ₩3,600,000으로 예상된다. (주)국세의 매출은 60%가 현금매출이며, 40%가 외상매출이다. 외상매출액은 판매일로부터 1달 뒤에 모두 현금으로 회수된다. (주)국세는 상품을 모두 외상으로 매입하며, 외상매입액은 매입일로부터 1달 뒤에 모두 현금으로 지급한다. (주)국세는 다음 달 총판매량의 20%를 월말재고로 보유하며, 매출총이익률은 20%이다. (주)국세가 20×1년 5월 중 상품 매입대금으로 지급할 현금은 얼마인가? 단, 월별 판매 및 구입단가는 변동이 없다고 가정한다. [세무사 11]

11 (주)세무의 외상매출대금은 판매 당월(첫째 달)에 60%, 둘째 달에 35%, 셋째 달에 5% 회수된다. 20×1년 12월 31일 재무상태표의 매출채권 잔액은 ₩70,000이며, 이 중 ₩60,000은 20×1년 12월 판매분이고, ₩10,000은 20×1년 11월 판매분이다. 20×2년 1월에 현금매출 ₩80,000과 외상매출 ₩350,000이 예상될 때, 매출과 관련된 20×2년 1월의 현금유입액과 1월 말 매출채권 잔액은? [세무사 17]

정답 및 해설

10

1. 4월 초 재고: $\frac{₩3,000,000}{0.4} \times 0.8 \times 0.2 = ₩1,200,000$

2. 4월 매출원가: $\frac{₩3,000,000}{0.4} \times 0.8 = ₩6,000,000$

3. 4월 말 재고: $\frac{₩3,000,000}{0.4} \times 0.8 \times 0.2 = ₩1,280,000$

∴ 4월 매입액: ₩6,000,000 + ₩1,280,000 - ₩1,200,000 = ₩6,080,000

11

1. 20×2년 1월 외상매출금 회수액

20×2년 1월 외상매출금 회수: ₩350,000 × 60% =	₩210,000
20×1년 12월 외상매출금 회수: ₩60,000 ÷ 40% × 35% =	52,500
20×1년 11월 외상매출금 회수	10,000
계	₩272,500

2. 20×2년 1월 현금유입액: ₩80,000(현금매출) + ₩272,500(외상매출금 회수) = ₩372,500
3. 20×2년 1월 말 매출채권 잔액: ₩350,000 × 40% + ₩60,000 ÷ 40% × 5% = ₩147,500

해커스 세무사 眞원가관리회계

회계사 · 세무사 단번에 합격, 해커스 경영아카데미

cpa.Hackers.com

제13장

책임회계와 성과평가

제1절 | 책임회계

01 책임회계의 의의

<제1부 재무보고를 위한 제품원가계산>에서 다루어진 원가회계제도는 외부공표용 재무제표를 작성하기 위한 제품원가계산이라는 목적에 초점을 두고 설계되어진 것이다. 따라서 기업이 주주나 채권자로부터 수탁받은 경제적 자원의 효율적 활용이라는 관리적 목적의 관점에서는 앞에서 살펴본 제품원가계산을 위한 원가회계제도는 적합하지 못하다. 이에 따라 제품원가계산보다 기업자원의 효율적 활용이라는 측면에서 원가통제를 주된 목적으로 설계된 원가회계제도가 책임회계이다.

(1) 원가통제(cost control)란 일정계획에 따라 원가의 발생을 전반적으로 관리하는 것을 말하며, 이와 같은 원가통제를 통해 생산활동이나 영업활동에서의 비능률을 제거함으로써 원가를 직접적으로 줄여 나가는 것을 원가절감(cost reduction)이라고 한다. 원가절감은 원가통제의 하위 개념으로 기업은 궁극적으로 원가절감을 통한 수익성 향상을 목표로 하고 있다. 따라서 기업의 경영관리적 측면에서는 원가통제가 제품원가계산보다 중요한 목적임을 알 수 있다.

(2) 예산을 편성하는 목적 중의 하나는 성과평가를 위한 기준을 제공하는 것이다. 경영자는 현재의 영업결과(실제성과)를 예산과 비교함으로써 당기에 필요한 행동을 취하고 미래기간에 필요한 계획을 수립할 수 있다. 대부분의 기업에서는 각 구성원들이 예산에 표시된 계획을 책임지게 함으로써 생산활동이나 영업활동에서의 비능률을 제거하고자 노력한다. 이를 위해서는 한 사람의 경영관리자가 직접적인 권한이나 통제를 행사할 수 있는 조직단위를 설정하는 것이 필요한데, 이를 책임중심점(responsibility center)이라고 한다. 책임중심점은 기업이 처한 환경이나 기업의 목적에 따라 각기 다르게 설정되지만 일반적으로 책임의 내용에 따라 원가중심점, 수익중심점, 이익중심점, 투자중심점으로 분류하여 설정된다.

(3) 책임회계(responsibility accounting)란 기업자원의 효율적 활용을 위해 기업조직 내에 여러 가지 종류의 책임중심점을 설정하고, 계획과 실적에 관련된 회계수치를 책임중심점별로 집계 · 분석 및 보고함으로써 해당 책임중심점의 관리자에 대한 성과평가를 행하려는 회계제도이다. 즉, 책임회계는 책임중심점의 관리자에 대한 성과평가를 통하여 부문조직의 영업성과를 향상시키는 것을 주된 목적으로 설계된 회계제도라고 할 수 있다.

책임회계시스템

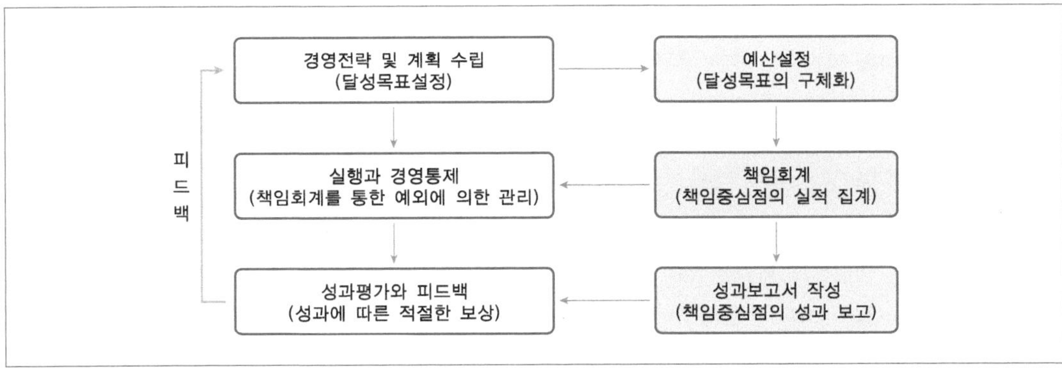

(4) 책임회계제도의 목적을 성공적으로 달성하기 위해서는 성과보고서를 작성하는 것이 필요하다. 성과보고서에는 예산과 실제성과 및 양자의 차이내용이 포함되어 있어 책임중심점의 관리자에 대한 성과평가를 하는 데 도움을 주며, 예산과 실제성과와의 중요한 차이에 대해서 경영자의 주의를 환기시키는 경영전략, 즉 예외에 의한 관리(management by exception)를 가능하게 해준다.

02 책임중심점의 종류

책임회계제도하에서 성과평가는 해당 경영자가 직접적인 권한이나 통제를 행사할 수 있는 책임중심점별로 이루어진다. 성과평가가 이루어지는 책임중심점은 그 책임내용에 따라 원가중심점, 수익중심점, 이익중심점, 투자중심점으로 구분하는 것이 일반적이다.

(1) 원가중심점

원가중심점(cost center)은 원가의 발생에 대하여 책임을 지는 중심점으로서 제품의 생산활동을 하는 제조부문(production departement)이 이에 해당된다.

① 제품의 생산활동을 하는 제조부문과 제조부문의 생산활동을 지원하는 보조부문 및 본사의 스탭부문 등이 원가중심점이라고 할 수 있지만 이 중 가장 대표적인 원가중심점은 제조부문이다.

② 제조부문에 대한 성과평가는 <제6장 표준원가계산>에서 살펴본 바와 같이 표준원가와 실제원가를 비교하여 이루어지는데, 본 장 <제3절 원가중심점의 성과평가>에서는 <제6장 표준원가계산>에서 살펴본 원가차이분석의 내용을 정리하고 그 내용들을 확장하여 복수생산요소를 투입할 경우의 원가차이분석에 대해서 살펴보도록 하겠다.

(2) 수익중심점

수익중심점(revenue center)은 수익의 획득에 대하여 책임을 지는 중심점으로써 제품의 판매활동을 하는 판매부문(marketing departement)이 이에 해당된다.

① 수익중심점의 성과평가는 기본적으로 예산매출액과 실제매출액을 비교하여 행하여진다. 그러나 판매부문의 판매비용, 즉 판매수수료, 광고선전비, 대손비용 등을 무시하고 단순히 매출액만으로 판매부문의 성과를 평가하는 것은 부문성과에 대한 잘못된 판단을 내릴 가능성이 있다. 왜냐하면 판매부문의 성과를 매출액만을 기준으로 평가하게 된다면 판매부문 관리자는 매출액을 증가시키기 위하여 과다한 판촉활동, 불량채권의 발생, 판매가격의 과도한 인하 등의 방법을 통해 매출액 자체만을 증가시키려고 할 수도 있기 때문이다.

② 판매부문의 성과평가는 수익뿐만 아니라 수익을 창출하는 데 부수적으로 발생하는 판매관리비 등의 부대비용에 대해서도 책임을 부과하여 수익 및 그와 관련된 원가를 함께 고려하는 이익중심점으로 이루어지는 것이 보다 바람직하다.

(3) 이익중심점

이익중심점(profit center)은 원가와 수익 모두에 대해서 책임을 지는 중심점이다. 즉, 수익뿐만 아니라 수익창출활동을 위해 발생한 원가까지 책임을 지는 중심점을 말한다.

① 하나의 기업 자체 또는 분권화된 조직에서의 각 사업부 등과 같이 책임영역이 큰 단위가 이익중심점이 될 수 있지만, 그 하부조직인 판매부문 등을 이익중심점으로 운영하는 것이 수익중심점으로 운영하는 것보다 더 유용한 관리수단이 되기도 한다.

② 하부조직에 이익중심점을 도입하여 이익중심점별로 성과평가를 한다면 각 이익중심점의 경영자는 수익과 원가 모두에 대해서 책임을 지므로 각 이익중심점의 성과보고서는 회사 전체의 이익에 대한 각 이익중심점의 공헌도를 나타내준다. 이에 대한 자세한 설명은 <제4절 수익 및 이익중심점의 성과평가>에서 다루어진다.

(4) 투자중심점

투자중심점(investment center)은 원가와 수익뿐만 아니라 투자의사결정에 대해서도 책임을 지는 중심점이다.

① 기업은 규모의 확대와 다양화에 적응하기 위하여 가능한 한 경영을 분권화하게 된다. 분권화는 조직을 몇 개의 준독립적인 사업부(divisions)로 재조직함으로써 이루어지는데, 이 경우에 각각의 사업부는 독립적인 경영을 위해 필요한 생산 · 판매 · 관리 등의 모든 기능을 가질 수 있다.

② 투자중심점은 이와 같이 분권화된 각 사업부에 투자된 자산과 이익 사이의 상호관계에 대한 책임을 지는 책임중심점이다. 투자중심점 책임자의 성과는 이익을 얻기 위하여 그들이 관리하고 있는 자원이 얼마나 효율적으로 이용되었는가에 따라 평가된다.

③ 분권화된 조직에서의 각 사업부는 전술한 이익중심점으로 운영되기도 하고 투자중심점으로 운영되기도 한다. 이익중심점은 수익과 원가에 대해서만 책임을 지지만, 투자중심점은 수익 및 원가뿐만 아니라 투자된 자산에 대해서도 책임을 지기 때문에 가장 포괄적이고 광범위한 책임중심점인 동시에 성과평가에 보다 유용한 정보를 제공해준다. 이에 대한 자세한 설명은 <제5절 투자중심점의 성과평가>에서 다루어진다.

03 조직구조와 책임중심점

조직구조(organization structure)란 조직 내의 하부조직 및 구성원 사이의 권한 및 책임에 관한 공식적인 관계를 말한다.

(1) 기업이 성장하고 경영활동이 다양화됨에 따라 중앙집권적인 계획과 통제는 더 이상 효과를 기대하기 어렵다. 따라서 기업은 규모의 확대와 다양화에 적응하기 위하여 조직을 여러 개의 하부조직으로 재구성하고 최고경영자에게 집중되어 있던 경영관리상의 권한과 책임을 하위관리자에게 위양하게 된다. 이에 관리자들은 위양받은 권한과 책임을 기초로 독립적인 경영활동을 위해 필요한 여러 가지 의사결정을 수행한다.

(2) 기업이 조직목표를 효율적으로 달성하기 위해서는 조직구조가 명확하게 규정되어 있어야 한다. 왜냐하면 책임회계는 명확히 규정된 권한과 책임관계를 기초로 회계자료가 집계되고 이에 따라 성과평가가 이루어지기 때문이다.

(3) 기업의 조직구조는 해당 기업의 규모나 업종의 특성에 따라 다르지만 조직구조와 책임중심점의 관계를 나타내는 조직도의 예를 들면 다음과 같다.

조직도

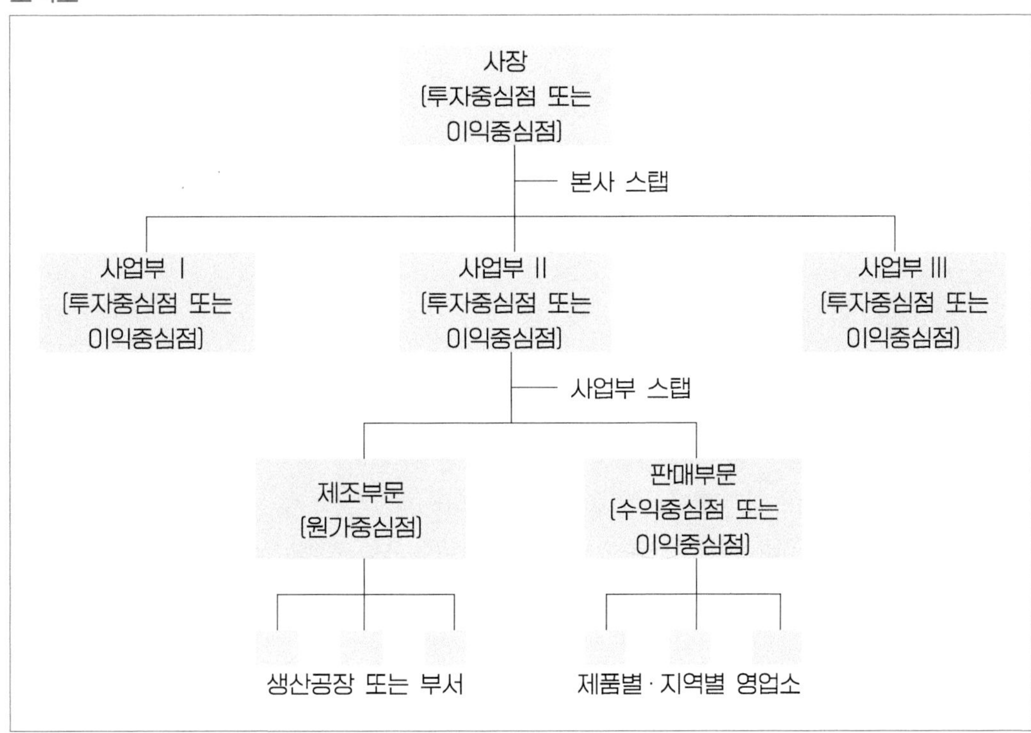

(4) 조직구조가 기업마다 다르듯이 책임중심점의 성격도 기업마다 다를 수 있지만 일반적으로 기업 전체나 분권화된 조직의 각 사업부는 투자중심점이 되며(이익중심점이 될 수도 있음), 제조부문은 원가중심점이 되고 판매부문은 수익중심점 또는 이익중심점이 된다.

제2절 | 고정예산과 변동예산

예산(budget)이란 기업의 공식적인 행동계획을 화폐단위로 표시한 것으로 그 설정방법에 따라 고정예산과 변동예산으로 분류할 수 있다. 예산을 편성하는 목적 중의 하나는 성과평가를 위한 기준을 제공하는 것인데, 원가중심점이나 수익 또는 이익중심점의 성과를 평가하기 위해서는 고정예산이나 변동예산에 대한 이해가 선행되어야 한다. 따라서 본 절에서는 각 책임중심점에 대한 성과평가를 설명하기에 앞서 고정예산과 변동예산에 대해서 살펴보도록 하겠다. 단, 본 장에서는 생산량 변동에 따른 재고수준 변동이 성과평가에 미치는 영향을 배제하기 위해 생산량과 판매량이 동일하다고 가정한다.

01 고정예산

고정예산(static budget)이란 예산기간 중 계획된 특정의 조업도를 전제로 수립된 단일예산으로써 사전에 편성된 예산으로 연초에 한 번 수립하면 바뀌지 않는다. <제12장 종합예산>에서 살펴본 종합예산은 고정예산이라고 할 수 있다.

(1) 일반적으로 예산을 편성하기 위해서는 제품단위당 표준원가를 설정하므로 서울회사의 제품단위당 표준원가가 다음과 같다고 가정한다.

	표준수량	표준가격	표준원가
직접재료원가	2kg	₩30/kg	₩60
직접노무원가	2시간	15/시간	30
변동제조간접원가	2시간	5/시간	10
고정제조간접원가	2시간	10/시간	20
제품단위당 표준원가			₩120

(2) 서울회사의 제품단위당 예상 판매가격은 ₩200, 변동판매관리비는 ₩5이고 고정제조간접원가예산 및 고정판매관리비예산은 각각 연간 ₩120,000, ₩60,000이다. 그리고 성과평가를 위해, 즉 관리적 목적을 위해 예산을 편성할 때는 일반적으로 변동원가계산에 의한 포괄손익계산서를 작성한다.

(3) 앞의 자료를 토대로 연간 생산 · 판매량을 6,000개로 예상하여 고정예산을 편성하면 다음과 같다.

고정예산

생산 · 판매량		6,000개
매출액: 6,000개 × @200 =		₩1,200,000
변동원가		630,000
직접재료원가: 6,000개 × @60 =	₩360,000	
직접노무원가: 6,000개 × @30 =	180,000	
변동제조간접원가: 6,000개 × @10 =	60,000	
변동판매관리비: 6,000개 × @5 =	30,000	
공헌이익		₩570,000
고정원가		180,000
고정제조간접원가	₩120,000	
고정판매관리비	60,000	
영업이익		₩390,000

02 변동예산

변동예산(flexible budget)은 단일조업도를 전제로 수립된 고정예산과는 달리 조업도의 변동에 따라 조정되어 작성되는 예산이다.

(1) 성과평가를 위해서 변동예산은 예산기간 동안의 실제조업도를 기준으로 사후에 편성된다. 연간 생산 및 판매량을 6,000개로 예상하여 연초에 편성한 앞의 예산은 고정예산인데 비해 영업활동 결과 실제 연간 생산 및 판매량이 5,000개였고 이러한 실제 생산 및 판매량에 기초하여 사후에 예산을 편성한다면 이를 변동예산이라 한다.

(2) 앞의 자료를 토대로 실제 연간 생산 · 판매량이 5,000개일 경우의 변동예산을 작성하면 다음과 같다.

변동예산

생산 · 판매량		5,000개
매출액: 5,000개 × @200 =		₩1,000,000
변동원가		525,000
직접재료원가: 5,000개 × @60 =	₩300,000	
직접노무원가: 5,000개 × @30 =	150,000	
변동제조간접원가: 5,000개 × @10 =	50,000	
변동판매관리비: 5,000개 × @5 =	25,000	
공헌이익		₩475,000
고정원가		180,000
고정제조간접원가	₩120,000	
고정판매관리비	60,000	
영업이익		₩295,000

(3) 성과평가를 위해서 변동예산은 실제조업도를 기준으로 하여 사후에 편성된다. 변동예산의 의의는 실제 성과와 예산과의 좀 더 의미 있는 비교를 하기 위해서 실제조업도수준에 근거하여 사후에 예산을 편성한다는 데 있다.

03 성과보고서

책임회계에 의한 성과평가를 위해서는 조직 전체적으로 실제성과와 예산의 차이를 발견하고 그 차이의 원인이 어떤 부문에서 어떠한 이유로 발생하였는지 분석해야 한다. 성과보고서는 이러한 목적을 달성하기 위하여 실제성과와 예산의 차이를 비교하여 작성한 표이다.

예제 1

서울회사는 단일제품을 생산 · 판매하고 있으며, 제품단위당 표준원가는 앞의 표와 같다. 회사는 올해 초 앞의 고정예산표와 같은 예산을 편성하였으며, 영업활동결과 올해의 실제성과는 다음과 같았다.

생산 · 판매량		5,000개
매출액: 5,000개 × @220 =		₩1,100,000
변동원가		623,000
직접재료원가: 12,000kg × @35 =	₩420,000	
직접노무원가: 11,000시간 × @12 =	132,000	
변동제조간접원가: 5,000개 × @10 =	45,000	
변동판매관리비: 5,000개 × @5 =	26,000	
공헌이익		₩477,000
고정원가		164,000
고정제조간접원가	₩1,000,000	
고정판매관리비	64,000	
영업이익		₩313,000

[요구사항]

성과보고서를 작성하시오.

해답

성과보고서

	실제	변동예산차이	변동예산	매출조업도차이	고정예산
생산 · 판매량	5,000개	-	5,000개	1,000개U	6,000개
매출액	₩1,100,000	₩100,000F	₩1,000,000	₩200,000U	₩1,200,000
변동원가					
직접재료원가	420,000	120,000U	300,000	60,000F	360,000
직접노무원가	132,000	18,000F	150,000	30,000F	180,000
변동제조간접원가	45,000	5,000F	50,000	10,000F	60,000
변동판매관리비	26,000	1,000U	25,000	5,000F	30,000
	623,000	98,000U	525,000	105,000F	630,000

공헌이익	₩477,000	₩2,000F	₩475,000	₩95,000U	₩570,000
고정원가					
고정제조간접원가	100,000	20,000F	120,000	-	120,000
고정판매관리비	64,000	4,000U	60,000	-	60,000
	164,000	16,000F	180,000	-	180,000
영업이익	₩313,000	₩18,000F	₩295,000	₩95,000U	₩390,000
		변동예산차이 ₩18,000F		매출조업도차이 ₩95,000U	
		고정예산차이 ₩77,000U			

F: 유리한 차이(favorable variance)
U: 불리한 차이(unfavorable variance)

(1) 성과보고서는 일반적으로 실제성과와 실제생산·판매량에 의한 변동예산 그리고 기초에 편성된 고정예산을 상호 비교하는 형식으로 작성된다. 성과보고서가 실제, 변동예산, 고정예산을 상호 비교하는 형식으로 작성되는 이유는 사전에 설정된 고정예산과 실제성과만을 비교하게 되면 부문의 성과를 올바르게 평가할 수 없기 때문이다. 즉, 6,000개를 생산한 경우의 예산원가와 5,000개를 생산한 경우의 실제원가를 직접 비교하는 것은 무의미한 것이다. 따라서 실제생산 · 판매량에 의한 변동예산을 작성하여 이를 실제성과와 비교함으로써 부문의 성과평가를 실시하게 된다. 여기서 실제성과와 실제생산 · 판매량에 의한 변동예산의 차이를 변동예산차이(flexible-budget variance)라고 한다.

변동예산차이 = 실제성과 - 변동예산

변동예산차이 중 매출액과 판매관리비의 차이는 판매부문, 즉 이익중심점의 성과평가와 관련이 있으며, 제조원가의 차이는 제조부문, 즉 원가중심점의 성과평가와 관련된다.

(2) 실제생산 · 판매량에 의한 변동예산과 고정예산의 차이를 매출조업도차이(sales volume variance)라고 한다. 일반적으로 매출조업도차이는 변동예산상의 공헌이익과 고정예산상의 공헌이익의 차이로 측정되는데, 변동예산과 고정예산에서의 고정원가는 항상 동일하므로 이는 변동예산과 고정예산상의 영업이익의 차이와 일치하게 된다.

매출조업도차이 = 변동예산 - 고정예산

이러한 매출조업도차이는 변동예산상의 판매량(실제판매량)과 고정예산상의 판매량(예산판매량)이 다르기 때문에 발생하며 판매부문, 즉 이익중심점의 성과평가와 관련된다.

(3) 판매부문은 이익중심점이 아닌 수익중심점으로 관리될 수도 있는데 수익중심점으로 관리하게 되면 전술한 바와 같이 매출액의 신장만을 추구하게 되어 이익이 상실되는 문제점이 있으므로 판매부문은 통상 이익중심점으로 관리하게 되고 그 성과보고서도 이익과 관련된 성과보고서 형태를 취하게 된다. 따라서 후술하게 될 <제4절 수익 및 이익중심점의 성과평가>를 보면 매출액이 아닌 이익(공헌이익)에 초점이 맞추어져 있음을 알 수 있다.

제3절 | 원가중심점의 성과평가

01 원가중심점 성과평가의 의의

원가중심점(cost center)이란 앞에서 살펴본 바와 같이 원가의 발생에 대해서 책임을 지는 중심점은 말한다.

(1) 원가중심점은 다음과 같이 크게 표준원가중심점과 재량원가중심점으로 나눌 수 있다.

① **표준원가중심점(standard cost center)**: 노력과 성과 사이의 관계가 명확히 규정된 원가중심점으로써 공학적 원가중심점 또는 단순원가중심점이라고도 하는데 제조부문이 이에 해당된다. 표준원가중심점에서는 사전에 설정된 표준원가를 기초로 예산을 수립하고 이를 토대로 성과평가를 하게 되어 성과평가가 비교적 객관적인 기준에 의해서 이루어진다.

② **재량원가중심점(discretionary cost center)**: 노력과 성과 사이의 관계가 명확히 규정되지 않은 원가중심점으로써 연구개발부, 광고선전부, 일반관리부 등 본사나 분권화된 각 사업부의 스탭부문들이 이에 해당된다. 이러한 부서들에 대해서는 노력과 성과 사이의 관계를 명확하게 설정하기 어렵기 때문에 성과평가는 매우 어렵고 주관적인 판단에 의해서 이루어진다.

(2) 원가중심점의 성과평가는 노력과 성과 사이의 관계가 명확한 표준원가중심점을 위주로 이루어지는데, 이는 <제6장 표준원가계산>에서 살펴본 바와 같다.

본 절에서는 <제6장 표준원가계산>에서 살펴본 내용들을 변동예산과 고정예산의 개념에 따라 재정리하고 차이분석에 대한 내용을 좀 더 확장하여 복수재료나 복수노동력을 투입한 경우의 원가차이에 대해서 살펴보도록 하겠다.

02 제조부문의 성과평가

제조부문의 성과평가는 <제2절 고정예산과 변동예산>에서 살펴본 바와 같이 실제성과와 실제생산 · 판매량에 따른 변동예산을 비교함으로써 이루어진다.

(1) 앞에서 살펴본 예제 1의 자료에서 제조부문의 성과평가와 관련된 부분을 발췌하면 다음과 같다.

제조부문의 성과보고서

	실제	변동예산차이	변동예산
생산량	5,000개	-	5,000개
변동원가			
직접재료원가	₩420,000	₩120,000U	₩300,000
직접노무원가	132,000	18,000F	150,000
변동제조간접원가	45,000	5,000F	50,000
고정원가			
고정제조간접원가	100,000	20,000F	120,000
계	₩697,000	₩77,000U	₩620,000

위의 표를 살펴보면 실제의 영업이익이 최초에 설정한 예산(고정예산)상의 영업이익보다 ₩77,000만큼 낮아진 것에 대하여 제조부문이 ₩77,000만큼 불리한 영향을 미쳤음을 알 수 있다. 즉, 실제의 영업이익이 예산보다 낮아진 것에 대하여 제조부문에 책임이 있는 금액은 제조원가의 변동예산차이 ₩77,000 U[= ₩120,000U + ₩(18,000)F + ₩(5,000)F + ₩(20,000)F]인 것이다.

(2) 제조원가의 변동예산차이를 보다 자세하게 분석하면 다음과 같다.[1)]

제조원가의 차이분석

	실제 AQ × AP	AQ × SP	변동예산 SQ × SP
직접재료원가	12,000kg × @35 = ₩420,000	12,000kg × @30 = ₩360,000	5,000개 × 2kg × @30 = ₩300,000
	가격차이 ₩60,000U	능률차이 ₩60,000U	
	변동예산차이 ₩120,000U		
직접노무원가	11,000시간 × @12 = ₩132,000	11,000시간 × @15 = ₩165,000	5,000개 × 2시간 = ₩150,000
	가격차이 ₩33,000F	능률차이 ₩15,000U	
	변동예산차이 ₩18,000F		
변동제조간접원가	₩45,000	11,000시간 × @5 = ₩55,000	5,000개 × 2시간 × @5 = ₩50,000
	소비차이 ₩10,000F	능률차이 ₩5,000U	
	변동예산차이 ₩5,000F		

	실제	예산
고정제조간접원가	₩100,000	₩120,000
	예산차이 ₩20,000F	
	변동예산차이 ₩20,000F	

1) 이 부분에 대한 차이분석의 내용은 <제6장 표준원가계산>에서 살펴본 내용과 동일하기 때문에 자세한 설명은 <제6장 표준원가계산>을 참조하기 바란다.

위의 표에서 제조원가의 차이를 분석한 결과 불리한 영향을 미친 주된 원인은 재료가격의 인상이나 비효율적인 구매활동, 비효율적인 재료사용 등이다. 또한 값싼 노동력의 사용으로 인해 실제직접노동시간이 실제생산량에 허용된 표준시간보다 많아진 것도 불리한 영향을 미친 원인이라고 할 수 있다.

(3) 성과평가 등의 내부관리목적을 위해서는 전부원가계산보다 유용한 정보를 제공해주는 변동원가계산에 의한 포괄손익계산서를 사용하는데, 고정제조간접원가 조업도차이는 변동원가계산에 의한 성과보고서에서는 산출되지 않는다. 왜냐하면 조업도차이는 전부원가계산제도하에 고정제조간접원가를 제품에 배부하기 때문에 발생하는 것이므로 변동원가계산에 의한 성과보고서상에는 나타나지 않는 것이다.

(4) 참고로 예제 1에서 전부원가계산제도를 적용한다고 가정할 경우 고정제조간접원가 조업도차이는 다음과 같이 계산된다.

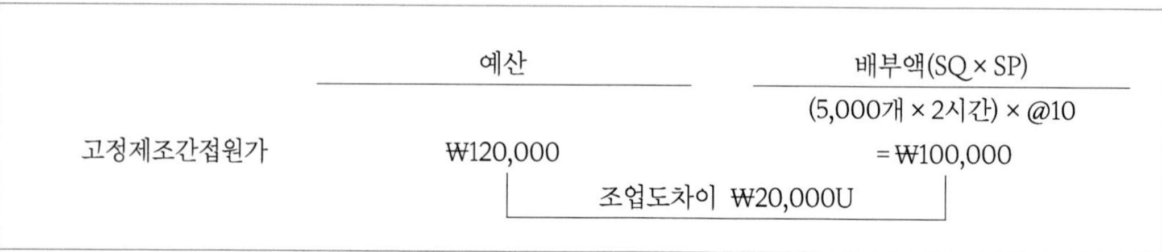

고정제조간접원가 조업도차이는 전부원가계산제도하에서 제품원가계산 목적상 고정제조간접원가를 제품에 배부하기 때문에 발생되는 차이이므로 원가통제의 관점에서 볼 때 그다지 중요한 의미를 갖지 못한다.

(5) 고정제조간접원가는 조업도의 변동과 관계없이 일정하게 발생하므로 투입 · 산출 사이에 비례관계가 존재하지 않는다. 따라서 제조부문의 성과평가와 관련한 원가통제목적상으로는 총액으로 실제성과와 예산을 비교하여 예산차이(소비차이)만을 분석하게 되는 것이다.

03 복수생산요소의 원가차이분석

화학 · 약품 · 고무 등의 제조업에 있어서는 여러 종류의 원재료나 노동력을 투입하여 동일한 제품을 계속적으로 생산하는데, 이러한 기업은 보통 제품별로 기술적인 시험을 통해 각 생산요소(원재료나 노동력)의 표준배합비율과 수율을 미리 정해둔다. 여기서 생산요소의 배합비율이란 복수의 생산요소를 투입하여 특정 제품을 생산하는 경우 투입되는 생산요소의 상대적 비율을 의미하며, 수율(yield)이란 생산요소의 투입량과 제품산출량의 비율을 말한다. 이와 같이 여러 종류의 원재료나 노동력을 투입하여 제품을 생산하는 경우에 직접재료원가와 직접노무원가의 능률차이는 배합차이와 수율차이로 각각 분리되는데, 여기서는 이에 대하여 살펴보기로 한다.

(1) 직접재료원가 배합차이와 수율차이

복수의 원재료를 투입하여 제품을 생산하는 경우에 직접재료원가 능률차이는 배합차이와 수율차이로 분해할 수 있다.

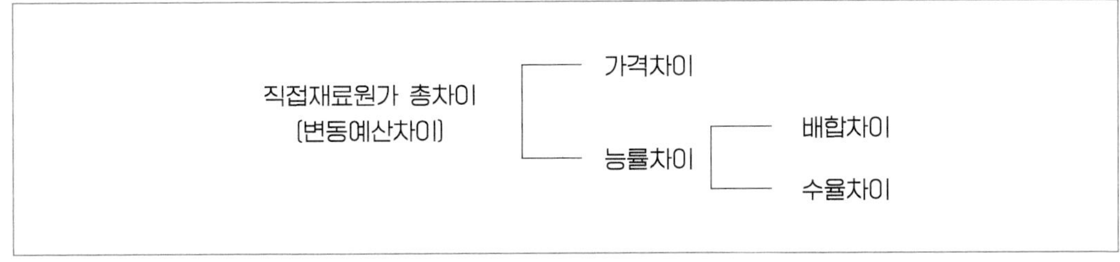

① **직접재료원가 배합차이:** 직접재료원가 배합차이(materials mix variance)는 실제배합비율과 표준배합비율의 차이가 직접재료원가에 미치는 영향을 나타내 주는 것으로 원재료의 배합비율은 다르지만 실제 총투입량은 일정하게 유지된다고 가정하고 표준원가를 이용하여 계산한다.

② **직접재료원가 수율차이:** 직접재료원가 수율차이(materials yield variance)는 실제수율과 표준수율의 차이가 직접재료원가에 미치는 영향을 나타내 주는 것으로 원재료의 총투입량은 다르지만 표준배합비율은 일정하게 유지된다고 가정하고 표준원가를 이용하여 계산한다.

직접재료원가 배합차이와 직접재료원가 수율차이

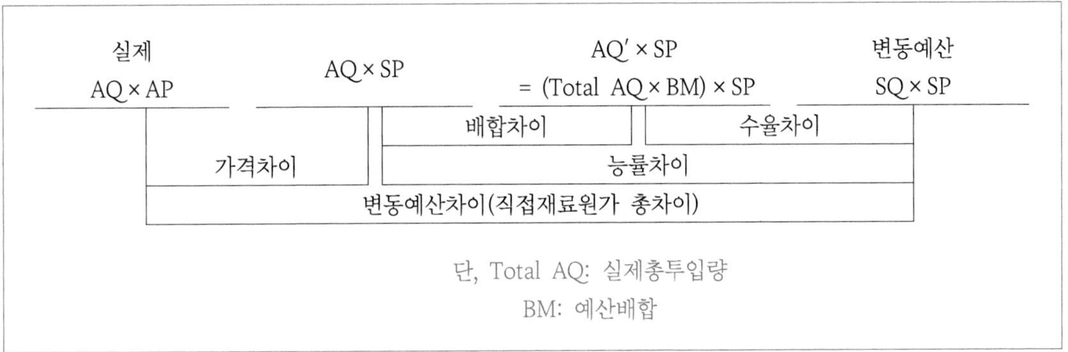

예제 2

영월회사는 A, B의 두 가지 원재료를 가공하여 단일제품을 생산하고 있다. 제품단위당 직접재료원가의 표준원가는 다음과 같다.

	표준수량	표준가격	표준원가
직접재료원가			
A	3L	₩40/L	₩120
B	2L	₩20/L	40
제품단위당 표준원가			₩160

회사는 당기 중 제품 1,000단위를 생산하였으며, 실제 발생된 직접재료원가는 다음과 같았다.

직접재료원가	
A: 3,000L × @36 =	₩108,000
B: 3,000L × @25 =	75,000
계	₩183,000

[요구사항]

배합차이와 수율차이를 구하시오.

해답 ① 예제 2에서 원재료에 대한 실제 및 표준배합비율을 계산하면 다음과 같다.

	실제수량	실제배합비율	표준수량	표준배합비율
A	3,000L	50%	3L	60%
B	3,000	50	2	40
계	6,000L	100%	5L	100%

② 이와 같이 실제배합비율과 표준배합비율이 다르게 나타날 수 있는 이유는 투입요소의 대체성 때문이다. 즉, 원재료 A, B를 투입하여 제품을 생산하는 경우에 원재료 A를 많게, B를 적게 투입할 수도 있으며, 그 반대의 경우도 있을 수 있기 때문에 배합비율이 달라질 수 있는 것이다. 만약 기술여건상 배합비율을 변경시킬 수 없는 정밀 화학제품 등의 경우에는 배합비율이 달라질 수 없으므로 직접재료원가 배합차이가 발생하지 않는다.

③ 예제 2에서 직접재료원가 가격차이와 능률차이를 계산하면 다음과 같다.

	실제 AQ × AP		AQ × SP		변동예산 SQ × SP	
A	3,000L × @36 =	₩108,000	3,000L × @40 =	₩120,000	3,000L[*1] × @40 =	₩120,000
B	3,000L × @25 =	75,000	3,000L × @20 =	60,000	2,000L[*2] × @20 =	40,000
계		₩183,000		₩180,000		₩160,000

가격차이 ₩3,000U | 능률차이 ₩20,000U

변동예산차이 ₩23,000U

[*1] 1,000단위 × 3L = 3,000L

[*2] 1,000단위 × 2L = 2,000L

④ 위의 분석에 의한 직접재료원가 능률차이는 다음과 같이 배합차이와 수율차이로 분해할 수 있다.

	AQ × AP		AQ′ × SP = (Total AQ × BM) × SP		SQ × SP	
A	3,000L × @40 =	₩120,000	(6,000L × 0.6) × @40	₩144,000	3,000L × @40 =	₩120,000
B	3,000L × @20 =	60,000	(6,000L × 0.4) × @20	48,000	2,000L × @20 =	40,000
계		₩180,000		₩192,000		₩160,000

배합차이 ₩12,000F | 수율차이 ₩32,000U

능률차이 ₩20,000U

참고

	배합차이	수율차이	능률차이
A	₩24,000F	₩24,000U	₩0
B	12,000U	8,000U	20,000U
계	₩12,000F	₩32,000U	₩20,000U

배합차이와 수율차이에서 수량분석

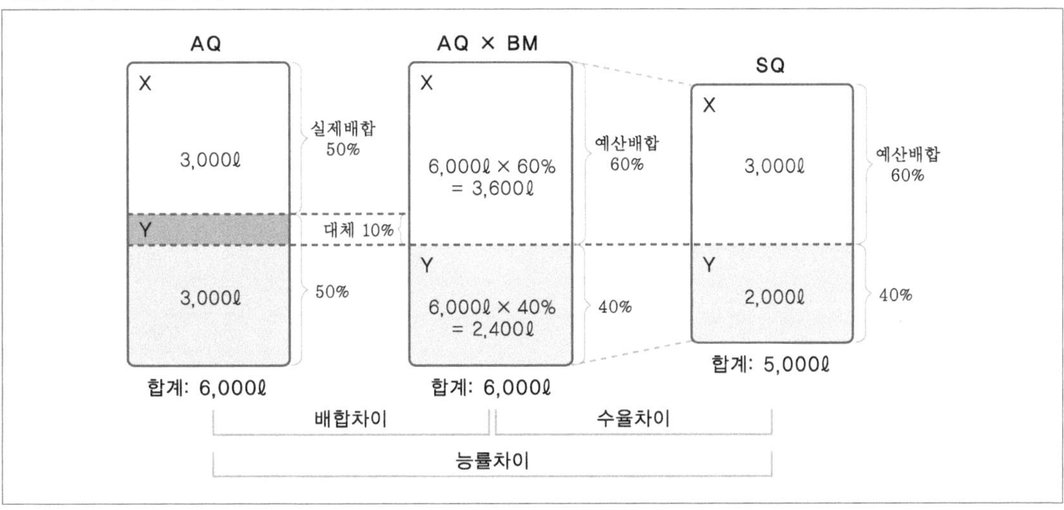

(2) 직접노무원가 배합차이 · 수율차이

직접재료원가와 마찬가지로 직접노무원가도 복수의 노동력을 투입한 경우에는 직접노무원가 능률차이를 배합차이와 수율차이로 분석할 수 있다.

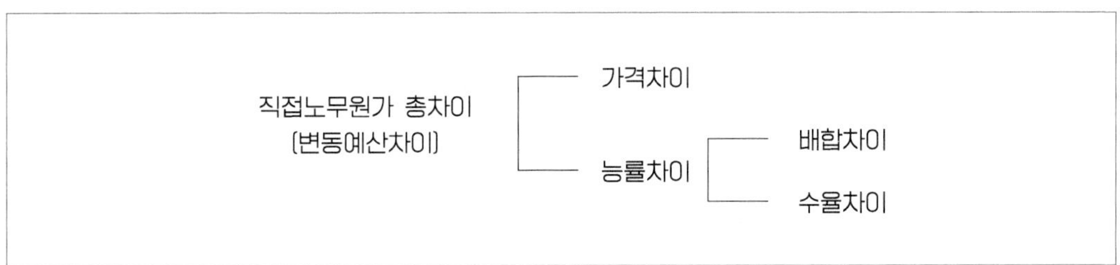

① **직접노무원가 배합차이:** 직접노무원가 배합차이(labor mix variance)는 실제배합비율과 표준배합비율의 차이가 직접노무원가에 미치는 영향을 나타내주는 것으로 노동력의 배합비율은 다르지만 실제 총투입량(시간)은 일정하게 유지된다고 가정하고 표준원가를 이용하여 계산한다.

② **직접노무원가 수율차이:** 직접노무원가 수율차이(labor yield variance)는 실제수율과 표준수율의 차이가 직접노무원가에 미치는 영향을 나타내 주는 것으로 노동력의 총투입량(시간)은 다르지만 표준배합비율은 일정하게 유지된다고 가정하고 표준원가를 이용하여 계산한다.

예제 3

청주회사는 숙련공과 미숙련공이 단일제품을 생산하고 있다. 직접노무원가의 제품단위당 표준원가는 다음과 같다.

	표준수량	표준가격	표준원가
직접노무원가			
숙련공	2시간	₩50/시간	₩100
미숙련공	3시간	30/시간	90
제품단위당 표준원가			₩190

회사는 당기 중 제품 1,000개를 생산하였으며, 실제발생된 직접노무원가는 다음과 같다.

직접노무원가		
숙련공:	2,000시간 × @60 =	₩120,000
미숙련공:	2,000시간 × @35 =	70,000
계		₩190,000

[요구사항]

직접노무원가의 가격차이와 능률차이를 구하고 능률차이는 배합차이와 수율차이로 나타내시오.

해답 ① 예제 3에서 노동력에 대한 실제 및 표준배합비율을 계산하면 다음과 같다.

	실제시간	실제배합비율	표준시간	표준배합비율
숙련공	2,000시간	50%	2시간	60%
미숙련공	2,000	50	3	40
계	4,000시간	100%	5시간	100%

② 직접노동시간의 실제 및 표준배합비율이 다르게 나타날 수 있는 이유도 투입요소 사이의 대체성 때문이다. 즉, 숙련공과 미숙련공을 서로 대체하여 제품을 생산할 수 있기 때문에 배합비율이 달라질 수 있는 것이다.

③ 예제 3에서 직접노무원가 가격차이와 능률차이를 계산하면 다음과 같다.

	실제 AQ × AP	AQ × SP	변동예산 SQ × SP
숙련공	2,000시간 × @60 = ₩120,000	2,000시간 × @50 = ₩100,000	2,000시간[*1] × @50 = ₩100,000
미숙련공	2,000시간 × @35 = 70,000	2,000시간 × @30 = 60,000	3,000시간[*2] × @30 = 90,000
계	₩190,000	₩160,000	₩190,000

가격차이 ₩30,000U | 능률차이 ₩30,000F

변동예산차이 ₩0

*1 1,000개×2시간 = 2,000시간

*2 1,000개×3시간 = 3,000시간

④ 위의 분석에 의한 직접노무원가 능률차이는 다음과 같이 배합차이와 수율차이로 분해할 수 있다.

	AQ × AP	AQ′ × SP = (Total AQ × BM) × SP	SQ × SP
숙련공	2,000시간×@50 = ₩100,000	(4,000시간×0.4)×@50 = ₩80,000	2,000시간×@50 = ₩100,000
미숙련공	2,000시간×@30 = 60,000	(4,000시간×0.6)×@30 = 72,000	3,000시간×@30 = 90,000
계	₩160,000	₩152,000	₩190,000

배합차이 ₩8,000U | 수율차이 ₩38,000F

능률차이 ₩30,000F

참고

	배합차이	수율차이	능률차이
숙련공	₩20,000U	₩20,000F	₩0
미숙련공	12,000F	18,000F	30,000F
계	₩8,000U	₩38,000F	₩30,000F

제4절 | 수익 및 이익중심점의 성과평가

01 수익 및 이익중심점 성과평가의 의의

수익중심점이란 수익의 획득에 대하여 책임을 지는 중심점을 말하며, 이익중심점이란 수익뿐만 아니라 수익창출활동을 위해 발생한 원가까지 책임을 지는 중심점을 말한다.

(1) 수익중심점(revenue center)은 수익의 획득액에 대하여 책임을 지는 중심점으로써 제품의 판매를 담당하는 판매부문이 이에 해당된다. 수익중심점으로 운영되는 경우에 나타날 수 있는 문제점은 수익의 증가만을 목적으로 하다 보면 과다한 판매비 지출 등으로 인하여 이익이 희생을 당할 수 있다는 점이다.

(2) 이익중심점(profit center)은 수익뿐만 아니라 제조원가나 판매관리비 등 수익창출활동을 위해 발생한 원가까지 책임을 지는 중심점으로써 일반적으로 분권화된 조직의 각 사업부가 이에 해당된다. 분권화된 조직의 각 사업부는 독립적인 경영을 위해 필요한 생산·판매·관리 등의 모든 기능을 가질 수 있는데, 다음의 표는 이를 잘 나타내 주고 있다.

사업부의 조직구조

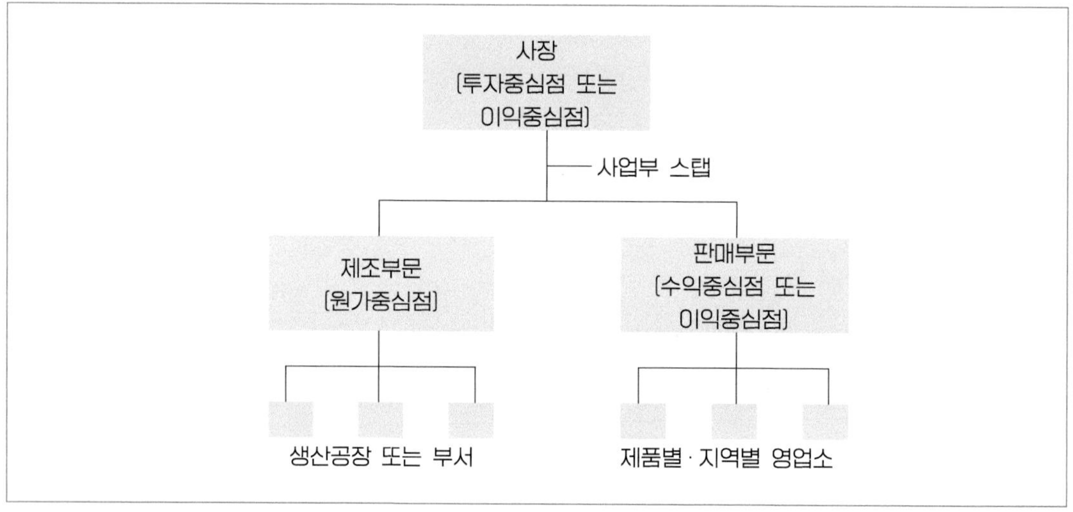

(3) 위 표에서 보듯이 분권화된 조직의 각 사업부에 있어서 제조부문은 원가중심점으로 운영되며, 판매부문은 수익중심점 또는 이익중심점으로 운영될 수 있지만 전술한 바와 같이 이익중심점으로 운영되는 것이 바람직하다.

(4) 판매부문을 이익중심점으로 운영하는 경우에 유의할 점은 판매부문이 책임을 지는 원가는 판매관리비뿐이라는 것이다. 즉, 분권화된 조직에서 이익중심점으로 운영되는 각 사업부는 매출액, 제조원가, 판매관리비에 대해서 책임을 지지만 판매부문이 이익중심점으로 운영된다면 매출액과 판매관리비만 책임을 지는 것이다.

02 판매부문의 성과평가

판매부문의 성과평가는 고정예산을 평가기준으로 하여 실제성과, 변동예산 및 고정예산을 비교함으로써 이루어지는데, 판매부문의 성과평가 시 매출액과 공헌이익으로 성과평가를 수행하므로 유리한차이와 불리한 차이가 제조부문의 성과평가 시 산정되는 원가차이와 반대로 나타난다는 점에 유의해야 한다.

> ① **제조부문 성과평가**
> 실제원가 > 예산원가: 예산대비 이익 감소 → 불리한차이(U)
> 실제원가 < 예산원가: 예산대비 이익 증가 → 유리한차이(F)
>
> ② **판매부문 성과평가**
> 실제수익(또는 이익) > 예산수익(또는 이익): 예산대비 이익 증가 → 유리한차이(F)
> 실제수익(또는 이익) < 예산수익(또는 이익): 예산대비 이익 감소 → 불리한차이(U)

앞에서 살펴본 예제 1의 자료에서 판매부문의 성과평가와 관련된 부분을 발췌하면 다음과 같다.

판매부문의 성과보고서

성과보고서

	실제	변동예산차이	변동예산	매출조업도차이	고정예산
생산 · 판매량	5,000개		5,000개		6,000개
매출액	₩1,100,000	₩100,000F 매출가격차이	₩1,000,000		₩1,200,000
변동원가					
직접재료원가	420,000		300,000		360,000
직접노무원가	132,000		150,000		180,000
변동제조간접원가	45,000		50,000		60,000
변동판매관리비	26,000	1,000U	25,000		30,000
	623,000		525,000		630,000
공헌이익	₩477,000		₩475,000	₩95,000U 매출조업도차이	₩570,000
고정원가					
고정제조간접원가	100,000		120,000		120,000
고정판매관리비	64,000	4,000U	60,000		60,000
	164,000		180,000		180,000
영업이익	₩313,000		₩295,000		₩390,000

이익중심점으로 운영되는 판매부문의 경영자는 매출액과 판매관리비에 대해서 책임을 지므로 판매부문의 성과는 매출액과 판매관리비에 의해서 결정된다. 상기의 성과보고서를 살펴보면 불리한 이익차이가 ₩77,000(= ₩390,000 - ₩313,000) 발생했다는 정보는 얻을 수 있으나 그 차이의 발생원인은 알 수가 없다. 즉, 성과보고서를 통해서는 이익차이가 판매가격이나 매출수량으로 인한 것인지 아니면 시장점유율이나 시장규모 때문에 발생한 것인지에 대한 상세한 정보를 얻을 수 없는 것이다.

따라서 본 절에서는 판매부문의 이익차이가 판매가격이나 매출수량의 차이로 인한 것인지 아니면 매출배합이나 시장규모의 변동에 의한 것인지를 구체적으로 살펴보기로 한다.

(1) 매출총차이

매출총차이(total sales variance)란 실제공헌이익과 고정예산공헌이익의 차이를 말한다.

① 실제공헌이익은 실제판매량과 수정된 단위당 실제공헌이익을 근거로 계산되는데 수정된 단위당 실제공헌이익은 단위당 실제판매가격에서 단위당 표준(예산)변동원가를 차감한 금액, 즉 표준(예산)변동원가에 근거한 단위당 실제공헌이익을 의미한다.

② 실제공헌이익을 계산할 때 수정된 단위당 실제공헌이익, 즉 단위당 실제변동원가가 아닌 단위당 표준(예산)변동원가에 근거한 단위당 실제공헌이익을 사용하는 이유는 판매부문의 성과평가에 있어 실제변동원가에 포함된 제조부문의 영향을 배제하기 위해서이다. 본 절에서 사용되는 실제공헌이익은 특별한 언급이 없는 한 표준(예산)변동원가에 근거한 수정된 실제공헌이익을 의미한다.

매출총차이 = 실제공헌이익 - 고정예산공헌이익
= AQ × Acm - BQ × Bcm

단, AQ: 실제판매량 BQ: (고정)예산판매량
단위당 실제공헌이익 Acm = AP - SV AP: 단위당 실제판매가격 SV: 단위당 표준(예산)변동원가
단위당 예산공헌이익 Bcm = BP - SV BP: 단위당 예산판매가격

③ 위의 계산식을 보면 매출총차이를 계산할 때는 변동제조원가뿐만 아니라 변동판매관리비에 대해서도 표준변동원가를 적용하고 있다. 이처럼 모든 변동원가에 대하여 표준변동원가를 적용하는 이유는 매출총차이의 본질을 판매가격과 판매량에 기인하여 발생하는 차이로 파악하기 때문이다.

(2) 매출가격차이와 매출조업도차이

매출총차이는 크게 판매가격의 변동에 의한 매출가격차이와 매출수량의 변동에 의한 매출조업도차이로 구분한다.

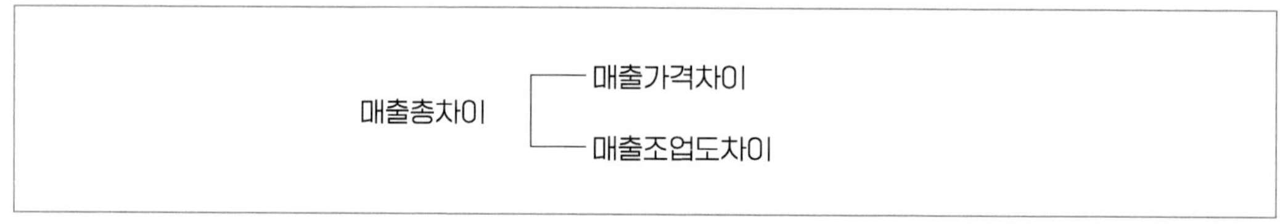

① **매출가격차이:** 매출가격차이(selling price variance)란 실제판매가격과 예산판매가격의 차이로 인한 공헌이익의 차이를 말하며, 이는 제품의 수량을 실제판매량으로 일정하게 한 상태에서 단위당 실제공헌이익과 단위당 예산공헌이익의 차이를 말한다. 매출가격차이는 실제판매가격과 예산판매가격이 다르기 때문에 발생하는 공헌이익의 차이를 나타낸 것으로써 판매가격차이라고도 한다.

② **매출조업도차이:** 매출조업도차이(sales volume variance)란 실제판매량과 예산판매량의 차이로 인한 공헌이익의 차이를 의미하는데, 이때 판매가격으로는 예산판매가격을 적용한다. 즉, 단위당 예산공헌이익으로 고정된 상태에서 실제판매량과 예산판매량의 차이를 말한다. 이러한 매출조업도차이는 순수한 판매량의 차이만을 의미하는 것이다.

매출가격차이와 매출조업도차이

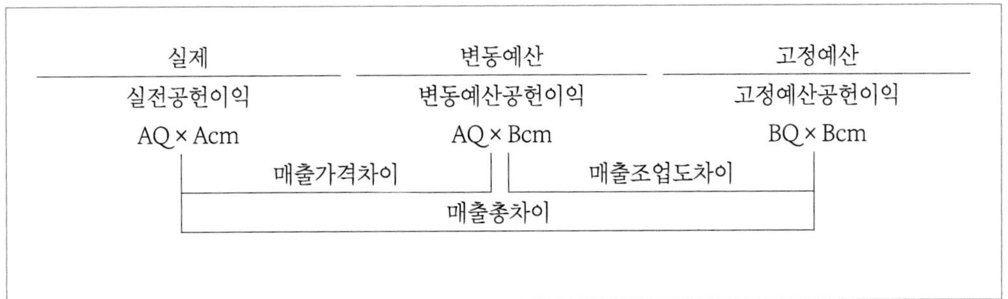

㉠ 예제 1의 자료를 토대로 매출가격차이와 매출조업도차이를 분석하면 다음과 같다.

AQ × Acm	AQ × Bcm	BQ × Bcm
5,000개 × @115[*1]	5,000개 × @95[*2]	6,000개 × @95[*2]
= ₩575,000	= ₩475,000	= ₩570,000

매출가격차이 ₩100,000F | 매출조업도차이 ₩95,000U

매출총차이 ₩5,000F

[*1] Acm = AP - SV = ₩220 - ₩105 = ₩115

[*2] Bcm = BP - SV = ₩200 - ₩105 = ₩95

㉡ 판매부문의 성과평가는 다음과 같이 요약될 수 있다. 이러한 판매부문의 성과보고서를 살펴보면 실제의 영업이익이 최초에 설정한 예산(고정예산)상의 영업이익보다 ₩77,000만큼 낮아진 것에 대하여 판매부문의 차이가 ₩0[= ₩100,000F + ₩(1,000)U + ₩(4,000)U + ₩(95,000)U]이므로 영향을 미치지 못하였다는 것을 알 수 있다.

매출가격차이	₩100,000F
매출조업도차이	95,000U
판매관리비의 변동예산차이: ₩(1,000)U + ₩(4,000)U =	5,000U
계	₩0

결국 제조부문의 ₩77,000 불리한 영향으로 인해 실제영업이익이 고정예산상의 영업이익 ₩390,000보다 ₩77,000만큼 낮아진 것으로 종합적인 평가를 내릴 수 있다.

03 복수제품의 매출차이분석

(1) 매출가격차이와 매출조업도차이

기업이 여러 가지 종류의 제품을 판매하는 경우에도 매출가격차이와 매출조업도차이는 단일제품을 판매하는 경우와 동일하게 분석된다.

예제 4

대전회사는 계량기를 생산·판매하는 회사이다. 이 회사에서 생산하는 제품은 A, B 두 가지 품목뿐인데, 20×1년의 예산자료와 실제자료는 다음과 같다.

20×1년 예산자료

제품	단위당 판매가격	단위당 변동원가	판매량
A	₩100	₩40	600개
B	60	30	400
계			1,000개

20×1년 실제자료

제품	단위당 판매가격	단위당 변동원가	판매량
A	₩90	₩50	400개
B	50	30	800
계			1,200개

20×1년의 예산고정원가는 ₩30,000이고 실제고정원가는 ₩20,000이다.

[요구사항]

매출가격차이와 매출조업도차이를 구하시오.

해답

	AQ × Acm*		AQ × Bcm*		BQ × Bcm*	
제품 A	400개 × @50 =	₩20,000	400개 × @60 =	₩24,000	600개 × @60 =	₩36,000
제품 B	800개 × @20 =	16,000	800개 × @30 =	24,000	400개 × @30 =	12,000
계		₩36,000		₩48,000		₩48,000

매출가격차이 ₩12,000U | 매출조업도차이 ₩0

매출총차이 ₩12,000U

*	Acm(= AP - SV)	Bcm(= BP - SV)
제품 A	₩50(= ₩90 - ₩40)	₩60(= ₩100 - ₩40)
제품 B	20(= ₩50 - ₩30)	30(= ₩60 - ₩30)

참고

제품	매출가격차이	매출조업도차이	매출총차이
A	₩4,000U	₩12,000U	₩16,000U
B	8,000U	12,000F	4,000F
계	₩12,000U	₩0	₩12,000U

(2) 매출배합차이와 매출수량차이

기업이 여러 가지 종류의 제품을 판매하는 경우에 매출조업도차이는 매출배합차이와 매출수량차이로 세분할 수 있다.

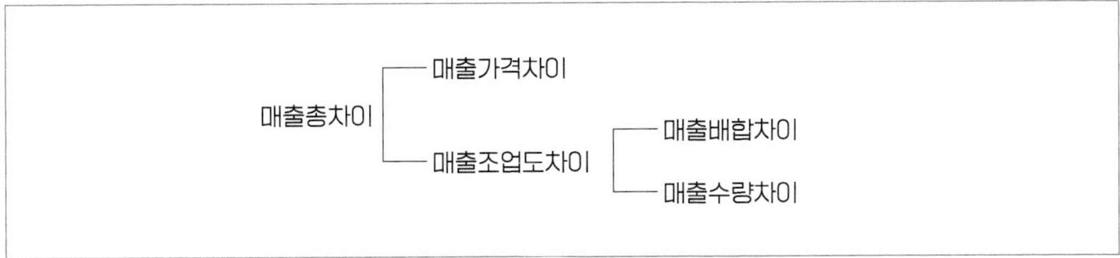

① **매출배합차이**: 매출배합차이(sales mix variance)는 실제판매수량하에서 실제매출배합과 예산매출배합의 차이가 공헌이익에 미치는 영향을 나타내준다.

② **매출수량차이**: 매출수량차이(pure sales volume variance, 순수 매출조업도차이라고도 함)는 예산매출배합이 그대로 유지된다고 가정할 때 실제판매수량과 예산판매수량의 차이가 공헌이익에 미치는 영향을 나타내준다.

매출배합차이와 수량차이

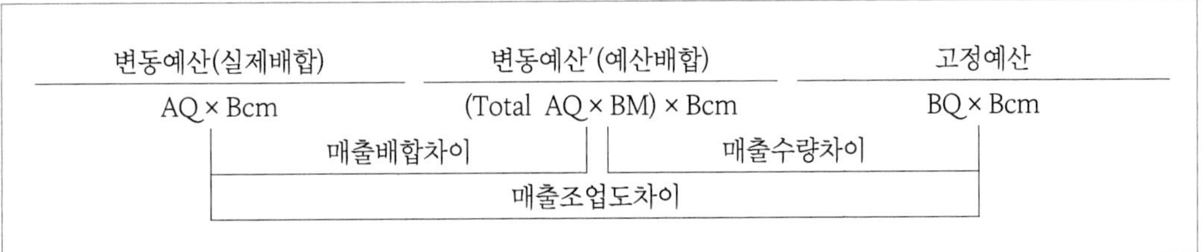

위의 표에서 보듯이 매출조업도차이를 매출배합차이와 매출수량차이로 분해하는 방법은 이미 앞에서 살펴본 복수생산요소를 투입할 경우 능률차이를 배합차이와 수율차이로 분해하는 방법과 동일하다. 예제 4에서 매출조업도차이를 매출배합차이와 매출수량차이로 분리하면 다음과 같다.

	AQ × Bcm		(Total AQ × BM) × Bcm		BQ × Bcm	
제품 A	400개 × @60 =	₩24,000	(1,200개 × 0.6) × @60 =	₩43,200	600개 × @60 =	₩36,000
제품 B	800개 × @30 =	24,000	(1,200개 × 0.4) × @30 =	14,400	400개 × @30 =	12,000
계		₩48,000		₩57,600		₩48,000

매출배합차이 ₩9,600U | 매출수량차이 ₩9,600F

매출조업도차이 ₩0

[참고]

제품	매출배합차이	매출수량차이	매출조업도차이
A	₩19,200U	₩7,200F	₩12,000U
B	9,600F	2,400F	12,000F
계	₩9,600U	₩9,600F	₩0

(3) 시장점유율차이와 시장규모차이

① 특정 산업에 종사하는 기업의 판매량은 그 기업의 시장점유율이나 시장 전체의 규모에 따라 달라지게 된다. 가령 시장 전체의 규모가 일정하다고 가정할 때 시장점유율이 증가하게 되면 판매량은 증가하게 되며, 기업의 시장점유율이 일정하다고 가정할 때 시장 전체의 규모가 증가하는 경우에도 마찬가지로 판매량이 증가할 것이다.

② 기업의 입장에서 볼 때 시장점유율은 통제가능요소이지만 시장 전체의 규모는 통제불능요소라고 볼 수 있다. 이러한 관점에서 매출수량차이는 통제가능요소로 인한 차이인 시장점유율차이와 통제불능요소로 인한 차이인 시장규모차이로 세분화할 수 있다.

매출수량차이	시장점유율차이
	시장규모차이

㉠ 시장점유율차이: 시장점유율차이(market share variance)는 실제시장규모하에서 실제시장점유율과 예산시장점유율의 차이가 공헌이익에 미치는 영향을 나타내준다.
㉡ 시장규모차이: 시장규모차이(market size variance)는 예산시장점유율이 그대로 유지된다고 가정할 때 실제시장규모와 예산시장규모의 차이가 공헌이익에 미치는 영향을 나타내준다.

시장점유율차이 = (실제시장점유율 - 예산시장점유율) × 실제시장규모 × 단위당 예산평균공헌이익
시장규모차이 = 예산시장점유율 × (실제시장규모 - 예산시장규모) × 단위당 예산평균공헌이익

③ 시장점유율차이와 시장규모차이를 파악하기 위해서는 제품단위당 예산평균공헌이익을 알아야 한다. 예산평균공헌이익(BACM or BCM; Budgeted Average Contribution Margin)은 판매하고 있는 제품의 총예산공헌이익을 총예산판매량으로 나누어 계산한 것이다. 예제 4에서 단위당 예산평균공헌이익을 계산하면 다음과 같다.

$$\text{단위당 예산평균공헌이익} = \frac{\text{총예산공헌이익}}{\text{총예산판매량}} = \frac{₩48{,}000}{600\text{개} + 400\text{개}} = @48$$

④ 매출수량차이를 시장점유율차이와 시장규모차이로 분해하는 방법은 앞서 살펴본 다른 방법과 유사하며, 이를 도표로 나타내면 다음과 같다.

변동예산′	변동예산″	고정예산
(실제규모 × 실제점유율) × BACM	(실제규모×예산점유율) × BACM	(예산규모 × 예산점유율) × BACM
시장점유율차이	시장규모차이	
매출수량차이		

⑤ 예제 4에서 대전회사는 시장조사기관이 예측한 전체 계량기 시장규모 10,000개와 판매부문에서 추정한 10%의 예상시장점유율을 기준으로 20×1년의 예산을 수립하였는데, 20×1년의 실제시장규모가 15,000개로 보고되었다면 시장점유율차이와 시장규모차이는 다음과 같이 계산된다.

(실제규모 × 실제점유율) × BACM	(실제규모 × 예산점유율) × BACM	(예산규모 × 예산점유율) × BACM
(15,000개 × 0.08*) × @48 = ₩57,600	(15,000개 × 0.1) × @48 = ₩72,000	(10,000개 × 0.1) × @48 = ₩48,000
시장점유율차이 ₩14,400U	시장규모차이 ₩24,000F	
매출수량차이 ₩9,600F		

* 실제시장점유율: 1,200개/15,000개 = 0.08

제5절 | 투자중심점의 성과평가

01 투자중심점 성과평가의 의의

투자중심점(investment center)은 수익 및 원가뿐만 아니라 그 책임중심점에 투자된 자산에 대해서도 책임을 지는 중심점이다. 투자중심점의 경영자는 분권화된 사업부(divisions)의 책임자로서 유동자산뿐만 아니라 유형자산과 관련된 투자의사결정도 할 수 있기 때문에 투자중심점은 가장 포괄적이고 광범위한 책임중심점이다.

투자중심점의 성과평가는 사업부 경영자가 그들이 관리하고 있는 자산을 얼마나 효율적으로 이용하였는가를 기준으로 이루어지는데, 투자중심점의 성과측정치로는 투자수익률과 잔여이익 및 경제적 부가가치가 있다.

02 투자수익률

투자수익률(ROI; Return On Investment)은 이익을 투자액으로 나누어 구한 수익성지표이다.

(1) 투자수익률은 다음과 같이 영업이익을 영업자산으로 나누어 계산할 수 있으며 매출액이익률과 자산회전율의 곱으로 나타낼 수도 있다.

$$투자수익률 = \frac{영업이익}{영업자산}$$

$$= \frac{영업이익}{매출액} \times \frac{매출액}{영업자산}$$

$$= 매출액이익률 \times 자산회전율$$

(2) 위의 식에서도 알 수 있듯이 투자수익률은 매출액이익률에 자산회전율을 곱해서 계산할 수도 있는데 이는 결국 각 사업부가 투자수익률을 극대화하기 위해서는 매출액이익률을 높이거나 자산회전율을 높여야 함을 의미한다.

예제 5

경기회사는 TV사업부와 냉장고사업부로 구성되어 있는데 이들은 각각 투자중심점으로 운영되고 있다. 각 사업부의 당기 자료는 다음과 같다.

	TV사업부	냉장고사업부
영업자산	₩100,000	₩400,000
매출액	400,000	800,000
영업이익	40,000	80,000

[요구사항]
투자수익률을 구하고 매출액이익률과 자산회전율로 나타내시오.

해답 1. 투자수익률

	TV사업부	냉장고사업부
투자수익률(ROI)	$\frac{₩40,000}{₩100,000}$ = 40%	$\frac{₩80,000}{₩400,000}$ = 20%

2. 매출액이익률과 자산회전율

	TV사업부	냉장고사업부
매출액이익률	$\frac{₩40,000}{₩400,000}$ = 10%	$\frac{₩80,000}{₩800,000}$ = 10%
자산회전율	$\frac{₩400,000}{₩100,000}$ = 4회	$\frac{₩800,000}{₩400,000}$ = 2회
매출액이익률 × 자산회전율	10% × 4회 = 40%	10% × 2회 = 20%

예제 5의 경우 투자수익률은 TV사업부가 냉장고사업부보다 더 크므로 투자수익률로 투자중심점의 성과평가를 하는 경우 TV사업부가 더 양호하다 말할 수 있다.

(3) 투자수익률로 투자중심점의 성과평가를 하는 경우 장·단점을 살펴보면 다음과 같다.

① 장점

㉠ 이익이 아닌 투자액을 고려한 이익의 비율로 성과평가를 하는 기법으로 투자규모가 성과평가에 미치는 영향을 적절히 고려하는 방법이며, 투자규모가 다른 투자중심점 간의 상호비교가 용이하다.
㉡ 투자의사결정 시 회계적 이익률로 투자안의 수익성 평가를 하였다면 투자의사결정과 성과평가를 일관성 있게 할 수 있다.

② 단점

㉠ 투자수익률은 회계적이익(영업이익)을 사용하여 산출되므로 투자의사결정에서 사용하는 영업활동에 의한 현금흐름과는 일치하지 않는다. 따라서 투자수익률에 의하여 성과평가를 하게 되면 현금흐름을 기초로 한 투자의사결정과 성과평가의 일관성이 결여된다.
㉡ 여러 개의 투자중심점이 있고 각 투자중심점의 사업내용이 다를 경우, 즉 위험이 다를 경우 투자수익률만을 이용하여 성과평가를 하게 되면 무의미한 결과를 초래할 수 있다.
㉢ 각 투자중심점의 경영자들은 자기사업부의 투자수익률만을 극대화하려 하기 때문에 회사 전체적으로 볼 때 유리한 투자안이라도 수락하지 않을 가능성이 있다. 즉, 회사 전체적으로 볼 때 유리한 투자안이라도 자기사업부의 투자수익률을 낮추는 투자안의 경우에는 이를 기각함으로써 회사전체의 최적의사결정과 각 사업부의사결정이 일치하지 않게 되는 목표불일치(준최적화) 현상이 나타날 수 있다.

03 잔여이익

잔여이익(RI; Residual Income)은 영업이익에서 투자액(영업자산)으로 획득해야 하는 최소한의 이익(암묵적 이익)을 차감한 금액으로 다음과 같이 계산된다.

잔여이익 = 영업이익 - 투자액(영업자산) × 최저필수수익률(암묵적 이자율)

(1) 잔여이익을 계산하기 위해서는 각 투자중심점별로 최저필수수익률을 계산해야 하는데, 이는 회사 전체의 최저필수수익률에 해당 투자중심점의 위험을 추가적으로 고려하여 결정된다.

예제 6

예제 5를 이용하여 각 사업부의 잔여이익을 계산하시오. 각 사업부에 대한 최저필수수익률은 10%이다.

해답

	TV사업부	냉장고사업부
잔여이익	₩40,000 - ₩100,000 × 10% = ₩30,000	₩80,000 - ₩400,000 × 10% = ₩40,000

예제 6의 경우 잔여이익은 냉장고사업부가 TV사업부보다 더 크므로 앞서 본 투자수익률로 성과평가하는 경우와 달리 냉장고사업부의 성과평가가 보다 높게 나타난다.

(2) 잔여이익으로 투자중심점의 성과평가를 하는 경우의 장·단점을 살펴보면 다음과 같다.

① 장점

㉠ 잔여이익으로 성과평가를 한다면 각 투자중심점의 경영자는 투자안의 기대수익률이 기존의 투자수익률에 미치지 못하는 투자안이라도 최저필수수익률을 초과하는 한 잔여이익이 증가하므로 투자안을 수락할 것이다. 따라서 회사 전체의 최적의사결정과 각 사업부 의사결정이 차이가 나는 목표불일치현상은 발생하지 않는다.
㉡ 각 투자중심점의 사업내용이 다를 경우에는 그 위험의 차이에 따라 최저필수수익률을 다르게 적용함으로써 보다 의미 있는 성과평가를 할 수 있다.

② 단점

㉠ 각 투자중심점의 투자규모가 다를 경우에는 각 투자중심점의 성과비교에 한계가 있다. 다시 말하면 투자수익률이 동일하다 하더라도 투자규모가 큰 사업부의 잔여이익이 더 크게 나타나므로 규모가 큰 투자중심점이 규모가 작은 투자중심점에 비해 상대적으로 유리한 평가를 받게 된다.
㉡ 잔여이익은 투자수익률과 마찬가지로 회계적 이익을 기초로 하여 산출되기 때문에 잔여이익에 의하여 성과평가를 하는 경우 현금흐름을 기초로 한 투자의사결정과 성과평가의 일관성이 결여되는 문제점을 안고 있다.

예제 7

설악회사의 X사업부는 투자중심점으로 운영되고 있다. X사업부는 얼마 전 ₩100,000을 투자하여 ₩40,000의 이익을 얻었다. 현재 X사업부는 ₩50,000을 투자하면 ₩12,500의 이익을 얻을 수 있는 신규투자안을 고려하고 있다. 회사전체의 최저필수수익률은 10%이다.

[요구사항]
신규투자안의 경우 투자수익률과 잔여이익으로 성과평과할 경우 각각의 의사결정을 나타내시오.

해답 1. **신규투자안의 수락 여부에 따른 투자수익률**

	현재	수락할 경우
투자수익률(ROI)	$\frac{₩40,000}{₩100,000}$ = 40%	$\frac{₩40,000 + ₩12,500}{₩100,000 + ₩50,000}$ = 35%

신규투자안을 수락할 경우 X사업부의 투자수익률은 40%에서 35%로 낮아지게 된다. 따라서 X사업부 경영자는 신규투자안을 수락하지 않을 것이다.

2. **신규투자안의 수락 여부에 따른 잔여이익**

	현재	수락할 경우
잔여이익(RI)	₩40,000 - ₩100,000 × 10%	₩52,500 - ₩150,000 × 10%
	= ₩30,000	= ₩37,500

신규투자안을 수락할 경우 X사업부의 잔여이익은 ₩30,000에서 ₩37,500으로 증가하게 된다. 따라서 X사업부 경영자는 신규투자안을 수락할 것이다.

(3) 예제 7의 경우 회사 전체의 입장에서 보면 신규투자안의 경우 최저필수수익률을 초과하여 수익을 얻을 수 있으므로 수락하는 것이 유리하다. 이러한 경우 투자수익률로 성과평가를 한다면 X사업부는 신규투자안을 채택할 경우 투자수익률(ROI)이 기존보다 5% 하락하므로 투자안을 채택하지 않을 것이다. 따라서 목표불일치현상이 발생한다. 그러나 잔여이익으로 성과평가를 한다면 신규투자안의 수익률이 최저필수수익률을 초과하여 잔여이익(RI)이 ₩7,500 증가하므로 신규투자안을 채택할 것이다. 따라서 목표불일치현상은 발생하지 않는다.

04 경제적 부가가치

경제적 부가가치(EVA; Economic Value Added)란 기업이 고유영업활동을 통해 창출한 순가치의 증가분으로써 세후영업이익에서 투하자본에 대한 자본비용이 공제된 잔여이익을 말한다.

경제적 부가가치 = 세후영업이익 - 투하자본에 대한 자본비용
= 영업이익 × (1 - t) - 투하자본 × 가중평균자본비용
단, t는 법인세율임

① 위 식에서 EVA는 기업이 벌어들인 (세전)영업이익에서 법인세와 투하자본에 대한 타인자본비용은 물론 자기자본비용까지 차감한 값으로 기업이 투하자본에 대한 기회비용을 초과하여 벌어들인 초과이익(excess earning), 즉, 경제적 이익(economic profit)을 의미한다.

② 채권자는 투자한 자금에 대해 일정한 이자수익만을 획득하므로 결국 초과이익은 모두 주주에게 귀속된다고 할 수 있다. 따라서 EVA를 이용한 성과평가는 주주의 관점에서 각 투자중심점의 경영자가 구체적으로 주주 부의 극대화에 얼마나 기여하였는가를 파악하는 것이라 할 수 있다.

③ 경제적 부가가치는 다음과 같이 투하자본이익률(ROIC; Return On Invested Capital)을 이용하여 표현할 수도 있다.

$$\text{ROIC} = \frac{\text{세후영업이익}}{\text{투하자본}}$$

∴ 경제적 부가가치 = (ROIC - 가중평균자본비용) × 투하자본

이러한 경제적 부가가치를 정확히 계산하기 위해서는 투하자본과 가중평균자본비용에 대한 이해가 선행되어야 한다.

(1) 투하자본

투하자본(IC; Invested Capital)이란 주주와 채권자의 투자금액으로써 자본비용이 발생하는 항목을 말한다.

① 투하자본은 다음의 재무상태표를 연상해 보면 쉽게 이해할 수 있다.

재무상태표

	차변	대변	
	유동자산	유동부채 (무이자부 부채)	
순운전자본 + 비유동자산	비유동자산	비유동부채 (이자부 부채)	투하자본
		자기자본	

② 경제적 부가가치를 계산할 때에는 유동부채를 무이자부 부채로 간주하므로 자본비용이 발생하는 항목은 이자부 부채인 비유동부채와 배당금을 지급해야 하는 자기자본임을 알 수 있다. 따라서 투하자본은 다음과 같이 계산된다.

투하자본 = 자본비용이 발생하는 항목
= 비유동부채 + 자기자본
= 총자산 - 유동부채
= 순운전자본(유동자산 - 유동부채) + 비유동자산

③ 투하자본에 대한 자본비용을 산출할 때 투하자본은 시장가치가 아닌 장부금액을 기준으로 계산해야 함에 유의해야 한다.

(2) 가중평균자본비용

가중평균자본비용(WACC; Weighted Average Cost of Capital)이란 기업이 영업활동을 위하여 조달된 자금에 지급되는 비용으로써 다음과 같이 계산된다.

$$가중평균자본비용 = \frac{자기자본시장가치}{자기자본시장가치 + 부채시장가치} \times 자기자본비용 + \frac{부채시장가치}{자기자본시장가치 + 부채시장가치} \times 타인자본비용(1 - t)$$

단, t는 법인세율임

위의 산식에서 보듯이 가중평균자본비용은 투하자본과는 달리 장부금액이 아닌 시장가치를 이용하여 계산한다. 그리고 부채에 대한 이자비용은 세무상 손금항목이므로 법인세효과(이자비용의 감세효과)를 고려하여 계산함에 유의해야 한다.

(3) 경제적 부가가치의 계산

지금까지 살펴본 내용을 토대로 경제적 부가가치를 계산하는 여러 가지 방법을 소개하면 다음과 같다.

경제적 부가가치 = 영업이익 × (1 - t) - 투하자본 × 가중평균자본비용
= 영업이익 × (1 - t) - (비유동부채 + 자기자본) × 가중평균자본비용
= 영업이익 × (1 - t) - (총자산 - 유동부채) × 가중평균자본비용
= 영업이익 × (1 - t) - (순운전자본 + 비유동자산) × 가중평균자본비용
= 투하자본 × (ROIC - 가중평균자본비용)

단, $ROIC = \frac{세후영업이익}{투하자본}$, t는 법인세율임

예제 8

(주)해커의 사업부 A, B는 투자중심점으로 운영되고 있는데 각 사업부의 성과평가를 위한 자료는 다음과 같다. (주)해커의 주주와 채권자가 투하자본에 대해 요구하는 가중평균자본비용은 10%일 때 각 사업부의 경제적 부가가치(EVA)를 계산하시오.

	사업부 A	사업부 B
투하자본(장부금액)	₩100,000	₩200,000
세후영업이익	25,000	30,000

해답 1. EVA = 영업이익 × (1 - 세율) - 투하자본 × 가중평균자본비용
= 투하자본 × (ROIC - 가중평균자본비용)

2.

사업부	경제적 부가가치
A	₩25,000 - ₩100,000 × 0.1 = ₩15,000
	[= ₩100,000 × (0.25 - 0.1) = ₩15,000]
B	₩30,000 - ₩200,000 × 0.1 = ₩10,000
	[= ₩200,000 × (0.15 - 0.1) = ₩10,000)

예제 9

(주)해커는 투자중심점으로 운영되는 두 개의 사업부 A, B가 있다. 두 사업부에 관한 자료는 다음과 같다.

	A사업부	B사업부
총자산	₩650,000	₩950,000
유동부채	120,000	200,000
영업이익	75,000	160,000

[요구사항]

1. 투자액의 측정기준으로는 '총자산 - 유동부채'를 사용하고, 이익의 측정기준으로 세전영업이익을 사용하여 잔여이익을 계산하라. 단, 두 사업부의 최저필수수익률은 12%로 동일하다고 가정한다.
2. (주)해커는 두 가지의 자본조달원천을 가지고 있다. 하나는 이자율이 10%인 장기부채(시장가치) ₩900,000이고, 다른 하나는 주주들의 기대수익률이 15%인 보통주자본금(시장가치) ₩600,000이다. 한편, 이 회사의 법인세율은 40%이다. 이 회사의 두 사업부가 동일한 위험에 직면하고 있기 때문에 두 사업부에 동일한 가중평균자본비용을 적용하고 있다. 각 사업부의 경제적 부가가치(EVA)를 계산하라.
3. 위 [요구사항 1과 2]의 해답을 고려할 때, 각 사업부의 성과를 평가하라.

해답 1. **잔여이익(RI)의 계산**

RI = 영업이익 - (총자산 - 유동부채) × 최저필수수익률

A사업부: ₩75,000 - (₩650,000 - ₩120,000) × 0.12 = ₩11,400

B사업부: ₩160,000 - (₩950,000 - ₩200,000) × 0.12 = ₩70,000

2. **경제적 부가가치(EVA)의 계산**

EVA = 세후영업이익 - (총자산 - 유동부채) × 가중평균자본비용

A사업부: ₩75,000 × (1 - 0.4) - (₩650,000 - ₩120,000) × 0.096* = ₩(5,880)

B사업부: ₩160,000 × (1 - 0.4) - (₩950,000 - ₩200,000) × 0.096 = ₩24,000

$$^{*}\ \frac{₩600,000}{₩600,000 + ₩900,000} \times 0.15 + \frac{₩900,000}{₩600,000 + ₩900,000} \times 0.1 \times (1 - 0.4) = 0.096$$

3. **각 사업부의 성과평가**

잔여이익과 경제적 부가가치는 B사업부가 A사업부보다 더 훌륭한 성과를 달성하고 있음을 알 수 있다. 즉, B사업부는 A사업부에 비해서 잔여이익과 경제적 부가가치가 훨씬 높게 나타났다. A사업부의 부(-)의 경제적 부가가치는 세후기준으로 사업부의 가치를 잠식하고 있다는 것을 의미한다. 만일 A사업부의 경제적 부가가치가 계속해서 부(-)로 나타난다면, (주)해커는 A사업부의 폐쇄 여부를 고려해야 한다.

(4) 경제적 부가가치의 장·단점

경제적 부가가치로 투자중심점의 성과평가를 하는 경우 장 · 단점을 살펴보면 다음과 같다.

① 장점

㉠ 경제적 부가가치는 영업이익을 중시한다. 즉, 경제적 부가가치는 당기순이익이라는 전통적 회계개념의 이익보다 기업의 본래 영업활동과 관련된 영업이익이 기업의 경영성과를 판단하는 데 보다 유용한 지표라고 본다.
㉡ 경제적 부가가치는 이전에 성과평가기법들이 고려하지 않는 자기자본비용도 명시적으로 고려하는 기법이다. 즉, 기업의 일정기간 동안의 경영성과를 정확하게 측정하기 위해서는 타인자본비용인 이자비용뿐만 아니라 주주들의 자금투자에 대한 일종의 기회비용인 자기자본비용도 고려해야 한다는 것이다.
㉢ 경제적 부가가치를 성과평가의 측정치로 사용하면, 경영자는 경제적 부가가치를 증가시키기 위해서 노력하는데, 경제적 부가가치의 증가는 곧 주주부의 증가를 의미하므로 결국 경영자가 주주와 같은 입장에서 행동하도록 동기부여가 된다.
㉣ 경제적 부가가치는 다른 성과평가기법들보다 기업의 가치창출능력을 실질적으로 평가하는 데 유용하므로 투자의사결정에도 이용될 수 있다.

② 단점

㉠ 회계적 이익인 영업이익을 기초로 하고 있기 때문에 회계처리방법에 따라 세후영업이익이 달라진다.
㉡ 영업이익과 투하자본을 경제적 의미로 재조정하기 위한 수정사항이 많고 명확하지 않다.
㉢ 가중평균자본비용을 계산하는 것이 어렵다.
㉣ 금액으로 측정되어 규모가 큰 사업부가 상대적으로 유리하므로 사업규모에 대한 조정을 고려해야 한다.

제13장

기출 OX문제

01 고정예산(정태예산)은 단 하나의 조업도수준에 근거하여 작성되므로 성과평가목적으로 적합한 것이 아니다. (O, X)

02 변동예산은 일정범위의 조업도수준에 관한 예산이며 성과평가목적을 위해 실제원가를 실제조업도수준에 있어서의 예산원가와 비교한다. (O, X)

03 책임중심점의 성과를 평가할 때 원칙적으로 통제가능 여부에 관계없이 관련된 모든 업무에 대해 책임을 물어야 한다. (O, X)

04 원가중심점(원가책임단위), 수익중심점(수익책임단위) 등의 분류는 통제가능성의 원칙이 적용된 것이다. (O, X)

05 어떤 부서의 원가함수에 관한 지식을 본부가 알 수 없을 때에는 그 부서를 원가중심점으로 설정하는 것이 그 부서를 통제하는데 효과적이다. (O, X)

06 서비스 지원부서와 같은 비용중심점(expense center)에서는 서비스를 소비하는 부서로부터 그 사용 대가를 징수하지 않는 것이 서비스의 과소비를 줄이는데 효과적이다. (O, X)

07 원가중심점은 특정 원가의 발생에만 통제책임을 지는 책임중심점으로 판매부문이 한 예가 될 수 있다. (O, X)

08 이익중심점이란 수익과 비용 모두에 대하여 책임이 부여된 조직의 하위단위 또는 부문을 말한다. (O, X)

정답 및 해설

01 ○

02 ○

03 X 책임회계제도하에서 성과평가는 해당 경영자가 직접적인 권한이나 통제를 행사할 수 있는 책임중심점을 설정하여 이루어져야 한다.

04 ○

05 X 책임중심점은 해당 경영자가 직접적인 권한이나 통제를 행사할 수 있어야 하므로 통제가능성 측면에서 원가중심점으로 설정하기 어렵다.

06 X 서비스의 과소비를 효과적으로 줄이려면 서비스의 사용 대가를 징수해야 한다.

07 X 판매부문은 수익중심점 또는 이익중심점(수익 및 수익 창출과 관련된 비용을 함께 고려)으로 운영되며, 원가중심점의 대표적인 예는 제조부문이다.

08 ○

09 하부경영자가 자신의 성과측정치를 극대화할 때 기업의 목표도 동시에 극대화될 수 있도록 하부경영자의 성과측정치를 설정해야 하는데, 이를 목표일치성이라고 한다. (O, X)

10 투자수익률은 투하자본에 대한 투자이익의 비율을 나타내는 수익성 지표이며, 매출이 익률에 자산회전율을 곱하여 계산할 수 있다. (O, X)

11 총자산회전율이 커져도 매출이익률이 작아지면 총자산이익률(투자수익률)은 작아질 수 있다. (O, X)

12 투자수익률을 전문경영자의 보상평가기준으로 사용한다면 대리인비용이 절감되고 투자안의 경제성 평가기준으로 사용될 수 있다. (O, X)

13 투자수익률은 사업부 또는 하위 사업단위의 성과평가에 적용될 수 있으나, 개별 투자안의 성과평가에는 적용되지 않는다. (O, X)

14 투자수익률은 기업의 여러 투자중심점의 성과를 비교하는데 유용할 수 있지만, 투자수익률의 수준이 투자중심점 경영자의 성과평가기준으로 사용될 경우에는 목표불일치 문제를 야기할 수 있다. (O, X)

15 잔여이익이란 투자중심점이 사용하는 영업자산으로부터 당해 투자중심점이 획득하여야 하는 최소한의 이익을 초과하는 영업이익을 말한다. (O, X)

16 잔여이익이 갖고 있는 준최적화의 문제점을 극복하기 위하여 투자수익률이라는 개념이 출현하였다. (O, X)

정답 및 해설

09 ○
10 ○
11 ○
12 X 투자수익률은 준최적화현상이 발생할 수 있어 대리인비용이 절감된다고 볼 수 없다.
13 X 투자수익률은 개별 투자안의 성과평가에 적용될 수 있다.
14 ○
15 ○
16 X 투자수익률이 갖고 있는 준최적화의 문제점을 극복하기 위하여 잔여이익이 도입되었다.

17 투자수익률법은 투자규모가 다른 투자중심점을 상호 비교하기가 어렵다는 문제점이 있는 반면에 잔여이익법에는 이런 문제점이 없다. (O, X)

18 잔여이익은 영업이익으로부터 산출되며, 평가대상의 위험을 반영하지 못한다. (O, X)

19 경제적 부가가치는 주주의 입장에서 바라보는 이익개념으로 기업 고유의 영업활동에서 창출된 순가치의 증가분을 의미한다. (O, X)

20 투자중심점의 성과평가 척도의 하나로 사용되는 경제적 부가가치는 세후영업이익에서 부채에 대한 이자비용을 차감한 금액이다. (O, X)

21 경제적 부가가치의 관점에서는 영업이익이 당기순이익보다 기업의 경영성과를 평가하는데 유용한 지표라고 본다. (O, X)

22 경제적 부가가치 계산 시 연구개발비 자산화는 경제적 부가가치를 감소시킬 수 있다. (O, X)

23 투자수익률은 회사 전체적으로 채택하는 것이 유리한 투자안을 부당하게 기각할 가능성이 있지만, 잔여이익과 경제적 부가가치는 그럴 가능성이 없다. (O, X)

정답 및 해설

17 X 잔여이익법은 각기 다른 투자중심점의 성과를 직접적으로 비교할 수 없다. 그 이유는 잔여이익으로 성과를 평가하면 투자규모가 큰 투자중심점이 투자규모가 작은 투자중심점에 비하여 상대적으로 유리하게 된다.

18 X 잔여이익에서는 평가대상의 위험을 최저필수수익률에 반영한다.

19 ○

20 X 경제적 부가가치는 세후영업이익에서 투하자본에 대한 자본비용을 차감한 금액으로 자기자본에 대한 자기자본비용도 고려한다.

21 ○

22 ○

23 ○

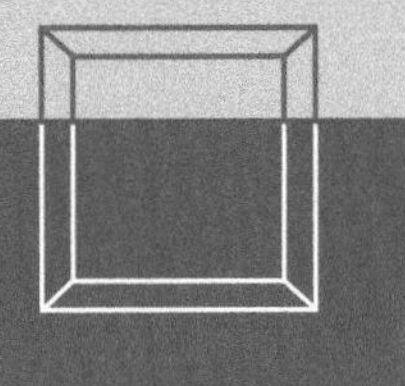

제13장
개념확인문제

대표 문제를 학습한 후, 이와 동일한 유형의 문제를 풀며 개념을 익혀보세요.

대표 문제 성과보고서

(주)갑은 단일제품을 생산·판매한다. (주)갑은 표준원가를 이용하여 종합예산을 편성한다. 다음은 (주)갑의 20×1년 2월 중 생산과 관련된 자료이다.

<표준 및 예상조업도에 관한 자료>
- 직접재료원가: 제품 단위당 10kg, kg당 ₩50
- 직접노무원가: 제품 단위당 3시간, 시간당 ₩250
- 변동제조간접원가: 직접노무시간을 기준으로 배부하며, 배부율은 직접노무시간당 ₩120
- 고정제조간접원가 월 예산액: ₩132,600
- 예상조업도: 780직접노무시간

<실제원가 및 실제조업도에 관한 자료>
- 직접재료원가: 2,300kg 구입 및 전량 사용, kg당 ₩55
- 직접노무원가: 740시간, 시간당 ₩260
- 변동제조간접원가 발생액: ₩90,000
- 고정제조간접원가 발생액: ₩130,000
- 실제생산수량: 240단위

(주)갑이 20×1년 2월 초 작성한 종합예산의 총제조원가 금액과 20×1년 2월 말 작성한 변동예산의 총제조원가 금액은 각각 얼마인가? [회계사 12]

해답 1. 종합예산 총제조원가(예상조업도 780직접노무시간, 예상생산량 260단위)

변동제조원가: 260단위 × (₩500 + ₩750 + ₩360) =	₩418,600
고정제조간접원가	132,600
계	₩551,200

2. 변동예산 총제조원가(실제생산량 240단위)

변동제조원가: 240단위 × (₩500 + ₩750 + ₩360) =	₩386,400
고정제조간접원가	132,600
계	₩519,000

01 (주)강서는 변동예산을 수립하고 있다. 당사의 연간 최대조업도에 관한 정보는 다음과 같다.

직접노동시간	20,000시간
변동제조간접원가	₩700,000
고정제조간접원가	280,000

당사의 정상조업도가 최대조업도의 70%라 할 때 정상조업도하에서 직접노동시간당 제조간접원가는 얼마인가?

02 (주)한국연수원은 다양한 강좌를 개설하여 운영하고 있다. 이와 관련하여 연수원 관리자는 연수원 운영에 대한 월별 예산편성과 성과보고서 작성을 위해 다음 두 가지 원가동인을 식별하였다.

(1) 매월 개설된 강좌 수
(2) 매월 개설된 모든 강좌에 등록된 학생의 수

(주)한국연수원에서 매월 예상하는 원가 및 비용 관련 자료는 다음과 같다.

구분	강좌당 변동원가	학생당 변동원가	월 고정원가
강사료	₩3,000	-	-
강의실	-	₩260	-
임차료와 보험료	-	-	₩6,300
기타일반관리비	₩145	₩4	₩4,100

20×1년 2월 초 3개의 강좌가 개설되며 총 45명의 학생이 등록할 것으로 예상된다. 또한 각 강좌에 등록한 학생 1인당 평균 ₩800의 수익이 예상된다. 20×1년 2월에 실제로 3개의 강좌가 개설되었으나, 3개의 강좌에 실제로 등록한 학생 수는 총 42명이었다. (주)한국연수원의 20×1년 2월 실제 운영결과는 다음과 같다.

구분	실제결과
총수익	₩32,400
강사료	9,000
강의실 소모품비	8,500
임차료와 보험료	6,000
기타일반관리비	5,300

(주)한국연수원 관리자가 20×1년 2월 말 작성한 성과보고서에 포함되는 영업이익 변동예산차이는?

[회계사 17]

정답 및 해설

01 1. 정상조업도(직접노동시간): 20,000시간 × 70% = 14,000시간

2. 정상조업도하 제조간접원가예산

(1) 변동제조간접원가: ₩700,000 × 70% =	₩490,000
(2) 고정제조간접원가	280,000
계	₩770,000

∴ 정상조업도하 직접노동시간당 제조간접원가: ₩770,000 ÷ 14,000시간 = @55

별해

정상조업도(직접노동시간): 20,000시간 × 70% = 14,000시간

∴ 변동제조간접원가 배부율: ₩700,000 ÷ 20,000시간 =	@35
고정제조간접원가 배부율: ₩280,000 ÷ 14,000시간* =	20
계	@55

* 정상조업도

02

구분	실제결과	변동예산	
총수익	₩32,400	42명 × ₩800 =	₩33,600
강사료	(9,000)	3강좌 × ₩3,000 =	(9,000)
강의실 소모품비	(8,500)	42명 × ₩260 =	(10,920)
임차료와 보험료	(6,000)		(6,300)
기타일반관리비	(5,300)	3강좌 × ₩145 + 42명 × ₩4 + ₩4,100 =	(4,703)
영업이익	₩3,600		₩2,677

∴ 변동예산차이 = 실제영업이익 - 변동예산 영업이익 = ₩3,600 - ₩2,677 = ₩923 유리

03 (주)대한은 20×1년도 고정예산과 실제결과를 비교하기 위해 다음과 같은 손익계산서를 작성하였다.

구분	고정예산	실제결과
판매량	10,000단위	12,000단위
매출액	₩500,000	₩624,000
변동원가		
제조원가	₩250,000	₩360,000
판매관리비	50,000	84,000
공헌이익	₩200,000	₩180,000
고정원가		
제조원가	₩15,000	₩19,000
판매관리비	25,000	25,000
영업이익	₩160,000	₩136,000

(주)대한의 경영자는 20×1년도 실제 판매량이 고정예산 판매량보다 20% 증가하였으나, 영업이익은 오히려 15% 감소한 원인을 파악하고자 한다. (1) 변동예산차이와 (2) 고정예산차이를 계산하면? 단, (주)대한은 20×1년도에 12,000단위를 생산·판매할 수 있는 용량(capacity)을 확보하고 있다.

[회계사 18 수정]

정답 및 해설

03 1. 변동예산

매출액: 12,000단위 × @50 =		₩600,000
변동원가		360,000
제조원가: 12,000단위 × @25 =	₩300,000	
판매관리비: 12,000단위 × @5 =	60,000	
공헌이익		₩240,000
고정원가		40,000
제조원가	₩15,000	
판매관리비	25,000	
영업이익		₩200,000

∴ 변동예산차이는 실제영업이익(₩136,000)과 변동예산상의 영업이익(₩200,000)의 차이로 ₩64,000 불리이다.

2. 고정예산차이는 실제영업이익(₩136,000)과 고정예산상의 영업이익(₩160,000)의 차이로 ₩24,000 불리이다.

대표 문제 원가중심점의 성과평가

(주)경기의 원재료에 대한 표준원가는 다음과 같다.

재료 A: 2kg/단위, ₩20/kg
재료 B: 3kg/단위, ₩10/kg

당기에 제품 8,000단위가 완성되었으며, 기초재공품 및 기말재공품은 없었다. 원재료의 실제사용량은 재료 A가 14,000kg, 재료 B가 28,000kg일 때, 직접재료원가에 대한 배합차이와 수율차이는 각각 얼마인가?

해답

AQ × SP		AQ′ × SP [= (Total AQ × BM) × SP]		SQ × SP	
14,000kg × @20 =	₩280,000	(42,000kg × 40%) × @20 =	₩336,000	(8,000단위 × 2kg) × @20 =	₩320,000
28,000kg × @10 =	280,000	(42,000kg × 60%) × @10 =	252,000	(8,000단위 × 3kg) × @10 =	240,000
	₩560,000		₩588,000		₩560,000

배합차이 ₩28,000 유리
수율차이 ₩28,000 불리
능률차이(수량차이) ₩0

04 마리아벤처기업은 인터넷서비스업을 제공함에 있어서 전문가와 비전문 주부사원을 동시에 채용하고 있다.

이들에 대한 1분당 표준임금과 그에 따른 서비스 1회의 표준원가는 다음과 같다.

	표준시간	표준임률	표준원가
표준임금			
전문가	3분	1분당 ₩300	₩900
비전문가	7	1분당 100	700
서비스 단위당 표준원가			₩1,600

이 회사는 지난 1주일간 500회의 서비스를 제공하였으며, 이에 따라 실제로 발생된 임금은 다음과 같았다.

	실제시간	실제임률	실제원가
실제임금			
전문가	1,200분	1분당 ₩400	₩480,000
비전문가	4,000	1분당 130	520,000
실제원가 총액			₩1,000,000

마리아벤처기업이 설정한 표준원가를 기초로 변동예산과 실제원가의 차이를 임률차이와 능률차이로 구분하고, 능률차이를 다시 배합차이와 수율차이로 구분할 때, 정확한 수율차이(yield variance)는 얼마인가? [회계사 02]

05 (주)한국은 상호대체가 가능한 두 종류의 노무등급인 고급노무인력과 저급노무인력을 제조공정에 투입하여 제품을 생산한다. 이 회사는 표준원가계산제도를 사용하여 직접노무원가에 대해 매월 실제원가와 표준원가의 차이를 분석하고자 한다. 이를 위한 20×1년 2월의 각 노무등급별 표준직접노무원가에 관한 자료는 다음과 같다.

	표준임률	실제생산량에 허용된 표준노무시간
고급노무인력	₩20	200시간
저급노무인력	12	200

20×1년 2월의 각 노무등급별 실제임률과 실제로 사용된 직접노무시간은 다음과 같다.

	실제임률	실제 사용된 직접노무시간
고급노무인력	₩21	220시간
저급노무인력	13	160

(주)한국의 20×1년 2월 직접노무원가의 배합차이와 수율차이는 각각 얼마인가? [회계사 14]

정답 및 해설

04

	AQ′ × SP[= (Total AQ × BM) × SP]		SQ × SP	
전문가	(5,200분[*1] × 0.3) × @300 =	₩468,000	(500회 × 3분) × @300 =	₩450,000
비전문가	(5,200분 × 0.7) × @100 =	364,000	(500회 × 7분) × @100 =	350,000
계	5,200분 × @160[*2] =	₩832,000	(500회 × 10분) × @160[*2] =	₩800,000

수율차이 ₩32,000 불리

[*1] 실제총사용시간: 1,200분 + 4,000분 = 5,200분

[*2] 가중평균표준가격: ₩1,600 ÷ 10분 = ₩160/분
(or ₩300/분 × 30% + ₩100/분 × 70% = ₩160/분)

별해

수율차이: (실제총투입량 - 표준총투입량) × 가중평균표준가격
= [5,200분 - (500회 × 10분)] × (₩1,600 ÷ 10분) = ₩32,000 불리

05

	AQ × SP	AQ′ × SP = (Total AQ × BM) × SP	SQ × SP
고급	220시간 × @20	380시간 × 0.5 × @20	200시간 × @20
저급	160시간 × @12	380시간 × 0.5 × @12	200시간 × @12
	₩6,320	₩6,080	₩6,400

배합차이 ₩240 불리　　수율차이 ₩320 유리

대표 문제 수익 및 이익중심점의 성과평가

(주)파주는 제품 A와 제품 B를 판매하고 있다. 제품과 관련된 자료는 다음과 같다.

구분	제품 A		제품 B	
	예산	실제	예산	실제
판매량	1,000개	900개	2,000개	2,400개
단위당 공헌이익	₩20	₩21	₩50	₩45

회사는 제품의 판매시장에서 10%의 점유율을 달성할 것을 목표로 예산을 수립하였다.

(1) 회사의 매출배합차이와 매출조업도차이는 각각 얼마인가?

(2) 실제시장규모가 26,400개로 판명된 경우, 시장점유율차이와 시장규모차이는 각각 얼마인가?

해답 1.

변동예산 (AQ × Bcm)		변동예산′ (AQ′ × Bcm)		고정예산 (BQ × Bcm)	
900개 × @20 =	₩18,000	(3,300개 × 1/3) × @20 =	₩22,000	1,000개 × @20 =	₩20,000
2,400개 × @50 =	120,000	(3,300개 × 2/3) × @50 =	110,000	2,000개 × @50 =	100,000
	₩138,000		₩132,000		₩120,000

매출배합차이 ₩6,000 유리 / 매출수량차이 ₩12,000 유리

매출조업도차이 ₩18,000 유리

2.

변동예산′ (실제규모 × 실제점유율 × BACM′)	변동예산″ (실제규모 × 예산점유율 × BACM)	고정예산 (예산규모 × 예산점유율 × BACM)
(26,400개 × 12.5%) × @40 = ₩132,000	(26,400개 × 10%) × @40 = ₩105,600	(30,000개 × 10%) × @40 = ₩120,000

시장점유율차이 ₩26,400 유리 / 시장규모차이 ₩14,400 불리

* BACM = 예산총공헌이익 ÷ 예산총판매량:
(1,000개 × @20 + 2,000개 × @50) ÷ 3,000개 = @40

06 (주)세광의 3월 예산 대비 실적자료는 다음과 같다.

	3월 실적(actual)	3월 예산(budget)
판매수량	400개	300개
매출액	₩7,200	₩6,000
변동원가	4,800	3,000
고정원가	1,400	1,800
영업이익	1,000	1,200

동 자료를 토대로 당초 예상보다 영업이익이 ₩200 만큼 줄어든 원인을 (i) 판매가격차이, (ii) 변동원가차이, (iii) 고정원가차이 이외에 중요한 차이항목인 매출조업도차이(net sales volumevariance: 일명, 순판매수량차이)를 추가하여 경영진에게 의미 있게 요약 · 보고하고자 한다. 매출조업도차이의 금액은 얼마인가? 단, 유리한 차이는 (F)로 불리한 차이는 (U)로 표시한다. [회계사 03]

정답 및 해설

06

AQ × Bcm*	BQ × Bcm
400개 × @10 = ₩4,000	300개 × @10 = ₩3,000

매출조업도차이 ₩1,000F

* 단위당 예산공헌이익(Bcm) = 단위당 예산판매가격(BP) - 단위당 표준변동원가(SV)
= (₩6,000 ÷ 300개) - (₩3,000 ÷ 300개) = ₩10/개

07 (주)광원은 보통과 고급의 두 가지 우산을 판매한다. (주)광원의 20×1년 2월의 매출에 대한 자료는 다음과 같다.

고정예산 총공헌이익	₩2,800,000
2월에 판매될 예산 우산수량	2,000단위
보통우산의 단위당 예산공헌이익	₩1,000
고급우산의 단위당 예산공헌이익	3,000
총매출수량차이	₩700,000 불리
보통우산의 실제 매출배합비율	60%

두 가지 우산의 매출수량차이는 얼마인가? 모든 차이는 공헌이익을 기준으로 한다. [회계사 04]

08 대한회사는 A와 B의 두 제품을 생산 · 판매하고 있다. 예산에 의하면 제품 A의 단위당 공헌이익은 ₩20이고, 제품 B의 공헌이익은 ₩4이다. 20×1년의 예산매출수량은 제품 A가 800단위, 제품 B는 1,200단위로 총 2,000단위였다. 그러나 실제매출수량은 제품 A가 500단위, 제품 B가 2,000단위로 총 2,500단위였다. 대한회사의 20×1년 매출배합차이와 매출수량차이를 계산하면 각각 얼마인가?

[세무사 08]

정답 및 해설

07 1.

	BQ × Bcm
보통우산: 2,000단위 × x* × @1,000 =	2,000,000x
고급우산: 2,000단위 × (1 - x) × @3,000 =	₩6,000,000 - 6,000,000x
계	₩6,000,000 - 4,000,000x

* 보통우산의 예산매출배합비율(BM)을 의미함

즉, ₩6,000,000 - 4,000,000x = ₩2,800,000 ∴ x = 0.8(80%)

2. 실제총판매량(Total AQ)을 Q라고 하면,

	AQ′ × Bcm [= (Total AQ × BM) × Bcm]		BQ × Bcm	
보통우산	(Q×80%) × @1,000 =	800Q	(2,000단위 × 80%) × @1,000 =	₩1,600,000
고급우산	(Q×20%) × @3,000 =	600Q	(2,000단위 × 20%) × @3,000 =	1,200,000
계		1,400Q		₩2,800,000
		총매출수량차이 ₩700,000U		

즉, 1,400Q - ₩2,800,000 = ₩(700,000) U ∴ Q = 1,500단위

∴

	AQ′ × Bcm		BQ × Bcm	매출수량차이
보통우산	800Q =	₩1,200,000	₩1,600,000	₩400,000 불리
고급우산	600Q =	900,000	1,200,000	300,000 불리
계		₩2,100,000	₩2,800,000	₩700,000 불리

08 1. 자료분석

	제품 A	제품 B	합계
예산단위당 공헌이익(Bcm)	@20	@4	-
예산매출수량(BQ)	800단위(40%)	1,200단위(60%)	2,000단위
실제매출수량(AQ)	500	2,000	2,500

2. 매출배합차이와 매출수량차이

제품	변동예산 (AQ × Bcm)		변동예산′ (AQ′ × Bcm)		고정예산 (BQ × Bcm)	
A	500단위 × @20 =	₩10,000	(2,500단위 × 40%) × @20 =	₩20,000	800단위 × @20 =	₩16,000
B	2,000단위 × @4 =	8,000	(2,500단위 × 60%) × @4 =	6,000	1,200단위 × @4 =	4,800
계		₩18,000		₩26,000		₩20,800
		매출배합차이 ₩8,000 불리			매출수량차이 ₩5,200 유리	

09 (주)국세는 사무용과 가정용 복사기를 판매한다. (주)국세는 20×1년 복사기 시장규모가 800,000대일 것으로 예측했으나, 실제 시장규모는 700,000대로 집계되었다. 20×1년 예산과 실제 결과에 대한 자료가 다음과 같을 때, (주)국세의 시장점유율 차이는 얼마인가? [세무사 11]

<20×1년도 예산>

제품종류	판매단가	단위당 변동원가	판매수량 및 비율	
			수량	비율
사무용	₩1,200	₩700	20,000대	25%
가정용	900	500	60,000	75
계			80,000대	100%

<20×1년도 실제 결과>

제품종류	판매단가	단위당 변동원가	판매수량 및 비율	
			수량	비율
사무용	₩1,100	₩625	25,200대	30%
가정용	820	400	58,800	70
계			84,000대	100%

10 동남컨설팅의 모든 컨설팅용역은 책임연구원 1명과 보조연구원 2명이 수행하고 있다. 동남컨설팅의 컨설팅용역 수행에 관한 20×1년 1월과 2월의 예산과 실제 자료는 다음과 같다.

구분	책임연구원 1명당	보조연구원 1명당
시간당 예산공헌이익	₩100,000	₩50,000
매월 예산투입시간	140시간	180시간
1월 실제투입시간	?	171
2월 실제투입시간	?	153

동남컨설팅의 모든 연구원이 컨설팅용역을 수행하는 데 실제 투입한 총시간은 20×1년 1월과 2월에 각각 450시간씩인 것으로 파악되었다. 컨설팅용역 수행에 투입된 시간에 의할 경우, 공헌이익을 기준으로 계산한 책임연구원과 보조연구원의 1월과 2월 매출배합차이는 각각 얼마인가? [회계사 11]

11 상호 대체가능한 제품 P와 제품 Q 두 가지 종류만을 판매하는 (주)한국에 대한 20×1 회계연도 자료는 다음과 같다.

구분	제품 P	제품 Q
예산판매수량	800단위	1,200단위
실제판매수량	500단위	2,000단위
단위당 예산판매가격	₩50	₩20
단위당 실제판매가격	55	18
단위당 표준변동원가	30	16
단위당 실제변동원가	32	15

(주)한국의 20×1 회계연도 매출배합차이와 매출수량차이를 계산하면 각각 얼마인가? [회계사 15]

정답 및 해설

09 1. 실제점유율: ₩84,000 ÷ ₩700,000 = 0.12(12%)
2. 예산점유율: ₩80,000 ÷ ₩800,000 = 0.10(10%)
3. 예산가중평균공헌이익: ₩500 × 0.25 + ₩400 × 0.75 = ₩425
4. 시장점유율차이: ₩700,000 × (0.12 - 0.10) × ₩425 = ₩5,950,000(유리한 차이)

10 1. 실제투입시간의 계산

	책임연구원	보조연구원
1월	450시간 - 342시간 = 108시간	2명 × 171시간/명 = 342시간
2월	450시간 - 306시간 = 144시간	2명 × 153시간/명 = 306시간

2. 예산매출배합(BM)의 계산

매월 예산총투입시간 = 1명 × 140시간 + 2명 × 180시간 = 500시간

BM책임 = $\frac{140시간}{500시간}$ = 0.28(28%), BM보조 = $\frac{360시간}{500시간}$ = 0.72(28%)

3. 매출배합차이

	책임연구원	보조연구원
1월	(108시간 - 450시간 × 28%) × @100,000 = ₩(1,800,000) 불리	(342시간 - 450시간 × 72%) × @50,000 = ₩900,000 유리
2월	(144시간 - 450시간 × 28%) × @100,000 = ₩1,800,000 유리	(306시간 - 450시간 × 72%) × @50,000 = ₩(900,000) 불리

11

제품	변동예산 (AQ × Bcm)		변동예산' (AQ' × Bcm)		고정예산 (BQ × Bcm)	
A	500단위 × @20 =	₩10,000	(2,500단위 × 40%) × @20 =	₩20,000	800단위 × @20 =	₩16,000
B	2,000단위 × @4 =	8,000	(2,500단위 × 60%) × @4 =	6,000	1,200단위 × @4 =	4,800
계		₩18,000		₩26,000		₩20,800

매출배합차이 ₩8,000 불리 | 매출수량차이 ₩5,200 유리

12 (주)한국이 판매부문의 20×1년도 성과평가목적으로 작성한 예산과 실적치를 대비한 자료는 다음과 같다.

구분	고정예산	실적치
판매량	25,000단위	27,500단위
매출액	₩250,000	₩253,000
변동원가		
제조원가	118,500	153,450
판매관리비	39,000	44,550
공헌이익	₩62,500	₩55,000
고정원가		
제조원가	12,500	15,000
판매관리비	27,500	30,000
영업이익	₩22,500	₩10,000

(주)한국의 CEO는 20×1년도 실제판매량이 목표판매량보다 10% 증가하였는데도 불구하고 영업이익은 오히려 감소한 원인을 파악하고자 한다. 이를 위해 (1) 매출가격차이와 (2) 매출조업도차이를 계산하면 각각 얼마인가? [회계사 16]

정답 및 해설

12 1. 매출가격차이 = AQ × (AP - BP)
= 27,500단위 × (₩9.2*1 - ₩10*2) = (-)₩22,000 불리

*1 $\frac{₩253,000}{27,500단위}$ = ₩9.2

*2 $\frac{₩250,000}{27,500단위}$ = ₩10

2. 매출조업도차이 = (AQ - BQ) × Bcm
= (27,500단위 - 25,000단위) × ₩2.5* = ₩6,250 유리

* $\frac{₩62,500}{25,000단위}$ = ₩2.5

대표 문제 투자중심점의 성과평가(1)

(주)서울에는 A와 B 두 개의 사업부가 있는데, 다음은 두 사업부의 성과평가와 관련된 자료이다.

구분	A부문	B부문
투자액	2,000억원	4,000억원
순이익	400	720

(주)서울의 자본비용은 10%이다. (주)서울이 사업부의 평가를 투자수익률과 잔여이익으로 평가하는 경우 어떠한 평가가 이루어지겠는가? [세무사 00]

해답 1. 투자수익률(ROI)의 계산

(1) A부문: $\frac{₩400}{₩2,000}$ = 20%(우수)

(2) B부문: $\frac{₩720}{₩4,000}$ = 18%

2. 잔여이익(RI)의 계산

(1) A부문: ₩400 - ₩2,000 × 10% = ₩200

(2) B부문: ₩720 - ₩4,000 × 10% = ₩320(우수)

13 (주)세무는 전자제품을 생산 · 판매하는 회사로서, 세 개의 사업부 A, B, C는 모두 투자중심점으로 설계 · 운영되고 있다. 회사 및 각 사업부의 최저필수수익률은 20%이며, 각 사업부의 20×1년도 매출액, 영업이익 및 영업자산에 관한 자료는 다음과 같다.

	사업부 A	사업부 B	사업부 C
매출액	₩400,000	₩500,000	₩300,000
영업이익	32,000	30,00	21,000
평균영업자산	100,000	50,000	50,000

현재 사업부 A는 ₩40,000을 투자하면 연간 ₩10,000의 영업이익을 추가로 얻을 수 있는 새로운 투자안을 고려하고 있다. 이 새로운 투자에 소요되는 예산은 현재의 자본비용 수준으로 조달할 수 있다. (주)세무가 투자수익률로 사업부를 평가하는 경우, 사업부 A는 새로운 투자안을 채택하겠는가?

[세무사 14 수정]

14 (주)강릉은 다음과 같은 3개의 사업부(A, B, C)를 갖고 있다. 다음 자료를 이용하여 각 사업부를 잔여이익으로 평가했을 때 성과가 높은 사업부 순서대로 배열하면? [세무사 10]

구분	A	B	C
투자액	₩1,300,000	₩1,200,000	₩1,500,000
영업이익	300,000	330,000	350,000
최저필수수익률	15%	19%	16%

15 (주)한국의 엔진사업부는 단일의 제품을 생산·판매하는 투자중심점이다. (주)한국의 최근 몇 해 동안의 투자수익률(ROI)은 평균 20%이며, 자본비용(즉, 최저필수수익률)은 15%이다. 다음은 20×1 회계연도 (주)한국의 엔진사업부에 관한 예산자료이다.

> • 엔진사업부의 연간 총고정원가 ₩200,000
> • 제품 단위당 변동원가 ₩100
> • 제품의 연간 생산·판매량 1,000단위
> • 엔진사업부에 투자된 평균영업자산 ₩500,000
>
> (주)한국의 CEO는 엔진사업부 경영자의 성과평가측정치로 투자수익률 혹은 잔여이익(residual income)을 고려 중이다. 만약 투자수익률이 채택되는 경우, 엔진사업부 경영자가 불리한 평가를 받지 않기 위해서는 20×1 회계연도에 20% 이상의 투자수익률을 달성하여야 한다. 만약 잔여이익이 채택되는 경우, 20×1 회계연도에 엔진사업부가 음(-)의 잔여이익을 창출하게 되면 유리한 성과평가를 받을 수 없게 된다.

(주)한국이 엔진사업부의 성과평가측정치로 투자수익률 혹은 잔여이익을 사용하게 되는 각각의 경우에 대해, 엔진사업부 경영자가 20×1 회계연도에 불리한 평가를 받지 않기 위해 책정하여야 하는 제품 단위당 최소평균판매가격은 얼마인가? [회계사 15]

정답 및 해설

13 각 사업부의 투자수익률

사업부 A = $\frac{32,000}{100,000}$ = 32%

사업부 B = $\frac{30,000}{50,000}$ = 60%

사업부 C = $\frac{21,000}{50,000}$ = 42%

∴ 새로운 투자안의 투자수익률은 $\left(\frac{10,000}{40,000} = 25\%\right)$로 사업부 A의 투자수익률(32%)보다 낮으므로 사업부 A의 경영자는 투자안을 채택하지 않을 것이다.

참고
새로운 투자안의 투자수익률(25%)은 회사의 최저 필수수익률(20%)보다 크므로 회사전체관점에서는 채택하는 것이 최적의 사결정이다.

14 잔여이익(RI) = 영업이익 - 투자액 × 최저필수수익률
사업부 A의 RI: ₩300,000 - ₩1,300,000 × 15% = ₩105,000
사업부 B의 RI: ₩330,000 - ₩1,200,000 × 19% = ₩102,000
사업부 C의 RI: ₩350,000 - ₩1,500,000 × 16% = ₩110,000
∴ C > A > B

15 1. 투자수익률 사용 시

$$\frac{1,000\text{단위} \times (P - ₩100) - ₩200,000}{₩500,000} \geq 20\%$$

∴ P = ₩400

2. 잔여이익 사용 시
{1,000단위 × (P - ₩100) - ₩200,000} - ₩500,000 × 15% ≥ 0
∴ P = ₩375

16 (주)한국의 투자중심점인 A사업부의 지난해 영업과 관련된 자료는 다음과 같다.

매출액	₩1,000,000
총변동원가	300,000
공헌이익	700,000
총고정원가	500,000
영업이익	200,000
평균영업자산	625,000

A사업부가 새로운 투자기회를 고려하지 않는다면, A사업부의 당기 성과와 평균영업자산은 지난해와 동일한 수준을 유지할 것이다. 그러나 당기에 A사업부가 고려 중인 투자안에 연간 평균 ₩120,000만큼 투자하게 되면, 이 새로운 투자안으로부터 예상되는 연간 수익, 원가 및 공헌이익률 관련 자료는 다음과 같다.

매출액	₩200,000
총고정원가	90,000
공헌이익률	60%

투자안의 채택 여부를 결정할 때 회사전체와 각 사업부에 적용되는 최저필수수익률은 15%이다. 만약 A사업부가 새로운 투자안을 채택한다면, A사업부의 올해 예상되는 잔여이익(residual income)은 얼마인가? [회계사 16]

정답 및 해설

16 1. 투자안 채택 후의 사업부 A의 영업이익 = ₩200,000 + ₩200,000 × 60% - ₩90,000 = ₩230,000
2. 잔여이익 = ₩230,000 - (₩625,000 + ₩120,000) × 15% = ₩118,250

대표 문제 투자중심점의 성과평가(2)

다음은 (주)파주의 TV사업부와 냉장고사업부의 성과평가를 위한 자료이다.

	TV사업부	냉장고사업부
총자산	₩2,000,000	₩10,000,000
유동부채	500,000	3,000,000
세전영업이익	250,000	2,000,000

회사는 장기부채(시장가치) ₩7,000,000과 자기자본(시장가치) ₩7,000,000으로 투하자본을 조달하고 있으며 부담하고 있는 자본비용은 이자율이 10%, 주주의 기대수익률은 14%이다.

법인세율은 40%일 때, TV사업부와 냉장고사업부의 경제적 부가가치(EVA)는 얼마인가? 단, 각 사업부에는 동일한 가중평균자본비용을 적용한다. [회계사 06]

해답 1. 가중평균자본비용

$$\frac{₩7,000,000}{₩7,000,000 + ₩7,000,000} \times 14\% + \frac{₩7,000,000}{₩7,000,000 + ₩7,000,000} \times 10\% \times (1 - 40\%) = 10\%$$

2. 투하자본
   (1) TV사업부 : ₩2,000,000 - ₩500,000 = ₩1,500,000
   (2) 냉장고사업부 : ₩10,000,000 - ₩3,000,000 = ₩7,000,000
3. 경제적 부가가치(EVA)
   (1) TV사업부 : ₩250,000 × (1 - 40%) - ₩1,500,000 × 10% = ₩0
   (2) 냉장고사업부 : ₩2,000,000 × (1 - 40%) - ₩7,000,000 × 10% = ₩500,000

17 (주)해커는 사업부 성과평가에 경제적 부가가치(EVA)를 도입하기 위해 다음의 자료를 수집하였다.

	A사업부	B사업부
총자산	₩650,000	₩950,000
유동부채	120,000	200,000
세전영업이익	75,000	160,000

(주)해커의 가중평균 자본비용은 9.6%이며, 법인세율은 40%이다. A사업부의 EVA와 B사업부의 EVA의 차이는?

18 (주)한해는 당기 초부터 고객에 대한 신용매출기간을 3개월에서 6개월로 연장하는 판매촉진정책을 실시하였다. 그 결과 당기에는 전기에 비해 매출액과 세후이익이 모두 증가하였고, 재고자산과 매출채권은 각각 ₩4,000과 ₩3,500만큼 증가하였다. 회사가 제시한 비교손익계산서와 법인세율 및 자본비용(cost of capital)은 다음과 같다.

항목	당기	전기	증감
매출액	₩275,000	₩250,000	10% 증가
차감			
매출원가	₩192,500	₩175,000	
판매관리비	55,000	50,000	
이자비용	1,400	1,400	
세전이익	₩26,100	₩23,600	
법인세비용	9,135	8,260	
세후이익	₩16,965	₩15,340	10.6% 증가
법인세율	35%	35%	
자본비용	15%	15%	

새로운 판매촉진정책의 실시로 인하여 당기의 경제적 부가가치(economic value added, EVA)는 전기에 비해 얼마만큼 증가(혹은 감소)하였는가? 단, 세후영업이익에 대한 추가적인 조정은 없으며 재고자산과 매출채권 이외에 투하자본(invested capital)의 변동은 없다고 가정한다. [회계사 10]

정답 및 해설

17 EVA_A = ₩75,000 × (1 - 0.4) - (₩650,000 - ₩120,000) × 0.096 = ₩(5,880)

EVA_B = ₩160,000 × (1 - 0.4) - (₩950,000 - ₩200,000) × 0.096 = ₩24,000

∴ A사업부 EVA가 ₩29,880만큼 적다.

18 △경제적 부가가치

= △세후 영업이익 - △투하자본 × 자본비용

= (△매출액 - △매출원가 - △판매관리비) × (1 - 법인세율) - △투하자본 × 자본비용

= {(₩275,000 - ₩250,000) - (₩192,500 - ₩175,000) - (₩55,000 - ₩50,000)} × (1 - 35%) - (₩4,000 + ₩3,500) × 15%

= ₩500 증가

해커스 세무사 眞원가관리회계

회계사 · 세무사 단번에 합격, 해커스 경영아카데미
cpa.Hackers.com

제14장

대체가격결정

제1절 | 대체가격결정의 의의

내부거래 또는 대체거래란 사업부 간에 이루어지는 재화나 용역의 이전거래를 말하며, 이때 이전되는 재화나 용역의 가격을 대체가격(TP; Transfer Price, 이전가격이라고도 함)이라고 한다.

(1) 기업은 규모의 확대와 다양화에 적응하기 위하여 가능한 한 경영을 분권화하게 된다. 분권화는 조직을 몇 개의 준독립적인 사업부(divisions)로 재조직함으로써 이루어지는데, 이 경우 각각의 사업부는 독립적인 경영을 위해 필요한 생산, 판매, 관리 등의 모든 기능을 가질 수 있다. 즉, 일반적으로 분권화된 조직하에서의 각 사업부는 투자중심점 또는 이익중심점으로 설계된다. 이렇게 분권화된 조직하에서는 각 사업부 사이에 재화나 용역의 이전이 빈번하게 이루어진다.

(2) 기업 전체적인 관점에서 보면 내부거래 시 대체가격을 얼마로 할 것인가는 아무런 문제가 되지 않는다. 왜냐하면 이전되는 재화나 용역의 대체가격은 이를 제공하는 공급사업부(supplying unit)에서는 수익이지만, 구매사업부(buying unit)에서는 원가이므로 기업 전체적으로 볼 때 대체거래로 인한 손익은 발생되지 않기 때문이다. 그러나 각 사업부의 성과평가측면에서는 내부거래 시의 대체가격을 얼마로 할 것인지가 매우 중요하게 다루어진다. 그 이유는 한 기업 내의 각 사업부 사이에서 재화나 용역이 이전될 때 대체가격이 어떻게 결정되느냐에 따라 각 사업부의 이익이 크게 달라질 수 있기 때문이다. 즉, 재화나 용역의 대체가격은 공급사업부에서는 수익이 되고 구매사업부에서는 원가이므로 이들 두 사업부의 성과측정에 영향을 미치게 된다.

(3) 각 사업부가 투자중심점이나 이익중심점으로 운영될 경우에 재화나 용역을 제공하는 공급사업부의 경영자는 대체가격을 가능한 한 높게 책정하려고 할 것이며, 이를 제공받는 구매사업부의 경영자는 가능한 한 대체가격을 낮게 책정하려고 할 것이다. 만약, 내부거래되는 재화나 용역을 외부에 판매할 수 있는 시장이 존재하거나 외부로부터 구매할 수 있는 상황에서 공급사업부와 구매사업부에서 원하는 대체가격의 수준이 서로 다르다면 내부거래가 이루어지지 않을 수 있으며, 이 경우 기업 전체적인 이익은 내부거래를 하느냐 아니면 외부거래를 하느냐에 따라 달라질 수도 있다. 그러므로 대체가격결정문제는 개별사업부의 관점에서 뿐만 아니라 기업 전체의 관점에서 볼 때에도 매우 중요한 문제인 것이다.

제2절 | 대체가격결정 시 고려할 기준

대체가격을 결정하는 것은 매우 어려운 일이지만, 대체가격을 결정할 때에는 다음과 같은 네 가지 기준을 신중히 고려해야 한다.

(1) 목표일치성기준: 각 사업부 자체의 목표뿐만 아니라 기업 전체의 목표도 극대화할 수 있는 방향으로 대체가격을 결정해야 한다.
(2) 성과평가기준: 각 사업부의 성과를 공정하게 평가하는 데 유용하도록 대체가격을 결정해야 한다.
(3) 자율성기준: 각 사업부의 경영자는 자기 사업부의 이익을 향상시킬 수 있도록 자기 사업부와 관련된 의사결정을 자율적으로 내릴 수 있는 권한이 주어져야 한다.
(4) 공기관에 대한 재정관리기준: 공기관이 기업에 미칠 수 있는 불리한 영향을 최소화하고 유리한 영향을 최대화할 수 있도록 대체가격을 결정해야 한다.

본 절에서는 위의 네 가지 기준에 대해서 구체적으로 살펴보기로 한다.

01 목표일치성기준

목표일치성(goal congruence)기준은 각 사업부의 경영자가 기업 전체의 이익이 극대화되는 범위 안에서 자기 사업부의 성과가 극대화되도록 대체가격을 결정해야 한다는 기준이다.

분권화된 조직의 각 사업부는 투자중심점이나 이익중심점으로 운영되기 때문에 각 중심점의 관리자들은 자신들의 성과측정치를 극대화시키기 위해서 기업 전체의 이익을 극대화시키지 않는 대체가격을 선택할 수도 있다. 그러나 조직을 분권화하는 목적은 기업규모의 확대와 다양화에 보다 효과적으로 대처하여 기업 전체의 목표를 극대화하는 데 있다. 따라서 최고경영자는 각 사업부의 경영자들이 회사 전체의 목표에 일치하는 행동을 할 수 있도록 동기를 부여해야 하며, 그들이 자기사업부의 목표에 앞서 조직 전체의 목표를 더 중요하게 생각하도록 유도해야 한다.

02 성과평가기준

성과평가(performance evaluation)기준이란 각 사업부의 성과를 공정하게 평가할 수 있도록 대체가격을 결정해야 한다는 기준이다.

(1) 내부거래 시에 대체가격이 어떻게 결정되느냐에 따라 각 사업부의 이익은 크게 달라지게 된다. 즉, 대체가격은 공급사업부에는 수익이 되고 구매사업부에는 원가가 되는 양면성을 갖고 있기 때문에 대체가격이 얼마로 결정되느냐에 따라 각 사업부의 성과가 크게 달라진다. 그러므로 대체가격이 합리적으로 결정되지 않는다면 각 사업부의 성과평가는 공정성을 상실하게 되고, 이는 각 사업부 경영자로 하여금 회사전체의 목표에 일치하지 않는 행동을 하도록 유발시킬 수 있으며, 결국에는 이익창출 의욕을 감퇴시킴으로써 분권화의 목적을 달성하지 못할 수도 있다.

(2) 따라서 각 사업부의 성과를 공정하게 평가할 수 있도록 대체가격을 결정해야 하며, 이를 위해서는 내부 거래가 이루어지기 전에 최소한 관련 사업부의 경영자들이 대체가격을 협상하는 과정을 거치는 것이 필요할 것이다.

(3) 일반적으로 성과평가기준을 만족시키기 위해서는 보다 객관적이고 피평가자가 합리적으로 인정할 수 있는 가격인 이전되는 재화나 용역의 시장가격 등을 이용하여 대체가격을 설정하면 된다.

03 자율성기준

자율성(autonomy)기준이란 각 사업부의 경영자는 자기사업부의 이익을 향상시킬 수 있도록 자기사업부와 관련된 의사결정을 자율적으로 내릴 수 있는 권한이 주어져야 한다는 것이다.

(1) 분권화의 본질은 의사결정의 자유이다. 분권화된 각 사업부를 엄격히 통제된 중앙집권적 경영방식으로 운영한다면 분권화로 인한 효익을 얻을 수 없을 것이다. 따라서 각 사업부의 경영자가 자기사업부의 목표를 극대화시키는 대안을 선택할 수 있도록 의사결정권의 자율성을 최대한 보장해 주어야 한다.

(2) 의사결정권한이 사업부 경영자에게 크게 위임된 상황에서는 각 사업부가 결정한 대체가격이 회사전체적인 관점에서 볼 때 최적대체가격이 아닌 경우가 발생할 수도 있다. 즉, 자율성기준을 지나치게 강조하게 되면 목표일치성이 달성되지 못하는 경우가 있다.

(3) 이와 같이 개별사업부 입장에는 최적의사결정이지만 회사 전체의 관점에는 최적의사결정이 되지 않는 현상을 목표불일치 또는 준최적화(sub-optimization) 현상이라고 한다. 이러한 측면에서 볼 때는 자율성기준이 여타 다른 기준보다 덜 중요하다고 볼 수 있다.

04 공기관에 대한 재정관리기준

공기관에 대한 재정관리(fiscal management)기준은 국세청, 물가통제기관, 신용평가기관 등의 공기관이 대체가격자료를 이용함으로써 기업에 미칠 수 있는 불리한 영향을 최소화하고 유리한 영향을 최대화할 수 있도록 대체가격을 결정해야 한다는 기준이다.

사업부가 여러 나라에 분산되어 있는 다국적기업(multi-national company)의 경우 각 나라마다 적용되는 세법 관련 규정이나 세율 등이 서로 다르므로 대체가격을 얼마로 결정하느냐에 따라 다국적기업 전체의 세금이 달라질 수 있다. 또한 어느 나라가 외국기업에 대해 본국으로의 과실송금을 제한하고 있는 경우에도 대체가격의 수준에 따라서 본국으로의 송금액이 영향을 받으며, 개별사업부의 신용평가, 관세 및 노사관계 협상 등에도 대체가격이 영향을 미치므로 이를 고려하여 대체가격을 결정해야 한다.

제3절 | 대체가격결정의 일반적인 지침

분권화된 조직에서 사업부 간에 재화나 용역을 이전해야 하는 상황이 발생한 경우 즉, 기업 전체의 입장에서 필요한 재화나 용역을 자가제조할지 외부구입할지 의사결정을 해야하는 경우에 우선적으로 고려해야 할 것은 내부대체(자가제조) 시 기업 전체로 보아 이익이 발생하느냐 손실이 발생하느냐 하는 것이다. 그리고 내부대체(자가제조)를 함으로써 기업 전체의 이익이 발생한다면 각 사업부의 자율성이 보장되는 범위 내에서 목표일치성이 훼손되지 않도록, 즉 내부대체가 이루어지도록 서로 만족할 만한 대체가격을 결정해야 한다.

(1) 대체가격은 구매사업부 입장에서는 원가이고 공급사업부 입장에서는 수익에 해당한다. 따라서 구매사업부에서는 내부대체되는 재화나 용역을 일정금액 이상으로는 구매할 수 없을 것이므로 대체가격의 상한, 즉 최댓값은 구매사업부에서 결정된다. 그리고 공급사업부에서는 내부대체되는 재화나 용역을 일정금액 이하로는 공급할 수 없을 것이므로 대체가격의 하한, 즉 최솟값은 공급사업부에서 결정된다.

(2) 이와 같이 대체가격은 공급사업부에서 결정된 가격을 최솟값으로, 구매사업부에서 결정된 가격을 최댓값으로 하여 일정범위로 정해지는데 이는 내부대체에 따른 기회비용(opportunity cost)의 개념을 이용하여 설정한다.

내부대체거래(대체가격)

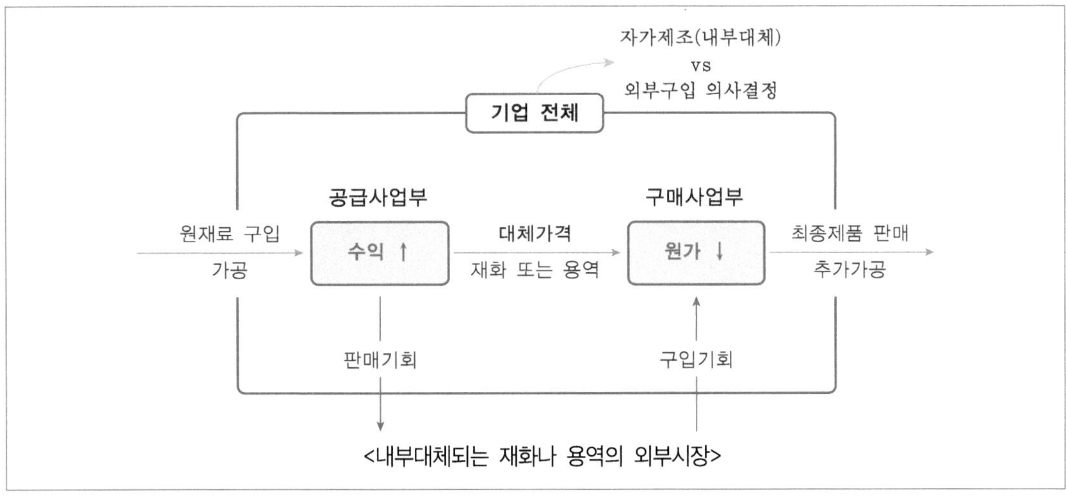

본 절에서는 대체가격의 결정논리와 기업 전체 및 각 사업부 입장에서의 대체 여부 판단 및 목표일치성 문제에 대해서 살펴보기로 한다. 이때 유의할 점은 본 절의 논리전개는 내부거래되는 재화나 용역의 외부시장이 존재하여 당해 시장가격 산정이 용이한 상황을 전제로 하고 있다는 것이다. 그 이유는 시장가격이 존재하지 않는 상황[1]에서는 대체가격결정의 일반적인 지침을 제공하기가 불가능하기 때문이다. 그리고 본 절에서는 논의의 편의상 내부대체거래의 대상을 재화, 즉 부품으로 한정한다.

1) 시장가격이 존재하지 않는 상황에서는 원가기준이나 협상가격 등을 이용하여 대체가격으로 결정하여야 할 것이다.

01 공급사업부에서 결정된 최소대체가격

공급사업부에서 결정된 최소대체가격은 공급사업부에 유휴설비가 존재하여 생산여력이 있는지의 여부에 따라 달라진다.

(1) 공급사업부의 입장에서는 내부대체되는 부품의 외부시장이 존재하는 경우에 내부대체에 따른 기회비용은 일반적으로 부품의 외부판매가격(외부시장가격)이 될 것이다. 왜냐하면, 공급사업부는 내부대체를 통해 부품을 공급할 경우 외부시장에서 해당 부품을 판매할 기회를 포기하는 것이기 때문이다. 따라서 공급사업부는 외부판매가격 이하로는 공급하지 않을 것이다.

(2) 공급사업부에 유휴설비가 존재하여 생산여력이 충분한 상황이라면 해당부품을 내부대체하더라도 외부판매기회를 포기하지 않아도 될 것이다. 따라서 공급사업부의 입장에서는 해당부품의 최대생산능력과 외부시장수요 및 내부대체수량에 따라 내부대체에 따른 기회비용이 달라지게 되어 기회비용의 개념을 이용하여 결정될 대체가격 또한 달라지게 될 것이다.

(3) 공급사업부에서의 대체가격결정을 또 다른 측면에서 보면 내부대체되는 부품의 최소판매가격 결정문제로 생각할 수 있다. 즉, 대체가격을 통해 최소한 내부대체에 따른 증분비용을 회수할 수 있다면 공급사업부에서는 내부대체를 통한 공급을 수락할 것이다. 일반적으로 고정원가는 관련범위 내에서 일정하게 발생한다고 가정하므로 내부대체에 따른 증분비용은 다음과 같이 내부대체에 따라 증가하는 변동원가(변동제조원가 및 변동판매관리비)와 단위당 기회비용으로 구성된다.

최소대체가격 = 대체 시 단위당 증분비용
= 대체 시 단위당 변동원가[*1] + 대체 시 단위당 기회비용[*2]

[*1] 대체 시 단위당 변동제조원가 + 대체 시 단위당 변동판매관리비

[*2] 대체 시 총기회비용 ÷ 내부대체수량

(4) 위의 식에서 내부대체 시 총기회비용2)은 일반적으로 내부대체에 따라 포기한 외부판매 총공헌이익이다. 왜냐하면, 공급사업부는 내부대체를 통해 부품을 공급할 경우 외부시장에서 해당부품을 판매할 기회를 포기하는 것이기 때문이다. 이러한 경우에 위의 식은 다음과 같이 변형된다.

$$\text{최소대체가격} = \text{대체 시 단위당 변동원가} + \frac{\text{포기한 외부판매수량} \times \text{외부판매단위당 공헌이익}^*}{\text{내부대체수량}}$$

* 외부판매단위당 판매가격(외부시장가격) - 외부판매단위당 변동원가

(5) 위의 식에서 부품의 내부대체 시 포기한 외부판매수량은 공급사업부의 최대생산능력과 외부시장수요 및 내부대체수량에 따라 다음과 같이 계산된다.

---

2) 내부대체에 따른 기회비용은 여러 가지 형태로 발생할 수 있다. 예를 들어, 부품을 내부대체(자가제조)하지 않고 해당부품 제조에 사용되었을 공급사업부의 생산설비를 다른 제품의 생산활동에 사용하여 현금운영원가 등이 절감된다면, 내부대체(자가제조)하지 않았을 경우 현금운영원가 등의 절감액이 내부대체에 따른 기회비용이 된다.

(1) 생산여력이 있는 경우(생산여력 = 최대생산능력 - 외부시장수요 > 0)
① 생산여력이 충분한 경우(생산여력 ≥ 내부대체수량): 포기수량 = 0
② 생산여력이 충분하지 못한 경우(생산여력 < 내부대체수량): 포기수량 = 내부대체수량 - 생산여력
(2) 생산여력이 없는 경우(생산여력 = 최대생산능력 - 외부시장수요 ≤ 0): 포기수량 = 내부대체수량

(6) 공급사업부의 생산여력이 충분한 경우(위 (1) ①의 경우)에는 최소대체가격이 대체 시 단위당 변동원가로 결정될 것이며, 공급사업부의 생산여력이 없는 경우(위 (2)의 경우)에는 최소대체가격이 대체 시 단위당 변동원가와 외부판매 단위당 공헌이익의 합으로 결정될 것이다. 이를 정리하면 다음과 같다.

(1) '생산여력 ≥ 내부대체수량'의 경우: 최소대체가격 = 대체 시 단위당 변동원가
(2) '생산여력 ≤ 0'의 경우: 최소대체가격 = 대체 시 단위당 변동원가 + 외부판매 단위당 공헌이익

(7) 외부판매 단위당 공헌이익은 '외부판매 단위당 판매가격(외부시장가격) - 외부판매 단위당 변동원가'이고 대체 시 단위당 변동원가는 '외부판매 단위당 변동원가 ± 대체 시 단위당 변동원가증감액'이므로 생산여력이 없는 경우의 최소대체가격은 다음과 같이 정리할 수 있다.

'생산여력 ≤ 0'의 경우:
최소대체가격 = 외부판매 단위당 판매가격(외부시장가격) ± 대체 시 단위당 변동원가증감액

생산여력이 없는 경우에, 내부대체에 따른 단위당 변동원가증감액이 없다면 공급사업부의 최소대체가격은 외부판매단위당 판매가격(외부시장가격)으로 결정될 것이다.

지금까지 공급사업부에서 결정된 최소대체가격에 대해 살펴본 내용을 정리하면 다음과 같다. 단, 고정원가는 관련범위 내에서 일정하게 발생하며 내부대체에 따른 기회비용은 부품의 외부판매와 관련해서만 발생한다고 가정한다.

(1) 생산여력[*1] ≥ 내부대체수량
최소대체가격 = 대체 시 단위당 변동원가[*2] + 대체 시 단위당 기회비용
= 대체 시 단위당 변동원가
(2) 0 < 생산여력 < 내부대체수량
최소대체가격 = 대체 시 단위당 변동원가 + 대체 시 단위당 기회비용

$$= \text{대체 시 단위당 변동원가} + \frac{\text{외부판매 포기수량}^{*3} \times \text{외부판매 단위당 공헌이익}^{*4}}{\text{내부대체수량}}$$

(3) 생산여력 ≤ 0
최소대체가격 = 대체 시 단위당 변동원가 + 대체 시 단위당 기회비용
= 대체 시 단위당 변동원가[*5] + 외부판매단위당 공헌이익
= 외부판매 단위당 판매가격(외부시장가격) ± 대체 시 단위당 변동원가증감액

[*1] 최대생산능력 - 외부시장수요
[*2] 대체 시 단위당 변동제조원가 + 대체 시 단위당 변동판매관리비
[*3] 내부대체수량 - 생산여력 = 내부대체수량 - (최대생산능력 - 외부시장수요)
[*4] 외부판매단위당 판매가격(외부시장가격) - 외부판매단위당 변동원가
[*5] 외부판매단위당 변동원가 ± 대체 시 단위당 변동원가증감액

예제 1

강원회사는 A사업부와 B사업부로 구성되어 있다. A사업부는 부품을 생산하고 B사업부는 A사업부에서 생산되는 부품을 가공하여 완제품을 제조한다. A사업부는 스스로 생산한 부품을 외부시장에 판매하거나 B사업부에 대체할 수 있다. B사업부에서는 A사업부에서 생산되는 부품을 연간 1,000단위만큼 필요로 한다. 각 사업부의 경영자에게는 공급처와 구입처를 자율적으로 선택할 수 있는 권한이 부여되어 있다. A사업부에서는 생산되는 부품과 관련한 주요자료는 다음과 같다.

연간 최대생산능력	10,000단위
외부판매 시 단위당 판매가격	₩200
단위당 변동원가(변동판매비 포함)	110
단위당 고정원가(연간 10,000단위 기준)	50

[요구사항]

다음 각각의 경우 A사업부에서 결정된 최소대체가격을 구하시오.

1. 사례 1: A사업부에서 생산되는 부품의 외부시장수요가 6,000단위인 경우
2. 사례 2: A사업부에서 생산되는 부품의 외부시장수요가 9,500단위인 경우
3. 사례 3: A사업부에서 생산되는 부품의 외부시장수요가 충분한 경우
4. 사례 4: A사업부에서 생산되는 부품의 외부시장수요가 충분하고 내부대체를 할 경우 단위당 ₩20의 변동판매비를 절감할 수 있는 경우

해답 1. **생산여력이 충분한 경우**

최소대체가격: 대체 시 단위당 변동원가 + 대체 시 단위당 기회비용
= ₩110 + ₩0 = ₩110

2. **생산여력이 충분하지 못한 경우**

(1) 외부판매포기수량 = 1,000단위(내부대체수량) - (10,000단위(최대생산능력) - 9,500단위(외부시장수요))(생산여력) = 500단위

(2) 최소대체가격: 대체 시 단위당 변동원가 + 대체 시 단위당 기회비용

$$= ₩110 + \frac{500단위 \times @90^{*}}{1,000단위} = ₩155$$

* 외부판매단위당 공헌이익: ₩200 - ₩110 = ₩90

3. **생산여력이 없는 경우**

최소대체가격: 대체 시 단위당 변동원가 + 대체 시 단위당 기회비용
= 대체 시 단위당 변동원가 + 외부판매 단위당 공헌이익
= ₩110 + (₩200 - ₩110)
= ₩200

∴ 이 경우 최소대체가격은 단위당 외부시장가격(외부판매 단위당 판매가격)과 일치함을 알 수 있다.

4. **생산여력이 없고 대체 시 단위당 변동원가가 절감되는 경우**

최소대체가격: 대체 시 단위당 변동원가 + 대체 시 단위당 기회비용
= 대체 시 단위당 변동원가 + 외부판매 단위당 공헌이익
= (₩110 - ₩20) + (₩200 - ₩110)
= ₩180

∴ 이 경우 최소대체가격은 '단위당 외부시장가격(₩200) - 대체 시 단위당 변동원가절감액(₩20)'과 일치함을 알 수 있다.

02 구매사업부에서 결정된 최대대체가격

구매사업부에서 결정된 최대대체가격은 단위당 외부구입가격과 단위당 지출가능원가 중 낮은 금액이다.

(1) 구매사업부의 입장에서는 내부대체되는 부품의 외부시장이 존재하는 경우에 내부대체에 따른 기회비용은 부품의 외부구입가격(외부시장가격)이 될 것이다. 왜냐하면 구매사업부는 내부대체를 통해 부품을 조달할 경우 외부시장에서 해당 부품을 구입할 기회를 포기하는 것이기 때문이다. 따라서 구매사업부는 부품의 대체가격으로 외부구입가격 이상으로는 지급하지 않을 것이다.

(2) 구매사업부는 이익실현을 위해 필요 부품을 외부구입하든지 내부대체를 통해 조달하든지 단위당 지출가능원가(최종제품 예상판매가격 - 추가완성원가 - 예상판매비용) 이상은 지급할 수 없다. 따라서 구매사업부입장에서 단위당 지출가능원가는 필요부품 조달의사결정에서 구입가격의 절대적인 상한가격이 된다.

결국 구매사업부에서 결정된 최대대체가격은 다음과 같이 단위당 외부구입가격과 단위당 지출가능원가 중 낮은 금액이다.

최대대체가격 = Min[단위당 외부구입가격[*1], 단위당 지출가능원가[*2]]

[*1] 내부대체에 따른 기회비용

[*2] 최종제품 예상판매가격 - 추가완성원가 - 예상판매비용

예제 2

예제 1에서 B사업부의 경우 부품 한 단위를 완제품으로 제조하는 데 단위당 ₩120의 추가완성원가가 소요되며, B사업부 완제품의 단위당 판매가격은 ₩350이다.

[요구사항]

다음 각각의 상황에서 B사업부에서 결정된 최대대체가격을 구하시오.

1. 사례 1: A사업부에서 생산되는 부품의 외부시장가격이 단위당 ₩200인 경우
2. 사례 2: A사업부에서 생산되는 부품의 외부시장가격이 단위당 ₩250인 경우

해답 1. **외부시장가격이 단위당 ₩200인 경우**

(1) 단위당 외부구입가격 ₩200

(2) 단위당 지출가능원가: ₩350 - ₩120 = 230

(3) B사업부 최대대체가격: Min(₩200, ₩230) = 200

단위당 지출가능원가는 ₩230인데, 단위당 외부구입가격이 ₩200이므로 최대대체가격은 둘 중의 낮은 가격인 ₩200이 된다.

2. **외부시장가격이 단위당 ₩250인 경우**

(1) 단위당 외부구입가격 ₩250

(2) 단위당 지출가능원가: ₩350 - ₩120 = 230

(3) B사업부 최대대체가격: Min(₩250, ₩230) = 230

단위당 지출가능원가는 ₩230인데, 단위당 외부구입가격이 ₩250이므로 최대대체가격은 둘 중의 낮은 가격인 ₩230이 된다.

03 기업 전체 및 각 사업부 입장에서의 대체 여부 판단과 목표일치성문제

지금까지 분권화된 조직에서 내부대체거래를 하는 경우 구매사업부에서 결정된 최대대체가격과 공급사업부에서 결정된 최소대체가격에 대해서 살펴보았다. 이제부터 이를 토대로 기업 전체 입장 및 각 사업부 입장에서의 대체여부판단과 목표일치성문제에 대해서 살펴보기로 한다.

(1) 공급사업부에서 결정된 최소대체가격이 구매사업부에서 결정된 최대대체가격보다 낮은 경우

공급사업부는 가능한 한 가격을 높여 판매하려고 하기 때문에 구매사업부에 적어도 최소대체가격 이상을 요구할 것이다. 반면에 구매사업부는 될 수 있는 한 낮은 가격으로 구입하려고 할 것이므로, 공급사업부에 최대대체가격 이하로 대체받기를 바랄 것이다. 따라서 공급사업부의 최소대체가격이 구매사업부의 최대대체가격보다 낮다면 이들이 모두 수용가능한 대체가격이 존재하는데, 이는 다음과 같이 나타낼 수 있다.

대체가격의 범위

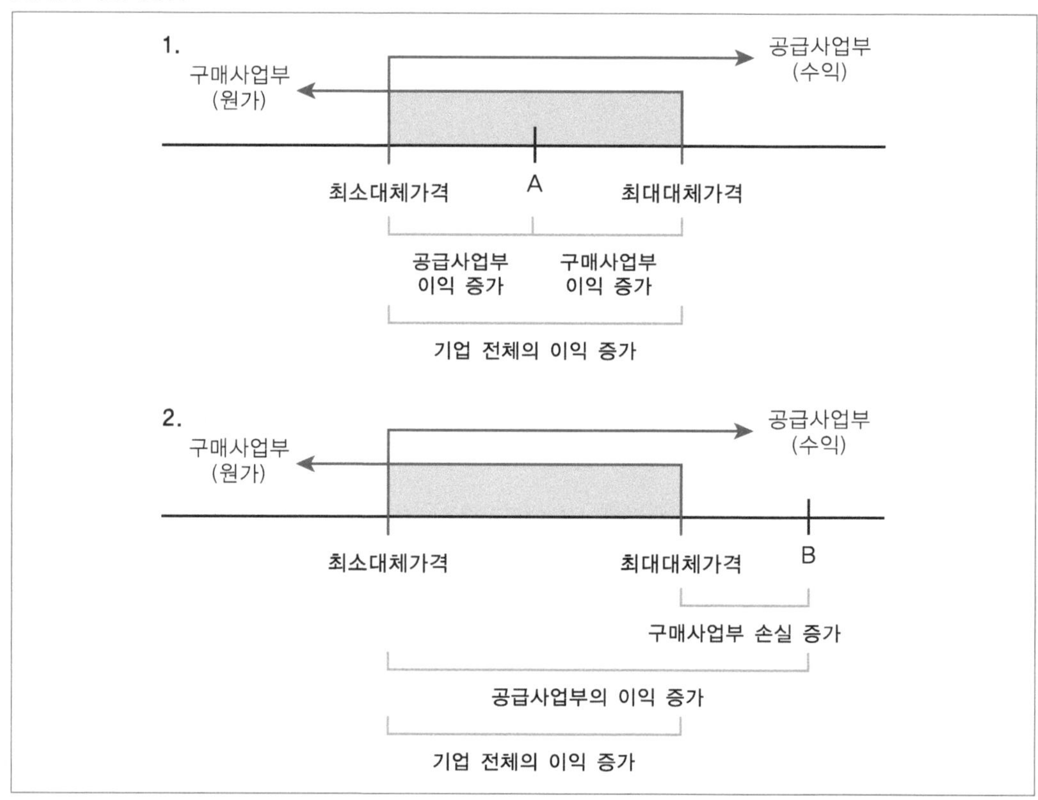

① **기업 전체의 관점**: 위와 같은 상황을 기업 전체의 관점에서 볼 때 대체 여부를 판단하면 다음과 같다.

예 1. 대체가격이 1과 같이 A에서 결정되었다면 대체거래로 인하여 공급사업부는 대체한 부품단위당 A와 최소대체가격의 차액만큼 증분이익을 얻게 되고, 구매사업부도 대체받은 부품단위당 최대대체가격과 A의 차액만큼 증분이익을 얻게 된다. 따라서 부품 한 단위를 대체함으로써 기업 전체적으로는 공급사업부의 증분이익과 구매사업부의 증분이익을 합한 금액(최대대체가격 - 최소대체가격)만큼 증분이익을 얻게 된다.

2. 대체가격이 2와 같이 B에서 결정되면 대체거래로 인하여 구매사업부는 대체받은 부품단위당 최대대체가격과 B의 차액만큼 증분손실이 발생하지만 공급사업부가 B와 최소대체가격의 차액만큼 증분이익을 얻게 되므로 기업 전체적으로 보면 최대대체가격과 최소대체가격의 차액만큼 증분이익을 얻게 된다. 즉, 기업 전체의 입장에서는 공급사업부에서 결정된 최소대체가격이 구매사업부에서 결정된 최대대체가격보다 낮다면 대체가격에 관계없이 대체(자가제조)해야 한다.

② **각 사업부관점**: 앞에서 살펴보았듯이 대체가격이 A에서 결정되면 각 사업부 입장에도 이익이 되므로 대체가 성립하지만 B에서 결정되면 구매사업부는 손실을 보므로 대체가 성립하지 않는다. 즉, 각 사업부 입장에서는 대체가격이 어느 수준에서 결정되느냐에 따라 대체 거래의 성립 여부가 달라진다.

③ **목표일치성기준과 자율성기준**

㉠ 목표일치성기준은 각 사업부경영자가 기업 전체의 이익이 극대화되는 범위 내에서 자기사업부의 성과가 극대화되도록 해야 한다는 것으로, 기업 전체 입장에서의 최적의사결정과 각 사업부 입장에서의 의사결정이 서로 일치해야 한다는 것이다. 즉, 목표일치성기준에 의하면 내부대체를 하는 것이 기업 전체의 입장에서 유리할 경우, 각 사업부 입장에서도 내부대체가 이루어질 수 있도록 대체가격이 사업부 간의 자율적인 협상에 의해서 공급사업부의 최소대체가격과 구매사업부의 최대대체가격 사이에서 적절히 결정될 수 있도록 해야 한다는 것이다.

㉡ 각 사업부가 분권화된 독립적인 사업부로서 자율성을 지나치게 주장하다 보면 자기사업부의 이익을 극대화하기 위해서 공급사업부는 대체가격을 최소대체가격 이상의 범위에서 되도록 높게 받으려고 할 것이고, 반대로 구매사업부 입장에서는 최대대체가격 이하의 범위에서 되도록 낮추어 받으려고 함으로써 대체가격이 공급사업부의 최소대체가격과 구매사업부의 최대대체가격 사이에서 적절히 결정되지 못하고 협상이 결렬되어 대체가 이루어지지 않을 수가 있는데, 이와 같이 기업 전체 입장에서의 최적의사결정과 각 사업부 입장에서의 최적의사결정이 어긋나는 현상을 목표불일치현상 또는 준최적화현상이라고 한다.

㉢ 결국 자율성기준은 목표일치성기준하에서 준최적화현상이 발생하지 않도록 적절한 수준에서 통제되어야 한다.

(2) 공급사업부에서 결정된 최소대체가격이 구매사업부에서 결정된 최대대체가격보다 높은 경우

이러한 상황에서는 공급사업부와 구매사업부가 모두 수용가능한 대체가격이 존재하지 않는데, 이는 다음과 같이 나타낼 수 있다.

대체가격의 범위

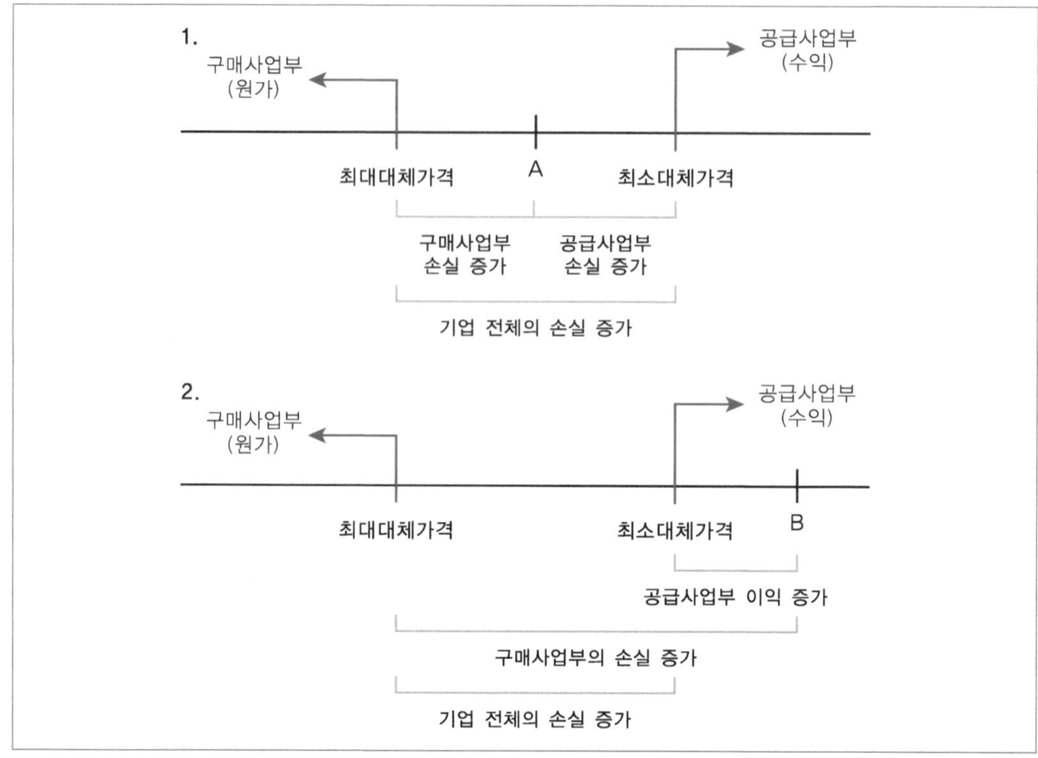

① **기업 전체의 관점:** 위와 같은 상황을 기업 전체의 관점에서 볼 때 대체 여부를 판단하면 다음과 같다.

예 1. 대체가격이 1과 같이 A에서 결정되었다면 대체거래로 인하여 공급사업부는 대체한 부품단위당 최소대체가격과 A의 차액만큼 증분손실이 발생되고, 구매사업부도 대체받은 부품단위당 A와 최대대체가격의 차액만큼 증분손실이 발생하게 된다. 따라서 부품 한 단위를 대체함으로써 기업 전체적으로는 공급사업부의 증분손실과 구매사업부의 증분손실을 합한 금액(최소대체가격 - 최대대체가격)만큼 증분손실이 발생하게 된다.

2. 대체가격이 2와 같이 B에서 결정되면 대체거래로 인하여 공급사업부는 B와 최소대체가격의 차액만큼 증분이익을 얻게 되지만, 구매사업부는 대체받은 부품단위당 B와 최대대체가격의 차액만큼 증분손실이 발생하게 됨으로써 기업 전체적으로 보면 역시 (최소대체가격 - 최대대체가격)만큼 증분손실을 얻게 된다. 즉, 기업 전체의 입장에서는 공급사업부에서 결정된 최소대체가격이 구매사업부에서 결정된 최대대체가격보다 높다면 대체가격에 관계없이 대체(자가제조)해서는 안 된다.

② **각 사업부관점**: 앞에서 보았듯이 대체가격이 A에서 결정되면 각 사업부 입장에서는 손실이 되므로 대체가 성립하지 않고 B에서 결정되더라도 구매사업부 입장에서 손실을 보므로 대체가 성립하지 않는다. 즉, 각 사업부 입장에서도 대체가격이 어느 수준에서 결정되든 대체거래는 성립되지 않는다.

③ **목표일치성기준과 자율성기준**: 이러한 경우는 대체 여부 판단을 각 사업부의 자율에 맡기더라도 어느 경우에나 각 사업부의 이익을 모두 증가시키는 대체가격이란 존재하지 않는다. 따라서 대체는 이루어지지 않는다. 그리고 회사 전체의 입장에서도 대체하지 않는 것이 최적의 의사결정이므로 준최적화현상은 발생하지 않는다.

예제 3

(주)해커는 A사업부와 B사업부로 구성되어 있다. A사업부는 부품을 생산하여 외부에 판매하거나 B사업부에 공급하고 있으며 B사업부는 A사업부에서 생산되는 부품을 가공하여 완제품을 제조한다. 다음 자료는 A사업부와 관련된 자료이다.

연간 최대생산능력	1,000단위
단위당 외부시장가격	₩200
단위당 변동원가(변동판매비 포함)	100
단위당 고정원가(연간 1,000단위 기준)	30

B사업부에서는 A사업부에서 생산하는 부품을 연간 500단위만큼 필요로 한다. B사업부에서 부품 한 단위를 완제품으로 만드는 데 소요되는 B사업부의 추가완성원가는 단위당 ₩50이며, 완제품의 단위당 판매가격은 ₩300이고 고정원가는 ₩50,000이다. B사업부는 부품을 외부에서 단위당 ₩120에 구입할 수 있다.

[요구사항]

이와 같은 상황에서 다음 각각의 경우에 설정가능한 대체가격의 범위를 구하여 기업 전체의 입장에서 내부대체를 하는 경우와 하지 않는 경우 어떤 것이 더 유리한지 판단하고 변동원가계산 부분 포괄손익계산서를 작성하여 분석하시오.

1. A사업부에서 생산되는 부품의 외부시장수요가 500단위인 경우
2. A사업부에서 생산되는 부품의 외부시장수요가 무한한 경우

해답 [자료분석]

	A사업부		B사업부
	외부판매	내부대체	
단위당 판매가격	₩200	P	₩300
단위당 변동원가	100	₩100	Min[P, ₩120][*2] + ₩50
단위당 공헌이익	₩100	P - ₩100	₩300 - P - ₩50, ₩300 - ₩120 - ₩50
고정원가	₩30,000[*1]		₩50,000

*1 1,000단위 × @30 = ₩30,000

*2 B사업부는 부품의 내부대체와 외부구입을 선택할 수 있으므로 이는 다음과 같이 나타낼 수 있음
Min[부품의 내부대체가격, 부품의 외부구입가격] = Min[P, ₩120]

1. 부품의 외부시장수요가 500단위인 경우(A사업부의 생산여력이 충분한 경우)

(1) 대체가격의 범위

A사업부: 최소대체가격 = 단위당 변동원가 = ₩100

B사업부: 최대대체가격 = ₩120*

* Min { 단위당 외부구입가격: ₩120
단위당 지출가능원가: ₩300 - ₩50 = ₩250 }
(₩300: 완제품단위당 판매가격, ₩50: 추가완성원가)

대체 시 증분이익: 대체수량 × (최대대체가격 - 최소대체가격)
= 500단위 × (@120 - @100)
= ₩10,000

∴ 내부대체 시 증분이익이 ₩10,000이므로 내부대체한다.

(2) 변동원가계산 부분 포괄손익계산서

부품의 외부시장수요가 500단위인 경우 물량흐름

	A사업부	B사업부
내부대체하지 않는 경우	외부판매 500단위* + 내부대체 0단위	내부대체 0단위 + 외부구입 500단위
내부대체하는 경우	외부판매 500단위 + 내부대체 500단위	내부대체 500단위 + 외부구입 0단위

* 외부수요가 500단위이므로 A사업부는 500단위만 생산하여 외부판매함

1) 내부대체하지 않는 경우

	A사업부	B사업부	합계
매출액	500단위 × @200 + -	- + 500단위 × @300	₩250,000
변동원가	500단위 × @100 + -	- + 500단위 × (@120 + @50)	135,000
공헌이익	500단위 × @100 + -	- + 500단위 × @130	₩115,000

2) 내부대체하는 경우

	A사업부	B사업부	합계
매출액	500단위 × @200 + 500단위 × P	500단위 × @300 + -	₩250,000 + 500단위 × P
변동원가	500단위 × @100 + 500단위 × @100	500단위 × (P + @50) + -	₩125,000 + 500단위 × P
공헌이익	500단위 × @100 + 500단위 × (P - @100)	500단위 × @250 - 500단위 × P	₩125,000

3) ① 내부대체 시 기업의 전체이익이 ₩10,000(₩125,000 - ₩115,000)증가하므로 (주)해커는 부품 500단위를 내부대체한다.

② 최소대체가격(A사업부의 부문경영자는 대체 시 최소한 내부대체하지 않는 경우보다 이익이 증가하기를 원함)

500단위 × @100 ≤ 500단위 × @100 + 500단위 × (P - @100)

∴ P ≥ ₩100

③ 최대대체가격(B사업부의 부문경영자는 대체 시 최소한 내부대체하지 않는 경우보다 이익이 증가하기를 원함)

500단위 × @130 ≤ 500단위 × @250 - 500단위 × P

∴ P ≤ ₩120

④ 대체가격범위

₩100 ≤ P ≤ ₩120

[검증]

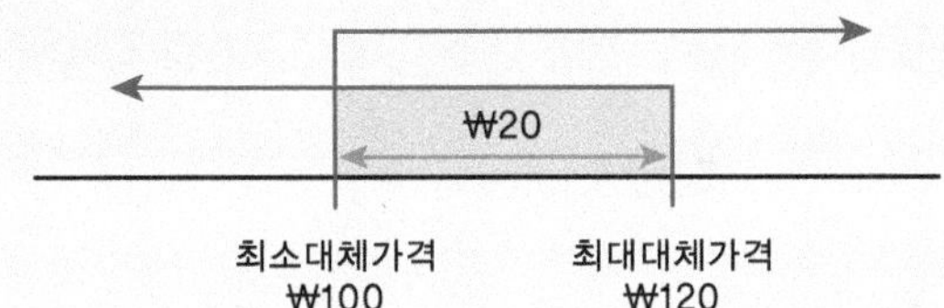

∴ 내부대체 시 증분이익: 500단위 × @20 = ₩10,000

2. 부품의 외부시장수요가 무한한 경우(A사업부의 생산여력이 없는 경우)

(1) 대체가격의 범위

A사업부: 최소대체가격 = 대체 시 단위당 변동원가 + 대체 시 단위당 기회비용
= ₩100 + ₩100* = ₩200

* 외부판매 단위당 공헌이익

B사업부: 최대대체가격 = ₩120*

* Min { 단위당 외부구입가격: ₩120 / 단위당 지출가능원가: ₩300 - ₩50 = ₩250 }
(₩300: 완제품단위당 판매가격, ₩50: 추가완성원가)

대체 시 증분이익(손실): (최대대체가격 - 최소대체가격) × 대체수량
= 500단위 × (@120 - @200)
= ₩(40,000)

∴ 내부대체 시 증분손실이 ₩40,000이므로 내부대체하지 않는다.

(2) 변동원가계산 부분 포괄손익계산서

부품의 외부시장수요가 무한한 경우 물량흐름

	A사업부	B사업부
내부대체하지 않는 경우	외부판매* 1,000단위 + 내부대체 0단위	내부대체 0단위 + 외부구입 500단위
내부대체하는 경우	외부판매 500단위 + 내부대체 500단위	내부대체 500단위 + 외부구입 0단위

* 외부수요가 무한하므로 A사업부는 최대조업도인 1,000단위를 생산하여 외부판매함

1) 내부대체하지 않는 경우

	A사업부	B사업부	합계
매출액	1,000단위 × @200 + -	- + 500단위 × @300	₩350,000
변동원가	1,000단위 × @100 + -	- + 500단위 × (@120 + @50)	185,000
공헌이익	1,000단위 × @100 + -	- + 500단위 × @130	₩165,000

2) 내부대체하는 경우

	A사업부	B사업부	합계
매출액	500단위×@200 + 500단위×P	500단위×@300 + -	₩250,000 + 500단위×P
변동원가	500단위×@100 + 500단위×@100	500단위×(P+@50) + -	₩125,000 + 500단위×P
공헌이익	500단위×@100 + 500단위×(P - @100)	500단위×@250 - 500단위×P	₩125,000

3) ① 내부대체 시 기업의 전체이익이 ₩40,000(₩125,000 - ₩165,000)감소하므로 (주)해커는 부품 500단위를 내부대체하지 않는다.

② 최소대체가격(A사업부의 부문경영자는 대체 시 최소한 내부대체하지 않는 경우보다 이익이 증가하기를 원함)

1,000단위 × @100 ≤ 500단위 × @100 + 500단위 × (P - @100)

∴ P ≥ ₩200

③ 최대대체가격(B사업부의 부문경영자는 대체 시 최소한 내부대체하지 않는 경우보다 이익이 증가하기를 원함)

500단위 × @130 ≤ 500단위 × @250 - 500단위 × P

∴ P ≤ ₩120

④ 대체가격범위: P ≥ ₩200, P ≤ ₩120

[검증]

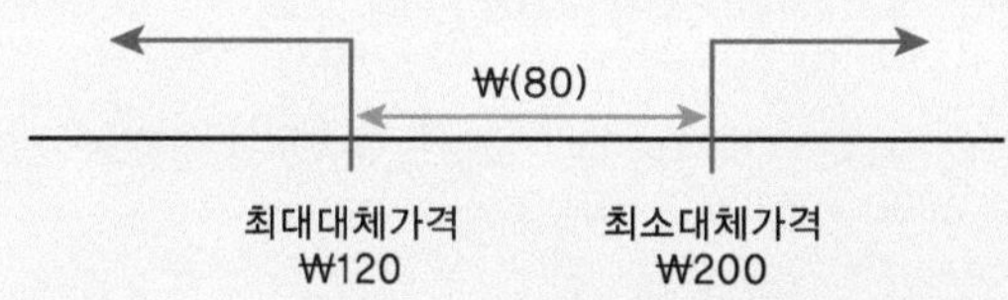

∴ 내부대체 시 증분손실: 500단위 × @(80) = ₩(40,000)

(3) 공급사업부에서 결정된 최소대체가격과 구매사업부에서 결정된 최대대체가격이 동일한 경우

이러한 경우 각 사업부 입장에서 대체를 하는 경우와 하지 않는 경우 무차별하게 되며, 회사전체 입장에서도 대체 여부와 상관없이 이익은 동일하게 된다.

제4절 | 대체가격결정의 실제적 적용방법

대체가격은 각 사업부 자체의 목표뿐만 아니라 기업 전체의 목표도 극대화할 수 있는 방향으로 결정되어야 하며(목표일치성 기준), 각 사업부의 성과를 공정하게 평가하는 데 도움이 될 수 있도록 결정되어야 한다(성과평가기준). 또한 각 사업부의 경영자가 대체가격과 관련된 의사결정을 자율적으로 할 수 있는 권한도 있어야 하며(자율성기준), 공기관이 기업에 미칠 수 있는 불리한 영향을 최소화할 수 있도록 대체가격이 결정되어야 한다(공기관에 대한 재정관리기준).

그러나 위의 모든 기준을 만족시키는 대체가격을 결정하는 것은 쉽지 않으며, 상황이 복잡해질수록 대체가격결정에 대해서는 적절한 해답을 구하기 어렵다. 일반적으로 이용되는 대체가격의 결정방법을 살펴보면 다음과 같다.

01 시장가격기준

시장가격기준은 내부거래되는 재화나 용역의 외부시장이 존재하는 경우에 그 시장에서 형성된 가격을 대체가격으로 결정하는 방법이다. 이는 내부거래되는 재화나 용역이 품질 등 여러 가지 면에서 외부시장의 재화나 용역과 거의 차이가 없는 경우 (1) 개별기업의 행동이 시장가격에 영향을 미치지 않고(완전경쟁시장이 존재) (2) 시장가격을 용이하게 입수할 수 있으며 (3) 각 사업부가 의사결정에 있어 충분한 자율성을 갖고 있다면 시장가격은 가장 이상적인 대체가격이 된다. 이러한 경우 시장가격을 대체가격으로 이용한다면 공급사업부는 내부거래되는 재화나 용역을 외부시장에 판매할 경우에 획득할 금액에 의해서 수익이 측정되고 수요사업부도 실제로 외부시장에서 구입할 경우의 금액으로 원가가 측정되므로 목표일치성, 성과평가, 자율성 등의 대체가격결정기준을 모두 만족시킬 수 있게 된다.

02 원가기준

내부거래되는 재화나 용역의 외부시장이 존재하지 않거나, 시장가격이 존재하더라도 신뢰할 수 없는 경우에는 시장가격을 대체가격으로 이용할 수 없다. 이러한 상황에서 그 대안으로 많이 이용되는 것이 원가를 기준으로 한 대체가격결정방법이다.

원가기준의 대체가격결정에는 다음과 같은 여러 가지 방법들이 있는데, 여기서 유의할 점은 대체가격결정에서의 원가란 실제원가가 아니라 표준(예산)원가를 의미한다는 것이다. 이는 공급사업부의 비능률적인 요소에 의하여 구매사업부가 영향을 받지 않도록 하기 위해서이다.

전부원가기준: 전부원가를 대체가격으로 결정하는 방법
전부원가가산기준: 전부원가에 일정금액을 가산한 금액을 대체가격으로 결정하는 방법
변동원가기준: 변동원가를 대체가격으로 결정하는 방법
변동원가가산기준: 변동원가에 일정금액을 가산한 금액을 대체가격으로 결정하는 방법

원가기준의 대체가격결정은 이해하기 쉽고 적용이 간편하다는 장점이 있지만 다음과 같은 문제점이 있다.

(1) 전부원가기준이나 전부원가가산기준으로 대체가격을 결정하는 경우에는 기업 전체의 최적의사결정과 각 사업부의 최적의사결정이 서로 다르게 나타날 가능성이 항상 존재한다.

(2) 변동원가기준으로 대체가격을 결정하는 경우 공급사업부에서는 이익이 발생하지 않거나 고정원가만큼 손실을 보게 되고 내부대체로 인한 모든 이익은 구매사업부로 이전되기 때문에 각 사업부의 성과평가에는 적절하지 못하다. 이러한 문제점을 해결하기 위한 방안으로 공급사업부의 변동원가에 일정한 금액을 가산하여 주는 방법, 즉 변동원가가산기준을 이용하기도 한다. 그러나 변동원가가산기준으로 대체가격을 결정하더라도 얼마만큼 가산해 주느냐에 따라 각 사업부의 성과평가가 달라지기 때문에 성과평가의 공정성을 반드시 향상시키지는 못한다.

03 협상가격기준

협상가격(negotiated price)이란 공급사업부와 구매사업부가 서로 합의한 대체가격을 말한다. 즉, 두 사업부가 마치 외부시장에서 거래하는 것처럼 자율적인 협의를 거쳐 결정한 대체가격을 말하는데, 이 방법은 각 사업부의 자율성을 보장해 주고 사업부 간의 갈등을 해소하는 데 도움을 주기 때문에 시장가격이 존재하지 않는 상황에서 널리 사용되는 방법이다. 그러나 협상은 많은 시간을 필요로 하기 때문에 관련된 협상과정에서 많은 시간이 소모될 우려가 있으며, 각 사업부의 수익성이 사업부경영자의 협상기술과 능력에 민감하게 영향받을 가능성이 있는 등의 한계점이 있다.

이전가격결정방법의 비교

구분	시장가격기준	원가기준	협상가격기준
목표일치성 달성	시장이 경쟁적일 때 가능함	종종 가능하나 언제나 가능한 것은 아님	가능함
하위단위 성과평가 시 유용	시장이 경쟁적일 때 유용함	이전가격이 전부원가를 초과하지 않으면 어려움, 다소 자의적임	유용하나 이전가격이 협상력에 따라 영향을 받음
경영노력에 대한 동기부여	동기부여함	예산원가에 근거하면 가능함, 실제원가에 근거하면 원가를 통제할 유인이 적음	동기부여함
자율성 유지	시장이 경쟁적일 때 가능함	규칙에 근거하기 때문에 불가능함	하위단위 간 협상에 근거하기 때문에 가능함
기타 요소	시장이 존재하지 않거나 시장이 불완전 할 수 있음	제품 또는 서비스의 전부원가를 결정할 때 유용함, 적용하기가 쉬움	협상에 시간이 걸리고, 상황이 변동함에 따라 주기적으로 검토할 필요가 있음

제5절 | 다국적기업의 대체가격

국내기업의 부문 간 대체가격 설정 시 중점을 두는 사항은 목표일치성과 동기부여이다. 그러나 다국적기업의 경우에는 이들 요인 외에도 법인세, 수입관세, 환율 등을 고려하여 대체가격을 결정한다.

(1) 다국적기업은 수입관세를 낮추기 위해서 대체가격을 낮게 설정할 수도 있으며, 법인세율이 낮은 국가에서 생산한 부품을 법인세율이 높은 국가로 대체할 경우, 다국적기업 전체의 법인세를 절감하기 위하여 대체가격을 높게 설정할 것이다. 세율이 높은 국가에서는 대체가격이 높게 설정되면 원가(비용)가 높게 계상됨에 따라 이익이 적게 계상되어 그 결과 세율이 높은 국가에서는 이익이 적으므로 법인세부담이 적을 것이다.

(2) 국가의 규제가 없다면 다국적기업은 법인세를 절감하기 위해 고세율 국가에서 저세율 국가로 이익을 이전하도록 대체가격을 결정할 것이다. 그러나 이러한 현상을 방지하기 위해 각국에서는 법률로써 대체가격설정과 관련한 규제를 가하고 있는 것이 일반적이며 우리나라의 경우 '국제조세조정에 관한 법률'에서 이전가격세제를 통해 다국적기업의 대체가격을 규제하고 있다.

예제 4

한국에 본사를 둔 (주)월드는 축구화를 생산하여 판매하는 회사이다. 회사는 세계 곳곳에 지사를 설립하고 있는 다국적기업이다. (주)월드는 일본과 중국에 각각 지사를 설립하고 이익중심점으로 운영하고 있다. 일본지사에서 20×1년도에 부품 2,500개를 생산하여 그 중 60%는 일본시장에 판매하고, 나머지는 중국에서 추가가공하여 판매하였다. 일본의 법인세율은 40%이고, 중국의 법인세율은 25%이다. 일본지사와 중국지사의 원가와 관련된 자료는 다음과 같다.

	일본지사	중국지사
단위당 변동원가	₩2,500	₩2,000
단위당 판매가격	7,000	12,000
연간 고정원가	5,000,000	2,000,000

[요구사항]

1. 대체가격이 (1) 변동원가 (2) 전부원가 (3) 시장가격을 기준으로 결정되는 경우 일본과 중국지사에서의 법인세차감후이익을 계산하시오.
2. 사업부경영자의 성과평가기준이 법인세차감후이익이라면 일본과 중국지사의 경영자는 [요구사항 1]의 어느 대체가격을 선호하겠는가?
3. (주)월드가 기업 전체의 법인세를 최소화하기 위해서 선호하는 대체가격은 [요구사항 1]의 어느 것이겠는가? 그리고 그때의 법인세차감후이익은 얼마가 되겠는가?

해답 1. 지사별 법인세차감후이익

(1) 변동원가기준: ₩2,500

	일본지사	중국지사	합계
매출액	₩13,000,000[*1]	₩12,000,000[*2]	₩25,000,000
대체원가	-	2,500,000	2,500,000
변동원가	6,250,000	2,000,000	8,250,000
고정원가	5,000,000	2,000,000	7,000,000
세전이익	₩1,750,000	₩5,500,000	₩7,250,000
법인세(0.4, 0.25)	700,000	1,375,000	2,075,000
세후이익	₩1,050,000	₩4,125,000	₩5,175,000

*1 1,500개 × @7,000 + 1,000개 × @2,500 = ₩13,000,000

*2 1,000개 × @12,000 = ₩12,000,000

(2) 전부원가기준: ₩4,500

	일본지사	중국지사	합계
매출액	₩15,000,000[*]	₩12,000,000	₩27,000,000
대체가격	-	4,500,000	4,500,000
변동원가	6,250,000	2,000,000	8,250,000
고정원가	5,000,000	2,000,000	7,000,000
세전이익	₩3,750,000	₩3,500,000	₩7,250,000
법인세(0.4, 0.25)	1,500,000	875,000	2,375,000
세후이익	₩2,250,000	₩2,625,000	₩4,875,000

* 단위당 전부원가: @2,500 + ₩5,000,000/2,500개 = @4,500
매출액: 1,500개 × @7,000 + 1,000개 × @4,500 = ₩15,000,000

(3) 시장가격기준: ₩7,000

	일본지사	중국지사	합계
매출액	₩17,500,000[*]	₩12,000,000	₩29,500,000
대체가격	-	7,000,000	7,000,000
변동원가	6,250,000	2,000,000	8,250,000
고정원가	5,000,000	2,000,000	7,000,000
세전이익	₩6,250,000	₩1,000,000	₩7,250,000
법인세(0.4, 0.25)	2,500,000	250,000	2,750,000
세후이익	₩3,750,000	₩750,000	₩4,500,000

* 2,500개 × @7,000 = ₩17,500,000

2. 지사별 선호하는 대체가격

법인세차감후이익을 기준으로 성과평가하는 경우에 일본지사 경영자는 시장가격을, 중국지사 경영자는 변동원가를 각각 대체가격으로 선호할 것이다.

3. (주)월드가 선호하는 대체가격

(1) 각 대체가격하의 기업 전체의 법인세

① 변동원가: ₩700,000 + ₩1,375,000 = ₩2,075,000

② 전부원가: ₩1,500,000 + ₩875,000 = ₩2,375,000

③ 시장가격: ₩2,500,000 + ₩250,000 = ₩2,750,000

(2) 선호하는 대체가격: 법인세가 가장 적은 변동원가를 대체가격으로 선호한다.

(3) 변동원가가 대체가격인 경우 기업 전체의 법인세차감후이익: ₩5,175,000

(3) 예제 4에서 (주)월드가 기업 전체의 법인세를 최소화하고자 한다는 것은 일본과 중국지사의 법인세를 합한 금액이 최소가 되도록 하는 대체가격을 결정함을 의미한다. 양국의 법인세를 합한 금액이 최소화되는 대체가격은 변동원가인데, 그 이유는 변동원가를 기준으로 대체가격을 결정하면 법인세율이 높은 일본지사의 매출액이 가장 낮게 계상되어 법인세가 적게 계상되기 때문이다.

제14장

기출 OX문제

01 분권화로부터 얻을 수 있는 효익으로 내부이전가격의 신속한 결정을 들 수 있다. (O, X)

02 회사 전체에 이익이 되도록 이전가격제도를 운영하기 위해서는 최종사업부가 중간제품을 외부로부터 구입하는 것을 허용해야 한다. (O, X)

03 내부대체가격은 공급부문과 구매부문의 성과평가에 영향을 미치며, 각 부문의 자율적인 내부대체가격의 결정은 기업 전체의 이익을 최대화하지 못하는 결과를 초래할 수 있다. (O, X)

04 공급사업부의 최소대체가격은 변동원가이다. (O, X)

05 제품의 원가를 기준으로 내부대체가격을 결정하는 경우에는 제품원가의 계산방법과 공급부문의 유휴생산능력 등을 고려할 필요가 있다. (O, X)

06 공급부문에 유휴생산능력이 없고 외부시장이 완전경쟁적일 경우에는 제품의 시장가격이 기업 전체의 이익을 최대화할 수 있는 내부대체가격이 될 수 있다. (O, X)

01 X 각 사업부가 자기사업부 성과의 극대화를 추구하므로 내부이전가격의 결정이 신속하지 못한 단점이 있다.
02 ○
03 ○
04 X 공급사업부의 최소대체가격은 변동원가에 기회비용을 합한 금액이다.
05 ○
06 ○

07 공급부문에 충분한 유휴생산능력이 있는 경우에는 기업 전체의 이익을 최대화하기 위하여 제품의 표준변동원가를 내부대체가격으로 사용할 수 있다. (O, X)

08 경쟁시장에서 형성된 시장가격을 대체가격으로 설정하면, 목표일치성을 달성할 수 있고 각 사업부의 성과를 공정하게 평가할 수 있으며, 자율성도 보장된다. (O, X)

09 조직의 하위부문 사이에 재화를 주고받을 경우 각 하위부문에 대한 공정한 성과평가를 하려면 공급부문의 변동원가에 근거하여 대체가격을 설정하는 것이 바람직하다. (O, X)

10 전부원가를 기준으로 하는 경우에 공급부문의 이익을 보고할 수 있도록 하기 위해서는 전부원가에 제품의 단위당 공헌이익을 가산하여 내부대체가격을 결정하여야 한다. (O, X)

11 원가기준에 의하여 대체가격을 결정하는 경우에는 표준원가를 이용하여야 동기부여를 할 수 있다. (O, X)

07 ○

08 ○

09 X 공정한 성과평가를 위하여는 보다 객관적이고 피평가자가 쉽게 인정할 수 있는 가격인 시장가격이나 표준원가를 사용하는 것이 바람직하다.

10 X 단위당 공헌이익은 단위당 판매가격 - 단위당 변동원가이므로 공급부문이 전부원가기준이 아닌 변동원가기준으로 대체가격을 결정할 경우 이익을 보고할 수 있도록 하기 위함이다.

11 ○

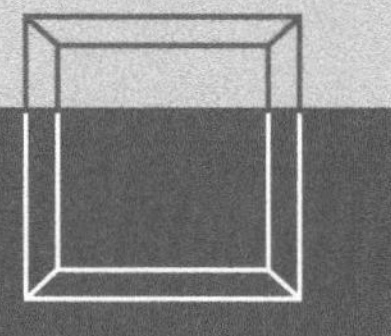

제14장
개념확인문제

대표 문제를 학습한 후, 이와 동일한 유형의 문제를 풀며 개념을 익혀보세요.

대표 문제 대체가격결정

서초회사는 X사업부와 Y사업부로 이루어져 있다. X사업부는 부품을 생산하고 Y사업부는 이를 가공하여 완제품을 제조하는데, 이들 부품과 완제품은 모두 시장에서 거래되고 있다. 회사는 사업부별 책임회계제도를 채택하고 있으며 수익과 원가자료는 다음과 같다.

완제품 단위당 시장가격	₩1,000
부품단위당 시장가격	400
X사업부의 부품단위당 생산원가(변동원가)	250
Y사업부의 단위당 추가가공원가(변동원가)	100

X사업부의 최대생산능력은 월간 2,000단위이고 부품의 시장수요는 월간 1,500단위이다. X사업부가 Y사업부에 나머지 500단위를 대체할 때 적용할 수 있는 대체가격의 범위는?

해답 1. X사업부(공급사업부) 최소대체가격(TP)

내부대체수량이 여유조업도(2,000단위 - 1,500단위 = 500단위)와 일치하므로 대체 시 기회비용이 발생하지 않는다.

∴ 최소 TP = 대체 시 단위당 변동원가 + 대체 시 단위당 기회비용
= ₩250 + ₩0 = ₩250

2. Y사업부(구매사업부) 최대대체가격(TP)

최대 TP = Min[단위당 외부구입가격, 단위당 지출가능원가]
= Min[₩400, ₩1,000 - ₩100]
= ₩400

∴ 대체가격(TP)의 범위: ₩250 ≤ TP ≤ ₩400

참고 Y사업부(구매사업부) 최대대체가격(TP)

Y사업부
- 대안 1: 내부대체 구입 후 추가가공
- 대안 2: 외부 구입 후 추가가공

	대안 1		대안 2
최종제품 단위당 판매가격	₩1,000		₩1,000
최종제품 단위당 변동원가*	TP + ₩100	(₩400 + ₩100 =)	500
최종제품 단위당 공헌이익	₩900 - TP		₩500

* 부품구입비용 + 추가공원가

₩900 - TP ≥ ₩500일 때, 내부대체거래(대안 1) 채택

∴ TP ≤ ₩400: Y사업부(구매사업부) TP의 최댓값은 ₩400, 즉 외부구입가격이 된다.

01 (주)대덕은 A사업부와 B사업부를 운영하고 있다. A사업부는 매년 B사업부가 필요로 하는 부품 1,000개를 단위당 ₩2,000에 공급한다. 동 부품의 단위당 변동원가는 ₩1,900이며 단위당 고정원가는 ₩200이다. 다음연도부터 A사업부가 부품단위당 공급가격을 ₩2,200으로 인상할 계획을 발표함에 따라, B사업부도 동 부품을 외부업체로부터 단위당 ₩2,000에 구매하는 것을 고려하고 있다. B사업부가 외부업체로부터 부품을 단위당 ₩2,000에 공급받는 경우 A사업부가 생산설비를 다른 생산활동에 사용하면 연간 ₩150,000의 현금운영원가가 절감된다. [회계사 06]

(1) A사업부가 부품을 B사업부에 공급하는 경우, 대체가격(transfer price)은 얼마인가? 단, 대체가격은 대체 시점에서 발생한 단위당 증분원가와 공급사업부의 단위당 기회원가의 합계로 결정한다.

(2) B사업부가 부품을 외부업체로부터 공급받는 경우, (주)대덕의 연간 영업이익 증가(감소)는 얼마인가?

02 경주회사는 X사업부와 Y사업부로 구성되어 있다. X사업부가 생산된 부품을 전량판매하기 위한 변동제조원가와 변동판매비는 각각 단위당 ₩1,650과 ₩200이다. X사업부가 Y사업부에 부품을 판매할 경우 변동판매비를 단위당 ₩60씩 절감할 수 있다. Y사업부는 부품을 X사업부나 외부로부터 구입할 수 있으며, 외부구입 시 단위당 ₩2,100이 소요된다. 내부대체 여부와 상관없이 기업 전체의 입장에서 이익이 동일하게 발생한다면 부품의 단위당 외부판매가격은 얼마이겠는가? [회계사 97]

정답 및 해설

01 1. 대체가격 = 대체 시 단위당 증분원가 + 공급사업부 단위당 기회비용

$$= ₩1,900 + \frac{₩150,000}{1,000개}$$

$$= ₩2,050/개$$

2. B사업부(구매사업부) 최대대체가격 = Min[단위당 외부구입가격, 단위당 지출가능원가]
= ₩2,000(지출가능원가자료 없음)

∴ 대체가격(₩2,050)보다 외부구입가격(₩2,000)이 낮으므로,
외부구입하면 ₩50,000[= 1,000개 × (₩2,050 - ₩2,000)]만큼 영업이익이 증가한다.

02 기업 전체 입장에서는 부품을 자가제조하든지 외부구입하든지 무차별하게 되는 외부판매가격(P)을 구하면 된다.
즉, X사업부 최소대체가격(TP) = Y사업부 최대대체가격(TP)

1. X사업부 최소대체가격(TP) = 대체 시 단위당 변동원가 + 대체 시 단위당 기회비용*
= (₩1,650 + ₩200 - ₩60) + (P - ₩1,650 - ₩200)
= P - ₩60

* 전량 외부판매 가능하므로 외부판매 단위당 공헌이익이 기회비용임

2. Y사업부 최대대체가격(TP) = Min[단위당 외부구입가격, 단위당 지출가능원가]
= ₩2,100(지출가능원가자료 없음)

P - ₩60 = ₩2,100 ∴ P = ₩2,160

03 경성회사는 A, B 두 개의 사업부를 가지고 있다. 사업부 A는 부품을 생산하여 사업부 B에 대체하거나 외부에 판매할 수 있다. 완제품을 생산하는 사업부 B는 부품을 사업부 A에서 매입하거나 외부시장에서 ₩8,500에 매입할 수 있다. 사업부 A와 B의 단위당 자료는 다음과 같다.

사업부 A		사업부 B	
부품의 외부판매가격	₩9,000	최종제품의 외부판매가격	₩20,000
변동원가	6,000	추가변동원가	3,000
고정원가	2,000	고정원가	5,000

(1) 사업부 A의 유휴생산능력이 충분한 경우와 충분하지 않는 경우에 대한 대체가격의 범위를 구하면?

(2) 사업부 A의 유휴생산능력이 충분하지 않고 사업부 B가 사업부 A 이외에서 부품을 구입할 수 없다고 가정하고 대체거래에 대한 의사결정을 하면?

04 서울회사는 분권화된 사업부 A와 사업부 B를 이익중심점으로 설정하고 있다. 사업부 A는 중간제품을 생산하고 있는데, 연간 생산량의 20%를 사업부 B에 대체하고 나머지는 외부시장에 판매하고 있다. 사업부 A의 연간 최대생산능력은 10,000단위로서, 전량을 외부시장에 판매할 수 있다. 사업부 A에서 생산되는 중간제품의 변동제조원가는 단위당 ₩450이며, 외부판매 시에만 변동판매관리비가 단위당 ₩10이 발생한다. 고정원가는 생산량·판매량에 상관없이 항상 일정한 금액으로 유지된다. 사업부 A는 그동안 사업부 B에 대체해 오던 2,000단위의 중간제품을 내년도부터 단위당 ₩750의 가격으로 외부시장에 판매할 수 있게 되었다. 또한 사업부 B는 중간제품을 외부공급업자로부터 단위당 ₩820의 가격으로 구입할 수 있다. 서울회사는 사업부 경영자들에게 판매처 및 공급처를 자유로이 선택할 수 있는 권한을 부여하고 있다. 만일, 사업부 A가 사업부 B에 대체해 오던 중간제품 2,000단위를 외부시장에 판매하고 사업부 B는 외부공급업자로부터 구입한다면, 기존의 정책에 비하여 회사 전체의 입장에서는 어떤 변화가 초래되겠는가? [세무사 20]

정답 및 해설

03 1.

	최소대체가격	최대대체가격	의사결정		
유휴설비가 있는 경우	₩6,000	₩8,500	대체 시	@2,500	이익
유휴설비가 없는 경우	9,000	8,500	대체 시	@500	손실

∴ 유휴생산능력이 있는 경우 ₩6,000 ≤ 대체가격(TP) ≤ ₩8,500
유휴생산능력이 없는 경우 대체가격의 범위는 존재하지 않음

2. B사업부가 A사업부로부터 부품을 대체받지 못하면 부품을 구입할 수 없는 경우의 회사 전체의 이익은 다음과 같다.

- 부품으로 판매 시 단위당 공헌이익: ₩9,000 - ₩6,000 = ₩3,000
- 부품가공 후 완제품판매 시 단위당 공헌이익: ₩20,000 - ₩6,000 - ₩3,000 = ₩11,000

따라서 대체하는 것이 유리하다.

참고 부품의 추가가공 의사결정(회사 전체)

증분수익 단위당 판매가격 증가: ₩20,000 - ₩9,000 =	₩11,000
증분비용 추가변동원가	3,000
증분이익(손실)	₩8,000

단위당 ₩8,000의 증분이익이 발생하므로 내부대체 후 추가가공하여야 한다.

04 1. 사업부 A(공급사업부) 최소대체가격(TP)
중간제품의 외부시장수요가 충분(대체 시 단위당 기회비용 = 중간제품의 외부판매 단위당 공헌이익)하므로
최소TP = 대체 시 단위당 변동원가 + 대체 시 단위당 기회비용
= ₩450 + (₩750 - ₩450 - ₩10)
= ₩740

2. 사업부 B(구매사업부) 최대대체가격(TP)
최대 TP = Min[단위당 외부구입가격, 단위당 지출가능원가]
= ₩820(지출가능원가자료 없음)

최대대체가격(TP)이 최소대체가격(TP)을 초과하므로 내부대체하는 것이 유리하다.
만약, 이 경우 외부구입한다면 ₩160,000*의 이익감소를 초래한다.

* 2,000단위 × (₩820 - ₩740) = ₩160,000
(2,000단위: 외부구입수량)

05 특강회사는 A부문과 B부문으로 구성되어 있다. A부문이 부품을 생산, 판매하기 위한 변동제조원가와 변동판매비는 각각 단위당 ₩1,470과 ₩300이다. A부문이 B부문에 부품을 판매할 경우 변동판매비를 단위당 ₩40씩 절감할 수 있다. B부문은 부품을 A부문이나 외부로부터 구입할 수 있으며, 외부구입 시 단위당 ₩2,000이 소요된다. 대체여부에 관계없이 기업 전체의 입장에서 동일한 손익이 발생한다면, A부문의 부품 단위당 외부판매가격은 얼마인가? 단, 관련 부품은 모두 외부에 전량 판매할 수 있다.

06 대한회사의 부품 생산부문은 최대생산량인 360,000단위를 생산하여 외부시장에 전량 판매하고 있다. 부품생산 부문의 관련정보는 다음과 같다.

단위당 외부판매가격	₩100
단위당 변동제조원가	58
단위당 변동판매비	8
단위당 고정제조원가	14
단위당 고정관리비	10

단위당 고정원가는 최대생산량 360,000단위 기준의 수치이다. 부품 생산부문의 이익을 극대화시키기 위해 사내대체를 허용할 수 있는 단위당 최소 사내대체가격은 얼마인가? 단, 사내대체물에 대해서는 변동판매비가 발생하지 않는다. [세무사 08]

07 (주)대한은 무선비행기 생산부문과 엔진생산부문으로 구성되어 있다. 엔진생산부문에서는 무선비행기 생산에 사용하는 엔진을 자체생산하며, 엔진 1개당 ₩100의 변동원가가 발생한다. 외부업체가 (주)대한의 무선비행기 생산부문에 연간 사용할 20,000개의 엔진을 1개당 ₩90에 납품하겠다고 제의했다. 이 외부납품 엔진을 사용하면 무선비행기 생산부문에서는 연간 ₩100,000의 고정원가가 추가로 발생한다. 엔진생산부문은 자체 생산 엔진을 외부에 판매하지 못한다. 각 부문이 부문이익을 최대화하기 위하여 자율적으로 의사결정을 한다면 사내체가격의 범위는? [세무사 09]

정답 및 해설

05 1. A부문 최소대체가격 = 대체 시 단위당 변동원가 + 대체 시 단위당 기회비용[*1]
= (₩1,470 + ₩300 - ₩40) + (P[*2] - ₩1,470 - ₩300) = P - ₩40

[*1] 외부에 전량 판매할 수 있으므로 외부판매 단위당 공헌이익이 기회비용임

[*2] 부품단위당 외부판매가격

2. B부문 최대대체가격 = Min[단위당 외부구입가격, 단위당 지출가능원가]
= ₩2,000(지출가능원가자료 없음)

3. 대체 여부에 관계없이 기업 전체의 입장에서 동일한 손익이 발생하므로
A부문(공급부서) 최소대체가격 = B부문(구매부서) 최대대체가격
P - ₩40 = ₩2,000 ∴ P = ₩2,040

06 단위당 최소 사내대체가격: 대체 시 단위당 변동원가[*1] + 대체 시 단위당 기회비용[*2]
= ₩58 + (₩100 - ₩66) = ₩92

[*1] 사내대체물에 대해서는 변동판매비가 발생하지 않음

[*2] 외부시장에 판매할 경우 단위당 공헌이익(∵ 외부시장수요가 충분하므로)

07 1. 엔진생산부분(공급부문)최소대체가격: 대체 시 단위당 변동원가 + 대체 시 단위당 기회비용
= ₩100 + ₩0 = ₩100

2. 무선비행기생산부문(구매부문) 최대대체가격
엔진내부대체 시 대체가격을 x라고 하면

증분수익			₩0
증분비용			20,000x - ₩1,900,000
증가	내부대체비용: 20,000개 × =	20,000x	
감소	외부구입비용: 20,000개 × @90 =	(1,800,000)	
	고정원가	(100,000)	
증분이익			- 20,000x + ₩1,900,000

- 20,000x + ₩1,900,000 ≥ 0 ∴ x ≤ ₩95: 최대대체가격 = ₩95
∴ 사내대체가격의 범위는 존재하지 않는다.

08 (주)갑은 분권화된 사업부 1과 사업부 2를 이익중심점(이익책임단위)으로 설정하고 있다. 사업부 1은 반제품 A를 생산하여 사업부 2에 이전(대체)하거나 외부시장에 판매할 수 있다. 사업부 2가 제품 B를 생산하려면, 반제품 A를 사업부 1로부터 구입하여야 하며 외부시장에서 구입할 수는 없다. 반제품 A와 제품 B에 관한 단위당 자료는 다음과 같다.

사업부 1: 반제품 A의 생산 · 판매	
외부판매가격	₩25
변동원가	10

사업부 2: 제품 B의 생산 · 판매	
외부판매가격	₩80
변동가공원가	30
변동판매관리비	5

만약 사업부 1이 유휴생산능력을 보유하고 있지 않다면, 두 사업부 간 이전거래(대체거래)가 이루어지는 반제품 A의 단위당 사내이전가격(사내대체가격)은 얼마인가? [회계사 12]

09 (주)세무는 사업부 A와 사업부 B를 이익중심점으로 운영하고 있다. 사업부 B는 사업부 A에 고급형 제품 X를 매월 10,000단위 공급해 줄 것을 요청하였다. 사업부 A는 현재 일반형 제품 X를 매월 50,000단위를 생산 · 판매하고 있으나, 고급형 제품 X를 생산하고 있지 않다. 회계부서의 원가분석에 의하면 고급형 제품 X의 단위당 변동제조원가는 ₩120, 단위당 포장 및 배송비는 ₩10으로 예상된다. 사업부 A가 고급형 제품 X 한 단위를 생산하기 위해서는 일반형 제품 X 1.5단위의 생산을 포기하여야 한다. 일반형 제품 X는 현재 단위당 ₩400에 판매되고 있으며, 단위당 변동제조원가와 단위당 포장 및 배송비는 각각 ₩180과 ₩60이다. 사업부 A의 월 고정원가 총액은 사업부 B의 요청을 수락하더라도 변동이 없을 것으로 예상된다. 사업부 A가 현재와 동일한 월간 영업이익을 유지하기 위해서는 사업부 B에 부과해야 할 고급형 제품 X 한 단위당 최소 판매가격은 얼마인가? 단, 사업부 A의 월초 재고 및 월말 재고는 없다. [세무사 14]

10 (주)세무는 분권화된 A사업부와 B사업부가 있다. A사업부는 반제품 M을 최대 3,000단위 생산할 수 있으며, 현재 단위당 판매가격 ₩600으로 2,850단위를 외부에 판매하고 있다. B사업부는 A사업부에 반제품 M 300단위를 요청하였다. A사업부 반제품 M의 단위당 변동원가는 ₩300(변동판매관리비는 ₩0)이며, 사내대체를 하여도 외부판매가격과 단위당 변동원가는 변하지 않는다. A사업부는 사내대체를 전량 수락하든지 기각하여야 하며, 사내대체 수락 시 외부시장 판매를 일부 포기하여야 한다. A사업부가 사내대체 전 이익을 감소시키지 않기 위해 제시할 수 있는 최소 사내대체가격은? [세무사 16]

대체가격결정

제14장

해커스 세무사 眞원가관리회계

정답 및 해설

08 사업부 1(공급사업부)의 최소대체가격 = ₩25(외부판매가격)
사업부 2(구매사업부)의 최대대체가격 = ₩80 - ₩30 - ₩5 = ₩45
∴ 두 사업부 간 대체거래가 이루어지기 위해서는 사내대체가격이 ₩25와 ₩45 사이에서 결정되어야 한다.

09 최소대체가격 = $₩130 + \frac{10{,}000개 \times 1.5 \times (@400 - @240)}{10{,}000개} = ₩370$

10 최소대체가격 = $₩300 + \frac{150개 \times (@600 - @300)}{300개} = ₩450$

대표 문제 특별주문과 대체가격결정

(주)경주는 A사업부와 B사업부로 구성되어 있는데, A사업부에서 반제품 X를 생산하여 B사업부로 대체하고 있다. B사업부는 반제품 X를 외부에서 단위당 ₩9,600에 구입할 수 있는데 A사업부가 생산하는 반제품 X의 원가자료는 다음과 같다.

단위당 직접재료원가	₩2,400
단위당 직접노무원가	1,800
단위당 변동제조간접원가	600
고정제조간접원가	800,000

A사업부의 최대생산능력은 5,000단위이며, 현재는 최대생산능력의 80%인 4,000단위를 생산하여 전량 B사업부로 대체하고 있는데, 최근에 외부업체로부터 최대생산능력의 50%에 해당하는 2,500단위를 단위당 ₩9,000에 공급해 달라는 주문을 받았다. 이 주문은 전량 수락하거나 거부해야 한다. 한편, B사업부는 추가가공원가 ₩1,800을 들여 ₩12,000에 판매하고 있다.

(1) 회사 전체의 관점에서 2,500단위의 특별주문에 대해 (주)경주는 어떻게 해야 하는가?

(2) 최대생산능력 5,000단위를 생산하여 2,500단위의 특별주문을 수락하고 나머지 2,500단위만 A사업부에서 B사업부로 반제품 X를 대체할 경우 대체가격의 범위는?

해답 1.

증분수익		₩22,500,000
특별주문 매출액증가: 2,500단위 × @9,000 =	₩22,500,000	
증분비용		19,200,000
변동제조원가 증가: 1,000단위[*1] × @4,800[*2] =	₩4,800,000	
외부구입비용 증가: 1,500단위[*1] × @9,600 =	14,400,000	
증분이익(손실)		₩3,300,000

[*1] 특별주문을 수락하면 반제품 X를 1,000단위 추가생산하고 1,500단위 [4,000단위 - (5,000단위 - 2,500단위)]는 외부구입하여야 함
(4,000단위: B사업부 수요량, 5,000단위: A사업부 최대생산능력, 2,500단위: 특별주문수량)
(∵ 외부구입하더라도 단위당 ₩600(= ₩12,000 - ₩9,600 - ₩1,800)의 공헌이익이 발생함)

[*2] 단위당 변동제조원가: ₩2,400 + ₩1,800 + ₩600 = ₩4,800

∴ 증분이익이 ₩3,300,000이므로 수락함

2. (1) 최소대체가격: 대체 시 단위당 변동원가 + 대체 시 단위당 기회비용
= ₩4,800 + ₩0 = ₩4,800

(2) 최대대체가격: Min[단위당 외부구입가격, 단위당 지출가능원가]
= Min[₩9,600, ₩12,000 - ₩1,800] = ₩9,600

∴ 대체가격은 최소 ₩4,800에서 최대 ₩9,600 사이에서 정함

11 (주)무역은 칠레에서 와인을 생산하여 한국에서 판매한다. 칠레에는 와인의 생산사업부가, 한국에는 와인의 판매사업부가 존재한다. 한국과 칠레의 법인세율은 각각 20%와 10%이며, 한국은 칠레산 와인 수입에 대해 15%의 관세를 부과해왔다고 가정한다. 관세는 판매사업부가 부담하며, 당해 연도에 수입된 와인은 당해 연도에 모두 판매된다. 와인 생산과 관련된 단위당 변동원가와 단위당 전부원가는 각각 ₩1,000과 ₩4,000이다 생산된 와인은 원화가격 ₩5,000에 상당하는 가격으로 칠레에서 판매가능하며 수요는 무한하다. 판매사업부는 한국에서 이 와인을 ₩10,000에 판매하고 있으며, 국내에서 다른 도매 업체로부터 동일한 와인을 ₩7,000에 필요한 양만큼 공급받을 수 있다. 한편 한국과 칠레는 FTA를 체결하고 양국간 관세를 철폐하기로 했다. (주)무역의 세후이익을 극대화시키는 대체가격(transfer price)은 FTA 발효 이후에 발효 이전보다 얼마나 증가(또는 감소)하는가? 단, 두 나라의 세무당국은 세금을 고려하지 않았을 때 각 사업부가 이익을 극대화하기 위해 주장하는 범위 내의 가격만을 적정한 대체가격으로 인정한다. 또한 대체거래 여부에 관계없이 각 사업부는 납부할 법인세가 존재한다.

[회계사 13]

정답 및 해설

11 1. 대체가격의 범위

최소대체가격: ₩1,000 + (₩5,000 - ₩1,000) = ₩5,000

최대대체가격: Min[₩7,000, (₩8,696*)] = ₩7,000

* ₩10,000 - 1.15TP ≥ 0

2. FTA 체결 전 조세부담을 최소화하는 대체가격(TP)

조세부담액: (TP - ₩4,000) × 10% (칠레법인세) + TP × 15% (관세) + (₩10,000 - 1.15TP) × 20% (한국 법인세)

= ₩1,600 + 0.02TP

∴ TP = ₩5,000

3. FTA 체결 후 조세부담을 최소화하는 대체가격(TP)

조세부담액: (TP - ₩4,000) × 10% (칠레법인세) + (₩10,000 - TP) × 20% (한국 법인세)

= ₩1,600 - 0.1TP

∴ TP = ₩7,000

따라서, 세후이익을 극대화시키는 대체가격은 FTA 발효 이후에 발효 이전보다 ₩2,000 증가한다.

12 (주)한구의 분권화된 사업부 A와 사업부 B는 이익중심점으로 설정되어 있다. 사업부 A는 중간제품 P를 생산하고 있다. 사업부 B는 (주)한구의 전략적 고려에 따라 지역적으로 접근이 어려운 고립지에서 중간제품 P를 이용하여 완제품 Q를 생산하며, 생산한 모든 완제품 Q를 고립지의 도매상에 납품하고 있다. 사업부 A와 사업부 B의 생산 관련 자료는 다음과 같다. [회계사 08]

구분	사업부 A	사업부 B
단위당 변동제조원가	₩20	₩70
총고정제조원가	36,000	50,000
연간 시장판매량	12,000개	2,000개
연간 생산가능량	12,000	3,000

사업부 A가 생산·판매하는 중간제품 P의 시장가격은 ₩30이다. 그러나 사업부 B는 지역적으로 고립된 곳에 위치하여 중간제품 P를 지역 내 생산업자로부터 1개당 ₩50에 구매하고 있으며, 이 구매가격은 사업부 B의 단위당 변동제조원가 ₩70에 포함되어 있다. 완제품 Q를 1개 생산하기 위하여 중간제품 P는 1개가 사용되며, 두 사업부의 연간 시장판매량은 항상 달성 가능한 것으로 가정한다.

(1) 최근 (주)한구는 사업부 B가 위치한 고립지로의 교통이 개선됨에 따라서 중간제품 P의 사내대체를 검토하기 시작하였다. 사업부 A가 사내대체를 위하여 사업부 B로 중간제품 P를 배송할 경우, 중간제품 1개당 ₩8의 변동배송원가를 사업부 A가 추가로 부담하게 된다. 사업부 B가 생산에 필요한 2,000개의 중간제품 P 전량을 사업부 A에서 구매한다고 할 때, 사내대체와 관련된 사업부 A의 기회원가와 사업부 A가 사내대체를 수락할 수 있는 최소대체가격은 얼마인가?

(2) 사업부 B는 사업부 간의 협의 끝에 개당 ₩39의 가격으로 최대 3,000개까지 중간제품 P를 사업부 A에서 공급받게 되었다. 이에 따라 지역 내 생산업자로부터의 구매는 중단되었다. 사업부 B가 생산하여 판매하는 완제품 Q의 시장가격은 현재 ₩120이다. 최근 사업부 B는 인근지역의 지방정부로부터 완제품 Q를 ₩100의 가격에 1,000개 구매하고 싶다는 제안을 받았다. 이 특별주문을 수락할 경우, 사업부 B의 영업이익에 미치는 영향과 사업부 B의 기회원가는 각각 얼마인가?

정답 및 해설

12 1. 사내대체와 관련된 사업부 A의 기회원가: 포기한 외부판매 공헌이익
= 외부판매포기수량 × 외부판매단위당 공헌이익
= 2,000개 × (₩30 - ₩20) = ₩20,000
사업부 A의 최소대체가격: 대체 시 단위당 변동원가*1 + 대체 시 단위당 기회원가*2
= ₩28 + ₩10 = ₩38
*1 단위당 변동원가: 변동제조원가 + 변동배송원가 = ₩20 + ₩8 = ₩28
*2 외부판매단위당 공헌이익: ₩30 - ₩20 = ₩10(∵ 사업부 A의 시장수요 = 생산가능량)

2. 사업부 B
(1) 특별주문 수락할 경우

증분수익	매출액 증가: 1,000개 × @100 =	₩100,000
증분비용	변동제조원가 증가: 1,000개 × @59 =	59,000
증분이익(손실)		₩41,000

* 사내대체가격 + 추가가공원가 = ₩39 + (₩70 - ₩50) = ₩59
∴ 영업이익 ₩41,000 증가

(2) 연간생산가능량 3,000개, 연간시장판매량 2,000개
따라서 연간 1,000개의 생산여력이 있으므로 동 특별주문의 기회원가는 ₩0임

해커스 세무사 眞원가관리회계
회계사 · 세무사 단번에 합격, 해커스 경영아카데미
cpa.Hackers.com

제15장

불확실성하의 의사결정 및 기타

제1절 | 불확실성하의 의사결정

의사결정(decision making)이란 여러 가지 선택가능한 대안(alternatives) 중에서 어떤 목적이나 목표를 가장 효과적으로 달성하게 하는 최적의 대안을 선택하는 것을 말한다. 이러한 의사결정은 관련된 상황의 확실성 여부에 따라 확실성하의 의사결정과 불확실성하의 의사결정으로 나누어진다.

(1) 확실성하의 의사결정(decision making under certainty)

의사결정자가 의사결정과 관련된 모든 요소들을 확실하게 알 수 있는 경우의 의사결정을 말하는 것으로 지금까지의 모든 의사결정과 관련된 문제들은 확실성하의 의사결정이었다.

(2) 불확실성하의 의사결정(decision making under uncertainty)

의사결정과 관련된 미래의 상황이 불확실한 경우의 의사결정을 말하는데, 현실적으로 대부분의 의사결정은 불확실성하에서 이루어진다. 이러한 불확실성하에서 의사결정자들은 미래에 어떤 상황이 발생할 것인지를 정확히 알 수 없기 때문에 자신의 목표를 극대화시키는 대안을 쉽게 파악할 수가 없다. 따라서 불확실성하의 의사결정은 매우 복잡한 과정을 거치게 되며, 의사결정자들은 의사결정과정에서 미래의 불확실성을 감소시켜 주는 정보(information)를 얻고자 한다.

본 절에서는 불확실성하에서의 의사결정모형과 이러한 의사결정에 이용되는 정보의 가치를 측정하고 평가하는 방법에 대해서 살펴보기로 한다.

01 불확실성하의 의사결정모형

의사결정모형이란 여러 가지 대안 중에서 최적 대안을 선택하는 과정을 말한다. 불확실성하의 의사결정모형은 다음과 같은 6가지 단계를 거치는 것이 일반적이다.

① **[1단계] 의사결정의 목적설정:** 의사결정의 목적은 여러 가지가 될 수 있지만 대부분의 경우 이익의 극대화(또는 비용의 극소화)로 표시된다. 이러한 목적은 구체적으로 계량화할 수 있어야 하며, 목적을 계량화한 것을 목적함수(objective function)라 한다. 이 목적함수는 여러 가지 선택가능한 대안들을 평가하고 그중에서 최적의 대안을 선택하는 기준이 된다.

② **[2단계] 선택가능한 대안의 집합:** 의사결정자가 취할 수 있는 대안들을 집합한다. 이러한 대안은 적어도 두 가지 이상이 존재하게 되며 상호배타적이어야 한다. 여기서 상호배타적이란 어떤 한 대안을 채택하게 되면 다른 대안들은 자동적으로 기각되는 경우를 말한다.

③ **[3단계] 발생가능한 모든 미래상황의 집합:** 미래의 발생가능한 모든 상황(states or natures)을 집합한다. 미래상황의 예로는 성공 혹은 실패, 미래의 경기상황이 좋음·보통·나쁨 등을 들 수 있는데 이러한 미래상황은 적어도 두 가지 이상이 존재하게 되며 상호배타적이어야 한다.

④ **[4단계] 각 상황이 발생할 수 있는 확률의 집합:** 미래의 발생가능한 모든 상황에 확률을 부여한다. 본 장에서는 발생 가능한 미래상황의 확률분포를 알고 있다는 가정하에 주어진 확률분포를 이용하는데 여기서의 확률은 사전적, 주관적 확률에 해당한다.

⑤ [5단계] **성과표의 작성**: 선택가능한 대안들과 발생가능한 모든 미래상황의 결합에 의해 나타날 수 있는 성과(payoffs)를 계산한다. 그리고 각 대안별로 계산되어진 성과와 주어진 확률분포를 이용하여 기대가치(기대이익이나 기대비용) 또는 기대효용을 계산한다. 특정대안과 특정미래상황의 결합에 의해 얻게 될 성과를 표로 나타낸 것을 성과표(payoff table)라고 하는데, 다음은 두 가지 대안과 두 가지 미래상황 하에서의 성과표이다.

대안 \ 미래상황	x_1	x_2
a_1		
a_2		

단, 빈칸에는 특정대안과 특정미래상황의 결합에 의해 나타날 수 있는 성과를 기록한다.

⑥ [6단계] **최적대안의 선택**: 5단계에서 계산한 결과(기대가치 또는 기대효용)를 이용하여 의사결정의 목적을 가장 잘 달성시키는 최적대안을 선택한다.

예제 1

자동차판매업계에서 유능하다고 소문난 박 씨는 최근 새한자동차에 입사하였다. 회사는 박 씨의 월간 급여 산정에 대하여 다음과 같은 두 가지 대안을 제시하였다.

대안 a_1: y = ₩600,000 + ₩60Q
대안 a_2: y = ₩500Q
단, Q: 박 씨의 판매량 y: 급여총액

박 씨가 월간 판매할 수 있는 판매량과 그 발생확률은 다음과 같다.

판매량	확률
1,000대	0.6
2,000	0.4

[요구사항]
성과표를 작성하시오.

해답

대안	미래상황	
	x_1: 판매량이 1,000대인 경우 $P(x_1)$ = 0.6	x_2: 판매량이 2,000대인 경우 $P(x_2)$ = 0.4
a_1	₩660,000[*1]	₩720,000
a_2	500,000[*2]	1,000,000

[*1] ₩600,000 + ₩60 × 판매량
[*2] ₩500 × 판매량

02 최적대안의 선택

불확실성하의 의사결정모형에 따라 선택가능한 대안과 발생가능한 모든 미래상황의 결합에 의해 나타날 수 있는 성과를 계산하여 성과표를 작성하였다면 이러한 성과표를 이용하여 의사결정의 목적을 가장 잘 달성시켜 주는 최적대안을 선택하게 된다. 최적대안의 선택기준으로 널리 사용되는 것에는 기대가치기준과 기대효용기준이 있다.

(1) 기대가치기준

기대가치기준(expected value criterion)이란 대안별로 성과의 기댓값을 구하여 의사결정목적을 가장 잘 달성시켜 주는 최적대안을 선택하는 기준을 말한다. 여기서 특정대안의 기댓값이란 특정대안을 선택하는 경우에 특정미래상황하에서 발생할 의사결정성과에 특정상황의 발생확률을 적용한 다음 이를 모두 더하여 계산된 금액이다.

예제 2

예제 1에서 기대가치기준에 의하여 의사결정을 할 때 박 씨의 최적대안을 선택하시오.

해답 [성과표]

대안	미래상황	
	x_1: 판매량이 1,000대인 경우 $P(x_1)$ = 0.6	x_2: 판매량이 2,000대인 경우 $P(x_2)$ = 0.4
a_1	₩660,000[*1]	₩720,000
a_2	500,000[*2]	1,000,000

*1 ₩600,000 + ₩60 × 판매량

*2 ₩500 × 판매량

(1) 기대가치계산

$E(a_1)$: ₩660,000 × 0.6 + ₩720,000 × 0.4 = ₩684,000

$E(a_2)$: ₩500,000 × 0.6 + ₩1,000,000 × 0.4 = ₩700,000

(2) 최적대안

기대가치를 극대화하는 최적대안은 a_2이고 이때의 기대급여는 ₩700,000이다.

(2) 기대효용기준

기대가치기준은 각 대안의 기댓값만을 기준으로 최적대안을 결정하기 때문에 각 대안의 위험요소를 고려하지 못하고 있다. 그러나 대부분의 의사결정자들은 불확실성하에서 의사결정을 할 경우에는 기대이익뿐만 아니라 위험요소도 함께 고려하여 의사결정을 하고자 한다.

① 기대효용기준이란 특정대안의 기댓값뿐만 아니라 위험요소도 동시에 고려하는 의사결정기준으로써 기대효용을 극대화하는 대안을 선택하는 방법이다. 여기서 기대효용은 각 대안의 기댓값, 위험요소 및 위험에 대한 의사결정자의 태도를 종합적으로 고려하여 결정된 효용함수를 이용하여 구한다.

② 효용(utility)이란 의사결정자가 특정 대상으로부터 얻는 주관적인 만족의 정도를 의미하는 개념이고, 효용함수(utility function)란 특정 대상과 효용 사이의 관계를 함수로 나타낸 것이다. 이러한 효용함수는 의사결정자의 위험에 대한 태도에 따라 위험중립형, 위험회피형, 위험선호형으로 구분할 수 있다.

위험에 따른 태도와 효용함수

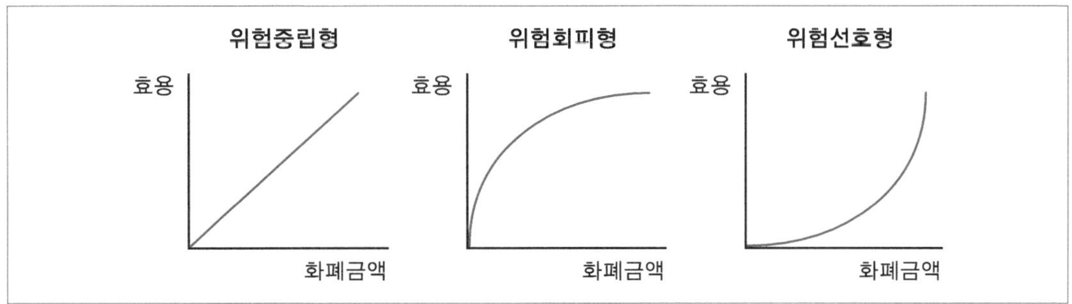

㉠ **위험중립형(risk neutral) 효용함수**: 의사결정자가 위험에 대해 특별한 성향을 갖지 않는 경우로써 효용이 화폐금액에 정비례하는 형태의 효용함수를 말한다. 이 경우의 효용함수는 위 그림에서와 같이 직선형태로 나타난다. 따라서 위험중립형의 효용함수를 가진 사람은 기대효용을 극대화하기 위해서 기댓값을 극대화하는 행동을 취하기 때문에 기대가치기준에 의한 의사결정의 결과와 기대효용기준에 의한 의사결정의 결과는 항상 동일하게 된다.

㉡ **위험회피형 효용함수**: 의사결정자가 위험을 회피하는 성향을 갖는 경우로써 대부분의 사람들은 이러한 형태의 효용함수를 갖는다. 이 경우의 효용함수는 위 그림에서와 같이 오목함수의 형태를 취하는데, 이는 화폐금액이 증가함에 따라 효용이 증가하지만 그 증가율은 점차 감소하기 때문이다. 이를 한계효용체감의 법칙(law of diminishing marginal utility)이라고 한다.

㉢ **위험선호형(risk lover) 효용함수**: 의사결정자가 위험을 선호하여 효용이 화폐금액의 증가속도보다 더 빠르게 증가하는 효용함수를 말한다. 이 경우의 효용함수는 위 그림에서에서와 같이 볼록함수의 형태를 취하는데, 이는 화폐금액이 증가함에 따라 효용이 증가하고 그 증가율도 점차 증가하기 때문이다.

③ 의사결정자가 위험회피형이나 위험선호형의 효용함수를 갖고 있다면 의사결정자의 기대효용을 극대화하기 위한 대안은 기댓값을 극대화하기 위한 대안과 다를 수 있다. 왜냐하면, 위험회피자나 위험선호자는 위험중립자의 경우처럼 객관적인 선택기준이 존재하지 않고 기대가치뿐만 아니라 위험에 대한 선호를 고려한 자기 고유의 효용함수하에서 자신의 기대효용을 극대화시키는 대안을 선택하기 때문이다.

예제 3

예제 1에서 박 씨의 효용함수가 위험중립형이라면 기대효용기준에 의한 박 씨의 최적대안은 무엇인가? 만약, 급여에 대한 박 씨의 효용함수는 다음과 같다면 기대효용기준에 의하여 의사결정을 할 때 박 씨의 최적대안은 무엇인가?

$$U(X) = \sqrt{X} \quad \text{(단, X는 급여임)}$$

해답 1. **최적대안(위험중립형)**

위험중립형 의사결정자의 경우에는 기댓값을 극대화하는 대안과 기대효용을 극대화하는 대안은 동일하다. 따라서 최적대안은 a_2이다([예제 1]의 풀이 참조).

2. **최적대안(위험회피형)**

대안 a_1과 a_2에 대한 급여의 효용을 각각 $u(a_1)$, $u(a_2)$라 하면, 각 대안의 기대효용은 다음과 같다.

$E[u(a_1)]$: $\sqrt{660,000} \times 0.6 + \sqrt{720,000} \times 0.4 = 826.85$

$E[u(a_2)]$: $\sqrt{500,000} \times 0.6 + \sqrt{1,000,000} \times 0.4 = 824.26$

따라서 기대효용을 극대화하는 최적대안은 a_1이다.

03 정보의 기대가치

불확실성하의 의사결정에 직면해 있는 의사결정자들은 의사결정을 하기 전에 미래의 불확실성을 감소시킬 수 있는 정보를 얻고자 한다. 그런데 추가적인 정보를 얻기 위해서는 의사결정자가 일정한 금액을 지불해야 하기 때문에 이때의 정보는 수요와 공급의 법칙에 따라 가격이 형성되는 일종의 경제재(economic goods)가 된다.

이러한 정보는 불확실성을 제거할 수 있는지의 여부에 따라 다음과 같이 완전정보와 불완전정보로 구분된다.

① **완전정보:** 의사결정에 있어 모든 불확실성을 없앨 수 있는 정보가 있다면 의사결정자는 미리 완전히 예측된 상황하에서 최적의 대안을 선택할 수 있을 것이다. 여기서 모든 불확실성을 제거할 수 있는 정보, 즉 미래의 상황이 실제로 어떻게 실현될 것인지에 대해서 확실히 알려주는 정보를 완전정보(perfect information)라고 한다.

② **불완전정보:** 의사결정자는 완전정보를 획득하고자 하지만 현실적으로 미래의 상황이 실제로 어떻게 될 것인지에 대해서 확실히 알려주는 완전정보란 존재하지 않는다. 따라서 불확실성하의 의사결정에 이용할 수 있는 정보는 대부분 불완전한 정보이다. 불완전한 정보는 미래의 모든 불확실성을 제거할 수는 없지만 어느 정도는 감소시켜 주는 역할을 한다.

의사결정자가 미래의 불확실성을 완전히 제거 또는 감소시켜주는 정보를 이용할 수 있는 경우, 미래 상황에 대한 사전적 확률은 정보를 반영한 사후적 확률[1])로 수정되며, 의사결정자의 기대가치는 정보를 이용하기 전보다 증가하게 된다. 그렇다면, 의사결정자가 이러한 정보를 얻기 위하여 지불할 수 있는 최대금액은 얼마이겠는가? 이 금액은 정보가 주어진 경우의 기대가치와 기존정보하에서의 기대가치와의 차이, 즉 정보를 이용함으로써 얻게 되는 기대가치의 증가분이 될 것이며, 이를 정보의 기대가치라 한다.

다음의 예제를 토대로 정보의 기대가치에 대하여 살펴보기로 한다.

1) 정보 I가 주어진 경우 미래상황 x가 일어날 조건부확률을 의미한다.

$$P(x \mid I) = \frac{P(x \cap I)}{P(I)}$$

이때, x와 I가 동시에 일어날 확률인 $P(x \cap I)$는 조건부확률 계산식에 의하여 $P(x \cap I) = P(x \mid I) \times P(I)$ 또는 $P(I \mid x) \times P(x)$로 표현할 수 있는데, 이를 확률의 곱셈정리라고 한다.

예제 4

영희는 7월 1일 하루 동안 양산 또는 우산을 판매하고자 한다. 한편, 영희는 유료 일기예보 정보를 이용할 수 있으나, 일기예보를 보기 전에 7월 1일에 맑을 확률을 60%, 비가 올 확률을 40%로 예측하였다. 7월 1일에 영희가 양산 및 우산을 판매할 경우 각 상황별 이익은 다음과 같다.

대안	맑음	비
a_1: 양산판매	₩913,500	₩730,800
a_2: 우산판매	609,000	1,218,000

[요구사항]

유료 일기예보 정보를 이용하지 않을 경우 기대가치기준에 따른 영희의 기대이익을 계산하고 최적대안을 선택하시오.

해답

대안	미래상황		기대이익
	x_1: 맑음 $P(x_1)$ = 0.6	x_2: 비 $P(x_2)$ = 0.4	
a_1: 양산판매	₩913,500	₩730,800	₩840,420
a_2: 우산판매	609,000	1,218,000	852,600

$E(a_1)$ = ₩913,500 × 0.6 + ₩730,800 × 0.4 = ₩840,420

$E(a_2)$ = ₩609,000 × 0.6 + ₩1,218,000 × 0.4 = ₩852,600

기대가치를 극대화하는 최적대안은 우산판매이며, 이때의 기대이익은 ₩852,600이다.

※ 위의 최적대안은 유료 일기예보 정보를 이용하기 전의 기대가치(기존정보하의 기대가치)를 기준으로 의사결정한 결과임

(1) 불완전정보의 기대가치

불완전정보의 기대가치(expected value of imperfect information)란 불완전정보를 획득하여 의사결정을 하는 경우의 기대가치와 기존정보하에서의 기대가치와의 차이, 즉 불완전정보를 이용함으로써 얻게 되는 기대가치의 증가분으로 이러한 불완전정보를 획득하기 위해 지불할 수 있는 최대금액이 된다.

불완전정보의 기대가치 = 불완전정보하의 기대가치 - 기존정보하의 기대가치

① 일반적으로 불완전정보는 표본조사에 의하여 획득하므로 불완전정보란 보통 표본정보를 말하며, 이러한 의미에서 불완전정보의 기대가치를 표본정보의 기대가치(EVSI; Expected Value of Sample Information)라고도 한다.

② 예제 4에서 영희가 대안 선택 시 일기예보라는 정보를 이용할 수 있으며, 일기예보는 맑은 날은 70%, 비가 온 날은 60%의 확률로 정확하게 예측한다고 가정하자. 이때 영희가 일기예보라는 정보를 이용하기 전 미래상황에 대한 확률을 사전적 확률, 일기예보를 이용한 후 미래상황에 대한 수정된 확률을 사후적 확률이라 한다.

③ 영희가 이용하는 일기예보는 불완전한 정보이다. 왜냐하면, 과거 실제로 맑았을 때 맑을 것이라고 예측한 경우가 70%, 실제로 비가 왔을 때 비가 올 것이라고 예측한 경우가 60%이기 때문이다.

지금까지 살펴본 내용과 예제 4를 토대로 불완전정보의 기대가치를 계산하는 방법에 대해서 살펴보기로 한다.

[단계 1] 미래에 발생하리라 예상되는 각 상황을 전문가예측(불완전정보)의 여러 형태와 결합하는 표를 작성한다.

불완전정보	미래상황	
	x_1: 맑음 $P(x_1) = 0.6$	x_2: 비 $P(x_2) = 0.4$
I_1: 맑음 예측	$P(I_1 \mid x_1)^{*} = 0.7$	$P(I_1 \mid x_2) = 0.4$
I_2: 비 예측	$P(I_2 \mid x_1) = 0.3$	$P(I_2 \mid x_2) = 0.6$

* 과거 실제로 맑았을 때 맑을 것이라고 예측한 확률, 즉 일기예보의 정확도를 의미한다. 따라서 과거 실제로 맑았을 때 비올 것이라고 예측한 확률 $P(I_2 \mid x_1) = 1 - 0.7 = 0.3$이다.

[단계 2] 결합확률을 계산하는 표를 작성하여 전문가의 특정 예측(추가적 정보)을 보고받을 확률을 계산한다.

불완전정보	미래상황		
	x_1	x_2	$P(I_j)$
I_1	$P(x_1 \cap I_1)^{*1}$ $= P(I_1 \mid x_1) \cdot P(x_1)$	$P(x_2 \cap I_1)$ $= P(I_1 \mid x_2) \cdot P(x_2)$	$P(I_1)^{*2}$
I_2	$P(x_1 \cap I_2)$ $= P(I_2 \mid x_1) \cdot P(x_1)$	$P(x_2 \cap I_2)$ $= P(I_2 \mid x_2) \cdot P(x_2)$	$P(I_2)$

*1 두 사건 x_1과 I_1이 동시에 일어날 확률(결합확률)을 의미하며, 곱셈정리에 의하여 다음과 같이 이미 알고 있는 확률의 곱으로 표현할 수 있다.

$P(x_1 \cap I_1) = \underbrace{P(I_1 \mid x_1)}_{\text{예측의 정확도}} \times \underbrace{P(x_1)}_{\text{사전적 확률}}$

*2 일기예보가 맑다고 예측할 사건 I_1은 $x_1 \cap I_1$과 $x_2 \cap I_1$의 상호배반사건의 합집합이므로 $P(I_1) = P(x_1 \cap I_1) + P(x_2 \cap I_1)$이다.

불완전정보	미래상황					
	x_1		x_2		$P(I_j)$	
I_1	0.7 × 0.6 =	0.42	0.4 × 0.4 =	0.16	$P(I_1)$ =	0.58
I_2	0.3 × 0.6 =	0.18	0.6 × 0.4 =	0.24	$P(I_2)$ =	0.42
계		0.6		0.4		1.0

$P(I_1)$은 일기예보로부터 맑을 것이라고 보고받을 확률을 의미하며, $P(I_2)$는 일기예보로부터 비가 올 것이라고 보고받을 확률을 의미하는데, 특정 예측(불완전정보) I_j를 보고받을 확률($P(I_j)$)은 다음과 같이 계산된다.

$$P(I_j) = \sum_{i=1}^{n} P(I_j \mid x_i) \cdot P(x_i)$$

단, x_i = 상황 $i(i = 1, 2, \cdots, n)$, n = 상황의 수

참고

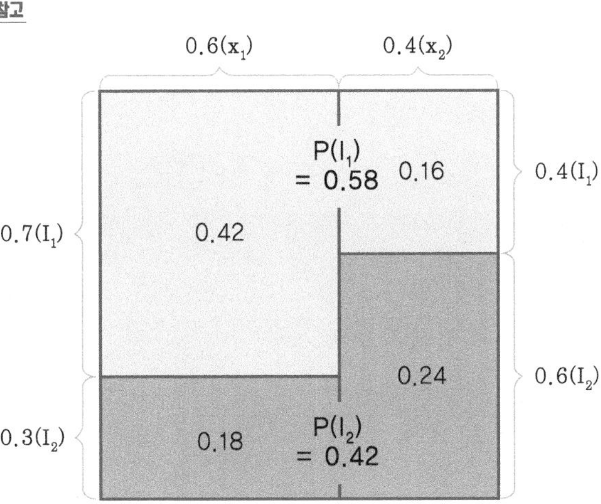

[단계 3] 사전적 확률(prior probability)을 사후적 확률(posterior probability)로 수정한다. 이는 다음과 같은 베이지안 정리(Baysian theorem)를 이용한다.

$$P(x_i \mid I_j) = \frac{P(x_i \cap I_j)}{P(I_j)} = \frac{P(I_j \mid x_i) \times P(x_i)}{P(I_j)}$$

사후적 확률 $P(x_i \mid I_j)$은 불완전정보(I_j)를 입수한 경우에 특정미래상황(x_i)이 발생할 확률을 의미하는데, 단계 2에서 작성한 결합확률표를 이용하면 쉽게 계산할 수 있다.

불완전정보	결합확률 맑음	결합확률 비	특정불완전정보를 보고받을 확률		사후적 확률 맑음	사후적 확률 비
I_1: 맑음 예측	0.6 × 0.7 = 0.42	0.4 × 0.4 = 0.16	$P(I_1)$ =	0.58	$\frac{0.42}{0.58}$	$\frac{0.16}{0.58}$
I_2: 비 예측	0.6 × 0.3 = 0.18	0.4 × 0.6 = 0.24	$P(I_2)$ =	0.42	$\frac{0.18}{0.42}$	$\frac{0.24}{0.42}$
계	0.6	0.4		1.0		

사후적 확률은 단계 2에서의 그림을 통하여 쉽게 이해할 수 있다.

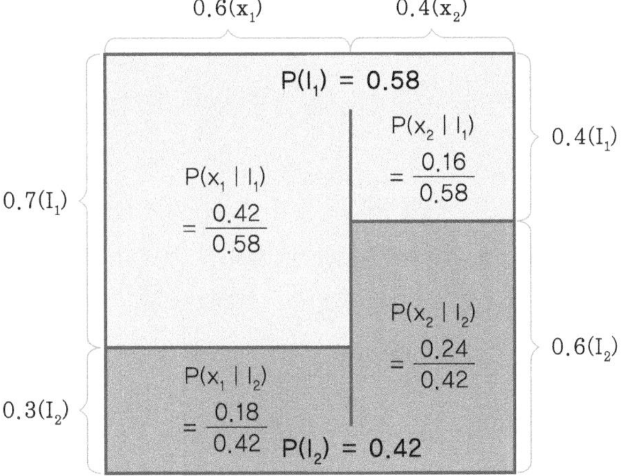

위 그림에서 보듯이 사후적 확률 $P(x_1 \mid I_1)$은 일기예보로부터 맑다고 보고받은 경우(I_1)에 실제날씨가 맑을(x_1) 확률을 의미하며, 사후적 확률 $P(x_2 \mid I_1)$은 일기예보로부터 맑다고 보고받은 경우(I_1)에 실제날씨가 비올(x_2) 확률을 의미한다.

이와 동일한 논리로 사후적 확률 $P(x_1 \mid I_2)$와 $P(x_2 \mid I_2)$도 설명할 수 있다.

[단계 4] 단계 3에서 구한 사후적 확률을 기초로 각각의 불완전정보(전문가의 예측)하에서 대안별 기대가치를 계산하여 최적대안을 결정한다.

① 일기예보로부터 맑을 것이라는 정보(I_1)를 받을 경우($P(I_1)=0.58$)

대안	미래상황 x_1: $P(x_1 \mid I_1) = \frac{42}{58}$	 x_2: $P(x_2 \mid I_1) = \frac{16}{58}$	E(a)
a_1	₩913,500	₩730,800	$E(a_1)$ = ₩863,100[*1]
a_2	609,000	1,218,000	$E(a_2)$ = ₩777,000[*2]

[*1] ₩913,500 × $\frac{42}{58}$ + ₩730,800 × $\frac{16}{58}$ = ₩863,100

[*2] ₩609,000 × $\frac{42}{58}$ + ₩1,218,000 × $\frac{16}{58}$ = ₩777,000

따라서 일기예보로부터 맑을 것이라는 정보(I_1)를 받을 경우 최적대안은 a_1이고 이때의 기대이익은 ₩863,100이다.

② 일기예보로부터 비올 것이라는 정보(I_2)를 받을 경우($P(I_2)=0.42$)

대안	미래상황 x_1: $P(x_1 \mid I_2) = \frac{18}{42}$	 x_2: $P(x_2 \mid I_2) = \frac{24}{42}$	E(a)
a_1	₩913,500	₩730,800	$E(a_1)$ = ₩809,100[*1]
a_2	609,000	1,218,000	$E(a_2)$ = ₩957,000[*2]

[*1] ₩913,500 × $\frac{18}{42}$ + ₩730,800 × $\frac{24}{42}$ = ₩809,100

[*2] ₩609,000 × $\frac{18}{42}$ + ₩1,218,000 × $\frac{24}{42}$ = ₩957,000

따라서 일기예보로부터 비올 것이라는 정보(I_2)를 받을 경우 최적대안은 a_2이고 이때의 기대이익은 ₩957,000이다.

[단계 5] 단계 4에서 계산한 각각의 불완전정보하의 최적행동의 기대가치와 단계 2에서 구한 각각의 불완전정보를 보고받을 확률 $P(I_j)$를 이용하여 불완전정보하의 기대가치를 계산하고 이 금액에서 기존정보하의 기대가치를 차감하여 불완전정보의 기대가치를 계산한다.

	불완전정보하의 기대가치:	₩863,100 × 0.58 + ₩957,000 × 0.42 =	₩902,538
(-)	기존정보하의 기대가치		(852,600)
	불완전정보의 기대가치(EVSI)		₩49,938

(2) 완전정보의 기대가치

완전정보의 기대가치(EVPI; Expected Value of Perfect Information)란 완전정보를 획득하여 의사결정을 하는 경우의 기대가치와 기존정보하에서의 기대가치와의 차이, 즉 완전정보를 이용함으로써 얻게 되는 기대가치의 증가분으로 이러한 완전정보를 획득하기 위해 지불할 수 있는 최대금액이 된다.

완전정보의 기대가치 = 완전정보하의 기대가치 - 기존정보하의 기대가치

예제 4에서 영희가 대안 선택 시 이용하는 일기예보가 100% 정확하게 날씨를 예측하는 완전정보라 가정하자. 이 경우 특정 정보를 보고받을 확률($P(I_j)$)은 사전적 확률($P(x_i)$)과 동일해지며, 특정 정보를 보고받은 상황에서 항상 100% 예측이 정확하므로 다음과 같은 방법을 통하여 완전정보의 기대가치를 계산할 수 있다.

[단계 1] 미래에 발생하리라고 예상되는 각 상황하에서의 최적대안을 결정하고 그 결과를 계산한다. 예제 4에서 미래에 발생가능한 상황은 날씨가 맑을 경우와 비올 경우 두 가지이다. 만일 날씨가 맑을 경우 영희는 대안 a_1을 선택하는 것이 최적이고 이때의 이익은 ₩913,500이 된다. 그러나 비가 올 경우 영희는 대안 a_2를 선택하는 것이 최적이고 이때의 이익은 ₩1,218,000이 된다.

[단계 2] 각 상황이 발생할 확률을 파악한다. 이 확률은 완전정보를 얻기 이전의 각 상황에 대한 사전적 확률이다. 예제 4에서 날씨가 맑고, 비올 확률은 각각 0.6과 0.4이다.

[단계 3] 완전정보하의 기대가치를 계산한다. 이는 각 상황에 있어서 최적대안의 결과(단계 1)와 각 상황의 발생확률(단계 2)을 곱한 다음 이들을 모두 합한 금액이다. 예제 4에서 완전정보하의 기대가치(기대이익)는 다음과 같이 계산된다.
₩913,500 × 0.6 + ₩1,218,000 × 0.4 = ₩1,035,300

[단계 4] 기존정보하의 기대가치를 계산한다. 이는 완전정보가 주어지지 않은 상태하에서 기대가치를 구하는 것인데, 예제 4에서 보듯이 기존정보하에서 영희는 기대이익을 극대화하는 최적대안 a_2를 선택할 것이며, 이때의 기대가치(이익)는 ₩852,600이다.

[단계 5] 단계 3에서 구한 완전정보하의 기대가치에서 단계 4에서 구한 기존정보하의 기대가치를 차감하여 완전정보의 기대가치를 구한다. 예제 4의 경우에 완전정보의 기대가치는 다음과 같이 계산된다.

	완전정보하의 기대가치	₩1,035,300
(-)	기존정보하의 기대가치	(852,600)
	완전정보의 기대가치(EVPI)	₩182,700

04 예측오차와 예측오차의 원가

불확실성하의 의사결정에서는 의사결정모형에 사용되는 변수의 값을 예측할 필요가 있으며 사후적인 실제 변수값과 사전에 예측된 변수값 사이에는 차이가 발생할 수 있는데, 이 차이를 예측오차(prediction error)라고 한다. 그리고 예측오차로 인해 입게 되는 손실을 예측오차의 원가(cost of prediction error) 또는 조건부손실(conditional loss, 기회손실이라고도 함)이라고 한다.

(1) 예제 4에서 영희가 날씨가 맑을 것으로 예측하여 이때의 최적대안인 a_1를 선택한 경우 실제날씨가 맑았다면 사후적인 실제변수값과 사전에 예측된 변수값 사이에 차이가 없어 예측오차는 발생하지 않지만, 실제날씨가 비가 왔다면 예측오차는 현재의 의사결정과 날씨를 비올 것이라 정확하게 예측하여 의사결정했을 때와의 차이가 되며, 이때 예측오차의 원가는 다음과 같다.

	정확하게 예측했을 경우 최적의사결정의 성과[*1]	₩1,218,000
(-)	실제의사결정의 성과[*2]	(730,800)
	예측오차의 원가	₩487,200

[*1] 날씨가 비올 것이라고 정확하게 예측했을 경우 최적의사결정은 대안 a_2를 선택하는 것이고 그때의 이익은 ₩1,218,000임

[*2] 실제로는 사전예측에 따라 대안 a_1를 선택 하였으며 이로 인하여 이익은 ₩730,800임

(2) 예제 4에서 영희가 날씨가 비올 것으로 예측하여 이때의 최적대안인 a_2를 선택한 경우 실제날씨가 비가 왔다면 사후적인 실제변수값과 사전에 예측된 변수값 사이에 차이가 없어 예측오차는 발생하지 않지만, 실제날씨가 맑았다면 예측오차는 현재의 의사결정과 날씨를 맑을 것이라 정확하게 예측하여 의사결정했을 때와의 차이가 되며, 이때 예측오차의 원가는 다음과 같다.

	정확하게 예측했을 경우 최적의사결정의 성과[*1]	₩913,500
(-)	실제의사결정의 성과[*2]	(609,000)
	예측오차의 원가	₩304,500

[*1] 날씨가 맑을 것이라고 정확하게 예측했을 경우 최적의사결정은 대안 a_1을 선택하는 것이고 그때의 이익은 ₩913,500임

[*2] 실제로는 사전예측에 따라 대안 a_2를 선택하였으며 이로 인하여 이익은 ₩609,000임

(3) 다음과 같은 기회손실표(조건부손실표)를 이용하여 각 대안의 기회손실의 기댓값(기대기회손실)을 계산할 수 있으며, 이를 이용하여 불확실성하에서 최적대안을 선택할 수 있다.

기회손실표

대안	미래상황	
	x_1: 맑음 $P(x_1) = 0.6$	x_2: 비 $P(x_2) = 0.4$
a_1	₩0	₩487,200
a_2	304,500	0

기회손실의 기댓값(기대기회손실)의 계산

$E(a_1)$: ₩0 × 0.6 + ₩487,200 × 0.4 = ₩194,880

$E(a_2)$: ₩304,500 × 0.6 + ₩0 × 0.4 = ₩182,700

따라서 기회손실의 기댓값(기대기회손실)을 극소화하는 최적대안은 a_2이고, 이는 기대가치기준에 의한 의사결정의 결과([예제 4] 참조)와 일치함을 알 수 있으며, 이때 최적대안 a_2의 기회손실의 기댓값(최소기대기회손실)은 ₩182,700이다.

(4) 현실적으로 의사결정시점에서 미래에 대한 경기상황이나 제반여건들을 정확히 예측하기란 불가능하다. 따라서 예측오차는 발생하기 마련이며, 이러한 예측오차를 최대한으로 줄이기 위해서는 미래의 불확실성을 감소시켜 주는 정보를 필요로 한다. 만약 예측오차의 원가가 중요하다면 가능한 한 많은 정보를 획득하여 보다 합리적인 의사결정을 하여야 하며, 예측오차의 원가가 별로 중요하지 않다면 추가적인 정보를 얻기 위해서 많은 비용을 지출할 필요는 없을 것이다.

(5) 기회손실(예측오차의 원가)을 이용하여 완전정보의 기대가치도 계산할 수 있는데, 예제 4에서 기대가치기준 최적대안인 a_2를 선택하고 실제날씨가 비가 왔다면 기회손실(예측오차의 원가)이 발생하지 않지만 만약 날씨가 맑았다면 기회손실(예측오차의 원가) ₩304,500이 발생하게 된다. 따라서 완전정보하에서의 기대가치는 기존정보하에서의 기대가치, 즉 기대가치기준 최적대안의 기댓값보다 동 최적대안의 기회손실(예측오차의 원가)의 기댓값에 해당되는 금액만큼이 클 것이므로 완전정보의 기대가치는 기대가치기준 최적대안의 기회손실(예측오차의 원가)의 기댓값, 즉 각 대안의 기대기회손실 중에서 최솟값(최소기대기회손실)이 된다. 따라서 예제 4에서 기대가치기준 최적대안의 기회손실(예측오차의 원가)의 기댓값, 즉 최소기대기회손실 ₩182,700은 완전정보의 기대가치(EVPI)와 일치함을 알 수 있다.

제2절 | 차이조사결정

<제13장 책임회계와 성과평가>에서는 책임중심점의 관리자에 대한 성과평가를 위하여 실제성과와 예산의 차이를 분석하는 방법에 대해서 살펴보았다. 이러한 차이분석은 경영자가 계획이 원활히 수행되도록 하는 데 도움을 주며, 실제성과와 예산의 중요한 차이에 대해서 경영자의 주의를 환기시키는 경영전략, 즉 예외에 의한 관리(management by exception)를 가능하게 해준다.
경영자는 성과보고서에서의 차이분석을 이용하여 문제점을 발견하고 수정조치를 취할 수 있는데, 이때 원가차이의 발생원인을 파악하기 위해서 추가적인 조사가 필요한 경우가 있다. 따라서 본 절에서는 경영자가 실제성과와 예산의 차이들 중 어떤 차이에 대해서 조사를 행하여 필요한 조치를 취할 것인지에 관하여 살펴보기로 한다. 왜냐하면, 차이조사에는 비용이 발생하므로 모든 원가차이를 조사할 수는 없기 때문이다.

(1) 차이조사결정에 있어서 의사결정방법은 차이를 조사할 경우와 조사하지 않을 경우의 기대비용을 비교하여 기대비용이 최소화되는 대안을 선택하는 것이다. 앞에서 살펴본 불확실성하에서의 의사결정방법은 차이조사결정에서도 동일하게 적용된다.

예제 5

당신은 제조공정의 책임자이다. 지난 주 작업에 대하여 불리한 직접재료원가 능률차이 ₩50,000이 보고되어 당신은 이 차이를 조사할 것인지 결정하려고 한다. 공정이 통제가 안 되고 수정도 안 된 경우의 비용은 ₩20,000이고 조사비용은 ₩2,000이다.
만약 조사를 하여 공정이 통제되지 않고 있을 경우, 이를 수정하는 비용은 ₩3,000이고 수정기간 동안의 비용은 ₩4,000이다. 공정이 통제되지 않을 확률은 0.3이라고 추정하고 있다.

[요구사항]

1. 조사를 해야 하는가? 조사하는 경우와 하지 않는 경우 각각의 기대비용은 얼마인가?
2. 두 가지 행동의 기대비용이 동일하게 되는 통제되지 않을 확률수준은 얼마인가?

해답 [성과표]

대안	공정상황	
	x_1: 공정이 통제되고 있는 경우 $P(x_1)$ = 0.7	x_2: 공정이 통제되지 않고 있는 경우 $P(x_2)$ = 0.3
a_1: 조사	₩2,000	₩2,000 + ₩3,000 + ₩4,000 = ₩9,000
a_2: 비조사	0	20,000

1. **차이조사 의사결정**

(1) 기대비용계산

$E(a_1)$: ₩2,000 × 0.7 + ₩9,000 × 0.3 = ₩4,100

$E(a_2)$: ₩0 × 0.7 + ₩20,000 × 0.3 = ₩6,000

(2) 조사하는 경우의 기대비용이 더 작으므로 조사해야 한다(기대비용 극소화).

2. **통제되지 않을 확률(P)**

$E(a_1)$: ₩2,000 × (1 - P) + ₩9,000P = ₩2,000 + ₩7,000P

$E(a_2)$: ₩0 × (1 - P) + ₩20,000P = ₩20,000P

따라서 두 가지 대안의 기대비용이 동일하게 되는 확률(임계확률) P는 다음과 같다.

₩2,000 + ₩7,000P = ₩20,000P ∴ P = 0.1538(15.38%)

(2) 일반적으로 예산을 아무리 신중하게 편성하더라도 원가의 발생에 영향을 미치는 모든 요소들을 고려할 수는 없기 때문에 실제원가와 예산원가는 차이가 나기 마련이다. 이러한 원가차이를 발생시키는 주된 원인들은 다음과 같다.

① 효율적인 작업상태하에서 불가피하게 발생하는 변동
② 원가자료를 측정하는 데 있어서의 측정오차
③ 부적절한 표준의 설정
④ 작업상의 오류

(3) 차이발생의 원인 중 효율적인 작업상태하에서 불가피하게 발생하는 변동으로 인한 차이는 의사결정상 중요성이 없다. 왜냐하면, 불가피하게 발생한 차이의 원인을 파악하는 것은 조사비용만 지출될 뿐 차이의 원인을 제거하는 데에는 도움이 되지 못하기 때문이다. 반면에 측정오차나 부적절한 표준 및 작업상의 오류로 인한 차이는 설비고장, 원재료의 품질불량, 조잡한 기술 등이 원인이 될 수 있기 때문에 원가통제상 중요성을 갖는다. 따라서 경영자는 이러한 원가차이에 대해 비용·효익관점에서 차이조사에 대한 의사결정을 해야 한다.

제3절 | 불확실성하의 CVP분석

<제9장 원가·조업도·이익분석>에서 살펴본 원가·조업도·이익분석은 이익에 영향을 미치는 모든 변수들이 확실하다는 가정하에 분석이 이루어졌다. 그러나 현실적으로 거의 모든 의사결정상황은 미래의 불확실성을 내포하고 있으므로 이들 변수들의 값을 정확하게 예측할 수 없는 경우가 일반적이다. 따라서 본 절에서는 <제9장 원가·조업도·이익분석>에서 살펴본 CVP분석을 확장하여 불확실성하에서의 CVP분석에 대해서 살펴보기로 한다.

01 민감도 분석

민감도 분석(what if analysis)이란 "what if(만약 ~이라면 ~이 어떻게 변화하는가?)"와 같은 질문에 대한 결과를 도출하는 방법을 말한다. 민감도 분석은 통계적 분석 및 확률수를 이용한 분석과 더불어 불확실성에 대처하기 위한 접근방법이지만 불확실한 상황에 대한 확률값을 사용하지 않는다는 특징이 있다.

예제 6

(주)해커의 20×1년 예산포괄손익계산서는 다음과 같다.

매출액(1,000단위)	₩1,000,000
변동원가	600,000
공헌이익	₩400,000
고정원가	200,000
영업이익	₩200,000

변동원가에는 판매가격의 10%에 해당하는 판매수수료가 포함되어 있으며 아래의 [요구사항]은 각각 독립적이라고 가정한다.

[요구사항]

1. 판매량이 20% 증가한다면 영업이익은 얼마인가?
2. 판매가격이 10% 상승하면 영업이익은 얼마인가?
3. 판매량이 20% 증가하고 판매가격이 10% 하락하면 영업이익은 얼마인가?
4. 판매가격이 10% 하락하면 손익분기점 판매량은 얼마인가?
5. 고정원가가 10% 증가하면 영업이익은 얼마인가?

해답 **[자료분석]**

단위당 판매가격	₩1,000	
단위당 변동원가	600	(단위당 판매수수료 ₩100 포함)
단위당 공헌이익	₩400	
고정원가	₩200,000	

1. **판매량 변화에 대한 영업이익의 민감도 분석**
영업이익을 π라고 하면, 다음의 식이 성립한다.
$\pi = \underbrace{1{,}000개 \times 120\%}_{판매량} \times @400 - ₩200{,}000$
∴ 영업이익(π) = ₩280,000

2. **판매가격 변화에 대한 영업이익의 민감도 분석**
영업이익을 π라고 하면, 다음의 식이 성립한다.
$\pi = 1{,}000개 \times \underbrace{(₩1{,}000 \times 110\% - ₩500 - ₩1{,}000 \times 110\% \times 10\%)}_{단위당\ 공헌이익} - ₩200{,}000$
∴ 영업이익(π) = ₩290,000

3. **판매량 및 판매가격 변화에 대한 영업이익의 민감도 분석**
영업이익을 π라고 하면, 다음의 식이 성립한다.
$\pi = \underbrace{1{,}000개 \times 120\%}_{판매량} \times \underbrace{(₩1{,}000 \times 90\% - ₩500 - ₩1{,}000 \times 90\% \times 10\%)}_{단위당\ 공헌이익} - ₩200{,}000$
∴ 영업이익(π) = ₩172,000

4. **판매가격 변화에 따른 손익분기점 판매량의 민감도 분석**
손익분기점 판매량을 Q라고 하면, 다음의 식이 성립한다.
$$Q = \frac{고정원가}{단위당\ 공헌이익} = \frac{₩200{,}000}{₩1{,}000 \times 90\% - ₩500 - ₩1{,}000 \times 90\% \times 10\%} = 645개$$

5. **고정원가 변화에 대한 영업이익의 민감도 분석**
영업이익을 π라고 하면, 다음의 식이 성립한다.
$\pi = 1{,}000개 \times @400 - ₩200{,}000 \times 110\%$
∴ 영업이익(π) = ₩180,000

02 통계적 분석

통계적 분석이란 불확실성을 갖는 하나의 독립변수(예 판매량)가 확률변수의 형태를 띠고 있을 때 그 변수의[2] 확률분포를 미리 추정하여 그러한 불확실성이 종속변수(영업이익)에 미치는 영향을 분석하는 것이다. 통계적 분석을 위해서는 다음과 같은 기초개념에 대해서 알아둘 필요가 있다.

① 확실성하의 CVP분석에서 보았듯이 독립변수인 판매량과 종속변수인 영업이익의 관계는 다음의 관계가 성립된다.

영업이익 = 판매량 × 단위당 공헌이익 - 고정원가

② 그러나 판매량이 불확실한 경우에는 영업이익도 불확실성을 가지므로 다음의 관계가 성립할 것이다.

기대영업이익 = 기대판매량 × 단위당 공헌이익 - 고정원가

③ 영업이익의 표준편차는 단위당 공헌이익에 판매량의 표준편차를 곱한 값이 된다.

영업이익의 표준편차 = 판매량의 표준편차 × 단위당 공헌이익

2) 통계학에서 논의되는 확률분포는 크게 이산확률분포와 연속확률분포로 나눌 수 있으며 이러한 연속확률분포 중 대표적인 것이 균일분포, 정규분포이다.

이러한 내용을 기초로 판매량이 이산확률분포와 연속확률분포 중 균일분포, 정규분포를 따르는 확률변수인 경우에 이것이 영업이익에 미치는 영향에 대해서 살펴보기로 한다.

(1) 이산확률분포

이산확률분포란 확률변수가 연속성을 지니지 못하고 특정 값으로 존재하는 경우에 나타나는 확률분포를 말한다. 즉, 판매량이 특정수량에서 발생할 가능성이 확률값으로 주어질 때 이 확률값을 이용하여 기대판매량, 기대영업이익을 추정하고 손익분기점을 달성할 확률 등을 구하는 것이다.

예제 7

(주)해커는 단위당 공헌이익 ₩100인 제품을 생산하여 판매하고 있다. 연간 고정원가는 ₩90,000이고 20×1년의 연간 판매량은 다음과 같을 경우로 추정된다.

판매량	확률
800단위	0.2
1,000	0.2
1,200	0.3
1,500	0.2
1,600	0.1
계	1.0

[요구사항]

1. 20×1년의 연간 기대판매량은 몇 단위인가?
2. 20×1년의 연간 기대영업이익은 얼마인가?
3. 20×1년에 영업이익이 발생할 확률은 얼마인가?

해답 1. **기대판매량**

판매량을 x라 하면,

E(x): 800단위 × 0.2 + 1,000단위 × 0.2 + 1,200단위 × 0.3 + 1,500단위 × 0.2 + 1,600단위 × 0.1
= 1,180단위

2. **기대영업이익**

영업이익을 π라 하면, π = ₩100x - ₩90,000

따라서 E(π) = ₩100 × E(x) - ₩90,000
= ₩100 × 1,180단위 - ₩90,000
= ₩28,000

3. **영업이익이 발생할 확률**

영업이익을 π라 하면, π = ₩100 x - ₩90,000

영업이익이 발생할 확률은 P(π > 0)이므로

P(π > 0) = P(₩100 x - ₩90,000 > 0)
= P(x > 900단위)
= P(x = 1,000단위) + P(x = 1,200단위) + P(x = 1,500단위) + P(x = 1,600단위)
= 1 - P(x = 800단위)
= 1 - 0.2 = 0.8(80%)

(2) 연속확률분포

연속확률분포란 확률변수가 연속성을 가지고 정의역 내의 모든 실수값을 취할 수 있는 경우에 나타나는 확률분포를 말한다.

① **정규분포**: 정규분포는 연속확률분포 중 하나로써 그 모양은 확률변수의 기댓값을 중심으로 완전대칭의 종형구조를 갖는 확률분포이다.

㉮ 어느 학교의 영어성적과 수학성적이 정규분포를 이룬다고 가정해 보자. 영어성적의 평균은 80점, 표준편차는 10점이고 수학성적은 평균이 75점, 표준편차는 20점이라고 할 경우 이를 그림으로 나타내면 다음과 같다.

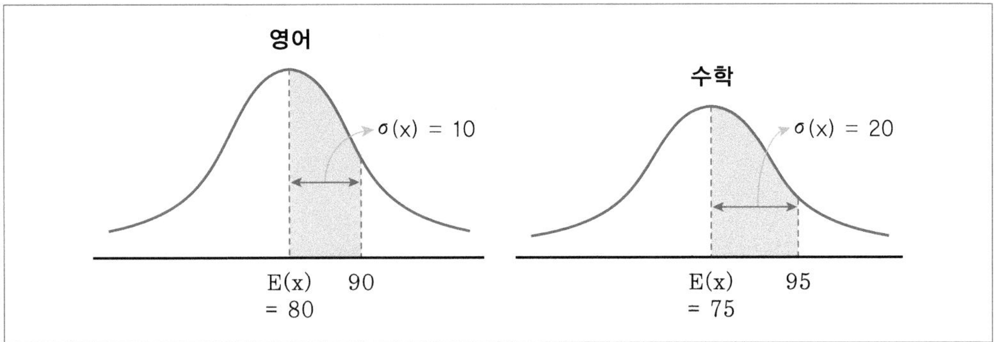

㉠ 위 그림에서 보듯이 정규분포는 다음과 같은 특징을 가지고 있다.

ⓐ 정규분포의 모양과 위치는 확률변수의 기댓값과 표준편차에 의해 결정된다.

ⓑ 정규분포상에서의 확률은 이산분포에서의 확률과 다르게 주어진 확률변수하에서 특정값으로 주어지는 것이 아니라 확률변수의 일정구간에서 횡축과 곡선사이의 면적으로 계산된다.

㉡ 정규분포하에서는 위와 같은 특성을 이용하여 손익분기점이나 목표이익을 달성할 수 있는 확률 등을 구할 수 있다. 다만, 정규분포는 모집단에 따라 기댓값과 표준편차가 다르고 이에 따라 특정 정규분포하에서 확률을 계산하기 위해서는 다양한 정규분포를 표준화할 필요성이 생기게 되었는데, 이러한 요구에 의해 만들어진 것이 표준정규분포이다.

㉢ 표준정규분포란 정규분포에서는 어느 모집단에서나 확률변수가 기댓값과 표준편차단위 사이에서 발생할 확률이 동일하다는 것을 이용하여 정규분포를 기댓값 = 0, 표준편차 = 1이 되도록 표준화한 것으로써 특정확률변수가 기댓값으로부터 표준편차의 몇 배 정도나 떨어져 있는가를 다음과 같이 표준화된 확률변수 Z로 나타내기 때문에 Z - 분포라고도 한다.

$$Z = \frac{x - E(x)}{\sigma(x)}$$

㉣ 앞의 예에서 영어, 수학성적의 정규분포를 위의 식을 이용하여 표준정규분포로 전환하면 다음의 그림과 같다. 이 경우 각 분포의 빗금친 부분의 면적(확률)은 동일하다.

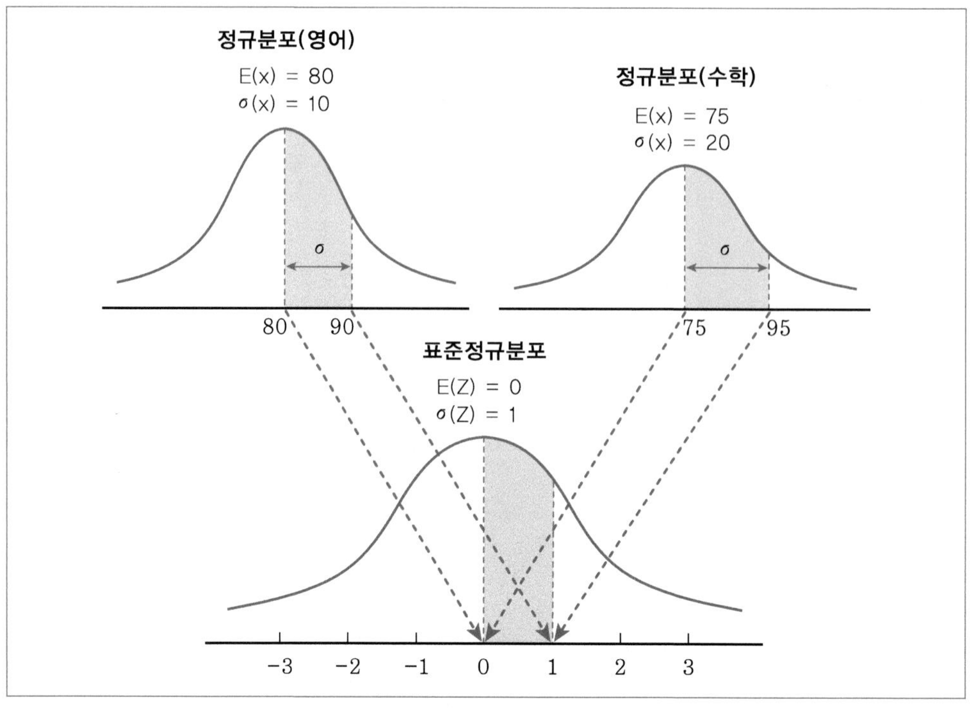

㉢ 표준정규분포하의 각 Z값에 해당하는 확률을 미리 계산해둔 표가 있는데 이를 표준정규분포표라 하고 이러한 표준정규분포표를 이용하면 각 확률변수 x에 대응하는 확률값을 쉽게 계산할 수 있다.

예제 8

(주)해커는 단위당 공헌이익이 ₩100인 제품을 생산하여 판매하고 있다. 연간 고정원가는 ₩90,000이고 20×1년의 연간 판매량이 평균 1,200단위 표준편차 200단위의 정규분포를 따른다고 할 때 다음의 [요구사항]에 답하시오.

Z	$P(0 \le Z \le z)$
1	0.3413
1.5	0.4332
2	0.4772

[요구사항]

1. 20×1년의 연간 기대영업이익과 영업이익의 표준편차는 얼마인가?
2. 20×1년에 영업이익이 발생할 확률은 얼마인가?
3. 영업이익이 ₩50,000~₩70,000일 확률은 얼마인가?

해답 1. **연간 기대영업이익과 영업이익의 표준편차**

판매량을 x, 영업이익을 π라 할 때 π = ₩100x - ₩90,000이고 E(x) = 1,200단위, σ(x) = 200단위이므로

E(π): ₩100 × E(x) - ₩90,000 = ₩100 × 1,200단위 - ₩90,000 = ₩30,000

σ(π): ₩100 × σ(x) = ₩100 × 200단위 = ₩20,000

2. 영업이익이 발생할 확률

판매량 x가 정규분포를 따르므로 판매량에 대해서 선형함수를 가정한 영업이익 π도 $E(\pi)$ = ₩30,000, $\sigma(\pi)$ = ₩20,000인 정규분포를 따를 것이다. 따라서 영업이익이 발생할 확률($\pi > 0$)을 그림으로 나타내면 아래와 같을 것이다.

[정규분포]

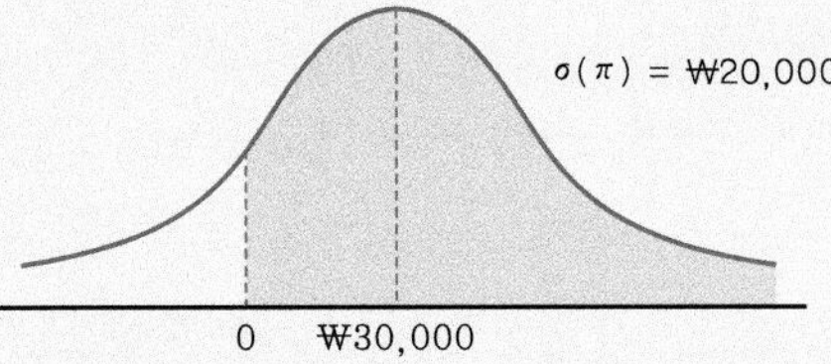

그리고 영업이익 π를 표준정규분포하의 확률변수 Z로 변환하여 그림으로 나타내면 다음과 같다.

[표준정규분포]

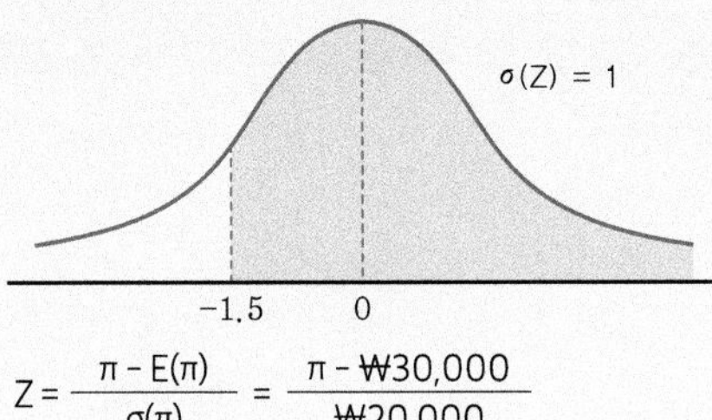

$$Z = \frac{\pi - E(\pi)}{\sigma(\pi)} = \frac{\pi - ₩30{,}000}{₩20{,}000}$$

위에서 보듯이 정규분포하에서 $P(\pi > 0)$는 표준정규분포하에서 $P(Z > -1.5)$일 확률이다. 따라서 문제의 표준정규분포표를 이용하여 다음과 같이 계산할 수 있다.

$P(Z > -1.5) = 0.5 + P(0 \le Z \le 1.5) = 0.5 + 0.4332 = 0.9332(93.32\%)$

3. 영업이익이 ₩50,000 ~ ₩70,000일 확률

$$\begin{aligned} P(₩50{,}000 \le \pi \le ₩70{,}000) &= P\left(\frac{₩50{,}000 - ₩30{,}000}{₩20{,}000} \le Z \le \frac{₩70{,}000 - ₩30{,}000}{₩20{,}000}\right) \\ &= P(1 \le Z \le 2) \\ &= P(0 \le Z \le 2) - P(0 \le Z \le 1) \\ &= 0.4772 - 0.3413 = 0.1359 \end{aligned}$$

[정규분포]

[표준정규분포]

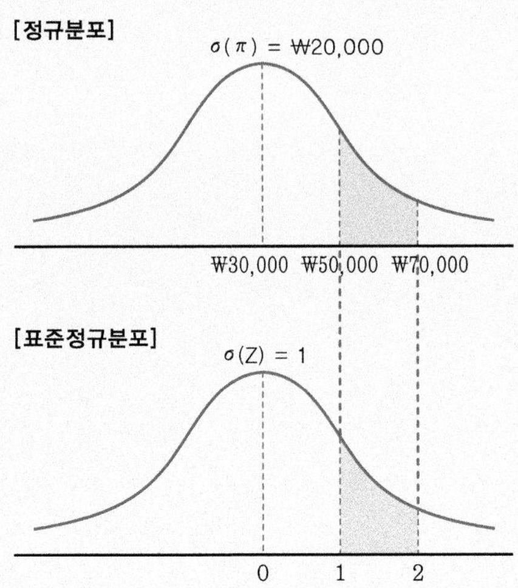

② **균일분포:** 균일분포는 정규분포와 같은 연속확률분포이지만 확률변수가 특정구간에서만 정의되고 각각의 확률변수가 가지는 확률값은 모두 동일하다고 가정하는 것이다.

(예) 확률변수 x가 A에서 B구간까지 균일분포를 따른다고 할 경우 각각의 확률변수에서 발생할 확률이 M으로 동일할 경우 확률변수 x의 확률분포는 다음과 같은 그림으로 나타낼 수 있다.

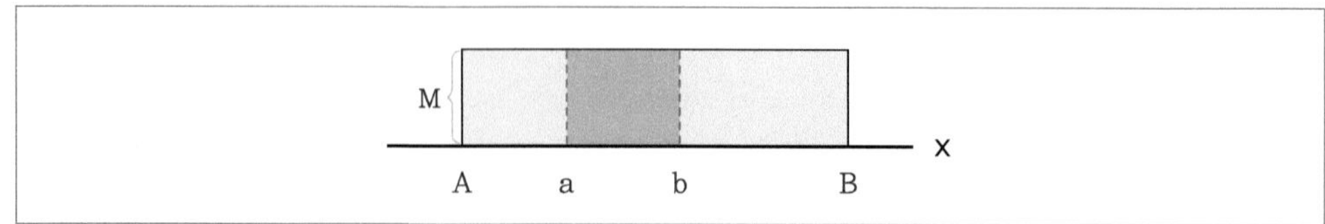

㉠ 균일분포의 경우 앞의 확률분포도에서 알 수 있듯이 각 확률변수가 가지는 확률값들의 합은 직사각형의 넓이이며 그 값은 1이 된다. 또한 확률변수의 기댓값은 분포의 특성상 확률변수가 존재하는 구간의 중간값이 될 것이다.

㉡ 참고로 확률변수 x가 a보다 크고 b보다 작은 확률을 계산하면 다음과 같이 계산될 것이다.

$$P(a \le x \le b) = \frac{(b - a) \times M}{(B - A) \times M} = \frac{(b - a)}{(B - A)}$$

즉, 균일분포에서 확률변수가 하나인 경우 확률변수가 특정구간 내에 존재할 확률은 특정구간의 길이를 전체구간이 길이로 나누어 계산할 수 있다.

예제 9

(주)해커는 단위당 공헌이익이 ₩100인 제품을 생산하여 판매하고 있다. 연간 고정원가는 ₩90,000이고 20×1년의 연간 판매량이 800단위~1,400단위의 구간에서 균일분포를 따를 경우 다음의 [요구사항]에 답하시오.

[요구사항]

1. 20×1년의 연간 기대판매량, 연간 기대영업이익은 얼마인가?
2. 20×1년에 영업이익이 ₩35,000 이상일 확률은 얼마인가?
3. 20×1년의 영업이익이 ₩15,000~₩30,000일 확률은 얼마인가?

해답 **1. 연간 기대판매량, 연간 기대영업이익**

판매량을 x, 영업이익을 π라 할 때 π=₩100x-₩90,000이므로, 판매량 x가 800단위~1,400단위의 구간에서 균일분포를 따른다고 할 때 영업이익 π도 ₩(10,000)~₩50,000의 구간에서 균일분포를 따른다.

균일분포의 경우 평균값은 구간의 중간에서 존재하게 되므로

$$E(x): \frac{800단위 + 1,400단위}{2} = 1,100단위$$

$$E(x): \frac{₩50,000 - ₩10,000}{2} = ₩20,000$$

또는 E(π)=₩100×E(π)-₩90,000=₩100×1,100단위-₩90,000=₩20,000

2. 영업이익이 ₩35,000 이상일 확률

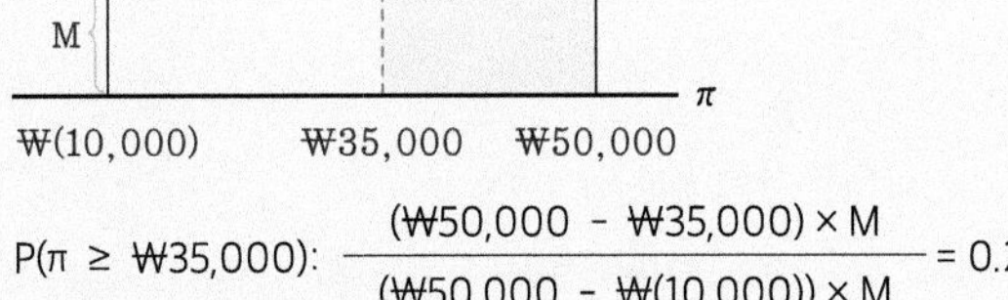

$$P(\pi \geq ₩35,000): \frac{(₩50,000 - ₩35,000) \times M}{(₩50,000 - ₩(10,000)) \times M} = 0.25$$

3. 영업이익이 ₩15,000~₩30,000일 확률

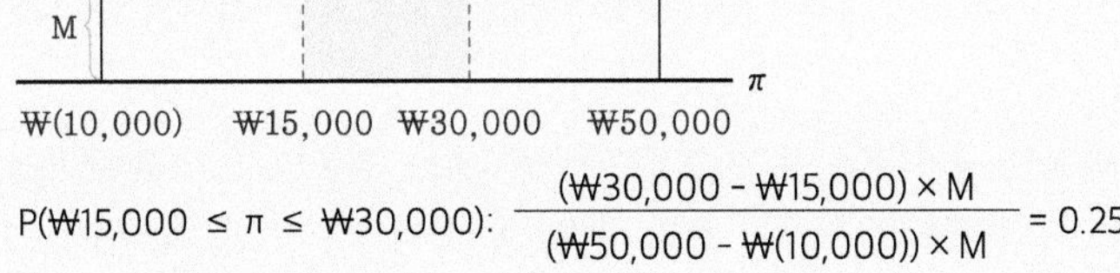

$$P(₩15,000 \leq \pi \leq ₩30,000): \frac{(₩30,000 - ₩15,000) \times M}{(₩50,000 - ₩(10,000)) \times M} = 0.25$$

03 확률수를 이용한 분석

불확실한 독립변수가 둘 이상이고 그 불확실한 변수가 가질 수 있는 경우의 수가 매우 제한적인 경우에는 확률수(probability tree)를 이용하여 가능한 모든 결과와 각각의 확률을 계산하여 CVP분석을 할 수 있다. 여기서 확률수란 독립변수와 종속변수 간의 가능한 모든 결과와 각 결과가 나타날 확률을 하나의 도표에 표시한 것이다.

예제 10

현준상사는 신제품을 개발하여 시장조사를 하고 원가자료를 검토한 결과 판매량과 단위당 공헌이익 및 연간 고정원가가 불확실하며 다음과 같은 확률분포를 이룰 것으로 예상하고 있다.

판매량	확률	단위당 공헌이익	확률	연간 고정원가	확률
2,100개	50%	₩50	30%	₩96,000	40%
2,400	50	40	70	85,000	60

[요구사항]

1. 확률수를 이용하여 기대영업이익을 계산하시오.
2. 이익이 발생할 확률을 계산하시오.
3. 손실이 발생할 확률을 계산하시오.

해답 1. 확률수를 이용한 기대영업이익

판매량	단위당 공헌이익	공헌이익	연간 고정원가	영업이익	확률	기대영업이익
2,100개(0.5)	₩50(0.3)	₩105,000	₩96,000(0.4)	₩9,000	0.06	₩540
			85,000(0.6)	20,000	0.09	1,800
	40(0.7)	84,000	96,000(0.4)	(12,000)	0.14	(1,680)
			85,000(0.6)	(1,000)	0.21	(210)
2,400개(0.5)	50(0.3)	120,000	96,000(0.4)	24,000	0.06	1,440
			85,000(0.6)	35,000	0.09	3,150
	40(0.7)	96,000	96,000(0.4)	0	0.14	0
			85,000(0.6)	11,000	0.21	2,310
					1.00	₩7,350

2. **이익이 발생할 확률**

   이익이 발생할 확률은 기대영업이익이 0보다 큰 경우의 확률을 합하여 계산하며, 51%(0.06 + 0.09 + 0.06 + 0.09 + 0.21)이다.

3. **손실이 발생할 확률**

   손실이 발생할 확률은 기대영업이익이 0보다 작은 경우의 확률을 합하여 계산하며, 35%(0.14 + 0.21)이다.

확률수를 이용함에 있어서 독립변수가 증가하고 각 변수가 가질 수 있는 경우의 수가 많아지게 되면 확률수가 매우 복잡해지거나 확률수를 작성하는 것 자체가 무의미해질 수 있다. 그러므로 확률수를 이용한 분석은 불확실성하에 있는 독립변수의 수가 적고 그 경우의 수가 매우 제한적인 경우에 적용하는 것이 유용하다.

보론 | 재고관리

01 재고관리의 의의

재고관리(inventory control)란 재고에 대한 수요에 신속하고 경제적으로 대응할 수 있도록 재고수준을 최적상태로 관리하는 것을 말한다. 이러한 재고관리의 목표는 재고와 관련된 비용을 최소화하면서 적절한 재고수준을 유지하는 것이다.
재고관리에 대한 내용은 생산관리에서 자세히 다루고 있으므로 여기서는 다음과 같은 재고관리의 기본문제에 대해서만 간략하게 살펴보기로 한다.

(1) 1회의 주문량을 얼마로 할 것인가?
(2) 언제 주문할 것인가?
(3) 재고수준을 어느 정도로 유지할 것인가?

여기서 (1)은 경제적 주문량을 결정하는 문제이며, (2)와 (3)은 재주문점을 결정하는 문제이다.

02 재고관리비용

재고관리비용에는 다음과 같이 재고유지비용, 재고주문비용, 재고부족비용 등이 있다.

(1) 재고주문비용(ordering costs)

필요한 재고를 주문하여 창고에 입고할 때까지 발생한 제비용으로써 주문서발행비, 통신비, 선적 및 하역비 등이 이에 속한다.

(2) 재고유지비용(holding costs)

구입된 재고나 생산된 재고를 유지하고 보관하는 데 소요되는 비용으로써 주로 재고자산에 투하된 자본비용, 보관비, 도난·부패 등으로 인한 재고감모손실이나 평가손실, 보험료 등으로 구성된다.

(3) 재고부족비용(out-of stock costs)

재고가 고갈되어 발생하는 판매기회의 상실과 이로 인한 고객들로부터의 불신, 생산계획의 차질 등에 의하여 발생하는 손실을 말한다.

지금까지 살펴본 재고관리비용들의 관계를 살펴보면 재고량이 증가할수록 재고유지비용은 증가하지만 재고주문비용이나 재고고갈로 인한 기회비용(재고부족비용)은 감소하게 되며, 재고량이 감소할수록 재고유지비용은 감소하지만 재고주문비용이나 재고 고갈로 인한 기회비용(재고부족비용)은 증가하게 된다. 따라서 재고관리계획과 통제모형은 이들 재고관리비용을 모두 합한 총재고관리비용이 최소화되는 적정재고수준을 유지할 수 있도록 이루어져야 한다.

03 경제적 주문량

경제적 주문량(EOQ; Economic Order Quantity)이란 총재고관리비용을 최소화할 수 있는 1회 주문량을 말한다.

(1) 경제적 주문량을 결정하기 위해서 다음과 같은 가정을 설정하기로 한다. 이러한 가정들은 다소 비현실적이긴 하지만 EOQ모형을 쉽게 적용하기 위한 것이다.

① 분석기간 동안의 재고에 대한 수요는 확실하며, 재고의 사용률이 일정하다.

② 재주문은 재고가 0일 때만 가능하며, 재고는 주문과 동시에 조달된다. 즉, 조달기간(lead time)은 0이며 이에 따라 재고부족비용은 발생하지 않는다.

③ 1회 주문비용은 주문량의 크기와 관계없이 일정하며, 재고유지비용은 재고수준에 비례하여 발생한다.

④ 재고자산의 단위당 구입가격은 구매량의 크기와 관계없이 일정하다.

(2) 앞에서 재고부족비용이 발생하지 않는다고 가정하였으므로 총재고관리비용(TC)은 다음과 같이 계산된다.

$$TC = \underbrace{\frac{D}{Q} \cdot O}_{\text{총재고주문비용}} + \underbrace{\frac{Q}{2} \cdot H}_{\text{총재고유지비용}}$$

단, D: 재고관리대상기간 동안의 총재고사용량(총재고수요량)
Q: 1회 주문량
O: 1회 주문비용
H: 재고관리대상기간 동안의 단위당 재고유지비용

위에서 보듯이 총주문비용은 주문횟수(D/Q)에 1회 주문비용(O)을 곱한 값이며, 총재고유지비용은 평균재고량(Q/2)에 단위당 재고유지비용(H)을 곱한 값이 된다.

(3) 경제적 주문량은 총재고관리비용이 최소가 될 때의 주문량이므로 위 식을 극소화시키는 Q값이 경제적 주문량이다. 따라서 경제적 주문량을 구하기 위해서는 위의 식을 Q에 대하여 미분한 다음 이를 0으로 놓으면 된다. 이를 식으로 나타내면 다음과 같다.

$$\frac{dTC}{dQ}: \ -\frac{DO}{Q^2} + \frac{H}{2} = 0$$

따라서 위 등식을 만족시키는 Q값이 바로 경제적 주문량 EOQ이다. 이를 식으로 나타내면 다음과 같다.

$$EOQ = \sqrt{\frac{2DO}{H}}$$

(4) 경제적 주문량을 1회 주문량으로 결정하면 재고관리대상기간 동안의 총재고주문비용과 총재고유지비용은 동일하게 된다. 다시 말하면 총재고주문비용 $\left(\frac{D}{Q} \cdot O\right)$의 Q에 경제적 주문량(EOQ)을 대입했을 경우와 총재고유지비용 $\left(\frac{Q}{2} \cdot H\right)$의 Q에 경제적 주문량(EOQ)을 대입했을 경우 동일한 값이 산출됨을 알 수 있다.

예제 11

연길회사는 연간 1,000단위의 부품이 필요하다. 부품의 단위당 재고유지비용은 ₩400이며 1회 주문비용은 ₩8,000이다.

[요구사항]

1. 경제적 주문량을 계산하시오.
2. 1회 주문량이 각각 다음과 같을 경우의 총재고관리비용을 계산하시오.
   (1) 100개　(2) 200개　(3) 250개　(4) 500개

해답 1. 경제적 주문량

$$EOQ = \sqrt{\frac{2 \times 1{,}000\text{개} \times ₩8{,}000}{₩400/\text{개}}} = 200\text{개}$$

2. 총재고관리비용

	재고주문비용		재고유지비용		총재고관리비용
(1)	$\frac{1{,}000\text{개}}{100\text{개}} \times @8{,}000$	+	$\frac{100\text{개}}{2} \times @400$	=	₩100,000
(2)	$\frac{1{,}000\text{개}}{200\text{개}} \times @8{,}000$	+	$\frac{200\text{개}}{2} \times @400$	=	80,000
(3)	$\frac{1{,}000\text{개}}{250\text{개}} \times @8{,}000$	+	$\frac{250\text{개}}{2} \times @400$	=	82,000
(4)	$\frac{1{,}000\text{개}}{500\text{개}} \times @8{,}000$	+	$\frac{500\text{개}}{2} \times @400$	=	116,000

(5) 예제 11에서 주문량과 총재고관리비용의 관계를 그림으로 나타내면 다음과 같다. 아래 그림을 살펴보면 경제적 주문량이 200개이고, 이때 재고유지비용선과 재고주문비용선이 교차하여 양자의 금액이 일치함을 알 수 있다.

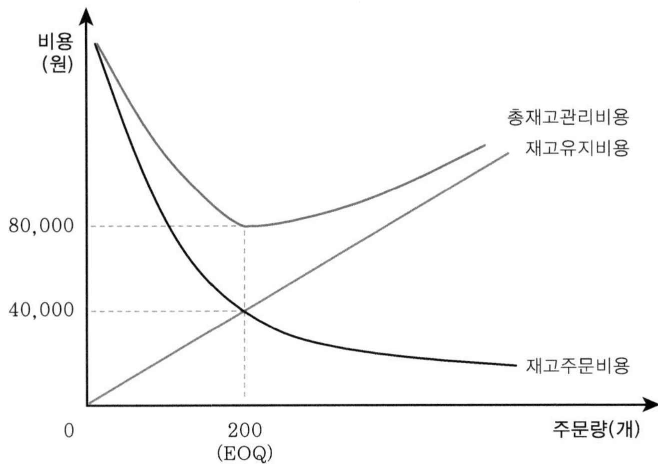

04 재주문점

재주문점(ROP; ReOrder Point)이란 추가적인 재고자산이 필요하여 재주문해야 하는 재고수준을 말한다.

(1) 조달기간 동안의 재고사용률과 조달기간이 일정하다고 가정하면, 재주문점의 재고수준 R은 조달기간 동안의 재고사용량에 안전재고를 합하여 다음과 같이 계산된다.

$$R = \underbrace{L \cdot \frac{D}{n}}_{\text{조달기간 동안의 사용량}} + \underbrace{S}_{\text{안전재고}}$$

단, L: 조달기간
D: 재고관리대상기간 동안의 총재고사용량(총재고수요량)
n: 재고관리대상기간 동안의 재고사용일
S: 안전재고

(2) 앞의 식에서 보듯이 조달기간 동안의 사용량은 조달기간(L)에 1일 재고사용량(D/n)을 곱한 값이 된다. 여기서 안전재고(safety stock)란 장래 발생할지도 모르는 재고부족 등의 불확실성에 대비하여 여유로 보유하고 있는 일정량의 재고를 말한다. 이는 합리적으로 기대되는 최대사용량에 대비하여 여유로 보유하는 완충재고로서 경영자의 판단에 의해 결정된다.

예제 12

원재료 A에 대한 정보는 다음과 같다.

연간 사용량	20,000개
연간 작업일수	250일
안전재고수준	500개
정상조달기간(작업일수)	10일
원재료 A는 연간 균등하게 사용된다.	

[요구사항]
재주문점을 결정하시오.

해답 재주문점: $\underbrace{10\text{일} \times \frac{20{,}000\text{개}}{250\text{일}}}_{\text{조달기간 동안의 사용량}} + \underbrace{500\text{개}}_{\text{안전재고}} = 1{,}300\text{개}$

제15장

기출 OX문제

01 미래의 발생 가능한 상황들은 모두 알려져 있지만 그 중에서 어떤 특정상황이 실제로 발생할지는 모르는 상태에서 내리는 의사결정을 불확실성하의 의사결정이라고 한다. (O, X)

02 불확실성하의 의사결정은 확실성하의 의사결정과는 달리 미래의 발생 가능한 상황들과 각 상황이 발생할 확률을 추가적으로 고려할 필요가 있다. (O, X)

03 위험중립형 의사결정자의 경우 기대효용 극대화기준에 의한 의사결정의 결과는 기대가치 극대화기준에 의한 의사결정의 결과와 항상 일치한다. (O, X)

04 불확실성하의 의사결정에 사용되는 정보의 유용성은 사전확률을 사후확률로 변경시킨 결과에 따른 의사결정자의 기대가치 또는 기대효용의 증가분에 의하여 평가할 수 있다. (O, X)

05 불완전정보의 기대가치는 불완전정보에 의하여 수정된 사후확률을 이용하여 계산한 최적안의 기대가치와 불완전정보를 사용하기 전의 사전확률에 의한 최적안의 기대가치 차이로 계산할 수 있다. (O, X)

06 완전정보의 기대가치는 완전정보에 의한 미래의 상황별 최적안의 선택에 따른 기대가치로서 위험중립형 의사결정자가 정보의 구입비용으로 지불할 수 있는 최대금액이 된다. (O, X)

07 완전정보는 정보취득원가와 상관없이 항상 취득할 가치가 있다. (O, X)

08 완전정보의 기대가치는 불완전정보의 기대가치보다 항상 크거나 같다. (O, X)

09 완전정보를 가지고 최적의 의사결정을 하더라도 예측오차는 발생할 수 있다. (O, X)

정답 및 해설

01 ○

02 ○

03 ○

04 ○

05 ○

06 X 완전정보의 기대가치는 완전정보에 의한 미래 상황별 최적안의 선택에 따른 기대가치와 완전정보를 사용하기 전에 사전확률에 의한 최적안의 기대가치의 차이로서 위험중립형 의사결정자가 정보의 구입비용으로 지불할 수 있는 최대금액이 된다.

07 X 비용·효익의 관점에서 볼 때, 완전정보를 얻기 위한 비용이 완전정보를 이용해서 얻을 수 있는 이익의 증가분보다 크다면, 그 정보는 완전정보라고 할지라도 취득할 가치가 없다.

08 ○

09 X 완전정보를 가지고 최적의 의사결정을 하면 예측오차는 발생하지 않는다.

제15장

개념확인문제

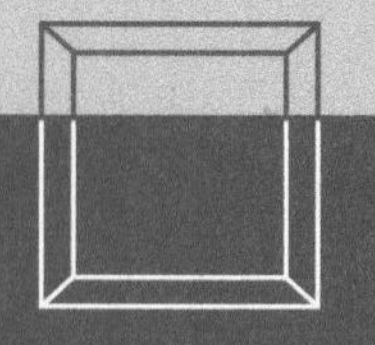

대표 문제를 학습한 후, 이와 동일한 유형의 문제를 풀며 개념을 익혀보세요.

대표 문제 정보의 기대가치

(주)부산은 제품생산에 사용할 기계구입을 검토하고 있다. 각 기계를 사용하여 제품을 생산할 경우 각 기계의 이익함수는 다음과 같으며, Q는 수요량을 의미한다.

A기계 구입 시의 영업이익 = ₩40Q - ₩22,000

B기계 구입 시의 영업이익 = ₩50Q - ₩40,000

(주)부산이 생산하는 제품의 수요량이 1,300개가 될 확률은 40%이고, 2,100개가 될 확률은 60%이다. 한편, 회사의 경영자는 제품의 수요량에 대한 정보를 얻기 위하여 전문가를 고용할 수 있다. 전문가가 제공하는 정보가 (1) 수요량을 정확히 예측해주는 완전정보인 경우와 (2) 제품수요량이 1,300개일 때 70%의 확률, 제품수요량이 2,100개일 때 80%의 확률로 정확한 예측을 하는 불완전정보일 경우 정보의 기대가치를 구하면?

해답 [성과표]

	x_1: 1,300개(40%)	x_2: 2,100개(60%)	기대영업이익
a_1: A기계	₩30,000[*1]	₩62,000[*1]	₩30,000 × 40% + ₩62,000 × 60% = ₩49,200
a_2: B기계	25,000[*2]	65,000[*2]	₩25,000 × 40% + ₩65,000 × 60% = ₩49,000

[*1] 판매량 × ₩40 - ₩22,000

[*2] 판매량 × ₩50 - ₩40,000

∴ A기계를 구입하는 대안을 선택하며 이때의 기대영업이익은 ₩49,200이다.

1. 완전정보의 기대가치

	완전정보하의 기대가치:	₩30,000 × 0.4 + ₩65,000 × 0.6 =	₩51,000
(-)	기존정보하의 기대가치		(49,200)
	완전정보의 기대가치(EVPI)		₩1,800

2. 불완전정보의 기대가치

(1) 결합확률과 사후적 확률의 계산

	결합확률			사후적 확률	
	x_1 = 1,300개(0.4)	x_2 = 2,100개(0.6)	$P(I_1)$	x_1 = 1,300개	x_2 = 2,100개
I_1: 1,300개 예측	0.7 × 0.4 = 0.28	0.2 × 0.6 = 0.12	0.4	$\frac{0.28}{0.4} = 0.7$	$\frac{0.12}{0.4} = 0.3$
I_2: 2,100개 예측	0.3 × 0.4 = 0.12	0.8 × 0.6 = 0.48	0.6	$\frac{0.12}{0.6} = 0.2$	$\frac{0.48}{0.6} = 0.8$

(2) 불완전정보하의 기대가치

① I_1 = 1,300개 예측: $P(I_1) = 0.4$

$E(a_1)$ = ₩30,000 × 0.7 + ₩62,000 × 0.3 = ₩39,600

$E(a_2)$ = ₩25,000 × 0.7 + ₩65,000 × 0.3 = ₩37,000

∴ a_1 선택

② I_2 = 2,100개 예측: $P(I_2) = 0.6$

$E(a_1)$ = ₩30,000 × 0.2 + ₩62,000 × 0.8 = ₩55,600

$E(a_2)$ = ₩25,000 × 0.2 + ₩65,000 × 0.8 = ₩57,000

∴ a_2 선택

③ 불완전정보하의 기대가치: 0.4 × ₩39,600 + 0.6 × ₩57,000 = ₩50,040

(3) 불완전정보의 기대가치(EVSI)

	불완전정보하의 기대가치	₩50,040
(-)	기존정보하의 기대가치	(49,200)
	불완전정보의 기대가치(EVSI)	₩840

01 (주)파주는 낙후된 기계장치를 처분하고 첨단기계장치를 새로 구입하려고 한다. 이에 따른 예상수요가 연간 4,000단위가 될 확률은 30%이며, 연간 8,000단위가 될 확률은 70%이다. 각 상황에 따른 새로운 기계구입 시의 기대수익은 다음과 같다.

수요가 4,000단위일 경우
- 甲기계 구입 시: ₩30,000
- 乙기계 구입 시: ₩20,000

수요가 8,000단위일 경우
- 甲기계 구입 시: ₩50,000
- 乙기계 구입 시: ₩80,000

위의 자료를 기초로 수요상황을 정확하게 알 수 있는 정보가 있다면 이 정보를 얻기 위하여 지출할 수 있는 최대금액은 얼마인가? [세무사 92]

02 주식회사 무릉팍은 신제품 X와 관련된 설비투자를 생각하고 있다. 신제품 X의 단위당 판매가격은 ₩10,000이며 설비투자규모에 따른 원가구조는 다음과 같다.

자본집약적 설비:	총고정원가 ₩1,000,000,	단위당 변동원가 ₩4,000
노동집약적 설비:	총고정원가 200,000,	단위당 변동원가 7,000

신제품 X의 예상판매량은 다음과 같은 확률분포를 가지고 있다.

100단위(40%), 200단위(30%), 300단위(20%), 400단위(10%)

회사가 직면한 판매량의 불확실성을 완전히 해소할 수 있는 정보를 구입하는 경우 지불할 수 있는 최대가치는 얼마인가? [회계사 05 수정]

정답 및 해설

01

대안	미래상황	
	수요 4,000단위(30%)	수요 8,000단위(70%)
甲	₩30,000	₩50,000
乙	20,000	80,000

1. 기존정보하에서의 기대수익: Max[①, ②] = ₩62,000
   (1) 甲기계 구입 시 기대수익: ₩30,000 × 30% + ₩50,000 × 70% = ₩44,000
   (2) 乙기계 구입 시 기대수익: ₩20,000 × 30% + ₩80,000 × 70% = ₩62,000
2. 완전정보하에서의 기대수익: ₩30,000 × 30% + ₩80,000 × 70% = ₩65,000

∴ 완전정보의 기대가치(최대지불가능금액): ₩65,000 - ₩62,000 = ₩3,000

02

1. 대안별 총원가
   생산량을 x라고 하면 대안별 총원가는 다음과 같다.
   자본집약적 설비(A): x × @4,000 + ₩1,000,000
   노동집약적 설비(B): x × @7,000 + ₩200,000
2. 성과표(대안별 총원가)

대안	미래상황			
	100단위(0.4)	200단위(0.3)	300단위(0.2)	400단위(0.1)
자본집약적 설비(α_1)	₩1,400,000	₩1,800,000	₩2,200,000	₩2,600,000
노동집약적 설비(α_2)	900,000	1,600,000	2,300,000	3,000,000

3. 기존정보하의 기대가치(원가최소화)
   E(α_1): ₩1,400,000 × 0.4 + ₩1,800,000 × 0.3 + ₩2,200,000 × 0.2 + ₩2,600,000 × 0.1 = ₩1,800,000
   E(α_2): ₩900,000 × 0.4 + ₩1,600,000 × 0.3 + ₩2,300,000 × 0.2 + ₩3,000,000 × 0.1 = ₩1,600,000
   ∴ 기존정보하의 기대가치: Min[E(α_1), E(α_2)] = ₩1,600,000
4. 완전정보하의 기대가치(원가최소화)
   ₩900,000 × 0.4 + ₩1,600,000 × 0.3 + ₩2,200,000 × 0.2 + ₩2,600,000 × 0.1 = ₩1,540,000
   ∴ 완전정보의 기대가치
   ₩1,540,000 - ₩1,600,000 = ₩(60,000) (원가이므로 부의 값이 나온다)

별해

기회손실에 의한 풀이

(1) 기회손실표 작성

대안	미래상황			
	100단위(0.4)	200단위(0.3)	300단위(0.2)	400단위(0.1)
자본집약적 설비(α_1)	₩500,000	₩200,000	₩0	₩0
노동집약적 설비(α_2)	0	0	100,000	400,000

(2) 대안별 기대기회손실의 계산
   ① 자본집약적 설비: ₩500,000 × 40% + ₩200,000 × 30% = ₩260,000
   ② 노동집약적 설비: ₩100,000 × 20% + ₩400,000 × 10% = ₩60,000

∴ 완전정보의 기대가치(최소기대기회손실): Min[①, ②] = ₩60,000

03 축구장에서 음료수를 판매하는 오맹달 씨는 최근 음료수의 판매량을 정확히 예측하기 위한 작업에 몰두하고 있다.

음료수 판매량	10,000병	20,000병	30,000병	40,000병
확률	10%	20%	40%	30%

음료수는 병당 ₩500에 판매되며 구매원가는 ₩300이다. 음료수는 경기장 내에서 경기가 진행되는 동안 판매되지 않으면 모두 폐기처분해야 한다. 음료수는 10,000병 단위로만 구매할 수 있다. 오맹달 씨가 음료수 판매량에 대한 완전정보의 기대가치로 지불할 수 있는 최대금액은 얼마인가?

04 (주)안양의 20×1년 3월의 추정포괄손익계산서는 다음과 같다.

매출액: 10,000개 × @2,500 =		₩25,000,000
변동원가		11,000,000
제조원가	₩10,000,000	
판매비	1,000,000	
공헌이익		₩14,000,000
고정원가		10,000,000
영업이익		₩4,000,000

당사의 생산능력은 월간 12,000개이며 3월 중 생산 중인 부품과 같은 부품 1,600개를 단위당 ₩1,500에 공급해 달라는 특별주문을 받았다. 기존설비를 이용하여 생산할 수도 있고 부품의 차이로 인해 기존설비를 활용 못할 가능성도 있다. 기존설비를 활용하지 못하는 경우에는 단위당 변동제조원가는 변하지 않을 것이나 새로운 설비의 임차료 ₩1,325,000이 소요될 것으로 예상된다. 특별주문으로 인한 판매비는 발생하지 않는다. 기존설비를 활용할 수 있는 예상확률은 0.6, 활용하지 못할 예상확률은 0.4이다. 또한 경영자는 특별주문의 수락 여부를 결정하기 위해 기존설비의 이용가능성 여부를 완전하게 판별해 줄 수 있는 연구소에 의뢰도 검토하고 있다. 경영자가 연구소에 지출할 수 있는 최대비용은 얼마인가?

정답 및 해설

03 판매량의 실제치를 미리 알 경우의 기대이익

(₩2,000,000 × 0.1 + ₩4,000,000 × 0.2 + ₩6,000,000 × 0.4 + ₩8,000,000 × 0.3) =	₩5,800,000
판매량을 알 수 없는 경우 최적행동의 기대이익	(4,000,000)*
완전정보의 기대가치	₩1,800,000

*기존정보하의 최적대안: 30,000개(성과표 참조)

<성과표>

대안(구매량)	판매량	10,000병	20,000병	30,000병	40,000병	기대가치
	확률	0.1	0.2	0.3	0.4	
10,000병		₩2,000,000	₩2,000,000	₩2,000,000	₩2,000,000	₩2,000,000
20,000		(1,000,000)	4,000,000	4,000,000	4,000,000	3,500,000
30,000		(4,000,000)	1,000,000	6,000,000	6,000,000	4,000,000
40,000		(7,000,000)	(2,000,000)	3,000,000	8,000,000	2,500,000

04 1. 현재생산량은 10,000개이므로 유휴생산능력은 2,000개(= 12,000개 - 10,000개)이다.
특별주문수량이 1,600개로 유휴생산능력 2,000개 이내이므로 특별주문으로 인하여 포기해야 하는 공헌이익, 즉 기회비용은 발생하지 않는다.

2. 성과표를 만들어 완전정보의 기댓값을 계산하면 다음과 같다.

대안 \ 미래상황	기존설비 이용(0.6)	신설비 임차(0.4)
수락(α_1)	₩800,000*1	₩(525,000)*2
기각(α_2)	0	0

*1 기존설비 이용 시

증분수익 특별주문 공헌이익 1,600개 × (@1,500 - @1,000) =	₩800,000
증분비용	0
증분이익(손실)	₩800,000

*2 신설비 임차 시

증분수익 특별주문 공헌이익 1,600개 × (@1,500 - @1,000) =	₩800,000
증분비용 고정원가 증가	1,325,000
증분이익(손실)	₩(525,000)

3. (1) 기존정보하의 기댓값: Max[①, ②] = ₩270,000
① E(α_1): ₩800,000 × 0.6 + ₩(525,000) × 0.4 = ₩270,000
② E(α_2): ₩0 × 0.6 + ₩0 × 0.4 = ₩0
(2) 완전정보하의 기댓값: ₩800,000 × 0.6 + ₩0 × 0.4 = ₩480,000

∴ 완전정보하의 기댓값	₩480,000
기존정보하의 기댓값	(270,000)
완전정보의 기대가치(EVPI)	₩210,000

05 다음은 (주)대한의 매출관련 예상 자료이다.

매출액	₩240,000
총변동원가	135,000
총고정원가	40,000
판매량	3,000단위

추가판촉행사에 ₩10,000을 투입한다면, 예상판매량이 400단위 증가할 확률이 60%, 200단위 증가할 확률이 40%이다. 이 판촉행사를 실시하면 영업이익의 기대치가 어떻게 변하는가? [세무사 09]

06 (주)대한은 제품 A와 제품 B 중 어느 것을 생산·판매할 것인지 결정하기 위해 외부 경제연구소로부터 시장 상황에 대한 예측정보를 얻으려고 한다.

(1) (주)대한은 미래의 시장 상황을 호황과 불황으로 나누고, 외부경제연구소의 예측 정보를 얻기 전에 각 상황에 대한 확률과 영업이익을 다음과 같이 예상하였다.

대안	시장상황	
	호황(확률: 60%)	불황(확률: 40%)
제품 A	₩1,200	₩900
제품 B	850	1,100

(2) 외부경제연구소는 시장 상황에 대해 호황이라고 예측하는 정보(R_1) 또는 불황이라고 예측하는 정보(R_2)를 제공한다.

(3) (주)대한은 시장 상황에 대해 사전에 예상한 확률과 외부경제연구소의 예측정확도를 고려하여 각 정보(R_1과 R_2)가 제공될 확률을 계산하였다. 각각의 정보가 제공될 확률, 정보가 주어졌을 때의 최적대안 및 최적대안의 기대영업이익은 다음과 같다.

구분	R_1	R_2
정보가 제공될 확률	56%	44%
최적대안	제품 A	제품 B
최적대안의 기대영업이익	₩1,157	₩1,032

(주)대한이 외부경제연구소의 예측정보에 대해 지불할 수 있는 최대금액은 얼마인가? [회계사 18]

정답 및 해설

05 1. 자료분석

단위당 판매가격: ₩240,000 ÷ 3,000단위 =	₩80
단위당 변동원가: ₩135,000 ÷ 3,000단위 =	45
단위당 공헌이익	₩35
총고정원가	₩40,000
추가판촉행사비용	10,000

2.

예상판매량 증가분	증분이익(손실)	확률
400단위	400단위 × @35 - ₩10,000 = ₩4,000	60%
200	200단위 × @35 - ₩10,000 = (3,000)	40

∴ 기대증분이익(손실): ₩4,000 × 60% + ₩(3,000) × 40% = ₩1,200 증가

06 1. 기존정보하의 기대가치 = Max[①, ②] = ₩1,080

(1) E(A) = ₩1,200 × 60% + ₩900 × 40% = ₩1,080

(2) E(B) = ₩850 × 60% + ₩1,100 × 40% = ₩950

2. 불완전정보하의 기대가치 = ₩1,157 × 56% + ₩1,032 × 44% = ₩1,102

3. 불완전정보의 기대가치 = ₩1,102 - ₩1,080 = ₩22

대표 문제 차이조사결정

부산회사의 동래공장에서는 "깜찍이"라는 제품을 생산하고 있다. 동래공장의 공정관리자는 제조공정의 조사 여부를 결정하고자 한다. 만일 기계에 이상이 발견되면 이것을 수리하는 데 ₩300,000이 소요된다. 그러나 조사를 하지 않고 있다가 기계에 이상이 생기면 ₩800,000의 손실이 발생될 것으로 예상된다. 과거의 경험에 의하면 기계가 정상일 확률이 80%이다. 부산회사가 공정의 조사비용으로 지출할 수 있는 최대금액은 얼마인가?

해답 공정의 조사비용을 C라고 하면, 조사비용으로 지출할 수 있는 최대비용은 조사 시의 기대비용이 비조사 시의 기대비용과 같아지는 경우의 금액이 된다.

대안	상황	
	공정 정상(0.8)	공정 비정상(0.2)
조사	C	C + ₩300,000
비조사	₩0	₩800,000

$\underbrace{C \times 0.8 + (C + ₩300{,}000) \times 0.2}_{\text{조사 시 기대비용}} = \underbrace{₩0 \times 0.8 + ₩800{,}000 \times 0.2}_{\text{비조사 시 기대비용}}$

∴ C = ₩100,000

07 (주)금성의 전자동 생산공정은 가끔 제품의 불량률이 높은 비정상상태를 일으키고 있다. 제품의 불량률로 인한 손실은 ₩1,000,000이며, 조사비용은 ₩300,000이 소요된다. 조사 후 비정상적인 상태를 교정하는 비용은 ₩400,000이다. 공정을 조사하든 안하든 무차별한 결과를 가져오는 공정이 정상상태에 있을 확률은 얼마인가? [회계사 93]

08 딸기작물은 서리에 노출되면 그렇지 않은 경우보다 가격이 대폭 하락한다. 딸기작물을 재배하는 어떤 농부가 딸기를 서리로부터 전문적으로 보호해 주는 (주)방지에게 서리보호용역을 맡기고자 한다. 서리(보호)의 유무에 따라 딸기재배로 인한 이익이 다음과 같이 예상되는 상황에서, (주)방지는 최소한 ₩1,000,000을 서리보호대가로서 수취하고자 한다. 농부는 서리가 내릴 확률이 최소한 몇 %를 초과할 때 (주)방지에게 용역을 맡길 가치가 있겠는가?

	딸기재배로 인한 이익의 예상액	
	서리가 있는 상황	서리가 없는 상황
서리보호가 있는 경우	₩9,000,000	₩6,000,000
서리보호가 없는 경우	4,000,000	6,000,000

정답 및 해설

07 공정이 정상일 확률을 P라고 하면

대안	상황	
	공정 정상(P)	공정 비정상(1 - P)
조사	₩300,000	₩300,000 + ₩400,000 = ₩700,000
비조사	0	1,000,000

₩300,000 × P + ₩700,000 × (1 - P) = ₩0 × P + ₩1,000,000 × (1 - P)
(조사 시 기대비용 = 비조사 시 기대비용)

∴ P = 0.5(50%)

08 서리가 내릴 확률을 P라고 하면

대안	미래상황	
	서리 내림(P)	서리 없음(1 - P)
서리보호 있음(a_1)	₩9,000,000 - ₩1,000,000 = ₩8,000,000	₩6,000,000 - ₩1,000,000 = ₩5,000,000
서리보호 없음(a_2)	4,000,000	6,000,000

1. 서리보호가 있는 경우 예상이익
   ₩8,000,000 × P + ₩5,000,000 × (1 - P) = ₩5,000,000 + 3,000,000P
2. 서리보호가 없는 경우 예상이익
   ₩4,000,000 × P + ₩6,000,000 × (1 - P) = ₩6,000,000 - 2,000,000P
3. '(1) > (2)'일 때 용역을 맡길 가치가 있다.

∴ P > 0.2(20%)

09 (주)해커의 경영자는 직접재료원가에 대한 불리한 능률차이를 보고받고 공정의 이상 유무를 조사할지를 결정하여야 한다. 조사하는데 ₩100,000의 비용이 발생하며, 공정이 비정상인 경우 수정하는데 ₩500,000의 비용이 발생한다. 공정이 비정상인 경우 이를 수정하지 않으면 ₩1,000,000의 비용이 발생한다. 공정을 조사하는 경우와 조사하지 않는 경우 기대비용이 동일하게 되는 공정이 비정상일 상태의 확률(임계확률)은 얼마인가?

정답 및 해설

09 공정이 비정상일 확률은 P라고 하면,

상황 / 대안	정상(1 - P)	비정상(P)
조사	₩100,000	₩600,000
비조사	0	1,000,000

₩100,000 × (1 - P) + ₩600,000 × P = ₩0 × (1 - P) + ₩1,000,000 × P ∴ P = 0.2(20%)

대표 문제 통계적 분석

(주)파주는 단위당 공헌이익이 ₩500인 제품 Q를 판매하고 있다. 2008년의 예상판매량은 1,000단위이며 고정원가는 ₩200,000에서 ₩400,000까지 균일분포를 따르고 있다. 회사의 목표이익은 ₩200,000일 때, 목표이익 이상을 달성할 확률은 얼마인가?

해답 회사의 고정원가를 FC라고 하면, FC는 ₩200,000 ≤ FC ≤ ₩400,000에서 균일분포를 따른다.

이때, 영업이익 π = 1,000단위 × @500 - FC = ₩500,000 - FC

∴ P(π ≥ ₩200,000) = P(₩500,000 - FC ≥ ₩200,000)

= P(FC ≤ ₩300,000)

= P(₩200,000 ≤ FC ≤ ₩300,000)

$$= \frac{₩300,000 - ₩200,000}{₩400,000 - ₩200,000}$$

= 0.5(50%)

10 우진산업은 갑과 을, 두 제품 중 하나를 생산하려 한다. 각 제품의 관련자료는 다음과 같다.

	갑	을
단위당 예상 판매가격 범위	₩50 ~ ₩150	₩50 ~ ₩100
단위당 변동원가	₩20	₩30
총고정원가	16,000	24,000
예상판매량(=생산량)	200단위	400단위

판매가격이 예상범위 내에서 균일분포(uniform distribution)로 발생한다면 어느 제품이 이익을 발생시킬 확률이 얼마나 더 큰가? [세무사 05]

11 WAT는 제품 A를 판매하고 있는데 판매량은 평균 800단위, 표준편차가 100단위인 정규분포를 따르고 있다. 단위당 판매가격은 ₩500이며 공헌이익률이 40%, 총고정원가가 ₩100,000일 때, 영업이익이 ₩80,000 이상 달성될 확률은 얼마인가? 단, 경쟁회사의 유사제품의 판매량은 평균이 1,000단위, 표준편차가 200단위의 정규분포를 따르며 경쟁사가 800단위 이상 판매할 확률은 84%이다.

정답 및 해설

10 1. 갑제품의 손익분기점 판매가격

$Q \times (\underset{\text{단위당 판매가격}}{p} - \underset{\text{단위당 변동원가}}{v}) - \underset{\text{고정원가}}{FC} = 0$

200단위 × (p - ₩20) - ₩16,000 = 0　∴ p = ₩100

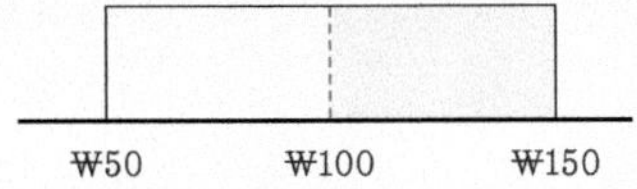

갑제품의 손익이 손익분기점을 넘을 확률: $\frac{₩150 - ₩100}{₩150 - ₩50}$ = 0.5(50%)

2. 을제품의 손익분기점 판매가격

400단위 × (p - ₩30) - ₩24,000 = 0　∴ p = ₩90

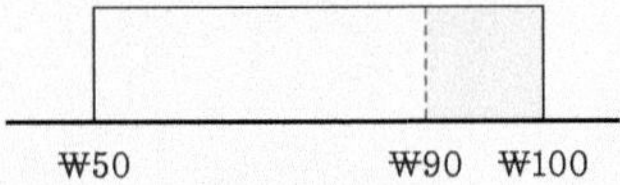

을제품의 손익이 손익분기점을 넘을 확률: $\frac{₩100 - ₩90}{₩100 - ₩50}$ = 0.2(20%)

∴ 갑이 을보다 30%(= 50% - 20%) 더 크다.

11 1. WAT의 제품 A 판매량을 X라고 하면, $X \sim N(800,\ 100^2)$

영업이익: $\pi = X \times \underset{\text{단위당 공헌이익}}{@500 \times 40\%} - ₩100,000 = 200X - ₩100,000$

$P(\pi \geq ₩80,000) = P(X \geq 900\text{단위})$, $Z = \frac{X - m}{\sigma} = \frac{900\text{단위} - 800\text{단위}}{100\text{단위}} = 1$

∴ $P(X \geq 900\text{단위}) = P(Z \geq 1)$ ·············· ①

2. 그런데 경쟁회사의 유사제품 판매량을 Y라고 하면 $Y \sim N(1,000,\ 200^2)$

$P(Y \geq 800\text{단위}) = 0.84(84\%)$이다.

$Z = \frac{Y - m}{\sigma} = \frac{800\text{단위} - 1,000\text{단위}}{200\text{단위}} = -1$

∴ $P(Y \geq 800\text{단위}) = P(Z \geq -1) = 0.84$

또한, $P(Z \geq -1) = P(-1 \leq Z \leq 0) + 0.5$

$= P(0 \leq Z \leq 1) + 0.5$

∴ $P(0 \leq Z \leq 1) = 0.34$ ·············· ②

3. ①, ②에서 $P(X \geq 900\text{단위}) = P(Z \geq 1)$

$= 0.5 - P(0 \leq Z \leq 1)$

$= 0.5 - 0.34 = 0.16(16\%)$

해커스 세무사 眞원가관리회계

회계사 · 세무사 단번에 합격, 해커스 경영아카데미

cpa.Hackers.com

제16장

경쟁력 유지를 위한 최신관리회계(Ⅰ)

제1절 | 전략적 원가관리의 의의

최근의 기업들은 치열한 경쟁과 소비자 욕구의 다양화 및 생산기술의 발전 등 급변하는 경영환경에 직면해 있다. 이러한 경영환경하에서 경영자는 기업의 경쟁력을 확보하고 성과를 높이기 위해서 제품과 서비스의 가격·품질, 고객만족, 연구·개발 등의 요소를 전략적으로 관리하는 것이 매우 중요함을 인식하게 되었다. 이에 따라 원가관리회계도 기업의 전략수립과 그 실행에 도움을 주는 여러 가지 관리기법을 개발하고 있는데, 이러한 관리기법을 통칭하여 전략적 원가관리라고 한다. 즉, 전략적 원가관리(strategic cost management)란 기업의 전략적 관리에 유용한 정보를 제공하는 새로운 혁신적 관리회계기법을 말한다.
전략적 원가관리기법은 크게 제품수명주기의 틀 안에서 설명될 수 있는 기법과 제품수명주기와 관련 없는 기법으로 구분할 수 있는데, 본 장에서는 제품수명주기의 틀 안에서 설명될 수 있는 기법에 대해서 논의하기로 하고 제품수명주기와 관련 없는 기법에 대해서는 <제17장 경쟁력 유지를 위한 최신관리회계(Ⅱ)>에서 살펴보도록 하겠다.
참고로 본 장에서 논의하게 될 전략적 원가관리기법을 제품수명주기를 이용하여 간단히 소개하면 다음과 같다.

전략적 원가관리기법(제품수명주기의 틀을 이용)

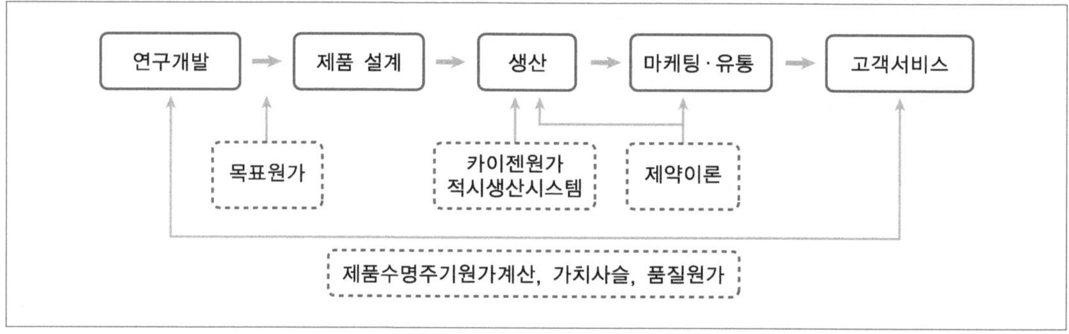

제2절 | 목표원가

01 목표원가의 의의

목표원가(target cost)란 소비자들이 원하는 목표판매가격에서 기업이 획득해야 하는 중장기적인 목표이익을 차감한 금액으로써 기업이 목표이익을 얻기 위해서 달성해야 할 원가를 말한다.

목표원가: 목표판매가격 - 목표이익

(1) 전통적인 제품가격결정방법은 내부적인 원가분석을 바탕으로 적정한 이익을 가산하여 제품의 판매가격을 결정한다. 그러나 경쟁이 치열한 상황에서는 회사가 결정한 가격으로 제품을 판매하는 것보다 소비자들이 특정 제품에 대해서 지불할 의향이 있는 가격으로 제품을 판매하는 것이 회사의 수익성을 더 증대시킬 수 있을 것이다.

(2) 이와 같이 시장에서의 정보수집을 토대로 소비자들이 지불할 의향이 있는 가격으로 제품가격을 결정하는 방법을 '시장기준 가격결정방법'이라고 하는데, 이러한 시장기준 가격결정방법은 소비자들이 원하는 목표판매가격이 결정되어 있으므로 기업이 목표이익을 얻기 위해서는 목표원가를 달성해야 한다.

(3) 기업이 이러한 목표원가를 도입한 경우에는 제품의 생산단계뿐만 아니라 제품의 연구·개발 및 설계단계부터 목표원가를 달성하기 위한 노력을 기울여야 한다. 그 이유는 제품원가의 대부분(약 80~85%)이 연구·개발 및 설계단계에서 이미 결정되기 때문인데 이를 고착원가(locked-in costs or designed-in costs, 구속원가라고도 함)라고 한다. 따라서 목표원가관리시스템은 제품의 연구·개발 및 설계단계부터 제품의 생산단계에 이르기까지 원가절감의 모든 아이디어를 검토함으로써 제품의 획기적인 원가절감을 목표로 하는 활동이라고 할 수 있는데, 특히 제품의 연구·개발 및 설계단계를 중요시하는 특징이 있다.

전통적 원가관리시스템과 목표원가관리시스템의 비교

구분	전통적 원가관리시스템	목표원가관리시스템
1단계	시장조사를 통하여 소비자 욕구 파악함	시장조사를 통하여 소비자 욕구 파악함
2단계	소비자 욕구에 맞는 제품 설계함	시장상황을 분석하여 목표가격 결정함
3단계	설계에 맞는 제품의 예상원가 결정함	목표가격에서 목표이익을 차감하여 목표원가 결정함
4단계	예상원가에 예상이익을 가산하여 예상판매가격 결정함	목표원가가 달성되도록 연구·개발·설계 단계에서 원가기획을 수행함
5단계	제품을 생산하면서 주기적으로 원가절감노력을 함	제품을 생산하면서 지속적으로 원가절감노력을 함

예제 1

(주)해커는 새로운 건전지를 개발하여 판매할 계획을 하고 시장상황을 조사한 결과 새로운 건전지의 단위당 판매가격이 ₩1,000인 경우에 100,000개의 수요가 있을 것으로 파악하였다. (주)해커의 목표이익률은 매출액의 20%이고 새로운 건전지의 연구개발비용은 ₩30,000,000이 발생할 것으로 예상될 경우 연구개발비용을 제외한 제품단위당 목표원가는 얼마인가?

해답

목표매출액: 100,000개 × @1,000 =	₩100,000,000
목표이익: ₩100,000,000 × 20% =	(20,000,000)
총목표원가	₩80,000,000
연구개발비	(30,000,000)
목표원가(연구개발비용 제외)	₩50,000,000
예상생산량	÷100,000개
제품단위당 목표원가(연구개발비용 제외)	₩500

02 원가기획과 목표원가

원가기획이란 원가발생의 초기단계인 제품의 연구·개발 및 설계단계에서 원가를 조정하고 관리하는 활동을 말한다. 즉, 제품의 연구·개발 및 설계에 착수하기 전에 목표원가를 설정하여 그 범위 내에서 제품설계가 이루어지도록 하고 그 결과를 평가하여 목표원가에 미달하면 원가를 개선시켜 나가는 일련의 활동을 말한다.

원가기획

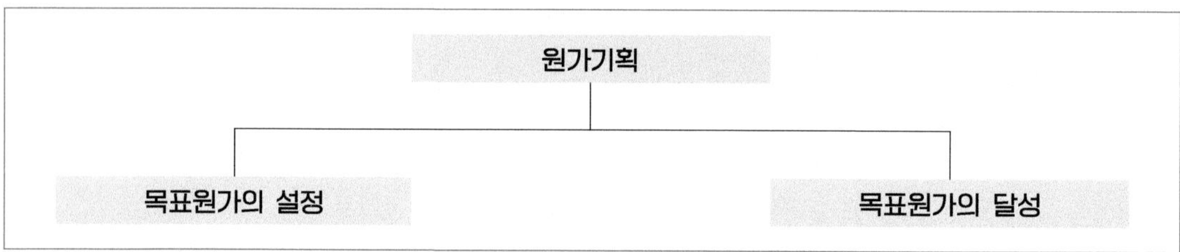

즉, 원가기획은 목표원가를 설정하고 목표원가를 달성하기 위한 활동이라고 할 수 있으며, 주로 제품의 연구·개발 및 설계단계에 행해진다는 특징이 있다.

03 목표원가의 달성방법과 문제점

(1) 목표원가의 달성방법

목표원가를 설정한 후에는 여러 가지 방법을 이용하여 목표원가를 달성할 수 있도록 해야 하는데, 이러한 방법에는 가치공학, 동시설계 및 게스트엔지니어링이 있다.

① 가치공학(value engineering)[1]: 제품의 연구·개발 및 설계단계에서부터 제조, 마케팅, 유통, 고객서비스에 이르기까지의 모든 기능을 분석하여 동일한 기능에서 원가를 낮추거나 동일한 원가에서

1) 이와 유사한 개념으로 가치분석(value analysis)이 있는데 이는 주로 생산되고 있는 제품에 대한 구매품(원재료나 부품)의 원가분석에 초점을 둔다.

기능을 추가함으로써 제품의 효익을 증가시키는 등 원가를 절감하고 제품의 가치를 높이는 것을 말한다.

② **동시설계(concurrent engineering)**: 제품기획, 마케팅, 영업담당 등이 제품의 연구·개발부서, 생산부서 등과 다기능 팀(multi-functional team)을 구성하여 제품의 초기단계에서부터 협력하여 제품을 개발하는 것을 말한다.

③ **게스트엔지니어링(guest engineering)**: 제품의 설계단계에서부터 협력업체를 참여시켜 원가절감 방안을 모색하는 것을 말한다. 이 방법은 협력업체를 배제하고 제품을 개발했을 때 발생할 수 있는 비효율을 예방할 수 있는 장점이 있다.

예제 2

(주)해커는 반도체 제조를 위한 정밀공구를 생산하고 있는데 경영진에서는 최근 시장에서의 경쟁이 심화되어 현재의 판매가격으로는 목표한 판매량을 달성할 수 없다고 보고 있다. 이에 따라 판매가격을 인하하고 현재의 이익 수준을 유지하기 위해 원가절감 방안을 강구하고 있는데 생산부서에서는 제품설계를 획기적으로 변경한다면 원가의 13%를 절감할 수 있을 것으로 판단하고 있다. 회사는 현재 월 600개의 제품(양품)을 생산하고 있으며 원가자료는 다음과 같다.

구분	원가	비고
직접재료원가	₩10,000	
직접노무원가	12,000	
제조간접원가		
기계작업원가	4,000	고정원가
주문원가	2,500	주문횟수 8회
작업준비원가	2,720	작업준비시간 10시간
부품처리원가	4,000	부품사용개수 80개
검사원가	8,380	
재작업원가	10,400	재작업수량은 양품생산량의 10%
총제조원가	₩54,000	

회사가 고려하고 있는 제품설계변경 방안을 시행한다면 원가는 다음과 같을 것으로 예상하고 있으며 기타원가는 설계변경 전과 동일하다.

기계작업원가: 단위당 기계작업시간 25% 절감
주문횟수: 4회로 감소
작업준비원가: 작업준비시간 5시간 감소
부품사용개수: 50개로 감소
검사원가: 25% 절감
재작업원가: 재작업수량은 양품생산량의 5%

[요구사항]

1. 활동기준원가계산을 이용하여 제품의 설계변경 후 단위당 원가를 구하라.
2. 설계변경 후 원가절감액이 회사의 목표인 13% 이상으로 달성되었는가? 계산과정을 함께 보여라.
3. 생산단계에서의 원가절감노력보다 설계변경으로 인한 원가절감노력이 더 효과적인 이유는 무엇인가?

해답 1. **제품 설계변경 후 단위당 원가**

기계작업원가는 고정원가이므로 단위당 기계작업시간 절감에도 불구하고 변화는 없다.

(1) 활동별 원가배부율

주문원가: ₩2,500 ÷ 8회 = @312.5

작업준비원가: ₩2,720 ÷ 10시간 = @272

부품처리원가: ₩4,000 ÷ 80개 = @50

재작업원가: ₩10,400 ÷ (600개 × 10%) = @173.33

(2) 설계변경 후의 원가

직접재료원가		₩10,000
직접노무원가		12,000
제조간접원가		20,595
기계작업원가	₩4,000	
주문원가: 4회 × @312.5 =	1,250	
작업준비원가: 5시간 × @272 =	1,360	
부품처리원가: 50개 × @50 =	2,500	
검사원가: ₩8,380 × 75% =	6,285	
재작업원가: (600개 × 5%) × @173.33 =	5,200	
총제조원가		₩42,595
생산량		÷ 600개
설계변경 후 단위당 원가		₩70.99

2. **원가절감목표 달성 여부**

현재 단위당 원가는 ₩54,000 ÷ 600개 = ₩90이며, 설계변경 후의 단위당 원가는 ₩70.99이므로 원가절감률은 (₩90 - ₩70.99) ÷ ₩90 = 21.1%이다.

따라서 회사의 원가절감목표를 달성할 수 있다.

3. **설계변경으로 인한 원가절감이 더 효과적인 이유**

제품원가의 상당부분이 설계단계에서 이미 결정되는 고착원가이므로 작업능률의 향상보다 설계변경이 제품원가에 더 크게 영향을 미치기 때문이다.

(2) 목표원가의 문제점

치열한 시장경쟁 상황하에서는 목표원가관리시스템의 유용성이 높지만 다음과 같은 문제점도 있음을 간과해서는 안 된다.

① 목표원가계산 프로세스와 관련된 여러 당사자들 사이에 마찰이 발생할 수 있으며, 목표원가를 충족시켜야 한다는 압력에 담당자들이 심한 스트레스를 받을 수 있다.

② 목표원가를 달성하기 위해서는 개발시간이 많이 소요되는데 이로 인해 제품의 출시시기를 놓칠 수 있다.

제3절 | 카이젠원가

01 카이젠원가의 의의

카이젠원가(kaizen costing, 카이젠이란 점진적인 개선을 의미하는 일본어임)란 제품수명주기 중 생산단계에서 지속적이고 점진적인 공정개선과 원가절감을 이루도록 하는 원가관리방법이다.

(1) 원가절감을 목표로 한다는 점은 목표원가와 유사하지만 목표원가는 생산주기 이전단계인 연구·개발 및 설계단계에서 혁신적인 원가절감에 초점을 두고 있고, 카이젠원가는 생산단계에서의 공정개선과 원가절감을 지속적이고 점진적으로 추구한다는 점에서 차이가 있다.

원가개선(Kaizen Costing)

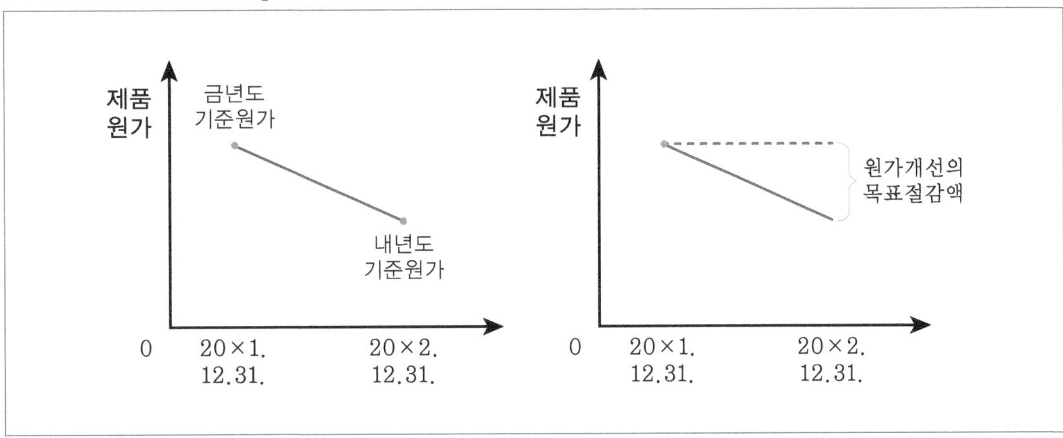

(2) 전통적인 원가통제방법인 표준원가는 관리자와 엔지니어가 표준원가를 설정하고 이러한 표준원가가 작업자의 성과평가를 위한 기준이 되지만, 카이젠원가는 공정을 관리하는 작업자에게 원가절감에 대한 책임을 부여하고 작업자의 원가절감액이 성과평가의 기준이 된다는 점에서 차이가 있다.

(3) 참고로 전통적인 원가통제방법인 표준원가와 카이젠원가를 비교하면 다음과 같다.

표준원가	카이젠원가
① 원가통제시스템 ② 관리자와 엔지니어가 표준원가를 설정하면 작업자는 표준원가에 따라 기존 공정하에서 작업 수행 ③ 표준원가의 달성이 목적 ④ 연단위 또는 반년단위의 표준을 설정하고 실제원가와 표준원가를 비교하는 차이분석을 실시 ⑤ 표준의 미달성 시 차이조사를 실시	① 원가절감시스템 ② 공정을 관리하는 작업자에게 지속적인 공정개선과 원가절감에 대한 책임을 부여 ③ 목표원가절감액의 달성이 목적 ④ 월단위의 목표원가절감액을 설정하고 목표달성을 위하여 연중 지속적으로 작업을 개선 ⑤ 목표원가절감액과 실제원가절감액을 비교하는 차이분석을 실시하며, 목표원가절감액에 미달성 시 차이조사를 실시

예제 3

은나노(주)는 드럼세탁기를 제조하고 있다. 회사는 20×1년 8월에 100대의 세탁기를 제조하였으며, 단위당 직접재료원가와 직접노무원가는 다음과 같다.

	단위당 사용량		단위당 원가		합계
직접재료원가	50kg	×	₩20,000/kg	=	₩1,000,000
직접노무원가	10시간	×	₩10,000/시간	=	100,000
계					₩1,100,000

은나노(주)의 경영자는 생산공정에서의 지속적이고 점진적인 원가절감을 위해 9월부터 카이젠원가를 도입하기로 하였다. 매월 원가절감목표는 전월 원가발생액에 대하여 직접재료원가는 1%, 직접노무원가는 0.5%로 설정하였다.

은나노(주)의 9월과 10월의 실제발생원가는 다음과 같으며, 생산량은 8월과 동일한 월 100대이다.

	9월	10월
직접재료원가	₩980,000	₩970,000
직접노무원가	99,800	99,000
계	₩1,079,800	₩1,069,000

[요구사항]

9월과 10월의 카이젠원가를 계산하고, 실제원가와의 차이분석을 통해 원가절감달성여부를 평가하시오.

해답 1. 9월의 카이젠원가와 차이분석

	실제원가	카이젠원가		차이
직접재료원가	₩980,000	₩1,000,000* × (1 - 0.01) =	₩990,000	₩10,000F
직접노무원가	99,800	₩100,000* × (1 - 0.005) =	99,500	300U
계	₩1,079,800		₩1,089,500	₩9,700F

* 8월의 실제발생원가

따라서 직접재료원가는 원가절감목표를 달성하였으나, 직접노무원가는 원가절감목표를 달성하지 못하였다.

2. 10월의 카이젠원가와 차이분석

	실제원가	카이젠원가		차이
직접재료원가	₩970,000	₩980,000* × (1 - 0.01) =	₩970,200	₩200F
직접노무원가	99,000	₩99,800* × (1 - 0.005) =	99,301	301F
계	₩1,069,000		₩1,069,501	₩501F

* 9월의 실제발생원가

따라서 직접재료원가와 직접노무원가 모두 원가절감목표를 달성하였다.

02 카이젠원가의 문제점

카이젠원가를 적용하게 되면 지속적이고 점진적으로 공정을 개선하고 원가를 절감할 수 있지만 작업자들이 원가를 절감해야 된다는 심한 중압감에 시달리게 된다. 왜냐하면 카이젠원가는 원가절감에 대한 책임이 관리자나 엔지니어가 아닌 공정작업자에게 부여되기 때문이다. 따라서 신제품이 개발된 경우 작업자들이 생산절차를 충분히 습득할 수 있는 기회를 제공한 이후에 카이젠원가를 적용하는 것이 효과적이다.

제4절 | 적시생산시스템

01 적시생산시스템의 의의

적시생산시스템(JIT 생산시스템; Just-In-Time production system)이란 필요한 자재를 원하는 수준의 품질로 필요한 수량만큼 원하는 시점에서 조달하는 적시공급에 의한 생산방식을 말한다. 즉, 적시생산시스템은 제품에 대한 수요가 파악되면 생산계획이 세워지고 생산계획에 따라 제조공정의 역순으로 거꾸로 올라가면서 원재료나 부품의 수요를 파악하여 필요한 양만큼 원재료나 부품을 조달하는 수요견인시스템(demand-pull system)이다.

적시생산시스템은 일본의 토요타 자동차회사에서 처음으로 개발한 방식이므로 토요타생산방식이라고도 하며, 칸반(kanban, 작업지시카드를 의미하는 일본어임)을 사용하므로 칸반방식이라고도 한다. 또한 재고를 보유하지 않는다는 의미에서 무재고(zero inventory)생산시스템이라고도 한다.

02 적시생산시스템의 목적

적시생산시스템은 재고자산보유액만큼 기업의 자금이 투자된 것으로 보아 기회비용 측면에서 동 금액에 대한 자본비용(금융비용)이 발생한다고 가정한다. 따라서 적시생산시스템은 생산의 전 과정에서 불필요한 재고의 보유를 제거하여 낭비를 줄이는 것을 목적으로 하고 있다.

(1) 원가를 절감한다. 즉, 생산과정에서 과잉재고, 과다한 인력 등과 같은 불필요한 일체의 요소들을 철저히 배제하므로 원가절감이 이루어진다.

(2) 과잉생산으로 인한 낭비를 제거한다. 즉, 필요한 품목을 필요한 수량만큼 원하는 시점에서 생산하게 되므로 과잉생산으로 인한 낭비를 제거할 수 있다.

(3) 품질보증 및 인적자원을 효율적으로 관리한다. 즉, 각 공정이 후속공정에 양질의 제품만을 공급하도록 유도하고 인적자원을 효율적으로 관리할 수 있게 해준다.

03 적시생산시스템의 구성요소

적시생산시스템을 도입하기 위해서는 전통적인 생산방식과는 달리 다음과 같은 하위시스템이 구축되어야 한다.

(1) 칸반시스템

적시생산시스템에서는 작업자가 작업에 필요한 부품의 양, 조달시간, 조달장소 등을 칸반(kanban)이라는 카드에 적어서 그 전 공정의 작업자에게 생산해줄 것을 지시하는데, 이를 칸반시스템이라고 한다.

(예) 자동차회사에서 10대의 자동차를 주문받았다면 생산공정의 마지막 단계인 조립부서는 전 공정부서(엔진부서, 차체부서 등)에 언제까지 엔진과 차체 등이 필요하다는 내용의 칸반을 보내고 엔진부서와 차체부서 등은 칸반에 적혀있는 날짜까지 엔진 및 차체 등을 생산하여 이를 칸반과 함께 조립부서에 보내면 조립부서는 엔진과 차체 등을 조립하여 자동차를 생산하게 된다.

따라서 칸반은 적시생산시스템을 운용하는 수단으로써 각 공정의 생산량을 원활하게 관리하는 정보시스템이라고 할 수 있다.

(2) 셀생산방식

셀(cell)생산방식이란 첫 공정에서 마지막 공정까지 한 사람 또는 소수의 작업자가 다공정을 담당하여 제품을 생산하는 방식으로 이와 같은 셀을 공장 내 공장(factory in factory)이라고도 한다. 참고로 셀생산방식을 그림으로 나타내면 다음과 같다.

셀생산방식 Lay-out

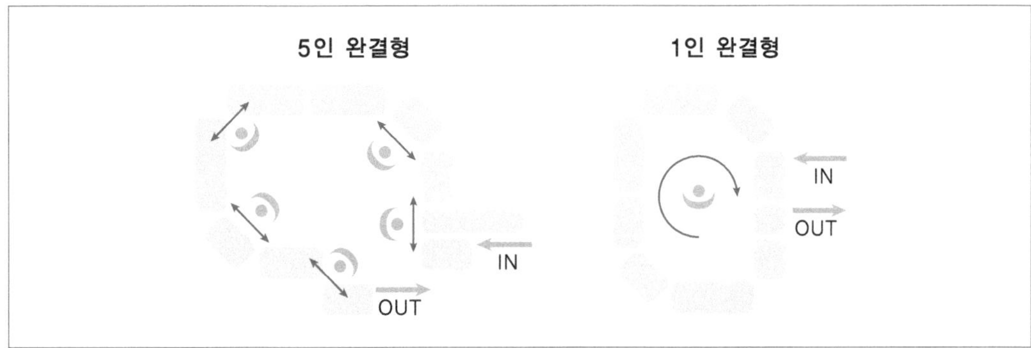

이러한 셀생산방식을 구축하기 위해서는 모든 공정이 표준화되어야 하며, 여러 공정을 수행할 수 있는 다기능작업자를 육성해야 한다. 셀생산방식은 적시생산을 가능하게 하고 인원절감으로 인건비가 줄어들며 작업준비시간의 단축과 공간을 효율적으로 사용하는 효과가 있다.

(3) 제조기간의 단축

적시생산시스템은 안전재고가 없으므로 고객이 원하는 날짜에 제품을 공급하기 위해서는 제조기간을 단축해야 한다. 이를 위해서는 저장시간, 이동시간, 투입대기시간 등 비부가가치활동들을 최소화하거나 제거해야 하며, 협력업체가 고품질의 부품을 정시에 납품하는 것이 필수적이므로 신뢰할 수 있는 협력업체를 확보해야 한다.

예제 4

(주)해커는 치열한 경쟁상황에서 살아남기 위해 JIT 시스템의 도입을 검토하고 있다. JIT 시스템이 도입된다고 하더라도 재고유지비용은 단위당 ₩5으로 변함이 없으며, 평균재고액에 대해 20%의 자본비용이 발생한다. 부품의 20×1년 예상 수요량은 15,000단위이며 부품의 사용률은 일정하다. JIT 시스템 도입 시의 변화는 다음과 같다.

	도입 전	도입 후	비고
부품단위당 구입가격	₩30	₩30.02	정시납품 요구에 따라 증가함
주문횟수	30회	150회	회당 주문비용 ₩10
재고부족수량	0단위	50단위	재고부족수량 단위당 ₩4의 손실이 발생함

[요구사항]

1. 현재 부품구매정책에서 20×1년의 관련비용을 계산하시오.
2. JIT 시스템에서 20×1년의 관련비용을 계산하시오.
3. (주)해커는 JIT 시스템을 도입해야 하는가?

해답 **1. 현재 시스템에서의 재고관련비용**

부품구입비용: 15,000단위 × @30 =	₩450,000
주문비용: 30회 × @10 =	300
재고유지비용: 250단위[*1] × @5 =	1,250
재고부족비용	0
관련자본비용[*2]: (250단위 × @30) × 20% =	1,500
계	₩453,050

[*1] 1회 주문량: 15,000단위/30회 = 500단위 ∴ 평균재고량: 500단위/2 = 250단위

[*2] 평균재고액만큼은 기업의 입장에서 자금을 묶어 두는 것이므로 일종의 기회비용으로 평균재고액(평균재고량×단위당 구입가격)에 대한 자본비용이 발생함

2. JIT 시스템에서의 재고관련비용

부품구입비용: 15,000단위 × @30.02 =	₩450,300
주문비용: 150회 × @10 =	1,500
재고유지비용: 50단위* × @5 =	250
재고부족비용: 50단위 × @4 =	200
관련자본비용: (50단위* × @30.02) × 20% =	300.2
계	₩452,550.2

* 1회 주문량: 15,000단위/150회 = 100단위 ∴ 평균재고량: 100단위/2 = 50단위

3. JIT 시스템 도입 여부 결정

JIT를 도입하면 부품구입비용은 상승하나 기타 재고유지비용 등에 절감되어 결과적으로 ₩499.8(= ₩453,050 - ₩452,550.2)만큼 유리하므로 JIT를 도입해야 한다.

04 적시생산시스템이 원가계산제도에 미친 영향

(1) 원가배분 및 원가추적가능성의 향상

적시생산시스템을 도입하면 재고자산이 거의 없게 되므로 선입선출법, 후입선출법, 평균법 등의 원가흐름의 가정이 필요없게 된다. 또한 원재료나 부품의 구입·처리·보관 등의 활동과 생산설비가 각각의 제품라인에서 사용되고 그 원가가 각 제품의 직접원가로 분류되므로 원가의 추적가능성이 향상된다.

(2) 회계처리의 단순화 - 역류원가계산

① **역류원가계산의 의의:** 적시생산시스템에서는 원재료가 구입과 동시에 공정에 투입되므로 원가흐름이 단순해진다. 전통적 원가계산시스템과 적시생산시스템의 원가흐름을 비교하면 다음과 같다.

전통적 원가계산시스템과 적시생산시스템의 원가흐름

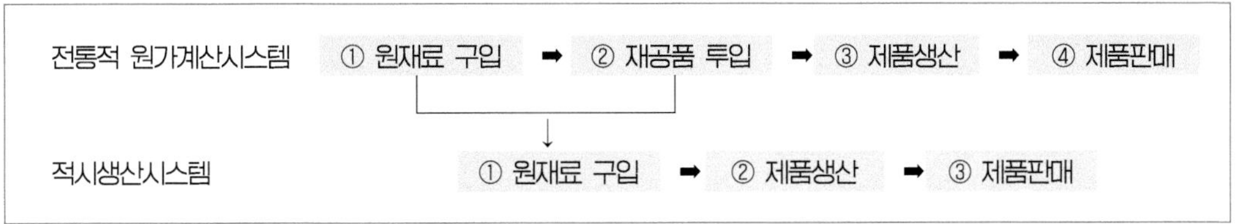

이와 같이 적시생산시스템에서는 원가흐름이 3단계로 단순화되므로 회계처리도 보다 간소화되는데, 이러한 간소화된 원가계산시스템을 역류원가계산이라고 한다.

② **역류원가계산의 특징:** 역류원가계산(backflush costing, 역산원가계산이라고도 함)은 전통적 원가계산시스템과 비교해 볼 때 다음과 같은 특징이 있다.

㉠ 원재료재고가 거의 없으므로 원재료계정이 필요 없게 되고 그 대신 원재료계정을 재공품계정과 통합하여 재공원재료(materials in process)계정을 사용한다. 만약, 보다 단순화할 경우에는 원재료구입액을 바로 매출원가에 집계할 수도 있다.

㉡ 직접노무원가와 제조간접원가를 구분하지 않고 가공원가계정을 사용한다. 만약, 보다 단순화할 경우에는 바로 매출원가에 집계할 수도 있다.

㉢ 단위당 표준원가를 정하여 제품원가를 계산하는 경우가 일반적이며, 실제원가와 표준원가의 차이를 매출원가에서 조정한다.

③ **역류원가계산의 회계처리:** 참고로 지금까지 살펴본 역류원가계산의 회계처리를 나타내면 다음과 같다.

제1법	제2법
<원재료구입 시>	
(차) 재공원재료 ×××	(차) 매출원가 ×××
(대) 현금 등 ×××	(대) 현금 등 ×××
<가공원가집계>	
(차) 가공원가 ×××	(차) 매출원가 ×××
(대) 직접노무원가 ×××	(대) 직접노무원가 ×××
제조간접원가 ×××	제조간접원가 ×××
<제품으로 대체>	
(차) 제품 ×××	- 회계처리 없음 -
(대) 재공원재료 ×××	
가공원가 ×××	
<매출원가로 대체>	
(차) 매출원가 ×××	- 회계처리 없음 -
(대) 제품 ×××	

그러나 역류원가계산은 재고자산이 존재할 경우 외부보고를 위해서는 사용할 수 없는 방법이므로 이를 적용함에 있어서 신중을 기해야 한다.

제5절 | 제약이론

01 제약이론의 의의

제약이론(TOC; Theory Of Constraints)은 1984년 골드랫(Eliyahu M. Goldratt)이 기업소설인 '목표(The Goal)'에서 제창한 이론으로써, 기업은 나름대로의 존재목적(지속적인 이익창출)이 있다는 전제에서 출발하고 있다.

(1) 제약이론은 기업이 목표를 달성하기 위해서는 지속적인 프로세스 개선이 필요한 데, 현실적으로 기업이 프로세스를 개선해 나가는 데에는 여러 가지 제약이 존재하므로 이러한 제약요인을 집중적으로 관리하고 개선하여 기업의 목표를 달성해야 한다는 프로세스 중심의 경영혁신기법이다.

(2) 제약이론에 의할 경우 기업의 목표를 달성하는 과정에서 제약이 되는 요인을 찾아내야 하는데, 이러한 제약요인은 크게 외부적 제약요인(정부정책, 시장상황 등)과 내부적 제약요인(원자재, 생산능력 등)이 있으나 제약이론은 기업의 내부적 제약요인에 초점을 맞추고 있다. 따라서 제약이론은 기업의 생산활동과 관련된 내부적 제약요인을 집중적으로 관리하고 개선하여 생산활동의 최적화를 추구하는 기법이라고 할 수 있다.

02 제약이론의 구성요소

(1) 쓰루풋공헌이익

쓰루풋공헌이익(throughput contribution)이란 매출액에서 직접재료매출원가를 차감한 금액으로 재료처리량공헌이익 또는 현금창출공헌이익이라고도 한다.

쓰루풋공헌이익 = 매출액 - 직접재료매출원가

이는 단기적으로 기업이 판매량 증대에 따라 외부로부터 벌어들인 현금창출액을 의미한다.

(2) 재고자산투자액

재고자산투자액이란 제품을 생산 또는 판매하기 위하여 현재 기업에 투자되어 내부적으로 묶여 있는 현금총액을 의미한다. 따라서 재고자산투자액은 원재료, 재공품, 제품 등의 재고자산금액뿐만 아니라 토지, 건물, 기계장치 등의 유형자산에 투자된 금액도 이에 해당된다.

(3) 운영비용

운영비용(operating expense)이란 쓰루풋공헌이익, 즉 재료처리량공헌이익을 얻기 위하여 발생한 모든 비용으로써 직접재료원가를 제외한 직접노무원가, 제조간접원가 및 판매관리비를 말한다. 제약이론은 초변동원가계산에 근거하고 있으므로 직접재료원가만을 변동원가로 보아 재고자산원가에 포함시키고, 이러한 운영비용은 단기적으로 변화시킬 수 없는 고정원가로 보아 발생 시 모두 기간비용으로 처리한다.

03 제약이론을 이용한 생산최적화

제약이론의 생산최적화 과정은 제약요인을 찾아 개선함으로써 단기적 목적을 달성한 후에 또 다른 제약요인을 찾아 지속적으로 개선하는 중장기적인 과정을 포함한다.
제약이론은 이를 위해 다음과 같은 5단계 과정을 거친다.

> 1단계: 기업의 성과달성을 방해하는 제약요인을 찾아낸다.
> 2단계: 1단계에서 발견한 제약을 개선할 수 있는 방안을 고려한다.
> 3단계: 기업 내의 다른 모든 요소를 2단계에서 결정한 방안에 종속시킨다.
> 4단계: 제약요인을 완화하도록 노력한다.
> 5단계: 제약이 해소되면 1단계로 돌아가서 위의 과정을 반복한다

이러한 제약이론의 생산최적화를 위한 5단계 과정을 다음의 예를 토대로 자세히 살펴보기로 한다.

생산공정에서의 제약

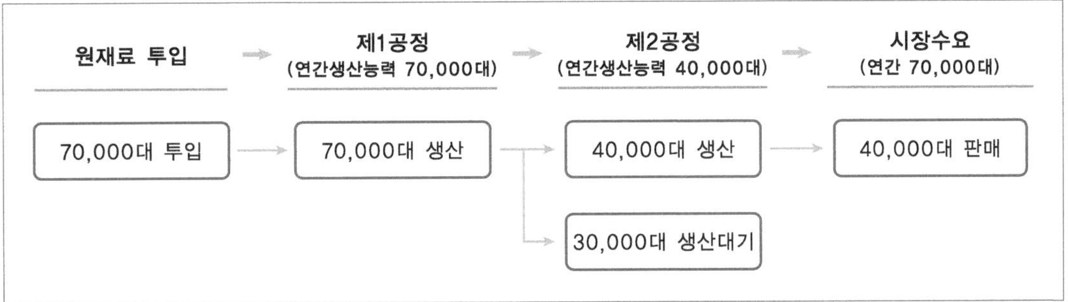

(1) 1단계: 기업의 성과달성을 방해하는 제약요인을 찾아낸다.

경영자는 기업의 프로세스를 검토하고 기업의 성과달성을 방해하는 제약요인이 존재하는지를 검토해야 한다. 위의 그림에서 시장수요는 70,000대이지만, 생산은 40,000대밖에 할 수 없으며 이로 인해 기업은 성과달성을 방해받게 된다. 그 이유는 제2공정의 연간생산능력이 시장수요에 못 미치는 40,000대밖에 되지 않기 때문이다. 경영자는 기업의 프로세스를 분석하여 이러한 제약요인을 발견해야 한다.

(2) 2단계: 1단계에서 발견한 제약을 개선할 수 있는 방안을 고려한다.

1단계에서 제약요소가 발견되면 경영자는 단기적으로 제약을 개선할 수 있는 방안을 고려해야 한다. 단기적으로 기업의 생산능력을 확충하는 것은 쉽지 않기 때문에 경영자는 다른 공정에 존재하는 유휴생산능력으로 제약요인을 완화시키는 방안을 고려하든지, 아니면 외부 공급업자를 활용할 기회나 생산능력을 확충할 수 있는 방안이 있는지를 고려해야 한다. 위의 그림에서 기업의 최종 성과를 개선하기 위해서는 현재 40,000대보다 더 많이 생산해야 한다. 따라서 단기적으로 제1공정의 유휴생산능력을 제2공정에 투입하여 최종 생산량을 증가시킬 수 있을 것이다. 또한 외부 공급업자에게 제2공정의 제조과정을 위탁하여 생산량을 증가시킬 수 있는지도 고려해야 하는데, 이때 유의할 점은 외부 공급업자를 활용함으로써 추가로 지출되는 비용과 생산량 증가로 인한 추가수익을 비교하여 추가적인 이익을 달성할 수 있는지 검토해야 한다는 것이다.

(3) 3단계: 기업 내의 다른 모든 요소를 2단계에서 결정한 방안에 종속시킨다.

1단계에서 제약요인을 발견하고 2단계에서 제약요인을 단기적으로 개선할 방안을 찾은 후에는 이의 실행을 위하여 기업 내의 다른 모든 요소를 2단계에서 결정한 방안에 종속시켜야 한다. 기업의 단기적 성과개선을 위해서 기업 내에 존재하는 제약요인을 개선시키는 것이 최우선 과제이기 때문이다.

(4) 4단계: 제약요인을 완화하도록 노력한다.

기업의 제약요인을 단기적으로 개선하기 위해서는 2단계와 3단계에서 언급한 것처럼 다른 부문의 유휴생산능력이나 단기적인 생산능력의 확충방안을 고려해야 한다. 그러나 이러한 개선방안은 단기적인 성과개선을 가져올 뿐 기업의 장기적 성과개선을 위해서는 기업 내에 존재하는 제약요인을 원천적으로 완화시켜야 한다. 앞의 그림에서 보면 단기적으로는 제1공정의 유휴생산능력을 제2공정에 투입하여 성과개선을 이룰 수 있으나, 장기적으로는 제2공정의 생산능력 자체를 증대시켜야 할 것이다. 따라서 경영자는 기업 내에 존재하는 제약요인을 완화시킬 수 있는 방안을 고려하여 실행해야 한다.

(5) 5단계: 제약이 해소되면 1단계로 돌아가서 위의 과정을 반복한다.

위의 1단계부터 4단계까지의 과정을 실행하여 제약이 해소되면, 다시 1단계로 돌아가서 기업 내에 또 다른 제약이 존재하는지 파악하고 위의 과정을 반복해야 한다. 기업 내에는 여러 가지 제약요인이 존재한다. 경영자는 기업의 성과달성을 방해하는 여러 가지 제약요인 중에서 가장 방해의 정도가 큰 제약요인부터 관리해야 한다. 따라서 제약요인의 발견과 관리과정은 한 번의 실행으로 끝나서는 안 되며 지속적으로 앞의 과정을 반복하면서 실행에 옮겨야 할 것이다. 이러한 과정을 통하여 기업은 중장기적으로 지속적인 성과의 개선을 이룰 수 있을 것이다.

예제 5

(주)해커는 절단공정과 가공공정을 거쳐 완제품을 생산하고 있으며, 완제품의 단위당 판매가격은 ₩1,300이다. 절단공정에서는 공정초기에 직접재료가 전량 투입되며, 공정종료시점에 작업폐물이 발생한다. 가공공정에서는 공정초기에 절단공정의 완성품 및 직접재료가 전량 투입되며, 공정종료시점에 작업폐물이 발생한다. 각 공정별 주요자료는 다음과 같다.

	절단공정	가공공정
월 생산능력	10,000단위	15,000단위
월 완성량	9,500	8,550
작업폐물 발생비율	5%	10%
단위당 직접재료원가	₩550	₩120
고정운영비용	3,000,000	475,000

[요구사항]

1. 절단공정의 작업폐물 1단위가 합격품으로 바뀐다면 이 회사의 늘어나는 이익은 얼마인가?
2. 절단공정의 작업폐물이 나오는 비율을 5%에서 3%로 개선할 수 있는 방안이 있다. 이를 수행하면 ₩220,000이 든다. 이 방안을 수행하겠는가?
3. 외부에서 부품 5,000단위를 단위당 ₩1,000에 가공공정에 공급하겠다고 한다. 이 부품은 절단공정에서 만든 부품과 동일하다고 가정한다. 이를 수락하겠는가?

해답 [물량흐름도]

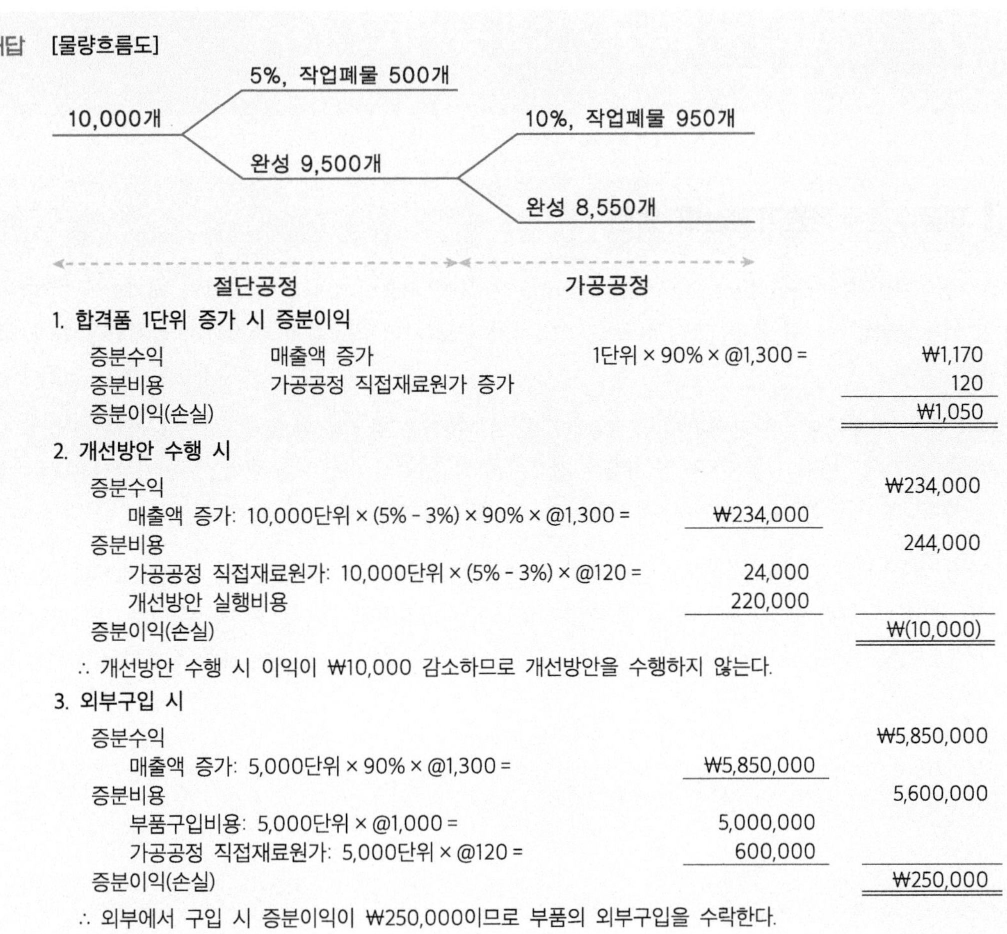

1. 합격품 1단위 증가 시 증분이익

증분수익	매출액 증가	1단위 × 90% × @1,300 =	₩1,170
증분비용	가공공정 직접재료원가 증가		120
증분이익(손실)			₩1,050

2. 개선방안 수행 시

증분수익		₩234,000
매출액 증가: 10,000단위 × (5% - 3%) × 90% × @1,300 =	₩234,000	
증분비용		244,000
가공공정 직접재료원가: 10,000단위 × (5% - 3%) × @120 =	24,000	
개선방안 실행비용	220,000	
증분이익(손실)		₩(10,000)

∴ 개선방안 수행 시 이익이 ₩10,000 감소하므로 개선방안을 수행하지 않는다.

3. 외부구입 시

증분수익		₩5,850,000
매출액 증가: 5,000단위 × 90% × @1,300 =	₩5,850,000	
증분비용		5,600,000
부품구입비용: 5,000단위 × @1,000 =	5,000,000	
가공공정 직접재료원가: 5,000단위 × @120 =	600,000	
증분이익(손실)		₩250,000

∴ 외부에서 구입 시 증분이익이 ₩250,000이므로 부품의 외부구입을 수락한다.

제6절 | 제품수명주기원가계산

01 제품수명주기원가계산의 의의

제품수명주기원가계산(product life-cycle costing)은 특정 제품이 고안된 시점부터 폐기되는 시점(연구·개발, 설계, 생산, 마케팅·유통, 고객서비스, 폐기)까지의 모든 비용을 식별·추적하여 집계하는 원가계산제도이다.

(1) 기존의 원가계산방법은 생산단계에서의 정확한 원가측정을 강조해 왔고, 그 이전 단계나 그 이후 단계에서 발생되는 원가나 활동들을 무시하는 경향이 있었다. 이에 비해 제품수명주기원가계산은 한 제품의 전체수명주기 동안 모든 원가를 측정하는 데 그 목적이 있다.

(2) 관련 연구에 의할 경우 제품수명주기 중에서 생산이전 단계인 연구·개발 및 설계단계에서 대부분(약 80~85%)의 제품원가가 결정(이를 고착원가 또는 구속원가라고 함)되므로 제품수명주기원가계산은 연구·개발 및 설계단계에서부터 원가절감을 위한 노력을 기울여야 한다는 점을 강조하고 있다.

제품수명주기원가

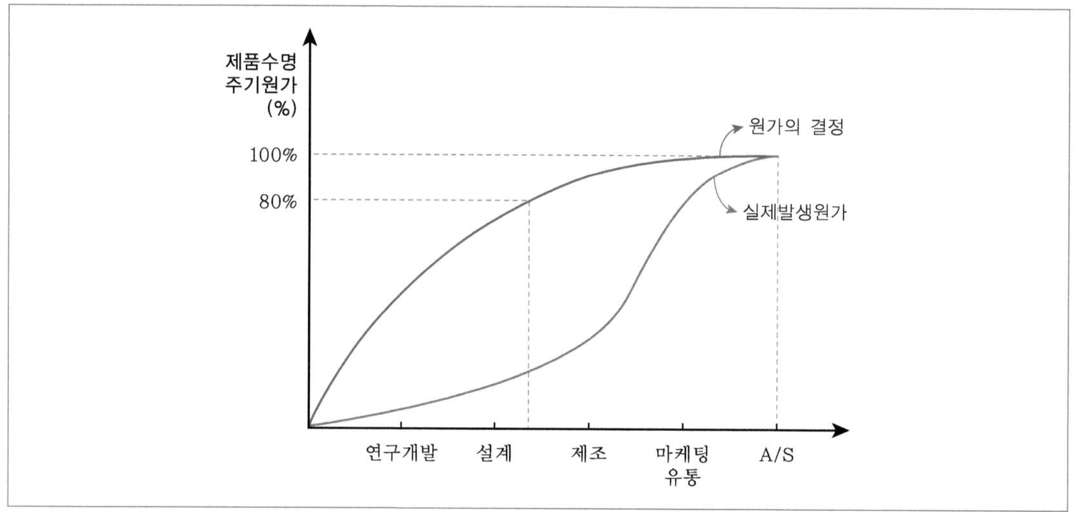

(3) 제품수명주기원가계산을 적용하는 경우에 경영관리목적으로 수명주기 포괄손익계산서를 작성하는데, 이는 전통적인 포괄손익계산서와는 달리 각각의 제품별로 각 제품의 수명주기 전기간을 대상으로 작성된다는 특징이 있다.

예제 6

(주)애플시스템이 생산하려는 아이포드 미니는 3년의 수명을 가질 것으로 예상되며 3년 동안의 예상판매수량은 200,000개, 단위당 예상판매가격은 ₩80이다. 회사는 수명주기 예산포괄손익계산서를 작성하려고 하며 이에 대한 자료는 다음과 같다. 화폐의 시간가치는 무시한다.

연구개발 및 설계원가	₩1,000,000
제조원가	
단위당 변동제조원가	₩30
뱃치(묶음)당 변동제조원가	1,200
뱃치당 제품수(뱃치의 크기)	500개
고정제조원가	₩1,800,000
마케팅원가	
단위당 변동원가	₩6.4
고정원가	1,000,000
유통원가	
뱃치당 변동원가	₩560
뱃치당 제품수(뱃치의 크기)	160개
고정원가	₩720,000
고객서비스원가 단위당 변동원가	3

[요구사항]

1. 수명주기 예산포괄손익계산서를 작성하시오.
2. 수명주기예산원가의 몇 %가 연구개발과 설계단계에서 발생하는가?
3. 전문가들에 의하면 제품수명주기원가의 80%가 연구개발과 설계단계에서 결정된다고 한다. 이러한 사실이 아이포드 미니의 원가를 관리하는 데 있어서 갖는 의미는 무엇인가?
4. 회사의 영업부는 아이포드 미니의 가격을 ₩6만큼 낮추면 10%만큼 매출수량이 증가한다고 추정하였다. 이 경우 회사는 제조 및 유통의 뱃치당 제품수(뱃치의 크기)를 10% 증가시킬 것이다. 다른 원가자료는 동일하다고 할 때 회사는 아이포드 미니의 가격을 ₩6만큼 낮추어야 하는가?

해답 1. 수명주기 예산포괄손익계산서의 작성

수명주기 예산포괄손익계산서

매출액: 200,000개 × @80 =		₩16,000,000
제품수명주기원가		
연구개발 및 설계		1,000,000
제조원가		8,280,000
변동원가: 200,000개 × @30 =	₩6,000,000	
뱃치변동원가: 400뱃치[*1] × @1,200 =	480,000	
고정원가	1,800,000	
마케팅원가		2,280,000
변동원가: 200,000개 × @6.4 =	₩1,280,000	
고정원가	1,000,000	
유통원가		1,420,000
뱃치변동원가: 1,250뱃치[*2] × @560 =	₩700,000	
고정원가	720,000	
고객서비스원가		600,000
변동원가: 200,000개 × @3 =	₩600,000	
소계		13,580,000
순이익		₩2,420,000

[*1] 200,000개/500개 = 400뱃치

[*2] 200,000개/160개 = 1,250뱃치

2. 연구개발과 설계단계의 원가발생비율

$$\frac{₩1,000,000}{₩13,580,000} = 7.36\%$$

3. 원가관리방안

제품수명주기원가의 7.36%가 연구개발과 설계단계에서 발생함에도 불구하고 수명주기원가의 80%가 연구개발과 설계단계에서 결정된다는 사실은 연구개발과 설계단계가 원가관리에 있어서 매우 중요하다는 것을 의미한다. 따라서 연구개발과 설계단계에서 원가가 결정되기 전에 설계 등을 변경함으로써 제품수명주기원가를 절감하거나 변경할 수 있다.

4. 가격인하 의사결정

10%만큼 매출수량이 증가하고 동시에 뱃치당 제품수(뱃치의 크기)도 10%만큼 증가하므로 뱃치의 수는 변함이 없다.

가격인하 시

증분수익			₩280,000
증가 - 가격인하 후 매출액	(200,000개 × 1.1) × (@80 - @6) =	₩16,280,000	
감소 - 가격인하 전 매출액	200,000개 × @80	(16,000,000)	
증분비용			788,000
변동제조원가	(200,000개 × 10%) × @30 =	₩600,000	
변동마케팅원가	(200,000개 × 10%) × @6.4 =	128,000	
변동고객서비스원가	(200,000개 × 10%) × @3 =	60,000	
증분이익(손실)			₩(508,000)

∴ 가격을 ₩6만큼 낮추면 순이익이 ₩508,000 감소하므로 가격을 낮추면 안 된다.

02 제품수명주기원가계산의 유용성

제품수명주기원가계산은 제품수명주기 전기간을 대상으로 원가를 집계하기 때문에 다음과 같은 유용성을 가지고 있다.

(1) 전통적인 원가계산제도는 연구·개발, 설계, 마케팅·유통, 고객서비스와 관련된 원가를 명확하게 보고할 수 없었으나 제품수명주기원가의 정보를 이용하게 되면 모든 원가를 정확하게 파악할 수 있게 된다.

(2) 제품수명주기 단계별(도입기, 성장기, 성숙기, 쇠퇴기) 원가에 대한 절감이나 제품의 판매가격설정 등에 적절한 의사결정을 내릴 수 있기 때문에 제품의 수익성에 대한 합리적인 예측이 가능해진다.

(3) 원가들 간의 상호관련성이 강조된다. 예를 들어 연구·개발이나 설계비를 삭감한 다음 연도에는 제품에 대한 고객의 만족도가 감소하기 때문에 고객서비스와 관련된 비용이 증가하게 된다는 사실이 파악되는 등 원가들 간의 상호관련성에 대한 정보를 알게 된다.

(4) 생산이전단계에서 대부분의 제품원가가 결정되므로 연구·개발 및 설계단계에서부터 원가절감을 위한 노력을 기울여야 한다는 것을 알 수 있다.

(5) 제품별로 전체 수명주기원가 중에서 수명주기 초기단계의 원가가 차지하는 비율을 알 수 있게 해준다. 만약, 이 비율이 높은 제품일수록 가능한 한 빨리 그 제품의 수익성에 대한 정확한 예측을 하여 제품개발 여부를 신중히 결정해야 한다.

제7절 | 가치사슬

01 가치사슬의 의의

기업이 제공하는 제품이나 서비스에 대해 가치를 제공하는 모든 기능은 상호관련된 활동들의 사슬을 형성하는데 이러한 기능들의 사슬을 '가치사슬(value chain)'이라 부른다. 가치사슬분석은 고객에 대한 가치증가와 원가절감의 기회를 확인하고 공급자와 소비자 등 산업 내의 다른 조직과의 관계를 잘 이해할 수 있도록 전략적 분석의 틀을 제공한다. 그리고 특정 제품이나 서비스와 관련된 이러한 가치사슬기능의 원가를 측정·보고하는 것을 가치사슬원가계산이라 부른다.

참고로 가장 단순한 형태의 가치사슬을 그림으로 나타내면 다음과 같다.

가치사슬

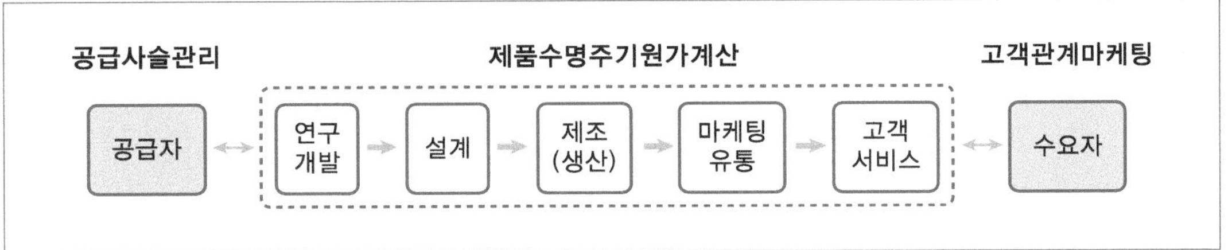

02 가치사슬원가의 분류와 유용성

(1) 가치사슬원가의 분류

가치사슬원가는 제조(생산)단계를 기준으로 다음과 같이 상류원가와 하류원가로 나누어진다.

① **상류원가(upstream costs)**: 제조(생산) 이전에 발생된 활동(연구개발, 제품설계, 생산시스템 엔지니어링)과 관련된 원가를 상류원가라 한다.

② **하류원가(downstream costs)**: 제조(생산) 이후에 발생된 활동(마케팅, 유통, 고객서비스, 보증)과 관련된 원가를 말한다. 이 중 마케팅활동은 제품생산단계 이전에서도 나타날 수 있으나 통상 하류원가로 분류한다.

예제 7

다음은 (주)해커의 가치사슬원가이다.

연구개발원가	₩20,000,000
제품설계원가	10,000,000
엔지니어링원가	5,000,000
판매유통원가	3,500,000
고객서비스원가	2,500,000
계	₩41,000,000

[요구사항]

상류원가와 하류원가를 구하시오.

해답

	상류원가	하류원가
연구개발원가	₩20,000,000	
제품설계원가	10,000,000	
엔지니어링원가	5,000,000	
판매유통원가		₩3,500,000
고객서비스원가		2,500,000
계	₩35,000,000	₩6,000,000

(2) 가치사슬정보의 유용성

가치사슬원가계산은 전략적 원가관리에 중요한 정보를 제공해준다. 예를 들면, 인건비를 낮추기 위하여 해외로 공장을 이전하는 의사결정을 할 경우 외국노동자의 교육훈련비, 운송비, 대고객 이미지 실추 등의 각종 상·하류원가의 상승 등을 고려해야 한다.

제8절 | 품질원가

01 품질원가의 의의

품질원가(cost of quality)란 제품이나 서비스의 품질에 문제가 발생하지 않도록 예방하거나 품질에 하자가 발생하는지를 검사하고 품질에 문제가 발생한 경우 이를 해결하기 위하여 발생하는 모든 원가를 말한다.

(1) 전세계적으로 많은 기업들이 전사적 품질관리를 중요한 경쟁무기로 생각하고 있다. 왜냐하면, 기업의 품질강화는 원가절감과 고객만족의 증대로 직결되기 때문이다. 따라서 최근의 기업들은 제품이나 서비스의 품질관리에 주의를 기울이고 있는데, 기업이 관리해야 하는 제품이나 서비스의 품질에는 다음과 같이 설계품질과 제조품질이 있다.

① **설계품질(quality of design)**: 제품의 특성이 소비자의 욕구(needs)를 얼마나 충족시키는지를 평가하는 것이다.

(예) 핸드폰에 대해서 소비자들은 통화, 카메라, 게임, DMB, 사전 기능을 원하는데 단순히 통화만 가능한 핸드폰을 설계했다면 설계품질이 낮다고 말할 수 있다.

② **제조품질(또는 일치품질, 적합품질; quality of conformance)**: 생산된 제품이나 서비스가 설계된 제품의 사양과 얼마나 일치하는지를 평가하는 것이다.

(예) 핸드폰의 통화 기능이나 카메라 기능 등이 불량하다면 제조품질이 낮다고 말할 수 있다.

설계품질과 제조품질

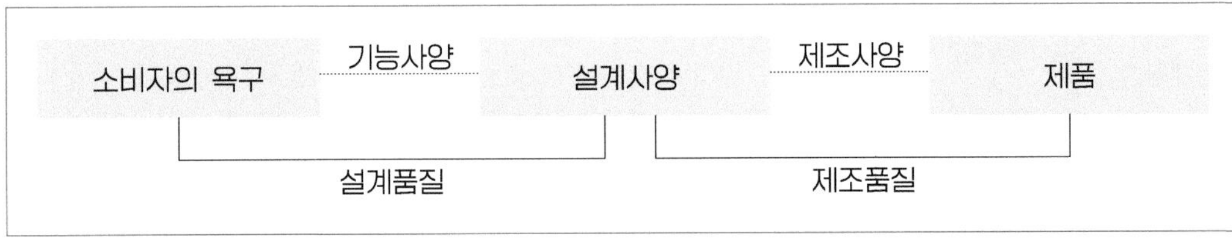

(2) 설계품질과 제조품질 중에서 최근에는 설계품질의 중요성이 커지고 있는데, 그 이유는 설계품질이 그 제품이나 서비스의 품질경쟁력을 결정짓는 중요한 요소이기 때문이다.

(3) 기업들은 제품이나 서비스의 품질을 유지하기 위하여 여러 가지 비용을 지출하고 있는데, 이와 같이 제품이나 서비스의 품질관리와 관련하여 발생한 모든 원가를 품질원가라고 한다. 최근에는 기업간의 경쟁이 치열해지면서 기업들이 제품이나 서비스의 품질관리에 많은 비용을 지출하게 됨에 따라 품질원가를 체계적으로 관리해야 할 필요성이 커지게 되었다.

02 품질원가의 분류

품질원가는 다양한 형태로 발생되지만 다음과 같이 예방원가, 평가원가, 내부실패원가, 외부실패원가로 구분할 수 있다. 여기서 예방원가와 평가원가를 통제원가라 하고 내부실패원가와 외부실패원가를 실패원가라고 한다.

(1) 통제원가

① 예방원가(prevention costs): 불량품 생산을 예방하기 위하여 발생한 원가를 말한다. 그 예로 불량이 최소화되도록 제품을 설계하는 비용, 우수협력업체를 선정하기 위한 비용, 작업자에 대한 교육 및 훈련비용, 생산설비의 유지보수비용 등을 들 수 있다.

② 평가원가(appraisal costs): 원재료와 기업이 생산한 제품이나 서비스가 품질기준을 충족하는지를 검사하고 평가하기 위하여 발생한 원가를 말한다. 그 예로 원재료 검사비용, 재공품 및 완성품 검사비용, 생산공정의 검사비용 등을 들 수 있다.

(2) 실패원가

① 내부실패원가(interal failure costs): 불량품을 소비자에게 전달하기 전에 내부적으로 발견하여 제품을 수리하거나 폐기하는 데 발생하는 원가를 말한다. 그 예로 불량품 재작업원가, 불량품 폐기원가, 공손원가, 품질결함으로 인한 공정중단비용 등을 들 수 있다.

② 외부실패원가(external failure costs): 소비자에게 제품이나 서비스를 공급한 이후에 품질에 결함이 발견되어 발생하는 원가를 말한다. 그 예로 보증수리비용, 고객서비스센터 운영비용, 불량품 교환에 따른 비용, 손해배상비용, 기업이미지 훼손에 따른 기회비용 등을 들 수 있다.

품질원가의 분류

구분		해당원가의 예
통제원가	예방원가	품질을 고려한 제품설계비용, 우수협력업체 선정비용(원부자재 공급업체 평가비용 등), 작업자 교육·훈련 비용, 생산설비 유지·보수 비용
	평가원가	원재료 검사비용, 재공품 및 제품 검사비용, 생산공정의 검사비용
실패원가	내부실패원가	불량품 재작업원가, 불량품 폐기원가, 공손원가, 불량으로 인한 공정중단비용
	외부실패원가	보증수리비용, 고객서비스센터 운영비용, 불량품 교환비용, 손해배상비용, 기업이미지 훼손에 의한 기회비용(판매기회 상실)

예제 8

아래에 제시되어 있는 약자를 사용하여 각각의 원가항목을 분류하시오.

P = 예방원가(Prevention)
A = 평가원가(Appraisal)
I = 내부실패원가(Internal Failure)
E = 외부실패원가(External Failure)
N = 어디에도 속하지 않음(None of the Above)

1. 불량품	2. 낮은 품질로 인한 판매기회의 상실
3. 품질교육 프로그램	4. 원재료 검사
5. 불량품 리콜	6. 공정검사
7. 설계검토	8. 불량으로 인한 공정중단
9. 제품품질검사	10. 공급업자 평가

해답 1. I 2. E 3. P 4. A 5. E
6. A 7. P 8. I 9. A 10. P

03 품질원가와 품질수준의 상관관계

품질예방조치가 철저할수록 품질검사 및 평가의 필요성은 낮아지고, 품질예방조치가 불충분하면 품질검사 및 평가를 철저히 해야 소비자가 느끼는 품질을 높은 수준으로 유지할 수 있다. 따라서 예방원가와 평가원가는 상호 보완적이며, 예방과 검사 등의 불량품 통제노력을 많이 할수록 품질수준이 높아지므로 이러한 통제원가(예방원가와 평가원가)와 품질수준은 정(+)의 상관관계를 가진다.
그리고 품질수준이 높아지면 실패원가(내부실패원가와 외부실패원가)가 낮아지므로 실패원가는 품질수준과 부(-)의 상관관계를 가진다고 말할 수 있다.

04 품질원가의 관리

경영자는 네 가지 종류의 품질원가를 효율적으로 관리하여 총품질원가가 최소화되도록 해야 한다. 이러한 품질원가를 관리하는 방법에는 허용품질수준관점과 무결점수준관점의 관리방법 및 전사적 품질관리가 있다.

(1) 허용품질수준관점과 무결점수준관점

① **허용품질수준관점:** 허용품질수준관점(acceptable quality level view)이란 통제원가와 실패원가 사이에 부(-)의 상관관계가 있으며, 총품질원가를 최소화하는 최적의 허용품질수준(AQL; Acceptable Quality Level)이 존재한다고 보는 관점이다. 즉, 통제원가가 많이 지출되면 불량률이 낮아져 실패원가가 적게 지출되고, 통제원가가 적게 지출되면 불량률이 높아져 실패원가가 많이 지출되므로 통제원가와 실패원가의 합계인 총품질원가가 최소화할 수 있는 최적지출배합에 맞도록 통제원가와 실패원가를 관리하는 방법이다.

② **무결점수준관점:** 무결점수준관점(zero-defects view)이란 통제원가와 실패원가가 일정 품질수준까지는 부(-)의 상관관계를 갖지만 일단 불량률이 0(무결점수준)에 가깝게 되면, 통제원가는 큰 증가 없이 일정 수준을 유지하고, 실패원가는 계속 감소하는 현상이 발생한다고 보는 관점이다. 즉, 불량률이 0(zero)이 되는 총품질원가 수준이 존재한다는 것이다.

품질원가의 발생행태

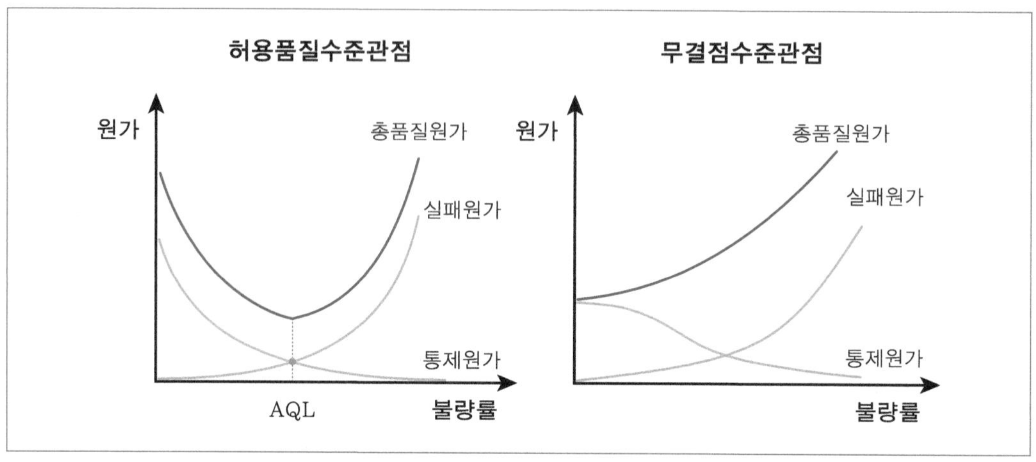

③ **허용품질수준관점과 무결점수준관점의 차이:** 지금까지 살펴본 허용품질수준관점과 무결점수준관점은 다음과 같은 점에서 차이가 있다.

㉠ 허용품질수준관점은 품질수준이 높아질수록 통제원가가 계속 증가된다고 보지만, 무결점수준관점은 일정 품질수준까지는 통제원가가 증가되고 무결점수준에 가까워지면 통제원가는 유지된다고 본다.

㉡ 허용품질수준관점에서는 총품질원가를 최소화하는 불량률을 인정하므로 실패원가가 0(zero)이 될 수 없다고 보지만, 무결점수준관점에서는 실패원가가 0(zero)이 될 수 있다고 본다.

최근의 연구결과에 의하면 불량률이 0(zero)에 가까워질수록 총품질원가가 감소하는 것으로 나타나고 있다. 따라서 최근에는 불량률이 무결점(zero-defects)수준이 되도록 총품질원가를 관리하는 것이 일반적이다.

(2) 전사적 품질관리

전사적 품질관리(TQC; Total Quality Control)란 품질원가가 제품수명주기 전체에 걸쳐 발생하므로 전 종업원이 참여하여 품질관리를 계획하고 실행하고 통제하는 것을 말한다. 이러한 전사적 품질관리를 적용하게 되면 일반적으로 시간이 경과함에 따라 통제원가가 완만하게 증가하다가 일정한 수준을 유지하게 되면, 실패원가가 큰 폭으로 감소하여 총품질원가가 감소하게 된다.

참고로 전사적 품질관리를 적용하는 경우에 품질원가의 추세를 그림으로 나타내면 다음과 같다.

TQC 적용 시 품질원가의 장기적인 추세

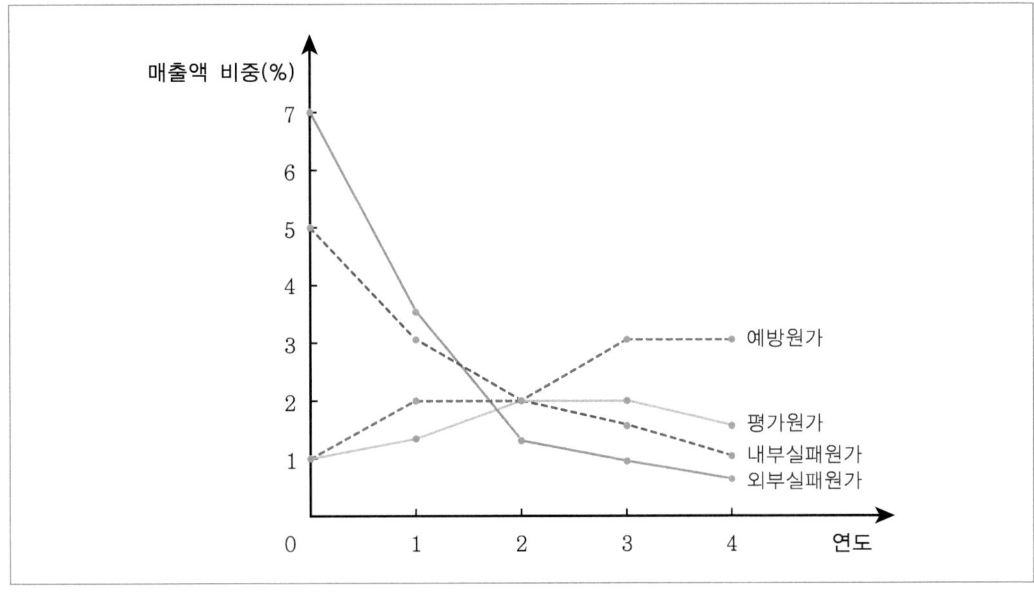

예제 9

올해 초부터 제이크전자는 품질개선 프로그램을 시작했다. 품질개선 프로그램은 불량과 재작업원가를 감소시키는 데 매우 효과적이었다. 품질개선 프로그램의 효과를 평가하기 위해 제이크전자의 경영자는 전기와 당기의 자료를 다음과 같이 수집하였다.

	전기	당기
매출액	₩20,000,000	₩20,000,000
품질교육비용	40,000	65,000
불량품원가	400,000	350,000
재료검사비용	80,000	70,000
재작업원가*	550,000	500,000
제품검사비용	100,000	150,000
제품보증비용	700,000	600,000

* 제품검사 후 불합격품의 재작업원가임

[요구사항]

1. 전기와 당기의 매출액 대비 예방원가, 평가원가, 내부실패원가, 외부실패원가의 비율을 계산하시오.
2. 품질개선 프로그램의 실행 결과 이익이 얼마나 증가하였는가?
3. 내년도에 품질원가를 매출액의 2.5% 수준까지 감소시킬 수 있다면, 당기에 비해 이익은 얼마나 증가하는가? 단, 내년도 예상매출액은 ₩20,000,000이다.

해답 1. **매출액 대비 품질원가의 비율**

	전기	당기
(1) 예방원가(품질교육비용)		
₩40,000/₩20,000,000	0.20%	
₩65,000/₩20,000,000		0.325%
(2) 평가원가(재료검사비용, 제품검사비용)		
(₩80,000 + ₩100,000)/₩20,000,000	0.90	
(₩70,000 + ₩150,000)/₩20,000,000		1.10
(3) 내부실패원가(불량품원가, 재작업원가)		
(₩400,000 + ₩550,000)/₩20,000,000	4.75	
(₩350,000 + ₩500,000)/₩20,000,000		4.25
(4) 외부실패원가(제품보증비용)		
₩700,000/₩20,000,000	3.50	
₩600,000/₩20,000,000		3.00

2. **품질개선 프로그램 실행 후 이익증감**

품질개선 프로그램의 실행결과 품질원가 합계액이 ₩1,870,000에서 ₩1,735,000으로 감소하였으므로 이익이 ₩135,000만큼 증가한다.

3. **품질원가 절감 후 이익증감**

₩1,735,000 - (₩20,000,000 × 2.5%) = ₩1,235,000

따라서 이익이 ₩1,235,000만큼 증가한다.

제16장

기출 OX문제

01 목표원가는 외부시장환경과 경쟁업체의 대응 정도 등을 고려하여 기업이 목표로 설정한 시장 점유율의 유지 또는 목표로 하는 이익을 달성하기 위하여 전략적인 차원에서 책정하는 원가이다. (O, X)

02 목표원가계산 기법은 원가우위(cost leadership) 전략과 연계하여 실시할 수 있다. (O, X)

03 목표원가계산은 변동원가의 회수에 초점을 둔, 기업의 생존을 도모하기 위한 가격이다. (O, X)

04 제품디자인에서부터 공급자가격, 제조공정 등에 이르는 모든 단계에서 원가절감요인을 도출해 최소의 원가를 달성하여 목표가격을 설정한다. (O, X)

05 설정된 목표가격을 달성할 수 있는 원가를 가치공학 등의 수행을 통하여 달성하는 것이 중요한 절차이다. (O, X)

06 목표원가계산 기법은 기존의 표준원가계산과 마찬가지로 제품 제조단계에서의 원가절감을 강조한다. (O, X)

07 목표원가는 시장상황의 검토를 통하여 예상되는 제품의 목표가격을 확인한 후 기업이 필요로 하는 목표이익을 차감하여 결정되며, 기존 생산공정을 유지하며 발생하는 제조원가를 고려하여 생산개시 후 결정된다. (O, X)

08 목표원가계산은 컴퓨터, 자동차 등 조립형 산업에서 주로 활용되는 것으로서, 시장중심의 목표원가와 생산중심의 표준원가와의 차이를 줄이려는 노력을 원가절감의 일차적 대상으로 삼고 기술개발과 디자인 등에 주력한다. (O, X)

정답 및 해설

01 O

02 O

03 X 목표가격 달성을 위한 목표원가에 초점을 둔, 시장에서 소비자가 설정한 예상가격이다.

04 X 시장에서 목표가격이 먼저 결정되며, 목표원가는 목표가격에서 목표이익을 차감하여 결정한다.

05 O

06 X 목표원가계산 기법은 기존의 표준원가계산과는 달리 연구, 개발 및 엔지니어링단계 등 제품제조 이전 단계에서의 원가절감을 강조한다.

07 X 목표원가는 시장상황의 검토를 통하여 예상되는 제품의 목표가격을 확인한 후 기업이 필요로 하는 목표이익을 차감하여 결정되며, 연구, 개발 및 설계 단계에서 목표원가를 달성할 수 있는지를 중요시하며 생산개시 전에 결정된다.

08 O

09 타겟코스팅은 제조(양산)단계에서의 지속적이고 증분적인 소규모 개선활동을 의미한다. (O, X)

10 카이젠원가계산은 제품제조 이전단계에서의 지속적인 원가절감에 초점을 둔다. (O, X)

11 카이젠원가계산에서는 프로세스를 개선시키는 데 가장 크게 공헌할 수 있는 조직구성원은 경영자와 공학자라고 가정한다. (O, X)

12 개선원가계산은 점진적이고 지속적인 원가절감보다는 내부프로세스의 혁신적인 변화를 추구한다. (O, X)

13 카이젠원가계산은 원가통제시스템 개념이라기 보다는 원가절감시스템 개념으로 이해된다. (O, X)

14 적시생산시스템은 짧아진 제품수명 및 제품의 다양성에 따라 증가하는 재고관리비용 등을 감소시키는 방안으로 유용하며, 초변동원가계산법을 사용하여 제품원가를 계산하여야 한다. (O, X)

15 적시생산방식의 도입에 따라 종합원가계산을 적용하는 기업에서 당기완성품환산량을 이용한 재무회계 목적상 당기제품제조원가 결정의 중요성이 점점 낮아지고 있다. (O, X)

16 적시재고시스템은 공장 내에 재고가 거의 없기 때문에 원재료 계정을 별도로 철저하게 기록·관리해야 한다. (O, X)

정답 및 해설

09 X 카이젠원가계산에 대한 설명이다. 타겟코스팅은 생산이전인 설계단계에 목표원가를 달성하도록 가치공학 등을 실행하는 것이 가장 중요한 절차이다.

10 X 카이젠원가계산은 제품 제조단계에서의 지속적인 원가절감에 초점을 둔다.

11 X 카이젠원가계산에서는 프로세스를 개선시키는 데 가장 크게 공헌할 수 있는 조직구성원은 경영자와 생산작업자라고 가정한다.

12 X 개선원가계산은 점진적이고 지속적인 원가절감을 추구한다.

13 ○

14 X 적시생산시스템은 생산의 전과정에서 불필요한 재고의 보유를 제거하여 낭비를 줄이는 것을 목적으로 하고 있으며 역류원가계산(backflush costing)을 사용하여 제품원가를 계산한다. 초변동원가계산법은 제약이론에서의 제품원가계산방법이다.

15 ○

16 X 원재료 재고가 거의 없으므로 원재료 계정이 필요없게 되고 그 대신 원재료계정을 재공품계정과 통합하여 재공원재료 계정을 사용한다. 보다 단순화할 경우에는 원재료구입액을 바로 매출원가에 집계할 수도 있다.

17 역류원가계산방법을 사용하는 기업은 표준원가를 사용하지 않고 항상 실제원가를 사용한다. (O, X)

18 역류원가계산방법은 생산공정의 리드타임(lead time)이 긴 기업에서 주로 사용된다. (O, X)

19 역류원가계산방법에서는 재료 구입부터 제품 판매까지의 분개 기록 중 일부가 생략될 수 있다. (O, X)

20 제약이론에서는 기업의 생산활동과 관련된 내부적 제약요인을 집중적으로 관리하고 개선하여 생산활동을 최적화하고자 한다. (O, X)

21 제약이론의 생산최적화 과정은 제약요인을 찾아 개선한 후에 또 다른 제약요인을 찾아 지속적으로 개선하는 과정을 밟는다. (O, X)

22 제약이론을 원가관리에 적용한 재료처리량공헌이익은 매출액에서 직접재료원가와 직접노무원가를 차감하여 계산한다. (O, X)

23 제약이론은 재료처리량공헌이익을 증가시키고, 투자 및 운영원가를 감소시키는 것을 목적으로 한다. (O, X)

24 제약이론에서는 운영원가를 단기적으로 변화시킬 수 없는 고정원가로 본다. (O, X)

정답 및 해설

17 X 표준원가를 이용하여 제품원가를 계산하는 경우가 일반적이며, 실제원가와 표준원가와의 차이를 매출원가에서 조정한다.

18 X 적시생산시스템을 도입하면 재고자산이 거의 없어 원가흐름이 단순화되므로 회계처리가 간소화되는데 이러한 간소화된 원가계산시스템을 역류원가계산이라고 한다.

19 ○

20 ○

21 ○

22 X 재료처리량공헌이익은 매출액에서 직접재료원가를 차감하여 계산하며 직접노무원가는 차감하지 않는다.

23 ○

24 ○

25 제약이론에 의하면 병목공정의 처리능력을 확장시키기 위해서는, 재료처리량 공헌이익이 병목공정 처리능력 확장에 소요되는 원가보다 커야 한다. (O, X)

26 제약이론은 병목공정에 의하여 전체 공정의 처리량이 제한되는 현상에 주목한 이론으로, 비효율적 재고 및 대기시간의 절감을 위하여 모든 공정을 병목공정의 처리량에 맞추어 진행할 것을 장기적인 개선책으로 제안한다. (O, X)

27 병목자원의 관리를 중요시하는 제약이론은 효율성보다는 효과성을 강조한다. (O, X)

28 제품수명주기원가계산은 특정 제품이 고안된 시점부터 폐기되는 시점까지의 모든 원가를 식별하여 측정한다. (O, X)

29 제품수명주기원가계산은 제품제조단계에서의 원가절감을 강조한다. (O, X)

30 제품수명주기원가계산은 장기적 의사결정보다는 단기적 의사결정에 더욱 유용하다. (O, X)

31 제품수명주기원가는 제품의 기획 및 개발·설계에서 고객서비스와 제품폐기까지의 모든 단계에서 발생하는 원가를 의미하며, 제품수명주기원가의 상당 부분은 제품의 기획에서 설계까지 이르는 과정에서 확정된다. (O, X)

32 수명주기원가계산과 품질원가계산을 환경문제에 적용하면, 탄소배출량을 줄이면서 환경관련 원가도 절감할 수 있다. (O, X)

정답 및 해설

25 ○

26 X 제약이론은 병목공정에 의하여 전체 공정의 처리량이 제한되는 현상에 주목한 이론으로, 병목공정의 처리량을 증가키는 것을 장기적인 개선책으로 제안한다.

27 ○

28 ○

29 X 기업의 경쟁력 유지를 위해서 제품제조단계만이 아니라 제품의 개발 · 생산 · 판매 및 폐기단계를 포함한 전 수명주기를 통하여 원가의 절감을 도모하며, 특히 제조이전 단계에서 원가의 결정(고착원가)를 강조한다.

30 X 제품수명주기원가계산은 장기적 의사결정에 더욱 유용하다.

31 ○

32 ○

33 가치사슬원가계산에 있어서는 제품생산 이전에 발생된 활동과 관련된 원가는 물론 제품생산 이후에 발생된 활동과 관련된 원가도 분석한다. (O, X)

34 가치사슬원가계산은 생산 전 활동과 관련된 원가와 생산 후 활동과 관련된 원가를 구분할 수 없다. (O, X)

35 제품의 품질은 설계품질(quality of design)과 적합품질(quality of conformance)로 구분할 수 있는데, 품질원가는 생산자 품질이라 할 수 있는 설계품질과 관련된 것이다. (O, X)

36 품질원가계산은 통제원가와 실패원가를 포함한 품질관련원가를 최소화시키면서 품질 수준을 최대화시키는 데 목적이 있다. (O, X)

37 품질원가는 예방원가 및 평가원가로 구성되는 통제원가와 내부실패원가 및 외부실패원가로 구성되는 실패원가로 분류할 수 있다. (O, X)

38 품질관리계획수립원가, 품질관리기술개발원가, 품질개선을 위한 토의원가 등은 평가원가에 해당한다. (O, X)

39 예방원가는 제품의 생산과정에서 불량품이 발생하지 않도록 예방하기 위하여 발생하는 원가로서 품질관리를 위한 종업원들에 대한 교육훈련비, 생산설비의 유지보수비 등이 여기에 속한다. (O, X)

40 일반적으로 원재료 검사비용은 예방원가로 분류한다. (O, X)

41 불량품으로 인한 기계가동중단손실, 재작업원가 등은 내부실패원가에 해당한다. (O, X)

정답 및 해설

33 O

34 X 가치사슬원가는 생산단계를 기준으로 생산 이전에 발생된 활동과 관련된 상류원가와 생산 이후에 발생된 활동과 관련된 하류원가로 분류될 수 있다.

35 X 적합품질은 설계품질을 제품화한 것으로 실제로 제조된 품질을 말하며, 제조품질(Quality of Manufacture)이라고도 한다. 품질원가는 설계품질과 적합품질 모두에 관련된 것이다.

36 O

37 O

38 X 품질관리계획수립원가, 품질관리기술개발원가, 품질개선을 위한 토의원가는 예방원가에 해당한다.

39 O

40 X 원재료 검사비용은 평가원가에 해당한다.

41 O

42 품질원가분석에 있어서 제품보증수리비용은 내부실패원가에 해당한다. (O, X)

43 제조물책임법에 의한 소송비용, 제품보증수리비용, 불량품으로 인한 회사 이미지 실추에 따른 판매기회상실로 인한 기회비용 등은 외부실패원가에 해당한다. (O, X)

44 일반적으로 보증기간 내 수리와 교환은 외부실패원가로 분류한다. (O, X)

45 품질원가계산에서 낭비, 재가공, 폐품원가 등은 외부실패원가에 해당한다. (O, X)

46 품질원가의 바람직한 분포는 일반적으로 "예방원가 > 평가원가 > 내부실패원가 > 외부실패원가"이다. (O, X)

47 예방원가와 평가원가를 포함하는 통제원가는 불량품의 발생률과 역의 관계를 갖는다. (O, X)

48 허용품질수준관점에서는 통제원가와 실패원가 사이에 부(-)의 관계가 있는 것으로 본다. (O, X)

49 무결점수준관점에서는 불량률이 0이 될 때 품질원가가 최소가 되므로, 불량률이 0이 되도록 품질원가를 관리해야 한다고 본다. (O, X)

50 전사적 품질관리의 도입 후 내부실패원가와 외부실패원가의 상충관계에 입각하여 품질원가를 분석하고, 적정한 불량률은 허용해야 하는 것으로 인식이 변화하였다. (O, X)

정답 및 해설

42 X 품질원가분석에 있어서 제품보증수리비용은 외부실패원가에 해당한다.

43 O

44 O

45 X 낭비, 재가공, 폐품원가 등은 내부실패원가에 해당한다.

46 O

47 O

48 O

49 O

50 X 통제원가와 실패원가 사이에 상충관계에 입각하여 품질원가를 분석, 적정불량률을 허용하는 관점에서 불량률을 0으로 하는 무결점수준 관점으로 전환하고 있다.

제16장

개념확인문제

대표 문제를 학습한 후, 이와 동일한 유형의 문제를 풀며 개념을 익혀보세요.

대표 문제 목표원가

(주)갑의 신제품 개발팀은 신제품을 위한 다양한 제품 사양을 개발하였다. (주)갑은 개발한 제품 사양이 모두 포함된 신제품 A를 제조할 것인지 아니면 제품 사양들 중 일부가 제외된 신제품 B를 제조할 것인지를 결정하고자 한다. 어느 신제품을 생산하여 출시하더라도 생산 및 판매와 관련된 예상고정원가 총액은 ₩2,000,000이며, 신제품의 목표이익률은 판매가격의 30%이다. 신제품 A와 신제품 B의 생산 및 판매와 관련된 추가 자료는 다음과 같다.

	신제품 A	신제품 B
단위당 예상판매가격	₩5,000	₩4,000
단위당 예상변동원가	2,500	1,900
예상생산·판매량	?	2,500단위

(1) 각 제품의 단위당 목표원가와 (2) 목표원가를 달성하기 위한 신제품 A의 최소 생산·판매량은?

[회계사 12 수정]

해답 1. 각 제품의 단위당 목표원가

(1) 신제품 A의 단위당 목표원가: ₩5,000 × (1 - 30%) = ₩3,500

(2) 신제품 B의 단위당 목표원가: ₩4,000 × (1 - 30%) = ₩2,800

2. 신제품 A의 단위당 목표원가 ₩3,500을 달성하기 위해서는 단위당 고정원가가 ₩1,000 이하가 되어야 하므로 최소 2,000단위 이상을 생산·판매하여야 한다.

01 (주)해커는 반도체 제조를 위한 정밀공구를 생산하고 있는데 경영진에서는 최근 시장에서의 경쟁이 심화되어 현재의 판매가격으로는 목표한 판매량을 달성할 수 없다고 보고 있다. 이에 따라 판매가격을 인하하고 현재의 이익 수준을 유지하기 위해 원가절감 방안을 강구하고 있는데 생산부서에서는 제품설계를 획기적으로 변경한다면 원가의 13%를 절감할 수 있을 것으로 판단하고 있다. 회사는 현재 월 600개의 제품(양품)을 생산하고 있으며 원가자료는 다음과 같다.

구분	원가	비고
직접재료원가	₩10,000	
직접노무원가	12,000	
제조간접원가		
기계작업원가	4,000	고정원가
주문원가	2,500	주문횟수 8회
작업준비원가	2,720	작업준비시간 10시간
부품처리원가	4,000	부품사용개수 80개
검사원가	8,380	
재작업원가	10,400	재작업수량은 양품생산량의 10%
총제조원가	₩54,000	

회사가 고려하고 있는 제품설계변경 방안을 시행한다면 원가는 다음과 같을 것으로 예상하고 있으며 기타원가는 설계변경 전과 동일하다.

기계작업원가: 단위당 기계작업시간 25% 절감
주문횟수: 4회로 감소
작업준비원가: 작업준비시간 5시간 감소
부품사용개수: 50개로 감소
검사원가: 25% 절감
재작업원가: 재작업수량은 양품생산량의 5%

설계변경 후 원가절감액이 회사의 목표인 13% 이상으로 달성되었는가? [회계사 02 수정]

정답 및 해설

01 1. 제품 설계변경 후 단위당 원가

기계작업원가는 고정원가이므로 단위당 기계작업시간 절감에도 불구하고 변화는 없다.

(1) 활동별 원가배부율

주문원가: ₩2,500 ÷ 8회 = @312.5

작업준비원가: ₩2,720 ÷ 10시간 = @272

부품처리원가: ₩4,000 ÷ 80개 = @50

재작업원가: ₩10,400 ÷ (600개 × 10%) = @173.33

(2) 설계변경 후의 원가

직접재료원가		₩10,000
직접노무원가		12,000
제조간접원가		20,595
기계작업원가	₩4,000*	
주문원가: 4회 × @312.5 =	1,250	
작업준비원가: 5시간 × @272 =	1,360	
부품처리원가: 50개 × @50 =	2,500	
검사원가: ₩8,380 × 75% =	6,285	
재작업원가: (600개 × 5%) × @173.33 =	5,200	
총제조원가		₩42,595
생산량		÷ 600개
설계변경 후 단위당 원가		₩70.99

* 기계작업원가는 고정원가이므로 단위당 기계작업시간 절감에도 불구하고 변화는 없음

2. 원가절감목표 달성 여부

현재 단위당 원가는 ₩54,000 ÷ 600개 = ₩90이며, 설계변경 후의 단위당 원가는 ₩70.99이므로 원가절감률은 (₩90 - ₩70.99) ÷ ₩90 = 21.1%이다. 따라서 회사의 원가절감목표를 달성할 수 있다.

대표 문제 적시생산시스템

(주)선진은 최종제품생산을 위한 부품을 적시생산체제(JIT System)로 자체생산하고 있다. 내년에는 10,000개의 부품이 필요하며, 이를 위한 부품 자체생산원가는 다음과 같이 예상된다.

총직접재료원가	₩60,000,000
총직접노무원가	10,000,000
총변동제조간접원가	20,000,000
총고정제조간접원가	70,000,000

변동제조간접원가는 직접재료의 구매주문원가를 포함하고 있고 모든 변동제조간접원가는 부품생산과 관련되어 있다. 고정제조간접원가 중 회피불가능한 배부된 원가는 ₩50,000,000이다. 그런데 이 기업은 부품의 외부주문을 고려하고 있다. 외부구입가는 단위당 ₩10,000이며 추가로 부품 구매주문을 위해 구매주문 1회당 ₩50,000이 발생한다. 부품재고의 파손, 자금비용 등이 연간 평균 부품재고액의 10%로 추정된다. 연간 주문횟수는 (주)선진이 결정할 수 있다. 자체생산을 중단하면 현재 사용하고 있는 설비를 임대함으로써 연간 ₩10,000,000의 임대료수익을 발생시킬 것이다.

내년에 부품을 자체 생산하는 대신 외부주문을 한다면 부품관련 원가를 최대한 얼마나 절감할 수 있는가?

[회계사 00]

해답 1. EOQ의 결정

재고주문비용: $\frac{10,000\text{개}}{Q} \times @50,000$ ··········①

재고유지비용: $\frac{Q}{2} \times @10,000 \times 10\%$ ·········· ②

EOQ는 주문비용과 유지비용이 일치하는 점에서 결정된다.

① = ② ∴ EOQ = 1,000개

2. 외부주문 시 증분이익

증분수익			₩10,000,000
증분비용			(9,000,000)
증가	외부구입원가: 10,000개 × @10,000 =	₩100,000,000	
	재고주문비용: 10회[*1] × @50,000 =	500,000	
	재고유지비용: 1,000개[*2] ÷ 2 × @10,000 × 10% =	500,000	
감소	자체생산원가: ₩60,000,000 + ₩10,000,000 + ₩20,000,000 + ₩20,000,000[*3] =	(110,000,000)	
증분이익(손실)			₩19,000,000

[*1] 최적주문회수: D ÷ EOQ = 10,000개 ÷ 1,000개 = 10회

[*2] EOQ

[*3] 회피가능고정제조간접원가: ₩70,000,000(총고정제조간접원가) - ₩50,000,000(회피불능원가) = ₩20,000,000

02 대규모 가구제조업을 영위하는 종로회사는 적시(JIT)구매/생산시스템을 채택하고자 한다. 높은 재고수준을 요하는 업종의 특성으로 이 회사의 평균재고액은 ₩75,000,000이다. 종로회사가 JIT시스템을 채택하면 현재 사용 중인 가구보관창고 2개가 더 이상 필요없게 되며, 이 가구보관창고를 다른 회사에 임대할 경우 한 개당 연간 ₩4,000,000의 임대료를 받을 것으로 예상한다. 추가적인 원가절감요인으로 창고운영비와 재고자산손해보험료 등 연간 ₩500,000을 절감할 수 있으며, 재고수준감소에 따라 재고자산파손비와 기업의 자금비용으로 각각 평균재고액의 1%, 5%를 원가절감할 수 있다. 그러나 JIT시스템은 가구의 주문횟수를 증가시켜 주문원가가 ₩5,000,000이 추가적으로 발생한다. 또한 수요가 일시적으로 증가할 경우 수요에 감당하지 못하여 연간 200단위의 재고부족원가가 예상된다. 재고자산의 단위당 공헌이익은 ₩20,000이다. 종로회사가 JIT시스템을 채택할 경우 절감할 수 있는 원가를 구하시오. [세무사 03]

정답 및 해설

02

증분수익:	임대료수익: 2개 × @4,000,000 =		₩8,000,000
증분비용			4,000,000
증가	주문원가	₩5,000,000	
	재고부족원가: 200단위 × @20,000 =	4,000,000	
감소	창고운영비 등	(500,000)	
	재고자산파손비, 자금비용: ₩75,000,000 × 6% =	(4,500,000)	
증분이익(손실)			₩4,000,000

∴ JIT시스템을 채택할 경우 ₩4,000,000의 원가를 절감할 수 있다.

대표 문제 제약이론

(주)외성은 기계공정과 마무리공정에서 사무용 의자를 만들고 있다. 이에 관련된 자료는 다음과 같다.

	기계공정	마무리공정
연간 처리능력	1,000단위	800단위
연간 생산수량	800	800
고정운영원가(직접재료원가 제외)	₩8,000,000	₩4,800,000
단위당 고정운영원가	10,000	6,000

의자는 단위당 ₩90,000에 판매되고 기계공정 초기에 ₩40,000의 직접재료원가가 투입된다. (주)외성은 이외에 다른 변동원가가 없다. 또한 생산된 완제품은 모두 판매할 수 있다. [회계사 04]

(1) (주)외성은 마무리공정의 처리능력을 100단위 증가시킬 수 있는 최신설비를 마무리공정에 설치할 것을 고려하고 있다. 이 최신설비의 연간원가는 ₩4,000,000이다.
(주)외성이 이 설비를 설치한다면 얼마의 순이익이 추가로 발생하는가?

(2) (주)외성은 현재 마무리공정에서 200단위의 불량품을 생산했다. 이 불량품으로 인해 발생하는 총손실은 얼마인가?

해답 1. 증분수익 재료처리량 공헌이익 증가: 100단위 × @50,000* = ₩5,000,000
증분비용 설비원가 4,000,000
증분이익(손실) ₩1,000,000

* 제약공정인 마무리공정의 처리능력 단위당 재료처리량 공헌이익은 ₩50,000(= ₩90,000 - ₩40,000)임

2. 마무리공정에서 불량품이 발생하였으므로 기계공정초기에 투입되는 직접재료원가는 매몰원가이다.
따라서, 200단위 × @90,000 = ₩18,000,000의 손실이 발생한다.

03~04

웰빙제약은 혼합공정과 알약제조공정 등 두 공정에서 의약품을 생산한다. 두 공정에 대한 추가정보는 다음과 같다.

	혼합공정	알약제조공정
월간 생산능력	300,000g	400,000개
월간 생산량	200,000g	390,000개
고정운영원가(직접재료원가 제외)	₩16,000	₩39,000
단위당 고정운영원가	0.08/g	₩0.1/개

모든 직접재료원가는 혼합공정에서 발생하며 월간 ₩156,000이 발생한다. 알약제조공정은 혼합물(혼합공정에서의 생산물) 200,000g을 가공하여 390,000개의 알약을 생산하며, 이 중 2.5%(최종 생산물기준)는 알약제조공정 중에 소실된다. 알약은 개당 ₩1에 판매되며 직접재료원가를 제외한 모든 원가는 고정원가이다.

03 웰빙제약이 외부납품업체에게 10,000g의 혼합물을 공급한다면 외부납품업체는 웰빙제약에게 19,500개의 알약을 단위당 ₩0.12에 제조해준다는 제의를 한 경우 웰빙제약은 외부납품업체의 제의를 수락해야 하는가?

04 웰빙제약의 엔지니어는 알약제조공정의 품질을 향상시키는 방법을 고안했다. 이 경우 현재 손실되는 10,000개의 알약을 구할 것으로 추정된다. 이 방안은 월간 ₩7,000의 비용이 든다. 웰빙제약은 새로운 방법을 적용해야 하는가?

정답 및 해설

03 외부제조 알약 19,500개의 증분이익: 19,500개 × (@0.6* - @0.12) = ₩9,360

* 알약 단위당 직접재료원가: ₩156,000 ÷ 390,000개 = ₩0.4

알약 단위당 재료처리량공헌이익: ₩1 - ₩0.4 = ₩0.6

∴ 납품업체의 제의를 수락해야 한다.

04 증분이익: 10,000개 × ₩1 - ₩7,000 = ₩3,000

∴ 새로운 방법을 적용해야 한다.

대표 문제 품질원가

(주)시그마는 품질원가의 측정을 위해 품질관리 활동원가를 계산하고 있다. 다음에 나열된 품질관련 활동원가 중 예방원가(prevention cost of quality)에 포함되어야 할 금액은? [회계사 01]

활동	활동원가 (또는 비용)	활동	활동원가 (또는 비용)
품질방침기획 및 선포활동	₩10	제품품질검사 및 시험활동	₩60
선적 전에 발견된 부적합물 재작업활동	20	원부자재 공급사 평가활동	70
반품 재작업활동	30	반품 재검사활동	80
예방적 설비보수 및 유지활동	40	품질교육 및 훈련활동	90
미래 판매기회 상실에 따른 기회비용	50		

해답

	예방원가	평가원가	내부실패원가	외부실패원가
품질방침기획 및 선포활동	₩10			
선적 전 발견된 부적합품 재작업활동			₩20	
반품 재작업활동				₩30
예방적 설비보수 및 유지활동	40			
미래 판매기회상실에 따른 기회비용				50
제품품질검사 및 시험활동		₩60		
원부자재 공급사 평가활동	70			
반품 재검사활동				80
품질교육 및 훈련활동	90			
계	₩210	₩60	₩20	₩160

∴ 예방원가: ₩210

05 (주)대전은 20×1년 품질과 관련된 원가를 분류한 결과 다음과 같은 항목을 파악하였다.

반품재작업	100억	설계개선작업	200억
사후수리(A/S)	150억	완성품검사	50억
불량재공품재작업	100억	고객 불량품 피해 손해배상	150억
품질교육	100억		

(주)대전의 원가담당자는 위의 항목들을 예방원가, 평가원가, 내부실패원가, 외부실패원가로 재분류한 후 구체적으로 분석한 결과, 현재 예방원가에 사용된 자원의 50%만큼을 추가로 투입하는 경우 내부실패원가를 50%, 외부실패원가를 40%씩 절감할 수 있다고 주장하였다. 원가담당자의 주장을 수용하는 경우 이익은 얼마나 증가하는가? [세무사 10]

정답 및 해설

05 1. 문제에서 제시된 품질과 관련된 원가를 재분류하면 다음과 같다(단위: 억원).

	예방원가	평가원가	내부실패원가	외부실패원가
반품재작업				₩100
설계개선작업	₩200			
사후수리(A/S)				150
완성품검사		₩50		
불량재공품 재작업			₩100	
고객 불량품 피해 손해배상				150
품질교육	100			
계	₩300	₩50	₩100	₩400

2. 원가담당자의 주장을 수용하는 경우(단위: 억원)

예방원가 50% 추가투입: ₩300 × 50% =	₩(150)
내부실패원가 50% 절감: ₩100 × 50% =	50
외부실패원가 40% 절감: ₩400 × 40% =	160
증분이익(손실)	₩60

∴ 이익은 60억원만큼 증가한다.

06 (주)국세는 김치냉장고를 생산하여 판매한다. (주)국세의 원가관리담당자는 20×1년에 생산한 김치냉장고 2,000대의 품질원가를 분석하여, 다음과 같은 품질원가보고서를 작성하였다.

구분		품질원가
내부실패원가	반품재작업	₩40,000
	불량품재작업	20,000
예방원가	보증수리원가	100,000
	설계엔지니어링	20,000
평가원가	예방설비점검	20,000
	재공품검사	20,000
외부실패원가	제품검사	30,000
	클레임 제기로 인한 추정 손해배상액	200,000
계		₩450,000

그런데 원가관리담당자가 작성한 품질원가보고서를 검토하던 (주)국세의 경영자는 보고서에 품질원가 구분상 오류가 있음을 발견하였다. 품질원가보고서의 오류를 수정하여 재작성하시오. [세무사 11 수정]

정답 및 해설

06 수정 후 품질원가보고서

구분		품질원가	합계
내부실패원가	불량품재작업	₩20,000	₩20,000
예방원가	설계엔지니어링	20,000	40,000
	예방설비점검	20,000	
평가원가	재공품검사	20,000	50,000
	제품검사	30,000	
외부실패원가	반품재작업	40,000	
	보증수리원가	100,000	340,000
	손해배상액	200,000	

cpa.Hackers.com

해커스 세무사 眞원가관리회계
회계사 · 세무사 단번에 합격, 해커스 경영아카데미
cpa.Hackers.com

제17장

경쟁력 유지를 위한 최신관리회계(II)

제1절 균형성과표
제2절 생산성과 영업이익의 전략적 분석
제3절 활동기준경영
보론 1 가격의사결정과 수요의 하향악순환
보론 2 대리인이론
기출 OX문제
개념확인문제

제1절 | 균형성과표

01 균형성과표의 의의

(1) 균형성과표의 개발배경

전통적으로 기업들이 사용해 온 성과평가제도는 성과평가가 재무적인 지표에 너무 의존하고 있다. 따라서 최근 급변하는 경영환경하에서 전통적인 성과평가제도는 다음과 같은 문제점을 지니고 있다.

① 전통적 성과평가제도는 과거지향적이며, 성과평가와 보상이 지나치게 단기업적에만 치중하고 있다. 또한 업적에 대한 평가만을 할 뿐 문제에 대한 근본적인 처방을 제시하지 못한다.

② 전통적 성과평가제도는 고객과의 관련성을 가지지 못하며, 기업가치의 많은 부분을 차지하고 있는 무형자산 혹은 지식자산의 가치를 반영하지 못한다.

③ 전통적 성과평가제도는 전략과의 연계가 부족하며, 성과평가지표 간의 연계 및 통합뿐만 아니라 기업의 내부기능 간 상호관련성을 반영하지 못한다.

이러한 전통적 성과평가제도의 문제점으로 인하여 기업의 성과를 재무적인 측면뿐만 아니라 비재무적이며 질적인 측면에서 평가할 수 있는 새로운 성과평가제도가 필요하게 되었는데, 이러한 배경하에서 개발된 성과평가제도가 균형성과표이다.

(2) 균형성과표의 개념

균형성과표(BSC; Balanced ScoreCard)란 기업의 전략적 목표를 일련의 성과측정 지표로 전환할 수 있는 종합적인 틀로써 재무적 관점, 고객관점, 내부프로세스관점, 학습과 성장관점의 네 가지 관점으로 나누어서 성과를 측정하는 것을 말한다.

① 균형성과표의 목표와 측정치는 조직의 비전과 전략으로부터 도출되며 앞에서 언급한 네 가지 관점에서 조직의 성과를 평가하는데, 균형성과표의 네 가지 관점과 이들의 상호관계를 그림으로 나타내면 다음과 같다.

균형성과표의 네 가지 관점과 상호관계

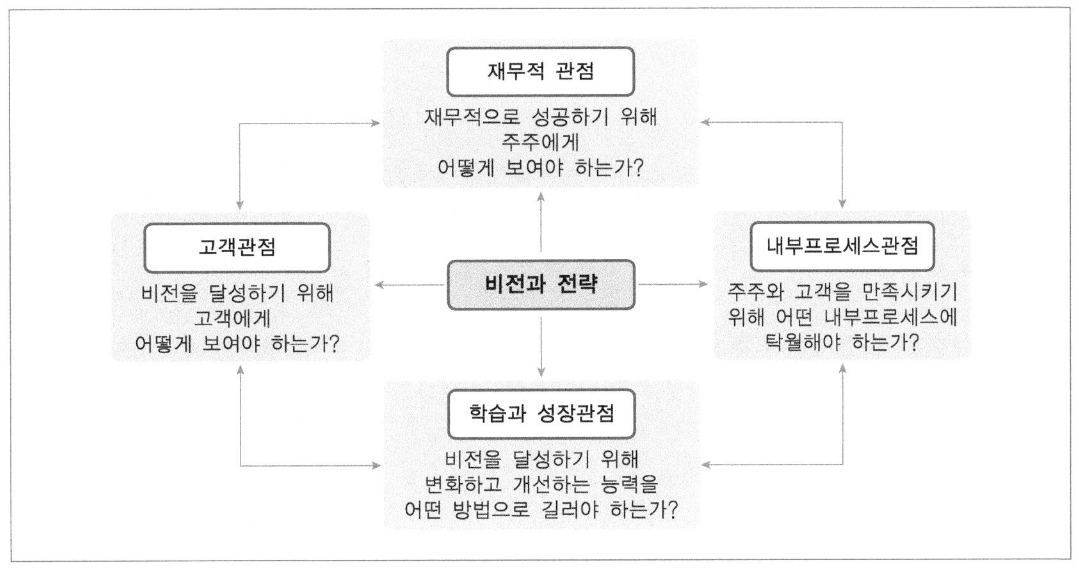

② 균형성과표를 위한 목표와 측정치는 각 사업단위의 비전과 전략에 따라 도출되어야 하며, 각각의 목표와 측정치는 다음과 같이 서로 균형을 이루어야 하는데, 이러한 의미에서 이 성과기록표를 '균형성과표'라고 부른다.

㉠ 균형성과표에서 주주와 고객을 위한 외부적인 측정치와 내부프로세스의 개선 및 학습과 성장이라는 내부적인 측정치 간의 '균형'을 이루어야 한다.

㉡ 과거 노력의 산출물인 결과 측정치와 미래성과를 창출할 측정치 간에도 '균형'을 이루어야 한다.

㉢ 균형성과표는 객관적으로 정량화되는 재무적 측정치와 주관적인 판단이 요구되는 비재무적 측정치 간에도 '균형'을 이루어야 한다.

③ 이와 같이 도출된 균형성과표의 목표와 측정치는 조직의 모든 계층에 있는 구성원에게 쉽게 전달되도록 하여 조직구성원이 성과지표의 관리에 관심을 집중하도록 하여야 한다.

02 균형성과표의 네 가지 관점

(1) 재무적 관점

재무적 관점(financial perspective)은 주주에게 어떻게 보일 것인가를 중요시하는 관점으로써 전략을 실행하여 영업이익이나 순이익 등과 같은 재무성과가 얼마나 개선되었는지를 측정하는 것이다.

① 재무적 관점은 성과측정지표로 영업이익, 투자수익률, 잔여이익, 경제적 부가가치 등을 사용하지만, 판매성장이나 현금흐름 등도 사용될 수 있다.

② 재무적 관점의 성과는 다음과 같이 수익증대전략이나 생산성향상전략을 통해서 달성된다.

㉠ **수익증대전략**: 수익창출기회를 확대(신제품 개발, 새로운 고객확보, 새로운 시장의 개척)하거나, 고객가치를 증대하여 기존 고객에게 더 많은 수익을 창출하는 전략

㉡ **생산성향상전략**: 원가구조를 개선(현금지출의 축소, 불량률을 감소)하거나, 자산의 효율성을 향상(기존 자산의 생산성 증대, 병목현상제거)시키는 전략

③ 기업의 목표는 궁극적으로 재무성과를 향상시키는 것이므로 재무적 관점의 성과지표는 여전히 중요한 성과지표라고 할 수 있다.

(2) 고객관점

고객관점(customer perspective)은 고객에게 어떻게 보여질 것인가를 중요시하는 관점으로써 전략을 실행하여 고객과 관련된 성과가 얼마나 개선되었는지를 측정하는 것이다.

① 고객관점은 성과측정지표로 고객만족도, 시장점유율(기존고객유지율, 신규고객확보율), 고객수익성 등을 사용한다.

② 기업의 재무성과는 고객을 통하여 이루어지므로 균형성과표에는 고객관점의 성과측정치를 성과평가지표에 포함하고 있는데, 이러한 고객관점의 성과를 평가할 때에는 성과평가의 대상이 되는 고객을 명확히 해야 하며 대상고객이 기업의 어떤 요소로 인하여 만족을 얻고 있는지도 함께 파악해야 한다. 왜냐하면 고객관점은 경영자로 하여금 미래에 보다 높은 수익을 창출하게 하는 고객 및 시장과 관련된 전략수립에 유용하기 때문이다.

(3) 내부프로세스관점

내부프로세스관점(internal process perspective)은 주주나 고객을 만족시키기 위해 어떤 내부프로세스가 탁월해야 하는지를 중요시하는 관점으로써 전략을 실행하여 기업 내부에 가치를 창출할 수 있는 프로세스가 얼마나 개선되었는지를 측정하는 것이다.

① 내부프로세스는 가치사슬모델을 이용하여 다음과 같이 세 가지로 세분할 수 있다.

가치사슬과 내부프로세스

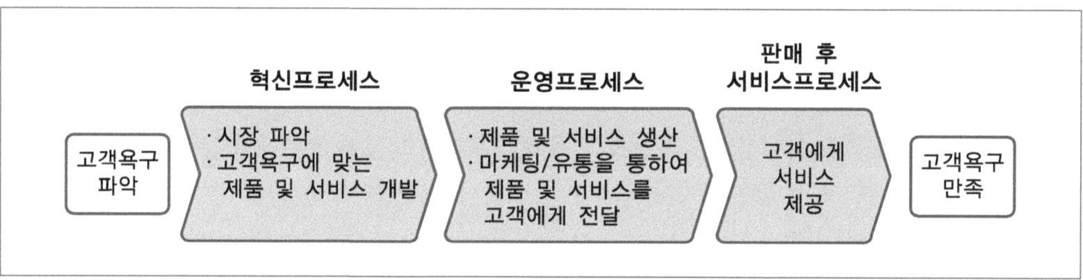

㉠ **혁신프로세스**: 고객의 잠재적인 욕구를 충족시키기 위하여 새로운 제품이나 서비스를 창출하는 것이다. 혁신프로세스의 성과측정지표로는 신제품의 수, 신제품 수익률, 독점제품 수익률, 신제품 개발기간 등이 사용된다.

㉡ **운영프로세스**: 고객에게 현재의 제품이나 서비스를 좋은 품질로 신속하게 그리고 효율적으로 생산하여 전달하는 것이다. 따라서 운영프로세스는 시간, 품질 그리고 원가의 측면에서 개선이 이루어져야 하는데, 이에 대해서는 항을 달리하여 자세히 살펴보기로 한다.

㉢ **판매 후 서비스프로세스**: 고객에게 제품이나 서비스를 판매한 후에 현장서비스나 기술지원을 제공하는 것이다. 판매 후 서비스프로세스의 성과측정지표로는 현장도달시간, 수선요청건수, 불량건수, 하자보증비용 등이 사용된다.

② 전통적인 성과측정시스템에서는 현행 프로세스의 개선에 중점을 두지만, 균형성과표의 접근방식은 가치와 탁월성을 가지는 혁신적인 프로세스를 개발하려 한다. 즉, 전통적인 성과측정시스템에서는 기존 고객에게 현재의 제품이나 서비스를 제공하는 프로세스의 개선에 초점을 맞추지만, 균형성과표의 접근방식에서는 내부프로세스와 혁신프로세스의 통합을 시도한다. 왜냐하면, 균형성과표에서는 단기적인 가치창조를 위한 현재 운영방식의 통제와 개선보다는, 장기적인 가치창조를 위한 혁신프로세스와의 통합이 매우 강력한 미래의 재무적인 성과동인이라고 보기 때문이다.

③ 내부프로세스관점은 목표 세분시장에서 고객을 유치하고 유지할 수 있는 방안을 제시하며, 높은 수익성을 추구하는 주주들의 기대치를 만족시킬 수 있는 전략수립에 유용하다.

(4) 학습과 성장관점

학습과 성장관점(learning and growth perspective)은 비전을 달성하기 위해 변화하고 개선하는 능력을 어떤 방법으로 길러야 하는지를 중요시하는 관점으로써 전략을 실행하여 장기적인 성장과 발전을 위해 인적자원과 정보시스템 및 조직의 절차 등이 얼마나 개선되었는지를 측정하는 것이다.

① 학습과 성장관점의 성과측정지표는 다음과 같이 세 가지로 세분할 수 있다.

㉠ **인적자원**: 종업원의 교육수준, 종업원의 만족도, 종업원의 이직률

㉡ **정보시스템**: 정보시스템의 활용도, 종업원당 PC 수

㉢ **조직의 절차**: 종업원당 제안채택률, 종업원에 대한 보상정도

② 일반적으로 조직의 장기적인 성장과 발전은 인적자원과 정보시스템 및 조직의 절차 등의 세 가지 원천으로부터 이루어지는데, 이러한 세 가지 원천의 현재 역량과 균형성과표상 재무적 관점, 고객관점, 내부프로세스관점의 목표를 달성하는데 필요한 역량 간에는 커다란 격차가 존재한다. 따라서 기업은 그 격차를 줄이기 위해 종업원을 재훈련시키고 정보기술과 시스템을 강화시키며, 조직의 절차가 전략에 부합하도록 정렬시키는 과업에 투자해야만 한다.

③ 학습과 성장관점은 조직의 장기적인 성장과 발전을 위해 필요한 원천들을 강화시키고 기업이 지속적으로 가치를 창출할 수 있게 하는 전략수립에 유용하다.

균형성과표의 네 가지 관점

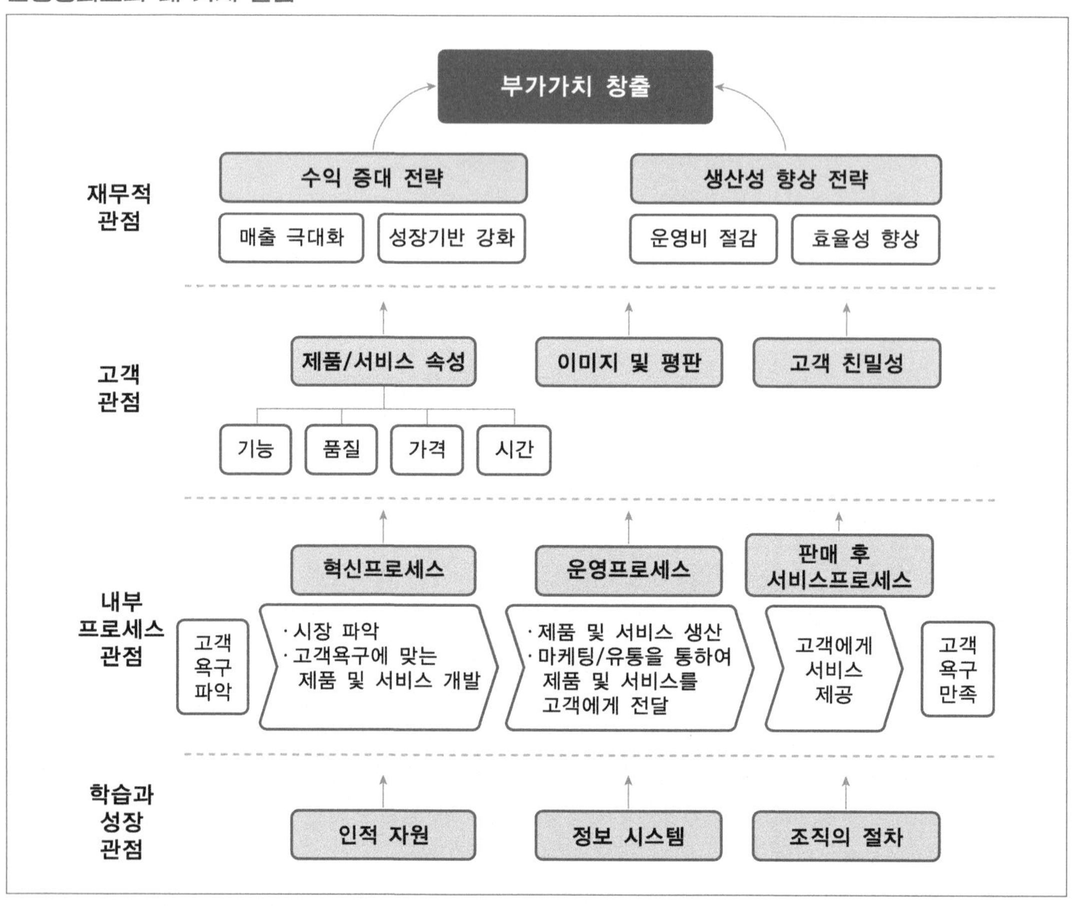

03 운영프로세스의 개선분야(시간, 품질, 원가)

운영프로세스는 고객에게 현재의 제품이나 서비스를 좋은 품질로 신속하게 그리고 효율적으로 생산하여 전달하는 것이다. 따라서 운영프로세스는 시간(time), 품질(quality) 그리고 원가(cost)의 측면에서 개선이 이루어져야 한다.

(1) 시간

최근 시장에서의 경쟁이 치열해지면서 기업이 고객의 주문에 신속하게 대응하는 것이 수익창출에 매우 중요한 요소로 인식되고 있다. 운영프로세스에서 기업의 시간관리능력을 측정하는 지표에는 고객대응시간, 정시납품성과 그리고 제조주기효율성 등이 있다.

① **고객대응시간:** 고객대응시간은 고객이 주문하는 시점으로부터 최종적으로 제품이나 서비스를 고객에게 인도하는 시점까지 소요된 시간을 의미하는 것으로 배달주기라고도 한다. 고객대응시간은 주문접수시간, 제조주기 그리고 인도시간으로 구성되는데 이를 그림으로 나타내면 다음과 같다.

고객대응시간의 구성

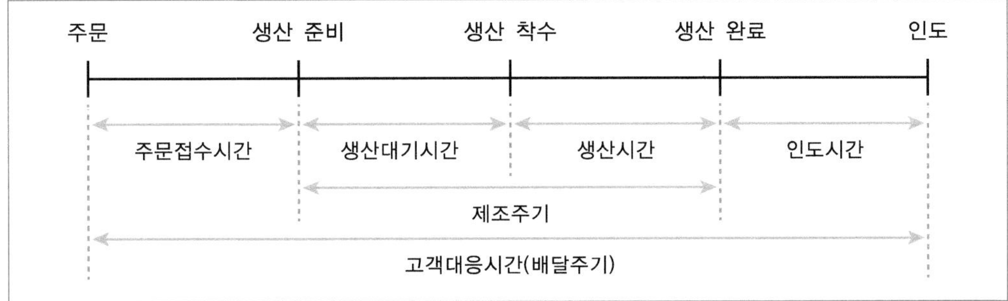

위 그림에 나와 있는 고객대응시간의 구성요소를 간단하게 살펴보면 다음과 같다.

㉠ **주문접수시간:** 고객의 주문을 접수한 시점부터 작업준비를 개시하는 시점까지 소요되는 시간

㉡ **생산대기시간:** 작업준비를 개시한 시점부터 실제 생산을 시작하는 시점까지 소요되는 시간

㉢ **생산시간:** 생산을 시작하여 생산을 완료하는 시점까지 소요되는 시간

㉣ **인도시간:** 생산을 완료한 시점부터 제품을 고객에게 최종적으로 인도하는 시점까지 소요되는 시간

㉤ **제조주기:** 생산담당부서에서 고객주문 접수 후 작업준비를 개시한 시점부터 생산을 완료하는 시점까지 소요된 시간(생산대기시간 + 생산시간). 즉, 작업준비로부터 원재료가 투입되어 완제품으로 전환되기까지 소요되는 시간

㉥ **고객대응시간(배달주기):** 고객이 주문을 한 시점부터 제품을 최종적으로 고객에게 인도하는 시점까지 소요된 시간(주문접수시간 + 생산대기시간 + 생산시간 + 인도시간)

예제 1

(주)서희는 고객이 주문하는 시점으로부터 최종적으로 제품이나 서비스를 고객에게 인도하는 시점까지 다음과 같은 시간을 소비하고 있다.

주문접수시간	2일
생산대기시간	3
공정시간	6
검사시간	5
이동시간	2
투입준비시간	4
인도시간	3

[요구사항]

1. 제조주기를 구하시오.
2. 고객대응시간을 구하시오.

해답 1. **제조주기**

생산대기시간 + 공정시간 + 검사시간 + 이동시간 + 투입준비시간
= 3일 + 6일 + 5일 + 2일 + 4일 = 20일

2. **고객대응시간**

주문접수시간 + 제조주기 + 인도시간
= 2일 + 20일 + 3일 = 25일

② **정시납품성과:** 정시납품성과는 제품이나 서비스를 고객에게 인도함에 있어 당초 계획했거나 약속했던 기일을 얼마나 정확하게 지켰는지를 측정하는 것이다. 최근 경쟁이 치열해지면서 정시납품성과는 고객만족에 매우 중요한 요소로 여겨지고 있다.

예제 2

(주)반월성은 이사전문업체로 이삿짐을 한 도시에서 다른 도시로 운송한다. 이 회사는 서비스 품질을 (1) 이삿짐 운송시간 (2) 정시운송(약속한 날짜의 2일 이내) (3) 분실 또는 파손 이삿짐 수로 측정한다. (주)반월성은 연간 ₩16,000,000이 소요되는 신형 일정계획 및 운송시스템에 투자할지 여부를 검토 중에 있다. 이 시스템은 (2)와 (3)에 관련된 성과를 향상시키는 데 도움이 될 것이다. 다음 자료는 (주)반월성의 현재성과와 신형시스템을 도입할 경우에 발생할 예상성과이다.

	현재성과	미래기대성과
정시운송성과	85%	95%
분실 또는 파손 이삿짐당 변동원가	₩6,000	₩6,000
분실 또는 파손 이삿짐당 고정원가	4,000	12,000
연간 분실 또는 파손 이삿짐수	3,000개	1,000개

[요구사항]

(주)반월성은 정시운송 백분율이 1% 증가할 때마다 연간 ₩20,000,000의 매출액이 증가할 것으로 예상하고 있다. (주)반월성의 공헌이익률은 45%이라면, (주)반월성은 이 시스템을 도입해야 하는가?

해답 신형시스템을 도입할 경우

증분수익			
정시운송 공헌이익의 증가:	₩20,000,000 × (95 - 85) × 45% =		₩90,000,000
증분비용			4,000,000
증가 - 신형시스템 투자비용		₩16,000,000	
감소 - 분실 · 파손 관련 변동원가 (3,000개 - 1,000개) × @6,000 =		(12,000,000)	
증분이익(손실)			₩86,000,000

∴ (주)반월성은 신형시스템에 투자해야 한다.

③ **제조주기효율성**: 제조주기효율성(MCE; Manufacturing Cycle Efficiency)은 제조주기 중에서 고객에게 만족을 줄 수 있는 부가가치시간이 차지하는 비중이다.[1)]

$$\text{제조주기효율성(MCE)} = \frac{\text{부가가치시간}}{\text{제조주기}}$$

㉠ 제조주기는 일반적으로 공정시간, 검사시간, 이동시간, 투입준비시간 그리고 대기시간으로 구성되는데, 이 중에서 고객에게 만족을 줄 수 있는 부가가치시간은 공정시간뿐이며 나머지는 자원만 낭비하는 비부가가치시간이다.

㉡ 제조주기효율성이 1보다 작다는 것은 비부가가치시간이 존재한다는 의미이며, 1에 가까울수록 비부가가치시간의 비중이 작다는 것을 의미한다. 따라서 경영자는 제조주기효율성을 성과측정지표로 사용할 경우 제조주기효율성이 1보다 작다면 비부가가치시간을 찾아내어 이를 감소시키거나 제거하기 위한 노력을 해야 한다.

예제 3

(주)성건은 제조주기효율성을 향상시키기 위해 적시생산시스템(JIT)의 도입을 고려하고 있다. 전통적인 시스템과 적시생산시스템에 대한 예상자료는 다음과 같다.

시간	전통적인 시스템	JIT 시스템
저장	480분	120분
검사	80	10
이동	160	95
공정	240	150

[요구사항]

1. 전통적인 시스템과 적시생산시스템에서 제조주기효율성(MCE)을 계산하라.
2. 제조주기효율성만 고려한다면, 적시생산시스템(JIT)을 도입해야 하는가?

1) 일반적으로 제조주기를 기준으로 제조주기효율성을 계산하지만 때로는 고객대응시간을 사용하는 경우도 있다.

해답 1. **MCE의 계산**

MCE(전통적인 시스템): 240/(480 + 80 + 160 + 240)=0.25

(생산에 소요된 시간 중에서 75%가 비부가가치활동에 사용되었다)

MCE(JIT 시스템): 150/(120 + 10 + 95 + 150)=0.4

(생산에 소요된 시간 중에서 60%가 비부가가치활동에 사용되었다)

2. **JIT 시스템의 도입 여부 결정**

JIT 시스템의 도입으로 MCE가 훨씬 증가하므로 JIT 시스템을 도입해야 한다.

(2) 품질

운영프로세스를 통하여 고객을 만족시킬 수 있는 또 하나의 요소는 바로 품질인데, 운영프로세스에서 품질을 측정하는 지표에는 불량률, 수율, 반품률 등이 있다. 품질원가와 관련된 보다 자세한 내용은 <제16장 경쟁력 유지를 위한 최신관리회계(Ⅰ)>을 참조하기 바란다.

(3) 원가

운영프로세스에서 시간과 품질뿐만 아니라 원가도 고려해야 한다. 왜냐하면, 좋은 품질의 제품을 고객들에게 빠르게 전달하기 위해서는 원가가 상승하기 마련이며, 원가의 상승은 곧 가격의 상승으로 이어져 자칫 잘못하면 시장에서 경쟁력을 상실할 수도 있기 때문이다.

운영프로세스의 원가를 측정하는 지표는 활동기준원가계산시스템이다. 즉, 활동기준원가시스템을 사용하여 각 프로세스별로 발생한 원가를 측정하는데 이에 대해서는 제3절 활동기준경영을 참조하기 바란다.

균형성과표의 네 가지 관점과 성과측정지표

구분		성과측정지표
재무적 관점		영업이익, 투자수익률, 잔여이익, 경제적 부가가치
고객관점		고객만족도, 시장점유율(기존고객유지율, 신규고객확보율), 고객수익성
내부 프로세스 관점	혁신	신제품의 수, 신제품 수익률, 독점제품 수익률, 신제품 개발기간
	운영	① **시간**: 고객대응시간, 정시납품성과, 제조주기효율성 ② **품질**: 불량률, 수율, 반품률 ③ **원가**: 활동기준원가계산을 이용하여 계산된 원가
	판매 후 서비스	현장도달시간, 수선요청건수, 불량건수, 하자보증원가
학습과 성장관점		① **인적자원**: 종업원의 교육수준·만족도·이직률 ② **정보시스템**: 정보시스템 활용도, 종업원당 PC의 수 ③ **조직의 절차**: 종업원당 제안채택률·보상정도

예제 4

(주)해커는 공장장의 상여금을 수년간 아래와 같은 방법으로 지급해 왔다.

> 상여금 = ₩50,000 + 0.5% × 직접노무원가 절감액 + 0.2% × 제조간접원가 절감액
>
> 그러나 균형성과표(balanced scorecard)를 도입하여 당해연도부터는 고객만족도, 품질향상, 종업원성취도 등과 같은 다양한 목표를 설정하고 그 성과를 상여금에 반영하려고 한다. 회사는 이를 위해 상여금 지급방법을 다음과 같이 변경하였다.
>
> (1) 고객만족도 - 정시납품률을 상여금 지급액에 반영한다.
> (2) 품질향상 - 불량률을 상여금 지급액에 반영한다.
> (3) 종업원성취도 - 종업원의 업무만족도를 상여금 지급액에 반영한다.

[요구사항]

1. 공장장의 성과평가에 위의 사항들을 반영할 경우 회사 전체적으로 미치는 영향은 무엇인가?
2. 균형성과표와 관련하여 회사가 고려할 관점(perspectives)을 열거하라.
3. 균형성과표를 사용하는 경우의 장점을 설명하라.

해답 1. **균형성과표 도입 시 회사에 미치는 영향**

단순히 부문 관점에서의 원가절감뿐만 아니라 회사 전체적인 관점에서 공장장의 유기적인 역할을 인식하게 함으로써 다른 부문과의 협조를 통해 회사 전체의 목표 달성에 보다 더 기여할 수 있게 해준다. 예를 들면, 정시납품률 향상은 고객만족을 향상시켜 더 많은 매출과 연결되며, 불량률의 감소는 품질향상으로 인한 원가절감과 고객만족 및 매출 증대와 연결되고, 종업원만족도 향상은 종업원의 자질향상을 통해 회사에 더 큰 이득을 가져오게 한다.

2. **균형성과표의 네 가지 관점**

① 재무적 관점, ② 고객관점, ③ 내부프로세스관점, ④ 학습과 성장관점

3. **균형성과표의 장점**

① 균형성과표는 조직목표의 달성을 위한 전략을 [요구사항 2]에 설명한 네 가지 관점에서 구체적인 목표를 제시하고 평가하므로 조직 구성원 각자의 역할이 회사의 전략 목표 달성을 위해 기여하는 바를 잘 보여준다.

② 균형성과표는 장·단기와 재무·비재무 성과지표를 고르게 배치함으로써 종업원의 성과를 종합적으로 균형 있게 평가할 수 있게 한다.

04 운영프로세스관련 의사결정

(1) 시간관련 의사결정

기업들이 운영프로세스의 개선을 위해 고객대응시간과 정시납품성과를 관리하기 위해서는 운영프로세스상에서 시간이 지연되는 원인과 그로 인해 발생하는 원가에 대하여 이해하여야 한다. 운영프로세스상에서 시간이 지연되는 두 가지 중요한 원인은 다음과 같다.

① 제품 또는 서비스에 대하여 고객이 언제 주문할 것인지에 대한 시점의 불확실성
② 제한된 생산설비로 인한 병목공정의 존재

다음의 사례를 토대로 위의 두 가지 원인으로 인하여 생산대기시간이 길어지게 되는 이유에 대해서 구체적으로 살펴보기로 한다.

사례

[운영프로세스상 생산대기시간이 지연되는 이유]

(주)서희는 특수기계장치를 이용하여 베어링을 생산하고 있다. (주)서희는 고객이 주문한 후에 생산을 시작하며, 생산소요시간에 초점을 맞추기 위하여 주문접수시간과 인도시간은 없다고 가정한다.

(1) (주)서희는 1년 동안 30건의 주문을 접수할 것으로 예상한다. 그러나 실제로 베어링의 주문건수는 10, 30 또는 50건이 될 수도 있다. 1건의 주문량은 1,000개이다. 주문 1건당 제조시간은 100시간(작업준비시간 8시간과 작업처리시간 92시간)이다. (주)서희의 기계장치의 연간 생산능력은 4,000시간이다. 만일 (주)서희가 예상대로 30건의 주문량을 접수받을 경우에 총기계가동시간은 3,000시간(100시간 × 30건)인데, 이는 기계의 연간 생산능력 4,000시간 범위 이내이다. 생산능력에 여유가 있는 경우에도 작업대기물량과 작업지체현상은 여전히 발생한다. 왜냐하면, 고객주문시점상의 불확실성으로 인해 기계가 다른 주문을 처리하는 동안 대기해야 하기 때문이다.

(2) (주)서희가 베어링이라는 단일 제품을 생산하는 경우 주문물량이 작업준비 및 생산처리를 위해 대기해야 하는 시간, 즉 평균대기시간(average waiting time)은 다음과 같이 계산된다.*

* 참고로 여기서는 제품에 대한 고객주문건수의 평균과 기대주문횟수가 같아진다는 기술적 가정과 주문물량은 선입선출법(FIFO)에 따라 처리된다고 가정한다.

$$\text{평균대기시간} = \frac{\text{제품의 평균주문횟수} \times (\text{주문당 제품의 제조시간})^2}{2 \times [\text{연간 기계가동시간} - (\text{제품의 평균주문건수} \times \text{주문당 제품의 제조시간})]}$$

$$= \frac{30 \times (100)^2}{2 \times [4,000 - (30 \times 100)]} = \frac{30 \times 10,000}{2 \times [4,000 - 3,000]} = 150\text{시간}$$

따라서 베어링 주문의 평균생산처리시간은 250시간(평균대기시간 150시간 + 제조시간 100시간)이다.

(3) 평균대기시간을 계산하는 위의 식에서 주문당 제조시간은 분자에서 제곱으로 곱해짐에 유의해야 한다. 이는 제조시간이 대기시간에 큰 영향을 미치고 있음을 의미하는데, 제조시간이 길수록 어떤 주문물량이 접수되었을 때 기계가 이미 작업 중일 가능성이 높고 이로 인해 대기시간이 길어지기 때문이다. 그리고 위의 식에서 분모는 여유생산설비를 나타내는데 여유생산설비가 적을수록 기계가 이전의 주문을 처리하고 있을 가능성이 높고, 이로 인해 대기시간은 더 길어진다. 따라서 대기시간은 주문당 제조시간이 길수록 더욱 길어지며, 여유생산설비가 적을수록 길어지게 된다.

한편, 기업이 신제품의 도입을 검토하고 있다면 신제품의 도입이 생산대기시간에는 어떠한 영향을 미칠지 분석해 보아야 한다. 다음의 사례를 토대로 신제품의 도입이 생산대기시간에 미치는 영향에 대해서 구체적으로 살펴보기로 한다.

사례

[신제품의 도입이 생산대기시간에 미치는 영향]

(주)서희는 기존 제품인 베어링에 추가하여 엔진에 사용될 기어를 신제품으로 도입하기 위해 검토하고 있다. (주)서희는 다음 해에 기어에 대한 주문물량(1회 주문량은 800단위)이 10회일 것으로 예상하고 있다. 1회 주문량을 처리하려면 50시간(작업준비시간 3시간과 작업처리시간 47시간)의 제조시간이 소요된다. 베어링에 대한 예상수요는 (주)서희의 신제품 도입 여부에 영향을 받지 않는다고 가정한다.

(1) 신제품 도입 시 작업준비 시작 이전의 평균대기시간은 앞에서 설명한 단일제품에 대한 공식을 확장하여 다음과 같이 계산할 수 있다.

$$\text{평균대기시간} = \frac{\text{기존제품의 평균주문횟수} \times (\text{주문당 기존제품의 제조시간})^2 + \text{신제품의 평균주문횟수} \times (\text{주문당 신제품의 제조시간})^2}{2 \times [\text{연간 기계가동시간} - (\text{기존제품의 평균주문건수} \times \text{주문당 기존제품의 제조시간}) - (\text{신제품의 평균주문건수} \times \text{주문당 신제품의 제조시간})]}$$

$$= \frac{[30 \times (100)^2] + [10 \times (50)^2]}{2 \times [4,000 - (30 \times 100) - (10 \times 50)]} = \frac{(30 \times 10,000) + (10 \times 2,500)}{2 \times [4,000 - 3,000 - 500]} = 325\text{시간}$$

신제품 기어를 도입하면 평균대기시간이 종전의 150시간에서 325시간으로 두 배 이상 증가한다. 이렇게 평균대기시간이 증가하는 이유는 신제품 기어를 도입하면 여유생산능력(미활용 생산능력)이 축소되고, 기존 주문이 제조되고 있는 도중에 새로운 주문이 도달할 가능성이 증가하기 때문이다.

(2) 신제품 기어를 추가함에 따라 기존 제품 베어링의 평균생산소요시간은 425시간(즉, 평균대기시간 325시간 + 제조시간 100시간)이고, 신제품 기어는 375시간(즉, 평균대기시간 325시간 + 제조시간 50시간)이다. 여기서 주목해야 할 부분은 신제품 기어의 제조시간 중 작업대기시간이 86.7%(325시간/375시간)를 차지한다는 점이다.

(3) 신제품 추가로 인해 제조시간에 이와 같은 영향을 미칠 경우 기업은 신제품의 도입 여부를 검토함에 있어 시간지연으로 인해 발생하는 원가의 영향을 관련수익과 관련원가로 고려해야 한다. 이때 유의할 점은 의사결정시 신제품뿐만 아니라 모든 제품에 대해서 시간지연으로 인해 발생하는 원가의 영향을 고려해야 한다는 것이다. 다음의 추가 자료를 통하여 (주)서희의 신제품 도입 여부 의사결정을 검토해 보자.

제품	연평균 주문 건수	주문당 평균생산소요시간에 따른 주문건당 평균판매가격: 300시간 이내	300시간 초과	주문당 변동원가	주문당/시간당 재고유지원가
베어링	30건	₩22,000	₩21,500	₩16,000	₩1.00
기어	10	10,000	9,600	8,000	0.50

(4) 위 추가자료에서 생산소요시간은 기업의 수익과 비용에 모두 영향을 미친다. 수익 측면에서는 고객은 납기가 빠른 경우에 더 높은 판매가격을 지급할 용의가 있기 때문에 영향을 받는다. 그리고 원가 측면에서는 직접재료원가와 재고유지원가만 신제품 도입 여부에 영향을 받는 관련원가이며, 다른 원가는 영향을 받지 않기 때문에 비관련원가이다. 재고유지원가는 재고에 묶인 재고투자액의 기회원가와 건물임차료, 파손, 진부화, 원재료 취급원가 등과 같은 재고관련 보관원가로 구성된다. 기업은 재고유지원가를 일반적으로 연간 주문물량단위로 계산하지만, 여기서는 계산을 단순화시키기 위하여 재고유지원가를 주문당·시간당 기준으로 나타냈다. 일반적으로 기업들은 공급자로부터 원재료를 구입하는 데 걸리는 시간과 생산이 착수되는 시기가 불확실하기 때문에 생산착수 예정시점까지 기다렸다가 원재료를 구입하기 보다는 제품 주문이 접수될 때 원재료를 구입한다. 따라서 제품 주문이 생산부서에 전달된 때 원재료를 구입하기 때

문에 생산대기시간 동안에도 재고유지원가가 발생하게 되며 생산대기시간이 길어질수록 재고유지원가는 더욱 증가하게 된다.

(5) (주)서희가 신제품 기어를 도입하는 방안과 도입하지 않는 방안의 관련수익과 관련원가는 다음과 같다.

항목	기어를 도입함(1)	기어를 도입하지 않음(2)	차액(3) = (1) - (2)
매출액	₩741,000[*1]	₩660,000[*2]	₩81,000
변동원가	₩560,000[*3]	₩480,000[*4]	₩80,000
재고유지원가	14,625[*5]	7,500[*6]	7,125
총원가	₩574,625	₩487,500	₩87,125
영업이익	₩166,375	₩172,500	₩(6,125)

[*1] (30건 × @21,500) + (10건 × @9,600) = ₩741,000; 평균생산소요시간은 300시간 초과임

[*2] (30건 × @22,000) = ₩660,000; 평균생산소요시간은 300시간 이내임

[*3] (30건 × @16,000) + (10건 × @8,000) = ₩560,000

[*4] 30건 × @16,000 = ₩480,000

[*5] (베어링의 예상주문건수 × 베어링의 평균생산소요시간 × 베어링의 시간당 재고유지원가) + (기어의 예상주문건수 × 기어의 평균생산소요시간 × 기어의 시간당 재고유지원가)
= (30건 × 425시간 × @1.00) + (10건 × 375시간 × @0.50) = ₩14,625

[*6] 베어링의 예상주문건수 × 베어링의 평균생산소요시간 × 베어링의 시간당 재고유지원가
= 30건 × 250시간 × @1.00 = ₩7,500

(6) 신제품 기어가 주문당 ₩1,600(= ₩9,600 - ₩8,000)의 공헌이익을 창출하고 있음에도 불구하고 (주)서희의 입장에서 바람직한 의사결정은 신제품 기어를 도입하지 않는 것이다. 신제품을 도입하더라도 회사는 여유생산능력(만일 신제품을 도입하더라도 회사는 전체 생산능력 4,000시간 중에서 평균적으로 3,500시간만을 활용하게 된다)이 존재함에도 불구하고 왜 신제품을 도입하지 않는 것이 더 바람직할까? 그 이유는 신제품 기어의 생산이 기존 제품인 베어링에 부정적 영향을 미치기 때문이다.

(7) 다음은 신제품 기어의 도입으로 인한 시간원가, 즉 기계의 생산능력을 신제품 기어에 돌렸을 때 야기되는 시간지연으로 인한 수익의 손실 및 재고유지원가의 증가액을 나타내고 있다.

제품	평균생산소요시간 증가효과 베어링의 예상매출손실 (1)	평균생산소요시간 증가효과 전 제품의 재고유지원가 증가예상액 (2)	기어 도입의 예상매출손실과 비용증가예상액 합계 (3) = (1) + (2)
베어링	₩15,000[*1]	₩5,250[*2]	₩20,250
기어	-	1,875[*3]	1,875
계	₩15,000	₩7,125	₩22,125

[*1] 기대주문건수 30건 × (@22,000 - @21,500) = ₩15,000

[*2] 기대주문건수 30건 × (425시간 - 250시간) × @1.00 = ₩5,250

[*3] 기대주문건수 10건 × (375시간 - 0시간) × @0.50 = ₩1,875

기어를 도입하면 베어링의 평균생산소요시간이 250시간에서 425시간으로 증가된다. 생산소요시간이 길어짐으로써 야기되는 원가는 베어링의 재고유지원가의 증가와 베어링의 매출감소액(베어링의 평균생산소요시간이 300시간을 초과함으로 인해 야기된 판매가격의 하락)이다. 기어의 도입으로 인한 시간원가 ₩22,125는 기어 판매로 인한 공헌이익 ₩16,000(=주문당 ₩1,600 × 기대주문건수 10건)보다 ₩6,125만큼 초과한다.

지금까지 간단한 사례를 통하여 수요의 불확실성이 높은 상황에서 약간의 여유생산설비가 바람직한 경우를 살펴보았다. 위의 사례에서 보듯이 병목자원의 생산능력을 확장시키면 생산소요시간과 시간지체를 줄일 수 있는데, 병목자원의 생산능력을 확장시키는 방법 중 하나는 더 효율적인 작업준비와 생산처리를 통해 소요되는 시간을 단축시키는 것이다. 또 다른 방법은 한 제품의 생산에서 다른 제품의 생산으로 신속하게 전환하도록 프로그램될 수 있는 유연생산시스템과 같은 설비에 투자하는 것이다. 또한 유사한 작업은 함께 생산되도록 배치하는 등 기계의 생산일정을 주의 깊게 계획함으로써 시간지연을 줄일 수 있다.

치열한 경쟁환경하에서 기업이 재무성과를 얻기 위해서는 의사결정 시 시간으로 인한 수익과 원가의 변화를 반드시 고려해야 함에 주의하기 바란다.

(2) 품질관련 의사결정

기업들은 회사 내부의 품질과 관련된 프로세스를 강화하기 위해 여러 가지 방법을 이용하여 품질 문제를 파악하고 있다. 만약, 평가결과 품질에 문제가 있다면 경영자는 그 원인을 조사하고 품질을 개선하기 위한 적절한 조치를 취해야 한다.

① 품질개선 의사결정 시 어떠한 사항들을 고려해야 하는지 다음의 사례를 통하여 살펴보기로 하자.

사례

[품질개선 의사결정 시 고려해야 할 사항]

(주)감포는 복사기를 제조하는 회사이다. (주)감포의 경영자는 자사 제품에 대한 고객만족도를 조사하는 과정에서 (주)감포에서 제조하는 복사기의 선명도에 문제가 있음을 발견하고 그 원인을 조사하였다. 조사 결과 복사기 제조에 사용되는 프레임이 납품업체의 창고에서 (주)감포의 생산공장으로 운송되는 과정에서 종종 잘못 취급되고 있다는 점을 밝혀냈다.

(1) 프레임은 생산명세서에 따라 매우 정확하게 생산되어야 하는데, 그 이유는 그렇지 않으면 복사기의 다른 부품(예를 들면, 반사경, 렌즈 등)과 맞지 않게 되기 때문이다. 만약 프레임이 운송 중에 잘못 취급되면 생산명세서와 다르게 되고, 결과적으로 선명성의 문제를 초래해 고객만족도를 떨어뜨리게 된다.

(2) 선명성 문제를 해결하기 위해 (주)감포의 엔지니어팀은 다음의 두 가지 개선방안을 제시하였다.
  ① 프레임을 납품과 동시에 즉시 검사하는 방안
  ② 운송 중의 오류를 개선하기 위해 프레임과 이의 운송에 사용할 컨테이너를 재설계해서 더욱 견고하게 하는 방안

(3) 현재 상태와 대비하여 각 개선방안을 평가한 후 (주)감포의 경영자는 최선의 대안을 선택해야 한다. (주)감포는 연말에 완전히 새로운 신제품의 복사기종을 도입할 계획이며, 신제품 라인이 완전히 다른 기종이기 때문에 검사 또는 재설계 방안 중 어떤 것을 선택하든 미래 연도의 복사기 매출에는 영향을 미치지 않는다고 가정한다. 따라서 각 품질개선방안을 분석하는 기간은 오직 1년만을 고려한다.

---

② 위 사례에서 (주)감포의 경영자는 각 개선방안을 평가하기 위해서 다음과 같은 관련수익과 관련원가를 고려해야 한다.

㉠ **각 개선방안별 증분원가:** 품질개선을 위한 방안을 실행할 경우 추가적으로 소요되는 실행비용(프로그램 도입비용, 새로운 부품교체로 인한 추가원가 등)을 증분원가로 고려해야 한다.

㉡ **재작업, 고객지원, 보증수선 등의 감소에 따른 원가절감:** 품질개선 방안의 실행으로 품질과 성능이 향상되면 재작업시간, 고객지원시간, 그리고 보증수선시간 등이 절감되어 결과적으로 품질원가관

련 항목에서 원가절감을 달성할 수 있다. 이러한 품질원가관련 항목의 원가절감액을 의사결정 시 증분수익으로 고려해야 한다.

㉢ **품질과 성능의 향상으로 인한 매출증가에 따른 증분공헌이익:** 품질개선 방안의 성공적 실행으로 인하여 품질과 성능의 향상이 이루어지면 이는 고객만족을 통해 추가적인 판매 증가로 이어지게 된다. 이러한 추가 판매로 인한 공헌이익의 증가는 품질개선 의사결정 시 매우 중요하게 고려해야 할 증분수익이다.

③ 품질과 관련된 운영프로세스의 개선이 균형성과표의 재무적 관점으로 보고된 품질원가 수치들에 어떻게 영향을 미치는가에 대해 알아보자. 앞의 사례에서 프레임 재설계는 예방원가(설계 및 엔지니어링 원가)를 증가시키고, 내부실패원가(재작업 등)를 감소시키며 외부실패원가(보증수리 등)를 감소시킬 수 있다. 또한 성공적인 품질개선은 품질원가보고서에서 매출액 대비 품질원가와 총품질원가 대비 내·외부 실패원가의 비율을 감소시킨다.

④ 품질개선 의사결정 시 유의해야 할 점은 품질개선이 항상 원가절감을 가져오는 것은 아니라는 점이다.

(예) 원가를 절감하기 위해 종업원을 해고하는 것은 종업원의 사기에 부정적인 영향을 미치게 되어 추가적인 품질개선을 저해할 수도 있다.

따라서 경영자는 품질개선이 고수익의 창출로 이어질 수 있도록 재무적인 측면과 비재무적인 측면을 균형있게 고려해서 의사결정을 해야 한다.

예제 5

(주)감포는 매년 20,000대의 복사기를 생산 및 판매하고 있다. 복사기의 재작업 및 수선에 관련된 변동원가와 고정원가는 다음과 같다.

구분	변동원가	고정원가	총원가
시간당 재작업원가	₩40	₩60	₩100
복사기당 수선원가			
시간당 고객지원원가	20	30	50
운송 1회당 운송원가	180	60	240
시간당 보증수리원가	45	65	110

(주)감포의 기존 복사기는 품질 문제를 안고 있다. 즉, 복사가 너무 밝거나 혹은 너무 어둡게 되는 문제가 있다. (주)감포의 엔지니어는 각 복사기의 렌즈를 교체하자는 방안을 제시했다. 새로운 렌즈는 기존 렌즈로 교체하는데 단위당 ₩55이 소요되지만 렌즈를 교체할 경우 다음과 같은 효익이 기대된다.

재작업시간	12,875시간 감소
고객지원시간	900시간 감소
부품 운반횟수	200회 감소
보증수리시간	7,000시간 감소
총공헌이익의 증가*	₩900,000

* 복사기 150대 추가판매

(주)감포는 품질을 개선시킨다 하더라도 재작업이나 보증수리 등의 고정원가는 절감할 수 없다는 것을 알고 있다. (주)감포는 연말에 신규 복사기를 도입할 계획이 있으므로 이 의사결정을 위해서 1년의 기간만 고려한다.

[요구사항]

1. (주)감포는 새로운 렌즈로 교체해야 하는가?
2. 150대의 복사기 추가판매에 대한 예상이 불확실하다고 가정한다면, 새로운 렌즈의 도입을 위해서는 (주)감포가 추가 판매해야 할 복사기의 최소수량은 몇 대인가?

해답 1. **렌즈교체 의사결정**

새로운 렌즈로 교체하는 경우 ₩1,100,000(=20,000대 × @55)의 증분비용이 지출된다. 그리고 새로운 렌즈로 교체하는 경우 증분수익은 다음과 같이 계산된다.

품질원가 항목		
재작업원가 절감:	12,875 재작업시간 × @40 =	₩515,000
고객지원원가 절감:	900 고객지원시간 × @20 =	18,000
부품운송원가 절감:	200 운반횟수 × @180 =	36,000
보증수리원가 절감:	7,000 보증수리시간 × @45 =	315,000
증분공헌이익		
추가판매를 통한 공헌이익		900,000
원가절감 및 추가 공헌이익 합계		₩1,784,000

따라서 증분수익 ₩1,784,000이 증분비용 ₩1,100,000보다 크므로 (주)감포는 새로운 렌즈로 교체해야 한다. 품질과 성능의 향상에 따른 추가판매를 통한 공헌이익의 큰 증가가 새로운 렌즈로 교체하는 방안을 정당화시키는 중요한 요소이다.

2. **최소판매량의 계산**

새로운 렌즈로 교체하는 방안의 증분비용인 ₩1,100,000이 재작업 등의 품질원가 절감액 ₩884,000(=₩515,000 + ₩18,000 + ₩36,000 + ₩315,000)보다 더 크다. 따라서 새로운 렌즈로 교체하기 위해서는 최소한 ₩216,000의 추가판매로 인한 공헌이익이 발생되어야 한다. 복사기의 단위당 공헌이익은 ₩6,000(₩900,000 ÷ 150대)이므로 재무적 측면만을 고려할 경우 (주)감포는 최소한 36대(=₩216,000 ÷ ₩6,000)의 복사기를 추가로 판매하는 것이 필요하다.

균형성과표(BSC)관점의 성과향상

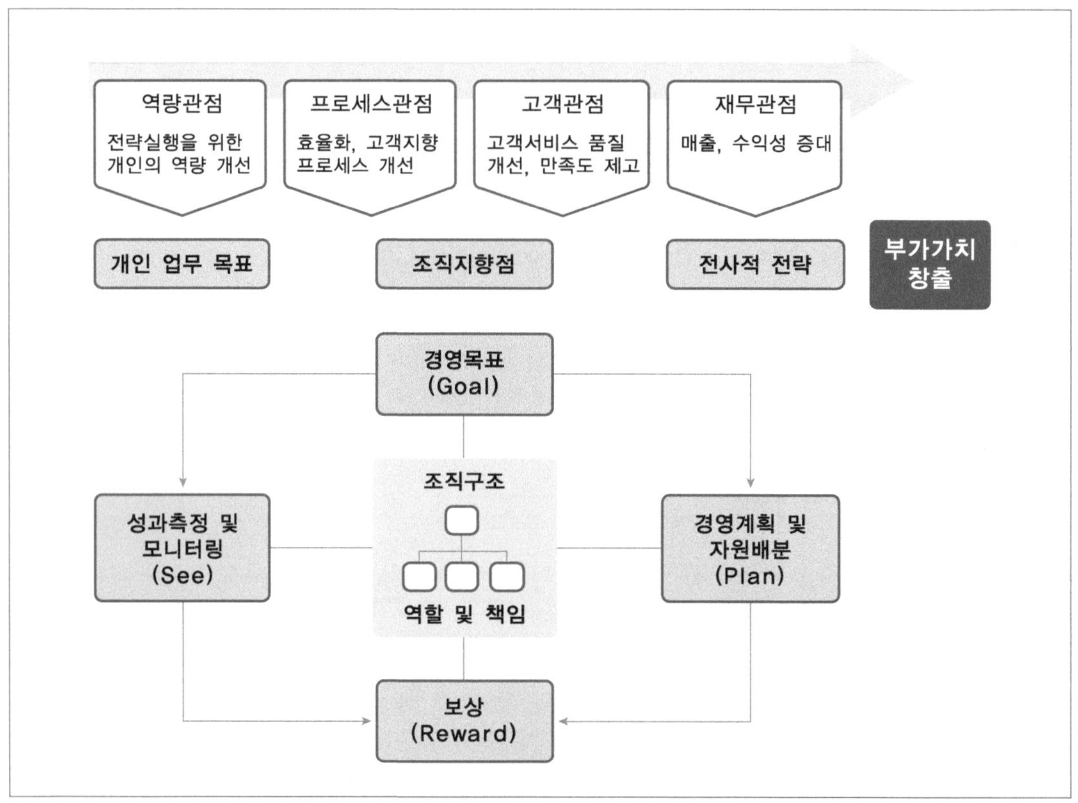

05 균형성과표의 유용성 및 제반 고려사항

(1) 균형성과표의 유용성

종합적인 성과측정시스템으로써 균형성과표의 유용성은 다음과 같이 몇 가지로 요약할 수 있다.

① 기업의 비전과 전략을 응집되고 연계된 일련의 주요 성과지표들로 구체적으로 변환시키고 조직 구성원들의 행동을 유발하며, 현재의 운영성과와 미래성과의 동인(driver)을 동시에 측정한다.

② 사업전략을 구체화시키고, 의사소통하며, 공동의 목표를 달성하도록 개인과 부서, 그리고 조직의 노력을 일원화시킬 수 있다. 즉, 통제시스템이라기보다는 의사소통, 정보공유, 그리고 전략적 학습시스템으로써의 가치를 갖는다.

③ 조직의 경영이론을 구체화시키고 이의 타당성을 탐구하며 기업전략을 최신화하도록 한다. 또한 조직구성원의 합의와 팀웍을 유도하며, 다양한 성과영역의 동시적 접근을 가능하게 하고, 성과의 개선상황을 영역별 또는 단계별로 시각화할 수 있다.

(2) 균형성과표 구축 시 고려사항

균형성과표가 기업에 성공적으로 정착되어 유용하게 활용되기 위해서는 다음과 같은 점들을 간과해서는 안 된다.

① 균형성과표의 성과영역은 앞에서 제시한 네 가지 영역에만 국한될 필요는 없다. 또한 균형성과표의 성과지표들은 단순한 성공요소들의 집합이 아니며, 모든 기업에 일반적으로 적용할 수 있는 성과지표란 존재하지 않음에 유의해야 한다.

② 동인(driver)이 없는 결과에 초점을 맞추는 것도 문제지만, 결과 없는 동인만을 강조하는 것도 조직의 노력을 부분적인 최적화로 그치게 할 위험이 있다. 따라서 조직의 비전과 전략적 목표는 개인 및 부서의 목표와 일치되어 일관된 행동을 이끌어 내어야 한다.

③ 최고 경영층의 변화계획과 틀은 조직 구성원들이 이해할 수 있는 형태로 조직의 전 계층으로 확산되어야 하며, 조직 구성원들 각자가 구체적으로 무엇을 해야 하는지를 명확히 파악할 수 있도록 해야 한다. 이를 위해서는 전략적 학습시스템을 구축하여 새로운 전략의 개발과 이의 실행이 지속적인 프로세스가 되도록 한다.

④ 비재무적인 성과가 재무적인 성과로 이어지는 데는 시간이 걸린다는 것을 이해해야 한다. 그리고 무엇보다 균형성과표가 성공적으로 기업에 정착하기 위해서는 전 조직 구성원이 의지를 갖고 기업 전반의 성과 향상을 위하여 동참하고자 하는 의식 개혁이 필요하다.

제2절 | 생산성과 영업이익의 전략적 분석

기업의 목표는 궁극적으로 재무성과를 향상시키는 것이므로 재무적 관점의 성과지표는 여전히 중요한 성과지표이다. 따라서 본 절에서는 기업의 생산성과 영업이익을 전략적으로 분석하는 기법들에 대해서 자세히 살펴보기로 한다.

01 생산성 분석

생산성이란 생산에 투입된 투입량과 그 산출량 사이의 관계를 측정한 것으로 다음과 같이 계산된다.

$$\text{생산성지수} = \frac{\text{산출량}}{\text{투입량}}$$

생산성지수는 산출물을 얼마나 효율적으로 생산하고 있는지를 파악하게 해주는 지표인데, 이러한 생산성은 부분생산성과 총생산성으로 구분할 수 있다.

(1) 부분생산성 분석

부분생산성이란 원재료, 노무원가, 자본 등의 생산요소별로 각각 생산성을 측정한 것으로 다음과 같이 계산된다.

$$\text{부분생산성} = \frac{\text{생산된 수량}}{\text{개별생산요소의 투입량}}$$

① 부분생산성은 특정 생산요소에 책임이 있는 운영부서의 성과를 평가하는 데 유용하다.

(예) 직접재료단위당 생산량이나 노동시간당 생산량은 운영부서의 생산성을 쉽게 파악할 수 있다.

② 부분생산성은 투입요소 간에 상충관계(trade-off)가 존재하므로 후술하는 총생산성도 함께 분석해야 한다.

(예) 직접재료단위당 생산성을 높이기 위해 노동시간을 늘린다면 노동시간당 생산성은 낮아질 수도 있다.

따라서 경영자는 부분생산성뿐만 아니라 생산요소 전체의 생산성을 측정하는 총생산성도 함께 고려해야 한다.

(2) 총생산성 분석

① 총생산성이란 생산요소 전체의 생산성을 측정한 것인데, 이러한 총생산성에 영향을 미치는 요인에는 다음과 같이 기술효율성과 투입배합효율성이 있다.

㉠ **기술효율성**: 투입생산요소의 배합은 일정하게 유지하고 산출량을 생산하기 위해 필요한 최소생산요소만을 투입한 상태를 말한다.

㉡ **투입배합효율성**: 생산요소의 가격을 고려하여 생산요소의 투입배합비율을 조정함으로써 경제적 효율성을 증가시킨 상태를 의미하는 것으로 가격효율성이라고도 한다.

따라서 총생산성의 효율성은 기술효율성과 투입배합효율성이 최적의 상태로 결합했을 때 달성될 수 있다.

② **총요소생산성**: 일반적으로 총생산성은 총요소생산성으로 측정하는데, 이는 사용된 모든 생산요소의 원가에 대한 산출량의 비율을 측정한 것으로 다음과 같이 계산된다.

$$총요소생산성 = \frac{생산된\ 수량}{사용된\ 모든\ 생산요소의\ 원가}$$

총요소생산성은 전술한 바와 같이 일부 생산요소의 생산성만을 개선하고자 하는 잘못된 의사결정을 방지하는 장점이 있지만 생산요소의 구입가격이나 구매정책에 영향을 받는 단점이 있다.

예 생산요소의 가격이 하락하거나 대량 구매를 통해 생산요소의 단가가 낮아진 경우 총요소생산성은 증가하지만 기업이 생산성을 향상시키기 위해 노력한 성과와는 관계없이 총요소생산성이 증가한 것이다.

따라서 총요소생산성은 순수한 생산성변화뿐만 아니라 생산요소의 구입가격이나 구매정책 등 여러 가지 원인에 의해서도 영향을 받을 수 있다는 점에 유의해야 한다.

예제 6

(주)해커는 경쟁에서 살아남기 위하여 제품에 새로운 기능을 추가하여 제품차별화전략을 수행하고 있다. (주)해커의 생산량과 판매량은 동일하며 20×1년과 20×2년의 재무성과는 다음과 같다.

	20×1년도(기준연도)		20×2년도(분석연도)	
수익	100단위 × @1,000 =	₩100,000	120단위 × @1,200 =	₩144,000
비용				
직접재료원가	1,000kg × @20 =	20,000	1,500kg × @30 =	45,000
직접노무원가	500시간 × @50 =	25,000	550시간 × @60 =	33,000
영업이익		₩55,000		₩66,000

[요구사항]

1. 20×1년과 20×2년의 원가요소별 부분생산성을 계산하시오.
2. 20×1년과 20×2년의 총요소생산성을 계산하시오.

해답 1. 부분생산성

	20×1년	20×2년
직접재료원가의 생산성	$\frac{100단위}{1,000kg}$ = 0.1단위/kg	$\frac{120단위}{1,500kg}$ = 0.08단위/kg
직접노무원가의 생산성	$\frac{100단위}{500시간}$ = 0.2단위/시간	$\frac{120단위}{550시간}$ = 0.22단위/시간

2. 총요소생산성

	20×1년	20×2년
총요소생산성	$\frac{100단위}{₩45,000}$ = 0.00225	$\frac{120단위}{₩78,000}$ = 0.0015

③ **이익연계생산성:** 총요소생산성은 전술한 바와 같이 생산요소의 구입가격이나 구매정책에 영향을 받는 단점이 있다. 따라서 이러한 문제를 해결하기 위해 가격변동의 효과를 배제하고 순수한 생산성변화가 이익에 미치는 영향을 측정할 수도 있는데, 이를 이익연계생산성이라고 한다.

㉠ 이익연계생산성은 다음과 같이 생산성중립수량과 실제투입량의 차이에 생산요소의 분석연도 구입가격을 곱하여 계산한다.

$$\text{이익연계생산성} = \underbrace{PNQ \times AP}_{\text{생산성중립원가}} - \underbrace{AQ \times AP}_{\text{실제원가}} = (PNQ - AQ) \times AP$$

단, PNQ: 생산성중립수량(productivity-neutral quantity)
AQ: 분석연도의 실제투입량(actual quantity)
AP: 분석연도의 실제가격(actual price)

㉡ 생산성중립수량(productivity-neutral quantity)이란 분석연도의 생산성이 기준연도의 생산성과 같다고 가정한 뒤 분석연도의 생산량을 산출하기 위해 필요한 생산요소의 투입량을 계산한 것으로써 다음과 같이 산출된다.

$$\text{생산성중립수량} = \frac{\text{분석연도의 생산량}}{\text{기준연도의 생산성지수}} = \text{기준연도 투입량} \times \underbrace{\frac{\text{분석연도의 생산량}}{\text{기준연도의 생산량}}}_{\text{생산량 증가율}}$$

㉢ 생산성중립수량이란 생산성이 변하지 않는다고 가정하고 계산한 분석연도의 생산량 산출을 위한 생산요소투입량을 의미하는데, 이러한 생산성중립수량과 실제 생산요소 투입량의 차이를 계산하면 생산성변화로 인한 생산요소의 투입량이 얼마나 변했는지를 알 수 있다. 그리고 이 차이수량에 분석연도의 생산요소가격을 곱하면 가격변동의 효과를 제거하고 순수한 생산성변화가 이익에 미치는 영향, 즉 이익연계생산성을 계산하는데, 이러한 이유 때문에 이익연계생산성을 생산성변동으로 인한 영업이익의 변화라고도 부른다.

예제 7

예제 6의 자료를 이용하여 다음 [요구사항]에 답하시오.

[요구사항]

1. 20×1년의 생산성지수와 20×1년을 기준으로 한 20×2년의 생산성중립수량을 계산하시오.
2. 20×1년을 기준연도로 하여 20×2년의 이익연계생산성을 계산하시오.

해답 1. **생산성중립수량**

(1) 20×1년의 생산성

$$\text{직접재료원가의 생산성} = \frac{100\text{단위}}{1{,}000\text{kg}} = 0.1\text{단위/kg}$$

$$\text{직접노무원가의 생산성} = \frac{100\text{단위}}{500\text{시간}} = 0.2\text{단위/시간}$$

(2) 생산성중립수량

$$\text{직접재료원가} = \frac{120\text{단위}}{0.1} \ \text{또는}\ 1{,}000\text{kg} \times \frac{120\text{단위}}{100\text{단위}} = 1{,}200\text{kg}$$

$$\text{직접노무원가} = \frac{120\text{단위}}{0.2} \ \text{또는}\ 500\text{시간} \times \frac{120\text{단위}}{100\text{단위}} = 600\text{시간}$$

2. **이익연계생산성**

	생산성중립원가	실제원가	이익연계생산성
직접재료원가	1,200kg × @30 = ₩36,000	1,500kg × @30 = ₩45,000	₩9,000U
직접노무원가	600시간 × @60 = 36,000	550시간 × @60 = 33,000	3,000F
계	₩72,000	₩78,000	₩6,000U

㉣ 예제 7을 분석하면 작업자의 숙련도가 높아지거나 생산공정이 기술적으로 개선되어 직접노무원가의 생산성은 향상되었다. 그러나 원재료의 품질에 문제가있거나 미숙련공의 증가 또는 작업자의 불성실로 인하여 작업폐물과 불량품이 증가하여 직접재료원가의 생산성은 나빠짐에 따라 이익연계생산성은 ₩6,000만큼 불리하게 나타났다.

02 영업이익의 전략적 분석

경영자는 기업의 목표달성을 위하여 전략을 수립 및 실행하고 사후적으로 성과평가를 통하여 전략의 성공 여부를 파악하게 된다.

(1) 기업들이 일반적으로 사용하는 전략은 크게 다음의 두 가지로 구분할 수 있다.

① **원가우위전략**(cost leadership strategy): 원가우위전략은 특정기업에서 원가절감을 경쟁무기로 삼아 동종 산업 내에서 원가상의 우위를 달성하는 것이다.

② **제품차별화전략**(product differentiation strategy): 제품차별화전략은 기업이 제공하는 제품이나 서비스의 기능 및 디자인 등을 다른 기업과 차별화함으로써 경쟁기업에 비해 그 기업이 무엇인가 독특하다고 인식될 수 있도록 하는 것이다.

경영자는 기업의 내부환경을 분석하고 경쟁무기로 어떠한 전략을 채택할 것인가를 결정해야 한다. 전략의 수립도 중요하지만 더욱 중요한 것은 전략을 실행한 후, 실행한 전략의 성공 여부를 평가하여 피드백을 하고, 전략을 다시 수정·보완하는 것이다.

(2) 일반적으로 전략의 성공 여부를 파악함에 있어 가장 많이 사용되는 지표는 바로 영업이익이다. 즉, 전기와 당기의 영업이익을 비교함으로써 전략의 성공여부를 평가할 수 있게 된다. 그러나 영업이익은 기업의 생산성뿐만 아니라 제품의 판매가격이나 판매량, 생산요소의 가격에 의해서도 영향을 받게 된다. 따라서 순수하게 전략의 성공 여부만을 평가하기 위해서는 이러한 가격 등의 혼재요소를 분리하여야

할 것이다. 이를 위해 도입된 개념이 바로 생산성중립수량인데, 생산성중립수량을 이용하여 영업이익을 분석하게 되면 전략의 실행으로 나타나게 되는 판매량, 가격, 생산성의 변화가 각각 영업이익에 어떠한 영향을 미쳤는지를 구분하여 파악할 수 있다.

(3) 생산성중립수량을 이용하여 영업이익을 전략적으로 분석하기 위해서는 다음과 같이 성장요소반영 재무성과와 가격보상요소반영 재무성과를 계산해야 한다.

① **성장요소(판매량변동)반영 재무성과:** 성장요소반영 재무성과는 생산성, 판매가격, 원가요소별 가격이 기준연도와 동일하다고 가정하고 당기의 실제 판매량을 전기의 생산성, 판매가격, 원가요소별 가격을 적용하여 생산, 판매했을 때의 재무성과를 말한다.

② **가격보상요소(가격변동)반영 재무성과:** 가격보상요소반영 재무성과는 생산성을 기준연도와 동일하다고 가정하고 전기와 달라진 당기의 실제 판매량, 판매가격, 원가요소별 가격을 적용하여 산출한 재무성과를 말한다.

이와 같이 성장요소반영 재무성과와 가격보상요소반영 재무성과를 포함하여 기준연도와 분석연도의 재무성과를 파악하면 영업이익의 변화액을 ① 판매량변동효과 ② 가격변동효과 ③ 생산성변동효과로 구분하여 파악할 수 있다.

영업이익의 전략적 분석

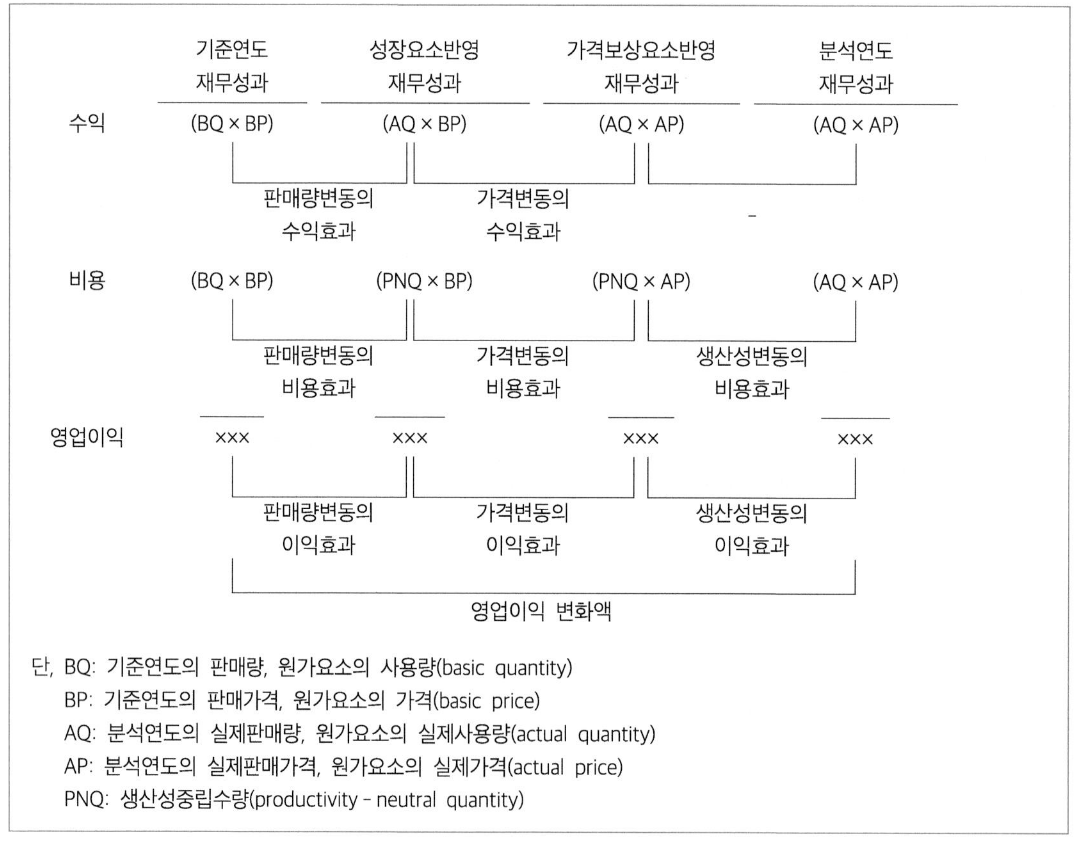

예제 8

(주)해커는 경쟁에서 살아남기 위하여 제품에 새로운 기능을 추가하여 제품차별화전략을 수행하고 있다. (주)해커의 생산량과 판매량은 동일하며 20×1년과 20×2년의 재무성과는 다음과 같다.

	20×1년도(기준연도)		20×2년도(분석연도)	
수익	100단위 × @1,000 =	₩100,000	120단위 × @1,200 =	₩144,000
비용				
직접재료원가	1,000kg × @20 =	20,000	1,500kg × @30 =	45,000
직접노무원가	500시간 × @50 =	25,000	550시간 × @60 =	33,000
영업이익		₩55,000		₩66,000

[요구사항]

1. 20×1년도와 20×2년도의 영업이익차이 중에서 판매량변동으로 인하여 발생한 차이를 계산하시오.
2. 20×1년도와 20×2년도의 영업이익차이 중에서 가격변동으로 인하여 발생한 차이를 계산하시오.
3. 20×1년도와 20×2년도의 영업이익차이 중에서 생산성변동으로 인하여 발생한 차이를 계산하시오.

해답 1. **판매량변동으로 인한 영업이익의 변화(성장요소)**

판매량변동으로 인한 영업이익의 변화는 기준연도의 재무성과와 성장요소반영 재무성과를 비교하여 계산해야 한다.

	20×1년도(기준연도)		20×2년도(분석연도) - 성장요소반영 재무성과	
수익	100단위 × @1,000=	₩100,000	120단위 × @1,000 =	₩120,000
비용				
직접재료원가	1,000kg × @20=	20,000	1,200kg* × @20 =	24,000
직접노무원가	500시간 × @50=	25,000	600시간* × @50 =	30,000
영업이익		₩55,000		₩66,000

₩11,000F
판매량변동으로 인한 영업이익 변화(성장요소)

* 생산성중립수량
직접재료원가: (1,000kg/100단위) × 120단위 = 1,200kg
직접노무원가: (500시간/100단위) × 120단위 = 600시간

위의 풀이에서 재료원가에 대한 생산성중립수량은 1,200kg인데, 이는 기준연도인 20×1년도에 1단위를 생산하는데 10kg(1,000kg/100단위)이 투입되었으므로 동일한 생산성으로 분석연도인 20×2년도 판매량 120단위를 생산했다면 1,200kg이 투입되어야 한다는 의미이다. 가공원가에 대한 생산성중립수량 600시간도 동일한 의미로 산출된 것이다.
기준연도의 재무성과와 성장요소반영 재무성과 사이에는 판매량 이외의 다른 요소(판매가격, 생산성, 원가요소별 가격)는 모두 동일하고 판매량만이 100단위에서 120단위로 변화하였다. 따라서 양자를 비교하면 전기와 당기의 판매량변동(20단위)만이 재무성과에 미친 영향(₩11,000F)을 정확하게 파악할 수 있다. 이를 판매량변동으로 인한 영업이익의 변화 또는 성장요소라고 한다.

2. 가격변동으로 인한 영업이익의 변화(가격보상요소)

가격변동으로 인한 영업이익의 변화는 성장요소반영 재무성과와 가격보상요소반영 재무성과를 비교하여 계산한다. 즉, 성장요소반영 재무성과에서 수량은 동일한 상태에 가격(판매가격, 원가요소별 가격)만 당기의 가격으로 바꾸어 산출한 영업이익이다.

	성장요소반영 재무성과		가격보상요소반영 재무성과	
수익	120단위 × @1,000 =	₩120,000	120단위 × @1,200 =	₩144,000
비용				
직접재료원가	1,200kg × @20 =	24,000	1,200kg × @30 =	36,000
직접노무원가	600시간 × @50 =	30,000	600시간 × @60 =	36,000
영업이익		₩66,000		₩72,000

₩6,000F
가격변동으로 인한 영업이익 변화(가격보상요소)

위의 풀이에서 성장요소반영 재무성과와 가격보상요소반영 재무성과 사이에는 가격만 다를 뿐 수량은 동일하다. 즉, 제품의 판매가격과 원가요소별 가격만 차이가 날 뿐이다. 따라서 양자를 비교하면 전기와 당기의 가격변화가 재무성과에 미친 영향을 정확하게 파악할 수 있다. 이를 가격변동으로 인한 영업이익의 변화 또는 가격보상요소라고 한다.

3. 생산성변동으로 인한 영업이익의 변화(생산성요소)

생산성변동으로 인한 영업이익의 변화는 가격보상요소반영 재무성과와 분석연도(20×2년)의 실제 재무성과를 비교하여 계산한다.

	가격보상요소반영 재무성과		20×2년도(분석연도) 재무성과	
수익	120단위 × @1,200 =	₩144,000	120단위 × @1,200 =	₩144,000
비용				
직접재료원가	1,200kg × @30 =	36,000	1,500kg × @30 =	45,000
직접노무원가	600시간 × @60 =	36,000	550시간 × @60 =	33,000
영업이익		₩72,000		₩66,000

₩6,000U
생산성변동으로 인한 영업이익 변화(생산성요소)

가격보상요소반영 재무성과와 분석연도의 실제 재무성과 사이에는 생산성(생산요소 투입량) 이외의 다른 요소(판매량, 판매가격, 원가요소별 가격)는 모두 동일하고 오로지 생산성만 차이가 날 뿐이다. 따라서 양자를 비교하면 순수하게 전기와 당기의 생산성변동으로 인한 재무성과의 변화를 정확하게 파악할 수 있다. 이를 생산성변동으로 인한 영업이익의 변화 또는 생산성요소라고도 하는데, 생산성변동으로 인한 영업이익의 변화액을 생산요소에 초점을 맞추어 이익연계생산성이라고 부르기도 한다.

(4) 참고로 예제 8에서 살펴본 영업이익의 전략적 분석을 요약하면 다음과 같다.

	20×1년 재무성과	성장요소반영 20×1년 재무성과	가격보상요소반영 20×1년 재무성과	20×2년 재무성과
수익	100단위 × @1,000 = ₩100,000	120단위 × @1,000 = ₩120,000	120단위 × @1,200 = ₩144,000	120단위 × @1,200 = ₩144,000
	₩20,000F 성장요소		₩24,000F 가격보상요소	
비용				
직접재료원가	1,000kg × @20 = ₩20,000	1,200kg × @20 = ₩24,000	1,200kg × @30 = ₩36,000	1,500kg × @30 = ₩45,000
직접노무원가	500시간 × @50 = ₩25,000	600시간 × @50 = ₩30,000	600시간 × @60 = ₩36,000	550시간 × @60 = ₩33,000
	₩45,000	₩54,000	₩72,000	₩78,000
	₩9,000U 성장요소		₩18,000U 가격보상요소	₩6,000U 생산성요소
영업이익	₩55,000	₩66,000	₩72,000	₩66,000
	₩11,000F 성장요소 (판매량변화)		₩6,000F 가격보상요소 (가격변화)	₩6,000U 생산성요소 (생산성변화)
	₩11,000F 영업이익 변화액			

(5) 지금까지 영업이익의 변화를 판매량, 가격, 생산성 변화로 구분하여 분석하였는데, 경영자 입장에서는 위의 분석결과뿐만 아니라 시장규모의 변화를 고려하면 영업이익의 변화를 보다 전략적인 관점에서 파악할 수가 있다.

㉥ 만약 위의 예제에서 전년도에 비하여 당기의 시장규모의 성장이 10%라고 하자. 그렇다면 판매량 증가분 20단위 중 10단위(= 100단위 × 10%)는 회사의 제품차별화전략 때문이 아니라 시장규모의 성장으로 인한 부분이며, 나머지 10단위가 제품차별화전략의 성공으로 인한 부분일 것이다. 즉, 제품차별화전략의 성공 여부를 평가할 때에는 10단위만을 시장점유율의 증가로 인한 판매량 증가로 분석을 해야 한다. 뿐만 아니라 제품 판매가격이 ₩1,000에서 ₩1,200으로 인상된 것도 제품차별화로 인해 가능했을 것이며, 원가요소의 가격이 상승한 것도 제품차별화전략을 실행한 것 때문일 것이다. 그리고 원가우위 여부는 생산성의 향상이나 하락을 가지고 판단할 수 있는데, 그 이유는 생산성이 향상된다면 동일한 생산량을 보다 낮은 원가로 생산할 수 있기 때문이다. 이를 종합하면 다음과 같다.

시장규모의 성장효과:	₩11,000F × (10단위/20단위) =		₩5,500F
제품차별화전략효과			11,500F
차별화로 인한 판매량 증가:	₩11,000F × (10단위/20단위) =	₩5,500F	
차별화로 인한 판매가격 증가:	₩144,000 - ₩120,000 =	24,000F	
원가요소의 가격상승:	(₩36,000 + ₩36,000) - (₩24,000 + ₩30,000) =	18,000U	
원가우위(생산성)효과			6,000U
영업이익의 변화액			₩11,000F

제3절 | 활동기준경영

활동기준경영(ABM; Activity Based Management)이란 활동기준원가계산이 제공하는 보다 정확한 원가정보를 기업의 전략적 의사결정이나 재무성과개선 등을 위하여 활용하도록 하는 관리방법이다. 활동기준원가계산과 활동기준경영관리의 상관관계는 다음과 같다.

(1) 활동기준원가계산은 경영활동을 개선하기 위하여 필요한 정확한 제품원가정보를 적시에 공급하는 시스템이고, 활동기준경영은 활동기준원가계산이 제공하는 정보를 활용하여 기업의 재무성과를 개선하도록 설계된 경영관리시스템이다.

(2) 활동기준원가계산정보는 전통적 원가계산정보에 비하여 보다 정확한 원가정보를 제공하는데, 활동기준경영은 이러한 정보를 기초로 기업의 가치분석, 예산관리, 전략분석 등을 통하여 여러 가지 경영활동을 개선하는 데 이용할 수 있다.

ABC와 ABM의 관계

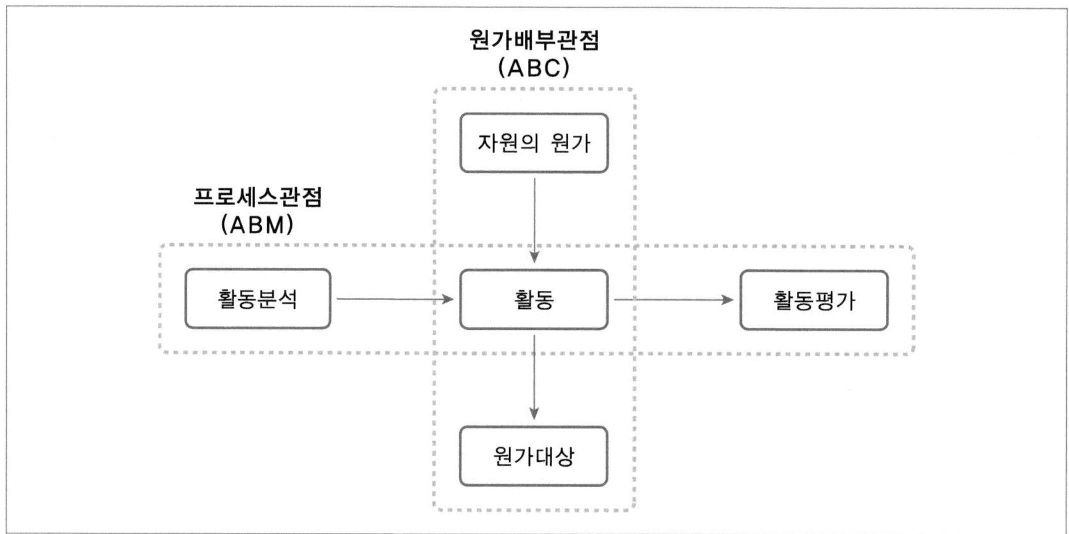

01 활동기준경영의 의의

활동기준경영은 활동기준원가계산을 이용하여 기업의 전망을 조명할 수 있도록 해주며, 활동기준원가계산정보를 이용한 성과측정치는 종업원 개인의 역할과 책임을 정확하게 파악할 수 있도록 도와준다. 또한 활동기준경영은 관리자의 활동을 지원하는 일 이외에도 기업내부의 의사소통의 도구로써 활동기준원가계산정보를 이용하여 수직·수평적으로 정확한 의사전달이 되도록 도와주고 의사결정과정에 활동기준원가계산정보를 제공해 더욱 올바른 의사결정이 이루어지도록 도와준다.
이러한 활동기준경영의 목표와 활동기준경영의 수행단계를 구체적으로 살펴보면 다음과 같다.

(1) 활동기준경영의 목표

기업은 계속기업으로 존재하기 위하여 지속적인 고객가치창조에 힘써야 하고 변화하는 고객의 요구에 능동적으로 대처해야 한다. 따라서 활동기준경영은 품질과 서비스 향상, 납기단축, 저원가, 고객만족 등을 통하여 고객의 가치를 증진시킬 수 있는 방법을 모색하고 고객가치증진으로 인한 기업의 이익을 개선시킬 수 있는 대안의 수립을 목표로 한다.

즉, 활동기준경영은 기업으로 하여금 이익을 최대로 창출할 수 있는 활동에 자원을 전략적으로 집중투자할 수 있도록 도와주며, 품질개선과 같은 고객가치창조와 밀접한 활동을 개선할 수 있도록 도와준다. 그리고 기업이 이익극대화에 초점을 맞추고 이의 실현을 위하여 최고경영자에서 하부관리자에 이르기까지 끊임없는 노력을 기울이도록 동기를 제공한다.

(2) 활동기준경영의 수행단계

활동기준경영은 다음과 같이 ① 활동분석 → ② 원가동인분석 → ③ 성과측정의 세 가지 수행단계를 갖는다.

① **활동분석**: 이것은 개선의 여지가 있는 활동을 색출하기 위하여 기업 내부의 모든 활동을 분석하는 단계이다. 현실적으로 기업 내의 모든 활동을 한꺼번에 자세히 분석하는 것은 불가능하므로, 고객과 기업경영에 필요한, 다시 말해 성과개선의 효과가 보다 큰 활동에 우선적으로 초점을 맞춰 분석을 해야 할 것이다.

② **원가동인분석**: 원가유발요인을 식별해야 한다. 원가동인이란 원가유발요인으로서 활동이 왜 행해져야 하는가를 설명해주는 중요한 개념이다. 이 단계에서는 기업이 수행하는 활동들의 유발요인을 이해하고 이런 활동들이 원가를 유발하는 과정을 정확하게 파악해야 한다. 원가동인을 효과적으로 관리하는 것은 기업의 재무성과개선에 있어 가장 중요한 일이 된다.

③ **성과측정**: 기업의 모든 전략적 의사결정들은 그 결과에 대하여 항상 피드백을 해야 함은 자명한 사실이다. 그리고 그 결과는 객관적인 성과측정방법에 의존해야 한다. 성과측정은 기업과 관련 있는 활동, 즉 기업의 재무성과개선에 필요한 활동을 정확히 명시하고, 명시된 내용을 조직의 구성원들에게 전달해야 하며, 각 활동의 성과측정방법을 개발하여 각 활동이 기업의 전체 목적에 얼마나 기여하였는가를 판단해 그 정도를 측정할 수 있어야 한다.

02 활동기준경영의 실행수단

전략분석, 가치분석, 원가분석, 활동기준변동예산 등의 활동기준경영의 실행수단들은 기업의 경쟁력 증대에 크게 기여한다.

(1) 전략분석

전략분석(strategic analysis)이란 활동기준원가계산정보를 활용하여 가격분석, 고객수익성분석, 공급자선정, 제품전략 등을 통해 가장 높은 수익을 올릴 수 있는 활동에 자원이 투자되도록 하고, 기업이 고객에게 유리한 서비스를 제공할 수 있는 최상의 방법을 제공하는 것을 말한다.

① **가격분석**: 활동기준원가계산은 전통적 원가계산보다 원가구성요소를 보다 명확히 식별할 수 있기 때문에 가격결정 시 정확하게 가격을 책정할 수 있는 기준이 되는 원가정보를 제공할 뿐만 아니라 차후에 가격을 조정할 수 있는 기회를 제공한다.

다른 기업에 비하여 경쟁우위를 가질 수 있는 방법은 많다. 하지만 가격전략과 마케팅전략은 가장 대표적인 경쟁우위확보전략이라 할 수 있으며, 활동기준원가계산이 제공하는 정보를 이용하는 방법은 실제로 제조간접원가를 적절하게 배부함으로써 성공적인 가격전략과 마케팅전략의 수립을 가능하게 해준다.

② **고객수익성분석**

㉠ 활동기준원가계산이 제공하는 정보는 기업의 수익을 보다 정확하게 산정한다. 소량주문고객을 예로 들어 보면, 활동기준원가계산정보는 소량주문고객이 대량주문고객보다 상대적으로 마케팅비용과 유통비용이 많이 들기 때문에 기업입장에서 볼 때 불리하다는 것을 알려준다. 이와 같이 활동기준원가계산은 기업의 입장에서 이익이 되는 고객을 찾게 해주고, 활동기준경영은 고객수익성분석을 통하여 기업의 성과개선을 이룰 수 있는 길을 제시한다.

㉡ 고객수익성분석을 위해 활동기준원가계산을 판매관리비에도 적용할 수 있다. 재무회계 측면에서 판매관리비는 기간비용이므로 재무보고목적에서는 개별제품이나 고객별로 분리할 필요가 없다. 그러나 개별제품이나, 고객유형별, 유통경로별 수익성을 정확하게 파악하기 위해서는 판매관리비를 제품이나 고객유형별, 유통경로별로 배부하는 것이 필요하다.

㉢ 과거에는 판매관리비를 매출액이나 판매량을 기준으로 배부하였다. 그러나 매출액이나 판매량과 판매지원활동이 반드시 비례적으로 증가하지는 않는다. 판매수수료나 판매성과급이 매출액에 비례한다면 이 비용은 매출액에 따라 배부하는 것이 합리적이겠지만 고객주문처리원가, 고객방문활동원가, 배달활동원가 등은 매출액이나 판매량에 비례적으로 발생하지는 않는다. 따라서 정확한 고객수익성분석을 위해서는 고객관련원가를 활동원가구조에 따라 분석할 수 있는데, 고객원가계층구조는 제조간접원가의 계층구조(원가계층)와 유사하게 다음과 같이 분류한다.

ⓐ **고객판매단위수준원가**: 고객에게 한 단위의 제품을 판매할 때마다 수행되는 활동으로 인하여 발생하는 원가로써 단위당 제품취급원가를 그 예로 들 수 있다.

ⓑ **고객묶음수준원가**: 고객에게 한 묶음의 제품을 판매할 때마다 수행되는 활동으로 인하여 발생하는 원가로써 고객주문처리원가, 배달활동원가를 그 예로 들 수 있다.

ⓒ **고객유지원가**: 고객에게 판매한 제품 단위수나 묶음의 수와 관계없이 개별 고객을 유지하기 위하여 발생하는 원가로써 고객방문활동원가를 그 예로 들 수 있다.

ⓓ **유통경로원가**: 판매수량, 묶음수, 고객의 수와 상관없이 특정 유통경로(대리점 등)와 관련하여 발생하는 원가로써 대리점 관리자 급여를 그 예로 들 수 있다.

ⓔ **기업수준원가**: 특정 고객이나 유통경로로 추적할 수 없으며, 기업의 일반적인 판매관리활동과 관련하여 발생하는 원가로써 최고경영자 급여나 일반관리비를 그 예로 들 수 있다.

㉣ 위의 고객원가계층구조를 이용하여 고객유형별, 유통경로별 수익성을 분석할 때에는 개별 고객이나 개별 유통경로별로 추적가능한 원가까지만 고려해야 한다는 점에 유의해야 한다. 즉, 고객별 수익성을 분석할 때에는 개별 고객별로 추적가능한 고객유지원가까지 고려해야 하며, 유통경로별 수익성을 분석할 때에는 개별유통경로별로 추적가능한 유통경로원가까지 고려해야 한다.

예제 9

우편 및 전화주문 판매를 하는 (주)해커는 활동기준원가계산시스템을 통해 주요 고객의 수익성을 파악하고자 한다. 주요 고객의 연간 자료는 다음과 같다.

	갑	을	병
총매출	₩8,000	₩10,000	₩20,000
반품-수량	4개	0개	2개
판품-액수(판매가)	₩2,000	₩0	₩5,000
연간 총전화주문건수	0건	4건	8건
연간 총우편주문건수	4건	0건	2건
전화주문당 평균처리시간	0시간	0.25시간	0.20시간

배송비용은 고객이 부담하며, 반품에 따른 배송비를 고객이 부담하면 반품은 항상 허용된다. 매출원가는 판매가의 60%이다. 활동 및 활동원가의 동인율(activity cost driver rate)이 다음과 같을 때 활동기준원가계산을 통해 각 고객의 연간이익을 계산하라.

활동	활동원가동인율
우편주문처리	₩50/주문건수
전화주문처리	800/주문처리시간
반품처리	100/반품수량
고객유지	500/고객

해답

	갑	을	병
총매출액	₩8,000	₩10,000	₩20,000
반품액	(2,000)	(0)	(5,000)
순매출액	6,000	10,000	15,000
매출원가[*1]	(3,600)	(6,000)	(9,000)
매출총이익	₩2,400	₩4,000	₩6,000
판매관리비			
우편주문처리[*2]	₩(200)	₩0	₩(100)
전화주문처리[*3]	0	(800)	(1,280)
반품처리[*4]	(400)	0	(200)
고객유지[*5]	(500)	(500)	(500)
연간이익	₩1,300	₩2,700	₩3,920

[*1] 순매출액 × 60%
[*2] 우편주문건수 × @50
[*3] 전화주문처리시간 × @800
[*4] 반품수량 × @100
[*5] 고객당 ₩500

③ **공급자선정**: 활동기준원가계산은 원재료나 부품의 공급업자를 선정할 때도 활용될 수 있다. 과거에는 단지 납품가격만을 기준으로 공급업자를 선정하였으나, 최근에는 경쟁이 치열해지면서 원재료나 부품의 품질이나 납기도 중요시되고 있다. 왜냐하면, 저렴한 원재료나 부품이라 하더라도 품질이 나쁘다면 이로 인해 기업은 여러 가지 비용(불량품, 수선비, 이미지 실추 등)을 부담하게 될 것이며, 또한 납기가 제대로 지켜지지 않으면 생산에 차질이 빚어져 손실을 입을 수 있기 때문이다. 따라서 기업들은 공급업자를 선정함에 있어 납품가격뿐만 아니라 품질이나 납기로 인한 비용까지 모두 고려하여 의사결정해야 하는데, 이때 활동기준원가계산의 개념을 활용할 수 있다.

예제 10

(주)해커는 계산기를 제조하는 회사이다. (주)해커는 계산기 생산에 필요한 액정화면을 갑회사와 을회사 두 업체로부터 구매할 수 있다. 관련 자료는 다음과 같다.

(1) 갑회사의 액정화면은 품질이 우수하고 납기를 잘 지키지만 가격이 다소 비싸서 단위당 ₩2,000이다. 반면에, 을회사의 액정화면은 품질이 약간 떨어지며 납기 또한 잘 지키지 않지만 가격이 다소 저렴해서 단위당 ₩1,500에 구매할 수 있다.

(2) 현재 회사는 계산기 생산에 필요한 10,000단위의 액정화면 중 8,000단위는 가격이 싼 을회사로부터 구매하고, 나머지 2,000단위는 품질이 우수한 갑회사로부터 구매하고 있다.

(3) (주)해커의 경영자는 경쟁이 치열해짐에 따라 공급업자를 선정함에 있어 품질이나 납기 등을 포함한 구매와 관련된 모든 원가를 파악하기로 하였다. 이와 관련하여 경영자가 수집한 자료는 다음과 같다.

① 구매관련활동 유형

활동	활동의 내용	활동원가
액정대체활동	불량액정을 대체하는 활동	₩3,200,000
긴급주문활동	납품지연으로 인한 대체주문활동	4,000,000
보증수리활동	액정불량제품 보증수리활동	1,800,000
계		₩9,000,000

② 부품공급업자의 원가동인량

활동	원가동인	갑회사	을회사
액정대체활동	대체수량	4단위	196단위
긴급주문활동	긴급주문횟수	4회	36회
보증수리활동	수리횟수	10	170

[요구사항]

1. 구매관련활동의 원가배부율을 구하시오.
2. 구매와 관련된 모든 원가를 포함하여 갑회사와 을회사의 구매단위당 공급업체 원가를 계산하시오.
3. [요구사항 2]의 결과를 바탕으로 경영자는 어느 업체에서 액정화면을 구매하여야 하는지 결정하시오.

해답 1. **구매관련활동의 원가배부율**

액정대체활동: ₩3,200,000/200단위 = @16,000

긴급주문활동: ₩4,000,000/40회 = @100,000

보증수리활동: ₩1,800,000/180회 = @10,000

2. **회사별 공급업체 원가**

	갑회사	을회사
구매원가	₩4,000,000	₩12,000,000
액정대체원가(대체수량 × @16,000)	64,000	3,136,000
긴급주문원가(긴급주문횟수 × @100,000)	400,000	3,600,000
보증수리원가(수리횟수 × @10,000)	100,000	1,700,000
계	₩4,564,000	₩20,436,000
구매수량	÷ 2,000단위	÷ 8,000단위
단위당 원가	₩2,282	₩2,554.5

3. **공급업체의 결정**

단위당 구매가격으로만 판단하면 을회사가 더 낮은 원가의 공급업체지만, 품질이나 납기 등과 관련된 활동원가를 모두 고려하면 갑회사가 더 낮은 원가의 공급업체이다. 따라서 경영자는 갑회사로부터 액정화면을 구매하는 것이 기업 전체적으로 더 유리하다.

④ **제품전략:** 활동기준원가계산은 현실적으로 제품들의 수익성을 다르게 묘사한다. 예를 들면, 이러한 유형의 분석은 제품의 수익과 거래량의 정도에 따라 제품전략도의 어느 사분면에 위치하게 된다는 것을 보여준다. 따라서 다음 그림을 통해 이해할 수 있듯이 각 사분면에 위치한 제품은 제각기 다른 제품전략을 요구하게 될 것이다.

제품전략도

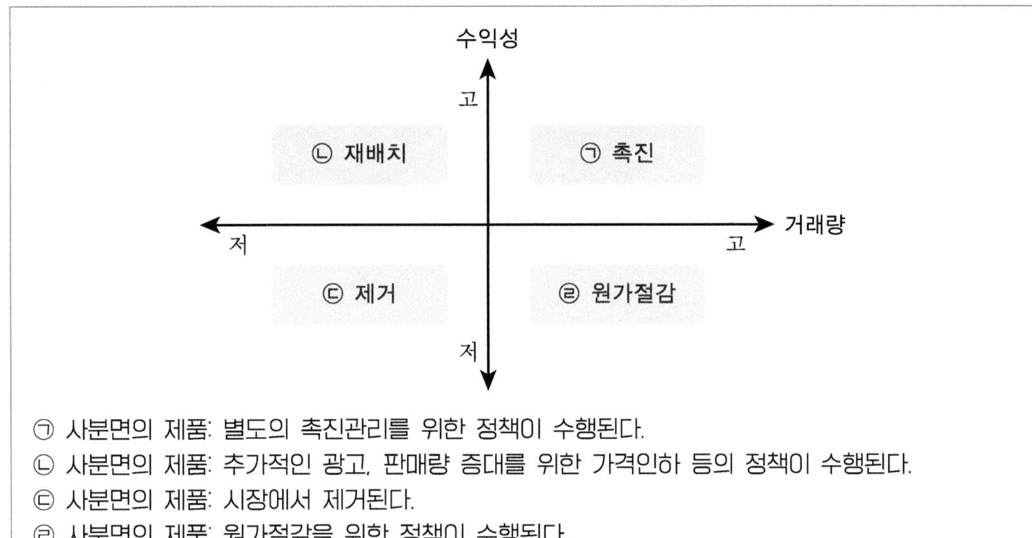

(2) 가치분석

가치분석(value analysis)이란 활동기준원가계산정보를 활용하여 공정개선과 원가절감의 관점에서 경영과정을 집중적으로 연구하는 것을 말한다. 가치분석의 목적은 모든 적합한 활동이 가장 적절한 방법으로 수행되도록 보장하는 것이다. 이를 위하여 기업은 다음과 같은 정보가 필요하다.

① **활동에 대한 정보:** 활동에 대한 명확한 정의는 가치분석의 기본이 된다.

② **활동분석:** 기업에서 발생한 활동을 부가가치활동과 비부가가치활동 등으로 구분하는 단계이다.

㉠ **부가가치활동:** 제품의 가치를 증대시키는 활동을 의미하며 조립·도장·포장활동 등과 같은 필수적인 제조활동이 이에 해당한다. 부가가치활동의 수행으로 인하여 발생하는 원가를 부가가치원가라고 한다. 부가가치원가는 다음과 같이 표현할 수 있다.

부가가치원가 = 부가가치표준수량(SQ) × 단위당 표준가격(SP)

㉡ **비부가가치활동**: 제품의 가치를 증가시키지 못하면서 자원만 낭비하는(원가만 발생시키는) 활동을 의미하며 이동·대기·검사·저장활동 등이 그 예이다. 부가가치활동의 비효율적 수행이나 비부가가치활동의 수행으로 인하여 발생하는 원가를 비부가가치원가라고 한다. 비부가가치원가는 다음과 같이 표현할 수 있는데, 이 식에서 비부가가치활동의 부가가치표준수량은 0이라는 점에 유의하기 바란다.

> 비부가가치원가 = {실제사용량(AQ) - 부가가치표준수량(SQ)} × 변동활동원가 단위당 표준가격(SP)
> + {획득된 활동능력 - 부가가치표준수량(SQ)} × 고정활동원가 단위당 표준가격(SP_F)

③ **원가동인의 파악**: 원가동인을 내부원가동인과 외부원가동인으로 구분하여 각 원가동인을 감지하는 것이 중요하다.

결론적으로 활동기준원가계산정보를 이용한 가치분석은 비부가가치활동을 제거함으로써 고객에게 유리한 서비스를 제공할 수 있는 능력을 갖추고, 이를 개선하기 위한 것이므로 고객의 가치창조 측면에서 절대로 소홀히 할 수 없는 분석이다.

예제 11

경주주식회사는 20×1년부터 생산관련 활동별로 부가가치표준을 설정하여 관리하고 있는데, 이와 관련된 자료는 다음과 같다.

활동	원가동인	부가가치표준수량	실제사용수량	표준단가
구매	주문횟수	5,000	7,000	₩3,000
인력투입	시간	80,000	85,000	100
재료투입	kg	600,000	660,000	60
수선작업	기계시간	200,000	250,000	50

위 활동별로 원가동인당 실제원가는 위에 제시된 표준원가와 동일하다.

[요구사항]

위의 자료를 이용하여 활동별로 부가가치원가, 비부가가치원가 및 실제원가를 다음의 양식에 맞추어 구하시오.

활동	실제원가	부가가치원가	비부가가치원가
×××	×××	×××	×××

해답 1. **활동별 실제원가의 계산**

구매: 7,000회 × @3,000 = ₩21,000,000
인력투입: 85,000시간 × @100 = ₩8,500,000
재료투입: 660,000kg × @60 = ₩39,600,000
수선작업: 250,000시간 × @50 = ₩12,500,000

2. **활동별 부가가치원가의 계산**

구매: 5,000회 × @3,000 = ₩15,000,000
인력투입: 80,000시간 × @100 = ₩8,000,000
재료투입: 600,000kg × @60 = ₩36,000,000
수선작업: 200,000시간 × @50 = ₩10,000,000

3. **활동별 비부가가치원가의 계산**

구매: (7,000회 - 5,000회)×@3,000 = ₩6,000,000
인력투입: (85,000시간 - 80,000시간) × @100 = ₩500,000
재료투입: (660,000kg - 600,000kg) × @60 = ₩3,600,000
수선작업: (250,000시간 - 200,000시간) × @50 = ₩2,500,000

4. **분석결과 요약**

활동	실제원가	부가가치원가	비부가가치원가
구매	₩21,000,000	₩15,000,000	₩6,000,000
인력투입	8,500,000	8,000,000	500,000
재료투입	39,600,000	36,000,000	3,600,000
수선작업	12,500,000	10,000,000	2,500,000
계	₩81,600,000	₩69,000,000	₩12,600,000

(3) 원가분석

원가분석(cost analysis)이란 활동기준원가계산을 활용하여 원가절감기회를 식별하고 관리자원을 획득하며 성과개선과 관련된 학습을 종업원에게 전달하는 것을 말한다. 이러한 원가분석의 목적은 총체적으로 성과개선을 위한 노력을 강화하기 위한 것이다. 원가분석은 원가절감기회를 식별하기 위하여 활동기준원가계산을 활용하는데, 활동기준원가계산을 활용하면 제품제조방법들 중에서 최저활동원가가 소요되는 것을 선택할 수 있으므로 불필요한 원가동인(원가유발요인)을 제거할 수 있다.

그러나 활동기준원가계산을 이용한 원가절감분석만으로 원가가 절감되는 것은 아니며, 활동수행에 변화가 있고 여분의 자원이 재투자될 때 비로소 실질적으로 원가가 절감된다는 것에 유의해야 한다.

(4) 활동기준변동예산

활동기준변동예산이란 활동기준원가계산정보를 활용하여 변동예산을 수립하는 것을 말한다. 즉, 전통적인 변동예산은 조업도를 독립변수로 하여 원가함수를 추정하고 실제조업도를 기준으로 변동예산을 수립하지만, 활동기준변동예산은 각 활동별 원가동인을 독립변수로 하여 원가함수를 추정하고 실제조업도에 대한 각 활동별 표준수량을 기준으로 변동예산을 수립한다.

예제 12

(주)블랙은 예산편성 시 활동기준변동예산을 수립하기로 하고, 활동별로 원가를 추정한 결과 다음과 같은 원가함수를 추정하였다.

활동	원가동인	원가함수
재료처리활동	재료처리횟수	₩1,000,000 + 재료처리횟수 × @5,000
검사활동	검사부품수	₩500,000 + 검사부품수 × @300
기계유지활동	기계시간	₩3,000,000 + 기계시간 × @500

(주)블랙은 20×1년에 2,000단위를 생산하였다. 재료처리활동은 묶음 단위로 수행되는데, 이에 대한 각 활동별 부가가치표준수량은 다음과 같다.

재료처리 묶음의 크기	400단위
단위당 검사부품수	10개
단위당 기계시간	5시간

[요구사항]

1. 위의 자료를 바탕으로 20×1년의 활동기준변동예산을 수립하시오.
2. 20×1년에 각 활동에 대해서 실제 발생한 원가가 다음과 같을 때 활동기준변동예산에 대한 차이를 분석하시오.

활동	실제원가
재료처리활동	₩1,050,000
검사활동	6,800,000
기계유지활동	7,800,000
계	₩15,650,000

해답 1. 활동기준변동예산

(1) 생산량 2,000단위에 대한 부가가치표준수량

재료처리횟수: 2,000단위 ÷ 400단위 = 5회

검사부품수: 2,000단위 × 10개 = 20,000개

기계시간: 2,000단위 × 5시간 = 10,000시간

(2) 활동기준변동예산

활동	고정활동원가		변동활동원가		활동기준변동예산
재료처리활동	₩1,000,000	+	5회 × @5,000	=	₩1,025,000
검사활동	500,000	+	20,000개 × @300	=	6,500,000
기계유지활동	3,000,000	+	10,000시간 × @500	=	8,000,000
계					₩15,525,000

2. 활동기준예산차이

활동	실제원가	변동예산	예산차이
재료처리활동	₩1,050,000	₩1,025,000	₩25,000U
검사활동	6,800,000	6,500,000	300,000U
기계유지활동	7,800,000	8,000,000	200,000F
계	₩15,650,000	₩15,525,000	₩125,,000U

(5) 활동기준변동예산의 원가차이분석

활동기준변동예산의 원가차이분석은 표준원가계산의 제조간접원가차이분석과 동일한 방식으로 이루어진다. 따라서 활동원가를 변동활동원가와 고정활동원가로 구분하여 이들의 차이분석에 대해서 살펴보기로 한다.

① **변동활동원가:** 변동활동원가의 차이는 다음과 같이 변동활동원가 소비차이와 변동활동원가 능률차이로 구분할 수 있다.

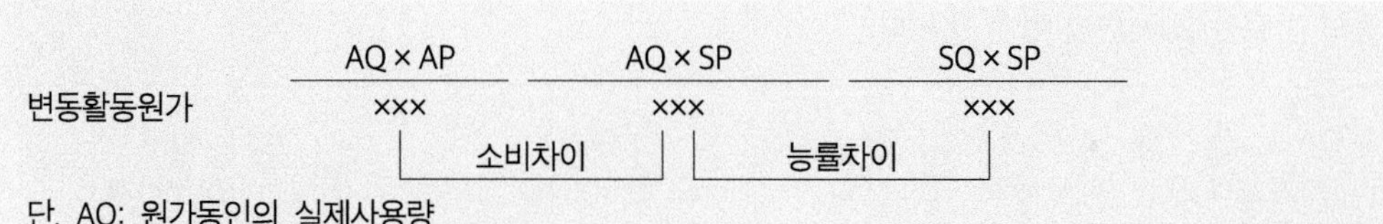

단, AQ: 원가동인의 실제사용량
AP: 원가동인당 실제원가
SQ : 부가가치표준수량
SP : 원가동인 단위당 표준가격

변동활동원가 능률차이는 원가동인의 실제사용량(AQ)과 부가가치표준수량(SQ)의 차이에 원가동인 단위당 표준가격(SP)을 곱하여 계산하는데, 이는 해당 활동의 비부가가치원가를 의미한다.

② **고정활동원가:** 고정활동원가의 차이는 다음과 같이 예산차이와 조업도차이로 구분할 수 있다.

	실제	예산	배부액(SQ × SP)
고정활동원가	×××	×××	×××
	예산차이	조업도차이	

단, SQ: 부가가치표준수량
SP: 고정활동원가 단위당 표준가격

㉠ 고정활동을 수행하는 데에는 고정활동자원이 필요한데, 고정활동자원은 필요할 때마다 원하는 수량만큼 취득할 수 없으므로 사전에 사용량을 예측하여 미리 취득해 놓아야 한다. 따라서 고정활동자원의 경우에는 사전에 사용예상량만큼 취득하게 되므로 실제 사용여부와는 관계없이 일정한 금액의 고정활동원가가 발생하게 된다는 특징이 있다.

㉡ 고정활동원가의 경우에는 고정활동원가예산을 획득된 활동능력, 즉 사용가능량으로 나누어 다음과 같이 단위당 표준가격(SP)을 계산한다.

$$\text{고정활동원가의 단위당 표준가격(SP)} = \frac{\text{고정활동원가예산}}{\text{획득된 활동능력(사용가능량)}}$$

㉢ 고정활동원가 조업도차이는 획득된 활동능력과 부가가치표준수량(SQ)의 차이에 원가동인 단위당 표준가격(SP)을 곱하여 계산하며, 이는 해당 활동의 비부가가치원가를 의미한다.

$$\text{고정활동원가 비부가가치원가} = \{\text{획득된 활동능력} - \text{부가가치표준수량(SQ)}\} \times \text{고정활동원가 단위당 표준가격(SP)}$$

예제 13

(주)해커는 조립형 장난감인 레고를 생산하고 있다. (주)해커는 레고를 뱃치단위로 생산하고 있는데, 한 뱃치의 레고를 생산하기 위하여 기계와 금형을 준비해야 한다. 작업준비간접원가는 뱃치수준의 원가인데, 그 이유는 이 원가가 개별 제품보다는 뱃치단위와 인과관계가 있기 때문이다. 작업준비부서는 서로 다른 유형의 레고를 생산하기 위하여 기계와 금형을 준비할 책임이 있다. 작업준비간접원가는 작업준비시간에 대하여 일부는 변동, 나머지는 고정원가로 구성된다.

다음의 자료는 20×1년에 관한 것이다.

	고정예산	실제
레고의 생산 및 판매량	30,000개	22,500개
뱃치의 크기(뱃치당 제품수량)	250	225
뱃치당 작업준비시간	5시간	5.25시간
작업준비시간당 변동간접원가	₩25	₩24
총고정작업준비간접원가	18,000	17,535

[요구사항]

1. 변동작업준비간접원가에 대하여 변동예산, 소비 및 능률차이를 계산하라.
2. 고정작업준비간접원가에 대하여 변동예산, 소비 및 조업도차이를 계산하라.

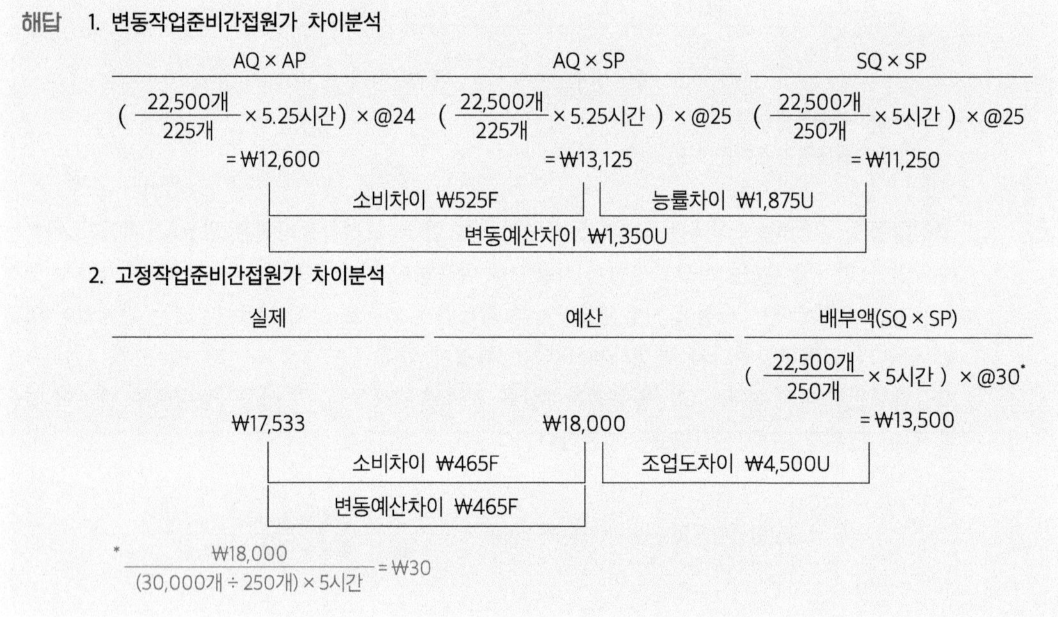

해답 1. 변동작업준비간접원가 차이분석

AQ × AP	AQ × SP	SQ × SP
$\left(\frac{22{,}500개}{225개} \times 5.25시간\right) \times @24$	$\left(\frac{22{,}500개}{225개} \times 5.25시간\right) \times @25$	$\left(\frac{22{,}500개}{250개} \times 5시간\right) \times @25$
= ₩12,600	= ₩13,125	= ₩11,250

소비차이 ₩525F, 능률차이 ₩1,875U

변동예산차이 ₩1,350U

2. 고정작업준비간접원가 차이분석

실제	예산	배부액(SQ × SP)
		$\left(\frac{22{,}500개}{250개} \times 5시간\right) \times @30^{*}$
₩17,533	₩18,000	= ₩13,500

소비차이 ₩465F, 조업도차이 ₩4,500U

변동예산차이 ₩465F

* $\frac{₩18{,}000}{(30{,}000개 \div 250개) \times 5시간} = ₩30$

(6) 미사용활동의 관리

고정활동원가에서는 사전에 획득한 활동능력보다 실제 사용한 활동능력이 미달하는 경우가 있다. 이와 같이 사전에 획득한 활동능력 중 사용되지 아니한 부분을 미사용활동이라고 하는데, 이러한 미사용활동원가는 다음과 같이 계산한다.

미사용활동원가 = (획득된 활동능력 - AQ) × SP
단, AQ: 실제사용된 활동수량
SP : 고정활동원가 단위당 표준가격

미사용활동원가는 고정활동원가 중에서 사용되지 아니한 부분이 어느 정도인지 나타내며 다음과 같이 관리해야 한다.

① 실제로 미사용활동원가의 발생원인이 업무의 효율성이나 생산성 증대 때문인지 사전에 고정활동자원의 사용량 예측 부주의 때문인지 알 수 없다. 따라서 미사용활동원가는 유리나 불리의 여부를 판단할 수 없다. 만약 미사용활동원가가 존재한다면 경영자는 단기적으로 미사용활동을 다른 부문에 활용할 방안을 탐색함으로써 자원 활용도를 최대한 높여야 한다.

② 장기적으로 경영자는 다음 기의 고정활동자원 취득량 예측 시 과거의 미사용활동수준을 고려하여 취득량을 결정해야 할 것이다.

예제 14

(주)구정은 여러 종류의 계산기를 생산하고 있다. 회사는 재료수령업무에 배정된 5명의 작업자에 대한 인건비로 지난해에 총 ₩120,000의 급여를 지급하였으며 재료주문 1회당 ₩4의 변동원가가 발생하였고 이는 모두 예산과 일치하였다. 회사는 재료수령활동의 원가동인으로 재료주문횟수를 사용하고 있는데 재료수령직원 1인이 담당할 수 있는 연간주문처리업무는 평균 4,000회이며 지난해에 발생한 실제주문횟수는 18,000회이었다.

회사의 분석에 의하면 재료수령과 관련된 부가가치표준수량은 12,000회가 적정하다고 보고 있다.

[요구사항]

1. 재료수령업무와 관련하여 미사용활동원가를 구하시오.
2. 재료수령업무와 관련하여 부가가치원가와 비부가가치원가를 구하시오.
3. 구정(주)의 경영자는 미사용활동원가를 어떻게 관리해야 할지 서술하시오.

해답 **1. 미사용활동원가의 계산**

고정활동원가 단위당 표준가격 = 고정활동원가예산/획득된 활동능력(사용가능량)
= ₩120,000/20,000회
= ₩6/회

∴ 미사용활동원가 = (획득된 활동능력 - 실제사용수량) × 고정활동원가 단위당 표준가격
= (20,000회 - 18,000회) × @6
= ₩12,000

2. 부가가치원가 및 비부가가치원가의 계산

(1) 부가가치원가: 12,000회 × @4 + 12,000회 × @6 = ₩120,000

(2) 비부가가치원가: (18,000회 - 12,000회) × @4 + (20,000회 - 12,000회) × @6 = ₩72,000
변동활동원가의 불리한 능률차이 / 고정활동원가의 불리한 조업도차이

3. 미사용활동원가 관리방안

단기적으로 경영자는 미사용활동을 다른 부문에 투입하여 활용하고 장기적으로는 미사용활동이 발생하지 않도록 다음 기 예측에 참고하여 의사결정해야 한다.

보론 1 가격의사결정과 수요의 하향악순환

수요의 하향악순환(downward demand spiral)이란 기업이 경쟁기업의 가격에 대응하지 못하여 자사제품에 대한 수요가 감소하는 경우, 경영자는 손실을 발생시키지 않으면서 장기적으로 모든 원가를 회수하기 위하여 가격을 더욱 상승시켜 더욱 더 경쟁기업의 가격에 대응하지 못하게 되어 수요가 계속적으로 감소하는 현상을 말한다.

사례

[수요의 하향악순환]

(주)토함산은 포장용 상자를 제조하여 판매하고 있다. 포장용 상자의 변동제조원가는 상자당 ₩5이며 고정제조간접원가는 연간 ₩12,000,000이 발생할 것으로 예측하고 있다. (주)토함산의 경영자는 20×1년도에 수요량이 4,000,000상자가 될 것으로 예측하고, 이를 기준조업도로 사용하여 고정제조간접원가를 배부하고 가격을 결정하고자 한다. (주)토함산의 실제적 최대조업도는 8,000,000상자이다.

(1) (주)토함산의 상자당 제조원가는 ₩8(₩5의 변동제조원가와 ₩3의 고정제조간접원가)이 될 것이다. 만약, 20×0년 12월에 경쟁기업이 (주)토함산의 주요 고객(20×1년에 1,000,000상자를 판매하기로 계획된)에게 상자당 ₩7에 공급하기로 제안했다고 가정하자. (주)토함산의 경영자가 손실을 보고 싶지 않고 장기적으로 모든 원가를 회수하고자 한다면, 경쟁기업의 가격에 맞추려 하지 않을 것이고 고객을 잃게 될 것이다.

(2) 고정제조간접원가 ₩12,000,000은 이제 예상판매수량 3,000,000상자를 기준으로 상자당 ₩4이 배부될 것이다. 이 상황에서 (주)토함산의 또 다른 고객(20×1년에 1,000,000상자를 판매할 계획인)이 경쟁기업으로부터 ₩8의 가격을 제안 받았다고 가정하자. 또다시 (주)토함산의 경영자는 이 가격과 (주)토함산의 새로운 제조원가인 ₩9(=₩5+₩4)을 비교할 것이고 경쟁자의 가격에 맞추지 않을 것이며, 결국 또 다시 고객을 잃게 될 것이다.

(3) (주)토함산의 예상판매수량은 이제 2,000,000상자까지 하락할 것이며, 남은 2,000,000상자에 대한 상자당 고정제조간접원가 배부액은 ₩6(=₩12,000,000 ÷ 2,000,000상자)이 될 것이다. 위의 상황을 바탕으로 계속해서 줄어드는 예상판매수량(예산조업도) 상황에서 고정제조간접원가가 상자당 총제조원가에 미치는 영향을 분석하면 다음과 같다.

(1) 예산 기준조업도(상자)	(2) 상자당 변동제조원가	(3) 상자당 고정제조간접원가 (₩12,000,000 ÷ (1))	상자당 총제조원가 (4) = (2) + (3)
4,000,000	₩5	₩3	₩8
3,000,000	5	4	9
2,000,000	5	6	11
1,000,000	5	12	17

(4) 상자당 고정제조간접원가 예산배부율을 계산하기 위한 기준조업도로써 연간기대조업도가 아닌 실제적 최대조업도(또는 실행가능조업도)를 사용하면 기대수요수준이 변할 때 단위당 제조원가를 다시 계산할 필요가 없어진다. 따라서 가격을 결정하기 위하여 보고된 단위당 제조원가를 기계적으로 사용하는 경영자는 기준조업도로 연간기대조업도를 사용할 때보다 실제적 최대조업도(또는 실행가능조업도)를 사용할 때 수요의 하향악순환을 유발시킬 가능성을 줄일 수 있다.

(5) 기준조업도로써 실제적 최대조업도를 사용하면 경영자는 유휴설비가 없다고 가정할 경우에 상자를 생산하기 위하여 필요하고 이용되는 자원에 대하여 정확하게 파악할 수 있다. 앞의 사례에서 실제적 최대조업도를 기준으로 고정제조간접원가를 배부할 경우 상자를 생산하는 데 공급된 제조자원의 원가는 ₩6.5(상자당 ₩5의 변동제조원가와 ₩1.5의 고정제조간접원가)인데, 이 원가는 (주)토함산의 경쟁기업이 제시한 가격보다 낮기 때문에 경영자가 경쟁기업과 대등한 가격을 결정해서 고객을 유지했을 것이다.

(6) 만약, 경쟁기업이 제시한 가격이 상자당 ₩6.5보다 낮으면 (주)토함산의 경영자는 상자를 공급하는 데 사용된 자원의 원가를 회수할 수 없을 것이다. 이것은 비록 유휴설비가 없다고 하여도 (주)토함산이 경쟁력이 없다는 신호를 보내는 것이며, 이러한 상황에서 (주)토함산이 이익을 보고하고 장기적으로 고객을 유지할 수 있는 유일한 방법은 상자당 제조원가를 줄이는 것이다.

예제 15

불국(주)는 한 종류의 대용량 이동식 저장장치를 생산하여 판매하고 있다. 실제적 최대조업도(실행가능조업도)는 5,000단위인데, 과거 몇 년 동안 예산 및 실제 생산·판매량은 5,000단위였다. 불국(주)의 예산 및 실제 변동제조원가는 단위당 ₩100이며, 예산 및 실제 고정제조간접원가는 연간 ₩1,500,000이다. 불국(주)는 단위당 제조원가를 단위당 변동제조원가와 생산량에 배부되는 고정제조간접원가의 합으로 계산한다. 판매가격은 단위당 제조원가에 100%의 이윤을 더하여 설정된다. 단, [요구사항]은 각각 독립적이다.

[요구사항]

1. 불국(주)의 단위당 판매가격을 계산하라.
2. 최근 해외로부터의 경쟁으로 인하여 예산 생산·판매량은 연간 4,000단위로 하락하였으며 앞으로 더욱 하락할 것으로 예측하고 있다. 만일 불국(주)가 예산생산량을 기준조업도로 사용하는 경우 새로운 단위당 판매가격을 계산하라.
3. 예산생산량의 변화가 판매가격에 미치는 영향에 대하여 서술하시오. 불국(주)가 가격결정을 위하여 사용할 수 있는 다른 기준조업도 개념을 제시하고, 정당한 이유를 설명하시오.
4. 불국(주)는 스스로 제품을 생산하는 대신 단위당 ₩400에 동일한 저장장치를 구입할 수 있는 제안을 받았다. 생산공장을 폐쇄하면 고정제조간접원가를 연간 ₩300,000 절감할 수 있다. 불국(주)는 이 제안을 받아들여야 하는가? 그 이유는 무엇인가?

해답 1. 단위당 판매가격

단위당 제조원가: $₩100 + \frac{₩1,500,000}{5,000단위} = ₩400$

단위당 판매가격: ₩400 + ₩400 × 100% = ₩800

2. 예산생산량기준 단위당 판매가격

단위당 제조원가: $₩100 + \frac{₩1,500,000}{4,000단위} = ₩475$

단위당 판매가격: ₩475 + ₩475 × 100% = ₩950

3. 예산생산량 변화가 판매가격에 미치는 영향

예산생산량의 감소로 단위당 고정제조간접원가 배부율이 높아져 단위당 판매가격을 상승하게 되며, 이로 인해 불국(주)의 수익성이 악화될 수 있다. 불국(주)는 고정제조간접원가예산 배부율을 계산하기 위한 기준조업도로써 연간기대조업도가 아닌 실제적 최대조업도(또는 실행가능조업도)를 사용하면 기대수요수준이 변할 때 단위당 제조원가는 변하지 않으므로 수요의 하향악순환을 유발시킬 가능성을 줄일 수 있다.

4. 외부구입 의사결정

증분수익				₩0
증분비용				1,200,000
증가	이동식저장장치 구입비용	5,000단위 × @400 =	₩2,000,000	
감소	이동식저장장치 변동제조원가	5,000단위 × @100 =	(500,000)	
	고정제조간접원가		(300,000)	
증분이익(손실)				₩(1,200,000)

따라서 불국(주)는 제안을 거절해야 한다.

보론 2 | 대리인이론

01 대리인이론의 의의

대리인이론(Agency Theory)이란 주인(principal)과 대리인(agent) 두 사람으로 이루어진 경제적 모형에서 주인과 대리인간의 관계를 설명하는 이론이다.

(1) 주인 - 대리인 관계

주인 - 대리인 관계(principal-agent relationship)는 간단히 대리관계(agency relationship)라고도 부르는데 대리인이 주인을 대신하여 행동하는 관계이다. 이를 구체적으로 살펴보면 다음과 같다.

① 주주와 전문경영자와의 관계에서 주주는 주인이고 전문경영자는 대리인이다. 회사의 소유주인 주주는 전문경영자에게 자신을 대신하여 회사를 경영하도록 하고 그 대가로 일정금액의 급여(보상)를 지급한다. 따라서 대리인인 전문경영자는 고용계약의 내용대로 주주의 이익을 위해 회사를 성실하게 경영할 의무를 지게 된다.

② 주인 - 대리인 관계는 사적인 계약관계에서만 발생하는 것은 아니다. 공무원의 경우도 주인 - 대리인 관계의 대리인 역할을 수행하는 것으로 주인인 국민이 공무원에게 자신을 대신해 일하도록 위임한 것이라 볼 수 있다.

(2) 의사결정모형

주인과 대리인이 한 기간 내의 각 시점에서 행하는 의사결정모형을 나타내면 다음과 같다.

기본적 대리모형에서의 주인 - 대리인 관계

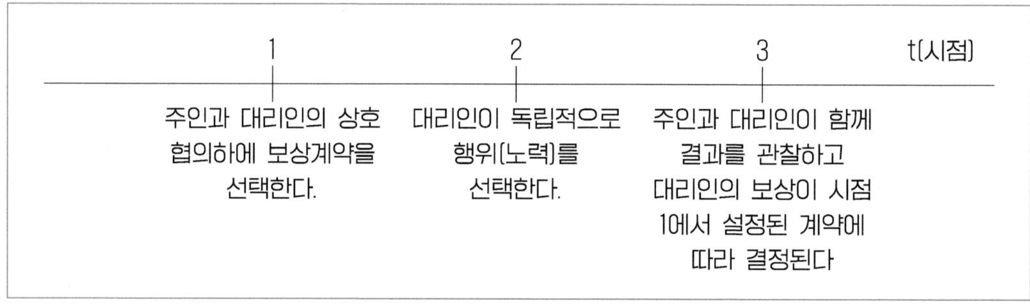

① 위의 기본적 대리모형의 시점 1에서 주인은 다음과 같은 목적을 달성하기 위하여 대리인을 고용한다.

㉠ 대리인의 노력을 이용하여 주인의 현금흐름을 증가시키고 그에 따라 수익을 증가시킨다.

㉡ 대리인의 지식, 경험, 정보 등을 얻는다.

㉢ 우호협력이나 존경, 명예 등과 같은 비화폐적 효익을 얻는다.

② 그리고 대리인은 ⓐ 보상을 얻고 ⓑ 위험을 주인에게 전가하며 ⓒ 비화폐적 욕구를 충족시키기 위해서 직업을 구하고자 한다.

(3) 대리인 문제

주인인 주주가 대리인인 경영자에게 의사결정권한을 위임하는 경우에 경영자는 고용계약에 협정된 것과는 다르게 행동하여 고의적으로 나태해지거나 태만하게 될 유인이 존재하는데 이를 도덕적 해이(moral hazard)라 하고 이로 인해 자신의 효용극대화를 위해 주주의 이익에 반하는 행동을 하게 되는데 이를 대리인문제(agency problem)라 한다. 이를 구체적으로 살펴보면 다음과 같다.

① 일반적으로 계약 당사자들이 계약대로(묵시적 계약이든, 명시적 계약이든) 성실히 수행하면 대리인 문제는 발생하지 않는다. 주인 - 대리인 관계에서 위해서 설명한 도덕적 해이가 발생하는 이유는 다음과 같은 상황이 존재하기 때문이다.

㉠ 현실에서 주인이 대리인의 노력 수준을 객관적으로 관찰하기 어렵거나 불가능한 경우가 대부분이다. 우리는 이러한 상황을 주인과 대리인 사이에 정보의 비대칭(information asymmetry)이 존재한다고 한다. 이러한 어려움은 일반적으로 계약당사자의 행동을 관찰하거나 보고된 정보를 검증하는데 매우 비용이 많이 들거나 불가능하기 때문에 일어난다.

㉡ 또한 대리인의 성과가 대리인의 노력에 의해서만 결정되는 것이 아니고 불확실한 외생적 상황에 의하여 영향을 받을 수 있다. 즉 대리인이 적은 노력을 투입해도 높은 성과를 가져올 수 있는 상황이 존재한다.

② 이와 같이 외생적 상황에 의해 성과가 영향을 받으면 대리인은 노력을 덜 투입하더라도 외생적 상황에 따라 좋은 성과를 이룰 수도 있기 때문에 주인이 대리인의 노력을 관찰할 수 없는 정보비대칭의 상황에서는 도덕적 해이가 나타날 수 있는 것이다. 따라서 주인은 대리인을 통제할 수 있는 적절한 방안을 강구하여 도덕적 해이가 발생하지 않도록 해야 한다.

(4) 도덕적 해이의 통제

도덕적 해이로 인한 대리인문제를 해결하는 방법은 경영자에 대한 적절한 보상제도나 시장(기업인수, 합병)과 법제도(이사회, 사외이사, 감사 등의 감찰기구)를 통한 적절한 모니터링을 통해서 해결이 가능하다. 이 중에서 관리회계에서는 경영자에 대한 적절한 인세티브계약을 통하여 도덕적 해이를 줄이는 방법에 대해서 중점적으로 논의한다.

02 주인-대리인 모형

앞서 설명하였듯이 주인 - 대리인 관계에서는 대리인이 주인과 약속한 내용을 성실하게 수행하지 않고 태만하거나 주인의 이익보다는 자신의 이익을 우선하는 도덕적 해이의 문제가 발생하기 쉽다. 따라서 주인은 대리인의 도덕적 해이를 막기 위한 여러 가지 방법 중 하나로 인센티브 계약을 설계하는데, 이를 위한 이론적 틀로서 사용되는 모형이 주인 - 대리인 모형(principal-agent model)이다. 주인 - 대리인 모형은 1970년대 이후 경영학을 포함한 여러 사회과학 분야에서 다자간의 의사결정문제를 분석하는 핵심적인 틀로서 발전해왔다.

(1) 기본가정

주인 - 대리인 모형에서는 논의의 편의를 위해 다음과 같이 여러 가지의 가정을 설정하고 있다.

① 주인인 주주는 다양하게 분산투자된 포트폴리오에 자신의 부를 투자하므로 위험중립형이라 가정한다. 즉 자신에게 돌아올 이익의 기댓값에 대해서만 관심을 갖는다.

② 대리인인 경영자는 자신의 인적자원을 한 회사에 모두 투입하므로 주주과 달리 위험회피적이고, 업무를 수행하는데 있어 필요한 최소한의 노력이상을 기울이기 싫어한다(즉, 노력이 비재화(bads)임).

③ 기업성과는 대리인의 노력과 외생적상황변수에 따른 결과이다. 따라서 대리인의 동일한 노력하에서도 외생적상황변수에 따라 다른 결과가 나올 수 있다.

④ 주인은 대리인의 효용함수를 알고 있으며, 주인과 대리인 모두 상황(states or natures)에 대한 확률분포를 알고 있다.

⑤ 대리인은 자신의 효용이 같은 경우 주인에게 유리한 선택을 한다.

⑥ 대리인의 고용은 대리인이 다른 기회로부터 얻을 수 있는 최선의 효용을 보장함으로써 이루어진다.

(2) 기본모형

① 대리인이 선택한 행동(즉, 노력의 정도)이 a일 때 성과가 x가 될 확률을 p(x | a)라고 하자. 성과가 x일 때 대리인에 대한 보상을 s라고 하면 주인은 x - s를 갖게 된다. 주인의 효용함수를 G(x - s), 대리인의 효용함수를 U(s, a)라고 하자.

② 주인은 대리인에게 최소한 계약이 이루어질 수 있는 효용을 보장하면서 대리인이 주인에게 최선인 행동을 선택하도록 하는 보상을 결정하여야 하므로 주인의 입장에서 대리인문제를 구성하면 다음과 같다.

$$\underset{a,s}{Max}\sum_{x} G(x-s)p(x \mid a)$$
$$\text{subject to } \sum_{x} U(s,\ a)p(x \mid a) \geq U_0$$
$$\sum_{x} U(s,\ a)p(x \mid a) \geq \sum_{x} U(s,\ a')p(x \mid a') \text{ for all } a' \neq a$$

③ 위의 식에서 U_0는 대리인이 다른 고용기회로부터 얻을 수 있는 효용이며, 첫 번째 제약식은 대리인이 고용계약을 받아들이게 하기 위한 조건(참여제약: participation constraint)이고, 두 번째 제약식은 주인이 대리인으로 하여금 높은 수준의 노력을 기울이도록 동기부여하기 위해 요구되는 조건(인센티브 성립조건: incentive compatibility constraint)이다.

(3) 주인 - 대리인 모형의 최적보상계획

① **주인이 대리인의 노력을 관찰할 수 있는 경우(완전계약)(정보의 비대칭이 존재하지 않는 경우)**: 주인이 대리인의 노력을 관찰할 수 있다면 기본모형에서 두 번째 제약식은 필요 없다. 이 경우 주인은 주인이 선택한 노력하에서 대리인의 효용이 U_0가 되는 최소한도의 보상을 하면 되고 만약에 대리인이 주인이 선택한 노력을 취하지 않는 경우에는 보상을 하지 않으면 된다. 즉, 주인이 대리인의 노력을 관찰할 수 있다면 주인과 대리인 사이에 정보의 비대칭이 존재할 수 없고 주인은 대리인이 주인이 선택한 노력을 취하는 경우에만 보상을 하면 되는 것이다. 따라서 이러한 경우에는 대리인이 도덕적 해이에 빠질 유인이 존재할 수 없다. 또한 이 경우에 대리인은 고정급으로 보상을 받기 때문에 위험부담이 없기 때문에 위험 프리미엄을 요구하지 않는다.

② **주인이 대리인의 노력을 관찰할 수 없는 경우(불완전계약)(정보의 비대칭이 존재하는 경우)**: 현실에서는 일반적으로 주인이 대리인의 노력을 관찰할 수 없는 경우가 대부분이다. 즉, 이러한 경우에는 주인과 대리인 사이에 정보의 비대칭이 존재하므로 관찰불가능한 대리인의 노력을 기준으로 보상계약이 이루어진다면 사후적으로 대리인이 자신의 효용극대화를 위해서 주인이 선택한 노력을 취하지 않는 도덕적 해이에 빠질 수 있다. 따라서 더 이상 관찰불가능한 대리인의 노력을 기준으로 보상계약이 이루어질 수 없으며 대리인이 도덕적 해이에 빠지지 않도록 하기 위해서는 대리인이 주인이 선택한 노력을 취할 수 있도록 현실적으로 관찰가능한 성과에 근거한 적절한 보상계약을 수립하여

야 한다는 것이다. 그리고 이러한 경우에는 대리인이 불확실한 성과에 의하여 보상계약이 이루어져야 하므로 대리인이 위험회피적이라면 불확실성, 즉 위험에 대한 프리미엄을 추가로 요구하므로 대리인의 노력이 관찰가능한 경우보다 더 많은 보상을 하여야 한다.

예제 16

대리인이 취하는 행동은 a = 8, 10 또는 15의 세 가지가 있고, 행동에 따른 결과는 확률이 같은 세 가지 상황에 따라 다음과 같이 나타낼 수 있다.

	상황 1	상황 2	상황 3
a = 8	₩20,000	₩20,000	₩20,000
a = 10	80,000	20,000	20,000
a = 15	80,000	80,000	20,000

주인은 위험중립적이고 대리인의 효용함수는 보상이 S일 때 다음과 같다.

$U(S,\ a) = \sqrt{S} - a^2$

대리인에게 보장되어야 하는 최저효용은 U_0=10이다.

[요구사항]

1. 대리인의 행동이 관찰될 수 있을 때의 보상계약을 구하라.
2. [요구사항 1]의 보상계약은 위험분담(risk-sharing)의 관점에서 최선인가?
3. 대리인의 행동은 관찰될 수 없고, 주인과 대리인 모두 결과만 관찰할 수 있을 때의 보상계약을 구하라.
4. [요구사항 3]의 경우, 결과에 대한 계획(예산액)을 수립하고, 예산과 실적의 차이에 따른 보상으로 보상계약을 구하라.
5. [요구사항 3]의 경우, 대리인의 행동을 관찰할 수 없기 때문에 결과에 의한 보상계약을 맺을 수밖에 없고, 따라서 대리인의 보상이 불확실해지게 되므로 위험부담에 대한 추가보상이 필요하다. 추가보상은 얼마인가?

해답 1. **대리인 행동 관찰가능할 경우 보상계약**

대리인에게 일을 시키기 위하여 지불되어야 하는 보상은

$\sqrt{S} - a^2 = 10$이므로 $S = [10 + a^2]^2$이다.

따라서 a = 8이면 S = ₩5,476, a = 10이면 S=₩12,100, a = 15이면 S = ₩55,225가 지불되어야 한다. 이제 주인에게 최선인 행동을 선택하기 위하여 각 행동이 주인에게 가져올 기대결과를 계산하면 다음과 같다.

a = 8일 때: ₩20,000 - ₩5,476 = ₩14,524

a = 10일 때: ₩20,000×2/3 + ₩80,000×1/3 - ₩12,100 = ₩27,900(최선)

a = 15일 때: ₩20,000×1/3 + ₩80,000×2/3 - ₩55,225 = ₩4,775

∴ 대리인이 a = 10만큼 일하면 ₩12,100의 보상을 하고, 다른 행동을 취하면 보상하지 않는 계약이 최선의 계약이다.

2. **위험분담관점에서의 평가**

위험회피적인 대리인은 고정된 보수 ₩12,100을 받고, 위험중립적인 주인이 결과의 불확실성을 모두 감당하게 되는 계약이므로 위험배분의 관점에서 최선의 계약이다.

3. 대리인행동 관찰 불가능할 경우 보상계약

① 대리인이 a = 8을 선택하도록 하기 위해서는 [해답 1]에서처럼 ₩5,476을 보상으로 지불하면 되고, 이때 주인의 기대이익은 ₩14,524이다.

② 대리인이 a = 10을 선택하도록 하기 위한 최소한도의 보상을 결정하려 할 때, 보상은 결과에 따라 달라지게 된다. 따라서 결과가 ₩20,000일 때의 보상액을 S_1, 결과가 ₩80,000일 때의 보상액을 S_2라 하고 다음 문제의 해를 구하면 된다.

$$Min S_1 \times \frac{2}{3} + S_2 \times \frac{1}{3}$$

$$s.t \ \sqrt{S_1} \times \frac{2}{3} + \sqrt{S_2} \times \frac{1}{3} - 100 \geq 10$$

$$\sqrt{S_1} \times \frac{2}{3} + \sqrt{S_2} \times \frac{1}{3} - 100 \geq \sqrt{S_1} - 64$$

∴ S_1 = ₩5,476, S_2=₩33,124

따라서 a=10일 때의 기대보상액은 ₩14,691이며, 주인의 기대이익은
₩20,000 × 2/3 + ₩80,000 × 1/3 - ₩14,691 = ₩25,309이다.

③ 마찬가지 방법으로 대리인이 a = 15를 선택하도록 하기 위해서는

$$Min S_1 \times \frac{1}{3} + S_2 \times \frac{2}{3}$$

$$s.t \ \sqrt{S_1} \times \frac{1}{3} + \sqrt{S_2} \times \frac{2}{3} - 225 \geq 10$$

$$\sqrt{S_1} \times \frac{1}{3} + \sqrt{S_2} \times \frac{2}{3} - 225 \geq \sqrt{S_1} - 64$$

$$\sqrt{S_1} \times \frac{1}{3} + \sqrt{S_2} \times \frac{2}{3} - 225 \geq \sqrt{S_1} \times \frac{2}{3} + \sqrt{S_2} \times \frac{1}{3} - 100$$

∴ S_1 = ₩0, S_2 = ₩140,653

따라서 a=15일 때의 기대보상액은 ₩93,768.67이며, 주인의 기대이익은
₩20,000 × 1/3 + ₩80,000 × 2/3 - ₩93,768.67 = ₩(33,768.67)이다.

④ a=10인 경우 주인의 기대이익이 최대가 되므로 결과가 ₩20,000이면 ₩5,476, 결과가 ₩80,000이면 ₩33,124을 지급하는 보상계약이 최선의 계약이다. 이러한 보상계약은 기본급을 ₩5,476 지급하고 높은 성공에 대한 보너스 ₩33,124 - ₩5,476 = ₩27,648 지급하는 계약과 같은 계약이다.

4. 예산과 실적의 차이에 따른 보상계약

주인의 입장에서 결정하게 되는 예산액은 기대결과인 ₩80,000 × 1/3 + ₩20,000 × 2/3 = ₩40,000이다. 이때 예산액이 달성될 때의 기본급은 대리인에게 지급하게 되는 기대보상액 ₩14,691이고, 불리한 차이(즉, ₩20,000의 결과)가 얻어지면 ₩14,691 - ₩5,476 = ₩9,215만큼 감액하고, 유리한 차이(즉, ₩80,000의 결과)가 얻어지면 ₩33,124 - ₩14,691 = ₩18,433만큼 보너스를 주는 보상계약을 맺으면 [해답 3]에서와 동일한 계약이 된다.

5. 위험부담에 따른 추가보상

대리인의 행동을 관찰할 수 있는 경우의 보상액은 ₩12,100이다. 행동을 관찰할 수 없는 경우의 기대보상액은 ₩14,691이므로 ₩14,691 - ₩12,100 = ₩2,591이 위험부담에 따른 추가보상액이다.

제17장

기출 OX문제

01 균형성과표는 Kaplan과 Norton에 의해 개발된 개념으로 조직의 전략과 성과평가시스템을 연계시킬 것을 강조한다. (O, X)

02 균형성과표의 다양한 성과지표 간의 인과관계를 통하여 조직의 전략목표 달성과정을 제시하는 성과지표의 체계를 전략지도(strategy map)라고 한다. (O, X)

03 균형성과표는 재무적인 성과지표를 중시하며 전통적인 성과측정제도의 문제점을 보완할 수 있는 성과측정시스템으로 인식되고 있다. (O, X)

04 균형성과표는 일반적으로 재무관점, 고객관점, 내부프로세스관점, 학습과 성장관점의 다양한 성과지표에 의하여 조직의 성과를 측정하고자 한다. (O, X)

05 균형성과표는 비영리단체에는 적용될 수 없다. (O, X)

06 균형성과표는 전략의 구체화와 의사소통보다 성과보상에 초점이 맞추어진 제도이다. (O, X)

07 재무적 관점은 경제적 부가가치(EVA)로, 고객관점은 시장점유율로, 내부프로세스관점은 수율로 측정할 수 있다. (O, X)

08 재무적 성과는 수익을 제공하는 고객으로부터 달성될 수 있으므로 고객관점지표가 재무적 지표의 동인이 될 수 있으나, 내부프로세스의 효율성 향상과 재무적 성과에 따라 학습과 성장의 지표가 달성되므로 결국 학습과 성장의 지표가 최종적인 결과물이 된다. (O, X)

정답 및 해설

01 ○

02 ○

03 X 균형성과표는 기업의 가치를 향상시키기 위해 재무적 지표 이외에 다양한 관점의 성과지표가 측정되어야 한다는 것을 강조하므로 전통적인 성과측정제도의 문제점을 보완한다.

04 ○

05 X 대학교나 정부기관과 같은 비영리단체도 재무적 관점, 고객관점, 내부프로세스관점, 학습과 성장관점을 사용할 수 있다.

06 X 균형성과표는 성과지표를 결정하는 과정에서 전략을 구체화하고 의사소통이 이루어지도록 도와준다.

07 ○

08 X 균형성과표의 최종 결과물은 재무적 성과이다.

09 균형성과표의 고객 관점은 고객만족에 대한 성과를 측정하는데 고객만족도, 고객유지율, 반복구매정도, 시장점유율 등의 지표가 사용된다. (O, X)

10 내부프로세스의 관점은 원가를 낮은 수준에서 유지하여 제품을 저렴한 가격으로 고객에게 제공할 수 있도록 기업내부의 업무가 효율적으로 수행되는 정도를 의미하는데 불량률, 작업폐물, 재작업률, 수율, 납기, 생산처리시간 등의 지표가 사용된다. (O, X)

11 균형성과표의 학습과 성장 관점은 기존의 프로세스와 제품에 만족하지 않고 기술 및 제품의 혁신적인 발전을 추구하는 정도를 의미하는데 종업원만족도, 종업원 이직률, 종업원 1인당 사내훈련시간 등의 지표가 이용된다. (O, X)

12 전사적인 균형성과표는 하부조직의 균형성과표를 먼저 수립한 후 하의상달식으로 구축한다. (O, X)

13 균형성과표는 조직의 수익성을 최종적인 목표로 설정하기 때문에 4가지 관점의 성과지표 중에서 학습과 성장관점의 성과지표를 가장 중시한다. (O, X)

14 균형성과표에서 전략에 근거하여 도출한 재무적 성과측정치는 비재무적 성과측정치의 선행지표가 된다. (O, X)

15 기업의 균형성과표에서 내부프로세스 관점의 성과지표는 학습과 성장 관점의 성과지표에 대해 선행지표인 것이 일반적이다. (O, X)

16 균형성과표의 장점은 계량화된 객관적인 측정치만을 사용하는 것이다. (O, X)

17 균형성과표의 균형이란 단기와 장기, 내부와 외부, 재무와 비재무적 관점 그리고 선행 및 후행지표를 동시에 활용할 것을 강조하는 개념이다. (O, X)

18 균형성과표는 일반적으로 기업들이 수립된 전략의 커뮤니케이션과 실행보다는 전략의 질에 문제가 있음을 강조한다. (O, X)

정답 및 해설

09 O

10 O

11 O

12 X 상부조직의 균형성과표를 먼저 수립한 후 상의하달식으로 구축한다.

13 X 균형성과표의 목표는 조직의 비전과 전략으로부터 도출되고 4가지 관점에서 조직의 성과를 평가하며 그 상호 간의 균형을 강조한다.

14 X 재무적 성과측정치는 비재무적 성과측정치의 후행지표가 된다.

15 X 내부프로세스 관점의 성과지표는 학습과 성장관점의 성과지표의 후행지표가 된다.

16 X 균형성과표의 장점은 계량화된 정보뿐만 아니라 비계량화된 정보도 반영된다는 것이다.

17 O

18 X 균형성과표는 일반적으로 기업들이 수립된 전략이 조직구성원 사이에 커뮤니케이션되도록 하는 역할도 한다.

제17장
개념확인문제

대표 문제를 학습한 후, 이와 동일한 유형의 문제를 풀며 개념을 익혀보세요.

대표 문제 고객수익성분석

상품매매기업인 (주)한국유통이 활동기준원가계산을 적용하여 간접원가(overheads)를 고객별로 배부하기 위해, 20×1년초에 수집한 연간 예산자료는 다음과 같다.

(1) 연간 간접원가

간접원가항목	금액
급여	₩1,200,000
판매비	800,000
계	₩2,000,000

(2) 활동별 간접원가 배부비율

간접원가항목	활동		합계
	고객주문처리	고객관계관리	
급여	20%	80%	100%
판매비	40	60	100

(3) 활동별 원가동인과 연간 활동량

활동	원가동인	활동량
고객주문처리	고객주문횟수	500회
고객관계관리	고객수	50명

(주)한국유통은 20×1년 중 주요 고객인 (주)대한이 20회의 주문을 할 것으로 예상하고 있다. (주)대한의 주문 1회당 예상되는 평균매출액은 ₩20,000이며, 매출원가는 매출액의 75%이다. 활동기준원가계산을 적용하여 간접원가를 고객별로 배부하는 경우, (주)한국유통이 20×1년 중 (주)대한으로부터 얻을 것으로 예상할 수 있는 이익은 얼마인가? 단, 매출원가를 제외한 어떠한 직접원가도 발생하지 않는다. [회계사 15]

해답 1. 간접(자원)원가를 활동에 배부

(1) 고객주문처리활동: ₩1,200,000 × 20% + ₩800,000 × 40% = ₩560,000

(2) 고객관계관리활동: ₩1,200,000 × 80% + ₩800,000 × 60% = ₩1,440,000

2. 활동원가배부율

활동	활동원가배부율
고객주문처리	₩560,000 ÷ 500회 = 주문횟수당 ₩1,120
고객관계관리	₩1,440,000 ÷ 50명 = 고객 1인당 28,800

3. (주)대한의 수익성분석

매출액: 20회 × ₩20,000=	₩400,000
매출원가: ₩400,000 × 75%=	300,000
매출총이익	₩100,000
고객주문처리비: 20회 × ₩1,120/회=	22,400
고객관계관리비: 1명 × ₩28,800/명=	28,800
영업이익	₩48,800

01 상품매매기업인 (주)세무는 활동기준원가계산에 의하여 간접원가를 고객별로 배부한다. 활동기준원가계산을 적용하기 위해 20×1년 초에 수집한 연간 예산 및 관련 자료는 다음과 같다. 20×1년 중 고객 A가 6회 주문할 경우, 이 고객에게 배부될 간접원가 총액은 얼마인가? [세무사 14]

(1) 간접원가 연간자료

	금액
급여	₩250,000
마케팅비	160,000
계	₩410,000

(2) 자원소비단위(활동)별 간접원가 배부비율

	주문처리	고객지원	배부불능*	합계
급여	20%	70%	10%	100%
마케팅비	10	80	10	100

* 배부불능은 활동별로 배부되지 않은 원가로 기업 전체 수준으로 배부되며 고객별로 배부되지 않는다.

(3) 활동별 원가동인과 연간 활동량

	원가동인	활동량
주문처리	주문횟수	4,000회
고객지원	고객수	40명

02 (주)한국은 소매업체들을 대상으로 판매촉진관련 지원서비스를 제공하고 있다. (주)한국은 적절한 이익을 창출하고자 각 고객별 주문과 관련하여 발생한 재료원가에 100%의 이윤폭(markup)을 가산하여 각 고객에 대한 지원서비스 청구액(= 재료원가 × 200%)을 결정하여 왔다. 최근 들어 (주)한국은 새로운 고객관계관리 소프트웨어를 사용하여 활동분석을 수행한 결과 활동, 활동원가동인 및 활동원가동인당 배부율을 다음과 같이 파악하였다.

활동	활동원가동인	활동원가동인당 배부율
정규주문처리	정규주문 처리건수	정규주문처리 건당 ₩5
긴급주문처리	긴급주문 처리건수	긴급주문처리 건당 ₩15
고객이 요구한 특별서비스 처리	특별서비스 처리건수	특별서비스처리 건당 ₩50
고객관계관리	연간 고객수	고객당 ₩100

고객관계관리 소프트웨어를 이용하여 20×1년 한 해 동안 이 회사의 고객들에 관한 데이터를 수집하였으며, 총 고객 60명 중 2명의 고객 A, B에 대한 자료와 회사 전체의 자료는 다음과 같다.

구분	고객 A	고객 B	회사 전체
매출액(지원서비스 청구액)	₩1,400	₩750	₩60,000
정규주문 처리건수	25건	8건	1,000건
긴급주문 처리건수	10건	8건	5,000건
특별서비스 처리건수	4건	7건	200건
고객수	1명	1명	60명

위에 주어진 활동분석자료에 입각하여 20×1년 한 해 동안 고객 A, B 각각으로부터 창출된 이익(손실)을 계산하면 얼마인가? [회계사 16]

정답 및 해설

01 1. 간접(자원)원가를 활동에 배부

(1) 주문처리활동: ₩250,000 × 20% + ₩160,000 × 10% = ₩66,000

(2) 고객지원활동: ₩250,000 × 70% + ₩160,000 × 80% = ₩303,000

2. 활동원가배부율

활동	활동원가배부율
주문처리	₩66,000 ÷ 4,000회 = 주문횟수당 ₩16.5
고객지원	₩303,000 ÷ 40명 = 고객 1인당 7,575

3. A고객에게 배부될 활동원가

고객주문처리비: 6회 × ₩16.5/회 =	₩99
고객지원비: 1명 × ₩7,575/명 =	7,575
계	₩7,674

02 1. 고객 A

재료원가 = ₩1,400 ÷ 2 = ₩700

가공원가 = 25건 × ₩5 + 10건 × ₩15 + 4건 × ₩4 + 1명 × ₩100 = ₩575

손익 = ₩1,400 - ₩700 - ₩575 = ₩125

2. 고객 B

재료원가 = ₩750 ÷ 2 = ₩375

가공원가 = 8건 × ₩5 + 8건 × ₩15 + 7건 × ₩4 + 1명 × ₩100 = ₩610

손익 = ₩750 - ₩375 - ₩610 = (₩235)

03 (주)한야의 영업팀은 활동원가에 근거하여 고객의 수익성을 평가한다. 당기에 주문처리와 고객관리를 위해 수행한 활동 및 원가 자료는 다음과 같다. 긴급주문 처리를 위해서는 통상적인 주문처리 원가에 추가하여 1회당 ₩100의 원가가 발생한다.

활동 및 원가항목	원가
주문처리	₩70/1회 주문
긴급주문 처리를 위한 추가원가	100/1회 긴급주문
고객상담	450/1회 상담
고객관계관리	80,000/고객 1인

상기 원가 이외에 매출원가는 매출액의 80%에 해당한다. 당기 중에 (주)한야의 주요 고객인 A와 관련하여 매출액 ₩500,000, 주문처리 횟수 300회(이 중 70%는 긴급주문임), 고객상담 횟수 140회가 발생하였다. 고객관계관리는 모든 고객에게 공통으로 적용된다. 회사가 A고객으로부터 얻은 이익(혹은 손실)은 얼마인가?

04 (주)민국카드의 고객센터에는 50명의 직원들이 신규고객 유치와 불만처리 업무를 수행하고 있다. 통상적으로 신규고객 유치는 건당 6분, 불만처리 업무에는 건당 15분이 소요된다. 직원들의 정규근무시간은 1주일에 5일, 주당 40시간이며, 총근무시간은 업무수요에 따라 조절이 가능하다. 주당 정규급여는 1인당 ₩320,000이고 초과근무수당은 시간당 ₩12,000이다. 향후 1주일 동안 예상되는 1일 평균 업무수요가 다음과 같을 경우, 노무원가를 최소화하기 위해 신규로 채용해야 할 직원은 몇 명인가? [회계사 09]

구분	1일 평균 업무수요
신규고객유치	1,450건
불만처리	1,200

05 (주)LAN은 활동기준원가계산을 이용하여 제조간접원가 예산을 설정하고 있다. 이 회사의 변동제조간접원가는 전부 기계작업준비로 인해 발생하는 원가로써, 기계작업준비에 투입되는 자원은 간접노무, 소모품, 전력 등이며, 기계작업준비시간이 원가동인이다. 기계작업준비는 생산의 최종단계에서 이루어진다. 기계작업준비와 관련된 20×9년도 연간 예산 자료는 다음과 같다.

구분	연초 설정예산	실제
생산량 단위	264,000개	260,000개
뱃치 규모(뱃치당 단위수)	110개	100개
뱃치당 기계작업준비시간	3시간	4시간
작업준비 시간당 변동제조간접원가	₩4	₩5

변동작업준비간접비에 대하여 변동예산, 소비 및 능률차이를 계산하시오.

정답 및 해설

03

고객 A에 대한 매출액			₩500,000
고객 A에 대한 비용			(585,000)
매출원가: ₩500,000 × 80% =		₩400,000	
주문처리		42,000	
일반주문: 300회 × @70 =	₩21,000		
긴급주문: 300회 × 70% × @100 =	21,000		
고객상담: 140회 × @450 =		63,000	
고객관계관리: 1인 × @80,000 =		80,000	
고객 A로부터 얻은 이익(손실)			₩(85,000)

04 1.

1일 필요시간	445시간*
기존직원 1일 근무시간: 50명 × 8시간 =	(400)
1일 부족시간	45시간

* (1,450건 × 6분 + 1,200건 × 15분) ÷ 60분 = 445시간
(1,450건 × 6분: 신규고객유치, 1,200건 × 15분: 불만처리)

2. x명을 신규로 채용한다면

정규급여: x명 × @64,000[*1] = 64,000x

초과근무수당[*2]: (45시간 - x명 × 8시간) × @12,000 = ₩540,000 - 96,000x

[*1] 1인당 1일 정규급여: ₩320,000 ÷ 5일 = ₩64,000

[*2] "$x \leq 5$명"일 때만 발생함

3. (1) $x \leq 5$: 초과근무수당 지급

∴ 노무원가 = 64,000x + (₩540,000 - 96,000x) = ₩540,000 - 32,000x

(2) $x \geq 6$: 초과근무수당 지급할 필요 없음

∴ 노무원가 = 64,000x

따라서, x = 5명일 때 1일 노무원가는 ₩380,000으로 최소임

참고

x = 6명일 경우 1일 노무원가는 ₩384,000(= 6명 × @64,000: 6명의 정규급여)

05 1. 변동예산

구분	연초 설정예산	실제	변동예산
생산량 단위	264,000개	260,000개	260,000개
뱃치규모	100개/뱃치	100개/뱃치	110개/뱃치
뱃치수[*1]	2,400묶음	2,600묶음	2,364묶음
뱃치당 기계작업준비시간	3시간	4시간	3시간
기계작업준비시간[*2]	7,200시간	10,400시간	7,091시간
시간당 변동제조간접원가	₩4	₩5	₩4

[*1] 뱃치수 = 생산량 단위 ÷ 뱃치 규모

[*2] 기계작업준비시간 = 뱃치수 × 뱃치당 기계작업준비시간

2. 소비 및 능률차이

AQ × AP	AQ × SP	SQ × SP
10,400시간 × @5 = ₩52,000	10,400시간 × @4 = ₩41,600	7,091시간 × @4 = ₩28,364

소비차이 ₩10,400U　　능률차이 ₩13,236U

대표 문제 미사용활동의 관리

열공(주)는 수도권 지역에서 자사제품을 판매하고 있다. 최근 자세제품을 판매하지 않던 지역인 강원 지역에서 2,000단위의 제품을 단위당 ₩9,500에 구입하겠다는 특별주문을 받았다. 이 제품의 정상판매가격은 ₩13,500이다.

	원가동인	정상판매분을 고려한 미사용활동량	활동별 배부율	
			변동원가	고정원가
직접재료원가	생산량	-	₩3,000	-
직접노무원가	직접노동시간	-	7,000	-
작업준비원가	작업준비시간	10시간	8,000	₩50,000
기계처리	기계시간	6,000	1,000	4,000

작업준비에 투입되는 기술자는 1인당 100시간을 수행할 수 있다. 작업준비원가 중 고정원가는 기술자 인건비만 포함하고 있다. 특별주문품 생산을 위한 직접노동시간은 400시간, 기계시간은 4,000시간, 작업준비시간은 25시간이다. (1) 회사는 특별주문을 수락해야 하는가? 계산과정을 나타내시오. (2) 만약, 회사의 작업준비활동의 미사용활동량이 50시간이라면 (1)의 답은 어떻게 달라지는가?

해답 1. 특별주문 수락 여부 결정

<특별주문의 수락 시>

증분수익			₩19,000,000
매출액 증가	2,000단위 × @9,500=	₩19,000,000	
증분비용			18,000,000
직접재료원가 증가	2,000단위 × @3,000=	₩6,000,000	
직접노무원가 증가	400시간 × @7,000=	2,800,000	
작업준비원가 증가	변동원가 25시간 × @8,000=	200,000	
	고정원가(기술자 인건비)	5,000,000	
기계처리원가 증가	4,000시간 × @1,000=	4,000,000	
증분이익(손실)			₩1,000,000

* 작업준비 미사용활동량이 10시간인데 필요시간이 25시간이므로 기술자 1인을 추가 고용해야 한다. 1인의 인건비는 100시간 × @50,000 = ₩5,000,000이다. 기계처리는 미사용활동량 6,000시간이 소요시간 4,000시간을 초과하므로 고정원가의 증가는 없다.

∴ 이익이 증가하므로 특별주문을 수락한다.

2. 여유생산능력 활용 시 의사결정

1.의 증분이익	₩1,000,000
작업준비활동 고정원가 증가 제외	5,000,000
증분이익(손실)	₩6,000,000

* 작업준비 미사용활동량이 소요시간을 초과하므로 별도의 고정원가 증가는 없다.

∴ 이익이 증가하므로 특별주문을 수락한다.

06 구정(주)는 여러 종류의 계산기를 생산하고 있다. 회사는 재료수령업무에 배정된 5명의 작업자에 대한 인건비로 지난해에 총 ₩120,000의 급여를 지급하였으며 재료주문 1회당 ₩4의 변동원가가 발생하였고 이는 모두 예산과 일치하였다. 회사는 재료수령활동의 원가동인으로 재료주문횟수를 사용하고 있는데 재료수령직원 1인이 담당할 수 있는 연간주문처리업무는 평균 4,000회이며 지난해에 발생한 실제주문횟수는 18,000회이었다. 회사의 분석에 의하면 재료수령과 관련된 부가가치표준수량은 12,000회가 적정하다고 보고 있다. 재료수령업무과 관련한 (1) 미사용활동원가와 (2) 부가가치원가와 비부가가치원가를 구하면?

정답 및 해설

06 1. 미사용활동원가의 계산

$$\text{고정활동원가 단위당 표준가격} = \frac{\text{고정활동원가예산}}{\text{획득된 활동능력(사용가능량)}} = \frac{₩120{,}000}{20{,}000\text{회}} = ₩6/\text{회}$$

∴ 미사용활동원가 = (획득된 활동능력 - 실제사용수량) × 고정활동원가 단위당 표준가격
= (20,000회 - 18,000회) × @6 = ₩12,000

2. 부가가치원가 및 비부가가치원가의 계산

(1) 부가가치원가: 12,000회 × @4 + 12,000회 × @6 = ₩120,000

(2) 비부가가치원가: (18,000회 - 12,000회) × @4 + (20,000회 - 12,000회) × @6 = ₩72,000
(18,000회 - 12,000회) × @4: 변동활동원가의 불리한 능률차이
(20,000회 - 12,000회) × @6: 고정활동원가의 불리한 조업도차이

세무사 1, 2차 시험 대비

해커스 세무사 眞원가관리회계

초판 1쇄 발행 2022년 2월 10일

지은이	현진환
펴낸곳	해커스패스
펴낸이	해커스 경영아카데미 출판팀

주소	서울특별시 강남구 강남대로 428 해커스 경영아카데미
고객센터	02-537-5000
교재 관련 문의	publishing@hackers.com
학원 강의 및 동영상강의	cpa.Hackers.com

ISBN	979-11-6880-042-7 (13320)
Serial Number	01-01-01